Bernd Jähne

Digitale Bildverarbeitung

Springer

Berlin
Heidelberg
New York
Barcelona
Hong Kong
London
Milan
Paris
Tokyo

http://www.springer.de/engine-de/

Bernd Jähne

Digitale Bildverarbeitung

5., überarbeitete und erweiterte Auflage
mit 248 Abbildungen und einer CD–ROM

 Springer

Prof. Dr. Bernd Jähne
University Heidelberg
Interdisziplinäres Zentrum für Wissenschaftliches Rechnen (IWR)
Forschungsgruppe Bildverarbeitung
Im Neuenheimer Feld 368
69120 Heidelberg
Germany
e-mail: Bernd.Jaehne@iwr.uni-heidelberg.de

ISBN 3-540-41260-3 Springer-Verlag Berlin Heidelberg New York

Die Deutsche Bibliothek – CIP-Einheitsaufnahme

Jähne, Bernd:
Digitale Bildverarbeitung / Bernd Jähne. - 5., überarb. und erw. Auflage. - Berlin ; Heidelberg ; New York ;
Barcelona ; Hongkong ; London ; Mailand ; Paris ; Tokio : Springer, 2002
ISBN 3-540-41260-3

Springer-Verlag Berlin Heidelberg New York
ein Unternehmen der BertelsmannSpringer Science+Business Media GmbH

http://www.springer.de

© Springer-Verlag Berlin Heidelberg 2002
Printed in Germany

Einbandgestaltung: Struve & Partner, Heidelberg
Satz: Daten vom Autor
Gedruckt auf säurefreiem Papier   SPIN: 10767052   62/3020/M – 5 4 3 2 1 0

Vorwort

Wie die vierte Auflage, so wurde die fünfte Auflage komplett überarbeitet und erweitert. Der Stoff ist nun in 20 anstelle von 16 Kapiteln aufgeteilt. Etwa ein Drittel des Inhalts sind weiterführende Abschnitte, die durch eine kleinere Schrift und das †-Symbol gekennzeichnet sind. Auf diese Weise kann der Leser zuerst das grundlegende Material durcharbeiten und dann, je nach Bedarf, seine Studien vertiefen. Jedes Kapitel wird durch einen Abschnitt abgeschlossen, der auf weiterführende Literatur hinweist.

Die wichtigsten Erweiterungen beinhalten eine detaillierte Darstellung von Zufallsvariablen und stochastischen Prozessen (Kapitel 3) und 3D-Bildaufnahmetechniken (Kapitel 8). Kapitel 17 stellt regularisierte Parameterschätzverfahren unter einem einheitlichen Konzept dar. Behandelt werden so unterschiedliche Techniken wie inverse Probleme, adaptive Filtertechniken (z. B. anisotrope Diffusion) und Variationsrechnung. Die Anwendungen umfassen Bildrestaurierung, Tomographie, Segmentierung und Bewegungsbestimmung. Darüberhinaus finden sich viele kleinere Verbesserungen und Erweiterungen im ganzen Buch.

Neu sind auch zwei Abschnitte im Anhang. Anhang A erlaubt einen schnellen Zugriff auf oft benötigte Formeln und Datenmaterial in Tabellenform und Anhang B fasst die im Buch benutzte Notation zusammen.

Der vollständige Text des Buches ist in deutscher und englischer Sprache als PDF-Datei auf der beiliegenden CD-ROM zu finden. Die PDF-Dateien enthalten Querverweise, die eine flexible Nutzung des Textes in elektronischer Form erlauben. Man kann unter anderem vom Inhaltsverzeichnis in entsprechende Abschnitte, von Zitaten zum Literaturverzeichnis und vom Sachverzeichnis auf die entsprechende Seite springen.

Die CD-ROM enthält auch Übungen, die alle Themenbereiche des Buches abdecken. Mit Hilfe der Bildverarbeitungssoftware heurisko, die in einer Demoversion ebenfalls auf der CD-ROM zur Verfügung steht, kann praktisch ausprobiert werden, was im Buch theoretisch dargestellt wurde. Für die Übungen findet man auch eine Sammlung von Bildern, Bildsequenzen und Volumenbildern. Die Übungen und das Bildmaterial werden ständig ergänzt. Die aktuelle Version steht im Internet auf der Homepage des Autors unter `http://klimt.iwr.uni-heidelberg.de`.

Ich möchte allen Personen, Institutionen und Firmen danken, die Bild-material für dieses Buch zur Verfügung gestellt haben. Die jeweiligen Quellen sind angegeben. Bedanken möchte ich mich auch herzlich bei meinen Kollegen und Mitarbeitern, den Hörern meiner Vorlesungen und den Lesern der früheren Auflagen dieses Buches, die mich auf Fehler aufmerksam machten, Erweiterungen und Verbesserungen vorschlugen bzw. das Manuskript kritisch Korrektur lasen. Mein aufrichtiger Dank gilt den Mitarbeitern des Springer-Verlags für das Interesse an diesem Buch und für die gute Betreuung in allen Phasen seiner Entstehung. Ganz besonderer Dank gebührt meinen Freunden von AEON Verlag & Studio, ohne deren tatkräftige und sachkundige Mithilfe dieses Buch und die beiliegende CD-ROM nicht hätten entstehen können.

Schließlich wende ich mich an Sie als Leser dieses Buchs mit der Bitte, sich kritisch und konstruktiv zu diesem Buch zu äußern, Verbesserun-gen oder Ergänzungen vorzuschlagen oder auf Unstimmigkeiten oder Druckfehler aufmerksam zu machen, die sich trotz aller Sorgfalt bei der Herstellung eingeschlichen haben könnten.

Heidelberg, Dezember 2001   Bernd Jähne

Aus dem Vorwort zur vierten Auflage

In einem sich so schnell entwickelnden Gebiet wie der digitalen Bildverarbei-tung war acht Jahre nach der Herausgabe der ersten Auflage im Jahre 1989 eine grundlegende Überarbeitung notwendig geworden.

Das bewährte Konzept wurde festgehalten und vertieft: eine systematische Dar-stellung der Grundlagen der digitalen Bildverarbeitung unter Zuhilfenahme der vielfältigen Analogien zu anderen Bereichen in den Naturwissenschaften. Daher wird der Stoff von den Grundlagen her erarbeitet, exemplarisch vertieft und bis an aktuelle Forschungsergebnisse herangeführt. Wo immer möglich, werden Bil-der zur anschaulichen Darstellung herangezogen. Es wird vorausgesetzt, dass der Leser mit elementarer Matrixalgebra und mit der Fouriertransformation ver-traut ist.

Das Buch wurde neu in vier Teile gegliedert. Teil I faßt die Grundlagen zusam-men. Deswegen entfällt der bisherige mathematische Anhang. Der Teil II über Bildaufnahme und Vorverarbeitung wurde um eine ausführlichere Diskussion der Bildgewinnung erweitert. In Teil III über Merkmalsextraktion wurde die Be-wegungsanalyse integriert. Neu aufgenommen im Teil IV Bildanalyse wurde ein Kapitel über die Formanalyse.

Generell beschränkt sich das Buch nicht auf die 2D-Bildverarbeitung. Wo es möglich ist, wird der Stoff so dargestellt, dass er für die höherdimensionale Bildverarbeitung (Volumenbilder, Bildsequenzen) verallgemeinert werden kann. Berücksichtigung finden auch Mehrkanalbilder, nicht nur Farbbilder.

Heidelberg, Februar 1997   Bernd Jähne

Aus dem Vorwort zur ersten Auflage

Digitale Bildverarbeitung ist in mehrfacher Hinsicht ein faszinierendes Gebiet. Während Menschen den größten Teil ihrer Information über die äußere Wirklichkeit mit Hilfe ihres natürlichen Sehvermögens aufnehmen, geht jetzt die Technik über das reine fotografische Festhalten von Bildern hinaus. Sichtbares maschinell wahrzunehmen und quantitativ auszuwerten stellt den Beginn einer weiteren tiefgreifenden Umwälzung im Umgang mit Bildern dar. Der enorme Fortschritt der Computertechnologie erlaubt nun einen breiten Einsatz digitaler Bildverarbeitung als Hilfsmittel zur Auswertung komplexer zwei- und dreidimensionaler Vorgänge in allen Bereichen der Naturwissenschaften und darüber hinaus. Damit wird die Tür zu neuen interdisziplinären Arbeitsgebieten aufgestoßen, in denen Computerwissenschaft und das betreffende Sachgebiet miteinander verbunden werden.

Grundlage für dieses Buch ist eine zweisemestrige Vorlesungsreihe über digitale Bildverarbeitung, die der Autor in den Jahren 1986 und 1987 an der Physikalischen Fakultät der Universität Heidelberg gehalten hat. Ausgehend von einem die Vorlesung zusammenfassenden Skript, wurde das gesammelte Material grundlegend überarbeitet und erheblich erweitert.

Diese Darstellung ist für Naturwissenschaftler und Ingenieure aller Fachrichtungen geschrieben für die Bedürfnisse eines Anwenders, der digitale Bildverarbeitung in seinem Arbeitsgebiet als experimentelles Hilfsmittel zur Erfassung und Auswertung zwei- und dreidimensionaler Vorgänge einsetzen möchte. Der Autor — selbst Physiker — hat genau auf diesem Weg Zugang zur Bildverarbeitung gefunden. Manche Analogien zu anderen Bereichen der Naturwissenschaften sind ihm dabei aufgefallen; sie ermöglichen einen einfachen Zugang zu manchen schwierigen Problemen der Bildverarbeitung. Es ist Ziel des Buches, dem Leser die notwendigen Grundkenntnisse zu vermitteln, die ihm eine schnelle Anwendung der digitalen Bildverarbeitung in seinem Fachgebiet erlauben.

Ich möchte allen denen danken, die mitgeholfen haben, dass dieses Buch entstehen konnte. Diese Danksagung schildert zugleich ein Stück seiner Entstehungsgeschichte: Als deutlich wurde, dass digitale Bildverarbeitung auf meinem Arbeitsgebiet einen Durchbruch in der Messtechnik bedeutet, habe ich intensiv nach interdisziplinären Kontakten gesucht. Die ersten Schritte führten dabei ins Institut für Angewandte Physik der Universität Heidelberg und ins Deutsche Krebsforschungszentrum. Für viele anregende Gespräche und eine gute Zusammenarbeit möchte ich mich bei Prof. Dr. J. Bille, Dr. J. Dengler und Dr. M. Schmidt herzlich bedanken.

Herzlich bedanken möchte ich mich bei Prof. Dr. K. O. Münnich, dem Direktor des Instituts für Umweltphysik an der Universität Heidelberg. Von den Anfängen an war er offen und interessiert für die neuen Ideen zum Einsatz digitaler Bildverarbeitung in der Umweltphysik. Seiner Weitsicht und nachhaltigen Unterstützung auch in schwierigen Abschnitten ist es mit zu verdanken, dass sich am Institut die Arbeitsgruppe „Digitale Bildverarbeitung" so fruchtbar entwickeln konnte.

La Jolla, Kalifornien und Heidelberg, Frühjahr 1989   Bernd Jähne

Inhaltsverzeichnis

I Grundlagen

III   Merkmalsextraktion

IV   Bildanalyse

V   Referenzteil

Teil I

Grundlagen

1 Anwendungen und Werkzeuge

1.1 Ein Werkzeug für Wissenschaft und Technik

Von den Anfängen der Wissenschaft an spielte die visuelle Beobachtung eine wichtige Rolle. Zuerst waren die verbale Beschreibung und manuell angefertigte Zeichnungen die einzigen Möglichkeiten, experimentelle Ergebnisse zu dokumentieren. Objektive Dokumentation von Ergebnissen wurde erst möglich mit der Erfindung der *Photographie*. Drei prominente Beispiele wissenschaftlicher Anwendungen der Photographie sind die *Astronomie*, die *Photogrammetrie* und die *Teilchenphysik*. Astronomen konnten damit Position und Größe von Sternen bestimmen und Photogrammeter topographische Karten erstellen. Die Untersuchung unzähliger Bilder aus Wasserstoffblasenkammern führte zur Entdeckung vieler Elementarteilchen. Die manuellen Auswertungsverfahren waren jedoch sehr zeitaufwendig. So wurden halb- oder sogar vollautomatische optomechanische Geräte konstruiert, die jedoch den Nachteil hatten, dass sie nur für einen bestimmten Zweck einzusetzen waren. Dies ist der Grund, warum die quantitative Bildauswertung keine breite Anwendung fand. Bilder wurden hauptsächlich für die Dokumentation, die qualitative Beschreibung und die Illustration beobachteter Phänomene benutzt.

Heute stehen wir mitten in einer zweiten Revolution, die mit den rasanten Fortschritten in der Bildsensorik und Computertechnologie einhergeht. Computer wurden leistungsfähig genug, um Bilddaten zu verarbeiten. Ausgelöst durch die Multimediawelle, werden Software und Hardware für die Verarbeitung von Bildern, Bildsequenzen und neuerdings sogar 3D-Visualisierungen Standard. So werden sie für jeden Wissenschaftler und Ingenieur einsetzbare Werkzeuge. Daher hat sich die Bildverarbeitung von einigen wenigen, spezialisierten Anwendungen zu einem wissenschaftlichen Standardwerkzeug entwickelt. Bildverarbeitungstechniken werden mittlerweile in praktisch allen Naturwissenschaften und technischen Disziplinen angewandt.

Ein einfaches Beispiel zeigt die Bedeutung visueller Information. Stellen wir uns vor, wir hätten die Aufgabe, einen Artikel über ein neues technisches System, z. B. ein Solarkraftwerk, zu verfassen. Es würde einen enormen Aufwand kosten, ein solches System ohne die Verwendung von Bildern und technischen Zeichnungen zu beschreiben. Ein Artikel, der nur aus beschreibendem Text besteht, würde auch für den Leser zu einem frustrierendes Erlebnis. Er würde viel Mühe haben, sich vorzustel-

B. Jähne, Digitale Bildverarbeitung
ISBN 3-540-41260-3

a

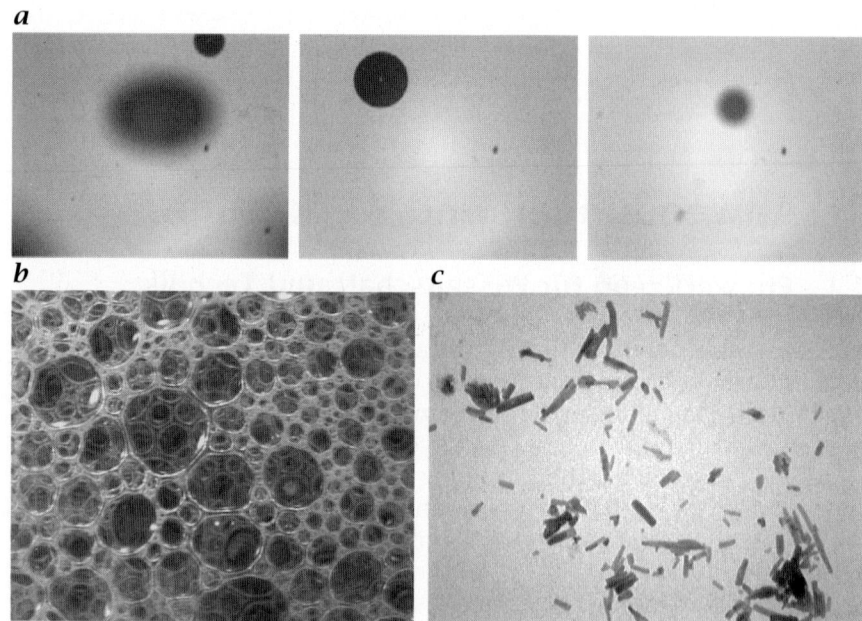

b   *c*

Abbildung 1.1: *Partikelvermessung mittels Bildverarbeitung: **a** Gasblasen, die durch brechende Wellen ins Wasser geschlagen wurden, sichtbar gemacht durch ein telezentrisches Beleuchtungs- und Bildaufnahmesystem; aus Geißler und Jähne [56]).* ***b*** *Seifenblasen. **c** Elektronenmikroskopische Aufnahme von Farbpigmenten (zur Verfügung gestellt von Dr. Klee, Hoechst AG, Frankfurt).*

len, wie ein solches neues Kraftwerk funktioniert, und könnte sich nur ein vages Bild vom Aussehen des Systems machen.

Dagegen sind technische Zeichnungen und Photographien eine enorme Hilfe. Der Leser wird sofort eine Vorstellung von dem Kraftwerk haben und kann Details in den Zeichnungen und Photographien studieren, auf die er aufmerksam wird, die jedoch nicht im Text beschrieben sind. Durch Bildinformation können viel mehr Details vermittelt werden als durch textliche Beschreibung, was treffend durch das Sprichwort „Ein Bild sagt mehr als tausend Worte" ausgedrückt wird. Der Leser wird auch, wenn er später von dem Solarkraftwerk hört, sofort das gesehene Bild damit assoziieren.

1.2 Anwendungsbeispiele

In diesem Abschnitt diskutieren wir Beispiele wissenschaftlicher und technischer Anwendungen der digitalen Bildverarbeitung. Die Beispiele zeigen, dass durch die Bildverarbeitung komplexe Phänomene untersucht werden können, die mit konventionellen Messtechniken nicht zugänglich sind.

a   b   c

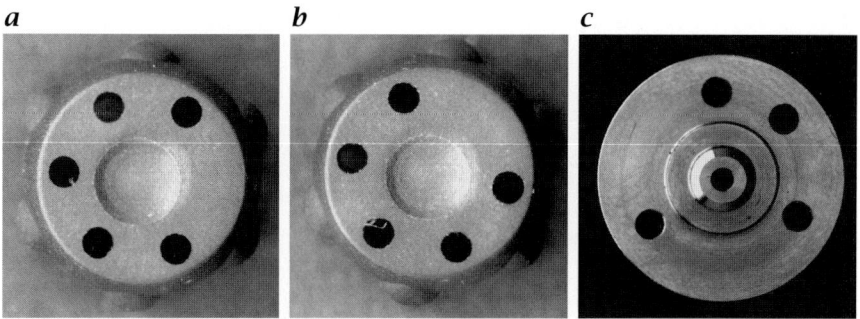

Abbildung 1.2: *Industrieteile, bei denen die Position und der Durchmesser von Bohrungen durch ein visuelles Inspektionssystem überprüft werden (zur Verfügung gestellt von Martin von Brocke, Robert Bosch GmbH).*

1.2.1 Zählen und Vermessen

Eine klassische Aufgabe der digitalen Bildverarbeitung ist das Zählen von Partikeln und die Bestimmung ihrer Größenverteilung. Abb. 1.1 zeigt drei Beispiele sehr unterschiedlicher Partikel: Gasblasen unter der Oberfläche brechender Wellen, Seifenblasen und Pigmentteilchen. Bei solchen Aufgaben gilt es zunächst, einen angemessenen Aufnahme- und Beleuchtungsaufbau zu finden. Die Blasenbilder in Abb. 1.1a wurden mit einem direkten, telezentrischen Beleuchtungs- und Bildaufnahmesystem (Abschn. 7.4.4) aufgenommen. Bei diesem Aufbau sind die Zentralstrahlen parallel zur optischen Achse. Die Größe der abgebildeten Blasen hängt damit nicht von der Entfernung zur Kamera ab. Das Messvolumen für Konzentrationsmessungen wird durch die Abschätzung des Unschärfegrades der Blasen bestimmt.

Wesentlich schwieriger ist es, die Form der Seifenblasen in Abb. 1.1b zu vermessen, da diese transparent sind und deswegen dahinter liegende Blasen ebenfalls noch sichtbar sind. Außerdem zeigen die Blasen deutliche Abweichungen von der Kreisform, so dass geeignete Parameter zur Beschreibung der Form gefunden werden müssen.

Eine dritte Anwendung ist die Messung der Größenverteilung von Farbpigmentteilchen. Durch sie werden die Eigenschaften einer Farbe beeinflusst. Deshalb ist die Messung der Größenverteilung eine wichtige Aufgabe der Qualitätskontrolle. Das mit einem Transmissions-Elektronenmikroskop aufgenommene Bild in Abb. 1.1c zeigt die Problematik dieser Aufgabe: die Partikel neigen zur Verklumpung. Diese Klumpen müssen identifiziert und — wenn möglich — in einzelne Partikel separiert werden, um die Bestimmung der Größenverteilung nicht zu verfälschen.

Fast jedes heute hergestellte Produkt wird durch ein *visuelles Inspektionssystem* automatisch auf Defekte geprüft. Eine Klasse von Aufgaben

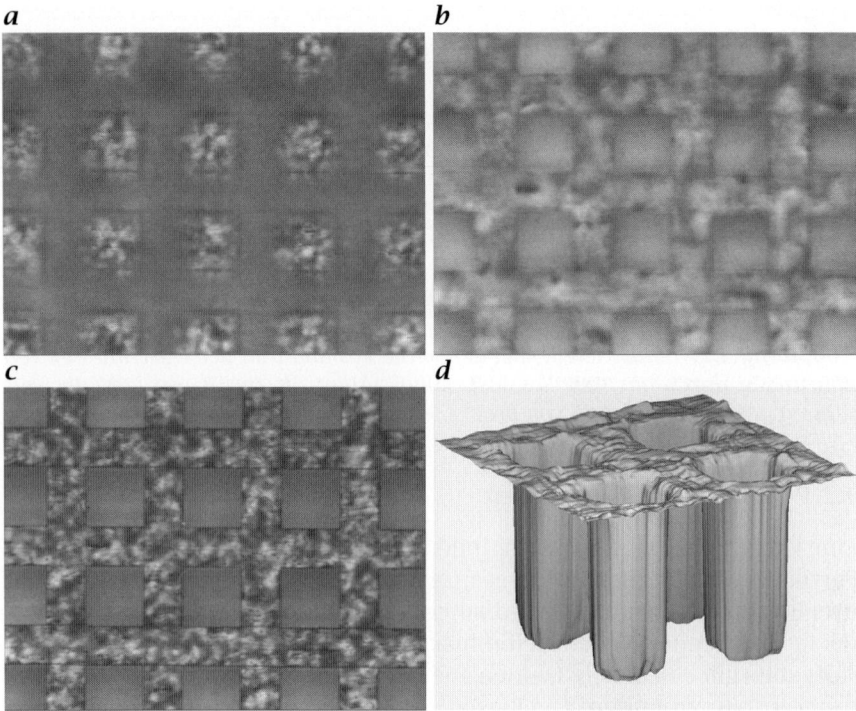

Abbildung 1.3: *Fokusserie einer Pressform aus Plexiglas mit kleinen rechtecki-gen Löchern, aufgenommen mit einer konfokalen Technik unter Verwendung statistisch verteilter Intensitätsmuster. Die Bilder sind, vom Boden der Löcher aus gemessen, auf folgende Tiefen fokussiert:* **a** *16 μm,* **b** *480 μm und* **c** *620 μm (Oberfläche der Form).* **e** *3D-Rekonstruktion. Aus Scheuermann et al. [177].*

ist dabei die optische Vermessung der Teile auf korrekte Größe und An-ordnung der Teile. Beispielbilder sind in Abb. 1.2 gezeigt. Hier wird die Position, der Durchmesser und die Rundheit der Bohrlöcher geprüft. Ab-bildung 1.2c zeigt, dass es nicht leicht ist, metallische Teile zu beleuch-ten. Die Kante des linken Bohrlochs ist teilweise hell, was es schwierig macht, das Bohrloch zu detektieren und korrekt zu vermessen.

1.2.2 3D-Vermessung

In Bildern werden 3D-Szenen auf eine 2D-Bildebene projiziert. Dadurch geht die Tiefe verloren, und es bedarf spezieller Aufnahmetechniken, die Topographie einer Oberfläche oder volumetrische Bilder zu gewinnen. In den letzten Jahren wurde eine Vielzahl von Techniken zur Generierung von *Tiefenkarten* und *Volumenbildern* entwickelt. Daher müssen Bild-verarbeitungstechniken auch für solche Bilder geeignet sein.

Abb. 1.3 zeigt die Rekonstruktion der Pressform für Mikrostrukturen, die mit einer speziellen Form der konfokalen Mikroskopie aufgenommen

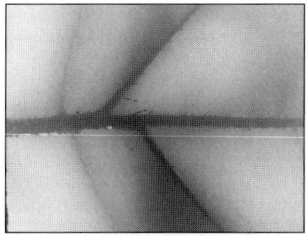

Abbildung 1.4: *Tiefenkarte eines Pflanzenblatts, die mit Hilfe der Optischen Kohärenztomografie aufgenommen wurde (von Jochen Restle, Robert Bosch GmbH).*

a   **b**

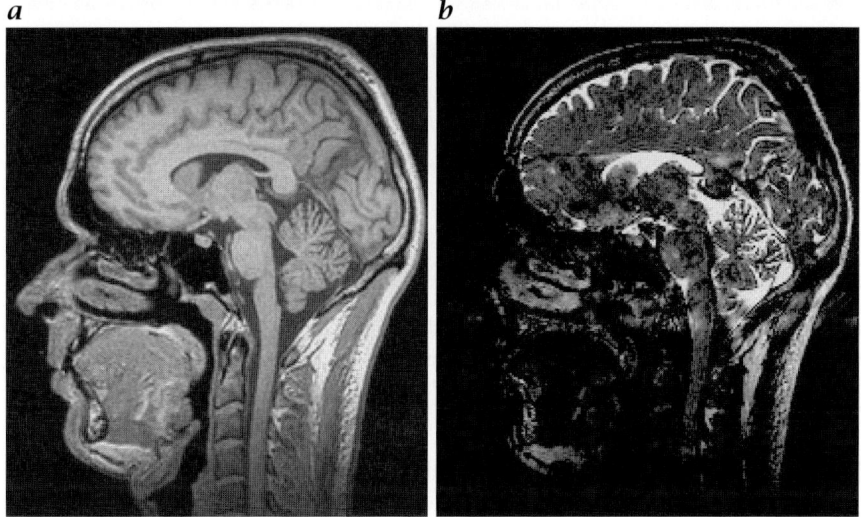

Abbildung 1.5: *Magnetresonanz-Tomographie-Aufnahme eines menschlichen Kopfes:* **a** *T1-Bild;* **b** *T2-Bild (von Michael Bock, DKFZ Heidelberg).*

wurde [177]. Die Form ist aus Plexiglas hergestellt, ein durchsichtiger Kunststoff mit glatter Oberfläche, der in einem normalen Mikroskop fast unsichtbar ist. Die Form hat enge, etwa $500\,\mu$m tiefe rechteckige Löcher.

Um das transparente Material sichtbar zu machen, wurden statistisch verteilte Muster durch die Mikroskopoptik auf die Bildebene projiziert. Dieses Muster erscheint nur auf Flächen scharf, die in der scharf eingestellten Ebene liegen. Je weiter eine reflektierende Fläche von der scharf eingestellten Ebene entfernt ist, desto unschärfer erscheint das Muster. Am Anfang der Fokusserie sind die Muster auf dem Boden der Löcher scharf (Abb. 1.3a), am Ende die Muster auf der Oberfläche der Form (Abb. 1.3c). Die Tiefe der reflektierenden Fläche kann rekonstruiert werden, indem wir die Position des maximalen Kontrasts in dem Bildstapel suchen (Abb. 1.3d).

a   b

c

Abbildung 1.6: *Wachstumsstudien in der Botanik: **a** Bild eines Rizinusblattes; **b** zugehörige Wachstumskarte; **c** Wachstum von Maiswurzeln (von Uli Schurr und Stefan Terjung, Botanisches Institut, Universität Heidelberg).*

Abbildung 1.4 zeigt die Tiefenkarte eines Ausschnitts aus einem Pflanzenblatt, das mit einer anderen modernen optischen 3D-Messtechnik aufgenommen wurde, der *Weißlicht-Interferometrie* oder *Kohärenztomografie*. Dabei wird Licht mit einer Kohärenzlänge von nur wenigen Wellenlängen benutzt. Daher können Interferenzmuster nur bei ganz geringen Weglängenunterschieden in einem Interferometer beobachtet werden. Diesen Effekt nutzt man zur Tiefenmessung aus mit einer Genauigkeit in der Größenordnung der Wellenlänge des benutzten Lichtes.

Magnetresonanz-Tomographie (MR) ist eine moderne volumetrische Bildgebungstechnik, mit der wir in das Innere von 3D-Objekten schauen können. Im Gegensatz zur Röntgentomographie, können damit unterschiedliche Gewebearten, wie z.B. die graue und weiße Gehirnsubstanz, unterschieden werden. Außerdem ist die MR-Tomographie sehr flexibel. Je nachdem, welche Parameter benutzt werden, können unterschiedliche Materialeigenschaften sichtbar gemacht werden (Abb. 1.5).

1.2.3 Analyse dynamischer Prozesse

Die Analyse von *Bildsequenzen* ermöglicht die Untersuchung dynamischer Prozesse. Das enorme Potenzial dieser Technik wird durch eine Reihe von Beispielen in diesem Abschnitt belegt.

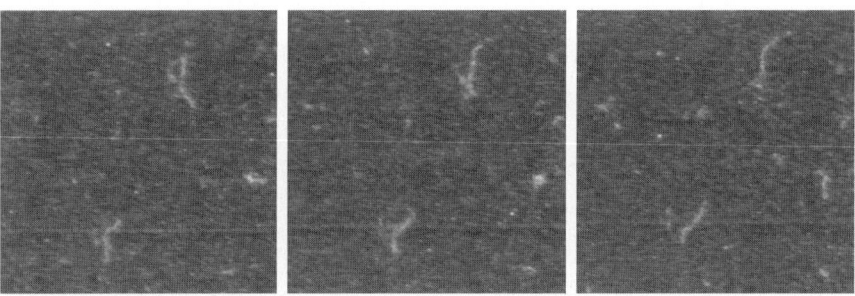

Abbildung 1.7: *Motility Assay zur Bewegungsanalyse von Motorproteinen (von Dietmar Uttenweiler, Institut für Physiologie, Universität Heidelberg).*

In der Botanik ist das Studium des Wachstums von Pflanzen und der Mechanismen, die es steuern, eine zentrale Fragestellung. Abbildung 1.6a zeigt ein Rizinusblatt, von dem die Wachstumsrate (Prozent Flächenzuwachs pro Zeiteinheit) durch Zeitrafferaufnahmen bestimmt wurde, bei denen etwa jede Minute ein Bild aufgenommen wurde. Diese neue Technik zur Wachstumsanalyse ist empfindlich genug, um flächenaufgelöst den Tagesgang des Wachstums bestimmen zu können.

Abbildung 1.6c zeigt eine Bildsequenz (von links nach rechts) mit wachsenden Maiswurzeln. Die Grauwerte geben die Wachstumsrate an. Diese ist am größten in der Nähe der Wurzelspitze.

In der Wissenschaft werden Bilder oft an der Grenze des technisch Möglichen aufgenommen. Daher sind sie oft sehr verrauscht. Abbildung 1.7 zeigt einen *Motility-Assay* mit fluoreszenz-markierten Motorproteinen, die sich auf einem Träger bewegen, der mit Myosin-Molekülen bedeckt ist. Solche Assays werden benutzt, um die molekularen Mechanismen von Muskelzellen aufzuklären. Trotz des hohen Rauschpegels lässt sich mit dem Auge erkennen, dass sich die Filamente bewegen. Eine automatische Bewegungsanalyse solcher verrauschter Bildsequenzen ist jedoch eine große Herausforderung.

Das nächste Beispiel stammt aus der Ozeanographie. Die kleinräumigen Prozesse, die in der unmittelbaren Nähe der Ozeanoberfläche stattfinden, sind wegen der Wellenbewegung nur sehr schwer zu messen. Aus Messungen von Zeitserien an einem Punkt ist es auch nicht möglich, die räumliche Struktur der Wellen zu erfassen. Daher kommt bildaufnehmenden Messungen eine große Bedeutung zu. Abbildung 1.8 zeigt ein *Orts/Zeit-Bild* von winderzeugten Wellen. Die vertikale Koordinate ist die Ortskoordinate in Windrichtung, die horizontale die Zeit. Durch eine spezielle Beleuchtungstechnik, die auf dem *Gestalt-aus-Schattierung*-Paradigma beruht (englisch *shape from shading*) wurde die Neigung der Wellen in Windrichtung sichtbar gemacht. In solchen Orts/Zeit-Bildern zeigt sich Bewegung an der Orientierung von Linien konstanter Grauwerte. Eine horizontale Linie entspricht statischen Objekten. Je größer

a

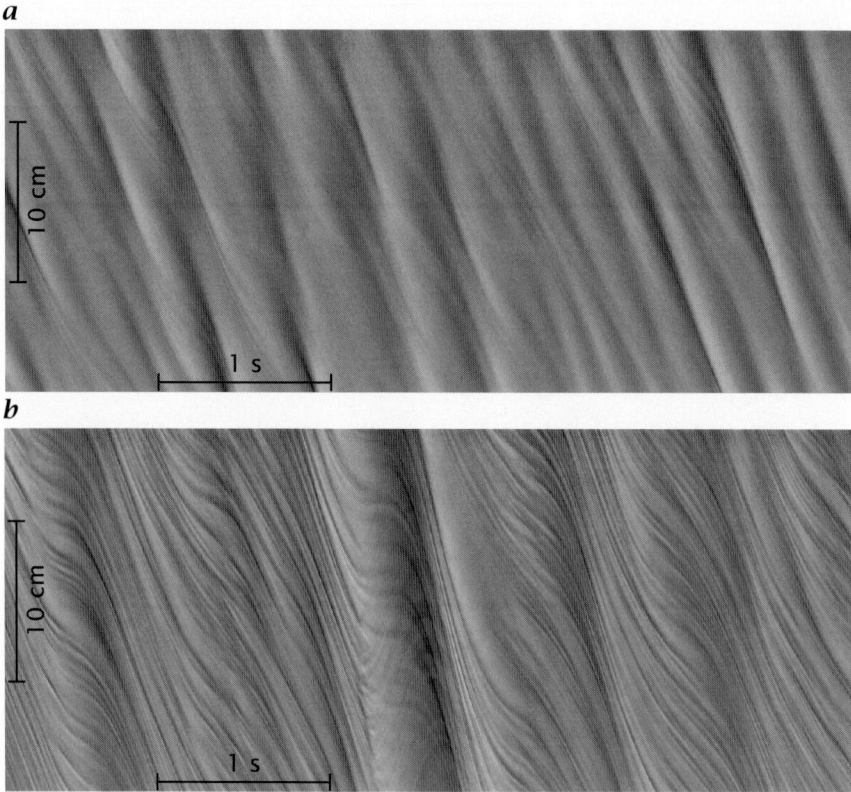

b

Abbildung 1.8: *Orts/Zeit-Bild von winderzeugten Wellen bei Windgeschwindig-keiten von **a** 2,5 und **b** 7,5 m/s. Die vertikale Koordinate ist die Ortskoordinate in Windrichtung, die horizontale die Zeit.*

der Winkel zur horizontalen Achse ist, desto schneller bewegt sich das Objekt. Die Bildsequenz gibt einen direkten Einblick in die komplexe nichtlineare Dynamik von Windwellen. Eine sich schnell bewegende große Welle ist zu sehen, die die Bewegung der kleinen Wellen moduliert. Manchmal bewegen sich die kleinen Wellen mit der gleichen Geschwindigkeit wie die großen (gebundene Wellen), meistens sind sie aber deutlich langsamer und variieren stark in ihrer Phasengeschwindigkeit und Amplitude.

Beim letzten Beispiel treten viel größere Orts- und Zeitskalen auf. Abbildung 1.9 zeigt den Jahresgang der troposphärischen Säulendichte von NO_2. NO_2 ist eines der wichtigsten Spurengase für die Ozon-Chemie in der Atmosphäre. Die Hauptquellen für das troposphärische NO_2 sind Industrie und Verkehr, Wald- und Buschbrände (Biomassenverbrennung), mikrobiologische Bodenemissionen und Gewitter. Satellitenbilder ma-

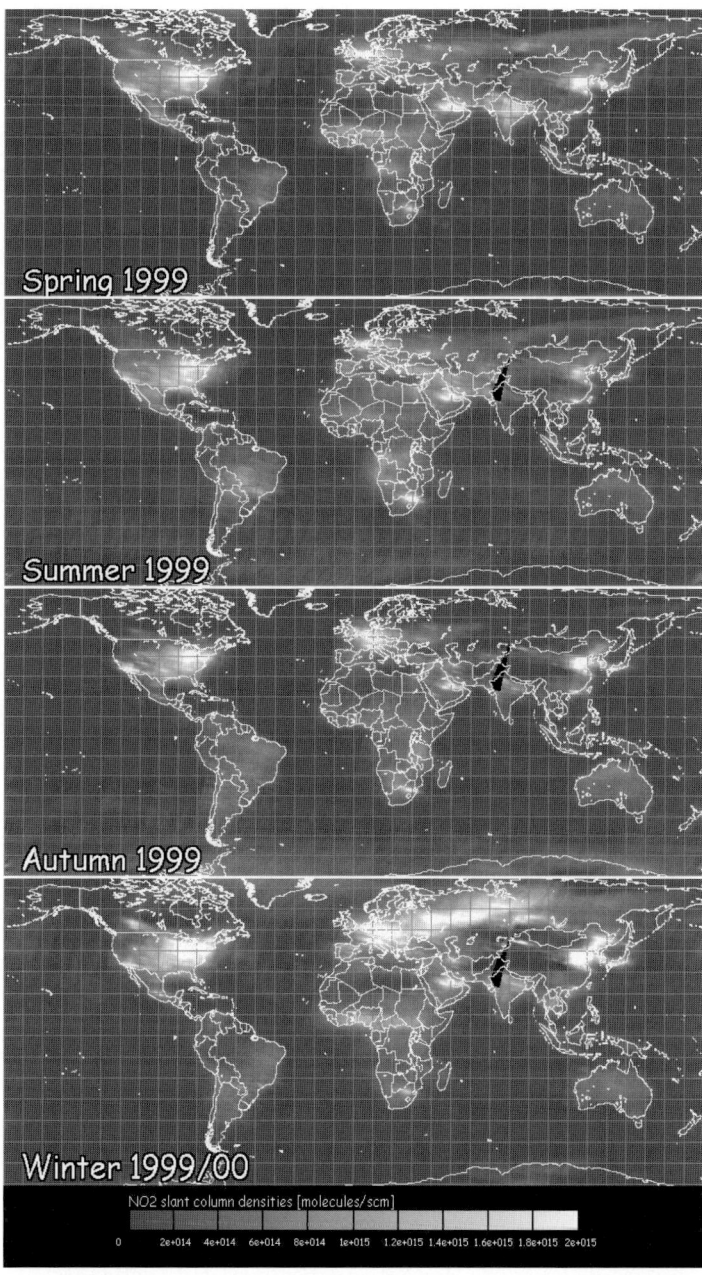

Abbildung 1.9: *Karten der troposphärischen NO$_2$-Säulendichte. Dargestellt sind vier aufeinanderfolgende Drei-Monats-Mittel aus dem Jahre 1999 (zur Verfügung gestellt von Mark Wenig, Institut für Umweltphysik, Universität Heidelberg).*

a   *b*

Abbildung 1.10: *Industrielle Prüfaufgaben: **a** Zeichenerkennung, **b** Lageerkennung bei Steckverbindern (von Martin von Brocke, Robert Bosch GmbH).*

chen es möglich, die regionale Verteilung von NO_2, die verschiedenen Quellen und deren Jahreszyklen zu untersuchen.

Die Daten werden aus spektroskopischen Bildern des GOME-Instruments auf dem ERS2-Satelliten berechnet. Jeder Bildpunkt besteht aus einem kompletten Spektrum mit 4000 Kanälen, das den ultravioletten und sichtbaren Bereich umfasst. Die gesamte atmosphärische Säulendichte der NO_2-Konzentration kann aus dem charakteristischen Absorptionsspektrum bestimmt werden. Dieses ist jedoch von Absorptionsspektren anderer Spurengase überlagert und von einer Reihe anderer Effekte (z.B. Fraunhoferlinien im Sonnenspektrum und Streuung durch Aerosole) beeinflusst. Weiterhin ist es zur Bestimmung der troposphären Säulendichte notwendig, den stratosphärischen Anteil durch geeignete Bildverarbeitungsalgorithmen abzuziehen.

Die resultierenden Karten der troposphärischen NO_2 Säulendichte in Abb. 1.9 zeigen eine Fülle interessanter Details. Die meisten Emissionen stammen aus den industrialisierten Ländern. Auf der Nordhalbkugel ist ein klarer Jahresgang zu sehen mit einem Maximum im Winter.

1.2.4 Klassifizierung

Eine andere wichtige Aufgabe ist die Klassifizierung von Objekten in Bildern. Das klassische Beispiel einer Klassifizierungsaufgabe ist die *Zeichenerkennung (optical character recognition* oder kurz *OCR)*. Abbildung 1.10a zeigt eine typische industrielle OCR-Anwendung, die Erkennung der Beschriftung auf einem integrierten Schaltkreis. Objektklassifizierung schliesst auch die Erkennung unterschiedlicher Lagen von Objekten ein, damit sie von einem Roboter gegriffen werden können. In Abb. 1.10b liegen Steckverbinder in willkürlicher Lage auf einem Förderband. Um diese korrekt zu greifen, muss erkannt werden, ob sie mit der Vorder- oder Rückseite auf dem Band liegen.

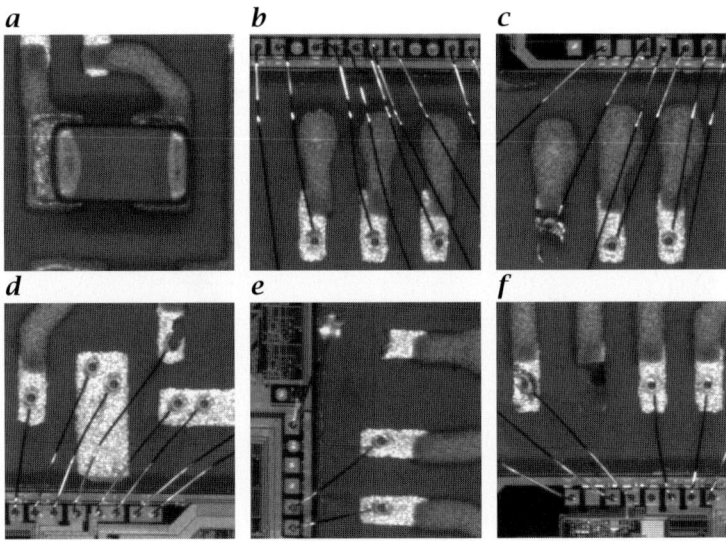

Abbildung 1.11: *Fehler beim Löten und Bonden integrierter Schaltkreise (zur Verfügung gestellt von Florian Raisch, Robert Bosch GmbH).*

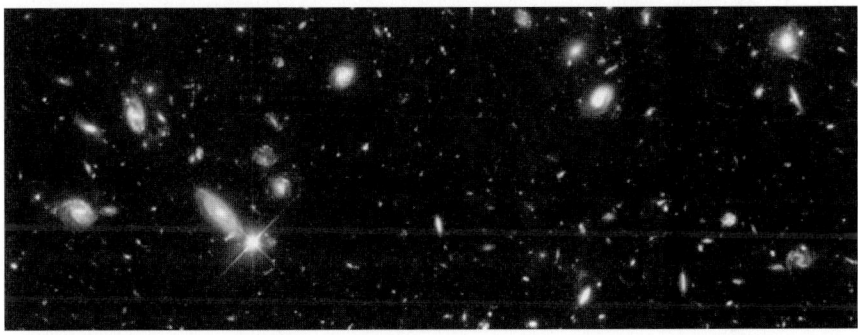

Abbildung 1.12: *Klassifizierung entfernter Galaxien (Bild vom Hubble-Weltraumteleskop, http://hubblesite.org/).*

Die Klassifizierung von Defekten ist eine andere wichtige Aufgabe. Abbildung 1.11 zeigt typische Fehler bei integrierten Schaltkreisen, wie ein nicht korrekt zentriert montiertes Bauteil (Abb. 1.11a) und gebrochene und fehlende Drahtverbindungen (Abb. 1.11b–f).

Klassifizierung ist auch in der Grundlagenforschung von Bedeutung. Abbildung 1.12 zeigt einige der am weitesten entfernten Galaxien, die je mit dem Hubble-Teleskop aufgenommen wurden. Die Aufgabe ist es, die Galaxien aufgrund ihrer Form und Farbe in unterschiedliche Klassen aufzuteilen und von anderen Objekten, wie z. B. Sternen, zu unterscheiden.

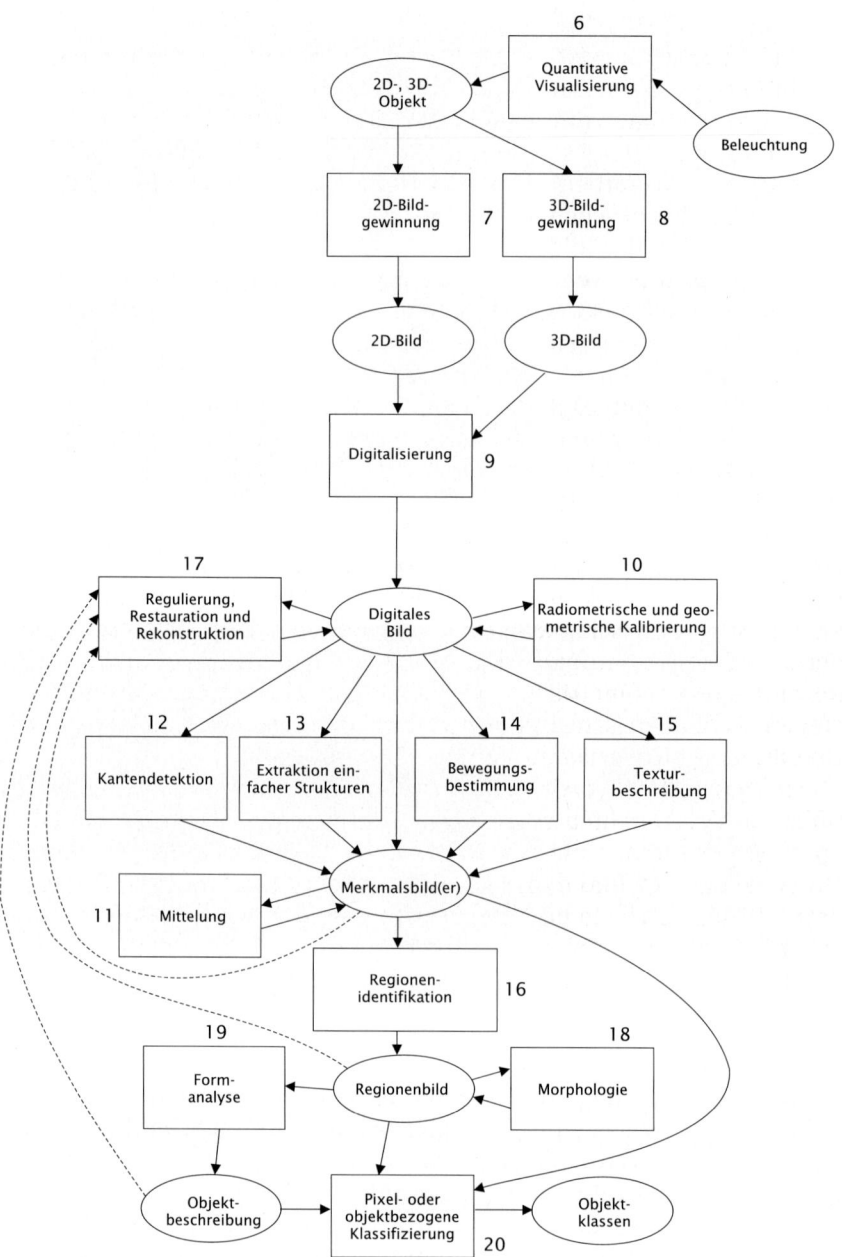

Abbildung 1.13: *Hierarchie der Bildverarbeitungsoperationen von der Bildauf-nahme bis zum Bildverstehen. Die Zahlen an den Kästen verweisen auf die ent-sprechenden Kapitel dieses Buches.*

1.3 Hierarchie von Bildverarbeitungsoperationen

Die Bildverarbeitung ist ein mehrstufiger Prozess. Zur Extraktion der uns interessierenden Daten aus einem Bild wird eine Kette von Bildverarbeitungsoperationen durchgeführt. Dadurch entsteht das *hierarchische* Schema in Abb. 1.13. Es gibt einen Überblick über die unterschiedlichen Phasen der Bildverarbeitung und zugleich eine Zusammenfassung der in diesem Buch besprochenen Themen.

Am Beginn jeder Bildverarbeitung steht die Aufnahme eines Bildes mit einem nicht notwendigerweise optischen Aufnahmesystem. Um die interessierende Objekteigenschaft auf die beste Art und Weise abzubilden, können wir ein geeignetes Bildaufnahmesystem, die Beleuchtung, den günstigsten Wellenlängenbereich und viele weitere Optionen wählen (Kapitel 6). 2D- und 3D-Bildaufnahmetechniken werden in Kapitel 7 und 8 behandelt. Ist das Bild aufgenommen, muss es in eine von Digitalrechnern verstehbare Form gebracht werden. Dieser Prozess der Digitalisierung wird in Kapitel 9 diskutiert.

Auf der ersten Verarbeitungsstufe, der *Bildvorverarbeitung*, können eine Reihe unterschiedlicher Operationen stehen. Eine etwaige nichtlineare Charakteristik eines Sensors muss korrigiert werden. Ebenso kann es sein, dass Helligkeit und Kontrast des Bildes Verbesserung erfordern. Eine übliche Aufgabe sind auch Koordinatentransformationen zur Restaurierung geometrischer Störungen, die bei der Bildaufnahme entstehen. Radiometrische und geometrische Korrekturen sind elementare Operationen; sie werden in Kapitel 10 besprochen.

Eine ganze Kette von Verarbeitungsschritten ist zur Analyse und Identifikation von Objekten notwendig. Zunächst müssen geeignete Filteroperationen durchgeführt werden, um die interessierenden Objekte von anderen Objekten und dem Hintergrund zu unterscheiden. Im wesentlichen werden dabei ein oder mehrere *Merkmalsbilder* extrahiert. Grundlegende Werkzeuge für diese Aufgabe sind Mittelung (Kapitel 11), Kantendetektion (Kapitel 12), die Analyse einfacher Nachbarschaften (Kapitel 13) und komplexer Muster, die in der Bildverarbeitung als *Texturen* bekannt sind (Kapitel 15). Eine wichtige Eigenschaft eines Objektes ist auch seine *Bewegung*. Techniken zur Bewegungsbestimmung werden in Kapitel 14 besprochen.

Weiterhin müssen Objekte vom Hintergrund separiert werden, d. h., Regionen konstanter Merkmale und Diskontinuitäten durch eine *Segmentierung* identifiziert werden (Kapitel 16). Dies ist nur dann eine einfache Aufgabe, falls sich ein Objekt klar vom Hintergrund unterscheidet. Das ist leider nicht oft der Fall. Dann sind aufwendigere Segmentierungstechniken notwendig (Kapitel 17). Sie benutzen verschiedene Optimierungsstrategien, um eine minimale Abweichung zwischen den Bilddaten und einem gegebenen Modell, in das globales Wissen über die Objekte im Bild einfließt, zu erreichen.

Die gleichen mathematischen Techniken können für andere Aufgaben benutzt werden. Bildstörungen, z. B. durch eine defokussierte Optik, Bewegungsunschärfe, Sensorfehler oder Fehler bei der Bildübertragung können damit korrigiert werden (*Bildrestauration*). Ebenso können Bilder aus indirekten Bildaufnahmetechniken, die nicht unmittelbar ein Bild liefern, wie die *Tomographie*, rekonstruiert werden (*Bildrekonstuktion*).

Wenn wir die Form der Objekte kennen, können wir morphologische Operatoren einsetzen, um die Form zu analysieren und zu verändern (Kapitel 18) oder weitere Parameter wie den mittleren Grauwert, die Fläche, den Umfang oder andere Formbeschreibungen des Objektes zu ermitteln (Kapitel 19). Diese Parameter können dann benutzt werden, um Objekte zu klassifizieren (*Klassifizierung*, Kapitel 20).

Es erscheint logisch, eine komplexe Aufgabe in eine Folge einfacher Teilaufgaben zu zerlegen. Es ist aber nicht klar, ob diese Strategie zu einer Lösung führt. Wir betrachten dazu ein einfaches Beispiel. Ein Objekt, das sich in seinem Grauwert nur geringfügig vom Hintergrund unterscheidet, soll in einem verrauschten Bild gefunden werden. Hier können wir nicht einfach den Grauwert nehmen, um das Objekt vom Hintergrund zu unterscheiden. Durch Mittelung benachbarter Bildpunkte könnten wir den Rauschpegel reduzieren. An der Kante des Objekts mitteln wir jedoch Bildpunkte des Hintergrunds und des Objekts und erhalten damit falsche Mittelwerte. Falls wir die Position der Kanten wüßten, könnten wir verhindern, dass die Mittelung über die Kante hinweg läuft. Aber die Kante können wir ja erst nach der Mittelung ermitteln, wenn durch die Reduzierung des Rauschens Objekt und Hintergrund unterschieden werden können. Es besteht eine Chance, dieses Problem durch einen iterativen Ansatz zu lösen. Wir führen die Mittelung durch und nehmen eine erste Schätzung der Objektkanten vor. Diese benutzen wir zur Verbesserung der Mittelung, indem wir sie nicht über die Objektkanten ausdehnen, und berechnen die Kanten erneut, usw. Obwohl dieser Ansatz vielversprechend klingt, muss er sorgfältig untersucht werden: Kovergiert die Iteration überhaupt? Wenn ja, ist der Grenzwert korrekt?

Wie dem auch sei, das Beispiel macht deutlich, dass schwierigere Bildverarbeitungsaufgaben Rückkopplung benötigen. Verarbeitungsschritte geben Parameter an vorangegangene Verarbeitungsschritte zurück. Dadurch liegt keine lineare Verarbeitungskette mehr vor, sondern es gibt auch Schleifen, die mehrmals durchlaufen werden können. Abbildung 1.13 zeigt einige solcher möglichen Rückkopplungsschritte. Dabei können auch nicht-bildverarbeitende Schritte eingeschlossen sein. Falls eine Bildverarbeitungsaufgabe nicht mit einem aufgenommenen Bild gelöst werden kann, könnten wir uns dazu entschließen, die Beleuchtung zu ändern, näher an das Objekt heranzuzoomen oder es unter einem anderen Blickwinkel zu betrachten. Bei dieser Vorgehensweise sprechen wir von *aktivem Sehen*. Im Zusammenhang mit intelligenten Systemen, die ihre Umgebung durch ihre Sinnesorgane erkunden, können wir auch von einem *Aktions-Perzeptions-Zyklus* sprechen.

1.4 Bildverarbeitung und Computergrafik

Einige Zeit wurden Bildverarbeitung und Computergrafik als zwei getrennte Bereiche behandelt. Seitdem ist das Wissen in beiden Bereichen beträchtlich gewachsen, und komplexere Aufgabenstellungen können gelöst werden. Die Computergrafik hat zum Ziel, photorealistische Bilder einer dreidimensionalen Szene mit dem Computer zu erzeugen, während die Bildverarbeitung versucht, die dreidimensionale Szene aus Kameraaufnahmen zu rekonstruieren. In diesem Sinne führen wir bei der *Bildverarbeitung* im Vergleich zur Computergrafik die umgekehrte Prozedur durch. In der Computergrafik beginnen wir mit dem Wissen um Form und Eigenschaften eines Objektes, d. h., wir beginnen im Schema der Abb. 1.13 unten und arbeiten uns nach oben, bis wir ein zweidimensionales Bild erhalten. Für Bildverarbeitung und Computergrafik benötigen wir im wesentlichen das gleiche Wissen. Wir müssen die Interaktion zwischen Beleuchtung und Objekten kennen, wissen, wie eine dreidimensionale Szene auf eine Bildebene projiziert wird, und anderes mehr.

Die zunehmende Verbreitung von Multimedia, d. h. der Integration von Text, Bild, Ton und Film, wird die Vereinigung von Computergrafik und Bildverarbeitung weiter beschleunigen. In diesem Zusammenhang wurde der Begriff des „visuellen Computers" geprägt [64].

1.5 Interdisziplinäre Natur der Bildverarbeitung

Digitale Bildverarbeitung ist eine interdisziplinäre Wissenschaft in mehrfacher Hinsicht. In die Bildverarbeitung fließen Konzepte von verschiedenen Gebieten ein. Ehe wir ein Bild bearbeiten können, müssen wir wissen, wie das vorliegende digitale Signal mit den Eigenschaften des aufgenommenen Objekts zusammenhängt. Dabei sind eine Reihe physikalischer Prozesse beteiligt, von der Wechselwirkung von Strahlung mit Materie bis zur Geometrie und Radiometrie der optischen Abbildung. Ein Bildsensor wandelt die Bestrahlungsstärke auf dem einen oder anderen Weg in ein elektrisches Signal um. Dann wird das Signal in digitale Zahlen umgewandelt und mit einem Digitalrechner verarbeitet, um die relevanten Parameter zu extrahieren. In dieser Verarbeitungskette (siehe auch Abb. 1.13) sind viele Gebiete aus der *Physik*, *Informatik* und *Mathematik* involviert, unter anderem Optik, Festkörperphysik, Computerarchitektur, Algebra, Analysis, Statistik, Komplexitätstheorie, Graphentheorie, Systemtheorie und numerische Mathematik. Aus der Sichtweise der Ingenieurwissenschaften werden Beiträge aus der *technischen Optik*, der *Elektrotechnik*, der *Optoelektronik* und der *technischen* und *angewandten Informatik* benötigt.

Die digitale Bildverarbeitung hat viele Überschneidungspunkte mit anderen Fachgebieten. Bildverarbeitungsaufgaben können teilweise als Messprobleme aufgefasst werden und sind als solche ein Teilgebiet der

Wissenschaft der *Metrologie*. Die Bildverarbeitung beinhaltet wie auch
die *Spracherkennung* Aufgaben der *Mustererkennung*. Andere Gebiete mit ähnlichen Beziehungen sind die Disziplinen der *Neuroinformatik*,
künstlichen Intelligenz, und der *Kognitionswissenschaft*. All diesen Bereichen sind die engen Beziehungen zu den Biowissenschaften gemeinsam.

Wenn wir von *Computer-Sehen* (englisch *computer vision*) sprechen,
so ist damit ein Computersystem gemeint, das die gleiche Aufgabe aus-
führt wie ein biologisches System, nämlich, „aus Bildern zu entdecken,
was in der Welt ist und wo es ist" [133]. Im Gegensatz dazu wird der
Ausdruck *maschinelles Sehen* (englisch *machine vision*) für ein System
benutzt, das eine visuelle industrielle Prüfaufgabe durchführt, wie z. B.
die Größe und Vollständigkeit von Teilen in einer Produktionslinie zu
prüfen. Für viele Jahre hat man ein Sehsystem nur als einen passiven Beobachter betrachtet. Wie es biologische Systeme tun, kann ein Computer-
Sehsystem aber auch seine Umgebung aktiv erkunden, d. h. sich bewegen
oder seinen Blickwinkel verändern. Wir sprechen von *aktivem Sehen*.

Es gibt einige Spezialdisziplinen, die sich im Bereich der Bildverarbeitung aus historischen Gründen teilweise unabhängig voneinander entwickelt haben. Das bekannteste Beispiel ist die *Photogrammetrie* (Vermessung mittels Photographien zur Kartenerstellung und Objektiden-
tifikation). Andere Gebiete sind die *Fernerkundung*, die mit Luft- und
Satellitenbildern arbeitet, die *Astronomie*, und die *medizinische Bildverarbeitung*.

Der zweite wichtige Aspekt der interdisziplinären Natur der Bildverarbeitung hat mit den weitgestreuten Anwendungsgebieten zu tun. Es
gibt fast kein Gebiet in den Natur- und Ingenieurwissenschaften, in dem
Bildverarbeitung nicht eingesetzt wird. Wie wir an den Beispielen in Abschn. 1.2 sehen konnten, hat sie in manchen Anwendungen eine entscheidende Bedeutung gewonnen. Die engen Beziehungen zu so vielen
Anwendungsgebieten sind ein fruchtbarer Boden für die weitere stürmi-
sche Entwicklung der Bildverarbeitung, da daraus ein ständiger Strom
neuer Techniken und Ideen aus den Anwendungsgebieten resultiert.

Es sollte allerdings beachtet werden, dass die Interdisziplinarität nicht
nur als interessante Begleiterscheinung zu betrachten ist. Sie ist eine
Notwendigkeit. Mangel an Wissen entweder in der Bildverarbeitung oder
dem Anwendungsgebiet wird unausweichlich zu suboptimalen Lösungen oder sogar einem völligen Fehlschlag führen.

1.6 Menschliches und maschinelles Sehen

Maschinelle Bildverarbeitung ist ohne das *menschliche Sehsystem* un-
denkbar. Diese banal klingende Feststellung hat so weitreichende Konsequenzen, dass man sie sich bei der Beschäftigung mit digitaler Bildverarbeitung bewußthalten sollte. Jedes Bild, ob direkt aufgenommen oder
von einem Rechner verarbeitet, können wir nur mit Hilfe unseres visu-

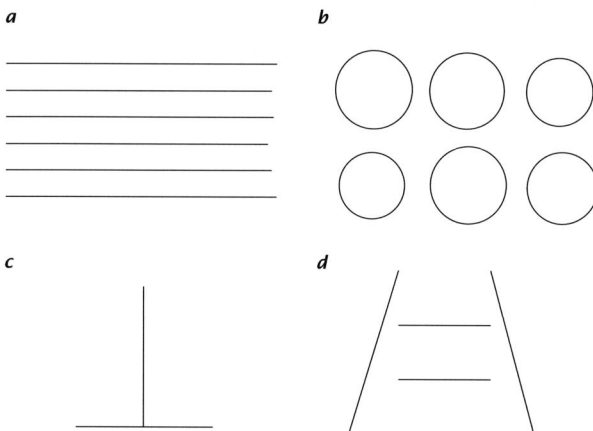

Abbildung 1.14: *Testbilder zur Frage der Längen- und Flächenbestimmung mit dem menschlichen visuellen System:* **a** *parallele Linien mit bis zu 5% Längenunterschied;* **b** *Kreise mit bis zu 10% Radiusunterschied;* **c** *die vertikale Linie erscheint länger, obwohl sie die gleiche Länge wie die horizontale Linie hat;* **d** *perspektivische Täuschung: die obere Linie (im Hintergrund) erscheint länger als die untere Linie (im Vordergrund), obwohl beide gleich lang sind.*

ellen Systems beurteilen. Jede Bildausgabe auf einen Monitor, Drucker oder eine sonstige Bildausgabeeinheit muss sich daher an den Gegebenheiten des visuellen Systems orientieren. Die einfachsten Fragen, die wir zunächst stellen sollten, sind:

- Welche Intensitätsunterschiede können wir erkennen?
- Welche örtliche Auflösung hat unser Auge?
- Wie genau können wir Längen und Flächen in ihrer Größe schätzen und miteinander vergleichen?
- Wie gut können wir Farben unterscheiden?
- Anhand welcher Eigenschaften können wir Objekte erkennen und unterscheiden?

Es ist offensichtlich, dass eine tiefere Kenntnis des menschlichen Sehsystems eine unschätzbare Hilfe für das Computersehen ist. Es ist an dieser Stelle nicht beabsichtigt, einen Überblick über das Sehsystem zu geben. Vielmehr sollen uns die elementaren Beziehungen zwischen menschlichem und Computersehen bewußt werden. Daher werden wir verschiedene Eigenschaften des humanen Sehsystems in den entsprechenden Kapiteln aufzeigen. Hier folgen lediglich einige einführende Anmerkungen.

Dazu kann der Leser selbst einige Experimente zur Frage der Längen- und Flächenschätzung durchführen. (Abb. 1.14). Während bei parallelen Linien (Abb. 1.14a) kleine Längenunterschiede leicht erkannt werden,

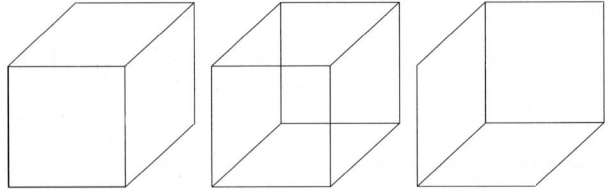

Abbildung 1.15: *Erkennung dreidimensionaler Objekte: drei unterschiedliche Darstellungen eines Würfels mit identischen Kanten in der Bildebene.*

scheint ein Flächenvergleich mit Kreisen ungleich schwieriger zu sein (Abb. 1.14b). Die übrigen Beispiele zeigen, wie die Schätzung durch umgebende Objekte fehlgeleitet werden kann. Man spricht von *optischen Täuschungen*. Gezeigt sind Beispiele zur Längenschätzung (Abb. 1.14c und d). Diese Beispiele machen deutlich, wie sehr sich das menschliche Sehvermögen am Kontext orientiert. Man muss daher beim Schätzen und Vergleichen von Längen und Flächen in Bildern sehr vorsichtig sein.

Das zweite Thema ist die Frage der Erkennung von Objekten in Bildern. Obwohl Abb. 1.15 nur einige wenige Linien enthält und obwohl es ein ebenes Bild ohne direkte Tiefeninformation ist, erkennen wir im rechten und linken Bild sofort einen Würfel und seine räumliche Orientierung. Wir können diese Schlussfolgerung nur aus den versteckten Linien und unserem Wissen um die Form eines Würfels ziehen. Das mittlere Bild, das auch die verdeckten Linien zeigt, ist ambivalent. Mit einiger Übung können wir zwischen den beiden möglichen Orientierungen im Raum wechseln.

Abbildung 1.16 zeigt eine bemerkenswerte Eigenschaft des menschlichen visuellen Systems. Ohne Probleme erkennen wir scharfe Grenzen zwischen den verschiedenen Texturen in Abb. 1.16 und die Zahl 5. In Abb. 1.16 identifizieren wir ein weißes gleichschenkliges Dreieck, obwohl Teile der Grenzen nicht existieren. Diese wenigen Beobachtungen zeigen die enorme Leistungsfähigkeit des menschlichen visuellen Systems bei der Objekterkennung. Dagegen ist es weniger geeignet für die exakte Bestimmung von Grauwerten, Entfernungen und Flächen.

Im Vergleich dazu sollte uns die marginale Leistungsfähigkeit von Computer-Sehsystemen bescheiden machen. Ein digitales Bildverarbeitungssystem kann nur elementare oder fest definierte Bildverarbeitungsaufgaben ausführen, wie z.B. die Echtzeit-Qualitätskontrolle in der Industrieproduktion. Es wurde auch erreicht, dass ein maschinelles visuelles System ein Auto bei hoher Geschwindigkeit einschließlich Spurwechsel automatisch steuert. Allerdings sind wir noch Welten von einem universellen maschinellen Bildverarbeitungssystem entfernt, das Bilder „versteht", wie Menschen es können, und das intelligent und flexibel in Echtzeit reagiert.

a   b

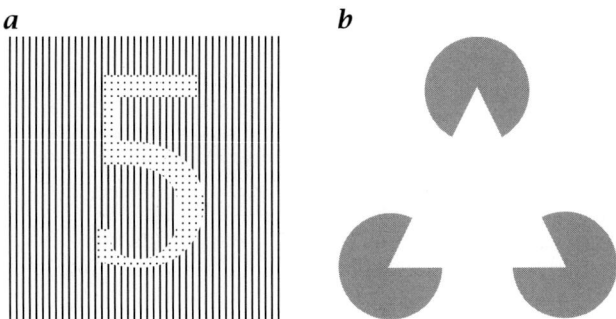

Abbildung 1.16: *a* *Erkennung von Grenzen zwischen Mustern;* **b** *„Interpolation"* *von Objektgrenzen.*

Erwähnenswert ist noch eine andere Beziehung zwischen menschlichem und maschinellem Sehen. Bedeutende Entwicklungen beim maschinellen Sehen wurden durch Fortschritte im Verstehen des menschlichen Sehsystems möglich. Wir werden in diesem Buch einigen Beispielen begegnen: den *Pyramiden* als einer effizienten Datenstruktur für die Bildverarbeitung (Kapitel 5), der lokalen Orientierung (Kapitel 13) und der Bestimmung von Bewegung durch Filtertechniken (Kapitel 14).

1.7 Komponenten eines Bildverarbeitungssystems

In diesem Abschnitt gehen wir kurz auf die Möglichkeiten moderner Bildverarbeitungssysteme ein. Ein Bildaufnahme- und -verarbeitungssystem besteht üblicherweise aus den folgenden vier Komponenten:

1. einem Bildaufnahmesystem, das im einfachsten Fall eine CCD-Kamera, ein Flachbettscanner oder ein Videorecorder sein kann;
2. einem als Bildspeicher (Framegrabber) bezeichneten Gerät, das elektrische Signale (normalerweise ein analoges Videosignal) vom Bildaufnahmesystem in ein digitales Bild umwandelt, das im Rechner gespeichert werden kann;
3. einem Personalcomputer oder einer Workstation mit der entsprechenden Leistungsfähigkeit;
4. einer Bildverarbeitungssoftware, die die Werkzeuge zur Manipulation und Analyse der Bilder bereitstellt.

1.7.1 Bildsensoren

Digitale Verarbeitung erfordert Bilder in Form von elektrischen Signalen. Diese Signale können in Sequenzen von Zahlen digitalisiert und dann von einem Computer verarbeitet werden. Es gibt viele Wege, Bilder in digitale

a   *b*

Abbildung 1.17: *Moderne Halbleiter-Bildsensoren:* **a** *Komplette CMOS-Kamera auf einem Chip mit digitaler und analoger Bildausgabe (Bild zur Verfügung gestellt von K. Meier, Kirchhoff-Institut für Physik, Universität Heidelberg), [126]).* **b** *Hochqualitative digitale 12-bit CCD-Kamera, Pixelfly (Bild zur Verfügung gestellt von PCO GmbH, Kelkheim).*

Zahlen zu konvertieren. Wir konzentrieren uns hier auf die Videotechnologie, die den am weitesten verbreiteten und kostengünstigsten Ansatz darstellt.

Ein Meilenstein in der Bildaufnahmetechnik war die Erfindung der Halbleiter-Bildsensoren. Es gibt viele Typen solcher Sensoren. Die am weitesten verbreiteten sind die sogenannten *charge coupled devices* oder *CCDs*. Solch ein Sensor besteht aus einer großen Zahl photosensitiver Elemente. Während der Akkumulationsphase sammelt jedes Element elektrische Ladungen, die von absorbierten Photonen erzeugt werden. Damit ist die erzeugte Ladung der Beleuchtung proportional. In der Auslesephase werden diese Ladungen nacheinander von Sensorelement zu Sensorelement über den Chip transportiert und schließlich in eine elektrische Spannung umgewandelt.

Seit einiger Zeit sind auch *CMOS-Bildsensoren* verfügbar. Aber erst vor kurzer Zeit sind diese Sensoren ins Blickfeld der Anwender gerückt, da die Bildqualität, insbesondere die Gleichförmigkeit der Empfindlichkeit, langsam die der CCD-Bildsensoren erreicht. CMOS-Bildsensoren erreichen in manchen Eigenschaften immer noch nicht die Qualität der CCD-Sensoren, insbesondere bei niedrigen Bestrahlungsstärken. Andererseits haben sie aber auch eine Reihe signifikanter Vorteile gegenüber CCD-Sensoren. Sie verbrauchen deutlich weniger Leistung, Bildausschnitte können schnell und flexibel ausgelesen werden, und weitere Schaltkreise zur Bildvorverarbeitung und Signalumwandlung können direkt integriert werden. In der Tat ist es heute möglich, eine komplette Kamera auf einem Chip unterzubringen (Abb. 1.17a). Schließlich können CMOS-Bildsensoren wesentlich billiger hergestellt werden und eröffnen damit neue Anwendungsfelder.

Halbleiter-Bildsensoren haben eine Reihe signifikanter Vorteile:

- *Präzise und stabile Geometrie.* Die Sensorelemente sind präzise auf einem regelmäßigen Gitter angeordnet. Geometrische Verzerrungen kommen praktisch nicht vor. Wegen des niedrigen Wärmeausdehnungskoeffizienten von Silizium ($2 \cdot 10^{-6}$/K) ist die Sensorgeometrie nur wenig temperaturabhängig. Diese Eigenschaften ermöglichen präzise Größen- und Positionsmessungen.

- *Klein und robust.* Die Sensoren sind klein und unempfindlich gegenüber äußeren Einflüssen wie magnetischen Feldern und Vibrationen.

- *Hohe Sensitivität.* Die *Quantenausbeute*, d. h. der Anteil an elementaren Ladungen, der pro Photon erzeugt wird, kann nahe bei eins liegen (≻ R1 and ≻ R2). Allerdings können kommerzielle CCDs wegen der thermisch erzeugten Elektronen nicht bei geringen Helligkeiten verwendet werden. Werden CCD-Sensoren jedoch auf niedrige Temperaturen gekühlt, gehören sie zu den empfindlichsten Bildaufnehmern, die sich stundenlang belichten lassen. Solche Geräte werden in der Astronomie häufig verwendet. Sie sind etwa 100mal empfindlicher als photographisches Material.

- *Große Variabilität.* Bildsensoren gibt es mit den verschiedensten Auflösungen und Bildraten. Sensoren mit hohen Auflösungen von bis zu 2048×2048 und mehr Bildpunkten sind erhältlich (≻ R1 and ≻ R2). Der bis 2001 größte CCD-Sensor wurde von der Firma Philips gebaut. Er besteht aus Modulen mit 1k $\times$ 1k-Sensorblöcken. Daraus entstand ein 7k $\times$ 9k-Sensor mit Bildpunkten der Größe $12 \times 12\ \mu m$ [67]. Zu den schnellsten verfügbaren Bildaufnehmern gehört der CMOS-Bildsensor von Photobit mit einer maximalen Bildrate von 500 Hz bei 1280×1024 Sensorelementen (660 MB/s Datenrate).

- *Bilder vom Unsichtbaren.* Halbleiter-Bildaufnehmer sind nicht nur für den sichtbaren Bereich des elektromagnetischen Spektrums empfindlich. Standard-CCD-Sensoren können so gebaut werden, dass sie Wellenlängen von 200 nm im Ultraviolettbereich bis zu 1100 nm im nahen Infrarot detektieren können. Für größere Wellenlängen sind andere Materialien wie GaAS, InSb oder HgCdTe erforderlich (≻ R3), da Silizium transparent wird. Mit speziellen Verfahren können Silizium-Sensoren aber bis weit in den Bereich der Röntgenstrahlen hinein empfindlich gemacht werden.

1.7.2 Bildspeicher und Bilddarstellung

Ein Bildspeicher wandelt ein elektrisches Signal vom Bildaufnahmesystem in ein digitales Bild um, das von einem Computer verarbeitet werden kann. Bilddarstellung und -verarbeitung erfordern heutzutage keine spezielle Hardware mehr. Mit der Entwicklung der grafischen Benutzeroberflächen wurde die Bilddarstellung ein integrierter Teil eines Personalcomputers oder einer Workstation. Neben der Darstellung von Grau-

wertbildern mit bis zu 256 Grauwertstufen (8 Bit) können auch Echtfarb-
bilder mit bis zu 16,7 Millionen Farben (3 Kanäle mit je 8 Bit) bei einer
Auflösung von bis zu 1600×1200 Bildpunkten auf preiswerten Grafik-
karten in hoher Qualität dargestellt werden.

Dementsprechend erfordert ein moderner Bildspeicher keine eigene Bilddarstellungseinheit mehr. Nötig sind lediglich Schaltkreise, um
das elektrische Signal vom Bildsensor zu digitalisieren. Zusätzlich muss
das Bild im Speicher des Computers abgelegt werden. Die direkte Übertragung der Bilddaten vom Bildspeicher in den Hauptspeicher (RAM) eines Mikrocomputers ist seit 1995 durch die Einführung schneller pe-
ripherer Bussysteme wie des PCI-Busses möglich. Dieser 32 Bit breite
Bus hat eine theoretische Spitzenübertragungsgeschwindigkeit von 132
MByte/s. Je nach PCI-Bus-Controller auf dem Framegrabber und Chip-
Satz auf dem Motherboard des Computers werden tatsächliche Übertra-
gungsraten zwischen 15 und 80 MB/s erreicht. Dies ist selbst für Farbbilder und Bilder mit hoher Bildrate ausreichend, um Bildsequenzen in
Echtzeit in den Hauptspeicher zu übertragen. Die zweite Generation des
PCI-Busses ist 64 Bit breit und hat eine Taktfrequenz von 66 MHz. Damit
vervierfacht sich die maximale Transferrate auf 512 MB/s. Digitale Ka-
meras, die Bilder direkt über standardisierte Schnittstellen wie *Firewire*
(*IEEE 1394*), die *Camera Link*-Schnittstelle oder eine schnelle *Ethernet*-
Verbindung übertragen, machen die Bildeingabe in den Rechnern noch
einfacher.

Die Datentransferraten zu Festplatten sind jedoch mit typischerweise weniger als 10 MB/s wesentlich geringer. Das reicht nicht aus, um
unkomprimierte Bilddaten in Echtzeit auf die Festplatte zu transferie-
ren. Echtzeit-Transfer von Bilddaten mit Transferraten zwischen 10 und
30 MB/s sind jedoch mit *RAID arrays* möglich.

1.7.3 Computer-Hardware für die Bildverarbeitung

Der enorme Fortschritt der Computertechnologie in den letzten zwanzig
Jahren hat die digitale Bildverarbeitung jedem Wissenschaftler und Ingenieur zugänglich gemacht. Um einen Personal-Computer für die Bildverarbeitung einsetzen zu können, müssen vier wesentliche Bedingungen
erfüllt sein: hochauflösende Bilddarstellung, ausreichende Bandbreite
für Speichertransfer, genügend Speicher und eine ausreichende Rechenleistung. In allen vier Bereichen wurde eine kritische Leistungsgrenze
überschritten, die es möglich macht, Bilder mit Standardhardware zu
verarbeiten. In naher Zukunft ist zu erwarten, dass auch Volumenbilder und/oder Bildsequenzen mit Personal-Computern verarbeitet werden können. Im folgenden werden wir diese Schlüsselbereiche besprechen.

Personal-Computer verfügen nun über genügend Hauptspeicher (Random Access Memory oder RAM), um mehrere Bilder zu speichern. Theoretisch kann ein 32-Bit-Computer bis zu 4 GB Speicher adressieren. Das ist ausreichend auch für komplexe Bildverarbeitungsoperationen mit großen Bildern. Mit den seit kurzer Zeit erhältlichen 64-Bit-Computersystemen steht genügend Speicher für anspruchsvolle Anwendungen mit Bildsequenzen und Volumenbildern zur Verfügung.

Während in den Anfängen der Personalcomputer Festplatten eine Kapazität von 5 bis 10 MByte hatten, sind heute Plattensysteme mit tausendfach höherer Kapazität (10–60 GB) Standard. Damit kann eine große Anzahl Bilder auf Festplatten gespeichert werden. Dies ist eine wichtige Voraussetzung für die wissenschaftliche Bildverarbeitung. Für die permanente Datenspeicherung und den Austausch von Bilddaten spielt die CD-ROM eine zunehmend bedeutende Rolle. Ein solches Medium kann bis zu 600 MByte an Bilddaten aufnehmen, die unabhängig vom Betriebssystem auf MS Windows-, MacIntosh- und UNIX-Plattformen gelesen werden können. Mittlerweile gibt es günstige CD-ROM-Brenner, die es jedermann erlauben, seine eigenen CDs zu produzieren. Sobald billige *DVD+RW*-Brenner auf dem Markt sind, steht ein Speichermedien mit einer deutlich höheren Kapazität von 4.7 GB zur Verfügung.

Während der kurzen Geschichte der Mikroprozessoren hat sich die Rechenleistung beträchtlich erhöht. Im Zeitraum von 1978 bis 2001 hat sich die Taktrate von 4.7 MHz auf 2.0 GHz um den Faktor 500 erhöht. Die Geschwindigkeit elementarer Operationen wie Fließkommaaddition oder -multiplikation hat sich sogar noch mehr erhöht, da auf modernen Mikroprozessoren diese Operationen nur einige Takte benötigen gegenüber etwa 100 auf frühen Prozessoren. Das hat dazu geführt, dass sich die Verarbeitungsgeschwindigkeit von Fließkomma-Operationen um mehr als den Faktor 10000 beschleunigt hat.

Die Bildverarbeitung konnte von dieser Entwicklung nur teilweise profitieren. Auf modernen Mikroprozessoren wurde die Verarbeitung und der Transfer von 8-Bit- und 16-Bit-Bilddaten zunehmend ineffektiv. Diese Entwicklung hat sich erst 1997 mit der Integration von Multimedia-Instruktionssätzen in Mikroprozessoren geändert. Die grundlegende Idee der schnellen Verarbeitung von Bilddaten ist sehr einfach. Man macht sich zunutze, dass auf den 64-Bit breiten internen Bussystemen moderner Mikroprozessoren mehrere Bildpunkte gleichzeitig verarbeitet werden können. Diese spezielle Form der Parallelverarbeitung ist bekannt unter dem Namen *Single Instruction Multiple Data* (*SIMD*). Mit 64 Bit langen Datenworten können acht 8-Bit-, vier 16-Bit- oder zwei 32-Bit-Datenwörter gleichzeitig mit derselben Operation verarbeitet werden.

Die Firma Sun war die erste, die das SIMD-Konzept mit dem *visual instruction set* (*VIS*) auf der UltraSparc-Architektur integriert hat [139].

Im Januar 1997 führte Intel die Technologie *Multimedia Instruction Set Extension* (*MMX*) für die nächste Generation von Pentium-Prozessoren (P55C) ein. Das SIMD-Konzept wurde schnell von anderen Herstellern übernommen. Motorola entwickelte z. B. die *AltiVec*-Architektur. SIMD-Pixelverarbeitung wurde auch ein integraler Bestandteil von neuen 64-Bit-Architekturen wie der *IA-64*-Architektur von Intel und der *x86-64*-Architektur von AMD.

SIMD-Verarbeitung ist damit ein Standard für moderne Mikroprozessoren geworden und hat teilweise zu einer erheblichen Beschleunigung von Bildverarbeitungsoperationen geführt. Immer mehr komplexe Bildverarbeitungsaufgaben können in Echtzeit auf Standard-Mikroprozessoren ausgeführt werden, ohne dass teuere und schwer zu programmierende Spezialhardware benötigt wird.

1.7.4 Software und Algorithmen

Der rasche Fortschritt der Computerhardware lenkt leicht von der Bedeutung der Software und der mathematischen Untermauerung der Konzepte für die Bildverarbeitung ab. Früher wurde die Bildverarbeitung mehr als „Kunst" denn als Wissenschaft bezeichnet. Sie ähnelte mehr einem Tappen im Dunkeln oder einem empirischen Suchen nach einer Lösung. Wenn ein Algorithmus für eine bestimmte Aufgabenstellung funktionierte, konnte man fast sicher sein, dass er mit anderen Bildern nicht lief, ohne dass man wußte, warum.

Glücklicherweise ändert sich dies allmählich. Die Bildverarbeitung ist dabei, sich zu einer wohlfundierten Wissenschaft zu entwickeln. Das tiefere Verständnis hat auch zu einer realistischeren Einschätzung der heutigen Möglichkeiten der Bildverarbeitung und -analyse geführt, die in vielen Aspekten noch Welten von den Möglichkeiten des menschlichen Sehens entfernt ist. Eine weitverbreitete falsche Meinung ist die, dass eine bessere mathematische Grundlage der Bildverarbeitung nur für die Theoretiker von Interesse sei, jedoch keine Konsequenzen für die Anwendungen habe. Das Gegenteil ist der Fall; die Vorteile sind enorm. Zunächst erlaubt die mathematische Analyse eine Unterscheidung der lösbaren von den unlösbaren Bildverarbeitungsproblemen. Dies ist bereits sehr hilfreich. Des weiteren werden Bildverarbeitungsalgorithmen vorhersagbar und exakt; in einigen Fällen resultieren optimale Ergebnisse. Neue mathematische Methoden führen oft zu neuen Ansätzen, die entweder bisher unlösbare Probleme lösen oder Aufgaben schneller und genauer erledigen können als zuvor. In vielen Fällen lässt sich die Verarbeitungsgeschwindigkeit um mehrere Größenordnungen steigern. Damit machen schnelle Algorithmen viele Bildverarbeitungsmethoden überhaupt erst anwendbar bzw. reduzieren die Hardwarekosten eines Bildverarbeitungssystems erheblich.

1.8 Literaturhinweise zur Vertiefung‡

In diesem Abschnitt werden einige Hinweise auf weiterführende Literatur gegeben.

Einführende Lehrbücher. Einführende deutschsprachige Lehrbücher sind Haberäcker [66] und Abmayr [1]. „The Image Processing Handbook" von Russ [172] ist eine gute Einführung in die Bildverarbeitung mit einer Fülle von Anwendungsbeispielen und Bildmaterial. Empfehlenswert ist auch das Lehrbuch von Nalwa [143]. Es führt den Leser — wie der Titel sagt — durch die Computer Vision.

Lehrbücher für Fortgeschrittene. Auch heute lohnt es sich noch, das nun fast zwanzig Jahre alte, klassische Lehrbuch „Digital Picture Processing" von Rosenfeld und Kak [171] zu lesen. Andere klassische, aber zwischenzeitlich etwas veraltete Lehrbücher sind Gonzalez und Woods [61], Pratt [155] und Jain [95]. Das Lehrbuch von van der Heijden [205] befasst sich mit Bildverarbeitung unter dem Gesichtspunkt der Messtechnik und schließt die Parameterschätzung und Objekterkennung ein.

Lehrbücher zu speziellen Themen. Wegen der interdisziplinären Natur der Bildverarbeitung (Abschn. 1.5), kann diese von verschiedenen Standpunkten aus betrachtet werden. Die folgende Tabelle weist Lehrbücher und Monographien aus, die sich auf den einen oder anderen Aspekt der Bildverarbeitung konzentrieren. Es sind auch applikationsorientierte Darstellungen dabei.

Thema	Referenz
Bildsensoren	Holst [76], Howell [81], Janesick [97]
Magnetresonanz-Bildgebung	Haacke et al. [65], Liang und Lauterbur [123], Reisser und Semmler [162]
Geometrie der Computer Vision	Faugeras [43]
Perzeption	Mallot [130], Wandell [210]
Maschinelles Sehen	Jain et al. [96], Jähne et al. [93], Demant et al. [33]
Robotorensehen	Horn [80]
Signalverarbeitung	Granlund und Knutsson [63], Lim [124]
Bildverarbeitung in der Medizin	Lehmann et al. [119]
Photogrammetrie	Bähr und Vögtle [6], Luhmann [128]
Fernerkundung	Richards und Jia [166], Schott [179]
Industrielle Bildverarbeitung	Demant et al. [33]
Mustererkennung, Objektklassifizierung	Schürmann [181], Bishop [14]
Bildverstehen	Ullman [200]

Menschliches und maschinelles Sehen.   Eine ausführliche Behandlung ist bei Levine [122] zu finden. Eine exzellente und aktuelle Referenz ist auch die Monographie von Wandell [210].

Artikelsammlungen.   Einen guten Überblick über die Bildverarbeitung anhand von Schlüsselpublikation aus Fachzeitschriften geben folgende Sammelbände: „Digital Image Processing" von Chelappa [24], „Readings in Computer Vision: Issues, Problems, Principles, and Paradigms" von Fischler und Firschein [46] und „Computer Vision: Principles and Advances and Applications" von Kasturi und Jain [104, 105]

Handbücher.   Das „Practical Handbook on Image Processing for Scientific Applications" von Jähne [89] gibt einen aufgabenorientierten Zugang zur Bildverarbeitung mit vielen praktischen Hinweisen. Eine umfangreiche Zusammenfassung der Computer Vision bietet das dreibändige Werk „Handbook of Computer Vision and Applications" von Jähne et al. [91]. Algorithmen für die Bildverarbeitung und Computer Vision sind zu finden in Voss und Süße [209], Pitas [152], Parker [149], Umbaugh [201] und Wilson und Ritter [216].

2 Bildrepräsentation

2.1 Einleitung

Dieses und die beiden nächsten Kapitel behandeln die mathematischen Grundlagen der Bildverarbeitung. Thema dieses Kapitels ist die Frage, wie bildhafte Information repräsentiert werden kann. Zwei Aspekte sind in diesem Zusammenhang wesentlich:

Zum einen kann Bildinformation auf völlig verschiedene Arten dargestellt werden, wobei die wichtigsten die räumliche (Abschn. 2.2) und die Wellenzahldarstellung (Abschn. 2.3) sind. Sie unterscheiden sich durch eine andere Betrachtung räumlicher Daten. Da die verschiedenen Bilddarstellungen die Bilddaten jeweils vollständig repräsentieren und damit äquivalent sind, können sie ineinander konvertiert werden. Die Konversion von der räumlichen in die Wellenzahlrepräsentation ist als *Fouriertransformation* bekannt. Sie ist ein Beispiel einer allgemeineren Klasse von Operationen, den *unitären Transformationen* (Abschn. 2.4).

Zum anderen diskutieren wir, wie diese Bilddarstellungen mit Digitalrechnern realisiert werden können. Wie können Bilder durch eine Matrix digitaler Zahlen adäquat dargestellt werden? Wie können diese Daten effizient gehandhabt werden? Gibt es schnelle Algorithmen, die eine Repräsentation in die andere konvertieren? Ein Schlüsselbeispiel dazu ist die schnelle Fouriertransformation, die in Abschn. 2.5 besprochen wird.

2.2 Digitale Bilder im Ortsraum

2.2.1 Pixel und Voxel

Bilder stellen eine flächenhafte Verteilung der *Bestrahlungsstärke* in einer Ebene dar. Mathematisch kann diese als eine kontinuierliche Funktion zweier räumlicher Variablen beschrieben werden:

$$E(x_1, x_2) = E(\boldsymbol{x}). \tag{2.1}$$

Computer können keine kontinuierlichen Bilder verarbeiten, sondern nur digitale Zahlenfelder. Aus diesem Grund müssen Bilder als zweidimensionale Punktfelder abgespeichert werden. Ein Punkt auf dem 2D-Gitter wird als *Pixel* oder *Pel* bezeichnet. Beide Begriffe sind Kurzformen des englischen Begriffes *picture element*. Ein Pixel oder Bildpunkt

B. Jähne, Digitale Bildverarbeitung
ISBN 3-540-41260-3

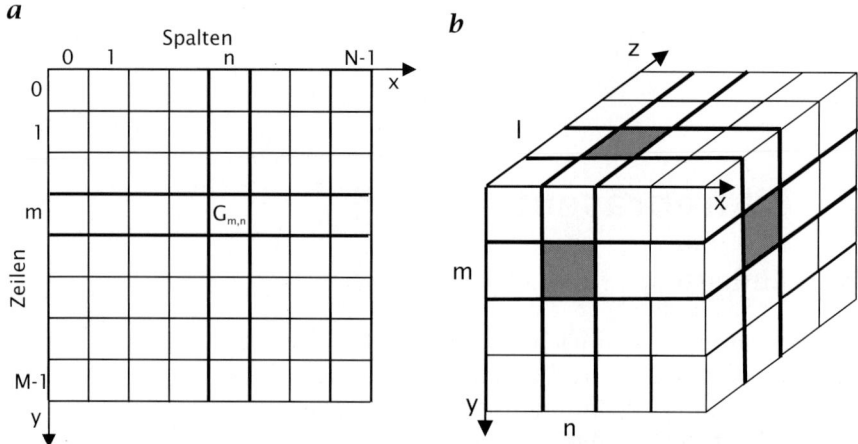

Abbildung 2.1: *Darstellung von Digitalbildern durch Felder diskreter Punkte auf einem quadratischen Gitter:* **a** *2D-Bild,* **b** *3D-Bild.*

repräsentiert die Bestrahlungsstärke an der zugehörigen Gitterposition. Für die Angabe der Position des Pixels ist die Matrixnotation üblich. Der erste Index, m, gibt die Position der Zeile (*Zeilenindex*), der zweite, n, die Position der Spalte (*Spaltenindex*) an (Abb. 2.1a). Besteht ein digitales Bild aus $M \times N$ Bildpunkten, wird es durch eine $M \times N$-Matrix repräsentiert. Der Spaltenindex, n, läuft von 0 bis $N - 1$ und der Zeilenindex, m, von 0 bis $M - 1$. M gibt die Anzahl der Zeilen, N die Anzahl der Spalten an. In Übereinstimmung mit der Matrixnotation läuft die vertikale Achse (y-Achse) von oben nach unten und nicht umgekehrt wie sonst vielfach üblich. Die horizontale Achse (x-Achse) läuft wie gewohnt von links nach rechts.

Jedes Pixel repräsentiert eigentlich nicht nur einen Bildpunkt, sondern eine rechteckige Region, die *Elementarzelle* des Gitters. Der mit dem Pixel assoziierte Wert muss die mittlere Bestrahlungsstärke der zugehörigen Gitterzelle angemessen darstellen.

Abbildung 2.2 zeigt ein Bild, dargestellt mit unterschiedlicher Anzahl von Pixeln. Bei Verwendung von wenigen Pixeln (Abb. 2.2a, b) ist nicht nur die räumliche Auflösung schlecht, sondern die Grauwertunterschiede an den Pixelrändern erzeugen auch Artefakte, die vom eigentlichen Bildinhalt ablenken. Werden die Pixel kleiner, sind auch diese Effekte weniger auffällig bis dahin, dass wir den Eindruck eines räumlich kontinuierlichen Bildes haben. Dies ist dann der Fall, wenn die Pixel kleiner sind als die räumliche Auflösung unseres Sehsystems. Sie können sich von dieser Beziehung überzeugen, indem Sie Abb. 2.2 aus unterschiedlicher Entfernung betrachten.

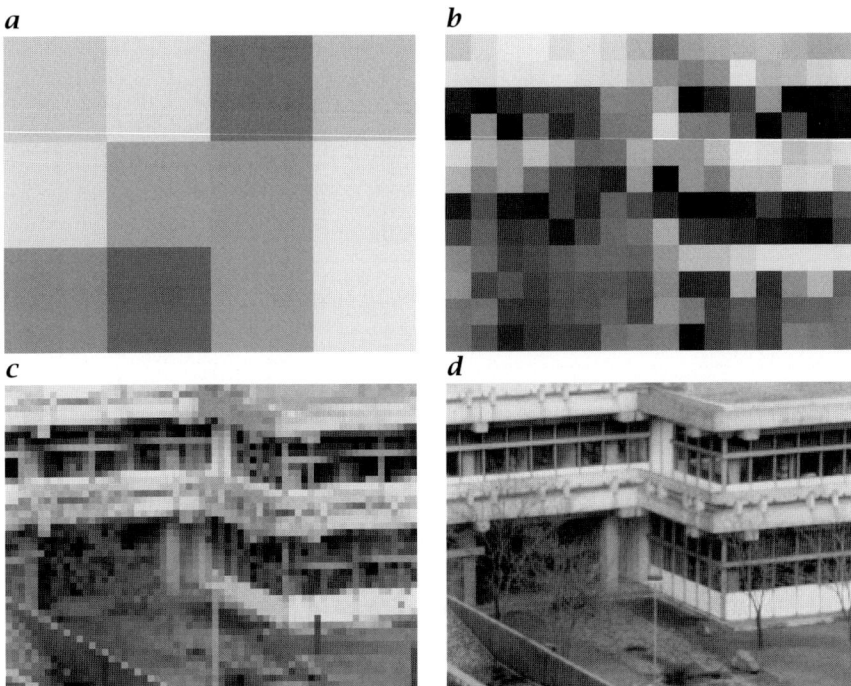

Abbildung 2.2: *Auf einem quadratischen Gitter repräsentiert jedes Pixel eine quadratische Region des Bildes. Dargestellt ist dasselbe Bild mit a* 3×4, *b* 12×16, *c* 48×64 *und d* 192×256 *Bildpunkten. Enthält das Bild ausreichend viele Bildpunkte, erscheint es für das menschliche Sehsystem als kontinuierliches Bild.*

Wie viele Pixel sind notwendig? Auf diese Frage gibt es keine generelle Antwort. Für die Betrachtung eines digitalen Bildes sollte die Pixelgröße kleiner sein als die räumliche Auflösung des visuellen Systems des Beobachters bei einer gegebenen Entfernung. Auf eine bestimmte Aufgabe bezogen, sollte die Pixelgröße kleiner sein als die kleinsten Objekte, die untersucht werden sollen. Im allgemeinen ist für die Pixelgröße jedoch eher die verfügbare Sensortechnologie limitierend als die Anforderung der Anwendung (Abschn. 1.7.1). Auch ein hochauflösender Sensor mit 1000×1000 Bildpunkten hat eine relative räumliche Auflösung von nur 10^{-3}. Dies ist eine schlechte Auflösung im Vergleich zu anderen Verfahren wie der Längenmessung, der Messung elektrischer Spannung oder der Bestimmung der Häufigkeit. Diese Größen können mit relativen Auflösungen von weit besser als 10^{-6} bestimmt werden. Allerdings liefern sie nur *eine* Messung an einem einzigen Punkt, während ein 1000×1000-Bild *eine Million* Bildpunkte enthält. Damit erhalten wir Einsicht in die räumlichen Variationen einer Messgröße. Bei Aufnahme von Bildsequen-

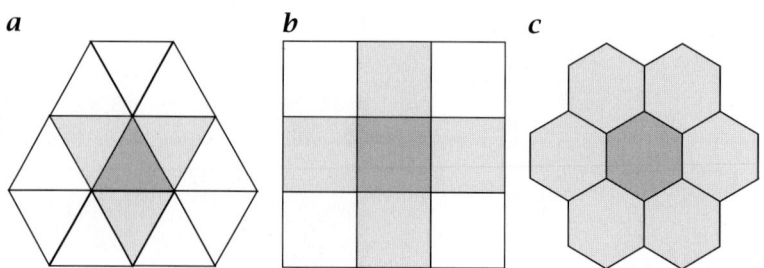

a   *b*   *c*

Abbildung 2.3: *Die drei möglichen regelmäßigen 2D-Gitter:* **a** *Dreiecksgitter,* **b** *quadratisches Gitter,* **c** *hexagonales Gitter.*

zen erschließen sich auch die zeitlichen Änderungen und damit die Kinematik und Dynamik der untersuchten Prozesse. Auf diese Weise eröffnet die Bildverarbeitung eine völlig neue Qualität der Messung.

Ein quadratisches Gitter ist die einfachste Geometrie eines digitalen Bildes. Andere geometrische Anordnungen der Bildpunkte und Formen der Elementarzellen sind möglich. Diese Fragestellung entspricht der Untersuchung von Kristallstrukturen im 3D-Raum, mit der sich Festkörperphysiker, Mineralogen und Chemiker beschäftigen. Kristalle zeigen periodische 3D-Muster der Anordnung ihrer Atome, Ionen oder Moleküle, die aufgrund ihrer Symmetrien und der Geometrie einer Elementarzelle klassifiziert werden können. Zweidimensional ist die Klassifikation digitaler Gitter viel einfacher als im dreidimensionalen Raum. Wenn wir uns auf regelmäßige Polyeder beschränken, gibt es nur drei Anordnungsmöglichkeiten: Dreiecke, Quadrate und Sechsecke (Abb. 2.3).

In der Bildverarbeitung sind neben der zweidimensionalen auch drei- und sogar höherdimensionale Betrachtungen von Interesse. Ein Pixel wird in einem 3D-Bild zu einem *Voxel* (Kurzform des englischen Begriffes *volume element*). Auf einem in jeder Richtung quadratischen Gitter repräsentiert jedes Voxel den mittleren Grauwert eines Würfels. Die Position eines Voxels wird durch drei Indizes gegeben. Dabei steht l für die Tiefe, m ist wieder der Zeilen- und n der Spaltenvektor (Abb. 2.1b). Ein kartesisches Gitter ist die allgemeinste Lösung für digitale Daten der Dimension n, weil es die einzige geometrische Form ist, die leicht für beliebige Dimensionen erweitert werden kann (Hyper-Pixel).

2.2.2 Nachbarschaftsrelationen

Eine bedeutende Eigenschaft *diskreter Bilder* sind Nachbarschaftsbeziehungen, da sie definieren, was wir als *zusammenhängende Region* und damit als *digitales Objekt* betrachten. Ein zweidimensionales quadratisches Gitter hat die unglückliche Eigenschaft, dass zwei Möglichkeiten bestehen, benachbarte Bildpunkte zu definieren (Abb. 2.4a, b). Wir können Pixel als benachbart betrachten, wenn sie eine gemeinsame Kan-

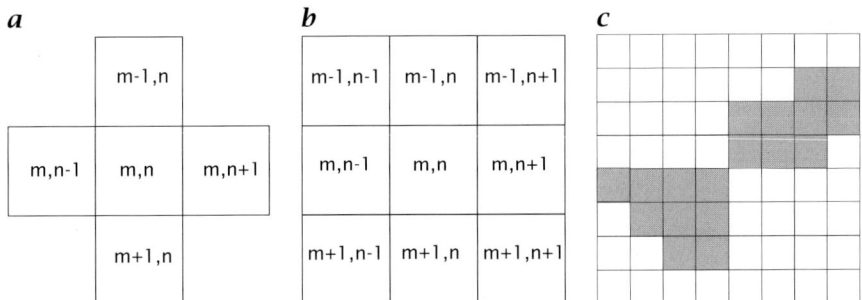

Abbildung 2.4: *Nachbarschaften auf einem quadratischen Gitter:* **a** *4er-Nachbarschaft und* **b** *8er-Nachbarschaft.* **c** *Der schwarze Bereich zählt in einer 8er-Nachbarschaft als ein Objekt (zusammenhängende Region), in einer 4er-Nachbarschaft jedoch als zwei Objekte.*

te oder aber mindestens eine gemeinsame Ecke aufweisen. Also gibt es entweder 4 oder 8 Nachbarn. Wir sprechen dann von einer *4er-Nachbar-schaft* oder einer *8er-Nachbarschaft*.

Beide Nachbarschaftstypen sind für die Definition von Objekten als zusammenhängende Regionen notwendig. Eine Region oder ein Objekt wird als zusammenhängend bezeichnet, wenn wir jedes Pixel in der Region von jedem anderen Pixel über einen Weg erreichen können, der von einem benachbarten Pixel zu einem nächsten führt. Das schwarze Objekt in Abb. 2.4c wird in einer 8er-Nachbarschaft als ein Objekt betrachtet, in einer 4er-Nachbarschaft zerfällt es jedoch in zwei Objekte, da die beiden Bereiche keine gemeinsame Kante haben. Der weiße Hintergrund zeigt in beiden Nachbarschaften gleiche Eigenschaften. In der 8er-Nachbarschaft überkreuzen sich also zwei zusammenhängende Regionen, während in der 4er-Nachbarschaft zwei separate Regionen resultieren. Diese Inkonsistenzen können überwunden werden, wenn die Objekte als 4er- und der Hintergrund als 8er-Nachbarschaft definiert werden oder umgekehrt.

Solche Komplikationen treten nicht nur bei *quadratischen Gittern* auf. Bei einem *dreieckigen Gitter* (Abb. 2.3a) können wir eine 3er- und 12er-Nachbarschaft definieren, bei denen die Nachbarn entweder eine gemeinsame Kante oder Ecke haben. Bei einem *hexagonalen Gitter* (Abb. 2.3c) können wir dagegen nur eine *6er-Nachbarschaft* definieren, da es Bildpunkte, die eine gemeinsame Ecke, aber keine gemeinsame Kante aufweisen, nicht gibt. Benachbarte Pixel haben stets eine gemeinsame Kante und zwei gemeinsame Ecken. Trotz dieses Vorteils werden Hexagonalgitter in der Bildverarbeitung selten verwendet, da fast alle handelsüblichen Bildsensoren Pixel auf einem quadratischen Gitter liefern. Die Photosensoren der Retina des menschlichen Auges haben dagegen eher eine hexagonale Form [210].

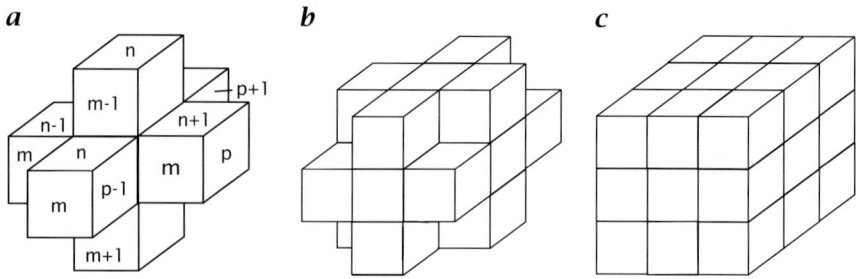

Abbildung 2.5: *Die drei Nachbarschaftstypen auf einem dreidimensionalen kubischen Gitter. **a** 6er-Nachbarschaft: Voxel mit zusammenhängenden Flächen; **b** 18er-Nachbarschaft: Voxel mit verbundenen Kanten; **c** 26er-Nachbarschaft: Voxel mit verbundenen Ecken.*

Im dreidimensionalen Raum sind die Nachbarschaftsrelationen noch komplexer. Nun gibt es drei Möglichkeiten, Nachbarschaften zu definieren. Es gibt Voxel mit verbundenen Flächen, Kanten und Ecken. Diese Definitionen führen entsprechend zu 6er-, 18er- und 26er-Nachbarschaften (Abb. 2.5). Auch hier müssen wir unterschiedliche Nachbarschaften für Objekte und Hintergrund definieren, um eine konsistente Definition zusammenhängender Regionen zu erhalten. Objekte müssen als 6er- und der Hintergrund muss als 26er-Nachbarschaft definiert werden oder umgekehrt.

2.2.3 Diskrete Geometrie

Die diskrete Natur digitaler Bilder macht es notwendig, elementare geometrische Eigenschaften wie Distanz, Steigung einer Linie sowie Koordinatentransformationen wie Translation, Rotation und Skalierung neu zu definieren. Diese Größen sind für die Definition und Messung geometrischer Parameter von Objekten in digitalen Bildern erforderlich.

Um die diskrete Geometrie diskutieren zu können, führen wir den *Gittervektor* ein, der die Position eines Pixels beschreibt. Die folgende Diskussion ist auf rechteckige Gitter beschränkt. Der Gittervektor in 2D, 3D und 4D Bildern bzw. Bildsequenzen ist definiert als

$$\boldsymbol{r}_{m,n} = \left[\begin{array}{c} n\Delta x \\ m\Delta y \end{array} \right], \; \boldsymbol{r}_{l,m,n} = \left[\begin{array}{c} n\Delta x \\ m\Delta y \\ l\Delta z \end{array} \right], \; \boldsymbol{r}_{k,l,m,n} = \left[\begin{array}{c} n\Delta x \\ m\Delta y \\ l\Delta z \\ k\Delta t \end{array} \right]. \quad (2.2)$$

Zur Messung von Entfernungen kann auch die *euklidische Distanz* vom kontinuierlichen Raum auf ein diskretes Gitter mit folgender Definition übertragen werden:

$$d_e(\boldsymbol{r},\boldsymbol{r}') = \|\boldsymbol{r} - \boldsymbol{r}'\| = \left[(n - n')^2 \Delta x^2 + (m - m')^2 \Delta y^2 \right]^{1/2}. \quad (2.3)$$

Für die Entfernungsmessung in höheren Dimensionen gelten entsprechende Formeln. In Digitalbildern werden oft zwei weitere Maßsysteme verwendet. Die *Blockdistanz*

$$d_b(\boldsymbol{r}, \boldsymbol{r}') = |n - n'| + |m - m'| \tag{2.4}$$

gibt die Länge des Weges zwischen zwei Punkten des diskreten Gitters an, wenn man nur in horizontaler und vertikaler Richtung gehen kann. Dies entspricht einem Weg in einer 4er-Nachbarschaft. Die *Schachbrettdistanz* ist dagegen definiert als das Maximum der Entfernung in horizontaler und vertikaler Richtung:

$$d_c(\boldsymbol{r}, \boldsymbol{r}') = \max(|n - n'|, |m - m'|). \tag{2.5}$$

Für praktische Anwendungen (Vermessungsaufgaben etc.) ist jedoch nur die euklidische Metrik von Bedeutung. Sie ist die einzige Metrik für Digitalbilder, die die Isotropie des kontinuierlichen Raums bewahrt. Mit der Blockdistanz-Metrik sind z. B. Entfernungen in Richtung der Diagonalen länger als bei der euklidischen Distanz. Die Kurve aller Punkte mit gleicher Entfernung zu einem gegebenen Punkt ist kein Kreis, sondern eine Raute, die einem um 45° gedrehten Quadrat entspricht.

Die *Translation* auf einem diskreten Gitter ist nur in Vielfachen der Pixel- oder Voxeldistanz definiert, was durch Addition eines Gittervektors $\boldsymbol{t}_{m',n'}$ ausgedrückt werden kann:

$$\boldsymbol{r}'_{m,n} = \boldsymbol{r}_{m,n} + \boldsymbol{t}_{m',n'}. \tag{2.6}$$

Ebenso ist eine Größenänderung nur für ganzzahlige Vielfache der Gitterkonstanten möglich, indem nur jedes q-te Pixel auf jeder p-ten Zeile verwendet wird. Da diese diskrete Skalierungsoperation nur einen Teil der Gitterpunkte benutzt, ist aber fraglich, ob das Bild damit noch korrekt wiedergegeben wird. Eine Drehung (*Rotation*) um einen beliebigen Winkel ist auf einem diskreten Gitter mit Ausnahme einiger weniger Winkel nicht möglich, da sich alle Punkte des gedrehten Gitters mit denen des nicht gedrehten decken müssen. Auf einem rechteckigen, quadratischen und hexagonalen Gitter sind nur Drehungen um ein Vielfaches von 180°, 90° bzw. 60° möglich. Auch die korrekte Darstellung selbst einfacher geometrischer Objekte wie Linien und Kreise ist nicht einfach. Linien sind nur wohldefiniert für Winkel eines Vielfachen von 45°. Ansonsten resultiert eine treppenartige Anordnung von Pixeln mit ungleichen Stufen (Abb. 2.6).

Diese Begrenzungen der diskreten Geometrie bewirken Fehler in der Position, Größe und Orientierung von Objekten. Die Auswirkungen dieser Fehler für die nachfolgende Weiterverarbeitung müssen sorgfältig untersucht werden.

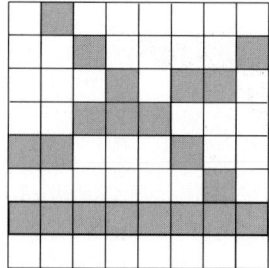

Abbildung 2.6: *Eine digitale Linie ist nur in Richtung der Achsen und Diagonalen wohldefiniert. In allen anderen Richtungen erscheint sie als treppenartige Folge von Pixeln mit ungleichmäßigen Stufen).*

2.2.4 Quantisierung

Zur Darstellung mit digitalen Zahlen muss die gemessene Bestrahlungsstärke auf eine begrenzte Anzahl Q diskreter Grauwerte abgebildet werden. Dieser Prozess wird als *Quantisierung* bezeichnet. Die Anzahl der benötigten Quantisierungsstufen kann unter zwei Kriterien diskutiert werden.

Zum einen können wir argumentieren, dass das menschliche Auge keine Grauwertstufen erkennen sollte, ebenso wie einzelne Bildpunkte in digitalen Bildern nicht wahrnehmbar sein sollten. Die Bilder in Abbildung 2.7 wurden mit 2 bis 16 Grauwertstufen quantisiert. Aus ihnen wird deutlich, dass bei zu wenigen Grauwerten falsche Kanten erzeugt werden und die Erkennung von Objekten, die sich in ihren Grauwerten nur wenig vom Untergrund unterscheiden, schwierig ist. Bei gedruckten Bildern genügen in der Regel 16 Grauwerte, während auf einem Monitor bei gleicher Auflösung noch die Grauwertstufen zu erkennen sind. Standardmäßig werden Bilddaten mit 8 Bit in 256 Grauwerten quantisiert. Dies passt gut zur Architektur von Standardcomputern, die den Hauptspeicher byteweise adressieren. Zudem ist diese Auflösung gut genug, um einen kontinuierlichen Übergang von Grauwerten vorzutäuschen, denn das Auflösungsvermögen des menschlichen visuellen Systems beträgt nur etwa 2%.

Das andere Kriterium orientiert sich an der Aufgabenstellung. Für eine einfache Anwendung mögen zwei Quantisierungsstufen genügen. Als Beispiele seien maschinelle Sehsysteme genannt, bei denen man die Objekte gleichmäßig beleuchtet und vor einem homogenen Hintergrund erkennen und vermessen möchte. Andere Anwendungen, wie die Spektroskopie oder Röntgenaufnahmen zur medizinischen Diagnosestellung, erfordern die Auflösung wesentlich geringerer Intensitätsunterschiede. In diesem Fall wäre die Standardauflösung (8 Bit) unzureichend.

a   b

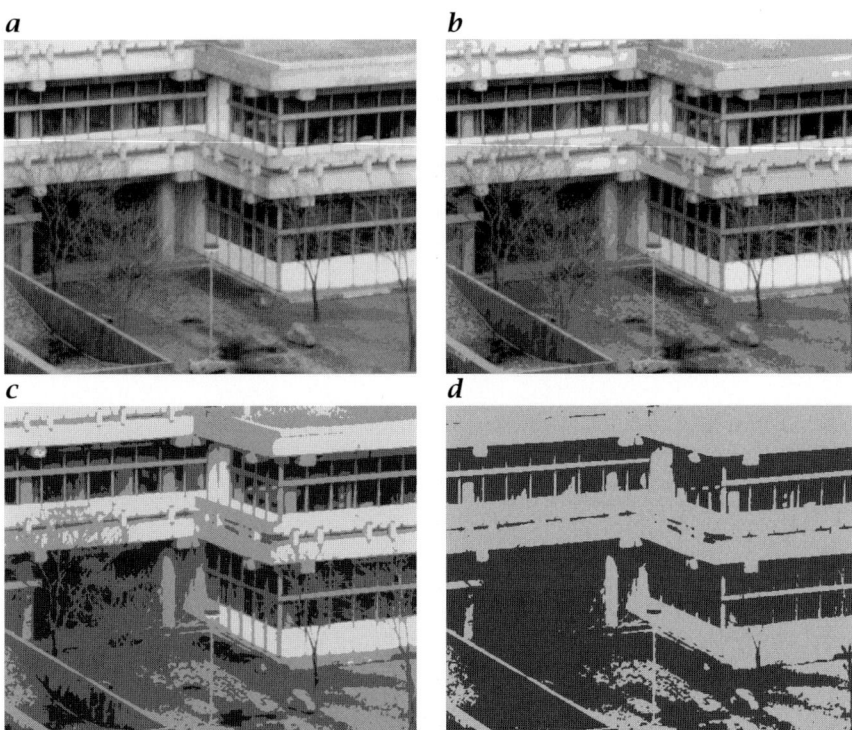

c   d

Abbildung 2.7: *Darstellung eines Bildes mit unterschiedlicher Anzahl von Quantisierungsstufen: **a** 16, **b** 8, **c** 4, **d** 2. Eine zu geringe Quantisierung erzeugt falsche Kanten, und Objekte mit geringem Kontrast können teilweise oder ganz verschwinden).*

2.2.5 Vorzeichenbehaftete Repräsentation von Bildern[‡]

Normalerweise wird die Helligkeit (Bestrahlungsstärke) als eine positive Größe aufgefaßt. Also erscheint es als natürlich, sie in einer vorzeichenlosen 8-Bit-Repräsentation als Zahl im Bereich von 0 bis 255 darzustellen. Dies bringt jedoch Probleme, sobald wir mit den Bildern arithmetische Operationen durchführen. Die Subtraktion zweier Bilder ist ein einfaches Beispiel, bei dem negative Zahlen entstehen. Da negative Grauwerte nicht dargestellt werden können, erscheinen sie als hohe positive Werte (in der Zweierkomplementdarstellung ist das höchste Bit auf eins gesetzt). Die Zahl -1 wird beispielsweise mit -1 modulo $256 = 255$ zum Grauwert 255.

Dies konfrontiert uns mit dem Problem zweier unterschiedlicher Darstellungen von Grauwerten als vorzeichenbehaftete oder vorzeichenlose 8-Bit-Zahlen. Entsprechend muss jeder Algorithmus in mehreren Versionen vorhanden sein, einer für Grauwerte ohne Vorzeichen, einer für vorzeichenbehaftete Grauwerte und weitere für gemischte Fälle, in denen z. B. vorzeichenlose Bilder mit vorzeichenbehafteten Filterkoeffizienten gefiltert werden.

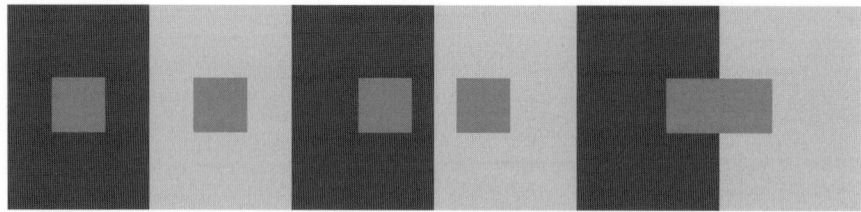

Abbildung 2.8: *Der Kontext bestimmt, wie hell unser Sehsystem ein Objekt wahr-nimmt. Beide Quadrate sind gleich hell. Das Quadrat auf dem dunklen Hinter-grund erscheint jedoch heller als das auf dem hellen Hintergrund. Die zwei Objekte erscheinen nur gleich hell, wenn sie einander berühren.*

Eine Lösung liegt darin, Grauwerte *stets* als vorzeichenbehaftete Zahlen zu be-handeln. In einer 8-Bit-Darstellung können vorzeichenlose Zahlen konvertiert werden, indem von ihnen 128 subtrahiert wird:

$$q' = (q - 128) \mod 256, \quad 0 \le q < 256. \tag{2.7}$$

In dieser Darstellung entspricht die mittlere Grauwertintensität von 128 dem Grauwert Null und niedrigere Grauwerte werden negativ. Somit werden Grau-werte in dieser Darstellung als Abweichung vom Mittelwert 128 aufgefaßt.

Die bei dieser Operation entstehenden vorzeichenbehafteten Grauwerte können als solche gespeichert werden. Nur für die Bilddarstellung müssen die Grau-werte durch die umgekehrte Punktoperation wieder in vorzeichenlose Werte konvertiert werden:

$$q = (q' + 128) \mod 256, \quad -128 \le q' < 128. \tag{2.8}$$

Diese Addition ist identisch mit der in (2.7) durchgeführten Subtraktion, da alle Berechnungen modulo 256 durchgeführt werden.

2.2.6 Helligkeitsempfinden des menschlichen Sehsystems

Im Hinblick auf die Quantisierung ist es wichtig zu wissen, wie unser Sehsystem Leuchtstärken wahrnimmt und welche Unterschiede es er-kennen kann. Die kleinen Quadrate in Abb. 2.8 mit gleicher Leuchtstärke erscheinen heller auf einem dunklen als auf einem hellen Hintergrund, obwohl ihre absolute Helligkeit identisch ist. Diese optische Täuschung verschwindet nur, wenn sich die beiden Quadrate berühren.

Das Auflösungsvermögen des menschlichen Sehsystems hat eher ei-ne logarithmische als eine lineare Charakteristik. Das bedeutet, dass wir relative Helligkeitsunterschiede wahrnehmen können. In einem wei-ten Bereich von Luminanzwerten können wir relative Unterschiede von etwa 2% unterscheiden. Dieser Grenzwert hängt von einer Anzahl von Faktoren ab, insbesondere der räumlichen Frequenz (Wellenlänge) des Musters, das für das Experiment verwendet wird. Bei einer bestimmten Wellenlänge ist die Auflösung optimal.

a  b

Abbildung 2.9: *Eine Szene mit hohem Kontrast, aufgenommen von einer CCD-Kamera mit linearem Kontrast und **a** einer kleinen bzw. **b** einer großen Blendenöffnung.*

Die oben beschriebenen Eigenschaften des menschlichen visuellen Systems unterscheiden sich deutlich von denen maschineller Systeme. Bei diesen werden typischerweise nur 256 Grauwerte aufgelöst. Damit hat ein digitalisiertes Bild eine viel geringere Dynamik als Bilder, die der Mensch wahrnimmt. Dies ist der Grund, warum die Qualität digitalisierter Bilder, insbesondere von Szenen mit hohem Kontrast, für uns bedeutend schlechter ist als die der Bilder, die wir direkt sehen. In einem digitalen Bild einer Szene, die mit einem linearen Bildsensor aufgenommen wurde, sind entweder die hellen Bereiche überlaufen oder die dunklen Bereiche unterlaufen. Diese Problematik ist in Abb. 2.9 anhand einer Szene mit hohem Kontrast (Blick auf einen Schreibtisch in Richtung Fenster) illustriert.

Obwohl die *relative* Auflösung in den hellen Bildbereichen weit besser als 2 % ist, ist sie in den dunklen Bereichen deutlich niedriger. Bei einem Grauwert von 10 beträgt die Auflösung nur 10 %.

Eine Lösung zum Umgang mit großer Dynamik in Szenen finden wir bei Videosensoren, die die Bestrahlungsstärke E nicht linear, sondern unter Verwendung einer Exponentialfunktion in den Grauwert g konvertieren:

$$g = E^y. \tag{2.9}$$

Der Exponent y wird als der *Gammawert* bezeichnet. Üblicherweise hat y einen Wert von 0,4. Mit dieser exponentiellen Konversion können sich Kameras dem logarithmischen Charakter des menschlichen visuellen Systems annähern und eine deutliche Verstärkung des Kontrastbereichs erreichen. Unter der Voraussetzung einer minimalen relativen Auflösung von 10 % und 256 Grauwerten ergibt sich mit $y = 1$ ein Kontrastumfang von 25. Bei $y = 0.4$ ist er mit einem Wert von 316 mehr als zwölfmal höher.

Abbildung 2.10: *Ein Bild kann man sich aus Teilbildern zusammengesetzt denken, bei denen nur je ein Pixel ungleich Null ist.*

Viele wissenschaftliche Anwendungen benötigen jedoch eine lineare Beziehung zwischen der Leuchtdichte des aufgenommenen Objektes und des Grauwertes, der in der Kamera daraus entsteht. Für solche Anwendungen muss daher der Gammawert auf Eins gestellt werden. An CCD-Kameras befindet sich oft ein Umschalter oder ein Trimmer, mit dem der Gammawert angepasst werden kann.

2.3 Wellenzahlraum und Fouriertransformation

2.3.1 Vektorräume

Abschnitt 2.2 beschäftigte sich mit der räumlichen Darstellung digitaler Bilder. Damit war, ohne dass dies explizit erwähnt wurde, die Zusammensetzung eines Bildes aus einzelnen Bildpunkten gemeint. Man kann sich jedes Bild aus Basisbildern zusammengesetzt denken, bei denen jeweils nur ein Bildpunkt den Wert von eins hat, während alle anderen Bildpunkte den Wert null haben (Abb. 2.10). Wir bezeichnen solch ein *Basisbild* mit einem Wert von eins in Zeile m, Spalte n mit

$$^{m,n}\boldsymbol{P}: \quad {}^{m,n}p_{m',n'} = \begin{cases} 1 & m = m' \wedge n = n' \\ 0 & \text{sonst.} \end{cases} \tag{2.10}$$

Damit kann jedes beliebige Bild aus den Basisbildern in (2.10) zusammengesetzt werden:

$$\boldsymbol{G} = \sum_{m=0}^{M-1}\sum_{n=0}^{N-1} g_{m,n} \, {}^{m,n}\boldsymbol{P}, \tag{2.11}$$

wobei $g_{m,n}$ den Grauwert an Position m, n bezeichnet.

Wir können uns leicht davon überzeugen, dass die Basisbilder $^{m,n}P$ eine *orthonormale Basis* bilden. Wir benötigen dazu ein *inneres Produkt*, welches dem *Skalarprodukt* für Vektoren entspricht. Das innere Produkt zweier Bilder G und H ist definiert als

$$\langle G \mid H \rangle = \sum_{m=0}^{M-1} \sum_{n=0}^{N-1} g_{m,n} h_{m,n}. \tag{2.12}$$

Die Notation für das innere Produkt wird der Quantenmechanik entlehnt, um sie von der Matrixmultiplikation zu unterscheiden, die mit GH bezeichnet wird. Aus (2.12) können wir direkt die Orthonormalitätsrelation für die Basisbilder $^{m,n}P$ ableiten:

$$\sum_{m=0}^{M-1} \sum_{n=0}^{N-1} {}^{m',n'}p_{m,n} \, {}^{m'',n''}p_{m,n} = \delta_{m'-m''} \delta_{n'-n''}. \tag{2.13}$$

Die Gleichung sagt, dass das innere Produkt zweier Basisbilder null ist, wenn zwei unterschiedliche Basisbilder eingesetzt werden. Dagegen ist das Skalarprodukt eines Basisbildes mit sich selbst eins. Die MN Basisbilder spannen also einen $M \times N$-dimensionalen Vektorraum über dem Körper der reellen Zahlen auf.

Die Analogie zu den bekannten zwei- und dreidimensionalen Vektorräumen $\mathbb{R}^2$ und $\mathbb{R}^3$ hilft uns, die Überführung in andere Bilddarstellungen zu verstehen. Ein $M \times N$-Bild repräsentiert einen Punkt im $M \times N$-Vektorraum. Ändern wir das Koordinatensystem, verändert sich nicht das Bild, sondern nur seine Koordinaten. Damit sehen wir die gleiche Information aus einem anderen Blickwinkel. Aus dieser grundlegenden Tatsache ergeben sich zwei wichtige Schlussfolgerungen. Zum einen sind alle Bilddarstellungen einander äquivalent und geben ein Bild vollständig wieder, und zum anderen gelangen wir über geeignete Koordinatentransformationen von einer Bilddarstellung zu einer anderen und durch die entsprechende inverse Transformation wieder zurück.

Aus der Vielfalt möglicher anderer Bilddarstellungen hat neben der Ortsdarstellung nur eine einzige andere überragende Bedeutung für die Bildverarbeitung gewonnen. Ihre Basisbilder sind periodische Muster. Die „Koordinatentransformation", aus der sie resultieren, ist die *Fouriertransformation*. Abbildung 2.11 zeigt, wie dasselbe Bild, das in Abb. 2.10 aus einzelnen Pixeln besteht, aus periodischen Mustern zusammengesetzt ist.

Ein periodisches Muster ist zuerst durch den Abstand zwischen zwei Maxima bzw. die Wiederholungslänge oder die *Wellenlänge* λ (Abb. 2.12) charakterisiert. Die Richtung des Musters wird am besten durch einen Vektor senkrecht zu den Linien konstanter Werte beschrieben. Geben wir diesem Vektor k die Länge $1/\lambda$

$$|k| = 1/\lambda, \tag{2.14}$$

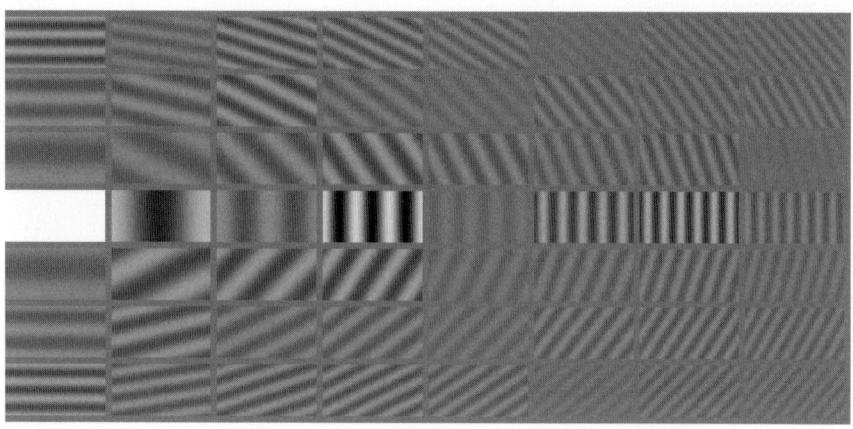

Abbildung 2.11: *Die ersten 56 periodischen Muster, die Basisbilder der Fourier-transformation, aus denen das Bild in Abb. 2.10 zusammengesetzt ist.*

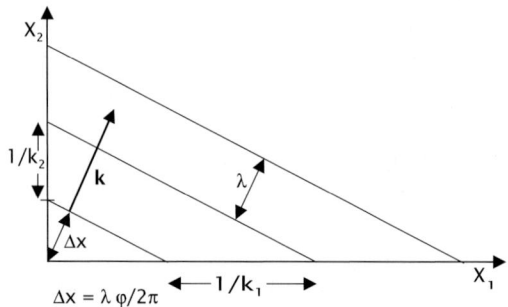

Abbildung 2.12: *Beschreibung eines periodischen 2D-Musters durch die Wellen-länge λ, Wellenzahl-Vektor **k**, und die Phase φ.*

so kann die Wellenlänge und -richtung durch einen Vektor, den *Wellen-zahl-Vektor* **k**, ausgedrückt werden. Die Komponenten von $\boldsymbol{k} = [k_1, k_2]^T$ geben direkt die Anzahl Wellenlängen pro Einheitslänge in die betreffen-de Richtung wieder. Der Wellenzahl-Vektor **k** kann zur Beschreibung beliebigdimensionaler periodischer Muster benutzt werden.

Zur vollständigen Beschreibung eines periodischen Musters fehlen noch zwei Angaben: die Amplitude r und die relative Position des Mus-ters im Ursprung des Koordinatensystems (Abb. 2.12). Diese ist durch den Abstand Δx des ersten Maximums vom Ursprung gegeben. Da die-se Distanz maximal eine Wellenlänge beträgt, geben wir sie durch einen *Phasenwinkel* $\varphi = 2\pi \Delta x / \lambda = 2\pi k \Delta x$ an (Abb. 2.12). Damit ist die voll-ständige Beschreibung eines periodischen Musters gegeben durch

$$r \cos(2\pi \boldsymbol{k}^T \boldsymbol{x} - \varphi). \tag{2.15}$$

Diese Beschreibung ist jedoch mathematisch gesehen unschön. Um eine einfache Zerlegung beliebiger Muster in periodische zu erreichen, sollte man die Grundmuster bei einer Verschiebung nur mit einem Faktor multiplizieren müssen. Das ist nur möglich mit Hilfe *komplexer Zahlen* $\hat{g} = r \exp(-i\varphi)$ und der komplexen Exponentialfunktion $\exp(i\varphi) = \cos\varphi + i\sin\varphi$. Der Realteil von $\hat{g}\exp(2\pi i\mathbf{k}^T\mathbf{x})$ ergibt dann den Ausdruck in (2.15):

$$\Re(\hat{g}\exp(2\pi i\mathbf{k}^T\mathbf{x})) = r\cos(2\pi\mathbf{k}^T\mathbf{x} - \varphi). \qquad (2.16)$$

Auf diese Weise erfordert die einfache Zerlegung eines Signals in periodische Muster die Erweiterung von reellen zu komplexen Zahlen. Ein reelles Bild fassen wir dabei als ein komplexes mit einem verschwindenden Imaginärteil auf.

Die nachfolgenden Abschnitte dieses Kapitels sind mathematischer Natur. Sie bilden die Basis der Bildrepräsentation und der Bildvorverarbeitung. Nach Einführung der Definition und grundlegender Eigenschaften der diskreten Fouriertransformation diskutieren wir in Abschn. 2.3.5 und 2.3.6 weitere Eigenschaften, die für die Bildverarbeitung relevant sind.

2.3.2 Eindimensionale Fouriertransformation

Zuerst betrachten wir die *eindimensionale Fouriertransformation*.

Definition 1 (1D-FT) *Sei* $g(x) : \mathbb{R} \mapsto \mathbb{C}$ *eine quadratintegrable Funktion, d. h.*

$$\int_{-\infty}^{\infty} |g(x)|^2 \, dx < \infty. \qquad (2.17)$$

Dann ist die Fouriertransformierte *von* $g(x)$, $\hat{g}(k)$, *gegeben durch*

$$\hat{g}(k) = \int_{-\infty}^{\infty} g(x)\exp(-2\pi i kx)\, dx. \qquad (2.18)$$

Die Fouriertransformation bildet den Vektorraum der quadratintegrablen Funktionen auf sich selbst ab. Die *inverse Fouriertransformation von* $\hat{g}(k)$ *ergibt die Originalfunktion* $g(x)$:

$$g(x) = \int_{-\infty}^{\infty} \hat{g}(k)\exp(2\pi i kx)\, dk. \qquad (2.19)$$

Die Fouriertransformation können wir kompakter schreiben mit Hilfe der Abkürzung

$$w = e^{2\pi i} \qquad (2.20)$$

und durch Umschreiben des Integrals als ein *Skalarprodukt*:

$$\langle g(x) \,|\, h(x) \rangle = \int_{-\infty}^{\infty} g^*(x) h(x) \mathrm{d}x. \tag{2.21}$$

Das Symbol * bezeichnet das konjugiert Komplexe. Es ergibt sich die Kurzschreibweise

$$\hat{g}(k) = \left\langle \mathrm{w}^{kx} \,|\, g(x) \right\rangle. \tag{2.22}$$

Die Funktion w^t können wir uns vorstellen als einen Vektor, der gegen den Uhrzeigersinn auf dem *Einheitskreis* in der *komplexen Ebene* rotiert. Die Variable t gibt die Anzahl der Umdrehungen an.

Manchmal ist es praktisch, die Fouriertransformation als einen Operator zu schreiben:

$$\hat{g} = \mathcal{F}g \quad \text{und} \quad g = \mathcal{F}^{-1}\hat{g}. \tag{2.23}$$

Eine Funktion und ihre Transformierte, ein *Fouriertransformationspaar*, wird durch die Schreibweise $g(x) \circ\!\!\!-\!\!\!\bullet \hat{g}(k)$ angegeben.

Bei der *diskreten Fouriertransformation* (*DFT*) ist die Wellenzahl eine ganze Zahl, die angibt, wie viele Wellenlängen in ein Intervall der Länge N passen.

Definition 2 (1D-DFT) *Die DFT bildet einen geordneten N-Tupel komplexer Zahlen g_n, den* komplexwertigen Spaltenvektor

$$\boldsymbol{g} = [g_0, g_1, \ldots, g_{N-1}]^T, \tag{2.24}$$

auf einen anderen Vektor $\hat{\boldsymbol{g}}$ eines Vektorraums mit derselben Dimension N ab:

$$\hat{g}_v = \frac{1}{\sqrt{N}} \sum_{n=0}^{N-1} g_n \exp\left(-\frac{2\pi \mathrm{i} n v}{N}\right), \quad 0 \leq v < N. \tag{2.25}$$

Die Rücktransformation ist gegeben durch

$$g_n = \frac{1}{\sqrt{N}} \sum_{v=0}^{N-1} \hat{g}_v \exp\left(\frac{2\pi \mathrm{i} n v}{N}\right), \quad 0 \leq n < N. \tag{2.26}$$

Wie bei der kontinuierlichen Fouriertransformation ist es nützlich, eine Abkürzung für den Kern der DFT zu benutzen (siehe (2.20)):

$$\mathrm{w}_N = \mathrm{w}^{1/N} = \exp\left(\frac{2\pi \mathrm{i}}{N}\right) \tag{2.27}$$

Auch die DFT kann als das Skalarprodukt des Vektors $\boldsymbol{g}$ mit einem Satz von N orthonormalen Basisvektoren aufgefasst werden:

$$\boldsymbol{b}_v = \frac{1}{\sqrt{N}} \left[\mathrm{w}_N^0, \mathrm{w}_N^v, \mathrm{w}_N^{2v}, \ldots, \mathrm{w}_N^{(N-1)v}\right]^T. \tag{2.28}$$

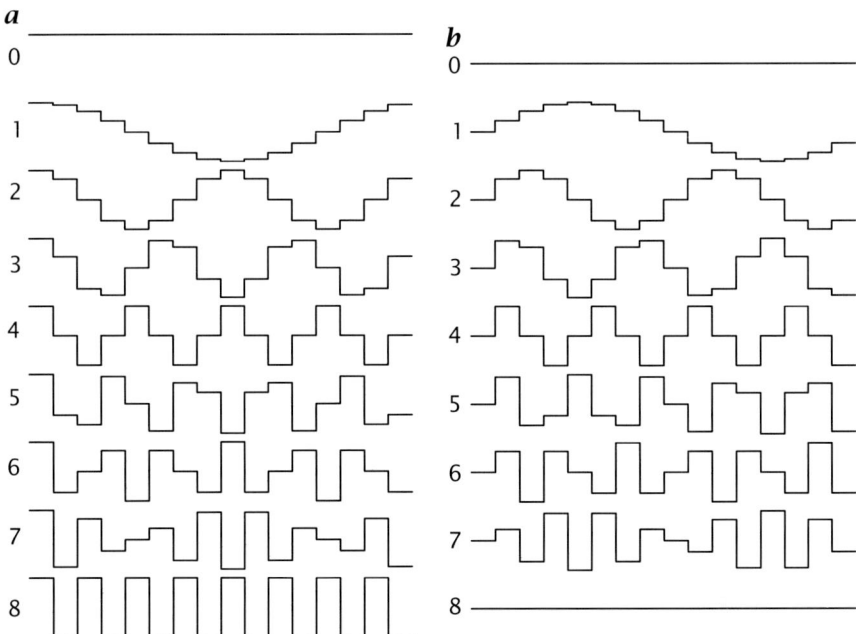

Abbildung 2.13: *Die ersten 9 Basisfunktionen der DFT für N* = 16; **a** *Realteil (Kosinusfunktion),* **b** *Imaginärteil (Sinusfunktion).*

Dann gilt

$$\hat{g}_v = \frac{1}{\sqrt{N}} \sum_{n=0}^{N-1} w_N^{-nv} g_n = \langle b_v \,|\, g \rangle = b_v^T g. \tag{2.29}$$

Man beachte die zweite kompakte Schreibweise auf der rechten Seite der Gleichung, die wir im folgenden benutzen werden.

Gleichung (2.29) bedeutet, dass sich der Koeffizient $\hat{g}_v$ im Fourier-raum durch Projektion des Vektors g auf den Basisvektor b_v ergibt. Die N Basisvektoren b_v sind zueinander orthogonal und haben den Betrag eins:

$$b_v^T b_{v'} = \delta_{v-v'} = \begin{cases} 1 & v = v' \\ 0 & \text{sonst.} \end{cases} \tag{2.30}$$

Daher bilden die b_v eine Orthonormalbasis des Vektorraums, d. h., jeder Vektor des Vektorraums kann als eine Linearkombination dieser Basisvektoren dargestellt werden. Die DFT berechnet die Projektionen des Vektors g auf alle Basisvektoren des Fourierraums, also die Kompo-nenten von g in Richtung der Basisvektoren.

In diesem Sinne kann die DFT als ein Spezialfall einer Koordinaten-transformation in einem N-dimensionalen Vektorraum verstanden wer-den. Mathematisch unterscheidet sich die DFT von bekannteren Koor-

Tabelle 2.1: *Vergleich der kontinuierlichen Fouriertransformation (FT), der Fourierreihe (FS), der unendlichen diskreten Fouriertransformation (IDFT) und der diskreten Fouriertransformation (DFT) in einer Dimension.*

Typ	Vorwärtstransformation	Rückwärtstransformation
FT: $\mathbb{R} \mapsto \mathbb{R}$	$\hat{g}(k) = \displaystyle\int_{-\infty}^{\infty} g(x)\mathrm{w}^{-kx}\mathrm{d}x$	$g(x) = \displaystyle\int_{-\infty}^{\infty} \hat{g}(k)\mathrm{w}^{kx}\mathrm{d}k$
FS: $[0,\Delta x] \mapsto \mathbb{Z}$	$\hat{g}_v = \dfrac{1}{\Delta x}\displaystyle\int_{0}^{\Delta x} g(x)\mathrm{w}^{-vx/\Delta x}\mathrm{d}x$	$g(x) = \displaystyle\sum_{v=-\infty}^{\infty} \hat{g}_v \mathrm{w}^{vx/\Delta x}$
IDFT: $\mathbb{Z} \mapsto [0,1/\Delta x]$	$\hat{g}(k) = \displaystyle\sum_{n=-\infty}^{\infty} g_n \mathrm{w}^{-nk\Delta x}$	$g_n = \Delta x \displaystyle\int_{0}^{1/\Delta x} \hat{g}(k)\mathrm{w}^{nk\Delta x}\mathrm{d}k$
DFT: $\mathbb{Z}_N \mapsto \mathbb{Z}_N$	$\hat{g}_v = \dfrac{1}{\sqrt{N}}\displaystyle\sum_{n=0}^{N-1} g_n \mathrm{w}_N^{-vn}$	$g_n = \dfrac{1}{\sqrt{N}}\displaystyle\sum_{v=0}^{N-1} \hat{g}_v \mathrm{w}_N^{vn}$

dinatentransformationen wie z. B. der Rotation in einem dreidimensionalen Vektorraum nur dadurch, dass es sich um einen Vektorraum über dem Körper komplexer statt reeller Zahlen handelt.

Real- und Imaginärteil der Basisvektoren sind abgetastete Sinus- und Kosinusfunktionen unterschiedlicher Wellenlängen (Abb. 2.13). Der Index v bezeichnet, wie oft die Wellenlänge der Funktion in das Intervall $[0, N]$ passt. Der Basisvektor zur Wellenzahl null, $\boldsymbol{b}_0$, ist ein reeller, konstanter Vektor. Die Projektion auf diesen Vektor liefert den Mittelwert der Elemente des Vektors $\boldsymbol{g}$.

Neben der kontinuierlichen und diskreten Fouriertransformation gibt es zwei weitere Formen, die oft in den Natur- und Ingenieurwissenschaften benutzt werden. Die *Fourierreihe (FS)* bildet eine Funktion in einem endlichen Intervall $[0, \Delta x]$ auf eine unendliche Folge von komplexen Koeffizienten ab. Umgekehrt bildet die *unendliche diskrete Fouriertransformation (IDFT)* eine unendliche Folge komplexer Zahlen auf ein endliches Intervall $[0, 1/\Delta x]$ im Fourierraum ab. Deshalb ist es instruktiv, die DFT mit diesen Transformationen zu vergleichen (Tabelle 2.1).

2.3.3 Mehrdimensionale Fouriertransformation

Die Fouriertransformation kann leicht auf *mehrdimensionale* Signale erweitert werden.

Definition 3 (Multidimensionale FT) *Sei $g(\boldsymbol{x}) : \mathbb{R}^W \mapsto \mathbb{C}$ eine quadratintegrable Funktion, d. h.*

$$\int_{-\infty}^{\infty} |g(\boldsymbol{x})|^2 \, \mathrm{d}^W x = \langle g(\boldsymbol{x}) \,|\, g(\boldsymbol{x}) \rangle = \|g(\boldsymbol{x})\|_2^2 < \infty. \tag{2.31}$$

Dann ist die Fouriertransformation *von* $g(\boldsymbol{x})$, $\hat{g}(\boldsymbol{k})$ *gegeben durch*

$$\hat{g}(\boldsymbol{k}) = \int\limits_{-\infty}^{\infty} g(\boldsymbol{x}) \exp\left(-2\pi i \boldsymbol{k}^T \boldsymbol{x}\right) d^W x = \left\langle \mathrm{w}^{\boldsymbol{x}^T\boldsymbol{k}} \,\middle|\, g(\boldsymbol{x}) \right\rangle \qquad (2.32)$$

und die inverse Fouriertransformation *durch*

$$g(\boldsymbol{x}) = \int\limits_{-\infty}^{\infty} \hat{g}(\boldsymbol{k}) \exp\left(2\pi i \boldsymbol{k}^T \boldsymbol{x}\right) d^W k = \left\langle \mathrm{w}^{-\boldsymbol{x}^T\boldsymbol{k}} \,\middle|\, \hat{g}(\boldsymbol{k}) \right\rangle . \qquad (2.33)$$

Das Skalarprodukt im Exponenten des Kerns $\boldsymbol{x}^T\boldsymbol{k}$ macht den Kern der Fouriertransformation separabel, d. h., er kann als das Produkt

$$\mathrm{w}^{\boldsymbol{x}^T\boldsymbol{k}} = \prod_{p=1}^{W} \mathrm{w}^{k_p x_p} \qquad (2.34)$$

geschrieben werden.

Die diskrete mehrdimensionale Fouriertransformation wird am Beispiel der 2D-DFT diskutiert; die Erweiterung auf höhere Dimensionen ist einfach.

Definition 4 (2D-DFT) *Die 2D-DFT bildet komplexwertige $M \times N$-Matrizen auf komplexwertige $M \times N$-Matrizen ab:*

$$
\begin{aligned}
\hat{g}_{u,v} &= \frac{1}{\sqrt{MN}} \sum_{m=0}^{M-1}\sum_{n=0}^{N-1} g_{m,n} \exp\left(-\frac{2\pi i m u}{M}\right) \exp\left(-\frac{2\pi i n v}{N}\right) \\
&= \frac{1}{\sqrt{MN}} \sum_{m=0}^{M-1} \left(\sum_{n=0}^{N-1} g_{m,n} \mathrm{w}_N^{-nv}\right) \mathrm{w}_M^{-mu} .
\end{aligned}
\qquad (2.35)
$$

In der zweiten Zeile wird die in (2.27) eingeführte Abkürzung verwendet. Analog zur 1D-DFT wird eine Matrix in einen Satz von NM Basismatrizen expandiert, die den $M \times N$-dimensionalen Vektorraum über dem Körper der komplexen Zahlen aufspannen. Die Basismatrizen haben die Form

$$\underbrace{\boldsymbol{B}_{u,v}}_{M\times N} = \frac{1}{\sqrt{MN}} \begin{bmatrix} \mathrm{w}^0 \\ \mathrm{w}_M^u \\ \mathrm{w}_M^{2u} \\ \vdots \\ \mathrm{w}_M^{(M-1)u} \end{bmatrix} \left[\mathrm{w}^0, \mathrm{w}_N^v, \mathrm{w}_N^{2v}, \ldots, \mathrm{w}_N^{(N-1)v}\right]. \qquad (2.36)$$

In dieser Gleichung werden die Basismatrizen als ein *äußeres Produkt* eines Spalten- und Zeilenvektors dargestellt, die die Basisvektoren der

1D-DFT darstellen ((2.28)). Daran sieht man die Separabilität der 2D-DFT.

Auch die 2D-DFT können wir als Skalarprodukt

$$\hat{g}_{u,v} = \langle \boldsymbol{B}_{u,v} \,|\, \boldsymbol{G} \rangle \tag{2.37}$$

schreiben, wobei das Skalarprodukt zweier komplexwertiger Matrizen definiert ist als

$$\langle \boldsymbol{G} \,|\, \boldsymbol{H} \rangle = \sum_{m=0}^{M-1}\sum_{n=0}^{N-1} g_{m,n}^{*} h_{m,n}. \tag{2.38}$$

Die inverse 2D-DFT ist gegeben durch

$$g_{mn} = \frac{1}{\sqrt{MN}} \sum_{u=0}^{M-1}\sum_{v=0}^{N-1} \hat{g}_{u,v} \mathrm{w}_M^{mu} \mathrm{w}_N^{nv} = \langle \boldsymbol{B}_{-m,-n} \,\big|\, \hat{\boldsymbol{G}} \rangle. \tag{2.39}$$

2.3.4   Alternative Definitionen[‡]

Leider werden in der Literatur verschiedene Definitionen der Fouriertransformation benutzt, was leicht zu Verwirrung und Fehlern führt. Ein Grund dafür sind die unterschiedlichen Definitionen des Wellenzahl-Vektors. Die Definition der Wellenzahl als eine reziproke Wellenlängen ($k = 1/\lambda$) ist für die Signalverarbeitung am nützlichsten, da die Wellenzahl auf diese Weise direkt die Anzahl der Wellenlängen pro Einheitslänge angibt. In der Physik und der Elektrotechnik ist eine Definition der Wellenzahl üblicher, die den Faktor 2π enthält: $\check{k} = 2\pi/\lambda$. Mit dieser Notation für die Wellenzahl kann die Fouriertransformation in zwei Arten definiert werden, in der asymmetrischen Form

$$\hat{g}(\check{k}) = \langle \exp(\mathrm{i}\check{k}x) \,|\, g(x) \rangle, \; g(x) = \frac{1}{2\pi} \langle \exp(-\mathrm{i}\check{k}x) \,\big|\, \hat{g}(\check{k}) \rangle \tag{2.40}$$

und in der symmetrischen Form

$$\hat{g}(\check{k}) = \frac{1}{\sqrt{2\pi}} \langle \exp(\mathrm{i}\check{k}x) \,|\, g(x) \rangle, \; g(x) = \frac{1}{\sqrt{2\pi}} \langle \exp(-\mathrm{i}\check{k}x) \,\big|\, \hat{g}(\check{k}) \rangle. \tag{2.41}$$

Da alle drei Definitionen der Fouriertransformation gebräuchlich sind, passiert es leicht, dass Theoreme und Fouriertransformationspaare falsche Faktoren enthalten. Die Beziehungen zwischen den Transformationspaaren für die drei Definitionen lassen sich unmittelbar aus den Definitionen wie folgt herleiten:

$$
\begin{array}{lll}
k = 1/\lambda, \,(2.22) & g(x) \quad\circ\!\!-\!\!\bullet & \hat{g}(k) \\
\check{k} \text{ mit } 2\pi, \,(2.40) & g(x) \quad\circ\!\!-\!\!\bullet & \hat{g}(\check{k}/2\pi) \\
\check{k} \text{ mit } 2\pi, \,(2.41) & g(x) \quad\circ\!\!-\!\!\bullet & \hat{g}(\check{k}/\sqrt{2\pi})/\sqrt{2\pi}.
\end{array}
\tag{2.42}
$$

2.3.5 Eigenschaften der Fouriertransformation

In diesem Abschnitt diskutieren wir die wichtigsten Eigenschaften der kontinuierlichen und diskreten Fouriertransformation. Dabei legen wir den Schwerpunkt auf diejenigen Eigenschaften der FT, die am wichtigsten für die Bildverarbeitung sind. Zusammen mit einigen elementaren Fouriertransformationspaaren (≻ R5) bilden diese Eigenschaften (≻ R4, ≻ R7) ein mächtiges Werkzeug, mit dem sich weitere Eigenschaften der Fouriertransformation und die Transformation vieler Funktionen einfach ableiten lassen.

Periodizität. Der Kern der DFT zeigt eine charakteristische *Periodizität*:

$$\exp\left(-\frac{2\pi i(n + lN)}{N}\right) = \exp\left(-\frac{2\pi i n}{N}\right), w_N^{(n+lN)} = w_N^n \quad \forall\, l \in \mathbb{Z}. \quad (2.43)$$

Die Definitionen der DFT begrenzen den Orts- und den Fourierraum auf eine endliche Anzahl von Werten. Wenn wir diese Begrenzung ignorieren und die Vorwärts- und Rücktransformationen für alle ganzen Zahlen berechnen, finden wir direkt aus den Definitionen in (2.37) und (2.39) dieselben Periodizitäten auch in den Funktionen im Orts- und Fourierraum wieder:

$$\begin{array}{lll} \text{Wellenzahlraum} & \hat{g}_{u+kM,v+lN} = \hat{g}_{u,v}, & \forall\, k, l \in \mathbb{Z} \\ \text{Ortsraum} & g_{m+kM,n+lN} = g_{m,n}, & \forall\, k, l \in \mathbb{Z}. \end{array} \quad (2.44)$$

Diese Gleichungen beschreiben eine periodische Replikation in allen Richtungen in beiden Räumen über den ursprünglichen Definitionsbereich hinaus. Die Periodizität der DFT führt zu einer interessanten geometrischen Interpretation. Im eindimensionalen Fall sind die Randpunkte g_{N-1} und $g_N = g_0$ Nachbarn. Wir können diese Eigenschaft geometrisch darstellen, wenn wir uns die Punkte des Vektors nicht auf einer endlichen Linie, sondern auf einem Kreis, dem *Fourierring*, angeordnet denken (Abb. 2.14a). Diese Darstellung hat eine tiefere Bedeutung, wenn wir die Fouriertransformation als einen Spezialfall der *z-Transformation* betrachten [147]. Im zweidimensionalen Raum müssen wir entsprechend ein zweidimensionales Raster in x- und y-Richtung periodisch schließen. Das führt zu einer Abbildung des Rasters auf den *Fouriertorus* (Abb. 2.14b).

Symmetrie. Vier Arten von *Symmetrien* sind für die Fouriertransformation von Bedeutung;

$$\begin{array}{llrl} \text{gerade} & g(-\boldsymbol{x}) & = & g(\boldsymbol{x}), \\ \text{ungerade} & g(-\boldsymbol{x}) & = & -g(\boldsymbol{x}), \\ \text{hermitesch} & g(-\boldsymbol{x}) & = & g^*(\boldsymbol{x}), \\ \text{antihermitesch} & g(-\boldsymbol{x}) & = & -g^*(\boldsymbol{x}) \end{array} \quad (2.45)$$

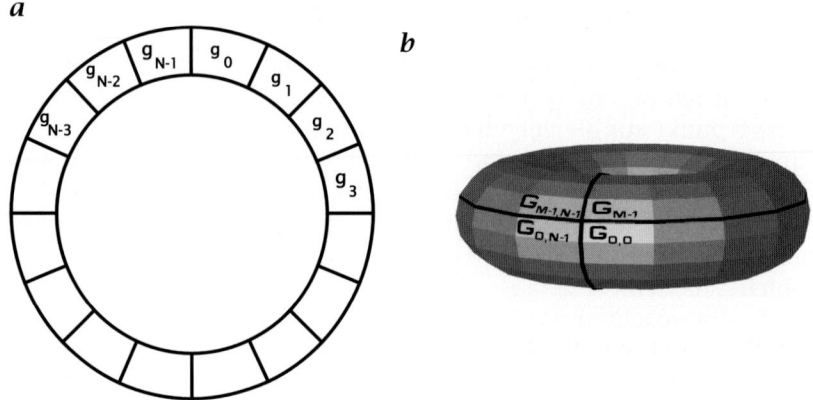

Abbildung 2.14: *Geometrische Interpretation der Periodizität der 1D- und 2D-DFT mit **a** dem Fourierring und **b** dem Fouriertorus.*

Die Hermitizität ist von Bedeutung, da die Kerne der FT (2.18) und DFT (2.25) hermitesch sind.

Jede Funktion $g(\boldsymbol{x})$ kann in ihren geraden und ungeraden Anteil zerlegt werden durch

$$^{e}g(\boldsymbol{x}) = \frac{g(\boldsymbol{x}) + g(-\boldsymbol{x})}{2} \quad \text{und} \quad {}^{o}g(\boldsymbol{x}) = \frac{g(\boldsymbol{x}) - g(-\boldsymbol{x})}{2}. \qquad (2.46)$$

Auf diese Weise kann die Fouriertransformation in eine Kosinus- und eine Sinus-Transformation zerlegt werden:

$$\hat{g}(\boldsymbol{k}) = 2\int_{0}^{\infty} {}^{e}g(\boldsymbol{x})\cos(2\pi\boldsymbol{k}^{T}\boldsymbol{x})\mathrm{d}^{W}x + 2\mathrm{i}\int_{0}^{\infty} {}^{o}g(\boldsymbol{x})\sin(2\pi\boldsymbol{k}^{T}\boldsymbol{x})\mathrm{d}^{W}x. \quad (2.47)$$

Daraus folgt unmittelbar, dass die Fouriertransformierte einer geraden bzw. ungeraden Funktion ebenfalls gerade bzw. ungerade ist. Die vollständigen Symmetriebeziehungen für die Fouriertransformation lauten:

reell	∘——•	hermitesch
imaginär	∘——•	antihermitesch
hermitesch	∘——•	reell
antihermitesch	∘——•	imaginär
gerade	∘——•	gerade
ungerade	∘——•	ungerade
reell und gerade	∘——•	reell und gerade
reell und ungerade	∘——•	imaginär und ungerade
imaginär und gerade	∘——•	imaginär und gerade
imaginär und ungerade	∘——•	reell und ungerade

$$(2.48)$$

Die DFT zeigt die gleichen Symmetrieeigenschaften wie die FT ((2.45) und (2.48)). Bei der Definition für gerade und ungerade Funktionen $g(-\boldsymbol{x}) = \pm g(\boldsymbol{x})$ muss lediglich die kontinuierliche Funktion durch die entsprechenden Vektor- ($g_{-n} = \pm g_n$) oder Matrixelemente ($g_{-m,-n} = \pm g_{m,n}$) ersetzt werden. Wegen der Periodizität der DFT, können diese Symmetrierelationen auch geschrieben werden als

$$g_{-m,-n} = \pm g_{m,n} \equiv g_{M-m,N-n} = \pm g_{m,n} \qquad (2.49)$$

mit dem Zeichen + für gerade und dem Zeichen − für ungerade Funktionen. Diese Umschreibung verschiebt das Symmetriezentrum vom Ursprung zu dem Punkt $[M/2, N/2]^T$.

Die Symmetyrieeigenschaften haben große Bedeutung für die praktische Anwendung der Fouriertransformation. Ihre sorgfältige Beachtung erlaubt es, Speicherplatz und Rechenzeit zu sparen. Ein wichtiger Anwendungsfall sind reelle Bilder.

Reellwertige Vektoren benötigen nur halb so viel Speicherplatz wie komplexwertige. Aus den Symmetriebeziehungen in (2.48) schließen wir, dass die DFT eines reellwertigen Signals hermitesch ist:

$$\begin{aligned} g_n &= g_n^* & \circ\!\!-\!\!\!\!-\!\!\bullet & \quad \hat{g}_{N-v} = \hat{g}_v^* \\ g_{mn} &= g_{mn}^* & \circ\!\!-\!\!\!\!-\!\!\bullet & \quad \hat{g}_{M-u,N-v} = \hat{g}_{uv}^* \end{aligned} \qquad (2.50)$$

Von der komplexen DFT eines reellen Vektors muss daher nur die Hälfte der Werte gespeichert werden. Die andere Hälfte erhalten wir durch Spiegelung am Symmetriezentrum $N/2$. Daher benötigen wir für die komplexwertige Fouriertransformierte gleich viel Speicherplatz wie für den dazugehörigen reellen Vektor.

In zwei und mehr Dimensionen sind die Symmetrieeigenschaften etwas komplizierter zu handhaben. Wiederum ist die Fouriertransformierte komplett durch einen Halbraum bestimmt. Jetzt gibt es aber mehrere Möglichkeiten, den Halbraum auszuwählen. Das bedeutet, dass alle Komponenten des Wellenzahl-Vektors bis auf eine negativ sind.

Die Fouriertransformierte eines reellen $M \times N$-Bildes können wir mit M Zeilen und $N/2 + 1$ Spalten darstellen (Abb. 2.15) unter der Annahme, dass N gerade ist. Leider werden $N/2 + 1$ Spalten benötigt, da die erste ($m = 0$) und letzte Spalte ($m = M/2$) nach (2.50) zu sich selbst symmetrisch sind. So scheint es auf den ersten Blick nicht möglich zu sein, ein reelles Bild durch seine komplexe Transformation zu überschreiben, da eine Spalte mehr benötigt wird. Dies täuscht jedoch, da die erste und letzte Spalte aus Symmetriegründen reell sein müssen ($\hat{g}_{0,N-v} = \hat{g}_{0,v}^*$ und $\hat{g}_{M/2,N-v} = \hat{g}_{M/2,v}^*$). Deshalb kann der Realteil der Spalte $M/2$ im Imaginärteil der Spalte 0 abgespeichert werden.

Bei reellen Bildsequenzen wird ebenfalls nur ein Halbraum für die Fouriertransformierte benötigt. Aus physikalischer Sicht ist es am sinnvollsten, den Halbraum zu wählen, der die positiven Frequenzen enthält.

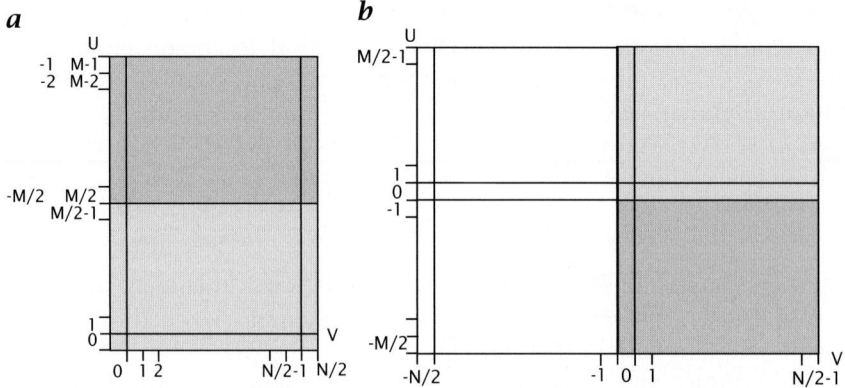

Abbildung 2.15: a *Halbraum, wie er bei der überschreibenden Fouriertransformation eines reellen Bildes berechnet wird; die Wellenzahl null ist in der linken oberen Ecke;* **b** *FT mit der ergänzten fehlenden Hälfte und so dargestellt, dass die Wellenzahl null im Zentrum liegt.*

Im Gegensatz zu Einzelbildern erhalten wir jetzt den vollen Wellenzahlraum, da wir die räumlich identischen Wellenzahl-Vektoren k und $-k$ als in gegensätzliche Richtungen sich ausbreitende Strukturen unterscheiden können.

Separabilität. Der Kern der Fouriertransformation ist nach (2.34) *separabel*. Daher ist die Fouriertransformation separabler Funktionen ebenfalls separabel:

$$\prod_{p=1}^{W} g(x_p) \circ\!\!-\!\!\bullet \prod_{p=1}^{W} \hat{g}(k_p) \tag{2.51}$$

Da viele bedeutende multidimensionale Funktionen separabel sind, ist diese Eigenschaft wichtig zur effektiven Berechnung der Transformation multidimensionaler Funktionen aus 1D-Transformationen.

Ähnlichkeit. Das Ähnlichkeitstheorem sagt aus, wie sich eine Fouriertransformierte bei einer Skalierung des Koordinatensystems verhält. In einer Dimension kann eine Funktion nur skaliert werden ($x' = ax$). In höheren Dimensionen ist eine allgemeinere Transformation des Koordinatensystems durch eine affine Transformation ($x' = Ax$) möglich, d. h., die neuen Basisvektoren sind eine Linearkombination der alten. Einen Sonderfall stellt die Rotation des Koordinatensystems dar.

Theorem 1 (Ähnlichkeit) *Sei a eine reelle Zahl ungleich null, A eine reelle, invertierbare Matrix und R eine orthogonale Matrix, die eine Drehung des Koordinatensystems beschreibt ($R^{-1} = R^T$, det $R = 1$). Dann gelten* *die folgenden Ähnlichkeitsbeziehungen:*

$$\text{Skalar} \qquad g(a\boldsymbol{x}) \quad \circ\!\!-\!\!\bullet \qquad \frac{1}{|a|}\hat{g}(\boldsymbol{k}/a)$$

$$\text{Affine Transformation} \quad g(\boldsymbol{A}\boldsymbol{x}) \quad \circ\!\!-\!\!\bullet \qquad \frac{1}{\det \boldsymbol{A}}\hat{g}((\boldsymbol{A}^T)^{-1}\boldsymbol{k}) \qquad (2.52)$$

$$\text{Drehung} \qquad g(\boldsymbol{R}\boldsymbol{x}) \quad \circ\!\!-\!\!\bullet \qquad \hat{g}(\boldsymbol{R}\boldsymbol{k})$$

Wenn eine Funktion im Ortsraum gestaucht wird, so wird sie im Fourier-raum entsprechend gedehnt, und umgekehrt. Eine Drehung des Koordinatensystems im Ortsraum bewirkt die gleiche Drehung des Koordinatensystems im Fourierraum.

Das obige Ähnlichkeitstheorem kann nicht für die diskrete Fouriertransformation benutzt werden, da beliebige Skalierungen und Drehungen hier nicht möglich sind. Eine diskrete Funktion kann um einen ganzzahligen Faktor K gedehnt werden (*Aufwärtstastung*), in dem die neu entstehenden Punkte mit Nullen aufgefüllt werden:

$$(\boldsymbol{g}_{\uparrow K})_n = \begin{cases} g_{n/K} & n = 0, K, 2K, \dots (N-1)K) \\ 0 & \text{sonst.} \end{cases} \qquad (2.53)$$

Theorem 2 (Ähnlichkeit, diskret) *Sei $\boldsymbol{g}$ ein komplexwertiger Vektor mit N Elementen und $K \in \mathbb{N}$. Dann ist die diskrete Fouriertransformation des aufwärts abgetasteten Vektors $\boldsymbol{g}_{\uparrow K}$ mit KN Elementen gegeben durch*

$$\boldsymbol{g}_{\uparrow K} \quad \circ\!\!-\!\!\bullet \qquad \frac{1}{K}\hat{\boldsymbol{g}} \quad \text{mit} \quad \hat{g}_{kN+v} = \hat{g}_v. \qquad (2.54)$$

Eine Aufwärtsabtastung um den Faktor K bewirkt daher nur eine K-fache Replikation der Fouriertransformierten. In Gleichung (2.54) ist zu beachten, dass wegen der am Beginn dieses Abschnitts diskutierten Periodizität der diskreten Fouriertransformierten gilt: $g_{kN+v} = g_v$.

Verschiebung. In Abschn. 2.3.1 diskutierten wir einige Eigenschaften der Basisbilder des Fourierraums, der komplexen Exponentialfunktionen $\exp\left(2\pi \mathrm{i}\boldsymbol{k}^T\boldsymbol{x}\right)$. Eine Verschiebung dieser Funktionen bewirkt die Multiplikation mit einem Phasenfaktor:

$$\exp\left(2\pi \mathrm{i}(\boldsymbol{x} - \boldsymbol{x}_0)^T\boldsymbol{k}\right) = \exp\left(-2\pi \mathrm{i}\boldsymbol{x}_0^T\boldsymbol{k}\right)\exp\left(2\pi \mathrm{i}\boldsymbol{k}^T\boldsymbol{x}\right) \qquad (2.55)$$

Als eine direkte Konsequenz der Linearität der Fouriertransformation können wir das folgende *Verschiebungstheorem* formulieren:

Theorem 3 (Verschiebung) *Die Fouriertransformierte von $g(\boldsymbol{x})$ sei $\hat{g}(\boldsymbol{k})$. Dann hat $g(\boldsymbol{x} - \boldsymbol{x}_0)$ die Fouriertransformierte $\exp(-2\pi \mathrm{i}\boldsymbol{x}_0^T\boldsymbol{k})\hat{g}(\boldsymbol{k})$.*

Eine Verschiebung im Ortsraum verändert daher die Fouriertransformierte nicht in der Amplitude, sondern nur in der Phase, wobei die Phasenänderung $-2\pi\boldsymbol{x}_0^T\boldsymbol{k}$ abhängig vom Wellenzahl-Vektor ist.

Das Verschiebungstheorem kann auch im Fourierraum angewendet werden. Eine Verschiebung im Fourierraum, $\hat{g}(\boldsymbol{k} - \boldsymbol{k}_0)$, moduliert ein Signal im Ortsraum mit der Wellenzahl $\boldsymbol{k}_0$: $\exp(2\pi\mathrm{i}\boldsymbol{k}_0^T\boldsymbol{x})g(\boldsymbol{x})$.

Faltung.   Die *Faltung* ist eine der bedeutendsten Operationen der Signalverarbeitung. Für kontinuierliche Signale ist sie definiert durch

$$(g * h)(\boldsymbol{x}) = \int_{-\infty}^{\infty} h(\boldsymbol{x}')g(\boldsymbol{x} - \boldsymbol{x}')\mathrm{d}^W x' \tag{2.56}$$

Bei der Signalverarbeitung ist die Funktion $h(\boldsymbol{x})$ üblicherweise null außer in einem kleinen Bereich um den Nullpunkt. Eine solche Funktion wird dann als *Faltungsmaske* bezeichnet. Die Faltung mit $h(\boldsymbol{x})$ ergibt eine neue Funktion $g'(\boldsymbol{x})$, deren Werte eine Art gewichtete Mittelung von $g(\boldsymbol{x})$ in einer kleinen Umgebung um $\boldsymbol{x}$ sind. Das Signal wird durch die Faltung mit $h(\boldsymbol{x})$ in einer definierten Weise verändert. Es kann z. B. glatter werden. Deswegen spricht man auch von einer *Filterung*.

Ein- und mehrdimensionale diskrete Faltungen sind analog zur kontinuierlichen Faltung in (2.56) definiert durch

$$g'_n = \sum_{n'=0}^{N-1} h_{n'}g_{n-n'}, \quad g'_{m,n} = \sum_{m'=0}^{M-1}\sum_{n'=0}^{N-1} h_{m'n'}g_{m-m',n-n'} \tag{2.57}$$

Das *Faltungstheorem* für die FT und DFT besagt:

Theorem 4 (Faltung) *Sei $\hat{g}(\boldsymbol{k})$ $(\hat{\boldsymbol{g}}, \hat{\boldsymbol{G}})$ die Fouriertransformierte von $g(\boldsymbol{x})$ $(\boldsymbol{g}, \boldsymbol{G})$ und $\hat{h}(\boldsymbol{k})$ $(\hat{\boldsymbol{h}}, \hat{\boldsymbol{H}})$ die Fouriertransformierte von $h(\boldsymbol{x})$, $(\boldsymbol{h}, \boldsymbol{H})$. Dann ist $\hat{h}(\boldsymbol{k})\hat{g}(\boldsymbol{k})$ $(N\hat{\boldsymbol{h}} \cdot \hat{\boldsymbol{g}}, MN\hat{\boldsymbol{H}} \cdot \hat{\boldsymbol{G}})$ die Fouriertransformierte von $h * g$ $(\boldsymbol{h} * \boldsymbol{g}, \boldsymbol{H} * \boldsymbol{G})$:*

$$
\begin{array}{llcl}
FT: & h(\boldsymbol{x}) * g(\boldsymbol{x}) & \circ\!\!-\!\!\bullet & \hat{h}(\boldsymbol{k}) \cdot \hat{g}(\boldsymbol{k}) \\
1D\text{-}DFT: & \boldsymbol{h} * \boldsymbol{g} & \circ\!\!-\!\!\bullet & N\,\hat{\boldsymbol{h}} \cdot \hat{\boldsymbol{g}} \\
2D\text{-}DFT: & \boldsymbol{H} * \boldsymbol{G} & \circ\!\!-\!\!\bullet & MN\,\hat{\boldsymbol{H}} \cdot \hat{\boldsymbol{G}}
\end{array}
\tag{2.58}
$$

Eine Faltung zweier Funktionen im Ortsraum ist einer komplexen Multiplikation im Fourierraum äquivalent. Umgekehrt entspricht auch eine Faltung im Fourierraum einer Multiplikation im Ortsraum. Mathematisch gesehen resultiert die Einfachheit der Faltung im Fourierraum aus der Tatsache, dass die Basisfunktionen des Fourierraums, die komplexen Exponentialfunktionen $\exp\left(2\pi\mathrm{i}\boldsymbol{k}^T\boldsymbol{x}\right)$, die gemeinsamen *Eigenfunktionen* aller Faltungsoperationen sind. Das bedeutet — wie es das Faltungstheorem besagt — dass eine Faltung mit jeder beliebigen Funktion die Exponentialfunktion bis auf einen Faktor, den *Eigenwert*, unverändert lässt.

Aus dem Faltungstheorem ergeben sich unmittelbar die folgenden Eigenschaften. Die Faltung ist

kommutativ	$h * g = g * h,$	
assoziativ	$h_1 * (h_2 * g) = (h_1 * h_2) * g,$	(2.59)
distributiv bzgl. Addition	$(h_1 + h_2) * g = h_1 * g + h_2 * g.$	

Die Bedeutung der Faltung wird weiter unterstrichen durch die Tatsache, dass zwei Klassen von Operationen, die auf den ersten Blick nicht nach Faltungsoperationen aussehen, nämlich die Verschiebung und alle Ableitungsoperationen, ebenfalls als Faltungsoperationen betrachtet werden können. In beiden Fällen wird die Fouriertransformierte nur mit einem komplexen Faktor multipliziert. Für die Verschiebung ergibt sich dies unmittelbar aus dem Verschiebungstheorem (Theorem 3). Die Faltungsmaske für einen Verschiebungsoperator S ist eine verschobene δ-Distribution:

$$S(\boldsymbol{s})g(\boldsymbol{x}) = \delta(\boldsymbol{x} - \boldsymbol{s}) * g(\boldsymbol{x}) \tag{2.60}$$

Für die partielle Ableitung einer Funktion im Ortsraum besagt das *Ableitungstheorem*:

Theorem 5 (Ableitung) *Sei $g(\boldsymbol{x})$ für alle $\boldsymbol{x}$ differenzierbar und $\hat{g}(\boldsymbol{k})$ die Fouriertransformierte von $g(\boldsymbol{x})$. Dann ist $2\pi \mathrm{i} k_p \hat{g}(\boldsymbol{k})$ die Fouriertransformierte von $\partial g(\boldsymbol{x})/\partial x_p$:*

$$\frac{\partial g(\boldsymbol{x})}{\partial x_p} \quad \circ\!\!-\!\!\bullet \quad 2\pi \mathrm{i} k_p \hat{g}(\boldsymbol{k}). \tag{2.61}$$

Das Ableitungstheorem folgt unmittelbar aus der Definition der inversen Fouriertransformation in (2.33) durch Vertauschung der Integration mit der partiellen Ableitung.

Die Fouriertransformierte der ersten partiellen Ableitung in x_1 Richtung ist $2\pi \mathrm{i} k_1$. Die inverse Fouriertransformatierte von $2\pi \mathrm{i} k_1$, also die zugehörige Faltungsmaske, ist keine gewöhnlich Funktion, da $2\pi \mathrm{i} k_1$ nicht quadratisch integrierbar ist, sondern die Ableitung der δ-Distribution:

$$2\pi \mathrm{i} k \quad \bullet\!\!-\!\!\circ \quad \delta'(x) = \frac{\mathrm{d}\delta(x)}{\mathrm{d}x} = \lim_{a \to 0} \frac{\mathrm{d}}{\mathrm{d}x}\left(\frac{\exp(-\pi x^2/a^2)}{a}\right) \tag{2.62}$$

Die Ableitung der δ-Distribution existiert — wie alle Distributionen — nur als Grenzwert einer Sequenz von Funktionen, wie dies in der obigen Gleichung gezeigt wird.

Mit diesem Wissen und den in (2.59) zusammengefassten Eigenschaften können wir einige weitere wichtige Schlüsse ziehen. Da jede Faltungsoperation mit der Verschiebungsoperation vertauscht werden kann, ist jede Faltung eine verschiebungsinvariante Operation. Weiterhin erhalten wir dasselbe Ergebnis, wenn wir ein Signal zuerst differenzieren und dann falten oder diese Operationen in umgekehrter Reihenfolge durchführen. Diese Eigenschaften sind hilfreich für ein tieferes Verständnis von Bildverarbeitungsoperationen und für eine schnellere Berechnung von Faltungsoperationen.

Zentraler Grenzwertsatz. Der *zentrale Grenzwertsatz* ist bekannt wegen seiner Bedeutung für die Wahrscheinlichkeitstheorie und Statistik [148]. Er spielt aber auch eine wichtige Rolle in der Signalverarbeitung, da er unter sehr allgemeinen Voraussetzungen aussagt, dass kaskadierte Faltungsoperationen zu einer Faltung mit der *Gaußschen Glockenkurve* ($\propto \exp(-ax^2)$) führen. Da die Fouriertransformierte der Gaußfunktion ebenfalls eine Gaußfunktion ist (▷R6), bedeutet dies, dass bei fortgesetzter Faltung sowohl die Faltungsmaske als auch die Transferfunktion die Form einer Gaußschen Glockekurve annehmen.

Daher ist der zentrale Grenzwertsatz Ausdruck der zentralen Rolle der Gaußfunktion für die Bildverarbeitung. Die notwendigen Bedingungen für die Gültigkeit des zentralen Grenzwertsatzes können unterschiedlich formuliert werden. Wir benutzen hier die Bedingungen aus [148] und stellen das Theorem in Bezug auf die Faltung dar.

Theorem 6 (Zentraler Grenzwertsatz) *Gegeben seien N Funktionen $h_n(x)$ mit verschwindendem Mittelwert $\int_{-\infty}^{\infty} x h_n(x)\mathrm{d}x = 0$, der Varianz $\sigma_n^2 = \int_{-\infty}^{\infty} x^2 h_n(x)\mathrm{d}x$ und mit $z = x/\sigma$, $\sigma^2 = \sum_{n=1}^{N} \sigma_n^2$. Dann gilt*

$$h = \lim_{N \to \infty} h_1 * h_2 * \ldots * h_N \propto \exp(-z^2/2) \qquad (2.63)$$

unter der Voraussetzung, dass

$$\lim_{N \to \infty} \sum_{n=1}^{N} \sigma_n^2 \to \infty \qquad (2.64)$$

und dass es eine Zahl $\alpha > 2$ und eine endliche Konstante c gibt, so dass

$$\int_{-\infty}^{\infty} x^\alpha h_n(x)\mathrm{d}x < c < \infty \quad \forall n. \qquad (2.65)$$

Das Theorem ist von großer praktischer Bedeutung, da — insbesondere wenn die Funktionen h_n glatt sind — die Gaußkurve schon für sehr kleine Werte von N (z. B. 5) hinreichend genau approximiert wird.

Glattheit und Kompaktheit. Je glatter eine Funktion ist, desto kompakter ist ihre Fouriertransformierte. Diese allgemeine Regel lässt sich quantitativ fassen, indem wir die Glattheit durch die Anzahl von Ableitungen ausdrücken, die stetig sind, und die Kompaktheit durch das asymptotische Verhalten für große Werte der Wellenzahl k: Wenn eine Funktion $g(x)$ und ihre ersten $n - 1$ Ableitungen stetig sind, dann fällt ihre Fouriertransformierte für große Wellenzahlen k mindestens mit $|k|^{-(n+1)}$ ab, d. h., $\lim_{|k| \to \infty} |k|^n g(k) = 0$. Als einfache Beispiele betrachten wir die Rechteck - und die Dreiecksfunktion (≻ R5). Die Rechteckfunktion ist unstetig ($n = 0$). Deswegen fällt ihre Fouriertransformierte, die sinc-Funktion, asymptotisch mit $|k|^{-1}$ ab. Die Dreiecksfunktion ist stetig, aber ihre erste Ableitung ist nicht stetig. Deswegen fällt ihre Fourier-transformierte, die sinc^2-Funktion, steiler mit $|k|^{-2}$ ab. In diese Überlegungen können wir auch impulsartige Funktionen wie die δ-Distribution einschließen, da die Ableitung einer unstetigen Funktion an den Unstetigkeitsstellen impulsiv wird. Deswegen gilt: Wenn die $n$te Ableitung einer Funktion impulsiv wird, dann fällt die Fouriertransformierte der Funktion asymptotisch mit $|k|^{-n}$ ab.

Die Beziehungen zwischen Glattheit und Kompaktheit können wir als eine Erweiterung der Reziprozität zwischen dem Orts- und Fourierraum auffassen. Was in einem Raum stark lokalisiert ist, hat eine große Ausdehnung im anderen Raum und umgekehrt.

Unschärferelation. Die generelle Reziprozität zwischen Orts- und Fourierraum findet sich auch in einem anderen Theorem, der klassischen *Unschärferelation*, wieder. Das Theorem setzt die mittlere quadratische Breite einer Funktion und ihrer Fouriertransformierten zueinander in Beziehung. Die mittlere quadratische Breite $(\Delta x)^2$ ist definiert als

$$(\Delta x)^2 = \frac{\int\limits_{-\infty}^{\infty} x^2 \, |g(x)|^2}{\int\limits_{-\infty}^{\infty} |g(x)|^2} - \left(\frac{\int\limits_{-\infty}^{\infty} x \, |g(x)|^2}{\int\limits_{-\infty}^{\infty} |g(x)|^2} \right)^2 \tag{2.66}$$

Damit ist diese Größe die Varianz von $|g(x)|^2$ und damit ein Maß für die Breite der Verteilung der Energie des Signals. Die Unschärferelation sagt aus:

Theorem 7 (Unschärferelation) *Für das Produkt aus der Varianz $(\Delta x)^2$ von $|g(x)|^2$ und der Varianz $(\Delta k)^2$ von $|\hat{g}(k)|^2$ gilt die Ungleichung*

$$\Delta x \Delta k \geq 1/(4\pi). \tag{2.67}$$

Aus den Beziehungen zwischen Kompaktheit und Glattheit und aus der Unschärferelation lassen sich einige Kriterien zur Konstruktion linearer (Faltungs-) Filteroperatoren ableiten.

2.3.6 Phase und Amplitude

Entsprechend den Ausführungen der vorangegangenen Abschnitte kann die DFT als Koordinatentransformation in einem endlich-dimensionalen Vektorraum betrachtet werden. Daher bleibt die Bildinformation vollständig erhalten, und aus der umgekehrten Transformation resultiert wieder das ursprüngliche Bild. Im Fourierraum betrachten wir das Bild

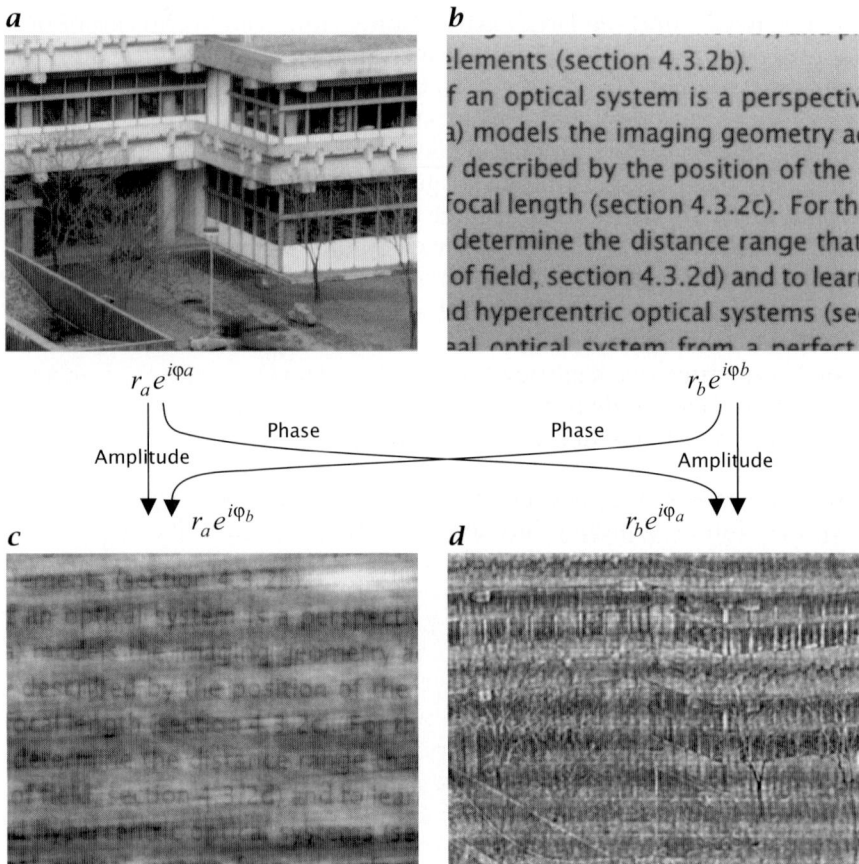

Abbildung 2.16: *Illustration der Bedeutung von Phase und Amplitude im Fou-rierraum für den Bildinhalt:* **a, b** *Originalbilder;* **c** *aus der Phase von Bild* **b** *und der Amplitude von Bild* **a** *zusammengesetztes Bild;* **d** *aus der Phase von Bild* **a** *und der Amplitude von Bild* **b** *zusammengesetztes Bild.*

lediglich aus einem anderen Blickwinkel. Jeder Punkt des Fourierraums beinhaltet zwei Informationen, die *Amplitude* und die *Phase*, d. h. die re-lative Position einer periodischen Struktur. Daraus stellt sich die Frage, ob die Phase oder die Amplitude die bedeutendere Information über die Strukturen des Bildes enthält oder ob beide Anteile gleiche Bedeutung haben.

Um diese Frage zu beantworten, führen wir ein einfaches Experi-ment durch. Abbildung 2.16a, b zeigt zwei Abbildungen, die eine mit einem Gebäude der Universität Heidelberg, die andere mit einigen Zei-len Text. Werden beide Bilder fouriertransformiert und dann Phase und Amplitude miteinander vertauscht und rücktransformiert, resultieren Abb. 2.16c, d. Das überraschende Ergebnis dieses Austausches ist, dass es die Phase ist, die den Bildinhalt beider Bilder dominiert. Beide Abbildungen enthalten Störungen, aber wesentliche Informationen sind erhalten.

Dieses Experiment zeigt, dass die Phase der Fouriertransformation wesentliche Informationen der Bildstruktur beinhaltet. Die Amplitude lässt nur erkennen, *dass* das Bild eine periodische Struktur enthält, aber nicht *wo*. Diese wichtige Tatsache kann auch mit dem Verschiebungstheorem (Theorem 3) gezeigt werden. Die Verschiebung eines Objektes im Ortsraum führt lediglich zu einer Verschiebung der Phase im Wellenzahlraum; die Amplitude ändert sich nicht. Wenn wir die Phase der Fourierkomponente eines Objektes nicht kennen, wissen wir nicht, wie es aussieht oder wo es sich befindet.

Es wird auch deutlich, dass das *Leistungsspektrum*, d. h. die quadrierte Amplitude der Fourierkomponenten (Abschn. 3.5.3), nur sehr wenig Information enthält, da die Phaseninformation fehlt. Wenn die Grauwerte mit der Amplitude eines physikalischen Prozesses, sagen wir einer harmonischen Oszillation, assoziiert sind, gibt das Leistungsspektrum lediglich die Energieverteilung mit der Wellenzahl wieder.

2.3.7 Praktische Anwendung der DFT[‡]

Einheiten. Bei der DFT sei nochmals auf das Problem der unterschiedlichen Faktoren in der Definition und deren anschauliche Interpretation hingewiesen. Neben der Definition in (2.29) sind zwei weitere üblich:

$$\hat{g}_v = \frac{1}{\sqrt{N}} \sum_{n=0}^{N-1} w_N^{-nv} g_n \quad \bullet\!\!-\!\!\circ \quad g_n = \frac{1}{\sqrt{N}} \sum_{n=0}^{N-1} w_N^{nv} \hat{g}_v \quad (a)$$

$$\hat{g}_v = \frac{1}{N} \sum_{n=0}^{N-1} w_N^{-nv} g_n \quad \bullet\!\!-\!\!\circ \quad g_n = \sum_{n=0}^{N-1} w_N^{nv} \hat{g}_v \quad (b) \qquad (2.68)$$

$$\hat{g}_v = \sum_{n=0}^{N-1} w_N^{-nv} g_n \quad \bullet\!\!-\!\!\circ \quad g_n = \frac{1}{N} \sum_{n=0}^{N-1} w_N^{nv} \hat{g}_v \quad (c)$$

Die symmetrische Definition (a) ist mathematisch gesehen zwar die eleganteste, da sie bei der Hin- und Rücktransformation dem Skalarprodukt mit den orthonormalen Basisvektoren in (2.28) und (2.29) entspricht. In der Praxis wird aber meistens die Definition (b) benutzt, da dann $\hat{g}_0$ unmittelbar den Mittelwert des Vektors im Ortsraum darstellt, unabhängig von seiner Länge:

$$\hat{g}_0 = \frac{1}{N} \sum_{n=0}^{N-1} w_N^{-n0} g_n = \frac{1}{N} \sum_{n=0}^{N-1} g_n. \qquad (2.69)$$

Deshalb wird in diesem Buch auch fast überall die Definition (b) benutzt werden.

Für die praktische Anwendung der DFT ist es wichtig zu wissen, in welchem räumlichen bzw. zeitlichen Abstand die Signale abgetastet wurden, um Fouriertransformierte, die mit unterschiedlichen Abtastraten berechnet wurden, korrekt miteinander vergleichen zu können. Die Beziehung können wir am schnellsten sehen, indem wir das Fourierintegral in (2.18) durch eine Summe approximieren und die Werte im Orts- und Fourierraum abtasten mit $x = n\Delta x$, $k = v\Delta k$ und $\Delta x \Delta k = 1/N$:

$$
\begin{aligned}
\hat{g}(v\Delta k) &= \int_{-\infty}^{\infty} g(x)\exp\left(-2\pi i v \Delta k x\right) \mathrm{d}x \\
&\approx \sum_{n=0}^{N-1} g_n \exp\left(-2\pi i n v \Delta x \Delta k\right)\Delta x \\
&= N\Delta x \frac{1}{N}\sum_{n=0}^{N-1} g_n \exp\left(-\frac{2\pi i n v}{N}\right) = N\Delta x\, \hat{g}_v .
\end{aligned}
\tag{2.70}
$$

Deshalb müssen die mit der DFT berechneten Fouriertransformierten mit dem Faktor $N\Delta x = 1/\Delta k$ multipliziert werden, um diese auf ein Einheitsintervall der Wellenzahl zu beziehen. Ohne diese Normierung sind die Fouriertransformierten auf das Intervall $\Delta k = 1/(N\Delta x)$ bezogen und unterscheiden sich damit bei unterschiedlichen Abtastraten.

Für zwei- und höherdimensionale Signale gelten entsprechende Beziehungen:

$$
\hat{g}(v\Delta k_1, u\Delta k_2) \quad \approx \quad N\Delta x M\Delta y\, \hat{g}_{uv} = \frac{1}{\Delta k_1 \Delta k_2}\hat{g}_{uv} .
\tag{2.71}
$$

Die gleiche Normierung muss für das Betragsquadrat (*Energie*) der Signale angewendet werden und nicht etwa für die quadrierten Faktoren aus (2.70). Das ergibt sich aus dem *Rayleightheorem* für kontinuierliche und diskrete Signale ($\succ$ R4, $\succ$ R7):

$$
\text{kontinuierl.:} \quad \int_{-\infty}^{\infty}|g(x)|^2\,\mathrm{d}x = \int_{-\infty}^{\infty}|\hat{g}(k)|^2\,\mathrm{d}k, \approx \sum_{v=0}^{N-1}|\hat{g}(v\Delta k)|^2\,\Delta k
$$
$$
\text{diskret:} \quad \frac{1}{N}\sum_{n=0}^{N-1}|g_n|^2 = \sum_{v=0}^{N-1}|\hat{g}_v|^2 .
\tag{2.72}
$$

Das Rayleightheorem sagt aus, dass die Energie entweder im Orts- oder im Fourierraum integriert werden kann. Für diskrete Signale bedeutet dies, dass sich die mittlere Energie entweder durch Mittelwertbildung im Ortsraum oder durch Aufsummieren im Fourierraum berechnen lässt (wenn wir die Definition (b) der DFT in (2.68) benutzen). Aus der Approximation des Integrals über die kontinuierliche FT durch eine Summe über die DFT in (2.72) ergibt sich unmittelbar, dass $|\hat{g}(v\Delta k)|^2 \approx |\hat{g}_v|^2/\Delta k$. Die Einheit der so bestimmten Betragsquadrate im Fourierraum ist $\cdot/m^{-1}$ bzw. $\cdot/Hz$ bei *Zeitserien*, wobei $\cdot$ für die Einheit des quadrierten Signals steht.

Dynamischer Bereich. Während es in den meisten Fällen ausreichend ist, ein Bild mit 256 Grauwerten, d. h. einem Byte pro Pixel wiederzugeben, benötigt die Fouriertransformierte eines Bildes einen wesentlich größeren dynamischen Bereich. Typischerweise haben wir einen starken Abfall der Fourierkomponenten mit der Größe der Wellenzahl (Abb. 2.15). Demnach sind mindestens 16-Bit-Integer- oder 32-Bit-Fließkommazahlen notwendig, damit ein Bild im Fourierraum ohne signifikanten Rundungsfehler dargestellt werden kann.

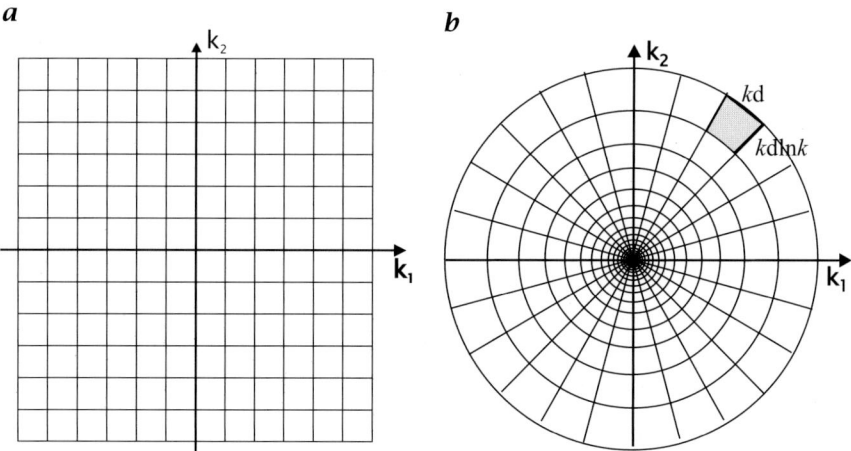

Abbildung 2.17: *Aufteilung des Fourierraums in* **a** *kartesische und* **b** *logarithmisch-polare Intervalle.*

Die Ursache für dieses Verhalten ist nicht die Bedeutungslosigkeit hoher Wellenzahlen in einem Bild. Wenn wir sie einfach weglassen, würde das Bild unscharf werden. Dieser Abfall in der Amplitude wird dadurch verursacht, dass die *relative* Auflösung zunimmt. Normalerweise denken wir an relative Auflösungen, da wir relative Entfernungsunterschiede besser wahrnehmen können als absolute. So können wir zum Beispiel leicht den Unterschied von 10 cm bei einer Strecke von einem Meter erkennen, nicht jedoch bei einem Kilometer. Wenn wir dieses Prinzip auf den Fourierraum anwenden, ist es besser, die fouriertransformierten Bilder (Spektren) in sogenannten *logarithmischen Polarkoordinaten* darzustellen (Abb. 2.17). In einem solchen Koordinatensystem unterteilen wir den Raum in Winkelintervalle und logarithmische k-Intervalle. Damit wachsen die Intervallflächen proportional zu k^2. Um diesen Flächenzuwachs zu berücksichtigen, müssen wir die Fourierkomponenten in dieser Darstellung mit k^2 multiplizieren:

$$\int\limits_{-\infty}^{\infty} |\hat{g}(\boldsymbol{k})|^2 \mathrm{d}k_1 \mathrm{d}k_2 = \int\limits_{-\infty}^{\infty} k^2 |\hat{g}(\boldsymbol{k})|^2 \mathrm{d}\ln k \mathrm{d}\varphi. \tag{2.73}$$

Wenn wir annehmen, dass das Leistungsspektrum $|\hat{g}(\boldsymbol{k})|^2$ gleichmäßig über alle Wellenzahlen in logarithmischen Polarkoordinaten verteilt ist, nimmt es in kartesischen Koordinaten mit k^{-2} ab.

Für die Darstellung von Leistungsspektren werden üblicherweise die Logarithmen der Grauwerte verwendet, um den hohen dynamischen Bereich zu komprimieren. Die Diskussion der logarithmisch-polaren Koordinatensysteme zeigt, dass eine Multiplikation mit k^2 die Dynamik des Spektrums deutlich reduziert. Die Darstellung in logarithmischen Polarkoordinaten erlaubt außerdem eine weit bessere Auswertung der Richtungen der räumlichen Strukturen. Zudem sind die kleineren Wellenzahlen auf einen größeren Bereich gespreizt (Abb. 2.18).

a

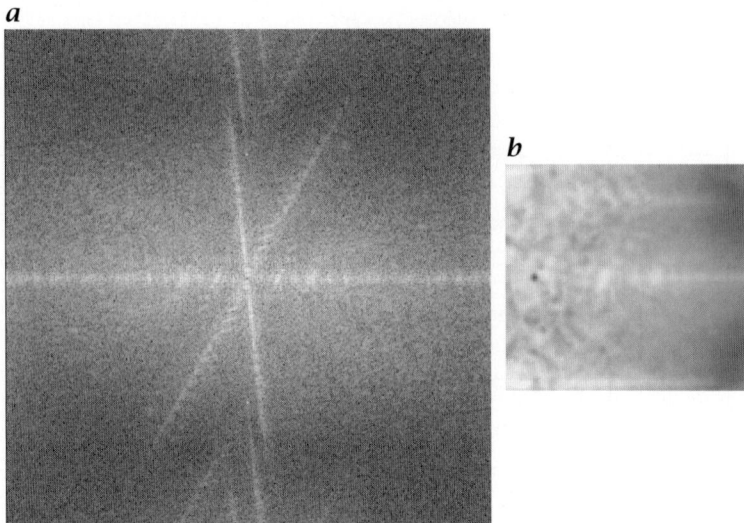

b

Abbildung 2.18: *Repräsentation der Fouriertransformierten (Leistungsspektrum $|\hat{G}_{uv}|^2$) des Bildes in Abb. 2.7 in a kartesischen Koordinaten und b logarithmischen Polarkoordinaten. Beide Spektren wurden mit k^2 multipliziert und logarithmisch dargestellt. Die Grauwertskala umfaßt 6 Dekaden (siehe auch Abb. 2.15).*

2.4 Diskrete unitäre Transformationen‡

2.4.1 Allgemeine Eigenschaften‡

In den Abschnitten 2.3.1 und 2.3.2 haben wir gelernt, dass die diskrete Fouriertransformation als lineare Transformation in einem Vektorraum betrachtet werden kann. Damit ist sie nur ein Beispiel einer großen Klasse von Transformationen, den *unitären Transformationen*. In diesem Kapitel diskutieren wir einige allgemeine Eigenschaften der unitären Transformationen. Sie werden uns helfen, einen tieferen Einblick in die Grundlagen der Bildverarbeitung zu bekommen. Ferner diskutieren wir weitere Beispiele unitärer Transformationen, die in der Bildverarbeitung Bedeutung gewonnen haben.

Unitäre Transformationen sind definiert für Vektorräume über dem Körper der komplexen Zahlen, für die ein *inneres Produkt* oder *Skalarprodukt* definiert ist. Sowohl die kontinuierliche (2.22) als auch diskrete Fouriertransformation (2.29) benutzen zur Berechnung der Transformation das Skalarprodukt.

Das grundlegende Theorem für unitäre Transformationen lautet:

Theorem 8 (Unitäre Transformation) *Sei V ein endlich-dimensionaler Vektorraum mit innerem Produkt. Weiterhin sei U eine lineare bijektive Transformation von V auf sich selbst. Dann sind die folgenden Aussagen äquivalent:*

1. U ist unitär.

2. U erhält das innere Produkt, d. h. $\langle g \,|\, h \rangle = \langle Ug \,|\, Uh \rangle$, $\forall g, h \in V$.

3. *Die inverse Transformation zu U, U^{-1}, ist die Adjungierte (transponierte und konjugiert-komplexe Matrix) U^{*^T} von U: $UU^{*^T} = I$.*

4. *Die Zeilen- (und Spaltenvektoren) von U bilden eine Orthonormalbasis des Vektorraums V.*

Diese Definition schließt bereits eine wichtigste Eigenschaft der unitären Transformationen ein, nämlich die Erhaltung des inneren Produktes. Dies beinhaltet, dass eine andere wichtige Eigenschaft, die *Norm*, ebenfalls erhalten bleibt:

$$\|\boldsymbol{g}\|_2 = \langle \boldsymbol{g} \, | \, \boldsymbol{g} \rangle^{1/2} = \langle U\boldsymbol{g} \, | \, U\boldsymbol{g} \rangle^{1/2}. \tag{2.74}$$

Wir können die Norm als *Länge* oder *Größe* des Vektors betrachten. Die Rotation in $\mathbb{R}^2$ oder $\mathbb{R}^3$ ist ein Beispiel für eine Transformation, bei der die Erhaltung der Vektorlänge offensichtlich ist (vergleiche auch die Diskussion der homogenen Koordinaten in Abschn. 7.3.3).

Die Komposition zweier unitärer Transformationen $U_1 U_2$ ist ihrerseits unitär. Da der Identitätsoperator I und die Umkehrung eines unitären Operators ebenfalls unitär sind, bildet die Menge aller unitären Transformationen eine *Gruppe* bezüglich der Komposition. Praktisch bedeutet dies, dass wir komplexe unitäre Transformationen aus einfacheren oder elementaren Transformationen zusammensetzen können.

Wir werden einige der Eigenschaften der unitären Transformationen, die im Rahmen der diskreten Fouriertransformation diskutiert wurden, illustrieren. Zunächst betrachten wir die eindimensionale DFT (2.29):

$$\hat{\boldsymbol{g}} = \frac{1}{\sqrt{N}} \sum_{n=0}^{N-1} g_n \mathrm{w}_M^{-nv}.$$

Diese Gleichung kann als Multiplikation der $N \times N$-Matrix $\boldsymbol{W}_N$

$$(\boldsymbol{W}_N)_{nv} = \mathrm{w}_N^{-nv}$$

mit dem Vektor $\boldsymbol{g}$ betrachtet werden:

$$\hat{\boldsymbol{g}} = \frac{1}{\sqrt{N}} \boldsymbol{W}_N \, \boldsymbol{g}. \tag{2.75}$$

Explizit ist die DFT eines achtdimensionalen Vektors gegeben durch

$$
\begin{bmatrix} \hat{g}_0 \\ \hat{g}_1 \\ \hat{g}_2 \\ \hat{g}_3 \\ \hat{g}_4 \\ \hat{g}_5 \\ \hat{g}_6 \\ \hat{g}_7 \end{bmatrix}
= \frac{1}{\sqrt{8}}
\begin{bmatrix}
\mathrm{w}_8^0 & \mathrm{w}_8^0 & \mathrm{w}_8^0 & \mathrm{w}_8^0 & \mathrm{w}_8^0 & \mathrm{w}_8^0 & \mathrm{w}_8^0 & \mathrm{w}_8^0 \\
\mathrm{w}_8^0 & \mathrm{w}_8^7 & \mathrm{w}_8^6 & \mathrm{w}_8^5 & \mathrm{w}_8^4 & \mathrm{w}_8^3 & \mathrm{w}_8^2 & \mathrm{w}_8^1 \\
\mathrm{w}_8^0 & \mathrm{w}_8^6 & \mathrm{w}_8^4 & \mathrm{w}_8^2 & \mathrm{w}_8^0 & \mathrm{w}_8^6 & \mathrm{w}_8^4 & \mathrm{w}_8^2 \\
\mathrm{w}_8^0 & \mathrm{w}_8^5 & \mathrm{w}_8^2 & \mathrm{w}_8^7 & \mathrm{w}_8^4 & \mathrm{w}_8^1 & \mathrm{w}_8^6 & \mathrm{w}_8^3 \\
\mathrm{w}_8^0 & \mathrm{w}_8^4 & \mathrm{w}_8^0 & \mathrm{w}_8^4 & \mathrm{w}_8^0 & \mathrm{w}_8^4 & \mathrm{w}_8^0 & \mathrm{w}_8^4 \\
\mathrm{w}_8^0 & \mathrm{w}_8^3 & \mathrm{w}_8^6 & \mathrm{w}_8^1 & \mathrm{w}_8^4 & \mathrm{w}_8^7 & \mathrm{w}_8^2 & \mathrm{w}_8^5 \\
\mathrm{w}_8^0 & \mathrm{w}_8^2 & \mathrm{w}_8^4 & \mathrm{w}_8^6 & \mathrm{w}_8^0 & \mathrm{w}_8^2 & \mathrm{w}_8^4 & \mathrm{w}_8^6 \\
\mathrm{w}_8^0 & \mathrm{w}_8^1 & \mathrm{w}_8^2 & \mathrm{w}_8^3 & \mathrm{w}_8^4 & \mathrm{w}_8^5 & \mathrm{w}_8^6 & \mathrm{w}_8^7
\end{bmatrix}
\begin{bmatrix} g_0 \\ g_1 \\ g_2 \\ g_3 \\ g_4 \\ g_5 \\ g_6 \\ g_7 \end{bmatrix}
$$

Beim Eintrag der Elemente in die Matrix wurde gleich die Periodizität des Kerns der DFT (2.43) genutzt, damit die Exponenten von W auf den Bereich zwischen 0 und 7 begrenzt sind. Die Transformationsmatrix für die DFT ist symmetrisch ($W = W^T$), W^{T*} ergibt die Rücktransformation.

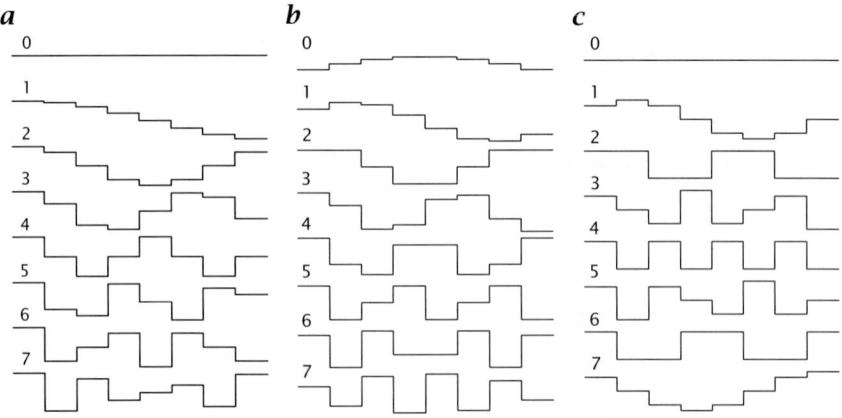

Abbildung 2.19: *Die Basisfunktionen eindimensionaler unitärer Transformationen für N = 8: **a** Kosinustransformation, **b** Sinustransformation und **c** Hartleytransformation.*

Die zweidimensionale DFT lässt sich mit ähnlichen Gleichungen beschreiben, wenn wir die $M \times N$-Matrix auf einen MN-dimensionalen Vektor abbilden. Allerdings gibt es auch einen einfacheren Weg, wenn wir uns die in (2.36) beschriebene Separierbarkeit der Kerne der DFT zunutze machen. Unter Verwendung der $M \times M$-Matrix $\boldsymbol{W}_M$ und der $N \times N$-Matrix $\boldsymbol{W}_N$ können wir analog zur eindimensionalen DFT (2.75) folgendermaßen schreiben:

$$\hat{g}_{uv} = \frac{1}{\sqrt{MN}} \sum_{m=0}^{M-1} \sum_{n=0}^{N-1} g_{mn} (\boldsymbol{W}_M)_{mu} (\boldsymbol{W}_N)_{nv} \tag{2.76}$$

oder in Matrixnotation:

$$\underbrace{\hat{\boldsymbol{G}}}_{M \times N} = \frac{1}{\sqrt{MN}} \underbrace{\boldsymbol{W}_M{}^T}_{M \times M} \underbrace{\boldsymbol{G}}_{M \times N} \underbrace{\boldsymbol{W}_N}_{N \times N} = \frac{1}{\sqrt{MN}} \boldsymbol{W}_M \, \boldsymbol{G} \, \boldsymbol{W}_N. \tag{2.77}$$

Der Physiker wird sich an die theoretischen Grundlagen der *Quantenmechanik* erinnern, die im unendlich-dimensionalen Vektorraum mit innerem Produkt, dem *Hilbertraum*, formuliert werden. In der Bildverarbeitung können wir die Probleme, die mit unendlich-dimensionalen Vektorräumen verbunden sind, vermeiden.

Auf die Diskussion der allgemeinen Eigenschaften folgen nun einige Beispiele unitärer Transformationen, die in der Signal- und Bildverarbeitung benutzt werden. Ihre Bedeutung ist aber mit der der Fouriertransformation nicht vergleichbar.

2.4.2 Kosinus-, Sinus- und Hartley-Transformation[‡]

Es mag an der diskreten Fouriertransformation stören, dass reelle Bilder durch die Transformation komplex abgebildet werden. Wir können zu einer reellen

Transformation kommen, wenn wir die Zerlegung der komplexen DFT in einen reellen geraden und einen imaginären ungeraden Teil betrachten:

$$(W_N)_{nv} = \cos\left(-\frac{2\pi n v}{N}\right) + \mathrm{i} \sin\left(-\frac{2\pi n v}{N}\right). \qquad (2.78)$$

Weder der Kosinus- noch der Sinusteil kann als Transformationskern verwendet werden, da diese Funktionen keine vollständige Basis des Vektorraums bilden. Kosinus- und Sinusfunktionen spannen nur die Unterräume der geraden bzw. ungeraden Funktionen des gesamten Vektorraums auf.

Dieses Problem kann beseitigt werden, indem die *Kosinus*-und *Sinustransformation* auf den positiven Halbraum im Orts- und Fourierraum beschränkt werden, weil dann die Symmetrieeigenschaften keine Bedeutung spielen:

$$
{}^c\hat{g}(k) = \int\limits_0^\infty g(x)\sqrt{2}\cos(2\pi k x)\mathrm{d}x \quad \circ\!\!-\!\!\bullet \quad g(x) = \int\limits_0^\infty {}^c\hat{g}(k)\sqrt{2}\cos(2\pi k x)\mathrm{d}k
$$

$$
{}^s\hat{g}(k) = \int\limits_0^\infty g(x)\sqrt{2}\sin(2\pi k x)\mathrm{d}x \quad \circ\!\!-\!\!\bullet \quad g(x) = \int\limits_0^\infty {}^s\hat{g}(k)\sqrt{2}\sin(2\pi k x)\mathrm{d}k.
$$
$$(2.79)$$

Für die entsprechenden diskreten Transformationen müssen Basisvektoren mit der fehlenden Symmetrie erzeugt werden, indem trigonometrische Funktionen mit jeweils der halben Wellenlänge hinzugefügt werden. Dieses Vorgehen ist äquivalent zur Verdoppelung der Basiswellenlänge. Dementsprechend lauten die Basisfunktionen der *Kosinus*- und *Sinustransformation* für einen N-dimensionalen Vektor:

$$c_{nv} = \sqrt{\frac{2}{N}} \cos\left(\frac{\pi n v}{N}\right), \quad s_{nv} = \sqrt{\frac{2}{N+1}} \sin\left(\frac{\pi(n+1)(v+1)}{N+1}\right). \qquad (2.80)$$

Abbildung 2.19a, b zeigen die Basisfunktionen der 1D-Kosinus- und 1D-Sinustransformation. Man kann sich an den Funktionsgraphen gut veranschaulichen, dass die Basisfunktionen orthogonal zueinander sind. Bedingt durch die Verdoppelung der Perioden, gibt es bei beiden Transformationen gerade und ungerade Funktionen. Die Basisfunktionen mit jeweils der halben Wellenlänge ergänzen die Funktionen mit der fehlenden Symmetrie.

Die Kosinustransformation hat für die *Bilddatenkompression* Bedeutung erlangt [95]. Sie gehört zum Standard-Kompressionsalgorithmus, der von der *Joint Photographic Experts Group* (*JPEG*) vorgeschlagen wurde.

Die *Hartleytransformation* (*HT*) ist eine wesentlich elegantere Lösung als die Kosinus- oder Sinustransformation, um eine Transformation mit komplexen Zahlen zu vermeiden. Durch Addition der Kosinus- und Sinusfunktion erhält man einen Kern, der keine Symmetrie aufweist,

$$\mathrm{cas}(2\pi k x) = \cos(2\pi k x) + \sin(2\pi k x) = \sqrt{2}\cos(2\pi(k x - 1/8)), \qquad (2.81)$$

und der daher für eine Transformation des gesamten Raums geeignet ist:

$$
{}^h\hat{g}(k) = \int\limits_{-\infty}^\infty g(x)\,\mathrm{cas}(2\pi k x)\mathrm{d}x \quad \circ\!\!-\!\!\bullet \quad g(x) = \int\limits_{-\infty}^\infty {}^h\hat{g}(k)\,\mathrm{cas}(2\pi k x)\mathrm{d}k. \qquad (2.82)
$$

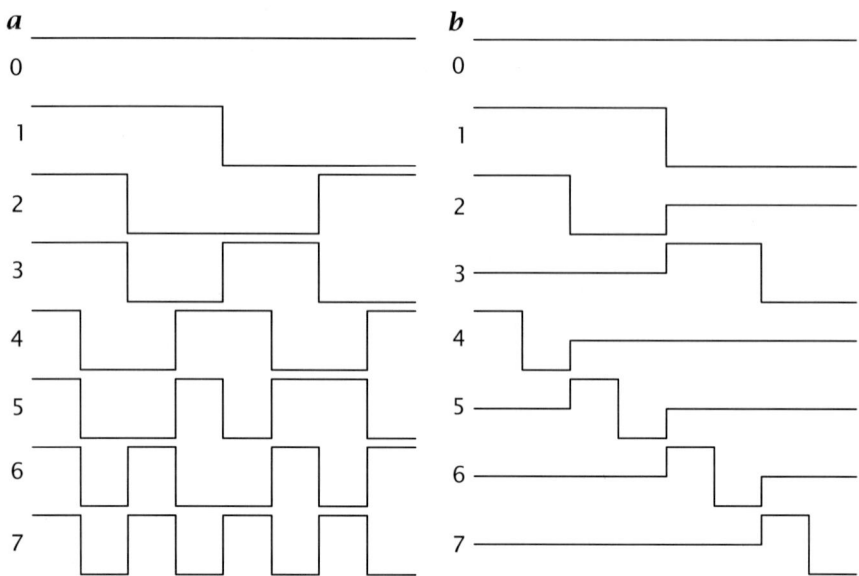

Abbildung 2.20: *Die ersten 8 Basisfunktionen eindimensionaler unitärer Transformationen für N = 16:* **a** *Hadamardtransformation und* **b** *Haartransformation.*

Die entsprechende *diskrete Hartleytransformation* (DHT) lautet:

$$
{}^h\hat{g}_v = \frac{1}{\sqrt{N}} \sum_{n=0}^{N-1} g_n \cos(2\pi n v/N) \quad \circ\!\!-\!\!\bullet \quad g_n = \frac{1}{\sqrt{N}} \sum_{n=0}^{N-1} {}^h\hat{g}_v \cos(2\pi n v/N). \quad (2.83)
$$

Die Basisfunktionen für $N = 8$ zeigt Abb. 2.19c. Trotz aller Eleganz der Hartleytransformation für reelle Bilddaten, weißt sie einige Nachteile gegenüber der
Fouriertransformation auf. Insbesondere gilt das einfache Verschiebungstheorem 3 der Fouriertransformation nicht mehr. Bei Verschiebungen kommt es
vielmehr zur Vermischung der Basisfunktionen mit positiven und negativen
Wellenzahlen:

$$
\begin{aligned}
g(x - x_0) &\quad \circ\!\!-\!\!\bullet \quad {}^h\hat{g}(k)\cos(2\pi k x_0) + {}^h\hat{g}(-k)\sin(2\pi k x_0) \\
g_{n-n'} &\quad \circ\!\!-\!\!\bullet \quad {}^h\hat{g}_v \cos(2\pi n' v/N) + {}^h\hat{g}_{N-v}\sin(2\pi n' v/N)
\end{aligned} \quad . \quad (2.84)
$$

Ähnliche Komplikationen treten bei dem Faltungstheorem für die Hartleytransformation auf (≻ R8).

2.4.3 Hadamardtransformation[‡]

Die Basisfunktionen der *Hadamardtransformation* sind orthogonale binäre Muster (Abb. 2.20a). Einige dieser Muster sind regelmäßige rechteckige Wellen, andere nicht. Die Hadamardtransformation zeichnet sich durch einen geringen
Rechenaufwand aus, da ihr Kern nur aus den Zahlen 1 und −1 besteht. Somit
sind nur Additionen und Subtraktionen zur Berechnung notwendig.

2.4.4 Haartransformation‡

Die Basisvektoren aller bisherigen Transformationen waren *globaler* Natur, weil die Basisfunktionen sich grundsätzlich über den gesamten Vektor oder die ganze Bildfläche ausdehnen. Alle örtliche Information geht verloren. Wenn wir zum Beispiel zwei unabhängige Objekte in einem Bild haben, werden sie gleichzeitig in die globalen Muster zerlegt. Sie sind dann in der Transformation nicht mehr als individuelle Objekte erkennbar.

Die *Haartransformation* ist ein Beispiel einer unitären Transformation, welche lokale Information teilweise erhält, da ihre Basisfunktionen Impulspaare sind, die nur an der Position des Impulses ungleich null sind (Abb. 2.20b). Die Haartransformation ist von Vorteil für die Auflösung der Position kleiner Strukturen.

Auch die Haartransformation ist wie die Hadamardtransformation vom Rechenaufwand her effizient, da ihr Kern nur die Zahlen –1, 0 und 1 beinhaltet.

2.5 Schnelle Berechnung unitärer Transformationen

2.5.1 Zur Bedeutung schneller Algorithmen

Ohne einen *schnellen Algorithmus* zur Berechnung der diskreten Fouriertransformation wäre ihr Einsatz in der Bildverarbeitung nicht möglich. Wird (2.37) direkt eingesetzt, resultiert ein prohibitiv hoher Rechenaufwand. Jeder Punkt des transformierten Bildes erfordert N^2 komplexe Multiplikationen und $N^2 - 1$ komplexe Additionen (ohne Berücksichtigung der Berechnung der Kosinus- und Sinusfunktionen im Kern). Insgesamt sind N^4 komplexe Multiplikationen und $N^2(N^2 - 1)$ komplexe Additionen erforderlich. Das ergibt etwa $8N^4$ Gleitkommaoperationen. Für ein 512×512-Bild sind das 5×10^{11} Operationen. Ein 200-MHz-PentiumPro-Prozessor kann etwa 50 *MFLOPS* (million floating point operations per second) leisten, wenn er in einer Hochsprache mit einem optimierenden Compiler programmiert wird. Eine einzige Fouriertransformation eines 512×512-Bildes mit 5×10^{11} Rechenoperationen würde demnach ungefähr 10.000 s oder 3 h dauern. Das ist zu langsam, um praktisch nutzbar zu sein. Diese Zahlen zeigen die Notwendigkeit, einen geeigneten Algorithmus zu finden, der die Rechenzeit der DFT drastisch verkürzt. Effiziente Algorithmen sind in der Informatik ein zentrales Thema. Zur Entwicklung geeigneter Algorithmen müssen wir die innere Struktur einer gegebenen Aufgabe, ihre *Rechenkomplexität* untersuchen, um herauszufinden, wie sie mit einer minimalen Zahl von Operationen gelöst werden kann.

Als instruktives Beispiel betrachten wir folgende einfache *Suchaufgabe*: Ein Freund wohnt in einem Hochhaus mit N Stockwerken. Es gilt herauszufinden, in welchem Stockwerk seine Wohnung liegt. Jede unserer Fragen wird nur mit Ja oder Nein beantwortet. Wie viele Fragen benötigen wir, um herauszufinden, wo der Freund wohnt? Der einfachste und direkteste Ansatz ist die Frage: „Wohnt er in Stockwerk n?" Im besten

Fall stimmt gleich unser erster Versuch. Es ist jedoch wahrscheinlicher, dass wir falsch raten, so dass wir die gleiche Frage wieder und wieder stellen müssen. Im schlechtesten Fall müssen wir genau $N - 1$ Fragen stellen, im Mittel $N/2$. Mit jeder Frage können wir lediglich eine von N Möglichkeiten ausschließen, ein recht ineffektiver Ansatz.

Dagegen können wir mit der Frage: „Wohnt er in der oberen Hälfte des Hauses?" bereits die Hälfte der Möglichkeiten mit nur einer Frage ausschließen. Nun wissen wir, ob er in der oberen oder unteren Hälfte der Stockwerke lebt. Weitere Fragen können in der gleichen Art und Weise gestellt werden, indem die übriggebliebenen Möglichkeiten jeweils in zwei Hälften geteilt werden. Mit dieser Strategie reduzieren sich die Fragen erheblich. Ist die Zahl der Stockwerke ein Vielfaches von 2, sagen wir 2^l, sind exakt l Fragen notwendig. Also brauchen wir für N Stockwerke ld N Fragen, wobei ld den Logarithmus zur Basis 2 bezeichnet. Diese Strategie, die rekursiv zur effizienteren Lösung der Suchaufgabe eingesetzt wurde, wird *Divide-And-Conquer*-Strategie genannt.

Ein Maß für die Komplexität eines Problems mit der Problemgröße N (z. B. N Komponenten) ergibt sich daraus, wie der dominierende Term, der beim Zählen der notwendigen Operationen entsteht, von N abhängt. Diese Näherung ist hilfreich, da für große N die Anzahl der Operationen von diesem Term mit der höchsten Potenz von N dominiert wird. Wir sprechen von einem Problem nullter Ordnung, $O(N^0)$, wenn die Anzahl der Operationen nicht von dieser Größe abhängt, oder von einem Problem linearer Ordnung, $O(N^1)$, wenn die Zahl der Berechnungen linear mit der Größe ansteigt. Die Komplexität der direkten Lösung des Suchproblems im obigen Beispiel ist $O(N)$, die der Divide-And-Conquer-Strategie dagegen $O(\text{ld }N)$.

2.5.2 Der 1D-Basis-2-FFT-Algorithmus

Schnelle Algorithmen für die Fouriertransformation werden allgemein abgekürzt als FFT-Algorithmen (*fast Fourier transform*) bezeichnet. Zunächst betrachten wir einen schnellen Algorithmus für die eindimensionale DFT. Nehmen wir an, dass die Dimension N des Vektors ein Vielfaches von zwei ist, also $N = 2^l$. Da die direkte Lösung nach (2.29) die Komplexität $O(N^2)$ aufweist, erscheint es sinnvoll, die Divide-And-Conquer-Strategie anzuwenden. Könnte die Transformation in zwei Schritte mit zwei Vektoren der Länge $N/2$ aufgeteilt werden, so würde sich die Anzahl der Operationen von N^2 auf $2(N/2)^2 = N^2/2$ halbieren.

Ist diese Zerlegung der DFT prinzipiell möglich, so kann man sie sukzessive ld N-mal fortsetzen, bis schließlich ein Vektor der Länge 1 übrigbleibt, dessen DFT trivial ist, da keine Transformation mehr durchzuführen ist. Dieser Ansatz funktioniert natürlich nur, wenn solch eine Zerlegung möglich und die Anzahl zusätzlicher Operationen für das Zu-

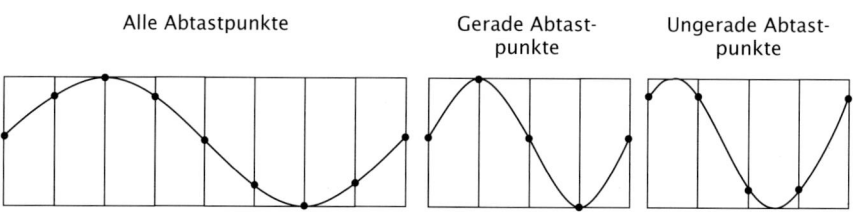

Abbildung 2.21: *Zerlegung eines Vektors in zwei Vektoren, bestehend aus den geraden bzw. ungeraden Abtastpunkten.*

sammenfügen der Teilergebnisse nicht von höherer Ordnung als O(N) ist.

Das Ergebnis der rekursiven Zerlegung ist aufschlussreich, denn wir müssen überhaupt keine Fouriertransformation mehr durchführen. Der gesamte Algorithmus zur Berechnung der DFT wurde in rekursives Zusammensetzen von Teilergebnissen überführt. Ist dieses Zusammensetzen eine Operation der Ordnung O(N), bleibt für die gesamte Berechnung der DFT eine Ordnung von O($N \operatorname{ld} N$), da $\operatorname{ld} N$-mal die Teiltransformationen zusammengefügt werden müssen. Im Vergleich zur direkten Berechnung (O(N^2)) bedeutet dies eine enorme Einsparung an Rechenoperationen. Für $N = 2^{10} = 1024$ reduzieren sie sich auf etwa ein Hundertstel. Wir teilen den Vektor in zwei Hälften, indem wir die geradzahligen und die ungeradzahligen Elemente getrennt transformieren (Abb. 2.21):

$$
\begin{aligned}
\hat{g}_v &= \sum_{n=0}^{N-1} g_n \exp\left(-\tfrac{2\pi i n v}{N}\right) \\
&= \sum_{n=0}^{N/2-1} g_{2n} \exp\left(-\tfrac{2\pi i 2 n v}{N}\right) + \sum_{n=0}^{N/2-1} g_{2n+1} \exp\left(-\tfrac{2\pi i (2n+1) v}{N}\right) \qquad (2.85) \\
&= \sum_{n=0}^{N/2-1} g_{2n} \exp\left(-\tfrac{2\pi i n v}{N/2}\right) + \exp\left(-\tfrac{2\pi i v}{N}\right) \sum_{n=0}^{N/2-1} g_{2n+1} \exp\left(-\tfrac{2\pi i n v}{N/2}\right).
\end{aligned}
$$

Die beiden Teilsummen stellen wieder eine DFT mit $N' = N/2$ dar. Die zweite Summe ist mit einem Phasenfaktor multipliziert, der nur von der Wellenzahl v abhängt. Dieser Phasenfaktor resultiert aus dem Verschiebungstheorem, da die ungeraden Elemente um einen Platz nach links verschoben wurden.

Dies soll an der Basisfunktion $v = 1$ für $N = 8$ illustriert werden (Abb. 2.21). Bei den ungeraden Abtastpunkten ist die Funktion um $\pi/4$ phasenverschoben. Genau diese Phasenverschiebung wird durch den Phasenfaktor

$$\exp(-2\pi i v/N) = \exp(-\pi i/4)$$

in (2.85) kompensiert.

Die Operationen zum Zusammenfügen der Teiltransformationsergebnisse sind jeweils eine komplexe Multiplikation und Addition, also von konstantem Aufwand $O(N^1)$. Allerdings liefert die DFT über den halbierten Vektor nur $N/2$ Werte, während die doppelte Anzahl Werte für den gesamten Vektor benötigt wird.

Wir müssen also nochmals gründlich nachdenken, ob die Zerlegung wirklich funktioniert. Um zu sehen, wie die Zusammensetzung der N Werte funktioniert, zerlegen wir die DFT für den gesamten Vektor in zwei Teile und untersuchen die Werte für v von 0 bis $N/2 - 1$ und von $N/2$ bis $N - 1$ separat. Gleichzeitig vereinfachen wir die Schreibweise für die DFT, indem wir die Fouriertransformierte über die geraden und die ungeraden Abtastpunkte mit $^e\hat{g}_v$ bzw. $^o\hat{g}_v$ abkürzen (*even* und *odd*).

Damit schreiben wir nun (2.85) neu, getrennt für die beiden Hälften. Für die erste Hälfte können wir sofort die Zerlegung aus (2.85) verwenden. Für die zweite Hälfte, $v' = v + N/2$, ändert sich lediglich der Phasenfaktor. Die Addition von $N/2$ resultiert in einem Vorzeichenwechsel:

$$\exp\left(-\frac{2\pi i(v + N/2)}{N}\right) = -\exp\left(-\frac{2\pi i v}{N}\right)$$

oder

$$w_N^{-(v+N/2)} = -w_N^{-v}.$$

Unter Verwendung dieser Symmetrie schreiben wir:

$$\left.\begin{array}{rcl} \hat{g}_v &=& {}^e\hat{g}_v + w_N^{-v}\,{}^o\hat{g}_v \\[2mm] \hat{g}_{v+N/2} &=& {}^e\hat{g}_v - w_N^{-v}\,{}^o\hat{g}_v. \end{array}\right\} \quad 0 \le v < N/2. \qquad (2.86)$$

Die Fouriertransformierten für die Indizes v und $v + N/2$ unterscheiden sich nur durch das Vorzeichen des zweiten Terms. Daher benötigen wir für die Zusammensetzung von *zwei* Termen lediglich *eine* komplexe Multiplikation. Der FFT-Algorithmus besteht nun in der sukzessiven Anwendung der Halbierung der Vektorlänge: Die beiden Transformationen der Vektoren der Länge $N/2$ werden wieder in jeweils zwei Transformationen über die halbe Vektorlänge aufgeteilt. Es resultieren ähnliche Ausdrücke wie in (2.85) mit dem einzigen Unterschied, dass sich der Phasenfaktor auf $\exp[-(2\pi i v)/(N/2)]$ verdoppelt hat. Die geraden und ungeraden Anteile des geraden Vektors enthalten die Punkte $\{0, 4, 8, \cdots, N/2 - 4\}$ bzw. $\{2, 6, 10, \cdots, N/2 - 2\}$.

Im letzten Schritt zerlegen wir einen Vektor mit zwei Elementen in zwei Vektoren mit je einem Element. Da die DFT eines Vektors der Länge 1 gleich der Identitätsfunktion ist (2.29), sind keine weiteren Berechnungen notwendig.

Ist die Zerlegung abgeschlossen, können wir schrittweise (2.86) mit entsprechenden Phasenfaktoren anwenden, um das Originalbild Schritt für Schritt in umgekehrter Richtung wieder aufzubauen. Im ersten Schritt

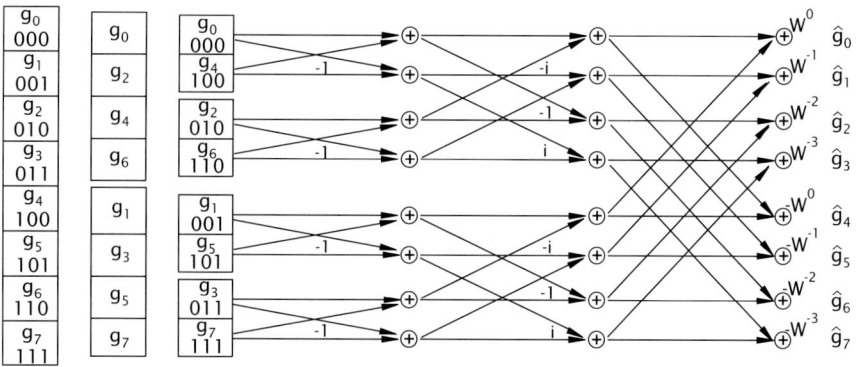

Abbildung 2.22: *Signalflussdiagramm des Basis-2-FFT-Algorithmus mit Zerlegung im Zeitraum (radix-2 decimation-in-time FFT) für N = 8. Erläuterungen im Text.*

erzeugen wir Vektoren mit lediglich zwei Elementen. Wir benötigen also nur einen Phasenfaktor für $v = 0$, der gleich 1 ist. Entsprechend hat der erste Aufbauschritt eine sehr einfache Form:

$$\begin{aligned} \hat{g}_0 &= g_0 + g_1 \\ \hat{g}_{0+N/2} = \hat{g}_1 &= g_0 - g_1. \end{aligned} \tag{2.87}$$

Der diskutierte Algorithmus ist ein *Basis-2-FFT-Algorithmus* mit Zerlegung im Ortsraum. Die einzelnen Schritte des FFT-Algorithmus sind in Abb. 2.22 in einem Signalflussdiagramm für $N = 8$ zusammengestellt. Die linke Hälfte des Diagramms zeigt die schrittweise Zerlegung in Teiltransformationen unter Halbierung der Vektorlänge, die rechte Hälfte das Rechenschema für die Multiplikation mit den Phasenfaktoren und die Addition der Teilvektoren zu einem Vektor der Länge N. In der ersten Spalte ist der zu transformierende Vektor dargestellt. Die zweite Spalte ist das Ergebnis des ersten Zerlegungsschrittes in zwei Vektoren. Die Vektoren mit den geraden bzw. ungeraden Elementen werden in die obere bzw. untere Hälfte separiert. Dieser Schritt wird wiederholt, bis sich Vektoren mit nur einem Element ergeben.

Bei dieser Zerlegung werden die Vektorelemente umsortiert. Das ist alles, was in diesem Schritt geschieht; weitere Berechnungen sind nicht erforderlich. Wir können das neue Ordnungsschema leicht verstehen, wenn wir die Indizes der Vektoren als Dualzahlen darstellen. Im ersten Zerlegungsschritt ordnen wir die Elemente nach dem niedrigstwertigen Bit, zuerst die geraden Elemente (das Bit ist null), dann die ungeraden Elemente (das Bit ist eins). Mit jedem weiteren Zerlegungsschritt wird das Bit, das die Sortierung bestimmt, um einen Platz nach links verschoben. Am Ende ergibt sich eine Sortierung, bei der die neue Ordnungszahl aus der alten durch bitweise Invertierung entstanden ist. Das Element mit dem Index $1 = 001_2$ wird zum Beispiel an Position $4 = 100_2$ sein und umgekehrt. Damit kann die Kette der Zerlegungsschritte in einer einzigen Operation erfolgen, einer Bitumkehroperation der Indizes. Diese Umsortierung nennt man *Bitumkehr* (engl. *bit reversal*).

In weiteren Schritten auf der rechten Seite des Signalflussdiagramms folgt schließlich die sukzessive Zusammensetzung zu Vektoren, deren Länge sich in jedem Schritt wieder verdoppelt. Die Zusammensetzung zu einem zweidimensionalen Vektor wird in (2.87) formuliert und in Abb. 2.22 mit Pfeilen und Punkten dargestellt. Die Symbole haben folgende Bedeutung: Punkte repräsentieren eine Zahl, ein Element eines Vektors. Diese Punkte werden als *Knoten* des Signalflussdiagramms bezeichnet. Die Pfeile übernehmen den Wert des Knotens, an dem sie beginnen; wir multiplizieren den Wert mit dem nahe dem Pfeil stehenden Faktor und übertragen das Produkt an den Knoten, an dem sie enden. Fehlt der mit dem Pfeil assoziierte Faktor, findet keine Multiplikation statt. Alle an einem Knoten ankommenden Werte werden aufsummiert. Der Wert eines Knotens ist also die Summe der aus der vorhergehenden Ebene übertragenen Werte.

An der Grundoperation des FFT-Algorithmus sind nur je zwei Knoten beteiligt. Der untere Knotenwert wird mit einem Phasenfaktor multipliziert. Die Summe und die Differenz der beiden Knotenwerte werden dann entsprechend an den oberen bzw. unteren Knoten übertragen. Wegen des Überkreuzens der Signalwege wird diese Operation als *Butterfly-Operation* bezeichnet.

Einen tieferen Einblick in den FFT-Algorithmus erhalten wir, wenn wir die Berechnung eines einzelnen Elements zurückverfolgen. Abbildung 2.23 zeigt die Signalwege für $\hat{g}_0$ und $\hat{g}_4$. In jeder Ebene verfolgen wir die Anzahl der Knoten zurück, die zur Berechnung eines Knotens beitragen. In der letzten Ebene sind alle Elemente beteiligt. Die Signalwege für $\hat{g}_0$ und $\hat{g}_4$ sind bis auf den letzten Schritt identisch. Dies demonstriert sehr schön die Effizienz des FFT-Algorithmus. Alle Phasenfaktoren der Signalwege für $\hat{g}_0$ sind eins. Wie aus (2.29) zu erwarten ist, enthält $\hat{g}_0$ die Summe aller Elemente des Vektors $\boldsymbol{g}$,

$$\hat{g}_0 = [(g_0 + g_4) + (g_2 + g_6)] + [(g_1 + g_5) + (g_3 + g_7)],$$

während im letzten Schritt für $\hat{g}_4$ die Addition durch eine Subtraktion ersetzt wird:

$$\hat{g}_4 = [(g_0 + g_4) + (g_2 + g_6)] - [(g_1 + g_5) + (g_3 + g_7)].$$

In Abschn. 2.4 wurde bereits erwähnt, dass die DFT ein Beispiel einer unitären Transformation ist, die üblicherweise durch Multiplikation mit einer unitären Matrix berechnet wird. Was hat nun der FFT-Algorithmus in diesem Zusammenhang für eine Bedeutung? Das Signalflussdiagramm in Abb. 2.22 zeigt, dass der Vektor in mehreren Schritten transformiert wird. Die unitäre Transformationsmatrix wird also in mehrere Teiltransformationsmatrizen aufgeteilt, die nacheinander angewandt werden. Betrachten wir den Algorithmus aus Abb. 2.22 für

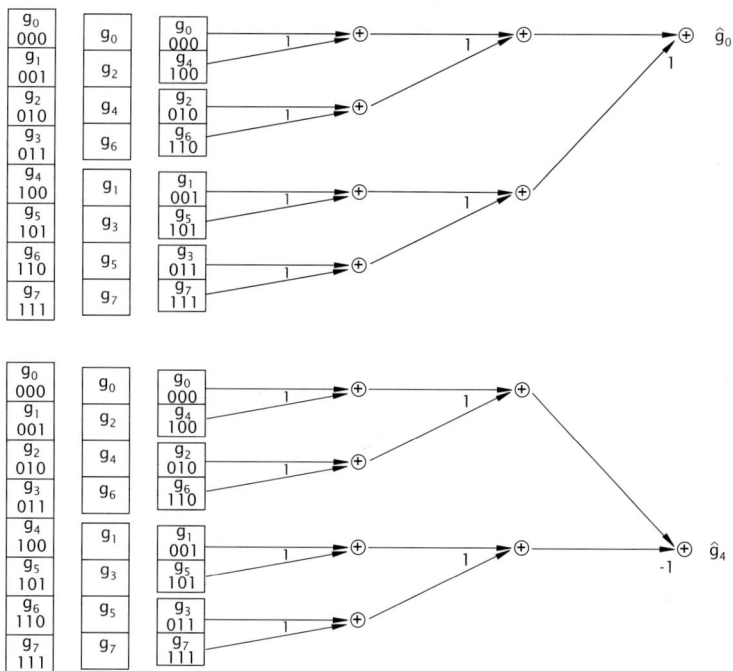

Abbildung 2.23: *Signalflussdiagramm der Berechnung von $\hat{g}_0$ und $\hat{g}_4$ mit dem Basis-2 FFT-Algorithmus für einen achtdimensionalen Vektor.*

$N = 8$, werden durch die Aufteilung der unitären Matrix in drei einfachere Transformationen unitäre Transformationen eingespart:

$$
\begin{bmatrix} \hat{g}_0 \\ \hat{g}_1 \\ \hat{g}_2 \\ \hat{g}_3 \\ \hat{g}_4 \\ \hat{g}_5 \\ \hat{g}_6 \\ \hat{g}_7 \end{bmatrix}
=
\begin{bmatrix}
1 & 0 & 0 & 0 & 1 & 0 & 0 & 0 \\
0 & 1 & 0 & 0 & 0 & w^{-1} & 0 & 0 \\
0 & 0 & 1 & 0 & 0 & 0 & w^{-2} & 0 \\
0 & 0 & 0 & 1 & 0 & 0 & 0 & w^{-3} \\
1 & 0 & 0 & 0 & -1 & 0 & 0 & 0 \\
0 & 1 & 0 & 0 & 0 & -w^{-1} & 0 & 0 \\
0 & 0 & 1 & 0 & 0 & 0 & -w^{-2} & 0 \\
0 & 0 & 0 & 1 & 0 & 0 & 0 & -w^{-3}
\end{bmatrix}
$$

$$
\begin{bmatrix}
1 & 0 & 1 & 0 & 0 & 0 & 0 & 0 \\
0 & 1 & 0 & i & 0 & 0 & 0 & 0 \\
1 & 0 & -1 & 0 & 0 & 0 & 0 & 0 \\
0 & 1 & 0 & -i & 0 & 0 & 0 & 0 \\
0 & 0 & 0 & 0 & 1 & 0 & 1 & 0 \\
0 & 0 & 0 & 0 & 0 & 1 & 0 & i \\
0 & 0 & 0 & 0 & 1 & 0 & -1 & 0 \\
0 & 0 & 0 & 0 & 0 & 1 & 0 & -1
\end{bmatrix}
\begin{bmatrix}
1 & 0 & 0 & 0 & 1 & 0 & 0 & 0 \\
1 & 0 & 0 & 0 & -1 & 0 & 0 & 0 \\
0 & 0 & 1 & 0 & 0 & 0 & 1 & 0 \\
0 & 0 & 1 & 0 & 0 & 0 & -1 & 0 \\
0 & 1 & 0 & 0 & 0 & 1 & 0 & 0 \\
0 & 1 & 0 & 0 & 0 & -1 & 0 & 0 \\
0 & 0 & 0 & 1 & 0 & 0 & 0 & 1 \\
0 & 0 & 0 & 1 & 0 & 0 & 0 & -1
\end{bmatrix}
\begin{bmatrix} g_0 \\ g_1 \\ g_2 \\ g_3 \\ g_4 \\ g_5 \\ g_6 \\ g_7 \end{bmatrix}
$$

Diese Transformationsmatrizen stellen jeweils eine Ebene des FFT-Algorithmus dar.

2.5.3 Kriterien für effiziente Algorithmen

Bezüglich der Zahl erforderlicher arithmetischer Operationen gibt es noch viele andere schnellere und effektivere FFT-Algorithmen. Überwiegend basieren sie auf der Polynomalgebra und der Zahlentheorie. Eine detaillierte Besprechung dieser Algorithmen findet man bei Blahut [15]. Die bloße Anzahl arithmetischer Operationen ist jedoch nicht das einzige Maß für einen effizienten Algorithmus. Es müssen noch andere Faktoren berücksichtigt werden.

Der Zugriff auf Daten erfordert zusätzliche Operationen. Bedenken wir das einfache Beispiel der Addition zweier Vektoren. Neben der Addition werden folgende Operationen durchgeführt: Berechnung der Adressen der entsprechenden Elemente, Einlesen der beiden Elemente in die Register und Zurückschreiben des Ergebnisses dieser Additionen in den Speicher. Je nach der Architektur der verwendeten Hardware können diese zusätzlichen Operationen mehr Zeit verbrauchen als die eigentliche Addition. Also kann ein Algorithmus mit einem komplizierten Zugriff auf die Vektorelemente zu einem beträchtlichen Zusatzaufwand neben den arithmetischen Operationen führen. Daher kann ein einfacher Algorithmus, der zwar mehr arithmetische Operationen, jedoch weniger Speicherzugriffe erfordert, effektiver sein.

Ein anderer Gesichtspunkt zur Bewertung von Algorithmen ist der erforderliche Speicherplatz. Dies betrifft nicht nur den Kode, sondern auch Speicherplatz für Zwischenergebnisse oder Konstantentabellen. Sehr effektiv ist zum Beispiel ein sogenannter In-Place-FFT-Algorithmus, der die Fouriertransformation eines Bildes durchführen kann, ohne das Bild zwischenspeichern zu müssen. Oft hängen Geschwindigkeit und Speicherplatz zusammen. Viele Integer-FFT-Algorithmen berechnen z.B. zuerst die komplexen Phasenfaktoren w_N^v und speichern sie in statisch angelegten Tabellen.

Die Effizienz von Algorithmen hängt in hohem Maß von der Architektur des Computers ab, auf dem sie implementiert werden. Wird eine Multiplikation entweder von der Software oder durch eine mikrokodierte Anweisung ausgeführt, ist sie viel langsamer als eine Addition oder ein Speicherzugriff, die direkt als Hardware-Funktionen implementiert sind. In diesem Fall ist das Kriterium eines effizienten Algorithmus die möglichst geringe Zahl von Multiplikationen, auch um den Preis einer größeren Anzahl von Additionen oder eines komplexeren Speicherzugriffs. Solch eine Strategie hat allerdings auf modernen Hochgeschwindigkeits-Architekturen keinen Sinn, da Additionen und Multiplikationen jeweils nur einen Takt brauchen. Je schneller jedoch die Prozessoren arbeiten, desto kritischer wird der Speicherzugriff. Schnelle Algorithmen müssen effektive Speicherzugriffe realisieren. Es ist entscheidend, dass möglichst viele Rechenschritte mit denselben Daten ausgeführt werden. Da dies relativ kleine Datenmengen sind, können sie in einem schnellen Zwischenspeicher, dem sogenannten *Cache*, gehalten werden und müssen nicht ständig neu aus dem viel langsameren Hauptspeicher geholt werden.

Nach dieser detaillierten Diskussion des Algorithmus können wir nun die Anzahl der notwendigen Operationen abschätzen. In jedem Schritt der Zusammensetzung werden $N/2$ komplexe Multiplikationen und N komplexe Additionen durchgeführt. Insgesamt benötigen wir $N/2 \, \mathrm{ld} N$ komplexe Multiplikationen und $N \, \mathrm{ld} N$ komplexe Additionen.

Eine genauere Analyse zeigt, dass sogar noch mehr Multiplikationen eingespart werden können. In den ersten beiden Schritten der Zusammensetzung werden nur triviale Multiplikationen mit 1 oder i durchgeführt (vgl. Abb. 2.22). In den darauffolgenden Stufen nimmt die Zahl der trivialen Multiplikationen jeweils auf die Hälfte ab. Könnte unser Algorithmus alle trivialen Multiplikationen vermeiden, würde sich die Zahl der Multiplikationen bis auf $(N/2)(\mathrm{ld} N - 3)$ reduzieren.

Der FFT-Algorithmus ist ein klassisches Beispiel eines *schnellen Algorithmus*. Die Reduktion der Berechnungszeit ist enorm. Für einen Vektor mit 512 Elementen werden, verglichen mit der direkten Methode nach (2.29), nur 1536 statt 262 144 komplexe Multiplikationen benötigt. Damit reduziert sich die Anzahl der Multiplikationen auf $1/170$.

Unter Verwendung des FFT-Algorithmus kann die diskrete Fouriertransformation nicht mehr als rechenintensive Operation bezeichnet werden, da sie nur wenige Operationen pro Vektorelement erfordert. Ein Vektor mit 512 Elementen benötigt lediglich 3 komplexe Multiplikationen und 8 komplexe Additionen pro Element, was 12 reellen Multiplikationen und 24 reellen Additionen entspricht.

2.5.4 Basis-4-FFT-Algorithmus[‡]

Nachdem wir nun einen schnellen Algorithmus im Detail durchgearbeitet haben, wissen wir immer noch nicht, ob dieser Algorithmus optimal ist oder ob es noch effizientere Algorithmen gibt. Tatsächlich haben wir nur einen Spezialfall der *Divide-And-Conquer-Strategie* kennengelernt. Statt den Ausgangsvektor in zwei Teile zu zerlegen, hätten wir auch eine andere Aufteilung verwenden können, z.B. P Q-dimensionale Vektoren bei $N = PQ$. Solche Algorithmen werden *Cooley-Tukey-Algorithmen* genannt [15]. Eine oft verwendete Zerlegung ist der *Basis-4-FFT-Algorithmus*. Damit wird ein Vektor in vier Komponenten zerlegt:

$$\hat{g}_v = \sum_{n=0}^{N/4-1} g_{4n} \mathrm{w}_N^{-4nv} + \mathrm{w}_N^{-v} \sum_{n=0}^{N/4-1} g_{4n+1} \mathrm{w}_N^{-4nv}$$
$$+ \;\; \mathrm{w}_N^{-2v} \sum_{n=0}^{N/4-1} g_{4n+2} \mathrm{w}_N^{-4nv} + \mathrm{w}_N^{-3v} \sum_{n=0}^{N/4-1} g_{4n+3} \mathrm{w}_N^{-4nv} .$$

Zur Vereinfachung der Gleichungen benutzen wir ähnliche Abkürzungen wie für den Basis-2-Algorithmus und bezeichnen die partiellen Transformationen mit $^0\hat{g}, \cdots, ^3\hat{g}$. Unter Berücksichtigung der Symmetrie von w_N^v ergeben sich die Transformationen über jeweils ein Viertel des Vektors aus

$$
\begin{aligned}
\hat{g}_v &= {}^0\hat{g}_v + \mathrm{w}_N^{-v}\,{}^1\hat{g}_v + \mathrm{w}_N^{-2v}\,{}^2\hat{g}_v + \mathrm{w}_N^{-3v}\,{}^3\hat{g}_v \\
\hat{g}_{v+N/4} &= {}^0\hat{g}_v - i\mathrm{w}_N^{-v}\,{}^1\hat{g}_v - \mathrm{w}_N^{-2v}\,{}^2\hat{g}_u + i\mathrm{w}_N^{-3v}\,{}^3\hat{g}_v \\
\hat{g}_{v+N/2} &= {}^0\hat{g}_v - \mathrm{w}_N^{-v}\,{}^1\hat{g}_v + \mathrm{w}_N^{-2v}\,{}^2\hat{g}_v - \mathrm{w}_N^{-3v}\,{}^3\hat{g}_v \\
\hat{g}_{v+3N/4} &= {}^0\hat{g}_v + i\mathrm{w}_N^{-v}\,{}^1\hat{g}_v - \mathrm{w}_N^{-2v}\,{}^2\hat{g}_v - i\mathrm{w}_N^{-3v}\,{}^3\hat{g}_v
\end{aligned}
$$

oder, in Matrixschreibweise, aus

$$
\begin{bmatrix} \hat{g}_v \\ \hat{g}_{v+N/4} \\ \hat{g}_{v+N/2} \\ \hat{g}_{v+3N/4} \end{bmatrix}
=
\begin{bmatrix} 1 & 1 & 1 & 1 \\ 1 & -i & -1 & i \\ 1 & -1 & 1 & -1 \\ 1 & i & -1 & -i \end{bmatrix}
\begin{bmatrix} {}^0\hat{g}_v \\ \mathrm{w}_N^{-v}\,{}^1\hat{g}_v \\ \mathrm{w}_N^{-2v}\,{}^2\hat{g}_v \\ \mathrm{w}_N^{-3v}\,{}^3\hat{g}_v \end{bmatrix} .
$$

Für diese Zerlegung werden 12 komplexe Additionen und 3 komplexe Multiplikationen benötigt. Die Zahl der Additionen lässt sich weiter reduzieren, indem man die Matrix in zwei einfachere Teilmatrizen zerlegt:

$$
\begin{bmatrix} \hat{g}_v \\ \hat{g}_{v+N/4} \\ \hat{g}_{v+N/2} \\ \hat{g}_{v+3N/4} \end{bmatrix}
=
\begin{bmatrix} 1 & 0 & 1 & 0 \\ 0 & 1 & 0 & -i \\ 1 & 0 & -1 & 0 \\ 0 & 1 & 0 & i \end{bmatrix}
\begin{bmatrix} 1 & 0 & 1 & 0 \\ 1 & 0 & -1 & 0 \\ 0 & 1 & 0 & 1 \\ 0 & 1 & 0 & -1 \end{bmatrix}
\begin{bmatrix} {}^0\hat{g}_v \\ \mathrm{w}_N^{-v}\,{}^1\hat{g}_v \\ \mathrm{w}_N^{-2v}\,{}^2\hat{g}_v \\ \mathrm{w}_N^{-3v}\,{}^3\hat{g}_v \end{bmatrix} .
$$

Die erste Matrixmultiplikation führt zu Zwischenergebnissen, die im zweiten Schritt von mehreren Rechenoperationen genutzt werden können. Auf diese Weise sparen wir vier Additionen. Bei einer sukzessiven Zerlegung gibt es jetzt $\log_4 N$ Stufen. Da bei der ersten Stufe wie beim Basis-2-Algorithmus nur triviale Multiplikationen anfallen und bei den weiteren Stufen nur bei 3/4 der Punkte multipliziert werden muss, ergeben sich insgesamt $3/4N(\log_4 N - 1) = 3/8N(\mathrm{ld}N - 2)$ komplexe Multiplikationen und $2N\log_4 N = N\mathrm{ld}N$ komplexe Additionen. Während die Anzahl der Additionen gleich bleibt, reduzieren sich die Multiplikationen im Vergleich zum Basis-2-Algorithmus um 25 %.

2.5.5 Basis-2-FFT-Algorithmus mit Zerlegung im Fourierraum[‡]

Der FFT-Algorithmus mit *Zerlegung im Fourierraum* ist ein weiteres Beispiel eines *Cooley-Tukey-Algorithmus*. Hier zerlegen wir den N-dimensionalen Eingangsvektor in zwei hintereinanderliegende Blöcke. Dadurch wird der Vektor im Fourierraum in gerade und ungerade Komponenten zerlegt:

$$
\begin{aligned}
\hat{g}_{2v} &= \sum_{n=0}^{N/2-1} (g_n + g_{n+N/2})\mathrm{w}_{N/2}^{-nv} \\
\hat{g}_{2v+1} &= \sum_{n=0}^{N/2-1} W_N^{-n}(g_n - g_{n+N/2})\mathrm{w}_{N/2}^{-nv} .
\end{aligned}
\tag{2.88}
$$

Die rekursive Anwendung dieser Zerlegung bewirkt eine Bitumkehrung der Elemente im Ausgangsvektor, nicht jedoch im Eingangsvektor. Abbildung 2.24 zeigt als Beispiel das Signalflussdiagramm für $N = 8$. Ein Vergleich mit dem Flussdiagramm zur Zerlegung im Zeitraum (Abb. 2.22) macht deutlich, dass hier alle Schritte in umgekehrter Reihenfolge durchgeführt werden. Selbst die elementare Butterfly-Operation (2.86) hat sich umgekehrt.

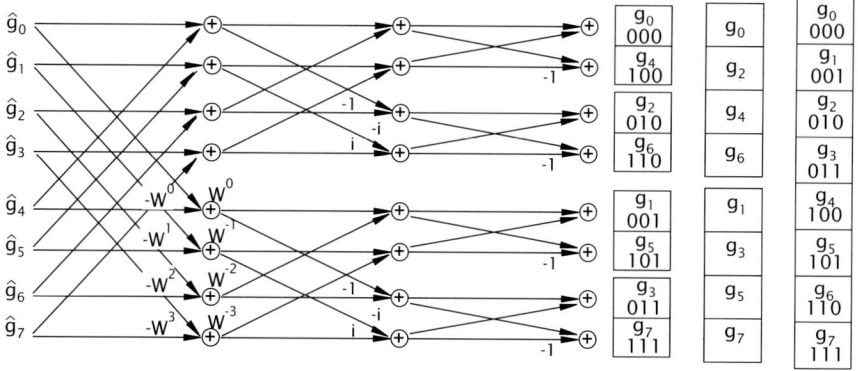

Abbildung 2.24: *Signalflussdiagramm des Basis-2-FFT-Algorithmus für N = 8 mit Zerlegung im Fourierraum.*

2.5.6 Mehrdimensionale FFT-Algorithmen[‡]

Generell gibt es zwei Möglichkeiten der Entwicklung schneller Algorithmen für *mehrdimensionale diskrete Fouriertransformationen*. Zum einen können wir die mehrdimensionale DFT in 1D-DFT zerlegen und für diese schnelle Algorithmen verwenden. Zum anderen verallgemeinern wir den Ansatz für die Zerlegung von 1D-FFT auf höhere Dimensionen. Wir zeigen Beispiele für beide Möglichkeiten.

Zerlegung in eindimensionale Transformationen. Aufgrund der Separierbarkeit des DFT-Kerns kann eine zweidimensionale in zwei eindimensionale DFT zerlegt werden. Aus (2.37) erhält man

$$\hat{g}_{u,v} = \frac{1}{\sqrt{MN}} \sum_{m=0}^{M-1} \left[\sum_{n=0}^{N-1} g_{m,n} \exp\left(-\frac{2\pi i n v}{N}\right) \right] \exp\left(-\frac{2\pi i m u}{M}\right). \qquad (2.89)$$

Die innere Summe stellt M 1D-DFT der Zeilen dar, die äußere die anschliessende Transformation der N Spalten. Die 2D-DFT lässt sich damit als Aufeinanderfolge zweier 1D-DFT ausführen.

$$\text{Zeilentransformation} \qquad \tilde{g}_{m,v} = \frac{1}{N} \sum_{n=0}^{N-1} g_{m,n} \exp\left(-\frac{2\pi i n v}{N}\right)$$

$$\text{Spaltentransformation} \qquad \hat{g}_{u,v} = \frac{1}{M} \sum_{m=0}^{M-1} \tilde{g}_{m,v} \exp\left(-\frac{2\pi i m u}{M}\right).$$

Analog kann eine W-dimensionale DFT aus W eindimensionalen DFT zusammengesetzt werden.

Mehrdimensionale Zerlegung. Eine Zerlegung kann auch direkt in mehr dimensionalen Räumen durchgeführt werden. Wir zeigen solch einen Algorithmus am einfachen Fall eines zweidimensionalen Basis-2-Algorithmus mit Zerlegung im Ortsraum.

0	1	0	1	0	1	0	1
2	3	2	3	2	3	2	3
0	1	0	1	0	1	0	1
2	3	2	3	2	3	2	3
0	1	0	1	0	1	0	1
2	3	2	3	2	3	2	3
0	1	0	1	0	1	0	1
2	3	2	3	2	3	2	3

Abbildung 2.25: *Zerlegung einer Bildmatrix in vier Partitionen für den 2D-Basis-2-FFT-Algorithmus.*

Wir zerlegen eine $M \times N$-Matrix in vier Teilmatrizen, indem wir nur jedes zweite Pixel aus jeder zweiten Zeile verwenden (Abb. 2.25). Daraus ergibt sich

$$\begin{bmatrix} \hat{G}_{u,v} \\ \hat{G}_{u,v+N/2} \\ \hat{G}_{u+M/2,v} \\ \hat{G}_{u+M/2,v+N/2} \end{bmatrix} = \begin{bmatrix} 1 & 1 & 1 & 1 \\ 1 & -1 & 1 & -1 \\ 1 & 1 & -1 & -1 \\ 1 & -1 & -1 & 1 \end{bmatrix} \begin{bmatrix} {}^{0,0}\hat{G}_{u,v} \\ W_N^{-v}\,{}^{0,1}\hat{G}_{u,v} \\ W_M^{-u}\,{}^{1,0}\hat{G}_{u,v} \\ W_M^{-u}W_N^{-v}\,{}^{1,1}\hat{G}_{u,v} \end{bmatrix}.$$

Die $\hat{G}$ vorangestellten Exponenten bezeichnen die zugehörige Teiltransformation. Der 2D-Basis-2-Algorithmus unterscheidet sich von der eindimensionalen Variante nur wenig. Wie beim 1D-Basis-4-Algorithmus (Abschn. 2.5.4) können wir die Anzahl der Additionen durch Faktorisieren der Matrix von 12 auf 8 reduzieren:

$$\begin{bmatrix} 1 & 1 & 1 & 1 \\ 1 & -1 & 1 & -1 \\ 1 & 1 & -1 & -1 \\ 1 & -1 & -1 & 1 \end{bmatrix} = \begin{bmatrix} 1 & 0 & 1 & 0 \\ 0 & 1 & 0 & 1 \\ 1 & 0 & -1 & 0 \\ 0 & 1 & 0 & -1 \end{bmatrix} \begin{bmatrix} 1 & 1 & 0 & 0 \\ 1 & -1 & 0 & 0 \\ 0 & 0 & 1 & 1 \\ 0 & 0 & 1 & -1 \end{bmatrix}.$$

Der 2D-Basis-2-Algorithmus einer $N \times N$-Matrix erfordert $(3/4N^2)\,\mathrm{ld}\,N$ komplexe Multiplikationen, d. h. 25 % weniger als die Trennung in zwei 1D-Basis-2-FFT. Die mehrdimensionale Zerlegung hat jedoch den Nachteil, dass der Zugriff auf den Speicher komplexer ist als bei der eindimensionalen Fouriertransformation. Mit der Trennung in 1D-Transformationen erfolgt der Speicherzugriff lokal. Daraus resultiert eine höhere Cache-Trefferrate im Vergleich zum aufgeteilten Zugriff der mehrdimensionalen Zerlegung.

2.5.7 Transformation reeller Bilder[‡]

Bisher haben wir nur die Fouriertransformation komplexwertiger Signale besprochen. Die gleichen Algorithmen können auch für reellwertige Signale eingesetzt werden. Allerdings büßen sie an Effizienz ein, da die Fouriertransformierte eines reellen Bildes hermitesch (Abschn. 2.3.5) und damit nur die Hälfte der Fourierkoeffizienten unabhängig ist. Das korrespondiert mit der Tatsache, dass die Hälfte des Signals, nämlich der Imaginärteil, null ist.

Es ist offensichtlich, dass bei der DFT reeller Daten die Rechengeschwindigkeit verdoppelt werden kann. Der einfachste Weg ist die gleichzeitige Berechnung zweier reeller 1D-Sequenzen. Dieses Konzept ist für DFT von Bildern leicht umzusetzen, da viele 1D-DFT berechnet werden müssen. Daher können wir die erste Zeile x dem Realteil zuordnen und die zweite Zeile y dem Imaginärteil. Daraus entsteht der komplexe Vektor $z = x + iy$. Die in Abschn. 2.3.5 diskutierten Symmetrieeigenschaften der DFT lassen darauf schließen, dass Real- bzw. Imaginärteil bei der Transformation in den hermiteschen bzw. antihermiteschen Teil des Fourierraums abgebildet werden. Also ergeben sich die Fouriertransformierten der beiden reellen M-dimensionalen Vektoren zu

$$\hat{x}_v = 1/2(\hat{z}_v + \hat{z}_{N-v}^*), \quad i\hat{y}_v = 1/2(\hat{z}_v - \hat{z}_{N-v}^*). \tag{2.90}$$

2.6   Literaturhinweise zur Vertiefung‡

Das klassische Lehrbuch über die Fouriertransformation — und immer noch eines der besten — ist Bracewell [16]. Eine erschöpfende Darstellung verschiedener Transformationen finden sich in dem "Handbook on Transforms" von Poularikas [154]. Für die Grundlagen der linearen Algebra, insbesondere die unitären Transformationen, sei auf moderne Lehrbücher über lineare Algebra verwiesen, z. B. Jänich [98] oder Beutelsbacher [11]. Auch heute lohnt es sich noch, den historischen Zeitschriftenbeitrag von Cooley und Tukey [27] zu lesen, der die Entdeckung der schnellen Fouriertransformation beschreibt. Die Monographien von Blahut [15], Besslich und Lu [10] und Meyer-Bäse [138] behandeln diverse Algorithmen für die schnelle Fouriertransformation.

3 Statistik

3.1 Einführung[‡]

Die digitale Bildverarbeitung kann als Teilbereich der *digitalen Signalverarbeitung* betrachtet werden. Deshalb können alle Methoden zur Aufnahme und Analyse von Messungen und ihren Fehlern auch auf die Bildverarbeitung angewandt werden. Insbesondere sind alle Messungen, die wir an einem Bild durchführen — z. B. die Bestimmung der Größe oder Position eines Objekts oder seines mittleren Grauwertes — nur sinnvoll, wenn wir auch die Messungenauigkeit abschätzen können. Diese grundlegende Tatsache, die jedem Wissenschaftler und Ingenieur vertraut ist, wurde in den Anfängen der Bildverarbeitung oft vernachlässigt. Die Verwendung empirischer statt wissenschaftlich fundierter Techniken machte realistische Fehlerabschätzungen unmöglich. Glücklicherweise hat das Wissen in der Bildverarbeitung beträchtlich zugenommen. Heute stehen viele fundierte Techniken, die auch Fehlerabschätzungen ermöglichen, zur Verfügung.

In diesem Zusammenhang ist es notwendig, zwei wichtige Klassen von Fehlern zu unterscheiden. Der *statistische Fehler* beschreibt die Streuung der Messwerte, wenn ein und dieselbe Messung wiederholt wird (Abb. 3.1). Die Breite der Verteilung der Messwerte ergibt ein geeignetes Maß für den statistischen Fehler und der Schwerpunkt der Verteilung den Mittelwert.

Die Abweichung des Mittelwerts vom tatsächlichen Wert kann jedoch unabhängig von der statistischen Verteilung auftreten und über die statistischen Fehlergrenzen hinausgehen. Solch eine Abweichung wird *systematischer Fehler* genannt. Eng verwandt mit dem Unterschied zwischen systematischem und statistischem Fehler sind die Begriffe *Präzision* und *Genauigkeit*. Eine präzise, aber ungenaue Messung liegt vor, wenn der statistische Fehler niedrig ist, der systematische Fehler jedoch hoch (Abb. 3.1a). Im umgekehrten Fall, bei großem statistischem Fehler und niedrigem systematischem Fehler, streuen die einzelnen Messungen weit, aber der Mittelwert liegt nahe dem tatsächlichen Wert (Abb. 3.1b).

Man erhält einfach — zumindest prinzipiell — eine Abschätzung des statistischen Fehlers, indem man die gleiche Messung oft wiederholt. Schwerer ist es allerdings, systematische Fehler zu finden. Sie sind oft auf ein mangelndes Verständnis des Messaufbaus und des Messverfahrens zurückzuführen. Unbekannte oder unkontrollierte Parameter, die

B. Jähne, Digitale Bildverarbeitung
ISBN 3-540-41260-3

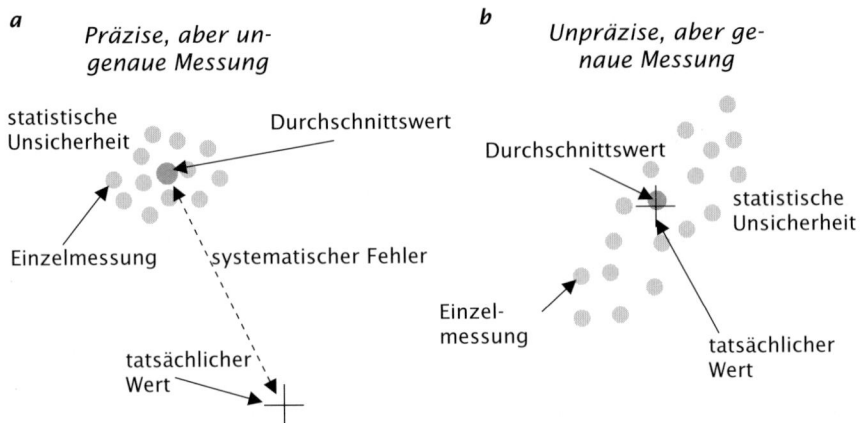

Abbildung 3.1: *Illustration von* **a** *systematischem und* **b** *statistischem Fehler, die Genauigkeit bzw. Präzision bei einer Messung angeben.*

die Messprozedur beeinflussen, können leicht zu systematischen Fehlern führen. Beispiele für systematische Fehler sind *Kalibrierungsfehler* und Verschiebungen durch temperaturabhängige Parameter bei einem Experiment ohne Temperaturregelung.

In diesem Kapitel lernen wir, Bilddaten als statistische Größen bzw. Zufallsvariablen zu behandeln. Wir beginnen mit den statistischen Eigenschaften des gemessenen Grauwerts an einem einzelnen *Sensorelement* oder *Pixel* in Abschn. 3.2. Dann können wir die statistischen Methoden, wie sie in allen wissenschaftlichen Gebieten angewendet werden, für Messungen einer einzelnen Größe benutzen. Diese Art der Statistik wird *Statistik erster Ordnung* genannt, da nur die Statistik an einem einzelnen Messpunkt betrachtet wird.

Bildverarbeitungsoperationen berechnen neue Größen aus den gemessenen Grauwerten. Im einfachsten Fall wird bei sogenannten *Punktoperationen* der Grauwert nur an einem einzelnen Bildpunkt benutzt. In komplizierteren Fällen werden neue Bildpunkte aus den Grauwerten an vielen Bildpunkten berechnet. In jedem Fall müssen wir aber wissen, in welcher Weise die statistischen Eigenschaften, insbesondere der statistische Fehler der neu berechneten Werte, von denen der Ausgangswerte abhängen. Mit anderen Worten, unsere Aufgabe ist es, die Fehlerfortpflanzung durch die Bildverarbeitungsoperationen zu bestimmen. Diese Fragen sind Gegenstand von Abschn. 3.3.

Im Abschn. 3.4 behandeln wir eine Reihe von für die Signalverarbeitung wichtigen Wahrscheinlichkeitsverteilungen. Im letzten Schritt wenden wir uns in Abschn. 3.5 zeitlichen und räumlichen Feldern von Zufallsvariablen, den *stochastischen Prozessen*, zu. Damit können wir stochastische Prozesse auch im Fourierraum untersuchen.

3.2 Zufallsvariable

3.2.1 Wahrscheinlichkeitsdichte und Histogramm

Nehmen wir einen experimentellen Aufbau an, mit dem wir ein Objekt aufnehmen. Die an einem bestimmten Punkt (Pixel) gemessene Größe in der Bildebene ist die Bestrahlungsstärke. Wegen der statistischen Natur des beobachteten Prozesses ergibt jede Messung einen anderen Wert.

Das bedeutet, dass die beobachtete Strahlung nicht durch einen einzigen Wert, sondern durch eine *Wahrscheinlichkeitsdichtefunktion* (englisch: probability density function, PDF) $f(g)$ charakterisiert wird. Diese Funktion gibt, vereinfacht ausgedrückt, die Wahrscheinlichkeit an, mit der ein bestimmter Wert g beobachtet wird. Eine durch Zufallsprozesse bestimmte Messgröße wie die Strahlung g wird als *Zufallsvariable* oder kurz *ZV* bezeichnet.

Im folgenden diskutieren wir kontinuierliche und diskrete ZVn und Wahrscheinlichkeiten parallel. Diskrete Wahrscheinlichkeiten werden benötigt, da nur diskrete Zahlen mit digitalen Computern verarbeitet werden können. Diskrete Werte resultieren aus einem als Quantisierung bezeichneten Prozess (siehe Abschn. 2.2.4). Viele Formeln dieses Abschnitts enthalten kontinuierliche Ausdrücke auf der linken Seite und ihre diskreten Gegenüber auf der rechten Seite der entsprechenden Gleichungen. Im kontinuierlichen Fall wird ein bestimmter Grauwert im Intervall g bis $g + \mathrm{d}g$ mit der Wahrscheinlichkeit $f(g)\mathrm{d}g$ gemessen. Im diskreten Fall können wir nur eine endliche Zahl Q von Grauwerten g_q ($q = 1, 2, \ldots, Q$) mit der Wahrscheinlichkeit f_q messen. Normalerweise wird der Grauwert eines Pixels in einem Byte gespeichert. In diesem Fall können wir $Q = 256$ unterschiedliche Grauwerte messen. Da die Gesamtwahrscheinlichkeit, einen beliebigen Grauwert zu beobachten, per Definition eins ist, muss die Wahrscheinlichkeitsdichtefunktion folgende Bedingung erfüllen:

$$\int_{-\infty}^{\infty} f(g)\mathrm{d}g = 1, \qquad \sum_{q=1}^{Q} f_q = 1. \tag{3.1}$$

Die Stammfunktion der PDF

$$F(g) = \int_{-\infty}^{g} f(g')\mathrm{d}g' \tag{3.2}$$

wird *Verteilungsfunktion* genannt. Da die PDF eine nichtnegative Funktion ist, wächst die Verteilungsfunktion monoton von 0 auf 1 an.

Im allgemeinen ist die Wahrscheinlichkeitsverteilung nicht von vornherein bekannt. Vielmehr wird sie aus Messungen abgeschätzt. Ist der beobachtete Prozess *homogen*, d. h. unabhängig von der Position der Pixel im Bild, gibt es einen einfachen Weg zur Abschätzung der Wahrscheinlichkeitsdichte, das sogenannte *Histogramm*.

Das Histogramm eines Bildes ist eine Liste (Vektor), die für jede Quantisierungsstufe ein Element aufweist. Jedes Element enthält die Anzahl der Pixel, deren Grauwert mit dem Index des Elements übereinstimmt. Histogramme können leicht berechnet werden für Daten beliebiger Dimension. Zunächst setzen wir den ganzen Histogrammvektor auf null. Dann tasten wir alle Pixel des Bildes ab, nehmen den Grauwert als Index der Liste und erhöhen das zugehörige Listenelement um eins. Der tatsächliche Abtastalgorithmus hängt davon ab, wie das Bild gespeichert ist.

Eine Abschätzung der Wahrscheinlichkeitsdichte ist auch für Bilddaten mit höherer Auflösung, z. B. 16-Bit-Bilder oder Fließkommabilder, möglich. Den Bereich möglicher Werte teilen wir dazu in Q gleich breite Intervalle auf. Der Wert, der jedem Intervall zugeordnet wird, liegt in der Mitte des Intervalls. Bei der Entscheidung, in welches Intervall ein Wert fällt, müssen wir aber die Intervallgrenzen benutzen. Wenn wir diese Unterscheidung nicht machen, werden Werte wie z. B. der Mittelwert, die wir aus dem Histogramm berechnen, verfälscht.

3.2.2 Mittelwert, Varianz und Momente

Die beiden grundlegenden Parameter, die eine ZV beschreiben, sind der Mittelwert (auch als *Erwartungswert* bekannt) und die Varianz. Der *Mittelwert* $\mu = Eg$ ist definiert als

$$\mu = \int_{-\infty}^{\infty} gf(g)\mathrm{d}g, \qquad \mu = \sum_{q=1}^{Q} g_q f_q. \tag{3.3}$$

Der Mittelwert kann auch durch beliebig häufige Messung und Mittelung bestimmt werden, ohne dass die PDF explizit bekannt ist:

$$\mu = \lim_{P \to \infty} \frac{1}{P} \sum_{p=1}^{P} g_p. \tag{3.4}$$

Da es unmöglich ist, eine unendliche Zahl von Messungen durchzuführen, bleibt die Bestimmung des Mittelwertes über (3.4) eine Abschätzung mit einer gewissen Unsicherheit, die von der Form der PDF abhängt, d. h. vom Typ des Zufallsprozesses und von der Anzahl der Messwerte.

Die *Varianz* $\sigma^2 = \mathrm{Var}\, g = E\left((g - \mu)^2\right)$ ist ein Maß dafür, wie weit die gemessenen Werte vom Mittelwert abweichen:

$$\sigma^2 = \int_{-\infty}^{\infty} (g - \mu)^2 f(g)\mathrm{d}g, \qquad \sigma^2 = \sum_{q=1}^{Q} (g_q - \mu)^2 f_q. \tag{3.5}$$

Die Wahrscheinlichkeitsdichtefunktion kann genauer durch ähnliche Größen wie die Varianz charakterisiert werden, die *Momente n*-ter Ordnung $\mu_n = E\left((g - \mu)^n\right)$:

$$\mu_n = \int_{-\infty}^{\infty} (g - \mu)^n f(g) \mathrm{d}g, \qquad \mu_n = \sum_{q=1}^{Q} (g_q - \mu)^n f_q. \tag{3.6}$$

Das erste, zentrale Moment ist — per Definition — null. Das zweite, μ_2, entspricht der Varianz und das dritte Moment, die *Schiefheit* μ_3, ist ein Maß für die Asymmetrie der PDF um den Mittelwert. Ist sie eine Funktion mit gerader Symmetrie, $f(-(g-\mu)) = f(g-\mu)$, dann verschwinden das dritte und alle anderen Momente ungerader Ordnung.

3.2.3 Funktionen von Zufallsvariablen

Jede Bildverarbeitungsoperation ändert die Werte g an den einzelnen Bildpunkten. Im einfachsten Fall transformiert eine Funktion p: $g' = p(g)$ den Wert g in den Wert g'. Eine solche Operation wird in der Bildverarbeitung als *Punktoperator* bezeichnet. Da g eine ZV ist, ist auch g' eine, und wir müssen ihre PDF kennen, damit wir die statistischen Eigenschaften des Bildes nach Anwendung der Punktoperation bestimmen können.

Es ist offensichtlich, dass die PDF $f_{g'}$ von g' die gleiche Form wie die PDF f_g von g hat, wenn p eine lineare Funktion $g' = p_0 + p_1 g$ ist:

$$f_{g'}(g') = \frac{f_g(g)}{|p_1|} = \frac{f_g((g' - p_0)/p_1)}{|p_1|}. \tag{3.7}$$

Dabei haben wir die Umkehrfunktion $g = p^{-1}(g') : g = (g' - p_0)/p_1$ benutzt, um g als Funktion von g' zu schreiben.

Aus (3.7) ist intuitiv klar, dass im allgemeinen Fall einer nichtlinearen Funktion $p(g)$ die Steigung p_1 durch die Ableitung $p'(g_p)$ von $p(g_p)$ ersetzt wird. Weitere Schwierigkeiten ergeben sich dann, wenn die Umkehrfunktion nicht eindeutig ist. Ein wichtiges Beispiel ist die quadratische Funktion $g' = g^2$, deren Umkehrfunktion die beiden Äste $g_{1,2} = \pm\sqrt{g'}$ besitzt. In einem solchen Fall müssen zur Bestimmung der PDF von g' alle Äste der Umkehrfunktion berücksichtigt werden.

Theorem 9 (PDF der Funktion einer Zufallsvariablen) *Sei f_g die PDF der ZV g und p eine differenzierbare Funktion $g' = p(g)$. Dann besitzt die ZV g' die PDF*

$$f_{g'}(g') = \sum_{p=1}^{P} \frac{f_g(g_p)}{|p'(g_p)|}, \tag{3.8}$$

wobei g_p die P Äste der mehrwertigen Umkehrfunktion $g' = p(g)$ darstellt.

Eine monotone Funktion p hat eine einzige Umkehrfunktion $p^{-1}(g')$. Damit vereinfacht sich (3.8) zu

$$f_{g'}(g') = \frac{f_g(p^{-1}(g'))}{|p'(p^{-1}(g'))|}. \tag{3.9}$$

In der Bildverarbeitung taucht oft folgendes inverse Problem in Bezug auf PDFs auf. Das Signal g mit einer PDF soll so in ein Signal g' transformiert werden, dass g' eine spezifische PDF hat. Dieses inverse Problem hat eine überraschend einfache Lösung. Die Transformation

$$g' = F_{g'}^{-1}(F_g(g)) \tag{3.10}$$

konvertiert die $f_g(g)$-verteilte ZV g in die $f_{g'}(g')$-verteilte ZV g'. Die Lösung ist besonders einfach für eine Transformation in ein Signal mit einer *Gleichverteilung*, da dann F^{-1} eine konstante Funktion ist und $g' = F_g(g)$.

Nun können wir den Mittelwert und die Varianz von Funktionen einer ZV betrachten. Nach der Definition des Mittelwerts in (3.3) ist der Mittelwert von g' gegeben durch

$$Eg' = \mu_{g'} = \int_{-\infty}^{\infty} g' f_{g'}(g')\mathrm{d}g'. \tag{3.11}$$

Wir können ihn auch direkt durch die Transformationsfunktion $p(g)$ und die PDF $f_g(g)$ ausdrücken:

$$Eg' = E\left(p(g)\right) = \int_{-\infty}^{\infty} p(g)f_g(g)\mathrm{d}g. \tag{3.12}$$

Intuitiv sind wir versucht anzunehmen, dass sich der Mittelwert von g' auch aus dem Mittelwert von g mit $Eg' = p(Eg)$ berechnen lässt. Das ist aber nur korrekt, wenn p eine lineare Funktion ist. Wir nehmen an, dass sich $p(g)$ durch ein Polynom zweiter Ordnung annähern lässt:

$$p(g) = p(\mu_g) + p'(\mu_g)(g - \mu_g) + p''(\mu_g)(g - \mu_g)^2/2 + \dots. \tag{3.13}$$

Dann folgt

$$\mu_{g'} \approx p(\mu_g) + p''(\mu_g)\sigma_g^2/2. \tag{3.14}$$

Diese Gleichung zeigt, dass $\mu_{g'} \approx p(\mu_g)$ nur dann eine gute Näherung ist, wenn sowohl die Krümmung von $p(g)$ als auch die Varianz von g klein sind.

Die Varianz von g' ergibt sich in Näherung erster Ordnung zu

$$\sigma_{g'}^2 \approx \left| p'(\mu_g) \right|^2 \sigma_g^2. \tag{3.15}$$

Dieser Ausdruck ist nur für lineare Funktionen p exakt.

Die folgenden einfachen Beziehungen für den Mittelwert und die Varianz ergeben sich ummittelbar aus den bisherigen Überlegungen in diesem Abschnitt (a ist eine Konstante):

$$E(ag) = aEg, \quad \mathrm{Var}(ag) = a^2\,\mathrm{Var}\,g, \quad \mathrm{Var}\,g = E(g^2) - (Eg)^2. \tag{3.16}$$

3.3 Multiple Zufallsvariable

In der Bildverarbeitung haben wir es nicht nur mit einer, sondern mit (sehr) vielen Zufallsvariablen zu tun. In der Regel wird eine neue ZV von ZVn an vielen Bildpunkten berechnet. Daher ist es wichtig, die Statistik von multiplen ZVn zu untersuchen. In diesem Abschnitt machen wir dazu den ersten Schritt und untersuchen die statistischen Eigenschaften von multiplen ZVn und von Funktionen von multiplen ZVn.

3.3.1 Gemeinsame Wahrscheinlichkeitsdichtefunktionen

Zuerst betrachten wir, wie wir die gemeinsamen statistischen Eigenschaften mehrerer ZVn beschreiben können. Im allgemeinen werden sich diese für zwei ZVn g_1 and g_2 nicht durch deren individuelle PDFs $f(g_1)$ und $f(g_2)$ beschreiben lassen. Es ist vielmehr notwendig, eine *gemeinsame Wahrscheinlichkeitsdichtefunktion* $f(g_1, g_2)$ zu definieren. Nur wenn zwei ZVn *unabhängig* sind, d. h., wenn die Wahrscheinlichkeit, dass g_1 einen bestimmten Wert annimmt, nicht von dem Wert von g_2 abhängt, können wir die gemeinsame PDF als Produkt der individuellen PDFs, den *marginalen PDFs*, beschreiben:

$$f(g_1, g_2) = f_{g_1}(g_1) f_{g_2}(g_2) \quad \Leftrightarrow \quad g_1, g_2 \text{ unabhängig.} \tag{3.17}$$

Entsprechend ist für P ZVn g_p, den Zufallsvektor $\boldsymbol{g}$, die gemeinsame PDF gegeben durch $f(g_1, g_2, \ldots, g_P) = f(\boldsymbol{g})$. P ZVn sind dann und nur dann unabhängig, wenn die gemeinsame PDF sich als Produkt der marginalen PDFs schreiben lässt:

$$f(\boldsymbol{g}) = \prod_{p=1}^{P} f_{g_p}(g_p) \quad \Leftrightarrow \quad g_p \text{ unabhängig, } p = 1, \ldots, P. \tag{3.18}$$

3.3.2 Kovarianz und Korrelation

Die Kovarianz gibt an, in welchem Maß die Fluktuationen zweier ZVn g_p and g_q zueinander in Beziehung stehen. In Erweiterung der Definition der *Varianz* in (3.5), ist die *Kovarianz* definiert als

$$C_{pq} = E\left((g_p - \mu_p)(g_q - \mu_q)\right) = E(g_p g_q) - E(g_p)E(g_q). \tag{3.19}$$

Für P Zufallsvariablen bilden die Kovarianzen eine symmetrische $P \times P$-Matrix, die *Kovarianzmatrix* $\boldsymbol{C} = \text{cov}\,\boldsymbol{g}$. Die Diagonale dieser Matrix enthält die Varianzen der P ZVn.

Der *Korrelationskoeffizient* setzt die Kovarianz zweier ZVn in Beziehung zu den entsprechenden Varianzen:

$$r_{pq} = \frac{C}{\sigma_p \sigma_q} \quad \text{mit} \quad |r| \le 1. \tag{3.20}$$

Zwei ZVn g_p und g_q heißen *unkorreliert*, wenn die Kovarianz C_{pq} null ist. Nach (3.19) und (3.20) gelten dann die folgenden Beziehungen für unkorrelierte ZVn:

$$C_{12} = 0 \Leftrightarrow r_{12} = 0 \Leftrightarrow E(g_1 g_2) = E(g_1)E(g_2) \Leftrightarrow g_1, g_2 \text{ unkorreliert.}$$
$$(3.21)$$

Aus der letzten Bedingung und (3.17) folgt, dass unabhängige ZVn unkorreliert sind.

Auf den ersten Blick scheint es, dass nur die statistischen Eigenschaften von unabhängigen ZVn leicht zu behandeln sind. In diesem Fall müssen wir nämlich nur die marginalen PDFs der einzelnen Variablen und deren Mittelwerte und Varianzen betrachten. Im allgemeinen Fall dagegen müssen wir die Abhängigkeiten der einzelnen ZVn untereinander, wie sie durch die Kovarianzmatrix C gegeben sind, berücksichtigen. Da die Kovarianzmatrix aber symmetrisch ist, können wir immer ein Koordinatensystem, d. h. eine Linearkombination der ZVn, finden, in dem die Kovarianzmatrix diagonal und die ZVn damit unkorreliert sind.

3.3.3 Funktionen mehrerer Zufallsvariablen

In Erweiterung der Diskussion von Funktionen einer einzelnen ZV in Abschn. 3.2.3 können wir den Mittelwert einer Funktion multipler ZVn $g' = p(g_1, g_2, \ldots, g_P)$ direkt durch die gemeinsame PDF ausdrücken:

$$Eg' = \int_{-\infty}^{\infty} p(g_1, g_2, \ldots, g_P) f(g_1, g_2, \ldots, g_P) \mathrm{d}g_1 \mathrm{d}g_2 \ldots \mathrm{d}g_P. \qquad (3.22)$$

Aus dieser allgemeinen Beziehung folgt, dass der Mittelwert jeder linearen Funktion

$$g' = \sum_{p=1}^{P} a_p g_p \qquad (3.23)$$

durch eine Linearkombination der Mittelwerte der ZVn g_p gegeben ist:

$$E\left(\sum_{p=1}^{P} a_p g_p\right) = \sum_{p=1}^{P} a_p E\left(g_p\right). \qquad (3.24)$$

Dies ist ein allgemeingültiges Ergebnis, das weder von der Unabhängigkeit der ZVn ausgeht noch von der PDF abhängt. Als Spezialfall enthält es die einfachen Beziehungen

$$E(g_1 + g_2) = Eg_1 + Eg_2, \quad E(g_1 + a) = Eg_1 + a. \qquad (3.25)$$

Die Varianz von Funktionen multipler ZVn kann leider selbst im linearen Fall nicht so einfach berechnet werden. Sei g ein Vektor mit P

ZVn, g' ein Vektor mit Q ZVn, der eine Linearkombination der P ZVn g ist, M eine $Q \times P$-Matrix der Koeffizienten und a ein Spaltenvektor mit Q Koeffizienten. Dann gilt

$$g' = Mg + a \quad \text{mit} \quad E(g') = ME(g) + a \tag{3.26}$$

in Verallgemeinerung von (3.24). Falls $P = Q$, kann (3.26) als eine Koordinatentransformation in einem P-dimensionalen Vektorraum aufgefasst werden. Daher ist es nicht überraschend, dass sich die symmetrische Kovarianzmatrix wie ein Tensor zweiter Stufe transformiert [148]:

$$\mathrm{cov}(g') = M \,\mathrm{cov}(g) M^T. \tag{3.27}$$

Diese wichtige allgemeine Beziehung illustrieren wir mit einigen Beispielen. Zuerst diskutieren wir die Berechnung der Varianz des Mittelwertes $\overline{g}$ von P ZVn mit dem gleichen Mittelwert und der gleichen Varianz σ^2. Weiter nehmen wir an, dass die ZVn unkorreliert sind. Dann sind die Matrix M und die Kovarianzmatrix $\mathrm{cov}\,g$ gegeben durch

$$M = \frac{1}{N}[1,1,1,\ldots,1] \quad \text{und} \quad \mathrm{cov}(g) = \begin{bmatrix} \sigma^2 & 0 & \ldots & 0 \\ 0 & \sigma^2 & \ldots & 0 \\ \vdots & \vdots & \ddots & \vdots \\ 0 & 0 & \ldots & \sigma^2 \end{bmatrix} = \sigma^2 I.$$

Eingesetzt in (3.27) ergibt sich

$$\sigma_{\overline{g}}^2 = \frac{1}{N}\sigma^2. \tag{3.28}$$

Damit ist die Varianz des Mittelwerts $\sigma_{\overline{g}}^2$ um den Faktor N kleiner als die Varianz der Einzelwerte, und die *Standardabweichung* $\sigma_{\overline{g}}$ reduziert sich um den Faktor $N^{-1/2}$. Das bedeutet, dass wir viermal mehr Messungen machen müssen, um die Standardabweichung des Mittelwertes zu halbieren.

Das gilt aber nur für unkorrelierte ZVn. Falls die ZVn maximal korreliert sind ($r_{pq} = 1$, $C_{pq} = \sigma^2$), dann ergibt sich aus (3.27), dass die Varianz des Mittelwerts gleich der Varianz der Einzelwerte ist. In diesem Fall ist es nicht möglich, durch Mittelung die Varianz zu verringern.

In leichter Modifikation des ersten Beispiels nehmen wir jetzt P unkorrelierte ZVn mit ungleichen Varianzen σ_p^2 und berechnen die Varianz der Summe der ZVn. Aus (3.25) wissen wir bereits, dass der Mittelwert der Summe gleich der Summe der Mittelwerte ist (auch für korrelierte ZVn). Aus (3.27) ergibt sich, dass für unkorrelierte ZVn auch die Varianz der Summe gleich der Summe der Varianzen ist:

$$\mathrm{Var} \sum_{p=1}^{P} g_p = \sum_{p=1}^{P} \mathrm{Var}\, g_p. \tag{3.29}$$

Als drittes Beispiel nehmen wir Q ZVn g'_q, die eine Linearkombination von P unkorrelierten ZVn g_p mit gleichen Varianzen σ^2 sind:

$$g'_q = \boldsymbol{a}_q^T \boldsymbol{g}. \tag{3.30}$$

Die Vektoren $\boldsymbol{a}_q^T$ bilden die Zeilen der $Q \times P$-Matrix $\boldsymbol{M}$ in (3.26), und die Kovarianzmatrix von $\boldsymbol{g}'$ ergibt sich aus (3.27) zu

$$\mathrm{cov}(\boldsymbol{g}') = \sigma^2 \boldsymbol{M}\boldsymbol{M}^T = \sigma^2 \begin{bmatrix} \boldsymbol{a}_1^T \boldsymbol{a}_1 & \boldsymbol{a}_1^T \boldsymbol{a}_2 & \dots & \boldsymbol{a}_1^T \boldsymbol{a}_Q \\ \boldsymbol{a}_1^T \boldsymbol{a}_2 & \boldsymbol{a}_2^T \boldsymbol{a}_2 & \dots & \boldsymbol{a}_2^T \boldsymbol{a}_Q \\ \vdots & \vdots & \ddots & \vdots \\ \boldsymbol{a}_1^T \boldsymbol{a}_Q & \boldsymbol{a}_2^T \boldsymbol{a}_Q & \dots & \boldsymbol{a}_Q^T \boldsymbol{a}_Q \end{bmatrix}. \tag{3.31}$$

Aus dieser Gleichung können wir zwei Dinge lernen. Zum einen ist die Varianz der ZV g'_q gegeben durch $\boldsymbol{a}_q^T \boldsymbol{a}_q$, d.h. die Summe der Quadrate der Koeffizienten:

$$\sigma^2(g'_q) = \sigma^2 \boldsymbol{a}_q^T \boldsymbol{a}_q. \tag{3.32}$$

Zum zweiten sind die ZVn g'_p und g'_q dann korreliert — obwohl die ZVn g_p unkorreliert sind — wenn das Skalarprodukt der Koeffizientenvektoren $\boldsymbol{a}_p^T \boldsymbol{a}_q$ nicht verschwindet, d.h., wenn diese nicht orthogonal sind. Daraus können wir die wichtige Schlussfolgerung ziehen, dass nur bei orthogonalen Transformationsmatrizen $\boldsymbol{M}$ in (3.26) unkorrelierte ZVn unkorreliert bleiben.

Die Analyse der Varianz von Funktionen mehrerer ZVn können wir auf nichtlineare Funktionen verallgemeinern, wenn diese ausreichend linear um die Mittelwerte sind. Wie in Abschn. 3.2.3 entwickeln wir die nichtlineare Funktion $p_q(\boldsymbol{g})$ in eine Taylorreihe um den Mittelwert:

$$g'_p = p_q(\boldsymbol{g}) \approx p_q(\boldsymbol{\mu}) + \sum_{p=1}^{P} \frac{\partial p_q}{\partial g_p}(g_p - \mu_p). \tag{3.33}$$

Der Vergleich mit (3.26) zeigt, dass die Matrix $\boldsymbol{M}$ durch die Matrix

$$\boldsymbol{J} = \begin{bmatrix} \dfrac{\partial p_1}{\partial g_1} & \dfrac{\partial p_1}{\partial g_2} & \dots & \dfrac{\partial p_1}{\partial g_P} \\ \dfrac{\partial p_2}{\partial g_1} & \dfrac{\partial p_2}{\partial g_2} & \dots & \dfrac{\partial p_2}{\partial g_P} \\ \vdots & \vdots & \ddots & \vdots \\ \dfrac{\partial p_Q}{\partial g_1} & \dfrac{\partial p_Q}{\partial g_2} & \dots & \dfrac{\partial p_Q}{\partial g_P} \end{bmatrix} \tag{3.34}$$

ersetzt werden muss, die als *Jacobi-Matrix* der Transformation $\boldsymbol{g}' = \boldsymbol{p}(\boldsymbol{g})$ bekannt ist. Daher ist in erster Näherung die Kovarianz von $\boldsymbol{g}'$ gegeben durch

$$\mathrm{cov}(\boldsymbol{g}') \approx \boldsymbol{J}\,\mathrm{cov}(\boldsymbol{g})\boldsymbol{J}^T. \tag{3.35}$$

Zum Abschluss dieses Abschnitts betrachten wir die PDFs multipler ZVn. Dabei beschränken wir uns auf zwei einfache Fälle. Zuerst behandeln wir die Addition zweier ZVn. Wenn zwei ZVn g_1 und g_2 unabhängig sind, dann ergibt sich die resultierende PDF bei additiver Superposition $g = g_1 + g_2$ durch das *Faltungsintegral*

$$p_g(g) = \int_{-\infty}^{\infty} p_{g_1}(g') p_{g_2}(g - g') \mathrm{d}g'. \tag{3.36}$$

Diese Eigenschaft resultiert aus der multiplikativen Natur von Wahrscheinlichkeiten. Die Wahrscheinlichkeit $p_g(g)$, den Wert g zu messen, ist das Produkt der Wahrscheinlichkeiten, die Werte $g_1 = g'$ und $g_2 = g - g'$ zu messen. Das Integral in (3.36) ist notwendig, damit wir alle Kombinationen berücksichtigen, deren Summe den Wert g ergibt.

Die gleiche Prozedur kann benutzt werden für das Produkt zweier ZVn, wenn wir die Multiplikation durch die Bildung des Logarithmus in eine Addition überführen: $\ln g = \ln g_1 + \ln g_2$. Die PDF des Logarithmus einer ZV kann mit Hilfe von (3.9) berechnet werden.

3.4 Wahrscheinlichkeitsverteilungen

In den vorangegangenen Abschnitten haben wir eine Reihe von allgemeinen Eigenschaften von Zufallsvariablen hergeleitet, für die kein Wissen über die Wahrscheinlichkeitsverteilungen notwendig war. In diesem Abschnitt diskutieren wir eine Reihe von Wahrscheinlichkeitsverteilungen, die für die Bildverarbeitung von Bedeutung sind.

3.4.1 Poissonverteilung

Zuerst betrachten wir die Bildaufnahme. Ein Element eines Halbleiter-Bildsensors, das eine gewisse Bestrahlungsstärke empfängt, sammelt innerhalb einer vorgegebenen *Belichtungszeit* Δt durch Photonenabsorption im Mittel N Elektronen. Daher ist der mittlere Strom von Ladungsträgern λ gegeben durch

$$\lambda = \frac{N}{\Delta t}. \tag{3.37}$$

Wegen der zufälligen Natur des Photonenstroms wird bei jeder Belichtung eine etwas unterschiedliche Anzahl von Elektronen gesammelt werden. Ein Zufallsprozess, bei dem im Mittel $\lambda \Delta t$ Ereignisse stattfinden, wird als *Poissonprozess* $P(\lambda \Delta t)$ bezeichnet. Dieser hat die diskrete Wahrscheinlichkeitsdichtefunktion (PDF)

$$P(\lambda \Delta t): \quad f_n = \exp(-\lambda \Delta t) \frac{(\lambda \Delta t)^n}{n!}, \quad n \geq 0 \tag{3.38}$$

a   b

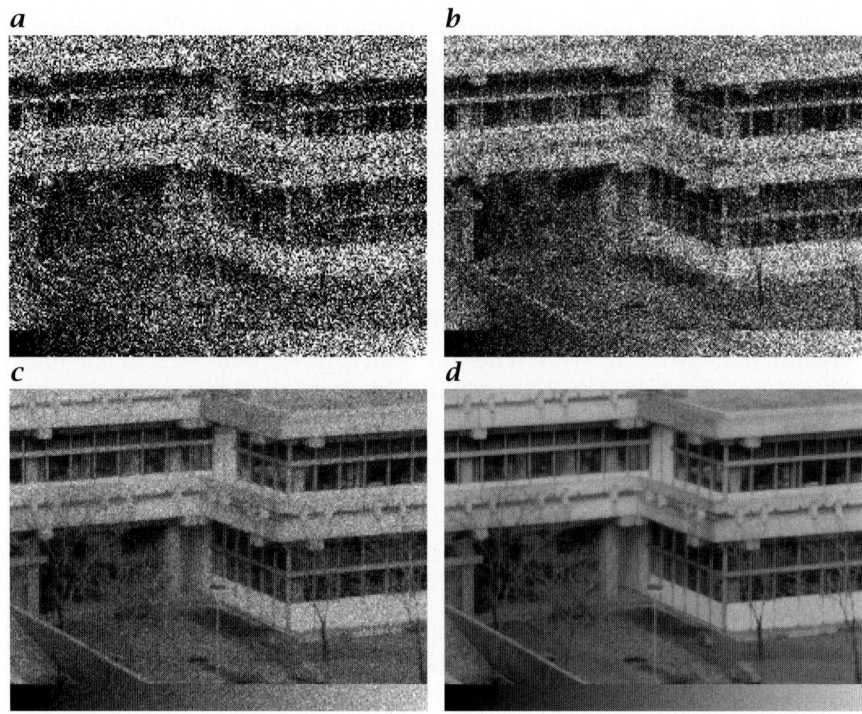

c   d

Abbildung 3.2: *Simulation von Bildern mit Poissonrauschen bei geringer Bestrahlungsstärke, bei denen während der Belichtungszeit maximal **a** 3, **b** 10, **c** 100 und **d** 1000 Ladungsträger gesammelt wurden. Am unteren Bildrand ist ein linearer Graukeil eingeblendet.*

mit dem Mittelwert und der Varianz

$$\mu = \lambda\Delta t \quad \text{und} \quad \sigma^2 = \lambda\Delta t. \tag{3.39}$$

Simulierte Bilder mit Poissonrauschen bei niedriger Bestrahlungsstärke zeigt Abb. 3.2. Für niedrige Mittelwerte ist die Poissonverteilung unsymmetrisch mit einer längeren Ausdehnung der Verteilung zu höheren Werten hin (Abb. 3.3a). Aber schon für moderate Mittelwerte (100), ist die Verteilung überraschend gut symmetrisch.

Ein typisches CCD Sensorelement (Abschn. 1.7.1, ≻R1) sammelt um die 10000 oder mehr Elektronen durch die Absorption von Photonen. Daher ist die Standardabweichung bedingt durch das Photonenrauschen etwa 100 oder 1%. An dieser Zahl wird deutlich, dass selbst ein perfekter Bildsensor, bei dem kein zusätzliches elektronisches Rauschen auftritt, einen beträchtlichen Rauschpegel aufweist.

Ein Poissonprozess hat die folgenden wichtigen Eigenschaften:

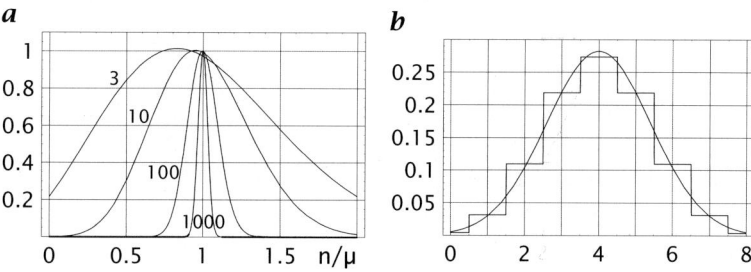

Abbildung 3.3: *a Poisson-Wahrscheinlichkeitsdichtefunktion P(μ) für die Mittelwerte μ = 3, 10, 100 und 1000. Die x-Achse ist in der Darstellung auf einen Mittelwert von 1 normiert; P(λΔt) wurde zur Normalisierung mit σ√2π multipliziert. b Diskrete Binomialverteilung B(8, 1/2) mit einem Mittelwert von 4 und einer Varianz von 2 und die korrespondierende Normalverteilung N(4, 2).*

1. Die Standardabweichung σ ist nicht konstant, sondern wächst mit der Wurzel der Anzahl der Ereignisse. Daher ist das Rauschen signalabhängig.

2. Nichtüberlappende Belichtungen sind statistisch unabhängige Ereignisse [148, Section. 3.4]. Das heißt, dass Bilder, die mit dem gleichen Sensor, aber zu unterschiedlichen Zeiten aufgenommen wurden, unabhängige ZVn sind.

3. Der Poissonprozess ist additiv. Die Summe zweier unabhängiger poisson-verteilter ZVn mit den Mittelwerten μ_1 and μ_2 ist ebenfalls poisson-verteilt mit dem Mittelwert und der Varianz $\mu_1 + \mu_2$.

3.4.2 Normal- und Binomialverteilung

Viele Prozesse mit kontinuierlichen ZVn können gut durch eine *Normalverteilung* oder *Gaußverteilung* $N(\mu, \sigma)$ mit dem Mittelwert μ und der Varianz σ^2 beschrieben werden:

$$N(\mu, \sigma): \quad f(g) = \frac{1}{\sqrt{2\pi}\,\sigma} \exp\left(-\frac{(g-\mu)^2}{2\sigma^2}\right). \tag{3.40}$$

Aus (3.40) sehen wir, dass die Normalverteilung durch die Angabe des Mittelwerts und der Varianz vollständig beschrieben ist.

Das diskrete Analogon zur Normalverteilung ist die *Binomialverteilung*

$$B(Q, p): \quad f_q = \frac{Q!}{q!\,(Q-q)!} p^q (1-p)^{Q-q}, \quad 0 \le q < Q. \tag{3.41}$$

Die natürliche Zahl Q ist die Anzahl möglicher Ergebnisse und bestimmt zusammen mit dem Parameter $p \in\,]0, 1[$ den Mittelwert und die Varianz:

$$\mu = Qp \quad \text{und} \quad \sigma^2 = Qp(1-p). \tag{3.42}$$

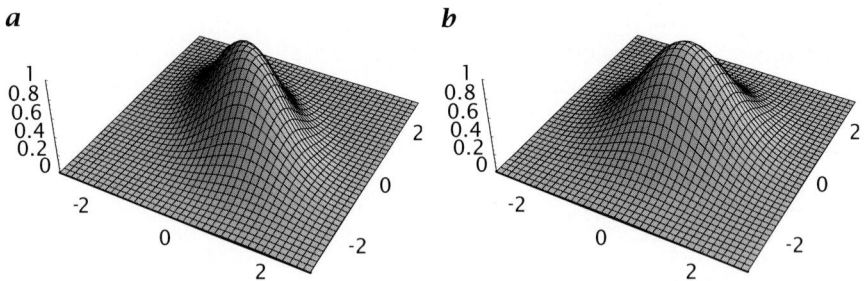

Abbildung 3.4: *Bivariate Normalverteilungen:* **a** *zwei korrelierte ZVn mit* $\sigma_1^2 = \sigma_2^2 = 1$ *und* $r_{12} = -0,5$; **b** *zwei unkorrelierte ZVn mit* $\sigma_1^2 = \sigma_2^2 = 1$.

Schon für moderate Werte von Q kommt die Binomialverteilung der Normalverteilung sehr nahe (Abb. 3.3b).

In Verallgemeinerung von (3.40) ist die gemeinsame PDF $N(\boldsymbol{\mu}, \boldsymbol{C})$ für multiple ZVn, d. h. für den Zufallsvektor $\boldsymbol{g}$ mit dem Mittelwert $\boldsymbol{\mu}$ und der Kovarianzmatrix $\boldsymbol{C}$, gegeben durch

$$N(\boldsymbol{\mu}, \boldsymbol{C}): \; f(\boldsymbol{g}) = \frac{1}{(2\pi)^{P/2}\sqrt{\det \boldsymbol{C}}} \exp\left(-\frac{(\boldsymbol{g}-\boldsymbol{\mu})^T \boldsymbol{C}^{-1}(\boldsymbol{g}-\boldsymbol{\mu})}{2}\right). \quad (3.43)$$

Auf den ersten Blick sieht dieser Ausdruck sehr komplex aus. Das ist er aber nicht. Wir müssen dazu lediglich berücksichtigen, dass die symmetrische Kovarianzmatrix eine Diagonalmatrix wird, wenn wir das Koordinatensystem in ihr Hauptachsensystem drehen. Dann wird die gemeinsame PDF eine separable Funktion

$$f(\boldsymbol{g}') = \prod_{p'=1}^{P} \frac{1}{(2\pi\sigma_{p'}^2)^{1/2}} \exp\left(-\frac{(g_{p'}-\mu_{p'})^2}{2\sigma_{p'}^2}\right) \quad (3.44)$$

mit den Varianzen $\sigma_{p'}^2$ entlang den Hauptachsen (Abb. 3.4a), und die Komponenten $g_{p'}$ des Zufallsvektors werden unabhängige ZVn.

Für unkorrelierte Zufallsvariable mit gleicher Varianz σ^2 reduziert sich die $N(\boldsymbol{\mu}, \boldsymbol{C})$-Verteilung auf eine isotrope Normalverteilung $N(\boldsymbol{\mu}, \sigma)$ (Abb. 3.4b):

$$N(\boldsymbol{\mu}, \sigma): \quad f(\boldsymbol{g}) = \frac{1}{(2\pi\sigma^2)^{P/2}} \exp\left(-\frac{|(\boldsymbol{g}-\boldsymbol{\mu})|^2}{2\sigma^2}\right). \quad (3.45)$$

3.4.3   Zentraler Grenzwertsatz

Die große Bedeutung der Normalverteilung resultiert aus dem *zentralen Grenzwertsatz* (Theorem 6, S. 56), den wir in Bezug auf kaskadierte Faltungen schon in Abschn. 2.3.5 diskutierten. Hier sei kurz die Bedeutung für Zufallsvariablen in der Bildverarbeitung herausgestrichen. Der zentrale Grenzwertsatz sagt aus, dass die PDF einer Summe von ZVn unter sehr allgemeinen Bedingungen, die bei der praktischen Anwendung in der Bildverarbeitung fast immer erfüllt sind, zu einer Normalverteilung tendiert. Wie schon in Abschn. 3.3 diskutiert, werdend in der Bildverarbeitung oft gewichtete Summen von vielen ZVn gebildet. Deswegen haben diese Variablen in der Regel eine Normalverteilung.

3.4.4 Andere Verteilungen

Trotz der Bedeutung der *Normalverteilung* sind in der Bildverarbeitung auch andere Verteilungen von Bedeutung. Sie tauchen vor allem dann auf, wenn ZVn durch nichtlineare Funktionen kombiniert werden.

Als erstes Beispiel betrachten wir die Umwandlung von *kartesischen* in *Polarkoordinaten*. Dazu nehmen wir den Zufallsvektor $\boldsymbol{g} = [g_1, g_2]^T$ mit unabhängigen $N(0, \sigma)$-verteilten Komponenten. Dann kann man zeigen [148, Abschn. 6.3], dass der Betrag des Vektors $r = (g_1^2, g_2^2)^{1/2}$ und der Winkel $\phi = \arctan(g_2/g_1)$ unabhängige ZVn sind. Der Betrag hat eine *Rayleighverteilung*

$$R(\sigma): \quad f(r) = \frac{r}{\sigma^2} \exp\left(-\frac{r^2}{2\sigma^2}\right) \quad \text{für} \quad r > 0 \qquad (3.46)$$

mit dem Mittelwert und der Varianz

$$\mu_R = \sigma\sqrt{\pi/2} \quad \text{und} \quad \sigma_R^2 = \sigma^2 \frac{4-\pi}{2}. \qquad (3.47)$$

Der Winkel ϕ hat eine *Gleichverteilung*

$$f(\phi) = \frac{1}{2\pi}. \qquad (3.48)$$

Zu einer Verallgemeinerung der Rayleighverteilung kommen wir, indem wir den Betrag eines P-dimensionalen Vektors betrachten. Dieser hat eine *Chiverteilung* mit P Freiheitsgraden

$$\chi(P, \sigma): \quad f(r) = \frac{2r^{P-1}}{2^{P/2}\Gamma(P/2)\sigma^P} \exp\left(-\frac{r^2}{2\sigma^2}\right) \quad \text{für} \quad r > 0 \qquad (3.49)$$

mit dem Mittelwert

$$\mu_\chi = \sigma \frac{\sqrt{2}\,\Gamma(P/2 + 1/2)}{\Gamma(P/2)} \approx \sigma\sqrt{P - 1/2} \quad \text{für} \quad P \gg 1 \qquad (3.50)$$

und der Varianz

$$\sigma_\chi^2 = \sigma^2 P - \mu_\chi^2 \approx \sigma^2/2 \quad \text{für} \quad P \gg 1. \qquad (3.51)$$

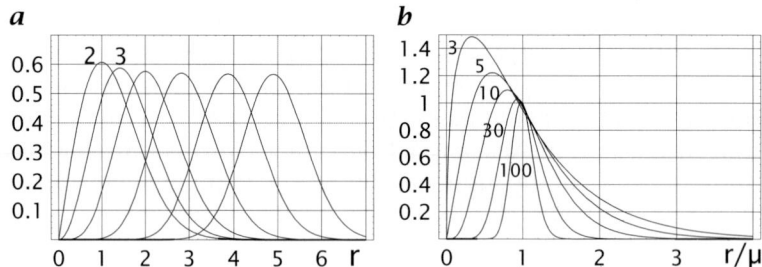

Abbildung 3.5: a *Chiverteilung mit 2 (Rayleighverteilung), 3 (Maxwellverteilung) und mehr Freiheitsgraden, wie angegeben;* **b** *Chiquadrat-Verteilung in einer normierten Darstellung mit einem Mittelwert von 1 und Freiheitsgraden, wie angegeben.*

Der Mittelwert der Chiverteilung wächst mit der Quadratwurzel von P, während die Varianz fast konstant bleibt. Für eine hohe Anzahl von Freiheitsgraden konvergiert die Chiverteilung schnell gegen die Normalverteilung $N(\sigma\sqrt{P/2 - 1/2}, \sigma/\sqrt{2})$ (Abb. 3.5a).

Die PDF des Betragsquadrats eines Vektors ist eine andere Funktion, da die Quadrierung eine nichtlineare Transformationsfunktion darstellt (Abschn. 3.2.3). Unter Benutzung von Theorem 9 kann die *Chiquadrat-Verteilung* mit P Freiheitsgraden berechnet werden als

$$\chi^2(P,\sigma): \quad f(r) = \frac{r^{P/2-1}}{2^{P/2}\Gamma(P/2)\sigma^P} \exp\left(-\frac{r}{2\sigma^2}\right) \quad \text{für} \quad r > 0 \quad (3.52)$$

mit dem Mittelwert und der Varianz

$$\mu_{\chi^2} = \sigma^2 P \quad \text{und} \quad \sigma^2_{\chi^2} = 2\sigma^4 P \quad\quad\quad (3.53)$$

Die Summe der Quadrate von ZVn ist von besonderer Bedeutung, weil daraus der Fehler in der Bestimmung der Schätzung der *Varianz* durch

$$s^2 = \frac{1}{P-1}\sum_1^P (g_p - \overline{g})^2 \quad \text{mit} \quad \overline{g} = \frac{1}{P}\sum_1^P g_p \quad\quad (3.54)$$

berechnet werden kann. Papoulis [148, Section 8.2] beweist, dass die normalisierte Varianz

$$\frac{(P-1)s^2}{\sigma^2} = \sum_1^P \left(\frac{g_p - \overline{g}}{\sigma}\right)^2 \quad\quad\quad (3.55)$$

eine *Chiquadrat-Verteilung* mit $P - 1$ Freiheitsgraden besitzt. Daher ist der Mittelwert der Schätzung der Varianz σ^2 (Schätzung ohne Abweichung) und die Varianz ist $2\sigma^4/(P - 1)$. Für wenige Freiheitsgrade zeigt

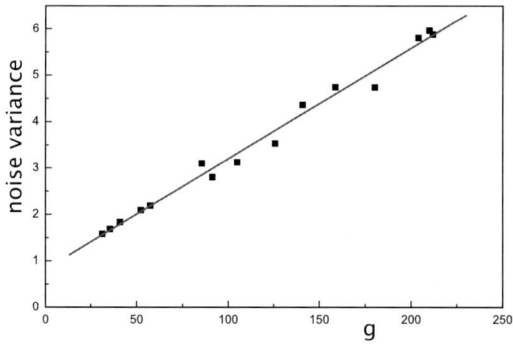

Abbildung 3.6: *Gemessene Varianz des Rauschens* σ^2 *als Funktion des Grauwerts g (zur Verfügung gestellt von H. Gröning).*

die Chiquadrat-Verteilung signifikante Abweichungen von der Normalverteilung (Abb. 3.5b). Für mehr als 30 Freiheitsgrade ist sie aber in guter Näherung normalverteilt. Eine zuverlässige Messung der Varianz benötigt viele Messungen. Mit $P = 100$ Freiheitsgraden ist die Standardabweichung der Varianz immer noch etwa 20 % (die Standardabweichung der Standardabweichung ist mit 10 % nur halb so groß).

3.4.5 Rauschmodell für Bildsensoren

Nach der detaillierten Diskussion über Zufallsvariablen können wir nun abschließend ein einfaches *Rauschmodell* für *Bildsensoren* aufstellen. In Abschn. 3.4.1 haben wir festgestellt, dass das Photosignal für ein einzelnes Sensorelement Poisson-verteilt ist. Außer bei sehr kleinen Bestrahlungsstärken, wenn nur wenige Ladungsträger erzeugt werden, können wir jedoch die Poissonverteilung durch die Normalverteilung $N(Q_e, \sqrt{Q_e})$ approximieren. Dabei ist Q_e die Anzahl Elektronen, die durch Absorption von Photonen in dem Sensorelement freigesetzt wurden. Nicht jedes einfallende Photon löst ein Elektron aus. Der Bruchteil der Elektronen, die durch auf das Sensorelement einfallende Photonen (Q_p) ausgelöst werden, wird als *Quantenausbeute* η bezeichnet:

$$\eta = \frac{Q_e}{Q_p}. \tag{3.56}$$

Die Auslese- und Verstärkungselektronik addiert weitere Rauschquellen. Für praktische Zwecke ist es jedoch nur wichtig zu wissen, dass diese Rauschquellen in erster Näherung alle normalverteilt und unabhängig vom Photonenrauschen sind. Deswegen können wir das gemessene Signal g and seine Varianz σ_g^2 durch nur zwei Terme in einfacher Weise beschreiben:

$$g \ = \ g_0 + g_p \ = \ g_0 + \alpha Q_e \quad \text{mit} \quad g_p = \alpha Q_e,$$
$$\sigma_g^2 \ = \ \sigma_0^2 + \sigma_p^2 \ = \ \sigma_0^2 + \alpha g_p \quad \text{mit} \quad \sigma_p^2 = \alpha^2 Q_e. \tag{3.57}$$

Die Konstante α gibt den Verstärkungsfaktor der Sensorelektronik in Bits/Elektronen an. Gleichung (3.57) sagt einen linearen Anstieg der Varianz des Rauschens mit dem gemessenen Grauwert voraus. Die in Abb. 3.6 dargestellten Messergebnisse bestätigen dieses einfache Modell. Aus dem Anstieg der Varianz σ^2 mit dem Signal g lässt sich direkt der Verstärkungsfaktor α der Elektronik bestimmen.

3.5 Stochastische Prozesse und Felder[‡]

Unsere bisherigen Überlegungen zur Statistik haben in keiner Weise die zeitlichen und räumlichen Beziehungen zwischen den einzelnen Punkten eines multidimensionalen Signals berücksichtigt. Wenn wir dies tun wollen, so müssen wir das Signal (Bild, Bildsequenz) als ganzes als eine statistische Größe betrachten. Das führt auf die Begriffe eines *stochastischen Feldes* für räumliche Daten und eines *stochastischen Prozesses* für Zeitserien.

Im Fall eines $M \times N$-Bildes besteht ein stochastisches Feld aus einer $M \times N$-Matrix von Zufallsvariablen. Das bedeutet, dass die gemeinsame PDF MN Variablen hat. Der Mittelwert des stochastischen Feldes ergibt sich wie bei einer einzelnen stochastischen Variablen, siehe (3.3), als Summe über alle möglichen Zustände q des Systems:

$$\overline{G_{m,n}} = \sum_{q=1}^{Q^{MN}} f_q(\boldsymbol{G}) \boldsymbol{G}_q. \tag{3.58}$$

In der Gleichung sind wir von Q Quantisierungsstufen ausgegangen. Damit kann jedes einzelne Pixel Q verschiedene Zustände annehmen und das stochastische $M \times N$-Feld in Kombination Q^{MN} Zustände $\boldsymbol{G}_q$. Damit ist dieses allgemeine Konzept wegen der kombinatorischen Explosion der Anzahl der möglichen Zustände völlig unbrauchbar. Daher sind wir gezwungen, einfachere Konzepte zu finden, die es uns doch möglich machen, multidimensionale Signale als stochastische Größen adäquat zu beschreiben. In diesem Abschnitt werden wir einen praktikablen Weg darstellen.

Wir beginnen mit der Bestimmung des Mittelwertes und der Varianz eines stochastischen Feldes. In derselben Weise wie für eine einzelne Zufallsvariable (siehe (3.54)) können wir den Mittelwert $\boldsymbol{G}_p$ durch P Messungen unter den selben Bedingungen durch Mittelung bestimmen als

$$\overline{\boldsymbol{G}} = \frac{1}{P} \sum_{p=1}^{P} \boldsymbol{G}_p. \tag{3.59}$$

Ein solcher Mittelwert heißt *Ensemble-Mittelwert*. Analog ergibt sich ein Schätzwert der *Varianz*, die *Ensemble-Varianz*, als

$$S_G^2 = \frac{1}{P-1} \sum_{p=1}^{P} \left(\boldsymbol{G}_p - \overline{\boldsymbol{G}} \right)^2. \tag{3.60}$$

An dieser Stelle wissen wir schon den Mittelwert und die Varianz an jedem Bildpunkt eines Bildes. Aus diesen Werten können wir eine Reihe interessanter Schlüsse ziehen. Wir können die Uniformität der beiden Größen unter gegebenen Bedingungen, wie z. B. einer konstanten, homogenen Beleuchtung, untersuchen.

3.5.1 Korrelation und Kovarianz‡

In einem zweiten Schritt können wir nun die Grauwerte zweier unterschiedlicher Positionen miteinander in Beziehung setzen. Ein Maß für die Korrelation von Werten an verschiedenen Positionen im Bild ist die *Autokorrelationsfunktion*

$$R_{gg}(m, n; m', n') = \overline{G_{mn}G_{m'n'}}. \tag{3.61}$$

Wie in (3.59) und (3.60) wird ein Ensemblemittel genommen. Die Autokorrelation ist meistens wenig brauchbar, da ein Bild bzw. Signal in der Regel aus einer Überlagerung eines deterministischen Teils mit *mittelwertfreiem Rauschen* besteht:

$$\boldsymbol{G'} = \boldsymbol{G} + \boldsymbol{N}, \quad \text{mit} \quad \overline{\boldsymbol{G'}} = \boldsymbol{G} \quad \text{und} \quad \overline{\boldsymbol{N'}} = \boldsymbol{0}. \tag{3.62}$$

Dann ist es nützlicher zur adäquaten Charakterisierung des Rauschen, den deterministischen Mittelwert abzuziehen:

$$C_{gg}(m, n; m', n') = \overline{(G_{mn} - \overline{G_{mn}})(G_{m'n'} - \overline{G_{m'n'}})}. \tag{3.63}$$

Diese Funktion heißt *Autokovarianzfunktion*. Für $m = m'$ and $n = n'$ gibt sie die Varianz am Bildpunkt $[m, n]^T$ an, für alle anderen Werte die *Kovarianz* zwischen den Bildpunkten $[m, n]^T$ und $[m', n']^T$, die in Abschn. 3.3.2 eingeführt wurde (3.19). Neu ist hier, dass die Autokovarianzfunktion nun die räumlichen Beziehungen zwischen verschiedenen Bildpunkten wiedergibt. Falls die Autokovarianz null ist, sind die entsprechenden Bildpunkte statistisch unkorreliert.

Die Autokovarianzfunktion, wie sie in (3.63) definiert wurde, ist immer noch unhandlich, da sie vierdimensional ist. Sinnvoll benutzen kann man sie nur, wenn lediglich eine kleine Anzahl von Bildpunkten miteinander korreliert sind, typischerweise nahe beieinander liegende Bildpunkte.

Die Zusammenhänge werden wesentlich einfacher, wenn die Statistik nicht explizit von der Position der Bildpunkte abhängt. Wir sprechen dann von einem *homogenen stochastischen Feld*. Dann wird die Autokovarianzfunktion *verschiebungsinvariant*:

$$\begin{aligned} C_{gg}&(m + k, n + l; m' + k, n' + l) \\ &= \quad C_{gg}(m, n; m', n') \\ &= \quad C_{gg}(m - m', n - n'; 0, 0) \\ &= \quad C_{gg}(0, 0; m' - m, n' - n). \end{aligned} \tag{3.64}$$

Die letzten beiden Beziehungen erhalten wir mit $(k, l) = (-m', -n')$ bzw. $(k, l) = (-m, -n)$. Das bedeutet gleichzeitig, dass die Varianz $C_{gg}(m, n; m, n)$ nicht mehr von der Position im Bild abhängt, sondern für alle Bildpunkte gleich ist.

Da nun die Autokovarianzfunktion nur noch von dem Abstand zwischen Punkten abhängt, reduziert sie sich von einer vier- auf eine zweidimensionale Funktion. Zum Glück sind viele stochastische Prozesse homogen. Wegen der Verschiebungsinvarianz kann die Autokovarianzfunktion für ein homogenes stochastisches Feld auch durch räumliche Mittelung gewonnen werden:

$$C_{gg}(m,n) = \frac{1}{MN} \sum_{m'=0}^{M-1} \sum_{n'=0}^{N-1} (G_{m'n'} - \overline{G_{m'n'}})(G_{m'+m,n'+n} - \overline{G_{m'+m,n'+n}}). \quad (3.65)$$

Im allgemeinen können wir nicht sicher sein, dass eine räumliche Mittelung zu demselben Ergebnis führt wie eine Mittelung über ein Ensemble. Ein stochastisches Feld, das diese Bedingung erfüllt, heißt *ergodisch*.

Eine weitere Schwierigkeit taucht bei der Indizierung auf. Sobald $(m,n) \neq (0,0)$, sind die Indices in (3.65) größer als der Bereich der Matrix. Wie in Abschn. 2.3.5 dargestellt, können wir uns die Matrix aber periodisch fortgesetzt denken und sprechen dann von einer *zyklischen Korrelation*.

Abschließend illustrieren wir die Bedeutung der Autokovarianzfunktion an einem einfachen Beispiel. Wir betrachten ein Bild mit einem deterministischen Teil, dem *mittelwertfreies homogenes Rauschen* überlagert wird, siehe (3.62). Wir nehmen weiter an, dass alle Bildpunkte statistisch unkorreliert sind. Der Mittelwert ergibt dann den deterministischen Teil des Bildes und die Autokovarianzfunktion verschwindet für alle Werte außer 0:

$$\boldsymbol{C_{gg}} = \sigma^2 \, {}^{oo}\boldsymbol{P} \quad \text{oder} \quad C_{gg}(m,n) = \sigma^2 \delta_m \delta_n. \quad (3.66)$$

Am Nullpunkt ist die Autokovarianzfunktion gleich der Varianz des Rauschens, ansonsten ist sie null. Die Autokovarianzfunktion kann daher benutzt werden, um festzustellen, ob das Rauschen an Bildpunkten miteinander korreliert ist. Das ist von Bedeutung, da der Grad der Korrelation zwischen Bildpunkten die statistischen Eigenschaften von Bildverarbeitungsoperationen beeinflusst (Abschn. 3.3.3).

In ähnlicher Weise, wie wir ein Bild mit sich selbst korrelieren, können wir auch zwei verschiedene Bilder $\boldsymbol{G}$ und $\boldsymbol{H}$ miteinander korrelieren. Das können sowohl Bilder von verschiedenen Szenen als auch Bilder aus einer Sequenz, die zu verschiedenen Zeiten aufgenommen wurden, sein. In Analogie zu (3.65) sind die *Kreuzkorrelationsfunktion* und die *Kreuzkovarianzfunktion* definiert als

$$R_{gh}(m,n) = \frac{1}{MN} \sum_{m'=0}^{M-1} \sum_{n'=0}^{N-1} G_{m'n'} H_{m'+m,n'+n} \quad (3.67)$$

$$C_{gh}(m,n) = \frac{1}{MN} \sum_{m'=0}^{M-1} \sum_{n'=0}^{N-1} (G_{m'n'} - \overline{G_{m'n'}})(H_{m+m',n+n'} - \overline{H_{m+m',n+n'}}). \quad (3.68)$$

Die Kreuzkorrelation ähnelt der *Faltung* (Abschn. 2.3.5, ≻R7). Der einzige Unterschied ist das Vorzeichen der Indizes (m',n') im zweiten Term.

3.5.2 Stochastische Felder im Fourierraum[‡]

Im letzten Abschnitt diskutierten wir stochastische Felder im Ortsraum. Da uns die Bedeutung der *Fouriertransformation* für die Signalverarbeitung inzwischen hinreichend bekannt ist (Abschn. 2.3), wenden wir uns jetzt stochastischen Feldern im Fourierraum zu. Der Einfachheit halber beschränken wir uns auf den eindimensionalen Fall. Alle hier diskutierten Aussagen können aber auch auf höhere Dimensionen erweitert werden.

Die Fouriertransformation benötigt komplexe Zahlen. Das verursacht aber keine Probleme für die statistische Behandlung, da wir Real- und Imaginärteil als getrennte stochastische Variablen betrachten können. Die Definition des Mittelwertes ändert sich nicht, bei der Definition der Kovarianz müssen wir jedoch im Vergleich zu (3.19) eine kleine Änderung vornehmen:

$$C_{pq} = E\left((g_p - \mu_p)^*(g_q - \mu_q)\right), \qquad (3.69)$$

wobei das Symbol $*$ die Bildung des konjugiert Komplexen angibt. Diese Definition stellt sicher, dass die Varianz

$$\sigma_p^2 = E\left((g_p - \mu_p)^*(g_p - \mu_p)\right) \qquad (3.70)$$

eine reelle Zahl bleibt.

Die 1D-DFT bildet den Vektor $\boldsymbol{g} \in \mathbb{C}^N$ auf einen Vector $\hat{\boldsymbol{g}} \in \mathbb{C}^N$ ab. Die Komponenten von $\hat{\boldsymbol{g}}$ ergeben sich als *Skalarprodukte* mit den orthonormalen Basisvektoren des Vektorraums $\mathbb{C}^N$ (vergleiche (2.29) und (2.30)):

$$\hat{g}_v = \boldsymbol{b}_v^T \boldsymbol{g} \quad \text{mit} \quad \boldsymbol{b}_v^T \boldsymbol{b}_{v'} = \delta_{v-v'}. \qquad (3.71)$$

Daher sind die komplexen ZVn im Fourierraum nichts anderes als Linearkombinationen der ZVn im Ortsraum. Wenn wir annehmen, dass die ZVn im Ortsraum unkorreliert sind und die gleiche Varianz haben, d. h. ein homogenes stochastisches Feld darstellen, dann können wir eine weitreichende Schlussfolgerung ziehen. Nach (3.71) sind die Vektoren $\boldsymbol{b}_v$ senkrecht zueinander und haben den Betrag eins. Daher können wir aus den Überlegungen über Funktionen von multiplen ZVn in Abschn. 3.3.3, speziell (3.32), schließen, dass die ZVn im Fourierraum unkorreliert bleiben und die gleiche Varianz wie im Ortsraum haben.

3.5.3 Leistungsspektrum, Kreuzkorrelationsspektrum, Kohärenz‡

In Abschn. 3.5.1 haben wir gelernt, dass homogene stochastische Felder durch die Auto- und Kreuzkorrelationsfunktion beschrieben werden. Nun betrachten wir die entsprechenden Größen im Fourierraum.

Korrelation im Ortsraum entspricht einer Multiplikation mit der konjugiert komplexen Funktion im Fourierraum (≻ R4):

$$\boldsymbol{G} \star \boldsymbol{G} \circ\!\!\!-\!\!\!\longrightarrow P_{gg}(\boldsymbol{k}) = \hat{g}(\boldsymbol{k})^* \hat{g}(\boldsymbol{k}) \qquad (3.72)$$

und

$$\boldsymbol{G} \star \boldsymbol{H} \circ\!\!\!-\!\!\!\longrightarrow P_{gh}(\boldsymbol{k}) = \hat{g}(\boldsymbol{k})^* \hat{h}(\boldsymbol{k}). \qquad (3.73)$$

In diesen Gleichungen ist die Korrelation mit dem $\star$ Symbol abgekürzt worden, ähnlich wie wir die Faltung mit dem $*$ Symbol abkürzen. Wegen der einfacheren Schreibweise sind die Funktionen im Fourierraum als kontinuierliche Funktionen geschrieben. Das entspricht dem Übergang zu unendlich ausgedehnten stochastischen Feldern (Abschn. 2.3.2, Tabelle 2.1).

Die Fouriertransformierte der Autokorrelationsfunktion ist das *Leistungsspektrum* P_{gg}. Es ist eine reellwertige Funktion. Der Name kommt von der Tatsache, dass sie für physikalische Signale im Fourierraum die Verteilung der Energie über die Wellenzahlen bzw. Frequenzen angibt, wenn das Quadrat der Signalamplitude proportional zur Energie ist. Wird das Leistungsspektrum über mehrere Bilder gemittelt, stellt es eine Summe der Quadrate unabhängiger ZVn dar. Falls die ZVn im Ortsraum unkorreliert sind und eine *Normalverteilung* aufweisen, dann hat das gemittelte Leistungsspektrum nach den Überlegungen in Abschn. 3.4.4 eine *Chiquadrat-Verteilung*.

Die Autokorrelationsfunktion eines Feldes unkorrelierter ZVn ist eine δ-Distribution (3.66), da sie überall außer am Nullpunkt verschwindet. Daher ist das Leistungsspektrum konstant ($\succ$ R7). Diese Art von Rauschen wird als *weißes Rauschen* bezeichnet.

Die Fouriertransformierte der Kreuzkorrelationsfunktion heißt *Kreuzkorrelationsspektrum* P_{gh}. Im Gegensatz zum Leistungsspektrum ist diese Funktion komplexwertig. Der Real- und Imaginärteil werden als *Co-* bzw. *Quad-Spektrum* bezeichnet. Um die Bedeutung dieser Funktionen besser zu verstehen, ist es sinnvoll, eine weitere Funktion, die *Kohärenzfunktion* Φ zu definieren:

$$\Phi^2(\mathbf{k}) = \frac{|P_{gh}(\mathbf{k})|^2}{P_{gg}(\mathbf{k})P_{hh}(\mathbf{k})}. \tag{3.74}$$

Die Kohärenzfunktion gibt an, wie ähnlich zwei Bilder sind. Um dies zu zeigen, nehmen wir an, dass das Bild H eine verschobene Kopie des Bildes G ist: $\hat{h}(\mathbf{k}) = \hat{g}(\mathbf{k})\exp(-\mathrm{i}\mathbf{k}\mathbf{x}_s)$. In diesem Fall ist die Kohärenzfunktion eins und das Kreuzkorrelationsspektrum P_{gh} vereinfacht sich zu

$$P_{gh}(\mathbf{k}) = P_{gg}(\mathbf{k})\exp(-\mathrm{i}\mathbf{k}\mathbf{x}_s). \tag{3.75}$$

Da P_{gg} eine reellwertige Funktion ist, können wir die Verschiebung $\mathbf{x}_s$ zwischen den beiden Bildern aus dem Phasenfaktor $\exp(-\mathrm{i}\mathbf{k}\mathbf{x}_s)$ berechnen.

Wenn es keine feste Phasenbeziehung für einen Wellenzahl-Vektor zwischen den beiden Bildern gibt, dann erniedrigt sich die Kohärenz. Falls die Phasenverschiebung von Bild zu Bild in einer Sequenz zufällig verteilt ist, dann zeigen die Vektoren der Kreuzkorrelationsfunktions in der komplexen Ebene in zufällige Richtungen und addieren sich zu null. Nach (3.74) wird dann auch die Kohärenz null.

3.6   Literaturhinweise zur Vertiefung[‡]

Zur Einführung in die Statistik sei auf die Lehrbücher Beichelt [9], Behnen und Neuhaus [8] und Rice [163] verwiesen. Anspruchsvollere detailliertere Darstellungen finden sich bei Krickeberg und Ziezold [115] und Papoulis [148]. Das Lehrbuch von Rosenfeld und Kak [171] gibt eine gute Einführung in stochastische Prozesse mit Bezug zur Bildverarbeitung. Die Spektralanalyse wird näher von Marple Jr. [132] behandelt.

4 Nachbarschaftsoperatoren

4.1 Grundlegende Eigenschaften und Zweck

4.1.1 Objekterkennung und Nachbarschaftsoperatoren

Eine Analyse der räumlichen Beziehungen der Grauwerte einer kleinen Umgebung liefert uns erste Hinweise für die Objekterkennung in Bildern. Nehmen wir als einfaches Beispiel eine Szene, die Objekte mit gleichmäßiger Strahlungsdichte enthält. Ändern sich die Grauwerte innerhalb einer kleinen Nachbarschaft nicht, liegt sie innerhalb eines Objektes. Wenn sich jedoch die Grauwerte signifikant verändern, liegt der Rand eines Objektes innerhalb der Nachbarschaft. Auf diese Weise lassen sich Bereiche konstanter Grauwerte von Kanten unterscheiden.

Die Verarbeitung einzelner Pixel eines Bildes durch *Punktoperationen* allein liefert diese Informationen nicht. In Kapitel 10 sehen wir im Detail, dass solche Operationen nur als erster Schritt der Bildverarbeitung sinnvoll sind, um inhomogene und nichtlineare Antworten des Bildsensors auszugleichen, interaktiv Bilder zu inspizieren und zu manipulieren oder den visuellen Eindruck zu verbessern.

Es sind neue Klassen von Operationen notwendig, welche die Pixel einer kleinen Nachbarschaft in richtiger Weise kombinieren und als Ergebnis ein neues Bild liefern. Solche Operationen gehören zur allgemeinen Klasse der *Nachbarschaftsoperationen*. Sie sind ein zentrales Werkzeug der ersten Stufe der Bildverarbeitung. Dies ist der Grund, warum wir in diesem Kapitel die prinzipiell möglichen Klassen der Nachbarschaftsbeziehung und ihre Eigenschaften diskutieren.

Das Ergebnis jeder Nachbarschaftsoperation ist wieder ein Bild, jedoch mit geändertem Inhalt. Zum Beispiel sollte eine Nachbarschaftsoperation zur Detektion von Kanten hohe Werte für Pixel ergeben, die zu einer Objektkante gehören. Für alle Pixel, die innerhalb eines Objektes liegen, sollten dagegen — unabhängig von ihrem Grauwert — niedrige Werte erzeugt werden. Dieses einfache Beispiel eines Kantendetektors zeigt auch, dass bei der Anwendung eines Nachbarschaftsoperators generell Information verlorengeht. Wir können nicht mehr auf die ursprünglichen Grauwerte schließen. Aus diesem Grund werden Nachbarschaftsoperationen auch *Filter* genannt. Filter extrahieren bestimmte, gerade interessierende Eigenschaften aus Bildern. Das Ergebnisbild wird daher *Eigenschaftsbild* genannt.

B. Jähne, Digitale Bildverarbeitung
ISBN 3-540-41260-3

Operatoren, die benachbarte Pixel kombinieren, um ein neues Bild zu erzeugen, können vielfältige und komplexe Eigenschaften extrahieren:

- Detektion einfacher lokaler Strukturen wie Kanten, Ecken, Linien und Bereiche konstanter Grauwerte (Kapitel 12 und 13)
- Bestimmung von Bewegung in Bildfolgen (Kapitel 14)
- Texturanalyse (Kapitel 15)
- *Rekonstruktion* von Bildern, die mit indirekten Bildaufnahmetechniken wie der *Tomographie* erzeugt wurden (Kapitel 17)
- *Restaurierung* von Bildern, die durch fehlerhafte Fokussierung, Bewegungsunschärfe oder ähnliche Fehler bei der Bildaufnahme gestört sind (Kapitel 17)
- Korrektur von Störungen, die durch Fehler bei der Bildaufnahme oder -übertragung entstanden sind. Solche Fehler resultieren in verfälschten Grauwerten einzelner weniger Pixel (Kapitel 17).

4.1.2 Allgemeine Definitionen

Ein Nachbarschaftsoperator N verknüpft durch eine geeignete Operation die Werte in einer Nachbarschaft um einen Punkt und schreibt das Ergebnis zurück an den Punkt. Diese Operation wird für alle Punkte des Signals durchgeführt.

Definition 5 (Kontinuierlicher Nachbarschaftsoperator) *Ein kontinuierlicher Nachbarschaftsoperator bildet ein multidimensionales Signal $g(\boldsymbol{x})$ auf sich selbst ab durch die Operation*

$$g'(\boldsymbol{x}) = N(\{g(\boldsymbol{x}')\}, \forall (\boldsymbol{x} - \boldsymbol{x}') \in \mathbb{M}), \tag{4.1}$$

wobei $\mathbb{M}$ ein kompaktes Gebiet ist.

Das Gebiet $\mathbb{M}$ wird als *Maske, Fenster, region of support* oder *Strukturelement* der Nachbarschaftsoperation bezeichnet. Größe und Form von $\mathbb{M}$ beeinflussen die Nachbarschaftsoperation in soweit, dass sie die Eingangswerte aus g zur Berechnung von $g'(\boldsymbol{x})$ bestimmen. Diese liegen im Bereich $\mathbb{M}$, dessen Bezugspunkt an den Punkt $\boldsymbol{x}$ verschoben wurde. Damit ist die Nachbarschaftsoperation N selbst noch nicht festgelegt. Sie kann jede beliebige Rechenvorschrift beinhalten. Aus Symmetriegründen ist die Form der Maske oft symmetrisch und der Bezugspunkt liegt im Symmetriezentrum.

Definition 6 (Diskreter Nachbarschaftsoperator) *Ein diskreter Nachbarschaftsoperator bildet eine $M \times N$-Matrix auf sich selbst ab durch die Operation*

$$G'_{m,n} = N(G_{m'-m,n'-n}, \forall [m', n']^T \in \mathbb{M}), \tag{4.2}$$

wobei $\mathbb{M}$ nun eine Menge von Punkten ist.

Ausdrücke, die äquivalent zu Def. 6 sind, können leicht für andere Dimensionen aufgestellt werden. Auch wenn die Gleichungen (4.1) und (4.2) nicht die Rechenvorschrift für die Nachbarschaftsoperation angeben, so beschreiben sie doch die gemeinsame Struktur aller Klassen von Nachbarschaftsoperationen.

4.1.3 Maskengröße und -symmetrie

Die erste Bestimmungsgröße einer Nachbarschaftsoperation ist die Größe der Nachbarschaft. Wir müssen auch den Bezugspunkt relativ zu der Nachbarschaft festlegen, an dem das Ergebnis der Nachbarschaftsoperation abgelegt wird. Aus Symmetriegründen ist der natürlichste Bezugspunkt das Zentrum einer $(2R + 1) \times (2R + 1)$ großen Maske mit einer ungeraden Anzahl von Punkten in alle Richtungen.

Masken mit einer geraden Anzahl von Punkten erscheinen weniger geeignet, da es keinen Punkt gibt, der im Zentrum der Maske liegt. Falls das Ergebnis der Nachbarschaftsoperation aber an einen Punkt zurückgegeben wird, der zwischen den Originalpunkten im Zentrum der Maske liegt, kann es trotzdem sinnvoll sein, Masken mit einer geraden Anzahl von Punkten zu benutzen. Dann ist allerdings das Ergebnisbild um einen halben Abstand zwischen den Punkten in alle Richtungen verschoben. Wegen dieser Verschiebung dürfen wir nie Eigenschaftsbilder, die mit einer Maske mit einer geraden Anzahl von Punkten berechnet wurden, mit dem Ausgangsbild kombinieren. Dies würde zu erheblichen Fehlern führen. Bei paralleler Anwendung von mehreren Nachbarschaftsoperationen und anschließender Kombination der Ergebnisse müssen alle Masken eine gerade oder ungerade Anzahl von Punkten in die gleiche Richtung aufweisen. Sonst fallen die Gitter der resultierenden Eigenschaftsbilder nicht aufeinander.

4.1.4 Operatornotation

Es ist hilfreich, eine *Operatornotation* für Nachbarschaftsoperatoren einzuführen. Auf diese Weise können selbst komplex zusammengesetzte Nachbarschaftsoperatoren verständlich geschrieben werden. Operatoren werden mit kalligraphischen Buchstaben wie $\mathcal{B}, \mathcal{D}, \mathcal{H}, \mathcal{S}$ bezeichnet. Der Operator $\mathcal{H}$ transformiert das Bild $\boldsymbol{G}$ in das Bild $\boldsymbol{G}'$: $\boldsymbol{G}' = \mathcal{H}\boldsymbol{G}$. Diese Notation kann für kontinuierliche und diskrete Signale beliebiger Dimension benutzt werden und stellt eine *darstellungsunabhängige Notation* von Signalverarbeitungsoperatoren dar.

Bei Hintereinanderausführung mehrerer Operatoren werden diese einfach hintereinander geschrieben, wobei der am weitesten rechts stehende Operator zuerst ausgeführt wird. Wiederholte Anwendung desselben

Operators wird mit einem Exponent abgekürzt:

$$\underbrace{\mathcal{H}\,\mathcal{H}\ldots\mathcal{H}}_{p\text{-mal}} = \mathcal{H}^p. \tag{4.3}$$

Wird eine Folge von Operatoren auf ein einziges Bild angewendet, so kann dies weggelassen werden. Auf diese Weise können wir *Operatorgleichungen* ohne Zielobjekt schreiben. Weiter benutzen wir Klammern, um in der üblichen Weise die Reihenfolge der Ausführung von Operatoren zu steuern. So können auch Operatoreigenschaften in kompakter und leichtverständlicher Schreibweise geschrieben werden, z. B.

Kommutativität $\quad\quad\quad\quad \mathcal{H}_1\mathcal{H}_2 = \mathcal{H}_2\mathcal{H}_1$

Assoziativität $\quad\quad\quad\quad \mathcal{H}_1(\mathcal{H}_2\mathcal{H}_3) = (\mathcal{H}_1\mathcal{H}_2)\mathcal{H}_3 \quad\quad$ (4.4)

Distributivität bei Addition $\quad (\mathcal{H}_1 + \mathcal{H}_2)\mathcal{H}_3 = \mathcal{H}_1\mathcal{H}_2 + \mathcal{H}_2\mathcal{H}_3$

Andere Operatoren, wie z. B. die Addition können in diese Schreibweise auch eingefügt werden. Mit nichtlinearen Operatoren müssen wir aber vorsichtig sein, da diese nicht mit linearen Operatoren vertauschbar sind. Deswegen muss die Reihenfolge der Operatorausführungen strikt eingehalten und gegebenenfalls mit Klammern verändert werden.

Ein einfaches Beispiel für einen nichtlinearen Operator ist die punktweise Multiplikation zweier Bilder, ein *dyadischer Punktoperator* mit zwei Eingangsbildern. Da dieser Operator oft gebraucht wird, bezeichnen wir ihn mit einem speziellen Symbol, einem zentrierten Punkt ($\cdot$). Dieses Symbol ist notwendig, um die Multiplikation von der Hintereinanderausführung von Operatoren zu unterscheiden. Der Operator-Ausdruck $\mathcal{B}(\mathcal{D}_p \cdot \mathcal{D}_q)$ bedeutet z. B.: die Operatoren $\mathcal{D}_p$ und $\mathcal{D}_q$ werden auf das gleiche Bild angewendet, die Ergebnisbilder punktweise multipliziert und der Operator $\mathcal{B}$ auf das Produktbild angewendet. Ohne Klammern würde der Ausdruck $\mathcal{B}\mathcal{D}_p \cdot \mathcal{D}_q$ folgendes bedeuten: der Operator $\mathcal{D}_q$ und die Operatorenkombination $\mathcal{D}_p$ and $\mathcal{B}$ werden auf das gleiche Bild angewendet und die Ergebnisse beider Operationen miteinander multipliziert. Dyadische Operatoren werden in der Operatorschreibweise immer nachrangig gegenüber *monadischen Operatoren* mit nur einem Eingangsbild behandelt: zuerst werden alle monadischen Operatoren ausgeführt und dann die dyadischen. Um monadische Operatoren klar von dyadischen unterscheiden zu können, kann es sinnvoll sein, einen Platzhalter für die Objekte zu benutzen, auf die die Operatoren angewendet werden. Wir benutzen dafür das Symbol ":". Mit diesem Platzhalter schreibt sich der in dem Beispiel benutzte Operatorenausdruck als $\mathcal{B}(\mathcal{D}_p : \cdot \mathcal{D}_q :)$.

In diesem Kapitel werden wir die zwei wichtigsten Klassen von Nachbarschaftsoperatoren diskutieren, die linearen verschiebungsinvarianten Filter (Abschn. 4.2) und die Rangordnungsfilter (Abschn. 4.4). Eine spezielle Klasse von verschiebungsinvarianten Filtern, die rekursiven Filter, werden im Abschn. 4.3 behandelt.

4.2 Lineare verschiebungsinvariante Filter†

4.2.1 Diskrete Faltung

Zunächst konzentrieren wir uns auf die Frage, wie Grauwerte von Bildpunkten in kleinen Nachbarschaften miteinander verknüpft werden können. Eine grundlegende Verknüpfungsart der Bildpunkte in einem Fenster erfolgt durch eine Operation, die jeden Bildpunkt im Bereich der Filtermaske mit dem entsprechenden Wichtungsfaktor der Maske multipliziert, die Produkte addiert und die Summe an die Position des zentralen Pixels schreibt:

$$g'_{mn} = \sum_{m'=-r}^{r} \sum_{n'=-r}^{r} h_{m'n'} g_{m-m',n-n'}$$
$$= \sum_{m''=-r}^{r} \sum_{n''=-r}^{r} h_{-m'',-n''} g_{m+m'',n+n''}. \tag{4.5}$$

In Abschn. 2.3.5 wurde die *diskrete Faltung* in (2.57) definiert als:

$$g'_{mn} = \sum_{m'=0}^{M-1} \sum_{n'=0}^{N-1} h_{m'n'} g_{m-m',n-n'} \tag{4.6}$$

Die Definitionen in (4.5) und (4.6) sind äquivalent, wenn wir die Periodizität im Ortsraum, wie sie durch (2.44) gegeben ist, berücksichtigen. Aus (2.44) schließen wir, dass negative Indizes durch positive mit der Beziehung

$$g_{-n} = g_{N-n}, \quad g_{-n,-m} = g_{N-n,M-m} \tag{4.7}$$

ersetzt werden können. Die Einschränkung der Summe in (4.5) berücksichtigt die Tatsache, dass die Elemente der Matrix H außerhalb der wenigen Punkte in der $(2R+1) \times (2R+1)$ Filtermaske null sind. Die Darstellung einer Filterung durch eine Filtermaske anstelle einer Matrix H ist viel praktischer und gibt einen viel besseren Eindruck von der Wirkungsweise der Filteroperation. Die folgende 3×3-Filtermaske und $M \times N$-Matrix H sind z. B. äquivalent:

$$\begin{bmatrix} 0 & -1 & -2 \\ 1 & 0_{\bullet} & -1 \\ 2 & 1 & 0 \end{bmatrix} \equiv \begin{bmatrix} 0_{\bullet} & -1 & 0 & \dots & 0 & 1 \\ 1 & 0 & 0 & \dots & 0 & 2 \\ 0 & 0 & 0 & \dots & 0 & 0 \\ \vdots & \vdots & \vdots & \ddots & \vdots & \vdots \\ 0 & 0 & 0 & \dots & 0 & 0 \\ -1 & -2 & 0 & \dots & 0 & 0 \end{bmatrix}. \tag{4.8}$$

W-dimensionale Filteroperationen können mit einer Vektorindizierung vereinfacht geschrieben werden:

$$g'_{\boldsymbol{n}} = \sum_{n'=-R}^{R} h_{-n'} g_{n+n'} \tag{4.9}$$

mit $\boldsymbol{n} = [n_1, n_2, \ldots, n_W]$, $\boldsymbol{R} = [R_1, R_2, \ldots, R_W]$, wobei $g_{\boldsymbol{n}}$ ein Element eines W-dimensionalen Signals $g_{n_1, n_2, \ldots, n_W}$ ist. Die Notation für die Summen in dieser Gleichung ist eine Abkürzung für

$$\sum_{\boldsymbol{n}'=-\boldsymbol{R}}^{\boldsymbol{R}} = \sum_{n_1'=-R_1}^{R_1} \sum_{n_2'=-R_2}^{R_2} \cdots \sum_{n_W'=-R_W}^{R_W} . \tag{4.10}$$

Mit der vektoriellen Indizierung können Ausdrücke wie Faltungssummen für beliebig-dimensionale Signale einfach geschrieben werden.

4.2.2 Symmetrien

In Bezug auf Symmetrien können wir zwei Klassen von Filtern unterscheiden: Filter mit gerader und ungerader Symmetrie mit der Bedingung, dass in eine oder mehrere Richtungen gilt:

$$h_{-m,n} = \pm h_{mn} \quad \text{oder} \quad h_{m,-n} = \pm h_{mn}. \tag{4.11}$$

Dabei stehen die Zeichen $+$ und $-$ für Filter mit *gerader* bzw. *ungerader* Symmetrie. Mit dieser Definition können wir die Berechnung von eindimensionalen Filtern nach (4.5) vereinfachen zu:

$$\text{gerade:} \quad g'_{mn} = h_0 g_{m,n} + \sum_{n'=1}^{r} h_{n'} (g_{m,n-n'} + g_{m,n+n'})$$

$$\text{ungerade:} \quad g'_{mn} = \sum_{n'=1}^{r} h_{n'} (g_{m,n-n'} - g_{m,n+n'}). \tag{4.12}$$

Die Summen laufen nur über die halbe Maske und schließen das zentrale Pixel aus. Dieses muss separat behandelt werden, da es keinen Symmetriepartner hat. Bei Filtern mit ungerader Symmetrie entfällt es, da es nach (4.11) null ist.

Im zweidimensionalen Fall sind die Gleichungen komplizierter, da die Symmetrie in jeder Richtung separat betrachtet werden muss. Ein 2D-Filter mit gerader Symmetrie in beide Richtungen vereinfacht sich zu

$$
\begin{aligned}
g'_{m,n} = {} & h_{00} g_{nm} \\[1mm]
& + \sum_{n'=1}^{r} h_{0n'} (g_{m,n-n'} + g_{m,n+n'}) \\
& + \sum_{m'=1}^{r} h_{m'0} (g_{m-m',n} + g_{m+m',n}) \\
& + \sum_{m'=1}^{r} \sum_{n'=1}^{r} h_{m'n'} (g_{m-m',n-n'} + g_{m-m',n+n'} \\
& \qquad\qquad\qquad\qquad + g_{m+m',n-n'} + g_{m+m',n+n'}).
\end{aligned}
\tag{4.13}
$$

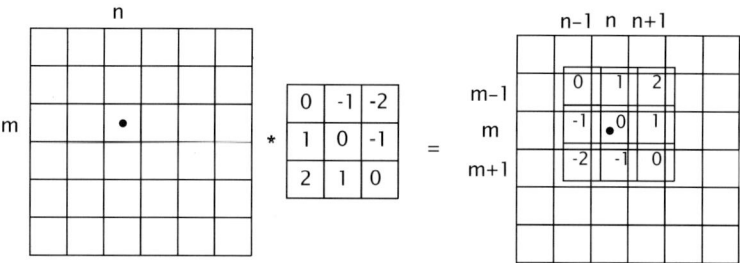

Abbildung 4.1: *Illustration der diskreten Faltung mit einer* 3×3-*Filtermaske.*

2D-Filter können unterschiedliche Symmetrien in verschiedene Richtungen haben. Ein Filter, das horizontal ungerade und vertikal gerade ist können wir schreiben als

$$
\begin{aligned}
g'_{m,n} \;=\;& \sum_{n'=1}^{r} h_{0n'} \left(g_{m,n-n'} - g_{m,n+n'} \right) \\
& + \sum_{m'=1}^{r} \sum_{n'=1}^{r} h_{m'n'} \big(g_{m-m',n-n'} - g_{m-m',n+n'} \\
& \qquad\qquad + g_{m+m',n-n'} - g_{m+m',n+n'} \big).
\end{aligned}
\tag{4.14}
$$

Entsprechende Ausdrücke für höherdimensionale Filter sind noch komplizierter [89].

4.2.3 Berechnung von Faltungsoperationen

Die Faltung ist eine so bedeutende Operation, dass es lehrreich ist, ihre Wirkungsweise im Detail zu studieren. Zunächst mögen in (4.5) die Minuszeichen vor den Indices k und l, die für die Maske bzw. das Bild stehen, verwirren. Sie bedeuten, dass wir entweder die Maske oder das Bild an seinem Symmetriezentrum spiegeln, bevor wir die Maske über das Bild legen. (Wir lernen den Grund für diese Spiegelung in Abschn. 4.2.5 kennen.) Wollen wir das Ergebnis der Faltung am Punkt $(m,n)^T$ berechnen, zentrieren wir die gespiegelte Maske an diesem Punkt, führen die Faltung durch und schreiben das Ergebnis zurück auf die Position $(m,n)^T$ (Abb. 4.1). Diese Operation wird für alle Pixel des Bildes durchgeführt.

Nahe am Rand des Bildes, wenn der Bereich der Filtermaske über die Bildränder hinausgeht, kommen wir in Probleme, da uns einige Bildpunkte fehlen. Der korrekte Weg zur Lösung dieses Problems entsprechend unseren Annahmen in Abschn. 2.3.5, insbesondere in Gleichung (2.44), ist die Berücksichtigung dessen, dass endliche Bildmatrizen als sich periodisch wiederholende Strukturen betrachtet werden müssen. Also verwenden wir, wenn wir am linken Rand des Bildes angekommen sind, die

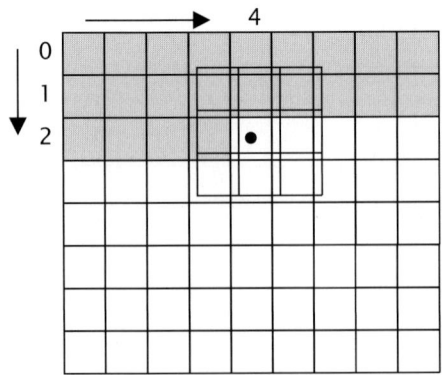

Abbildung 4.2: *Bildfaltung durch zeilenweises Verschieben der Faltungsmaske. Bei den dunkel dargestellten Pixeln sind die Grauwerte bereits durch die Faltungssumme ersetzt worden. Daraus folgt, dass die Grauwerte der dunklen Pixel, die zur Filtermaske gehören, in einem separaten Speicher aufgehoben werden müssen.*

fehlenden Punkte vom rechten Bildrand. Dieser Vorgang wird *zyklische Faltung* genannt. Nur dieser Faltungstyp reduziert sich — streng genommen — auf eine Multiplikation im Fourierraum (Abschn. 2.3).

Praktisch wird dieser Ansatz selten gewählt, weil die periodische Fortsetzung nur ein untrennbar mit der Begrenzung des Bildausschnitts verbundenes Artefakt ist. Statt dessen fügen wir dem Bild einen Rand der halben Breite der Filtermaske hinzu. In diesem Randbereich werden entweder Nullen benutzt, oder wir extrapolieren auf die eine oder andere Weise aus den Grauwerten am Rand des Bildes. Den einfachsten Extrapolationstyp haben wir, wenn wir die Grauwerte der Randpixel in den Randbereich schreiben. Obwohl bei diesem Ansatz generell weniger Störungen an den Bildrändern auftreten als bei der zyklischen Faltung oder Ergänzung mit Nullen, führt er zu Fehlern in einem Randbereich der Breite einer halben Filtermaske. Bei der Extrapolationsmethode werden die Kantenpixel überbetont.

Zusammenfassend können wir festhalten, dass keine der drei diskutierten Methoden fehlerfreie Nachbarschaftsoperationen nahe dem Bildrand ermöglicht. Daher ist der einzige Weg zu Fehlervermeidung, sicherzustellen, dass die interessierenden Objekte im Bild weiter als die halbe Größe der größten Maske vom Rand des Bildes entfernt sind.

Gleichung (4.5) zeigt, dass keiner der bereits berechneten Grauwerte G'_{mn} in die Berechnung der Grauwerte benachbarter Pixel mit einfließt. Deshalb geraten wir in Probleme, wenn wir das Ergebnis der Filteroperation ins gleiche Bild zurückschreiben wollen. Nehmen wir an, wir führen die Faltung Zeile für Zeile und von links nach rechts durch. Dann sind die Grauwerte an allen Pixelpositionen oberhalb und links vom aktuellen Pixel bereits von den zuvor berechneten Ergebnissen überschrieben (Abb. 4.2). Daraus ergibt sich, dass wir die Grauwerte dieser Positionen zwischenspeichern müssen. Geeignete Algorithmen dazu sind bei Jähne [89] und Jähne et al. [91, Vol. 2, Chap. 5] beschrieben.

Die Anzahl der Elemente einer Maske wächst stark mit ihrer Größe und Dimension. Eine W-dimensionale Maske mit einer linearen Größe von R enthält R^W Elemente. Je höher die Dimension, desto schneller wächst die Anzahl der Elemente mit der Maskengröße. In multidimensionalen Signalen enthalten schon kleine Nachbarschaften hunderte bis tausende von Elementen. Daher ist es eine Herausforderung, effiziente Berechnungsverfahren für Filteroperationen zu finden, die die Anzahl der Rechenoperation von $O(R^W)$ zu einer niedrigeren Ordnung reduzieren. Das bedeutet, dass die Anzahl der Rechenoperationen nicht mehr proportional zu R^W, sondern mit einer niedrigeren Potenz von R wächst. Ein optimales Ergebnis wäre es, ein Rechenverfahren zu finden, bei dem die Anzahl der Rechenoperationen nur noch linear von der Maskengröße abhängt ($O(R^1)$), oder sogar unabhängig von der Maskengröße ist ($O(R^0)$).

4.2.4 Linearität und Verschiebungsinvarianz

Linear ist ein Operator dann, wenn das *Superpositionsprinzip* gilt.

Definition 7 (Superpositionsprinzip) *G und G' seien zwei W-dimensionale komplexwertige Signale, a und b zwei komplexwertige Skalare und $\mathcal{H}$ ein Operator, der G auf G' abbildet. Der Operator ist dann und nur dann linear, wenn*

$$\mathcal{H}(aG + bG') = a\mathcal{H}G + b\mathcal{H}G'. \qquad (4.15)$$

Wir können Def. 7 auf die Überlagerung vieler Signale erweitern:

$$\mathcal{H}\left(\sum_k a_k G_k\right) = \sum_k a_k \mathcal{H} G_k. \qquad (4.16)$$

Das Superpositionsprinzip besagt, dass wir komplexe Signale in einfachere Komponenten zerlegen können. Auf diese können wir dann einen linearen Operator anwenden und die resultierenden Ergebnisse wieder zusammensetzen.

Eine andere wichtige Eigenschaft eines Operators ist die *Verschiebungsinvarianz* (auch bekannt als *Translationsinvarianz* oder *Homogenität*). Dieser Begriff besagt, dass die Antwort eines Operators nicht explizit von der Position in einem Signal abhängt. Wenn wir ein Signal verschieben, ist das Ergebnis eines verschiebungsinvarianten Operators ebenso verschoben. Wir können diese Eigenschaft eleganter formulieren durch die Definition eines *Verschiebungsoperators* ^{mn}S als

$$^{mn}S g_{m'n'} = g_{m'-m,n'-n}. \qquad (4.17)$$

Dann können wir einen verschiebungsinvarianten Operator folgendermaßen definieren:

Definition 8 (Verschiebungsinvarianz) *Ein Operator ist verschiebungsinvariant dann und nur dann, wenn er mit dem Verschiebungsoperator
S vertauscht werden kann:*

$$\mathcal{H}\,^{mn}S = {}^{mn}S\mathcal{H}. \tag{4.18}$$

Von der Definition der Faltungsoperation in (4.5) und (4.9) können
wir sofort schließen, dass sie sowohl linear als auch verschiebungsinvariant ist. Einen solchen Operator nennt man daher einen *linearen verschiebungsinvarianten Operator* oder kurz *LSI-Operator*. Bei *Zeitserien*
nennt man einen Operator mit der gleichen Eigenschaft auch linear und
zeitinvariant (*LTI*). Es sei angemerkt, dass auch der Verschiebungsoperator ^{mn}S selbst ein LSI-Operator ist.

4.2.5 Punktantwort

Die Wirkungsweise von Faltungsoperationen ist wegen der Linearität und
Verschiebungsinvarianz einfach zu verstehen. Wie in Abschn. 2.3.1 diskutiert, können wir uns jedes diskrete Bild (Signal) aus einzelnen Bildpunkten oder *Basisbildern* zusammengesetzt denken:

$$\boldsymbol{G} = \sum_{m=0}^{M-1} \sum_{n=0}^{N-1} G_{mn}\,{}^{mn}\boldsymbol{P}. \tag{4.19}$$

Die Linearität besagt, dass wir einen Operator auf diese Basisbilder
anwenden und dann die resultierenden Ergebnisbilder aufaddieren können. Die Verschiebungsinvarianz bedeutet, dass das Ergebnis der Faltungsoperation für jedes der Basisbilder bis auf eine Verschiebung das
gleiche ist. Das Resultat einer Filteroperation für ein beliebiges Bild ist
damit vollständig durch die Antwort auf ein Basisbild bestimmt. Daher
hat die Antwort einer Faltungsoperation auf ein Punktbild eine besondere Bedeutung. Sie heißt *Punktantwort* oder abgekürzt *PSF* nach dem englischen Begriff *point spread function*. Bei Zeitserien nennt man sie auch
Impulsantwort. Die Punktantwort eines Faltungs- oder LSI-Operators ist
mit der Faltungsmaske identisch und beschreibt einen Faltungsoperator
im Ortsraum vollständig:

$$p'_{mn} = \sum_{m'=-r}^{r} \sum_{n'=-r}^{r} h_{-m',-n'}\,{}^{00}p_{m+m',n+n'} = h_{m,n}. \tag{4.20}$$

4.2.6 Transferfunktion

In Abschn. 2.3 haben wir diskutiert, dass ein Bild (Signal) auch im Fourierraum dargestellt werden kann. Diese Repräsentation hat eine spe-

zielle Bedeutung für LSI-Operatoren, da die Faltung sich nach dem *Faltungstheorem* (Theorem 4, S. 54) im Fourierraum auf eine Multiplikation reduziert:

$$\boldsymbol{g} * \boldsymbol{h} \ \circ\!\!-\!\!\bullet \ \hat{\boldsymbol{g}}(N\hat{\boldsymbol{h}}), \quad \boldsymbol{G} * \boldsymbol{H} \ \circ\!\!-\!\!\bullet \ \hat{\boldsymbol{G}}(MN\hat{\boldsymbol{H}}) \qquad (4.21)$$

Die Faktoren N und MN resultieren aus der Benutzung der Definition der diskreten Fouriertransformation nach (2.68)b. In die Definition der Transferfunktion schließen wir daher im folgenden den Faktor N bzw. MN ein und ersetzen in allen künftigen Formeln für die Transferfunktion $N\hat{\boldsymbol{h}}$ durch $\hat{\boldsymbol{h}}$ (bzw. $MN\hat{\boldsymbol{H}}$ durch $\hat{\boldsymbol{H}}$).

Die Fouriertransformierte der Faltungsmaske oder PSF heißt *Transferfunktion* (*TF*) eines Filters. Wie die Punktantwort beschreibt sie in anschaulicher Weise die Wirkung einer Filteroperation. Für jeden Wellenzahl-Vektor gibt sie den Faktor an, mit dem die entsprechende periodische Struktur durch die Filteroperation multipliziert wird. Dieser Faktor ist eine komplexe Zahl. Daher erfährt eine periodische Struktur nicht nur eine Änderung der Amplitude, sondern auch eine Phasenverschiebung:

$$
\begin{aligned}
\hat{g}'_{u,v} = \hat{h}_{u,v}\hat{g}_{u,v} &= r_h \exp(\mathrm{i}\varphi_h)\, r_g \exp(\mathrm{i}\varphi_g) \\
&= r_h r_g \exp[\mathrm{i}(\varphi_h + \varphi_g)].
\end{aligned}
\qquad (4.22)
$$

Im zweiten Teil der Gleichung sind die komplexen Zahlen durch Betrag und Phase dargestellt.

Die Symmetrie von Filtermasken (Abschn. 4.2.2) vereinfacht die Berechnung der Transferfunktion erheblich. In der Fouriertransformierten der PSF können symmetrische Terme zusammengefasst werden. Für ein 1D-Filter mit gerader bzw. ungerader Symmetrie ergibt sich dann mit der Definition der 1D-Fouriertransformation nach (2.68)b

$$
\begin{aligned}
\hat{h}_v &= \sum_{n'=-R}^{R} h_{n'} \exp\left(-\frac{2\pi \mathrm{i} n v}{N}\right) \quad (\text{mit} \quad h_{-n'} = \pm h_{n'}) \\
&= h_0 + \sum_{n'=1}^{R} h_{n'} \left(\exp\left(-\frac{2\pi \mathrm{i} n v}{N}\right) \pm \exp\left(\frac{2\pi \mathrm{i} n v}{N}\right)\right).
\end{aligned}
\qquad (4.23)
$$

Gleichung (4.23) kann weiter vereinfacht werden durch Einführung einer kontinuierlichen skalierten Wellenzahl

$$\tilde{k} = 2v/N, \quad \text{mit} \quad -N/2 \le v < N/2. \qquad (4.24)$$

Diese skalierte Wellenzahl $\tilde{k}$ liegt im Intervall $[-1, 1[$. Eine Wellenzahl am Rande des Intervalls entspricht der maximalen Wellenzahl, die das Abtasttheorem erfüllt (Abschn. 9.2.3). Schließlich benutzen wir noch die

Eulergleichung $\exp(ix) = \cos x + i \sin x$. (4.23) vereinfacht sich für 1D-Filter mit gerader und ungerader Symmetrie zu

$$\text{gerade:} \quad \hat{h}(\tilde{k}) = h_0 + 2 \sum_{n'=1}^{R} h_{n'} \cos(n'\pi\tilde{k})$$

$$\text{ungerade:} \quad \hat{h}(\tilde{k}) = -2i \sum_{n'=1}^{R} h_{n'} \sin(n'\pi\tilde{k}). \tag{4.25}$$

Die Transferfunktion einer $(2R+1) \times (2R+1)$-Maske mit gerader horizontaler und vertikaler Symmetrie ergibt sich in ähnlicher Weise zu

$$
\begin{aligned}
\hat{h}(\tilde{\boldsymbol{k}}) \;=\; & h_{00} \\
& + 2 \sum_{n'=1}^{R} h_{0n'} \cos(n'\pi\tilde{k}_1) + 2 \sum_{m'=1}^{R} h_{m'0} \cos(m'\pi\tilde{k}_2) \\
& + 4 \sum_{m'=1}^{R} \sum_{n'=1}^{R} h_{m'n'} \cos(n'\pi\tilde{k}_1) \cos(m'\pi\tilde{k}_2).
\end{aligned}
\tag{4.26}
$$

Analoge Gleichungen lassen sich für andere Symmetriekombinationen herleiten.

Gleichungen (4.25) und (4.26) sind sehr nützlich, da sie die Beziehung zwischen den Koeffizienten einer *Filtermaske* und ihrer *Transferfunktion* herstellen. Sie bilden die Basis für die Analyse aller Filter für spezielle Bildverarbeitungsaufgaben, die in den Kapiteln 11 bis 15 behandelt werden.

4.2.7 Weitere Eigenschaften

In diesem Abschnitt diskutieren wir einige weitere Eigenschaften von Faltungsoperatoren, die für die Bild- und Signalverarbeitung nützlich sind.

Eigenschaft 1 (Kommutativität) *LSI-Operatoren sind* kommutativ:

$$\mathcal{H}\mathcal{H}' = \mathcal{H}'\mathcal{H}. \tag{4.27}$$

Die Reihenfolge, in der wir Faltungsoperatoren auf ein Bild anwenden, spielt daher keine Rolle. Diese Eigenschaft ist im Fourierraum leicht zu beweisen, da sich dort die Operationen auf kommutative Multiplikationen reduzieren.

Eigenschaft 2 (Assoziativität) *LSI-Operatoren sind* assoziativ:

$$\mathcal{H}'\mathcal{H}'' = \mathcal{H}. \tag{4.28}$$

Da LSI-Operationen assoziativ sind, können wir einzelne Operatoren zu einem komplexen Operator zusammensetzen. Ähnlich können wir versuchen, einen gegebenen komplexen Operator in einfachere Operatoren

zu zerlegen. Dies ist für eine effektive Implementierung von Faltungsoperatoren wesentlich. Als Beispiel betrachten wir den Operator

$$\begin{bmatrix} 1 & 4 & 6 & 4 & 1 \\ 4 & 16 & 24 & 16 & 4 \\ 6 & 24 & 36 & 24 & 6 \\ 4 & 16 & 24 & 16 & 4 \\ 1 & 4 & 6 & 4 & 1 \end{bmatrix}. \tag{4.29}$$

Wir benötigen mit dieser Faltungsmaske 25 Multiplikationen und 24 Additionen pro Pixel. Es lässt sich jedoch leicht nachvollziehen, dass wir
diese Maske in eine eindimensionale horizontale und eine eindimensionale vertikale zerlegen können:

$$\begin{bmatrix} 1 & 4 & 6 & 4 & 1 \\ 4 & 16 & 24 & 16 & 4 \\ 6 & 24 & 36 & 24 & 6 \\ 4 & 16 & 24 & 16 & 4 \\ 1 & 4 & 6 & 4 & 1 \end{bmatrix} = [1\ 4\ 6\ 4\ 1] * \begin{bmatrix} 1 \\ 4 \\ 6 \\ 4 \\ 1 \end{bmatrix}. \tag{4.30}$$

Führen wir die Faltungen mit den kleineren Masken nacheinander durch,
sind nur 10 Multiplikationen und 8 Additionen pro Bildpunkt erforderlich. Filtermasken, die entlang der Achsen in eindimensionale Masken
zerlegt werden können, werden *separierbare Masken* genannt. Wir bezeichnen eindimensionale Operatoren mit einem Index für die Achse.
Dann können wir einen separierbaren Operator $\mathcal{B}$ im dreidimensionalen
Raum folgendermaßen angeben:

$$\mathcal{B} = \mathcal{B}_z \mathcal{B}_y \mathcal{B}_x. \tag{4.31}$$

Im Falle eindimensionaler Masken, die in orthogonale Richtungen zeigen,
reduziert sich die Faltung auf ein äußeres Produkt. Separierbare Filter
sind um so effizienter, je höher die Dimension des Raumes ist. Betrachten wir als Beispiel eine $9 \times 9 \times 9$-Filtermaske. Eine direkte Implementierung würde 729 Multiplikationen und 728 Additionen pro Pixel kosten,
während eine separierbare Maske derselben Größe nur 27 Multiplikationen und 24 Additionen benötigt, also nur etwa 1/30 der Operationen.

Eigenschaft 3 (Distributivität über der Addition) *LSI-Operatoren sind
distributiv über der Addition:*

$$\mathcal{H}' + \mathcal{H}'' = \mathcal{H}. \tag{4.32}$$

Da LSI-Operatoren Elemente desselben Vektorraumes sind, in dem sie
angewendet werden, können wir eine Addition der Operatoren als ele-
mentweise Addition der Vektoren definieren. Wegen dieser Eigenschaft
können auch Operatoradditionen und -subtraktionen in die allgemeine
Operatornotation integriert werden, die wir im Abschn. 4.1.4 eingeführt
haben.

4.2.8 Fehlerfortpflanzung bei Filterung

In der Praxis werden Filter auf Messdaten angewendet, die Rauschen aufweisen. Daher ist es wichtig zu wissen, wie sich die statistischen Parameter der gefilterten Daten aus denen der Originaldaten ergeben. Diese Frage haben wir schon prinzipiell in Abschn. 3.3.3 gelöst. Die *Kovarianzmatrix* einer Linearkombination $g' = Mg$ eines Zufallsvektors g ergab sich nach (3.27) zu

$$\operatorname{cov}(g') = M \operatorname{cov}(g) M^T. \tag{4.33}$$

Jetzt müssen wir dieses Ergebnis nur auf den speziellen Fall der Faltung anwenden. Wir beschränken unsere Überlegungen zunächst auf 1D-Signale. Wir gehen dabei davon aus, dass die Kovarianzmatrix des Signals homogen ist, d. h. nur vom Abstand der Punkte und nicht ihrer Position abhängt. Dann ist die Varianz für alle Elemente gleich σ^2. Ebenso sind die Werte auf den Nebendiagonalen alle gleich und die Kovarianzmatrix nimmt die einfache Form

$$\operatorname{cov}(g) = \begin{bmatrix} C_0 & C_1 & C_2 & \cdots & \cdots \\ C_{-1} & C_0 & C_1 & C_2 & \cdots \\ C_{-2} & C_{-1} & C_0 & C_1 & \ddots \\ \vdots & & C_{-2} & C_{-1} & C_0 & \ddots \\ \vdots & \vdots & \ddots & \ddots & \ddots \end{bmatrix} \tag{4.34}$$

an, wobei der Index den Abstand zwischen den Punkten angibt und $C_0 = \sigma^2$. In der Regel werden die Kovarianzen mit wachsendem Pixelabstand kleiner werden. Oft haben wir es nur mit einer endlichen Zahl von Kovarianzen C_n ungleich null zu tun. Bei statistisch unkorrelierten Pixeln ist nur $C_0 = \sigma^2$ ungleich null.

Da die Linearkombination in M nun durch eine Faltung beschrieben wird, hat diese die gleiche Form wie die Kovarianzmatrix. Für ein Filter mit 3 Koeffizienten ergibt sich M zu

$$M = \begin{bmatrix} h_0 & h_{-1} & 0 & 0 & 0 \\ h_1 & h_0 & h_{-1} & 0 & 0 \\ 0 & h_1 & h_0 & h_{-1} & 0 \\ 0 & 0 & h_1 & h_0 & \ddots \\ 0 & 0 & 0 & \ddots & \ddots \end{bmatrix}. \tag{4.35}$$

Von Randeffekten abgesehen, reduzieren sich damit die Matrixmultiplikationen in (4.33) auf Faltungen. Dazu führen wir den Autokovarianzvektor $c = [\dots, C_{-1}, C_0, C_1, \dots]^T$ ein und können (4.33) dann schreiben

$$c' = {}^-\!h * c * h = c * {}^-\!h * h = c \star (h \star h), \qquad (4.36)$$

wobei ${}^-\!h$ die gespiegelte Faltungsmaske ist: ${}^-\!h_n = h_{-n}$. Im letzten Schritt haben wir dabei die Faltung durch eine *Korrelation* ersetzt. Dabei kann die Faltung von c mit $h \star h$ durch eine Korrelation ersetzt werden, da die Autokorrelationsfunktion einer reellen Funktion eine Funktion mit gerader Symmetrie ist.

Im Fall von unkorrellierten Messdaten ist der Autokovarianzvektor eine Deltafunktion und der Autokovarianzvektor des Rauschens des gefilterten Vektors reduziert sich zu

$$c' = \sigma^2 (h \star h). \qquad (4.37)$$

Für ein Filter mit R Koeffizienten sind nun $2R - 1$ Werte des Autokovarianzvektors ungleich Null geworden. Das bedeutet, dass im gefilterten Signal Pixel mit einem Abstand von bis zu $R - 1$ nun miteinander korreliert sind.

Da sich die Fehlerfortpflanzung bei der Faltung durch Korrelationen beschreiben lässt, können wir auch direkt die Veränderung des Rauschspektrums, d. h. des Leistungsspektrums des Rauschens, durch eine Faltungsoperation angeben. Dazu müssen wir lediglich (4.36) transformieren und das Korrelationstheorem beachten (≻R7). Dann erhalten wir

$$c' = c \star (h \star h) \quad \circ\!\!-\!\!\bullet \quad \hat{c}'(k) = \hat{c}(k) \left| \hat{h}(k) \right|^2. \qquad (4.38)$$

Damit ist das Rauschspektrum bei einer Faltungsoperation mit dem Betragsquadrat der Transferfunktion der Filteroperation zu multiplizieren. Mit den (4.36) und (4.38) haben wir alles an der Hand, um die Veränderungen der statistischen Parameter eines Signals (Varianz, Autokovarianzmatrix und Leistungsspektrum des Rauschens) durch eine Filteroperation bestimmen zu können. Abschließend können wir noch feststellen, dass wir von (4.38) zurückschließen können, dass (4.36) nicht nur für 1D-Signale, sondern für auch Signale beliebiger Dimension gilt.

4.2.9 Faltung, Linearität und Verschiebungsinvarianz[‡]

Im Abschn. 4.2.4 sahen wir, dass die Faltung ein linearer, verschiebungsinvarianter Operator ist. Ist aber auch der Umkehrschluss wahr, dass jeder lineare, verschiebungsinvariante Operator ein Faltungsoperator ist? Diese Aussage wollen wir in diesem Abschnitt beweisen.

Von unseren Überlegungen in Abschn. 4.2.5 her sind wir bereits mit der *Punkt*- oder *Impulsantwort* kontinuierlicher oder diskreter Operatoren vertraut. Hier führen wir die formale Definition der Punktantwort für einen Operator $\mathcal{H}$ auf einem $M \times N$-dimensionalen Vektorraum ein:

$$H = \mathcal{H}\,{}^{00}P. \qquad (4.39)$$

Nun können wir die Linearität (4.16) und Verschiebungsinvarianz (4.18) des Operators $\mathcal{H}$ und die Definition der Impulsantwort (4.39) verwenden, um das Ergebnis des Operators auf ein beliebiges Bild $\boldsymbol{G}$ im Ortsraum zu berechnen:

$$(\mathcal{H}\boldsymbol{G})_{mn} = \left[\mathcal{H}\left[\sum_{m'=0}^{M-1}\sum_{n'=0}^{N-1} g_{m'n'}{}^{m'n'}\boldsymbol{P}\right]\right]_{mn} \qquad \text{mit (4.16)}$$

$$= \left[\sum_{m'=0}^{M-1}\sum_{n'=0}^{N-1} g_{m'n'}\mathcal{H}{}^{m'n'}\boldsymbol{P}\right]_{mn} \qquad \text{Linearität}$$

$$= \left[\sum_{m'=0}^{M-1}\sum_{n'=0}^{N-1} g_{m'n'}\mathcal{H}{}^{m'n'}S^{00}\boldsymbol{P}\right]_{mn} \qquad \text{mit (4.17)}$$

$$= \left[\sum_{m'=0}^{M-1}\sum_{n'=0}^{N-1} g_{m'n'}{}^{m'n'}S\mathcal{H}{}^{00}\boldsymbol{P}\right]_{mn} \qquad$$

$$= \left[\sum_{m'=0}^{M-1}\sum_{n'=0}^{N-1} g_{m'n'}{}^{m'n'}S\boldsymbol{H}\right]_{mn} \qquad \text{mit (4.39)}$$

$$= \sum_{m'=0}^{M-1}\sum_{n'=0}^{N-1} g_{m'n'}h_{m-m',n-n'} \qquad \text{mit (4.17)}$$

$$= \sum_{m''=0}^{M-1}\sum_{n''=0}^{N-1} g_{m-m'',n-n''}h_{m'',n''} \qquad \begin{aligned} m'' &= m - m' \\ n'' &= n - n' \end{aligned} \;.$$

Diese Berechnungen belegen, dass ein linearer verschiebungsinvarianter Operator immer eine Faltungsoperation im Ortsraum ist. Es gibt keinen anderen Operatortyp, der sowohl linear als auch verschiebungsinvariant ist.

4.2.10 Inverse Operatoren[‡]

Können wir Filteroperationen umkehren? Diese Frage ist wichtig, da Bildveränderungen wie Unschärfe durch Bewegung oder durch schlecht fokussierte Optik auch als Filteroperationen betrachtet werden können. Wenn ein inverser Operator existiert und wenn wir die Punktantwort kennen, kann das ungestörte Original rekonstruiert werden. Das Problem der Umkehrung einer Filteroperation wird als *Entfaltung* oder *inverse Filterung* bezeichnet.

Betrachten wir die Filteroperation im Fourierraum, erkennen wir sofort, dass wir nur solche Wellenzahlen rekonstruieren können, für welche die Transferfunktion des Filters nicht verschwindet. In der Praxis sind wir wegen der Quantisierung der Grauwerte (Abschn. 9.4) und wegen des zusätzlichen Rauschens im Bild weit mehr beschränkt. Wird eine Wellenzahl unter einen kritischen Wert, der vom Rauschen und von der Quantisierung abhängt, abgeschwächt, ist das Bild nicht mehr wiederherstellbar. Es ist klar, dass diese Bedingungen den Erfolg einer inversen Filterung beträchtlich reduzieren. Das Problem der inversen Filterung wird in Abschn. 17.8 weiter vertieft.

4.2.11   Eigenfunktionen[‡]

Als nächstes interessiert uns die Frage, ob es spezielle Typen von Bildern E gibt, die, mit Ausnahme der Multiplikation mit einem Skalar, durch einen linearen verschiebungsinvarianten Operator nicht verändert werden. Es ist klar, dass solche Bilder eine besondere Bedeutung für lineare verschiebungsinvariante Operatoren haben müssen. Mathematisch ausgedrückt heißt das:

$$\mathcal{H}E = \lambda E. \qquad (4.40)$$

Ein Vektor (Bild), der (das) diese Bedingung erfüllt, wird *Eigenvektor* (*Eigenbild*) oder *charakteristischer Vektor* des Operators genannt. Der Skalierungsfaktor λ ist ein *Eigenwert* oder *charakteristischer Wert* des Operators.

Um die Eigenbilder linearer verschiebungsinvarianter Operatoren herauszufinden, betrachten wir den Verschiebungsoperator S. Es ist offensichtlich, dass es für reelle Bilder nur ein einfaches Eigenbild gibt, nämlich ein konstantes Bild. Für komplexe Bilder gibt es jedoch einen ganzen Satz von Eigenbildern. Dies wird klar, wenn wir die Verschiebungseigenschaft der *komplexen Exponentialfunktion*

$$^{uv}w_{mn} = \exp\left(\frac{2\pi imu}{M}\right)\exp\left(\frac{2\pi inv}{N}\right) \qquad (4.41)$$

betrachten, die gegeben ist durch

$$^{kl}S\,^{uv}W = \exp\left(-\frac{2\pi iku}{M}\right)\exp\left(-\frac{2\pi ilv}{N}\right)\,^{uv}W. \qquad (4.42)$$

Die letzte Gleichung besagt direkt, dass die komplexe Exponentialfunktion ^{uv}W Eigenfunktion des Verschiebungsoperators ist. Die Eigenwerte sind komplexe Phasenfaktoren, die von den Wellenzahlindices (u, v) und von der Verschiebung (k, l) abhängen. Beträgt die Verschiebung eine Wellenlänge, also $(k, l) = (M/u, N/v)$, reduziert sich der Phasenfaktor, wie erwartet, auf eins.

Nun wollen wir wissen, ob jeder lineare verschiebungsinvariante Operator solch einen Satz von Eigenbildern besitzt. Tatsächlich haben alle LSI-Operatoren den gleichen Satz von Eigenbildern. Mit Hilfe des *Faltungstheorems* (Abschn. 2.3, Theorem 4, S. 54) können wir diese Aussage beweisen. Es besagt, dass eine Faltung eine punktweise Multiplikation im Fourierraum ist. Daher wird jedes Element der Bildrepräsentation im Fourierraum $\hat{g}_{uv}$ mit dem komplexen Skalar $\hat{h}_{uv}$ multipliziert. Jeder Punkt im Fourierraum repräsentiert ein Basisbild des Fourierraums, nämlich die komplexe Exponentialfunktion ^{uv}W aus (4.41), multipliziert mit dem Skalar $\hat{g}_{uv}$. Daher ist diese Funktion Eigenfunktion jedes Faltungsoperators. Die Eigenwerte sind damit die Elemente der Transferfunktion $\hat{h}_{uv}$. Zusammenfassend können wir also schreiben:

$$\mathcal{H}(\hat{G}_{uv}\,^{uv}W) = \hat{h}_{uv}\hat{g}_{uv}\,^{uv}W. \qquad (4.43)$$

Die Tatsache, dass die Eigenfunktionen der LSI-Operatoren die Basisfunktionen des Fourierraums sind, erklärt, warum sich die Faltung im Fourierraum durch eine einfache Multiplikation ausdrücken lässt, und unterstreicht die zentrale Bedeutung der Fouriertransformation für die Bildverarbeitung.

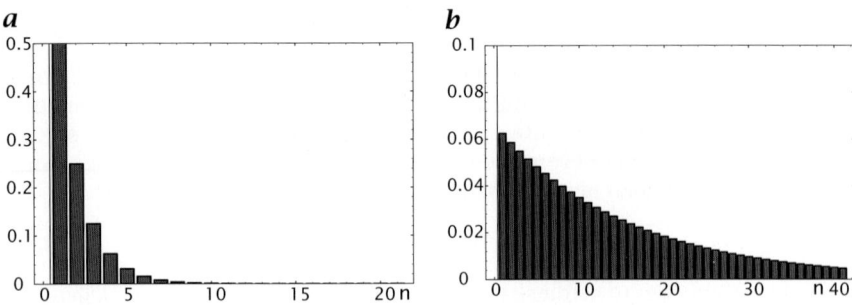

Abbildung 4.3: *Punktantwort des rekursiven Filters* $g'_n = \alpha g'_{n-1} + (1 - \alpha)g_n$ *für* **a** $\alpha = 1/2$ *und* **b** $\alpha = 15/16$.

4.3   Rekursive Filter[‡]

4.3.1   Einleitung[‡]

Da die Faltung eine rechenintensive Operation ist, ist es sinnvoll zu fragen, ob nicht die Ergebnisse der Faltungsoperation an benachbarten Punkten in die Berechnung der Faltung für den nächsten Punkt mit einbezogen werden können. Auf diese Weise könnte es möglich sein, eine Faltung mit weniger Rechenoperationen zu berechnen. Das könnte dazu führen, eine Faltung schneller und flexibler durchzuführen. Leider ist jedoch eine solche Filteroperation, ein *rekursives Filter*, viel schwieriger zu verstehen und anzuwenden, vor allem in höheren Dimensionen.

Um einen ersten Einblick zu gewinnen, betrachten wir ein ganz einfaches Beispiel. Das einfachste eindimensionale rekursive Filter, das wir uns denken können, hat die Form

$$g'_n = \alpha g'_{n-1} + (1 - \alpha)g_n. \tag{4.44}$$

Das Filter nimmt den Bruchteil $1 - \alpha$ von der vorangegangen Berechnung und den Bruchteil α vom aktuellen Pixel. Damit arbeiten rekursive Filter im Gegensatz zu nichtrekursiven in eine bestimmte Richtung, in unserem Beispiel von links nach rechts. Für eine Zeitserie erscheint eine Vorzugsrichtung natürlich, da der augenblickliche Wert nur von vergangenen abhängen kann. Ein Filter, das nur von früheren Werten des Signals abhängt, wird als *kausales Filter* bezeichnet. Für räumliche Signale gibt es jedoch keine Vorzugsrichtung, und damit haben kausale Filter keinen Sinn. Wir müssen daher Wege finden, um Filter mit gerader und ungerader Symmetrie, wie sie für die Bildverarbeitung benötigt werden, aus rekursiven Filtern zu konstruieren.

Bei rekursiven Filtern ist die *Punktantwort* oder *Impulsantwort* nicht gleich der Filtermaske, sondern sie muss durch Rekursion berechnet werden. Aus (4.44) können wir die Punktantwort des Filters als Antwort des Filters auf die *diskrete Deltafunktion*

$$\delta_n = \begin{cases} 1 & n = 0 \\ 0 & n \neq 0 \end{cases} \tag{4.45}$$

berechnen (Abschn. 4.2.5). Durch wiederholte Anwendung von (4.44) erhalten
wir

$$g'_{-1} = 0, \quad g'_0 = 1 - \alpha, \quad g'_1 = (1 - \alpha)\alpha, \quad \ldots, \quad g'_n = (1 - \alpha)\alpha^n. \qquad (4.46)$$

Diese Gleichung zeigt drei generelle Eigenschaften rekursiver Filter:

- Erstens ist die Punktantwort trotz einer endlichen Filtermaske unendlich aus-
  gedehnt (Abb. 4.3). Für $|\alpha| < 1$ fällt sie exponentiell ab, wird aber nie exakt
  null. Im Gegensatz dazu haben nicht-rekursive Faltungsfilter immer eine endlich ausgedehnte Punktantwort, die so lang ist wie die Filtermaske. Daher
  werden diese beiden Typen von Filtern manchmal *Finite Impulse Response-
  Filter (FIR-Filter)* bzw. *Infinite Impulse Response-Filter (IIR-Filter)* genannt.
- FIR-Filter sind immer *stabil*. Ein stabiles Filter hat eine endliche Impulsantwort. Das ist gleich bedeutend damit, dass für jedes endliche Signal das
  Filterergebnis endlich ist. Im Gegensatz dazu kann die Punktantwort eines
  IIR-Filters unendlich sein. Die Stabilität eines rekursiven Filters hängt von
  den Filterkoeffizienten ab. Das Filter in (4.44) ist instabil für $|\alpha| > 1$, da dann
  die Punktantwort divergiert. In dem einfachen Fall von (4.44) ist es trivial,
  die Instabilität eines Filters zu erkennen. Im Allgemeinen ist dies jedoch viel
  schwieriger, insbesondere für höherdimensionale rekursive Filter.
- Jedes rekursive Filter kann ersetzt werden durch ein nichtrekursives Filter mit
  einer unendlich großen Maske, die der Punktantwort des rekursiven Filters
  entspricht. Der Umkehrschluss ist nicht möglich. Für alle nichtrekursiven
  Filter mit endlicher Filtermaske gibt es z. B. kein entsprechendes rekursives
  Filter.

4.3.2 Transferfunktion, z-Transformation und Filterstabilität[‡]

Nach diesem einführenden Beispiel können wir uns in allgemeiner Weise mit den
rekursiven Filtern befassen. Bei rekursiven Filtern fließen immer die Ergebnisse
vorangegangener Berechnung in die aktuelle Berechnung ein. Dadurch werden
sie direktional. Wir beschränken uns hier auf 1-D Filter. Die allgemeine Formel
eines von links nach rechts laufenden Filters lautet

$$g'_n = - \sum_{n''=1}^{S} a_{n''} g'_{n-n''} + \sum_{n'=-R}^{R} h_{n'} g_{n-n'} \qquad (4.47)$$

Die Nachbarschaft des nichtrekursiven Teils (Koeffizienten h) ist symmetrisch
um den zentralen Punkt. Der rekursive Teil (Koeffizienten a) benutzt nur früher
berechnete Werte. Ein solches Filter heißt *kausal*.

Wenn wir den rekursiven Teil des Filters auf die linke Seite der Gleichung stellen, dann sehen wir, dass ein rekursives Filter folgender Differenzengleichung
äquivalent ist, die auch unter dem Namen *ARMA(S,R)-Prozess (autoregressive-
moving average process)* bekannt ist:

$$\sum_{n''=0}^{S} a_{n''} g'_{n-n''} = \sum_{n'=-R}^{R} h_{n'} g_{n-n'} \quad \text{mit} \quad a_0 = 1. \qquad (4.48)$$

Die Transferfunktion eines solchen Filters mit einem rekursiven und nichtrekursiven Teil kann durch Anwendung der *diskreten Fouriertransformation*

(Abschn. 2.3.2) unter Anwendung des *Verschiebungstheorems* (Theorem 3, S. 53) berechnet werden. Die Rechnung ergibt:

$$\hat{g}'(k) \sum_{n''=0}^{S} a_{n''} \exp(-2\pi i n'' k) = \hat{g}(k) \sum_{n'=-R}^{R} h_{n'} \exp(-2\pi i n' k). \qquad (4.49)$$

Daher ergibt sich die *Transferfunktion* zu

$$\hat{h}(k) = \frac{\hat{g}'(k)}{\hat{g}(k)} = \frac{\displaystyle\sum_{n'=-R}^{R} h_{n'} \exp(-2\pi i n' k)}{\displaystyle\sum_{n''=0}^{S} a_{n''} \exp(-2\pi i n'' k)}. \qquad (4.50)$$

Die Eigenschaften der Transferfunktion werden durch die Nullstellen des Zählers und Nenners bestimmt. Eine Nullstelle im rekursiven Teil führt zu einer Nullstelle der Transferfunktion, d.h. einem Verschwinden der entsprechenden Wellenzahl, während eine Nullstelle im rekursiven Teil zu einem Pol, d.h. einer unendlichen großen Transferfunktion führt.

Eine Bestimmung der Nullstellen und damit eine Analyse der Transferfunktion ist in der Form von (4.50) nicht möglich. Sie bedarf einer Erweiterung, die ähnlich der von reellen zu komplexen Zahlen bei der Einführung der Fouriertransformation (Abschn. 2.3.2) ist. Sowohl der Nenner als auch der Zähler enthalten Polynome mit der *komplexen Exponentialfunktion* $\exp(2\pi i k)$ der Form

$$\sum_{n=0}^{S} a_n \left(\exp(-2\pi i k)\right)^n. \qquad (4.51)$$

Diese haben den Betrag eins und liegen damit auf dem Einheitskreis in der komplexen Ebene. Die Nullstellen des Polynoms müssen aber nicht auf dem Einheitskreis liegen, sondern können eine beliebige komplexe Zahl sein. Deshalb ist es sinnvoll, die Polynome so zu erweitern, dass sie die gesamte komplexe Ebene ausfüllen. Dies ist möglich durch den Ausdruck $z = r \exp(2\pi i k)$, der einen Kreis mit dem Radius r in der komplexen Ebene beschreibt.

Mit dieser Erweiterung erhalten wir Polynome der komplexen Zahl z. Dann können wir den Fundamentalsatz der Algebra anwenden, der besagt, dass jedes Polynom vom Grad N in N Faktoren zerlegt werden kann, die die Nullstellen enthalten:

$$\sum_{n=0}^{N} a_n z^n = a_n z^n \prod_{n=1}^{N} \left(1 - r_n z^{-1}\right). \qquad (4.52)$$

Mit Hilfe von (4.52) kann der rekursive und der nichtrekursive Anteil der Polynome in der Transferfunktion in folgende Produkte zerlegt werden:

$$\begin{aligned}
\sum_{n=0}^{S} a_n z^{-n} &= z^{-S} \sum_{n=0}^{S} a_n z^{S-n} &= z^{-S} \prod_{n=1}^{S} \left(1 - d_n z^{-1}\right), \\
\sum_{n=-R}^{R} h_n z^{-n} &= z^{-R} \sum_{n=0}^{S} h_n z^{R-n} &= h_{-R} z^{-R} \prod_{n=1}^{2R} \left(1 - c_n z^{-1}\right).
\end{aligned} \qquad (4.53)$$

Damit können wir die Transferfunktion mit $z = \exp(2\pi ik)$ schreiben als

$$\hat{h}(z) = h_{-R}z^{S-R}\frac{\prod\limits_{n'=1}^{2R}(1 - c_{n'}z^{-1})}{\prod\limits_{n''=1}^{S}(1 - d_{n''}z^{-1})}. \tag{4.54}$$

Jeder der Faktoren $c_{n'}$ und $d_{n''}$ ist eine Nullstelle des entsprechenden Polynoms ($z = c_{n'}$ oder $z = d_{n''}$).

Die Integration des Faktors r in die erweiterte Transferfunktion führt zu einer Erweiterung der diskreten Fouriertransformation, der *z-Transformation*, die definiert ist durch

$$\hat{g}(z) = \sum_{n=-\infty}^{\infty} g_n z^{-n}. \tag{4.55}$$

Die z-Transformation von g_n kann als die Fouriertransformation der erweiterten Folge $g_n r^{-n}$ betrachtet werden [124]. Die z-Transformation ist der Schlüssel zum Verständnis eindimensionaler rekursiver Filter. Sie ist das diskrete Gegenstück zur *Laplacetransformation*. Eine detaillierte Darstellung der z-Transformation ist bei Oppenheim und Schafer [147] und Poularikas [154] zu finden; die 2D-z-Transformation ist in Lim [124] behandelt.

Nun schauen wir uns die Transferfunktion genauer an. Die Zerlegung der Transferfunktion in ein Produkt ist ein großer Vorteil, da wir jeden Faktor als ein eigenes Filter betrachten können und damit jedes beliebig komplizierte rekursive Filter in viele einfache, hintereinander ausführbare Filter zerlegt haben. Diese Faktoren haben die Form

$$f_n(\tilde{k}) = 1 - d_n \exp(-2\pi i\tilde{k}). \tag{4.56}$$

Da die Impulsantwort des Filters reell ist, muss die Transferfunktion hermitesch sein, d.h. $f(-k) = f^*(k)$. Das kann nur der Fall sein, wenn die Nullstellen c_n reell sind oder wenn es Paare konjugiert komplexer Nullstellen gibt ($c_{n''} = c_{n'}^*$). Daraus können wir sofort schließen, dass es nur zwei grundlegende Typen rekursiver Filter gibt, das *Relaxationsfilter* und das *Resonanzfilter*. Sie werden im Detail in den Abschn. 4.3.5 und 4.3.6 diskutiert.

4.3.3 Höherdimensionale rekursive Filter‡

Rekursive Filter können auch für höherdimensionale Signale geschrieben werden mit ähnlichen Gleichungen wie in (4.47). Ebenso ergeben sich für die Transferfunktion und die z-Transformation ähnliche Gleichungen wie in (4.50). Es ist jedoch im allgemeinen nicht möglich, die z-Transformation höherdimensionaler rekursiver Filter wie in (4.54) zu faktorisieren [124]. Aus (4.54) können wir sofort schließen, dass es möglich ist, *separierbare Filter* zu zerlegen, da dann die höherdimensionalen Polynome Produkte von 1D-Polynomen sind. Wegen dieser inhärenten mathematischen Probleme werden wir uns im folgenden auf rekursive 1D-Filter beschränken.

4.3.4 Symmetrische rekursive Filter‡

Kausale rekursive Filter sind nützlich für die Echtzeitverarbeitung von Zeitserien. Für die Verarbeitung räumlicher Signale sind sie jedoch wenig sinnvoll. Es gibt kein „vorher" und „nachher" bei räumlichen Daten. Schlimmer noch ist die signalabhängige Verschiebung, die mit kausalen rekursiven Filtern einhergeht. Mit einem einzigen rekursiven Filter ist es unmöglich, mit einer reellen geraden Transferfunktion einen sogenannten *nullphasigen Filter* zu konstruieren. Daher müssen wir mehrere rekursive Filter miteinander kombinieren. Diese Kombination sollte entweder in einem Filter mit gerader Symmetrie und reeller Transferfunktion resultieren, das sich für die Glättung eignet, oder in einem Filter mit ungerader Symmetrie und rein imaginärer Transferfunktion, das sich zur Änderungsdetektion eignet (Abschn. 2.3.5).

Wir beginnen mit einem kausalen 1D-Filter, dessen Transferfunktion wir in den Real- und Imaginärteil zerlegen:

$$^{+}\hat{h}(\tilde{k}) = a(\tilde{k}) + ib(\tilde{k}). \tag{4.57}$$

Das hochgestellte "+" soll angeben, dass das Filter in positive Richtung ausgeführt wird. Die Transferfunktion des gleichen Filters, das aber in die entgegengesetzte Richtung läuft, hat eine ähnliche Transferfunktion. Wegen der Richtungsumkehr muss $\tilde{k}$ durch $-\tilde{k}$ ersetzt werden. Da die Transferfunktion einer reellen PSF hermitesch ist (Abschn. 2.3.5), muss gelten, dass $a(-\tilde{k}) = a(\tilde{k})$ und $b(-\tilde{k}) = -b(\tilde{k})$, und wir erhalten

$$^{-}\hat{h}(\tilde{k}) = a(\tilde{k}) - ib(\tilde{k}). \tag{4.58}$$

Bei Umkehrung der Laufrichtung des Filters ändert nur der Imaginärteil der Transferfunktion sein Vorzeichen.

Wir haben nun drei Möglichkeiten, die beiden Transferfunktionen (4.57) und (4.58) miteinander zu kombinieren, so dass wir entweder eine rein reelle oder rein imaginäre Transferfunktion erhalten:

$$\text{Addition:} \quad {}^{e}\hat{h}(\tilde{k}) = \frac{1}{2}\left({}^{+}\hat{h}(\tilde{k}) + {}^{-}\hat{h}(\tilde{k})\right) = a(\tilde{k}),$$

$$\text{Subtraktion:} \quad {}^{o}\hat{h}(\tilde{k}) = \frac{1}{2}\left({}^{+}\hat{h}(\tilde{k}) - {}^{-}\hat{h}(\tilde{k})\right) = ib(\tilde{k}), \tag{4.59}$$

$$\text{Multiplikation:} \quad \hat{h}(\tilde{k}) = {}^{+}\hat{h}(\tilde{k})\,{}^{-}\hat{h}(\tilde{k}) = a^2(\tilde{k}) + b^2(\tilde{k}).$$

Addition und Multiplikation (Hintereinanderausführung) des nach rechts und links laufenden Filters ergeben ein Filter mit reeller Transferfunktion und gerader Symmetrie. Die Subtraktion führt zu einem Filter mit ungerader Symmetrie und einer rein imaginären Transferfunktion.

4.3.5 Relaxationsfilter‡

Das in Abschn. 4.3.1 besprochene einfache rekursive Filter

$$g_n' = a_1 g_{n\mp1}' + h_0 g_n \quad \text{mit} \quad a_1 = \alpha,\ h_0 = (1 - \alpha) \tag{4.60}$$

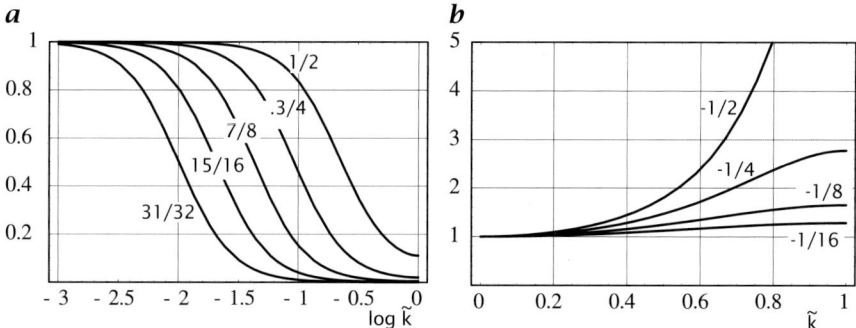

Abbildung 4.4: *Transferfunktion des Relaxationsfilters* $g'_n = \alpha g'_{n\mp1} + (1 - \alpha)g_n$ *hintereinander in Vorwärts- und Rückwärtsrichtung angewandt für* **a** *positive und* **b** *negative Werte von* α*, wie angegeben.*

mit der Punktantwort

$$^\pm r_{\pm n} = \begin{cases} (1 - \alpha)\alpha^n & n \geq 0 \\ 0 & \text{sonst} \end{cases} \tag{4.61}$$

ist ein *Relaxationsfilter*. Die Transferfunktion des Filters, das in Vorwärts- oder Rückwärtsrichtung läuft, ergibt sich aus (4.50) mit (4.60) unmittelbar zu

$$^\pm\hat{r}(\tilde{k}) = \frac{1 - \alpha}{1 - \alpha\exp(\mp\pi i\tilde{k})} \quad \text{mit} \quad \alpha \in \mathbb{R}. \tag{4.62}$$

Die Transferfunktion (4.62) ist komplex und kann in Real- und Imaginärteil aufgeteilt werden:

$$^\pm\hat{r}(\tilde{k}) = \frac{1 - \alpha}{1 - 2\alpha\cos\pi\tilde{k} + \alpha^2}\left[(1 - \alpha\cos\pi\tilde{k}) \mp i\alpha\sin\pi\tilde{k}\right]. \tag{4.63}$$

Nach (4.59) können wir daraus die Transferfunktion $\hat{r}$ für das resultierende symmetrische Filter berechnen, wenn wir das Relaxationsfilter hintereinander vorwärts und rückwärts laufen lassen:

$$\hat{r}(\tilde{k}) = {}^+\hat{r}(\tilde{k}){}^-\hat{r}(\tilde{k}) = \frac{(1 - \alpha)^2}{1 - 2\alpha\cos\pi\tilde{k} + \alpha^2} = \frac{1}{1 + \beta - \beta\cos\pi\tilde{k}} \tag{4.64}$$

mit

$$\beta = \frac{2\alpha}{(1 - \alpha)^2} \quad \text{und} \quad \alpha = \frac{1 + \beta - \sqrt{1 + 2\beta}}{\beta}.$$

Nach (4.61) ist das Relaxationsfilter stabil für $|\alpha| < 1$. Die Konstante β muss daher in dem Interval $] - 1/2, \infty[$ liegen. Die Transferfunktion ist eins für die Wellenzahl 0 und kann für kleine Wellenzahlen mit einer Taylorreihenentwicklung approximiert werden durch

$$\hat{r}(\tilde{k}) \approx = 1 - \frac{\alpha}{(1 - \alpha)^2}(\pi\tilde{k})^2 + \frac{\alpha((1 + 10\alpha + \alpha^2)}{12(1 - \alpha^2)^2}(\pi\tilde{k})^4. \tag{4.65}$$

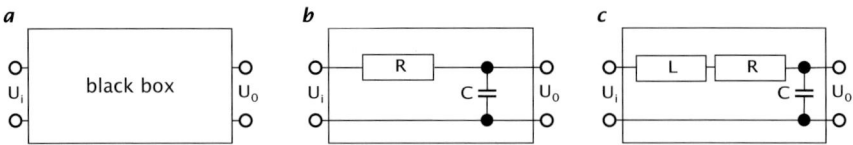

Abbildung 4.5: *Analoges Filter für Zeitserien. **a** Schwarzer-Kasten-Modell: ein Signal U_i wird am Eingang eines unbekannten Systems angelegt und das Ausgangssignal U_o gemessen. **b** Ein Widerstands-Kondensator-Schaltkreis als einfaches Beispiel eines analogen Tiefpassfilters. **c** Gedämpfter Schwingkreis bestehend aus einer Induktivität L, einem Widerstand R und einer Kapazität C.*

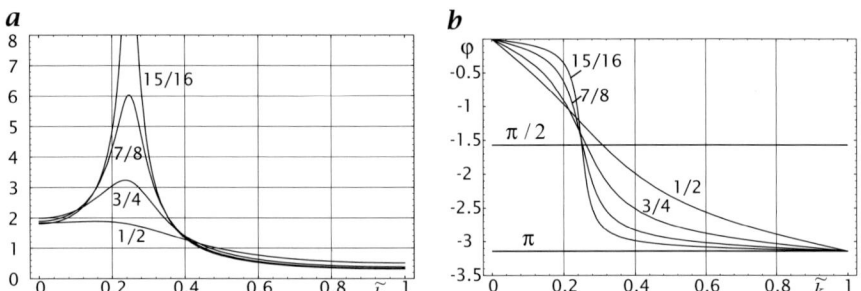

Abbildung 4.6: ***a*** *Betrag und **b** Phasenverschiebung der Transferfunktion des Resonanzfilters nach (4.67) für $\tilde{k}_0 = 1/4$ und Werten für r wie angegeben.*

Für positive α ist das Filter ein Glättungsfilter (Tiefpass, Abb. 4.4a). Die Stärke der Glättung kann durch den Parameter α eingestellt werden. Wenn α gegen 1 geht, wird die Glättungsdistanz unendlich. Für negative α verstärkt das Filter hohe Wellenzahlen(Abb. 4.4b).

Dieses Filter ist das diskrete Analogon zu der Differentialgleichung erster Ordnung $\dot{y} + \tau y = 0$, die einem diskreten Relaxationsprozess mit einer Einstellzeit $\tau = -\Delta t / \ln \alpha$ entspricht.

Ein Beispiel dafür ist ein einfacher Schaltkreis bestehend aus einer Hintereinanderschaltung eines Widerstands R und eines Kondensators mit der Kapazität C (Abb. 4.5b). Die Differentialgleichung für dieses Filter ergibt sich aus der Kirchhoffschen Stromsummenregel. Der Strom durch den Widerstand mit der Spannungsdifferenz $U_i - U_o$ muss gleich dem Strom sein, der in den Kondensator fließt. Da dieser proportional zu der zeitlichen Änderung des Potenzials U_o ist, erhalten wir folgende Differentialgleichung erster Ordnung:

$$\frac{U_i - U_o}{R} = C \frac{\partial U_o}{\partial t} \tag{4.66}$$

mit der Zeitkonstante $\tau = RC$.

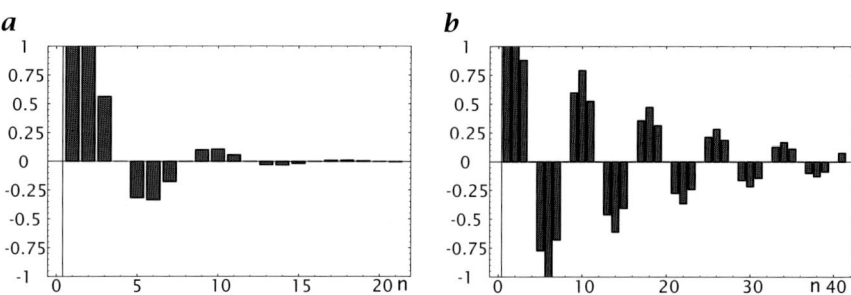

Abbildung 4.7: *Punktantwort des rekursiven Resonanzflter nach (4.68) für* **a** $\tilde{k}_0 = 1/4$, $r = 3/4$ *und* **b** $\tilde{k}_0 = 1/4$, $r = 15/16$.

4.3.6 Resonanzfilter‡

Der zweite grundsätzliche Typ eines rekursiven Filters, der sich aus der Diskussion der Transferfunktion in Abschn. 4.3.2 ergab, hat ein Paar konjugiert-komplexer Nullstellen $r \exp(\pm i\pi\tilde{k}_0)$. Daher lautet die Transferfunktion für ein vorwärts- und rückwärts laufendes Filter

$$^{\pm}\hat{s}(\tilde{k}) = \frac{1}{(1 - r\exp(i\pi\tilde{k}_0)\exp(\mp i\pi\tilde{k}))(1 - r\exp(-i\pi\tilde{k}_0)\exp(\mp i\pi\tilde{k}))}$$
$$= \frac{1}{1 - 2r\cos(\pi\tilde{k}_0)\exp(\mp i\pi\tilde{k}) + r^2\exp(\mp 2i\pi\tilde{k})}. \tag{4.67}$$

Die zweite Zeile zeigt, dass das rekursive Filter die Koeffizienten $h_0 = 1$, $a_1 = -2r\cos(\pi\tilde{k}_0)$ und $a_2 = r^2$ hat:

$$g'_n = g_n + 2r\cos(\pi\tilde{k}_0)g'_{n\mp 1} - r^2 g'_{n\mp 2}. \tag{4.68}$$

Aus der Transferfunktion (4.67) schließen wir, dass das Filter ein *Bandpassfilter* ist mit einer Durchlasswellenzahl von $\pm\tilde{k}_0$ (Abb. 4.6). Für $r = 1$ hat die Transferfunktion zwei Pole bei $\tilde{k} = \pm\tilde{k}_0$.

Nach Oppenheim und Schafer [147] ergibt sich die Punktantwort zu

$$h_{\pm n} = \begin{cases} \dfrac{r^n}{\sin\pi\tilde{k}_0}\sin[(n+1)\pi\tilde{k}_0] & n \geq 0 \\ 0 & n < 0 \end{cases}. \tag{4.69}$$

Damit verhält sich das Filter wie ein gedämpfter Oszillator. Der Parameter $\tilde{k}_0$ gibt die Wellenzahl der Oszillation an und der Parameter r die Dämpfung (Abb. 4.7). Das Filter ist nur stabil, wenn $r \leq 1$.

Wenn wir dieses Filter hintereinander vor- und rückwärts laufen lassen, ergibt sich ein Filter mit reeller Transferfunktion $\hat{s}(\tilde{k}) = {}^+\hat{s}(\tilde{k})\,{}^-\hat{s}(\tilde{k})$:

$$\hat{s}(\tilde{k}) = \frac{1}{\left(1 - 2r\cos[\pi(\tilde{k} - \tilde{k}_0)] + r^2\right)\left(1 - 2r\cos[\pi(\tilde{k} + \tilde{k}_0)] + r^2\right)}. \tag{4.70}$$

Die Transferfunktion können wir normalisieren, so dass der maximale Wert bei der Durchlasswellenzahl eins wird, indem wir den nicht rekursiven Filterkoeffizienten $h_0 = (1 - r^2)\sin(\pi\tilde{k}_0)$ setzen. Dann ergibt sich folgende modifizierte

Rekursionsgleichung:

$$g'_n = (1 - r^2)\sin(\pi \tilde{k}_0)g_n + 2r\cos(\pi \tilde{k}_0)g'_{n\mp 1} - r^2 g'_{n\mp 2}. \qquad (4.71)$$

Aus Symmetriegründen werden die Filterkoeffizienten besonders einfach, wenn die Resonanzwellenzahl $\tilde{k}_0 = 1/2$. Dann sind nur noch zwei Filterkoeffizienten ungleich null:

$$g'_n = (1 - r^2)g_n - r^2 g'_{n\mp 2} = g_n - r^2(g_n + g'_{n\mp 2}), \qquad (4.72)$$

und die Transferfunktion vereinfacht sich zu

$$\hat{s}(\tilde{k}) = \frac{(1 - r^2)^2}{1 + r^4 + 2r^2 \cos(2\pi \tilde{k})}. \qquad (4.73)$$

Bei $\tilde{k} = 1/2$ erreicht die Transferfunktion den maximalen Wert von 1 und bei $\tilde{k} = 0$ und $\tilde{k} = 1$ den minimalen Wert.

Das Resonanzfilter ist das diskrete Analogon zu einem gedämpften harmonischen *Oszillator* wie der *LRC*-Schaltkreis in Abb. 4.5c, der mit folgender Differentialgleichung zweiter Ordnung beschrieben werden kann:

$$\ddot{y} + 2\tau \dot{y} + \omega_0^2 y = 0. \qquad (4.74)$$

Die Kreisfrequenz ω_0 und die Dämpfungskonstante τ des Oszillators sind mit den Parametern des diskreten Resonanzfilters, r und $\tilde{k}_0$, durch folgende Beziehungen verknüpft [89]:

$$r = \exp(-\Delta t/\tau) \quad \text{und} \quad \tilde{k}_0 = \omega_0 \Delta t/\pi. \qquad (4.75)$$

4.3.7 LSI-Filter und Systemtheorie[‡]

Das letzte Beispiel des gedämpften Oszillators illustriert, dass eine enge Beziehung zwischen diskreten Filteroperationen und analogen physikalischen Systemen besteht. Digitale Filter spiegeln damit reale physikalische Prozesse wieder. Sie modellieren, wie das entsprechende System auf ein gegebenes Eingangssignal g reagieren würde. Tatsächlich nutzen wir diese Äquivalenz bei der Diskussion der Bilderzeugung in Kapitel 7. Dort werden wir sehen, dass die Bildaufnahme mit einem homogenen optischen System vollkommen durch eine Punktantwort definiert wird und dass der Bildaufnahmeprozess damit durch eine Faltung beschrieben werden kann. Optische Abbildungen zusammen mit physikalischen Systemen wie elektrischen Filtern und Oszillatoren aller Art können als physikalische Realisierungen eines abstrakten Prozesses oder Systems betrachtet werden. Solche Systeme heißen *lineare verschiebungsinvariante Systeme* (englisch: *linear shift-invariant system* oder kurz *LSI*).

Diese Verallgemeinerung ist für die Bildverarbeitung sehr hilfreich, da wir sowohl Bilderzeugung als auch Bildverarbeitung als Faltungsoperation mit den gleichen Formeln beschreiben können. Zusätzlich können die beobachteten Bilder aus einem physikalischen Prozess stammen, der durch ein lineares verschiebungsinvariantes System modelliert werden kann. Die Methode, mit der herausgefunden wird, wie das System arbeitet, kann mit Hilfe des Modells des schwarzen Kastens (black box) illustriert werden (Abb. 4.5a).

Der Begriff Black Box steht für Systeme, deren inneren Aufbau oder — physikalisch ausgedrückt — Gesetze wir nicht kennen. Wir können solche Systeme untersuchen, indem wir mit bestimmten Eingangssignalen testen und ihre Antwort durch Messung von Ausgangssignalen beobachten. Stellt sich heraus, dass das System linear ist, wird es vollständig durch eine Impulsantwort beschrieben. Viele biologische und medizinische Experimente werden auf diese Weise durchgeführt. Biologische Systeme sind normalerweise so komplex, dass Forscher sie mit Signalen stimulieren und die Antworten untersuchen, um ihre Funktionsweise herauszufinden und dafür Modelle aufzustellen. Ausgehend von solchen Modellen, können dann detaillierte Untersuchungen zur Funktion des Systems durchgeführt werden. Auf diese Weise wurden viele Eigenschaften biologischer visueller Systeme entdeckt. Vorsicht ist jedoch geboten, denn ein Modell ist nicht die Realität. Es spiegelt nur die Aspekte wieder, die wir mit den angelegten Signalen testen.

4.4 Rangordnungsfilter

Die Überlegungen, wie Pixel kombiniert werden können, haben uns zu dem mächtigen Konzept linearer verschiebungsinvarianter Systeme geführt. Damit haben wir aber noch nicht alles gelernt, was wir für diesen Typ von Bildverarbeitungsoperationen brauchen. Es gibt eine weitere Klasse von Operationen, die nach einem völlig anderen Prinzip arbeiten.

Eine Faltung mit einer Filtermaske kann durch Wichten und Addieren charakterisiert werden. Die Operation zur Kombination benachbarter Pixel, die wir jetzt betrachten, ist durch Vergleichen und Selektieren charakterisiert. Solche Filter werden *Rangordnungsfilter* (englisch: *rank value filter*) genannt. Sie sortieren alle Grauwerte der Pixel, die innerhalb der Filtermaske liegen, in absteigender Reihenfolge. Dieser Sortiervorgang ist charakteristisch für alle Rangordnungsfilter. Sie unterscheiden sich nur durch die Position in der Liste, von welcher der Grauwert genommen und in das zentrale Pixel zurückgeschrieben wird. Diejenige Filteroperation, die den Mittelwert selektiert, wird *Medianfilter* genannt. Abbildung 4.8 illustriert, wie ein Medianfilter funktioniert. Die Filter, die das Minimum bzw. das Maximum selektieren, werden als *Minimum-* bzw. *Maximumfilter* bezeichnet.

Das Medianfilter ist ein nichtlinearer Operator. Der Einfachheit halber betrachten wir einen eindimensionalen Fall mit einem dreielementigen Medianfilter. Es ist einfach, zwei Vektoren zu finden, für die das Medianfilter nicht linear ist:

$$\mathcal{M}([\cdots 0\,1\,0\,0\,\cdots] + [\cdots 0\,0\,1\,0\,\cdots]) \;=\; [\cdots 0\,1\,1\,0\,\cdots] \neq$$
$$\mathcal{M}[\cdots 0\,1\,0\,0\,\cdots] + \mathcal{M}[\cdots 0\,0\,1\,0\,\cdots] \;=\; [\cdots 0\,0\,0\,0\,\cdots].$$

Zwischen Faltungsfiltern und Rangordnungsfiltern besteht eine Reihe signifikanter Unterschiede. Der wesentlichste ist, dass Rangordnungsfilter zur Klasse der *nichtlinearen Filter* gehören. Demnach sind ihre

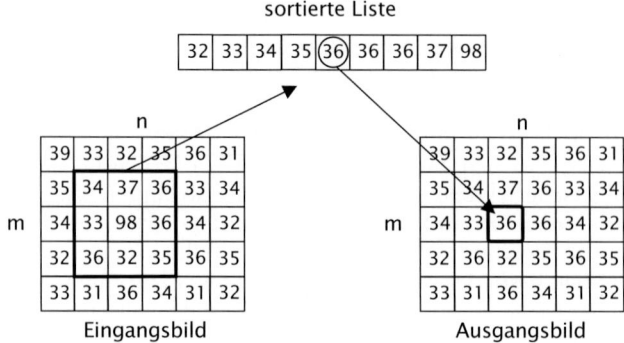

Abbildung 4.8: *Illustration des Prinzips eines Rangordnungsfilters mit einem* 3×3*-Medianfilter.*

grundlegenden Eigenschaften sehr viel schwerer zu verstehen. Da Rangordnungsfilter keine arithmetischen Operationen durchführen, sondern Pixel selektieren, werden uns Rundungsprobleme nicht begegnen. Diese Filter bilden eine diskrete Menge von Grauwerten auf sich selbst ab.

4.5   Literaturhinweise zur Vertiefung‡

Die klassischen Konzepte der diskreten Signalverarbeitung, insbesondere der rekursiven Filter, und die z-Transformation werden in einer Reihe von Standardlehrbüchern behandelt, z.B. Kammeyer und Kroschel [101], Oppenheim und Schafer [147] oder Proakis und Manolakis [157]. Eine Abhandlung über zweidimensionale rekursive Filter ist in Lim [124] zu finden. Auch für die Grundlagen der Systemtheorie gibt es viele gute Lehrbücher, wie z.B. Unbehauen [202]. Die mehrdimensionale und nichtlineare Systemtheorie wird von Unbehauen [203] behandelt. Nichtlineare Filter, insbesondere Medianfilter, werden von Huang [83] und Pitas und Venetsanopoulos [153] detailliert dargestellt.

5 Multiskalenrepräsentation

5.1 Skalen in der Signalverarbeitung

5.1.1 Einleitung

Die in Kapitel 4 diskutierten Nachbarschaftsoperationen können nur der Ausgangspunkt für die Bildanalyse sein, da sie lediglich lokale Merkmale in der Größenordnung von höchstens einigen Pixeln extrahieren. Es ist klar, dass Bilder auch großskalige Information enthalten. Zu ihrer Extraktion benötigen wir entsprechend größere Filtermasken. Allerdings erhöht sich der Rechenaufwand bei der Verwendung großer Filtermasken beträchtlich. Nutzen wir eine Maske der Größe R^W in einem W-dimensionalen Bild, ist die Zahl der Rechenoperationen proportional zu R^W. Eine Verdoppelung der Größe führt also zu einem Anstieg der Zahl der Rechenoperationen auf das Vier- und Achtfache bei zwei- bzw. dreidimensionalen Bildern. Bei um den Faktor 10 größeren Skalen steigt die Zahl der Operationen bei zweidimensionalen Bildern um den Faktor 100 und bei dreidimensionalen um den Faktor 1000.

Der starke Anstieg des Rechenaufwandes ist nur der oberflächliche Ausdruck eines viel tiefer liegenden Problems. Dies sei an einer einfachen Aufgabe, der Detektion von Kanten und Linien bei unterschiedlichen Auflösungen, verdeutlicht. Dazu verwenden wir dieselbe Bildzeile, glätten sie jedoch unterschiedlich stark (Abb. 5.1). Dann definieren wir die zugehörige Skala als die Distanz, über die das Bild geglättet wurde, und analysieren die Grauwertunterschiede benachbarter Punkte.

Zunächst untersuchen wir Grauwertunterschiede bei hoher Auflösung mit einer Schrittweite von nur einem Pixel (Abb. 5.1a, b). Bei dieser feinen Skala werden die Grauwertunterschiede durch das Hintergrundrauschen in der Bildzeile dominiert. Damit können Grauwertänderungen durch Kontrastunterschiede zwischen den Objekten und dem Hintergrund nur schwer bestimmt werden. Dieses Problem hat seinen Grund in einer *Skalenfehlanpassung*: Die Grauwerte ändern sich über größere Distanzen, welche die Operatoren, die sie detektieren sollen, nicht erfassen.

Betrachten wir dagegen das Bild bei niedriger Auflösung, sehen wir, dass der Helligkeitsunterschied zum Hintergrund beträchtlich kleiner ist. Daher können auch in diesem Fall die Linien nicht optimal detektiert werden. Außerdem verschmelzen die beiden eng nebeneinander liegenden Linien im linken Teil zu einem Objekt. Bei einer Auflösung jedoch,

B. Jähne, Digitale Bildverarbeitung
ISBN 3-540-41260-3

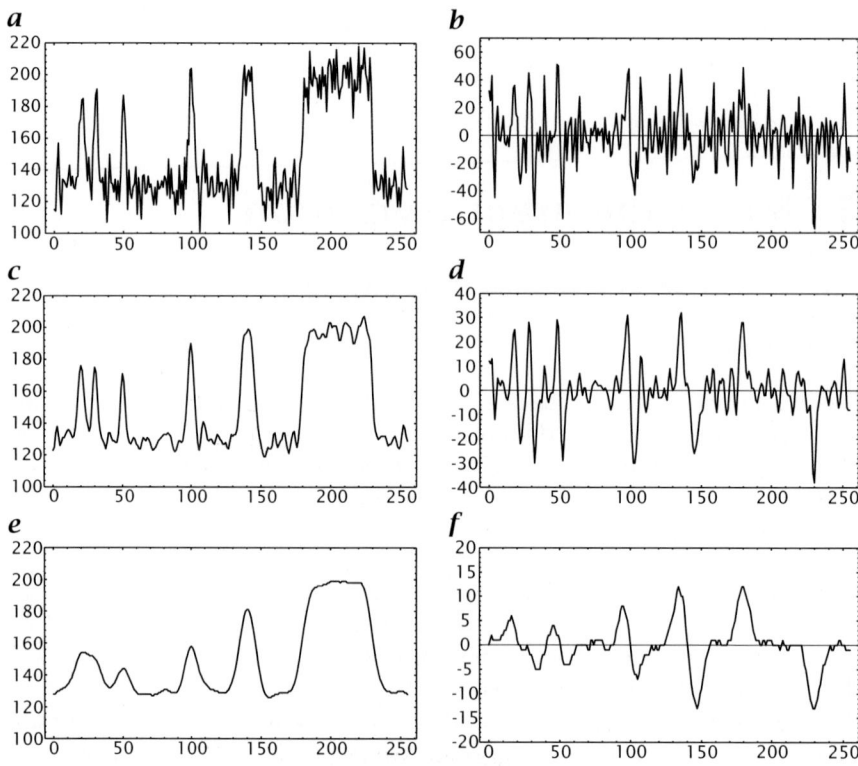

Abbildung 5.1: *Linien und Kanten bei* **a** *hoher,* **c** *mittlerer und* **e** *geringer Auflösung.* **b, d** *und* **f** *Differenz benachbarter Punkte zur Detektion von Kanten in* **a, c** *bzw.* **e.**

die der Breite der Linien entspricht, lassen sie sich optimal detektieren (Abb. 5.1c, d). Hier ist das Rauschen deutlich geringer als bei der feinen Skala (Abb. 5.1a), und der Kontrast zwischen Linie und Hintergrund bleibt im Gegensatz zu Abb. 5.1e erhalten.

Dieses Beispiel zeigt, dass die Detektion bestimmter Merkmale in einem Bild von der richtigen Skala abhängt. Diese wiederum hängt natürlich von den charakteristischen Größen im zu detektierenden Objekt ab. Für die optimale Verarbeitung muss ein Bild also in unterschiedlichen Skalen vorliegen, was eine Darstellung in mehreren Auflösungsstufen voraussetzt. In diesem Kapitel betrachten wir zunächst die Beziehung zwischen der räumlichen- und der Wellenzahldarstellung von Bildern unter dieser Perspektive (Abschn. 5.1.2). Anschließend führen wir den *Skalenraum* (Abschn. 5.2) ein, diskutieren, wie er durch einen Diffusionsprozess erzeugt wird, und werden seine grundlegenden Eigenschaften beschreiben. Schließlich wenden wir uns in Abschn. 5.3 effizienten

Mehrgitterdarstellungen wie der *Gaußpyramide* (Abschn. 5.3.2) und der *Laplacepyramide* (Abschn. 5.3.3) zu.

5.1.2 Räumliche und Wellenzahldarstellung

In Kapitel 2 haben wir die Darstellung von Bildern im Orts- und Wellenzahlraum im Detail besprochen. In diesem Abschnitt werden wir beide Formen unter dem Aspekt der Erzeugung einer Skalenraumdarstellung eines Bildes betrachten.

Stellen wir ein Bild auf einem Gitter im Ortsraum dar, haben wir keine Information über die Wellenzahlen in einem Bildpunkt. Wir kennen die Position mit der Genauigkeit der Gitterkonstanten Δx, aber die örtliche Wellenzahl an dieser Position kann im Bereich der möglichen Wellenzahlen zwischen 0 und $M\Delta k = 2\pi M/\Delta x$ liegen.

Genau umgekehrt ist es bei der Wellenzahldarstellung. Jedes Pixel repräsentiert eine Wellenzahl in der höchstmöglichen Wellenzahlauflösung bei einer gegebenen Bildgröße. Jede Information über die Position im Raum ist jedoch verlorengegangen, da ein Punkt im Wellenzahlraum eine periodische Struktur repräsentiert, die über das gesamte Bild verteilt ist.

Diese Überlegungen zeigen, dass die Darstellung eines Bildes entweder im Orts- oder im Wellenzahlraum zwei gegensätzliche Extreme darstellt. Entweder haben wir eine optimale räumliche oder aber eine optimale Wellenzahlauflösung, die jeweils entgegengesetzte Information ist jedoch nicht mehr vorhanden. Was wir für eine Bilddarstellung im Skalenraum benötigen, ist eine Art Kombination beider Darstellungen, die eine Trennung in unterschiedliche Wellenzahlbereiche (Skalen) erlaubt und dennoch die räumliche Auflösung so weit wie möglich erhält.

5.1.3 Lokale Fouriertransformation

Eine Möglichkeit, eine kombinierte Orts-/Wellenzahldarstellung zu erreichen, ist die *lokale Fouriertransformation*. Wie die Bezeichnung ausdrückt, wird die Fouriertransformation nicht auf das gesamte Bild angewandt, sondern nur auf einen Bereich, der bei der Multiplikation des Bildes mit einer Fensterfunktion $w(x)$ entsteht. Die Fensterfunktion hat ein Maximum bei $x = 0$ und geht monoton mit wachsendem $|x|$ gegen null. Das Maximum der Fensterfunktion wird an jedem Punkt x positioniert und eine lokale Fouriertransformation für jeden Punkt berechnet:

$$\hat{g}(x, k_0) = \int_{-\infty}^{\infty} g(x')w(x' - x)\exp\left(-2\pi i k_0 x'\right)) \, dx'^2. \qquad (5.1)$$

Das Integral in (5.1) sieht fast wie ein Faltungsintegral aus ((2.56), ≻ R4). Um es in ein Faltungsintegral zu konvertieren, nutzen wir, dass $w(-x) =$

$w(x)$ und stellen den zweiten Teil von (5.1) um:

$$
\begin{aligned}
w(x' - x) &\exp\left(-2\pi i k_0 x'\right) \\
&= w(x - x') \exp\left(2\pi i k_0 (x - x')\right) \exp\left(-2\pi i k_0 x\right).
\end{aligned}
\tag{5.2}
$$

Dann können wir (5.1) als Faltung schreiben:

$$
\hat{g}(x, k_0) = (g(x) * w(x) \exp\left(2\pi i k_0 x\right)) \exp\left(-2\pi i k_0 x\right).
\tag{5.3}
$$

Die lokale Fouriertransformation entspricht also einer Faltung mit einem komplexen Faltungskern $w(x)\exp(2\pi i k_0 x)$, mit Ausnahme eines Phasenfaktors $\exp(-2\pi i k_0 x)$. Unter Verwendung des *Verschiebungstheorems* (Theorem 3, S. 53, $\succ$ R4) kann die Transferfunktion des Faltungskerns zu

$$
w(x) \exp\left(2\pi i k_0 x\right) \circ\!\!-\!\!\bullet \hat{w}(k - k_0)
\tag{5.4}
$$

berechnet werden. Das bedeutet, dass der Faltungskern ein *Bandpassfilter* mit einem Maximum bei der Wellenzahl k_0 ist. Die Breite des Bandpasses ist zur Breite der Fensterfunktion umgekehrt proportional. Auf diese Weise stehen die Ortsraum- und die Wellenzahlauflösung miteinander in Beziehung. Betrachten wir als Beispiel eine Gaußsche Fensterfunktion und die zugehörige Transferfunktion ($\succ$ R4, $\succ$ R5)

$$
\exp\left(-\frac{x^2}{2\sigma_x^2}\right) \circ\!\!-\!\!\bullet \frac{1}{\sqrt{2\pi}\sigma_x} \exp\left(-2\pi^2 k^2 \sigma_x^2\right).
\tag{5.5}
$$

Daher ist das Produkt der Varianzen im Orts- und im Wellenzahlraum ($\sigma_k^2 = 1/(4\pi\sigma_x^2)$) eine Konstante: $\sigma_x^2 \sigma_k^2 = 1/(4\pi)$). Dies stellt die klassische *Unschärferelation* (Theorem 7, S. 57) dar. Sie besagt, dass das Produkt der Varianzen jedes Fouriertransformationspaares größer oder gleich $1/(4\pi)$ ist. Da die Gaußsche Fensterfunktion das theoretische Minimum erreicht, ist sie optimal; eine bessere Wellenzahlauflösung lässt sich bei vorgegebener örtlicher Auflösung nicht erreichen.

5.2 Skalenraum[†]

Wie wir am Beispiel der gefensterten Fouriertransformation im vorigen Abschnitt gesehen haben, führt die Einführung einer charakteristischen *Skala* zu einer neuen Koordinate bei der Darstellung von Bilddaten. Der neue Skalenparameter neben der räumlichen Auflösung wird mit ξ bezeichnet und charakterisiert die aktuelle Auflösung der Bilddaten. Die Datenstruktur, die aus einer Folge von Bildern mit unterschiedlichen Auflösungen besteht, wird als *Skalenraum* bezeichnet. Wir schreiben $g(x, \xi)$ für den Skalenraum des Bildes $g(x)$.

Im nächsten Abschnitt (Abschn. 5.2.1) diskutieren wir zunächst den physikalischen Prozess der Diffusion. Diese kann zur Erzeugung eines Skalenraumes dienen. Dann besprechen wir in Abschn. 5.2.2 die allgemeinen Eigenschaften von Skalenräumen.

5.2.1 Erzeugung von Skalenräumen durch Diffusion

Die Erzeugung eines Skalenraumes erfordert einen Prozess, der Bilder kontrolliert unscharf machen kann. Diffusion ist ein Transportprozess, der zum Ausgleich von Konzentrationsunterschieden führt. Diffusionsprozesse führen in der Physik beim Transport von Wärme, Materie und Momenten zu einem immer weiter reichenden räumlichen Konzentrationsausgleich. Wenn wir die Zeit mit dem Skalenparameter ξ identifizieren, erzeugt der Diffusionsprozess einen Skalenraum.

Um einen Diffusionsprozess auf ein Bild anzuwenden, betrachten wir den Grauwert g als Konzentration einer chemischen Substanz. Das Elementargesetz der Diffusion besagt, dass die Flussdichte j der Richtung des Konzentrationsgradienten ∇g entgegengerichtet und ihm proportional ist:

$$j = -D\nabla g, \tag{5.6}$$

wobei die Konstante D als *Diffusionskoeffizient* bezeichnet wird. Mit der Kontinuitätsgleichung

$$\frac{\partial g}{\partial t} + \nabla j = 0 \tag{5.7}$$

ergibt sich die instationäre Diffusionsgleichung zu

$$\frac{\partial g}{\partial t} = \nabla(D\nabla g). \tag{5.8}$$

Für den Fall eines homogenen Diffusionsprozesses, bei dem D unabhängig von der Position ist, reduziert sich die Gleichung auf

$$\frac{\partial g}{\partial t} = D\Delta g, \quad \text{wobei} \quad \Delta = \frac{\partial^2}{\partial x^2} + \frac{\partial^2}{\partial y^2} \tag{5.9}$$

der *Laplaceoperator* ist. Wir können leicht zeigen, dass die allgemeine Lösung dieser Gleichung äquivalent zu einer Faltung mit einer Glättungsmaske ist. Letztendlich führen wir eine Fouriertransformation im Raum durch und erhalten mit

$$\frac{\partial \hat{g}(k)}{\partial t} = -D|k|^2 \hat{g}(k) \tag{5.10}$$

eine Reduzierung der Gleichung zu einer linearen Differentialgleichung erster Ordnung mit folgender allgemeiner Lösung:

$$\hat{g}(k,t) = \exp(-D|k|^2 t)\hat{g}(k,0), \tag{5.11}$$

wobei $\hat{g}(k,0)$ das fouriertransformierte Bild zum Zeitpunkt null ist.

Die Multiplikation eines Bildes im Fourierraum mit der Gaußfunktion in (5.11) entspricht einer Faltung mit der gleichen Funktion, jedoch mit reziproker Breite. Also ist

$$g(x,t) = \frac{1}{2\pi\sigma^2(t)} \exp\left(-\frac{|x|^2}{2\sigma^2(t)}\right) * g(x,0) \tag{5.12}$$

a   **b**

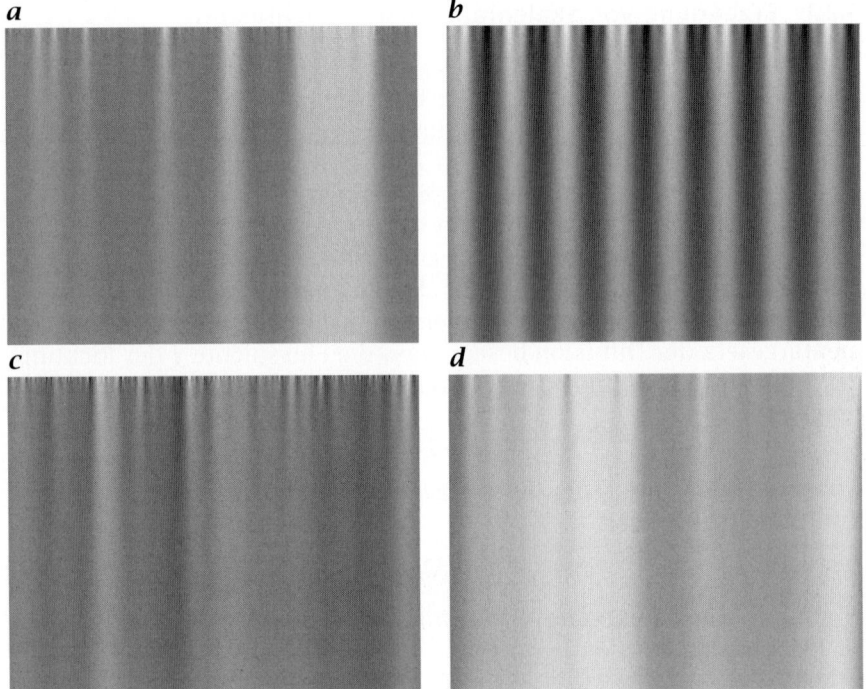

c   **d**

Abbildung 5.2: *Skalenräume einiger eindimensionaler Signale:* **a** *Kanten und Linien,* **b** *ein periodisches Muster,* **c** *ein zufälliges Signal und* **d** *Zeile 10 aus dem Bild in Abb. 11.6a. Die vertikale Koordinate ist der Skalenparameter ξ.*

mit

$$\sigma(t) = \sqrt{2Dt}. \tag{5.13}$$

Die letzte Gleichung zeigt, dass der durch die Standardabweichung σ ausgedrückte Glättungsgrad zeitlich nur mit der Quadratwurzel zunimmt. Daher setzen wir den Skalenparameter ξ gleich dem Quadrat der Standardabweichung:

$$\xi = 2Dt. \tag{5.14}$$

Wichtig ist, dass diese Formulierung des Skalenraums für Bilder beliebiger Dimensionen gilt, also auch auf Bildsequenzen ausgedehnt werden kann. Der Skalenparameter ist nicht mit der Zeit identisch, obwohl wir einen in der Zeit fortschreitenden physikalischen Diffusionsprozess zur Herleitung benutzt haben. Berechnen wir eine Skalenraumrepräsentation einer Bildsequenz, ist es nützlich, die Zeitkoordinate mit einer charakteristischen Geschwindigkeit u_0 zu skalieren, so dass sie dieselbe Dimension wie die räumlichen Koordinaten hat:

$$t' = u_0 t. \tag{5.15}$$

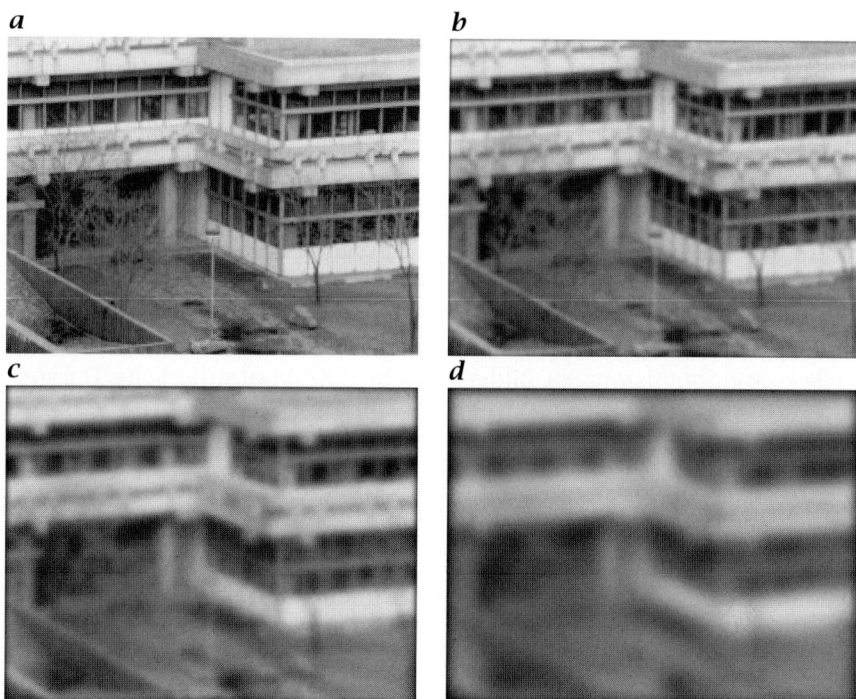

a   *b*

c   *d*

Abbildung 5.3: *Skalenraumdarstellung eines zweidimensionalen Bildes:* **a** *Originalauflösung und ein Skalenparameter σ von* **b** *1,* **c** *2 und* **d** *4.*

Wir fügen diese Koordinate zu den räumlichen Koordinaten hinzu und erhalten einen neuen Koordinatenvektor

$$\boldsymbol{x} = [x_1, x_2, u_0 t]^T \quad \text{oder} \quad \boldsymbol{x} = [x_1, x_2, x_3, u_0 t]^T . \tag{5.16}$$

Ebenso können wir den Wellenzahlvektor um eine skalierte Frequenz erweitern:

$$\boldsymbol{k} = [k_1, k_2, \omega/u_0]^T \quad \text{oder} \quad \boldsymbol{k} = [k_1, k_2, k_3, \omega/u_0]^T . \tag{5.17}$$

Mit (5.16) und (5.17) können alle zuvor abgeleiteten Gleichungen, z.B.(5.11) und (5.12), auch auf Skalenräume von Bildsequenzen angewandt werden. Bei diskreten Räumen ergibt sich die Skalierung der Zeitachse automatisch durch die räumlichen und zeitlichen Abtastintervalle: $u_0 = \Delta x / \Delta t$.

Abbildung 5.2 veranschaulicht den Skalenraum einiger charakteristischer eindimensionaler Signale: verrauschte Kanten und Linien, ein periodisches Muster, ein zufälliges Signal sowie eine Bildzeile. Diese Beispiele machen die allgemeinen Eigenschaften von Skalenräumen klar. Mit steigendem Skalenparameter ξ verschwimmen die Signale und immer mehr Details gehen verloren. Diese Eigenschaft lässt sich am einfachsten aus der Transferfunktion der Skalenraumdarstellung in (5.11) ableiten. Die Transferfunktion ist immer positiv und nimmt mit steigendem Skalenparameter ξ für alle Wellenzahlen monoton ab. Das bedeutet, dass keine Strukturen verstärkt werden, sondern alle Strukturen werden mit zunehmendem ξ gedämpft, kleinere Strukturen immer schneller als gröbere. Im Grenzfall $\xi \to \infty$ konvergiert der Skalenraum gegen ein Bild mit dem Mittelwert als konstantem Grauwert. Ein bestimmtes Merkmal existiert nur über einen bestimmten Skalenbereich hinweg. In Abb. 5.2a können wir sehen, dass Kanten und Linien verschwinden und zwei Objekte zu einem verschmelzen.

Bei zweidimensionalen Bildern ergibt eine kontinuierliche Darstellung des Skalenraums eine dreidimensionale Datenstruktur. Deshalb zeigt Abb. 5.3 einzelne Bilder für unterschiedliche Skalenparameter ξ.

5.2.2 Allgemeine Eigenschaften eines Skalenraums

In diesem Abschnitt diskutieren wir einige allgemeine Eigenschaften von Skalenräumen. Genauer ausgedrückt, wollen wir wissen, welche Bedingungen von einem Filterkern, der einen Skalenraum erzeugt, erfüllt sein müssen. Zwei grundlegende Forderungen werden uns beschäftigen. Zunächst dürfen mit steigendem Skalenparameter keine neuen Details hinzugefügt werden. Aus Sicht der Informationstheorie können wir sagen, dass der Informationsgehalt im Signal mit dem Skalenparameter kontinuierlich abnehmen sollte. Die zweite Eigenschaft hängt mit dem allgemeinen Prinzip der *Skaleninvarianz* zusammen. Das bedeutet im wesentlichen, dass wir bei einem beliebigen Skalenparameter im Skalenraum mit der Glättung des Signals beginnen können, um denselben Skalenraum zu erhalten. Wir werden hier nur einige grundlegende Gedanken über diese elementaren Eigenschaften besprechen, jedoch keine Beweise führen. Für eine ausführliche Behandlung der Skalenraumtheorie sei auf die Monographie von Lindeberg [125] verwiesen.

Der lineare, homogene und isotrope Diffusionsprozess hat nach (5.12) den Faltungskern

$$B(\boldsymbol{x}, \xi) = \frac{1}{2\pi\xi} \exp\left(-\frac{|\boldsymbol{x}|^2}{2\xi}\right) \qquad (5.18)$$

sowie nach (5.11) die Transferfunktion

$$\hat{B}(\boldsymbol{k}, \xi) = \exp(-|\boldsymbol{k}|^2 \xi / 2). \qquad (5.19)$$

In diesen Gleichungen haben wir unter Verwendung von (5.14) die explizite Zeitabhängigkeit durch den Skalenparameter ξ ersetzt. Den Operator, der den Skalenraum erzeugt, können wir auf unabhängige Weise durch

$$\mathcal{B}(\xi) \qquad (5.20)$$

Diese Gleichung hat die allgemeine Lösung

$$\hat{g}(\boldsymbol{k}, t) = \exp(-D_0 t^2/2 |\boldsymbol{k}|^2) \hat{g}(\boldsymbol{k}, 0), \tag{5.27}$$

die einer Faltung im Ortsraum äquivalent ist. Also ist

$$g(\boldsymbol{x}, t) = \frac{1}{2\pi D_0 t^2} \exp\left(-\frac{|\boldsymbol{x}|^2}{2 D_0 t^2}\right) * g(\boldsymbol{x}, 0). \tag{5.28}$$

Aus diesen Gleichungen können wir den Faltungskern und die Transferfunktion in derselben Form wie in (5.18) und (5.19) schreiben mit der einzigen Ausnahme, dass für den Skalenparameter gilt:

$$\xi_q = D_0 t^2. \tag{5.29}$$

Nun ist die Standardabweichung für die Glättung des zeitlich linear anwachsenden Diffusionsprozesses proportional zur Zeit. Da der Skalenparameter ξ_q proportional dem Quadrat der Zeit ist, bezeichnen wir diesen Skalenraum als den *quadratischen Skalenraum*. Dieser modifizierte Skalenraum erfüllt immer noch das Minimum-Maximum-Prinzip und die Halbgruppen-Eigenschaft.

Für eine noch schnellere Glättung können wir einen *logarithmischen Skalenraum* konstruieren, d. h. einen Skalenraum, bei dem der Logarithmus des Skalenparameters linear mit der Zeit zunimmt. Wir verwenden dafür einen Diffusionskoeffizienten, der exponentiell mit der Zeit wächst:

$$\frac{\partial g}{\partial t} = D_0 \exp(t/\tau) \Delta g. \tag{5.30}$$

Wiederum erhalten wir einen Faltungskern und eine Transferfunktion wie in (5.18) und (5.19), diesmal jedoch mit dem Skalenparameter

$$\xi_l = 2 D_0 \tau \exp(t/\tau). \tag{5.31}$$

5.2.4 Differentielle Skalenräume‡

Das Interesse an *differentiellen Skalenräumen* resultiert aus der Tatsache, dass wir optimale Skalen für die Verarbeitung von Bildeigenschaften selektieren wollen. In einem differentiellen Skalenraum wird die Veränderung des Bildes mit der Skala dargestellt. Wir verwenden die Transferfunktion des Skalenraumkernes aus (5.19), der auch für quadratische und logarithmische Skalenräume gilt. Die allgemeine Lösung für den Skalenraum kann im Fourierraum als

$$\hat{g}(\boldsymbol{k}, \xi) = \exp(-|\boldsymbol{k}|^2 \xi/2) \hat{g}(\boldsymbol{k}, 0) \tag{5.32}$$

geschrieben werden. Differenzieren dieses Signals nach dem Skalenparameter ξ ergibt

$$\frac{\partial \hat{g}(\boldsymbol{k}, \xi)}{\partial \xi} = \frac{-|\boldsymbol{k}|^2}{2} \exp(-|\boldsymbol{k}|^2 \xi/2) \hat{g}(\boldsymbol{k}, 0) = \frac{-|\boldsymbol{k}|^2}{2} \hat{g}(\boldsymbol{k}, \xi). \tag{5.33}$$

Die Multiplikation mit $-|\boldsymbol{k}|^2$ ist einer räumlichen Ableitung zweiter Ordnung, dem *Laplaceoperator*, äquivalent (≻ R4). Also können wir im Ortsraum schreiben:

$$\frac{\partial g(\boldsymbol{x}, \xi)}{\partial \xi} = \frac{1}{2} \Delta g(\boldsymbol{x}, \xi). \tag{5.34}$$

Gleichungen (5.33) und (5.34) zeigen eine grundlegende Eigenschaft des differentiellen Skalenraums. Dieser ist einer Ableitung zweiter Ordnung mit dem Laplaceoperator äquivalent und führt daher zu einer isotropen *Bandpasszerlegung* des Bildes. Die Transferfunktion bei der Skala ξ ist

$$-|\mathbf{k}|^2 \exp(-|\mathbf{k}|^2\xi/2). \tag{5.35}$$

Für kleine Wellenzahlen ist die Transferfunktion proportional zu $-|\mathbf{k}|^2$. Sie erreicht bei

$$k_{\max}^2 = \frac{2}{\xi} \tag{5.36}$$

ein Maximum und fällt dann exponentiell ab.

5.2.5 Diskrete Skalenräume[‡]

Die Konstruktion *diskreter Skalenräume* erfordert eine Diskretisierung der Diffusionsgleichung. Wir beginnen mit einer Diskretisierung der eindimensionalen Diffusionsgleichung:

$$\frac{\partial g(x,\xi)}{\partial \xi} = \frac{\partial^2 g(x,\xi)}{\partial x^2}. \tag{5.37}$$

Die Ableitungen werden folgendermaßen durch diskrete Differenzen ersetzt:

$$\begin{aligned}
\frac{\partial g(x,\xi)}{\partial \xi} &= \frac{g(x,\xi+\Delta\xi)-g(x,\xi)}{\Delta\xi} \\
\frac{\partial^2 g(x,\xi)}{\partial x^2} &= \frac{g(x+\Delta x,\xi)-2g(x,\xi)+g(x-\Delta x,\xi)}{\Delta x^2}.
\end{aligned} \tag{5.38}$$

Dies führt zu folgendem Iterationsschema zur Berechnung eines diskreten Skalenraums:

$$g(x,\xi+\Delta\xi) = \Delta\xi g(x+\Delta x,\xi) + (1-2\Delta\xi)g(x,\xi) + \Delta\xi g(x-\Delta x,\xi) \tag{5.39}$$

oder in diskreten Koordinaten:

$$g_{n,\xi+1} = \Delta\xi g_{n+1,\xi} + (1-2\Delta\xi)g_{n,\xi} + \Delta\xi g_{n-1,\xi}. \tag{5.40}$$

Lindeberg [125] zeigt, dass diese Iteration genau dann zu einem diskreten Skalenraum führt, der das Minimum-Maximum-Prinzip und die Halbgruppen-Eigenschaft erfüllt, wenn

$$\Delta\xi \leq \frac{1}{4}. \tag{5.41}$$

Der Grenzfall von $\Delta\xi = 1/4$ resultiert in der besonders einfachen Iteration

$$g_{n,\xi+1} = 1/4 g_{n+1,\xi} + 1/2 g_{n,\xi} + 1/4 g_{n-1,\xi}. \tag{5.42}$$

Hier wird jeder Schritt der Skalenraumberechnung durch eine räumliche Glättung des Signals mit der Maske $\mathbf{B}^2 = [1/4\ 1/2\ 1/4]$ bestimmt. Wir können den allgemeinen Operator zur Erzeugung eines Skalenraums aus (5.39) auch mit dem Faltungsoperator $\mathcal{B}$ formulieren. In der Operatornotation, die in Abschn. 4.1.4 eingeführt wurde, ergibt sich ein Iterationsschritt zur Skalenraumerzeugung als

$$(1-\epsilon)\mathcal{I} + \epsilon\mathcal{B}^2 \quad \text{mit} \quad \epsilon \leq 1, \tag{5.43}$$

wobei $\mathcal{I}$ den Identitätsoperator bezeichnet. Dieser Ausdruck ist von Bedeutung, denn er kann direkt für höhere Dimensionen erweitert werden, indem $\mathcal{B}^2$ durch einen entsprechenden höherdimensionalen Glättungsoperator ersetzt wird. Die Faltungsmaske $\boldsymbol{B}^2$ ist die einfachste Maske aus der Klasse der binomialen Glättungsfilter, die in Abschn. 11.4 im Detail diskutiert werden.

5.3 Mehrgitterrepräsentation

5.3.1 Einführung

Die bisher diskutierten Skalenräume haben einen bedeutenden Nachteil. Die Verwendung des zusätzlichen Skalenparameters führt eine neue Dimension in die Bilder ein und bewirkt damit einen explosionsartigen Anstieg der Speicheranforderungen und einen erheblichen Rechenmehraufwand zur Erzeugung und Analyse der Skalenräume. Dieses Problem ist der Ausgangspunkt für eine neue Datenstruktur zur Darstellung von Bilddaten in unterschiedlichen Skalen, der *Mehrgitterdarstellung*.

Die zugrundeliegende Idee ist recht einfach. Während die Darstellung feinerer Skalen die volle Auflösung erfordert, reicht für grobe Strukturen eine niedrigere Auflösung. Dies führt zu einem Skalenraum mit immer kleineren Bildern bei zunehmendem Skalenparameter. In den folgenden beiden Abschnitten werden wir die *Gaußpyramide* (Abschn. 5.3.2) und die *Laplacepyramide* (Abschn. 5.3.3) als effiziente Implementierungen diskreter Skalenräume diskutieren. Während die Gaußpyramide ein Standardskalenraum ist, ist die Laplacepyramide eine diskrete Version eines differentiellen Skalenraums. In diesem Kapitel werden wir lediglich einige grundlegende Ideen betrachten. Die zugehörigen Algorithmen werden in Abschn. 11.6 diskutiert, nachdem wir Glättungsfilter im Detail kennengelernt haben.

Gauß- und Laplacepyramide sind Beispiele von Mehrgitterdatenstrukturen, die in den frühen 80er Jahren in die Bildverarbeitung eingeführt wurden. Sie haben seitdem eine beträchtliche Beschleunigung der Bildverarbeitungsalgorithmen bewirkt.

5.3.2 Gaußpyramide

Wollen wir die Größe eines Bildes reduzieren, können wir das Bild nicht einfach abtasten, indem wir z. B. jeden zweiten Bildpunkt in jeder zweiten Zeile nehmen. Würden wir das tun, würde das Abtasttheorem missachtet (Abschn. 9.2.3). Zum Beispiel würde eine Struktur, die im Originalbild dreimal pro Wellenlänge abgetastet wird, im nächsten Bild nur anderthalbmal abgetastet werden. Es würde sich ein fehlerhaftes Muster ergeben, wie wir in Abschn. 9.1 besprechen werden. Also mussen wir sicherstellen, dass alle weniger als viermal pro Wellenlänge abgetasteten Strukturen durch ein passendes Glättungsfilter unterdrückt werden. Für

a   **b**

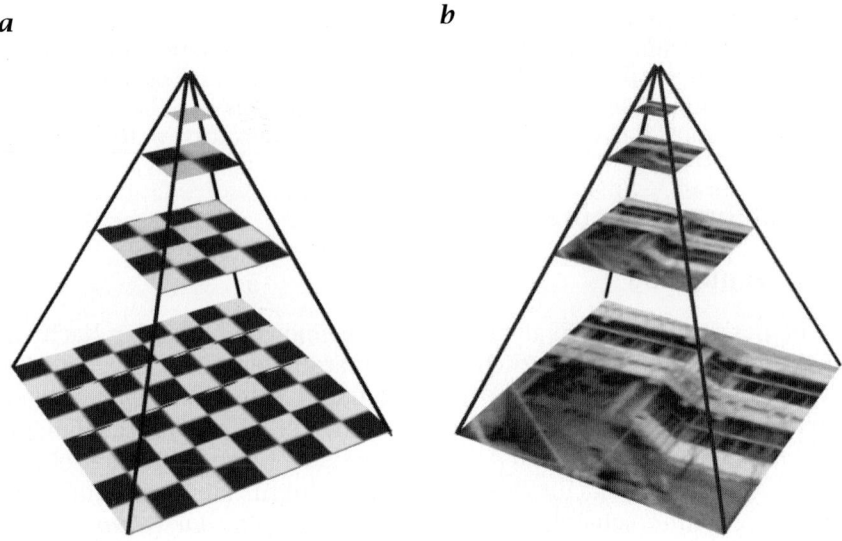

Abbildung 5.5: *Gaußpyramide: **a** schematische Darstellung; die Quadrate des Schachbrettes entsprechen Bildpunkten; **b** Beispiel.*

die Erzeugung eines Skalenraums bedeutet das, dass die Größenreduktion mit einer angemessenen Glättung Hand in Hand gehen muss.

Allgemein kann die Anforderung an das Glättungsfilter folgendermaßen formuliert werden:

$$\hat{B}(\tilde{\boldsymbol{k}}) = 0 \quad \forall \tilde{k}_p \geq \frac{1}{r_p}, \tag{5.44}$$

wobei r_p die Abtastrate in Richtung der p-ten Koordinate ist.

Die kombinierte Glättung und Größenreduktion bei der Berechnung der $(q + 1)$-ten Pyramidenebene aus der q-ten Ebene kann mit einem einzigen Operator ausgedrückt werden, wenn wir die folgende Notation verwenden:

$$\boldsymbol{G}^{(q+1)} = \mathcal{B}_{\downarrow 2} \boldsymbol{G}^{(q)}. \tag{5.45}$$

Die Zahl hinter dem $\downarrow$ im Index bezeichnet die Abtastrate. Die nullte Ebene ist das Originalbild: $\boldsymbol{G}^{(0)} = \boldsymbol{G}$.

Die durch mehrmalige Anwendung dieses Operators erhaltene Bildserie wird als *Gaußpyramide* bezeichnet. Von einer Ebene zur nächsten nimmt die Auflösung auf die Hälfte ab, und die Größe des Bildes reduziert sich entsprechend. Wir können uns diese Bildserie, wie in Abb. 5.5 gezeigt, in Form einer Pyramide angeordnet vorstellen.

Die Pyramide hat einen überraschend geringen Speicherbedarf. Wenn wir die Bildung einer Pyramide aus einem W-dimensionalen Bild mit M

Bildpunkten in jeder Koordinatenrichtung betrachten, beträgt die Gesamtzahl der Bildpunkte bei einer Abtastrate von zwei

$$M^W \left(1 + \frac{1}{2^W} + \frac{1}{2^{2W}} + \ldots\right) < M^W \frac{2^W}{2^W - 1}. \tag{5.46}$$

Bei einem zweidimensionalen Bild erfordert die gesamte Pyramide lediglich 1/3 mehr Speicherplatz als das Originalbild, bei einem dreidimensionalen Bild sogar nur 1/7 mehr. Ebenso effektiv ist die Berechnung der Pyramide. *Dasselbe* Glättungsfilter wird auf jede Ebene der Pyramide angewandt. Damit erfordert die Berechnung der *gesamten* Pyramide lediglich 4/3 der Rechenoperationen für ein zweidimensionales und 8/7 derjenigen für ein dreidimensionales Bild.

Die Pyramide bringt große Skalen in den Bereich lokaler Nachbarschaftsoperationen mit kleinen Kernen. Zudem sind diese Operationen effizient zu berechnen. Wenn die Pyramide einmal berechnet ist, können wir Nachbarschaftsoperationen mit großen Skalen in den oberen Ebenen der Pyramide durchführen. Diese sind aufgrund der kleineren Bildgröße sehr viel effizienter als bei feineren Skalen.

Die Gaußpyramide stellt eine Serie von tiefpassgefilterten Bildern dar, bei denen die Grenzwellenlänge von Ebene zu Ebene auf die Hälfte (eine Oktave) abnimmt. Damit verbleiben nur zunehmend gröbere Details im Bild (Abb. 5.5). Um einen großen Bereich von Wellenzahlen zu überspannen, sind nur wenige Ebenen der Pyramide erforderlich. Aus einem 512×512-Bild lässt sich sinnvollerweise nur eine Pyramide mit sieben Ebenen berechnen. Damit hat das kleinste Bild die Größe 8×8.

5.3.3 Laplacepyramide

Aus der Gaußpyramide können wir einen anderen Pyramidentyp berechnen: die *Laplacepyramide*. Dieser Pyramidentyp ist das diskrete Gegenüber des *differentiellen Skalenraums*, der in Abschn. 5.2.4 diskutiert wurde; er führt zu einer Sequenz von bandpassgefilterten Bildern. Im Gegensatz zur Fouriertransformation führt die Laplacepyramide lediglich zu einer groben Wellenzahlzerlegung ohne Richtungszerlegung. Alle Wellenzahlen innerhalb des Bereiches von ungefähr einer Oktave (Faktor 2) sind unabhängig von ihrer Richtung in einer Ebene der Pyramide enthalten. Wegen der gröberen Wellenzahlauflösung bleibt eine gute räumliche Auflösung erhalten. Jede Ebene der Pyramide enthält nur zueinander passende Skalen, die einige Male (zwei- bis sechsmal) pro Wellenlänge abgetastet werden. Auf diese Weise stellt die Laplacepyramide eine effiziente Datenstruktur dar, die den durch die *Unschärferelation* gesetzten Grenzen des Produktes zwischen Wellenzahl und räumlicher Auflösung gut angepasst ist.

Die Differenzierung in Skalenrichtung im kontinuierlichen Skalenraum wird durch Subtraktion zweier Ebenen der Gaußpyramide angenähert. Dafür muss das Bild in der gröberen Ebene erst expandiert wer-

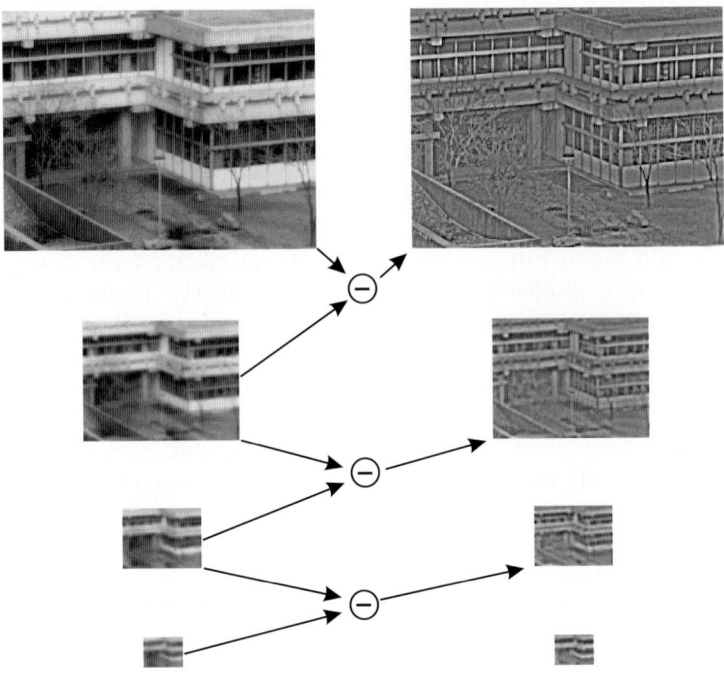

Abbildung 5.6: *Konstruktion der Laplacepyramide (rechts) aus einer Gaußpyramide (links) durch Berechnung der Differenzbilder zweier aufeinanderfolgender Bilder der Gaußpyramide.*

den. Diese Operation wird von dem *Expansionsoperator* $\uparrow_2$ durchgeführt. Wie beim reduzierenden Glättungsoperator wird der Grad der Expansion durch die Zahl nach dem $\uparrow$-Zeichen im Index angegeben. Die Expansion ist beträchtlich schwieriger als die Größenreduktion, da die fehlende Information interpoliert werden muss. Zur Vergrößerung um den Faktor zwei in allen Richtungen muss zunächst jeder zweite Bildpunkt in jeder Zeile interpoliert werden und dann jede zweite Zeile. Die Interpolation wird im Detail in Abschn. 10.6 diskutiert. Mit der eingeführten Notation können wir die Erzeugung der p-ten Ebene der Laplacepyramide folgendermaßen schreiben:

$$L^{(p)} = G^{(p)} - \uparrow_2 G^{(p+1)}. \tag{5.47}$$

Die Laplacepyramide ist ein effektives Schema für eine *Bandpasszerlegung* eines Bildes. Die zentrale Wellenzahl wird von Ebene zu Ebene halbiert. Das letzte Bild der Laplacepyramide ist ein tiefpassgefiltertes Bild, in dem nur die gröbsten Strukturen enthalten sind.

Die Laplacepyramide hat den bedeutenden Vorteil, dass das Originalbild aus der Bildsequenz der Laplacepyramide rasch wiederhergestellt werden kann, indem die Bilder rekursiv expandiert und aufsummiert werden. Die zugehörige Rekursion ist die Inversion der Rekursion in (5.47). Bei einer Laplacepyramide mit $p+1$ Ebenen ist die Ebene p (die Zählung beginnt mit null!) die $(p+1)$-te Ebene der Gaußpyramide. Die $(p-1)$-te Ebene der Gaußpyramide lässt sich dann mit

$$G^{(p-1)} = L^{(p-1)} + \uparrow_2 G^p \tag{5.48}$$

rekonstruieren. Beachten Sie, dass dies lediglich eine Umkehrung des Konstruktionsschemas der Laplacepyramide ist. Das bedeutet, dass ein fehlerbehafteter Interpolationsalgorithmus für die Expansion des Bildes nur die Laplacepyramide beeinflusst, aber nicht die Rekonstruktion der Gaußpyramide aus der Laplacepyramide, da derselbe Algorithmus verwendet wird.

Die Rekursion in (5.48) wird mit niedrigeren Ebenen wiederholt, bis wieder die Ebene 0, also das Originalbild erreicht ist. Wie Abb. 5.6 veranschaulicht, werden während des Rekonstruktionsprozesses zunehmend feinere Details sichtbar. Wegen der Möglichkeit der fortschreitenden Rekonstruktion von Details wurde die Laplacepyramide auch als kompaktes Bildkompressionsschema verwendet. Heute stehen jedoch effiziente Kompressionsschemata auf der Basis einer Wavelettransformation zur Verfügung, die auf einem ähnlichen Prinzip wie die Laplacepyramide beruhen.

5.3.4 Richtungszerlegung auf Pyramiden

Bei mehrdimensionalen Signalen ist eine Richtungszerlegung genauso wichtig wie eine Skalenzerlegung. Dazu sind Richtungsfilter notwendig. Idealerweise sollte sich die Richtungskomponenten, wie bei der Laplacepyramide die einzelnen Ebenen, zu dem Gesamtsignal aufaddieren. Eine kombinierte Zerlegung in eine Pyramide und Richtungskomponenten ist unter dem Namen *pyramidale Richtungszerlegung* bekannt [86]. Im allgemeinen ist eine solche Zerlegung ein schwieriges Filterdesign-Problem. Daher illustrieren wir diese Zerlegung hier nur mit einem einfachen Schema mit zwei Richtungskomponenten auf jeder Pyramidenebene.

Die Glättung wird mit einem separierbaren Glättungsfilter durchgeführt. Ein Filter $(\mathcal{B}_x)$ glättet nur in die x-Richtung, das andere $(\mathcal{B}_y)$ in die y-Richtung. Dann ergibt sich die nächst-höhere Ebene der Gaußpyramide wie in (5.45) als

$$G^{(q+1)} = \downarrow_2 \mathcal{B}_x \mathcal{B}_y G^{(q)}. \tag{5.49}$$

Die Laplacepyramide ist

$$L^{(q)} = G^{(q)} - \uparrow_2 G^{(q+1)}. \tag{5.50}$$

Die beiden Richtungskomponenten lauten

$$\begin{aligned} L_x^{(q)} &= 1/2(G^{(q)} - \uparrow_2 G^{(q+1)} - (\mathcal{B}_x - \mathcal{B}_y)G^{(q)}), \\ L_y^{(q)} &= 1/2(G^{(q)} - \uparrow_2 G^{(q+1)} + (\mathcal{B}_x - \mathcal{B}_y)G^{(q)}). \end{aligned} \tag{5.51}$$

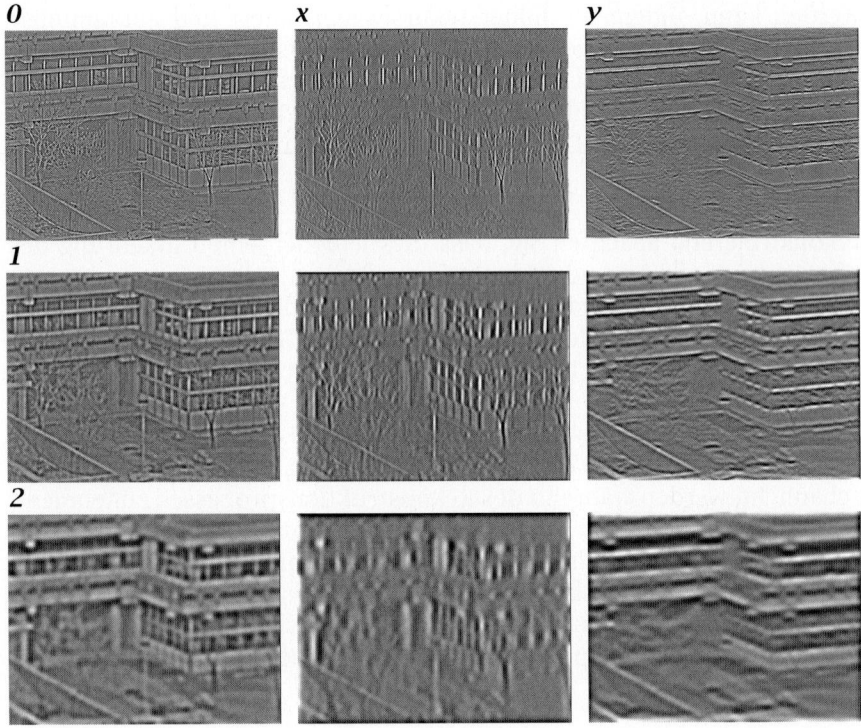

Abbildung 5.7: *Die erste drei Ebenen der Richtungszerlegung auf einer Pyramide des Bildes Abb. 5.3a: die Zeilen zeigen die Ebenen 0, 1 und 2, the Spalten jeweils L, L_x, L_y nach (5.50) und (5.51).*

Aus (5.51) ist sofort klar, dass sich L_x und L_y zur isotropen Laplacepyramide aufaddieren: $L = L_x + L_y$. Beispielbilder mit den ersten 3 ebenen einer pyramidalen Richtungszerlegung zeigt Abb. 5.7.

5.4   Literaturhinweise zur Vertiefung[‡]

Die Mehrgitter-Bildverarbeitung wurde Anfang der '80er Jahre entwickelt. Eine schöne Zusammenstellung der frühen Arbeiten findet sich bei Rosenfeld [170]. Die äquivalente Entwicklung für Zeitserien, die Multiraten-Signalverarbeitung, wird in dem Lehrbuch von Fliege [51] beschrieben. Die Monographie von Lindeberg [125] befasst sich ausführlich mit der linearen Skalenraumtheorie. Nichtlineare Skalenräume einschließlich inhomogener und anisotroper Diffusion werden von Weickert [213] behandelt. Die aktuellen Entwicklungen der Skalenraumanalyse können anhand der Tagungsbände der alle zwei Jahre stattfindenden internationalen Konferenzen über "Scale-Space" verfolgt werden: 1997 [195], 1999 [145] und 2001 [107].

Teil II

Bildaufnahme und Vorverarbeitung

6 Quantitative Visualisierung

6.1 Einleitung

Ein Bildaufnahmesystem sammelt die von Objekten ausgesandte Strahlung und macht diese damit sichtbar. Strahlung besteht entweder aus einem Fluss von Partikeln oder aus elektromagnetischen oder akustischen Wellen. Maschinelles Sehen im klassischen Sinne nimmt Szenen und Beleuchtung, wie sie sind, während in industriellen und wissenschaftlichen Applikationen eingesetzte Sehsysteme einen anderen Ansatz erfordern. Hier besteht die erste Aufgabe darin, eine quantitative Beziehung zwischen der interessierenden Objekteigenschaft und der emittierten Strahlung herzustellen. Diese Bemühungen zielen darauf ab, dass sich die interessierende Objekteigenschaft mit möglichst geringen durch andere Parameter verursachten Störeinflüssen eindeutig als Funktion der empfangenen Strahlungsdichte darstellt.

Abbildung 6.1 illustriert, wie sowohl der einfallende als auch der vom Objekt in Richtung Kamera emittierte Strahl durch zusätzliche Prozesse beeinflusst werden kann: Die Position des Objekts kann durch Brechung des emittierten Strahls verschoben werden. Nicht vom beobachteten Objekt selbst verursachte Streuung und Absorption des einfallenden und des emittierten Strahls führen zu einer Abschwächung des Strahlungsflusses und damit zu einer Verfälschung des Abbildes. Die sorgfältige Anordnung aller Komponenten zur Bildaufnahme muss sicherstellen, dass diese zusätzlichen Einflüsse minimiert werden und dass die gemessene Strahlung die betrachtete Objekteigenschaft korrekt wiedergibt. Selbst in Fällen, in denen wir keinen Einfluss auf die Beleuchtung oder das Bildaufnahmesystem haben, bleibt immer noch die sorgfältige Wahl des Strahlungstyps und des Wellenlängenbereichs.

Zur Abbildung von Objekten und Objekteigenschaften können wir eine Fülle optischer Eigenschaften wie Eigenemission, induzierte Emission (Fluoreszenz), Reflexion, Brechung, Absorption und Streuung von Strahlung einsetzen (Abschn. 1.2 und 6.4). Diese Phänomene hängen von den optischen Eigenschaften des Objektmaterials und von der Oberflächenstruktur des Objekts ab. Im wesentlichen können wir unterscheiden zwischen oberflächenbezogenen Effekten, die durch die Diskontinuität optischer Eigenschaften an der Oberfläche verursacht werden, und volumenbezogenen Effekten.

B. Jähne, Digitale Bildverarbeitung
ISBN 3-540-41260-3

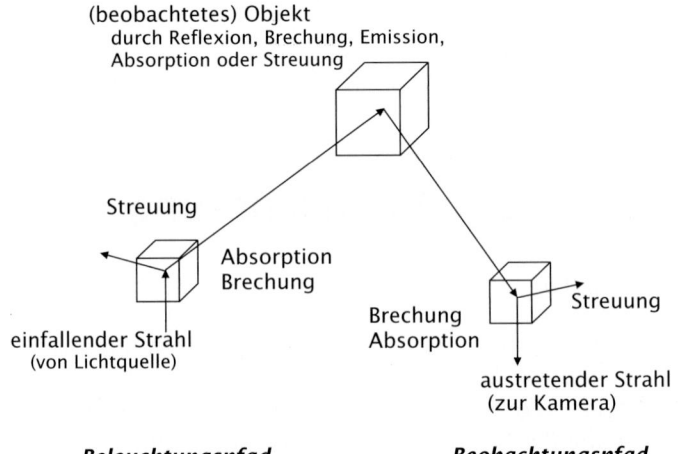

Abbildung 6.1: *Schematische Darstellung der Interaktion zwischen Strahlung und Materie bei der Objektvisualisierung. Die Beziehung zwischen der von der Lichtquelle zur Kamera emittierten Strahlung und dem Objekt kann durch Streuung, Absorption und Brechung des einfallenden und des emittierten Strahls gestört werden.*

Die Komplexität des Prozesses der quantitativen Visualisierung hängt stark von der gegebenen Bildverarbeitungsaufgabe ab. Wenn das Ziel lediglich eine präzise geometrische Vermessung von Objekten ist, genügt es, wenn die Objekte gleichmäßig beleuchtet werden und sich klar vom Hintergrund absetzen. In diesem Fall ist es nicht notwendig, quantitative Beziehungen zwischen den Objekteigenschaften und der in Richtung Kamera emittierten Strahlung herzustellen. Wenn wir jedoch bestimmte Objekteigenschaften wie Dichte, Temperatur, Oberflächenkonzentration oder die Konzentration einer chemischen Substanz messen wollen, muss die exakte Beziehung zwischen der selektierten Eigenschaft und der emittierten Strahlung bekannt sein. Ein einfaches Beispiel ist die Detektion eines Objektes nach seiner Farbe, d. h. die spektrale Abhängigkeit des Reflexionskoeffizienten.

Bei den meisten Anwendungen ist allerdings die Beziehung zwischen den interessierenden Parametern und der emittierten Strahlung nicht direkt einsichtig. Auf Satellitenbildern können zum Beispiel urbane Bereiche, Wälder, Flüsse, Seen und landwirtschaftliche Regionen leicht erkannt werden. Aber anhand welcher Eigenschaften unterscheiden wir sie? Und noch wichtiger, warum erscheinen sie so auf den Bildern?

Entsprechendes gilt für die allgemeine medizinische Frage nach pathologischen Veränderungen, deren Diagnose aufgrund von Bildern gestellt wird. Eine verläßliche Entscheidung erfordert ein solides Verständnis der Beziehung zwischen den biologischen Parametern, die eine pathologische Veränderung definieren, und ihrer Erscheinungsform in entsprechenden Bildern.

Zusammenfassend können wir festhalten, dass die Beantwortung von zwei Fragen für einen erfolgreichen Aufbau eines Bildaufnahmesystems essentiell sind:

1. Wie hängt die Strahlungsdichte (emittierte Energiestromdichte pro Raumwinkel) des beobachteten Objekts von den interessierenden Objektparametern und den Beleuchtungsbedingungen ab?

2. Wie hängt die Bestrahlungsstärke (einfallende radiative Energiestromdichte) auf der Bildebene, die das optische System einsammelt, von der Strahlungsdichte des Objekts ab?

Dieses Kapitel beschäftigt sich mit der ersten Frage, die zweite wird in Abschn. 7.5 behandelt.

6.2 Wellen und Teilchen

Wir können drei verschiedene Arten von Strahlung unterscheiden: elektromagnetische Wellen, Partikelstrahlung aus Atomen oder subatomaren Teilchen und akustische Wellen. Auf den ersten Blick erscheint es, dass diese drei Strahlungsarten sehr verschieden sind. Sie haben aber eine Reihe von Eigenschaften gemeinsam im Hinblick auf die Bildgewinnung. Zum ersten können Objekte durch jede Art von Strahlung abgebildet werden, die von ihnen ausgestrahlt und von einem geeigneten Bildaufnahmesystem detektiert wird.

Zum zweiten weisen alle drei Strahlungsarten einen wellenartigen Charakter auf, auch die Partikelstrahlung. Die *Wellenlänge* λ der Strahlung ist definiert als die Entfernung für eine Oszillation der Schwingung in der Ausbreitungsrichtung der Welle. Die Wellenlänge bestimmt auch die maximal mögliche Auflösung eines optischen Systems. Eine einfache Faustregel besagt, dass nur Strukturen, die größer als die Wellenlänge sind, von einem Bildaufnahmesystem aufgelöst werden können.

Da es sehr verschiedenartige Strahlung gibt, ist es offensichtlich, dass wir auch sehr verschiedene Eigenschaften von Objekten abbilden können. Um ein Bildaufnahmesystem sachgemäß aufzubauen, sind daher ein paar grundlegende Kenntnisse über die verschiedenen Strahlungsarten notwendig. Diese zu vermitteln, ist der Zweck dieses Abschnitts.

6.2.1 Elektromagnetische Wellen

Elektromagnetische Strahlung besteht aus alternierenden *elektrischen* und *magnetischen Feldern*. Bei einer *elektromagnetischen Welle* stehen diese Felder senkrecht aufeinander und senkrecht zur Ausbreitungsrichtung. Eine Welle ist durch ihre *Frequenz* ν und *Wellenlänge* λ charakterisiert. Im Vakuum breiten sich alle elektromagnetischen Wellen mit

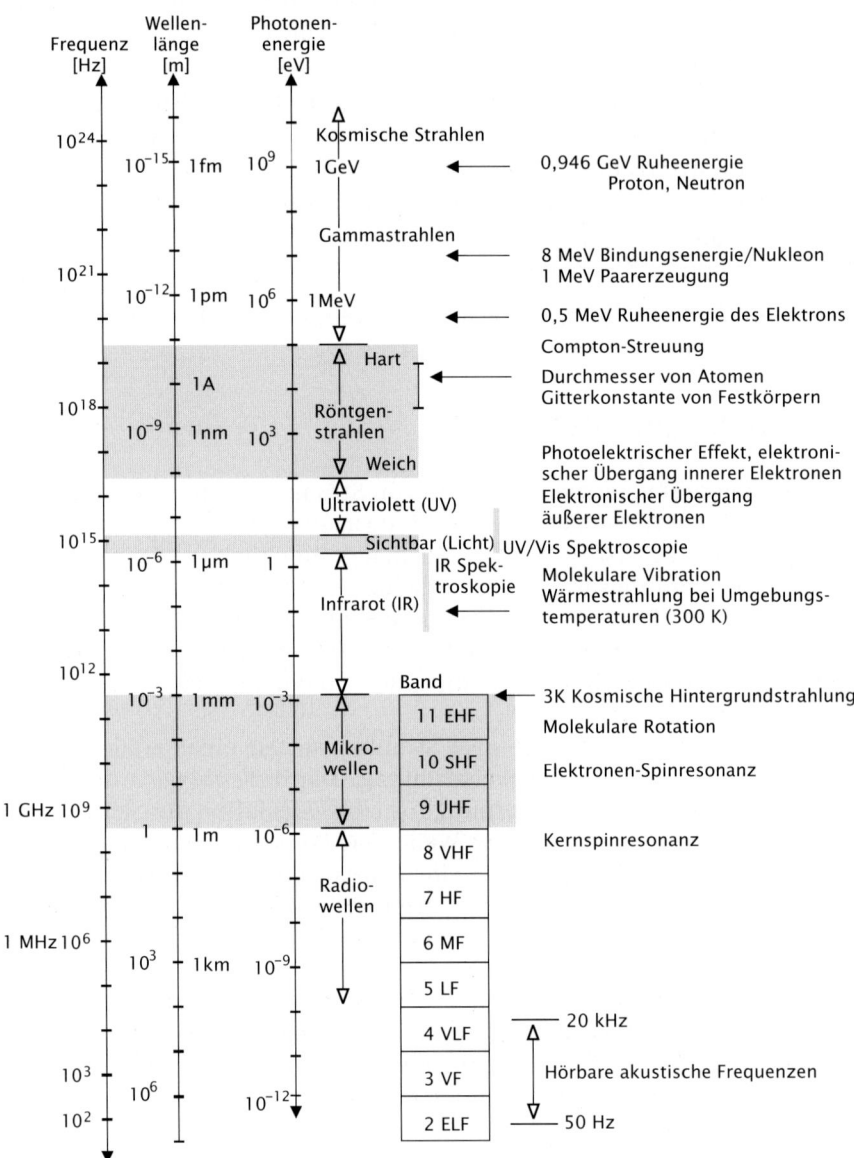

Abbildung 6.2: *Das elektromagnetische Spektrum mit Wellenlängen-, Frequenz- und Photonenenergieskalen.*

der gleichen Geschwindigkeit, der *Lichtgeschwindigkeit* $c \approx 3 \times 10^8 \, \text{ms}^{-1}$ aus. Die Ausbreitungsgeschwindigkeit verknüpft die Wellenlänge λ und die Frequenz ν einer elektromagnetischen Welle durch

$$\lambda\nu = c. \tag{6.1}$$

Die Frequenz wird in Anzahl Schwingungen pro Sekunde (Hz oder s^{-1}) und die Wellenlänge in Meter (m) angegeben.

Abbildung 6.2 zeigt, dass elektromagnetische Wellen den enormen Frequenz- und Wellenlängenbereich von 24 Dekaden umfassen. Nur ein winziger Ausschnitt von weniger als einer Oktave mit einer Wellenlänge von etwa 400–700 nm ist *Licht*, der Teil der elektromagnetischen Wellen, für die das menschliche Auge empfindlich ist. Die in Abb. 6.2 gezeigte Klassifizierung ist etwas künstlich. Sie ist größtenteils historisch bedingt durch die Art, wie die elektromagnetische Strahlung erzeugt bzw. detektiert wird.

Bei Ausbreitung in Materie wechselwirken elektromagnetische Wellen mit den elektrischen Ladungen, elektrischen Strömen und den elektrischen und magnetischen Feldern des Mediums. Trotz dieser vielfältigen Wechselwirkungen bleibt die grundlegende Natur der Wellen erhalten. Es wird lediglich die Ausbreitungsgeschwindigkeit verlangsamt und die Welle wird gedämpft.

Den einfachsten Fall stellt ein isotropes Medium dar, das linear auf die Störungen der durchlaufenden elektromagnetischen Welle reagiert. Dann kann der Einfluss des Mediums durch den komplexen *Brechungsindex* $\eta = n + i\chi$ beschrieben werden. Der Realteil n, der gewönliche Brechungsindex, gibt das Verhältnis der Lichtgeschwindigkeit c zur Ausbreitungsgeschwindigkeit u im Medium wider: $n = c/u$. Die imaginäre Komponente von η, χ, gibt die Dämpfung der Wellenamplitude an.

Im allgemeinen hängt der Brechungsindex von der Frequenz bzw. Wellenlänge ab. Daher ist die Ausbreitungsgeschwindigkeit nicht mehr konstant, sondern wellenlängenabhängig. Dieser Effekt wird *Dispersion* genannt und die Wellen werden als dispersiv bezeichnet.

Der Brechungsindex und die Absorption sind die beiden elementaren optischen Parameter eines für elektromagnetische Wellen durchlässigen Materials. Im Kontext der Bildgewinnung können sie dazu dienen, ein Material zu identifizieren oder einen physikalischen Parameter, der einen dieser Parameter beeinflusst.

Elektromagnetische Wellen sind generell ein lineares Phänomen. Das bedeutet, dass wir jedes komplexe Wellenmuster in elementare, wie planare harmonische, Wellen zerlegen können. Umgekehrt können wir zwei oder mehr elektromagnetische Wellen überlagern und sicher sein, dass die Resultierende immer noch eine gültige Welle ist.

Dieses Überlagerungsprinzip bricht nur für Wellen mit sehr hohen Feldstärken in Materie zusammen. Dann kann die Wechselwirkung mit dem Medium nicht mehr durch lineare Gleichungen beschrieben werden und wir betreten das komplizierte Gebiet der *nichtlinearen Optik*. Solche Phänomene treten nur mit sehr intensiven Lichtquellen wie *Lasern* auf. Ein typisches nichtlineares Phänomen ist die *Frequenzverdoppelung* von Licht. Dieser Effekt wird häufig benutzt, um die Frequenz eines Laserstrahls zu verdoppeln und damit seine Wellenlänge zu halbieren. Aus der Sicht der quantitativen Visualisierung bieten nichtlineare optische Effekte ein weites Spektrum an neuen Möglichkeiten, um spezifische Effekte und Materialeigenschaften sichtbar zu machen.

6.2.2 Polarisation

Das Superpositionsprinzip kann verwendet werden, um die Polarisation elektromagnetischer Wellen zu erläutern. Polarisation ist durch die Ausrichtung des elektrischen Feldvektors E definiert. Schwingt dieser Vektor in nur einer Ebene, dann liegt eine *linear polarisierte* Welle vor. Elektromagnetische Wellen sind nicht generell polarisiert. Um diesen allgemeinen Fall zu diskutieren, betrachten wir zwei Wellen, die sich in z-Richtung bewegen und deren elektrische Feldstärken in x- bzw. y-Richtung stehen. Die Amplituden E_1 und E_2 seien gleich, und ϕ sei die Phasendifferenz zwischen den beiden Wellen. Bei $\phi = 0$ ist der resultierende elektromagnetische Feldvektor auf eine Ebene beschränkt. Der Winkel ϕ dieser Ebene wird für die x-Achse gegeben durch

$$\phi = \arctan \frac{E_2}{E_1}. \tag{6.2}$$

Ein anderer Spezialfall tritt auf, wenn $\phi = \pm 90°$ ist und $E_1 = E_2$. Solche Wellen werden *zirkular polarisiert* genannt. Hier rotiert der elektrische Feldvektor mit einer Umdrehung pro Wellenperiode um die Richtung, in der sich die Welle fortpflanzt. Der generelle Fall, wenn die Phasendifferenz nicht $\pm 90°$ ist und die Amplituden beider Komponenten nicht gleich sind, wird *elliptisch polarisiert* genannt. Auch in diesem Fall dreht sich der Vektor E um die Richtung, in der sich die Welle bewegt, aber diesmal beschreibt die Amplitudenvariation eine Ellipsenbahn. Wichtig ist, dass jeder Polarisationstyp auch aus einem rechts- und links-zirkularen Strahl zusammengesetzt werden kann. Links- und rechts-zirkulare Strahlen derselben Amplitude resultieren z. B. in einem linear polarisierten Strahl. Die Richtung der Polarisationsebene hängt von der Phasenverschiebung zwischen den beiden zirkular polarisierten Strahlen ab.

6.2.3 Kohärenz

Ein wichtiger Begriff bei elektromagnetischen Wellen ist die *Kohärenz*. Zwei Strahlen werden als kohärent bezeichnet, wenn eine systematische Beziehung zwischen den Phasen ihrer elektromagnetischen Feldvektoren besteht. Ist diese Beziehung zufällig, wird die Strahlung als

inkohärent bezeichnet. Es ist offensichtlich, dass sich die Superposition inkohärenter Strahlung von der kohärenter Strahlung unterscheidet.
Im Falle kohärenter Strahlung können störende Interferenzen auftreten.
Wellen können einander in bestimmten Bereichen, in denen die Phasenverschiebung 180° beträgt, auslöschen.

Normale Lichtquellen sind inkohärent. Sie erzeugen nicht eine einzige kontinuierliche ebene Welle, sondern Wellenpakete kurzer Wellenlänge ohne feste Phasenbeziehung. Laser sind dagegen kohärente Lichtquellen.

6.2.4 Photonen

Elektromagnetische Strahlung ist neben den Wellenerscheinungen durch
Eigenschaften von Teilchen charakterisiert. Elektromagnetische Energie
tritt nur in diskreten Energiestufen auf. Für eine gegebene Frequenz
muss sie ein ganzzahliges Vielfaches von $h\nu$ sein, wobei h die *Plancksche
Konstante* oder das *Wirkungsquantum* ist:

$$E = h\nu. \tag{6.3}$$

Ein elektromagnetisches Quantum wird *Photon* genannt.

Bei jeder Interaktion zwischen Strahlung und Materie, sei es Absorption oder Emission von Strahlung, kann Energie nur in Einheiten dieser
Quanten ausgetauscht werden. Die Energie des Photons wird oft in Elek-
tronenvolt (eV) angegeben. Das ist die kinetische Energie, die ein Elektron aufnimmt, wenn es durch die Potentialdifferenz von einem Volt beschleunigt wird. Ein Photon für gelbes Licht hat z. B. eine Energie von ungefähr 2 eV. Abbildung 6.2 zeigt auch die Photonenenergieskala in eV. Je
höher die Frequenz elektromagnetischer Strahlung ist, desto deutlicher
wird die Partikelnatur, da die einzelnen Quanten energiereicher werden.
Die Energie von Photonen kann größer werden als die Energie, die mit
der Ruhemasse elementarer Partikel assoziiert ist. Es ist dann möglich,
dass elektromagnetische Energie spontan in Masse, nämlich in Form eines Partikelpaars konvertiert wird. Obwohl ein Photon keine Ruhemasse
hat, ist ein Impuls mit ihm assoziiert, weil das Photon sich mit Lichtgeschwindigkeit fortbewegt und damit eine endliche Energie besitzt. Der
Impuls p wird gegeben durch

$$p = h/\lambda. \tag{6.4}$$

Die Quantisierung der Energie elektromagnetischer Wellen ist für die
Bildaufnahme wichtig, da genügend sensitive Strahlungsdetektoren die
Absorption *einzelner* Photonen messen können. Solche Geräte werden
Photonenzähler genannt. Damit beträgt die kleinste detektierbare Ener-
giemenge $h\nu$. Die Anzahl von Photonen, die pro Zeiteinheit gezählt wer-
den, ist eine *Zufallsvariable* mit einer *Poissonverteilung* (Abschn. 3.4.1).

Wenn im Mittel N Photonen in einem Zeitintervall gezählt werden, dann ist die Standardabweichung der Poissonverteilung $\sigma_N = \sqrt{N}$. Man muss also 10.000 Photonen zählen, um den Strahlungsfluss mit einer relativen Standardabweichung von 1 % messen zu können.

6.2.5 Teilchenstrahlung

Im Gegensatz zu elektromagnetischen Wellen bewegt sich Teilchenstrahlung mit geringerer Geschwindigkeit als Licht, da die Partikel eine Ruhemasse besitzen. In Bezug auf die Bildaufnahme stellen *Elektronen* die wichtigste Teilchenstrahlung dar. Sie wird auch *Betastrahlung* genannt und von bestimmten radioaktiven Isotopen ausgesandt. Ebenfalls bedeutend sind die positiv geladenen Kerne des Wasserstoffatoms, die *Protonen*, die Kerne des Heliumatoms (*Alphastrahlung*), welche eine doppelt positive Ladung haben, und die *Neutronen*.

Teilchenstrahlung besitzt auch einen Wellencharakter. Wellenlänge λ und Frequenz ω stehen in direkter Beziehung zur Energie und zum Impuls der Teilchen:

$$
\begin{aligned}
\nu &= E/h & \text{Bohrsche Frequenzbedingung,} \\
\lambda &= h/p & \text{de-Broglie-Beziehung.}
\end{aligned}
\tag{6.5}
$$

Diese Beziehungen entsprechen denen des Photons (6.3) und (6.4). Die Bedeutung für die Bildgebung liegt in der Tatsache, dass ihre Teilchen typischerweise Strahlung viel kürzerer Wellenlänge als sichtbares Licht haben. Elektronen mit einer Energie von etwa 20 keV haben zum Beispiel eine Wellenlänge von 10^{-11} m oder 10 pm. Dies ist etwa 1/50 000 der Wellenlänge des Lichts. Da die Auflösung jedes bildgebenden Systems — mit Ausnahme von Nahfeldsystemen — in der Größenordnung der Wellenlänge der Strahlung liegt, haben Bildsysteme, die auf Elektronen basieren (*Elektronenmikroskop*), potentiell ein viel höheres Auflösungsvermögen als jedes Lichtmikroskop.

6.2.6 Akustische Wellen

Anders als elektromagnetische Wellen benötigen *akustische* oder *elastische Wellen* einen Träger. Akustische Wellen pflanzen elastische Verformungen fort. Durch isotropen Druck werden sogenannte longitudinale akustische Wellen erzeugt. Sie bewirken eine uniforme Kompression und damit eine Deformation in Fortpflanzungsrichtung der Welle. Die lokale Dichte ρ, der lokale Druck p und die lokale Geschwindigkeit $\boldsymbol{v}$ werden mit der Wellengleichung

$$
\frac{\partial^2 \rho}{\partial t^2} = u^2 \Delta \rho, \quad \frac{\partial^2 p}{\partial t^2} = u^2 \Delta p \quad \text{mit} \quad u = \frac{1}{\sqrt{\rho_0 \beta_{ad}}}
\tag{6.6}
$$

beschrieben. Dabei ist u die *Schallgeschwindigkeit*, ρ_0 die statische Dichte und β_{ad} die *adiabatische Kompressibilität*. Letztere ist die relative Volumenänderung bei gleichmäßiger Druckänderung unter der Bedingung, dass kein Wärmeaustausch stattfindet:

$$\beta_{ad} = -\frac{1}{V}\frac{dV}{dP}. \tag{6.7}$$

Gleichung (6.6) setzt auf universelle Weise die *Schallgeschwindigkeit* mit den elastischen Eigenschaften des Mediums in Beziehung. Je niedriger Dichte und Kompressibilität sind, desto höher ist die Schallgeschwindigkeit. Akustische Wellen bewegen sich viel langsamer als elektromagnetische. Ihre Geschwindigkeit in Luft, Wasser und Eisen bei 20°C beträgt 344 m/s, 1485 m/s bzw. 5100 m/s. Eine höhrbare Schallwelle mit 3 kHz hat in Luft eine Wellenlänge von etwa 10 cm. Akustische Wellen mit viel höherer Frequenz, sogenannter *Ultraschall*, kann kleine Wellenlängen bis hinunter in den Mikrometerbereich haben. Mit geeigneten akustischen Linsen ist dann *Ultraschallmikroskopie* möglich.

Wenn wir Schall oder Ultraschall für Abbildungszwecke benutzen, so müssen wir beachten, dass die Ausbreitung von Schall in Festkörpern viel komplizierter ist als in Flüssigkeiten oder Gasen. Zum einen sind Festkörper nicht isotrop und die Elastizität kann nicht mehr als skalare Kompressibilität beschrieben werden. An ihre Stelle tritt ein Elastizitätstensor. Zum zweiten können durch Scherkräfte auch transversale akustische Wellen erzeugt werden, bei denen die Deformation wie bei elektromagnetischen Wellen senkrecht zur Fortpflanzungsrichtung verläuft. Schallwellen breiten sich daher in Festkörpern mit verschiedenen Modi und unterschiedlichen Geschwindigkeiten aus.

Trotz dieser komplexen Zusammenhänge ist die Schallgeschwindigkeit nur von der Dichte und den elastischen Eigenschaften des Mediums abhängig. Deshalb zeigen akustische Wellen keine *Dispersion*, d. h., Wellen mit unterschiedlichen Frequenzen pflanzen sich mit der gleichen Geschwindigkeit fort. Dies ist eine wichtige Tatsache für Techniken *akustischer Bildgebung*.

6.3 Radiometrie, Photometrie, Spektroskopie und Farbe

6.3.1 Radiometrische Begriffe

Radiometrie beschreibt und misst Strahlung und ihre Interaktion mit Materie. Wegen der dualen Natur der Strahlung beziehen sich die radiometrischen Begriffe entweder auf Energie oder auf Teilchen. Bei elektromagnetischer Strahlung sind die Teilchen Photonen (Abschn. 6.2.4). Wenn es erforderlich ist, für radiometrische Begriffe zwischen den beiden Typen zu unterscheiden, werden die beiden Indizes e und p verwendet.

Radiometrie ist eigentlich kein schwieriges Gebiet. Verwirrung hat jedoch die sehr unterschiedliche, ungenaue und oft sogar falsche Verwendung der Begriffe gestiftet. Zudem wird Radiometrie in der Ausbildung seltener und weniger detailliert berücksichtigt als andere Themen der Optik. Damit ist das Wissen über die Radiometrie weniger verbreitet. Gute Kenntnisse der Radiometrie sind für die Bildaufnahme wichtig. Geometrische Optik sagt uns lediglich, wo ein Abbild eines Objektes lokalisiert ist, während wir mit Hilfe der Radiometrie berechnen können, wieviel Strahlungsenergie von einem Objekt mit einem bestimmten Abbildungssystem aufgenommen wird.

Strahlungsenergie. Strahlung kann, da sie eine Form von Energie ist, Arbeit verrichten. Ein Körper, der Strahlung absorbiert, erwärmt sich. Strahlung kann elektrische Ladungen in einem für die Detektion von Strahlung geeigneten Material freisetzen. *Strahlungsenergie* wird mit Q bezeichnet und hat die Einheit Joule (Ws) oder wird durch die Anzahl von Photonen angegeben.

Strahlungsfluss. Der Energiefluss der Strahlung, d. h. die Energie pro Zeiteinheit, ist der *Strahlungsfluss*; er wird mit Φ bezeichnet:

$$\Phi = \frac{dQ}{dt}. \tag{6.8}$$

Diese Beziehung ist wichtig zur Beschreibung der Gesamtenergie, die von einer Lichtquelle pro Zeiteinheit emittiert wird. Sie wird in Joule/s (J/s), Watt (W) oder Photonen pro s (s^{-1}) gemessen.

Strahlungsflussdichte. Der Strahlungsfluss pro Einheitsfläche ist unter der Bezeichnung Bestrahlungsstärke E oder Strahlungsflussdichte M bekannt:

$$\text{Bestrahlungsstärke } E = \frac{d\Phi}{dA_0}, \quad \text{Strahlungsflussdichte } M = \frac{d\Phi}{dA_0}. \tag{6.9}$$

Die *Bestrahlungsstärke E* ist der Strahlungsfluss, der auf eine Oberfläche pro Einheitsfläche trifft, z. B. auf einen Sensor, der Strahlungsenergie in ein elektrisches Signal umwandelt. Die Einheit der Bestrahlungsstärke ist Wm^{-2}, oder Photonen pro m^2 und s ($m^{-2}s^{-1}$). Dieselbe Größe wird Strahlungsflussdichte genannt und mit M gekennzeichnet, wenn eine Oberfläche (z. B. Lichtquelle) Strahlung emittiert.

Raumwinkel. Der Begriff des *Raumwinkels* ist äußerst wichtig für ein Verständnis der räumlichen Verteilung von Strahlung. Stellen wir uns eine kleine Lichtquelle als Zentrum einer Kugel vom Radius R vor, die Strahlen konusförmig aussendet (Abb. 6.3a). Die Grenzen des Konus beschreiben einen Bereich A der Kugel. Der Raumwinkel (Ω) wird in Steradian (sr) gemessen und ist der Bereich A dividiert durch das Quadrat des

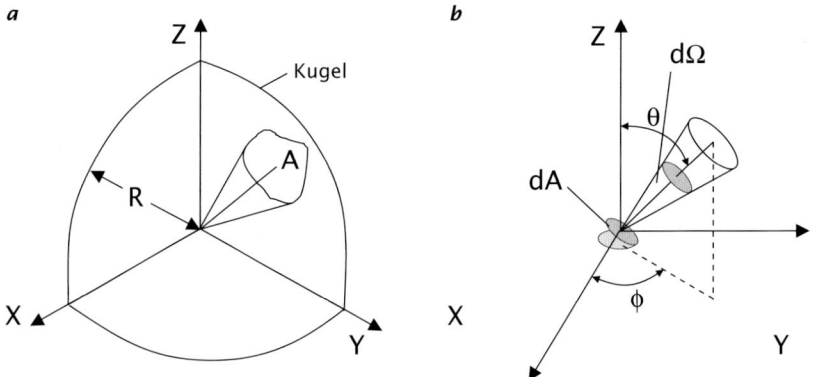

Abbildung 6.3: a *Definition des Raumwinkels.* **b** *Definition der Strahldichte und des Strahlungsflusses, die pro Oberflächenstück* dA *emittiert werden, projiziert in Fortpflanzungsrichtung und pro Raumwinkel* Ω.

Radius ($\Omega = A/R^2$). Obwohl Steradian eine dimensionslose Größe ist, ist es ratsam, sie explizit zu verwenden, wenn ein radiometrischer Begriff, der sich auf einen Raumwinkel bezieht, mit dem korrespondierenden nichtgerichteten Begriff verwechselt werden kann. Der Raumwinkel einer ganzen Kugel ist 4π und der einer Halbkugel 2π.

Strahlungsstärke. Der von einer Lichtquelle ausgesandte Strahlungsfluss pro Raumwinkel wird Strahlungsstärke I genannt:

$$I = \frac{d\Phi}{d\Omega}. \tag{6.10}$$

Es ist offensichtlich, dass dieser Ausdruck nur Sinn hat bei der Beschreibung von Punktlichtquellen, z.B. wenn die Distanz von der Quelle viel größer ist als ihre Ausmaße. Die Strahlungsstärke ist außerdem hilfreich bei der Beschreibung von Lichtstrahlen.

Strahlungsdichte. Bei einer ausgedehnten Lichtquelle ist der Strahlungsfluss pro Einheitsfläche und pro Raumwinkel eine wichtige Größe (Abb. 6.3b):

$$L = \frac{d^2\Phi}{dA\,d\Omega} = \frac{d^2\Phi}{dA_0\cos\theta\,d\Omega}. \tag{6.11}$$

Strahlung kann entweder von einer Oberfläche emittiert werden, durch sie hindurchgehen oder auf ihr auftreffen. Die Strahlungsdichte L hängt vom Einfallswinkel θ auf der Oberfläche (Abb. 6.3b) und vom Azimutwinkel ϕ ab. Bei einer ebenen Oberfläche sind $\theta \in [0, \pi/2]$ und $\phi \in [0, 2\pi]$. Wichtig ist zu beachten, dass die Strahlungsdichte auf eine Einheitsfläche in der Ausbreitungsrichtung ($dA = dA_0 \cdot \cos\theta$) bezogen wird. Damit erhöht sich die effektive Fläche, von der Strahlung emittiert wird, mit dem Einfallswinkel. Die Einheiten für energiebezogene und photonenbezogene Strahlung sind $Wm^{-2}sr^{-1}$ und $s^{-1}m^{-2}sr^{-1}$.

Besonders die einfallende Strahlung wird oft als Helligkeit bezeichnet. Dieser Begriff sollte jedoch nicht verwendet werden, da er sehr zur Verwechslung von Strahlungsdichte und Bestrahlungsstärke beigetragen hat. Obwohl beide Größen die gleiche Dimension haben, ist ihre Bedeutung unterschiedlich. Die Strahlungsdichte L beschreibt die Winkelverteilung von Strahlung, während die Bestrahlungsstärke E die auf einem Oberflächenelement einfallende Strahlung über einen Raumwinkelbereich in allen Richtungen, in denen das Oberflächenelement Strahlung empfangen kann, integriert:

$$E = \int_{\Omega} L(\theta, \phi) \cos \theta \, d\Omega = \int_{0}^{\pi/2} \int_{0}^{2\pi} L(\theta, \phi) \cos \theta \sin \theta \, d\theta \, d\phi. \qquad (6.12)$$

Der Faktor $\cos \theta$ entsteht aus der Tatsache, dass die Strahlungsdichte auf eine Einheitsfläche senkrecht zur Ausbreitungsrichtung bezogen definiert wird (Abb. 6.3b), während die Bestrahlungsstärke sich auf die Einheitsfläche parallel zur Oberfläche bezieht.

6.3.2 Spektroradiometrie

Da jede Interaktion von Materie und Strahlung von der Wellenlänge oder Frequenz der Strahlung abhängt, ist es notwendig, alle radiometrischen Größen als Funktion der *Wellenlänge* zu behandeln. Daher beziehen wir all diese Größen auf ein Einheitsintervall der Wellenlänge. Alternativ können auch Einheitsintervalle von Frequenzen oder Wellenzahlen verwendet werden. Die *Wellenzahl* gibt die Anzahl Wellenlängen pro Einheitsintervall an (siehe (2.14) und Abschn. 2.3.4). Um die verschiedenen spektralen Größen voneinander zu unterscheiden, geben wir die Abhängigkeiten explizit an, z. B. $L(\lambda)$, $L(\nu)$, and $L(k)$.

Die im vorangegangenen Abschnitt diskutierte Radiometrie misst die Eigenschaften der Strahlung in Energieeinheiten oder Anzahl von Photonen. Die *Photometrie* setzt diese Größen in Bezug zur Antwort des menschlichen Auges auf die Strahlung. Die Photometrie hat zweierlei Bedeutung für die wissenschaftliche Bildaufnahme: Zunächst ermöglicht sie einen quantitativen Zugang zu radiometrischen Größen, wie sie vom Auge wahrgenommen werden. Weiter dient sie als Modell zur Beschreibung der Antwort eines beliebigen Strahlensensortyps, der zur Konvertierung von Bestrahlungsstärke in ein elektrisches Signal eingesetzt wird. Der Schlüssel zum Verständnis der Photometrie ist die Betrachtung der spektralen Empfindlichkeit des menschlichen Auges. Ansonsten beinhaltet Photometrie nichts Neues.

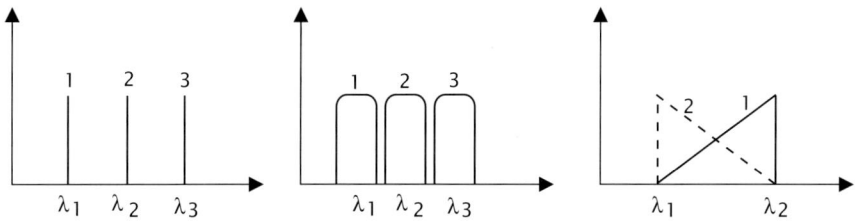

Abbildung 6.4: *Beispiele für die spektrale Abtastung:* **a** *Linienabtastung;* **b** *Bandabtastung;* **c** *Abtastung nach einem bestimmten Modell des spektralen Bereiches, hier für eine einzige Spektrallinie unbekannter Wellenlänge.*

6.3.3 Spektrale Abtastmethoden

Die *spektroskopische Bildaufnahme* ist im Prinzip ein sehr mächtiges Werkzeug zur Identifikation von Objekten und ihren Eigenschaften, da fast alle optischen Materialkonstanten von der Wellenlänge der Strahlung abhängen. Der Nachteil der spektroskopischen Bildaufnahme ist, dass eine zusätzliche Koordinate hinzukommt und dass sich dadurch die Datenmenge entsprechend erhöht. Daher ist es wichtig, das Spektrum mit einer Minimalzahl von Abtastpunkten zu messen, die ausreicht, eine gegebene Aufgabe zu erfüllen. Wir beschreiben hier mehrere Messstrategien und diskutieren unter diesem Gesichtspunkt auch das Farbsehen des Menschen als eine Form spektraler Messung.

Linienabtastung ist eine Methode, bei der pro Kanal nur ein schmaler Bereich des Spektrums aufgenommen wird (Abb. 6.4a). Sie wird verwendet, wenn Prozesse aufzunehmen sind, die mit Emission oder Absorption bei bestimmten Spektrallinien zusammenhängen. Ein Kanal „sieht" nur eine spezifische Wellenlänge und ist unempfindlich gegenüber allen anderen Wellenlängen, soweit sich ein solch enger Bandpassfilter technisch realisieren lässt. Auf diese Weise kann ein sehr spezifischer Effekt oder eine bestimmte chemische Substanz aufgenommen werden. Allerdings ist diese Technik nicht geeignet, die Gesamtstrahlung von Objekten abzuschätzen, da sie für die meisten Wellenlängen unempfindlich ist.

Bandabtastung ist die geeignete Technik (Abb. 6.4b), wenn die Gesamtstrahlung in einem bestimmten Wellenlängenbereich gemessen werden soll und trotzdem noch eine gewisse Wellenlängenauflösung erforderlich ist. Idealerweise haben die einzelnen Bänder eine konstante Empfindlichkeit und schließen direkt aneinander an. Bandabtastung sorgt für eine optimale Auflösung mit wenigen Kanälen, erlaubt allerdings keine Unterscheidung der Wellenlängen innerhalb eines Bandes. Die spektrale Auflösung, die mit dieser Abtastmethode erreicht werden kann, ist begrenzt auf die Breite der spektralen Bänder der Sensoren.

In vielen Fällen ist es möglich, ein Modell der spektralen Strahlung eines bestimmten Objektes aufzustellen. Dann kann eine bessere Technik der spektralen Abtastung gewählt werden, die im wesentlichen nicht bestimmte Wellenlängen abtastet, sondern die Parameter des Modells. Diese Technik wird als *modellbasierte spektrale Abtastung* bezeichnet.

Wir werden diesen generellen Ansatz anhand eines einfachen Beispiels illustrieren. Es zeigt eine Methode zur Messung der mittleren Wellenlänge und des gesamten Strahlungsflusses einer beliebigen Spektralverteilung $\phi(\lambda)$ innerhalb eines bestimmten Wellenzahlbereiches. Die gesuchten Größen werden folgendermaßen definiert:

$$\phi = \frac{1}{\lambda_2 - \lambda_1} \int_{\lambda_1}^{\lambda_2} \phi(\lambda)\, d\lambda \quad \text{und} \quad \overline{\lambda} = \int_{\lambda_1}^{\lambda_2} \lambda\phi(\lambda)d\lambda \left/ \int_{\lambda_1}^{\lambda_2} \phi(\lambda)\, d\lambda \right. . \quad (6.13)$$

In der zweiten Gleichung wird die spektrale Verteilung mit der Wellenlänge multipliziert. Daher benötigen wir einen Sensor mit einer Empfindlichkeit, die linear mit der Wellenzahl variiert. Wir versuchen es mit zwei Sensorkanälen der folgenden linearen spektralen Sensitivität (Abb. 6.4c):

$$\begin{aligned} R_1(\lambda) &= \frac{\lambda - \lambda_1}{\lambda_2 - \lambda_1} R_0 = \left(\frac{1}{2} + \tilde{\lambda}\right) R_0 \\[2mm] R_2(\lambda) &= R_0 - R_1(\lambda) = \left(\frac{1}{2} - \tilde{\lambda}\right) R_0, \end{aligned} \quad (6.14)$$

wobei R die wellenlängenabhängige Empfindlichkeit des Sensors ist und $\tilde{\lambda}$ die normalisierte Wellenlänge

$$\tilde{\lambda} = \left(\lambda - \frac{\lambda_1 + \lambda_2}{2}\right) / (\lambda_2 - \lambda_1). \quad (6.15)$$

$\tilde{\lambda}$ ist null in der Mitte und $\pm 1/2$ an den Rändern des Wellenzahlintervalls.

Die Summe der Sensitivität der beiden Kanäle ist unabhängig von der Wellenlänge, während die Differenz direkt proportional zur Wellenlänge ist und zwischen $-R_0$ für $\lambda = \lambda_1$ und R_0 für $\lambda = \lambda_2$ variiert:

$$\begin{aligned} R_1'(\tilde{\lambda}) &= R_1(\lambda) + R_2(\lambda) = R_0 \\ R_2'(\tilde{\lambda}) &= R_1(\lambda) - R_2(\lambda) = 2\tilde{\lambda}R_0. \end{aligned} \quad (6.16)$$

Daher ergibt das Summensignal der beiden Sensoren R_1 und R_2 eine Messung des totalen Strahlungsflusses, während sich die mittlere Wellenlänge aus $2\tilde{\lambda} = (R_1 - R_2)/(R_1 + R_2)$ berechnen lässt. Außer diesen beiden Größen liefern die beiden Sensoren aber keine weiteren Details über die spektrale Verteilung der gemessenen Strahlung.

6.3.4 Farbsehen

Das *menschliche Sehsystem* reagiert nur auf elektromagnetische Strahlung der Wellenlängen zwischen etwa 360 und 800 nm. Selbst bei Individuen mit normaler Sehkraft ist die spektrale Empfindlichkeit aber

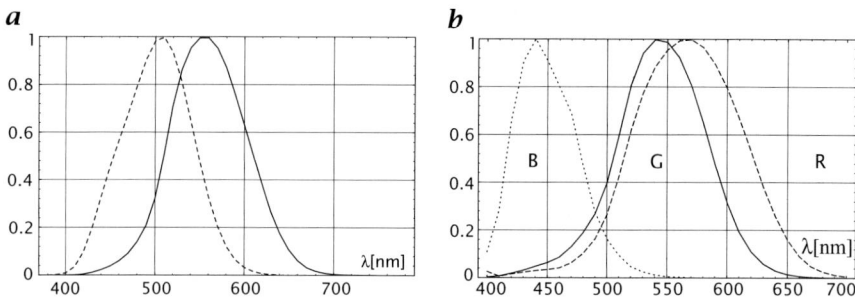

Abbildung 6.5: a Relative spektrale Empfindlichkeit eines „durchschnittlichen"
menschlichen Auges, wie sie 1980 von der CIE bei mittleren bis hohen (photopisches Sehen V(λ), durchgezogene Linie) und bei niedrigen Beleuchtungsstärken
(skotopisches Sehen V'(λ), gestrichelte Linie) festgelegt wurde; Daten aus [118].
b Relative spektrale Empfindlichkeit der Zapfen der menschlichen Retina nach
DeMarco et al. [34].

gewissen Schwankungen unterlegen. Der sichtbare Bereich des elektromagnetischen Spektrums (Licht, Abb. 6.2) ist also nicht exakt zu definieren.

Auf der Retina (Netzhaut) des Auges, auf die ein Bild projiziert wird,
befinden sich hauptsächlich zwei Arten von Rezeptorklassen, Stäbchen
und Zapfen. Photopigmente in den äußeren Segmenten der Rezepto-
ren absorbieren Strahlung. Die absorbierte Energie wird dann in neurale
elektrochemische Signale konvertiert, die an nachgeschaltete Neuronen,
den Sehnerv und das Gehirn weitergeleitet werden. Die Zapfen besitzen
drei verschiedene Photopigmente. Sie sind damit für drei unterschiedliche Spektralbereiche empfindlich und ermöglichen dadurch das Farbsehen (Abb. 6.5b). Zapfensehen ist nur aktiv bei mittleren und hohen
Beleuchtungsstärken und wird daher auch *photopisches Sehen* genannt.
Bei niedrigen Beleuchtungsstärken sind nur die Stäbchen aktiv. Daher
wird diese Sehform auch *skotopisches Sehen* genannt.

Auf den ersten Blick erscheint die quantitative Messung der spektralen Empfindlichkeit des Auges unmöglich, da wir uns nur auf einen sub-
jektiven Eindruck, wie das menschliche Auge „Strahlung sieht", stützen
können. Und doch kann die spektrale Empfindlichkeit gemessen werden, indem wir ausnutzen, dass das Auge sehr empfindlich auf Helligkeitsunterschiede reagiert. Aufgrund extensiver Untersuchungen an vielen Probanden hat die internationale Lichtkommission (CIE) 1924 einen
Standard für die spektrale Empfindlichkeit des menschlichen Beobachters unter photopischen Bedingungen definiert. Dieser Standard wurde
später mehrmals leicht revidiert. Abbildung 6.5a zeigt die 1980 festge-
legten Werte. Die Kurve der relativen spektralen Empfindlichkeit fur das
skotopische Sehen V'(λ) ist von der Form her ähnlich, jedoch ist das
Maximum von etwa 555 nm auf 510 nm verschoben (Abb. 6.5a).

Physiologische Messungen können nur eine relative spektrale Funktion der Lichtausbeute ergeben. Es ist also notwendig, für Lichtgrößen eine eigene Einheit zu definieren. Diese Einheit, das Candela, ist eine von sieben Grundeinheiten des internationalen Einheitsystems (Système Internationale oder SI). Das Candela ist definiert als die Lichtstärke einer monochromatischen Lichtquelle mit einer Frequenz von $5,4 \cdot 10^{14}$ Hz und einer Strahlungsstärke von $1/683$ W/sr. Der krumme Faktor $1/683$ hat historische Gründe und rührt daher, dass das Candela früher unabhängig von radiometrischen Größen definiert wurde.

Mit dieser Definition der Lichtstärke und der Fähigkeit des Auges, kleine Veränderungen der Helligkeit zu erkennen, kann die Lichtstärke einer beliebigen Lichtquelle gemessen werden, indem sie mit einer Standardlichtquelle verglichen wird. Bei diesem Ansatz ist jedoch die Messung der Lichtstärke von dem individuellen Beobachter abhängig. Deshalb ist es besser, eine spektrale Standardlichtausbeutefunktion zu verwenden. Dann kann jede photometrische Größe aus der ihr entsprechenden radiometrischen Größe berechnet werden:

$$
\begin{aligned}
Q_v &= 683 \frac{\text{lm}}{\text{W}} \int_{380\,\text{nm}}^{780\,\text{nm}} Q(\lambda) V(\lambda)\,\mathrm{d}\lambda \qquad \text{photopisch,} \\[2mm]
Q_{v'} &= 1754 \frac{\text{lm}}{\text{W}} \int_{380\,\text{nm}}^{780\,\text{nm}} Q(\lambda) V'(\lambda)\,\mathrm{d}\lambda \quad \text{skotopisch,}
\end{aligned}
\tag{6.17}
$$

wobei $V(\lambda)$ die spektrale Lichtausbeute für das Tagsehen ist (photopisch). Eine Liste aller photometrischen Größen und ihrer Strahlungsäquivalente findet sich in Anhang A ($\succ$ R15). Die Einheit des Lichtstroms, der zum Strahlungsfluss (Einheit W) äquivalenten photometrischen Größe, ist Lumen (lm).

Das Farbsehen des Menschen kann mit den Begriffen der oben diskutierten spektralen Abtasttechniken als ein Gemisch von Bandpassabtastung und modellbasiertem Abtasten betrachtet werden. Für das Farbempfinden stehen dem Auge drei Typen von Photopigmenten in den als Zapfen bezeichneten Photorezeptoren der Retina zur Verfügung. Diese Photopigmente haben unterschiedliche spektrale Empfindlichkeiten (Abb. 6.5b). Sie umfassen Spektralbänder mit maximalen Sensitivitäten bei 445 nm, 535 nm bzw. 575 nm, die sich jedoch beträchtlich überlappen. Im Gegensatz zu unseren Modellbeispielen sind die drei Sensorkanäle ungleich breit und können nicht einfach in linearen Bezug zueinander gebracht werden. Tatsächlich ist die Farbempfindlichkeit des menschlichen Auges ungleichmäßig, so dass die damit verbundenen Nichtlinearitäten die wissenschaftliche Untersuchung des Farbsehens ziemlich schwierig machen. An dieser Stelle werden nur einige grundlegende Tatsachen besprochen, soweit sie zum Verstehen von Farben nötig sind.

Mit drei Farbsensoren spannen Farbsignale einen 3D-Raum auf. Jeder Punkt in diesem Raum repräsentiert eine Farbe. Es ist klar, dass viele spektrale Verteilungen, sogenannte *metamere Farbreize* oder kurz *Metamere*, auf einen Punkt im Farbraum abgebildet werden können. Generell können wir das Signal s_i, das ein Sensor mit einer spektralen Empfindlichkeit $R_i(\lambda)$ erzeugt, schreiben als

$$s_i = \int R_i(\lambda)\phi(\lambda)\,d\lambda. \tag{6.18}$$

Die von drei Sensoren für Primärfarben erzeugten Tripel werden oft *Tristimulus* genannt.

Im Zentrum der *Farbenlehre (Colorimetrie)* steht ein System, mit dem Farben als Linearkombinationen von Grund- oder *Primärfarben* wiedergegeben werden können. Ein Satz von drei spektralen Verteilungen $\phi_j(\lambda)$ repräsentiert einen Satz von Primärfarben und resultiert in einem Vektor von Antworten, die durch die Matrix P folgendermaßen beschrieben werden können:

$$p_{ij} = \int R_i(\lambda)\phi_j(\lambda)\,d\lambda. \tag{6.19}$$

Jeder Vektor $\boldsymbol{p}_j = (p_{1j}, p_{2j}, p_{3j})$ repräsentiert den Tristimulus der Primärfarben im 3D-Farbraum. Dann ist offensichtlich, dass nur Farben dargestellt werden können, die eine Linearkombination der Basisvektoren $\boldsymbol{p}_j$ sind:

$$\boldsymbol{s} = R\boldsymbol{p}_1 + G\boldsymbol{p}_2 + B\boldsymbol{p}_3 \quad \text{mit} \quad 0 \le R, G, B \le 1, \tag{6.20}$$

wobei die Koeffizienten mit R, G und B für die drei Primärfarben Rot, Grün und Blau bezeichnet werden. Nur wenn die drei Basisvektoren $\boldsymbol{p}_j$ orthogonal sind, können alle Farben als Linearkombination der Basisvektoren wiedergegeben werden. Ein mögliches und technisch leicht zu realisierendes Primärfarbensystem sind die monochromen Farben Rot, Grün und Blau mit 700 nm, 546,1 nm and 435,8 nm, wie sie 1931 von der CIE festgelegt wurden. Wir benutzen im folgenden das Bildschirmprimärfarbensystem nach der europäischen EBU-Norm, mit rotem, grünem und blauem Phosphor (Leuchtstoff) als Grundfarben, da dies die übliche Methode ist, Farbbilder auf RGB-Farbmonitoren darzustellen.

Aus der signifikanten Überlappung der Spektralantworten der drei Zapfentypen in der Retina, insbesondere im grünen Bereich (Abb. 6.5b), wird offensichtlich, dass es keinen Satz physikalischer Primärfarben gibt, der alle möglichen Farben des 3D-Farbraumes darstellen kann. Die Farben, die wiedergegeben werden können, liegen innerhalb des Parallelepipeds, das von den drei nichtorthogonalen Basisvektoren der Primärfarben gebildet wird. Je mehr die Primärfarben miteinander korreliert sind (d. h., je kleiner der Winkel zwischen zwei von ihnen ist), desto geringer ist der Farbraum, der durch sie repräsentiert werden kann. Mathematisch gesehen haben Farben, die nicht durch ein Gemisch von Primärfarben dargestellt werden können, zumindest *einen* negativen Koeffizienten in (6.20).

Eine Komponente im 3D-Farbraum ist die Intensität. Wird ein Farbvektor mit einem Skalar multipliziert, ändert sich zwar seine Intensität, nicht jedoch seine Farbe. So können alle Farben über die Intensität normalisiert werden. Diese Operation reduziert den 3D-Farbraum auf eine 2D-Farbebene oder auch Farbenkarte:

$$r = \frac{R}{R + G + B}, \quad g = \frac{G}{R + G + B}, \quad b = \frac{B}{R + G + B} \tag{6.21}$$

mit

$$r + g + b = 1. \tag{6.22}$$

Es ist ausreichend, nur die beiden Komponenten r und g zu verwenden. Die dritte Komponente ergibt sich dann aus $b = 1 - r - g$ nach (6.22). Damit sind alle Farben, die durch die drei Primärfarben R, G und B repräsentiert werden können, auf ein Dreieck im rg-Raum beschränkt (Abb. 6.6a). Wie bereits erwähnt, können einige Farben nicht durch die Primärfarben dargestellt werden. Die Grenze der möglichen Farben wird durch alle sichtbaren monochromatischen Farben von tiefrot bis blau gegeben. Die Linie der monochromatischen Farben bildet eine u-förmige Kurve im rg-Raum. Da alle Farben, die auf einer geraden Linie zwischen zwei Farben liegen, durch additive Mischung dieser beiden erzeugt werden können, bildet die von der u-förmigen Spektralkurve und der geraden Mischlinie zwischen ihren beiden Enden für blaue und rote Farbe (Purpurlinie) berandete Fläche den Raum aller möglichen Farben.

Um negative Farbkoordinatenwerte zu vermeiden, wird oft ein neues Farbkoordinatensystem mit virtuellen Primärfarben gewählt, d. h. mit Primärfarben, die keiner physikalischen Farbe entsprechen. Dieses Farbsystem ist als *XYZ-Farbsystem* bekannt und derart konstruiert, dass es gerade die Kurve monochromatischer Farben mit nur positiven Koeffizienten enthält (Abb. 6.6c). Es wird durch die folgende lineare Koordinatentransformation beschrieben:

$$\begin{bmatrix} X \\ Y \\ Z \end{bmatrix} = \begin{bmatrix} 0,490 & 0,310 & 0,200 \\ 0,177 & 0,812 & 0,011 \\ 0,000 & 0,010 & 0,990 \end{bmatrix} \begin{bmatrix} R \\ G \\ B \end{bmatrix}. \tag{6.23}$$

Die Rücktransformation vom XYZ-Farbsystem in das RGB-Farbsystem ergibt sich durch die Invertierung der Matrix in (6.23).

Die bisher diskutierten Farbsysteme haben mit der Farbempfindung des Menschen nicht direkt zu tun. Aus den rg- oder xy-Werten können

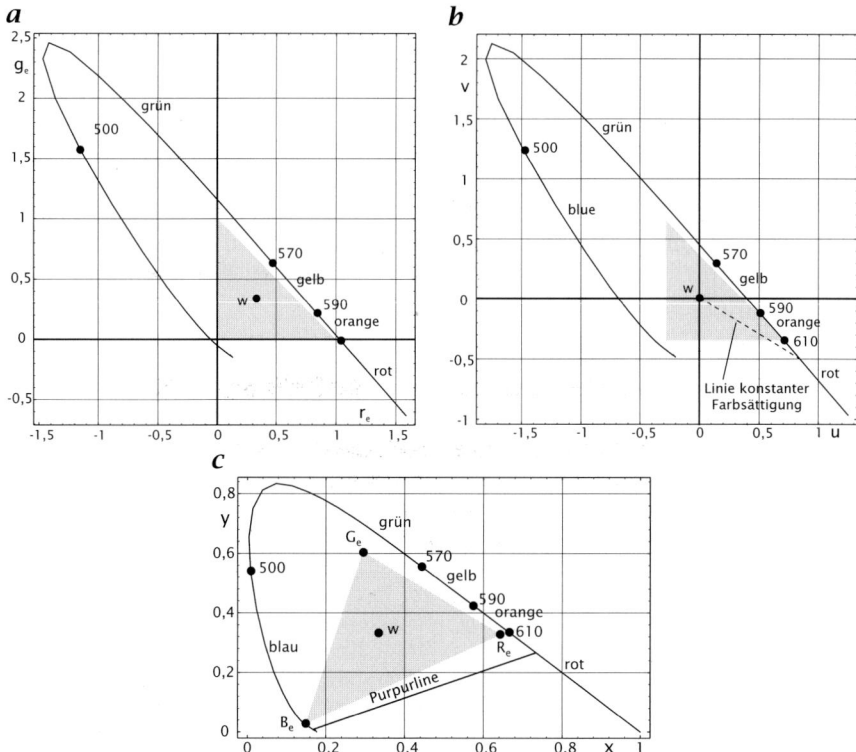

Abbildung 6.6: *Farbenkarte, dargestellt im **a** rg-Farbraum; **b** uv-Farbraum; **c** xy-Farbraum; die grauen Dreiecke umschließen die Farben, die durch additive Farbmischung aus den Primärfarben R, G und B erzeugt werden können.*

wir nicht direkt Farben wie Grün oder Blau erzeugen. Zu einer natürlichen Beschreibung von Farben gehört neben der *Leuchtstärke* oder *Beleuchtungsstärke* (*Intensität*) der Farbtyp wie Grün oder Blau (*Farbton*) und die Reinheit der Farbe (*Sättigung*). Aus einer reinen Farbe können wir jeden Sättigungsgrad erzeugen, indem wir sie mit Weiß mischen.

Farbton und Sättigung können aus Farbenkarten durch einfache Koordinatentransformationen extrahiert werden. Der Bezugspunkt ist der Weißpunkt in der Mitte des Diagramms (Abb. 6.6b). Wenn wir von diesem Punkt eine Linie zu einer reinen (monochromatischen) Farbe ziehen, entsteht eine Mischlinie für eine reine Farbe mit weiß. Sie ist daher eine Linie mit konstantem Farbton. Von diesem Weißpunkt zur reinen Farbe nimmt die Sättigung linear zu. Der *Weißpunkt* ist im rg-Diagramm durch $w = [1/3, 1/3]^T$ gegeben.

Ein Farbsystem, das sein Zentrum im Weißpunkt hat, wird *Farbdifferenzsystem* genannt. Von einem Farbdifferenzsystem können wir zu einem Farbton-Sättigungs-Farbsystem (englisch: hue, saturation, intensity, HSI) gelangen, indem wir ein polares Koordinatensystem verwenden. Dann ist der Radius proportional zur Sättigung und der Winkel zum Farbton (Abb. 6.6b).

Soweit ist die Farbwissenschaft einfach. Alle Schwierigkeiten entstehen aus der Tatsache, dass ein Farbsystem für Bildschirme und Drucker sowie für die Übertragung durch Fernsehsignale optimiert werden muss. Probleme entstehen auch bei der Korrektur der ungleichen Farbauflösung des menschlichen visuellen Systems, die in den Farbenkarten sichtbar wird (Abb. 6.6). Diese Probleme haben zu einer verwirrenden Vielfalt unterschiedlicher Farbsysteme geführt.

6.4 Wechselwirkung zwischen Strahlung und Materie[‡]

Die Wechselwirkung zwischen Strahlung und Materie ist die Grundlage für jede abbildende Technik. Grundsätzlich können zwei Klassen der Wechselwirkung unterschieden werden (Abb. 6.7). Die erste Klasse steht im Zusammenhang mit Diskontinuitäten optischer Eigenschaften am Übergang zwischen zwei unterschiedlichen Materialien. Die zweite Klasse bezieht sich auf Volumen und hängt von den optischen Materialkonstanten ab. In diesem Abschnitt geben wir eine kurze Zusammenfassung der wichtigsten Arten der Wechselwirkungen. Damit soll ein Überblick über die vielfältigen Möglichkeiten der Messung von Materialeigenschaften mit bildaufnehmenden Techniken gegeben werden.

6.4.1 Thermische Emission[‡]

Emission von elektromagnetischen Strahlen erfolgt bei allen Temperaturen und ist damit eine allgegenwärtige Form der Interaktion zwischen Materie und elektromagnetischer Strahlung. Die Ursache für die spontane Emission elektromagnetischer Strahlung ist die thermische Molekularbewegung, die mit der Temperatur steigt. Bei der Emission von Strahlung wird thermische Energie in elektromagnetische Strahlen umgewandelt. Nach dem Gesetz der Energieerhaltung kühlt sich die Materie dabei ab.

Es gibt eine obere Grenze thermischer Emission. Nach den Gesetzen der Thermodynamik muss der Anteil der Strahlung, der bei einer bestimmten Wellenlänge absorbiert wurde, wieder abgestrahlt werden. Damit liegt die obere Emissionsgrenze bei einem Absorptionsvermögen von eins. Ein Stoff mit perfektem Absorptionsvermögen — und maximaler Emission — wird *schwarzer Körper* genannt.

Die korrekte theoretische Beschreibung der Strahlung eines schwarzen Körpers durch *Planck* im Jahre 1900 erforderte die Annahme, dass Emission und Absorption von Strahlung in diskreten Energiequanten $E = h\nu$ erfolgen. Die spektrale Strahlung eines schwarzen Körpers mit der absoluten Temperatur T beträgt (Abb. 6.8)

$$L_e(\nu, T) = \frac{2h\nu^3}{c^2}\frac{1}{\exp\left(\frac{h\nu}{k_B T}\right) - 1}, \quad L_e(\lambda, T) = \frac{2hc^2}{\lambda^5}\frac{1}{\exp\left(\frac{hc}{k_B T\lambda}\right) - 1} \quad (6.24)$$

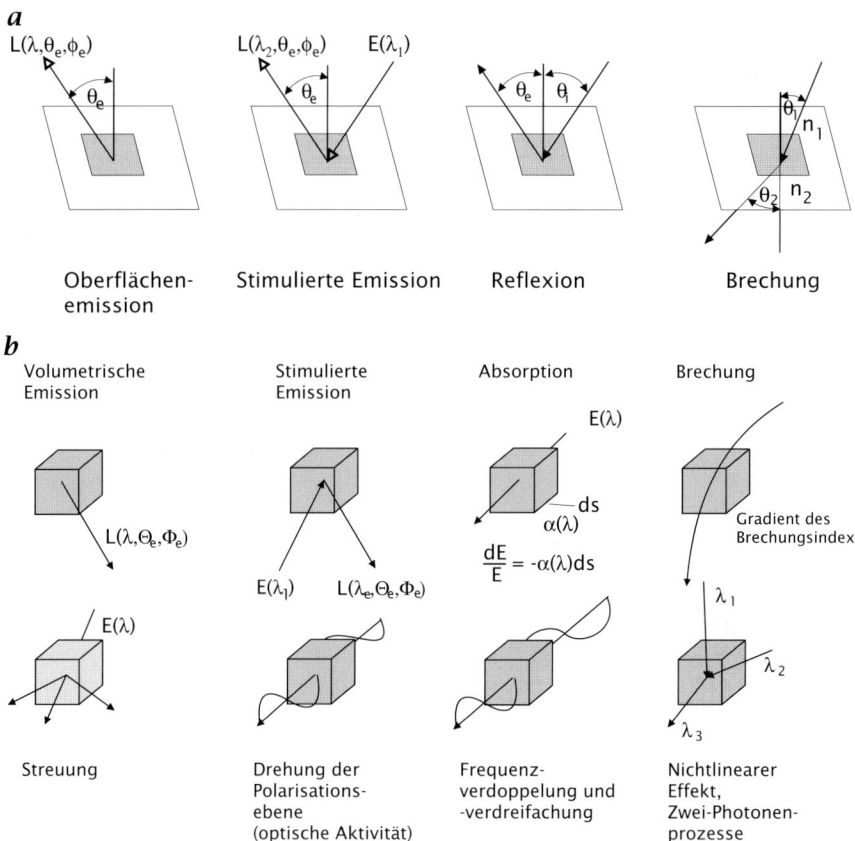

Abbildung 6.7: *Prinzipielle Möglichkeiten der Wechselwirkung zwischen Strahlung und Materie:* **a** *an der Oberfläche eines Objektes, d. h. aufgrund der Diskontinuität optischer Eigenschaften;* **b** *volumenbezogen.*

mit

$$h = 6,6262 \cdot 10^{-34}\,\text{Js} \qquad \text{Plancksche Konstante,}$$
$$k_B = 1,3806 \cdot 10^{-23}\,\text{J/K} \qquad \text{Boltzmann-Konstante und} \qquad (6.25)$$
$$c = 2,9979 \cdot 10^{8}\,\text{ms}^{-1} \qquad \text{Lichtgeschwindigkeit im Vakuum.}$$

Die Strahlung eines schwarzen Körpers hat die wichtige Eigenschaft, dass die Strahlungsdichte nicht richtungsabhängig ist. Solch ein Strahler wird *Lambertscher Strahler* genannt. Damit ist die spektrale Strahlungsflussdichte (konstante Strahlungsdichte integriert über eine Halbkugel) π-mal höher als die Strahlungsdichte:

$$M_e(\lambda, T) = \frac{2\pi h c^2}{\lambda^5}\,\frac{1}{\exp\left(\frac{hc}{k_B T \lambda}\right) - 1}. \qquad (6.26)$$

Die totale Strahlungsflussdichte eines schwarzen Körpers, integriert über alle Wellenlängen, ist nach dem Gesetz von Stefan und Boltzmann proportional zu

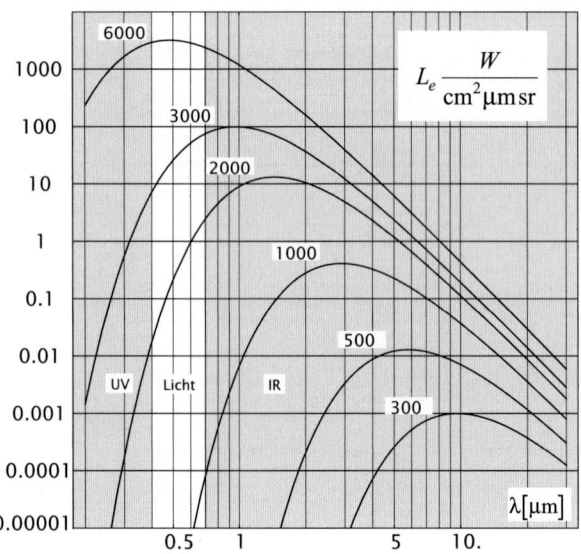

Abbildung 6.8: *Spektrale Strahldichte eines schwarzen Körpers bei verschiedenen absoluten Temperaturen T, doppelt-logarithmisch aufgetragen. Die dünne Linie markiert die Wellenlänge der maximalen Emission als Funktion der absoluten Temperatur.*

T^4:

$$M_e = \int_0^\infty M_e(\lambda)\, d\lambda = \frac{2}{15}\, \frac{k_B^4 \pi^5}{c^2 h^3}\, T^4 = \sigma T^4, \qquad (6.27)$$

wobei $\sigma \approx 5,67 \cdot 10^{-8} \mathrm{Wm^{-2}K^{-4}}$ die *Stefan-Boltzmann-Konstante* ist. Die Wellenlänge der maximalen Emission eines schwarzen Körpers wird durch das *Wiensche Gesetz* beschrieben:

$$\lambda_m \approx \frac{2.898 \cdot 10^{-3} \mathrm{Km}}{T}. \qquad (6.28)$$

Die maximale Strahlungsflussdichte bei Raumtemperatur (300 K) liegt im Infrarotbereich bei etwa 10 μm, bei 3000 K (Glühlampe) liegt sie im nahen Infrarot bei 1 μm.

Reale Objekte emittieren weniger Strahlung als ein schwarzer Körper. Das Verhältnis der Ausstrahlung eines realen Körpers zur Ausstrahlung eines schwarzen Körpers wird (spezifische) *Emissivität* ϵ genannt und ist abhängig von der Wellenlänge.

Die Strahlung im *Infrarot-* und *Mikrowellenbereich* kann verwendet werden, um Bilder der Temperaturverteilung von Objekten aufzunehmen. Diese Anwendung wird *Thermographie* genannt. Die thermische Bildaufnahme wird dadurch kompliziert, dass reale Objekte keine perfekten schwarzen Körper sind, sondern teilweise Strahlung ihrer Umgebung reflektieren. Hat ein Objekt die *Emissivität* ϵ, resultiert der Teil $1 - \epsilon$ der empfangenen Strahlung aus der Objektumgebung. Dies verfälscht die Temperaturmessung. Unter der vereinfachten

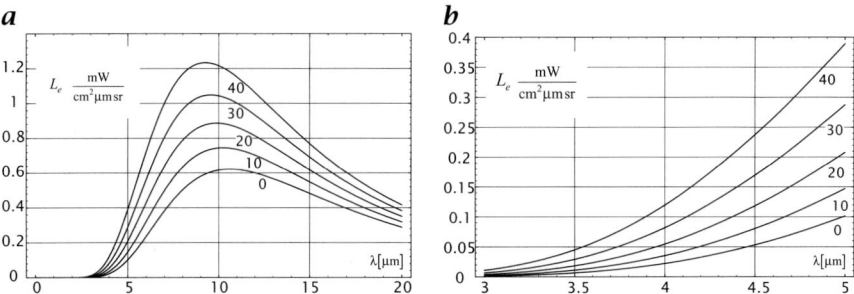

Abbildung 6.9: *Strahldichte eines schwarzen Körpers bei Temperaturen zwischen 0 und 40°C im Wellenlängenbereich **a** 0-20 μm und **b** 3-5 μm.*

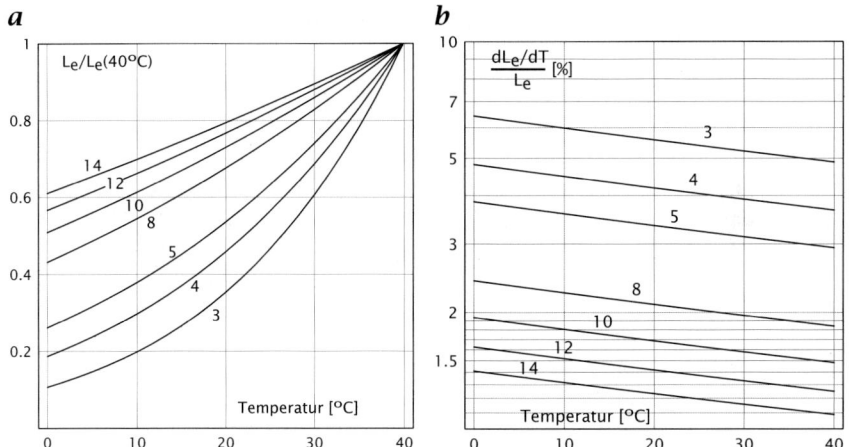

Abbildung 6.10: *Relative photonenbasierte Strahlungsdichte im Temperaturbereich zwischen 0 und 40°C und bei Wellenlängen in μm, wie angegeben: **a** bezogen auf die Strahlungsdichte bei 40°C; **b** relative Änderung in Prozent pro Grad.*

Annahme, dass die Umgebung eine konstante Temperatur T_e hat, können wir den Einfluss der reflektierten Umgebungsstrahlung auf die Temperaturmessung abschätzen. Die Gesamtstrahlung E, die das Objekt abgibt, beträgt

$$E = \epsilon \sigma T^4 + (1 - \epsilon) \sigma T_e^4. \qquad (6.29)$$

Diese Strahlung wird interpretiert, als ob sie von einem schwarzen Körper mit der vorgetäuschten Temperatur T' herrühren würde:

$$\sigma T'^4 = \epsilon \sigma T^4 + (1 - \epsilon) \sigma T_e^4. \qquad (6.30)$$

Umsortieren der Gleichung nach T' ergibt

$$T' = T \left(1 + (1 - \epsilon) \frac{T_e^4 - T^4}{T^4} \right)^{1/4}. \qquad (6.31)$$

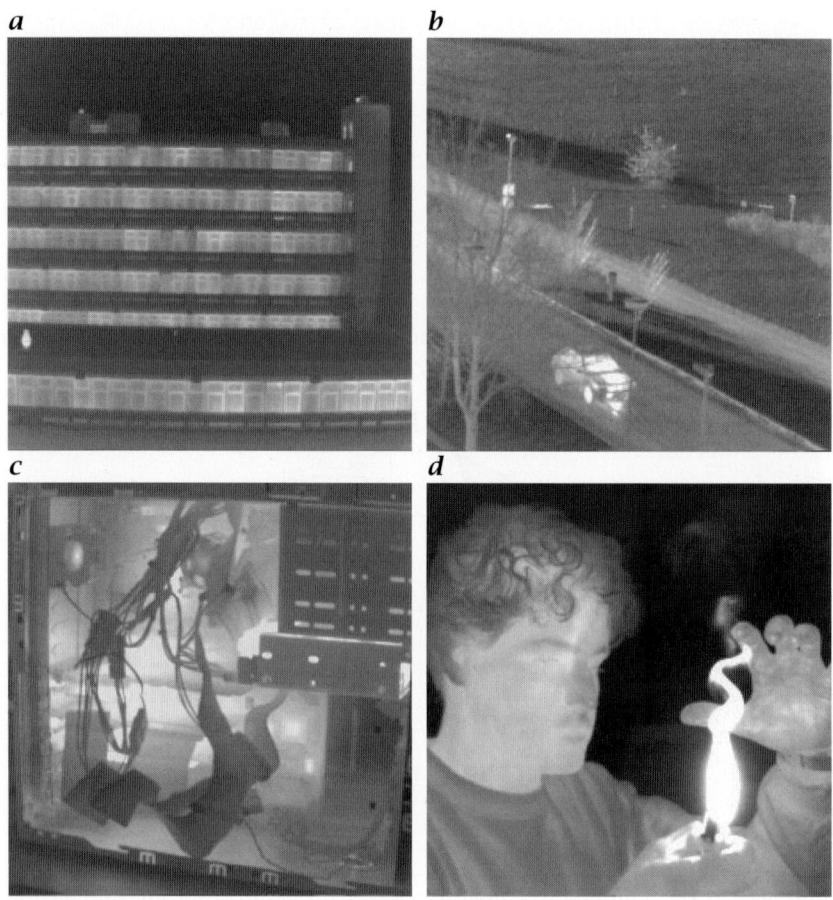

Abbildung 6.11: *Beispiele für Wärmebilder:* **a** *Gebäude, aufgenommen an einem kalten Wintertag,* **b** *Straßenszene,* **c** *Blick in einen PC und* **e** *Person mit Feuerzeug.*

Innerhalb der Grenzen kleiner Temperaturdifferenzen ($T_e - T \ll T$) reduziert sich (6.31) auf

$$T' \approx \epsilon T + (1 - \epsilon)T_e \quad \text{oder} \quad T' - T = (1 - \epsilon)(T_e - T). \qquad (6.32)$$

Aus dieser vereinfachten Gleichung schließen wir, dass eine 1 %ige Abweichung von ϵ von eins in einem Temperaturfehler von 0,01 K pro 1 K Unterschied der Objekttemperatur zur Umgebungstemperatur resultiert. Selbst bei einem fast perfekten *schwarzen Körper* wie der Wasseroberfläche mit einer mittleren Emissivität von 0,97 führt dies zu beträchtlichen Fehlern bei der absoluten Temperaturmessung. Die tatsächliche Temperatur eines klaren Himmels kann leicht 80 K kälter als eine 300 K warme Wasseroberfläche sein und damit zu einem Fehler von -0,03 · 80 K = -2,4 K bei der Temperaturmessung führen. Dieser Fehler kann nach (6.31) und (6.32) korrigiert werden, wenn die mittlere Umgebungstemperatur bekannt ist. Ebenso sind relative Temperaturmessungen fehlerbehaftet, wenn auch weniger deutlich. Wenn wir von einer konstanten Umgebungstemperatur im Bereich $(T_e - T) \ll T$ ausgehen, können wir aus (6.32) schließen, dass

$$\partial T' \approx \epsilon \partial T \quad \text{für} \quad (T_e - T) \ll T. \tag{6.33}$$

Das bedeutet, dass die gemessenen Temperaturunterschiede um den Faktor ϵ kleiner sind als in Wirklichkeit.

Andere Korrekturfaktoren müssen angewandt werden, wenn Strahlung auf dem Weg vom Objekt zum Detektor signifikant absorbiert wird. Ist die Entfernung zwischen Objekt und Kamera groß, wie bei Infrarotaufnahmen der Erde von Flugzeugen oder aus dem Weltraum, ist es wichtig, einen Wellenlängenbereich mit minimaler Absorption zu wählen. Die beiden wichtigsten atmosphärischen Fenster liegen bei 3-5 μm (mit einem scharfen Absorptionsmaximum um 4,2 μm, das auf CO_2 zurückzuführen ist) und bei 8-12 μm.

Abbildung 6.9 zeigt die Strahlung eines schwarzen Körpers bei Umgebungstemperaturen zwischen 0 und 40 °C in Wellenlängenbereichen von 0-20 μm und 3-5 μm. Obwohl das Strahlungsmaximum bei 10 μm und dort etwa 20mal höher als bei 4 μm liegt, ist die relative Veränderung der Strahlung mit der Temperatur bei 4 μm viel größer als bei 10 μm.

Dieser Effekt ist genauer in Abb. 6.10 gezeigt. Dort ist die Strahlungsdichte relativ zu der Strahlungsdichte bei 40°C und die relative Änderung der Strahlungsdichte pro Grad $(\partial L/\partial T)/L$ als Funktion der Temperatur aufgetragen. Während sich die Strahlung bei 20 °C bei einer Wellelänge von 10 μm nur um etwa 1,7 %/K ändert, ändert sie sich bei einer Wellenlänge von 4 μm um etwa 4 %/K. Diese höhere relative Sensitivität bedingt den Vorteil des Wellenlängenbereiches 3-5 μm für die Messung kleiner Temperaturunterschiede, obwohl die absolute Strahlung viel kleiner ist.

In Abb. 6.11 illustrieren einige Bilder die Anwendung der Thermograhie.

6.4.2   Brechung, Reflexion und Transmission‡

Am Übergang zwischen zwei optischen Medien wird der übertragene Strahl nach dem *Snellius-Brechungsgesetz* gebrochen, d. h., er ändert seine Richtung (Abb. 6.12a):

$$\frac{\sin \theta_1}{\sin \theta_2} = \frac{n_2}{n_1}, \tag{6.34}$$

wobei θ_1 der Einfallswinkel und θ_2 der Brechungswinkel ist. Brechung ist die Basis für transparente optische Elemente (Linsen), die ein Abbild eines Objektes erzeugen können. Das bedeutet, dass alle Strahlen, die von einem Punkt des Objektes emittiert werden und durch das optische Element wandern, in einem Punkt der Bildebene konvergieren.

Eine spiegelnde Oberfläche reflektiert Licht gerichtet. Licht, dass in Richtung (θ_i, ϕ_i) einfällt, wird in Richtung $(\theta_i, \varphi_i + \pi)$ reflektiert. Das bedeutet, dass der Reflexionswinkel gleich dem Einfallswinkel ist und dass der einfallende und der reflektierte Strahl sowie die Oberflächennormale in einer Ebene liegen. Das Verhältnis des reflektierten Strahlungsflusses zum an der Oberfläche einfallenden Fluss wird *Reflexionskoeffizient* ρ genannt.

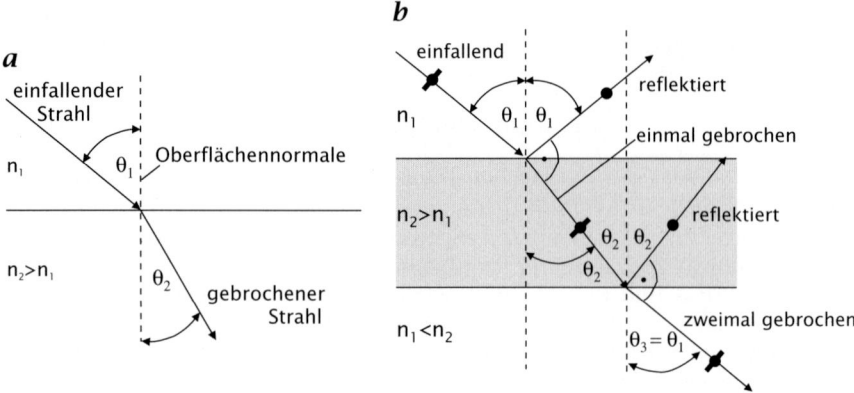

Abbildung 6.12: a *Ein Strahl ändert seine Richtung am Übergang zwischen zwei optischen Medien mit einem unterschiedlichen Brechungsindex.* **b** *Parallel polarisiertes Licht wird vollständig gebrochen und nicht reflektiert, wenn der Winkel zwischen dem reflektierten und dem gebrochenen Strahl 90° betragen würde. Diese Bedingung gilt beim Übergang sowohl von optisch dünneren als auch von optisch dickeren Medien.*

Spiegelnde Reflexion tritt nur bei glatten Oberflächen auf. Eine Oberfläche muss wegen der wellenähnlichen Natur elektromagnetischer Strahlung für spiegelnde Reflexion nicht perfekt glatt sein. Es genügt, wenn die restliche Rauheit deutlich kleiner ist als die Wellenlänge.

Der Reflexionskoeffizient ρ hängt vom Einfallswinkel, von den Brechungsindizes n_1 und n_2 der beiden aufeinandertreffenden Medien und von der Polarisation der Strahlung ab. Licht wird *parallel* bzw. *senkrecht polarisiert* genannt, wenn der elektrische Feldvektor parallel bzw. senkrecht zur Einfallsebene ist, welche die Einfallsrichtung, die Reflexionsrichtung und die Oberflächennormale enthält.

Der Reflexionskoeffizient ist durch die *Fresnel-Gleichungen* gegeben, für parallel polarisiertes Licht durch

$$\rho_{\parallel} = \frac{\tan^2(\theta_1 - \theta_2)}{\tan^2(\theta_1 + \theta_2)}, \tag{6.35}$$

für senkrecht polarisiertes Licht durch

$$\rho_{\perp} = \frac{\sin^2(\theta_1 - \theta_2)}{\sin^2(\theta_1 + \theta_2)}, \tag{6.36}$$

und für unpolarisiertes Licht (siehe Abb. 6.13) durch

$$\rho = \frac{\rho_{\parallel} + \rho_{\perp}}{2}, \tag{6.37}$$

wobei θ_1 der Einfallswinkel und θ_2 der Ausfallswinkel ist, die beide über das Snellius-Gesetz in Beziehung zueinander stehen.

Bei senkrechtem Einfall ($\theta_1 = 0$) hängt die Reflexion nicht von der Polarisation ab:

$$\rho = \frac{(n_1 - n_2)^2}{(n_1 + n_2)^2} = \frac{(n - 1)^2}{(n + 1)^2} \quad \text{mit} \quad n = n_1/n_2. \tag{6.38}$$

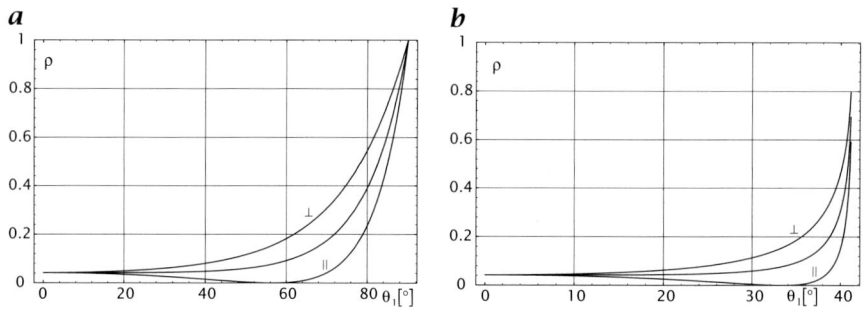

Abbildung 6.13: *Reflexion am Übergang **a** von Luft ($n_1 = 1,00$) in BK7-Glas ($n_2 = 1,517$) und **b** von BK7-Glas in Luft für parallel- ($\parallel$), senkrecht- ($\perp$) und unpolarisiertes einfallendes Licht.*

Wie in Abb. 6.13 illustriert, wird parallel polarisiertes Licht bei einem bestimmten Winkel (Brewster-Winkel θ_b) überhaupt nicht reflektiert. Diese Bedingung ist erfüllt, wenn gebrochene und reflektierte Strahlen senkrecht zueinander stehen würden (Abb. 6.12b):

$$\theta_b = \arcsin \frac{1}{\sqrt{1 + n_1^2/n_2^2}}. \tag{6.39}$$

Tritt ein Strahl in ein Medium mit niedrigerem Brechungsindex ein, wird das Licht total reflektiert, wenn der Einfallswinkel größer als der kritische Winkel θ_c ist:

$$\theta_c = \arcsin \frac{n_1}{n_2} \quad \text{mit} \quad n_1 < n_2. \tag{6.40}$$

Dieses Phänomen wird *Totalreflexion* genannt.

6.4.3 Rauhe Oberflächen‡

Die meisten natürlichen und auch technische Objekte reflektieren Licht nicht direkt, sondern zeigen eine diffuse Reflexion. Der Grund sind mikroskopische Unebenheiten, die, abhängig von der Neigung der einzelnen reflektierenden Flächen, Licht in verschiedene Richtungen reflektieren. Die Winkelverteilung der rückgestreuten Strahlung kann sehr unterschiedlich sein. Einige Materialien erzeugen starke Vorwärtsstreuung, während andere nahezu gleichmäßig in alle Richtungen streuen. Es gibt auch eine Art gemischter Reflexion, die teilweise spiegelnd ist durch Reflexion an der glatten Oberfläche und teilweise diffus aufgrund von Rückstreuung aus tieferen Schichten. In diesem Fall dringt Licht teilweise in das Objekt ein und wird an optischen Inhomogenitäten gestreut. Ein Teil des gestreuten Lichtes verlässt das Objekt wieder und verursacht diffuse Reflexion. Werden mit der Kamera Objekte aufgenommen, die nicht selbst Strahlung emittieren, aber einfallendes Licht passiv reflektieren, ist es notwendig zu wissen, wie das Licht reflektiert wird.

Allgemein kann die Beziehung zwischen emittierter und einfallender Strahlung als Verhältnis der Strahlung, die unter dem Polarwinkel θ_e und dem Azimutwinkel θ_e emittiert wird, und der Bestrahlungsstärke θ_i ausgedrückt werden.

Dieses Verhältnis wird *bidirektionale Reflexionsverteilungsfunktion* oder Reflexionsverteilung genannt, da sie vom Winkel sowohl der einfallenden als auch der austretenden Strahlung abhängt:

$$f(\theta_i, \phi_i, \theta_e, \phi_e) = \frac{L_e(\theta_e, \phi_e)}{E_i(\theta_i, \phi_i)}. \tag{6.41}$$

Bei einem perfekten Spiegel (spiegelnde Reflexion) ist f überall null, mit Ausnahme von $\theta_i = \theta_e$ und $\phi_e = \pi + \phi_i$, also

$$f(\theta_i, \theta_e) = \delta(\theta_i - \theta_e) \cdot \delta(\phi_e - \pi - \phi_i). \tag{6.42}$$

Das andere Extrem ist ein perfekt streuendes Material, das einfallende Strahlung unabhängig vom Einfallswinkel gleichmäßig in alle Richtungen reflektiert. Solch eine Oberfläche wird Lambertscher Strahler oder Lambertscher Reflektor genannt. Die Strahlung dieser Oberflächen ist unabhängig von der Betrachtungsrichtung:

$$L_e = \frac{1}{\pi} E_i \quad \text{oder} \quad f(\theta_i, \phi_i, \theta_e, \phi_e) = \frac{1}{\pi}. \tag{6.43}$$

6.4.4 Absorptionsvermögen und Transmissivität[‡]

Strahlung, die sich in Materie bewegt, wird mehr oder weniger absorbiert und in unterschiedliche Energieformen umgewandelt, insbesondere in Wärme. Die Absorption in einer dünnen Schicht dx ist proportional zur Strahlungsenergie. Daher gilt:

$$\frac{dI(\lambda)}{dx} = -\alpha(\lambda, x)I. \tag{6.44}$$

Der *Absorptionskoeffizient* α ist eine Eigenschaft des Mediums und hängt von der Wellenlänge der Strahlung ab. Er ist eine reziproke Länge mit der Einheit m^{-1}. Durch Integration von (6.44) können wir die Abschwächung der Strahlung auf dem Weg von 0 bis x berechnen:

$$I(x) = I(0) \cdot \exp\left(-\int_0^x \alpha(\lambda, x')dx'\right), \tag{6.45}$$

oder, wenn das Medium homogen ist (α ist unabhängig von der Position x'):

$$I(x) = I(0) \exp(-\alpha(\lambda)x). \tag{6.46}$$

Die exponentielle Abschwächung von Strahlung in einem homogenen Medium, wie sie durch (6.46) ausgedrückt wird, wird oft als *Lambert-Beer-Bouguer-Gesetz* bezeichnet. Danach wird Strahlung nach einem Weg von $1/\alpha$ auf $1/e$ ihres ursprünglichen Wertes abgeschwächt.

Das Wegintegral über den Absorptionskoeffizienten

$$\tau(x_1, x_2) = \int_{x_1}^{x_2} \alpha(x')dx' \tag{6.47}$$

resultiert in einer dimensionslosen Größe, die als *optische Dichte* bezeichnet wird. Die optische Dichte ist ein logarithmischer Ausdruck der Strahlungsabschwächung und bedeutet, dass entlang dem Weg von Punkt x_1 zu Punkt x_2 die Strahlung auf $e^{-\tau}$ abgeschwächt wurde.

Wenn Strahlung durch zusammengesetzte Medien dringt, ist — zumindest bei bestimmten Wellenlängen — oft nur eine chemische Substanz für die Strahlungsabschwächung verantwortlich. Also ist es sinnvoll, den Absorptionskoeffizienten auf die Konzentration dieser Substanz zu beziehen:

$$\alpha = \varepsilon \cdot c, \quad [\varepsilon] = \left[\frac{1}{\mathrm{mol\,m}^{-1}} \right], \tag{6.48}$$

wobei c die Konzentration in Mol/l ist. ε ist der sogenannte *molare Absorptionskoeffizient*. Die einfache lineare Beziehung (6.48) ist für einen weiten Bereich von Strahlungsstärken gültig, jedoch nicht bei sehr hohen Intensitäten, z. B. bei Laserstrahlen. An dieser Stelle treten wir in die Welt nichtlinearer optischer Phänomene ein.

Da der Absorptionskoeffizient eine individuelle Eigenschaft chemischer Substanzen ist, kann er bei Bildverarbeitungsanwendungen dazu verwendet werden, chemische Stoffe zu identifizieren und ihre Konzentration zu messen.

Der Begriff *Transmissionskoeffizient* steht für den Anteil der Strahlung, der übrigbleibt, nachdem die Strahlen einen bestimmten Weg im Medium zurückgelegt haben. Der Begriff Transmissivität und der Transmissionskoeffizient werden oft verwechselt. Im Gegensatz zur Transmissivität bezieht sich der Transmissionskoeffizient auf eine einzelne Oberfläche und steht für den Anteil der Strahlung, der nicht reflektiert wird, sondern in das Medium eintritt.

6.4.5 Streuung‡

Die Abschwächung der Strahlung durch Streuung kann ähnlich wie der Strahlungsverlust durch Absorption beschrieben werden:

$$\beta(\lambda) = -\frac{1}{I} \frac{\mathrm{d}I(\lambda)}{\mathrm{d}x}. \tag{6.49}$$

Der *Streukoeffizient* β ist eine reziproke Länge mit der Einheit m^{-1}. Wird Strahlung sowohl durch Absorption als auch durch Streuung abgeschwächt, können beide Effekte im *Extinktionskoeffizienten* $\kappa(\lambda)$ zusammengefaßt werden:

$$\kappa(\lambda) = \alpha(\lambda) + \beta(\lambda). \tag{6.50}$$

Unglücklicherweise gibt es für diese verschiedenen Koeffizienten keine einheitliche Terminologie und Symbolik. Die unterschiedlichen Vereinigungen verwenden verschiedene Symbole und leicht voneinander abweichende Definitionen.

Obwohl Streuung der Absorption zu ähneln scheint, ist sie ein viel schwierigeres Phänomen. Gleichung (6.50) kann nur verwendet werden, wenn sich die Strahlung der einzelnen Streuzentren an einem beliebigen Punkt, weit entfernt von den Partikeln, inkohärent addiert. Die Komplexität der Streuung hängt mit der Tatsache zusammen, dass gestreute Strahlung (ohne zusätzliche Absorption) nicht verlorengeht. Gestreutes Licht kann mehr als einmal gestreut werden. Daher kann ein Teil von ihm mehr als einmal wieder in den Originalstrahl eintreten. Die Wahrscheinlichkeit, dass Strahlung auf einer bestimmten Wegstrecke mehr als einmal gestreut wird, steht in direktem Zusammenhang mit der totalen Abschwächung durch Streuung entlang dem Weg des Strahls und damit mit der optischen Dichte τ. Ist τ kleiner als 0.1, werden weniger als 10 % der Strahlung gestreut.

Der gesamte Anteil gestreuten Lichts und die Analyse der Winkelverteilung steht in Beziehung zu den optischen Eigenschaften des streuenden Mediums. Daher wird die Streuung durch optische Unregelmäßigkeiten des Mediums verursacht. Für die weitere Diskussion nehmen wir an, dass kleine kugelförmige Partikel mit dem Radius r und dem Brechungsindex n in ein optisch homogenes Medium eingebettet sind.

Die Streuung an einem Teilchen wird durch den *Wirkungsquerschnitt* oder *Streuquerschnitt* beschrieben. Er ist das Verhältnis des Flusses, der durch das Teilchen weggenommen wird, zum einfallenden Fluss:

$$\sigma_s = \phi_s / \phi \pi r^2. \tag{6.51}$$

Der Streuquerschnitt hat die Einheit einer Fläche. Er kann als effektive Streufläche des Partikels, der den einfallenden *Strahlungsfluss* vollständig streut, betrachtet werden. Daher wird der Wirksamkeitsfaktor Q_s definiert als Wirkungsquerschnitt, bezogen auf die geometrische Querschnittsfläche des Teilchens:

$$Q_s = \sigma_s / (\pi r^2). \tag{6.52}$$

Die Winkelverteilung der gestreuten Strahlung wird durch den *differentiellen Wirkungsquerschnitt* $\mathrm{d}\sigma_s / \mathrm{d}\Omega$ definiert, der Strahlungsflussdichte, die pro Einheitsraumwinkel gestreut wird. Der totale Wirkungsquerschnitt ist das Integral über alle Raumwinkel des differentiellen Wirkungsquerschnittes:

$$\sigma_s = \int \frac{\mathrm{d}\sigma_s}{\mathrm{d}\Omega} \mathrm{d}\Omega. \tag{6.53}$$

Das Verhältnis zwischen dem Streukoeffizienten β (6.49) und dem Wirkungsquerschnitt ergibt sich durch folgende Überlegungen. N sei die Anzahl der streuenden Teilchen pro Einheitsvolumen. Damit entspricht der Wirkungsquerschnitt aller Teilchen der Fläche $N \cdot \sigma$. Diese Fläche, verglichen mit der Einheitsfläche, ergibt den Anteil der Fläche, die den einfallenden Lichtfluss streut, und ist damit identisch mit dem Streukoeffizienten β:

$$\beta = N\sigma. \tag{6.54}$$

Die Streuung durch kleine Partikel wird entscheidend durch das Verhältnis der Partikelgröße zur Wellenlänge der Strahlung, ausgedrückt in der dimensionslosen Partikelgröße $q = 2\pi r / \lambda = rk$, beeinflusst. Ist $q \ll 1$ (*Rayleigh-Streuung*), haben wir eine sehr schwache Streuung proportional zu λ^{-4}:

$$\sigma_s / \pi r^2 = \frac{8}{3} q^4 \left| \frac{n^2 - 1}{n^2 + 2} \right|. \tag{6.55}$$

Bei $q \gg 1$ kann die Streuung durch geometrische Optik beschrieben werden. Reflektiert ein Partikel die einfallende Strahlung vollständig, ist der Wirkungsquerschnitt gleich dem geometrischen Querschnitt und der differentielle Wirkungsquerschnitt konstant (isotrope Streuung, $\mathrm{d}\sigma / \mathrm{d}\Omega = r^2 / 2$).

Dagegen ist die Streuung bei Partikeln der Größe etwa einer Wellenlänge der Strahlung (*Mie-Streuung*) durch Beugungs- und Interferenzeffekte des Lichts, das von den unterschiedlichen Teilen der Partikeloberfläche gestreut wird, sehr komplex. Der differentielle Wirkungsquerschnitt variiert stark mit dem Streuungswinkel und ist hauptsächlich vorwärts gerichtet, während die Rayleigh-Streuung eher isotrop ist.

6.4.6 Optische Aktivität‡

Optisch aktive Stoffe rotieren die Polarisationsebene elektromagnetischer Strahlung. Die Drehung ist proportional zur Konzentration des optisch aktiven Materials c und der Wegstrecke d:

$$\varphi = \gamma(\lambda)cd. \tag{6.56}$$

Die Konstante γ ist die *spezifische Drehung* und hat die Einheiten [m^2 mol] oder [$cm^2\ g^{-1}$]; sie ist sehr von der Wellenlänge der Strahlung abhängig. Generell ist die spezifische Drehung signifikant größer bei kurzen Wellenlängen.

Zwei gut bekannte optisch aktive Materialien sind Quarzkristalle und Zuckerlösung. Die optische Aktivität kann — einschließlich der Messung der Abhängigkeit von der Wellenlänge — dazu verwendet werden, chemische Stoffe zu identifizieren und ihre Konzentration zu messen. In Bezug auf die Visualisierung hat die optische Aktivität eine weitere Bedeutung, da sie durch verschiedene externe Einflüsse induziert werden kann, darunter durch elektrische (*Kerr-Effekt*) und magnetische Felder (*Faraday-Effekt*).

6.4.7 Lumineszenz‡

Lumineszenz ist die Emission von Strahlung aus Materialien, die aus einem Übergang von einem angeregten in einen niedrigeren Energiezustand resultiert. Als *Fluoreszenz* bezeichnet man Lumineszenz, die unmittelbar (im Bereich von Nanosekunden) nach der Anregung auftritt, während der Begriff *Phosphoreszenz* für die verzögerte Lumineszenz (Millisekunden bis Minuten) verwendet wird.

Lumineszenz ist ein sehr vielseitiger Prozess, da er durch verschiedene Prozesse ausgelöst werden kann. Bei der *Chemolumineszenz* wird die Energie, die zur Erzeugung des angeregten Zustandes notwendig ist, bei einer chemischen Reaktion freigesetzt. Chemolumineszenz hat normalerweise eine niedrige Effizienz (d. h., die Anzahl der Photonen, die pro reagierendem Molekül emittiert werden, ist niedrig) im Bereich von 1 % oder weniger. Flammen sind das klassische Beispiel für einen Chemolumineszenzprozess niedriger Effizienz. *Biolumineszenz* ist Chemolumineszenz in lebenden Organismen. Leuchtkäfer und das Glühen mariner Mikroorganismen sind bekannte Beispiele dafür. Beim Leuchtkäfer wird Luciferin enzymatisch oxidiert. Im Gegensatz zu den meisten Chemolumineszenzprozessen setzt diese Reaktion fast 100 % der chemischen Energie in Strahlungsenergie um.

Biolumineszenzprozesse spielen bei vielen biologischen Prozessen eine Rolle. Die bildliche Erfassung solcher Prozesse erlangt bei der Untersuchung biochemischer Reaktionen eine immer größere Bedeutung.

Ein anderes anspruchsvolles Werkzeug in der Biochemie ist die Markierung von Biomolekülen mit Fluoreszenzfarbstoffen. Heute können sogar einzelne Chromosomen oder Gensequenzen mit Fluoreszenzfarbstoffen markiert werden.

Lumineszenzvorgänge konkurrieren stets mit anderen Prozessen, die den energetischen Zustand der Moleküle herabsetzen, ohne Strahlung zu emittieren. Ein bekanntes Beispiel dafür ist die strahlenlose Energieübertragung beim Zusammenstoß von Molekülen.

Einige Molekülformen, insbesondere elektronegative Moleküle wie *Sauerstoff*, inaktivieren angeregte Zustände bei Molekülkollisionen mit hoher Effizienz. Die-

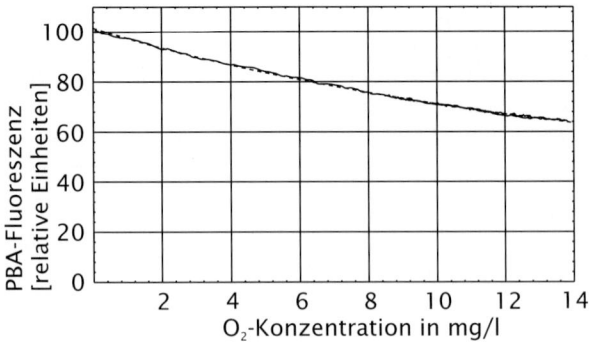

Abbildung 6.14: *Tilgung (Quenching) der Fluoreszenz von Pyrenbuttersäure durch gelösten Sauerstoff: Messungen und Fit mit der Stern-Vollmer-Gleichung (gestrichelte Linie).*

ser Prozess heißt *Tilgung* oder *Quenching*. Die Anwesenheit von Quench-Molekülen bewirkt eine Abschwächung oder Auslöschung der Fluoreszenz. Daher kann die Fluoreszenzstrahlung zur Messung der Konzentration von tilgenden Molekülen verwendet werden. Die Abhängigkeit der Fluoreszenzintensität von der Konzentration dieser Moleküle ist in der *Stern-Vollmer-Gleichung* formuliert:

$$\frac{L}{L_0} = \frac{1}{1 + kc_q}. \tag{6.57}$$

Dabei ist L die Fluoreszenzstrahlung, L_0 die Fluoreszenzstrahlung ohne Tilgung, c_q die Konzentration des tilgenden Moleküls und k die Tilgungskonstante, die von der Lebensdauer des Fluoreszenzstadiums abhängt. Effiziente Tilgung erfordert, dass der angeregte Zustand eine ausreichende Lebensdauer hat.

Ein guter Fluoreszenzfarbstoff zur Messung der Tilgung durch gelösten Sauerstoff ist *Pyrenbuttersäure (PBA)* [206]. Die relative Fluoreszenzintensität von PBA als Funktion der Konzentration des gelösten Sauerstoffs ist in Abb. 6.14 gezeigt [140]. Fluoreszenz wird durch einen gepulsten Stickstofflaser bei 337 nm stimuliert. Die Veränderung der Fluoreszenz ist relativ gering, aber ausreichend zur zuverlässigen Messung der Konzentration gelösten Sauerstoffs.

6.4.8 Dopplereffekt[‡]

Ein Geschwindigkeitsunterschied zwischen der Strahlungsquelle und dem Empfänger bewirkt, dass der Empfänger eine andere Frequenz misst, als die Quelle emittiert hat. Dieses Phänomen wird als *Dopplereffekt* bezeichnet. Die Frequenzverschiebung ist dem Geschwindigkeitsunterschied direkt proportional:

$$\nu_r = \frac{c - u_r^T \bar{k}}{c - u_s^T \bar{k}} \nu_s \quad \text{oder} \quad \Delta\nu = \nu_r - \nu_s = \frac{(u_s - u_r)^T k}{1 - u_s^T \bar{k}/c}, \tag{6.58}$$

wobei $\bar{k} = k/|k|$, ν_s die Frequenz der Quelle, ν_r die Frequenz, die am Empfänger gemessen wird, k die Wellenzahl der Strahlung und c die Fortpflanzungsgeschwindigkeit der Strahlung ist. u_s und u_r sind die Geschwindigkeiten von

Quelle und Empfänger relativ zum Medium, in dem sich die Welle fortpflanzt. Nur die Geschwindigkeitskomponente in Richtung zum Empfänger bewirkt eine Frequenzverschiebung.

Bewegt sich die Quelle zum Empfänger ($\boldsymbol{u}_s \boldsymbol{k} > 0$), nimmt die Frequenz zu, da die Wellenfronten schneller aufeinanderfolgen. Eine kritische Grenze ist überschritten, wenn sich die Quelle mit mehr als der Fortpflanzungsgeschwindigkeit der Strahlung bewegt. Dann folgt die Strahlung der Quelle hinterher.

Bei kleinen Geschwindigkeiten relativ zur Wellenfortpflanzungsgeschwindigkeit ist die Frequenzverschiebung der relativen Geschwindigkeit zwischen Quelle und Empfänger direkt proportional:

$$\Delta \nu = (\boldsymbol{u}_s - \boldsymbol{u}_r)\boldsymbol{k}. \tag{6.59}$$

Die relative Frequenzverschiebung $\Delta \omega / \omega$ ist direkt durch das Verhältnis der Geschwindigkeitsdifferenz zwischen Quelle und Empfänger in Richtung des Empfängers zur Wellenfortpflanzungsgeschwindigkeit gegeben:

$$\frac{\Delta \nu}{\nu} = \frac{(\boldsymbol{u}_s - \boldsymbol{u}_r)^T}{c} \bar{\boldsymbol{k}}. \tag{6.60}$$

Bei elektromagnetischen Wellen ist die Geschwindigkeit relativ zu einem „Medium" nicht relevant. Aus der Relativitätstheorie ergibt sich die Frequenz zu:

$$\nu_r = \frac{\nu_s}{\gamma(1 - \boldsymbol{u}^T \bar{\boldsymbol{k}}/c)} \quad \text{mit} \quad \gamma = \frac{1}{\sqrt{1 - (|\boldsymbol{u}|/c)^2}}. \tag{6.61}$$

Für kleine Geschwindigkeiten ergibt sich ebenfalls die Beziehung (6.59) mit $\boldsymbol{u} = \boldsymbol{u}_s - \boldsymbol{u}_r$. In diesem Fall können akustische und elektromagnetische Wellen in Bezug auf die Frequenzverschiebung, die sich aufgrund einer Relativbewegung zwischen Quelle und Empfänger ergibt, gleich behandelt werden.

6.5 Literaturhinweise zur Vertiefung‡

Dieses Kapitel behandelt eine Vielfalt von Themen, die nicht zentral für die Bildverarbeitung, jedoch unerlässlich für die korrekte Bildaufnahme sind. Zum Auffrischen oder Erweitern der Kenntnisse über elektromagnetische Wellen sei auf einige der klassischen Lehrbücher verwiesen, z.B. Niedrig [144], Czichos [29, B.III], F. S. Crawford [42], Hecht [73] oder Towne [199].

Die Wechselwirkung zwischen Strahlung und Materie im Hinblick auf die Fernerkundung wird von Stewart [193] und Drury [39] behandelt. Einen Einblick in Bildaufnahmetechniken quer durch das gesamte elektromagnetische Spektrum gibt Richards [164]. Die Thematik der Wärmebildaufnahme ist inzwischen ein eigenes Arbeitsgebiet geworden, mit dem sich zahlreiche Monographien befassen, z.B. Gaussorgues [55] und Holst [78].

Eine gute Beschreibung des Farbsehens im Hinblick auf die Bildverarbeitung ist in Pratt [155] und Wendland [215] zu finden. Die praktischen Aspekte der Photometrie und Radiometrie behandelt das "Handbook of Applied Photometry" von DeCusaris [32].

Die älteste Anwendung der quantitativen Visualisierung ist die Strömungsvisualisierung. Einen faszinierenden Einblick mit vielen Bildbeispielen gibt der "Atlas of Visualization" von Nakayama und Tanida [142].

7 Bildaufnahme

7.1 Einleitung

Die Bildaufnahme umfasst drei wichtigste Aspekte. Der erste betrifft die *Geometrie*: Wo finden wir ein Objekt in einem Bild? Alle Bildaufnahmetechniken projizieren den dreidimensionalen Raum auf die eine oder andere Weise auf eine zweidimensionale Bildebene. Daher kann die Bildaufnahme vereinfacht als Projektion aus dem drei- in den zweidimensionalen Raum betrachtet werden. Damit verbunden ist der Verlust einer Koordinate. Dies ist sicherlich ein wesentlicher Informationsverlust. Wir erleben jedoch ständig und unbewußt, dass unser visuelles System uns einen dreidimensionalen Eindruck unserer Umgebung vermittelt, der ausreicht, uns darin zurechtzufinden und mit ihr zu interagieren. Technisch gesehen, rekonstruiert das visuelle System die dreidimensionale Welt aus zweidimensionalen Bildern. Die Leichtigkeit, mit der dies erfolgt, mag zu der Annahme verleiten, es sei eine einfache Aufgabe. Wie wir aber in Kapitel 8 und 17 sehen, ist dies nicht der Fall.

Der zweite Aspekt betrifft die *Radiometrie*. Wie „hell" ist ein abgebildetes Objekt, und wie hängt die Helligkeit im Bild von den optischen Eigenschaften des Objektes und des aufnehmenden Systems ab? Die Radiometrie eines Abbildungssystems wird in Abschn. 7.5 behandelt. Für die Grundlagen der Radiometrie sei auf Abschn. 6.3 verwiesen.

Der dritte Aspekt ist schließlich: Was geschieht mit einem Bild, wenn wir es als eine Matrix digitaler Zahlen darstellen, um es mit einem Digitalrechner zu verarbeiten? Inwiefern limitieren die Prozesse *Digitalisierung* und *Quantifizierung*, die ein kontinuierliches Bild in ein digitales umwandeln, die Bildauflösung oder erzeugen Artefakte? Diese Fragen werden in Kapitel 9 behandelt.

7.2 Welt- und Kamerakoordinaten

7.2.1 Definition

Zur Beschreibung der Lage der Objekte im 3D-Raum gibt es zwei Möglichkeiten (Abb. 7.1). Das erste Koordinatensystem, das sogenannte *Weltkoordinatensystem* $X' = [X_1', X_2', X_3']^T$, ist auf die betrachtete Szene bezogen. Die Koordinaten X_1' und X_2' beschreiben die horizontalen Positionen

B. Jähne, Digitale Bildverarbeitung
ISBN 3-540-41260-3

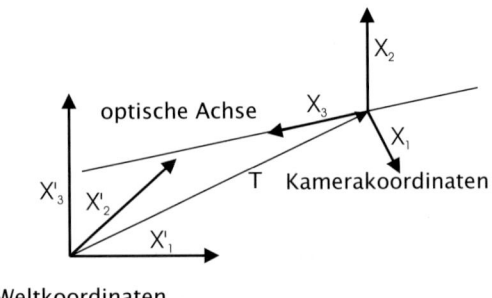

Abbildung 7.1: *Welt- und Kamerakoordinatensysteme: Durch Rotation um den Ursprung und eine Translation T kann das Weltkoordinatensystem in das Kamerakoordinatensystem überführt werden.*

und X_3' die vertikale Position. In manchen Situationen ist eine Schreibweise ohne indizierte Koordinaten sinnvoller: $X' = [X', Y', Z']^T$. Beide Schreibweisen werden in diesem Buch verwendet.

Ein zweites, das *Kamerakoordinatensystem* $X = [X_1, X_2, X_3]^T$, ist mit der sich bewegenden Kamera verknüpft. Die X_3-Achse fällt mit der optischen Achse des Kamerasystems (Abb. 7.1) zusammen. Physikern sind solche Betrachtungen vertraut, da physikalische Phänomene in verschiedenen Koordinatensystemen diskutiert werden. So wird z.B. in der Mechanik Bewegung in Bezug auf zwei Beobachter, einen ruhenden und einen sich mit dem Objekt bewegenden, studiert.

Der Übergang von Welt- zu Kamerakoordinaten wird durch eine *Translation* und eine *Rotation* beschrieben. Zuerst wird der Ursprung des Weltkoordinatensystems über den Translationsvektor T in den Ursprung des Kamerakoordinatensystems geschoben (Abb. 7.1). Dann wird die Orientierung des verschobenen Weltkoordinatensystems durch Rotationen um entsprechende Achsen so geändert, dass es mit dem Kamerakoordinatensystem zusammenfällt. Mathematisch kann die Translation mit einer Vektorsubtraktion und die Rotation mit einer Multiplikation des Koordinatenvektors mit einer Matrix beschrieben werden:

$$X = R(X' - T). \tag{7.1}$$

7.2.2 Rotation

Die Rotation eines Koordinatensystems hat zwei wichtige Eigenschaften. Sie verändert die Länge oder Norm eines Vektors nicht, und sie beläßt das Koordinatensystem orthogonal. Eine Transformation mit diesen Eigenschaften wird in der linearen Algebra eine *orthonormale Transformation* genannt.

Die Koeffizienten einer Transformationsmatrix haben eine intuitive Bedeutung. Dies wird klar, wenn wir Einheitsvektoren $\bar{E}_p$ in Richtung der Koordinatenachse transformieren. Mit $\bar{E}_1$ erhalten wir z. B.

$$\bar{E}_1' = A\bar{E}_1 = \begin{bmatrix} a_{11} & a_{12} & a_{13} \\ a_{21} & a_{22} & a_{23} \\ a_{31} & a_{32} & a_{33} \end{bmatrix} \begin{bmatrix} 1 \\ 0 \\ 0 \end{bmatrix} = \begin{bmatrix} a_{11} \\ a_{21} \\ a_{31} \end{bmatrix}. \tag{7.2}$$

Die Spalten der Transformationsmatrix geben die Koordinaten der Basisvektoren im neuen Koordinatensystem an. Damit ist es einfach, die Bedingung der Orthonormalität zu formulieren, die die Rotationsmatrix R erfüllen muss:

$$R^T R = I \quad \text{oder} \quad \sum_{m=1}^{3} r_{km} r_{lm} = \delta_{k-l}, \tag{7.3}$$

wobei I die Einheitsmatrix ist, deren Elemente auf der Hauptdiagonalen eins und sonst null sind. Mit (7.2) besagt diese Gleichung ganz einfach, dass die transformierten Basisvektoren orthogonal bleiben:

$$\bar{E}_k' \bar{E}_l' = \delta_{k-l}. \tag{7.4}$$

In Gleichung (7.2) bleiben drei von neun Matrixelementen unabhängig. Unglücklicherweise erweist sich die Beziehung zwischen den Matrixelementen und drei Parametern zur Beschreibung der Rotation als recht komplex und nichtlinear. Eine Möglichkeit, dieses Problem zu lösen, ergibt sich mit den drei Eulerschen Rotationswinkeln ϕ, θ, ψ. In der Literatur werden die Eulerschen Winkel leider nicht einheitlich definiert. Wir folgen dem mathematischen Standardansatz, verwenden rechtshändige Koordinatensysteme und zählen die Rotationswinkel entgegen dem Uhrzeigersinn positiv. Die Rotation des verschobenen Weltkoordinatensystems in das Kamerakoordinatensystem wird in drei Schritte zerlegt (siehe Abb. 7.2, [59].

1. Rotation um die X_3'-Achse um den Winkel ϕ, $X'' = R_\phi X'$:

$$R_\phi = \begin{bmatrix} \cos\phi & \sin\phi & 0 \\ -\sin\phi & \cos\phi & 0 \\ 0 & 0 & 1 \end{bmatrix} \tag{7.5}$$

2. Rotation um die X_1''-Achse um den Winkel θ, $X''' = R_\theta X''$:

$$R_\theta = \begin{bmatrix} 1 & 0 & 0 \\ 0 & \cos\theta & \sin\theta \\ 0 & \sin\theta & \cos\theta \end{bmatrix} \tag{7.6}$$

3. Rotation um die X_3'''-Achse um den Winkel ψ, $X = R_\psi X'''$:

$$R_\psi = \begin{bmatrix} \cos\psi & \sin\psi & 0 \\ -\sin\psi & \cos\psi & 0 \\ 0 & 0 & 1 \end{bmatrix} \tag{7.7}$$

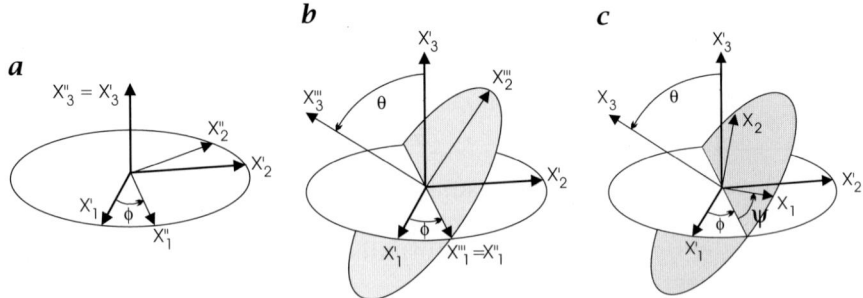

Abbildung 7.2: *Rotation von Weltkoordinaten X' in Kamerakoordinaten X unter Verwendung der drei Eulerschen Winkel ϕ, θ und ψ mit aufeinanderfolgenden Rotationen um die X_3'-, X_1''- und X_3'''-Achsen.*

Die Kaskadierung der drei Rotationen R_ψ, R_θ und R_ϕ ergibt die Matrix

$$\begin{bmatrix} \cos\psi\cos\phi - \cos\theta\sin\phi\sin\psi & \cos\psi\sin\phi + \cos\theta\cos\phi\sin\psi & \sin\theta\sin\psi \\ -\sin\psi\cos\phi - \cos\theta\sin\phi\cos\psi & -\sin\psi\sin\phi + \cos\theta\cos\phi\cos\psi & \sin\theta\cos\psi \\ \sin\theta\sin\phi & -\sin\theta\cos\phi & \cos\theta \end{bmatrix}.$$

Die inverse Transformation von Kamera- in Weltkoordinaten wird durch die Transposition dieser Matrix gegeben. Da die Matrixmultiplikation nicht kommutativ ist, ist die Rotation ebenfalls nicht kommutativ. Es ist also wichtig, die Reihenfolge, in der die Rotationen durchgeführt werden, einzuhalten.

Für infinitesimal kleine Drehwinkel ε ist die Rotation jedoch kommutativ. Dann gilt $\cos\varepsilon \approx 1$ und $\sin\varepsilon \approx \varepsilon$. Dieser Grenzfall hat praktische Bedeutung, da geringfügige Verdrehungen häufig vorkommen. Eine Rotation um die X_3-Achse kann damit folgendermaßen beschrieben werden:

$$X = R_\varepsilon X' = \begin{bmatrix} 1 & \varepsilon & 0 \\ -\varepsilon & 1 & 0 \\ 0 & 0 & 1 \end{bmatrix} X' \quad \text{oder} \quad \begin{aligned} X_1 &= X_1' + \varepsilon X_2' \\ X_2 &= X_2' - \varepsilon X_1' \\ X_3 &= X_3' \end{aligned}.$$

Als Beispiel betrachten wir den Punkt $[X_1', 0, 0]^T$. Dieser wird nach der Näherungsformel in den Punkt $[X_1', -\varepsilon X_1', 0]^T$ gedreht. Die korrekte Position ist dagegen $[X_1'\cos\varepsilon, -X_1'\sin\varepsilon, 0]^T$. Wenn wir die trigonometrischen Funktionen in eine Taylorreihe dritter Ordnung entwickeln, ergibt sich ein Positionsfehler von $[1/2\varepsilon^2 X_1', -1/6\varepsilon^3 X_1', 0]^T$. Ausgehend von einem 512×512-Bild ($X_1' < 256$ für eine zentrierte Rotation) und einem maximal akzeptierbaren Fehler von $1/20$ Pixel, muss ε kleiner als 0,02 oder 1,15° sein. Dies ist immer noch eine signifikante Rotation, da dies am Rand der Bildzeilen einen vertikalen Versatz um bis zu $\pm\varepsilon X_1' = \pm 5$ Pixel bedeutet.

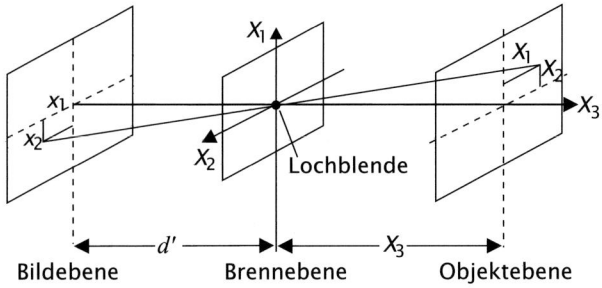

Abbildung 7.3: *Bilderzeugung mit der Lochkamera.*

7.3 Ideale Abbildung: Die Zentralprojektion†

7.3.1 Das Lochkameramodell

Die grundlegenden Aspekte der Abbildungsgeometrie eines optischen Systems lassen sich am *Lochkameramodell* erläutern. Das bildgebende Element dieser Kamera ist eine infinitesimal kleine Lochblende (Abb. 7.3). Nur der vom Punkt $[X_1, X_2, X_3]^T$ des Objektes ausgehende Lichtstrahl, der durch die Lochblende geht, trifft die Bildebene im Punkt $[x_1, x_2, -d_i]^T$. Dadurch wird in der Bildebene ein Bild erzeugt. Die Beziehung zwischen den 3D-Welt- und den 2D-*Bildkoordinaten* $[x_1, x_2]^T$ ist gegeben durch:

$$x_1 = -\frac{d_i X_1}{X_3}, \quad x_2 = -\frac{d_i X_2}{X_3}. \tag{7.8}$$

Die Weltkoordinaten parallel zur Bildebene werden also mit dem Faktor d_i/X_3 skaliert. Die Bildkoordinaten $[x_1, x_2]^T$ enthalten daher nur Verhältnisse der Weltkoordinaten, aus denen sich weder die Entfernung eines Gegenstandes noch seine Größe bestimmen lässt.

Eine Gerade im dreidimensionalen Raum wird immer auf eine Gerade in der Bildebene projiziert. Das kann man sich ohne Rechnung geometrisch veranschaulichen. Alle Strahlen, die von einer Geraden ausgehen, gehen durch die Lochblende, den Zentralpunkt. Sie liegen also auf einer Ebene, die durch die Gerade im Raum und den Zentralpunkt festgelegt wird. Diese Ebene schneidet sich mit der Bildebene wiederum in einer Geraden.

Alle Objektpunkte, die auf einem durch die Lochblende gehenden Strahl liegen, werden auf einen Punkt in der Bildebene abgebildet. In einer Szene mit mehreren transparenten Objekten werden daher die Objekte aufeinander projiziert und die dreidimensionale Struktur der Szene kann nicht mehr rekonstruiert werden. Selbst die Form einzelner Objekte ist nicht mehr erkennbar. Dieses Beispiel zeigt, wieviel Information durch die Projektion einer 3D-Szene auf eine 2D-Bildebene verlorengeht.

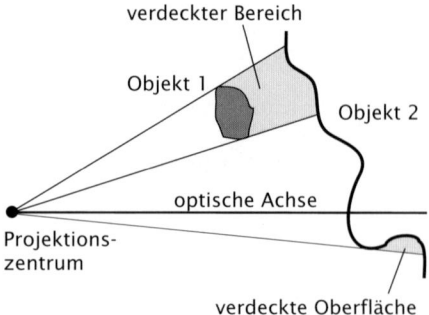

verdeckter Bereich

Objekt 1

Objekt 2

optische Achse

Projektions-
zentrum

verdeckte Oberfläche

Abbildung 7.4: *Okklusion von tieferliegenden Objekten und an Oberflächen bei der Zentralprojektion.*

In natürlichen Bildszenen kommen aber hauptsächlich undurchsichtigen Objekte vor. Hier reduziert sich der 3D-Raum auf im Raum liegende Oberflächen, die mit zwei 2D-Funktionen $g(x_1, x_2)$ und $X_3(x_1, x_2)$ anstelle einer allgemeinen 3D-Grauwertfunktion $g(X_1, X_2, X_3)$ beschrieben werden können. Die Oberfläche wird vollständig auf die Bildebene projiziert, solange nicht mehr als ein Punkt der Oberfläche auf dem gleichen Zentralstrahl liegt. Ansonsten bleiben Teile der Oberfläche unsichtbar. Dieser Effekt wird als *Okklusion* bezeichnet. Den okkludierten 3D-Raum können wir sichtbar machen, wenn wir eine Punktlichtquelle an der Position der Lochblende installieren (Abb. 7.4). Dann liegen die unsichtbaren Bereiche der Szene im Schatten der Objekte, die der Kamera näher sind.

Bei Szenen ohne Okklusionen brauchen wir lediglich die Tiefeninformation $X_3(x_1, x_2)$, um die 3D-Struktur einer Szene vollständig zu rekonstruieren. Eine Möglichkeit — die wir auch in unserem Sehsystem finden — ist das Stereosehen, d. h. das Betrachten einer Szene mit zwei Sensoren von unterschiedlichen Standpunkten aus (Abschn. 8.2.1).

7.3.2 Projektive Abbildung

Die Bildaufnahme mit einer Lochkamera ist im wesentlichen eine *perspektivische Projektion*, da alle Strahlen durch einen Zentralpunkt, die Lochblende, gehen müssen. Damit ist das Lochkameramodell sehr ähnlich einer Abbildung mit penetrierenden Strahlen wie Röntgenstrahlen, die von einer Punktquelle emittiert werden (Abb. 7.5). In diesem Fall liegt das Objekt zwischen dem Zentralpunkt und der Bildebene.

Die Abbildungsgleichung entspricht mit Ausnahme des Vorzeichens Gleichung (7.8):

$$\begin{bmatrix} X_1 \\ X_2 \\ X_3 \end{bmatrix} \mapsto \begin{bmatrix} x_1 \\ x_2 \end{bmatrix} = \begin{bmatrix} \dfrac{d_i X_1}{X_3} \\ \dfrac{d_i X_2}{X_3} \end{bmatrix}. \tag{7.9}$$

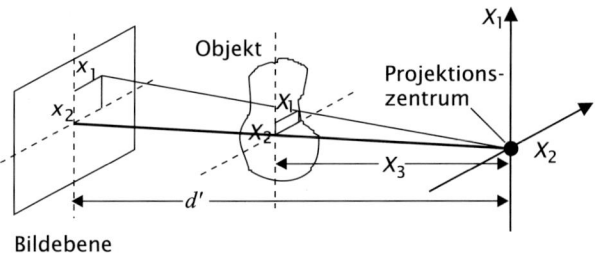

Abbildung 7.5: *Perspektivische Projektion mit Röntgenstrahlen.*

Die mit der Bildweite skalierten Bildkoordinaten werden *verallgemeinerte Bildkoordinaten* genannt:

$$\tilde{x}_1 = \frac{x_1}{d_i}, \quad \tilde{x}_2 = \frac{x_2}{d_i}. \tag{7.10}$$

Verallgemeinerte Bildkoordinaten sind dimensionslos und werden durch eine Tilde gekennzeichnet. In dem System, in dem ein Objekt beobachtet wird, entsprechen sie dem Tangens des Winkels zur optischen Achse. Diese Koordinaten berücksichtigen explizit die Grenzen der Projektion auf die Bildebene. Denn von diesen Koordinaten können wir nicht auf absolute Positionen schließen. Wir wissen lediglich den Winkel, unter dem ein Objekt auf die Bildebene projiziert wird. (Dies ist eine auch in der Astronomie verwendete Methode.) Damit reduziert sich die allgemeine Abbildungsgleichung (7.9) der perspektivischen Projektion auf

$$\boldsymbol{X} = \begin{bmatrix} X_1 \\ X_2 \\ X_3 \end{bmatrix} \mapsto \tilde{\boldsymbol{x}} = \begin{bmatrix} \dfrac{X_1}{X_3} \\ \dfrac{X_2}{X_3} \end{bmatrix}. \tag{7.11}$$

Für optische Systeme müssen wir lediglich ein Minuszeichen ergänzen oder, geometrisch betrachtet, das Bild an seinem Koordinatenursprung spiegeln.

7.3.3 Homogene Koordinaten‡

Die Computergrafik verwendet den eleganten Formalismus der *homogenen Koordinaten*, um all die bisher diskutierten Transformationen, d. h. die Translation, die Rotation sowie die perspektivische Projektion, einheitlich zu beschreiben [43, 52, 135]. Damit kann der gesamte Abbildungsprozess so durch eine einzige 4 × 4-Matrix dargestellt werden.

Homogene Koordinaten werden durch einen 4D-Spaltenvektor

$$\boldsymbol{X}' = \left[tX_1', tX_2', tX_3', t \right]^T \tag{7.12}$$

dargestellt, aus dem wir die ursprünglichen 3D-Koordinaten erhalten, indem wir die ersten drei Komponenten durch die vierte Komponente dividieren. Jede beliebige Transformation erhalten wir durch eine Multiplikation der homogenen Koordinaten mit einer 4×4-Matrix M. Insbesondere ergeben sich die Bildkoordinaten

$$x = [sx_1, sx_2, sx_3, s]^T \tag{7.13}$$

durch

$$x = MX. \tag{7.14}$$

Da die Matrixmultiplikation assoziativ ist, können wir uns die Matrix M aus vielen Transformationsmatrizen zusammengesetzt vorstellen, die so elementare Transformationen wie *Translation* und *Rotation* um eine Koordinatenachse, *perspektivische Projektion* und *Skalierung* durchführen. Die Transformationsmatrizen der elementaren Transformationen ergeben sich zu:

$$T = \begin{bmatrix} 1 & 0 & 0 & T_1 \\ 0 & 1 & 0 & T_2 \\ 0 & 0 & 1 & T_3 \\ 0 & 0 & 0 & 1 \end{bmatrix} \qquad \text{Translation um } [T_1, T_2, T_3]^T$$

$$R_{x_1} = \begin{bmatrix} 1 & 0 & 0 & 0 \\ 0 & \cos\theta & -\sin\theta & 0 \\ 0 & \sin\theta & \cos\theta & 0 \\ 0 & 0 & 0 & 1 \end{bmatrix} \qquad \text{Rotation um die } X_1\text{-Achse um } \theta$$

$$R_{x_2} = \begin{bmatrix} \cos\phi & 0 & \sin\phi & 0 \\ 0 & 1 & 0 & 0 \\ -\sin\phi & 0 & \cos\phi & 0 \\ 0 & 0 & 0 & 1 \end{bmatrix} \qquad \text{Rotation um die } X_2\text{-Achse um } \phi$$

$$R_{x_3} = \begin{bmatrix} \cos\psi & -\sin\psi & 0 & 0 \\ \sin\psi & \cos\psi & 0 & 0 \\ 0 & 0 & 1 & 0 \\ 0 & 0 & 0 & 1 \end{bmatrix} \qquad \text{Rotation um die } X_3\text{-Achse um } \psi$$

$$S = \begin{bmatrix} s_1 & 0 & 0 & 0 \\ 0 & s_2 & 0 & 0 \\ 0 & 0 & s_3 & 0 \\ 0 & 0 & 0 & 1 \end{bmatrix} \qquad \text{Skalierung}$$

$$P = \begin{bmatrix} 1 & 0 & 0 & 0 \\ 0 & 1 & 0 & 0 \\ 0 & 0 & 1 & 0 \\ 0 & 0 & -1/d_i & 1 \end{bmatrix} \qquad \text{perspektivische Projektion.}$$

$$\tag{7.15}$$

Die perspektivische Projektion ergibt sich etwas anders als in (7.11). Aus der Multiplikation des homogenen Vektors

$$X = [tX_1, tX_2, tX_3, t]^T$$

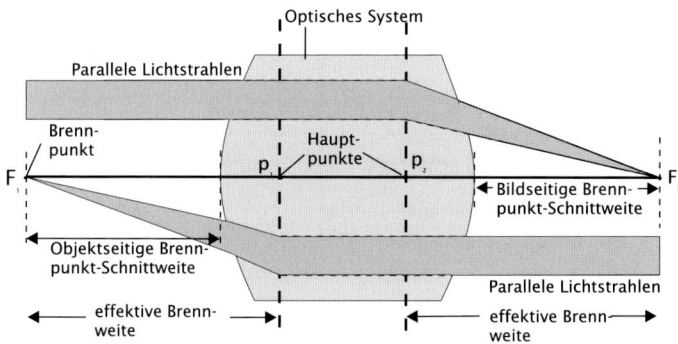

Abbildung 7.6: *Ein optisches System als schwarzer Kasten.*

mit P erhalten wir

$$\left[tX_1, tX_2, tX_3, t\frac{d_i - X_3}{d_i}\right]^T, \tag{7.16}$$

und die Bildkoordinaten resultieren aus der Division durch die vierte Koordinate:

$$\left[\begin{array}{c} x_1 \\ x_2 \end{array}\right] = \left[\begin{array}{c} X_1\dfrac{d_i}{d_i - X_3} \\ X_2\dfrac{d_i}{d_i - X_3} \end{array}\right]. \tag{7.17}$$

Aus dieser Gleichung sehen wir, dass die Bildebene im Ursprung liegt, denn bei $X_3 = 0$ sind Bild- und Weltkoordinaten identisch. Das Projektionszentrum befindet sich im Punkt $[0, 0, -d_i]^T$.

Vollständige Transformationen von Welt- in Bildkoordinaten können aus diesen elementaren Matrizen zusammengesetzt werden. Strat [194] schlug beispielsweise die folgende Zerlegung vor:

$$M = CSPR_zR_yR_xT. \tag{7.18}$$

Die Skalierung S und die Bildverschiebung C sind Transformationen in der zweidimensionalen Bildebene. Strat [194] zeigte, wie man die Parameter für die Transformation von Kamera- in Weltkoordinaten vollständig auf nichtiterative Weise aus einer Menge von Punkten, deren Position im Raum exakt bekannt ist, bestimmen kann. Auf diese Weise kann eine absolute Kalibrierung der äußeren Kameraparameter Position und Orientierung und der inneren Kameraparameter Lage der optischen Achse, Brennweite und Pixelgröße erreicht werden.

7.4 Reale Abbildung

7.4.1 Geometrie eines realen optischen Systems

Das Modell der Lochkamera vereinfacht die Abbildungsverhältnisse eines optischen Systems zu sehr. Sie erzeugt ein Bild eines Objektes in *jeder* Entfernung, während ein reales optisches System ein scharfes

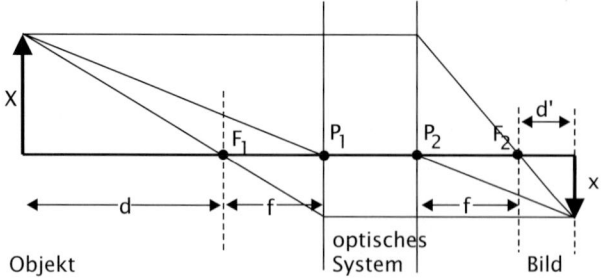

Abbildung 7.7: *Modellierung der optischen Abbildung durch die Hauptpunkte P_1 and P_2 und die Brennpunkte F_1 and F_2. Das System erzeugt ein Bild im Abstand d' hinter F_2 von einem Objekt, das einen Abstand d von F_1 hat.*

Bild nur von einem Objekt in einem gewissen Entfernungsbereich abbildet. Glücklicherweise kann die Geometrie der Abbildung selbst für komplizierte optische Systeme mit einer geringfügigen Änderung immer noch durch eine perspektivische Projektion modelliert werden, wie dies in Abb. 7.6 und 7.7 illustriert wird. Die Fokalebene muss durch zwei *Hauptebenen* ersetzt werden. Die beiden Hauptebenen schneiden die *optische Achse* in den *Hauptpunkten*. Ein Strahl, der die erste Hauptebene erreicht, verlässt das optische System von der zweiten Hauptebene ohne Winkel- und Höhenversatz (Abb. 7.6). Der Abstand zwischen den beiden Hauptebenen modelliert auf diese Weise die axiale Ausdehnung des optischen Systems.

Wir in Abb. 7.6 dargestellt, sind die Strahlen zwischen den beiden Hauptebenen immer parallel. Ein Strahl parallel zur optischen Achse, der von links bzw. rechts in das optische System eintritt, geht durch den zweiten bzw. ersten Brennpunkt. Für praktische Zwecke sind folgende Definitionen nützlich: Die *effektive Brennweite* oder einfach *Brennweite* eines optischen Systems ist die Strecke zwischen dem Hauptpunkt und dem dazugehörigen Brennpunkt. Die objektseitige und bildseitige *Brennpunkt-Schnittweiten* sind die Entfernungen von der letzten Linsenfläche zu den jeweiligen Brennpunkten.

Die Beziehung zwischen den Positionen des Objekts und des dazugehörigen Bildes sind besonders einfach, wenn wir die Entfernungen zu den jeweiligen Brennpunkten angeben (Abb. 7.7),

$$dd' = f^2. \tag{7.19}$$

Diese Beziehung heißt Newtonsche *Abbildungsgleichung*. Die besser bekannte Gaußsche Abbildungsgleichung benutzt die Entfernungen zu den jeweiligen Hauptpunkten:

$$\frac{1}{d' + f} + \frac{1}{d + f} = \frac{1}{f} \tag{7.20}$$

7.4.2 Lateraler und axialer Abbildungsmaßstab

Der *laterale Abbildungsmaßstab* m_l eines optischen Systems ist das Verhälnis der Bildgröße x zur Objektgröße X:

$$m_l = \frac{x_1}{X_1} = \frac{f}{d} = \frac{d'}{f}. \tag{7.21}$$

Eine weniger bekannte Größe ist der *axiale Abbildungsmaßstab*, der die Positionen der Bild- und Objektebene zueinander in Beziehung setzt. Daher gibt der axiale Abbildungsmaßstab den Abbildungsmaßstab in Richtung der optischen Achse wieder. Er gibt an, wie weit wir die Bildebene verschieben müssen, wenn wir die Objektebene um eine gewisse Strecke verschieben. Im Gegensatz zum lateralen Abbildungsmaßstab ist der axiale nicht konstant entlang der optischen Achse. Deswegen kann er nur im Grenzfall kleiner Verschiebungen definiert werden. Wir gehen daher von geringfügig verschobenen Objekt- und Bildpositionen $d + \Delta X_3$ und $d' - \Delta x_3$ aus uns setzen sie in (7.19) ein. Eine Taylorreihenentwicklung erster Ordnung in ΔX_3 and Δx_3 ergibt dann unter der Annahme, dass $\Delta X_3 \ll d$ und $\Delta x_3 \ll d'$)

$$\frac{\Delta x_3}{\Delta X_3} \approx \frac{d'}{d} \tag{7.22}$$

und der axiale Abbildungsmaßstab m_a ergibt sich zu

$$m_a \approx \frac{d'}{d} = \frac{f^2}{d^2} = \frac{d'^2}{f^2} = m_l^2. \tag{7.23}$$

7.4.3 Schärfentiefe

Die Abbildungsgleichungen (7.19) und (7.20) beziehen die Positionen von Objekt und Bild aufeinander. Wenn die Bild- oder Objekteben leicht verschoben werden, wird immer noch ein Bild generiert, es wird aber leicht unscharf. Der Grad der Unschärfe hängt von den Abweichungen zu den Positionen ab, die durch die Abbildungsgleichungen gegeben sind.

Das Konzept der *Schärfentiefe* beruht auf der Tatsache, dass ein gewisses Maß an Unschärfe die Bildqualität nicht beeinträchtigt. Für digitale Bilder ist die Größe der Sensorelemente ein natürliches Maß für eine akzeptable Unschärfe, da kleinere Strukturen sowieso nicht aufgelöst werden können. Wir berechnen die Unschärfe im Rahmen der geometrischen Optik für einen Punkt auf der optischen Achse (Abb. 7.8a). Auf der Bildebene wird der Punkt im Objektraum auf einen Punkt abgebildet. Mit wachsendem Abstand wird er zu einer immer größeren Scheibe mit dem Radius ϵ verschmiert. Unter Benutzung der Blendenzahl n_f eines optischen Systems als Verhältnis der Brennweite zur Apertur $2r$ eines Objektivs

$$n_f = \frac{f}{2r} \tag{7.24}$$

a

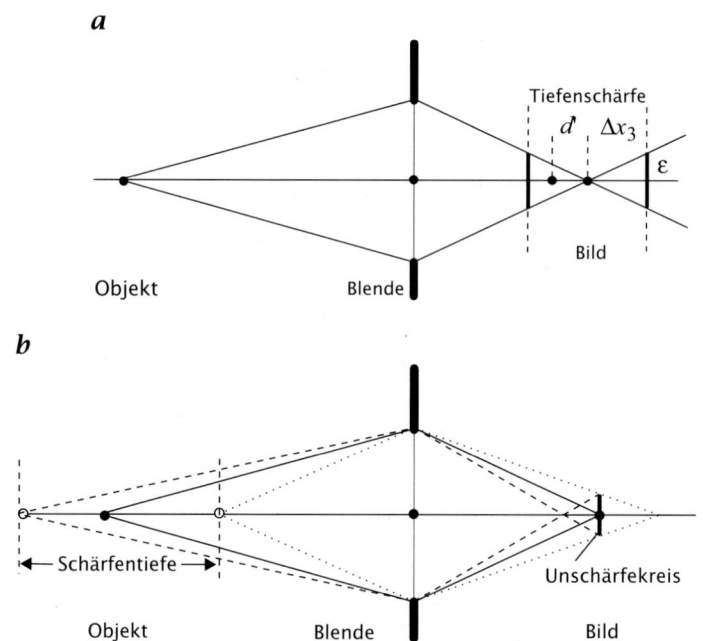

b

Abbildung 7.8: *Illustration der* **a** *bildseitigen und* **b** *objektseitigen Schärfetiefe mit einem Objekt, das auf der optischen Achse liegt.*

können wir den Radius des Unschärfekreises ausdrücken als

$$\epsilon = \frac{1}{2n_f} \frac{f}{f + d'} \Delta x_3, \tag{7.25}$$

wobei Δx_3 die Entfernung von der scharfeingestellten Bildebene ist. Der Bereich von Positionen der Bildebene $[d' - \Delta x_3, d' + \Delta x_3]$, für die der Radius des Unschärfekreise kleiner als ϵ ist, heißt *bildseitige Schärfentiefe*. Gleichung (7.25) kann nach Δx_3 aufgelöst werden

$$\Delta x_3 = 2n_f \left(1 + \frac{d'}{f}\right) \epsilon = 2n_f(1 + m_l)\epsilon, \tag{7.26}$$

wobei m_l der in (7.21) definierte laterale Vergrößerungsmaßstab ist. Gleichung (7.26) zeigt die wichtige Rolle der Blendenzahl und des Abbildungsmaßstabs für die Schärfentiefe. Nur diese beiden Parameter bestimmen sie für ein vorgegebenes ϵ.

Für die praktische Anwendung ist die *objektseitige Schärfentiefe* von größerer Bedeutung. Sie ist definiert als der Bereich von Objektentfernungen für die der Radius des Unschärfekreises auf der Bildebene kleiner als ϵ ist bei einer vorgegebenen Position der Bildebene (Abb. 7.8b). Aus

(7.19) und (7.26) erhalten wir

$$d \pm \Delta X_3 = \frac{f^2}{d' \mp \Delta x_3} = \frac{f^2}{d' \mp 2n_f(1 + m_l)\epsilon}. \tag{7.27}$$

Im Grenzfall $\Delta X_3 \ll d$ ergibt sich aus (7.27)

$$\Delta X_3 \approx 2n_f \cdot \frac{1 + m_l}{m_l^2}\epsilon. \tag{7.28}$$

Wenn der objektseitige Schärfentiefebereich unendlich entfernte Objekte einschließt, dann ergibt sich die minimale Entfernung für scharf abgebildete Objekte zu

$$d_{\min} = \frac{f^2}{4n_f(1 + m_l)\epsilon} \approx \frac{f^2}{4n_f\epsilon}. \tag{7.29}$$

Eine typische hochauflösende CCD-Kamera hat Sensorelemente der Größe $10 \times 10\,\mu$m. Daher setzen wir den Radius des Unschärfekreises auf $5\,\mu$m. Bei einem Objekt mit der Blende 2 und einer Brennweite von 15 mm ergibt sich aus (7.28) eine objektseitige Schärfentiefe von ± 0.2 m bei einem Objektabstand von 1.5 m ($m_l = 0.01$) und nach (7.29) können Objekte von etwa 5 m bis zu einer unendlichen Entfernung scharf abgebildet werden. Diese Beispiele zeigen, dass wir bei entfernten Objekten selbst bei kleinen Blendenzahlen noch hohe objektseitige Schärfentiefenbereiche erhalten.

Bei hohen Abbildungsmaßstäben, wie in der *Mikroskopie*, ist die objektseitige Schärfentiefe sehr gering. Mit $m_l \gg 1$ ergibt sich aus (7.28):

$$\Delta X_3 \approx \frac{2n_f\varepsilon}{m_l}. \tag{7.30}$$

Bei einer 50-fachen Vergrößerung ($m_l = 50$) und $n_f = 1$ erhalten wir eine sehr kleine objektseitige Schärfentiefe von nur $0.2\,\mu$m.

Generell ist festzuhalten, dass das Konzept der Schärfentiefe, wie wir es hier diskutiert haben, nur im Grenzfall der geometrischen Optik gilt. Es kann daher nur benutzt werden, solange der Radius des Unschärfekreises deutlich größer ist als die durch Beugung oder Aberrationen des optischen Systems bewirkte Unschärfe.

7.4.4 Telezentrische Abbildung

Bei einem gewöhnlichen optischen System tritt ein konvergierendes Lichtbündel ein. Dieser Umstand hat negative Konsequenzen für optische Vermessungen (Abb. 7.9a). Das Objekt erscheint größer, wenn es weniger weit von dem Objektiv entfernt ist, und kleiner, wenn es weiter davon

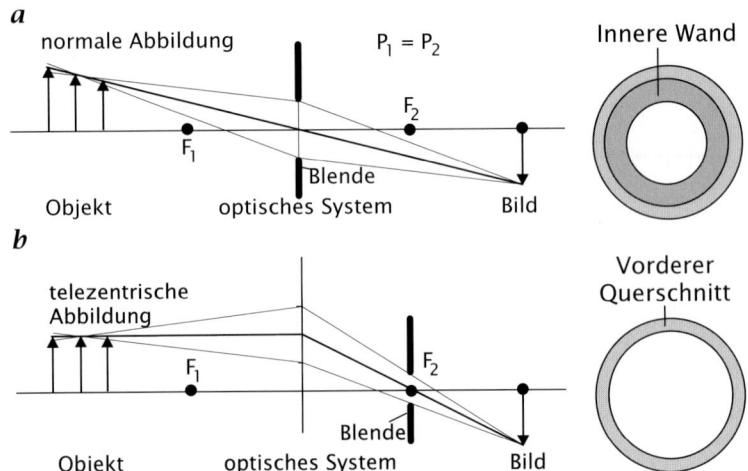

Abbildung 7.9: a *Divergierende Abbildung mit einer Blende in der Hauptebene;* **b** *Telezentrische Abbildung mit einer Blende im bildseitigen Brennpunkt. In der rechten Abbildung wird illustriert wie eine kurze zylindrische Röhre, deren Achse mit der optischen Achse zusammenfällt, durch das jeweilige System abgebildet wird.*

entfernt ist. Da der Abstand des Objekts nicht aus seinem Bild geschlossen werden kann, muss entweder seine Entfernung genau bekannt sein, oder Messfehler sind unvermeidlich.

Die Repositionierung der *Blende* vom bildseitigen Hauptpunkt zum bildseitigen Brennpunkt löst dieses Problem und verändert das Abbildungssystem in ein telezentrisches (Abb. 7.9b). Durch die Verlagerung der Blende in den Brennpunkt wird der *Hauptstrahl*, das ist der Strahl durch das Zentrum der Blende, parallel zur optischen Achse im Objektraum. Damit bewirken kleine Änderung in der Objektposition keine Größenänderung in der Abbildung. Das Objekt wird natürlich um so unschärfer abgebildet, je weiter es von der scharf eingestellten Objektebene entfernt ist. Das Zentrum des Unschärfekreises ändert jedoch seine Position nicht.

Telezentrische Objektive haben ein große Bedeutung in der Bildverarbeitung erlangt. Ihr Nachteil ist natürlich, dass der Durchmesser des telezentrischen Objektivs mindestens so groß wie das zu vermessende Objekt sein muss. Damit wird die präzise optische Vermessung großer Teile sehr teuer.

Abbildung 7.9 zeigt, wie ein Zylinder, dessen Achse mit der optischen Achse des Objektivs zusammenfällt, mit einem gewöhnlichen und einem telezentrischen Objektiv abgebildet wird. Das gewöhnliche Objektiv sieht die Endfläche des Zylinders und die innere Wand, das telezentrische nur die Endfläche.

Telezentrische Objektive illustrieren die Bedeutung von Blenden in der Konstruktion optischer Systeme, eine Tatsache, die oft nicht genügend berücksichtigt wird.

7.4.5 Geometrische Verzerrungen

Ein reales Linsensystem weicht von der perfekten Zentralprojektion ab. Sehr offensichtlich sind die tonnen- oder kissenförmigen Verzeichnungen von Quadraten, die mit einfachen sphärischen Linsen beobachtet werden können. Auch bei korrigierten Linsensystemen lassen sich diese Verzeichnungen nicht vollständig unterdrücken. Dies ist bei Betrachtung der Symmetrie leicht verstehbar. Da Linsensysteme zylindersymmetrisch sind, wird ein mit der optischen Achse konzentrischer Kreis zwar als Kreis abgebildet, aber mit einem verfälschten Radius (*radiale Verzeichnung*). Diese Verzeichnung lässt sich durch folgende Gleichung gut approximieren:

$$x' = \frac{x}{1 + k_3 |x|^2}. \tag{7.31}$$

Je nachdem, ob k_3 positiv oder negativ ist, werden tonnen- oder kissenförmige Verzerrungen in Abbildungen von Quadraten beobachtet. Bei einem handelsüblichen Objektiv beträgt die Abweichung im Randbereich des Sensors einige Bildpunkte (Pixel). Werden die Verzerrungen mit (7.31) korrigiert, so kann man den maximalen Bildfehler auf 0,06 Bildpunkte verringern [120]. Diese starke Korrektur und die stabile Geometrie moderner CCD-Sensoren ermöglichen den Einsatz von CCD-Kameras für subpixelgenaue Vermessungsaufgaben ohne Benutzung teurer Messobjektive. Lenz [121] beschreibt weitere Einzelheiten, welche die Genauigkeit geometrischer Messungen mit CCD-Sensoren beeinflussen.

Verzerrungen treten auch auf, wenn nichtplanare Oberflächen auf eine Bildebene projiziert werden, wie es bei Satellitenbildern und Luftaufnahmen der Fall ist. Die Korrektur geometrischer Verzerrungen in Bildern ist damit ein wichtiger Faktor bei der Fernerkundung und Photogrammetrie [165]. Eine exakte Korrektur der geometrischen Verzerrungen erfordert eine subpixelgenaue Verschiebung von Bildpunkten. Wir werden dieses Problem später in Abschn. 10.6 behandeln, nachdem wir die Grundlagen dafür erarbeitet haben.

7.5 Radiometrie der Abbildung

Es genügt nicht, nur die Abbildungsgeometrie zu kennen. Berücksichtigt werden muss auch, in welchem Verhältnis die Bestrahlungsstärke in der Bildebene und die Strahlungsdichte des abgebildeten Objekts stehen und welche Parameter eines optischen Systems dieses Verhältnis beeinflussen. Grundlagen der Radiometrie und insbesondere die Begriffe zur Beschreibung von Strahlungseigenschaften finden sich in Abschn. 6.3.

Auf dem Weg der Strahlung von einer Lichtquelle zur Bildebene findet eine ganze Kette von Prozessen statt (siehe Abb. 6.1). Hier konzentrieren wir uns auf den Beobachtungspfad, d. h. darauf, wie die vom abzubildenden Objekt emittierte Strahlung vom Abbildungssystem eingefangen wird.

7.5.1 Strahlungsinvarianz

Ein Teil der von einem Objekt ausgesandten Strahlung wird von einem optischen System aufgenommen (Abb. 7.10). Nehmen wir an, dass das Objekt ein Lambertscher Strahler mit der Strahlungsdichte L ist. Die Blendenöffnung des optischen Systems erscheint, vom Objekt aus gesehen, unter einem bestimmten Raumwinkel Ω. Der projizierte ringförmige Blendenbereich ist $\pi r^2 \cos \theta$ in einer Entfernung von $(d + f)/\cos \theta$. Damit trifft ein Strahlungsfluss

$$\Phi = LA\frac{\pi r^2 \cos^3 \theta}{(d + f)^2} \tag{7.32}$$

auf das optische System. Die Strahlung, die von der in die Objektebene projizierten Fläche A ausgeht, wird auf die Fläche A' abgebildet. Daher muss der Strahlungsfluss Φ zur Berechnung der Bestrahlungsstärke noch durch A' geteilt werden. In (7.32) taucht dann das Flächenverhältnis

$$A/A' = \frac{\cos^{-1}(f + d)^2}{(f + d')^2} \tag{7.33}$$

auf. Weiter nehmen wir an, dass das optische System eine Transmissivität t hat. Damit ergibt sich schließlich die folgende Beziehung zwischen Objektstrahlungsdichte und Bestrahlungsstärke:

$$E' = t\pi \left(\frac{r}{f + d'}\right)^2 \cos^4 \theta \cdot L. \tag{7.34}$$

Diese Beziehung besagt, dass die Bestrahlungsstärke eines Bildes zur Objektstrahlungsdichte proportional ist. Dies ist die Grundlage für die Linearität der optischen Abbildung. Wir können das optische System mit zwei einfachen Begriffen beschreiben: seiner (gesamten) Transmissivität t und dem Verhältnis des Blendenradius zur Entfernung des Bildes vom ersten Hauptpunkt. Für weit entfernte Objekte $d \gg f, d' \ll f$, reduziert sich (7.34) auf

$$E' = t\pi \frac{\cos^4 \theta}{n_f^2} \cdot L \qquad d \gg f. \tag{7.35}$$

Dabei ist n_f die Blende. Dieser Term ist für reale optische Systeme nur eine Näherung. Wird ein Teil der einfallenden Strahlung durch zusätzliche Blenden oder begrenzte Linsendurchmesser abgeschnitten, ist der

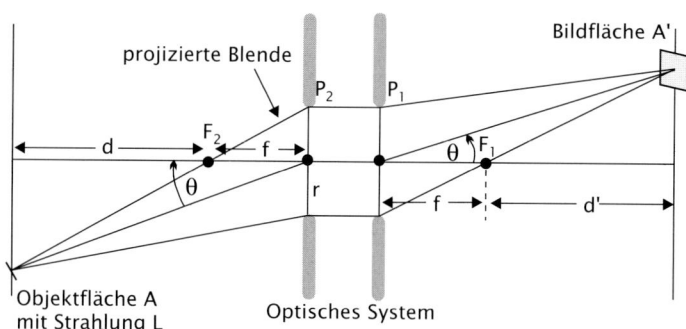

Abbildung 7.10: *Ein optisches System empfängt eine Flussdichte entsprechend dem Produkt aus der Bestrahlungsstärke des Objekts und dem Winkel, unter dem die projizierte Blende vom Objekt aus erscheint. Der von der Objektfläche A emittierte Strahlungsfluss wird auf die Bildfläche A' abgebildet.*

Abfall bei großen Winkeln θ noch steiler. Auf der anderen Seite kann ein sorgfältiges Positionieren der Blende den Abfall unter $\cos^4 \theta$ drücken. Da auch die Restreflexion der Linsenoberfläche vom Einfallswinkel abhängt, wird der tatsächliche Abfall stark vom Aufbau des optischen Systems beeinflusst. Experimentell wird er am besten mit Hilfe einer Kalibrierung bestimmt.

Die erstaunliche Tatsache, dass die Beziehung zwischen der Bestrahlungsstärke im Bild und der Strahlungsdichte des Objekts so einfach ist, liegt in einer grundsätzlichen Invarianz begründet. Die Strahlungsdichte eines Bildes entspricht der eines realen Objekts und kann als Strahlungsquelle für weitere optische Elemente dienen. Nun besagt ein grundsätzliches Theorem der Radiometrie, dass die Strahlungsdichte eines Bildes gleich der eines Objekts, multipliziert mit der Transmissivität des optischen Systems, ist. Das Theorem kann durch die Annahme bewiesen werden, dass der Strahlungsfluss Φ durch ein optisches System erhalten bleibt, es sei denn, die Absorption im System führt zu einer Transmissivität kleiner als eins. Die Winkel, unter denen das optische System vom Objekt und vom Bild aus erscheint, sind

$$\Omega = A_0/(d + f)^2 \quad \text{und} \quad \Omega' = A_0/(d' + f)^2, \qquad (7.36)$$

wobei A_0 die effektive Fläche der Blende ist.

Der von einer Fläche A ausgehende Strahlungsfluss des Objektes trifft auf die Fläche $A' = A(d'+f)^2/(d+f)^2$ auf der Bildebene. Damit ergeben sich die Strahlungsstärken zu

$$
\begin{aligned}
L &= \frac{\Phi}{\Omega A} - \frac{\Phi}{A_0 A}(d + f)^2 \\
L' &= \frac{t\Phi}{\Omega' A'} = \frac{t\Phi}{A_0 A}(d + f)^2,
\end{aligned}
\qquad (7.37)
$$

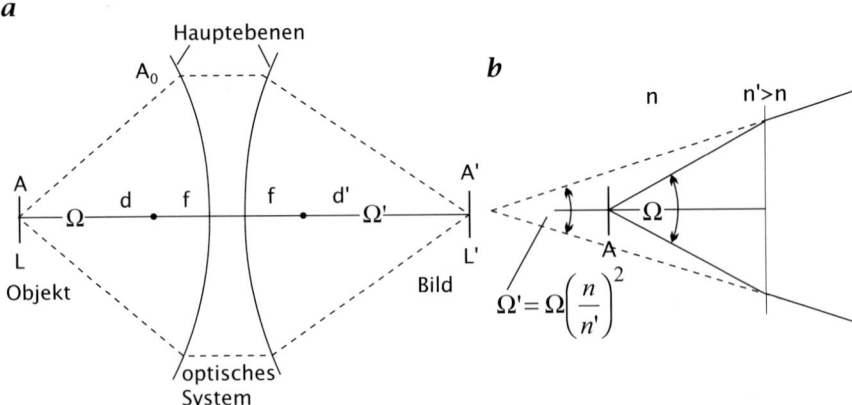

Abbildung 7.11: *Veranschaulichung der Strahlungsinvarianz: **a** Das Produkt AΩ ist im Objekt- und im Bildraum gleich. **b** Veränderung des Winkels, wenn ein Strahl in ein optisch dichteres Medium eindringt.*

und es gilt folgende Invarianz:

$$L' = tL \quad \text{für} \quad n' = n. \tag{7.38}$$

Diese Form der Invarianz der Strahlungsdichte gilt nur, wenn Objekt und Bild sich in einem Medium mit dem gleichen Brechungsindex befinden ($n' = n$). Geht ein Strahl mit der Strahlungsdichte L in ein Medium mit einem höheren Brechungsindex über, nimmt die Strahlungsdichte zu, weil die Strahlen zur optischen Achse hin gebeugt werden (Abb. 7.11b). Also bleibt, allgemeiner ausgedrückt, das Verhältnis der Strahlungsdichte zum quadrierten Brechungsindex invariant:

$$L'/n'^2 = tL/n^2. \tag{7.39}$$

Aus der Strahlungsinvarianz können wir direkt auf die Bestrahlungsstärke in der Bildebene schließen:

$$E' = L'\pi \sin^2 \alpha' = tL\pi \sin^2 \alpha'. \tag{7.40}$$

Bei dieser Gleichung ist der Abfall mit $\cos^4 \theta$ nicht berücksichtigt, da wir nur den Hauptstrahl auf der optischen Achse betrachtet haben. Der Term $\sin^2 \alpha$ entspricht $r^2/(f+d')^2$ in (7.34). Die Invarianz der Strahlung vereinfacht die Berechnung der Bestrahlungsstärke eines Bildes und die Weiterleitung von Strahlen durch komplexe optische Systeme beträchtlich. Ihre grundsätzliche Bedeutung lässt sich mit dem fundamentalen Extremalprinzip der geometrischen Optik vergleichen, das besagt, dass Strahlung sich derart fortpflanzt, dass der optische Pfad nd (tatsächliche Weglänge multipliziert mit dem Brechungsindex) minimal wird.

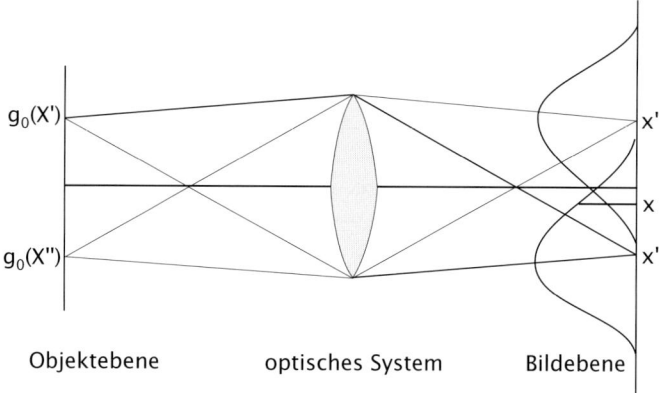

$g_0(X')$

x''

x

$g_0(X'')$

x'

Objektebene   optisches System   Bildebene

Abbildung 7.12: *Abbildung durch Faltung mit der Punktantwort $h(x)$. Ein Punkt bei X' in der Objektebene ergibt eine Intensitätsverteilung mit einem Maximum an Stelle des zugehörigen Punktes x' in der Bildebene. An einem Punkt x in der Bildebene müssen die Beiträge aller Punkte x', d. h. $g_i'(x')h(x - x')$, integriert werden.*

7.6 Lineare Systemtheorie der Abbildung†

In Abschn. 4.2 wurden lineare verschiebungsinvariante Filter (Faltungs-operatoren) als eine Anwendung der linearen Systemtheorie besprochen. Die Bildaufnahme ist ein weiteres Beispiel, das wir mit diesem mächtigen Konzept beschreiben können. In diesem Abschnitt werden wir daher die optische Abbildung mit der 2D- und 3D-Punktantwort (Abschn. 7.6.1) und der optischen Transferfunktion (Abschn. 7.6.2) beschreiben.

7.6.1 Punktantwort

Wir haben gesehen, dass ein Punkt im 3D-Objektraum nicht auf einen Punkt im Bildraum abgebildet wird, sondern auf eine mehr oder weniger ausgedehnte Fläche variierender Intensitäten. Offensichtlich ist die Funktion, welche die Abbildung eines Punktes beschreibt, eine wesentli-che Eigenschaft eines Abbildungssystems. Diese Funktion heißt *Punkt-antwort* oder im Englischen *point spread function* und wird mit *PSF* ab-gekürzt. Wir nehmen an, dass die PSF nicht von der Position abhängig ist. Unter dieser Bedingung kann ein optisches System als lineares ver-schiebungsinvariantes System betrachtet werden (*LSI*, Abschn. 4.2).

Kennen wir die PSF, können wir berechnen, wie ein beliebiges 3D-Objekt abgebildet wird. Dazu denken wir uns das Objekt in einzelne Punkte zerlegt. Abbildung 7.12 zeigt diesen Prozess. Ein Punkt X' in der Objektebene wird mit einer Intensitätsverteilung, die der Punktant-wort h entspricht, auf die Bildebene projiziert. Mit $g_i'(\boldsymbol{x}')$ bezeichnen wir die ohne Abbildungsstörungen auf die Bildebene projizierten Intensitätswerte $g'_o(X')$ aus der Objektebene. Dann können wir die Intensität eines Punktes x auf der Bildebene berechnen, indem wir die Anteile der Punktantworten integrieren (Abb. 7.12):

$$g_i(x) = \int_{-\infty}^{\infty} g'_i(x')h(x-x')\mathrm{d}^2x' = (g'_i * h)(x). \qquad (7.41)$$

Die Operation in (7.41) wird als *Faltung* bezeichnet. Faltungen spielen in der Bildverarbeitung eine wichtige Rolle, nicht nur bei der Bilderzeugung, sondern auch bei vielen Bildverarbeitungsoperationen. Im Falle der Bilderzeugung „verschmiert" eine Faltung offensichtlich ein Bild und reduziert seine Auflösung.

Diese Wirkung von Faltungen kann am einfachsten an Bildstrukturen mit periodischen Grauwertvariationen gezeigt werden. Solange die Wiederholungslänge, die *Wellenlänge*, dieser Struktur größer ist als die Breite der PSF, treten keine wesentlichen Veränderungen auf. Nimmt jedoch die Wellenlänge ab, beginnt die Amplitude der Grauwerte ebenfalls abzunehmen. Feine Strukturen verblassen schließlich, bis sie nicht mehr sichtbar sind. Diese Betrachtungen betonen die Bedeutung der periodischen Strukturen und führen in natürlicher Weise zur Einführung der *Fouriertransformation*, die ein Bild in die sich wiederholenden Grauwertvariationen zerlegt (Abschn. 2.3).

Am Anfang dieses Abschnitts haben wir gezeigt, dass die Erzeugung eines 2D-Bildes in der Bildebene vollständig durch seine PSF beschrieben wird. Im folgenden werden wir dieses Konzept in den Raum ausdehnen und die Punktantwort innerhalb der Grenzen der geometrischen Optik, d.h. mit einem perfekten Linsensystem und ohne Verzerrung, explizit berechnen. Dieser Ansatz beruht auf der Notwendigkeit, die dreidimensionale Abbildung zu verstehen, insbesondere in der Mikroskopie. Die entscheidende Frage ist, wie ein Punkt im 3D-Objektraum nicht nur auf eine 2D-Bildebene, sondern in einen 3D-Bildraum abgebildet wird.

Zunächst überlegen wir, wie ein Punkt im Objektraum in den Bildraum projiziert wird. Aus Abb. 7.8 ergibt sich der Radius des Unschärfekreises zu

$$\epsilon_i = \frac{rx_3}{d_i}. \qquad (7.42)$$

Dabei bezeichnet der Index i von ϵ den Bildraum. Dann ersetzen wir den Radius r der Blende durch den maximalen Winkel, unter dem die Linse Licht von dem betrachteten Punkt einfängt, und erhalten

$$\epsilon_i = \frac{d_o}{d_i}x_3 \tan \alpha. \qquad (7.43)$$

Diese Gleichung liefert den Rand der PSF im Bildraum. Dieser Rand hat die Form eines Doppelkegels mit der x_3-Achse im Zentrum. Die Spitzen der beiden Kegel treffen sich im Ursprung. Außerhalb der Kegel ist die PSF null, innerhalb können wir die Intensität aus der Erhaltung der Strahlungsenergie ableiten.

Da der Radius des Kegels linear mit der Entfernung zur Brennebene wächst, nimmt die Intensität innerhalb des Kegels quadratisch ab. Daraus ergibt sich die PSF $h_i(x)$ im Bildraum zu

$$
\begin{aligned}
h_i(\boldsymbol{x}) &= \frac{I_0}{\pi(\frac{d_o}{d_i}x_3 \tan \alpha)^2} \Pi \frac{(x_1^2 + x_2^2)^{1/2}}{2\frac{d_o}{d_i}x_3 \tan \alpha} \\
&= \frac{I_0}{\pi(\frac{d_o}{d_i}z \tan \alpha)^2} \Pi \frac{r}{2\frac{d_o}{d_i}z \tan \alpha}.
\end{aligned}
\tag{7.44}
$$

I_0 ist die Lichtintensität, welche die Linse von dem Punktobjekt einsammelt; Π ist die *Rechteckfunktion*, die folgendermaßen definiert ist:

$$
\Pi(x) = \begin{cases} 1 & |x| \le 1/2 \\ 0 & \text{sonst} \end{cases}.
\tag{7.45}
$$

Der letzte Ausdruck in (7.44) ist in Zylinderkoordinaten (r, ϕ, z) geschrieben, damit die Rotationssymmetrie der PSF um die x_3-Achse berücksichtigt wird.

Im zweiten Schritt diskutieren wir, worauf sich die PSF des Bildraums im Objektraum bezieht, denn uns interessiert, wie die Abbildungseffekte in den Objektraum zurückprojiziert werden. Dabei muss die laterale und axiale Vergrößerung beachtet werden. Zunächst ist das Bild, und damit auch ε, um den Faktor d_i/d_o größer als das Objekt. Dann müssen wir die Ebenen finden, die einander im Objekt- und Bildraum entsprechen. Dieses Problem wurde bereits in Abschn. 7.4.2 gelöst. Gleichung (7.23) bezieht das Bild auf die Kamerakoordinaten; der rückprojizierte Radius des Unschärfekreises ϵ_o ergibt sich aus

$$
\epsilon_o = X_3 \tan \alpha,
\tag{7.46}
$$

und die in den Objektraum rückprojizierte PSF aus

$$
\begin{aligned}
h_o(\boldsymbol{X}) &= \frac{I_0}{\pi(X_3 \tan \alpha)^2} \Pi \frac{(X_1^2 + X_2^2)^{1/2}}{2X_3 \tan \alpha} \\
&= \frac{I_0}{\pi(Z \tan \alpha)^2} \Pi \frac{R}{2Z \tan \alpha}.
\end{aligned}
\tag{7.47}
$$

Der Doppelkegel der PSF, der in den Objektraum rückprojiziert wird, hat denselben Öffnungswinkel wie die Linse (Abb. 7.13). Die Schlussfolgerung ist, dass $h_0(x)$ in (7.47) die Wirkung der optischen Abbildung darstellt, wenn geometrische Veränderungen nicht vernachlässigt werden.

a   **b**

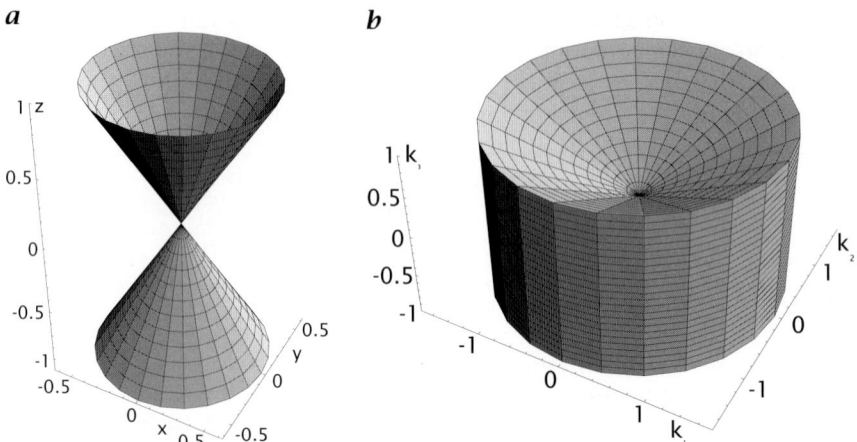

Abbildung 7.13: a *Dreidimensionale Punktantwort und* **b** *optische Transferfunktion einer optischen Abbildung unter Vernachlässigung von Beugungseffekten.*

7.6.2 Optische Transferfunktion

Die Faltung mit der PSF im Ortsraum ist eine recht komplexe Operation. Im Fourierraum wird sie jedoch als Multiplikation komplexer Zahlen durchgeführt. Damit entspricht die Faltung des 3D-Objekts $g'_o(X)$ mit der PSF $h_o(X)$ im Fourierraum einer Multiplikation des fouriertransformierten Objekts $\hat{g}'_o(k)$ mit der fouriertransformierten PSF, der *optischen Transferfunktion* oder *OTF* $\hat{h}_o(k)$. In diesem Abschnitt betrachten wir die optische Transferfunktion im Objektraum, d. h. wir projizieren das abgebildete Objekt zurück in den Objektraum. Dann kann die Bilderzeugung folgendermaßen beschrieben werden:

	Bild		Abbildung		Objekt	
Ortsraum	$g_o(X)$	=	$h_o(X)$	∗	$g'_o(X)$	(7.48)
Fourierraum	$\hat{g}_o(k)$	=	$\hat{h}_o(k)$	·	$\hat{g}'_o(k).$	

(7.48) bedeutet, dass wir die optische Abbildung entweder mit der Punktantwort oder der optischen Transferfunktion beschreiben können. Beide Beschreibungen sind vollständig, und wie die PSF lässt sich auch die OTF anschaulich erklären. Da die Fouriertransformation ein Objekt in sich wiederholende Strukturen zerlegt, sagt uns die OTF, wie diese periodischen Strukturen durch die optische Abbildung verändert werden. Eine OTF von 1 für eine bestimmte Wellenlänge bedeutet, dass diese periodische Struktur überhaupt nicht beeinflusst wird. Dagegen bringt eine OTF von 0 die Struktur vollständig zum Verschwinden. Bei Werten zwischen 0 und 1 wird entsprechend abgeschwächt. Da die OTF komplex ist, wird im allgemeinen nicht nur die Amplitude einer periodischen Struktur verändert, sondern auch ihre Phase.

Wir werden die PSF nicht direkt berechnen, sondern die Linearität und die Separierbarkeit der Fouriertransformation nutzen, um die PSF in geeignete Teilfunktionen zu zerlegen, deren Fouriertransformierte einfach zu bestimmen sind. Zwei Möglichkeiten werden vorgestellt, die zudem einige wichtige Eigenschaften der Fouriertransformation verdeutlichen.

Die erste Methode zur Berechnung der OTF macht sich die Linearität der Fouriertransformation zunutze und zerlegt die PSF in ein Bündel von δ-Linien, die durch den Ursprung des Koordinatensystems gehen und im Querschnitt des Doppelkegels gleichmäßig verteilt sind. Denken wir uns jede der δ-Linien als einen Lichtstrahl. Ohne weitere Berechnungen wissen wir, dass diese Zerlegung die korrekte quadratische Abnahme der PSF ergibt, da dieselbe Zahl von δ-Linien eine quadratisch zunehmende Fläche schneidet. Die Fouriertransformierte einer δ-Linie ist eine δ-Ebene, die senkrecht zur Linie steht (≻ R5). Damit besteht die OTF aus einem Bündel von δ-Ebenen. Diese gehen durch den Ursprung des k-Raumes und haben zur $k_1 k_2$-Ebene einen maximalen Winkel von α, dem halben Öffnungswinkel des OTF-Doppelkegels. Da bei der Fouriertransformation die Rotationssymmetrie erhalten bleibt, ist auch die OTF rotationssymmetrisch zur k_3-Achse. Die OTF füllt damit den gesamten Fourierraum bis auf einen Doppelkegel mit dem Öffnungswinkel $\pi/2 - \alpha$ aus. In diesem Bereich ist die OTF null. Der genaue Verlauf der OTF innerhalb des Rotationskörpers ist bei dieser Zerlegung schwer zu durchschauen.

Wir werden deshalb einen zweiten Ansatz verfolgen, der auf der Separierbarkeit der Fouriertransformation basiert. Wir denken uns den Doppelkegel in Scheiben mit unterschiedlichen Durchmessern zerlegt, die mit $|x_3|$ zunehmen. Im ersten Schritt führen wir die Fouriertransformation nur in der $x_1 x_2$-Ebene durch. Daraus resultiert eine Funktion mit zwei Koordinaten im k-Raum und einer im x-Raum (k_1, k_2, x_3 bzw. in Zylinderkoordinaten q, φ, z). Da die PSF (7.47) nur von r abhängt (Rotationssymmetrie um die z-Achse), entspricht die zweidimensionale Fouriertransformation einer (eindimensionalen) *Hankeltransformation nullter Ordnung* [16]:

$$h(r, z) = \frac{I_0}{\pi (z \tan \alpha)^2} \Pi\left(\frac{r}{2z \tan \alpha}\right)$$

$$\check{h}(q, z) = I_0 \frac{J_1(2\pi z q \tan \alpha)}{\pi z q \tan \alpha}.$$

$$(7.49)$$

Als Fouriertransformierte der rotationssymmetrischen Scheibe ergibt sich ebenfalls eine rotationssymmetrische Funktion, welche die *Besselfunktion* J_1 enthält. Im zweiten Schritt führen wir die noch fehlende

eindimensionale Fouriertransformation in z-Richtung durch. Gleichung
(7.49) zeigt, dass $\check{h}(q,z)$ auch eine Besselfunktion in z ist.

Da die Fouriertransformation diesmal aber eindimensional ist, erhalten wir keine Scheibenfunktion, sondern eine Kreisfunktion ($\succ$ R5):

$$\frac{J_1(2\pi x)}{x} \quad \circ\!\!-\!\!\bullet \quad 2\left(1-k^2\right)^{1/2} \Pi\left(\frac{k}{2}\right). \tag{7.50}$$

Wenden wir nun noch das *Ähnlichkeitstheorem* der Fouriertransformation (Theorem 1, S. 52, $\succ$ R4) an:

$$\text{wenn} \quad f(x) \quad \circ\!\!-\!\!\bullet \quad \hat{f}(k),$$

$$\text{dann} \quad f(ax) \quad \circ\!\!-\!\!\bullet \quad \frac{1}{|a|}\hat{f}\left(\frac{k}{a}\right), \tag{7.51}$$

so erhalten wir:

$$\hat{h}(q,k_3) = \frac{2I_0}{\pi|q\tan\alpha|}\left(1-\frac{k_3^2}{q^2\tan^2\alpha}\right)^{1/2} \Pi\left(\frac{k_3}{2q\tan\alpha}\right). \tag{7.52}$$

Durch die Kastenfunktion in dieser Gleichung ist die OTF in einem großen Bereich null. Das bedeutet, dass räumliche Strukturen mit den zugehörigen Richtungen und Wellenlängen vollständig verschwinden. Dies ist insbesondere für alle Strukturen in z-Richtung, also senkrecht zur Bildebene, der Fall. Solche Strukturen können nicht ohne zusätzliche Informationen rekonstruiert werden.

3D-Strukturen sind nur sichtbar, wenn sie auch Strukturen enthalten, die parallel zur Bildebene liegen. Dann ist es zum Beispiel möglich, Punkte oder Linien zu unterscheiden, die übereinander liegen. Das kann man sich sowohl im Ortsraum als auch im Fourierraum veranschaulichen. Im Ortsraum ergibt die Überlagerung der entsprechenden PSF immer noch eine tiefenabhängige Fokusserie, in der man die beiden Punkte bzw. Linien, wenn auch verschwommen, unterscheiden kann. Im Fourierraum sind Linien bzw. Punkte weit ausgedehnte Objekte, die durch die OTF verfälscht, d. h. teilweise mit den Teilen der OTF, die ungleich null sind, zusammenfallen, aber nicht ausgelöscht werden.

Die Grenze für bei der Projektion verschwindende Strukturen liegt bei einem Winkel α zur k_1k_2-Ebene, der gerade dem maximalen Öffnungswinkel des Objektivs entspricht. Intuitiv können wir sagen, dass wir alle 3D-Strukturen erkennen können, in die man tatsächlich auch „hineinschauen" kann. Es ist mindestens ein Strahl notwendig, der senkrecht zum Wellenvektor der periodischen Struktur ist und damit in Richtung konstanter Grauwerte verläuft.

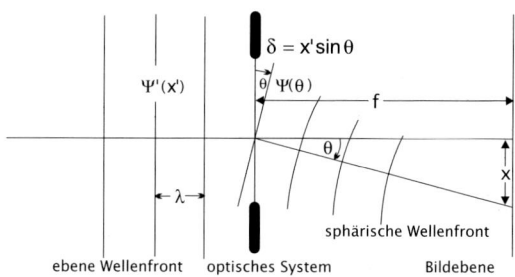

Abbildung 7.14: *Beugung einer ebenen Welle an der Apertur eines optischen Systems. In der Blendenöffnung kann man sich die ebene Welle in Kugelwellen zerlegt denken, die je nach Richtung θ und Position x′ eine Weglängendifferenz von aufweisen.*

7.6.3 Beugungsbegrenzte optische Systeme‡

Licht ist eine elektromagnetische Welle und unterliegt deswegen entsprechenden physikalischen Gesetzen. Wenn ein paralleles Lichtbündel in ein optisches System eintritt, kann es nicht auf einen Punkt fokussiert werden, auch wenn alle Abbildungsfehler der Optik korrigiert wurden. Die Beugung an der Blendenöffnung führt zu einer Verschmierung des Punktes auf der Bildebene zu einem Beugungsscheibchen, die mindestens in der Größenordnung der Wellenlänge des verwendeten Lichtes liegt. Ein optisches System, dessen Aberrationen so weit korrigiert wurden, dass sie kleiner sind als die Effekte durch die Beugung, wird als *beugungsbegrenzt* bezeichnet.

Eine exakte Behandlung der Beugung basierend auf den Maxwell-Gleichungen ist mathematisch sehr aufwendig ([40, Chapters 9 and 10] and [85, Chapter 3]). Das Wesentliche der Beugung einer ebenen Welle an einer Linsenöffnung kann aber mit einer als *Fraunhofer-Beugung* bekannten Näherung erfasst werden. Daraus werden wir eine fundamentale Beziehung herleiten.

Wir nehmen an, dass eine ebene Welle auf die Blendenöffnung in der Hauptebene auftrifft (Abb. 7.14). In der Hauptebene wenden wir das Huygensche Prinzip an, das besagt, dass wir jeden Punkt der Wellenfront als Ausgangspunkt einer phasengleichen Kugelwelle nehmen können. Alle diese Kugelwellen addieren wir dann zu neuen ebenen Wellen auf, die die Blendenöffnung unter dem Winkel θ verlassen. Die Neigung bewirkt eine Weglängendifferenz, aus der eine winkel- und positionsabhängige Phasenverschiebung resultiert. In der Hauptebene beträgt die Pfaddifferenz $\delta = x' \sin \theta$, wobei x' die Position in der Hauptebene ist. Daher ergibt sich die Phasenverschiebung zu

$$\Delta\varphi = 2\pi\delta/\lambda = 2\pi x' \sin \theta/\lambda, \tag{7.53}$$

wobei λ die Wellenlänge der Wellenfront ist. Wir nehmen weiterhin an, dass $\psi'(x')$ die positionsabhängige Amplitudenverteilung der Wellenfront in der Hauptebene ist. Im Fall einer Kreisblende ist $\psi'(x')$ eine einfache zirkulare Kastenfunktion. Hier wollen wir aber den allgemeinen Fall einer beliebig variierenden Amplitude der Wellenfront in der Hauptebene berücksichtigen. Mit diesen Vorgaben ist die ebene Welle, die unter dem Winkel θ die Hauptebene verlässt, durch folgendes Integral gegeben:

$$\psi(\theta) = \int_{-\infty}^{\infty} \psi'(x') \exp\left(\frac{2\pi i x' \sin\theta}{\lambda}\right) dx'. \tag{7.54}$$

Dieses Integral beschreibt das Beugungsmuster in unendlicher Entfernung hinter der Hauptebene als Funktion des Winkels θ. Bis jetzt haben wir aber noch nicht den Einfluss des optischen Systems berücksichtigt.

Dieses bewirkt nicht mehr als ein Verbiegen der parallelen Wellenfront zu einer Kugelwelle, die ihr Zentrum in der Bildebene am Punkt x hat. Aus Abb. 7.14 sehen wir, dass für diesen Punkt gilt: $x = f \tan\theta \approx f \sin\theta$. Mit dieser Beziehung erhalten wir aus (7.54)

$$\psi(x) = \int_{-\infty}^{\infty} \psi'(x') \exp\left(\frac{2\pi i x' x}{f\lambda}\right) dx'. \tag{7.55}$$

Dieses Integral kann leicht auf zwei Dimensionen erweitert werden indem wir das Produkt $x'x$ durch das Skalarprodukt der beiden 2D-Vektoren $\boldsymbol{x}'$ und $\boldsymbol{x}$ ersetzen:

$$\psi(\boldsymbol{x}) = \int_{-\infty}^{\infty}\int_{-\infty}^{\infty} \psi'(\boldsymbol{x}') \exp\left(2\pi i \frac{\boldsymbol{x}'^T \boldsymbol{x}}{f\lambda}\right) d^2 x'. \tag{7.56}$$

Diese Gleichung besagt, dass die Amplitudenverteilung $\psi(x)$ auf der Bildebene durch die 2D-Fouriertransformierte der einfallenden Amplitudenfunktion $\psi'(x')$ auf der Hauptebene gegeben ist.

Für eine *Kreisblende* ist die Amplitudenverteilung gegeben durch

$$\psi'(\boldsymbol{x}') = \Pi\left(\frac{|\boldsymbol{x}'|}{2r}\right), \tag{7.57}$$

wobei r der Radius der Blende ist. Die Fouriertransformierte von (7.57) ist eine Besselfunktion erster Ordnung ($\succ$ R4):

$$\psi(\boldsymbol{x}) = \psi_0 \frac{I_1(2\pi x r / f\lambda)}{\pi x r / f\lambda}. \tag{7.58}$$

Die Bestrahlungsstärke E auf der Bildebene ergibt sich durch Quadrierung der Amplitude:

$$E(\boldsymbol{x}) = |\psi(\boldsymbol{x})|^2 = \psi_0^2 \left(\frac{I_1(2\pi x r / f\lambda)}{\pi x r / f\lambda}\right)^2. \tag{7.59}$$

Das Beugungsmuster hat ein zentrales Scheibchen, das 83.9 % der Energie enthält, umgeben von weiteren Ringen mit abnehmender Intensität (Abb. 7.15a). Die Entfernung vom Zentrum des Beugungsscheibchen zum ersten dunklen Ring beträgt

$$\Delta x = 0.61 \cdot \frac{f}{r}\lambda = 1.22\lambda n_f. \tag{7.60}$$

In dieser Entfernung können zwei Punkte klar voneinander getrennt werden (Abb. 7.15b). Das ist das *Rayleigh-Kriterium* für die Auflösung eines optischen Systems. Die Auflösung eines optischen Systems kann interpretiert werden als

a

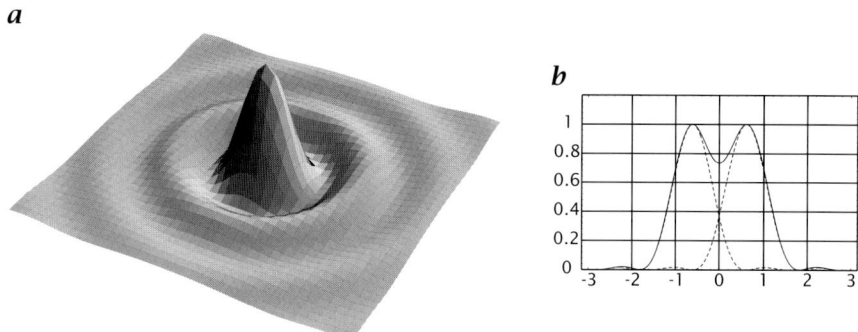

Abbildung 7.15: *a Bestrahlungsstärke E($\boldsymbol{x}$) des Beugungsmusters ("Airy disk") in der Brennebene eines optischen Systems mit einer homogen beleuchteten Kreisblende nach (7.59). b Illustration der Auflösung des Bildes zweier Punkte im Abstand $x/(n_f\lambda) = 1.22$.*

die Beziehung zwischen der Winkelauflösung der einfallenden ebenen Welle und der Ortsauflösung auf der Bildebene. Mit dem Rayleigh-Kriterium (7.60) ergibt sich für die Winkelauflösing $\Delta\theta_0 = \Delta x / f$

$$\Delta\theta_0 = 1.22\frac{\lambda}{d}. \tag{7.61}$$

Damit hängt die Winkelauflösung nicht von der Brennweite, sondern nur von der Blendenöffnung des optischen Systems in Relation zur Wellenlänge der elektromagnetischen Strahlung ab.

Im Gegensatz zur Winkelauflösung hängt die räumliche Auflösung Δx in der Bildebene nach (7.60) nur von dem Verhältnis des Radius der Objektivöffnung zu der Brennweite f bzw. dem Abstand von der Bildebene zur bildseitigen Hauptebene ab. Statt der Blendenzahl können wir in (7.60) allgemeiner, d. h. unter Berücksichtigung eines von eins verschiedenen bildseitigen Brechungsindex, die *numerische Apertur* benutzen, die folgendermaßen definiert ist:

$$n_a = n\sin\theta_0 = \frac{2n}{n_f}. \tag{7.62}$$

Dabei ist n der bildseitige Brechungsindex und θ_0 der maximimale Winkel unter dem ein Lichtstrahl, der zentral durch die Bildebene geht, die Blendenöffnung passiert. Dann folgt

$$\Delta x = 0.61\frac{\lambda}{n'_a}. \tag{7.63}$$

Daher hängt die räumliche Auflösung in der Bildebene wiederum nicht direkt mit der Brennweite zusammen sondern nur mit der bildseitigen numerischen Apertur.

Da der Lichtweg umkehrbar ist, können wir dieselben Argumente für die Objektebene anwenden. Die räumliche Auflösung in der Objektebene hängt nur von der objektseitigen numerischen Apertur ab, d. h. dem Öffnungswinkel des

Lichtkegels, der in das optische System eintritt:

$$\Delta X = 0.61 \frac{\lambda}{n_a}. \tag{7.64}$$

Diese einfachen Beziehungen sind hilfreich, um die maximal mögliche Auflösung optischer Systeme zu bestimmen. Da die numerische Apertur nicht viel größer als 1 sein kann, können mit einer optischen Abbildung keine Strukturen aufgelöst werden, die kleiner als die Hälfte der Wellenlänge sind.

7.7 Literaturhinweise zur Vertiefung[‡]

In diesem Kapitel wurden nur die Grundprinzipien der optischen Abbildung behandelt. Eine detaillierte Darstellung ist bei Jähne [89] oder Richards [164] zu finden. Die Geometrie der optischen Abbilding ist auch für die Computergrafik von Bedeutung. Sie wird daher ausführlich in den Standardlehrbüchern über Computergrafik, z. B. Watt [211] oder Foley et al. [52], behandelt. Folgende Lehrbücher befassen sich mit der technischen Optik: Iizuka [85] (hier ist ein Schwerpunkt die Fourieroptik), Smith [189] und Schröder [180]. Riedl [167] behandelt das Design von Infrarotoptiken. In diesem Kapitel wurde die Bedeutung der linearen Systemtheorie zur allgemeinen Beschreibung optischer Systeme herausgestellt. Die lineare Systemtheorie hat weitgestreute Anwendungen quer durch alle Gebiete der Technik und Wissenschaft. Näheres dazu ist z. B. in Close und Frederick [26] oder Dorf und Bishop [38] zu finden.

8 3D-Bildaufnahme

8.1 Grundlagen

In diesem Kapitel behandeln wir verschiedene Aufnahmetechniken, mit denen die bei der Projektion eines 3D-Objekts auf eine Bildebene verlorengegangene Tiefeninformation rekonstruiert werden kann. Dabei sind prinzipiell zwei Arten von 3D-Bildaufnahmetechniken zu unterscheiden. Sie können entweder nur die Tiefe einer Oberfläche im Raum bestimmen oder ein 3D-Objekt vollständig rekonstruieren. Oft werden sowohl die Aufnahme eines *Tiefenbildes* als auch eines *Volumenbildes* *3D-Bildaufnahme* genannt. Das hat zu viel Verwirrung geführt.

Noch schlimmer ist die Verwirrung durch die Vielzahl der Methoden zur Gewinnung von Tiefen- und Volumenbildern. Deswegen behandeln wir in diesem Kapitel nicht Details verschiedener Techniken. Wir konzentrieren uns vielmehr auf die grundlegenden Prinzipien. Es mag überraschend klingen oder auch nicht: es gibt nur wenige Prinzipien, auf denen die große Vielfalt der 3D-Bildaufnahmetechniken beruht. Wenn man sie kennt, ist es einfach zu verstehen, wie eine bestimmte Technik funktioniert und wie genau sie sein kann.

Wir beginnen mit einer Diskussion der grundlegenden Grenzen der projektiven Abbildung für das dreidimensionale Sehen (Abschn. 8.1.1) und geben dann einen kurzen Überblick über die Prinzipien der Tiefenbildaufnahme (Abschn. 8.1.2) und der Volumenbildaufnahme (Abschn. 8.1.3). Dann ist jeweils ein Abschnitt jedem der grundlegenden Prinzipien des dreidimensionalen Sehens gewidmet: Tiefe aus Triangulation (Abschn. 8.2), Tiefe aus Laufzeit (Abschn. 8.3), Tiefe aus Phase (Interferometrie) (Abschn. 8.4), Form aus Schattierung und photogrammetrischem Stereo (Abschn. 8.5) und Tiefe aus Mehrfachprojektionen (Tomographie) (Abschn. 8.6).

8.1.1 Grenzen projektiver Bildaufnahme

Wie wir im Detail in Abschn. 7.6.1 und 7.6.2 diskutiert haben, ist ein projektives optisches System in guter Näherung ein lineares verschiebungsinvariantes System, das durch eine Punktantwort und die optische Transferfunktion (OTF) beschrieben werden kann.

B. Jähne, Digitale Bildverarbeitung
ISBN 3-540-41260-3

Die 3D-OTF für geometrische Optik zeigt am besten die Grenzen der projektiven Abbildung (siehe Abschn. 7.6.2):

$$\hat{h}(q, k_3) = \frac{2I_0}{\pi |q \tan \alpha|} \left(1 - \frac{k_3^2}{q^2 \tan^2 \alpha}\right)^{1/2} \Pi\left(\frac{k_3}{2q \tan \alpha}\right). \tag{8.1}$$

Die Symbole q und k_3 bezeichnen die radiale bzw. axiale Komponente des Wellenzahlvektors. Aus der Form der 3D-OTF lassen sich zwei grundlegende Einschränkungen für die 3D-Bildaufnahme feststellen:

Kompletter Verlust weiter Wellenzahlbereiche. Wie in Abb. 7.13b gezeigt, ist die 3D-OTF rotationssymmetrisch um die k_3-Achse (z-Richtung) und von null verschieden nur innerhalb eines Winkelbereichs von $\pm \alpha$ um die xy-Ebene. Bildstrukturen mit einem weiten Bereich von Wellenzahlen, insbesondere in Richtung der optischen Achse, gehen komplett verloren. Anschaulich können wir sagen, dass es nur möglich ist, Strukturen in denjenigen Richtungen zu „sehen", aus denen das optische System auch Strahlen sammelt.

Kontrastverlust bei großen Wellenzahlen. Die OTF ist nach (8.1) umgekehrt proportional zur radialen Wellenzahl q. Daher wird die Amplitude einer priodischen Struktur proportional zu ihrer Wellenzahl gedämpft. Da diese Eigenschaft für alle optischen Systeme — einschließlich des menschlichen Auges — gilt, stellt sich die Frage, warum wir überhaupt feine Strukturen erkennen können.

Die Antwort ergibt sich aus einer genaueren Untersuchung der geometrischen Struktur der beobachten Objekte. Die meisten Gegenstände in der Umwelt sind undurchsichtig. Daher sehen wir nur deren Oberfläche, d. h., wir sehen nicht wirklich 3D-Objekte, sondern lediglich 2D-Oberflächenstrukturen. Bilden wir eine 2D-Oberfläche auf eine 2D-Bildebene ab, reduziert sich auch die PSF zu einer 2D-Funktion. Mathematisch bedeutet dies eine Multiplikation der PSF mit einer δ-Ebene, die parallel zur beobachteten Oberfläche liegt. Daraus folgt, dass die PSF gerade dem Unschärfekreis in der entsprechenden Entfernung der Oberfläche von der Kamera entspricht. Die Reduktion auf 2-D Oberflächen bewahrt damit die Intensität aller Strukturen, die größer als dieser Unschärfekreis sind. Sie sind für uns mit gleichem Kontrast sichtbar.

Durch Betrachtung des Problems im Fourierraum kommen wir zum gleichen Ergebnis: Der Multiplikation der PSF mit einer δ-Ebene im Ortsraum entspricht die Faltung der OTF mit einer dazu senkrecht stehenden δ-Linie im Fourierraum, also einer Integration über die Koordinate in die entsprechende Richtung. Integrieren wir die OTF über die k_3-Koordinate, so erhalten wir tatsächlich eine von der Wellenzahl q unabhängige Konstante:

$$\frac{2I_0}{\pi} \int_{-q\tan\alpha}^{q\tan\alpha} \frac{1}{|q\tan\alpha|} \left[1 - \left(\frac{z'}{q\tan\alpha}\right)^2\right]^{1/2} dz' = I_0. \tag{8.2}$$

Um das Integral zu lösen, substituieren wir $z'' = z'/(q\tan\alpha)$.

Zusammenfassend können wir festhalten, dass es einen grundlegenden Unterschied zwischen der Bildaufnahme von Oberflächen und der von Volumina gibt. Die OTF für Oberflächenstrukturen ist unabhängig von der Wellenzahl. Bei dreidimensionalen Strukturen bleibt aber das Problem der Abnahme der OTF mit der radialen Wellenzahl bestehen. Bei solchen Strukturen werden wir mit dem Auge oder einer Kamera nicht in der Lage sein, feine Strukturen zu erkennen. Projektive Bildaufnahmesysteme sind nicht dafür eingerichtet, wirklich dreidimensionale Objekte zu erkennen. Deswegen bedarf es anderer Techniken für die Aufnahme von Volumenbildern.

8.1.2 Prinzipien der Tiefenbildaufnahme

Um die Tiefe einer undurchsichtigen Oberfläche im Raum zu gewinnen, wird nur eine weitere Information pro Bildpunkt benötigt, um neben einem Helligkeitsbild ein *Tiefenbild* erzeugen zu können. Drei grundlegende Prinzipien können unterschieden werden, die wir als *Tiefe aus Paradigmen* bezeichnen.

Tiefe aus Triangulation. Wenn wir ein Objekt von zwei Positionen aus betrachten, die durch eine Basislinie b voneinander getrennt sind, so erscheint es unter verschiedenen Blickwinkeln. Diese Technik heißt *Triangulation* und stellt eine der wesentlichen Techniken in der *Geodäsie* und *Kartographie* dar. Die Triangulationstechnik ist die Grundlage einer überraschenden Vielfalt von Verfahren. Auf den ersten Blick erscheinen diese Verfahren so verschieden, dass es nicht sofort auffällt, dass sie alle auf demselben Prinzip beruhen.

Tiefe aus Laufzeit. Dies ist ein zweites unmittelbar einsichtiges Prinzip zur Distanzmessung. Ein Signal wird ausgesendet, es pflanzt sich mit einer charakteristischen Geschwindigkeit in Richtung Objekt fort, wird dort reflektiert und dann von einer Kamera empfangen. Die Verzögerungszeit zwischen Aussenden und Empfangen des Signals ist proportional zu der Summe der Entfernungen zwischen Sender und Objekt und Objekt und Kamera.

Tiefe aus Phase: Interferometrie. *Interferometrie* kann als ein Spezialfall der Laufzeitmessung aufgefasst werden. Diese Technik misst Distanzen in Vielfachen der Wellenlänge der Strahlung, indem nicht nur die

Amplitude (Energie) der Strahlung gemessen wird, sondern auch deren Phasenlage. Phasenmessungen sind durch die Überlagerung kohärenter Strahlung (Abschn. 6.2.3) möglich, da sie zu Intensitätsvariationen führt. Hohe Intensitäten ergeben sich, wenn die überlagerten Wellenfronten in Phase sind (konstruktive Interferenz) und niedrige bei einer Phasenverschiebung von 180° (π, destruktive Interferenz). Licht hat Wellenlängen zwischen 400 und 700 nm (Abschn. 6.2.1 und Abb. 6.2). Daher können mit Licht Entfernungen mit Nanometer-Genauigkeit (10^{-9} m) — einem Bruchteil der Wellenlängen — gemessen werden.

Gestalt aus Schattierung. Die Form einer Oberfläche kann auch aus der lokalen Orientierung der Oberflächenelemente bestimmt werden. Mathematisch wird die Orientierung durch Vektoren ausgedrückt, die senkrecht zur Oberfläche stehen. Mit dieser Methode verlieren wir natürlich die absolute Tiefe der Oberfläche, aber ein Tiefenprofil kann durch Integration der Oberflächenneigung gewonnen werden. Die Oberflächennormale können wir aus der Strahlungsstärke der Oberfläche bestimmen, da diese bei vorgegebener Beleuchtungsstärke vom Winkel zwischen der Oberflächennormalen und der Richtung der Beleuchtung abhängt.

8.1.3   Prinzipien der volumetrischen Bildaufnahme

Jede Tiefe-aus-Technik, die in der Lage ist, gleichzeitig mehrere Tiefen zu erfassen, ist auch für die Volumenbildgewinnnung geeignet. Damit ist die Fähigkeit, mehrere Tiefen gleichzeitig zu erfassen, ein weiteres wichtiges Merkmal einer Tiefenmesstechnik. Über diese Techniken hinaus gibt es jedoch zwei weitere Prinzipien für volumetrische Bildaufnahme.

Beleuchtungs-Schnittbilder. Bei der projektiven Bildgewinnung wissen wir nicht, aus welcher Tiefe die auf der Bildebene einfallende Energieflussdichte kommt. Es kann von jeder Position entlang des Projektionsstrahls sein (siehe Abschn. 7.3.1 und Abb. 7.3). Es ist jedoch möglich, die Beleuchtung in einer solchen Art und Weise anzuordnen, dass nur ein gewisser Tiefenbereich beleuchtet wird. Dann wissen wir, aus welcher Tiefe die Strahlung kommt. Wenn wir die Beleuchtung auf unterschiedliche Tiefe nacheinander einstellen, kann auf diese Weise ein Volumenbild gewonnen werden.

Tiefe aus Mehrfach-Projektionen: Tomographie. Eine einzelne Projektion enthält nur eine partielle Information über ein volumetrisches Objekt. Die Frage ist daher, ob und wie es durch mehrere Projektionen möglich ist, die partiellen Informationen zu zu einem kompletten 3D-Bild zusammenzufügen. Eine solche Technik der *Tiefe aus Mehrfach-Projektionen* ist unter dem Namen *Tomographie* bekannt.

8.1.4 Charakterisierung von 3D-Bildgewinnungstechniken

Die Tiefenbildgewinnung ist in erster Linie durch zwei Grundgrößen charakterisiert, die *Tiefenauflösung* σ_z und den *Tiefenbereich* Δz. Die Tiefenauflösung gibt den statistischen Fehler der Tiefenmessung an und damit die minimal bestimmbare Tiefendifferenz. Diese Angabe ist nicht mit der absoluten Tiefengenauigkeit zu verwechseln. Der systematische Fehler kann deutlich größer sein (vergleiche dazu die Diskussion in Abschn. 3.1). Ein wesentliches Charakteristikum einer Tiefenbildgewinnungstechnik ist, wie die Tiefenauflösung von der Entfernung abhängt. Es ist ein großer Unterschied, ob die Tiefenauflösung konstant ist, d. h. nicht von der Entfernung abhängt, oder ob sie mit der Entfernung z abnimmt.

Der Tiefenbereich Δz ist die Differenz zwischen der maximalen und minimalen Tiefe, die gemessen werden kann. Daher gibt das Verhältnis von Tiefenbereich zu Tiefenauflösung, $\Delta z / \sigma_z$, den *dynamischen Bereich* der Tiefenbildgewinnungstechnik an.

8.2 Tiefe aus Triangulation

Wenn ein Objekt aus unterschiedlichen Positionen betrachtet wird, die durch einen Basisvektor **b** voneinander getrennt sind, ergeben sich daraus unterschiedliche Blickwinkel. Auf die eine oder andere Weise resultieren die Unterschiede im Blickwinkel zu einer Verschiebung auf der Bildebene, die als *Disparität* bzw. *Parallaxe* bekannt ist und aus der die Entfernung des Objekts bestimmt werden kann.

Triangulationsbasierte Tiefenmesstechniken beinhalten eine große Fülle verschiedener Verfahren, die — auf den ersten Blick — nichts miteinander gemeinsam haben und dennoch auf demselben Prinzip beruhen. In diesem Abschnitt betrachten wir die Stereoskopie (Abschn. 8.2.1), aktive Triangulation, bei der eine Kamera durch eine Lichtquelle ersetzt wird (Abschn. 8.2.2), Tiefe aus Fokussierung (Abschn. 8.2.3) und konfokale Mikroskopie (Abschn. 8.2.4). Mit der Stereoskopie diskutieren wir auch die grundlegende Geometrie der Triangulation.

8.2.1 Stereoskopie

Die Betrachtung einer Szene aus zwei unterschiedlichen Blickwinkeln ermöglicht die Bestimmung der Entfernung zwischen Objekten und Kameraebene. Ein Aufbau mit zwei Bildsensoren wird *Stereosystem* genannt. Bei vielen biologischen Systemen erfolgt das Tiefensehen auf diese Weise. Abbildung 8.1 verdeutlicht die Tiefenbestimmung mit einer Stereokameraanordnung. Zwei Kameras sind nebeneinander mit parallelen optischen Achsen plaziert. Der Abstandsvektor **b** der beiden Achsen wird als *stereoskopische Basis* bezeichnet.

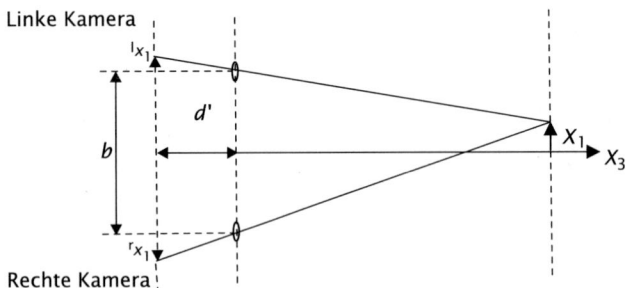

Abbildung 8.1: *Schematische Darstellung einer Stereokameraanordnung.*

Ein Gegenstand wird auf unterschiedliche Positionen in der Bildebene abgebildet, weil er unter leicht verschiedenen Winkeln gesehen wird. Die Differenzstrecke zwischen den Positionen auf der Bildebene wird als *Parallaxe* oder Disparität bezeichnet. Mit Hilfe von Abb. 8.1 lässt sich die Parallaxe p einfach berechnen zu

$$p = {}^r x_1 - {}^l x_1 = d' \frac{X_1 + b/2}{X_3} - d' \frac{X_1 - b/2}{X_3} = b \frac{d'}{X_3}. \qquad (8.3)$$

Die Parallaxe ist umgekehrt proportional zur Entfernung X_3 des Objekts (null für ein unendlich weit entferntes Objekt) und direkt proportional zur stereoskopischen Basis und der Brennweite der verwendeten Objektive ($d' \approx f$ für weit entfernte Gegenstände). Die Entfernungsabschätzung wird demnach um so schwieriger, je weiter ein Objekt entfernt ist. Dies wird deutlicher, wenn wir das Fehlerfortpflanzungsgesetz benutzen, um den Fehler der Entfernung X_3 zu berechnen:

$$X_3 = \frac{bd'}{p} \quad \leadsto \quad \sigma_{X_3} = \frac{bd'}{p^2} \sigma_p = \frac{X_3^2}{bd'} \sigma_p. \qquad (8.4)$$

Deshalb nimmt die absolute Sensitivität für eine Tiefenbestimmung mit dem Quadrat der Entfernung ab. Als Beispiel nehmen wir ein Stereosystem mit einer stereoskopischen Basis von 200 mm an; die Brennweite des Objektivs sei 100 mm. Bei 10 m Entfernung beträgt dann die Veränderung der Parallaxe etwa 200 μm/m (ca. 20 Pixel/m), während sie bei 100 m Entfernung nur noch 2 μm/m (0,2 Pixel/m) beträgt.

Die Parallaxe ist eine Vektorgröße und immer parallel zur stereoskopischen Basis **b**. Das hat auf der einen Seite den Vorteil, dass wir im Prinzip, d. h. bei genauer Kenntnis der Ausrichtung der Kameras, die Richtung der Parallaxe kennen. Auf der anderen Seite ergeben sich dadurch Probleme in der Bestimmung des Betrags der Parallaxe. Hat ein Bildbereich keine Struktur in Richtung der Stereobasis, so kann in ihm keine Verschiebung bestimmt werden, weil sich die Grauwerte in dieser

Richtung nicht ändern. Dieses Problem ist ein Spezialfall des sogenannten *Blendenproblems*, das wir bei der Bewegungsanalyse ausführlich diskutieren werden (Abschn. 14.2.2).

Es gibt verschiedene Verfahren, die Tiefeninformation in Stereobildern darzustellen. Beim *Anaglyphenverfahren* werden beide Teilbilder in zwei Farben, in der Regel rot und grün, übereinander dargestellt. Durch eine Brille, die für das rechte Auge mit einem Rotfilter und für das linke mit einem Grünfilter ausgerüstet ist, sieht der Betrachter mit dem rechten Auge nur das grüne Bild und mit dem linken nur das rote. Dieses Verfahren hat zweifellos den Nachteil, dass keine farbigen Vorlagen betrachtet werden können. Dafür können solche Bilder ohne spezielle Hardware leicht auf Standarddruckern ausgegeben, projiziert oder auf jedem Farbbildschirm dargestellt werden.

Die vertikale Stereoskopie nach dem *KMQ-Verfahren* ermöglicht auch die Betrachtung von Stereo-Farbbildern [114]. Zwei übereinanderstehende Bilder verschmelzen zu einem Raumbild, wenn sie mit einer Prismenbrille betrachtet werden, die das Bild des rechten Auges nach oben, die des linken nach unten ablenkt.

Andere stereoskopische Abbildungsverfahren verwenden spezielle Hardware. Bekannt ist das Prinzip, dass das linke und rechte Stereobild in schneller, abwechselnder Folge auf einem Monitor dargestellt werden. Gleichzeitig wird die Polarisationsrichtung des Bildschirmes umgeschaltet. Der Betrachter trägt eine Polarisationsbrille, die die korrekten Bilder für das linke und rechte Auge herausfiltert.

Die Anaglyphenmethode hat das größte Potential für breite Anwendung, da sie ohne zusätzliche Hardware auskommt. Es wird zusätzlich lediglich eine Rotgrünbrille benötigt. Ein anregender Überblick über die wissenschaftlichen und technischen Anwendungen von Stereobildern ist bei Lorenz [127] zu finden.

8.2.2 Tiefe aus aktiver Triangulation

Anstelle einer Stereokameraanordnung kann eine Kamera durch eine Lichtquelle ersetzt werden. Für eine Tiefenrekonstruktion ist es dann notwendig zu identifizieren, aus welcher Richtung die Beleuchtung für jedes Pixel kommt. Diese Information is äquivalent zur Bestimmung einer Disparität. Damit besitzt ein Tiefenmessverfahren auf Basis der *aktiven Triangulation* dieselben Eigenschaften wie die Stereoskopie, die wir im letzten Abschnitt diskutiert haben.

In den letzten Jahren wurden ausgefeilte Techniken entwickelt, die Lichtstrahlen eindeutig kodieren. Am häufigsten wird ein Lichtprojektor benutzt, der die Szene mit Streifenmustern, bei denen die Streifen senkrecht zur Triangulationsbasis stehen, beleuchtet. Ein einzelnes Streifenmuster ist nicht ausreichend, um die Position des Musters auf der Bildebene eindeutig bestimmen zu können. Mit einer geeigneten Sequenz von

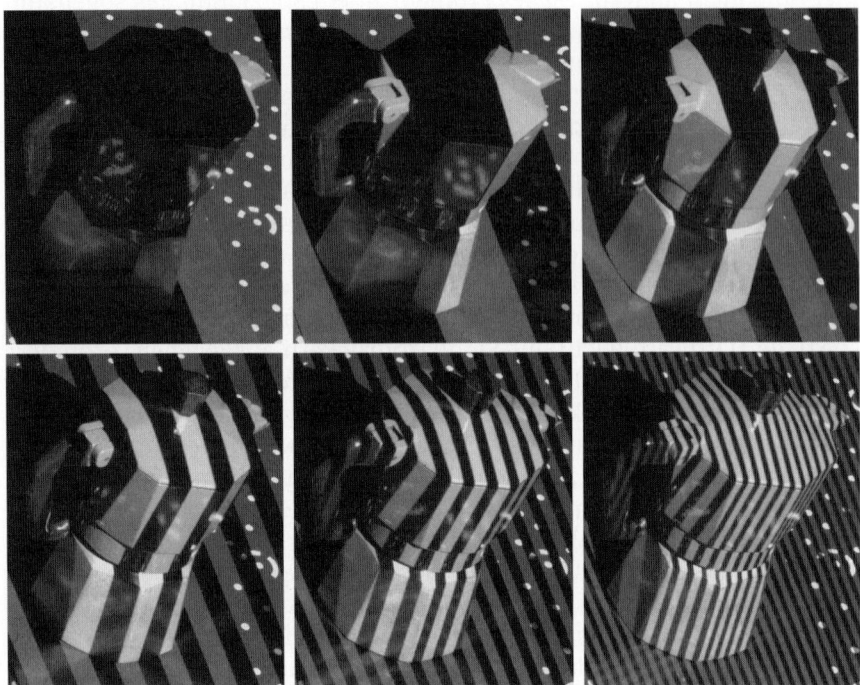

Abbildung 8.2: *Aktive Triangulation durch die Projektion einer Serie von Strei-fenbildern unterschiedlicher Wellenlänge zur binären Kodierung der horizonta-len Position.*

Streifenmustern unterschiedlicher Wellenlänge kann aber die Position in der Bildebene des Projektors durch eine Abfolge von hellen und dunklen Werten eindeutig kodiert werden. Ein Teil einer solchen Beleuchtungs-sequenz zeigt Abb. 8.2.

Eine solche Beleuchtungssequenz hat auch den Vorteil, dass — in den Grenzen des dynamischen Belichtungsbereichs der Kamera — die Detektion der Streifenmuster unabhängig vom Reflexionskoeffizienten des Objektes und der entfernungsabhängigen Beleuchtungsstärke des Projektors wird. Das Okklusionsproblem, das an dem Schatten hinter der Espresso-Maschine in Abb. 8.2 zu sehen ist, bleibt.

Die binäre Kodierung mit einer Sequenz von Streifenmustern funk-tioniert nicht mehr für feine Streifenmuster. Für eine genauere Positi-onsbestimmung sind phasenverschobene Muster mit derselben Wellen-länge, wie in Abb. 8.3 gezeigt, eine bessere Lösung. Sie erlauben eine subpixelgenaue Positionsbestimmung auf der Bildebene des Projektors. Da die Phasenverschiebung aber nur im Bereich einer Wellenlänge des Streifenmusters eindeutig ist, wird oft ein hybrides Verfahren benutzt,

Abbildung 8.3: *Aktive Triangulation durch phasenverschobene Streifenbilder gleicher Wellenlänge. Drei der vier Muster mit einer Phasenverschiebung von 0, 90 und 180° sind abgebildet.*

das zuerst die grobe Position mittels binärer Kodierung und dann die genaue Positionierung mittels Phasenverschiebung bestimmt.

8.2.3 Tiefe aus Fokussierung

Die begrenzte *Schärfentiefe* eines optischen Systems (Abschn. 7.4.3) ist die Basis für eine weitere Technik zur Tiefenbildgewinnung. Ein Objekt wird ohne Unschärfe nur dann abgebildet, wenn es im Bereich des objektseitigen Schärfentiefebereichs liegt. Auf den ersten Blick sieht diese Technik nicht nach einem Triangulationsverfahren aus. Es besitzt jedoch genau die gleiche grundlegende Geometrie wie ein Triangulationsverfahren. Der einzige Unterschied ist, dass nicht nur zwei sondern viele Strahlen zu berücksichtigen sind und dass der Radius des Unschärfekreises die Disparität ersetzt. Die Triangulationsbasis entspricht jetzt dem Durchmesser der Optik. Damit weist die Technik der Tiefe-aus-Fokussierung alle Merkmale einer Triangulationstechnik auf. Bei einer vorgegebenen Optik fällt die Tiefenauflösung mit dem Quadrat der Entfernung ab (vergleiche (8.4) mit (7.28)).

Aus der Diskussion über die Grenzen der projektiven Abbildung in Abschn. 8.1.1 kann gefolgert werden, dass die Technik der Tiefe-aus-Fokussierung sich nicht zur Aufnahme von Volumenbildern eignet, da die meisten Strukturen, insbesondere diejenigen in Tiefenrichtung, bei der projektiven Abbildung verschwinden. Sie ist aber eine nützliche und einfache Technik für die Tiefenbestimmung bei undurchsichtigen Oberflächen.

Steurer et al. [192] entwickelten eine einfache Methode zur Rekonstruktion einer *Tiefenkarte* aus einer lichtmikroskopischen Fokuserie. Eine Tiefenkarte ist eine zweidimensionale Funktion, die die Tiefe eines

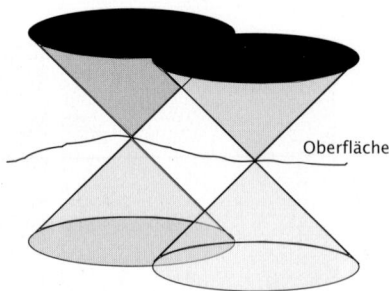

Abbildung 8.4: *Überlagerung der doppelkegelförmigen Punktantwort zweier benachbarter Punkte auf einer Oberfläche.*

Objektpunktes d — relativ zu einer Referenzebene — als eine Funktion der Bildkoordinaten $[x, y]^T$ angibt.

Mit den gegebenen Einschränkungen muss nur ein Tiefenwert für jeden Bildpunkt gefunden werden. Wir können die Tatsache ausnutzen, dass die dreidimensionale Punktantwort optischer Abbildungen, die wir im Detail in Abschn. 7.6.1 betrachtet haben, ein ausgeprägtes Maximum in der Brennebene hat, da die Intensität mit dem Quadrat der Entfernung von der Brennebene abfällt. Der Kontrast — also die Grauwertunterschiede zwischen benachbarten Bildpunkten — markanter Grauwertstrukturen wie Ecken, Linien oder lokale Extrema wird demnach in der scharf eingestellten Ebene maximal sein. Abbildung 8.4 zeigt, dass sich die Punktantworten benachbarter Bildpunkte zwar weit weg von der scharf eingestellten Ebene durch Überlagerung beeinflussen, nicht jedoch in dessen Nähe.

Steurers Methode basiert auf der Tatsache, dass die 3D-PSF ein ausgeprägtes Maximum in der Fokalebene besitzt. Sein Algorithmus besteht aus den folgenden vier Schritten:

1. Ausgegangen wird von einer Fokusserie mit konstanten Tiefenschritten.

2. Mit einem geeigneten Operator, wie z. B. dem *Varianzoperator* (in Abschn. 15.2.2), wird der lokale Kontrast bestimmt. Die gefilterten Bilder werden segmentiert, damit eine Maske für die Regionen mit signifikanten Grauwertänderungen entsteht.

3. In den maskierten Regionen wird der maximale Kontrast an einem Bildpunkt in allen Tiefen gesucht. Das Bild, in dem das Maximum auftritt, liefert einen Tiefenwert für die Tiefenkarte. Durch Interpolation der Werte kann die Tiefenposition des Maximums auch genauer als die Tiefenauflösung des Bildstapels bestimmt werden [177].

4. Da die so ermittelte Tiefenkarte nicht dicht ist, müssen die fehlenden Tiefenwerte interpoliert werden. Steurer verwendet eine Regio-

a

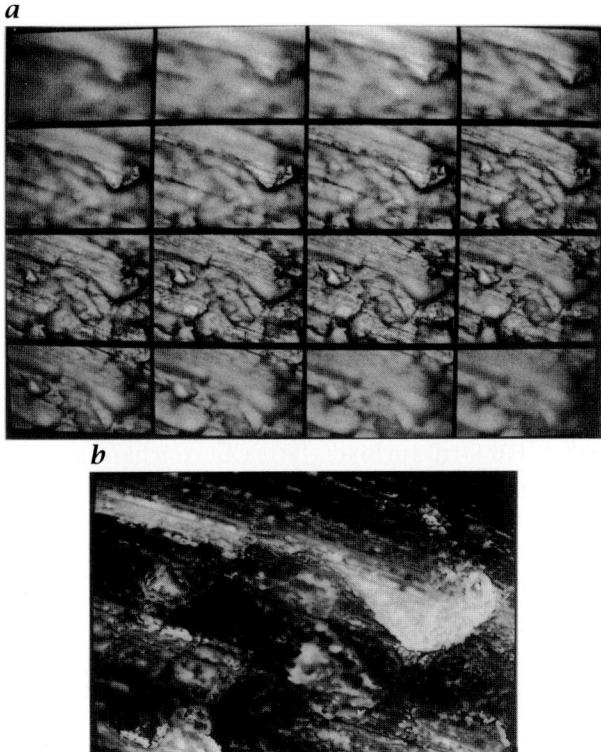

b

Abbildung 8.5: *a* *Fokusserie mit 16 Bildern einer metallischen Oberfläche, die in Schritten von 2 µm aufgenommen wurden: Die Brennebene wird von links nach rechts und von oben nach unten zu tieferen Schichten hin verschoben.* *b* *Aus einer Fokusserie berechnete Tiefenkarte. Die Tiefe ist durch die Intensität kodiert, wobei näher zum Beobachter liegende Objekte heller erscheinen. Aus Steurer et al. [192].*

nenwachstumsmethode und anschließend eine adaptive Tiefpassfilterung, die er nur auf die interpolierten Regionen anwendet, um die direkt berechneten Tiefenwerte nicht zu verändern. Jede andere Regularisierungstechnik lässt sich hier genauso einsetzen, wie z.B. die *normalisierte Faltung* (Abschn. 11.7.2) oder die in Abschn. 17.3 beschriebenen Verfahren.

Diese Methode wurde erfolgreich zur Bestimmung der Oberflächenstruktur bearbeiteter Metallteile angewandt. Abbildung 8.5 zeigt, dass sie zu guten Ergebnissen führt. Erkennbar ist ein Metallspan, der aus der Oberfläche herausragt. Zusätzlich zeigt die Oberfläche klare Spuren des Schleifprozesses.

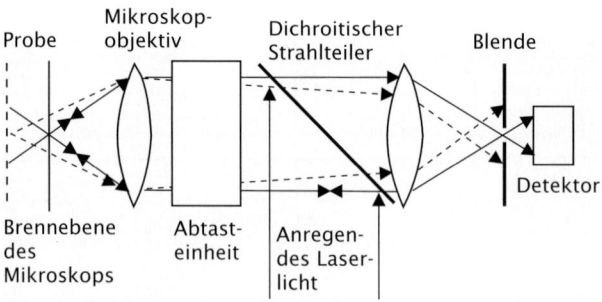

Abbildung 8.6: *Prinzip der konfokalen Laserabtastmikroskopie.*

Diese Technik können wir nur anwenden, wenn eine Oberfläche feine Details aufweist. Für strukturlose, glatte Oberflächen kann die konfokale Beleuchtungstechnik von Scheuermann et al. [177] eingesetzt werden, die statistische Muster auf die Fokalebene projiziert und dann dasselbe Auswertungsverfahren benutzt (vgl. Abschn. 1.2.2 und Abb. 1.3).

8.2.4 Konfokale Mikroskopie

Volumetrische Mikroskopie ist von großer Bedeutung für die Material- und Lebenswissenschaften. Deshalb stellt sich die Frage, ob es nicht möglich ist, den Bilderzeugungsprozess — und damit die Punktantwort — so zu verändern, dass die optische Transferfunktion insbesondere in z-Richtung nicht verschwindet.

Die Antwort auf diese Frage ist die *konfokale Laserabtastmikroskopie* (englisch: confocal laser scanning microscopy, *CLSM*), deren Prinzip die ausschließliche Beleuchtung der Punkte in der Brennebene ist. Dies wird dadurch erreicht, dass ein Laserstrahl über die Bildebene tastet, die über die Mikroskopoptik auf die Brennebene fokussiert ist (Abb. 8.6). Da für Bildaufnahme und Beleuchtung die gleiche Optik verwendet wird, ergibt sich die Intensitätsverteilung im Objektraum in Näherung durch die Punktantwort des Mikroskops. (Geringe Differenzen treten durch die Kohärenz des Laserlichts auf.) Lediglich ein dünner Streifen nahe der Brennebene wird hell beleuchtet. Außerhalb dieses Streifens fällt die Lichtintensität mit dem Quadrat der Entfernung von der Brennebene ab. Auf diese Weise werden Störungen durch unscharfe Objekte außerhalb der Brennebene stark unterdrückt. Aber lässt sich eine völlig störungs-freie Rekonstruktion erreichen? Wir werden zwei unterschiedliche Gedankengänge verfolgen, um diese Frage zu beantworten.

Stellen wir uns zunächst eine sich wiederholende Struktur in z-Richtung vor. Bei der konventionellen Mikroskopie geht diese Struktur verloren, da alle Tiefenbereiche mit gleicher Stärke bestrahlt werden. Bei der konfokalen Mikroskopie sehen wir jedoch durch den starken Abfall der

a

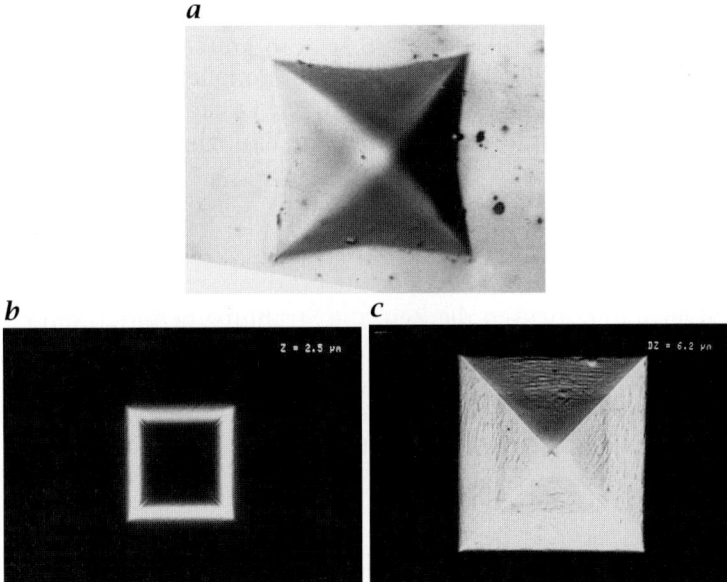

b   *c*

Abbildung 8.7: *Verdeutlichung der konfokalen Laserabtastmikroskopie: **a** Ein quadratischer, pyramidenförmiger Kristall, aufgenommen mit einem Standardmikroskop und Fokus auf die Pyramidenbasis. **b** Ähnliches Objekt, mit der CLSM aufgenommen. Nur ein schmaler Höhenkonturbereich 2,5 µm oberhalb der Basis der quadratischen Pyramide wird sichtbar. **c** Aus einer 6,2 µm weiten Tiefenabtastung rekonstruiertes Bild. Die Bilder wurden freundlicherweise von der Firma Carl Zeiss Jena GmbH zur Verfügung gestellt.*

Lichtintensität noch eine periodische Variation in z-Richtung, vorausgesetzt, die Wellenlänge in z-Richtung ist nicht zu klein.

Das gleiche können wir anhand der PSF zeigen. Die PSF der konfokalen Mikroskopie ergibt sich aus dem Produkt der räumlichen Intensitätsverteilung und der PSF der optischen Abbildung. Da beide Funktionen mit z^{-2} abfallen, fällt die PSF des konfokalen Mikroskopes insgesamt mit z^{-4}. Die Quadrierung der PSF im Ortsraum entspricht einer Faltung der OTF mit sich selbst. Durch diese Faltung wird die OTF auch in z-Richtung bis zur Auflösungsgrenze hin ungleich null.

Das 3D-Auflösungsvermögen der konfokalen Laserabtastmikroskopie verdeutlicht Abb. 8.7. Ein mit einem Standardmikroskop aufgenommenes Bild zeigt einen Kristall in Form einer quadratischen Pyramide nur an der Pyramidenbasis scharf (Abb. 8.7a). Zur Spitze der Pyramide hin werden die Kanten zunehmend unscharf. Dagegen wird bei einem einzelnen mit der konfokalen Laserabtastmikroskopie aufgenommenen Bild nur ein schmaler Tiefenbereich überhaupt abgebildet (Abb. 8.7b). Ein Bild, entstanden aus der Überlagerung aller in einem Tiefenbereich

von 6,2 μm erhaltenen Teilbilder, zeigt jedoch für den gesamten Tiefenbereich ein scharfes Objekt (Abb. 8.7c). So können viele feine Details
beobachtet werden, die in dem mit konventioneller Mikroskopie aufgenommenen Bild nicht zu erkennen sind. Die Laserabtastmikroskopie ist
mittlerweile in Anwendungen der Medizin, Biologie und der Materialfor-
schung weit verbreitet.

8.3   Tiefe aus Laufzeit

Laufzeitverfahren messen die Zeit, die Strahlung benötigt, um eine gewisse Distanz zurückzulegen. Wenn die Strahlung von der Position der
Kamera ausgesendet wird, muss sie die Entfernung zwischen Kamera
und dem Objekt, das die Strahlung reflektiert, zweimal zurücklegen. Daher ergibt sich die Verzögerungszeit zu

$$\tau = \frac{2z}{c}, \tag{8.5}$$

wobei c die Ausbreitungsgeschwindigkeit der Strahlung ist.

Aus (8.5) sehen wir, dass der statistische Fehler der Tiefenmessung
unabhängig von der Distanz zum Objekt ist. Er hängt nur von der Genauigkeit ab, mit der die Verzögerungszeit gemessen werden kann:

$$z = \frac{c\tau}{2} \quad \rightsquigarrow \quad \sigma_z = \frac{c}{2}\sigma_\tau. \tag{8.6}$$

Das stellt einen deutlichen Vorteil gegenüber Triangulationsverfahren
dar (siehe (8.4)).

Bei Laufzeiten denkt man zuerst an eine *Pulsmodulation*, d.h. die
Messung der Verzögerungszeit zwischen dem Senden und dem Emp-
fang eines kurzen Pulses. Die maximal messbare Distanz hängt von der
Pulswiederholfrequenz ab. Bei elektromagnetischen Wellen ist die Vermessung der Verzögerungszeit eine Herausforderung. Da die Lichtgeschwindigkeit c $3 \cdot 10^8$ m/s ist, beträgt die Verzögerungszeit nur 6.7 ns
pro Meter.

Pulsmodulation ist nur eine von vielen Möglichkeiten, ein Signal für
Laufzeitmessungen zu modulieren. Die Signalamplitude kann auch periodisch moduliert werden. Die Laufzeit wird bei diesem Verfahren als
eine Phasenverschiebung zwischen dem aus- und eingehenden Signal gemessen:

$$z = \frac{c}{2\omega}\phi \quad \rightsquigarrow \quad \sigma_z = \frac{c}{2\omega}\sigma_\phi, \tag{8.7}$$

wobei ω die zirkulare Frequenz der Modulation ist. Der Tiefenbereich
dieser Technik ergibt sich aus der Tatsache, dass die Phase eindeutig nur
in einem Bereich von $\pm\pi$ gemessen werden kann:

$$\Delta z = \frac{\pi c}{\omega} = \frac{cT}{2}. \tag{8.8}$$

Der größte Nachteil der periodischen Modulation ist daher der begrenzte Tiefenbereich. Dieses Problem wird durch eine *Zufallsmodulation* gelöst, bei der die Signalamplitude durch ein Zufallsmuster moduliert wird. Diese Technik kombiniert die Vorteile der hohen Auflösung der periodischen Modulation mit dem großen Tiefenbereich der Pulsmodulation.

8.4 Tiefe aus Phase: Interferometrie

Die Interferometrie kann als Spezialfall der periodischen Modulation betrachtet werden. Die Modulation ergibt sich direkt aus der Frequenz der elektromagnetischen Strahlung. Es ist trotzdem sinnvoll, die Interferometrie als eine eigene Klasse der Tiefenmesstechnik zu betrachten, da sie im Gegensatz zu den anderen Verfahren auf *kohärentes Licht* (Abschn. 6.2.3) angewiesen ist. Wegen der hohen Frequenz des Lichtes kann die Phase des aus- und eingehenden Lichtes nicht direkt gemessen werden, sondern nur durch die aus der kohärenten optischen Überlagerung des ein- und ausgehenden Lichtes resultierende Amplitudenvariation.

Fehler und Bereich der Tiefenbestimmung aus interferometrischen Messungen ergeben sich aus (8.7) und (8.8) und den Beziehungen $c = \nu\lambda$ und $\omega = 2\pi\nu = ck$ (Abschn. 6.2.1) zu

$$z = \frac{1}{2k}\phi = \frac{\lambda}{4\pi}\phi, \quad \sigma_z = \frac{\lambda}{4\pi}\sigma_\phi, \quad \Delta z = \frac{\lambda}{2}. \tag{8.9}$$

Wegen der kleinen Wellenlänge des Lichts (0.4–0.7 µm) sind interferometrische Tiefenmessungen extrem genau. Der sehr begrenzte Tiefenbereich von nur einer halben Wellenlänge kann durch *Mehrwellenlängen-Interferometrie* überwunden werden.

Ein zweite Art interferometrischer Tiefenmesstechnik ist möglich, wenn Strahlung mit einer geringen Kohärenzlänge von nur wenigen Wellenlängen benutzt wird. Dann sind Interferenzmuster ebenfalls nur in einem Tiefenbereich von wenigen Wellenlängen möglich. Dieser Effekt kann von einem Aufnahmesystem, das einen Tiefenbereich durchfährt, zur Tiefenmessung benutzt werden. Diese Art von Interferometrie wird *Weißlicht-Interferometrie* oder *Kohärenzradar* genannt.

8.5 Gestalt aus Schattierung[†]

Die Methode der *Gestalt aus Schattierung* bestimmt nicht die Tiefe sondern die Oberflächennormale von Oberflächen und stellt somit eine eigene Klasse von Verfahren zur 3D-Rekonstruktion von Oberflächen dar. Diese Technik kann keine absoluten Distanzen bestimmen.

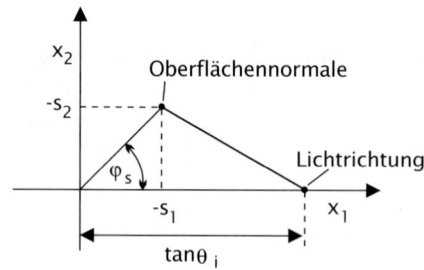

Abbildung 8.8: *Berechnung der Strahlungsdichte, veranschaulicht im Gradientenraum für eine Lambertsche Oberfläche, die mit einer entfernten Lichtquelle unter dem Einfallswinkel θ_I bestrahlt wird. Der Azimutwinkel ϕ_i ist null.*

8.5.1 Gestalt aus Schattierung für Lambertsche Oberflächen

Wir wenden diese Technik zuerst auf die diffuse Reflexion undurchsichtiger Objekte an. Der Einfachheit halber nehmen wir an, dass die Oberfläche eines Lambertschen Objektes (Abschn. 6.4.3) von parallelem Licht angestrahlt wird. Dann ergibt sich für die Strahlungsdichte L der Oberfläche:

$$L = \frac{\rho(\lambda)}{\pi} E \cos \gamma, \tag{8.10}$$

wobei E die Bestrahlungsstärke ist und γ der Winkel zwischen der Oberflächennormalen und der Lichtrichtung. Am einfachsten sind die Beziehungen zwischen der Oberflächennormalen und der ein- und ausfallenden Strahlung im *Gradientenraum* zu verstehen. Dieser Raum wird vom Gradienten der Oberflächenhöhe $a(X, Y)$ aufgespannt:

$$\boldsymbol{s} = \nabla a = \left[\begin{array}{cc} \dfrac{\partial a}{\partial X}, \dfrac{\partial a}{\partial Y} \end{array} \right]^T = \left[\begin{array}{cc} s_1, s_2 \end{array} \right]^T. \tag{8.11}$$

Der Gradient steht in direkter Beziehung zur Oberflächennormalen, wenn man deren Z-Komponente auf eins setzt:

$$\boldsymbol{n} = \left[\begin{array}{ccc} -\dfrac{\partial a}{\partial X}, -\dfrac{\partial a}{\partial Y}, 1 \end{array} \right]^T = \left[\begin{array}{ccc} -s_1, -s_2, 1 \end{array} \right]. \tag{8.12}$$

Man kann daher den Gradientenraum als eine Ebene parallel zur XY-Ebene in der Höhe $Z = 1$ verstehen, wenn man die X, Y-Achsenrichtungen umdreht. Die X, Y-Koordinaten, an denen die Oberflächennormalen und andere Richtungsvektoren diese Ebene durchstoßen, sind dann die Koordinaten des Gradientenraums.

Die Geometrie im Gradientenraum ist in Abb. 8.8 veranschaulicht. Ohne Beschränkung der Allgemeinheit können wir die Richtung der Lichtquelle in x-Richtung drehen. Dann ergibt sich die Lichtrichtung durch

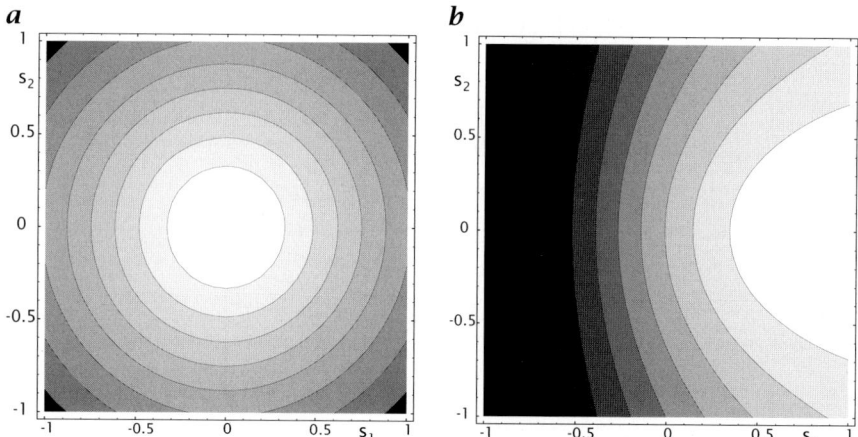

Abbildung 8.9: *Konturgrafik der Strahlungsdichte einer Lambertschen Oberfläche mit homogenem Reflexionskoeffizienten, die von parallelem Licht angestrahlt wird, gezeigt im Gradientenraum für Oberflächensteigungen zwischen -1 und 1. Die Strahlungsdichte ist auf diejenige einer flachen Oberfläche normiert. **a** Einfallswinkel $\theta_i = 0°$; die Entfernung der Konturlinien beträgt 0,05. **b** Schräglichtbeleuchtung mit einem Einfallswinkel von 45° und einem Azimutwinkel von 0°; die Entfernung der Konturlinien beträgt 0,1.*

den Vektor $l = (\tan\theta_i, 0, 1)^T$, und die Strahlungsdichte L der Oberfläche kann folgendermaßen ausgedrückt werden:

$$L = \frac{\rho(\lambda)}{\pi} E \frac{n^T l}{|n||l|} = \frac{\rho(\lambda)}{\pi} E \frac{-s_1 \tan\theta_i + 1}{\sqrt{1 + \tan^2\theta_i}\sqrt{1 + s_1^2 + s_2^2}}. \qquad (8.13)$$

Abbildungen von Konturgrafiken der Strahlungsdichteverteilung im Gradientenraum zeigt Abb. 8.9a für eine Lichtquelle mit einem Einfallswinkel $\theta_i = 0°$. In diesem Fall sind die Konturlinien gleicher Strahlungsdichte konzentrische Kreise und Linien mit konstanter absoluter Steigung $s = (s_1^2 + s_2^2)^{1/2}$. Allerdings ändert sich die Strahlungsdichte bei kleinen Oberflächenneigungen kaum. Eine Schräglichtbeleuchtung bewirkt einen höheren Kontrast in der Strahlungsdichte (Abb. 8.9b). Bei dieser Beleuchtungsart ist jedoch die maximale Oberflächenneigung in der entgegengesetzten Richtung zur Lichtquelle auf $\pi/2 - \theta$ begrenzt, wenn die Oberflächennormale senkrecht zur Lichtrichtung steht.

Mit einer einzigen Beleuchtungsquelle ist die Oberflächennormale nur teilweise bestimmt, selbst wenn die Oberflächenreflektivität bekannt ist. Wir wissen dann nur die Komponente der Oberflächennormale in Richtung der Beleuchtungsänderung. Die Oberflächenrekonstruktion mit nur einer Beleuchtungsquelle stellt ein schwieriges mathematisches Problem dar, das hier nicht weiter verfolgt werden soll. Im nächsten Abschnitt behandeln wir daher, wie wir durch mehrere Aufnahmen mit Beleuch-

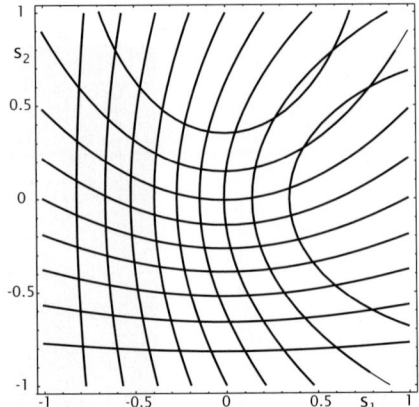

Abbildung 8.10: *Überlagerte Konturgrafiken der Strahlungsdichte einer Lambertschen Oberfläche mit homogenem Reflexionskoeffizienten. Die Fläche wird unter einem Einfallswinkel von 45° und einem Azimutwinkel von 0° und 90° beleuchtet.*

tungen aus unterschiedlichen Richtungen das Problem der Gestalt-aus-Schattierung eindeutig lösen können. Solche Techniken nennt man *photogrammetrisches Stereo.*

8.5.2 Photogrammetrisches Stereo

Die gekrümmten Konturlinien in Abb. 8.9 bedeuten, dass die Beziehung zwischen der Oberflächensteigung und der Strahlungsdichte nicht linear ist. Das hat zur Folge, dass die Oberflächensteigung nicht eindeutig bestimmt werden kann, selbst wenn wir eine Oberfläche hintereinander durch zwei unterschiedlich ausgerichtete Lichtquellen beleuchten (Abb. 8.10). Das ist dann der Fall, wenn sich die gekrümmten Konturlinien in mehr als einem Punkt schneiden. Man braucht also drei verschiedene Beleuchtungsarten, um zu einer eindeutigen Lösung zu kommen.

Die Verwendung von drei Lichtquellen hat einen entscheidenden Vorteil: der Reflexionskoeffizient der Oberfläche kann durch die Berechnung von Verhältnissen eliminiert werden. Um ein Beispiel zu betrachten, beleuchten wir eine Lambertsche Oberfläche mit parallelen Lichtstrahlen aus drei unterschiedlichen Richtungen:

$$
\begin{aligned}
l_1 &= (0,0,1) \\
l_2 &= (\tan\theta_i, 0, 1) \\
l_3 &= (0, \tan\theta_i, 1).
\end{aligned}
\qquad (8.14)
$$

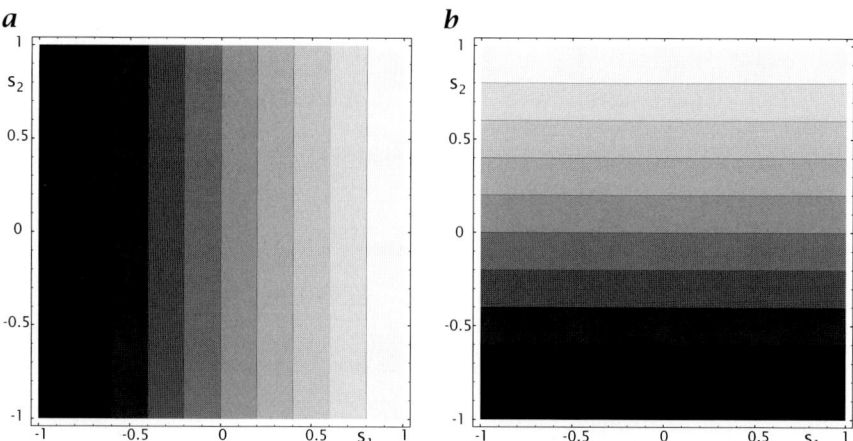

Abbildung 8.11: *Konturgrafik der Strahlungsdichte einer Lambertschen Oberfläche, die mit parallelem Licht mit einem Einfallswinkel von 45° und einem Azimutwinkel von 0° (a) bzw. 90° (b) beleuchtet wird. Die Strahlungsdichte wurde auf die bei einem Einfallswinkel von 0° nach (8.15) normalisiert. Die Entfernung der Konturlinien beträgt 0,1. Beachtenswert ist die perfekte lineare Beziehung zwischen der normalisierten Strahlungsdichte und den Komponenten der Oberflächensteigung in x- und y-Richtung.*

Daraus folgt durch Verhältnisbildung:

$$L_2/L_1 = \frac{s_1 \tan \theta_i + 1}{\sqrt{1 + \tan^2 \theta_i}}, \quad L_3/L_1 = \frac{s_2 \tan \theta_i + 1}{\sqrt{1 + \tan^2 \theta_i}}. \tag{8.15}$$

Die Gleichungen sind nun linear in s_1 und s_2 und — ein weiterer entscheidender Vorteil — entkoppelt: s_1 und s_2 sind nur noch von L_2/L_1 bzw. L_3/L_1 abhängig (Abb. 8.11). Außerdem hängen die Verhältnisse der Strahlungsdichten in (8.15) ebenfalls nicht vom Reflexionskoeffizienten der Oberfläche ab. Dieser ist in (8.10) als Faktor enthalten und verschwindet, wenn das Verhältnis zweier Strahlungsdichteverteilungen derselben Oberfläche berechnet wird.

8.5.3 Gestalt aus Brechung an glänzenden Oberflächen‡

Die Technik der Gestalt aus Schattierung (Abschn. 8.5.1) funktioniert bei glänzenden Oberflächen nicht, da das Licht nur in Richtung der Kamera reflektiert wird, wenn der Einfallswinkel von der Lichtquelle gleich dem Reflexionswinkel zur Kamera hin ist. Deswegen werden ausgedehnte Lichtquellen benötigt. Es zeigt sich, dass für transparente glänzende Oberflächen die Technik der *Gestalt aus Brechung* Vorteile gegenüber den Gestalt aus Reflexion-Techniken bietet. Die Strahlungsdichte ist höher, es können steilere Oberflächen bestimmt werden, und die Nichtlinearität der Beziehung zwischen Steigung und Strahlungsdichte ist beträchtlich geringer.

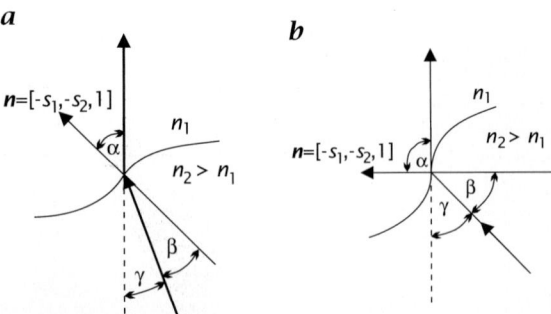

Abbildung 8.12: *Grundlage der Gestalt-aus-Brechung-Technik ist die Lichtbrechung an einer geneigten Oberfläche. Die Kamera befindet sich weit oberhalb der Oberfläche.* **a** *Strahlen, die von der Lichtquelle unter dem Winkel γ ausgehen, werden in Richtung der Kamera gebrochen.* **b** *Selbst für eine unendliche Steigung (vertikal verlaufende Oberfläche, $\alpha = 90°$) treffen Strahlen von der Lichtquelle in die Kamera.*

Das Gestalt-aus-Brechung-Verfahren erfordert eine spezielle Beleuchtungstechnik, da — mit Ausnahme eines geringen Teils des Lichts, das an der Oberfläche reflektiert wird — keine signifikanten Variationen der Strahlungsdichte auftreten. Die Grundlage der Gestalt-aus-Brechung-Technik ist eine *telezentrische Beleuchtung*, die eine räumliche Verteilung der Strahlungsstärke in eine winkelabhängige Strahlungsverteilung umwandelt. Dann müssen wir die Beziehung zwischen der Oberflächenneigung und dem Winkel des gebrochenden Strahls berechnen und eine ausgedehnte Lichtquelle mit geeigneter Strahlungsverteilung benutzen. Diese müssen wir zuerst untersuchen.

Abbildung 8.12 veranschaulicht die optische Geometrie für den einfachen Fall, dass die Kamera weit oberhalb und eine Lichtquelle unterhalb eines durchsichtigen Mediums mit einem höheren Brechungsindex sitzt. Die Beziehung zwischen der Oberflächensteigung s und dem Winkel γ ergibt sich aus Jähne et al. [92] zu

$$s = \tan\alpha = \frac{n\tan\gamma}{n - \sqrt{1 + \tan^2\gamma}} \approx 4\tan\gamma \left[1 + \frac{3}{2}\tan^2\gamma\right] \qquad (8.16)$$

mit $n = n_2/n_1$. Die umgekehrte Beziehung lautet

$$\tan\gamma = s\frac{\sqrt{n^2 + (n^2 - 1)s^2} - 1}{\sqrt{n^2 + (n^2 - 1)s^2} + s^2} \approx \frac{1}{4}s\left(1 + \frac{3}{32}s^2\right). \qquad (8.17)$$

Prinzipiell funktioniert die Technik der Gestalt aus Brechung selbst für unendliche Steigungen (vertikal verlaufende Oberflächen). In diesem Grenzfall streift der zur Kamera gehende Strahl die Oberfläche (Abb. 8.12b) und

$$\tan\gamma = \sqrt{n^2 - 1}. \qquad (8.18)$$

Durch die Brechung erreichen wir, dass für eine bestimmte Neigung Lichtstrahlen aus einer bestimmten Richtung kommen. Daraus erhalten wir Helligkeitsunterschiede, wenn wir die Intensität der Lichtstrahlen richtungsabhängig machen. Wie dies geschieht, ist im Detail bei Jähne et al. [92] beschrieben. Hier

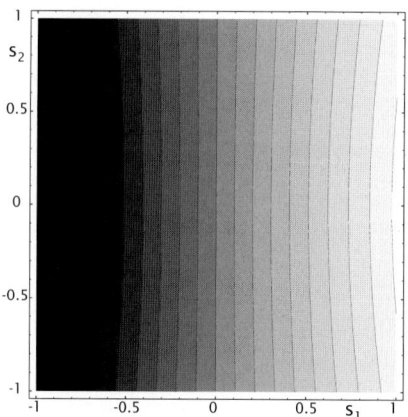

Abbildung 8.13: *Strahlungsdichtekarte für die Gestalt-aus-Brechung-Technik. Die Strahlungsdichte einer telezentrischen Lichtquelle variiert linear in x_1-Richtung.*

gehen wir einfach davon aus, dass sich die Lichtstrahlen proportional zu $\tan y$ in x_1-Richtung ändern. Dann gilt:

$$L \propto s_1 \frac{\sqrt{n^2 + (n^2 - 1)s^2} - 1}{\sqrt{n^2 + (n^2 - 1)s^2} + s^2}. \tag{8.19}$$

Natürlich stellt sich auch hier das Problem, dass aus einer skalaren Größe wie der Strahlungsdichte kein Vektor wie die Flächenneigung abgeleitet werden kann. Die Gestalt-aus-Brechung-Technik kommt einem idealen Messaufbau jedoch sehr nahe. Wenn die Strahlungsdichte, wie angenommen, linear nur in x_1-Richtung variiert, dann ist auch die Strahlungsdichtekarte im Gradientenraum fast linear (Abb. 8.13). Nur bei sehr steilen Neigungen wird ein gewisser Einfluss durch die Neigung in x_2-Richtung sichtbar, der aus den Termen mit s^2 in (8.19) resultiert. Verhältnisbilder können auch bei der Gestalt-aus-Brechung-Technik verwendet werden. Diese kann man mit einem Farbbild realisieren, da es drei unabhängige Kanäle, Rot, Grün und Blau, beinhaltet (Abschn. 6.3.4). Mit insgesamt drei Kanälen können wir die Oberflächenneigung eindeutig bestimmen und haben noch einen Freiheitsgrad für Korrekturen übrig. Farbbilder haben den Vorteil, dass alle drei Kanäle gleichzeitig aufgenommen werden, so dass die Technik auch auf sich bewegende Objekte angewandt werden kann.

Eine eindeutige Farbkodierung von Oberflächenneigungen lässt sich mit den folgenden Farbkeilbeleuchtungen erreichen, wobei der grüne Keil in x-Richtung und der rote und blaue in die beiden Diagonalrichtungen verlaufen. Dann ist

$$\begin{aligned} G(s) &= (1/2 + c s_1) E_0(s) \\ R(s) &= [1/2 - c/2(s_1 + s_2)] E_0(s) \\ B(s) &= [1/2 - c/2(s_1 - s_2)] E_0(s). \end{aligned} \tag{8.20}$$

wobei wir eine Beziehung der Form $s_1 E_0(s)$ wie in (8.19) angenommen haben und c ein Kalibrierfaktor zwischen der Helligkeit und der Oberflächenneigung ist.

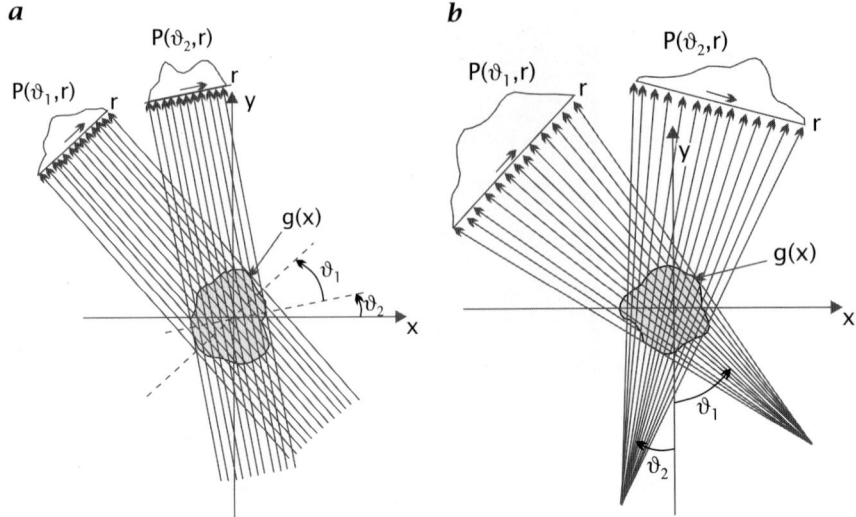

Abbildung 8.14: a *Parallelprojektion und* **b** *fächerförmige Projektion bei der Tomographie.*

Nun haben wir drei Beleuchtungen zur Bestimmung von zwei Steigungskomponenten zur Verfügung. Also können wir eine verwenden, um unerwünschte Variationen von E_0 zu kompensieren. Dies ist möglich, indem wir die drei Farbkanäle mit der Summe aller Kanäle $G + R + B$ normalisieren:

$$\frac{G}{G + R + B} = \frac{2}{3}\left(\frac{1}{2} + cs_1\right), \quad \frac{B - R}{G + R + B} = \frac{2}{3}cs_2. \tag{8.21}$$

Dann ergibt sich die Position auf dem Farbkeil, von der das Licht herrührt, zu

$$s_1 = \frac{1}{2c}\frac{2G - R - B}{G + R + B}, \quad s_2 = \frac{3}{2c}\frac{B - R}{G + R + B}. \tag{8.22}$$

Aus diesen Positionswerten können die x- und y-Komponenten der Steigung nach (8.19) berechnet werden.

8.6 Tiefe aus mehreren Projektionen: Tomographie

8.6.1 Prinzip

Tomographische Methoden erzeugen nicht direkt ein 3D-Bild eines Objektes, sondern ermöglichen die Rekonstruktion der dreidimensionalen Gestalt mit entsprechenden Verfahren. Tomographische Methoden können wir als Erweiterung der Stereoskopie betrachten. Allerdings liefert die Stereoskopie lediglich die Tiefe von Oberflächen, nicht jedoch die 3D-Gestalt transparenter Objekte. Intuitiv ist klar, dass wir solche Objekte von möglichst vielen Richtungen betrachten müssen.

Bei tomographischen Verfahren wird das Objekt schichtweise aus unterschiedlichen Richtungen durchstrahlt. Verwenden wir eine Punktlichtquelle (z. B. Röntgenröhre, Abb. 8.14b), sehen wir eine perspektivische oder fächerförmige Projektion (englisch: *fan beam projection*) auf dem Schirm (Detektor) hinter dem Objekt, genauso wie beim optischen Sehen (Abschn. 7.3). Dreht man die Punktquelle und den Projektionsschirm um das Objekt, erhält man für jede Projektionsrichtung ein Profil senkrecht zur jeweiligen Projektionsachse. Ähnlich können wir die Parallelprojektion verwenden (Abb. 8.14a), die leichter zu analysieren, aber schwerer zu realisieren ist. Absorbiert das Objekt Strahlung, ist der Intensitätsverlust, der in der Projektion auf den Bildschirm gemessen wird, proportional zur Pfadlänge der Strahlen im Objekt. Die 3D-Gestalt des Objektes lässt sich nicht aus einer einzigen Projektion rekonstruieren, sondern es muss durch Drehung der Strahlungsquelle und des Projektionsschirms um das Objekt aus allen Richtungen gemessen werden.

Wie andere Methoden kann sich die Tomographie die verschiedenen Interaktionen zwischen Materie und Strahlung zunutze machen. Am weitesten verbreitet ist die *Transmissionstomographie*, die auf der Absorption von Strahlung, z. B. Röntgenstrahlen, beruht. Andere Methoden sind die Emissionstomographie, die Reflexionstomographie, die Laufzeittomographie (insbesondere mit Ultraschall) sowie die *Kernspintomographie* (englisch: magnetic resonance, *MR*).

8.6.2 Radontransformation und Fourierscheibentheorem

In Bezug auf die Rekonstruktion ist wichtig, dass die Projektion unter allen Winkeln ϑ als eine andere 2D-Darstellung des Bildes betrachtet werden kann. Eine Koordinate ist die Position im Projektionsprofil r, die andere der Winkel ϑ (Abb. 8.15). Dementsprechend können wir die Parallelprojektion als Transformation des Bildes in eine andere 2D-Darstellung betrachten. Rekonstruktion bedeutet dann lediglich die Anwendung einer inversen Transformation. Die entscheidende Aufgabe ist daher, die tomographische Transformation mathematisch zu beschreiben und zu untersuchen, ob eine inverse Transformation existiert.

Ein Projektionsstrahl wird durch den Projektionswinkel ϑ und den Offset r beschrieben (Abb. 8.15). ϑ ist der Winkel zwischen der Projektionsebene und der x-Achse. Weiterhin nehmen wir an, dass wir das 3D-Objekt parallel zur xy-Ebene schneiden. Dann ist das Skalarprodukt aus einem Vektor $\boldsymbol{x}$ auf dem Projektionsstrahl und einem Einheitsvektor

$$\bar{\boldsymbol{n}} = [\cos\vartheta, \sin\vartheta]^T \tag{8.23}$$

senkrecht zum Projektionsstrahl konstant und gleich dem Offset r des Strahls:

$$\boldsymbol{x}\bar{\boldsymbol{n}} - r = x\cos\vartheta + y\sin\vartheta - r = 0 \tag{8.24}$$

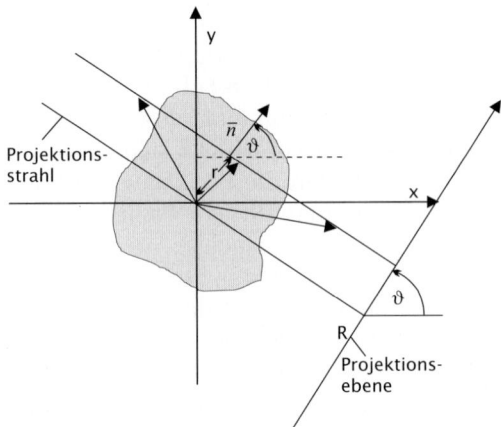

Abbildung 8.15: *Geometrie eines Projektionsstrahl.*

Die projizierte Intensität $P(r, \vartheta)$ wird durch die Integration entlang des Projektionsstrahls gegeben:

$$P(r,\vartheta) = \int\limits_{\text{Pfad}} g(\boldsymbol{x})\mathrm{d}\boldsymbol{s} = \int\limits_{-\infty}^{\infty}\int\limits_{-\infty}^{\infty} g(\boldsymbol{x})\delta(x_1\cos\vartheta + x_2\sin\vartheta - r)\mathrm{d}^2x. \quad (8.25)$$

Die δ-Distribution in dieser Gleichung reduziert das Doppelintegral auf jeweils einen Projektionsstrahl in Richtung ϑ im Abstand r vom Ursprung des Koordinatensystems. Diese projektive Transformation einer 2D-Funktion $g(\boldsymbol{x})$ auf $P(r, \vartheta)$ wird nach dem Mathematiker Radon als *Radontransformation* bezeichnet.

Um die Eigenschaften der Radontransformation besser zu verstehen, analysieren wir sie im Fourierraum. Die Radontransformation können wir als eine spezielle lineare verschiebungsinvariante Filteroperation auffassen. Da sie alle Grauwerte entlang dem Projektionsstrahl addiert, ist die Punktantwort des Projektionsoperators eine δ-Linie (2D) oder δ-Ebene (3D) in Richtung des Projektionsstrahls. Im Fourierraum entspricht diese Faltungsoperation einer Multiplikation mit der Transferfunktion, einer δ-Linie normal zur δ-Linie im Ortsraum (siehe $\succ$ R5). Auf diese Weise schneidet der Projektionsoperator eine Scheibe in einer Richtung, die senkrecht zum Projektionsstrahl steht, aus dem Spektrum heraus.

Diesen elementaren Zusammenhang können wir ohne Beschränkung der Allgemeingültigkeit am einfachsten berechnen, indem wir das Koordinatensystem so drehen, dass die Projektionsrichtung mit der y'-Achse zusammenfällt. Dann wird die r-Koordinate in $P(r, \vartheta)$ identisch mit der x'-Koordinate, und ϑ wird zu null. In diesem besonderen Fall reduziert sich die Radontransformation auf eine Integration in y'-Richtung:

$$P(x',0) = \int_{-\infty}^{\infty} g(x',y')\mathrm{d}y'. \tag{8.26}$$

Die Fouriertransformierte der Projektionsfunktion können wir schreiben als

$$\hat{P}(k_{x'},0) = \int_{-\infty}^{\infty} P(x',0)\exp(-\mathrm{i}k_{x'}x')\mathrm{d}x'. \tag{8.27}$$

Ersetzen wir $P(x',0)$ durch die vereinfachte Radontransformation in (8.26), erhalten wir

$$\hat{P}(k_{x'},0) = \int_{-\infty}^{\infty} \left[\int_{-\infty}^{\infty} g(x',y')\mathrm{d}y' \right] \exp(-\mathrm{i}k_{x'}x')\mathrm{d}x'. \tag{8.28}$$

Wenn wir in dieses Doppelintegral den Faktor $\exp(-\mathrm{i}0y') = 1$ einfügen, sehen wir, dass es sich um die Fouriertransformierte von $g(x',y')$ für $k_{y'} = 0$ handelt:

$$\begin{aligned}
\hat{P}(k_{x'},0) &= \int_{-\infty}^{\infty}\int_{-\infty}^{\infty} g(x',y')\exp(-\mathrm{i}k_{x'}x')\exp(-\mathrm{i}0y')\mathrm{d}x'\mathrm{d}y' \\
&= g(k_{x'},0).
\end{aligned}$$

$$\tag{8.29}$$

Durch Rücktransformation in das ursprüngliche Koordinatensystem erhalten wir

$$\hat{P}(q,\vartheta) = \hat{g}(\boldsymbol{k})\delta(\boldsymbol{k} - (\boldsymbol{k}\bar{\boldsymbol{n}})\bar{\boldsymbol{n}}), \tag{8.30}$$

wobei q die Wellenzahl in Richtung von ϑ ist und $\bar{\boldsymbol{n}}$ der in (8.23) eingeführte Normalenvektor. Das Spektrum der Projektion ist identisch mit dem Spektrum des Ursprungsobjektes auf einem Strahl normal zur Richtung des Projektionsstrahls. Dieses wichtige Ergebnis wird als das *Fourierscheiben-* oder *Projektionstheorem* bezeichnet.

8.6.3 Gefilterte Rückprojektion

Wenn Projektionen aus allen Richtungen vorliegen, ist eine vollständige Rekonstruktion möglich, da die resultierenden Scheiben des Spektrums das komplette Spektrum des Objekts abdecken. Die inverse Fouriertransformation liefert dann das Originalbild.

Das Verfahren der gefilterten Rückprojektion geht genau diesen Weg mit einer geringfügigen Modifikation, die aus folgendem Grund notwendig ist: Würden wir die Spektren der einzelnen Projektionsstrahlen einfach aufaddieren, um das komplette Objektspektrum zu erhalten, so wäre die spektrale Dichte für kleine Wellenzahlen viel zu hoch, da die Strahlen bei kleinem Radius dichter liegen als bei größerem Radius. Wir müssen also das Spektrum der Projektionsstrahlen, ehe wir es zum Gesamtspektrum aufaddieren, mit einem geeigneten Wichtungsfaktor versehen. Im kontinuierlichen Fall ist die Geometrie sehr einfach. Die Dichte der Projektionsstrahlen ist proportional zu $|\boldsymbol{k}|^{-1}$. Demnach müssen die Spektren des Projektionsstrahls mit $|\boldsymbol{k}|$ multipliziert werden. Das Verfahren der gefilterten Rückprojektion besteht deshalb aus zwei Schritten. Zuerst müssen die einzelnen Projektionen gefiltert werden. Dann wird die Rekonstruktion durch Addition der rückprojizierten Projektionen vorgenommen.

Im ersten Schritt wird also das Spektrum jeder Projektionsrichtung mit einer geeigneten Wichtungsfunktion $\hat{w}(|\boldsymbol{k}|)$ multipliziert. Diese Operation kann natürlich auch direkt im Ortsraum durch Faltung mit der inversen Fouriertransformierten $w(r)$ geschehen. Wegen dieser Filteroperation wird das Verfahren *gefilterte Rückprojektion* genannt.

Im zweiten Schritt erfolgt die Rückprojektion. Jede Projektionsrichtung ergibt eine Scheibe des Spektrums. Durch Summation aller Teile ergibt sich das Gesamtspektrum. Da die Fouriertransformation eine lineare Operation ist, können wir die gefilterten Projektionen im Ortsraum summieren. Jede gefilterte Projektion enthält im Ortsraum den Teil des Objekts, der in Richtung des Projektionsstrahls konstant ist. Daher können wir den korrespondierenden Grauwert der gefilterten Projektion entlang der Richtung des Projektionsstrahls rückprojizieren und ihn zu den Beiträgen der anderen Projektionsstrahlen addieren.

Nach dieser illustrativen Beschreibung des Prinzips des gefilterten Rückprojektionsalgorithmus leiten wir die Methode für den kontinuierlichen Fall her. Wir beginnen mit der Fouriertransformation des Objekts und schreiben die inverse Fouriertransformation in Polarkoordinaten (q, ϑ), um das Fourierscheibentheorem nutzen zu können:

$$g(\boldsymbol{x}) = \int_0^{2\pi} \int_0^\infty q\hat{g}(q, \vartheta) \exp[\mathrm{i}q(x_1 \cos \vartheta + x_2 \sin \vartheta)]\mathrm{d}q\mathrm{d}\theta. \qquad (8.31)$$

In dieser Formel ist das Spektrum durch den Übergang auf Polarkoordinaten bereits mit der Wellenzahl q multipliziert. Allerdings kann diese Gleichung wegen der Integrationsgrenzen so nicht direkt auf das Fourierscheibentheorem angewendet werden (8.30). Die Koordinate q sollte von $-\infty$ bis ∞ verlaufen und ϑ lediglich von 0 bis π. In (8.31) integrieren wir nur über einen halben Strahl vom Ursprung bis unendlich. Wir können einen vollen Strahl aus zwei Halbstrahlen mit den Winkeln ϑ und $\vartheta + \pi$ zusammensetzen. Wir spalten also das Integral in (8.31) in die Winkelbereiche $[0, \pi[$ und $[\pi, 2\pi[$ und erhalten

$$
g(\boldsymbol{x}) = \int_0^\pi \int_0^\infty q\hat{g}(q, \vartheta) \exp[iq(x_1 \cos\vartheta + x_2 \sin\vartheta)] \mathrm{d}q\,\mathrm{d}\vartheta
$$

$$
+ \int_0^\pi \int_0^\infty q\hat{g}(-q, \vartheta') \exp[-iq(x_1 \cos\vartheta' + x_2 \sin\vartheta')] \mathrm{d}q\,\mathrm{d}\vartheta'.
$$

Dabei haben wir die Identitäten $\vartheta' = \vartheta + \pi$, $\hat{g}(-q, \vartheta) = \hat{g}(q, \vartheta')$, $\cos(\vartheta') = -\cos(\vartheta)$ und $\sin(\vartheta') = -\sin(\vartheta)$ benutzt. Nun können wir die zwei Teilintegrale zusammenfassen, wenn wir wegen des Fourierscheibentheorems (8.30) im zweiten Integral q durch $-q$ und $\hat{g}(q, \vartheta)$ durch $\hat{P}(q, \vartheta)$ ersetzen:

$$
g(\boldsymbol{x}) = \int_0^\pi \int_{-\infty}^\infty |q| \hat{P}(q, \vartheta) \exp[iq(x_1 \cos\vartheta + x_2 \sin\vartheta)] \mathrm{d}q\,\mathrm{d}\vartheta. \tag{8.32}
$$

Gleichung (8.32) stellt die inverse Radontransformation dar und ist die Basis für den *gefilterten Rückprojektionsalgorithmus*. Das innere Integral über q ist die Rückprojektion einer einzigen Projektion:

$$
P' = \mathcal{F}^{-1}(|q|\mathcal{F}P). \tag{8.33}
$$

Dabei stellt $\mathcal{F}$ den 1D-Fouriertransformationsoperator dar. P' ist die im Fourierraum mit $|\boldsymbol{q}|$ multiplizierte Projektionsfunktion P. Wenn wir diese Operation als Faltung im Ortsraum durchführen, können wir sie formal schreiben als

$$
P' = [\mathcal{F}^{-1}(|q|)] * P. \tag{8.34}
$$

Mit dem äußeren Integral in (8.32) über den Winkel ϑ

$$
g(\boldsymbol{x}) = \int_0^\pi P'(r, \vartheta)\,\mathrm{d}\vartheta, \tag{8.35}
$$

wird das Objekt durch die einzelnen rückprojizierten gefilterten Projektionen aus allen Richtungen aufgebaut. Es ist wichtig zu beachten, dass das gefilterte Projektionsprofil $P'(r, \vartheta)$ in (8.35) als 2-D Funktion aufgefasst werden muss, um das 2D-Objekt $g(\boldsymbol{x})$ aufzubauen. Das bedeutet, dass das Projektionsprofil in Projektionsrichtung zurückprojiziert werden muss.

8.6.4 Diskrete gefilterte Rückprojektion

Es gibt einige Details, die bisher noch nicht diskutiert wurden, die jedoch für ernsthafte Probleme bei der Rekonstruktion im kontinuierlichen Fall verantwortlich sind. Zum ersten stellen wir fest, dass es unmöglich ist, den Mittelwert eines Objekts zu rekonstruieren, da wegen der Multiplikation mit $|\boldsymbol{k}|$ im Fourierraum (8.32) $\hat{g}(0)$ eliminiert wird. Zum zweiten ist es unmöglich, ein Objekt unendlicher Größe zu rekonstruieren, da die Projektionsstrahlen dann immer unendliche Werte liefern.

Glücklicherweise verschwinden alle diese Probleme, wenn wir vom unendlichen kontinuierlichen Fall auf den endlichen diskreten übergehen. Dann haben die Objekte nur eine endliche Größe. Praktisch wird die Größe durch die Entfernung zwischen der Strahlungsquelle und dem Detektor begrenzt. Die Auflösung des Projektionsprofils wird durch die kombinierten Effekte der Ausdehnung der Strahlungsquelle und der Auflösung des Detektors in der Projektionsebene beschränkt. Schließlich können wir nur eine begrenzte Anzahl von Projektionen verwenden. Dies entspricht einer Abtastung des Winkels ϑ.

Wir illustrieren diese Fragestellungen in diesem Abschnitt mit einem anschaulichen Beispiel. Wir können das Wesentliche über Projektion und Rekonstruktion lernen, wenn wir die Rekonstruktion des einfachsten Objekts, eines Punktes, betrachten. Das liegt daran, dass die Radontransformation (8.25) und ihre Umkehrung (8.32) lineare Transformationen sind. Die Projektionen eines Punktes sehen aus allen Richtungen gleich aus (Abb. 8.16a) und zeigen einen scharfen Peak in der Projektionsfunktion $P(r, \vartheta_i)$. Im ersten Schritt des gefilterten Rückprojektionsalgorithmus wird diese Projektionsfunktion P mit dem $|k|$-Filter gefaltet. Es resultiert eine modifizierte Projektionsfunktion P', die mit der Punktantwort (PSF) des Filters $|k|$ identisch ist (Abb. 8.16b).

Im zweiten Schritt werden die Rückprojektionen aus verschiedenen Richtungen im Bild aufaddiert. Aus Abb. 8.16c können wir sehen, dass sich die Spitzen aller Projektionsfunktionen nur an der Position des Punktes im Bild aufaddieren. An allen anderen Positionen im Bild werden je nach Lage der Projektionsrichtung positive und negative Werte addiert. Wenn die Projektionsrichtungen genügend nahe beieinander liegen, löschen sie sich mit Ausnahme des Punktes im Bildzentrum gegenseitig aus. Abbildung 8.16c zeigt auch, dass eine ungenügende Anzahl von Projektionen zu einem sternförmigen Störmuster führt, das den Punkt umgibt.

Am einfachen Beispiel der Rekonstruktion eines Punktes aus seinen Projektionen können wir auch die Bedeutung der Filterung der Projektionen zeigen. Stellen wir uns vor, was passiert, wenn wir diesen Schritt auslassen. Dann addieren wir als Rückprojektionen δ-Linien, die um die Position des Punktes rotieren. Dementsprechend erhalten wir keinen Punkt, sondern eine rotationssymmetrische Funktion, die mit $|\boldsymbol{x}|^{-1}$ abfällt. Das Ergebnis ist dann eine völlig unbrauchbare Rekonstruktion mit stark verschmierten Strukturen.

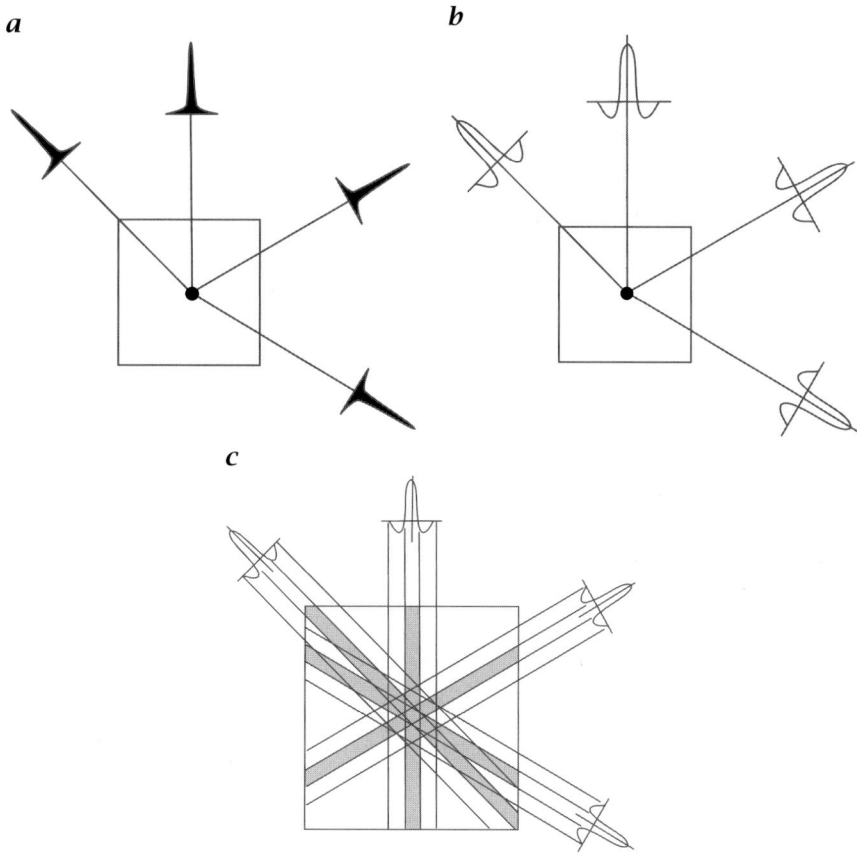

Abbildung 8.16: *Illustration der gefilterten Rückprojektion mit einem Punktobjekt: **a** Projektionen aus unterschiedlichen Richtungen; **b** Filterung der Projektionen; **c** Aufaddition der zurückprojizierten gefilterten Projektionen.*

8.7 Literaturhinweise zur Vertiefung‡

Ein ganzer Teil mit sieben Kapitel des "Handbook of Computer Vision and Applications beschäftigt sich mit der 3D-Bildaufnahme [91, Vol. I, Part IV]. Klette et al. [109] und Jiang und Bunke [99] behandeln dreidimensionales Computersehen. Dabei liegt bei Klette et al. [109] der Schwerpunkt eher auf der Gewinnung von Tiefenbildern mittels Stereoanalyse, Shape from Shading, photometrischer Stereoanalyse und strukturierter Beleuchtung, während bei Jiang und Bunke [99] auch die Weiterverarbeitung der Tiefenbilder einschließlich Erkennung von 3D-Objekten behandelt wird. 3D-Bildaufnahmetechniken sind auch in der Nahbereichsphotogrammetrie von Bedeutung, siehe Luhmann [128].

9 Digitalisierung, Abtastung, Quantisierung

9.1 Definition und Wirkung der Digitalisierung

Der letzte Schritt der Erzeugung eines digitalen Bildes ist die *Digitalisierung*. Dabei werden die Grauwerte einer diskreten Punktmenge abgetastet, die durch eine Matrix repräsentiert werden kann. Die Abtastung kann bereits im Sensor geschehen, der die eingefangenen Photonen in ein elektrisches Signal umwandelt. Bei einer konventionellen Röhrenkamera wird das Bild von einem Elektronenstrahl Zeile für Zeile abgefahren. Eine CCD-Kamera dagegen weist eine Matrix diskreter Sensoren auf. Allerdings ist das Standardvideosignal ein analoges Signal. Daher verlieren wir die Information der horizontalen Abtastung wieder, wenn das Signal einer Sensorenzeile für die Übertragung wieder in ein analoges Signal umgewandelt wird.

Die Digitalisierung eines kontinuierlichen Bildes bedeutet einen enormen Datenverlust, da wir die kontinuierliche Grauwertinformation auf eine Funktion auf einem Raster von Punkten reduzieren. Es stellt sich also die entscheidende Frage, unter welchen Bedingungen wir sicherstellen können, dass die Abtastpunkte das kontinuierliche Bild realitätsgetreu, also ohne Informationsverlust, wiedergeben. Zusätzlich interessiert uns, wie sich ein kontinuierliches Bild aus den Abtastpunkten rekonstruieren lässt. Ausgehend von der Betrachtung von Störungen durch Abtastfehler, werden wir uns der Beantwortung dieser Fragen nähern.

Intuitiv verstehen wir, dass die Abtastung zu einer Reduktion der Auflösung führt, d. h., dass Strukturen von der Größe der Abtastschrittweite oder kleiner verlorengehen. Die Tatsache, dass beim Abtasten eines Bildes mit feinen Details aber beträchtliche Störungen auftreten, mag zunächst überraschen. Abbildung 9.1 zeigt ein einfaches Beispiel, in dem die Digitalisierung durch Überlagern eines Objektes mit zwei linearen Gittern mit unterschiedlichen Gitterkonstanten durch ein 2D-Gitter simuliert wird. Nach der Abtastung erscheinen die beiden Gitter mit veränderter Periodizität und Richtung. Solche Bildverfälschungen werden als *Moiré-Effekt* bezeichnet.

Das gleiche Phänomen ist bei eindimensionalen Signalen als *Aliasing* bekannt, insbesondere bei Zeitserien. Ein Signal mit sinusoidaler Oszillation ist in Abb. 9.2 zu sehen. Es wird in Schritten, die etwas kürzer als

B. Jähne, Digitale Bildverarbeitung
ISBN 3-540-41260-3

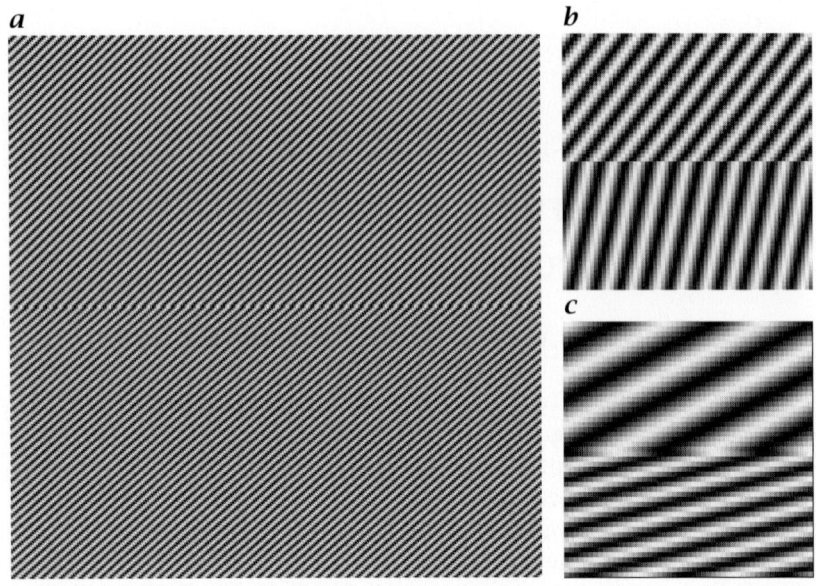

Abbildung 9.1: *Der Moiré-Effekt:* **a** *Originalbild mit zwei periodischen Mustern (oben* $\bar{k} = [0.21, 0.22]^T$*, unten* $\bar{k} = [0.21, 0.24]^T$*).* **b** *Jeder vierte und* **c** *jeder fünfte Punkt in jeder Richtung abgetastet.*

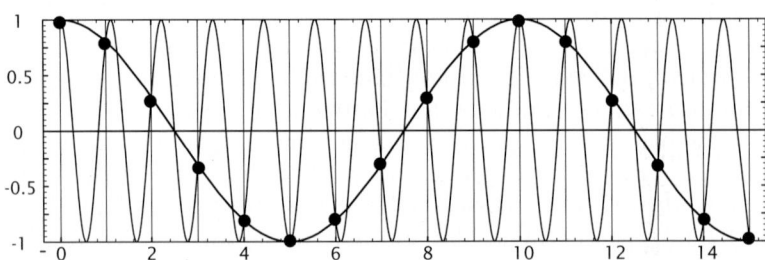

Abbildung 9.2: *Veranschaulichung des Aliasing-Effektes: Ein oszillierendes Signal wird mit einer Schrittweite von* Δx *gleich 9/10 der Wellenlänge abgetastet. Das Ergebnis ist ein Signal, dessen Wellenlänge das Zehnfache der Abtastschrittweite beträgt.*

seine Wellenlänge sind, abgetastet. Das Ergebnis der Abtastung ist ein Signal mit viel größerer Wellenlänge. Diese Probleme treten bei der Digitalisierung analoger Daten immer auf; sie sind ein generelles Problem der Signalverarbeitung. Die Bildverarbeitung ist in diesem Zusammenhang lediglich ein Spezialfall der Signaltheorie.

Da sich der Aliasing-Effekt bei periodischen Signalen zeigt, liegt der Schlüssel zu seinem Verständnis und zu seiner Vermeidung in einer Analyse des Digitalisierungsprozesses im Fourierraum. Ziel dieser Analyse sind die Bedingungen, unter denen die Abtastpunkte ein kontinuierliches Bild korrekt und vollständig wiedergeben. Diese Bedingungen lassen sich im sogenannten *Abtasttheorem* formulieren. Die folgenden Betrachtungen sind eher eine anschauliche Erläuterung als ein streng mathematischer Beweis des Abtasttheorems.

9.2 Schritte des Abtastprozesses

Wir gehen von einem unendlich ausgedehnten, kontinuierlichen Bild $g(\boldsymbol{x})$ aus, das wir auf eine Matrix $\boldsymbol{G}$ abbilden wollen. Hierbei berücksichtigen wir, was zur Bilderzeugung in Abschn. 7.6 besprochen wurde. Damit können wir drei Schritte der Digitalisierung unterscheiden: Bilderzeugung, Abtastung und Begrenzung auf eine endliche Bildmatrix.

9.2.1 Bilderzeugung

Wir können die Digitalisierung nicht ohne die Bilderzeugung betrachten. Das optische System einschließlich des Sensors beeinflusst das Bildsignal, so dass wir die Bilderzeugung einbeziehen müssen.

Digitalisierung bedeutet ein Abtasten des Bildes an definierten Punkten eines diskreten Gitters $\boldsymbol{r}_{m,n}$ (Abschn. 2.2.3). Auf einem rechteckigen Gitter können wir diese Punkte nach (2.2) schreiben als:

$$\boldsymbol{r}_{m,n} = [m\,\Delta x_1, n\,\Delta x_2]^T \quad \text{mit} \quad m, n \in \mathbb{Z}. \tag{9.1}$$

Im allgemeinen nehmen wir die Beleuchtungsintensität nicht exakt an diesen Punkten auf, sondern von einer bestimmten Fläche um sie herum. Nehmen wir als Beispiel eine ideale CCD-Kamera, die aus einer Matrix von Photodioden ohne lichtunempfindliche Zwischenräume besteht. Weiterhin gehen wir davon aus, dass die Photodioden gleichmäßig über die ganze Fläche empfindlich sind. Dann ist das Signal an den Gitterpunkten das Integral über die Fläche der einzelnen Photodioden:

$$g(\boldsymbol{r}_{m,n}) = \int\limits_{(m-1/2)\Delta x_1}^{(m+1/2)\Delta x_1} \int\limits_{(n-1/2)\Delta x_2}^{(n+1/2)\Delta x_2} g'(\boldsymbol{x})\,\mathrm{d}x_1\,\mathrm{d}x_2. \tag{9.2}$$

Dies stellt eine Faltung mit einer *Rechteckfunktion* und eine Abtastung an den Gitterpunkten dar. Die beiden Schritte können getrennt werden. Zunächst konnen wir die kontinuierliche Faltung durchführen und dann die Abtastung. Auf diese Weise wird der Bilderzeugungsprozess verallgemeinert und vom Abtastprozess getrennt. Da die Faltung ein assoziativer Prozess ist, können wir die Mittelung des CCD-Sensors mit der PSF des optischen Systems (Abschn. 7.6.1) in einem einzigen Faltungsprozess kombinieren. Deshalb lässt sich der Bilderzeugungsprozess durch folgende Operation beschreiben:

$$g(\mathbf{x}) = \int\limits_{-\infty}^{\infty} g'(\mathbf{x}')h(\mathbf{x} - \mathbf{x}')\mathrm{d}^2x' \quad \circ\!\!\!-\!\!\!\bullet \quad \hat{g}(\mathbf{k}) = \hat{g}'(\mathbf{k})\hat{h}(\mathbf{k}), \qquad (9.3)$$

wobei $h(\mathbf{x})$ bzw. $\hat{h}(\mathbf{k})$ die resultierende PSF bzw. OTF ist. $g'(\mathbf{x})$ kann als das Grauwertbild betrachtet werden, das aus einem perfekten Sensor resultieren würde, d. h. einem optischen System (einschließlich Sensor), dessen OTF identisch eins und dessen PSF eine δ-Funktion ist.

Im allgemeinen wird das Bild durch die Bilderzeugung unschärfer; feine Details gehen verloren. Im Fourierraum führt dies zu einer Abschwächung hoher Wellenzahlen, und das resultierende Grauwertbild wird als *bandbegrenzt* bezeichnet.

9.2.2 Abtastung

Als nächstes betrachten wir die *Abtastung*. Abtastung bedeutet, dass alle Information außerhalb der Gitterpunkte verlorengeht. Mathematisch ist dies eine Multiplikation mit einer Funktion, die nur an den Gitterpunkten ungleich null ist. Diese Operation lässt sich durchführen, indem wir die Bildfunktion $g(\mathbf{x})$ mit einer Funktion multiplizieren, welche die Summe der an den Gitterpunkten $\mathbf{r}_{m,n}$ sitzenden δ-Funktionen darstellt. Diese Funktion wird als zweidimensionaler δ-Kamm oder als *„Nagelbrettfunktion"* bezeichnet. Damit können wir den Abtastprozess folgendermaßen ausdrücken:

$$g_s(\mathbf{x}) = g(\mathbf{x}) \sum_{m,n} \delta(\mathbf{x} - \mathbf{r}_{m,n}) \quad \circ\!\!\!-\!\!\!\bullet \quad \hat{g}_s(\mathbf{k}) = \sum_{p,q} \hat{g}(\mathbf{k} - \hat{\mathbf{r}}_{p,q}), \qquad (9.4)$$

wobei

$$\hat{\mathbf{r}}_{p,q} = \begin{bmatrix} p\,\square k_1 \\ q\,\square k_2 \end{bmatrix} \quad \text{mit} \quad p,q \in \mathbb{Z} \quad \text{und} \quad \square k_w = \frac{1}{\Delta x_w} \qquad (9.5)$$

die Punkte des sogenannten *reziproken Gitters* sind, die eine wesentliche Rolle in der Festkörperphysik und der Kristallographie spielen. Nach dem Faltungstheorem entspricht die Multiplikation des Bildes mit dem 2D-δ-Kamm einer Faltung der Fouriertransformierten des Bildes, dem Bildspektrum, mit einem weiteren 2D-δ-Kamm, dessen Gitterkonstanten zu den Gitterkonstanten im x-Raum reziprok sind (siehe (9.1) und (9.5)). Eine dichte Abtastung im x-Raum führt zu einem weiten Gitter im k-Raum und umgekehrt. Damit führt die Abtastung zu einer Wiederholung des Bildspektrums an jedem Gittervektor $\hat{\mathbf{r}}_{p,q}$ im Fourierraum.

9.2.3 Das Abtasttheorem

Nun können wir die Bedingung formulieren, die wir brauchen, um eine Verfälschung des Signals beim Abtasten zu vermeiden. Diese Bedingung wird als *Abtasttheorem* bezeichnet. Ist das Bildspektrum ausgedehnt, so überlappen sich teilweise die sich periodisch wiederholenden Kopien. Wir können nicht unterscheiden, ob die spektralen Amplituden aus dem Originalspektrum im Zentrum oder von einer der Kopien stammen. Um Verzerrungen zu vermeiden, müssen wir Überlappungen ausschließen.

Eine sichere Methode, Überlappungen zu verhindern, ist folgende: Wir müssen das Spektrum auf den Bereich um den zentralen Punkt des reziproken Gitters bis zu den Linien, die den Zentralgitterpunkt von allen anderen Gitterpunkten trennen, beschränken. In der Festkörperphysik wird diese Zone als erste Brillouin-Zone bezeichnet [108]. Auf einem Rechteckgitter ergibt sich daraus die einfache Bedingung, dass die maximale Wellenzahl, bei der das Bildspektrum nicht null ist, auf weniger als die Hälfte der Gitterkonstanten des reziproken Gitters beschränkt werden muss:

Theorem 10 (Abtasttheorem) *Ist das Spektrum $\hat{g}(\boldsymbol{k})$ einer kontinuierlichen Funktion $g(\boldsymbol{x})$ bandbegrenzt, d. h.*

$$\hat{g}(\boldsymbol{k}) = 0 \ \forall \, |k_w| \geq \Box k_w / 2, \tag{9.6}$$

dann kann es aus mit einer Schrittweite von

$$\Delta x_w = 1 / \Box k_w \tag{9.7}$$

abgetasteten Punkten exakt rekonstruiert werden.

Mit anderen Worten, wir erhalten nur dann eine korrekte periodische Struktur, wenn wir pro Wellenlänge zumindest zwei Abtastpunkte setzen. Die maximale Wellenzahl, die ohne Fehler abgetastet werden kann, wird als *Nyquist-Wellenzahl* oder *Grenzwellenzahl* bezeichnet. Im folgenden werden wir oft dimensionslose Wellenzahlen verwenden, die auf die Grenzwellenzahl normiert sind. Diese Skalierung wird mit einer Tilde gekennzeichnet:

$$\tilde{k}_w = \frac{k_w}{\Box k_w / 2} = 2k_w \Delta x_w. \tag{9.8}$$

Alle Komponenten $\tilde{k}_w$ der Wellenzahl fallen in das Intervall $]{-1}, 1[$.

Nun können wir die *Moiré-* und Aliasingeffekte erklären. Wir gehen von einer periodischen Struktur aus, die dem Abtasttheorem nicht entspricht. Das ursprüngliche Spektrum enthält einen einzelnen Peak, der mit dem langen Vektor $\boldsymbol{k}$ in Abb. 9.3 markiert ist. Wegen der periodischen Wiederholung des abgetasteten Spektrums gibt es genau einen Peak bei $\boldsymbol{k}'$, der in der zentralen Zelle liegt. Dieser Peak hat nicht nur

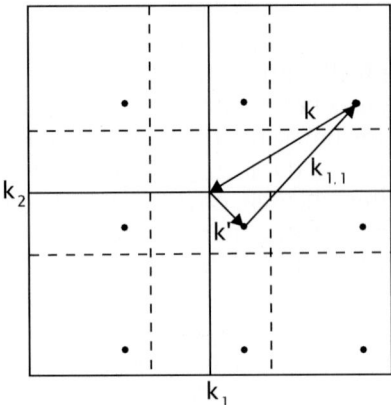

Abbildung 9.3: *Erläuterung des Moiré-Effekts mit einer periodischen Struktur, die dem Abtasttheorem nicht entspricht.*

eine andere Wellenlänge (siehe Abb. 9.3), sondern im allgemeinen auch eine andere Richtung, wie in Abb. 9.1 gezeigt.

Die beobachtete Wellenzahl $\boldsymbol{k}'$ unterscheidet sich von der tatsächlichen Wellenzahl $\boldsymbol{k}$ durch einen Gitter-Translationsvektor $\hat{\boldsymbol{r}}_{p,q}$ auf dem reziproken Gitter. Die Indices p und q müssen so gewählt werden, dass sie der folgenden Bedingung entsprechen:

$$|k_1 + p\ \square k_1| \quad < \quad \square k_1/2$$
$$|k_2 + q\ \square k_2| \quad < \quad \square k_2/2. \tag{9.9}$$

Nach dieser Bedingung erhalten wir, wie soeben gezeigt, eine verfälschte Wellenzahl

$$k'_1 = k_1 - \square k_1 = 9/10\ \square k_1 - \square k_1 = -1/10\ \square k_1 \tag{9.10}$$

für das eindimensionale Beispiel in Abb. 9.2.

Tatsächlich ist das Abtasttheorem, so wie wir es nun beschrieben haben, zu strikt. Notwendig und hinreichend ist die Bedingung, dass sich die periodisch wiederholenden Bildspektren nicht überlappen dürfen.

9.2.4 Begrenzung auf ein endliches Fenster

Bis hierher hat das abgetastete Bild immer noch eine unendliche Größe. In der Praxis können wir jedoch nur mit endlichen Bildmatrizen arbeiten. Also ist der letzte Schritt die Begrenzung des Bildes auf die Größe eines endlichen Fensters. Im einfachsten Fall multiplizieren wir das abgetastete Bild mit einer Rechteckfunktion. Allgemeiner können wir jede *Fensterfunktion* $w(\boldsymbol{x})$ verwenden, die für genügend große Werte von $\boldsymbol{x}$

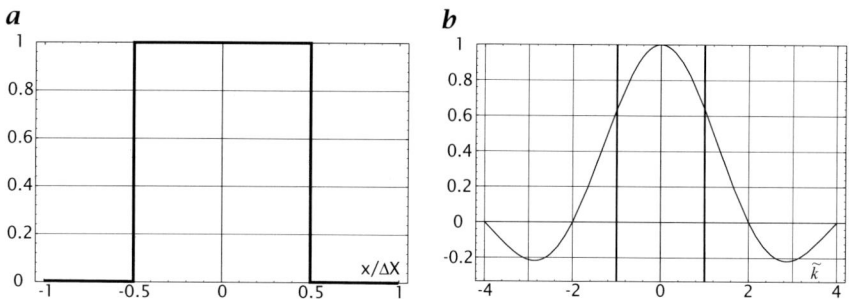

Abbildung 9.4: a PSF und **b** Transferfunktion der Standardabtastung.

null ist, und erhalten dann das begrenzte Bild $g_l(\boldsymbol{x})$:

$$g_l(\boldsymbol{x}) = g_s(\boldsymbol{x}) \cdot w(\boldsymbol{x}) \quad \circ\!\!-\!\!\bullet \quad \hat{g}_l(\boldsymbol{k}) = \hat{g}_s(\boldsymbol{k}) * \hat{w}(\boldsymbol{k}). \qquad (9.11)$$

Das Spektrum des abgetasteten Bildes wird im Fourierraum mit der Fourriertransformierten der Fensterfunktion gefaltet. Betrachten wir das Beispiel einer Rechteck-Fensterfunktion genauer. Besteht das Fenster im x-Raum aus $M \times N$ Abtastpunkten, ist seine Größe $M\Delta x_1 \times N\Delta x_2$. Die Fouriertransformierte der 2D-Rechteckfunktion ist eine 2D-sinc-Funktion ($\succ$ R5). Der Hauptpeak der sinc-Funktion hat eine Halbwertsbreite von $2\pi/(M\Delta x_1) \times 2\pi/(N\Delta x_2)$. Ein nadelförmiger Peak im Spektrum des Bildes wird damit zu einer 2D-sinc-Funktion. Im allgemeinen wird die Auflösung im Spektrum größenordnungsmäßig auf die Halbwertsbreite der sinc-Funktion reduziert.

Im Ergebnis führt die Abtastung zu einer Begrenzung der Wellenzahl, während die Begrenzung der Bildgröße die Wellenzahlauflösung bestimmt. Die Skalen im Orts- und im Wellenzahlraum sind zueinander reziprok. Die Auflösung im Ortsraum bestimmt die Größe im Wellenzahlraum und umgekehrt.

9.2.5 Standardabtastung

Der in Abschn. 9.2.1 am Beispiel einer idealen CCD-Kamera diskutierte Abtasttyp wird *Standardabtastung* genannt. Dabei ist der Mittelwert einer Elementarzelle einem zugehörigen Abtastpunkt zugewiesen. Es handelt sich um eine Art regelmäßigen Abtastens, da jeder Punkt im kontinuierlichen Raum gleich gewichtet wird. Wir mögen versucht sein anzunehmen, dass die Standardabtastung das Abtasttheorem erfüllt. Leider trifft das nicht zu (Abb. 9.4). Bei der Nyquist-Wellenzahl beträgt die Fouriertransformierte der Rechteckfunktion immer noch $1/\sqrt{2}$. Der erste Nulldurchgang tritt bei der doppelten Nyquist-Wellenzahl auf. Demnach beobachten wir bei CCD-Kameras Moiré-Effekte. Diese Effekte werden noch deutlicher, da nur ein kleiner Teil — üblicherweise 20% der Chipfläche bei Interline-Transfer-Kameras — lichtempfindlich ist [121].

Eine Glättung über größere Bereiche mit einer Rechteckfunktion hilft nicht viel, da die Fouriertransformierte des Rechteckfensters nur mit k^{-1} abnimmt (Abb. 9.4). Die ideale Fensterfunktion für die Abtastung ist identisch mit der idealen Interpolationsformel (9.15), die in Abschn. 9.3 diskutiert wird, da ihre Fouriertransformierte eine Rechteckfunktion mit der Breite der Elementarzelle des reziproken Gitters ist. Diese Fenster-funktion ist jedoch nicht praktisch anwendbar. Eine detaillierte Diskussion der Interpolation folgt in Abschn. 10.6.

9.3   Rekonstruktion aus Abtastpunkten[†]

9.3.1   Perfekte Rekonstruktion

Das Abtasttheorem stellt die Bedingungen, unter denen wir eine kontinu-ierliche Funktion aus Abtastpunkten rekonstruieren können. Wir wissen jedoch immer noch nicht, wie diese Rekonstruktion, also die Umkehrung der Abtastung, funktioniert.

Die Rekonstruktion ist eine *Interpolation* der Abtastpunkte. Gene-rell werden die Interpolationspunkte $g_r(x)$ aus den mit entsprechenden Faktoren (je nach Entfernung vom Interpolationspunkt) gewichteten Ab-tastwerten $g(r_{m,n})$ berechnet:

$$g_r(x) = \sum_{m,n} h(x - r_{m,n}) g_s(r_{m,n}). \qquad (9.12)$$

Mit den Integraleigenschaften der δ-Funktion können wir die Abtast-punkte auf der rechten Seite durch die kontinuierlichen Werte ersetzen:

$$
\begin{aligned}
g_r(x) &= \sum_{m,n} \int_{-\infty}^{\infty} h(x - x') g(x') \delta(r_{m,n} - x') \mathrm{d}^2 x' \\
&= \int_{-\infty}^{\infty} h(x - x') \sum_{m,n} \delta(r_{m,n} - x') g(x') \mathrm{d}^2 x'.
\end{aligned}
$$

Das letzte Integral ist eine Faltung der Wichtungsfunktion h mit dem Produkt der Bildfunktion g und dem 2D-δ-Kamm. Im Fourierraum wird die Faltung durch eine komplexe Multiplikation ersetzt:

$$\hat{g}_r(k) = \hat{h}(k) \sum_{u,v} \hat{g}(k - \hat{r}_{u,v}). \qquad (9.13)$$

Die interpolierte Funktion kann nicht gleich dem Originalbild sein, wenn sich die periodisch wiederholten Bildspektren überlappen. Dies ist nicht neu, sondern entspricht exakt der Aussage des Abtasttheorems. Die interpolierte Bildfunktion entspricht nur der Originalbildfunktion, wenn die Wichtungsfunktion eine Rechteckfunktion der Breite der Elementarzelle des reziproken Gitters ist. Dann werden die Abtasteffekte — alle replizierten und verschobenen Spektren — eliminiert. Nur das bandbegrenzte Originalspektrum bleibt erhalten, und (9.13) wird zu

$$\hat{g}_r(\boldsymbol{k}) = \Pi(k_1 \Delta x_1 / 2\pi, k_2 \Delta x_2 / 2\pi)\hat{g}(\boldsymbol{k}). \qquad (9.14)$$

Dann ist die Interpolationsfunktion die inverse Fouriertransformierte der Rechteckfunktion:

$$h(\boldsymbol{x}) = \frac{\sin \pi x_1 / \Delta x_1}{\pi x_1 / \Delta x_1} \frac{\sin \pi x_2 / \Delta x_2}{\pi x_2 / \Delta x_2}. \qquad (9.15)$$

Unglücklicherweise geht diese Funktion nur mit $1/x$ gegen null. Deshalb brauchen wir für eine korrekte Interpolation eine große Bildfläche; mathematisch muss sie unendlich groß sein. Diese Bedingung können wir einschränken, wenn wir das Abtasttheorem „übererfüllen", d. h. sicherstellen, dass $\hat{g}(\boldsymbol{k})$ bereits null ist, bevor die Nyquist-Wellenzahl erreicht wird. Nach (9.13) können wir dann $\hat{h}(\boldsymbol{k})$ beliebig in einem Bereich wählen, in dem $\hat{g}$ verschwindet. Diese Freiheit können wir verwenden, um eine Interpolationsfunktion zu konstruieren, die im Ortsraum schneller abnimmt, d. h., die eine Interpolationsmaske minimaler Länge hat.

Wir können auch von einer gegebenen Interpolationsformel ausgehen. Dann sagt uns die Abweichung ihrer Fouriertransformierten von der Rechteckfunktion, in welchem Ausmaß Strukturen als Funktion der Wellenzahl gestört sein werden. Mögliche Interpolationsfunktionen werden in Abschn. 10.6 diskutiert.

9.3.2 Multidimensionale Abtastung auf nichtorthogonalen Gittern[‡]

Bisher haben wir die Abtastung nur auf rechteckigen 2D-Gittern untersucht. In diesem Abschnitt erweitern wir unsere Überlegungen auf höhere Dimensionen und nichtorthogonale Gitter. Dazu sind zwei Erweiterungen notwendig.

Zuerst müssen wir W-dimensionale Gittervektoren definieren mit einem Satz von nicht notwendigerweise orthogonalen Basisvektoren $\boldsymbol{b}_w$, die den W-dimensionalen Raum aufspannen. Ein Vektor auf dem Gitter kann dann geschrieben werden als

$$\boldsymbol{r}_n = [n_1 \boldsymbol{b}_1, n_2 \boldsymbol{b}_2, \dots, n_W \boldsymbol{b}_W]^T \quad \text{mit} \quad \boldsymbol{n} = [n_1, n_2, \dots, n_W], \ n_w \in \mathbb{Z}. \qquad (9.16)$$

In Bildfolgen ist eine der Koordinaten die Zeit. Dann müssen wir beachten, dass für einige Gitter, z. B. das Dreiecksgitter, mehr als ein Punkt pro Zelle benötigt wird. Daher müssen wir für ein allgemeines Gitter P Gitterpunkte pro Elementarzelle zulassen. Jeder dieser Gitterpunkte wird durch einen Offsetvektor $\boldsymbol{s}_p$ identifiziert.

Daraus resultiert eine zusätzliche Summe über alle Punkte der Elementarzelle im Abtastintegral und (9.4) muss zu

$$g_s(\boldsymbol{x}) = g(\boldsymbol{x}) \sum_p \sum_n \delta(\boldsymbol{x} - \boldsymbol{r}_n - \boldsymbol{s}_p) \qquad (9.17)$$

erweitert werden. In dieser Gleichung wurden der Einfachheit halber die Grenzen der Summen weggelassen.

Das erweiterte Abtasttheorem ergibt sich unmittelbar aus der Fouriertransformierten von (9.17). In dieser Gleichung wird das kontinuierliche Signal $g(\boldsymbol{x})$ mit einer Summe von Delta-Kämmen multipliziert. Nach dem Faltungstheorem (Theorem 4, S. 54) wird daraus eine Faltung der Fouriertransformierten des Signals mit der Summe der Delta-Kämme. Die Fouriertransformierte eines Deltakamms ist wiederum ein Deltakamm (≻ R5). Da die Faltung einer Funktion mit einer Delta-Distribution diese am Nullpunkt der Delta-Distribution repliziert, ist die Fouriertransformierte des abgetasteten Signals eine Summe verschobener Kopien der Fouriertransformierten:

$$\hat{g}_s(\boldsymbol{k}, \nu) = \sum_p \sum_\nu \hat{g}(\boldsymbol{k} - \hat{\boldsymbol{r}}_\nu) \exp\left(-2\pi i \boldsymbol{k}^T \boldsymbol{s}_p\right). \qquad (9.18)$$

Die Phasenfaktoren $\exp(-2\pi i \boldsymbol{k}^T \boldsymbol{s}_p)$ resultieren von der Verschiebung der Punkte in der Elementarzelle durch die Vektoren $\boldsymbol{s}_p$ nach dem Verschiebungstheorem (Theorem 3, S. 53). Die Vektoren $\hat{\boldsymbol{r}}_\nu$

$$\hat{\boldsymbol{r}}_\nu = \nu_1 \hat{\boldsymbol{b}}_1 + \nu_2 \hat{\boldsymbol{b}}_2 + \ldots + \nu_D \hat{\boldsymbol{b}}_D \quad \text{mit} \quad \nu_d \in \mathbb{Z} \qquad (9.19)$$

sind die Punkte des *reziproken Gitters*. Die fundamentalen Translationsvektoren der Gitter im Orts- und Fourierraum sind über die Beziehung

$$\boldsymbol{b}_d^T \hat{\boldsymbol{b}}_{d'} = \delta_{d-d'} \qquad (9.20)$$

miteinander verknüpft. Diese Gleichung sagt aus, dass ein Translationsvektor im Fourierraum auf allen Vektoren des Ortsraums mit Ausnahme des korrespondierenden Vektors senkrecht steht. Weiterhin sind die Beträge der korrespondierenden Vektoren reziprok zueinander, so dass ihr Skalarprodukt eins ist. Im Dreidimensionalen können daher die Basisvektoren des reziproken Gitters mit Hilfe von

$$\hat{\boldsymbol{b}}_d = \frac{\boldsymbol{b}_{d+1} \times \boldsymbol{b}_{d+2}}{\boldsymbol{b}_1^T (\boldsymbol{b}_2 \times \boldsymbol{b}_3)} \qquad (9.21)$$

berechnet werden. Die Indices in dieser Gleichung sind modulo 3 zu nehmen, und $\boldsymbol{b}_1^T(\boldsymbol{b}_2 \times \boldsymbol{b}_3)$ gibt das Volumen der primitiven Elementarzelle im Ortsraum an. Alle diese Gleichungen sind Festkörperphysikern und Kristallographen vertraut [108]. Mathematiker kennen das Gitter im Fourierraum als die *duale Basis* oder *reziproke Basis* eines Vektorraums, der von einer nichtorthogonalen Basis aufgespannt wird. Für eine orthogonale Basis zeigen alle Vektoren der dualen Basis in die gleiche Richtung wie die korrespondierenden Vektoren und ihre Beträge errechnen sich aus $\left| \hat{\boldsymbol{b}}_d \right| = 1/|\boldsymbol{b}_d|$. Die Länge des Basisvektors $\hat{\boldsymbol{b}}_d$ ist Δx_d und die des korrespondiernden dualen Vektors $\Box k_d = 1/\Delta x_d$. Daher ist eine orthonormale Basis dual zu sich selbst.

Die Rekonstruktion des kontinuierlichen Signals geschieht wiederum durch eine geeignet *Interpolation* der Werte an den Abtastpunkten. Die interpolierten Werte $g_r(\boldsymbol{x})$ werden berechnet aus den abgetasteten Werte an den Punkten $\boldsymbol{r}_n + \boldsymbol{s}_p$ mit Wichtungsfaktoren, die vom Abstand zu dem zu interpolierenden Punkt abhängen:

$$g_r(\boldsymbol{x}) = \sum_p \sum_n g_s(\boldsymbol{r}_n + \boldsymbol{s}_p) h(\boldsymbol{x} - \boldsymbol{r}_n - \boldsymbol{s}_p). \tag{9.22}$$

Unter Benutzung der Integraleigenschaft der δ-Distribution können wir die abgetasteten Punkte auf der rechten Seite der Gleichung durch die Werte des kontinuierlichen Signals ersetzen und dann die Summation und Integration vertauschen:

$$
\begin{aligned}
g_r(\boldsymbol{x}) &= \sum_p \sum_n \int_{-\infty}^{\infty} g(\boldsymbol{x}') h(\boldsymbol{x} - \boldsymbol{x}') \delta(\boldsymbol{r}_n + \boldsymbol{s}_p - \boldsymbol{x}') \mathrm{d}^W x' \\
&= \int_{-\infty}^{\infty} h(\boldsymbol{x} - \boldsymbol{x}') \sum_p \sum_n \delta(\boldsymbol{r}_n + \boldsymbol{s}_p - \boldsymbol{x}') g(\boldsymbol{x}') \mathrm{d}^W x'.
\end{aligned}
$$

Das letzte Integral beinhaltet eine Faltung der Wichtungsfunktion h mit einer Funktion, die die Summe von Produkten des kontinuierlichen Signals g mit verschobenen δ-Kämmen darstellt. Im Fourierraum wird die Faltung durch eine Multiplikation ersetzt und umgekehrt. Unter Beachtung des Verschiebungstheorems und der Tatsache, dass die Fouriertransformierte eines δ-Kamms wieder ein δ-Kamm ist, erhalten wir schließlich

$$\hat{g}_r(\boldsymbol{k}) = \hat{h}(\boldsymbol{k}) \sum_p \sum_v \hat{g}(\boldsymbol{k} - \hat{\boldsymbol{r}}_v) \exp\left(-\mathrm{i}\boldsymbol{k}^T \boldsymbol{s}_p\right). \tag{9.23}$$

Das interpolierte Signal $\hat{g}_r$ kann nur dem Originalsignal $\hat{g}$ gleich sein, falls sich dessen periodische Wiederholungen nicht überlappen. Das ist gerade die Aussage des Abtasttheorems. Die Fouriertransformierte der idealen Interpolationsfunktion ist eine Kastenfunktion, die 1 innerhalb der ersten Brillouin Zone ist und 0 außerhalb. Damit werden alle Replikationen eliminiert und es bleibt das bandbegrenzte Originalsignal $\hat{g}$ unverändert übrig.

9.4 Quantisierung

9.4.1 Äquidistante Quantisierung

Nach der Digitalisierung (Abschn. 9) zeigen die Pixel immer noch kontinuierliche Grauwerte. Um sie mit einem Computer verarbeiten zu können, müssen wir sie auf eine begrenzte Zahl Q diskreter Grauwerte abbilden:

$$[0, \infty[\xrightarrow{Q} \{g_0, g_1, \dots, g_{Q-1}\} = G.$$

Diesen Prozess bezeichnen wir als *Quantisierung*, zu der wir einige Aspekte bereits in Abschn. 2.2.4 besprochen haben. In diesem Abschnitt diskutieren wie die Fehler, mit denen die Quantisierung behaftet ist. Die

Quantisierung führt immer zu Fehlern, da der tatsächliche Wert g durch
eine der Quantisierungsstufen g_q ersetzt wird. Haben die Quantisierungsstufen gleichmäßige Abstände Δg und sind alle Grauwerte gleich
wahrscheinlich, ergibt sich die Varianz aufgrund der Quantisierung aus

$$\sigma_q^2 = \frac{1}{\Delta g} \int\limits_{g_q - \Delta g/2}^{g_q + \Delta g/2} (g - g_q)^2 \mathrm{d}g = \frac{1}{12}(\Delta g)^2. \tag{9.24}$$

Diese Gleichung zeigt, wie wir eine Quantisierungsstufe selektieren. Wir
wählen dasjenige g_q, für das der Abstand $|g - g_q|$ vom Grauwert g kleiner
ist als bei den benachbarten Stufen q_{k-1} und q_{k+1}. Die Standardabweichung σ_q entspricht etwa 0,3-mal dem Abstand der Quantisierungsstufen Δg.

Die Quantisierung mit ungleichen Abständen ist in einem Bildverarbeitungssystem schwer zu realisieren. Ein einfacherer Weg, unglei-
che Quantisierungsstufen zu erhalten, ist, bei einer Quantisierung mit
gleichmäßigen Abständen zu bleiben und das Intensitätssignal vor der
Quantisierung mit einem nichtlinearen — z.B. logarithmischen — Verstärker zu transformieren. Im Falle eines logarithmischen Verstärkers
würden wir Stufen erhalten, deren Breite proportional mit dem Grauwert
zunimmt.

9.4.2 Genauigkeit quantisierter Grauwerte

In Bezug auf die Quantisierung stellt sich die Frage, mit welcher Genauigkeit wir Grauwerte messen können. Zunächst scheint die Antwort trivial
zu sein und sich aus (9.24) zu ergeben: der maximale Fehler beträgt die
Hälfte der Differenz zwischen zwei Quantisierungsstufen, und die Standardabweichung ist etwa 1/3 einer Quantisierungsstufe.

Was geschieht jedoch, wenn wir den Wert wiederholt messen? Dies
kommt vor, wenn wir dasselbe Objekt mehrmals aufnehmen oder wenn
wir ein Objekt mit einem konstanten Grauwert haben und den mittleren
Grauwert durch Mittelung über viele Bildpunkte messen wollen. Aus den
Gesetzen der statistischen Fehlerfortpflanzung (Abschn. 3.3.3) wissen
wir, dass die Standardabweichung mit der Anzahl der Messungen nach

$$\sigma_{\mathrm{mean}} \approx \frac{1}{\sqrt{N}}\sigma \tag{9.25}$$

abnimmt, wobei σ die Standardabweichung der Einzelmessungen und N
die Zahl der Messungen ist. Diese Gleichung besagt, dass die Standardabweichung bei 100 Messungen etwa 1/10 derjenigen der Einzelmessungen
betragen sollte.

Trifft dieses Gesetz in unserem Fall zu? Die Antwort ist ja und nein.
Wenn wir mit einem perfekten System messen, bei dem kein Rauschen

auftritt, erhalten wir immer denselben Quantisierungswert. Deshalb kann das Ergebnis nicht exakter als die Einzelmessung sein. Wenn jedoch die Messung von Rauschen überlagert ist, erhalten wir für jede Messung unterschiedliche Werte. Aus der Verteilung der Meßwerte können wir sowohl den Mittelwert als auch die Varianz abschätzen.

Als Beispiel betrachten wir Rauschen mit einer Standardabweichung gleich der Differenz zwischen zwei Quantisierungsstufen. Dann ist die Standardabweichung der Einzelmessung etwa dreimal größer als die aus der Quantisierung herrührende Standardabweichung. Allerdings ist bereits bei 100 Messungen die vom Rauschen verursachte Standardabweichung nur noch 1/10 des ursprünglichen Wertes und damit nur noch etwa ein Drittel der Standardabweichung durch Quantisierung. Da wir aus Bildern durch räumliche Mittelung leicht viele Messungen erhalten, bieten sie die Möglichkeit sehr viel genauerer Mittelwerte, als durch die Quantisierungsstufen gegeben.

Allerdings wird die Exaktheit auch noch durch andere, systematische Fehler beschränkt. Die wichtigste Fehlerquelle ist die Ungleichmäßigkeit der Quantisierungsstufen. Bei einer realen Quantisierung durch zum Beispiel einen Analog-Digitalwandler sind die Quantisierungsstufen nicht gleichmäßig, sondern zeigen systematische Abweichungen, die bis zur Hälfte des nominellen Quantisierungsintervalls betragen können. Daher ist eine sorgfältige Untersuchung der Analog-Digitalwandler erforderlich, damit abgeschätzt werden kann, wodurch die Exaktheit der Grauwertmessung tatsächlich begrenzt wird.

9.5 Literaturhinweise zur Vertiefung‡

Das Abtasttheorem wird ausführlich in Poularikas [154, Abschn. 1.6] dargestellt. Das Abtasten von stochastischen Prozessen, auch mit zufälligen Abständen, wird in Papoulis [148, Abschn. 11.5] diskutiert, während Fliege [51] das Abtasttheorem mit Blick auf die Multiraten-Signalverarbeitung bespricht. Im Abschnitt 9.4 wurde nur die Quantisierung mit gleichmäßigen Intervallen behandelt. Für eine Abhandlung über die Quantisierung mit ungleichen Intervallen sei auf Rosenfeld und Kak [171] verwiesen.

10 Pixelverarbeitung

10.1 Einführung

Für die ersten Bearbeitungsschritte nach der Aufnahme eines digitalen Bildes benötigen wir zwei Klassen von Operationen, Punkt- und geometrische Operationen. Diese beiden Typen modifizieren im wesentlichen das „Was" und das „Wo" eines Bildpunktes.

Punktoperationen modifizieren die Grauwerte einzelner Bildpunkte nur in Abhängigkeit vom Grauwert selbst und eventuell von der Position des Bildpunktes. Solch eine Operation wird allgemein geschrieben als

$$G'_{mn} = P_{mn}(G_{mn}).$$ (10.1)

Die Indizes der Funktion P bezeichnen die mögliche Abhängigkeit der Punktoperation von der Position des Bildpunktes.

Im Gegensatz dazu modifizieren *geometrische Operationen* nur die Position eines Bildpunktes. Ein Bildpunkt wird von der Position x an eine neue Position x' verschoben. Die Beziehung zwischen den beiden Koordinaten wird durch die geometrische Abbildungsfunktion bestimmt:

$$x' = M(x).$$ (10.2)

Punkt- und geometrische Operationen sind komplementär. Sie sind hilfreich für die Korrektur elementarer Störungen des Bilderzeugungsprozesses wie nichtlineare und inhomogene radiometrische Empfindlichkeit des Bildsensors oder geometrische Verzerrungen des optischen Systems. Wir benutzen Punktoperationen also zur Korrektur und Optimierung der Beleuchtung, zur Detektion von Unter- und Überlauf, zur Kontrastverstärkung und -dehnung, zur Bildmittelung, zur Korrektur inhomogener Beleuchtung oder zur radiometrischen Kalibrierung (Abschn. 10.2.3–10.3.3).

Geometrische Operationen enthalten im wesentlichen zwei Schritte. In den meisten Anwendungen wird die Abbildungsfunktion (10.2) nicht explizit vorgegeben, sondern muss aus dem Vergleich zwischen dem Original und seinem Abbild abgeleitet werden (Abschn. 10.5.4). Wird ein Bild durch eine geometrische Transformation verzerrt, liegen die transformierten Bildpunkte in der Regel nicht mehr auf Gitterpunkten. Deshalb müssen die Grauwerte an diesen Punkten aus benachbarten

B. Jähne, Digitale Bildverarbeitung
ISBN 3-540-41260-3

Bildpunkten interpoliert werden. Diese wichtige Aufgabe wird in Abschn. 10.6 ausführlich diskutiert, da eine korrekte Interpolation nicht trivial ist.

Punkt- und geometrische Operationen sind nicht nur für die elementaren Vorverarbeitungsschritte von Bedeutung. Sie sind auch in viel komplexere Bildoperationen, insbesondere bei der Merkmalsextraktion, integriert (Kapitel 11–15). Wichtig ist jedoch zu wissen, dass Punkt- und geometrische Operationen nicht zur Korrektur der Effekte eines optischen Systems, die durch seine Punktantwort beschrieben werden, geeignet sind. Dazu sind aufwendige Rekonstruktionstechniken erforderlich, die in Kapitel 17 besprochen werden. Die Anwendung von Punkt- und geometrischen Operationen beschränkt sich auf einfache radiometrische und geometrische Korrekturen.

10.2   Homogene Punktoperationen

10.2.1   Definitionen und grundlegende Eigenschaften

Eine von der Position des Pixels unabhängige Punktoperation nennen wir *homogene Punktoperation*, und wir schreiben

$$G'_{mn} = P(G_{mn}). \tag{10.3}$$

Eine Punktoperation bildet Grauwerte auf sich selbst ab. Da auch zwei oder mehr verschiedene Grauwerte auf einen einzigen Grauwert abgebildet werden können, sind Punktoperationen im allgemeinen nicht umkehrbar, und es geht unwiederbringlich ein Teil des Bildinhalts verloren. Die Punktoperation

$$P(q) = \begin{cases} 0 & q < t \\ Q - 1 & q \geq t \end{cases} \tag{10.4}$$

führt zum Beispiel eine einfache globale Schwellwertoperation durch. Alle Grauwerte unterhalb der Schwelle t werden auf 0 (schwarz) gesetzt, diejenigen oberhalb und auf der Schwelle auf 255 (weiß). Es ist einleuchtend, dass diese Punktoperation nicht umkehrbar ist. Ein Beispiel für eine umkehrbare Punktoperation ist die Negativbildung. Dabei wird ein Bild mit einer invertierten Grauwertskala berechnet nach

$$P_N(q) = Q - 1 - q, \tag{10.5}$$

und man erhält ein Negativ wie in der Photographie. Die Umkehrung dieser Operation ist wiederum eine Negativbildung:

$$P_N(P_N(q)) = Q - 1 - (Q - 1 - q) = q. \tag{10.6}$$

Die Konversion zwischen der vorzeichenbehafteten und der nicht vorzeichenbehafteten Darstellung von Grauwerten (Abschn. 2.2.5) ist ein weiteres Beispiel für eine umkehrbare Punktoperation.

10.2.2 Lookup-Tabellen

Die direkte Berechnung homogener Punktoperationen nach (10.3) kann sehr aufwendig sein. Dies sei an folgendem Beispiel gezeigt. Die 14-Bit-Grauwerte des 1024×1024-Bildes einer hochauflösenden CCD-Kamera sollen in eine logarithmische 8-Bit-Grauwertskala, die 4,3 Dekaden von 0 bis $16\,383$ überspannt, konvertiert werden. Diese Konvertierung wird durch die Punktoperation

$$P(q) = 59,30 \lg q \qquad (10.7)$$

erreicht. Eine direkte Implementierung würde folgende Operationen pro Pixel erfordern: Eine Datentypkonversion von Integer in Fließkommazahlen, die Berechnung des Logarithmus, eine Multiplikation mit 59,30 und eine erneute Datentypkonversion von Fließkommazahlen in 8-Bit-Integer. All diese Operationen müssen für ein 1024×1024-Bild mehr als eine Million mal durchgeführt werden.

Der Schlüssel für eine effizientere Implementierung dieser Operation liegt in der Beobachtung, dass der Definitionsbereich jeder Punktoperation nur aus einer begrenzten Zahl von Q Quantisierungsstufen besteht. Bei einer logarithmischen Konversion von 14 Bit in 8 Bit gibt es höchstens $16\,384$ unterschiedliche Eingabewerte. Das bedeutet, dass die meisten der eine Million Berechnungen lediglich Wiederholungen sind, im Mittel 64mal. Solche unnötigen Wiederholungen können vermieden werden, wenn wir zunächst $P(q)$ für alle $16\,384$ möglichen Grauwerte berechnen und die Ergebnisse in einer Tabelle mit $16\,384$ Elementen speichern. Dann reduziert sich die Berechnung der Punktoperation auf eine Ersetzung der Grauwerte durch das entsprechende Tabellenelement, das über den jeweiligen Grauwert indiziert wird.

Solch eine Tabelle wird *Lookup-Tabelle* oder *LUT* genannt. Damit sind homogene Punktoperationen *Lookup-Tabellenoperationen* äquivalent. Lookup-Tabellen sind um so effizienter, je weniger Quantisierungsstufen sie aufweisen. Bei 8-Bit-Standardbildern enthalten die Tabellen lediglich 256 Werte. Effizient sind jedoch in den meisten Fällen auch noch Lookup-Tabellen mit $65\,536$ Einträgen, wie sie für 16-Bit-Bilder benötigt werden.

Bei den meisten Bildverarbeitungssystemen und Framegrabbern sind Lookup-Tabellen in die Hardware integriert. Wie Abb. 10.1 zeigt, gibt es zwei Möglichkeiten für die Plazierung von Lookup-Tabellen. Die *Eingangs-LUT* befindet sich zwischen dem *Analog-Digital-Wandler* und dem Bildspeicher und die *Ausgangs-LUT* zwischen dem Bildspeicher und dem Digital-Analog-Wandler, der das Signal für die Bildausgabe, z. B. auf einem Monitor, in ein analoges Videosignal konvertiert. Die Eingangs-LUT ermöglicht die Durchführung von Punktoperationen, *bevor* das Bild im Bildspeicher gespeichert wird. Mit der Ausgangs-LUT können Punktoperationen vor der Bildausgabe durchgeführt und auf dem Monitor be-

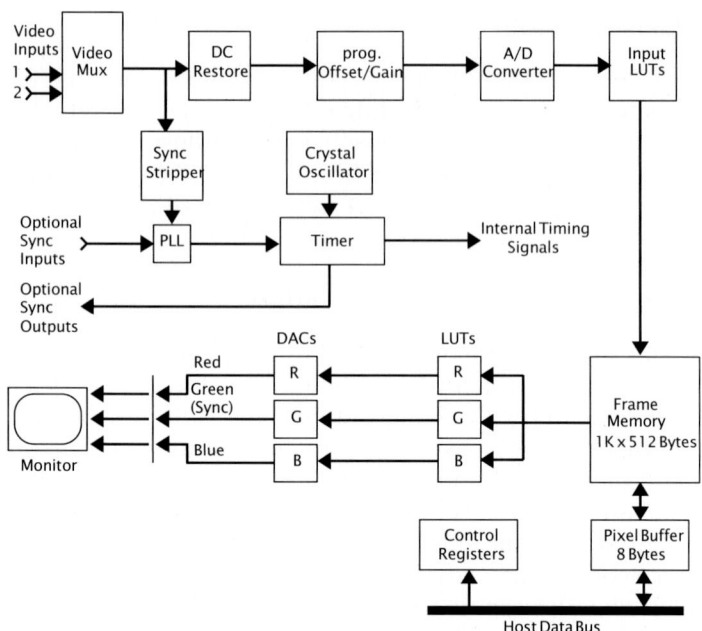

Abbildung 10.1: *Blockdiagramm des Framegrabbers PCVISIONplus der Firma Imaging Technology, Inc. Lookup-Tabellen liegen zwischen A/D-Wandler
und Bildspeicher (Eingangs-LUT) sowie zwischen Bildspeicher und Bildschirm
(Ausgangs-LUT).*

obachtet werden. Auf diese Weise sind interaktive Punktoperationen *ohne* Veränderung des gespeicherten Bildes möglich. Viele moderne Framegrabber enthalten keinen Bildspeicher mehr. Schnelle periphere Bussysteme wie der PCI-Bus mit einer Spitzendatentransferrate von 132 MB/s
erlauben die direkte Übertragung digitalisierter Bilder in den Hauptspeicher (Abb. 10.2). Bei diesen Framegrabbern erfolgt die Bilddarstellung
über die Grafikkarte des Rechners. Dementsprechend enthält der Framegrabber lediglich eine Eingangs-LUT.

Die Verwendung von Eingangs-Lookup-Tabellen ist begrenzt, da nichtlineare LUT-Funktionen zu fehlenden Grauwerten führen oder aufeinanderfolgende Grauwerte auf einen einzigen Grauwert abbilden (Abb. 10.3).
Auf diese Weise entstehen Artefakte, die zu weiteren Fehlern bei den
nachfolgenden Verarbeitungsschritten wie der Berechnung von Mittelwerten und der Kantendetektion führen. Dies betrifft insbesondere die
Steilheit von Kanten und die Genauigkeit der Bestimmung von Grauwertänderungen.

Eine Eingangs-LUT ist aber bei nichtlinearen Punktoperationen dann
nützlich, wenn die 8-Bit-Eingangswerte auf höherauflösende Ausgangswerte abgebildet werden, z. B. 16-Bit-Integerzahlen oder 32-Bit-Gleitkom-

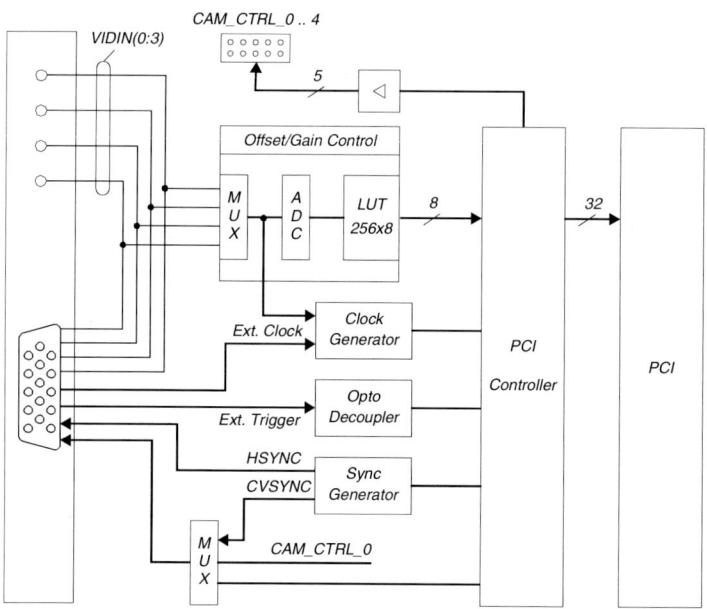

Abbildung 10.2: *Blockdiagramm des Framegrabbers PCEYE_1 der Firma ELTEC Elektronik GmbH als Beispiel eines modernen PCI-Bus-Framegrabbers ohne Bildspeicher. Die Bilddaten werden in Echtzeit über direkten Speicherzugriff (direct memory access, DMA) in den PC-Hauptspeicher zur Darstellung und weiteren Verarbeitung übertragen.*

mazahlen. Damit lassen sich die Rundungsfehler verringern. Gleichzeitig können damit die Grauwerte in ein kalibriertes Signal umgewandelt werden, z. B. bei einer Infrarotkamera in eine Temperatur. Leider sind solche verallgemeinerten LUTs bisher kaum hardwaremäßig realisiert. Softwaremäßig lassen sie sich jedoch einfach verwirklichen.

Im Gegensatz zur Eingangs-LUT wird die Ausgangs-LUT viel häufiger als Werkzeug verwendet, da sie das gespeicherte Bild nicht verändert. LUT-Operationen können auch Grauwertbilder in *Pseudofarbbilder* konvertieren, eine Technik, die selbst bei den einfachsten Digitalisierkarten verbreitet ist (Abb. 10.1). Sie erfordert nicht viel zusätzliche Hardware. Für die Primärfarben Rot, Grün und Blau wird je ein Digital-Analog-Wandler verwendet. Außerdem erhält jeder Kanal seine eigene LUT mit 256 Einträgen für eine 8-Bit-Darstellung. So kann jeder individuelle Grauwert q auf eine beliebige Farbe abgebildet werden, indem den LUT-Adressen $r(q)$, $g(q)$ und $b(q)$ die entsprechenden Farbwerte zugewiesen werden. Formal ist dies eine Punkt-Vektor-Operation.

$$\boldsymbol{P}(q) = [r(q), g(q), b(q)]^{T}. \tag{10.8}$$

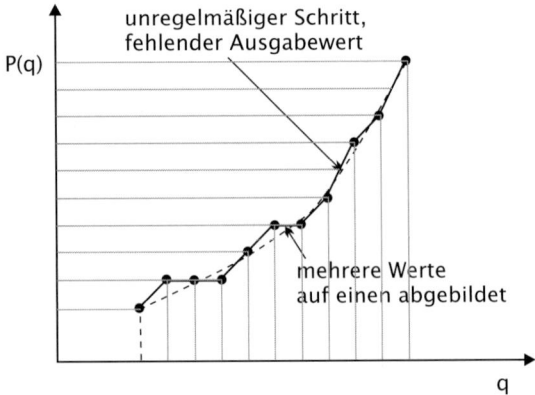

Abbildung 10.3: *Veranschaulichung einer nichtlinearen Lookup-Tabelle. Mehrere Werte werden auf einen abgebildet, und fehlende Ausgangswerte führen zu unregelmäßigen Schritten.*

Sind alle drei Punktfunktionen $r(q)$, $g(q)$ und $b(q)$ identisch, wird ein Grauton dargestellt. Sind zwei der Punktfunktionen null, hat das Bild die Farbe der verbleibenden Punktfunktion.

10.2.3 Interaktive Grauwertauswertung

Über Lookup-Tabellen implementierte homogene Punktoperatoren sind sehr nützliche Werkzeuge zur Bildinspektion. Da Lookup-Tabellen-Operationen in Echtzeit durchgeführt werden können, ist eine interaktive Bildveränderung möglich. Wird dabei nur die Ausgangs-LUT verändert, bleibt der ursprüngliche Bildgehalt unverändert. Wir zeigen im folgenden einige typische Aufgaben.

Kontrolle und Optimierung homogener Beleuchtung. Mit dem bloßen Auge können wir die Homogenität einer beleuchteten Fläche wie die in Abb. 10.4a kaum abschätzen. Ein Histogramm (Abb. 10.4b) zeigt zwar die Häufigkeit der einzelnen Grauwerte, nicht jedoch deren räumliche Verteilung. Es hilft also nicht viel bei der interaktiven Optimierung der Beleuchtung. Wir müssen die Darstellung der Grauwerte derart modifizieren, dass absolute Grauwerte für das menschliche Auge sichtbar werden. Bei einer kontinuierlichen Helligkeitsverteilung sind Äquidensiten hilfreich. Diese Technik benutzt eine stufenförmige Lookup-Tabelle, bei der bestimmte Bereiche von Grauwerten auf einen Grauwert abgebildet werden. Am einfachsten werden dazu die untersten Bits mit einer logischen Und-Operation zu null gesetzt:

$$q' = P(q) = q \wedge \overline{(2^p - 1)}, \tag{10.9}$$

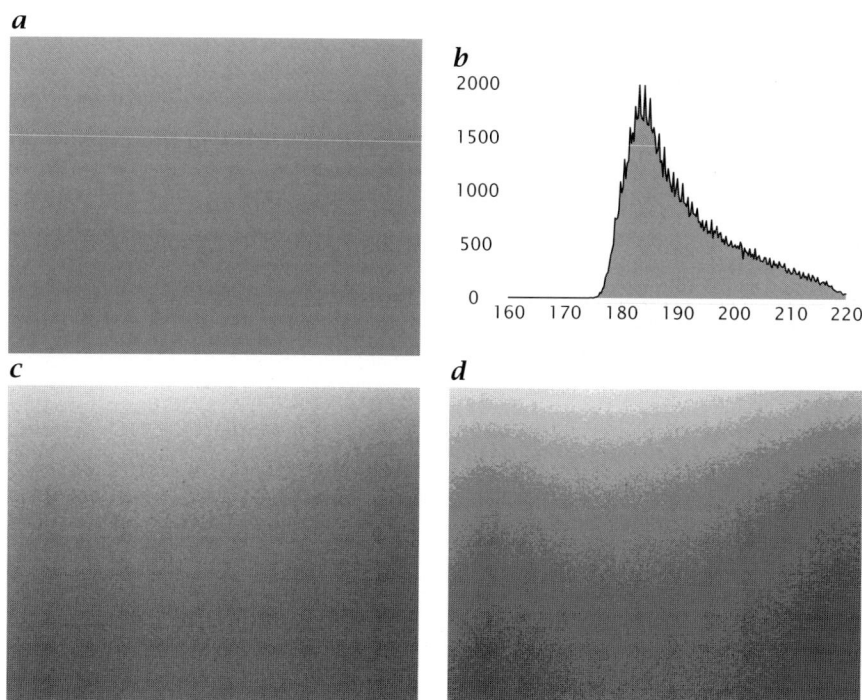

Abbildung 10.4: a *Eine allmählich von oben nach unten abnehmende Helligkeit, die vom Auge kaum wahrgenommen wird. Grauwerte von 160–220, Faktor vier kontrastverstärkt. Über 100 Bilder gemitteltes Gleitkommabild.* **b** *Histogramm von* **a**; **c** *und* **d** *(kontrastverstärkt, Grauwertbereich 184–200): Künstlich durch Stufen-LUTs erzeugte Kanten mit einer Stufenhöhe von 1,0 und 2,0 machen Konturlinien konstanter Bestrahlung sichtbar.*

wobei ∧ für die logische (bitweise) Und-Operation und der Überstrich für die Invertierung steht. Diese Punktoperation begrenzt die Auflösung auf $Q - p$ Bit und damit auf 2^{Q-p} Quantisierungsstufen. Nun sind die Sprünge zwischen den übriggebliebenen Grauwertstufen groß genug, um vom Auge wahrgenommen zu werden. Wir sehen im Bild Konturlinien gleicher absoluter Grauwerte (Abb. 10.4). Wir können versuchen, die Beleuchtung homogener zu machen, indem wir die Abstände zwischen den Konturlinien soweit wie möglich vergrößern.

Ein anderer Weg, absolute Grauwerte zu markieren, ist die bereits in Abschn. 10.2.2 erwähnte *Pseudofarbdarstellung*. Mit dieser Technik wird ein Grauwertbereich q zur Darstellung auf ein RGB-Wertetripel abgebildet. Da Farbunterschiede vom Auge viel besser erkannt werden, hilft dieses Verfahren, absolute Grauwertbereiche zu markieren.

Nachweis von Unter- und Überlauf. Unter- und Überlauf der Grauwerte treten in der Verstärkung digitalisierter Bilder auf durch Fehleinstel-

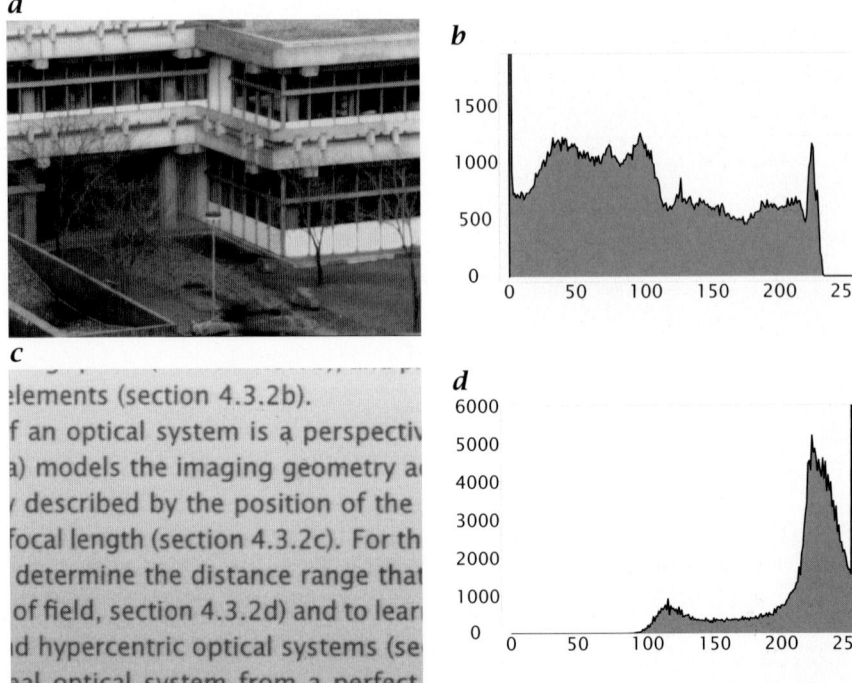

Abbildung 10.5: *Nachweis von Unter- und Überlauf bei digitalisierten Bildern mittels Histogrammen:* **a** *Bild mit Grauwertunterlauf und* **b** *sein Histogramm.* **c** *Bild mit Grauwertüberlauf und* **d** *das zugehörige Histogramm.*

lungen des Nullpunkts und des Videoeingangsteils von Framegrabbern. Sie werden oft nicht bemerkt und bewirken bei der weiteren Verarbeitung schwerwiegende Fehler, z. B. bezüglich des mittleren Grauwerts oder des Schwerpunktes von Objekten. In den meisten Fällen können betroffene Bereiche nicht unmittelbar detektiert werden. Sie werden beispielsweise dann deutlich, wenn bei gemusterten Flächen das Muster ausläuft. Über- und Unterlauf werden aber in Histogrammen durch ausgeprägte Peaks im Bereich der minimalen und/oder maximalen Grauwerte erkennbar (Abb. 10.5). Bei Pseudofarbabbildungen können die niedrigsten und höchsten Grauwerte z. B. blau und rot dargestellt werden. Dann erkennt man sofort Grauwerte, die „gefährlich" nahe an den Grenzen liegen, und sie können vermieden werden, indem man die Blendeneinstellung der Optik ändert, die Beleuchtung entsprechend einstellt oder die Verstärkung im analogen Videoeingangsteil des Framegrabbers korrigiert.

Kontrastverstärkung. Aufgrund schlechter Beleuchtungsbedingungen liegen oft unterbelichtete Bilder vor. Sie sind zu dunkel und haben einen niedrigen Kontrast (Abb. 10.6a). Das Histogramm (Abb. 10.6b) zeigt,

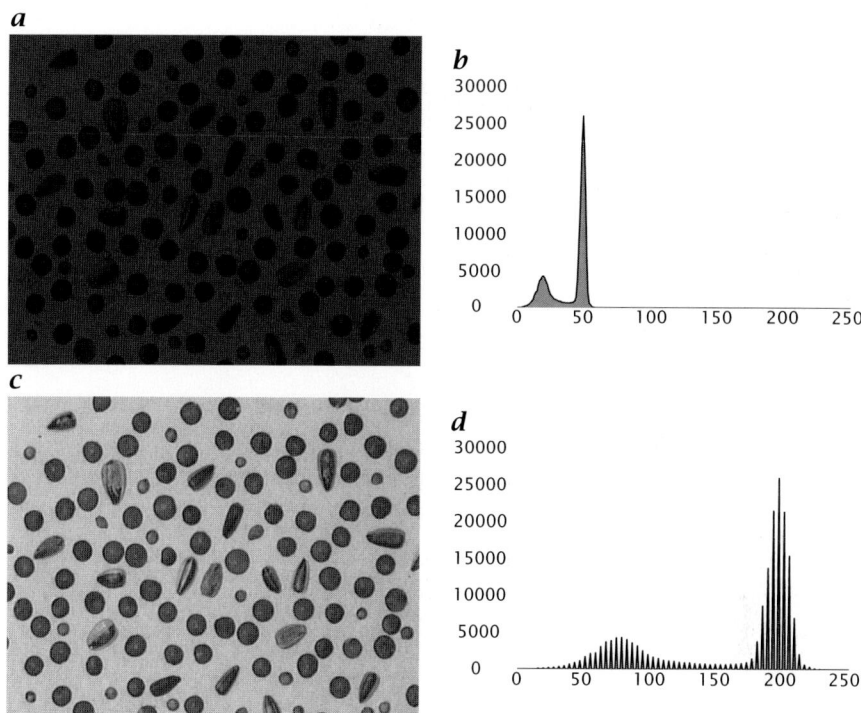

Abbildung 10.6: *Kontrastverstärkung:* **a** *unterbelichtetes Bild und* **b** *das zugehörige Histogramm;* **c** *kontrastverstärktes Bild und* **d** *sein Histogramm.*

dass das Bild nur einen kleinen Grauwertbereich bei den unteren Grauwerten aufweist. Das Aussehen des Bildes verbessert sich beträchtlich über eine Punktoperation, die den kleinen Grauwertbereich auf den vollen Kontrastbereich abbildet (z. B. mit der Operation: $q' = 4q$ für $q < 64$ und $q' = 255$ für $q \geq 64$) (Abb. 10.6c). Allerdings verbessern wir damit nur unseren visuellen Eindruck von dem Bild, nicht jedoch die *Bildqualität* selbst. Das Histogramm in Abb. 10.6d zeigt, dass die Grauwertauflösung immer noch die gleiche ist.

Der beste Weg zur Verbesserung der *Bildqualität* ist eine Optimierung der Objektbeleuchtung mit einer stärkeren Lichtquelle oder über einen günstigeren Beleuchtungsaufbau. Ist dies nicht möglich, können wir immer noch die analoge Videoverstärkung erhöhen. Alle modernen Bildverarbeitungskarten enthalten einen Verstärker, dessen Verstärkung und Offset über Software gesteuert werden können (siehe Abb. 10.1 und 10.2). Durch Erhöhung der Verstärkung werden Helligkeit und Auflösung des Bildes verbessert, allerdings auf Kosten eines erhöhten Rauschpegels.

a   b

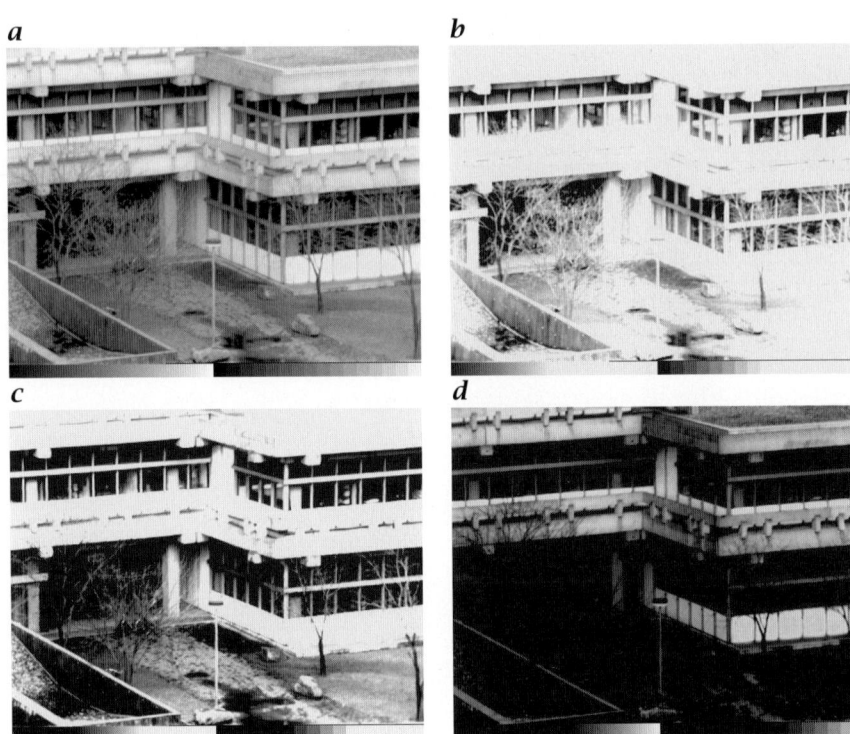

c   d

Abbildung 10.7: b - d *Kontrastspreizung des Bildes in* **a**. *Der gespreizte Bereich kann aus der Transformation des Grauwertkeils am unteren Bildrand abgelesen werden.*

Kontrastspreizung. Häufig müssen geringfügige Beleuchtungsstärkeunterschiede analysiert werden, die das Auflösungsvermögen des verwendeten Bildausgabegerätes oder des menschlichen visuellen Systems unterschreiten. Dies betrifft besonders das Drucken von Bildern. Um feine Unterschiede erkennen zu können, dehnen wir den betreffenden Grauwertbereich. Dann werden natürlich alle Grauwerte außerhalb dieses Bereiches auf den minimalen oder maximalen Grauwert gesetzt. Daher müssen die Grauwerte des zu analysierenden Objektes in den für die Kontrastspreizung ausgewählten Bereich fallen. Beispiele für Kontrastspreizung zeigt Abb. 10.7. Der von 0 bis 255 reichende Keil am unteren Bildrand zeigt direkt, welcher Teil der Grauwertskala kontrastverstärkt wurde.

Kompression des Grauwertbereiches. Im Vergleich zum menschlichen visuellen System hat ein digitales Bild einen beträchtlich kleineren dynamischen Bereich. Für eine minimale Auflösung von 10 % dürfen die Grauwerte nicht kleiner als 10 sein. Daher ist bei einem 8-Bit-Bild der Dy-

namikbereich mit dieser minimalen Auflösung nur $255/10 \approx 25$. Durch
den niedrigen Kontrastbereich haben digitale Bilder eine schlechte Qualität, wenn Szenen mit hohem Kontrast aufgenommen wurden. Entweder
sind die hellen Teile ausgebleicht oder dunkle Bereiche so dunkel, dass
keine Details erkannt werden können.

Der dynamische Bereich kann über eine Transformation, welche in
Abschn. 2.2.6 als *Gammatransformation* eingeführt wurde, erhöht werden. Diese nichtlineare homogene Punktoperation hat die Form

$$q' = \frac{255}{255^{\gamma}} q^{\gamma}. \tag{10.10}$$

Die Faktoren in (10.10) wurden so gewählt, dass der Bereich $[0, 255]$ auf
sich selbst abgebildet wird. Diese Transformation ermöglicht die Erkennung eines größeren dynamischen Bereiches auf Kosten der Auflösung in
den hellen Bildbereichen. Die dunklen Bereiche werden heller, so dass
mehr Details zu erkennen sind. Diese Kontrasttransformation ähnelt
mehr dem logarithmischen Helligkeitsempfinden des menschlichen visuellen Systems. Ein Bild, das mit unterschiedlichen Gammafaktoren
dargestellt ist, zeigt Abb. 10.8.

Äquivalisierung der Varianz des Rauschens. Aus Abschn. 3.4.5 wissen wir, dass die Varianz des Rauschens im allgemeinen von der Bildin-
tensität nach

$$\sigma_g^2(g) = \sigma_0^2 + \alpha g \tag{10.11}$$

abhängt. Eine statistische Analyse der Bilddaten und -operationen stetzt
jedoch voraus, dass das Rauschen grauwertunabhängig ist. Nur dann
sind die in Abschn. 3.3.3 besprochenen Fehlerfortpflanzungstechniken
gültig.

Durch eine nichtlineare Grauwerttransformation $h(g)$ kann die Varianz des Rauschens grauwertunabhängig gemacht werden [53]. In einer
Näherung erster Ordnung ergibt sich nach (3.35) die Varianz von $h(g)$
zu

$$\sigma_h^2 \approx \left(\frac{\mathrm{d}h}{\mathrm{d}g} \right)^2 \sigma_g^2(g). \tag{10.12}$$

Setzen wir σ_h^2 konstant, so erhalten wir

$$\mathrm{d}h = \frac{\sigma_h}{\sqrt{\sigma^2(g)}} \mathrm{d}g.$$

Die Integration der Gleichung ergibt

$$h(g) = \sigma_h \int_0^g \frac{\mathrm{d}g'}{\sqrt{\sigma^2(g')}} + C. \tag{10.13}$$

a   b

c   d

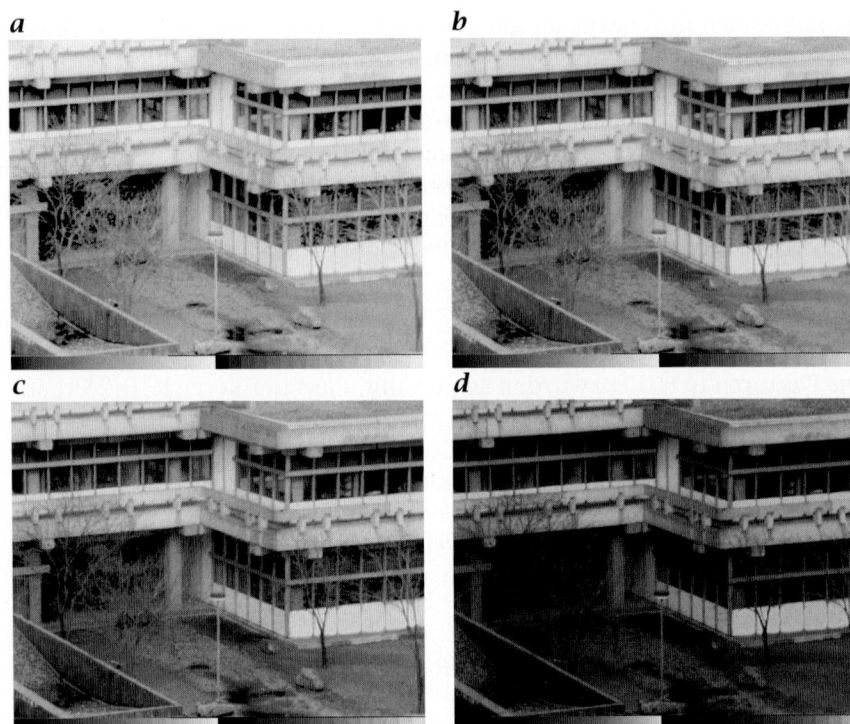

Abbildung 10.8: *Darstellung eines Bildes mit unterschiedlichen Gammawerten:* **a** *0,5,* **b** *0,7,* **c** *1,0 und* **d** *2,0.*

Die zwei freien Parameter σ_h und C können z. B. so gewählt werden, dass die Werte von h in einem sinnvollen Intervall liegen. Mit dem linearen Varianzmodell aus (10.11) ergibt die Integration von (10.13)

$$h(g) = \frac{2\sigma_h}{\sqrt{\alpha}}\sqrt{\sigma_0^2 + \alpha g} + C. \tag{10.14}$$

Die nichtlineare Grauwerttransformation wird besonders einfach für einen idealen Bildsensor mit $\sigma_0 = 0$. Dann muss die Quadratwurzel aus dem Grauwert berechnet werden, um eine grauwertunabhängige Rauschvarianz zu erhalten:

$$h(g) = \frac{2\sigma_h}{\sqrt{\alpha}}\sqrt{g}. \tag{10.15}$$

10.3 Inhomogene Punktoperationen[†]

Homogene Punktoperationen stellen mit ihrer Unabhängigkeit von der Pixelposition nur eine Unterklasse der Punktoperationen dar. Im allgemeinen hängt eine Punktoperation auch von der Position des Pixels im

a b

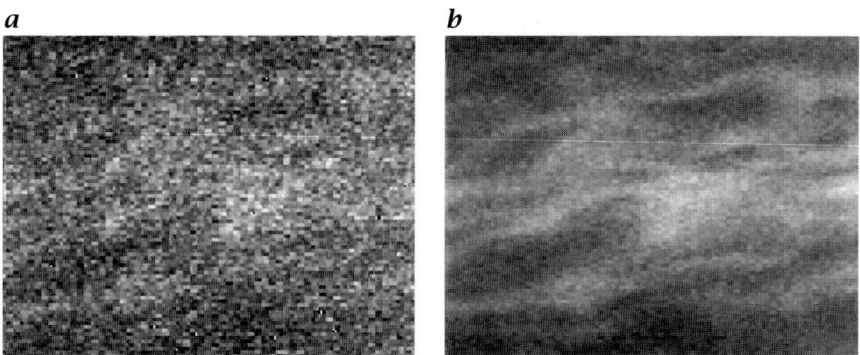

Abbildung 10.9: *Reduktion von Rauschen durch Bildmittelung:* **a** *Wärmebild kleiner Temperaturunterschiede, die auf der Wasseroberfläche entstehen, wenn sich Wasser durch Verdunstung abkühlt;* **b** *das gleiche Bild, gemittelt über 16 Bilder; der volle Grauwertbereich entspricht einem Temperaturbereich von 1,1 K.*

Bild ab, und wir sprechen von einer *inhomogenen Punktoperation*. Beispiele für solche Funktionen sind Kalibrierungen, die meistens Punktoperationen sind.

Im allgemeinen ist die Berechnung einer inhomogenen Punktoperation sehr viel zeitaufwendiger als die einer homogenen. Lookup-Tabellen können wegen der Abhängigkeit von der Pixelposition nicht verwendet werden. Wir sind gezwungen, die Funktion für jedes Pixel zu berechnen.

Die Subtraktion eines Hintergrundbildes ohne Objekte oder Beleuchtung ist ein einfaches Beispiel einer inhomogenen Punktoperation, die folgendermaßen geschrieben wird:

$$g'_{mn} = P_{mn}(g_{mn}) = g_{mn} - b_{mn}, \tag{10.16}$$

wobei b_{mn} ein Pixel des Hintergrundbildes ist.

10.3.1 Bildmittelung

Eine der einfachsten inhomogenen Punktoperationen ist die *Bildmittelung*. Es gibt eine Reihe von Bildsensoren, die ein beträchtliches Grundrauschen zeigen. Bekannte Beispiele sind *Wärmebilder* (Abschn. 6.4.1) und alle Sensortypen wie Slow-Scan-CCD-Kameras oder Bildverstärker, bei denen nur eine geringe Anzahl von Photonen detektiert wird.

Abbildung 10.9a zeigt die durch Verdunstung erzeugten Temperaturunterschiede der Wasseroberfläche in einem Wind/Wellen-Kanal bei einer Windgeschwindigkeit von 1,8 m/s. Durch den beträchtlichen Rauschpegel können die kleinen Temperaturunterschiede kaum detektiert werden. Wird das Mittel über mehrere Bilder berechnet, reduziert sich der Rauschpegel wesentlich (Abb. 10.9b). Der Fehler des Mittelwerts (Abschn. 3.3.3) aus K Bildaufnahmen ist

$$\sigma_{\overline{G}}^2 \approx \frac{1}{(K-1)} \sigma_G^2 = \frac{1}{K(K-1)} \sum_{k=0}^{K-1} (G_k - \overline{G})^2. \qquad (10.17)$$

Wenn wir den Durchschnitt aus K Bildern berechnen, reduziert sich der Rauschpegel auf $1/\sqrt{K}$ im Vergleich zu einem Einzelbild. Nehmen wir das Mittel über 16 Bilder, reduziert sich also der Rauschpegel auf $1/4$. Gleichung (10.17) gilt nur, wenn die Standardabweichung σ_g deutlich höher ist als die Standardabweichung durch die Quantisierung (siehe Abschn. 9.4).

10.3.2 Korrektur inhomogener Beleuchtung

Jede Anwendung ist von *ungleichmäßiger Beleuchtung* der beobachteten Szene betroffen. Auch wenn wir einen hohen Aufwand treiben, um den Beleuchtungsaufbau zu optimieren, ist es schwer, eine perfekt gleichmäßige Objektbeleuchtung zu erzielen. Ein lästiges Problem sind zudem kleine Staubpartikel im optischen Pfad, insbesondere auf dem Glasfenster vor dem CCD-Sensor. Da das Fenster vom Sensor eine gewisse Distanz hat, werden diese Partikel, wenn sie nicht zu groß sind, so unscharf auf die Sensorebene projiziert, dass sie nicht direkt sichtbar sind. Sie absorbieren aber Licht und reduzieren dadurch die Beleuchtung in einem kleinen Bereich. Diese Effekte sind bei einer Szene mit hohem Kontrast und vielen Details nicht leicht zu sehen. Allerdings werden sie bei einem gleichmäßigen Hintergrund deutlich sichtbar (Abb. 10.4a und b). CCD-Sensoren zeigen außerdem eine ungleichmäßige Sensitivität der individuellen Photorezeptoren, die auch zur Ungleichmäßigkeit des Bildes beiträgt. Die genannten Störungen stellen eine Beeinträchtigung der Bildqualität dar. Sie erschweren die Separierung eines Objektes vom Hintergrund und führen zu systematischen Fehlern in der nachfolgenden Bildauswertung.

Trotzdem ist es möglich, diese Störeffekte zu korrigieren, wenn wir die Natur der Störung kennen und in der Lage sind, geeignete Referenzbilder aufzunehmen. Im folgenden betrachten wir zwei einfache Beispiele. Im ersten gehen wir davon aus, dass sich der Grauwert im Bild als Produkt der inhomogenen Beleuchtungsstärke und der Objektreflektivität bzw. -transmissivität ergibt. Wir nehmen ferner an, dass wir ein Referenzbild ohne absorbierendes Objekt oder mit einem Objekt konstanter Reflektivität aufnehmen können. Ein solches Referenzbild lässt sich auch dann gewinnen, wenn kleine Objekte in den Bildern zufällig verteilt sind, indem man ein Mittelwertbild aus vielen Bildern berechnet. Die ungleichmäßige Beleuchtung kann nun mit einer Division durch das Referenzbild korrigiert werden:

$$\boldsymbol{G}' = c \cdot \boldsymbol{G}/\boldsymbol{R}. \qquad (10.18)$$

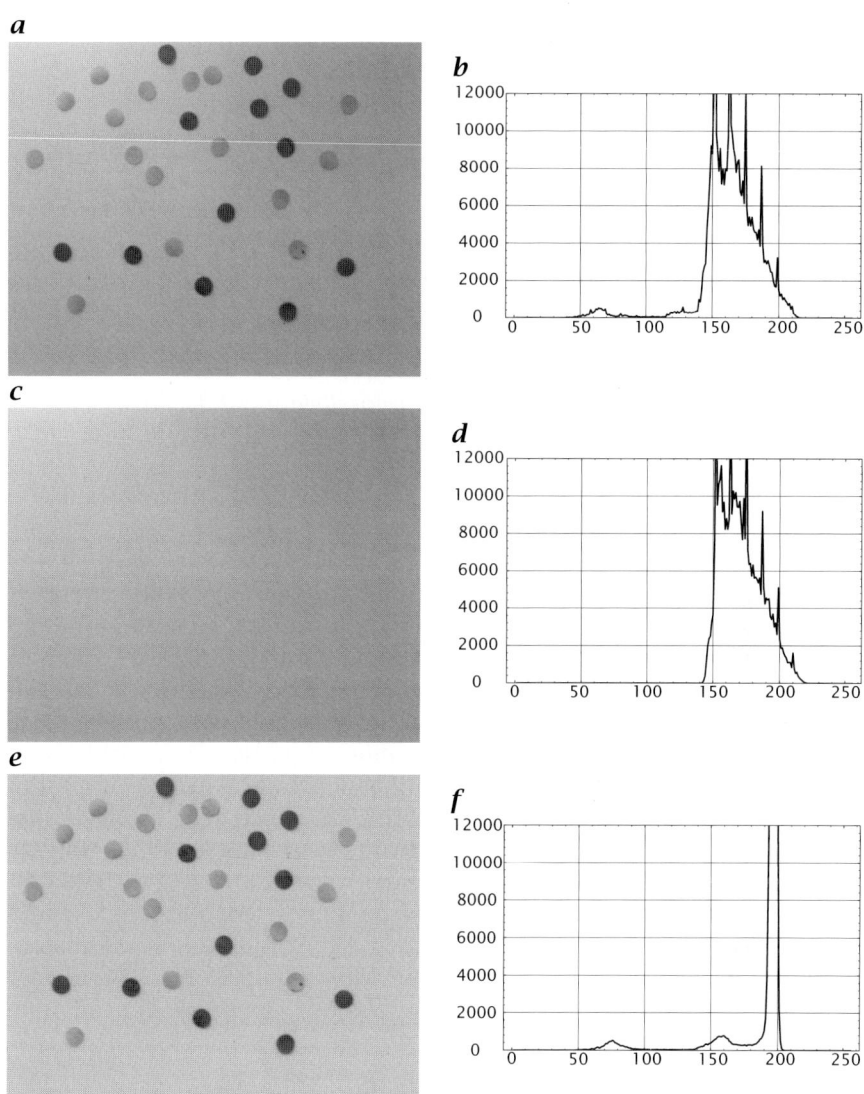

Abbildung 10.10: *Korrektur ungleichmäßiger Beleuchtung über eine inhomogene Punktoperation:* ***a*** *Originalbild und* ***b*** *sein Histogramm;* ***c*** *Hintergrundbild und* ***d*** *das zugehörige Histogramm;* ***e*** *durch das Hintergrundbild dividiertes Bild und* ***f*** *das Histogramm dieses Ergebnisbildes.*

Die Multiplikation mit der Konstante c ist nötig, um das normalisierte Bild wieder in Integerzahlen darzustellen. Wenn die Objekte Licht absorbieren, wird c normalerweise nahe der maximalen Integerzahl gewählt. Abbildung 10.10e zeigt, dass mit dieser einfachen Methode eine effektive Unterdrückung einer ungleichmäßigen Beleuchtung möglich ist.

a   b

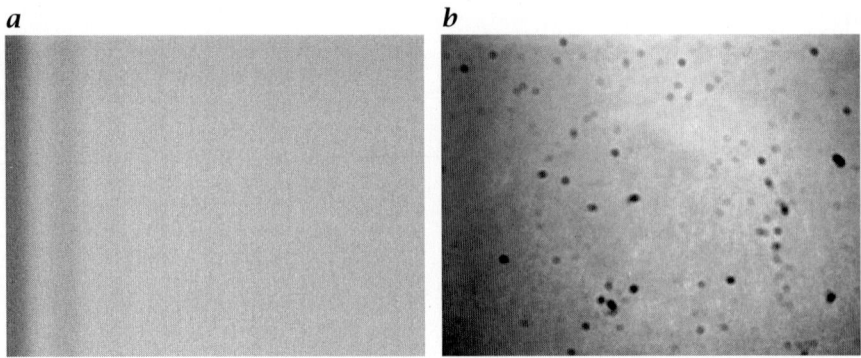

Abbildung 10.11: *Kontrastverstärktes* **a** *Dunkelbild und* **b** *Referenzbild einer CCD-Kamera mit analogem Ausgangssignal für eine radiometrische Zwei-Punkt-Kalibrierung.*

10.3.3 Radiometrische Zwei-Punkt-Kalibrierung

Diese einfache Verhältnisbildung kann nicht mehr angewendet werden, wenn das Bild auch ohne Beleuchtung nicht null ist, sondern ein Restmuster (fixed-pattern noise) aufweist, wie es durch einen von Pixel zu Pixel verschiedenen Nullstrom bedingt sein kann. In einem solchen Fall sind zwei Referenzbilder notwendig. Diese Technik wird auch für eine einfache radiometrische *Zwei-Punkt-Kalibrierung* bei einem Bildsensor mit linearer Kennlinie angewendet. Einige Bildverarbeitungsanwendungen benötigen eine absolute oder relative *radiometrische Kalibrierung*. Mit einer solchen Kalibrierung kann die Strahlungsdichte eines Objekts aus dem gemessenen Grauwert berechnet werden.

Zuerst nehmen wir ein Dunkelbild B ohne Beleuchtung auf. Dann nehmen wir ein Referenzbild R mit einem Objekt auf, das eine konstante Strahlungsstärke aufweist, z. B. eine *Ulbrichtkugel*. Mit Hilfe dieser beiden Bilder können wir dann durch folgende Operation ein radiometrisch kalibriertes Bild erhalten:

$$G' = c\frac{G - B}{R - B}. \tag{10.19}$$

Abb. 10.11 zeigt ein kontrastverstärktes Dunkel- und Referenzbild einer CCD-Kamera mit analogem Ausgang. Es sind typische Signalstörungen zu sehen. Die Signaloszillation am linken Rand des Dunkelbilds resultieren aus einer elektronischen Signalstörung. Die dunklen Flecken im Referenzbild kommen von Staub auf dem Glasfenster vor dem CCD-Sensor. Die Verbesserung durch die radiometrische Kalibrierung ist deutlich in Abb. 10.12 zu sehen.

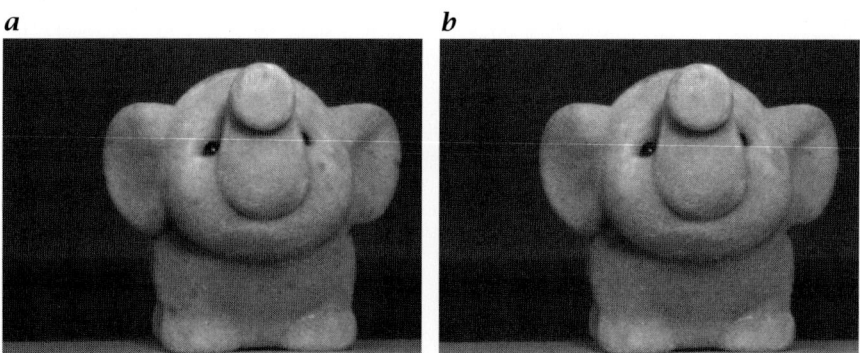

Abbildung 10.12: *Radiometrische Zwei-Punkt-Kalibrierung mit dem Dunkel-*
und Referenzbild aus Abb. 10.11: **a** *Originalbild und* **b** *kalibriertes Bild; in diesem*
sind die dunkeln Flecken nicht mehr zu sehen.

10.3.4 Nichtlineare radiometrische Kalibrierung‡

Manchmal steht die Größe, die mit einem Bildsensor bestimmt wird, in einer
nichtlinearen Beziehung zu dem gemessenen Grauwert. Ein gutes Beispiel hierfür ist die Thermographie. Hierbei wird aus der Strahlungsdichte über die
Planckschen Gleichungen (Abschn. 6.4.1) die Temperatur des emittierenden Objekts bestimmt.

Wir zeigen hier eine praktische Kalibrierungsprozedur für Umgebungstemperaturen. Aufgrund der nichtlinearen Beziehung zwischen Strahlung und Temperatur ist eine einfache Zweipunkt-Kalibrierung mit linearer Interpolation für
eine solche Anwendung nicht ausreichend. Haußecker [70] zeigt, dass eine quadratische Beziehung für einen kleinen Temperaturbereich von 0 bis 40°C ausreichend genau ist. Daher sind drei Kalibrierungstemperaturen notwendig, die
von einer speziellen *Schwarzkörper-Kalibriereinheit* erzeugt werden.

Aus den aufgenommenen Kalibrierungsbildern G_1, G_2 und G_3 mit bekannten
Temperaturen T_1, T_2 bzw. T_3 kann über eine quadratische Interpolation das
Temperaturbild T eines beliebigen Bildes G berechnet werden:

$$T = \frac{\Delta G_2 \cdot \Delta G_3}{\Delta G_{21} \cdot \Delta G_{31}} T_1 - \frac{\Delta G_1 \cdot \Delta G_3}{\Delta G_{21} \cdot \Delta G_{32}} T_2 + \frac{\Delta G_1 \cdot \Delta G_2}{\Delta G_{31} \cdot \Delta G_{32}} T_3 \qquad (10.20)$$

mit

$$\Delta G_k = G - G_k \qquad \text{und} \qquad \Delta G_{kl} = G_k - G_l. \qquad (10.21)$$

Das Symbol · steht für die punktweise Multiplikation des Bildes zur Abgren-
zung von der Matrixmultiplikation. Abbildung 10.13a, b und c zeigen drei Kali-
brierungsbilder. Die Infrarotkamera blickt über einen Spiegel auf den Kalibrie-
rungskörper, der das Sehfeld an den Bildkanten etwas beschneidet. Dies ist
der Grund für die scharfen Temperaturänderungen, die an den Bildgrenzen in
Abb. 10.13a, c zu sehen sind. Die Kalibrierungsprozedur entfernt die restlichen
Inhomogenitäten (Abb. 10.13d, f), die sich im Originalbild zeigen.

a   b   c

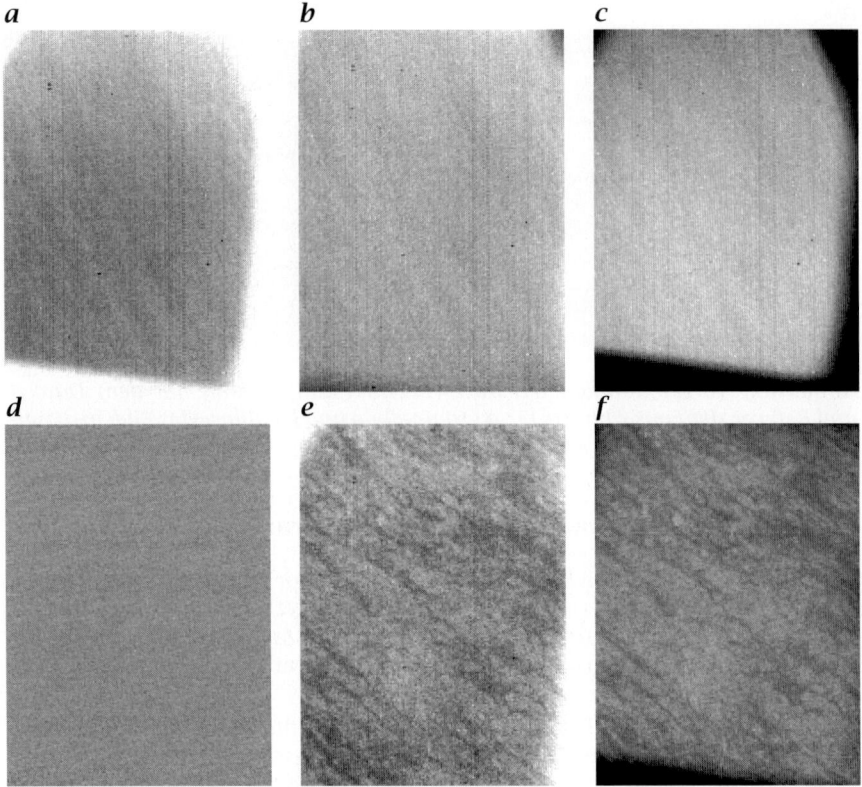

d   e   f

Abbildung 10.13: *Dreipunkt-Kalibrierung von Infrarot-Temperaturbildern: a bis c zeigen Bilder von Kalibrierungskörpern in Form von Aluminiumblöcken bei Temperaturen von 13,06, 17,62 und 22,28 °C. Die Grauwerte der Bilder sind gespreizt auf einen kleinen Bereich des digitalen 12-Bit-Ausgangsbereichs der Infrarotkamera von a 1715–1740, b 1925–1950, c 2200–2230 und zeigen noch restliche Inhomogenitäten, insbesondere vertikale Streifen. d Mittels quadratischer Interpolation aus den drei Bildern a bis c kalibriertes Bild. e Original und f kalibriertes Bild der kleinskaligen Temperaturunterschiede an der Ozeanoberfläche auf einer Fläche von etwa $0,8 \times 1,0\,m^2$.*

10.3.5 Fensterfunktionen

Die sogenannte *Fensterfunktion* ist eine weitere wichtige Anwendung inhomogener Punktoperationen. Bevor wir die DFT eines Bildes berechnen können, muss das Bild mit einer Fensterfunktion multipliziert werden. Wenn wir diesen Schritt auslassen, ist das Spektrum durch die Faltung des Bildspektrums mit der Fouriertransformierten der Rechteckfunktion, der sinc-Funktion (siehe Abschn. 2.3, ≻ R5), gestört. Dadurch werden Peaks im Spektrum zu sternähnlichen Mustern entlang den Koordinatenachsen im Fourierraum (Abb. 10.14b). Wir können diese Störungen

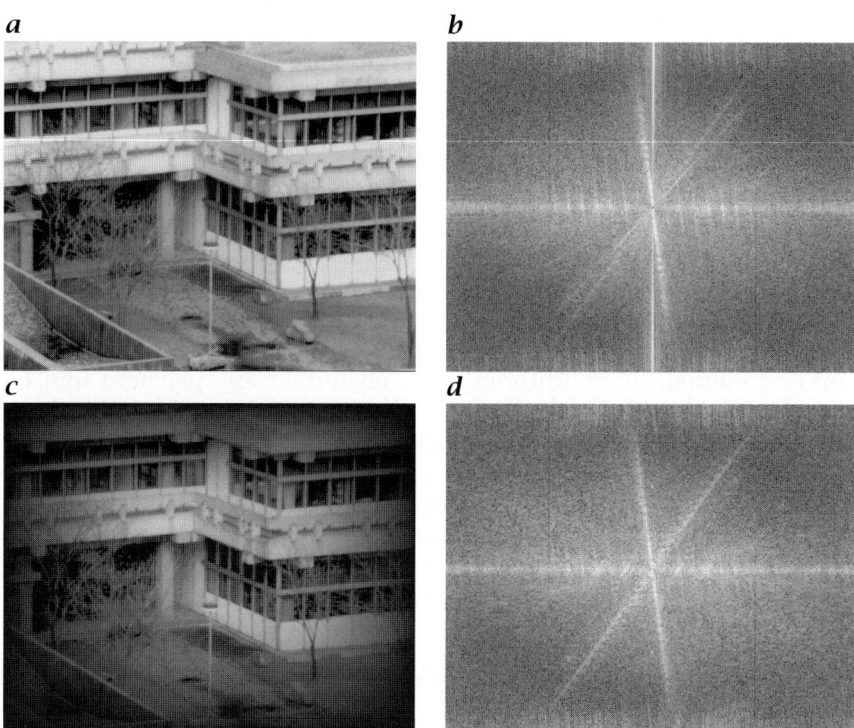

Abbildung 10.14: *Wirkung der Fensterfunktion auf die diskrete Fouriertransformation:* **a** *Originalbild;* **b** *DFT von* **a** *ohne Verwendung einer Fensterfunktion;* **c** *Bild multipliziert mit einem Kosinusfenster;* **d** *DFT von* **c** *unter Verwendung eines Kosinusfensters.*

auch mit der virtuellen periodischen Wiederholung endlich ausgedehnter Bilder erklären, wie es im Zusammenhang mit dem Abtasttheorem in Abschn. 9.2.3 näher erläutert worden ist. Die periodische Wiederholung führt zu Unstetigkeiten an den horizontalen und vertikalen Bildrändern, die entsprechend hohe spektrale Dichten entlang den $x-$ und $y-$Achsen im Wellenzahlraum erzeugen.

Um diese Störungen zu vermeiden, müssen wir das Bild mit einer Fensterfunktion multiplizieren, die zu den Bildrändern hin allmählich auf null abfällt. Eine optimale Fensterfunktion sollte eine hohe spektrale Auflösung bewahren und gleichzeitig die Störungen des Spektrums minimieren, d. h., ihre DFT sollte so steil wie möglich abnehmen. Dies sind jedoch gegensätzliche Anforderungen, da eine gute Spektralauflösung eine breite Fensterfunktion erfordert. Solch ein Fenster fällt aber an den Kanten steil ab und bewirkt damit einen langsamen Abfall der Seitenmaxima seines Spektrums.

Ein sorgfältig gewähltes Fenster ist für die Spektralanalyse von Zeitserien kritisch [132, 147]. Es ist jedoch in der digitalen Bildverarbeitung
weniger kritisch wegen des viel geringeren dynamischen Bereichs der
Grauwerte. Das einfache Kosinusfenster

$$W_{mn} = \sin\left(\frac{\pi m}{M}\right) \sin\left(\frac{\pi n}{N}\right), \quad 0 \le m < M, \ 0 \le n < N \qquad (10.22)$$

ist als Fensterfunktion gut geeignet (Abb. 10.14c und d).

Eine direkte Implementierung der Fensteroperation ist sehr zeitaufwendig, da die trigonometrische Funktion $2MN$-mal berechnet werden
muss. Sehr viel effizienter ist der Weg, die Berechnung der Fensterfunktion einmal durchzuführen, das Fensterbild zu speichern und es
dann für die Berechnung vieler DFTs zu verwenden. Die Speicheranforderungen reduzieren sich, wenn man berücksichtigt, dass die Fensterfunktion (10.22) separierbar, d.h. ein Produkt zweier Funktionen ist:
$W_{m,n} = {}^c w_m \cdot {}^r w_n$. Dann müssen wir lediglich die $M + N$ Werte für die
Spaltenfunktion ${}^c w_m$ und die Zeilenfunktion ${}^r w_n$ berechnen und speichern. Der Preis für den reduzierten Speicherraum ist eine zusätzliche
Multiplikation pro Pixel für die Fensteroperation.

10.4 Mehrkanal-Punktoperationen[‡]

10.4.1 Definitionen[‡]

Punktoperationen lassen sich zu *Mehrkanal-Punktoperationen* (Mehrkomponenten-Punktoperationen) verallgemeinern. Die Operation hängt immer noch nur
vom Wert des einzelnen Pixels ab, aber der Eingabewert kann ein Vektor statt
eines Skalars sein, und ebenso kann das Ausgangsbild ein Mehrkanalbild sein.
Für homogene Punktoperationen, die nicht von der Position des Pixels im Bild
abhängen, können wir schreiben:

$$\boldsymbol{G}' = \boldsymbol{P}(\boldsymbol{G}) \qquad (10.23)$$

mit

$$\begin{aligned}
\boldsymbol{G}' &= [G'_0 \ G'_1 \ \dots \ G'_l \ \dots \ G'_{L-1}] \\
\boldsymbol{G} &= [G_0 \ G_1 \ \dots \ G_k \ \dots \ G_{K-1}],
\end{aligned} \qquad (10.24)$$

wobei G'_l und G_k die Komponenten l und k der Mehrkanalbilder $\boldsymbol{G}'$ und $\boldsymbol{G}$ mit
L bzw. K Kanälen sind.

Eine wichtige Unterklasse von Mehrkomponenten-Punktoperationen sind lineare Operationen. Dabei ist jede Komponente des Ausgangsbildes $\boldsymbol{G}'$ in (10.23)
eine Linearkombination der Komponenten des Eingangsbildes $\boldsymbol{G}$:

$$G'_l = \sum_{k=0}^{K-1} P_{lk} G_k, \qquad (10.25)$$

wobei P_{lk} konstante Koeffizienten sind. Deshalb ist eine allgemeine lineare
Mehrkomponenten-Punktoperation durch eine Matrix (oder einen Tensor) der

Koeffizienten P_{lk} gegeben. Dann können wir (10.25) abkürzend mit einer Koeffizientenmatrix $\mathbf{P}$ schreiben:

$$\mathbf{G}' = \mathbf{P}\mathbf{G}. \tag{10.26}$$

Wenn die Komponenten der Mehrkanalbilder bei einer Punktoperation nicht voneinander abhängig sind, werden alle Koeffizienten in $\mathbf{P}$ mit Ausnahme der auf der Hauptdiagonalen liegenden null. Bei K-kanaligen Eingangs- und Ausgangsbildern bleiben lediglich K unterschiedliche Punktoperationen, eine für jeden Kanal. Eine vektorielle Punktoperation reduziert sich schließlich auf eine skalare Standard-Punktoperation, wenn dieselbe Punktoperation auf jeden Kanal eines Mehrkomponentenbildes angewandt wird.

Bei gleicher Anzahl von Ausgangs- und Eingangsbildern können lineare Punktoperationen als Koordinatentransformationen aufgefaßt werden. Hat die Matrix der Koeffizienten in (10.26) einen Rang $R < K$, projiziert die Mehrkanal-Punktoperation den K-dimensionalen Raum auf einen R-dimensionalen Teilraum.

Generell sind lineare Mehrkanal-Punktoperationen relativ einfach zu handhaben, da sie mit den Konzepten der linearen Algebra beschrieben werden können. Bei quadratischen Matrizen können wir zum Beispiel leicht die Bedingung angeben, wann zu einer Mehrkanal-Punktoperation eine inverse Operation existiert, und sie berechnen.

Bei nichtlinearen Mehrkomponenten-Punktoperationen müssen die linearen Koeffizienten in (10.25) und (10.26) durch nichtlineare Funktionen ersetzt werden:

$$\mathbf{G}'_l = P_l(\mathbf{G}_0, \mathbf{G}_1, \ldots, \mathbf{G}_{K-1}). \tag{10.27}$$

Nichtlineare Mehrkomponenten-Punktoperationen können nicht wie lineare Operationen generell, sondern müssen individuell behandelt werden. Die Komplexität kann beträchtlich reduziert werden, wenn eine Mehrkanal-Punktoperation in ihre linearen und nichtlinearen Teile trennbar ist.

10.4.2 Dyadische Punktoperationen

Operationen, an denen zwei Bilder beteiligt sind, werden *dyadische Punktoperationen* genannt. Jede dyadische Bildoperation lässt sich schreiben als

$$G'_{mn} = P(G_{mn}, H_{mn}). \tag{10.28}$$

Dyadische homogene Punktoperationen können als LUT-Operationen implementiert werden. Wenn die Grauwerte der beiden Eingangsbilder Q unterschiedliche Werte annehmen, gibt es Q^2 Kombinationen von Eingangsparametern und damit auch ebenso viele verschiedene Ausgabewerte. Also müssen für 8-Bit-Bilder 64k Werte berechnet werden. Dies ist bei einem 512×512-Bild immer noch ein Viertel weniger als bei direkter Berechnung jedes Pixels. Alle möglichen Ergebnisse der dyadischen Operation können in einer großen LUT L mit $Q^2 = 64\,\mathrm{k}$ Einträgen folgendermaßen gespeichert werden:

$$L(2^8 p + q) - P(p, q), \quad 0 \leq p, q < Q. \tag{10.29}$$

Das obere und das untere Byte der LUT-Adresse werden durch die Grauwerte der Bilder G bzw. H gegeben.

Einige Bildverarbeitungssysteme beinhalten eine 16-Bit-LUT als modulares Verarbeitungselement. Die Berechnung einer dyadischen Punktoperation entweder über eine in die Hardware integrierte oder mittels einer Software-LUT ist oft bedeutend schneller als eine direkte Implementierung, besonders wenn die Operation aufwendig ist. Zusätzlich ist es dann einfacher, Ausnahmen wie die Division durch null oder Unter- und Überlauf zu überwachen.

Eine dyadische Punktoperation kann verwendet werden, um zwei Punktoperationen gleichzeitig durchzuführen. So können zum Beispiel Betrag und Phase eines komplexwertigen Bildes (r, i) gleichzeitig mit einer einzigen dyadischen LUT-Operation berechnet werden, wenn wir die Ausgabe auf 8 Bit begrenzen:

$$L(2^8\, r + i) = 2^8\, \sqrt{r^2 + i^2} + \frac{128}{\pi}\, \arctan\left(\frac{i}{r}\right), \quad 0 \le r, i < Q. \qquad (10.30)$$

Der Betrag wird im oberen Byte gespeichert und die Phase — skaliert auf das Intervall $[-128, 127]$ — im unteren Byte.

10.5   Geometrische Transformationen

Im restlichen Teil dieses Kapitels beschäftigen wir uns mit den geometrischen Operationen als den zu den Punktoperationen komplementären Operationen. Wir beginnen mit elementaren geometrischen Transformationen wie der affinen Abbildung (Abschn. 10.5.2) und der perspektivischen Projektion (Abschn. 10.5.3) und untersuchen, wie man durch Methoden der Punktzuordnung die Transformationsparameter erhält. Dann besprechen wir in Abschn. 10.6 die Interpolation, die uns als das Hauptproblem der schnellen und exakten Implementierung geometrischer Operationen in diskreten Bildern begegnet. Schließlich gehen wir in Abschn. 10.6.7 kurz auf schnelle Algorithmen für geometrische Transformationen ein.

10.5.1   Vorwärts- und Rückwärtsabbildung

Geometrische Transformationen definieren die Beziehung zwischen den Punkten zweier Bilder. Diese Beziehung kann auf zwei Arten ausgedrückt werden. Entweder werden die Koordinaten des Ausgangsbildes x' als eine Funktion der Eingangskoordinaten x spezifiziert oder umgekehrt:

$$x' = M(x) \quad \text{oder} \quad x = M^{-1}(x'), \qquad (10.31)$$

wobei M für die Abbildungsfunktion und M^{-1} für ihre Umkehrfunktion steht. Die beiden Gleichungen in (10.31) zeigen zwei prinzipielle Wege der geometrischen Transformation auf, die *Vorwärts-* und die *Rückwärtsabbildung*.

Bei der *Vorwärtsabbildung* wird ein Punkt des Eingangsbildes auf das Ausgangsbild abgebildet (Abb. 10.15a). Im allgemeinen liegt der

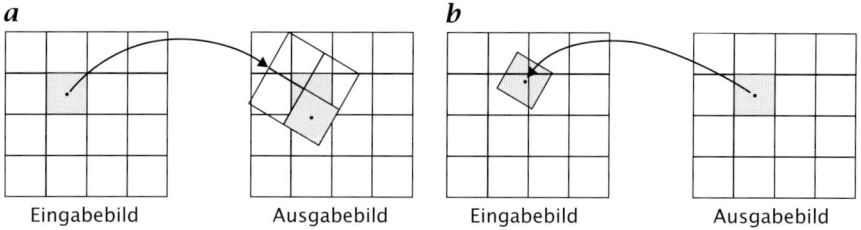

| Eingabebild | Ausgabebild | Eingabebild | Ausgabebild |

Abbildung 10.15: *Veranschaulichung **a** der Vorwärts- und **b** der Rückwärtsabbildung bei einer räumlichen Bildtransformation.*

Bildpunkt zwischen den Punkten des Ausgangsbildes. Bei diesem Verfahren ist es unzureichend, den Wert des Eingangsbildpunktes einfach dem nächstgelegenen Bildpunkt im Ausgangsbild zuzuordnen (Punkt-zu-Punkt- oder Nächster-Nachbar-Abbildung). Es kann dann vorkommen, dass das transformierte Bild Löcher enthält, da einem Punkt des Ausgangsbildes kein einziger Wert zugeordnet wird, oder dass einem Punkt im Ausgangsbild mehrmals ein Wert zugeordnet wird. Es ist daher notwendig, den Wert des Eingangsbildpunktes auf mehrere Ausgangsbildpunkte zu verteilen. Am einfachsten ist es, die Bildpunkte als Quadrate zu betrachten und den Anteil der Fläche des Eingangspixels, die auf das Ausgangspixel fällt, als Wichtungsfaktor zu nehmen. Für jedes Ausgangspixel werden dann die einzelnen Anteile der Eingangspixel, die auf das Ausgangspixel fallen, aufsummiert. Falls die Abbildung kontinuierlich ist, werden die Ausgangspixel vollständig überdeckt.

Mit der *inversen Abbildung* werden die Koordinaten eines Punktes im Ausgangsbild zurück auf das Eingangsbild abgebildet (Abb. 10.15b). Der Vorteil ist, dass diese Methode Löcher und Überlappungen im Ausgangsbild vermeidet, da alle Pixel nacheinander abgetastet werden. Das Interpolationsproblem tritt jedoch nun im Eingangsbild auf. Die Koordinaten des Ausgangsbildes treffen im allgemeinen nicht einen Punkt im Eingangsbild, sondern liegen dazwischen. Daher müssen die korrekten Werte aus den umliegenden Bildpunkten interpoliert werden. In der Regel ist die Rückwärtsabbildung die flexiblere Technik, da es einfacher ist, verschiedene Interpolationstechniken zu implementieren.

10.5.2 Affine Abbildung

Eine *affine Abbildung* ist eine lineare Koordinatentransformation, die die elementaren Transformationen *Translation, Rotation, Dilatation, Stauchung* und *Scherung* umfaßt. Sie kann durch Vektoraddition und Matrixmultiplikation ausgedrückt werden:

$$\begin{bmatrix} x' \\ y' \end{bmatrix} = \begin{bmatrix} a_{11} & a_{12} \\ a_{21} & a_{22} \end{bmatrix} \begin{bmatrix} x \\ y \end{bmatrix} + \begin{bmatrix} t_x \\ t_y \end{bmatrix}. \tag{10.32}$$

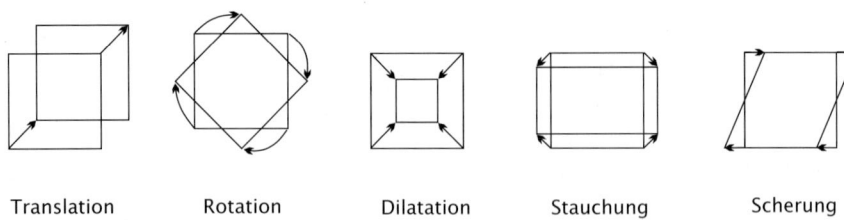

| Translation | Rotation | Dilatation | Stauchung | Scherung |

Abbildung 10.16: *Elementare geometrische Transformationen eines planaren Oberflächenelements.*

Mit homogenen Koordinaten (Abschn. 7.3.3) kann die affine Abbildung mit einer einzigen Matrixmultiplikation beschrieben werden:

$$\begin{bmatrix} x' \\ y' \\ 1 \end{bmatrix} = \begin{bmatrix} a_{11} & a_{12} & t_x \\ a_{21} & a_{22} & t_y \\ 0 & 0 & 1 \end{bmatrix} \begin{bmatrix} x \\ y \\ 1 \end{bmatrix}. \tag{10.33}$$

Eine affine Abbildung hat sechs Freiheitsgrade: zwei für die Translation (t_x, t_y) und vier (a_{11}, a_{12}, a_{21} und a_{22}), in denen Rotation, Dilatation, Stauchung und Scherung enthalten sind. Die affine Abbildung bildet ein Dreieck auf ein Dreieck und ein Rechteck auf ein Parallelogramm ab. Sie wird daher auch als *Dreipunkt-Abbildung* bezeichnet. Diese Eigenschaften begrenzen jedoch auch den Einsatz der affinen Transformation. Allgemeinere Verformungen wie zum Beispiel die Abbildung eines Rechtecks auf ein beliebiges Viereck sind keine affinen Abbildungen.

10.5.3 Perspektivische Projektion

Die perspektivische Projektion ist, wie in Abschn. 7.3 besprochen, die Grundlage aller optischen Abbildungssysteme. Die affine Abbildung entspricht einer Parallelprojektion und kann als Modell der optischen Abbildung nur für den Grenzfall eines kleinen Gesichtsfeldes verwendet werden. Die allgemeinere perspektivische Projektion wird am einfachsten mit homogenen Koordinaten formuliert:

$$\begin{bmatrix} w'x' \\ w'y' \\ w' \end{bmatrix} = \begin{bmatrix} a_{11} & a_{12} & a_{13} \\ a_{21} & a_{22} & a_{23} \\ a_{31} & a_{32} & 1 \end{bmatrix} \begin{bmatrix} wx \\ wy \\ w \end{bmatrix} \quad \text{oder} \quad X' = PX. \tag{10.34}$$

Die beiden zusätzlichen Koeffizienten a_{31} und a_{32} beschreiben im Vergleich zur affinen Abbildung (10.33) die perspektivische Projektion (siehe (7.15) in Abschn. 7.3.3).

In Standardkoordinaten geschrieben, zeigt sich, dass die perspektivische Projektion — im Gegensatz zur affinen Abbildung — entsprechend

(10.34) eine nichtlineare Transformation ist:

$$
\begin{aligned}
x' &= \frac{a_{11}x + a_{12}y + a_{13}}{a_{31}x + a_{32}y + 1} \\[2ex]
y' &= \frac{a_{21}x + a_{22}y + a_{23}}{a_{31}x + a_{32}y + 1} .
\end{aligned}
$$
(10.35)

Die perspektivische Projektion kann jedoch bei Verwendung von homogenen Koordinaten auf eine lineare Transformation reduziert werden. Eine perspektivische Projektion bildet Linien auf Linien ab; aber nur Linien, die parallel zur Projektionsebene liegen, bleiben parallel. Ein Rechteck wird auf ein allgemeines Viereck abgebildet. Daher wird die perspektivische Projektion auch als *Vierpunkt-Abbildung* bezeichnet.

10.5.4 Bestimmung der Transformationskoeffizienten

Die Koeffizienten einer Transformation, wie wir sie in Abschn. 10.5.2 und Abschn. 10.5.3 beschrieben haben, sind im allgemeinen nicht bekannt. Statt dessen haben wir in der Regel einen Satz korrespondierender Punkte aus dem Objekt- und dem Bildraum. In diesem Abschnitt lernen wir, wie die Koeffizienten einer Transformation mit Hilfe der korrespondierenden Punkte berechnet werden. Bei einer affinen Abbildung benötigen wir drei nichtkollineare Punkte, um ein Dreieck auf ein Dreieck abbilden zu können. Mit diesen drei Punkten ergibt sich aus (10.33) das folgende lineare Gleichungssystem:

$$
\begin{bmatrix} x'_1 & x'_2 & x'_3 \\ y'_1 & y'_2 & y'_3 \\ 1 & 1 & 1 \end{bmatrix} = \begin{bmatrix} a_{11} & a_{12} & t_x \\ a_{21} & a_{22} & t_y \\ 0 & 0 & 1 \end{bmatrix} \begin{bmatrix} x_1 & x_2 & x_3 \\ y_1 & y_2 & y_3 \\ 1 & 1 & 1 \end{bmatrix}
$$
(10.36)

oder

$$
P' = AP.
$$
(10.37)

Daraus berechnet sich A zu

$$
A = P'P^{-1}.
$$
(10.38)

Die Inverse der Matrix P existiert, wenn die drei Punkte X_1, X_2 und X_3 linear unabhängig sind. Das bedeutet in der geometrischen Interpretation, dass sie nicht auf einer Linie liegen dürfen, also nicht kollinear sind.

Mit mehr als drei korrespondierenden Punkten können die Parameter der affinen Abbildung durch das folgende Gleichungssystem im Sinne der Methode der kleinsten Quadrate gelöst werden (Abschn. 17.6):

$$
A = P'P^T(PP^T)^{-1}
$$
(10.39)

mit

$$\boldsymbol{P}'\boldsymbol{P}^T = \begin{bmatrix} \sum x'_n x_n & \sum x'_n y_n & \sum x'_n \\ \sum y'_n x_n & \sum y'_n y_n & \sum y'_n \\ \sum x_n & \sum y_n & N \end{bmatrix}$$

$$\boldsymbol{P}\boldsymbol{P}^T = \begin{bmatrix} \sum x_n^2 & \sum x_n y_n & \sum x_n \\ \sum x_n y_n & \sum y_n^2 & \sum y_n \\ \sum x_n & \sum y_n & N \end{bmatrix}.$$

Die Umkehrung einer affinen Abbildung ist selbst eine affine Abbildung. Die Transformationsmatrix der inversen Transformation wird durch die inverse Matrix A^{-1} gegeben.

Die Bestimmung der Koeffizienten für die perspektivische Projektion ist etwas komplexer. Wenn vier oder mehr korrespondierende Punkte vorliegen, können die Koeffizienten der perspektivischen Transformation berechnet werden. Dann formen wir (10.35) um und erhalten:

$$\begin{aligned} x' &= a_{11}x + a_{12}y + a_{13} - a_{31}xx' - a_{32}yx' \\ y' &= a_{21}x + a_{22}y + a_{23} - a_{31}xy' - a_{32}yy'. \end{aligned} \tag{10.40}$$

Für N Punkte führt dies zu einem linearen Gleichungssystem mit $2N$ Gleichungen und 8 Unbekannten der Form

$$\begin{bmatrix} x'_1 \\ y'_1 \\ x'_2 \\ y'_2 \\ \vdots \\ x'_N \\ y'_N \end{bmatrix} = \begin{bmatrix} x_1 & y_1 & 1 & 0 & 0 & 0 & -x_1 x'_1 & -y_1 x'_1 \\ 0 & 0 & 0 & x_1 & y_1 & 1 & -x_1 y'_1 & -y_1 y'_1 \\ x_2 & y_2 & 1 & 0 & 0 & 0 & -x_2 x'_2 & -y_2 x'_2 \\ 0 & 0 & 0 & x_2 & y_2 & 1 & -x_2 y'_2 & -y_2 y'_2 \\ & & & \vdots & & & & \\ x_N & x_N & 1 & 0 & 0 & 0 & -x_N x'_N & -y_N x'_N \\ 0 & 0 & 0 & x_N & y_N & 1 & -x_N y'_N & -y_N y'_N \end{bmatrix} \begin{bmatrix} a'_{11} \\ a'_{12} \\ a_{13} \\ a_{21} \\ a_{22} \\ a_{23} \\ a_{31} \\ a_{32} \end{bmatrix}$$

oder

$$\boldsymbol{d} = \boldsymbol{M}\boldsymbol{a}. \tag{10.41}$$

Die Gleichung kann dann folgendermaßen mit der Methode der kleinsten Quadrate gelöst werden:

$$\boldsymbol{a} = (\boldsymbol{M}^T\boldsymbol{M})^{-1}\boldsymbol{M}^T\boldsymbol{d}. \tag{10.42}$$

10.6 Interpolation[†]

10.6.1 Grundlagen

Neben der Transformation selbst ist die *Interpolation* der andere wichtige Aspekt diskreter geometrischer Operationen. Die Notwendigkeit der

Interpolation ergibt sich aus der Tatsache, dass Gitterpunkte im allgemeinen nicht auf Gitterpunkte, sondern auf Zwischengitterplätze abgebildet werden und umgekehrt.

Grundlage der Interpolation ist das Abtasttheorem (Abschn. 9.2.3). Es besagt, dass das diskrete Bild unter der Voraussetzung, dass die Abtastbedingungen eingehalten werden, das kontinuierliche Bild vollständig wiederspiegelt. Anders ausgedrückt bedeutet das, dass jede im Bild auftretende periodische Struktur mindestens zweimal pro Wellenlänge abgetastet werden muss. Von dieser grundlegenden Tatsache aus kann leicht — zumindest prinzipiell — ein allgemeines Verfahren für die Interpolation abgeleitet werden: Man rekonstruiert zuerst das kontinuierliche Bild und führt dann eine erneute Abtastung auf neuen Gitterpunkten durch. Diese Prozedur funktioniert nur, solange das neue Gitter nicht größer als das alte ist. Ist es größer, treten Aliasing-Erscheinungen auf. In diesem Fall muss das Bild vorgefiltert werden, ehe es erneut abgetastet werden kann.

Obwohl diese Prozeduren einfach und direkt klingen, sind sie in Wirklichkeit sehr schwierig. Problematisch ist die Tatsache, dass die Rekonstruktion des kontinuierlichen Bildes aus dem abgetasteten Bild praktisch sehr aufwendig ist und nur näherungsweise erfolgen kann. Daher müssen wir versuchen, die Interpolation durch Einführung einiger Beschränkungen zu optimieren. In diesem Abschnitt werden wir zuerst erläutern, warum eine ideale Interpolation im allgemeinen unmöglich ist, und dann in Abschn. 10.6.2–10.6.6 praktische Verfahren diskutieren.

In Abschn. 9.3.1 haben wir festgestellt, dass die Rekonstruktion einer kontinuierlichen Funktion aus Abtastpunkten als Faltungsoperation

$$g_r(\boldsymbol{x}) = \sum_{m,n} g(\boldsymbol{x}_{m,n}) h(\boldsymbol{x} - \boldsymbol{x}_{m,n}) \qquad (10.43)$$

betrachtet werden kann, wobei die kontinuierliche Interpolationsmaske h die sinc-Funktion ist:

$$h(\boldsymbol{x}) = \frac{\sin \pi x_1/\Delta x_1}{\pi x_1/\Delta x_1} \frac{\sin \pi x_2/\Delta x_2}{\pi x_2/\Delta x_2}. \qquad (10.44)$$

Die Transferfunktion der Punktantwort in (10.44) ist eine Rechteckfunktion mit der Breite $\Delta x_w/2\pi$:

$$\hat{h}(\boldsymbol{k}) = \Pi(\tilde{k}_1/2, \tilde{k}_2/2) \quad \text{mit} \quad \tilde{k}_w = k_w \Delta x_w/\pi. \qquad (10.45)$$

Der in (10.43) interpolierte Wert an den Gitterpunkten $\boldsymbol{x}_{mn}$ sollte die Gitterpunkte reproduzieren und nicht von anderen Gitterpunkten abhangen. Hieraus können wir die *Interpolationsbedingungen* ableiten:

$$h(\boldsymbol{x}_{m,n}) = \begin{cases} 1 & m = 0, n = 0 \\ 0 & \text{sonst.} \end{cases} \qquad (10.46)$$

Die Interpolationsmaske in (10.44) erfüllt diese Bedingungen. Jede Interpolationsmaske muss daher Nulldurchgänge an allen Gitterpunkten mit Ausnahme des Nullpunktes, wo sie den Wert 1 hat, aufweisen.

Weil die Interpolation eine Faltungsoperation ist und daher durch eine Transferfunktion im Fourierraum beschrieben werden kann (10.45), haben wir ein Werkzeug zur Klassifikation der bei der Interpolationstechnik auftretenden Fehler in der Hand. Die Rechteckform der Transferfunktion für die ideale Interpolationsfunktion bedeutet einfach, dass alle Wellenzahlen innerhalb des Bereiches $|k_w| \leq \frac{\Delta x_w}{\pi}$ möglicher Wellenzahlen weder eine Phasenverschiebung noch eine Amplitudendämpfung erfahren. Außerhalb des erlaubten Intervalls ist die Transferfunktion null. Daher werden bei der Interpolation keine verfälschten Wellenzahlen erzeugt.

Die ideale Interpolationsfunktion in (10.43) ist separierbar. Deshalb kann die Interpolation leicht für höherdimensionale Bilder formuliert werden. Es ist zu erwarten, dass alle Lösungen des Interpolationsproblems ebenfalls separierbar sind. Demnach müssen wir nur das eindimensionale Interpolationsproblem diskutieren. Ist es gelöst, haben wir auch eine Lösung für die n-dimensionale Interpolation.

Ein wichtiger Spezialfall ist die Interpolation nur für Punkte, die genau zwischen den existierenden Gitterpunkten liegen. Dieses Interpolationsschema verdoppelt Auflösung und Bildgröße in allen Richtungen, in die es angewandt wird. Dann reduziert sich der kontinuierliche Interpolationskern auf eine diskrete Faltungsmaske. Da der Interpolationskern (10.44) separierbar ist, können wir zuerst die Zwischenpunkte einer Zeile in horizontaler Richtung und dann die Zwischenzeilen vertikal interpolieren. In höherdimensionalen Bildern werden weitere 1D-Interpolationen in z- und/oder t-Richtung hinzugefügt. Die Interpolationskerne sind in allen Richtungen gleich. Wir benötigen den kontinuierlichen Kern $h(x)$ nur für halbzahlige Werte von $x/\Delta x$. Aus (10.44) erhalten wir daher die Interpolationsfaltungsmaske

$$h = \left[\cdots \quad \frac{(-1)^{m-1} 2}{(2m-1)\pi} \quad \cdots \quad -\frac{2}{3\pi} \quad \frac{2}{\pi} \quad \frac{2}{\pi} \quad -\frac{2}{3\pi} \quad \cdots \quad \frac{(-1)^{m-1} 2}{(2m-1)\pi} \quad \cdots \right] \quad (10.47)$$

mit Koeffizienten alternierenden Vorzeichens.

10.6.2 Interpolation im Fourierraum

Im Fourierraum reduziert sich die Interpolation auf eine einfache Operation. Wie (10.45) zeigt, ist die Transferfunktion eines idealen Interpolationskerns eine Rechteckfunktion, die außerhalb der Wellenzahlen, die repräsentiert werden können, null ist. Diese grundlegende Tatsache führt zu folgender Interpolationsprozedur im Fourierraum:

1. Vergrößern der Matrix des fouriertransformierten Bildes. Wird eine $M \times M$-Matrix auf eine $M' \times M'$-Matrix vergrößert, wird das Bild im Ortsraum auch auf ein $M' \times M'$-Bild vergrößert. Aufgrund der Reziprozität der Fouriertransformation bleibt aber die Bildgröße selbst unverändert. Es verringert sich lediglich der Abstand zwischen den Bildpunkten. Daraus ergibt sich eine höhere räumliche Auflösung:

$$M\Delta k \to M'\Delta k \quad \circ\!\!\!-\!\!\!\bullet \quad \Delta x = \frac{1}{M\Delta k} \to \Delta x' = \frac{1}{M'\Delta k} \qquad (10.48)$$

2. Auffüllen des ergänzten Bereiches im Fourierraum mit Nullen und Berechnung einer inversen Fouriertransformation.

Theoretisch resultiert diese Prozedur in einem perfekt interpolierten Bild. Leider hat sie jedoch drei schwerwiegende Nachteile:

1. Die Fouriertransformation eines endlichen Bildes impliziert eine zyklische Wiederholung des Bildes sowohl im Orts- als auch im Fourierraum. Daher ist die Faltung, die durch die Fouriertransformation durchgeführt wird, ebenfalls zyklisch. Das bedeutet, dass an der rechten oder linken Kante des Bildes die Faltung mit der gegenüberliegenden Seite des Bildes fortgeführt wird. Da die Realität nicht periodisch ist und Interpolationsmasken groß sind, kann dies zu empfindlichen Störungen der Interpolation auch noch in relativ großem Abstand von den Bildkanten führen.

2. Die Fouriertransformation kann nur für bestimmte Werte von M' effizient berechnet werden. Am bekanntesten sind die schnellen Basis-2-Algorithmen, die nur auf Bilder der Größe $M' = 2^{N'}$ angewandt werden können (Abschn. 2.5.2). Daher ist die auf der Fouriertransformation basierende Interpolation auf Skalierungsfaktoren, die ein Vielfaches von zwei sind, beschränkt.

3. Die Fouriertransformation kann sie nur auf die Skalierung mit einen ganzzahligen Faktor (2, 3, ...) angewandt werden. Andernfalls wird — wie auch bei einer Rotation oder affinen Abbildung — das Interpolationsproblem nur vom Orts- in den Fourierraum verlagert.

10.6.3 Lineare Interpolation

Die *lineare Interpolation* ist der klassische Interpolationsansatz. Die interpolierten Punkte liegen auf Geradenstücken, die benachbarte Gitterpunkte verbinden. Um die Rechnungen zu vereinfachen, benutzen wir im folgenden normierte räumliche Koordinaten $\tilde{x} = x/\Delta x$. Aus Symmetriegründen setzen wir die beiden vorhandenen Gitterpunkte auf $-1/2$ und $1/2$. Daraus ergibt sich die Interpolationsgleichung

$$g(\tilde{x}) = \frac{g_{1/2} + g_{-1/2}}{2} + (g_{1/2} - g_{-1/2})\,\tilde{x} \quad \text{für} \quad |\tilde{x}| \le 1/2. \qquad (10.49)$$

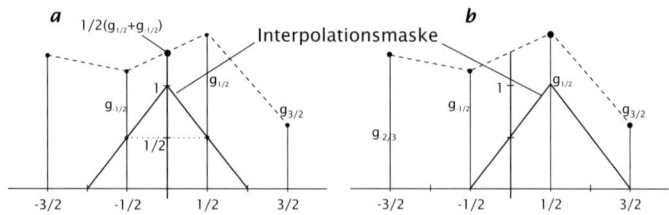

Abbildung 10.17: *Veranschaulichung der linearen Interpolation:* **a** *Bei* $x = 0$ *wird der Mittelwert von* $g_{1/2}$ *und* $g_{-1/2}$ *genommen,* **b** *bei* $x = 1/2$ *wird* $g_{1/2}$ *repliziert.*

Vergleichen wir (10.49) mit (10.43), können wir auf die kontinuierliche Interpolationsmaske für die lineare Interpolation schließen:

$$h_1(\tilde{x}) = \begin{cases} 1 - |\tilde{x}| & |\tilde{x}| \leq 1 \\ 0 & \text{sonst.} \end{cases} \tag{10.50}$$

Ihre interpolierende Natur ist in Abb. 10.17 veranschaulicht.

Die Interpolationsmaske (10.50) für lineare Interpolation ist eine Dreiecksfunktion, deren Transferfunktion die quadrierte sinc-Funktion (≻ R5)

$$\hat{h}_1(\tilde{k}) = \frac{\sin^2 \pi \tilde{k}/2}{(\pi \tilde{k}/2)^2} \tag{10.51}$$

ist. Ein Vergleich mit der idealen Transferfunktion für die Interpolation (10.45) zeigt, dass durch die lineare Interpolation zwei Störungen eingeführt werden:

1. Während kleine Wellenzahlen, insbesondere der Mittelwert $\tilde{k} = 0$, korrekt interpoliert werden, werden hohe Wellenzahlen in ihrer Amplitude etwas reduziert, was zu einer leichten Glättung führt. Bei $\tilde{k} = 1$ reduziert sich die Transferfunktion auf etwa 40 % mit $\hat{h}_1(1) = (2/\pi)^2 \approx 0,4$.

2. Da $\hat{h}_1(\tilde{k})$ bei Wellenzahlen $\tilde{k} > 1$ nicht null ist, werden einige falsche hohe Wellenzahlen erzeugt. Wird das kontinuierlich interpolierte Bild erneut abgetastet, ergeben sich dadurch leichte Aliasing-Effekte. Das erste Nebenmaximum hat eine Amplitude von $(2/3\pi)^2 \approx 0,045$.

Wenn wir nur die Zwischengitterpunkte bei $\tilde{x} = 0$ interpolieren, wird aus der kontinuierlichen Interpolationsfunktion (10.50) eine diskrete Faltungsmaske mit Werten bei $\tilde{x} = [\ldots -3/2 \ -1/2 \ 1/2 \ 3/2 \ldots]$. Da (10.50) für $|\tilde{x}| \geq 1$ null ist, ergibt sich die diskrete Interpolationsmaske $H = 1/2[11]$ mit der Transferfunktion

$$\hat{H}_1(\tilde{k}) = \cos \pi \tilde{k}/2. \tag{10.52}$$

Die Transferfunktion ist reell, so daß keine Phasenverschiebung auftritt. Die signifikante Amplitudendämpfung zu hohen Wellenzahlen hin zeigt jedoch, dass diese nicht korrekt interpoliert werden.

Bei allen anderen Punkten als dem symmetrisch liegenden Zwischengitterpunkt bei $\tilde{x} = 0$ treten zusätzlich noch Phasenverschiebungen auf. Wir untersuchen die Phasenverschiebung und die Amplitudendämpfung der linearen Interpolation nun für beliebige Punkte zwischen den Gitterpunkten, also $\tilde{x} = \epsilon \in [-1/2, 1/2]$. Dann ist für einen Punkt ϵ die Interpolationsmaske $[1/2 - \epsilon, 1/2 + \epsilon]$. Die Maske enthält einen symmetrischen Teil $[1/2, 1/2]$ und einen antisymmetrischen Teil $[-\epsilon, \epsilon]$. Daher ist die Transferfunktion komplex und ergibt sich zu

$$\hat{h}_1(\epsilon, \tilde{k}) = \cos \pi \tilde{k}/2 + 2i\epsilon \sin \pi \tilde{k}/2. \tag{10.53}$$

Um den Fehler in der Phasenlage zu bestimmen, ist es sinnvoll, die Phasenlage auf den Punkt bei $\epsilon = 0$ zu beziehen, da an diesem keine Phasenverschiebung auftreten sollte. Nach dem Verschiebungstheorem (Theorem 3, S. 53, ≻ R4) müssen wir dazu (10.53) mit $\exp(-i\epsilon\pi\tilde{k})$ multiplizieren:

$$\hat{h}_1(\epsilon, \tilde{k}) = (\cos \pi \tilde{k}/2 + 2i\epsilon \sin \pi \tilde{k}/2) \exp(-i\epsilon\pi\tilde{k}). \tag{10.54}$$

Nur für $\epsilon = 0$ ($\hat{h}_1(0, \tilde{k}) = \cos \pi \tilde{k}/2$) und $\epsilon = 1/2$ ($h_1(1/2, \tilde{k}) = 1$) ist die Transferfunktion reell. Bei allen anderen Punkten ergibt sich, wie Abb. 10.18 zeigt, eine nicht zu vernachlässigende Phasenverschiebung. Dabei wird die Phasenverschiebung $\Delta\varphi$ als Positionsverschiebung $\Delta x = \Delta\varphi\lambda/2\pi = \Delta\varphi/(\pi\tilde{k})$ der zugehörigen periodischen Struktur ausgedrückt.

10.6.4 Interpolation mit Polynomen

Bei den beträchtlichen Einschränkungen der linearen Interpolation, wie sie in Abschn. 10.6.3 diskutiert wurden, stellen wir uns die Frage, ob Interpolationen höherer Ordnung von Vorteil sind. Lineare Interpolation verbindet zwei benachbarte Punkte durch eine Gerade. Ebenso können wir ein P-gradiges Polynom mit $P + 1$ unbekannten Koeffizienten a_p durch $P + 1$ Punkte legen:

$$g_r(\tilde{x}) = \sum_{p=0}^{P} a_p \tilde{x}^p. \tag{10.55}$$

Aus Gründen der Symmetrie legen wir bei einer geraden Zahl von Gitterpunkten — P ist also ungerade — deren Positionen auf halbzahlige Werte:

$$\tilde{x}_p = \frac{2p - P}{2}. \tag{10.56}$$

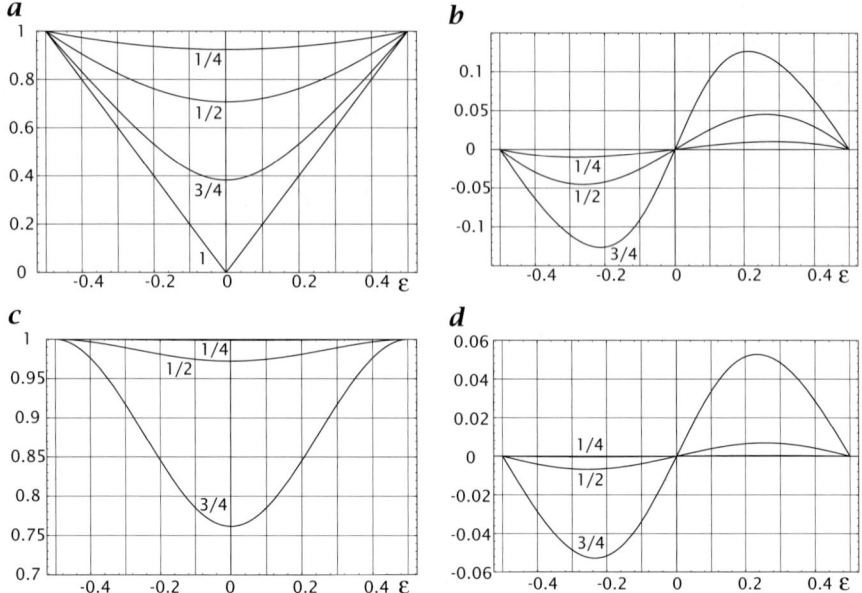

Abbildung 10.18: *Amplitudendämpfung (linke Spalte) und Phasenverschiebung, ausgedrückt als Positionsverschiebung $\Delta x = \Delta\varphi\lambda/2\pi$ in Radiant (rechte Spalte), für Wellenzahlen $\tilde{k} = 1/4, 1/2, 3/4$, dargestellt als Funktion der Position ϵ des zu interpolierenden Punktes zwischen $-1/2$ bis $1/2$ für lineare Interpolation (**a** und **b**) und kubische B-Spline-Interpolation (**c** und **d**).*

Mit der Interpolationsbedingung für die Gitterpunkte, $g_r(\tilde{x}_p) = g_p$, ergibt sich folgendes lineare Gleichungssystem mit $P + 1$ Gleichungen und $P + 1$ Unbekannten a_P, wenn P ungerade ist:

$$
\begin{bmatrix}
g_0 \\
\vdots \\
g_{(P-1)/2} \\
g_{(P+1)/2} \\
\vdots \\
g_P
\end{bmatrix}
=
\begin{bmatrix}
1 & -P/2 & P^2/4 & -P^3/8 & \cdots \\
\vdots & & & & \\
1 & -1/2 & 1/4 & -1/8 & \cdots \\
1 & 1/2 & 1/4 & 1/8 & \cdots \\
\vdots & & & & \\
1 & P/2 & P^2/4 & P^3/8 & \cdots
\end{bmatrix}
\begin{bmatrix}
a_0 \\
\vdots \\
\vdots \\
a_P
\end{bmatrix}.
\tag{10.57}
$$

Daraus können wir die Koeffizienten des Polynoms bestimmen. Für ein kubisches Polynom ($P = 3$) ergibt sich zum Beispiel das Gleichungssys-

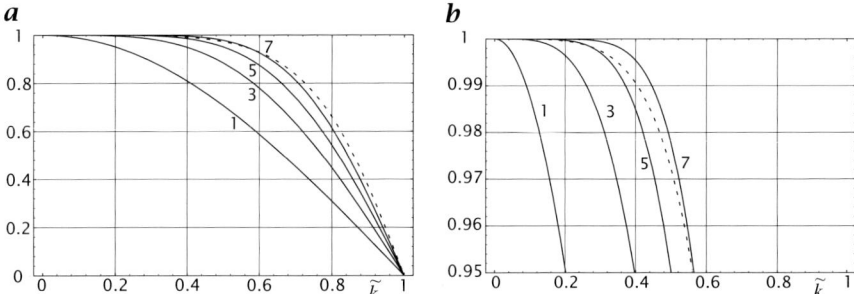

Abbildung 10.19: *Transferfunktionen diskreter polynomialer Interpolationsfilter zur Interpolation eines Wertes zwischen zwei Gitterpunkten. Der Grad des Polynoms (1 = linear, 3 = kubisch etc.) ist in der Grafik markiert. Die gestrichelte Linie stellt die Transferfunktion für kubische B-Spline-Interpolation dar (Abschn. 10.6.5). **a** zeigt den Wertebereich von 0 bis 1 und **b** einen 5%-Bereich unterhalb der idealen Transferfunktion $\hat{h}(\tilde{k}) = 1$.*

tem

$$
\begin{bmatrix} g_0 \\ g_1 \\ g_2 \\ g_3 \end{bmatrix} = \begin{bmatrix} 1 & -3/2 & 9/4 & -27/8 \\ 1 & -1/2 & 1/4 & -1/8 \\ 1 & 1/2 & 1/4 & 1/8 \\ 1 & 3/2 & 9/4 & 27/8 \end{bmatrix} \begin{bmatrix} a_0 \\ a_1 \\ a_2 \\ a_3 \end{bmatrix}
\tag{10.58}
$$

mit der Lösung

$$
\begin{bmatrix} a_0 \\ a_1 \\ a_2 \\ a_3 \end{bmatrix} = \frac{1}{48} \begin{bmatrix} -3 & 27 & 27 & -3 \\ 2 & -54 & 54 & -2 \\ 12 & -12 & -12 & 12 \\ -8 & 24 & -24 & 8 \end{bmatrix} \begin{bmatrix} g_0 \\ g_1 \\ g_2 \\ g_3 \end{bmatrix}.
\tag{10.59}
$$

Aus dieser Lösung können wir ableiten, dass der Grauwert an der Stelle $\tilde{x} = 0$ durch $g_r(0) = a_0 = -1/16 g_0 + 9/16 g_1 + 9/16 g_2 - 1/16 g_3$ interpoliert wird, was der Interpolationsmaske $1/16[-1, 9, 9, -1]$ entspricht.

Abb. 10.19 zeigt die Transferfunktionen für Interpolationen mit Polynomen verschiedenen Grades. Mit steigendem Grad P des interpolierenden Polynoms nähert sich die Transferfunktion zunehmend der Rechteckfunktion. Allerdings konvergiert sie langsam. Für eine genaue Interpolation müssen wir also eine große Interpolationsmaske verwenden.

10.6.5   Interpolation mit Splines[‡]

Die Interpolation mit Polynomen hat neben der begrenzten Genauigkeit noch andere bedeutende Nachteile. Die interpolierte Kurve ist schon in der ersten Ableitung an den Stützstellen (Gitterpunkten) nicht stetig. Dies rührt daher, dass für jedes Intervall zwischen Gitterpunkten ein anderes Polynom verwendet

a
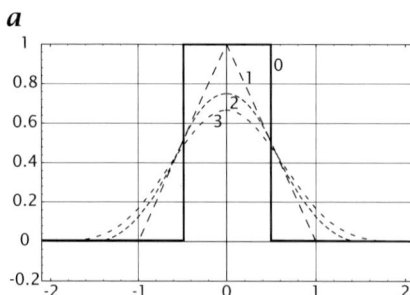

b
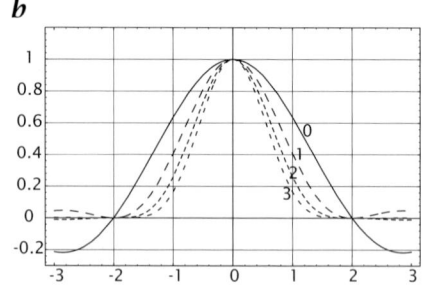

Abbildung 10.20: *a B-Spline-Interpolationskerne, erzeugt durch eine kaskadierte Faltung des Rechteckkerns, nullter Ordnung (nächster Nachbar), erster (lineare Interpolation), zweiter (quadratischer B-Spline) und dritter Ordnung (kubischer B-Spline); b zugehörige Transferfunktionen.*

wird. Also ist im allgemeinen nur die interpolierte Funktion an den Gitterpunkten stetig, ihre Ableitungen sind es jedoch nicht.

Splines vermeiden diese Nachteile durch zusätzliche Stetigkeitsbedingungen für die Ableitungen an den Gitterpunkten. Aus den vielen Klassen von Splinefunktionen werden wir hier nur eine Klasse diskutieren, die sogenannten *B-Splines*. Da B-Splines separierbar sind, genügt wiederum eine Betrachtung der Eigenschaften der eindimensionalen Funktionen. Vor dem Hintergrund der Bildverarbeitung ist der einfachste Zugang zu den B-Splines ihre Faltungseigenschaft. Der Kern einer B-Spline-Kurve der Ordnung p wird durch Faltung der Rechteckfunktion $(P+1)$-mal mit sich selbst erzeugt (Abb. 10.20a), da die Transferfunktion der Rechteckfunktion die sinc-Funktion ist ($\succ$ R5):

$$\beta_P(\tilde{x}) = \underbrace{\Pi(\tilde{x}) * \ldots * \Pi(\tilde{x})}_{(P+1)\text{-mal}}.$$ (10.60)

Die Transferfunktion eines B-Splines der Ordnung P ist

$$\hat{\beta}_P(\hat{k}) = \left(\frac{\sin \pi \tilde{k}/2}{(\pi \tilde{k}/2)} \right)^{P+1}.$$ (10.61)

Abbildung 10.20b zeigt, dass die B-Spline-Funktion keine passende interpolierende Funktion ist. Die Transferfunktion nimmt zu schnell ab, was bedeutet, dass die B-Spline-Interpolation zu stark glättet. Darüber hinaus erfüllt der B-Spline-Kern für $P > 1$ nicht die Interpolationsbedingung (10.46).

B-Splines können zur Interpolation nur dann verwendet werden, wenn zuerst die diskreten Gitterpunkte derart transformiert werden, dass eine nachfolgende Faltung mit einem B-Spline-Kern das Originalbild an den Gitterpunkten wiederherstellt. Diese Transformation heißt B-Spline-Transformation und wird aus der folgenden Bedingung konstruiert:

$$g_p(x) = \sum_n c_n \beta_P(x - x_n) \quad \text{mit} \quad g_p(x_n) = g(x_n).$$ (10.62)

Ein um einen Gitterpunkt zentrierter kubischer B-Spline-Interpolationskern ist nur für drei Gitterpunkte ungleich null. Die Koeffizienten $\beta_3(-1) = \beta_{-1}, \beta_3(0) =$

β_0 und $\beta_3(1) = \beta_1$ sind 1/6, 2/3, 1/6. Die Faltung dieses Kerns mit den unbekannten B-Spline-Transformationswerten c_n sollte an den Gitterpunkten die Originalwerte g_n ergeben:

$$\boldsymbol{g} = \boldsymbol{c} * \boldsymbol{\beta}_3 \quad \text{oder} \quad g_n = \sum_{n'=-1}^{1} c_{n+n'}\beta_{n'}. \tag{10.63}$$

Gleichung (10.63) entspricht dem dünn besetzten linearen Gleichungssystem

$$\begin{bmatrix} g_0 \\ g_1 \\ \vdots \\ g_{N-1} \end{bmatrix} = \frac{1}{6} \begin{bmatrix} 4 & 1 & 0 & \ddots & 0 & 1 \\ 1 & 4 & 1 & 0 & \ddots & 0 \\ 0 & 1 & 4 & 1 & 0 & \ddots \\ \ddots & & & \ddots & \ddots & \\ \ddots & \ddots & 1 & 4 & 1 & 0 \\ 0 & \ddots & 0 & 1 & 4 & 1 \\ 1 & 0 & \ddots & 0 & 1 & 4 \end{bmatrix} \begin{bmatrix} c_0 \\ c_1 \\ \vdots \\ c_{N-1} \end{bmatrix}, \tag{10.64}$$

wobei von zyklischen Randbedingungen ausgegangen wurde. Es muss also ein lineares Gleichungssystem gelöst werden. Aus der besonderen Form des Gleichungssystems als Faltung ergibt sich aber ein effektiverer Lösungsweg. Im Fourierraum reduziert sich (10.63) zu

$$\hat{\boldsymbol{g}} = \hat{\boldsymbol{\beta}}_3 \hat{\boldsymbol{c}}. \tag{10.65}$$

Die Transferfunktion von $\boldsymbol{\beta}_3$ ist $\hat{\beta}_3(\tilde{k}) = 2/3 + 1/3\cos(\pi\tilde{k})$. Da diese Funktion keine Nullstelle besitzt, kann man unmittelbar sehen, dass sich $\boldsymbol{c}$ aus der Faltung von $\boldsymbol{g}$ mit einer Faltungsmaske mit der Transferfunktion

$$\hat{\beta}_3^{-1}(\tilde{k}) = \hat{\beta}_T(\tilde{k}) = \frac{1}{2/3 + 1/3\cos\pi\tilde{k}} \tag{10.66}$$

ergibt. Solch eine Transferfunktion gehört zu einem rekursiven Filter, das mit der nachfolgenden Rekursion zuerst vorwärts und dann rückwärts angewandt wird (Abschn. 4.2.10, [204]):

$$\begin{aligned} g'_n &= g_n - (2 - \sqrt{3})(g'_{n-1} - g_n) \\ c'_n &= g'_n - (2 - \sqrt{3})(c_{n+1} - g'_n). \end{aligned} \tag{10.67}$$

Die gesamte Operation erfordert nur zwei Multiplikationen und vier Additionen. Auf die B-Spline-Transformation folgt eine B-Spline-Interpolation. Im kontinuierlichen Fall erhalten wir unter Verwendung von (10.61) und (10.66) die effektive Transferfunktion für die B-Spline-Interpolation

$$\hat{\beta}_I(\tilde{k}) = \frac{\sin^4(\pi\tilde{k}/2)/(\pi\tilde{k}/2)^4}{(2/3 + 1/3\cos\pi\tilde{k})}. \tag{10.68}$$

Im wesentlichen verstärkt die B-Spline-Transformation (10.66) hohe Wellenzahlen (bei $\tilde{k} = 1$ ungefähr um den Faktor 3), was den Glättungseffekt der B-Spline-Interpolation weitgehend kompensiert.

Wir untersuchen diese Kompensation an den Gitterpunkten und an den Zwischengitterpunkten. Aus der Gleichung des kubischen B-Spline-Interpolationskernes (10.60) (siehe auch Abb. 10.20a) ergeben sich die Interpolationskoeffizienten für Gitter- und Zwischengitterpunkte als

$$1/6\,[1\ 4\ 1] \qquad \text{bzw.} \qquad 1/48\,[1\ 23\ 23\ 1] \qquad (10.69)$$

mit den Transferfunktionen

$$2/3 + 1/3\cos\pi\tilde{k} \qquad \text{und} \qquad 23/24\cos(\pi\tilde{k}/2) + 1/24\cos(3\pi\tilde{k}/2). \qquad (10.70)$$

Die Transferfunktion kompensiert, wie erwartet, an den Gitterpunkten die Anwendung der B-Spline-Transformation (10.66). Daher geht die Interpolationskurve durch die Gitterpunkte. An den Zwischengitterpunkten lautet dann die effektive Transferfunktion für die kubische B-Spline-Interpolation

$$\hat{\beta}_I(1/2, \tilde{k}) = \frac{23/24\cos(\pi\tilde{k}/2) + 1/24\cos(3\pi\tilde{k}/2)}{2/3 + 1/3\cos\pi\tilde{k}}. \qquad (10.71)$$

Die Amplitudendämpfung und die Phasenverschiebung, ausgedrückt als Positionsverschiebung in Pixelabständen, sind in Abb. 10.18c und d dargestellt. Es ist zu beachten, dass die Verschiebungen auf die Zwischengitterpunkte bezogen sind. Verschiebung und Amplitudenabschwächung sind null an den Gitterpunkten $[-0, 5, 0, 5]^T$. Während die Amplitudenabschwächung am Zwischengitterpunkt maximal ist, ist die Positionsverschiebung dort wegen der Symmetrie ebenfalls null. Die Phasenverschiebung bei den Wellenzahlen $\tilde{k} = 3/4$ ist leider nur etwa 50 % kleiner als bei der linearen Interpolation (Abb. 10.18b). Sie ist mit einem Maximalwert von etwa 0,13 immer noch signifikant. Für Algorithmen, die im Bereich von 1/100 Pixel genau sein sollten, ist dieser Wert viel zu hoch. Falls keine besseren Interpolationstechniken angewandt werden können, bedeutet das, dass die maximale Wellenzahl kleiner als 0,5 sein sollte. Dann ist die maximale Verschiebung kleiner als 0,01 und die Amplitudenabschwächung geringer als 3 %.

Diese Diskussion der Phasenverschiebung gilt nur für beliebige Verschiebungen. Für Zwischengitterpunkte tritt überhaupt keine Positionsverschiebung auf. In diesem Spezialfall — den es in der Bildverarbeitung oft gibt, z. B. bei der Berechnung von Pyramiden (Kapitel 5) — ist die Optimierung von Interpolationsfiltern recht einfach, da nur die Amplitudenabschwächung über den interessierenden Wellenzahlbereich minimiert werden muss.

10.6.6 Optimierte Interpolation[‡]

Das Design von Filtern für die Interpolation kann — wie jedes Filterdesignproblem — mathematisch als ein Optimierungsproblem behandelt werden. Die generelle Idee ist, die Filterkoeffizienten derart zu variieren, dass die Abweichung von der idealen Transferfunktion minimal wird. Für nichtrekursive Filter ist die Transferfunktion in den Koeffizienten h_r linear:

$$\hat{h}(\tilde{k}) = \sum_{r=1}^{R} h_r \hat{f}_r(\tilde{k}). \tag{10.72}$$

Die ideale Transferfunktion sei $\hat{h}_I(\tilde{k})$. Dann sollte die Optimierung das folgende Integral minimieren:

$$\int_{0}^{1} w(\tilde{k}) \left| \left(\sum_{r=1}^{R} h_r \hat{f}_r(\tilde{k}) \right) - \hat{h}_I(\tilde{k}) \right|^n d\tilde{k}. \tag{10.73}$$

In diesen Ausdruck wurde eine Wichtungsfunktion $w(\tilde{k})$ eingeführt, die die Steuerung der Optimierung für einen bestimmten Wellenzahlbereich erlaubt. Gleichung (10.73) berücksichtigt eine beliebige L_n-Norm. Meistens wird die L_2-Norm verwendet. Das bedeutet, dass (10.73) die Summe der Quadrate minimiert.

Das Minimierungsproblem führt mit der L_2-Norm für die R Koeffizienten des Filters zu einem linearen Gleichungssystem, das einfach gelöst werden kann:

$$\boldsymbol{Mh} = \boldsymbol{d} \tag{10.74}$$

mit

$$\boldsymbol{d} = \begin{bmatrix} \overline{h_I \hat{f}_1} \\ \overline{h_I \hat{f}_2} \\ \vdots \\ \overline{h_I \hat{f}_R} \end{bmatrix} \quad \text{und} \quad \boldsymbol{M} = \begin{bmatrix} \overline{\hat{f}_1^2} & \overline{\hat{f}_1 \hat{f}_2} & \cdots & \overline{\hat{f}_1 \hat{f}_R} \\ \overline{\hat{f}_1 \hat{f}_2} & \overline{\hat{f}_2^2} & \cdots & \overline{\hat{f}_2 \hat{f}_R} \\ \vdots & & \ddots & \vdots \\ \overline{\hat{f}_1 \hat{f}_R} & \overline{\hat{f}_2 \hat{f}_R} & \cdots & \overline{\hat{f}_R^2} \end{bmatrix},$$

wobei die Abkürzung

$$\overline{\hat{e}(\tilde{k})} = \int_{0}^{1} w(\tilde{k}) \cdot \hat{e}(\tilde{k}) d\tilde{k} \tag{10.75}$$

für eine beliebige Funktion $e(\tilde{k})$ verwendet wurde.

Die Flexibilität der Methode der kleinsten Quadrate liegt in der freien Wahl der Wichtungsfunktion $w(\tilde{k})$ und der sorgfältigen Beachtung der Symmetrieeigenschaften und anderer Eigenschaften der Filter durch die Wahl der Transferfunktion in (10.72). Als Beispiel untersuchen wir die beiden Ansätze

$$\hat{h}(\tilde{k}) = \sum_{r=1}^{R} h_r \cos \left(\frac{2r-1}{2} \pi \tilde{k} \right) \tag{10.76}$$

und

$$\hat{h}(\tilde{k}) = \cos \left(\frac{1}{2} \pi \tilde{k} \right) + \sum_{r=2}^{R} h_r \left[\cos \left(\frac{2r-3}{2} \pi \tilde{k} \right) - \cos \left(\frac{1}{2} \pi \tilde{k} \right) \right]. \tag{10.77}$$

Beide Filter ergeben durch die Wahl der Kosinusfunktion eine symmetrische Maske. Gleichung (10.77) legt fest, dass $\hat{h}(0) = 1$, d.h., mittlere Grauwerte

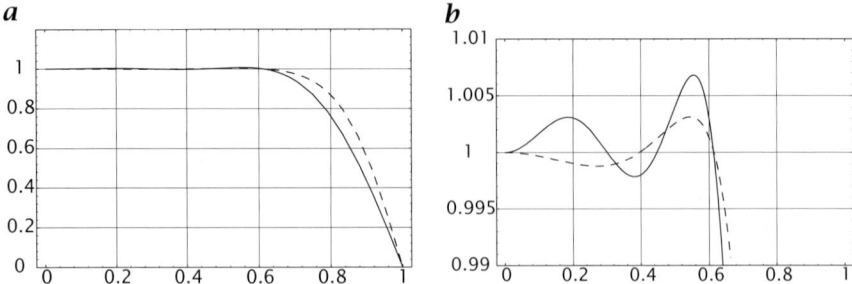

Abbildung 10.21: *Transferfunktion des mit der gewichteten Methode der kleinsten Quadrate optimierten Interpolationskerns nach (10.76) bzw. (10.77) mit R = 3 (durchgezogen) und nach (10.78) für R = 2 (gestrichelt). Die Wichtungsfunktion, in **a** als dünne Kurve gezeigt, hat ihr Maximum bei $\tilde{k} \approx 0,3$. **b** zeigt einen kleinen Ausschnitt der Abbildungen in **a** zur besseren Beurteilung der kleinen Abweichungen von den idealen Werten.*

bleiben bei der Interpolation erhalten. Dies wird erreicht, indem der erste Koeffizient h_1 nicht variiert, sondern auf eins minus der Summe aller anderen Koeffizienten gesetzt wird. Gleichung (10.76) erfüllt diese Bedingung nicht. Abbildung 10.21 vergleicht optimale Transferfunktionen mit beiden Ansätzen für 3 Filterkoeffizienten (R = 3). Der zusätzliche Freiheitsgrad in (10.76) führt im Vergleich zur Polynom- und zur kubischen B-Spline-Interpolation (Abb. 10.19) zu bedeutend besseren Lösungen für den Wellenzahlbereich, in dem die Wichtungsfunktion maximal ist.

Noch bessere Interpolationsmasken resultieren, wenn eine Kombination von nichtrekursiven und rekursiven Filtern wie bei der kubischen B-Spline-Interpolation (Abschn. 10.6.5) verwendet wird:

$$\hat{h}(\tilde{k}) = \frac{\cos\left(1/2\,\pi\tilde{k}\right) + \sum_{r=2}^{R} h_r \left[\cos\left((2r-3)/2\,\pi\tilde{k}\right) - \cos\left(1/2\,\pi\tilde{k}\right)\right]}{1 - \alpha + \alpha\cos\left(\pi\tilde{k}\right)}. \quad (10.78)$$

Bei rekursiven Filtern wird die Optimierung durch die Methode der kleinsten Quadrate nichtlinear, da $\hat{h}(\tilde{k})$ in (10.78) bezüglich des Parameters α des rekursiven Filters nichtlinear ist. In diesem Fall sind iterative Techniken erforderlich, um das Optimierungsproblem zu lösen. Abb. 10.21a und b zeigt die Transferfunktion für R = 2. Eine ausführliche Diskussion von Interpolationsfiltern sowie Tabellen mit optimierten Filtern findet sich bei Jähne [89].

10.6.7 Schnelle Algorithmen für geometrische Transformationen[‡]

Nach der ausführlichen Behandlung der Interpolation haben wir die Grundlagen, um schnelle Algorithmen für die verschiedenen geometrischen Transformationen zu entwickeln. Im Grunde beruhen alle schnellen Interpolationsalgorithmen auf den folgenden beiden Prinzipien: effiziente Berechnung und Nutzung der Interpolationskoeffizienten sowie Aufteilung in eindimensionale geometrische Transformationen.

Zunächst sind viele Berechnungen erforderlich, um die Interpolationskoeffizienten für Teilverschiebungen zu berechnen, da jede Verschiebung unterschiedliche Interpolationskoeffizienten erfordert. Also müssen wir die Transformationen derart konstruieren, dass wir für einen bestimmten Transformationsvorgang nur konstante Verschiebungen benötigen. Ist dies nicht möglich, mag es immer noch effizient sein, zunächst die Interpolationskoeffizienten für verschiedene Teilverschiebungen zu berechnen und sie für die spätere Verwendung zu speichern.

Dann haben wir in Abschn. 10.6.1 gesehen, dass die Interpolation eine separierbare Prozedur ist. Nutzt man diese grundlegende Tatsache, lässt sich die Anzahl der Operationen beträchtlich reduzieren. In den meisten Fällen ist es möglich, die zwei- und höherdimensionalen geometrischen Transformationen in eine Serie von 1D-Transformationen zu zerlegen.

10.7 Literaturhinweise zur Vertiefung‡

Holst [77, 79] und Biberman [12] behandeln die radiometrische Kalibrierung von Bildsensoren und Kameras im sichtbaren und infraroten Wellenlängenbereich. Eine detaillierte Diskussion von Interpolationsfiltern mit Tabellen von Filterkoeffizienten ist bei Jähne [89, Kapitel 8] zu finden. Leser, die sich für den mathematischen Hintergrund der Interpolation interessieren, seien auf Davis [31] und Lancaster und Salkauskas [116] verwiesen. Eine ausführliche Behandlung geometrischer Transformationen findet sich in der Monographie von Wolberg [217].

Teil III

Merkmalsextraktion

11 Mittelung

11.1 Einleitung

In diesem Kapitel beschäftigen wir uns mit Nachbarschaftsoperationen, um die elementare Aufgabe der Mittelung durchzuführen. Diese Operation ist eine der Bausteine für komplexere Merkmalsextraktionsoperatoren, die in Kapitel 13-15 besprochen werden.

Im einfachsten Fall werden Objekte als *Regionen* konstanter Strahlungsstärke bzw. Grauwerte identifiziert. Durch Mittelung erhalten wir repräsentative Mittelwerte der Grauwerte innerhalb des Objekts. Dieser Ansatz beinhaltet natürlich ein einfaches Modell des Bildinhalts und funktioniert nur, wenn das interessierende Objekt durch konstante Grauwerte charakterisiert ist, die sich eindeutig vom Hintergrund und/oder anderen Objekten unterscheiden. Diese Bedingung ist jedoch in der realen Welt nur selten erfüllt. Im allgemeinen liegen variierende Grauwertintensitäten vor, die eine Objekteigenschaft sind oder beim Bilderzeugungsprozess entstehen. Typische Fälle sind *Rauschen*, eine *ungleichmäßige Beleuchtung* oder ein *inhomogener Hintergrund*.

Bei komplexeren Anwendungen ist es unmöglich, Objekte anhand einer einzigen Eigenschaft vom Hintergrund zu unterscheiden. In solchen Fällen kann es notwendig sein, mehr als ein Merkmalsbild für ein und dasselbe Bild zu berechnen. Wir erhalten ein Mehrkanalbild oder *vektorielles Eigenschaftsbild*. Der gleichen Situation begegnen wir, wenn mehr als ein Bild einer Szene vorliegt, z. B. bei Farbbildern oder allen Typen von Multispektralbildern. Daher müssen wir die Mittelwertbildung auch auf Mehrkanalbilder anwenden. Bildsequenzen erfordern eine Ausdehnung der Mittelwertbildung auf die Zeitkoordinate zu einer räumlich-zeitlichen Mittelung.

11.2 Eigenschaften von Glättungsfiltern

Die Faltung bildet die Basis für eine große Klasse von Mittelungs- oder Glättungsfiltern. Diese Filter haben eine Reihe gemeinsamer Eigenschaften, die in diesem Abschnitt besprochen werden.

B. Jähne, Digitale Bildverarbeitung
ISBN 3-540-41260-3

11.2.1 Verschiebungsfreiheit

Ein Glättungsoperator darf die Objektposition nicht verändern. Jede Verschiebung durch einen Operator bei der Bildvorverarbeitung würde zu Fehlern bei der anschließenden Positionsbestimmung und eventuell bei der Berechnung anderer geometrischer Eigenschaften eines Objekts führen. Um dies zu vermeiden, muss die Transferfunktion eines Filters reell sein. Ein Filter dieser Eigenschaft wird als *nullphasiger Filter* bezeichnet, da er bei keiner der periodischen Komponenten eines Bildes eine Phasenverschiebung bewirkt. Eine reelle Transferfunktion impliziert eine symmetrische Filtermaske (Abschn. 2.3). Eine W-dimensionale symmetrische Faltungsmaske wird definiert durch

1D: $h_{-n} = h_n$

2D: $h_{-m,n} = h_{m,n}, \; h_{m,-n} = h_{m,n}$ (11.1)

3D: $h_{-l,m,n} = h_{l,m,n}, \; h_{l,-m,n} = h_{l,m,n}, \; h_{l,m,-n} = h_{l,m,n}.$

Die Symmetriebeziehungen erleichtern die Berechnung der Transferfunktionen beträchtlich, da nur der Kosinusterm des komplexen Exponenten der Fouriertransformation in den Gleichungen verbleibt. Die Transferfunktion für symmetrische 1D-Masken mit einer ungeraden Zahl von Koeffizienten $(2R + 1)$ ist

$$\hat{h}(\tilde{k}) = h_0 + 2 \sum_{v=1}^{R} h_v \cos(v \pi \tilde{k}). \qquad (11.2)$$

Die Transferfunktion einer eindimensionalen symmetrischen Maske mit einer geraden Zahl von Koeffizienten $(2R)$ wird gegeben durch

$$\hat{h}(\tilde{k}) = 2 \sum_{v=1}^{R} h_v \cos((v - 1/2)\pi \tilde{k}). \qquad (11.3)$$

Es ist zu beachten, dass die Wellenzahlen halbzahlig sind $(1/2, 3/2, ...)$, da aus Gründen der Symmetrie das Ergebnis der Faltung mit einer geraden Maske auf dem Zwischengitter liegt.

Für eine zweidimensionale symmetrische Maske mit ungerader Zahl von Koeffizienten in beiden Richtungen ergibt sich entsprechend

$$
\begin{aligned}
\hat{h}(\tilde{\boldsymbol{k}}) = \; & h_{00} \\
& + \; 2 \sum_{v=1}^{r} h_{0v} \cos(v \pi \tilde{k}_1) + \sum_{u=1}^{R} h_{u0} \cos(u \pi \tilde{k}_2) \\
& + \; 4 \sum_{u=1}^{R} \sum_{v=1}^{R} h_{uv} \cos(v \pi \tilde{k}_1) \cos(u \pi \tilde{k}_2).
\end{aligned}
\qquad (11.4)
$$

Eine weitergehende Diskussion der Eigenschaften von bis zu dreidimensionalen symmetrischen Masken finden sich bei Jähne [89].

11.2.2 Erhaltung des Mittelwerts

Der Mittelwert sollte bei einem Glättungsoperator erhalten bleiben. Daher ist die Transferfunktion für die Wellenzahl 0 eins und ebenfalls die Summe aller Koeffizienten der Maske eins:

$$\text{1D:} \quad \hat{h}(0) = 1 \quad \sum_n h_n = 1$$

$$\text{2D:} \quad \hat{h}(\mathbf{0}) = 1 \quad \sum_m \sum_n h_{mn} = 1 \tag{11.5}$$

$$\text{3D:} \quad \hat{h}(\mathbf{0}) = 1 \quad \sum_l \sum_m \sum_n h_{lmn} = 1.$$

11.2.3 Monoton fallende Transferfunktion

Intuitiv erwarten wir, dass jeder Glättungsoperator feinere Strukturen stärker abschwächt als gröbere. Anders gesagt, ein Glättungsoperator sollte nicht eine bestimmte Struktur verschwinden lassen, während kleinere Strukturen immer noch im Bild verbleiben. Mathematisch ausgedrückt bedeutet dies, dass die Transferfunktion monoton mit der Wellenzahl abnehmen muss:

$$\hat{h}(\tilde{k}_2) \le \hat{h}(\tilde{k}_1) \quad \text{wenn} \quad \tilde{k}_2 > \tilde{k}_1. \tag{11.6}$$

Wir können eine strengere Bedingung vorgeben, nach der die Transferfunktion für die höchste Wellenzahl null ist:

$$\text{1D:} \quad \hat{h}(1) = 0$$

$$\text{2D:} \quad \hat{h}(\tilde{k}_1, 1) = 0, \quad \hat{h}(1, \tilde{k}_2) = 0 \tag{11.7}$$

$$\text{3D:} \quad \hat{h}(\tilde{k}_1, \tilde{k}_2, 1) = 0, \quad \hat{h}(\tilde{k}_1, 1, \tilde{k}_3) = 0, \quad \hat{h}(1, \tilde{k}_2, \tilde{k}_3) = 0.$$

Zusammen mit der Monotoniebedingung und der Erhaltung des Mittelwertes bedeutet dies, dass die Transferfunktion für jeden Glättungsoperator monoton von eins nach null abnehmen sollte.

11.2.4 Isotropie

Bei den meisten Anwendungen sollte zur Vermeidung von Richtungsabhängigkeiten die Glättung in allen Richtungen gleich sein. Also sollten Filtermaske und Transferfunktion isotrop sein. Dann hängt die Filtermaske nur von der Entfernung vom zentralen Pixel und die Transferfunktion nur vom Betrag der Wellenzahl ab:

$$h(\mathbf{x}) = h(|\mathbf{x}|) \quad \text{and} \quad \hat{h}(\tilde{\mathbf{k}}) = \hat{h}(|\tilde{\mathbf{k}}|). \tag{11.8}$$

Im diskreten Raum kann diese Bedingung natürlich nur annähernd erfüllt werden. Ein wichtiges Ziel zur Optimierung von Glättungsfiltern ist also die Konstruktion diskreter Masken mit möglichst geringer Anisotropie.

11.3 Rechteckfilter

Glättungsfilter müssen die Bildpunkte in einem kleinen Bereich mitteln. Die einfachste Methode ist die, alle Bildpunkte innerhalb der Filtermaske zu addieren und die Summe durch die Anzahl der Pixel zu teilen. Solch ein einfaches Filter wird *Rechteckfilter* genannt. An Rechteckfiltern lässt sich anschaulich erläutern, wie ein gutes Filter konstruiert wird. Zur Einführung betrachten wir ein 1×3-Filter:

$$^{3}\boldsymbol{R} = \frac{1}{3}\begin{bmatrix} 1 & 1 & 1 \end{bmatrix}.\qquad(11.9)$$

Der Faktor $1/3$ skaliert das Ergebnis der Faltungssumme. Nur so bleibt der Mittelwert (Abschn. 11.2.2) und damit der Grauwert eines Bildpunktes in einer Region mit konstanten Grauwerten erhalten. Wir wenden diese Maske zunächst auf eine vertikale Kante an:

$$
\begin{matrix}
\vdots & \vdots & \vdots & \vdots \\
\cdots\; 0 & 0 & 1 & 1\;\cdots \\
\cdots\; 0 & 0 & 1 & 1\;\cdots \\
\cdots\; 0 & 0 & 1 & 1\;\cdots \\
\vdots & \vdots & \vdots & \vdots
\end{matrix}
\;*\frac{1}{3}\begin{bmatrix} 1 & 1 & 1 \end{bmatrix}=\;
\begin{matrix}
\vdots & \vdots & \vdots & \vdots \\
\cdots\; 0 & 1/3 & 2/3 & 1\;\cdots \\
\cdots\; 0 & 1/3 & 2/3 & 1\;\cdots \\
\cdots\; 0 & 1/3 & 2/3 & 1\;\cdots \\
\vdots & \vdots & \vdots & \vdots
\end{matrix}
$$

Wie wir bei einer Glättungsoperation erwarten, wird aus der scharfen Kante ein allmählicher, rampenartiger Übergang von null auf eins. Glättungsfilter schwächen Strukturen mit hohen Wellenzahlen ab. Wir prüfen dies zuerst an einer vertikalen Struktur mit einer Wellenlänge von drei Bildpunkten:

$$
\begin{matrix}
\vdots & \vdots & \vdots & \vdots & \vdots & \vdots \\
1 & -2 & 1 & 1 & -2 & 1\;\cdots \\
1 & -2 & 1 & 1 & -2 & 1\;\cdots \\
1 & -2 & 1 & 1 & -2 & 1\;\cdots \\
\vdots & \vdots & \vdots & \vdots & \vdots & \vdots
\end{matrix}
\;*\frac{1}{3}\begin{bmatrix} 1 & 1 & 1 \end{bmatrix}=\;
\begin{matrix}
\vdots & \vdots & \vdots & \vdots & \vdots & \vdots \\
0 & 0 & 0 & 0 & 0 & 0\;\cdots \\
0 & 0 & 0 & 0 & 0 & 0\;\cdots \\
0 & 0 & 0 & 0 & 0 & 0\;\cdots \\
\vdots & \vdots & \vdots & \vdots & \vdots & \vdots
\end{matrix}
$$

Das 1×3-Rechteckfilter filtert also eine Struktur mit einer Wellenlänge von drei Pixeln vollständig heraus. Wie in Abschn. 11.2.3 besprochen, erwarten wir von einem guten Glättungsfilter, dass es alle Strukturen mit einer Wellenzahl oberhalb einer gewissen Grenzwellenzahl herausfiltert. Dies ist bei der betrachteten 1×3-Rechteckmaske allerdings nicht der Fall. Für eine Struktur mit einer Wellenlänge von zwei Pixeln dämpft sie lediglich die Amplitude auf $1/3$:

$$
\begin{matrix}
\vdots & \vdots & \vdots & \vdots \\
\cdots\; 1 & -1 & 1 & -1\;\cdots \\
\cdots\; 1 & -1 & 1 & -1\;\cdots \\
\cdots\; 1 & -1 & 1 & -1\;\cdots \\
\vdots & \vdots & \vdots & \vdots
\end{matrix}
\;*\frac{1}{3}\begin{bmatrix} 1 & 1 & 1 \end{bmatrix}=\;
\begin{matrix}
\vdots & \vdots & \vdots & \vdots \\
\cdots\; -1/3 & 1/3 & -1/3 & 1/3\;\cdots \\
\cdots\; -1/3 & 1/3 & -1/3 & 1/3\;\cdots \\
\cdots\; -1/3 & 1/3 & -1/3 & 1/3\;\cdots \\
\vdots & \vdots & \vdots & \vdots
\end{matrix}
$$

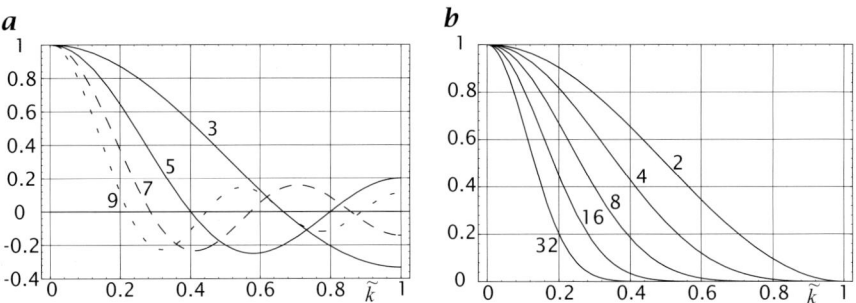

Abbildung 11.1: *Transferfunktionen eindimensionaler Glättungsfilter:* **a** *Rechteckfilter mit 3, 5, 7 und 9 Koeffizienten;* **b** *Binomialfilter $\mathcal{B}^p$ mit $p = 2, 4, 8, 16$ und 32.*

11.3.1 1D-Rechteckfilter

Nach den einführenden Betrachtungen diskutieren wir jetzt die Eigenschaften von Rechteckfiltern quantitativ durch Berechnung der Transferfunktion. Wir beginnen mit 1D-Filtern. Nach den Überlegungen in Abschn. 11.2.1 können wir (11.2) benutzen, um die Transferfunktion des Rechteckfilter mit der Maske

$$^3R_x = \begin{bmatrix} 1/3 & 1/3 & 1/3 \end{bmatrix} \qquad (11.10)$$

zu berechnen. Nur die Koeffizienten $h_0 = h_1 = 1/3$ sind ungleich null, und die Transferfunktion reduziert sich deswegen auf

$$^3\hat{r}_x = \frac{1}{3} + \frac{2}{3}\cos(\pi\tilde{k}_x). \qquad (11.11)$$

Die Transferfunktion zeigt Abb. 11.1a. Unsere exemplarischen Berechnungen am Anfang dieses Abschnitts sind damit belegt. Die Transferfunktion hat eine Nullstelle bei $\tilde{k} = 2/3$. Dies entspricht einer Wellenzahl, die dreimal pro Wellenlänge abgetastet wird. Die kleinste mögliche Wellenlänge ($\tilde{k} = 1$), die zweimal pro Wellenlänge abgetastet wird, wird lediglich mit dem Faktor $1/3$ in der Amplitude gedämpft. Für $\tilde{k} > 2/3$ ist die Transferfunktion negativ. Dies bedeutet die Vertauschung von Minima und Maxima, was einer Phasenverschiebung um $180°$ entspricht. Diese Überlegungen zeigen, dass das 1×3-Rechteckfilter kein gutes Glättungsfilter ist. Die Amplitudendämpfung nimmt nicht monoton mit der Wellenzahl zu, sondern oszilliert, und Strukturen mit den höchsten Wellenzahlen werden nicht stark genug abgeschwächt.

Größere Rechteckfilter zeigen kein verbessertes Verhalten. Die Oszillationen sind sogar noch ausgeprägter, und die Dämpfung ist lediglich proportional zur Wellenzahl. Für große Filtermasken kann die diskrete Maske mit R Koeffizienten durch eine kontinuierliche Rechteckfunktion

a   b

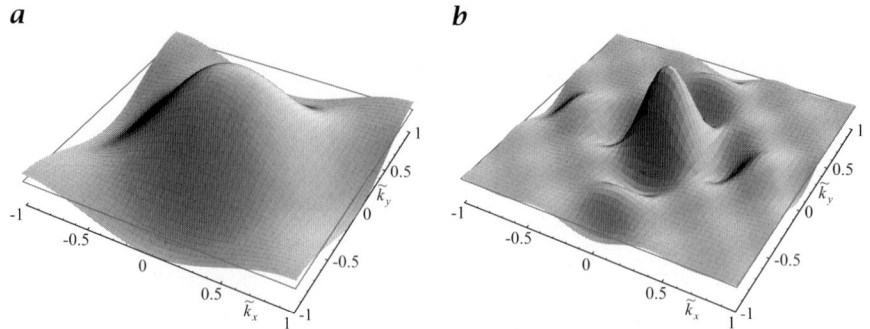

Abbildung 11.2: *Transferfunktion eines zweidimensionalen Rechteckfilters in Pseudo-3D-Darstellung.* **a** *3 × 3-Rechteckfilter;* **b** *7 × 7-Rechteckfilter.*

der Breite R approximiert werden. Daher nähert sich die Transferfunktion einer sinc-Funktion (siehe $\succ$ R5):

$$^R\hat{r}_x(\tilde{k}) = \frac{\sin(\pi R\tilde{k}/2)}{R\sin(\pi\tilde{k}/2)} \approx \frac{\sin(\pi R\tilde{k}/2)}{\pi R\tilde{k}/2} = \mathrm{sinc}(R\tilde{k}/2). \qquad (11.12)$$

11.3.2 2D-Rechteckfilter

Nun wenden wir uns den zweidimensionalen Rechteckfiltern zu. Um die Berechnungen zu vereinfachen, nutzen wir die Separierbarkeit des Filters und zerlegen es in vertikale und horizontale 1D-Komponenten:

$$^3\boldsymbol{R} = {}^3\boldsymbol{R}_x * {}^3\boldsymbol{R}_y = \frac{1}{9}\begin{bmatrix} 1 & 1 & 1 \\ 1 & 1 & 1 \\ 1 & 1 & 1 \end{bmatrix} = \frac{1}{3}\begin{bmatrix} 1 & 1 & 1 \end{bmatrix} * \frac{1}{3}\begin{bmatrix} 1 \\ 1 \\ 1 \end{bmatrix}.$$

Die Transferfunktion des eindimensionalen Filters kennen wir bereits aus (11.11). Für das vertikale Filter muss $\tilde{k}_x$ durch $\tilde{k}_y$ ersetzt werden. Da die Faltung im Ortsraum einer Multiplikation im Wellenzahlraum entspricht, ergibt sich die Transferfunktion von $\boldsymbol{R}$ ohne weitere Rechnung:

$$^3\hat{r} = {}^3\hat{r}_x\,{}^3\hat{r}_y = \left[\frac{1}{3} + \frac{2}{3}\cos(\pi\tilde{k}_x)\right]\left[\frac{1}{3} + \frac{2}{3}\cos(\pi\tilde{k}_y)\right]. \qquad (11.13)$$

11.3.3 Evaluierung

Aus (11.13) und Abb. 11.2a können wir schließen, dass auch 2D-Rechteckfilter schlechte Tiefpassfilter sind. Wie bei eindimensionalen Filtern sind auch größere 2D-Rechteckfilter nicht besser. Abbildung 11.2b zeigt als Beispiel eine 7×7-Maske. Zu den bereits besprochenen Nachteilen

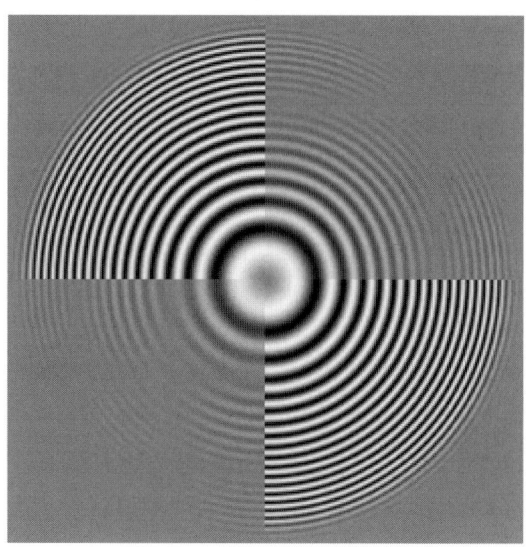

Abbildung 11.3: *Glättung eines Testbildes mit konzentrischen Ringen mit einem 5×5- und einem 9×9-Rechteckfilter im oberen rechten bzw. unteren linken Quadranten. Die maximale Wellenzahl $\tilde{k}$ am Rande des Musters ist 0,6.*

Wenden wir ein Rechteckfilter auf ein beliebiges Bild an, wirken sich die besprochenen Nachteile zwar aus, sind aber schwer quantitativ zu fassen (Abb. 11.6). Sie werden jedoch sofort quantitativ erkennbar, wenn wir ein sorgfältig aufgebautes *Testbild* verwenden. Das Bild in Abb. 11.3 besteht aus konzentrischen Ringen, wobei der Grauwert sich in radialer Richtung sinusförmig ändert und die Wellenlänge mit der Entfernung vom Zentrum abnimmt. Mit diesem Testbild wird der Fourierraum in den Ortsraum abgebildet. Daher können wir die Transferfunktion, d. h. die Veränderung der Amplituden und die Phasenverschiebung, unmittelbar sehen, wenn wir ein Filter auf das Ringtestmuster anwenden. Falten wir dieses Bild mit einem 5×5- oder einem 9×9-Rechteckfilter, sind die Abweichungen von einer isotropen Transferfunktion gut sichtbar. Bestimmte Wellenzahlen verschwinden ganz, und in einigen Bereichen ändern sich Grauwertmaxima zu Minima oder umgekehrt. Ursache dafür ist eine Phasenverschiebung um 180° aufgrund von negativen Werten in der Transferfunktion.

Aus dieser Erfahrung können wir eine wichtige Erkenntnis gewinnen: Wir dürfen die Eigenschaften einer Filteroperation nicht nach ihrer Wirkung auf beliebige Bilder bewerten, weil wir den falschen Eindruck gewinnen können, dass das Filter korrekt arbeitet. Das Auge erfaßt Bilder eher qualitativ, während die quantitative Extraktion von Bildmerkmalen eine quantitative Analyse der Filtereigenschaften erfordert. Dazu gehört eine gründliche Analyse der Transferfunktion und die Anwendung der Filter auf sorgfältig ausgewählte Testbilder.

Nun kehren wir zur Frage zurück, warum Rechteckfilter so schlechte Glättungsfilter sind. Wir können versuchen, ein besseres Glättungsfilter direkt im Wellenzahlraum zu konstruieren. Ein ideales Filter würde alle Wellenzahlen oberhalb einer bestimmten Grenzwellenzahl abschneiden. Wir könnten also diese ideale Transferfunktion (eine Rechteckfunktion) verwenden und die Filtermaske mit einer inversen Fouriertransformation berechnen. Hier jedoch stoßen wir auf zwei Probleme, die ohne explizite Berechnung verstehbar sind: Zum einen ist die inverse Fouriertransformation einer Rechteckfunktion eine sinc-Funktion, was bedeutet, dass die Koeffizienten der Filtermaske nur proportional zur Entfernung vom zentralen Bildpunkt abnehmen. Daher müssten wir sehr große Filtermasken nehmen. Das Filter hat auch die ungünstige Eigenschaft, auf eine Kante mit starkem Überschwingen zu reagieren.

11.3.4 Schnelle Berechnung

Trotz all dieser Nachteile haben Rechteckfilter auch einen entscheidenden Vorteil. Man kommt gemäß der folgenden Gleichung unabhängig von der Filtergröße mit nur drei Rechenoperationen pro Bildpunkt aus, als hätte man ein rekursives Filter:

$$g'_m = g'_{m-1} + \frac{1}{2r+1}(g_{m+r} - g_{m-r-1}). \tag{11.14}$$

Diese Rekursion wird klar, wenn wir die Berechnung der Faltung an benachbarten Bildpunkten vergleichen. Wird die Rechteckmaske um eine Position nach rechts verschoben, gilt der gleiche Wichtungsfaktor für alle Bildpunkte mit Ausnahme des letzten und des ersten. Also können wir einfach das Ergebnis der vorigen Faltung, (g'_{m-1}), verwenden, den ersten Bildpunkt (g_{m-r-1}), der sich gerade aus der Maske herausbewegt hat, subtrahieren und den Grauwert (g_{m+r}) des Pixels addieren, das gerade in die Maske hineingelaufen ist. Auf diese Weise ist die Berechnung nicht von der Größe des Rechteckfilters abhängig. Nur eine Addition, eine Subtraktion und eine Multiplikation sind notwendig, um die Filterung durchzuführen.

11.4 Binomialfilter

11.4.1 Grundlagen

Aus unserer Erfahrung mit den Rechteckfiltern schließen wir, dass Filterdesign ein komplexes Optimierungsproblem ist. Wählen wir eine kleine rechteckige Filtermaske, erhalten wir eine schlechte Transferfunktion.

Beginnen wir mit einer idealen Transferfunktion, resultieren große Filtermasken und überschwingende Filterantworten. Der Grund für dieses Verhalten ist eine fundamentale Beziehung zwischen Glattheit und Kompaktheit von Fouriertransformationspaaren (Abschn. 2.3.5). Eine Kante ist eine Diskontinuität des Signals und führt in der ersten Ableitung zu einem Impuls. Die Fouriertransformierte eines Impulses ist gleichmäßig über den gesamten Fourierraum verteilt (≻ R5). Berücksichtigen wir die Integraleigenschaft der Fouriertransformation (≻ R4), bedeutet die Integration der Ableitung im Ortsraum eine Division durch **k** im Fourierraum. Dann wissen wir ohne genauere Berechnung, dass im eindimensionalen Fall die Einhüllende der Fouriertransformierten einer Funktion, die im Ortsraum eine Diskontinuität aufweist, im Wellenzahlraum nicht schneller als mit k^{-1} abfällt. Genau dies haben wir für die Rechteckfunktion gefunden, deren Fouriertransformierte die sinc-Funktion ist (≻ R5).

Die Berücksichtigung dieser Grundtatsache führt uns zu besseren Glättungsfiltern. Eine Bedingung fordert, dass die Filtermasken allmählich gegen null gehen.

11.4.2 1D-Binomialfilter

Wir besprechen nun eine Klasse von Glättungsfiltern, die dieses Kriterium erfüllt und gleichzeitig sehr effizientes Rechnen erlaubt. Außerdem sind diese Filter exzellente Beispiele dafür, wie komplexere Filter aus einfachen Komponenten zusammengesetzt werden können. Die einfachste und elementarste Glättungsmaske, die wir uns vorstellen können, ist

$$\boldsymbol{B} = \frac{1}{2}\,[1\ 1]. \tag{11.15}$$

Sie mittelt die Grauwerte zweier benachbarter Bildpunkte. Wenden wir diese Maske p-mal hintereinander an, ergibt sich folgende Filtermaske:

$$\frac{1}{2^p}\,\underbrace{[1\ 1] * [1\ 1] * \ldots * [1\ 1]}_{p\ \text{times}}, \tag{11.16}$$

oder als Operatorgleichung geschrieben:

$$\mathcal{B}^p = \underbrace{\mathcal{B}\mathcal{B}\ldots\mathcal{B}}_{p\ \text{times}}. \tag{11.17}$$

Beispiele für die resultierenden Filtermasken sind:

$$
\begin{aligned}
&\boldsymbol{B}^2 = 1/4\,[1\ 2\ 1] &&\boldsymbol{B}^4 = 1/16\,[1\ 4\ 6\ 4\ 1]\\
&\boldsymbol{B}^3 = 1/8\,[1\ 3\ 3\ 1] &&\boldsymbol{B}^8 = 1/256\,[1\ 8\ 28\ 56\ 70\ 56\ 28\ 8\ 1].
\end{aligned} \tag{11.18}
$$

Aufgrund der *Symmetriebedingung* interessieren uns nur die geraden Filtermasken. Um mit der asymmetrischen Maske $1/2\,[1\ 1]$ eine Faltung korrekt durchführen zu können, speichern wir das Ergebnis abwechselnd im rechten und linken Bildpunkt.

Abbildung 11.4: *Glättung eines Testbildes mit konzentrischen Ringen mit einem*
$\mathcal{B}^4$*- und einem* $\mathcal{B}^{16}$*-Binomialfilter im oberen rechten bzw. unteren linken Quadranten. Die maximale Wellenzahl* $\tilde{k}$ *am Rand des Musters ist 0,6.*

Die Masken enthalten die Werte der diskreten *Binomialverteilung.*
Tatsächlich entspricht die iterative Zusammensetzung der Maske durch
aufeinanderfolgende Faltung mit der $1/2\,[1\ 1]$-Maske dem Berechnungs-
schema des *Pascalschen Dreiecks:*

p	f		σ^2
0	1	1	0
1	1/2	1 1	1/4
2	1/4	1 2 1	1/2
3	1/8	1 3 3 1	3/4
4	1/16	1 4 6 4 1	1
5	1/32	1 5 10 10 5 1	5/4
6	1/64	1 6 15 20 15 6 1	3/2
7	1/128	1 7 21 35 35 21 7 1	7/4
8	1/256	1 8 28 56 70 56 28 8 1	2

$$(11.19)$$

Dabei ist p die Ordnung des Binoms, f der Skalierungsfaktor 2^{-p} und
σ^2 die Varianz, also die effektive Breite der Maske.

Die Berechnung der Transferfunktion einer Binomialmaske ist ebenfalls einfach, da wir lediglich die Transferfunktion von $\mathcal{B}$ kennen müssen.
Dann ergibt sich die Transferfunktion von $\mathcal{B}^p$ als die p-te Potenz:

$$\hat{b}^p = \cos^p(\pi\tilde{k}/2) = 1 - \frac{p}{8}(\pi\tilde{k})^2 + \left(\frac{3p^2 - 2p}{384}\right)(\pi\tilde{k})^4 + O(\tilde{k}^6). \quad (11.20)$$

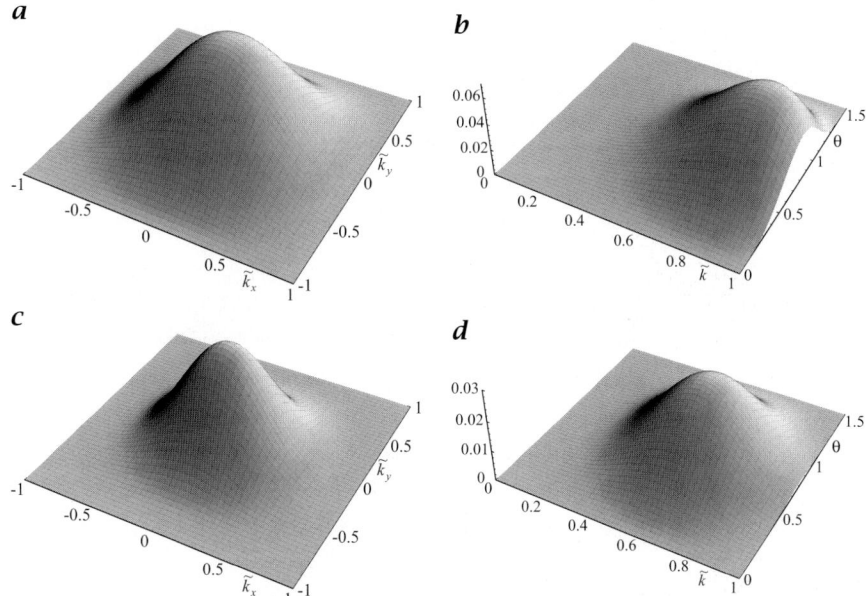

Abbildung 11.5: *Transferfunktion von 2D-Binomialfiltern:* **a** $\mathcal{B}^2$; **b** *Anisotropie* $\hat{B}^2(\tilde{k}, \theta) - \hat{B}^2(\tilde{k}, 0)$ *in einem* (k, θ)-*Diagramm;* **c** $\mathcal{B}^4$; **d** *wie* **b** *für* $\mathcal{B}^4$.

Wie wir aus der graphischen Darstellung sehen (Abb. 11.1b), sind Binomialfilter wesentlich bessere Glättungsfilter als Rechteckfilter. Die Transferfunktion nimmt monoton ab und geht bei den größten Wellenzahlen gegen null. Die kleinste symmetrische Maske, $\mathcal{B}^2$, hat eine Halbwertsbreite von $\tilde{k}/2$. Das ist eine periodische Struktur, die pro Wellenlänge gerade viermal abgetastet wird. Bei größeren Masken nähern sich sowohl die Transferfunktion als auch die Filtermaske der Gaußschen Verteilung mit einer äquivalenten Varianz. Größere Binomialmasken ergeben aufgrund der Unschärferelation kleinere Halbwertsbreiten und damit eine kleinere Grenzfrequenz.

11.4.3 2D-Binomialfilter

Zweidimensionale Binomialfilter ergeben sich durch Faltung eines horizontalen mit einem vertikalen 1D-Binomialfilter:

$$\mathcal{B}^p = \mathcal{B}^p_x \mathcal{B}^p_y. \tag{11.21}$$

Die einfachste Maske dieser Art ist eine 3×3-Binomialmaske ($p = 2$):

$$\boldsymbol{B}^2 = \frac{1}{4} \begin{bmatrix} 1 & 2 & 1 \end{bmatrix} * \frac{1}{4} \begin{bmatrix} 1 \\ 2 \\ 1 \end{bmatrix} = \frac{1}{16} \begin{bmatrix} 1 & 2 & 1 \\ 2 & 4 & 2 \\ 1 & 2 & 1 \end{bmatrix}. \tag{11.22}$$

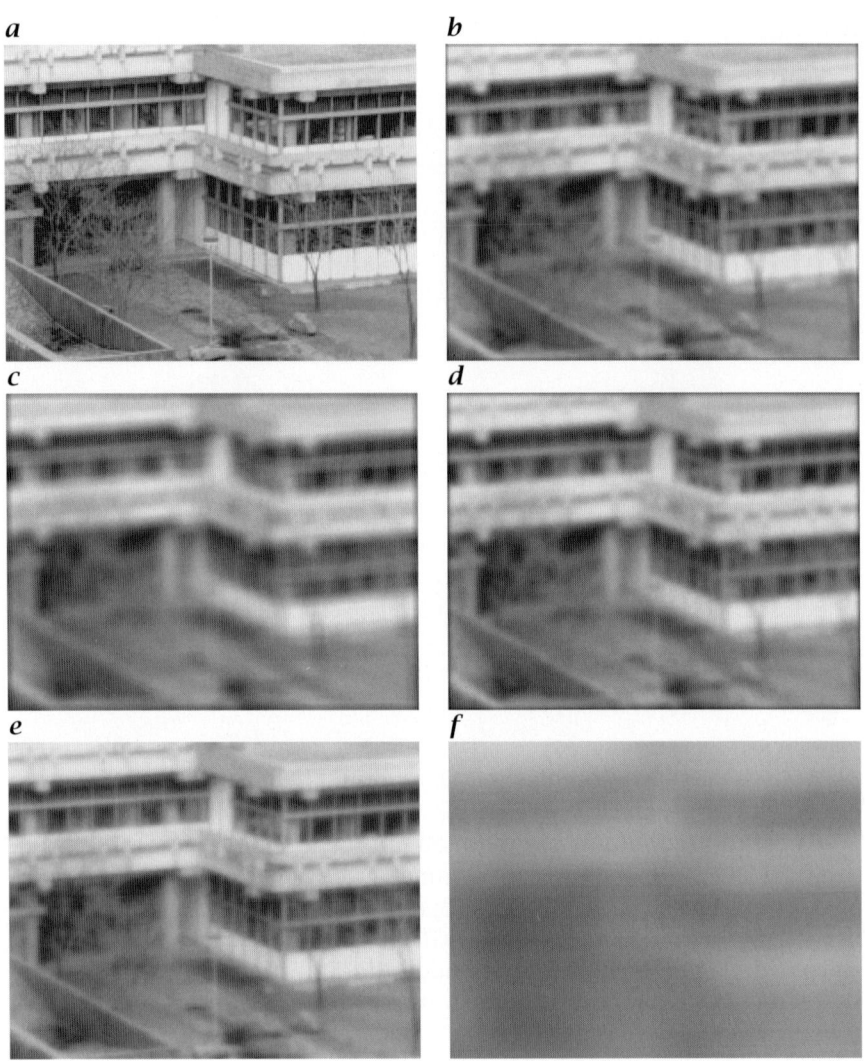

Abbildung 11.6: *Anwendung von Glättungsfiltern: **a** Originalbild; **b** 5 × 5-Recht-eckfilter; **c** 9 × 9-Rechteckfilter; **d** 17 × 17-Binomialfilter ($\mathcal{B}^{16}$); **e** und **f** je ein Satz rekursiver Filter (11.36) läuft in horizontale und vertikale Richtung (**e** $p = 2$; **f** $p = 16$).*

Die Transferfunktion dieses zweidimensionalen Binomialfilters $\mathcal{B}^p$ mit $(p + 1) \times (p + 1)$ Koeffizienten kann einfach aus den Transferfunk-tionen der eindimensionalen Filter (11.20) abgeleitet werden:

$$\hat{b}^p = \hat{b}_y^p \hat{b}_x^p = \cos^p(\pi \tilde{k}_y/2) \cos^p(\pi \tilde{k}_x/2), \qquad (11.23)$$

Analog erhält man für ein 3D-Filter:

$$\hat{b}^p = \hat{b}_z^p \hat{b}_y^p \hat{b}_x^p = \cos^p(\pi \tilde{k}_z/2) \cos^p(\pi \tilde{k}_y/2) \cos^p(\pi \tilde{k}_x/2). \quad (11.24)$$

Abbildung 11.5 zeigt die Transferfunktionen von $\mathcal{B}^2$ und $\mathcal{B}^4$. Bereits das kleine 3×3-Filter zeigt bemerkenswert geringe Abweichungen von einer isotropen Glättung. Größere Abweichungen von den kreisförmigen Konturlinien werden nur für höhere Wellenzahlen wahrgenommen, wenn die Transferfunktion auf 0,3 abgenommen hat (Abb. 11.5a). Diese Eigenschaft können wir durch eine Taylorreihenentwicklung in $\tilde{k}$ unter Benutzung von Zylinderkoordinaten $\tilde{\boldsymbol{k}} = [\tilde{k}, \theta]^T$ zeigen:

$$\hat{b}^p \approx 1 - \frac{p}{8}(\pi \tilde{k})^2 + \frac{2p^2 - p}{256}(\pi \tilde{k})^4 - \frac{p \cos 4\theta}{768}(\pi \tilde{k})^4. \quad (11.25)$$

Nur der Term zweiter Ordnung ist isotrop. Einer der Terme vierter Ordnung enthält dagegen einen anisotropen Teil, der die Transferfunktion in Richtung der Diagonalen erhöht (Abb. 11.5a). Ein größeres Filter (größeres p) wird weniger anisotrop, da der isotrope Term vierter Ordnung quadratisch mit p wächst, während der anisotrope Term vierter Ordnung nur linear mit p zunimmt. Das 5×5-Filter (Abb. 11.5b) ist schon deutlich weniger anisotrop. Die geringe Anisotropie des Binomialfilters wird auch deutlich, wenn es auf das Testbild in Abb. 11.4 angewandt wird.

11.4.4 Evaluierung

Abbildung 11.6b und c zeigen die Wirkung einer Glättung mit zwei verschiedenen Binomialfiltern. Die Kanten werden unscharf. Feine Strukturen wie die Äste der Bäume gehen verloren. Glätten ist eine Methode zur *Rauschunterdrückung*. Binomialfilter können den Rauschpegel von *mittelwertfreiem, normalverteiltem Rauschen* (Abschn. 3.4.2) beträchtlich verringern, allerdings nur auf Kosten der Detailauflösung (Abb. 11.7a und c). *Binäres Rauschen* bzw. *Impulsrauschen*, bei dem vereinzelte, zufällig verteilte Grauwerte falsche Werte haben (z. B. durch Übertragungsfehler), wird durch lineare Filter nur schlecht unterdrückt. Solche Bilder werden unscharf, und die Fehler durch binäres Rauschen werden nicht eliminiert, sondern nur verteilt.

11.4.5 Schnelle Berechnung

Wir beenden unsere Überlegungen zu Binomialfiltern mit einigen Anmerkungen zu schnellen Algorithmen. Die direkte Berechnung einer $(2p + 1) \times (2p + 1)$-Filtermaske erfordert $(2p+1)^2$ Multiplikationen und $(2p + 1)^2 - 1$ Additionen. Zerlegen wir die Binomialmaske in die elementaren Glättungsmasken $1/2\,[1\ 1]$ und wenden diese in jeder Richtung $2R$-mal an, brauchen wir nur $4R$ Additionen. Alle Multiplikationen

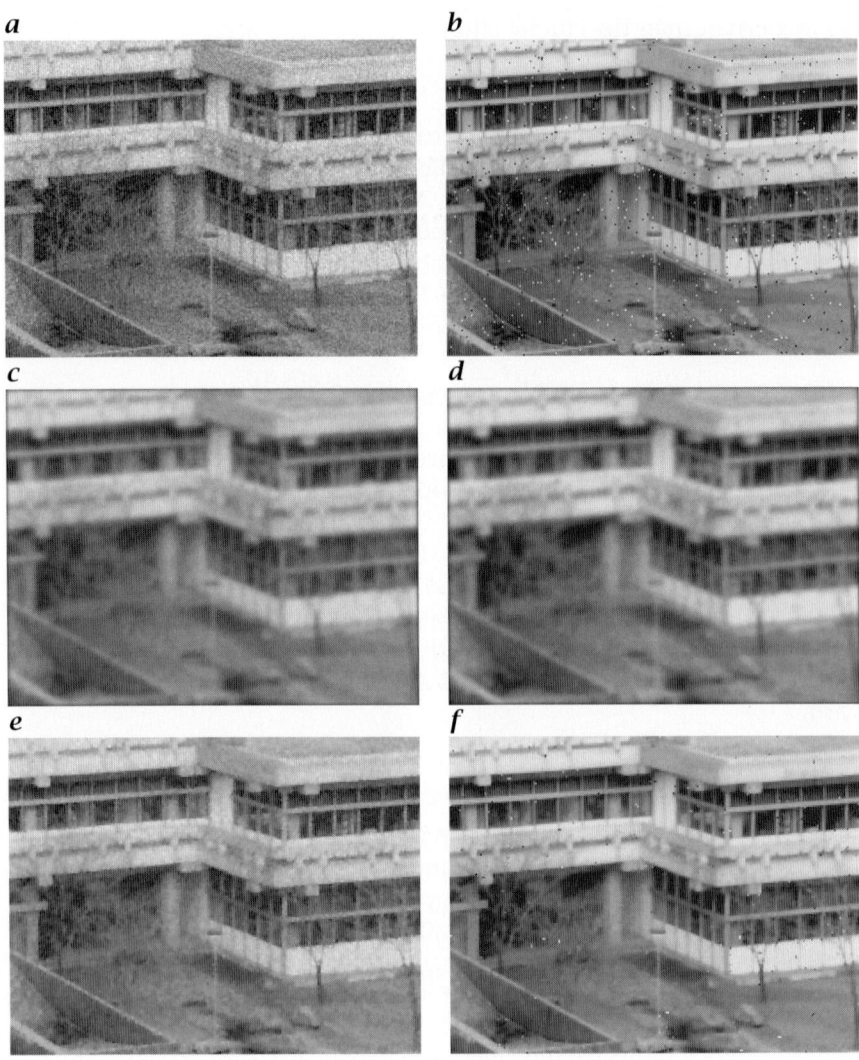

Abbildung 11.7: Rauschunterdrückung *mit Hilfe von Glättungsfiltern:* **a** *Bild aus Abb. 11.6a mit Gaußschem Rauschen;* **b** *Bild mit Binärrauschen;* **c** *und* **d** *Bild* **a** *bzw.* **b** *jeweils gefiltert mit einem* 9 × 9-*Binomialfilter (*$\mathcal{B}^8$*);* **e** *und* **f** *Bild* **a** *bzw.* **b** *jeweils gefiltert mit einem* 3 × 3-*Medianfilter (Abschn. 11.7.1).*

können viel effizienter als Shift-Operationen gehandhabt werden. Die Berechnung eines 17 × 17-Binomialfilters erfordert zum Beispiel lediglich 32 Additionen und einige Shift-Operationen im Vergleich zu 289 Multiplikationen und 288 Additionen für die direkte Berechnung.

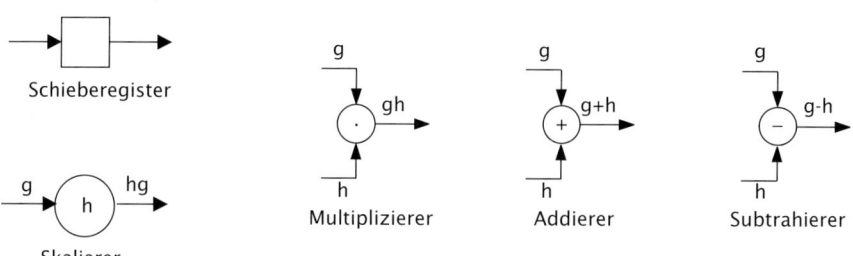

Abbildung 11.8: *Schaltungselemente zur Durchführung von Filteroperationen.*

11.5 Filter als Netzwerke‡

Die bisher diskutierten Binomialfilter bauen sich aus den einfachsten Grundoperationen auf, die wir uns denken können: Addition benachbarter Bildpunkte und Skalierung der Summe. Für jede dieser Operationen können wir in Analogie zu Bauelementen in einem elektrischen Stromkreis ein Schaltungselement konstruieren, welches die entsprechende Operation durchführt. Abbildung 11.8 zeigt jeweils einen *Skalierer*, *Addierer*, *Subtrahierer*, *Multiplizierer* und ein *Schieberegister*. Die Schaltungselemente können die Operation entweder analog oder digital durchführen. Mit ihnen können wir FIR-Filter in instruktiver Weise als Netzwerke aufbauen. Gleichzeitig erhalten wir damit eine neue Sichtweise für Filteroperationen.

Als Beispiel nehmen wir die 1D-Binomialmaske B^4 = 1/16 [1 4 6 4 1]. Abbildung 11.9 zeigt unterschiedliche Wege zur Berechnung des Filterergebnisses für einen Bildpunkt. Während die direkte Implementierung zu unregelmäßigen Netzwerken führt, resultiert die Zusammensetzung des Filters aus der Maske B = 1/2 [1 1] in einem regelmäßigen Netzwerk von Operationen. Für die Berechnung eines einzelnen Bildpunktes sind 10 Additionen forderlich, also mehr als bei der direkten Implementierung. Um das Filterergebnis des nächsten Bildpunktes zu berechnen, benötigen wir allerdings nur vier Additionen, wenn wir die Zwischenergebnisse aus den Berechnungen der vorigen Pixel auf jeder Ebene des Filternetzes speichern (Abb. 11.9d).

Tatsächlich könnten wir ein Netz aufbauen, das die binomiale Glättung für eine gesamte Bildzeile parallel berechnet (Abb. 11.10). Solch ein Netz hat einige interessante Eigenschaften. Jede Ebene des Netzes entspricht der Filterung des Bildes mit der elementaren Glättungsmaske 1/2 [1 1]. Daher erhalten wir nicht nur das Endergebnis, sondern auch alle Zwischenergebnisse der Glättung. Die Gitterpunkte der einzelnen Ebenen wechseln auf natürliche Art und Weise zwischen regulären Gitterpunkten und Zwischengitterpunkten.

Mit dem Netzwerkmodell für die Filterung kann man sich auch die Ansätze zur Behandlung der Randprobleme beim Filtern veranschaulichen. Wir können das Netz zu einem Ring schließen und kommen dadurch zu einer *zyklischen Faltung*. Es ist auch möglich, dass Netz über den Rand des Vektors hinaus zu dehnen, so dass wir alle Eingangswerte zur Berechnung des ersten und des letzten Punktes erhalten. Dann können wir in der untersten Ebene die Gitterpunkte, die außerhalb des Vektors liegen, entweder mit Nullen auffüllen oder sie aus den Punkten innerhalb des Vektors mit einer geeigneten Methode extrapolieren.

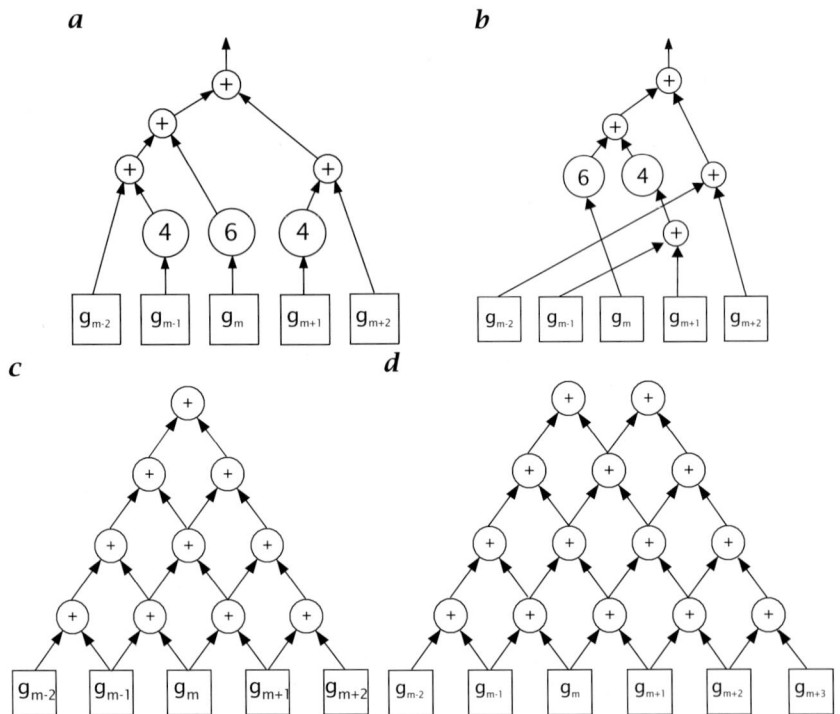

Abbildung 11.9: *Verschiedene Netzwerke für das Binomialglättungsfilter* $\mathbf{B}^4 =$ $1/16\,[1\ 4\ 6\ 4\ 1]$: **a** *direkte Implementierung;* **b** *Einsparung einer Multiplikation;* **c** *Zusammensetzung aus dem Elementarfilter* $\mathbf{B} = 1/2\,[1\ 1]$; **d** *Berechnung für den nächsten Bildpunkt.*

Die Erweiterung auf zweidimensionale Filternetze ist für separierbare Filter einfach. Die Netze setzen sich dann aus Teilnetzen zusammen, die abwechselnd die Bildpunkte in horizontaler oder vertikaler Richtung miteinander verbinden. Die Filternetze sind wertvolle Werkzeuge für die Entwicklung von Algorithmen. Sie sind besonders hilfreich, um eine klare Vorstellung zu gewinnen, wie Zwischenergebnisse effektiv genutzt werden können, und wie wir die Probleme der Filterung an den Bildrändern behandeln können.

11.6   Schnelle großräumige Mittelung‡

Trotz der effizienten Berechnung binomialer Glättungsfilter $\mathcal{B}^p$ durch kaskadierte Faltung mit $\mathcal{B}$ nimmt der Rechenaufwand für Glättungsmasken mit kleinen Grenzwellenzahlen dramatisch zu. Das liegt daran, dass die Standardabweichung der Filter nach (3.42) proportional der Quadratwurzel von p ist:

$$\sigma = \sqrt{p/4}. \tag{11.26}$$

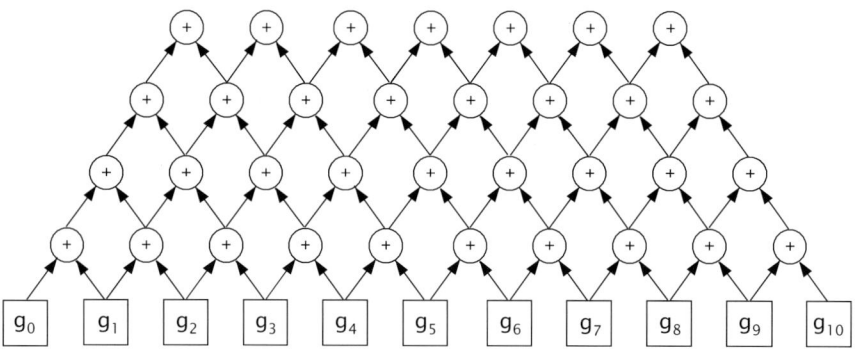

Abbildung 11.10: *Netzwerk zur Glättung mit dem 1D-Binomialfilter* $\mathcal{B}^4$.

Wir betrachten eine Glättungsoperation mit einer isotropen Faltungsmaske mit einer Standardabweichung von $\sigma = 1,73$ Bildpunkten entsprechend einer Varianz von $\sigma^2 = 3$. Nach (11.26) müssen wir $\mathcal{B}^{12}$ anwenden. Das Filter benötigt selbst bei effizienter Implementierung durch Nutzung der Separierbarkeit 24 (36) Additionen und 2 (3) Shift-Operationen für jeden Bildpunkt eines 2D- (3D-)Bildes. Wollen wir eine Glättung über die doppelte Entfernung durchführen ($\sigma^2 = 12$, Radius $\approx 3,5$, $\mathcal{B}^{48}$), vervierfacht sich die Anzahl der Additionen auf 96 (144) pro Bildpunkt im 2D- (3D-)Raum.

11.6.1 Mehrschrittmittelung‡

Das Problem der langsamen großräumigen Mittelung geht auf die geringe Entfernung der Pixel zurück, die in der Elementarmaske $B = 1/2\,[1\ 1]$ gemittelt werden. Um dieses Problem zu überwinden, können wir den gleichen grundlegenden Mittelungsprozess verwenden, nur mit weiter voneinander entfernten Bildpunkten. Dabei erhöhen wir die Standardabweichung für die Glättung entsprechend der Schrittweite. Im Zweidimensionalen können z. B. folgende Masken entlang den Diagonalen ($\sigma \cdot \sqrt{2}$) benutzt werden:

$$B_{x+y} = \frac{1}{4}\begin{bmatrix} 1 & 0 & 0 \\ 0 & 2 & 0 \\ 0 & 0 & 1 \end{bmatrix}, \quad B_{x-y} = \frac{1}{4}\begin{bmatrix} 0 & 0 & 1 \\ 0 & 2 & 0 \\ 1 & 0 & 0 \end{bmatrix}. \tag{11.27}$$

Mögliche Masken mit doppelter Schrittweite entlang den Achsen ($\sigma \cdot 2$) sind

$$B_{2x} = \frac{1}{4}[1\ 0\ 2\ 0\ 1], \quad B_{2y} = \frac{1}{4}\begin{bmatrix} 1 \\ 0 \\ 2 \\ 0 \\ 1 \end{bmatrix}, \quad B_{2z} = \frac{1}{4}\begin{bmatrix} 1 \\ 0 \\ 2 \\ 0 \\ 1 \end{bmatrix}_z. \tag{11.28}$$

Die Indizes dieser Masken bezeichnen die Anzahl der Schritte entlang den angegebenen Koordinatenachsen zwischen zwei zu mittelnden Bildpunkten. B_{x+y}

a   b

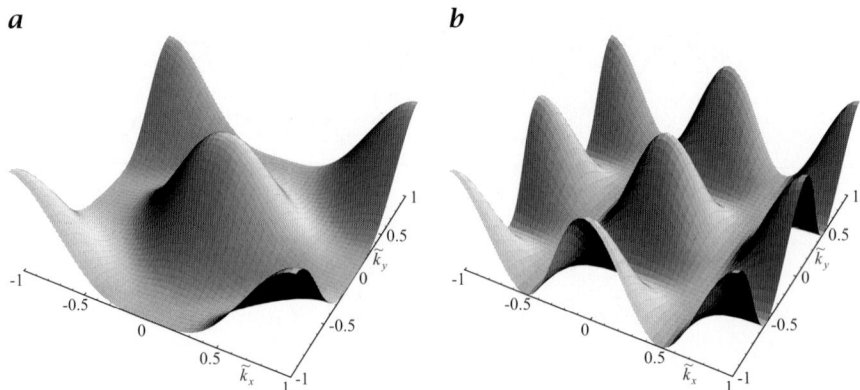

Abbildung 11.11: *Transferfunktion der Binomialmaske **a** in Diagonalenrichtung $\mathcal{B}_{x+y}^2\mathcal{B}_{x-y}^2$ und **b** mit doppelter Schrittweite in Achsenrichtung $\mathcal{B}_{2x}^2\mathcal{B}_{2y}^2$.*

mittelt die Grauwerte zweier benachbarter Bildpunkte in Richtung der Hauptdiagonalen. $\mathcal{B}_{2x}$ berechnet den Mittelwert aus den Werten eines Bildpunktes und seiner übernächsten Nachbarn in x-Richtung. Die Standardabweichung dieser Filter ist proportional zur Entfernung der Bildpunkte. Am effizientesten sind Mehrschrittmasken entlang den Achsen. Sie haben den zusätzlichen Vorteil, dass wegen der Separierbarkeit die Algorithmen auf beliebig-dimensionale Bilder angewendet werden können.

Das Problem dieser Filter ist, dass sie eine Abtastung vornehmen. Demnach sind sie für große Wellenzahlen keine Glättungsfilter mehr. Wenn wir beispielsweise ein symmetrisches 2D-$\mathcal{B}_{2x}^2\mathcal{B}_{2y}^2$-Filter verwenden, arbeiten wir tatsächlich auf einem Gitter mit doppelter Gitterkonstante im Ortsraum. Also hat das reziproke Gitter im Wellenzahlraum die halbe Gitterweite, und die Transferfunktion wiederholt sich in beiden Richtungen einmal (Abb. 11.11). Generell spiegeln die Nullstellen der Transferfunktionen von Masken mit größerer Schrittweite dieses reziproke Gitter wieder, weil die Binomialmasken an den Gitterlinien null sind. Für eine Faltung mit zwei benachbarten Bildpunkten in Richtung der beiden Diagonalen wird das reziproke Gitter um 45° gedreht. Die Gitterkonstante dieses Gitters ist um den Faktor $\sqrt{2}$ kleiner als die des Originalgitters.

Werden diese Filter einzeln angewandt, helfen sie nicht viel. Wenn wir sie jedoch kaskadiert verwenden, angefangen mit direkt benachbarten Bildpunkten, bewirken die Nullstellen der Transferfunktionen, die für jeden Pixelabstand unterschiedlich sind, dass die Transferfunktion für große Wellenzahlbereiche gegen null geht.

Die kaskadierte Mehrschritt-Binomialfilterung ermöglicht einen deutlichen Geschwindigkeitsgewinn für Glättungen im großen Maßstab. Bei normalen separierbaren Binomialfiltern ist die Anzahl der Berechnungen proportional zu σ^2 ($O(\sigma^2)$). Für Mehrschritt-Binomialfilterung hängt der Aufwand nur noch logarithmisch von σ ($O(\mathrm{ld}\,\sigma^2)$) ab, wenn bei der Kaskadierung der Filteroperationen

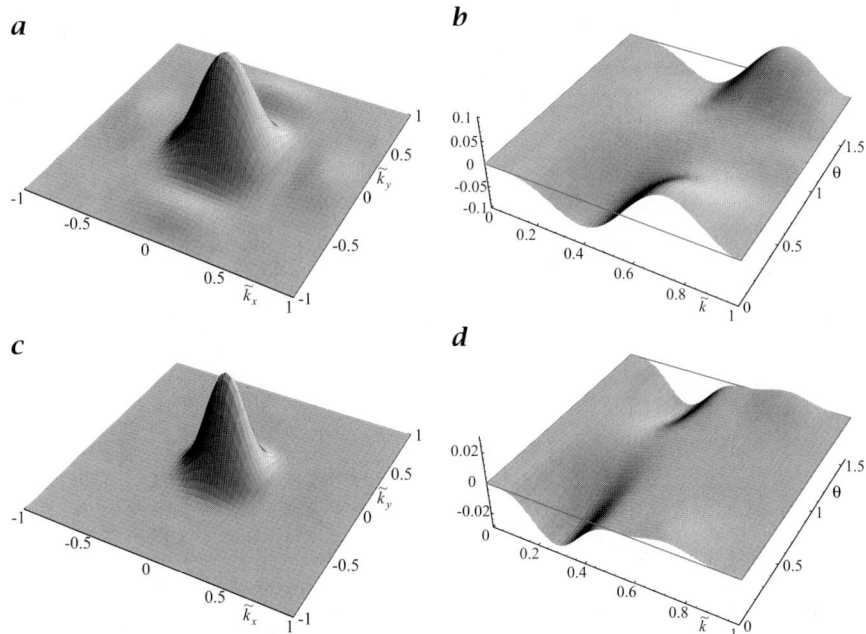

Abbildung 11.12: *Transferfunktion von geschachtelten Mehrschritt-Binomialfiltern und deren Anisotropie:* **a** $\mathcal{B}_2^2\mathcal{B}_1^2$, **b** $\hat{B}_2^2\hat{B}_1^2(\tilde{k},\theta) - \hat{B}_2^2\hat{B}_1^2(\tilde{k},0)$, **c** $\mathcal{B}_2^4\mathcal{B}_1^4$, **d** $\hat{B}_2^4\hat{B}_1^2(\tilde{k},\theta) - \hat{B}_2^4\hat{B}_1^2(\tilde{k},0)$. *Die Anisotropie ist in Polarkoordinaten* $(\tilde{k},\theta)$ *als Abweichung zu der Transferfunktion in x-Richtung dargestellt.*

die Schrittweite rekursiv verdoppelt wird:

$$\underbrace{\mathcal{B}_{2^{s-1}x}^p \cdots \mathcal{B}_{8x}^p \mathcal{B}_{4x}^p \mathcal{B}_{2x}^p \mathcal{B}_x^p}_{s-\text{mal}}. \tag{11.29}$$

Solch eine Maske hat die Standardabweichung

$$\sigma^2 = \underbrace{p/4 + p + 4p + \ldots + 4^{s-1}p}_{s-\text{mal}} = \frac{p}{12}(4^s - 1) \tag{11.30}$$

und die Transferfunktion

$$\prod_{s'=0}^{s-1} \cos^p(2^{s'-1}\pi\tilde{k}). \tag{11.31}$$

Danach sind für s Schritte nur ps Additionen erforderlich, während die Standardabweichung exponentiell mit ungefähr $\sqrt{p/12} \cdot 2^s$ wächst.

Mit dem Parameter p können wir den Isotropiegrad und den Grad restlicher Inhomogenitäten in der Transferfunktion anpassen. Eine sehr effiziente Implementierung erreichen wir mit $p = 2$ ($\mathbf{B}^2 = 1/4[1\ 2\ 1]$ in jeder Richtung). Die verbleibenden Nebenmaxima bei hohen Wellenzahlen mit Amplituden von bis zu 0,08 stellen jedoch immer noch signifikante Störungen dar (Abb. 11.12a, b,

a   b

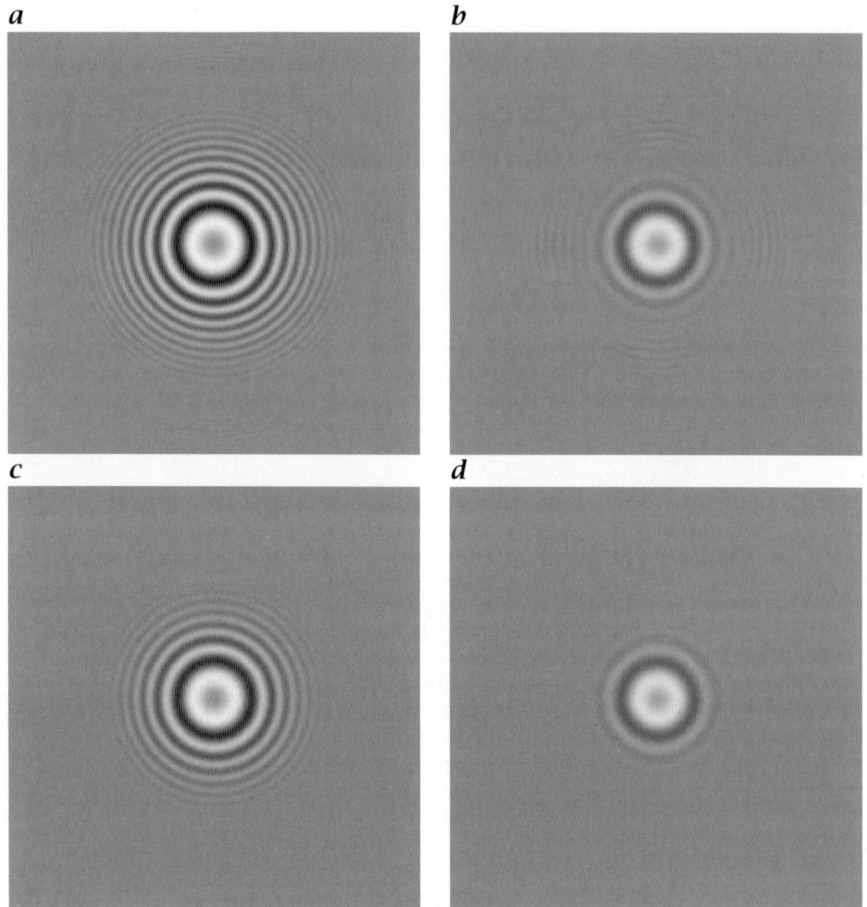

c   d

Abbildung 11.13: *Kaskadierte Mehrschrittmittelung mit Schrittweitenverdoppelung nach (11.29), angewandt auf das Ring-Testmuster:* $\boldsymbol{a}$ $\mathcal{B}_2^2\mathcal{B}_1^2$, $\boldsymbol{b}$ $\mathcal{B}_4^2\mathcal{B}_2^2\mathcal{B}_1^2$, $\boldsymbol{c}$ $\mathcal{B}_2^4\mathcal{B}_1^4$ *und* $\boldsymbol{d}$ $\mathcal{B}_4^4\mathcal{B}_2^4\mathcal{B}_1^4$.

Abb. 11.13a, b). Die nächstgrößere Maske ($p = 4$, $\boldsymbol{B}^4 = 1/16[1\ 4\ 6\ 4\ 1]$ in jeder Richtung) reduziert die Anisotropie deutlich (Abb. 11.12c, d; Abb. 11.13c, d). Mit noch größeren Masken können solche Störungen weiter unterdrückt werden. Abb. 11.14 zeigt die ersten vier Schritte der Mehrschrittmittelung mit der Maske $\boldsymbol{B}^4$. Man erkennt, wie schnell die Glättung durch die Verdoppelung der Schrittweite voranschreitet.

11.6.2 Mehrgittermittelung[‡]

Die kaskadierte Mehrschrittmittelung kann durch Konvertierung in ein *Mehrgitterverfahren* noch weiter verbessert werden. Die Idee der Mehrgittermittelung ist sehr einfach. Verwenden wir Masken mit größeren Schrittweiten, kann diese

a   b

c   d

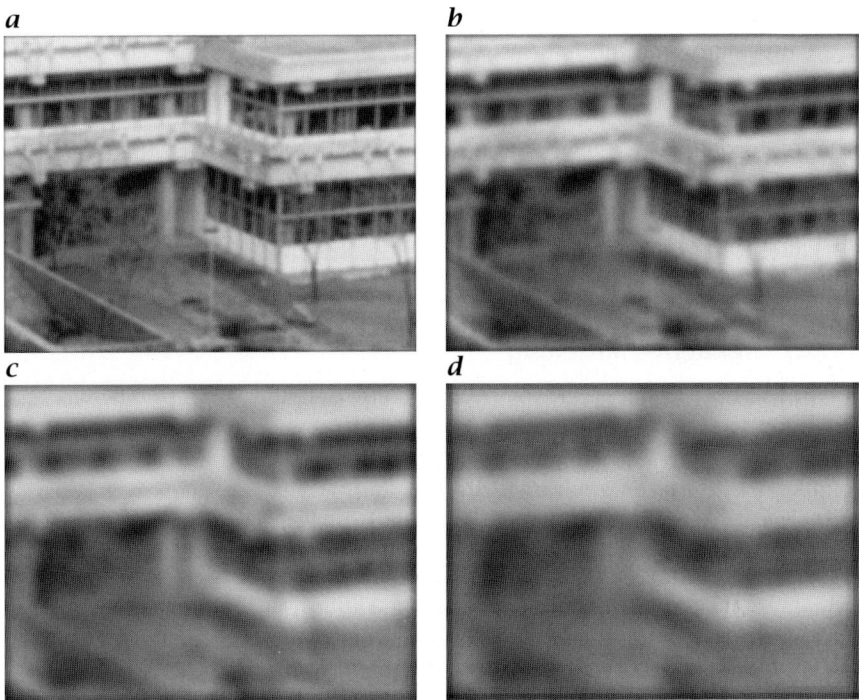

Abbildung 11.14: *Kaskadierte Mehrschrittmittelung mit Schrittweitenverdoppelung nach (11.29), angewandt auf das Bild Abb. 11.6a mit **a** einem, **b** zwei, **c** drei und **d** vier Schritten mit dem $\mathcal{B}^4$-Filter.*

Operation auf entsprechend gröbere Gitter angewendet werden. Das bedeutet, dass die letzte Operation vor Verwendung einer Maske mit größerer Schrittweite die Faltung lediglich für diejenigen Gitterpunkte, die von dem nachfolgenden gröberen Gitteroperator berücksichtigt werden, berechnen muss. Diese Abtastprozedur wird mit einer speziellen Syntax im Index gekennzeichnet. $\mathcal{O}_{x|2}$ bedeutet z. B.: Wende den Operator in x-Richtung an, und rücke die Maske jeweils um zwei Pixel vor. Demnach hat das Ergebnis des Filteroperators nur halb so viele Bildpunkte in x-Richtung wie das Eingangsbild.

Mit der Mehrgittermittelung wird die Anzahl der Berechnungen im wesentlichen unabhängig von der Standardabweichung der Glättungsmaske. Wir betrachten die Kaskadierung der Binomialmasken

$$\underbrace{\mathcal{B}^p_{x|2} \cdots \mathcal{B}^p_{x|2} \mathcal{B}^p_{x|2}}_{s-\mathrm{mal}} \cdot$$

Da $\mathcal{B}^p_{x|2}$ p Operationen benötigt, werden für die Operatorsequenz

$$p \sum_{s'=1}^{s} \frac{1}{2^{s'-1}} = 2p \left(1 - \frac{1}{2^{s-1}} \right) < 2p$$

Operationen gebraucht. Die Varianz der Maske der Operatorsequenz ist wie
beim Mehrschrittverfahren

$$\sigma^2 = \frac{p}{12}(4^s - 1).$$ (11.32)

Eine Glättung beliebigen Grades erfordert also nicht mehr als doppelt so viele
Operationen wie beim ersten Schritt. Wie bei einem Mehrschritt-Binomialfilter
nimmt die Standardabweichung von Stufe zu Stufe um den Faktor zwei zu. Wei-
ter gilt — solange $\hat{B}^p(\tilde{k}) = 0 \quad \forall \tilde{k} \geq 1/2$ —, dass die Transferfunktionen der
Filter die gleichen sind wie für die Mehrschrittfilter.

11.6.3   Rekursive Mittelung[‡]

Die in Abschn. 4.3 eingeführten rekursiven Filter stellen einen ganz anderen
Ansatz für die großräumige Mittelung dar. Die Rekursion gibt einem Faltungsfilter im wesentlichen eine unendliche Punktantwort. Der grundlegende Vorteil
rekursiver Filter ist ihre leichte Einstellbarkeit, wie es am Beispiel eines einfachen Tiefpassfilters in Abschn. 4.3.5 gezeigt wurde. In diesem Abschnitt liegt
der Schwerpunkt auf dem Design von Glättungsfiltern, die die in Abschn. 11.2
diskutierten Kriterien erfüllen, insbesondere die Verschiebungsfreiheit. Diese
Bedingung wird von den kausalen rekursiven Filtern nicht erfüllt.

Im wesentlichen arbeiten rekursive Filter genauso wie nichtrekursive. Prinzipiell können wir jedes rekursive Filter durch ein nichtrekursives ersetzen, dessen Filtermaske mit der Punktantwort des rekursiven Filters identisch ist. Das
Problem ist die Konstruktion rekursiver Filter, d.h. die Bestimmung der Filterkoeffizienten für die gewünschte Transferfunktion. Während die Theorie der
eindimensionalen rekursiven Filter zum Standardwissen der digitalen Signalverarbeitung gehört (siehe zum Beispiel Oppenheim und Schafer [147]), ist der
Entwurf zweidimensionaler Filter bis heute nicht ausreichend verstanden. Wesentlicher Grund dafür sind fundamentale Unterschiede in der Mathematik ein-
und höherdimensionaler Z-Transformationen und Polynome [124].

Trotz dieser theoretischen Probleme können rekursive Filter in der digitalen
Bildverarbeitung erfolgreich angewandt werden. Um Probleme bei der Konstruktion zu vermeiden, werden wir nur rekursive Filter verwenden, die einfach
zu verstehen sind, und sie zu komplexeren Filtern kombinieren, ähnlich wie
wir binomiale Filter aus der elementaren Glättungsmaske 1/2 [1 1] zusammengesetzt haben. Auf diese Weise erhalten wir eine Klasse rekursiver Filter, die
aus der Sicht des Filterentwurfs nicht unbedingt optimal sind, sich jedoch für
praktische Anwendungen eignen.

Im ersten Schritt kombinieren wir kausale rekursive Filter zu symmetrischen
Filtern. Ausgangspunkt ist ein allgemeiner eindimensionaler rekursiver Filter
mit folgender Transferfunktion:

$$^{+}\hat{A} = a(\tilde{k}) + \mathrm{i}b(\tilde{k}).$$ (11.33)

Der Index + bezeichnet die Laufrichtung des Filters in positive Koordinatenrichtung. Die Transferfunktion desselben Filters in die entgegengesetzte Richtung
lautet

$$^{-}\hat{A} = a(\tilde{k}) - \mathrm{i}b(\tilde{k}).$$ (11.34)

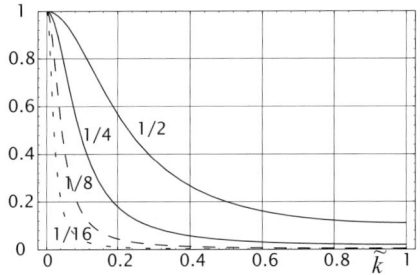

Abbildung 11.15: *Transferfunktion des rekursiven Tiefpassfilters (11.39) für unterschiedliche Werte* α *(1/2, 1/4, 1/8 und 1/16).*

Es ändert sich nur das Vorzeichen des Imaginärteils der Transferfunktion, da er mit dem ungeraden Teil der Punktantwort korrespondiert, während der Realteil dem geraden Anteil entspricht. Nun haben wir zwei Möglichkeiten, die vorwärts- und rückwärtslaufenden Filter zu symmetrischen Glättungsfiltern zu kombinieren:

$$\text{Addition} \quad \hat{A} = \frac{1}{2}\left[{}^{+}\hat{A} + {}^{-}\hat{A}\right] \quad = a(\tilde{k})$$

$$\text{Multiplikation} \quad \hat{A} = {}^{+}\hat{A}^{-}\hat{A} \quad = a^2(\tilde{k}) + b^2(\tilde{k}).$$

(11.35)

Beide Kombinationen liefern reelle Transferfunktionen, also gerade Filter ohne Verschiebung, die sich damit für die Glättung eignen.

Als elementares rekursives Glättungsfilter verwenden wir das Tiefpassfilter mit zwei Elementen, das wir bereits in Abschn. 4.3.5 studiert haben:

$$^{\pm}\mathcal{A}_x : \; G'_{mn} = G'_{m,n\mp1} + \alpha(G_{mn} - G'_{m,n\mp1}) \quad \text{mit} \quad 0 \le \alpha \le 1 \tag{11.36}$$

mit der Impulsantwort

$$(^{\pm}A_x)_{m,n} = \begin{cases} \alpha(1-\alpha)^n & n > 0, m = 0 \\ 0 & \text{sonst.} \end{cases} \tag{11.37}$$

Die Transferfunktion dieses Filters kann leicht berechnet werden, indem wir berücksichtigen, dass die Fouriertransformierte von (11.37) eine *geometrische Reihe* bildet:

$$^{\pm}\hat{A}_x(\tilde{k}) \approx \frac{\alpha}{1 + (1-\alpha)\exp(\mp i\pi\tilde{k})}. \tag{11.38}$$

Diese Beziehung gilt nur ungefähr, da wir die unendliche Summe aus (11.37) wegen der begrenzten Bildgröße bei $n = N - 1$ abbrechen müssen.

Aufeinanderfolgende Filterung mit einem nach links und einem nach rechts laufenden Filter entspricht einer Multiplikation der Transferfunktionen:

$$\hat{A}_x(\tilde{k}) = {}^{+}\hat{A}_x(\tilde{k})\,{}^{-}\hat{A}_x(\tilde{k}) \approx \frac{\alpha^2}{\alpha^2 + 2(1-\alpha)(1 - \cos(\pi\tilde{k}))}. \tag{11.39}$$

Die Transferfunktion (Abb. 11.15) zeigt die für Tiefpassfilter erwartete Charakteristik. Bei $\tilde{k} = 0$ gilt $\hat{A}_x(\tilde{k}) = 1$; für kleine $\tilde{k}$ fällt die Transferfunktion

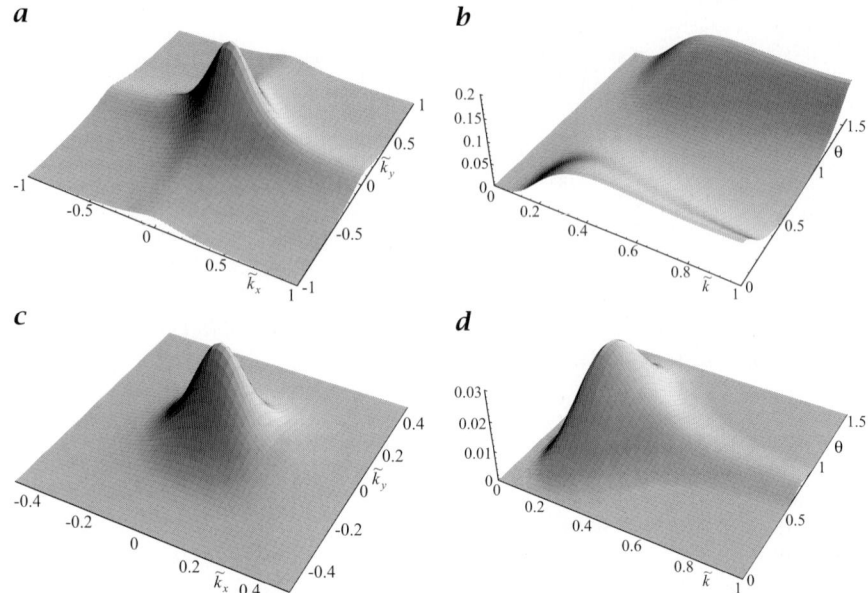

Abbildung 11.16: *Transferfunktionen zweidimensionaler rekursiver Tiefpassfilter:* ***a*** $\mathcal{A}$ *mit* $\alpha = 1/2$; ***b*** *Anisotropie von* ***a***: $\hat{A}(k, \theta) - \hat{A}(k, \pi/4)$; ***c*** $\mathcal{A}'$ *mit* $\alpha = 1/2$; ***d*** *Anisotropie von* ***c***: $\hat{A}'(k, \theta) - \hat{A}'(k, 0)$.

proportional zu $\tilde{k}^2$ ab,

$$\hat{A}_x \approx 1 - \frac{1 - \alpha}{\alpha^2}(\pi\tilde{k})^2 \quad \tilde{k} \ll 1, \tag{11.40}$$

und hat eine Halbwertswellenzahl $\tilde{k}_c$ ($\hat{A}_x(\tilde{k}_c) = 1/2$) von

$$\tilde{k}_c \approx \frac{1}{\pi} \arcsin \frac{\alpha}{\sqrt{2(1 - \alpha)}} \approx \frac{\alpha}{\sqrt{2}\pi}, \tag{11.41}$$

wobei die letzte Näherung nur für $\alpha \ll 1$ gilt. Für die größte Wellenzahl $\tilde{k} = 1$ ist die Transferfunktion auf

$$\hat{A}_x(1) \approx \frac{\alpha^2}{4(1 - \alpha) + \alpha^2} \tag{11.42}$$

abgefallen. Sie ist im Gegensatz zu den Binomialfiltern nicht genau null, aber genügend klein selbst für moderat kleine Werte von α (Abb. 11.15).

Zweidimensionale Filter können aus eindimensionalen, die in horizontale und vertikale Richtung laufen, zusammengesetzt werden:

$$\mathcal{A} = \mathcal{A}_x \mathcal{A}_y = {}^+\mathcal{A}_x {}^-\mathcal{A}_x {}^+\mathcal{A}_y {}^-\mathcal{A}_y. \tag{11.43}$$

Dieses Filter (Abb. 11.16) hat eine beträchtlich geringere Isotropie als Binomialfilter (Abb. 11.5). Die Glättung in Achsenrichtung ist deutlich geringer als in die anderen Richtungen. Allerdings haben rekursive Filter den großen Vorteil, dass der Rechenaufwand nicht vom Glättungsgrad abhängt. Bereits mit dem einfachen rekursiven Filter erster Ordnung können wir über die Wahl des Filterparameters α den Glättungsgrad frei einstellen (11.41). Die Isotropie der rekursiven Filter kann weiter verbessert werden, indem man zusätzliche Filter entlang den Diagonalen laufen lässt:

$$\mathcal{A}' = \mathcal{A}_x \mathcal{A}_y \mathcal{A}_{x-y} \mathcal{A}_{x+y}. \tag{11.44}$$

Die Indizes $x - y$ und $x + y$ bezeichnen die Haupt- bzw. die Nebendiagonale. Die Transferfunktion solcher Filter ist in Abb. 11.16b abgebildet.

Abschließend folgen einige Betrachtungen zum Rechenaufwand. Wie bereits erwähnt, hängt der Rechenaufwand für rekursive Filter — anders als bei nichtrekursiven Filtern — nicht von der Grenzwellenzahl ab. Ist in (11.36) $\alpha = 2^{-l}$, kann das Filter ohne eine einzige Multiplikation berechnet werden:

$$G'_{mn} = \left[G'_{m,n \pm 1} \cdot 2^l - G'_{m,n \pm 1} + G_{mn} \right] \cdot 2^{-l}, \quad l > 1. \tag{11.45}$$

Für das zweidimensionale Filter $\mathcal{A}$ benötigt man dann nur 8 Additionen und Shift-Operationen pro Bildpunkt, während für das Filter $\mathcal{A}'$, das in vier Richtungen läuft, doppelt so viele Operationen erforderlich sind. Damit ist das rekursive Filter allerdings nicht effektiver als ein Mehrgitter-Glättungsfilter mit Binomialmasken (Abschn. 11.6.2), das eine wesentlich bessere Isotropie aufweist.

11.7 Nichtlineare Mittelung

Lineare Glättungsfilter verwischen Kanten. Schlimmer noch: wenn die Maske eines Glättungsoperators über eine Objektkante läuft, enthält sie Bildpunkte von Objekt und Hintergrund. Das Filter liefert an dieser Stelle ein unsinniges Ergebnis. Das gleiche gilt, wenn eine bestimmte Anzahl von Bildpunkten z. B. aufgrund von Übertragungsfehlern fehlerhafte Werte aufweist. Die Frage ist daher, ob Glättungen möglich sind, die nicht über Objektkanten hinweggehen oder die bestimmte Bildpunkte auslassen. Natürlich kann eine solche Prozedur nur angewandt werden, wenn wir bereits die Kanten bzw. die fehlerhaften Bildpunkte detektiert haben.

In diesem Abschnitt diskutieren wir drei Typen nichtlinearer Glättungsfilter: die klassischen Medianfilter (Abschn. 11.7.1), die auch als normalisierte Faltung bezeichnete gewichtete Mittelung (Abschn. 11.7.2) und die über die lokalen Bildeigenschaften gesteuerte Mittelung (Abschn. 11.7.3).

11.7.1 Medianfilter

Lineare Filter unterdrücken Gaußsches Rauschen wirksam, jedoch binäres Rauschen nur sehr schlecht (Abb. 11.7). Indem wir mit linearen

Filtern wichten und summieren, nehmen wir an, dass jeder Bildpunkt brauchbare Information trägt. Pixel jedoch, die durch Übertragungsfehler gestört sind, haben ihren ursprünglichen Grauwert verloren. Lineare Glättung eliminiert diese Fehlinformation nicht, sondern überträgt sie auf benachbarte Bildpunkte. Das einzig korrekte Verfahren bei solchen Störungen ist deshalb, sie zu detektieren und zu eliminieren.

Genau dies tut ein *Rangordnungsfilter* (Abschn. 4.4). Die Grauwerte innerhalb der Maske werden ihrer Größe nach sortiert, und ein Pixel wird selektiert. Dabei selektiert das *Medianfilter* den mittleren Wert. Da binäres Rauschen den Grauwert völlig ändert, ist es sehr unwahrscheinlich, dass der fehlerhafte Grauwert gleich dem mittleren Grauwert in der direkten Umgebung ist. Auf diese Weise wird der mittlere Grauwert der Umgebung verwendet, um den Grauwert des gestörten Bildpunktes wiederherzustellen.

Die folgenden Beispiele illustrieren die Wirkungsweise eines 1×3-Medianfilters $\mathcal{M}$:

$$\mathcal{M}[\cdots 1\,2\,3\,7\,8\,9 \cdots] \quad = \quad [\cdots 1\,2\,3\,7\,8\,9 \cdots]$$

$$\mathcal{M}[\cdots 1\,2\,102\,4\,5\,6 \cdots] \quad = \quad [\cdots 1\,2\,4\,5\,5\,6 \cdots] \,.$$

$$\mathcal{M}[\cdots 0\,0\,0\,9\,9\,9 \cdots] \quad = \quad [\cdots 0\,0\,0\,9\,9\,9 \cdots]$$

Wie erwartet, werden Ausreißer eliminiert. Die beiden anderen Grauwertstrukturen — eine monoton ansteigende Rampe sowie eine Kante zwischen zwei Bereichen konstanter Grauwerte — bleiben erhalten. Damit eliminiert ein Medianfilter effektiv binäres Rauschen, ohne die Schärfe des Bildes wesentlich zu beeinflussen. Es ist allerdings weniger geeignet, normalverteiltes Rauschen zu unterdrücken (Abb. 11.7e und f).

Die wichtigsten deterministischen Eigenschaften eines eindimensionalen $(2N + 1)$-Medianfilters können mit den folgenden Begriffen formuliert werden:

- Eine *konstante Nachbarschaft* ist ein Bereich mit $N + 1$ gleichen Grauwerten.

- Eine *Kante* ist ein Bereich mit monoton ansteigenden oder abfallenden Grauwerten zwischen zwei konstanten Nachbarschaften.

- Ein *Impuls* ist ein Bereich von höchstens N Punkten, die rechts und links von konstanten Nachbarschaften mit gleichem Grauwert begrenzt werden.

- Eine *Wurzel* oder ein *Fixpunkt* ist ein Grauwertsignal, das sich unter einer Medianfilteroperation nicht verändert.

Mit diesen Definitionen lauten die deterministischen Eigenschaften eines Medianfilters folgendermaßen:

- Konstante Nachbarschaften und Kanten sind Fixpunkte.

- Impulse werden eliminiert.

Bei wiederholter Anwendung des Medianfilters bleibt schließlich ein Bild zurück, das nur noch aus konstanten Bildbereichen und Kanten besteht. Sind nur einzelne Pixel gestört, genügt ein 3×3-Medianfilter, um sie zu eliminieren. Treten Gruppen gestörter Pixel auf, müssen größere Medianfilter verwendet werden.

Die statistischen Eigenschaften der Medianfilter können mit einem Bild, das nur konstante Nachbarschaften, Kanten und Impulse enthält, illustriert werden. Das Leistungsspektrum der Impulse ist flach (*weißes Rauschen*). Da das Medianfilter Impulse eliminiert, nimmt das Leistungsspektrum für alle Wellenzahlen ab. Der Beitrag der Kanten zu einer bestimmten Wellenzahl wird jedoch nicht entfernt. Dieses Beispiel unterstreicht auch die nichtlineare Natur der Medianfilter.

11.7.2 Gewichtete Mittelung

In Abschn. 3.1 wurde besprochen, dass Grauwerte von Bildpunkten ebenso wie andere experimentelle Daten durch Fehler gekennzeichnet sind, die bei der weiteren Bearbeitung berücksichtigt werden müssen. Als Einführung betrachten wir die Mittelung eines Satzes von N Daten g_n mit der Standardabweichung σ_n. Aus der elementaren Statistik wissen wir, dass für eine korrekte Mittelung jeder Datenpunkt g_n mit dem Kehrwert der Varianz $w_n = 1/\sigma_n^2$ gewichtet werden muss. Dann erhält man eine Abschätzung des Mittelwertes mit

$$\overline{g} = \sum_{n=1}^{N} g_n/\sigma_n^2 \left/ \sum_{n=1}^{N} 1/\sigma_n^2 \right. \tag{11.46}$$

mit der Standardabweichung

$$\sigma_{\overline{g}}^2 = 1 \left/ \sum_{n=1}^{N} 1/\sigma_n^2 \right. . \tag{11.47}$$

Das Gewicht eines individuellen Datenpunkts für die Berechnung des Mittelwertes in (11.46) ist um so höher, je niedriger sein statistischer Fehler ist.

Die Anwendung der *gewichteten Mittelung* auf die Bildverarbeitung ist als *normalisierte Faltung* bekannt [63]. Die Glättung wird nun auf lokale Nachbarschaften ausgedehnt. Jeder Bildpunkt geht mit einem ihm zugeordneten Wichtungsfaktor in die Faltungssumme ein. Demnach sind für die normalisierte Faltung zwei Bilder nötig; eines ist das zu bearbeitende Bild, das andere enthält die Wichtungsfaktoren. Analog zu (11.46) und (11.47) wird die normalisierte Faltung folgendermaßen definiert:

$$G' = \frac{H * (W \cdot G)}{H * W}, \tag{11.48}$$

a   b

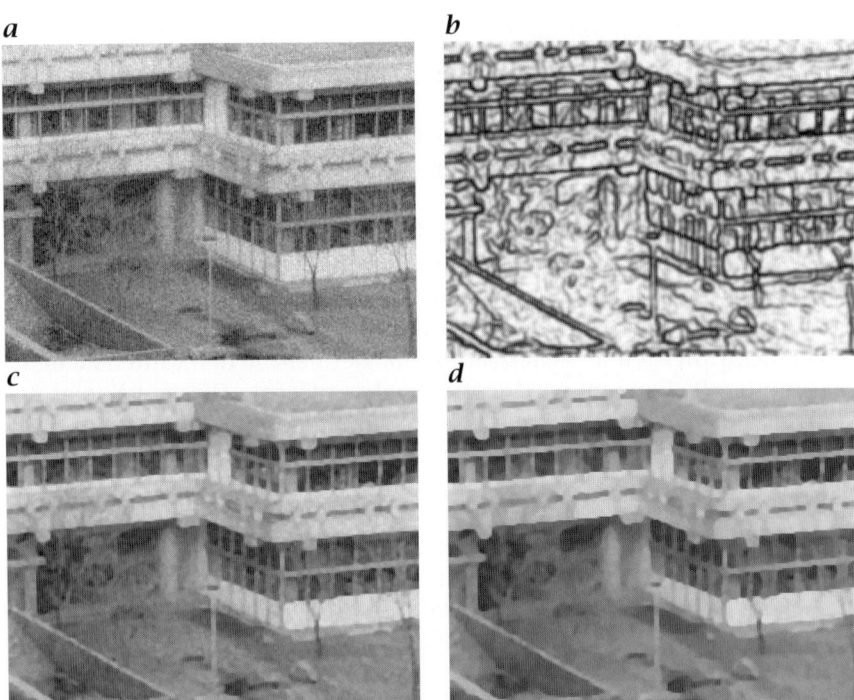

c   d

Abbildung 11.17: *Gewichtete Mittelung unter Benutzung der Kantenstärke zur Verhinderung der Glättung an Kanten: **a** Bild von Abb. 11.6a mit additivem normalverteilten Rauschen; **b** Wichtungsbild nach fünf kaskadierten gewichteten Mittelungen; Bild nach **c** zwei und **d** fünf kaskadierten gewichteten Mittelungen unter Benutzung einer $\mathcal{B}^2$-Binomialmaske (vergleiche mit Abb. 11.7).*

wobei H eine beliebige Faltungsmaske ist, G das zu bearbeitende Bild und W das Bild, das die Wichtungsfaktoren enthält. Im wesentlichen transformiert die normalisierte Faltung mit der Maske H das Bild G in ein neues Bild G' und das Wichtungsbild W in ein neues Wichtungsbild $W' = H * W$; beide können sodann einer weiteren Verarbeitung zugeführt werden.

In diesem Sinne ist die normalisierte Faltung nichts Spezielles und Kompliziertes, sondern nur die angemessene Berücksichtigung von Bildpunkten mit räumlich variierenden statistischen Fehlern. Die Standardfaltung kann als Spezialfall der normalisierten Faltung aufgefaßt werden. In diesem Fall wird allen Bildpunkten der gleiche Wichtungsfaktor zugewiesen, und das Wichtungsbild entfällt, da es konstant ist.

Die Flexibilität der normalisierten Faltung liegt in der Wahl des Wichtungsbildes, das nicht notwendigerweise mit einem Fehler assoziiert ist. Man kann es ebenso verwenden, um Bildpunkte mit bestimmten Eigenschaften zu selektieren und/oder zu verstärken. Damit ist die normalisierte Faltung ein vielseitiger nichtlinearer Operator. Als Beispiel zeigt Abb. 11.17 die gewichtete Mittelung eines verrauschten Bildes mit einem Wichtungsbild, das die Glättung an Kanten reduziert.

11.7.3 Steuerbare Mittelung

Die Idee der *steuerbaren Filter* ist es, die Faltungsmaske von der lokalen Bildstruktur abhängig zu machen. Dieses allgemeine Konzept ist nicht auf die Glättung beschränkt, sondern kann auf alle Typen von Faltungsprozessen übertragen werden. Die grundlegende Idee wird im folgenden erläutert. Einstellbare Filter haben einige frei justierbare Parameter, die die Filterung steuern können. Dies können sehr unterschiedliche Eigenschaften sein wie der Glättungsgrad, die Glättungsrichtung oder beides. Es ist einfach, eine Filtermaske mit einstellbaren Parametern aufzuschreiben. Wir haben dies beispielsweise für rekursive Filter in (11.36) durchgeführt, wobei der Parameter α den Glättungsgrad bestimmt. Allerdings ist es vom Rechenaufwand her nicht effizient, ein Bild mit Masken zu berechnen, die an jedem Bildpunkt unterschiedlich sind. Dabei geht der Vorteil der Separierbarkeit der Masken verloren.

Alternativ kann eine Basis von einigen wenigen Filtern gesucht werden, mit denen ein Satz gefilterter Bilder berechnet wird. Diese Bilder werden dann unter Verwendung von justierbaren Parametern interpoliert. In Operatornotation sieht dies folgendermaßen aus:

$$\mathcal{H}(\alpha) = \sum_{p=1}^{P} f_p(\alpha)\mathcal{H}_p. \tag{11.49}$$

Dabei ist $\mathcal{H}_p$ das p-te Filter und $f_p(\alpha)$ eine skalare Interpolationsfunktion des Steuerparameters α. Zwei Probleme müssen gelöst werden, wenn wir einstellbare Filter verwenden. Zunächst ist nicht klar, ob eine solche Filterbasis H_p überhaupt existiert. Dann muss die Beziehung zwischen den einstellbaren Parametern α und der Interpolationsfunktion f_p gefunden werden. Ist das erste Problem gelöst, erledigt sich die Lösung des zweiten meistens von alleine.

Als Beispiel soll ein gerichteter Glättungsfilter mit folgender Transferfunktion konstruiert werden:

$$\hat{h}_{\theta_0}(k, \theta) = 1 - f(k)\cos^2(\theta - \theta_0). \tag{11.50}$$

In dieser Gleichung werden Zylinderkoordinaten (k, θ) im Fourierraum verwendet. Das Filter in (11.50) ist ein *polar separierbares* Filter mit einer beliebigen Radialfunktion $f(k)$. Diese radiale Komponente stellt eine beliebiges isotropes Glättungsfilter dar. Die Einstellbarkeit des Winkels wird durch die Funktion $\cos^2(\theta - \theta_0)$ ermöglicht. Strukturen, die in Richtung θ_0 orientiert sind, bleiben im Bild, während die, die senkrecht zu

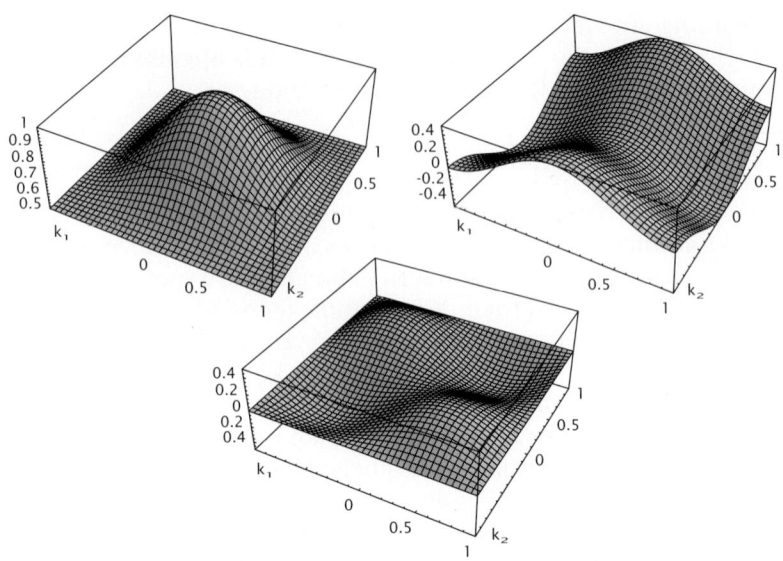

Abbildung 11.18: *Transferfunktion der drei Basisfilter für direktionale Glättung nach (11.54).*

θ_0 stehen, vollständig herausgefiltert werden. Die Halbwertsbreite der Winkelverteilung dieses einfachen gerichteten Glättungsfilters ist $\pm 45°$.

Wir zerlegen die Kosinusfunktion in (11.50) in trigonometrische Funktionen, die entweder nur von θ oder θ_0 abhängen. Dann ergibt sich

$$\hat{h}_{\theta_0}(k, \theta) = 1 - \frac{1}{2}f(k)\,[1 + \cos(2\theta_0)\cos(2\theta) + \sin(2\theta_0)\sin(2\theta)]$$

$$(11.51)$$

mit den Basisfiltern

$$\hat{h}_1 = 1 - \frac{1}{2}f(k), \quad \hat{h}_2 = -\frac{1}{2}f(k)\cos(2\theta), \quad \hat{h}_3 = -\frac{1}{2}f(k)\sin(2\theta)$$

$$(11.52)$$

und den Interpolationsfunktionen

$$f_1(\theta_0) = 1, \quad f_2(\theta_0) = \cos(2\theta_0), \quad f_3(\theta_0) = \sin(2\theta_0). \qquad (11.53)$$

Daher sind drei Basisfilter notwendig. Das Filter $\hat{h}_1$ ist ein isotropes Glättungsfilter, während die beiden anderen Richtungsfilter sind mit den Hauptrichtungen $0°$ and $45°$.

Obwohl die Gleichungen für dieses einstellbare gerichtete Glättungsfilter einfach sind, ist es nicht leicht, polar separierbare Basisfilter zu implementieren, da diese nicht im kartesischen Koordinatensystem separierbar sind und daher eine sorgfältige Optimierung erfordern.

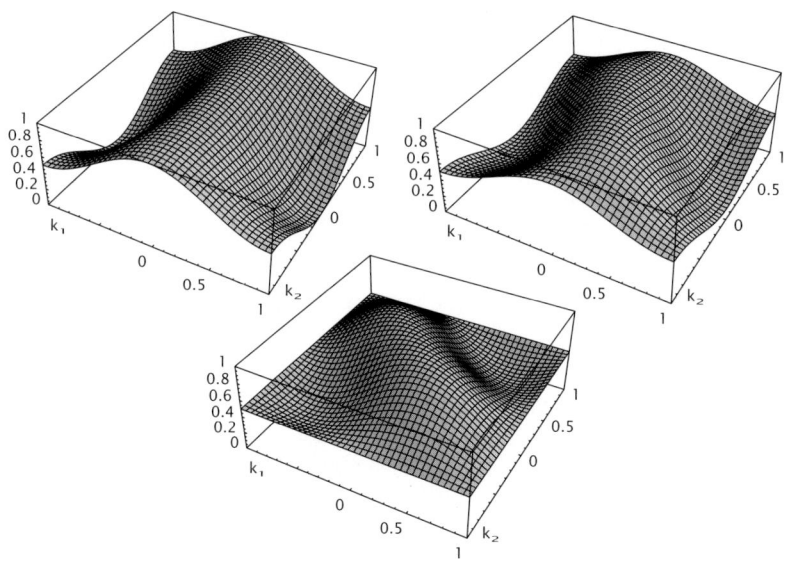

Abbildung 11.19: *Transferfunktion für steuerbare gerichtete Glättung in 0°, 22.5° und 45° zur x-Achse nach (11.51) mit der Basis (11.54).*

Dennoch ist es möglich, ein einstellbares gerichtetes Glättungsfilter mit 3×3 Basisfiltern zu implementieren. Wegen der durch die Transferfunktionen vorgegebenen Symmetrien haben wir nicht viel Auswahlmöglichkeiten für die Filterkoeffizienten und erhalten folgende drei Basisfilter:

$$H_1 = \frac{1}{32} \begin{bmatrix} 1 & 2 & 1 \\ 2 & 20 & 2 \\ 1 & 2 & 1 \end{bmatrix}, \quad H_2 = \frac{1}{32} \begin{bmatrix} 0 & -4 & 0 \\ 4 & 0 & 4 \\ 0 & -4 & 0 \end{bmatrix}, \quad H_3 = \frac{1}{32} \begin{bmatrix} -2 & 0 & 2 \\ 0 & 0 & 0 \\ 2 & 0 & -2 \end{bmatrix}$$

$$\hat{h}_1 = \frac{1}{2} + \frac{1}{2} \cos^2(\pi \tilde{k}_1/2) \cos^2(\pi \tilde{k}_2/2) \qquad \approx 1 - \frac{\pi^2 \tilde{k}^2}{8},$$

$$\hat{h}_2 = \frac{1}{4} \left(\cos(\pi \tilde{k}_1) - \cos(\pi \tilde{k}_2) \right) \qquad \approx \frac{\pi^2 \tilde{k}^2}{8} \cos(2\theta), \qquad (11.54)$$

$$\hat{h}_3 = \frac{1}{8} \left(\cos(\pi(\tilde{k}_1 + \tilde{k}_2)) - \cos(\pi(\tilde{k}_1 - \tilde{k}_2)) \right) \approx \frac{\pi^2 \tilde{k}^2}{8} \sin(2\theta).$$

Abbildung 11.19 zeigt, dass diese einfache Implementierung bis hin zu moderaten Wellenzahlen gut funktioniert. Bei hohen Wellenzahlen ($\tilde{k} > 0.5$) ist das Filter jedoch weniger direktional, da es Strukturen in alle Richtungen glättet.

11.8   Mittelung in Mehrkanalbildern[‡]

Auf den ersten Blick scheint die Mittelung von Mehrkanalbildern nichts Besonderes zu sein, denn wir wenden die Glättungsmaske einfach auf jeden der P Kanäle getrennt an:

$$
\mathbf{G}' = \begin{bmatrix} G_1' \\ G_2' \\ \vdots \\ G_p' \end{bmatrix} = H * \mathbf{G} = \begin{bmatrix} H & * & G_1 \\ H & * & G_2 \\ & \vdots & \\ H & * & G_p \end{bmatrix}. \tag{11.55}
$$

Dieses einfache Konzept kann auch auf die normalisierte Faltung ausgedehnt werden (Abschn. 11.7.2). Wird für alle Komponenten der gleiche Glättungskern verwendet, genügt ein gemeinsames Wichtungsbild, das als $(P + 1)$-te Komponente des Mehrkomponentenbildes angehängt werden kann:

$$
\begin{bmatrix} G_1' \\ G_2' \\ \vdots \\ G_P' \\ W' \end{bmatrix} = \begin{bmatrix} (H * (W \cdot G_1))/(H * W) \\ (H * (W \cdot G_2))/(H * W) \\ \vdots \\ (H * (W \cdot G_P))/(H * W) \\ H * W \end{bmatrix}. \tag{11.56}
$$

Wenn Mehrkanalbilder zyklische Merkmale enthalten, die auf Winkelkoordinaten abgebildet werden können, haben wir es mit einem interessanten Sonderfall zu tun. Größen mit dieser Eigenschaft sind z. B. die Richtung einer Kante oder die Phase eines periodischen Signals. Diese Größen sind zyklisch und können nur schlecht in kartesischen Koordinaten repräsentiert und daher auch nicht in dieser Darstellung gemittelt werden. Stellen wir uns zwei Winkel von +175° und −179° vor. Der mittlere Winkel ist 178°, da −179° = 360° − 179° = 181° nahe an 175° liegt und nicht (175° −179°) / 2 = −2°, wie es sich durch eine direkte Mittelung ergeben würde.

Zyklische Eigenschaften wie Winkel werden deshalb besser als Einheitsvektoren der Form $\bar{\boldsymbol{n}}_\theta = [\cos\theta, \sin\theta]^T$ dargestellt. So können sie korrekt gemittelt werden, wie Abb. 11.20 zeigt. Der gemittelte Vektor zeigt in die korrekte Richtung, aber sein Betrag ist im allgemeinen kleiner als eins:

$$
(\bar{\boldsymbol{n}}_{\theta_1} + \bar{\boldsymbol{n}}_{\theta_2})/2 = \begin{bmatrix} \cos[(\theta_1 + \theta_2)/2] \\ \sin[(\theta_1 + \theta_2)/2] \end{bmatrix} \cos[(\theta_2 - \theta_1)/2]. \tag{11.57}
$$

Für eine Winkeldifferenz von 180° hat der gemittelte Vektor den Betrag null. Die Abnahme seiner Größe wird intuitiv interpretiert: Je größer die Streuung des Winkels ist, desto weniger sicher ist der gemittelte Wert. Tatsächlich verschwindet die Vektorsumme, wenn alle Richtungen gleich wahrscheinlich sind, während sie wächst, wenn die Streuung des Winkels klein ist.

Diese Überlegungen können auch zu einer gewichteten Glättung für zyklische Größen erweitert werden. Dazu setzen wir die Vektorlänge gleich dem Bestimmtheitsmaß der Größe, die durch den Winkel des Vektors repräsentiert wird. Kurze Vektoren tragen dann wenig, lange entsprechend mehr zu der Mittelwertbildung bei. Dies ist eine sehr attraktive Form der gewichteten Faltung,

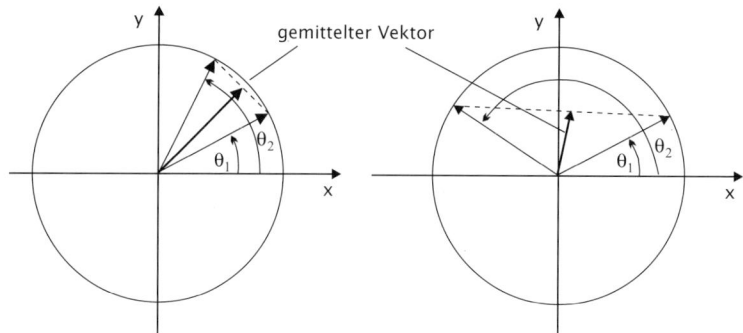

Abbildung 11.20: *Mittelung einer zyklischen Größe, die durch den Einheitsvektor* $\bar{\boldsymbol{n}}_\theta = [\cos\theta, \sin\theta]^T$ *dargestellt wird. Der gemittelte Vektor* $(\bar{\boldsymbol{n}}_{\theta_1} + \bar{\boldsymbol{n}}_{\theta_2})/2$ *zeigt in die korrekte Richtung* $(\theta_1 + \theta_2)/2$, *aber sein Betrag nimmt mit der Winkeldifferenz ab.*

da sie — im Gegensatz zur normalisierten Faltung (Abschn. 11.7.2) — keine aufwendige Division erfordert. Natürlich funktioniert diese Methode nur mit Eigenschaften, die adäquat auf einen Winkel abgebildet werden können.

Schließlich betrachten wir ein Maß, um die Streuung in Richtung des Vektors zu charakterisieren. Abbildung 11.20 verdeutlicht, dass der Summenvektor bei geringer Streuung nur wenig niedriger ist als die Summe der Vektorlängen. Demnach können wir mit

$$c = \frac{|\boldsymbol{H} * \boldsymbol{G}|}{|\boldsymbol{G}|} \tag{11.58}$$

ein Kohärenzmaß definieren, wobei $\boldsymbol{H}$ ein beliebiger glättender Faltungsoperator ist. Dieses Maß ist eins, wenn alle Vektoren der Nachbarschaft, die vom Faltungsoperator abgedeckt werden, in dieselbe Richtung zeigen, und null, wenn sie gleichmäßig verteilt sind. Diese Definition eines Kohärenzmaßes gilt nicht nur in zweikanaligen, sondern auch in höherdimensionalen Vektorräumen. Bei eindimensionalen Vektorräumen (skalaren Bildern) ist das Kohärenzmaß natürlich immer eins.

11.9   Literaturhinweise zur Vertiefung‡

Die Zeitschriftenbeiträge von Simonds [186] und Wells [214] behandeln schnelle Algorithmen für große Gaußmasken. Der Leser mit Interesse an den generellen Prinzipien effizienter Algorithmen sei auf die Lehrbücher von Aho et al. [4] oder Sedgewick [182] verwiesen. Das Lehrbuch von Blahut [15] beschäftigt sich ausschließlich mit schnellen Algorithmen für die digitale Signalverarbeitung. Die klassischen Entwurfstechniken für Filter, insbesondere für rekursive Filter, werden in den Lehrbüchern zur digitalen Signalverarbeitung behandelt, z. B. Proakis und Manolakis [157], Oppenheim und Schafer [147] oder Kammeyer und Kroschel [101]. Das Lehrbuch von Lim [124] über 2D-Signalverarbeitung beinhaltet auch den Entwurf von 2D-rekursiven Filtern. Eine detaillierte Beschreibung der deterministischen und statistischen Eigenschaften von Medianfiltern findet sich bei Huang [82, 83] und Arce et al. [5]. Eine ausführliche Behandlung nichtlinearer digitaler Filter erfolgt außerdem in der Monographie von Pitas und Venetsanopoulos [153]. Die Monographie von Granlund und Knutsson [63] über Signalverarbeitung für maschinelles Sehen diskutiert auch die gewichtete Mittelung (normalisierte Faltung, Abschn. 11.7.2). Einstellbare Filter (Abschn. 11.7.3) wurden durch die Zeitschriftenbeiträge von Freeman und Adelson [54] und Simoncelli et al. [185] eingeführt.

12 Kanten

12.1 Einleitung

Kantendetektion erfordert Nachbarschaftsoperatoren, die Veränderungen erkennen und Bereiche konstanter Grauwerte unterdrücken. Auf diese Weise wird ein Merkmalsbild erzeugt, in dem Veränderungen hell erscheinen, während alle anderen Bereiche dunkel bleiben.

Mathematisch ausgedrückt ist eine ideale Kante eine Diskontinuität der räumlichen Grauwertfunktion $g(x)$ der Bildebene. Diese Abstraktion muss aber die Wirklichkeit nicht treffen. Die erste Aufgabe der Kantendetektion ist es daher, die Eigenschaften der Kante im zu analysierenden Bild zu beschreiben. Nur wenn wir ein Modell der Kanten formulieren, können wir bestimmen, wie exakt und unter welchen Bedingungen eine Kantendetektion möglich ist, und eine Kante optimal detektieren.

Die Kantendetektion basiert immer auf Ableitungen in der einen oder anderen Form. Bei diskreten Bildern ersetzen diskrete Differenzen das Differenzieren. Die mit dieser Näherung verbundenen Fehler müssen sorgfältig beachtet werden. Sie bewirken Effekte, die zunächst nicht erwartet werden. Die beiden schwerwiegendsten Fehler sind die Anisotropie der Kantendetektion, d. h., Kanten werden nicht in allen Richtungen gleich gut erkannt, und die fehlerhafte Bestimmung der Kantenrichtung.

Während in skalaren Bildern eindeutig feststeht, was eine Kante ist, können Kanten in Mehrkanal- oder vektoriellen Bildern auf verschiedene Arten bestimmt werden (Abschn. 12.6). Eine Kante kann eine Eigenschaft sein, die sich in nur einer Komponente oder in allen zeigt. Die Kantendetektion wird auch bei höherdimensionalen Bildern komplexer. In drei Dimensionen beispielsweise werden volumetrische Regionen durch Flächen separiert, und Kanten sind eher Unstetigkeiten in der Orientierung von Flächen.

Eine weitere wichtige Frage ist die Verläßlichkeit der Kantenschätzung. Wir wollen nicht nur wissen, dass eine Kante vorhanden ist, sondern auch, wie signifikant sie ist. Wir brauchen also ein Maß für die *Kantenstärke*. Eng im Zusammenhang damit steht die Frage der optimalen Kantendetektion. Wenn es möglich ist, dass Kantendetektoren nicht nur das Vorhandensein einer Kante, sondern auch ein objektives Konfidenzmaß liefern, können unterschiedliche Kantendetektoren miteinander verglichen werden. Dann ist auch eine Optimierung der Kantendetektion möglich.

B. Jähne, Digitale Bildverarbeitung
ISBN 3-540-41260-3

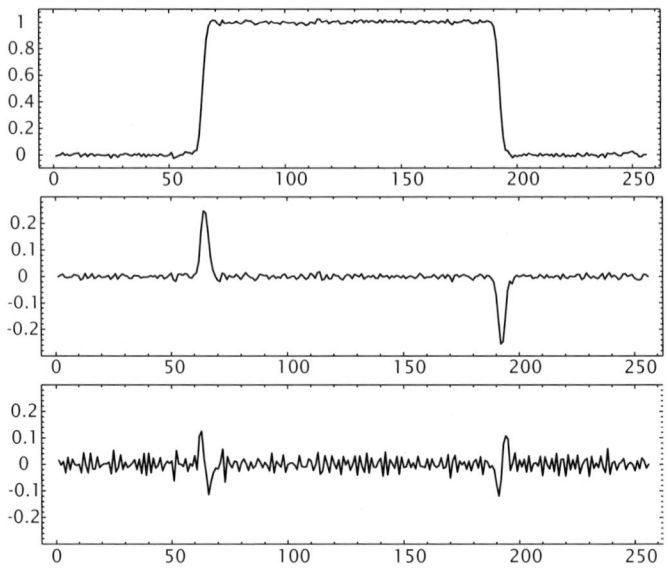

Abbildung 12.1: *Eindimensionale verrauschte Grauwertkanten und ihre ersten und zweiten Ableitungen.*

12.2   Allgemeine Eigenschaften von Kantenfiltern

Glättungsfilter unterdrücken hohe Wellenzahlen. Die Detektion von Kanten erfordert dagegen eine Filteroperation, die Grauwertveränderungen verstärkt und Bereiche konstanter Grauwerte unterdrückt. Dafür sind Ableitungsoperatoren geeignet (Abb. 12.1). Die erste Ableitung hat an einer Kante ein Maximum oder ein Minimum, die zweite einen Nulldurchgang dort, wo die Kante ihren steilsten Abfall oder Anstieg hat. Beide Kriterien können zur Kantenbestimmung herangezogen werden.

Ein Ableitungsfilter p-ter Ordnung bedeutet im Wellenzahlraum eine Multiplikation des Bildspektrums mit $(ik)^p$ (Abschn. 2.3, ≻R4):

$$\frac{\partial}{\partial x_w} \quad \circ\!\!-\!\!\bullet \quad 2\pi i k_w, \qquad \frac{\partial^2}{\partial x_w^2} \quad \circ\!\!-\!\!\bullet \quad -4\pi^2\, k_w^2. \tag{12.1}$$

Die partiellen Ableitungen eines W-dimensionale Signals $g(\mathbf{x})$ in alle Richtungen bilden den W-dimensionalen *Gradientenvektor*:

$$\nabla g(\mathbf{x}) = \left[\frac{\partial g}{\partial x_1}, \frac{\partial g}{\partial x_2}, \dots, \frac{\partial g}{\partial x_W} \right]^T. \tag{12.2}$$

Der Betrag des Gradientenvektors,

$$|\nabla g| = \|\nabla g\|_2 = \left(\nabla g^T \nabla g \right)^{1/2} = \left(\sum_{w=1}^{W} \left(\frac{\partial g}{\partial x_w} \right)^2 \right)^{1/2}, \tag{12.3}$$

ist invariant unter einer Drehung des Koordinatensystems.

Alle möglichen Kombinationen der partiellen Ableitungen zweiter Ordnung eines W-dimensionalen Signals bilden eine $W \times W$ Matrix, die *Hesse-Matrix*:

$$
H = \begin{bmatrix}
\dfrac{\partial g^2}{\partial x_1^2} & \dfrac{\partial g^2}{\partial x_1 x_2} & \cdots & \dfrac{\partial g^2}{\partial x_1 x_W} \\[2ex]
\dfrac{\partial g^2}{\partial x_1 x_2} & \dfrac{\partial g^2}{\partial x_2^2} & \cdots & \dfrac{\partial g^2}{\partial x_2 x_W} \\[2ex]
\vdots & \vdots & \ddots & \vdots \\[2ex]
\dfrac{\partial g^2}{\partial x_1 x_W} & \dfrac{\partial g^2}{\partial x_2 x_W} & \cdots & \dfrac{\partial g^2}{\partial x_W^2}
\end{bmatrix}.
\tag{12.4}
$$

Die Spur dieser Matrix, d. h. die Summe der Diagonalelemente, heißt *Laplaceoperator* und wird mit Δ bezeichnet:

$$
\Delta = \mathrm{Spur}\,H = \sum_{w=1}^{W} \frac{\partial^2}{\partial x_w^2} \quad \circ\!\!-\!\!\bullet \quad -\sum_{w=1}^{W} k_w^2 = -k^2.
\tag{12.5}
$$

Wie der Betrag des Gradienten ist der Laplaceoperator invariant unter einer Drehung des Koordinatensystems.

In den folgenden Abschn. 12.2.1–12.2.4 diskutieren wir die allgemeinen Eigenschaften der Filter zur Kantendetektion. Diese Diskussion ist ähnlich der über die allgemeinen Eigenschaften der Glättungsfilter in Abschn. 11.2.1–11.2.4.

12.2.1 Verschiebungsfreiheit

Bei der Kantendetektion dürfen keine Verschiebungen der Objektposition auftreten. Dies ist die wichtigste Eigenschaft eines Ableitungsoperators. Bei Glättungsfiltern wird dies durch eine reelle Transferfunktion und eine symmetrische Faltungsmaske erreicht (Abschn. 11.2.1). Bei einem Ableitungsfilter erster Ordnung ist eine reelle Transferfunktion nicht sinnvoll, da Extrema auf Nulldurchgänge abgebildet werden sollen und die größten Steigungen auf Extremwerte. Das bedeutet eine Phasenverschiebung um 90° und damit eine imaginäre Transferfunktion. Eine imaginäre Transferfunktion wiederum impliziert eine antisymmetrische Filtermaske, die definiert wird durch

$$
h_{-n} = -h_n.
\tag{12.6}
$$

Aus dieser Gleichung ergibt sich, dass der zentrale Koeffizient für eine Faltungsmaske mit einer ungeraden Anzahl von Koeffizienten null ist.

Ein Ableitungsfilter zweiter Ordnung detektiert Krümmungen. Extremwerte des räumlichen Grauwertverlaufs sollten mit Extremwerten der Krümmung übereinstimmen. Also sollte ein Ableitungsfilter zweiter Ordnung ebenso wie ein Glättungsfilter symmetrisch sein. Dann gelten alle in Abschn. 11.2.1 für Glättungsfilter besprochenen Eigenschaften auch für symmetrische Filter.

12.2.2 Unterdrückung des Mittelwertes

Ein Ableitungsfilter beliebiger Ordnung darf keine Antwort auf konstante Werte oder einen Offset im Signal zeigen. Diese Bedingung impliziert, dass bezüglich der Transferfunktion für die Summe der Koeffizienten gelten muss:

$$1D: \quad \hat{h}(0) = 0, \quad \sum_n h_n = 0$$

$$2D: \quad \hat{h}(\mathbf{0}) = 0, \quad \sum_m \sum_n h_{mn} = 0 \tag{12.7}$$

$$3D: \quad \hat{h}(\mathbf{0}) = 0, \quad \sum_l \sum_m \sum_n h_{lmn} = 0.$$

Ein Ableitungsfilter zweiter Ordnung sollte auch nicht auf konstante Steigungen reagieren. Diese Eigenschaft erfordert keine weiteren Beschränkungen, da sie aus der Symmetrie der Filter und der Nullsummenbedingung (12.7) abgeleitet werden kann.

12.2.3 Symmetrieeigenschaften

Etwas näher wollen wir uns die Symmetrieeigenschaften ansehen, denn sie bilden die Basis einer effizienteren Faltung durch eine geringere Anzahl von Multiplikationen und vereinfachen die Berechnung der Transferfunktionen. Für einen Ableitungsoperator erster Ordnung ergibt sich aus der Forderung der Verschiebungsfreiheit (Abschn. 12.2.1) im allgemeinen eine 1D-Maske ungerader Symmetrie mit $2R + 1$ oder $2R$ Koeffizienten:

$$[h_1, \ldots, h_1, 0, -h_1, \ldots, -h_R] \quad \text{oder} \quad [h_{R1}, \ldots, h_1, -h_1, \ldots, -h_R]. \tag{12.8}$$

Daher kann man die Berechnung der Faltung vereinfacht schreiben als

$$g'_n = \sum_{n'=1}^{R} h_{n'}(g_{n-n'} - g_{n+n'}) \quad \text{oder} \quad g'_{n+1/2} = \sum_{n'=1}^{R} h_{n'}\left(g_{n+1-n'} - g_{n+n'}\right). \tag{12.9}$$

Damit sind für $2R + 1$ ($2R$) Koeffizienten des Filters nur noch R Multiplikationen erforderlich. Die Anzahl der Additionen ist jedoch unverändert $2R - 1$.

Die Berechnung der Transferfunktionen wird durch die Symmetrie-beziehungen ebenfalls erheblich erleichtert, da nur die Sinusfunktionen des komplexen Exponenten der Fouriertransformierten in den Gleichungen verbleiben. Die Transferfunktion einer eindimensionalen Maske ungerader Symmetrie lautet daher:

$$\hat{g}(\tilde{k}) = 2\mathrm{i} \sum_{v=1}^{R} h_v \sin(v\pi\tilde{k}) \quad \text{oder} \quad \hat{g}(\tilde{k}) = 2\mathrm{i} \sum_{v=1}^{R} h_v \sin[(v - 1/2)\pi\tilde{k}].$$

$$(12.10)$$

Für Ableitungsfilter zweiter Ordnung können wir alle Gleichungen verwenden, die in Abschn. 11.2.1 für die Glättungsfilter hergeleitet wurden, da gerade Symmetrie in der Ableitungsrichtung gegeben sein muss.

12.2.4 Nicht selektive Ableitung und Isotropie

Intuitiv erwarten wir, dass jeder Ableitungsoperator feinere Strukturen stärker als gröbere verstärkt, da die Transferfunktion für einen Ableitungsoperator p-ter Ordnung mit k^p ansteigt. Daher könnten wir argumentieren, dass die Transferfunktion eines guten diskreten Ableitungsoperators möglichst gut die ideale Transferfunktion in (12.1) approximieren sollte.

Allerdings ist diese Bedingung eine zu starke Einschränkung. Angenommen, wir wenden vor der Benutzung eines Ableitungsfilters zunächst ein Glättungsfilter auf ein Bild an. Die kombinierte Operation werden wir noch immer als Ableitung erkennen; der mittlere Grauwert ist unterdrückt, und der Operator reagiert nur auf räumliche Grauwertänderungen.

Daher es ist ausreichend, dass die ideale Transferfunktion in (12.1) bei kleinen Wellenzahlen korrekt approximiert wird:

$$\hat{h}(k)\Big|_{k_w=0} = 0, \quad \frac{\partial \hat{h}(k)}{\partial k_w}\Big|_{k_w=0} = (\mathrm{i}k_w)^p, \quad \frac{\partial^2 \hat{h}(k)}{\partial k_w^2}\Big|_{k_w=0} = 0. \quad (12.11)$$

Für eine gute Kantendetektion ist es wichtig, dass die Operatorantwort nicht von der Richtung der Kante abhängt. Trifft dies zu, sprechen wir von einem isotropen Kantendetektor. Die Isotropie eines Kantendetektors kann am besten über seine Transferfunktion untersucht werden. Die allgemeinste Form für einen isotropen Ableitungsoperator p-ter Ordnung ist gegeben durch

$$\hat{h}(k) = (\mathrm{i}k_w)^p \hat{b}(|\tilde{k}|) \quad \text{mit} \quad \hat{b}(0) = 1 \quad \text{und} \quad \nabla_k \hat{b}(k) = 0. \quad (12.12)$$

Die Anforderungen an Ableitungsfilter sind im Anhang A zusammen gefasst (≻R24 und ≻R25).

12.3   Gradientenbasierte Kantendetektion[†]

12.3.1   Prinzip

In Bezug auf erste Ableitungen stellt eine Kante einen Extremwert dar (Abb. 12.1). Kantendetektion mit Ableitungen erster Ordnung bedeutet daher die Suche nach den größten Änderungen, d. h. Maxima im Betrag des Gradientenvektors (12.2). Deshalb müssen wir partielle Ableitungen erster Ordnung in alle Richtungen berechnen. In Operatornotation geschrieben stellt der Gradient einen Vektoroperator dar. Im zwei- und dreidimensionalen Raum haben wir dann die Vektoroperatoren

$$\mathcal{D} = \begin{bmatrix} \mathcal{D}_x \\ \mathcal{D}_y \end{bmatrix} \quad \text{oder} \quad \mathcal{D} = \begin{bmatrix} \mathcal{D}_x \\ \mathcal{D}_y \\ \mathcal{D}_z \end{bmatrix}. \tag{12.13}$$

Da der Gradient ein Vektor ist, ist sein Betrag (12.3) invariant unter einer Drehung des Koordinatensystems. Dies ist eine notwendige Bedingung für eine isotrope Kantendetektion. Die Berechnung des Gradientenbetrags kann im Zweidimensionalen durch die Operatorgleichung

$$|\mathcal{D}| = \left[\mathcal{D}_x \cdot \mathcal{D}_x + \mathcal{D}_y \cdot \mathcal{D}_y \right]^{1/2}. \tag{12.14}$$

ausgedrückt werden. Das Symbol · gibt die punktweise Multiplikation der beiden Bilder an, die aus den Filteroperationen $\mathcal{D}_x$ und $\mathcal{D}_y$ resultieren (Abschn. 4.1.4). Ebenso wird die Berechnung der Quadratwurzel punktweise im Ortsraum durchgeführt. Die Anwendung des Operators $|\mathcal{D}|$ auf das Bild G bedeutet nach der Operatorgleichung in (12.14) also die folgende Kette von Operationen:

1. Filterung des Bildes G unabhängig voneinander mit den Operatoren $\mathcal{D}_x$ und $\mathcal{D}_y$,

2. Berechnung des Quadrats der beiden resultierenden Bilder,

3. deren Addition und

4. Berechnung der Quadratwurzel des Summenbildes.

Die Berechnung des Betrags des Gradienten mag wegen der vielen Rechenschritte aufwendig erscheinen. Deswegen wurde sie oft durch

$$|\mathcal{D}| \approx |\mathcal{D}_x| + \left| \mathcal{D}_y \right| \tag{12.15}$$

approximiert. Diese Approximation ist jedoch selbst für kleine Wellenzahlen anisotrop. Kanten in Diagonalenrichtung werden um den Faktor $\sqrt{2}$ empfindlicher detektiert als Kanten in Achsenrichtung. Die Berechnung des Betrags des Gradientenvektor lässt sich jedoch schnell als *dyadische Punktoperation* mit einer *Lookup-Tabelle* durchführen (Abschn. 10.4.2).

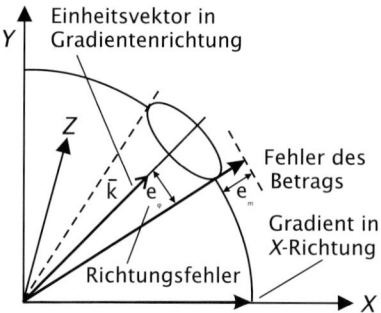

Abbildung 12.2: *Illustration des Betrags- und Richtungsfehlers des Gradientenvektors.*

12.3.2 Fehler in Betrag und Richtung

Das grundsätzliche Problem mit allen Kantendetektoren ist, dass Ableitungsoperatoren auf einem diskreten Gitter nur approximiert werden können. Dabei können zwei Arten von Fehlern auftreten (Abb. 12.2). Zum einen kann die Kantendetektion anisotrop sein, d.h., die Berechnung des Betrags des Gradienten hängt von der Richtung der Kante ab. Zum zweiten kann die berechnete Kantenrichtung von der tatsächlichen Richtung abweichen. Für beide Arten von Fehlern ist es sinnvoll, ein Fehlermaß einzuführen. Diese Fehlermaße werden wir bei der Beschreibung der verschiedenen Kantenfilter angeben.

Der Betrag des Gradienten ist gegeben durch

$$\left| \hat{\boldsymbol{d}}(\boldsymbol{k}) \right| = \left(\hat{d}_x(\boldsymbol{k})^2 + \hat{d}_y(\boldsymbol{k})^2 \right)^{1/2}, \tag{12.16}$$

wobei $\hat{\boldsymbol{d}}(\boldsymbol{k})$ die vektorielle Transferfunktion des Gradientenoperators ist. Die Anisotropie der Berechnung des Betrags kann dann als Abweichung vom Betrag des Gradienten in x-Richtung angegeben werden. Diese ist gegeben durch

$$e_m(\boldsymbol{k}) = \left| \hat{\boldsymbol{d}}(\boldsymbol{k}) \right| - \left| \hat{d}_x(\boldsymbol{k}) \right|. \tag{12.17}$$

Dieses Fehlermaß kann für beliebigdimensionale Signale verwendet werden.

In ähnlicher Weise kann der Fehler in Richtung des Gradienten berechnet werden. Aus den Komponenten des 2D-Gradienten berechnen wir dessen Richtung, die durch den Winkel ϕ' gegeben ist, zu

$$\phi' = \arctan \frac{\hat{d}_y(k,\phi)}{\hat{d}_x(k,\phi)}. \tag{12.18}$$

Damit ergibt sich der Winkelfehler zu

$$e_\phi(k,\phi) = \arctan \frac{\hat{d}_y(k,\phi)}{\hat{d}_x(k,\phi)} - \phi \tag{12.19}$$

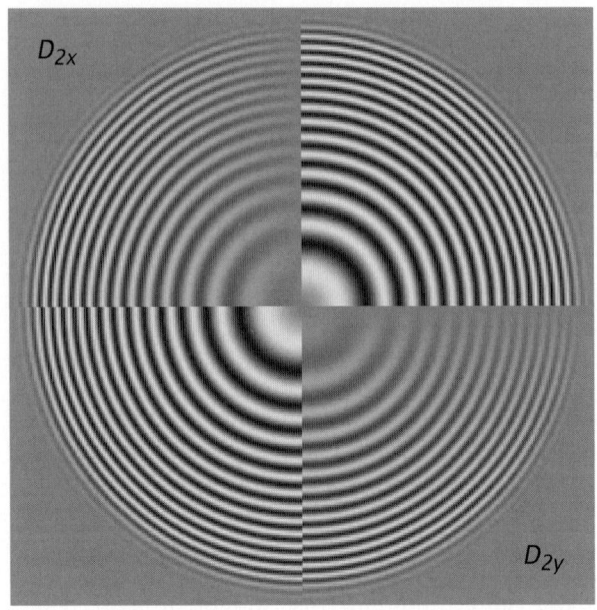

Abbildung 12.3: *Anwendung der symmetrischen Differenzenfilter* $\mathcal{D}_{2x}$ *und* $\mathcal{D}_{2y}$
auf das Testbild aus Abb. 11.4.

Bei höherdimensionalen Signalen ist die Winkelabweichung eine vektorielle Größe. Wir können aber einen skalaren Richtungsfehler angeben, in dem wir das Skalarprodukt zwischen einem Einheitsvektor in der wahren Gradientenrichtung und dem berechneten Gradientenvektor $\hat{\boldsymbol{d}}(k)$ (Abb. 12.2) berechnen:

$$\cos e_{\varphi} = \frac{\bar{\boldsymbol{k}}^T \hat{\boldsymbol{d}}(\boldsymbol{k})}{\left| \hat{\boldsymbol{d}}(\boldsymbol{k}) \right|} \quad \text{mit} \quad \bar{\boldsymbol{k}} = \frac{\boldsymbol{k}}{|\boldsymbol{k}|}. \tag{12.20}$$

Im Gegensatz zum Winkelfehler für den 2D-Gradienten in (12.19) nimmt der Winkelfehler nach (12.20) nur positive Werte an. Er kann nicht die Richtung der Abweichung angeben.

Es gibt eine große Fülle von Kantendetektoren. Wir werden einige von ihnen sorgfältig in den Abschn. 12.3.3–12.3.5 untersuchen.

12.3.3 Diskrete Differenzen erster Ordnung

Differenzen erster Ordnung sind der einfachste Ansatz zur Berechnung eines Gradientenvektors. Die erste partielle Ableitung in x-Richtung,

$\partial g(x_1, x_2)/\partial x_1$, können wir approximieren durch:

Rückwärtsdifferenz $\qquad \dfrac{g(x_1, x_2) - g(x_1 - \Delta x_1, x_2)}{\Delta x_1}$,

Vorwärtsdifferenz $\qquad \dfrac{g(x_1 + \Delta x_1, x_2) - g(x_1, x_2)}{\Delta x_1}$ oder

Symmetrische Differenz $\quad \dfrac{g(x_1 + \Delta x_1, x_2) - g(x_1 - \Delta x_1, x_2)}{2\Delta x_1}$.

$$(12.21)$$

Diese Näherungen entsprechen den Filtermasken

$$
\begin{aligned}
\text{Rückwärts} \qquad {}^-\boldsymbol{D}_x &= [1_\bullet \ -1] \\
\text{Vorwärts} \qquad {}^+\boldsymbol{D}_x &= [1 \ -1_\bullet] \\
\text{Symmetrisch} \quad \boldsymbol{D}_{2x} &= 1/2 \, [1 \ 0 \ -1].
\end{aligned}
\qquad (12.22)
$$

Der Index • bezeichnet den Punkt, an den das Ergebnis zurückgeschrieben wird. Die in Abschn. 12.2.3 geforderte Symmetrie zeigt nur die letzte Maske. Wir können die Zweielementmasken, die dem Rückwärts- oder Vorwärtsgradienten entsprechen, auch als ungerade bzw. antisymmetrische Masken betrachten, wenn das Ergebnis nicht an der Position des rechten oder linken Bildpunktes, sondern zwischen den beiden Pixeln gespeichert wird. Dies entspricht einer Verschiebung des Gitters um eine halbe Bildpunktdistanz. Dann ist die Transferfunktion für den Rückwärtsgradienten

$$
{}^-\hat{d}_x = \exp(\mathrm{i}\pi\tilde{k}_x/2)\left[1 - \exp(-\mathrm{i}\pi\tilde{k}_x)\right] = 2\mathrm{i}\sin(\pi\tilde{k}_x/2), \qquad (12.23)
$$

wobei der erste Term aus der Verschiebung um einen halben Gitterabstand herrührt.

Unter Verwendung von (12.10) reduziert sich die Transferfunktion des symmetrischen Ableitungsoperators auf

$$
\hat{d}_{2x} = \mathrm{i}\sin(\pi\tilde{k}_x) = \mathrm{i}\sin(\pi\tilde{k}\cos\phi). \qquad (12.24)
$$

Diesen Operator kann man sich auch wie folgt zusammengesetzt denken:

$$
\boldsymbol{D}_{2x} = {}^-\boldsymbol{D}_x \, {}^1\boldsymbol{B}_x = [1_\bullet \ -1] * 1/2 \, [1 \ 1_\bullet] = 1/2 \, [1 \ 0 \ -1].
$$

Für Differenzenfilter in andere Richtungen gelten entsprechende Gleichungen. Die Transferfunktion des symmetrischen Differenzenfilters in y Rchtung ist z. B. gegeben durch

$$
\hat{d}_{2y} = \mathrm{i}\sin(\pi\tilde{k}_y) = \mathrm{i}\sin(\pi\tilde{k}\sin\phi). \qquad (12.25)
$$

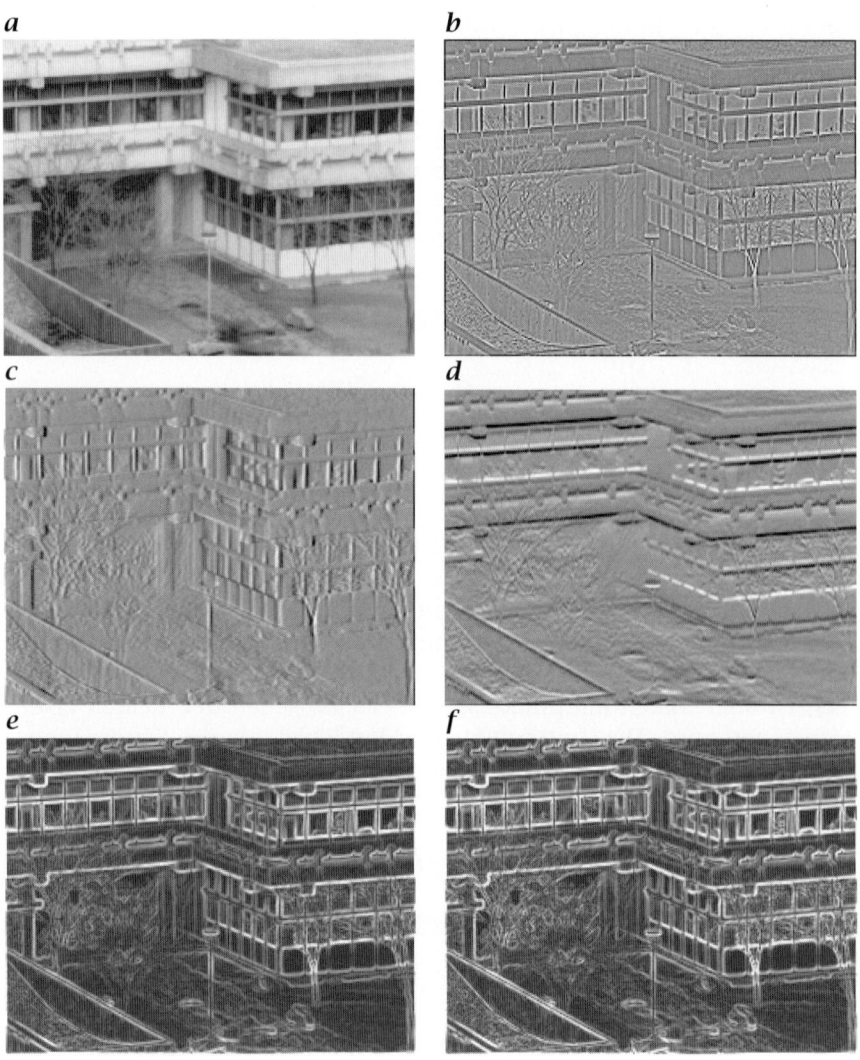

Abbildung 12.4: *Detektion von Kanten mit Ableitungsoperatoren:* ***a*** *Original-bild,* ***b*** *Laplaceoperator* $\mathcal{L}$, ***c*** *horizontale Ableitung* $\mathcal{D}_{2x}$, ***d*** *vertikale Ableitung* $\mathcal{D}_{2y}$, ***e*** *Betrag des Gradienten* $(\mathcal{D}_{2x} \cdot \mathcal{D}_{2x} + \mathcal{D}_{2y} \cdot \mathcal{D}_{2y})^{1/2}$ *und* ***f*** *Summe der Beträge von* ***c*** *und* ***d*** *nach (12.15).*

Bei der Anwendung von $\mathcal{D}_{2x}$ auf das Ring-Testmuster in Abb. 12.3 wird die Richtungsabhängigkeit und die Phasenverschiebung von 90° dieser Filter deutlich. Abbildung 12.4 zeigt die Detektion von Kanten mit diesen Filtern, den Betrag des Gradienten und die Summe der Beträge von $\mathcal{D}_{2x}$ und $\mathcal{D}_{2y}$.

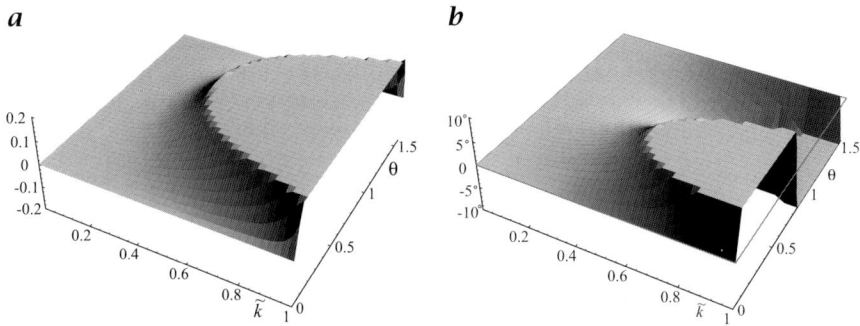

Abbildung 12.5: a *Anisotropie im Betrag und* **b** *Fehler in der Richtung des Gradi-enten für den symmetrischen Gradientenfilter* $\left[\mathcal{D}_{2x}, \mathcal{D}_{2y}\right]^{T}$. *Die Parameter sind der Betrag der Wellenzahl (0 bis 1) und der Winkel zur x-Achse (0 bis $\pi/2$).*

Diese einfachen Gradientenfilter sind nur eine dürftige Näherung für Kantendetektoren. Aus (12.24) bis (12.25) können wir ableiten, dass Betrag und Richtung des Gradienten sich aus

$$|\hat{\boldsymbol{d}}| = \left(\sin^2(\pi \tilde{k} \cos \phi) + \sin^2(\pi \tilde{k} \sin \phi)\right)^{1/2} \tag{12.26}$$

und

$$\phi' = \arctan \frac{\sin^2(\pi \tilde{k} \sin \phi)}{\sin(\pi \tilde{k} \cos \phi)} \tag{12.27}$$

ergeben, wobei die Wellenzahl in Polarkoordinaten (k, ϕ) geschrieben wurde. Die resultierenden Fehler sind als Pseudo-3D-Grafik in Abb. 12.5 als Funktion des Betrags der Wellenzahl und des Winkels zur x-Achse gezeigt. Der Betrag des Gradienten nimmt vom korrekten Wert rasch ab. Eine Taylorreihe von (12.26) in $\tilde{k}$ ergibt für den Fehler des Betrags

$$e_m(\tilde{k}, \phi) \approx \frac{(\pi \tilde{k})^3}{12} \sin^2 2\phi + O(\tilde{k}^5). \tag{12.28}$$

Der Betrag ist in Diagonalenrichtung größer. Damit ist der Filter anisotrop.

Der Fehler in der Richtung des Gradienten ist ebenfalls groß. Während der Fehler in Richtung der Achsen und Diagonalen null ist, erreicht er in den dazwischenliegenden Richtungen bereits bei $\tilde{k} = 0,5$ Werte von etwa $\pm 10°$ (Abb. 12.5b). Eine Taylorreihe von (12.27) in $\tilde{k}$ ergibt für kleine $\tilde{k}$ näherungsweise den Winkelfehler

$$e_\phi(\tilde{k}, \phi) \approx \frac{(\pi \tilde{k})^2}{24} \sin 4\phi + O(\tilde{k}^4). \tag{12.29}$$

Aus dieser Gleichung sehen wir, dass der Winkelfehler für $\phi = n\pi/4$ mit $n \in \mathbb{Z}$, also für $\phi = 0°, 45°, 90°, \ldots$ null ist.

12.3.4 Spline-basierte Kantendetektion[‡]

Die kubische B-Spline-Transformation, die in Abschn. 10.6.5 für die Interpolation benutzt wurde, hat zu einer kontinuierlichen Repräsentation eines Bildes mit stetigen Ableitungen erster und zweiter Ordnung geführt:

$$g_3(x) = \sum_n c_n \beta_3(x - n), \tag{12.30}$$

wobei $\beta_3(x)$ die in (10.60) definierte kubische B-Spline-Funktion ist. Ausgehend von dieser kontinuierlichen Darstellung ist die Berechnung der räumlichen Ableitung von $g_3(x)$ einfach:

$$\frac{\partial g_3(x)}{\partial x} = \sum_n c_n \frac{\partial \beta_3(x - n)}{\partial x}. \tag{12.31}$$

Für einen diskreten Ableitungsfilter benötigen wir nur die Ableitungen an den Gitterpunkten. Abbildung 10.20a zeigt, dass die kubische B-Spline-Funktion höchstens über 5 Gitterpunkte ausgedehnt ist. Das Maximum der Spline-Funktion liegt am zentralen Gitterpunkt. Die Ableitung ist also an diesem Punkt null, ebenso an den beiden äußeren Gitterpunkten. Die Ableitung ist daher nur an den direkten rechten und linken Nachbarn des zentralen Gitterpunktes ungleich null. Am Gitterpunkt x_m reduziert sie sich deshalb auf

$$\left.\frac{\partial g_3(x)}{\partial x}\right|_{x_m} = (c_{m+1} - c_{m-1})/2. \tag{12.32}$$

Damit ist die auf der kubischen B-Spline-Transformation basierende Berechnung der Ableitung erster Ordnung tatsächlich eine effiziente Lösung. Wir führen zunächst die kubische B-Spline-Transformation in Richtung der zu berechnenden Ableitung durch (Abschn. 10.6.5) und wenden dann den einfachen $\mathcal{D}_{2x}$-Operator an. Dann ergibt sich die Transferfunktion zu

$$\hat{D}_x = i\frac{\sin(\pi\tilde{k}_x)}{2/3 + 1/3\cos(\pi\tilde{k}_x)} = i\pi\tilde{k}_x - i\frac{\pi^5\tilde{k}_x^5}{180} + O(\tilde{k}_x^7). \tag{12.33}$$

Die Fehler von Betrag und Richtung eines auf dem B-Spline-Ableitungsfilter basierenden Gradientenvektors sind in Abb. 12.6 gezeigt. Sie sind beträchtlich geringer als bei einfachen Ableitungsfiltern (vgl. Abb. 12.5). Dies wird quantitativ deutlich anhand von Taylorreihen für den Fehler des Betrags des Gradienten und für den Winkelfehler:

$$e_m(\tilde{k}, \phi) \approx -\frac{(\pi\tilde{k})^5}{240}\sin^2 2\phi + O(\tilde{k}^7) \tag{12.34}$$

$$e_\phi(\tilde{k}, \phi) \approx \frac{(\pi\tilde{k})^4}{720}\sin 4\phi + O(\tilde{k}^6). \tag{12.35}$$

Die Fehler tauchen jetzt erst in den Termen mit $\tilde{k}^4$ auf. Man vergleiche (12.34) und (12.35) mit (12.26) und (12.27) und mit (12.56) und (12.57).

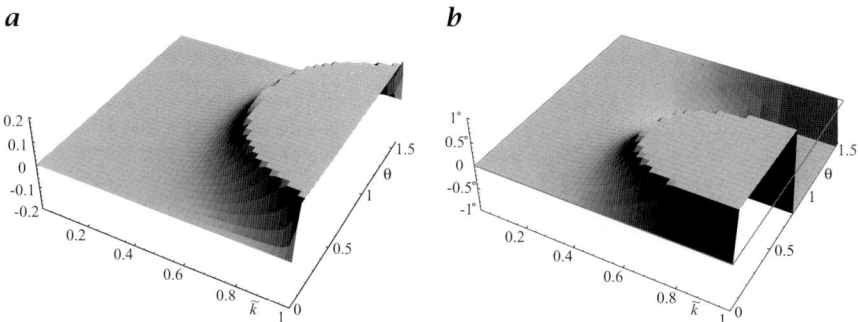

Abbildung 12.6: *a Anisotropie im Betrag und b Fehler in der Richtung des Gradienten für den kubischen B-Spline-Ableitungsoperator nach (12.33). Die Parameter sind der Betrag der Wellenzahl (0 bis 1) und der Winkel zur x-Achse (0 bis π/2).*

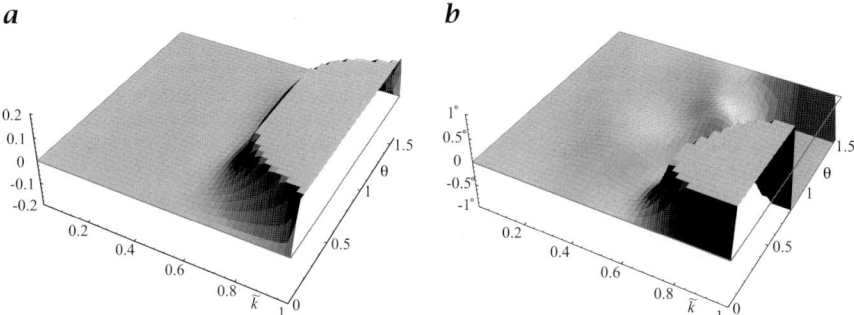

Abbildung 12.7: *a Anisotropie im Betrag und b Fehler in der Richtung des Gradienten für den mit der Methode der kleinsten Quadrate nach (12.39) optimierten Ableitungsfilter für R = 3 ($d_1 = -0.597949, d_2 = 0.189835, d_3 = -0.0357216$). Die Parameter sind der Betrag der Wellenzahl (0 bis 1) und der Winkel zur x-Achse (0 bis π/2).*

12.3.5 Optimierter Gradient

In diesem Abschnitt besprechen wir Ableitungsfilter erster Ordnung, die mit der Methode der kleinsten Quadrate optimiert werden. Diese Technik haben wir bereits in Abschn. 10.6.6 zur Optimierung von Interpolationsfiltern verwendet. Die grundlegende Idee ist es, ein 1D-Filter mit R Koeffizienten und ungerader Symmetrie in der Ableitungsrichtung w anzusetzen und die Koeffizienten so zu variieren, dass die Abweichung der Transferfunktion von der idealen Transferfunktion $i\pi\tilde{k}_w$ minimal wird. Damit ist die *Zielfunktion* des Optimierungsansatzes

$$\hat{t}(\tilde{k}_w) = i\pi\tilde{k}_w, \tag{12.36}$$

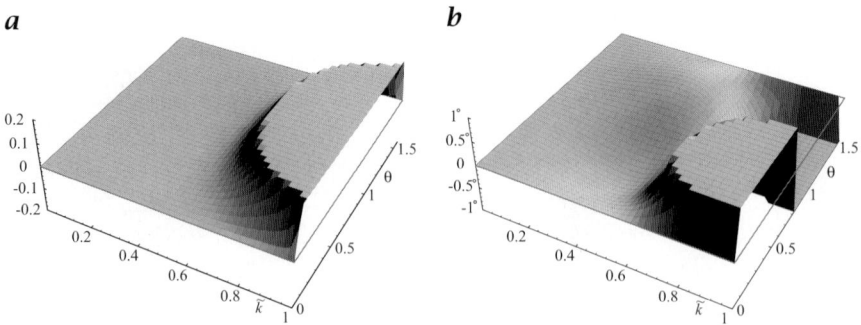

Abbildung 12.8: a *Anisotropie im Betrag und* **b** *Fehler in der Richtung des Gradienten für den mit der Methode der kleinsten Quadrate nach (12.41) optimierten rekursiven Ableitungsfilter für R = 2 (β = −0.439496, d_1 = −0.440850, d_2 = −0.0305482. Die Parameter sind der Betrag der Wellenzahl (0 bis 1) und der Winkel zur x-Achse (0 bis π/2).*

und die Transferfunktion des 1D-Filters der Größe $2R + 1$ mit R unbekannten Koeffizienten ist

$$^R\hat{d}(\tilde{k}_w) = -i\sum_{v=1}^{R} 2d_v \sin(v\pi\tilde{k}_w).$$

(12.37)

Wie bei den Interpolationsfiltern in Abschn. 10.6.6 werden die Koeffizienten so bestimmt, dass die Summe der quadratischen Abweichungen zwischen $^R\hat{d}(\tilde{k})$ und $\hat{t}(\tilde{k})$ minimal wird:

$$\int_0^1 w(\tilde{k}_w) \left| {}^R\hat{d}(\tilde{k}_w) - \hat{t}(\tilde{k}_w) \right|^2 d\tilde{k}_w.$$

(12.38)

Dabei bestimmt die wellenzahlabhängige Wichtungsfunktion $w(\tilde{k}_w)$, wie stark die unterschiedlichen Wellenzahlen gewichtet werden.

Als zusätzliche nützliche Zwangsbedingung können wir fordern, dass die Transferfunktion bei kleinen Wellenzahlen gleich $i\pi\tilde{k}$ sein soll. Diese Bedingung reduziert die Zahl der Freiheitsgrade für die Filteroptimierung von R Koeffizienten auf $R - 1$. Anstelle von (12.37) ergibt sich dann folgender Ansatz:

$$^R\hat{d} = -i\sin(\pi\tilde{k}_w) - i\sum_{v=2}^{R} 2d_v \left(\sin(v\pi\tilde{k}_w) - v\sin(\pi\tilde{k}_w)\right)$$

(12.39)

und
$$d_1 = 1 - \sum_{v=2}^{R} v d_v.$$

(12.40)

Wie ein Vergleich der Abb. 12.6 und 12.7 zeigt, weist dieses Filter deutlich geringere Fehler auf als das Filter basierend auf kubischer B-Spline-Interpolation.

Ableitungsfilter können weiter verbessert werden, indem der Abfall in der Transferfunktion zu hohen Wellenzahlen durch ein vor- und zurücklaufendes Relaxationsfilter (Abschn. 4.3.5, Abb. 4.4b) kompensiert wird. Dann ergibt sich folgender Ansatz für die Transferfunktion:

$$^{(R,\beta)}\hat{d} = \frac{-i\sin(\pi\tilde{k}) - i\sum_{v=2}^{R} 2d_v\left(\sin(v\pi\tilde{k}_w) - v\sin(\pi\tilde{k}_w)\right)}{1 + \beta - \beta\cos(\pi\tilde{k}_w)} \tag{12.41}$$

mit dem zusätzlichen Parameter β. Abbildung 12.8 zeigt den Fehler in Betrag und Richtung des Gradienten für ein Filter mit $R = 2$ Koeffizienten.

Eine ausführliche Diskussion des Entwurfs optimaler Ableitungsfilter mit Filter-koeffiziententabellen findet sich bei Jähne [89].

12.4 Kantendetektion durch Nulldurchgänge

12.4.1 Prinzip

Kanten sind *Nulldurchgänge* in der zweiten Ableitung (Abb. 12.1). Daher bildet die Summe der partiellen zweiten Ableitungen in allen Richtungen nach (12.5) einen linearen isotropen Kantendetektor mit der Transfer-funktion $-(\pi\tilde{k})^2$, der als *Laplaceoperator* bekannt ist. Aus Abb. 12.1 wird aber auch deutlich, dass nicht jeder Nulldurchgang eine Kante dar-stellt. Nur wenn es Signalspitzen unmittelbar vor und nach der Nullstelle gibt, die deutlich höher sind als der Rauschpegel, dann liegt eine signi-fikante Kante vor. Aus Abb. 12.1 können wir auch entnehmen, dass die Kantendetektion mit dem Laplaceoperator deutlich rauschanfälliger ist als die gradientenbasierte Kantendetektion.

12.4.2 Laplacefilter

Zu Differenzenoperatoren zweiter Ordnung gelangen wir direkt durch eine zweifache Anwendung der Operatoren erster Ordnung:

$$\mathcal{D}_x^2 = {}^-\mathcal{D}_x \, {}^+\mathcal{D}_x. \tag{12.42}$$

Im Ortsraum entspricht dies den Faltungsmasken

$$[1_\bullet \; -1] * [1 \; -1_\bullet] = [1 \; -2 \; 1]. \tag{12.43}$$

Der diskrete Laplaceoperator $\mathcal{L} = \mathcal{D}_x^2 + \mathcal{D}_y^2$ für 2D-Bilder hat daher die Filtermaske

$$\boldsymbol{L} = \begin{bmatrix} 1 & -2 & 1 \end{bmatrix} + \begin{bmatrix} 1 \\ -2 \\ 1 \end{bmatrix} = \begin{bmatrix} 0 & 1 & 0 \\ 1 & -4 & 1 \\ 0 & 1 & 0 \end{bmatrix} \tag{12.44}$$

und die Transferfunktion:

$$\hat{l}(\tilde{\boldsymbol{k}}) = -4\sin^2(\pi\tilde{k}_x/2) - 4\sin^2(\pi\tilde{k}_y/2). \tag{12.45}$$

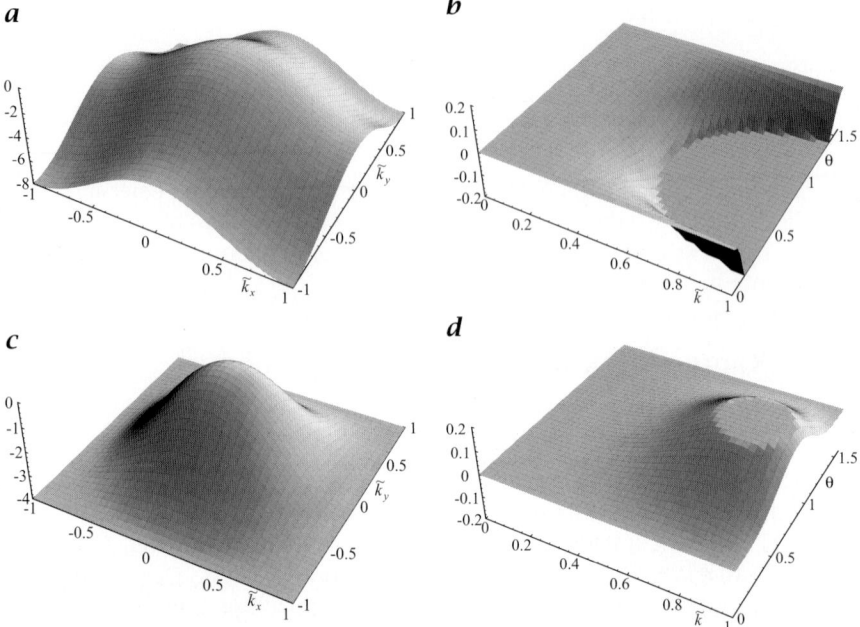

Abbildung 12.9: *Transferfunktionen diskreter Laplaceoperatoren und deren Anisotropie:* **a** $\mathcal{L}$ *(12.44),* **b** $\hat{L}(k, \theta) - \hat{L}(k, 0)$*;* **c** $\mathcal{L}'$ *(12.48),* **d** $\hat{L}'(k, \theta) - \hat{L}'(k, 0)$.

Wie andere diskrete Näherungen von Operatoren ist der diskretisierte Laplaceoperator nur für kleine Wellenzahlen isotrop (Abb. 12.9a):

$$\hat{l}(\tilde{k}, \phi) = -(\pi\tilde{k})^2 + \frac{3}{48}(\pi\tilde{k})^4 + \frac{1}{48}\cos 4\phi(\pi\tilde{k})^4 + O(\tilde{k}^6). \qquad (12.46)$$

Es gibt viele andere Wege zur Konstruktion einer diskreten Näherung für den Laplaceoperator. Interessant ist die Verwendung einer Binomialmaske. Mit (11.23) können wir alle Binomialmasken für ausreichend kleine Wellenzahlen durch folgende Gleichung approximieren:

$$\hat{b}^{2R}(\tilde{k}) \approx 1 - \frac{R}{4}(\tilde{k}\pi)^2 + O(\tilde{k}^4). \qquad (12.47)$$

Hieraus schließen wir, dass jeder Operator $\mathcal{B}^p - \mathcal{I}$ für kleine Wellenzahlen einen Laplaceoperator bildet. Zum Beispiel ist

$$
\begin{aligned}
\mathbf{L}' = 4(\mathbf{B}^2 - \mathbf{I}) &= \left[\frac{1}{4} \begin{bmatrix} 1 & 2 & 1 \\ 2 & 4 & 2 \\ 1 & 2 & 1 \end{bmatrix} - \begin{bmatrix} 0 & 0 & 0 \\ 0 & 4 & 0 \\ 0 & 0 & 0 \end{bmatrix} \right] \\
&= \frac{1}{4} \begin{bmatrix} 1 & 2 & 1 \\ 2 & -12 & 2 \\ 1 & 2 & 1 \end{bmatrix}
\end{aligned}
\qquad (12.48)
$$

mit der Transferfunktion

$$\hat{l}'(\tilde{\boldsymbol{k}}) = 4\cos^2(\pi\tilde{k}_x/2)\cos^2(\pi\tilde{k}_y/2) - 4 \qquad (12.49)$$

eine weitere Realisierung eines diskreten Laplaceoperators. Für kleine Wellenzahlen kann er durch

$$\hat{l}'(\tilde{k},\phi) \approx -(\pi\tilde{k})^2 + \frac{3}{32}(\pi\tilde{k})^4 - \frac{1}{96}\cos 4\phi(\pi\tilde{k})^4 + O(\tilde{k}^6) \qquad (12.50)$$

angenähert werden. Für große Wellenzahlen zeigen die Transferfunktionen beider Laplaceoperatoren $\mathcal{L}$ und $\mathcal{L}'$ beträchtliche Abweichungen von einem idealen Laplaceoperator $-(\pi\tilde{k})^2$ (Abb. 12.9). $\mathcal{L}'$ hat aber eine signifikant geringere Anisotropie als $\mathcal{L}$.

12.5 Regularisierte Kantendetektion

12.5.1 Prinzip

Die bisher besprochenen Kantendetektoren sind wenig brauchbar, insbesondere bei verrauschten Bildern. Wegen der kleinen Maskengröße ist die Transferfunktion bei großen Wellenzahlen hoch. Dort ist aber oft mehr Rauschen als Nutzsignal vorhanden. Mit anderen Worten: für die Kantendetektion haben wir bisher noch nicht die in Abschn. 5.1.1 diskutierte Bedeutung der Skalen für die Bildverarbeitung berücksichtigt. Optimale Kantendetektoren müssen daher auf den Wellenzahlenbereich eingestellt werden, bei dem das maximale Signal-zu-Rausch-Verhältnis vorliegt. Also müssen wir Filter entwickeln, die zwar in eine Richtung ableiten bzw. Differenzen bestimmen, in alle anderen Richtungen aber eine Glättung vornehmen.

Eine Glättung ist besonders effektiv in höherdimensionalen Signalen, da eine Glättung in alle Richtungen senkrecht zu dem Gradienten die Kante nicht verschmiert. Ein Differenzenfilter, das eine Glättung beinhaltet, wird als ein *regularisierter Kantendetektor* bezeichnet, da dieser eine robuste Lösung für das schlecht gestellte Problem der Bestimmung von Ableitungen aus diskreten Signalen erlaubt.

12.5.2 Regularisierte 2 × 2-Kantendetektoren

Der kleinste regularisierte 2D-Gradientenoperator hat die 2×2-Masken

$$\boldsymbol{D}_x\boldsymbol{B}_y = \frac{1}{2}\begin{bmatrix} 1 & -1 \\ 1 & -1 \end{bmatrix} \quad \text{und} \quad \boldsymbol{D}_y\boldsymbol{B}_x = \frac{1}{2}\begin{bmatrix} 1 & 1 \\ -1 & -1 \end{bmatrix} \qquad (12.51)$$

und die Transferfunktionen

$$\begin{aligned} \hat{d}_x\hat{b}_y(\tilde{\boldsymbol{k}}) &= 2\mathrm{i}\sin(\pi\tilde{k}_x/2)\cos(\pi\tilde{k}_y/2) \\ \hat{d}_y\hat{b}_x(\tilde{\boldsymbol{k}}) &= 2\mathrm{i}\sin(\pi\tilde{k}_y/2)\cos(\pi\tilde{k}_x/2). \end{aligned} \qquad (12.52)$$

a   b

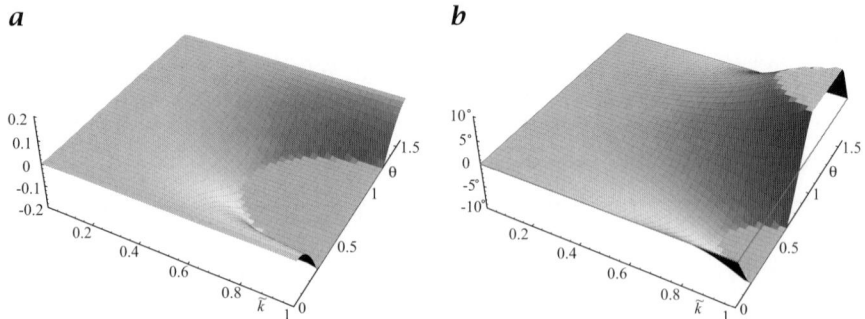

Abbildung 12.10: *a Anisotropie des Betrags und b Fehler in der Richtung des Gradienten basierend auf den regularisierten* 2×2*-Kantendetektoren nach (12.51). Die Parameter sind der Betrag der Wellenzahl (0 bis 1) und der Winkel zur x-Achse (0 bis $\pi/2$).*

Bei diesen kleinen Masken gibt es keinerlei Optimierungsmöglichkeiten. Die Filter $\boldsymbol{D}_x = [1 \ {-}1]$ und $\boldsymbol{D}_y = [1 \ {-}1]^T$ sind nicht geeignet zur Bildung eines Gradientenoperators, da $\boldsymbol{D}_x$ und $\boldsymbol{D}_y$ das Faltungsergebnis um jeweils einen halben Pixelabstand in die x- bzw. y-Richtung verschieben.

Die Fehler im Betrag und in der Richtung des Gradienten sind für kleine Wellenzahlen

$$e_m(\tilde{k}, \phi) \approx -\frac{(\pi \tilde{k})^3}{24} \sin^2 2\phi + O(\tilde{k}^5). \tag{12.53}$$

$$e_\phi(\tilde{k}, \phi) \approx -\frac{(\pi \tilde{k})^2}{48} \sin 4\phi + O(\tilde{k}^4). \tag{12.54}$$

Die Fehler sind deutlich (für kleine Wellenzahlen um etwa die Hälfte) kleiner als bei dem auf dem symmetrischen Differenzenoperator basierenden Gradienten (Abb. 12.5 und 12.10), obwohl die anisotropen Terme in der gleichen Ordnung in der Wellenzahl in (12.28) und (12.29) erscheinen.

12.5.3 Sobel-Kantendetektoren

Der Sobeloperator verwendet Differenzenfilter, die das Bild in der Richtung senkrecht zur Ableitungsrichtung mitteln:

$$\boldsymbol{D}_{2x}\boldsymbol{B}_y^2 = \frac{1}{8}\begin{bmatrix} 1 & 0 & -1 \\ 2 & 0 & -2 \\ 1 & 0 & -1 \end{bmatrix}, \quad \boldsymbol{D}_{2y}\boldsymbol{B}_x^2 = \frac{1}{8}\begin{bmatrix} 1 & 2 & 1 \\ 0 & 0 & 0 \\ -1 & -2 & -1 \end{bmatrix}. \tag{12.55}$$

Abbildung 12.11 zeigt die resultierenden Fehler des Betrags und der Richtung des Gradienten. Die Verbesserung gegenüber dem symmetrischen Differenzenoperator (Abb. 12.5) ist vergleichbar mit der des regularisierten 2×2-Kantendetektors (Abb. 12.10). Eine Taylorentwicklung

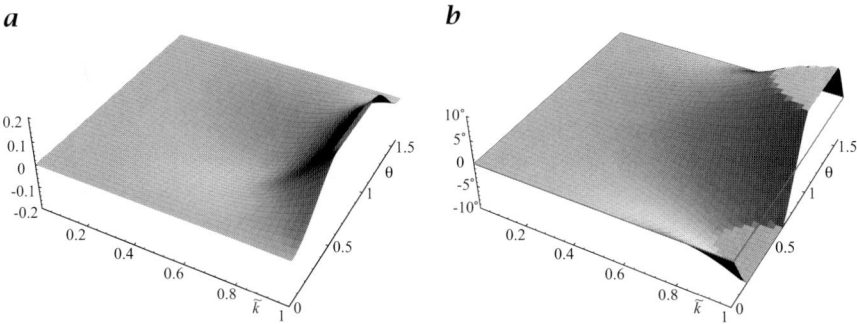

Abbildung 12.11: *a Anisotropie im Betrag und b Fehler in der Richtung des Gradienten für den Sobel-Kantendektor (12.55). Die Parameter sind der Betrag der Wellenzahl (0 bis 1) und der Winkel zur x-Achse (0 bis π/2).*

liefert als Näherung für kleine Wellenzahlen die gleichen Ergebnisse (vergleiche (12.53) und (12.54)):

$$e_m(\tilde{k}, \phi) \approx -\frac{(\pi\tilde{k})^3}{24} \sin^2 2\phi + O(\tilde{k}^5) \qquad (12.56)$$

für den Fehler des Betrags und

$$e_\phi(\tilde{k}, \phi) \approx -\frac{(\pi\tilde{k})^2}{48} \sin 4\phi + O(\tilde{k}^4) \qquad (12.57)$$

für den Fehler der Gradientenrichtung. Ein Vergleich mit den entsprechenden Gleichungen (12.28) und (12.29) für die einfachen Ableitungsfilter zeigt, dass sowohl die Anisotropie als auch der Winkelfehler des Sobeloperators nur halb so groß sind. Allerdings nimmt der Fehler immer noch mit dem Quadrat der Wellenzahl zu. Der Richtungsfehler des Sobeloperators beträgt bei einer Wellenzahl von 0,5 bis zu 5°, was für die meisten Anwendungen nicht toleriert werden kann.

12.5.4 Ableitungen der Gaußfunktion

Eine lang bekannte Klasse von regularisierten Ableitungsfiltern sind Filter, die auf der Ableitung von Glättungsfiltern auf der Basis der Gaußfunktion beruhen. Ein solches Filter wurde z.B. von Canny [23] zur optimalen Kantendetektion eingesetzt und ist nun unter dem Namen *Canny-Filter* bekannt. Für diskrete Daten approximiert man diese Operatoren am besten durch Ableitungen des Binomial-Glättungsfilters (Abschn. 11.4) als

$$^{(B,R)}\mathcal{D}_w = \mathcal{D}_{2w}\mathcal{B}^R \qquad (12.58)$$

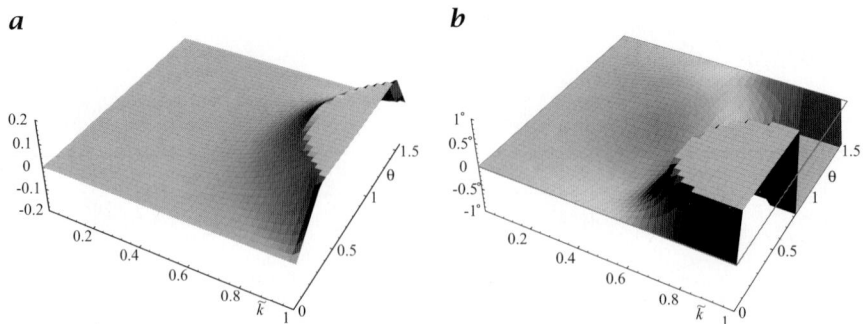

Abbildung 12.12: a *Anisotropie im Betrag und* **b** *Fehler in der Richtung des Gradienten für den optimierten Sobel-Kantendektor (12.62). Die Parameter sind der Betrag der Wellenzahl (0 bis 1) und der Winkel zur x-Achse (0 bis $\pi/2$).*

mit einer nicht-quadratischen $(2R + 3) \times (2R + 1)^{W-1}$ W-dimensionalen Filtermaske und der Transferfunktion

$$^{(B,R)}\hat{d}_w(\tilde{\boldsymbol{k}}) = \mathrm{i}\sin(\pi\tilde{k}_w) \prod_{w=1}^{W} \cos^{2R}(\pi\tilde{k}_w/2). \qquad (12.59)$$

Überraschenderweise stellen sich diese Filter als eine schlechte Wahl heraus, da die Anisotropie die gleiche ist wie beim symmetrischen Differenzenfilter. Das sieht man sofort für die Richtung des Gradienten. Die Glättungsterme sind gleich für beide Richtungen und kürzen sich deswegen in (12.19) heraus. Die verbliebenen Terme sind dieselben wie beim symmetrischen Differenzenfilter.

In ähnlicher Weise haben die sobelartigen R^W-Differenzenoperatoren

$$^{R}\mathcal{S}_w = \mathcal{D}_w \mathcal{B}_w^{R-1} \prod_{w' \neq w} \mathcal{B}_{w'}^{R} \qquad (12.60)$$

mit einer $(2R+1)^W$ großen W-dimensionalen Filtermaske und der Transferfunktion

$$^{R}\hat{S}_d(\tilde{k}) = \mathrm{i}\tan(\pi\tilde{k}_d/2) \prod_{w=1}^{W} \cos^{2R}(\pi\tilde{k}_d/2) \qquad (12.61)$$

die gleiche Ansiotropie bei der gleichen Wellenzahl wie der 3×3-Sobeloperator.

12.5.5 Optimierte regularisierte Kantendetektoren

Wir können leicht einen optimierten Sobeloperator mit einem minimalen Fehler der Richtung des Gradienten ableiten. Der Vergleich von (12.27) und (12.57) zeigt, dass die beiden Filter Winkelfehler in entgegengesetzter Richtung aufweisen. Es scheint, als ob der Sobeloperator zu stark senkrecht zur Ableitungsrichtung glättet, der symmetrische Differenzenoperator dagegen zu wenig, nämlich überhaupt nicht. Daher ist zu vermuten, dass durch geeignete Kombination der beiden Operatoren, d. h. durch Einstellung der Querglättung, ein minimaler Winkelfehler erreicht wird. Die Querglättung kann durch Erhöhung des zentralen Koeffizienten erniedrigt werden. Tatsächlich zeigten Jähne et al. [94] mit Hilfe eines nichtlinearen Optimierungsverfahrens, dass folgende Operatoren optimal bezüglich des Winkelfehlers des Gradienten sind (Abb. 12.12):

$$
1/4 \boldsymbol{D}_{2x}(3\boldsymbol{B}_y^2 + \boldsymbol{I}) = \frac{1}{32}
\begin{bmatrix}
3 & 0 & -3 \\
10 & 0 & -10 \\
3 & 0 & -3
\end{bmatrix},
$$

$$
1/4 \boldsymbol{D}_{2y}(3\boldsymbol{B}_x^2 + \boldsymbol{I}) = \frac{1}{32}
\begin{bmatrix}
3 & 10 & 3 \\
0 & 0 & 0 \\
-3 & -10 & -3
\end{bmatrix}.
$$

$$(12.62)$$

Ähnliche Optimierungen sind für Ableitungsoperatoren mit größeren Masken möglich.

12.5.6 LoG- und DoG-Filter

Laplacefilter neigen dazu, Rauschen in Bildern beträchtlich zu erhöhen, da die Transferfunktion proportional zum Quadrat der Wellenzahl ist. Ein besserer Kantendetektor ergibt sich, wenn wir das Bild zuerst glätten und danach das Laplacefilter anwenden. Dadurch erhalten wir eine Art steuerbare Kantendetektion. Solch ein Filter wird in der Literatur *Laplace of Gaussian*-Filter (abgekürzt *LoG*-Filter) oder als *Marr-Hildreth-Operator* [134] bezeichnet.

Im diskreten Fall wird ein LoG-Filter angenähert, indem das Bild zunächst mit einer Binomialmaske geglättet und anschließend mit dem diskreten Laplaceoperator gefiltert wird. Damit erhalten wir den Operator $\mathcal{L}\mathcal{B}^p$ mit folgender Transferfunktion:

$$
\hat{L}\hat{B}^p(\tilde{\boldsymbol{k}}) = -4 \left[\sin^2(\pi\tilde{k}_x/2) + \sin^2(\pi\tilde{k}_y/2) \right] \cos^p(\pi\tilde{k}_x/2) \cos^p(\pi\tilde{k}_y/2).
$$

$$(12.63)$$

Für kleine Wellenzahlen kann diese Transferfunktion mit

$$
\hat{L}\hat{B}^p(\tilde{k}, \phi) \approx -(\pi\tilde{k})^2 + \left[\frac{1}{16} + \frac{1}{8}p + \frac{1}{48}\cos(4\phi) \right] (\pi\tilde{k})^4
$$

$$(12.64)$$

naherungsweise bestimmt werden.

In Abschn. 12.4.2 haben wir gesehen, dass ein Laplacefilter besser mit Operatoren vom Typ $\mathcal{B}^p - 1$ beschrieben werden kann. Glätten wir zusätzlich, führt diese Näherung zu einem Filtertyp, der als *Difference of Gaussian*-Filter oder abgekürzt *DoG*-Filter bezeichnet wird:

$$
4(\mathcal{B}^q - 1)\mathcal{B}^p = 4(\mathcal{B}^{p+q} - \mathcal{B}^p).
$$

$$(12.65)$$

a   **b**

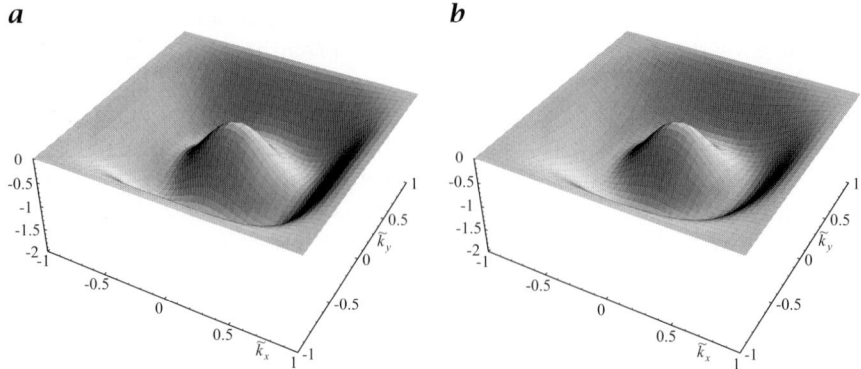

Abbildung 12.13: *Pseudo-3D-Plot der Transferfunktionen **a** des LoG-Filters $\mathcal{L}\mathcal{B}^2$ und **b** des DoG-Filters $4(\mathcal{B}^4 - \mathcal{B}^2)$.*

Dieses DoG-Filter hat die Transferfunktion

$$4(\hat{B}^{p+2} - \hat{B}^p)(\boldsymbol{k}) = 4\cos^{p+2}(\pi\tilde{k}_x/2)\cos^{p+2}(\pi\tilde{k}_y/2) \\ - 4\cos^p(\pi\tilde{k}_x/2)\cos^p(\pi\tilde{k}_y/2), \tag{12.66}$$

welche für kleine Wellenzahlen mit

$$4(\hat{B}^{p+2} - \hat{B}^p)(\tilde{k}, \phi) \approx -(\pi\tilde{k})^2 + \left[\frac{3}{32} + \frac{1}{8}p - \frac{1}{96}\cos(4\phi)\right](\pi\tilde{k})^4 \tag{12.67}$$

angenähert werden kann. In Abb. 12.13 sind die Transferfunktionen der LoG- und DoG-Filter verglichen. Offensichtlich zeigt das DoG-Filter geringere Abweichungen von einem isotropen Filter. Ein Filter mit noch geringerer Abweichung lässt sich konstruieren, wenn wir (12.64) und (12.67) vergleichen. Die anisotropen Terme $\cos 4\phi$ haben unterschiedliche Vorzeichen. Damit können sie leicht kompensiert werden, indem LoG- und DoG-Operatoren nach der Formel 2/3DoG + 1/3LoG gemischt werden. Dies entspricht dem Operator $(8/3\mathcal{B}^2 - 8/3\mathcal{I} - 1/3\mathcal{L})\mathcal{B}^p$.

LoG- und DoG-Filteroperatoren haben große Bedeutung für das visuelle System des Menschen [133].

12.6 Kanten in Mehrkanalbildern[‡]

Die Analyse von Kanten ist in Mehrkanalbildern sehr viel schwieriger als die Mittelwertbildung, die in Abschn. 11.8 besprochen wurde. Das Grundproblem liegt in der Tatsache, dass die unterschiedlichen Kanäle konträre Daten über Kanten enthalten können. Der Gradient in Kanal A kann in eine andere Richtung zeigen als der in Kanal B. Die einfache Addition der Gradienten aller Kanäle

$$\sum_{p=1}^{P} \nabla g_p(\boldsymbol{x}) \tag{12.68}$$

ist daher nicht sinnvoll. Es ist sogar möglich, dass die Gradienten zweier Kanäle in entgegengesetzte Richtungen zeigen, so dass sie sich gegenseitig auslöschen. Dieser Fall kann dann nicht von konstanten Bereichen in beiden Kanälen unterschieden werden.

Ein besseres Maß der resultierenden Kantenstärke ist deshalb die Summe der quadrierten Beträge der Gradienten aller Kanäle:

$$\sum_{p=1}^{P} |\nabla g_p|^2 = \sum_{p=1}^{P} \sum_{w=1}^{W} \left(\frac{\partial g_p}{\partial x_w} \right)^2 . \tag{12.69}$$

Dieser Ausdruck ergibt zwar eine brauchbare Abschätzung der resultierenden Kantenstärke, aber er löst das Problem der konträren Kantenrichtungen nicht. Eine Analyse, wie die Kanten in den P Kanälen verteilt sind, ist mit folgender symmetrischer $W \times W$-Matrix S möglich, wobei W die Dimension des Mehrkanalbildes ist:

$$S = J^T J . \tag{12.70}$$

J ist die wie folgt definierte *Jacobi-Matrix*:

$$J = \begin{bmatrix} \dfrac{\partial g_1}{\partial x_1} & \dfrac{\partial g_1}{\partial x_2} & \cdots & \dfrac{\partial g_1}{\partial x_W} \\[2ex] \dfrac{\partial g_2}{\partial x_1} & \dfrac{\partial g_2}{\partial x_2} & \cdots & \dfrac{\partial g_2}{\partial x_W} \\[2ex] \vdots & & \ddots & \vdots \\[2ex] \dfrac{\partial g_P}{\partial x_1} & \dfrac{\partial g_P}{\partial x_2} & \cdots & \dfrac{\partial g_P}{\partial x_W} \end{bmatrix} . \tag{12.71}$$

Die Elemente der Matrix S sind daher

$$S_{kl} = \sum_{p=1}^{P} \frac{\partial g_p}{\partial x_k} \frac{\partial g_p}{\partial x_l} . \tag{12.72}$$

Da S eine symmetrische Matrix ist, können wir sie durch eine Koordinatentransformation diagonalisieren und können schreiben:

$$S' = \begin{bmatrix} \displaystyle\sum_{P} \left(\frac{\partial g_p}{\partial x_1'} \right)^2 & 0 & \cdots & 0 \\[3ex] 0 & \displaystyle\sum_{P} \left(\frac{\partial g_p}{\partial x_2'} \right)^2 & \ddots & 0 \\[3ex] 0 & \ddots & \ddots & 0 \\[3ex] 0 & \cdots & \cdots & \displaystyle\sum_{P} \left(\frac{\partial g_p}{\partial x_W'} \right)^2 \end{bmatrix} . \tag{12.73}$$

Im Falle einer idealen Kante ist nur einer der Diagonalterme ungleich null. Die zugehörige Koordinatenrichtung steht senkrecht zur Diskontinuität. In allen anderen Richtungen sind die Diagonalterme null. Daher ist dieser Fall daran zu erkennen, dass der Rang von S eins ist.

Zeigen jedoch die Kanten in den unterschiedlichen Kanälen zufällig in alle Richtungen, sind alle Terme ungleich null. Auf diese Weise ist es im Prinzip möglich, zufällige Grauwertveränderungen durch Rauschen von kohärenten Kanten zu unterscheiden. Die Spur der Matrix S

$$\text{Spur}(S) = \sum_{w=1}^{W} S_{ww} = \sum_{w=1}^{W} \sum_{p=1}^{P} \left(\frac{\partial g_p}{\partial x_w} \right)^2 \tag{12.74}$$

führt zu dem schon in (12.69) definierten Maß der Kantenstärke. Diese ist unabhängig von der Orientierung der Kante, da die Spur einer symmetrischen Matrix bei Drehung des Koordinatensystems invariant ist.

12.7 Literaturhinweise zur Vertiefung‡

Über Kantendetektion gibt es eine verwirrende Fülle von Arbeiten in der Literatur. Hier wird nur auf einige sorgfältig ausgewählte Referenzen hingewiesen. Die Entwicklung der Kantendetektion auf Basis von Differenzenfiltern erster Ordnung kann an Hand weniger Schlüsselpublikationen verfolgt werden. Canny [23] entwickelte einen optimalen Kantendetektor auf der Basis von Ableitungen der Gaußfunktion, Deriche [36] stellte ein schnelle rekursive Implementierung des Canny-Detektors vor, Lanser und Eckstein [117] verbesserten die Isotropie von Deriches rekursivem Filter und Jähne et al. [94] entwickelten eine generelle nichtlineare Optimierungsstrategie für Kantenfilter mit optimaler Isotropie. Die Kantendetektion auf Basis von Differenzenfiltern zweiter Ordnung (Nulldurchgänge) wurde stark durch biologische Sehsysteme beeinflusst. Grundlegende Arbeiten sind bei Marr und Hildreth [134] und Marr [133] zu finden. Für weitergehende Arbeiten in Richtung eines universellen Systems für Nachbarschaftsoperatoren sei auf die Arbeiten von Koenderink und van Doorn [113] und Danielsson et al. [30] verwiesen.

13 Einfache Nachbarschaften

13.1 Einführung

Im letzten Kapitel haben wir uns mit Nachbarschaftsoperationen zur Mittelung und Kantendetektion beschäftigt. Damit haben wir nur die einfachsten Strukturen in einer lokalen Umgebung studiert, nämlich konstante Flächen und Kanten (Diskontinuitäten). In einer lokalen Umgebung können jedoch auch Muster vorhanden sein. In diesem Kapitel betrachten wir einfache Muster in einer lokalen Nachbarschaft, die wir als einfache Nachbarschaft bezeichnen wollen. Zur Einführung fragen wir uns, welche Arten von Mustern dafür geeignet sind, um mit unserem visuellen System Objekte vom Hintergrund unterscheiden zu können.

Wie Abb. 13.1 zeigt, können wir Objekte erkennen, auch wenn sie sich nicht durch ihren mittleren Grauwert vom Hintergrund unterscheiden, sondern nur durch Orientierung oder Größe eines Musters. Um diese Aufgabe mit einem digitalen Bildverarbeitungssystem durchzuführen, benötigen wir Operatoren, die Orientierung und Größe von Mustern bestimmen und damit ein Grauwertbild in ein Merkmalsbild umwandeln. In einem Merkmalsbild können wir dann Muster, die sich durch Orientierung oder Größe unterscheiden, einfach separieren.

Lokale Umgebungen, die durch eine Orientierung beschrieben werden können, bezeichnen wir als *einfache Nachbarschaften*. Die Entwicklung geeigneter Operatoren zur Erfassung von Orientierung und Strukturgröße ist eine wichtige und notwendige Voraussetzung für die Analyse *komplexer Strukturen*. Die Bedeutung ein und derselben lokalen Struktur kann sehr unterschiedlich sein, wie Abb. 13.2 für 2D-Bilder zeigt:

- Im einfachsten Fall unterscheiden sich Objekt und Hintergrund durch den Grauwert (Abb. 13.2a). Dann bedeutet eine Grauwertänderung in einer lokalen Umgebung, dass eine *Objektkante* vorliegt. Eine Analyse der Orientierung ergibt die Kantenorientierung.

- In Abb. 13.2b unterscheiden sich die Objekte vom Hintergrund durch die Orientierung ihres *Musters* oder ihrer *Textur*. Nun stehen lokale räumliche Strukturen nicht für eine Kante, sondern charakterisieren die Textur. Mit der Texturanalyse befassen wir uns in Kapitel 15.

- In Bildsequenzen werden lokale Strukturen im Orts/Zeit-Raum durch die Bewegung bestimmt. Dies ist in Abb. 13.2c für ein zweidimensionales Orts/Zeit-Bild gezeigt. Bewegung ist ein wichtiges Merkmal,

B. Jähne, Digitale Bildverarbeitung
ISBN 3-540-41260-3

Abbildung 13.1: *Objekterkennung durch Unterschiede **a** des Grauwertes, **b** der Orientierung oder **c** der Größe eines Musters.*

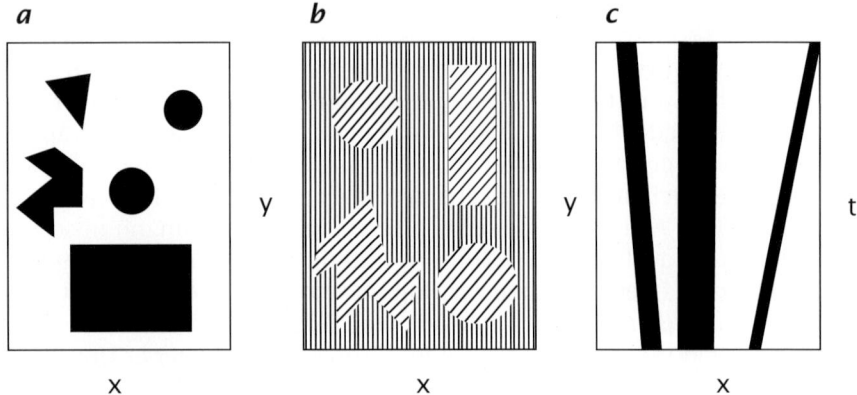

Abbildung 13.2: *Drei Interpretationen orientierter lokaler Strukturen in 2D-Bildern: **a** Objektkante; **b** Orientierung von Mustern; **c** Bewegung als Orientierung in einem 2D-Orts/Zeit-Bild.*

das wie jedes andere Objekte identifiziert. Sie wird uns im Detail in Kapitel 14 beschäftigen.

Obwohl die drei Beispiele sich auf völlig unterschiedliche Bilddaten beziehen, haben sie gemeinsam, dass die lokale Struktur durch Orientierung charakterisiert ist, d. h., die lokalen Grauwerte verändern sich nur in einer Richtung. In diesem Sinne ist das Konzept der Orientierung nur eine Erweiterung des Konzepts der Kanten.

13.2   Eigenschaften einfacher Nachbarschaften

13.2.1   Darstellung im Ortsraum

Lokale Umgebungen werden mathematisch am besten mit kontinuierlichen statt diskreten Funktionen beschrieben. Dieser Ansatz hat zwei signifikante Vorteile. Erstens ist es dadurch einfacher, Konzepte zu formulieren und ihre Eigenschaften analytisch zu untersuchen. Solange das abgetastete Bild das *Abtasttheorem* erfüllt, bleiben alle gewonnenen Ergebnisse gültig, da es eine exakte Repräsentation der kontinuierlichen Grauwertfunktion ist. Zweitens können wir zwischen Fehlern, die mit dem gewählten Ansatz zusammenhängen, und solchen, die auf die Diskretisierung zurückzuführen sind, unterscheiden.

Eine lokale Umgebung mit idealer lokaler Orientierung ist dadurch charakterisiert, dass der Grauwert sich nur in einer Richtung verändert. Lokale Orientierung wird, da die Grauwerte entlang von Linien konstant sind, auch als *lineare Symmetrie* bezeichnet [13]. Hierfür wurde von Granlund und Knutsson [63] der Begriff der *einfachen Nachbarschaft* geprägt. Orientieren wir eine Achse des Koordinatensystems entlang der Richtung, in der sich die Grauwerte ändern, werden die Grauwerte zu einer eindimensionalen Funktion mit nur einer Koordinate. Im allgemeinen bezeichnen wir die Richtung der lokalen Orientierung mit einem Einheitsvektor $\bar{\boldsymbol{n}}$, der auf den Linien der konstanten Grauwerte senkrecht steht. Dann wird eine einfache Nachbarschaft mathematisch folgendermaßen wiedergegeben:

$$g(\boldsymbol{x}) = g(\boldsymbol{x}^T \bar{\boldsymbol{n}}), \tag{13.1}$$

wobei wir hier das Skalarprodukt der Einfachheit halber mit $\boldsymbol{x}^T \bar{\boldsymbol{n}}$ schreiben. Gleichung (13.1) gilt auch für Bilder höherer Dimensionen. Die Projektion des Vektors $\boldsymbol{x}$ auf den Einheitsvektor $\bar{\boldsymbol{n}}$ bewirkt, dass die Grauwerte nur noch von einer skalaren Größe, der Koordinate in Richtung von $\bar{\boldsymbol{n}}$, abhängen (Abb. 13.3). Die Korrektheit dieser Darstellung lässt sich leicht verifizieren, indem wir den Gradienten

$$\nabla g(\boldsymbol{x}^T \bar{\boldsymbol{n}}) = \begin{bmatrix} \dfrac{\partial g(\boldsymbol{x}^T \bar{\boldsymbol{n}})}{\partial x_1} \\ \cdots \\ \dfrac{\partial g(\boldsymbol{x}^T \bar{\boldsymbol{n}})}{\partial x_W} \end{bmatrix} = \begin{bmatrix} \bar{n}_1 g'(\boldsymbol{x}^T \bar{\boldsymbol{n}}) \\ \cdots \\ \bar{n}_W g'(\boldsymbol{x}^T \bar{\boldsymbol{n}}) \end{bmatrix} = \bar{\boldsymbol{n}} g'(\boldsymbol{x}^T \bar{\boldsymbol{n}}) \tag{13.2}$$

berechnen. Mit g' bezeichnen wir die Ableitung von g nach der skalaren Größe $\boldsymbol{x}^T \bar{\boldsymbol{n}}$. In der Hyperebene senkrecht zum Gradienten sind die Werte lokal konstant. Gleichung (13.2) beweist, dass der Gradient in Richtung von $\bar{\boldsymbol{n}}$ liegt.

13.2.2 Darstellung im Fourierraum

Eine einfache Nachbarschaft hat auch im Fourierraum eine spezielle Form. Um sie herzuleiten, nehmen wir in einem ersten Schritt an, dass das gesamte Bild durch (13.1) beschrieben wird und deshalb $\bar{\boldsymbol{n}}$ unabhängig von der Position ist. Dann können wir — ausgehend von der Tatsache, dass eine einfache Umgebung in allen Richtungen außer $\bar{\boldsymbol{n}}$ konstant ist — folgern, dass die Fouriertransformierte auf eine Linie beschränkt ist. Die

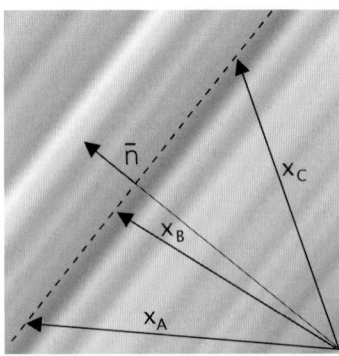

Abbildung 13.3: *Verdeutlichung einer linear symmetrischen oder einfachen Nachbarschaft. Die Grauwerte hängen nur von einer Koordinate in Richtung des Einheitsvektors n̄ ab.*

Richtung der Linie ist durch $\bar{n}$ gegeben:

$$g(\boldsymbol{x}^T \bar{\boldsymbol{n}}) \quad \circ\!\!-\!\!\bullet \quad \hat{g}(k)\delta(\boldsymbol{k} - \bar{\boldsymbol{n}}(\boldsymbol{k}^T \bar{\boldsymbol{n}})), \qquad (13.3)$$

wobei k die Koordinate im Fourierraum in der Richtung von $\bar{n}$ darstellt. Das Argument in der δ-Funktion ist nur null, wenn $\boldsymbol{k}$ parallel zu $\bar{n}$ ist. In einem zweiten Schritt begrenzen wir nun (13.3) auf eine lokale Umgebung, indem wir $g(\boldsymbol{x}^T \bar{\boldsymbol{n}})$ im Ortsraum mit einer Fensterfunktion $w(\boldsymbol{x} - \boldsymbol{x}_0)$ multiplizieren. Wir selektieren also eine lokale Umgebung um $\boldsymbol{x}_0$, deren Größe und Form durch die Fensterfunktion bestimmt wird. Bei einer Fensterfunktion, die allmählich gegen null geht, verschwindet der Einfluss der Bildpunkte als Funktion ihrer Entfernung vom zentralen Bildpunkt. Eine Multiplikation im Ortsraum entspricht einer Faltung im Fourierraum (Abschn. 2.3). Damit ergibt sich

$$w(\boldsymbol{x} - \boldsymbol{x}_0) \cdot g(\boldsymbol{x}^T \bar{\boldsymbol{n}}) \quad \circ\!\!-\!\!\bullet \quad \hat{w}(\boldsymbol{k}) * \hat{g}(k)\delta(\boldsymbol{k} - \bar{\boldsymbol{n}}(\boldsymbol{k}^T \bar{\boldsymbol{n}})), \quad (13.4)$$

wobei $\hat{w}(\boldsymbol{k})$ die Fouriertransformierte der Fensterfunktion ist.

Die Begrenzung auf eine lokale Umgebung verschmiert also die Linie im Fourierraum zu einer wurstähnlichen Form. Wegen der Reziprozität der Skalen zwischen den beiden Räumen ist ihre Dicke umgekehrt proportional zur Größe des Fensters. Ausgehend von dieser elementaren Beziehung können wir bereits qualitativ schließen, dass die Genauigkeit der Bestimmung der Orientierung mit dem Verhältnis der Fenstergröße zur Wellenlänge der kleinsten Strukturen im Fenster im direkten Zusammenhang steht.

13.2.3 Vektordarstellung lokaler Nachbarschaften

Um einfache Nachbarschaften korrekt darstellen zu können, müssen wir zunächst die Begriffe *Orientierung* und *Richtung* unterscheiden. Die

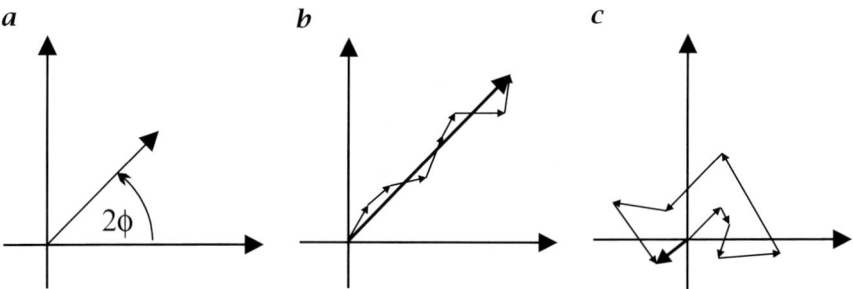

Abbildung 13.4: *Vektordarstellung der lokalen Orientierung: **a** Orientierungsvektor; **b** Mittelung der Orientierungsvektoren einer Region mit homogener Orientierung; **c** das gleiche für eine Region mit zufällig verteilter Orientierung.*

Richtung ist über den gesamten Winkelbereich von 2π (360°) definiert. Zwei Vektoren, die in entgegengesetzte Richtungen zeigen, d. h. um 180° gegeneinander gedreht sind, gelten als unterschiedlich. Der Gradientenvektor zeigt zum Beispiel immer in die Richtung ansteigender Grauwerte. Bei einem hellen Objekt auf dunklem Hintergrund bedeutet dies, dass der Gradient an der Kante in Richtung des Objekts zeigt.

Im Gegensatz dazu hat bei der Beschreibung der Richtung einer lokalen Umgebung ein Winkelbereich von 360° keinen Sinn. Wir können ein um 180° gedrehtes Muster nicht von einem nicht gedrehten unterscheiden, da das Muster immer noch die gleiche Richtung hat. Damit unterscheidet sich die Richtung einer einfachen Nachbarschaft von der eines Gradienten. Während Gradienten, die in entgegengesetzte Richtungen zeigen, für Objektkanten inkonsistente Information darstellen, sind sie für die Richtung einer einfachen Nachbarschaft konsistente Information.

Um die beiden „Richtungstypen" zu unterscheiden, sprechen wir in allen Fällen, in denen nur ein Winkelbereich von 180° erforderlich ist, von *Orientierung*. Natürlich ist die Orientierung immer noch eine *zyklische* Größe. Erhöht man die Orientierung über 180° hinaus, beginnt sie wieder bei 0°. Deshalb erfordert eine angemessene Darstellung der Orientierung eine Winkelverdoppelung.

Nach der prinzipiellen Diskussion der Darstellung der Orientierung fragen wir nach der passenden Repräsentation einer einfachen Nachbarschaft. Offensichtlich genügt ein einfacher Skalar mit dem verdoppelten Orientierungswinkel nicht. Wir benötigen zusätzlich ein Bestimmtheitsmaß, das beschreibt, wie gut die Umgebung einer einfachen Nachbarschaft entspricht. Beide Informationen, die Richtung und das Bestimmtheitsmaß, können zu einem Vektor zusammengenommen werden: Der Betrag des Vektors ist das Bestimmtheitsmaß und seine Richtung der verdoppelte Orientierungswinkel (Abb. 13.4a). Diese Vektordarstellung der Orientierung hat zwei entscheidende Vorteile:

Zum einen ist sie für die weitere Verarbeitung besser geeignet als eine separate Darstellung mit zwei skalaren Größen. Vektoren werden summiert, indem sie aneinandergehängt werden, so dass sich der resultierende Summenvektor vom Anfangspunkt des ersten Vektors zum Endpunkt des letzten Vektors erstreckt (Abb. 13.4b). Das Gewicht eines individuellen Vektors in der Vektorsumme wird durch seine Länge bestimmt. Damit wird das Bestimmtheitsmaß der Orientierungsmessung adäquat berücksichtigt. Die Vektordarstellung der Orientierung weist auch günstige Mittelungseigenschaften auf. In einer Region homogener Orientierung ergeben die Vektoren einen großen Vektor, d.h. eine sichere Abschätzung der Orientierung (Abb. 13.4b). In einer Region mit zufällig verteilter Orientierung bleibt der resultierende Vektor klein, da keine signifikante lokale Orientierung vorliegt (Abb. 13.4c).

Zum anderen ist es schwierig, Orientierung als Grauwertbild darzustellen. Während die Orientierung eine zyklische Größe ist, weist die Grauwertdarstellung einen unnatürlichen Sprung zwischen dem kleinsten und dem größten Winkel auf. Dieser Sprung in Orientierungsbildern vermittelt keinen brauchbaren Eindruck von der Verteilung der Orientierung. Der Orientierungsvektor kann allerdings gut als Farbbild dargestellt werden. Intuitiv ordnen wir das Bestimmtheitsmaß der Helligkeit und den Orientierungswinkel dem Farbton zu. Dann wird unsere Aufmerksamkeit auf die hellen Bildteile gelenkt, wo wir Farben gut unterscheiden können. Je dunkler das Bild ist, desto schwieriger wird es, die einzelnen Farben visuell zu unterscheiden. Auf diese Weise stimmt unser visueller Eindruck mit der Sicherheit der Orientierungsbestimmung im Bild überein.

13.3 Tensordarstellung erster Ordnung[†]

13.3.1 Der Strukturtensor

Die in Abschn. 13.2.3 diskutierte Vektordarstellung ist noch nicht vollständig; sie ist nur ausreichend für die Darstellung der Orientierung einfacher Nachbarschaften. Eine Unterscheidung zwischen Nachbarschaften mit konstanten Grauwerten und solchen mit isotroper Orientierungsverteilung (z. B. unkorreliertes Rauschen) ist jedoch nicht möglich. In beiden Fällen ergibt sich ein Orientierungsvektor mit dem Betrag null.

Es ist also einleuchtend, dass eine adäquate Darstellung der Grauwertänderungen in einer lokalen Umgebung von komplexer Natur ist. Solch eine Darstellung sollte die Vorzugsrichtung der Grauwertänderungen (gegeben durch einen Einheitsvektor $\bar{n}$) bestimmen und konstante Umgebungen von solchen ohne lokale Orientierung unterscheiden können.

Mit der folgenden Optimierungsstrategie zur Bestimmung der Orientierung einer einfachen Nachbarschaft kommen wir zu einer geeigneten Darstellung. Die optimale Orientierung wird als die Orientierung definiert, welche die geringste Abweichung von der Gradientenrichtung zeigt. Ein passendes Maß für die Abweichung muss Gradienten, die in entgegengesetzte Richtungen zeigen, gleich berücksichtigen. Erfüllt wird dieses Kriterium vom quadrierten Skalarprodukt aus dem Gradientenvektor und dem Einheitsvektor $\bar{\boldsymbol{n}}$, der die lokale Orientierung widerspiegelt:

$$(\boldsymbol{\nabla} g^T \bar{\boldsymbol{n}})^2 = |\boldsymbol{\nabla} g|^2 \cos^2 \left(\angle(\boldsymbol{\nabla} g, \bar{\boldsymbol{n}}) \right). \tag{13.5}$$

Diese Größe ist proportional zum quadrierten Kosinus des Winkels zwischen dem Gradienten- und dem Orientierungsvektor und daher maximal, wenn $\boldsymbol{\nabla} g$ und $\bar{\boldsymbol{n}}$ parallel oder antiparallel sind, und null, wenn sie senkrecht aufeinander stehen. In einer W-dimensionalen lokalen Umgebung muss also der folgende Ausdruck maximiert werden:

$$\int w(\boldsymbol{x} - \boldsymbol{x}') \left(\boldsymbol{\nabla} g(\boldsymbol{x}')^T \bar{\boldsymbol{n}} \right)^2 \mathrm{d}^W x', \tag{13.6}$$

wobei die Fensterfunktion w Größe und Form der Umgebung um einen Punkt $\boldsymbol{x}$ bestimmt, in welchem die Orientierung gemittelt wird. Das Maximierungsproblem muss für jeden Punkt $\boldsymbol{x}$ gelöst werden. Gleichung (13.6) können wir folgendermaßen schreiben:

$$\bar{\boldsymbol{n}}^T J \bar{\boldsymbol{n}} \rightarrow \text{Maximum} \tag{13.7}$$

mit

$$J = \int w(\boldsymbol{x} - \boldsymbol{x}') \left(\boldsymbol{\nabla} g(\boldsymbol{x}') \boldsymbol{\nabla} g(\boldsymbol{x}')^T \right) \mathrm{d}^W x',$$

wobei $\boldsymbol{\nabla} g \boldsymbol{\nabla} g^T$ das äußere oder kartesische Produkt bezeichnet. Die Komponenten dieser symmetrischen $W \times W$-Matrix sind

$$J_{pq}(\boldsymbol{x}) = \int\limits_{-\infty}^{\infty} w(\boldsymbol{x} - \boldsymbol{x}') \left(\frac{\partial g(\boldsymbol{x}')}{\partial x'_p} \frac{\partial g(\boldsymbol{x}')}{\partial x'_q} \right) \mathrm{d}^W x'. \tag{13.8}$$

Diese Gleichungen belegen, dass ein Tensor eine adäquate Darstellung erster Ordnung einer lokalen Nachbarschaft ist. Der Zusatz „erster Ordnung" hat eine doppelte Bedeutung. Zum einen sind nur Ableitungen erster Ordnung beteiligt. Zum anderen können nur einfache Nachbarschaften beschrieben werden. Komplexere Strukturen wie solche mit mehreren Orientierungen können nicht unterschieden werden.

Die Komplexität von (13.7) und (13.8) verbirgt etwas die einfache Bedeutung. Der Tensor ist symmetrisch und kann durch Rotation des Koordinatensystems in eine diagonale Form gebracht werden. Dann vereinfacht sich (13.7) im zweidimensionalen Fall zu

$$J = [\bar{n}'_1, \bar{n}'_2] \begin{bmatrix} J'_{11} & 0 \\ 0 & J'_{22} \end{bmatrix} \begin{bmatrix} \bar{n}'_1 \\ \bar{n}'_2 \end{bmatrix} \rightarrow \text{Maximum.} \tag{13.9}$$

Ein Einheitsvektor $\bar{n}' = [\cos\phi \ \sin\phi]$ in Richtung ϕ ergibt die Werte

$$J = J'_{11} \cos^2\phi + J'_{22} \sin^2\phi.$$

Ohne Beschränkung der Allgemeingültigkeit können wir davon ausgehen, dass $J'_{11} > J'_{22}$. Dann ist offensichtlich, dass der Einheitsvektor $\bar{n}' = [1 \ 0]^T$ den Ausdruck in (13.9) maximiert mit dem Maximalwert J'_{11}.

Dieser Ansatz führt nicht nur zu einer Tensordarstellung für lokale Umgebungen, sondern zeigt auch einen Weg zur Bestimmung der Orientierung. Im wesentlichen lösen wir damit das sogenannte *Eigenwertproblem*. Eigenwerte λ_w und Eigenvektoren e_w einer $W \times W$-Matrix J werden durch folgende Gleichung definiert:

$$J e_w = \lambda_w e_w. \tag{13.10}$$

Ein Eigenvektor e_w von J ist damit ein Vektor, der durch Multiplikation mit J nicht gedreht, sondern nur mit einem skalaren Faktor, dem Eigenwert λ_w, multipliziert wird. Damit ist klar, dass das Koordinatensystem, in dem der Strukturtensor diagonal ist (13.9), von den Eigenvektoren aufgespannt wird. Für unsere weitere Diskussion ist wichtig, dass wir uns über die folgenden grundlegenden Eigenschaften von Eigenwerten und Eigenvektoren einer symmetrischen Matrix im klaren sind:

1. Eigenwerte sind immer reell.

2. Eigenvektoren bilden eine orthogonale Basis.

Nach dem hier formulierten *Maximierungsproblem* ergibt der Eigenvektor des maximalen Eigenwertes die Orientierung der lokalen Umgebung.

13.3.2 Klassifizierung von Eigenwerten

Die Mächtigkeit des Tensoransatzes wird deutlich, wenn wir die Eigenwerte des Strukturtensors klassifizieren. Klassifizierungskriterium ist die Anzahl der Eigenwerte, die null sind. Ist ein Eigenwert null, bedeutet dies, dass sich die Grauwerte in Richtung des korrespondierenden Eigenvektors nicht verändern.

Die Anzahl der Eigenwerte mit dem Wert null hängt mit dem Rang einer Matrix eng zusammen, der als die Dimension des Unterraums, für den $Jk \neq 0$, definiert ist. Der Raum, für den $Jk = 0$, nennt man *Nullraum*. Die Dimension des Nullraumes ist die Dimension der Zeilen- und Spaltenvektoren der Matrix minus ihrem Rang; sie ist gleich der Anzahl der Null-Eigenwerte.

Wir werden hier den zweidimensionalen und den dreidimensionalen Fall im Detail besprechen. Tabellen 13.1 und 13.2 beschreiben die Fälle in zwei bzw. drei Dimensionen.

Tabelle 13.1: *Klassifizierung des Eigenwertes des Strukturtensors in 2D-Bildern.*

Bedingung	Rang(J)	Erläuterung
$\lambda_1 = \lambda_2 = 0$	0	Beide Eigenwerte sind null. Die mittlere quadrierte Größe des Gradienten ($\lambda_1 + \lambda_2$) ist null. Die lokale Umgebung ist konstant.
$\lambda_1 > 0, \lambda_2 = 0$	1	Ein Eigenwert ist null. Die Werte ändern sich also in Richtung des zugehörigen Eigenvektors nicht. Die lokale Umgebung ist eine einfache Nachbarschaft mit idealer Orientierung.
$\lambda_1 > 0, \lambda_2 > 0$	2	Beide Eigenwerte sind ungleich null. Die Grauwerte ändern sich in allen Richtungen. Im Spezialfall $\lambda_1 = \lambda_2$ sprechen wir von einer isotropen Grauwertstruktur, da sie sich gleichmäßig in allen Richtungen ändert.

Praktisch wird nicht geprüft, ob die Eigenwerte null sind, sondern nur, ob sie unter einer kritischen Grenze liegen, die vom Rauschpegel im Bild bestimmt wird.

13.3.3 Orientierungsvektor

Mit einfachen Faltungs- und Punktoperationen haben wir im vorigen Abschnitt die Komponenten des Strukturtensors berechnet. Hier lösen wir nun das Eigenwertproblem zur Bestimmung des Orientierungsvektors. Im Zweidimensionalen wird der Orientierungswinkel durch Rotation des Trägheitstensors auf das Hauptachsensystem bestimmt:

$$\begin{bmatrix} \lambda_1 & 0 \\ 0 & \lambda_2 \end{bmatrix} = \begin{bmatrix} \cos\phi & -\sin\phi \\ \sin\phi & \cos\phi \end{bmatrix} \begin{bmatrix} J_{11} & J_{12} \\ J_{12} & J_{22} \end{bmatrix} \begin{bmatrix} \cos\phi & \sin\phi \\ -\sin\phi & \cos\phi \end{bmatrix}.$$

Bei Beachtung der trigonometrischen Identitäten $\sin 2\phi = 2\sin\phi\cos\phi$ und $\cos 2\phi = \cos^2\phi - \sin^2\phi$ ergibt die Ausführung der Matrixmultiplikationen den folgenden Ausdruck:

$$\begin{bmatrix} \lambda_1 & 0 \\ 0 & \lambda_2 \end{bmatrix} =$$

$$\begin{bmatrix} \cos\phi & -\sin\phi \\ \sin\phi & \cos\phi \end{bmatrix} \begin{bmatrix} J_{11}\cos\phi - J_{12}\sin\phi & J_{11}\sin\phi + J_{12}\cos\phi \\ -J_{22}\sin\phi + J_{12}\cos\phi & J_{22}\cos\phi + J_{12}\sin\phi \end{bmatrix} =$$

$$\begin{bmatrix} J_{11}\cos^2\phi + J_{22}\sin^2\phi - J_{12}\sin 2\phi & 1/2(J_{11}-J_{22})\sin 2\phi + J_{12}\cos 2\phi \\ 1/2(J_{11}-J_{22})\sin 2\phi + J_{12}\cos 2\phi & J_{11}\sin^2\phi + J_{22}\cos^2\phi + J_{12}\sin 2\phi \end{bmatrix}$$

Tabelle 13.2: Klassifizierung des Eigenwertes des Strukturtensors in 3D-(Volumen)Bildern.

Bedingung	Rang(J)	Erläuterung
$\lambda_1 = \lambda_2 = \lambda_3 = 0$	0	Die Grauwerte ändern sich nicht; es liegt eine konstante Umgebung vor.
$\lambda_1 > 0, \lambda_2 = \lambda_3 = 0$	1	Die Grauwerte ändern sich nur in einer Richtung, die durch den Eigenvektor des Eigenwertes ungleich null bestimmt wird. In der Umgebung haben wir Grenzen zwischen zwei Objekten oder eine geschichtete Textur. In einem Orts/Zeit-Bild bedeutet das die konstante Bewegung eines räumlich orientierten Musters („ebene Welle").
$\lambda_1 > 0, \lambda_2 > 0, \lambda_3 = 0$	2	Die Grauwerte ändern sich in zwei Richtungen und sind konstant in einer dritten. Der Eigenvektor des Eigenwertes mit dem Wert null gibt die Richtung der konstanten Grauwerte an.
$\lambda_1 > 0, \lambda_2 > 0, \lambda_3 > 0$	3	Die Grauwerte ändern sich in allen drei Richtungen.

Nun können wir die Matrixkoeffizienten auf der linken und der rechten Seite der Gleichung vergleichen. Da die Matrizen symmetrisch sind, haben wir drei Gleichungen mit den drei Unbekannten ϕ, λ_1 und λ_2. Obwohl das Gleichungssystem nichtlinear ist, kann es leicht nach dem Winkel ϕ aufgelöst werden. Ein Vergleich der Nichtdiagonalelemente auf beiden Seiten ergibt zunächst

$$1/2\,(J_{11} - J_{22})\sin 2\phi + J_{12}\cos 2\phi = 0 \qquad (13.11)$$

und nach elementaren Umformungen den Orientierungswinkel:

$$\tan 2\phi = \frac{2J_{12}}{J_{22} - J_{11}}. \qquad (13.12)$$

Ohne dass wir irgendwelche Bedingungen vorgegeben haben, hat sich die erwartete Winkelverdoppelung für die Orientierung eingestellt. Da sich $\tan 2\phi$ aus einem Quotienten ergibt, können wir den Dividenden als die y- und den Divisor als die x-Komponente eines Vektors betrachten. Daraus können wir den vektoriellen Orientierungsoperator $\boldsymbol{o}$ bilden, wie ihn *Granlund* [1978] eingeführt hat:

$$\boldsymbol{o} = \begin{bmatrix} J_{22} - J_{11} \\ 2J_{12} \end{bmatrix}. \qquad (13.13)$$

Das Argument dieses Vektors ergibt den Orientierungswinkel und der Betrag ein Bestimmtheitsmaß der lokalen Orientierung.

Das Ergebnis von (13.13) ist bemerkenswert, da die Berechnung der Komponenten des Orientierungsvektors aus denen des Orientierungstensors nur eine Subtraktion und eine Multiplikation mit zwei erfordert. Da diese Komponenten des Orientierungsvektors alles sind, was wir für die weiteren Verarbeitungsschritte brauchen, sind wir nicht auf den Winkel und den Betrag des Vektors angewiesen. Damit ist die Lösung des Eigenwertproblems in zwei Dimensionen trivial.

13.3.4 Kohärenz

Der Orientierungsvektor reduziert eine lokale Struktur auf eine lokale Orientierung. Dabei werden von den drei unabhängigen Komponenten des symmetrischen Tensors nur zwei verwendet. Können wir in einer Nachbarschaft keine orientierte Struktur feststellen, wissen wir nicht, ob wir es mit konstanten Grauwerten oder verteilten Orientierungen zu tun haben. Diese Information steckt in der noch nicht benutzten Summe der Diagonalelemente des Tensors, $J_{11} + J_{22}$, die das mittlere Betragsquadrat des Gradienten liefert. Daraus schließen wir, dass ein guter Strukturoperator auch die dritte Komponente berücksichtigen muss. Eine passende lineare Kombination stellt folgende Gleichung dar:

$$\mathbf{s} = \begin{bmatrix} J_{11} + J_{22} \\ J_{22} - J_{11} \\ 2J_{12} \end{bmatrix}. \tag{13.14}$$

Dieser Strukturoperator enthält die beiden Komponenten des Orientierungsvektors und zusätzlich das mittlere Betragsquadrat des Gradienten, der ein rotationsinvarianter Parameter ist. Vergleichen wir das Betragsquadrat des Gradienten mit dem Betrag des Orientierungsvektors, können wir einen Bereich konstanter Grauwerte und eine isotrope Grauwertstruktur ohne Vorzugsrichtung unterscheiden. Im ersten Fall sind beide quadrierten Größen null, im zweiten nur der Betrag des Orientierungsvektors. Haben wir ein perfekt orientiertes Muster, sind beide Größen gleich. Das Verhältnis zwischen diesen Größen scheint ein gutes *Kohärenzmaß* c_c für lokale Orientierung zu sein:

$$c_c = \frac{\sqrt{(J_{22} - J_{11})^2 + 4J_{12}^2}}{J_{11} + J_{22}} = \frac{\lambda_1 - \lambda_2}{\lambda_1 + \lambda_2}. \tag{13.15}$$

Die Kohärenz c_c variiert zwischen null und eins. Sie ist bei einer idealen Orientierung ($\lambda_2 = 0, \lambda_1 > 0$) eins, bei einer isotropen Grauwertstruktur ($\lambda_1 = \lambda_2 > 0$) jedoch null.

13.3.5 Farbkodierung des 2D-Strukturtensors

In Abschn. 13.2.3 haben wir eine Farbdarstellung des Orientierungsvektors diskutiert. Es erhebt sich die Frage, ob es auch möglich ist, den Strukturtensor als Farbbild darzustellen. Ein symmetrischer 2D-Tensor hat drei unabhängige Informationen (13.14), die gut zu den drei Freiheitsgraden passen, die wir bei Farbe zur Verfügung haben, zum Beispiel Intensität, Farbton und Sättigung.

Für eine Farbdarstellung des Strukturtensors brauchen wir im Vergleich zum Orientierungsvektor nur zwei kleine Änderungen. Zunächst wird statt der Länge des Orientierungsvektors das Betragsquadrat des Gradienten auf die Intensität abgebildet. Dann wird das Kohärenzmaß (13.15) für die Sättigung verwendet. In der Farbdarstellung des Orientierungsvektors ist die Sättigung immer eins. Sein Winkel wird als Farbton dargestellt.

Für die praktische Anwendung ist eine leichte Modifikation dieser Farbdarstellung nützlich. Der quadrierte Betrag des Gradienten zeigt zu große Variationen, als dass er in dem kleinen dynamischen Bereich eines Bildschirmes mit nur 256 Helligkeitsstufen dargestellt werden kann. Damit wird eine entsprechende Normalisierung notwendig. Die Grundidee dieser Normalisierung ist der Vergleich des quadrierten Betrags des Gradienten mit dem Rauschpegel. Wenn der Gradient deutlich oberhalb des Rauschpegels liegt, wird er als signifikante Information betrachtet. Dies legt die folgende Normalisierung der Luminanz I nahe:

$$I = \frac{J_{11} + J_{22}}{(J_{11} + J_{22}) + \gamma \sigma_n^2}, \tag{13.16}$$

wobei σ_n eine Schätzung der Standardabweichung des Rauschpegels ist. Diese Normalisierung bewirkt einen raschen Übergang der Beleuchtungsstärke von eins, wenn der Betrag des Gradienten größer als σ_n ist, zu null, wenn der Gradient kleiner als σ_n ist. Der Faktor γ wird zur Optimierung der Darstellung verwendet.

13.3.6 Implementierung

Der Strukturtensor (Abschn. 13.3.1) und der äquivalente Trägheitstensor (Abschn. 13.3.7) können direkt aus einer Kombination von *linearer Faltung* und *nichtlinearen Punktoperationen* berechnet werden. Die partiellen Ableitungen in (13.8) und (13.25) werden durch diskrete Ableitungsoperatoren approximiert. Die mit der Fensterfunktion gewichtete Integration wird durch eine Faltung mit einem Glättungsfilter ersetzt. Bezeichnen wir den diskreten partiellen *Ableitungsoperator* in Richtung der Koordinate p mit $\mathcal{D}_p$ und den isotropen *Glättungsoperator* mit $\mathcal{B}$, können wir die lokale Struktur eines Grauwertbildes mit folgendem Strukturtensoroperator berechnen:

$$\mathcal{J}_{pq} = \mathcal{B}(\mathcal{D}_p \cdot \mathcal{D}_q).\tag{13.17}$$

Die pixelweise Multiplikation wird zur Unterscheidung von der sequentiellen Anwendung von Faltungsoperatoren durch $\cdot$ gekennzeichnet. Gleichung (13.17) bedeutet wörtlich: Die Komponente $\mathcal{J}_{pq}$ des Tensors wird durch separate Faltungen des Bildes mit $\mathcal{D}_p$ und $\mathcal{D}_q$, pixelweise Multiplikation der beiden gefalteten Bilder und Glättung des resultierenden Bildes mit $\mathcal{B}$ berechnet.

Diese Operatoren gelten für Bilder beliebiger Dimension $W \geq 2$. In einem W-dimensionalen Bild hat der Strukturtensor $W(W + 1)/2$ unabhängige Komponenten, drei in 2D- und sechs in 3D- und zehn in 4D-Bildern. Diese Komponenten lassen sich am besten in einem Mehrkanalbild mit $W(W + 1)/2$ Komponenten speichern.

Die Glättungsoperatoren erfordern die größte Anzahl von Operationen. Deshalb brauchen wir für eine effiziente Implementierung zunächst einen schnellen Glättungsalgorithmus. Die Basis hierzu bildet die allgemeine Beobachtung, dass Eigenschaften höherer Ordnung immer eine niedrigere Auflösung zeigen als die Eigenschaften, aus denen sie berechnet wurden. Das bedeutet, dass ein Strukturtensor auf einem gröberen Gitter und damit in einem kleineren Bild gespeichert werden kann. Eine bequeme und angemessene Unterabtastung besteht darin, nur jedes zweite Pixel in jeder zweiten Zeile zu speichern. Über dieses Verfahren gelangen wir automatisch zu Mehrgitter-Datenstrukturen, die im Detail in Kapitel 5 besprochen wurden. Die Mehrschrittmittelung wurde in Abschn. 11.6.1 diskutiert.

Das Speichern von Eigenschaften höherer Ordnung auf gröberen Skalen hat außer der Speicherplatzeinsparung den weiteren wichtigen Vorteil, dass in jedem nachfolgenden Schritt weniger Bildpunkte verarbeitet werden müssen. Eine lineare Größenreduktion auf die Hälfte führt zu einer Reduktion der Bildpunkte und der Berechnungsschritte auf 1/4 im 2D- und auf 1/8 im 3D-Fall.

Abbildung 13.5 zeigt die Schritte zur Berechnung eines Strukturtensors und daraus berechneter Größen anhand des Ringtestmusters. Dieses Testmuster eignet sich besonders für die Orientierungsanalyse, da in einem Bild alle Orientierungen und Wellenzahlen enthalten sind.

Die Genauigkeit des Orientierungswinkels ist von der Implementierung des Ableitungsfilters abhängig. Die direkte Implementierung des Algorithmus unter Verwendung des symmetrischen Differenzenoperators (Abschn. 12.3.3) oder des *Sobeloperators* (Abschn. 12.5.3) resultiert in einem überraschend hohen Winkelfehler (Abb. 13.6a) von mehr als $7°$ bei einer Wellenzahl $\tilde{k} = 0,7$. Der Fehler hängt sowohl von der Wellenzahl als auch von der Orientierung der lokalen Struktur ab. Der hohe Fehler und die Struktur des Fehlerbildes resultieren aus der Transferfunktion des Ableitungsfilters, da diese bei hohen Wellenzahlen signifi-

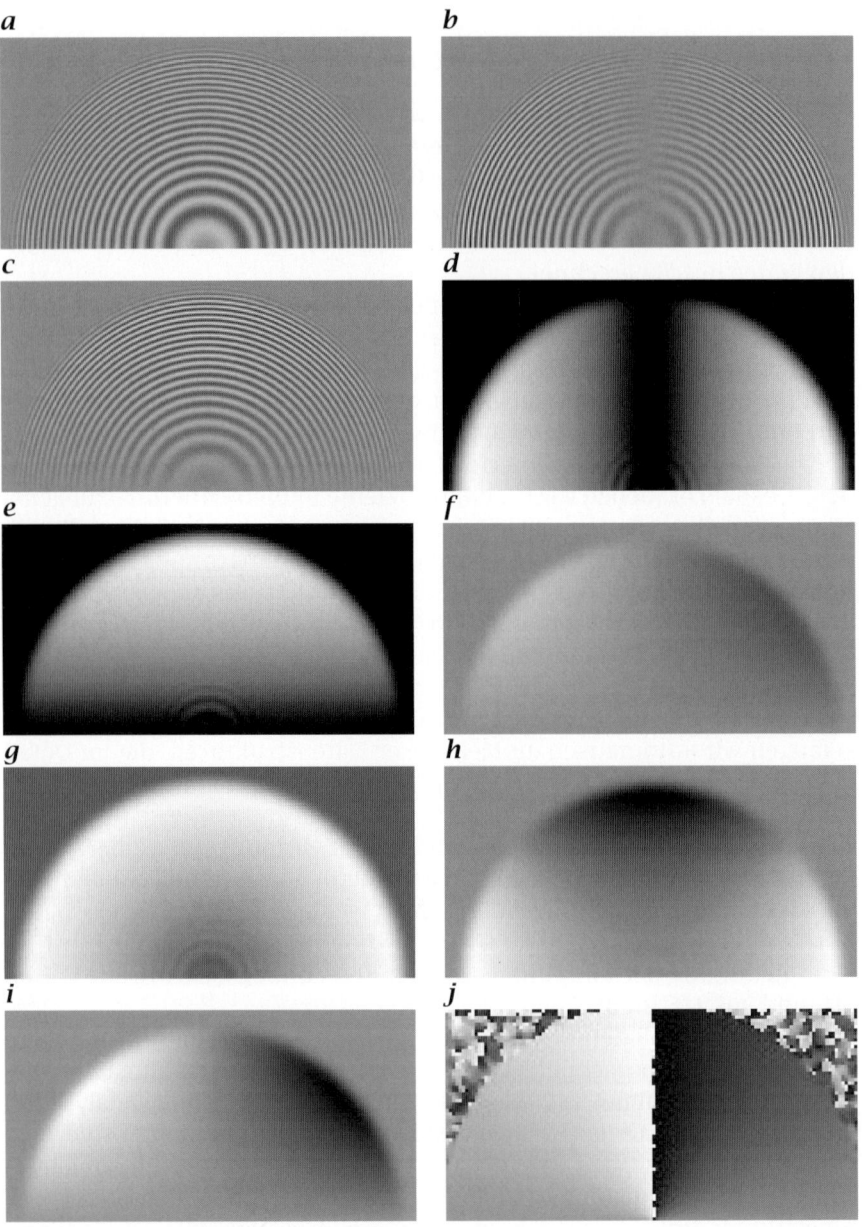

Abbildung 13.5: *Schritte zur Berechnung des Strukturtensors:* **a** *Originalbild;* **b** *horizontale Ableitung* $\mathcal{D}_x$; **c** *vertikale Ableitung* $\mathcal{D}_y$; **d – f** *gemittelte Komponenten des Strukturtensors:* $J_{11} = \mathcal{B}(\mathcal{D}_x \cdot \mathcal{D}_x)$, $J_{22} = \mathcal{B}(\mathcal{D}_y \cdot \mathcal{D}_y)$, $J_{12} = \mathcal{B}(\mathcal{D}_x \cdot \mathcal{D}_y)$; **g** *quadrierter Betrag des Gradienten* $J_{11} + J_{22}$; **h** *x-Komponente des Orientierungsvektors* $J_{11} - J_{22}$, **i** *y-Komponente des Orientierungsvektors* $2J_{12}$ *und* **j** *Orientierungswinkel von* $[-\pi/2, \pi/2]$, *abgebildet auf den Grauwertbereich* $[0, 255]$.

a   b

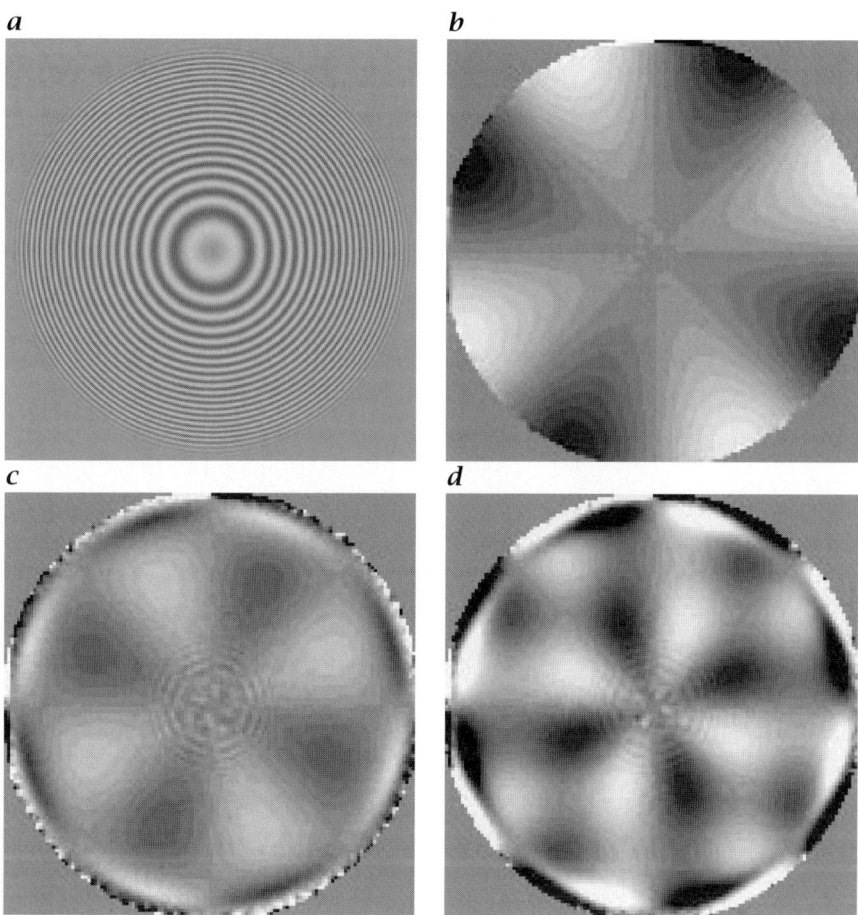

c   d

Abbildung 13.6: *Systematische Fehler bei der Bestimmung des Orientierungs-winkels bei Verwendung unterschiedlicher Ableitungsoperatoren: **a** Originalbild des Ring-Testmusters mit normierten Wellenzahlen von maximal $\tilde{k} = 0,7$. Feh-lerkarten bei Benutzung **b** des Sobeloperators (Winkelbereich $\pm 7°$ in 16 Grau-wertstufen), **c** des optimierten Sobeloperators und **d** eines mit der Methode der kleinsten Quadrate optimierten Operators mit $r = 3$ (bei **c** und **d** ist der Winkel-bereich $\pm 0,7°$ in 16 Grauwertstufen).*

kante Abweichungen von der Transferfunktion eines idealen Ableitungs-filters zeigt (Abschn. 12.2). Nach (13.12) hängt der Orientierungswinkel vom Verhältnis der Ableitungen ab. Entlang den Achsen ist eine der Ableitungen null, und damit tritt dort kein Fehler auf. Entlang den Dia-gonalen sind die Ableitungen in x und y-Richtung gleich; deshalb hebt sich der Fehler im Verhältnis der Ableitungen wieder auf.

Der Fehler des Orientierungswinkels kann durch die Verwendung bes-serer Ableitungsfilter deutlich verringert werden. Abbildung 13.6 zeigt

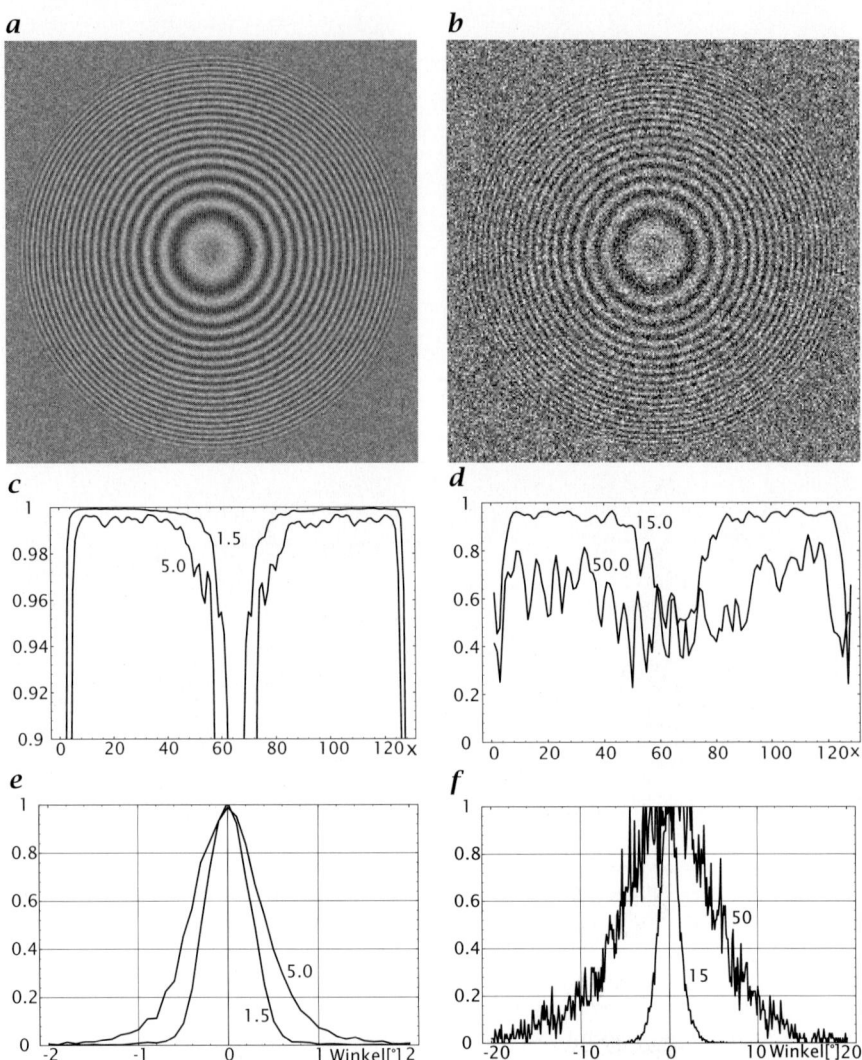

Abbildung 13.7: *Orientierungsanalyse mit einem verrauschten Ring-Testmuster unter Benutzung des optimierten Sobeloperators: Ringmuster mit einer Amplitude von 50 und normalverteiltem Rauschen mit einer Standardabweichung von* **a** *15 und* **b** *50.* **c** *und* **d** *radialer Schnitt durch das Kohärenzmaß des Ringmusters bei Standardabweichungen des normalverteilten Rauschens von 1,5 und 5 bzw. 15 und 50;* **e** *und* **f** *Histogramme des Winkelfehlers für die gleichen Bedingungen.*

den Fehler bei der Abschätzung der Orientierung am Beispiel des optimierten Sobeloperators und eines mit der Methode der kleinsten Quadrate optimierten Operators. Der geringe zusätzliche Aufwand für die Optimierung der Ableitungsfilter zahlt sich durch eine bessere Schätzung der Orientierung aus. Der Restfehler von weniger als 0,5° ist für die meisten Anwendungen ausreichend. Die Ausführungen in Abschn. 12.3–12.5 zu den verschiedenen Ableitungsfiltern ermöglichen die Abwägung von Rechenaufwand und Genauigkeit.

Eine wichtige Eigenschaft jedes Bildverarbeitungsalgorithmus ist seine *Robustheit*. Mit diesem Begriff ist die Unempfindlichkeit des Algorithmus gegenüber Rauschen oder anderen Störungen gemeint. Zwei Fragen sind in diesem Zusammenhang wichtig: Erstens, wie groß ist der statistische Fehler der abgeschätzten Eigenschaften in einem verrauschten Bild? Zweitens, ergeben sich überhaupt noch korrekte Werte?

Um die erste Frage zu beantworten, werden die Gesetze der Statistik für die Fehlerfortpflanzung benutzt. Sie besagen, dass Rauschen die Abschätzung lediglich unsicherer, aber nicht fehlerhafter macht. Der Mittelwert ist nämlich unter der Voraussetzung, dass wir eine genügend große Zahl von Schätzungen durchführen, immer noch korrekt. In einem verrauschten Bild kann ein Operator jedoch auch fehlerbehaftete Ergebnisse liefern, so dass der Mittelwert eine signifikante Abweichung vom korrekten Wert aufweist. Im schlimmsten Fall — um die zweite Frage zu beantworten — kann ein Algorithmus sogar instabil werden und unsinnige Ergebnisse liefern.

Abb. 13.7 veranschaulicht, dass die Abschätzung der Orientierung ein besonders robuster Algorithmus ist. Selbst bei einem niedrigen Signal-zu-Rausch-Verhältnis wird die Orientierung bei Verwendung eines passenden Ableitungsoperators noch korrekt abgeschätzt. Bei steigendem Rauschen nimmt die Kohärenz (Abschn. 13.3.4) ab, und der statistische Fehler der Orientierungswinkelschätzung nimmt zu (Abb. 13.7).

13.3.7 Trägheitstensormodell‡

In diesem Abschnitt untersuchen wir einen alternativen Ansatz zur Beschreibung lokaler Bildstrukturen. Wir fragen uns dazu, wie eine nach (13.1) ideal orientierte Struktur im Wellenzahlraum aussieht. Zur einfachen Berechnung der Fouriertransformierten von (13.1) drehen wir die x_1-Achse des Koordinatensystems in Richtung von $\bar{n}$. Dann ist die Grauwertfunktion in x_2-Richtung konstant, und die Fouriertransformierte reduziert sich zu einer δ-Linie in Richtung von $\bar{n}$ ($\succ$ R5).

Die Bestimmung der lokalen Orientierung im Fourierraum klingt vielversprechend, denn alles, was wir zu berechnen haben, ist die Orientierung der Linie, auf der die Spektraldichten ungleich null sind. Bigün und Granlund [13] schlagen folgende Schritte vor:

• Mit einer Fensterfunktion wird eine kleine Umgebung aus dem Bild selektiert.

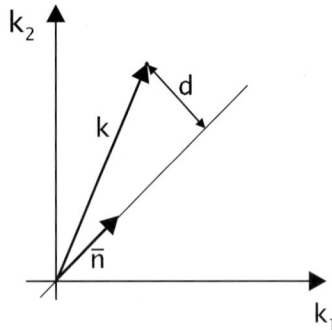

Abbildung 13.8: *Entfernung eines Punktes im Wellenzahlraum von der Geraden in Richtung des Einheitsvektors* $\bar{\boldsymbol{n}}$.

- Das mit der Fensterfunktion multiplizierte Bild wird transformiert. Je kleiner das gewählte Fenster, desto verwaschener ist das berechnete Energiespektrum (*Unschärferelation*, Theorem 7, S. 57). Selbst bei einer idealen lokalen Orientierung ergibt sich eine bandförmige Verteilung der spektralen Energie.
- Durch Bestimmung einer Regressionsgeraden durch die spektrale Dichteverteilung lässt sich dann die Richtung der lokalen Orientierung aus der Steigung der Geraden bestimmen.

Der entscheidende Schritt dieser Prozedur ist die Berechnung der Regressionsgeraden. Da dieses Problem im allgemeinen überbestimmt ist, lässt es sich nicht exakt lösen; wir können nur das Fehlermaß minimieren. Ein Standardfehlermaß ist das Betragsquadrat (L_2-Norm; vergl. (2.74) in Abschn. 2.4.1). Bei der optimalen Geraden minimieren wir die Summe der Abstandsquadrate aller gegebenen Punkte zur Geraden:

$$\int_{-\infty}^{\infty} d^2(\boldsymbol{k}, \bar{\boldsymbol{n}}) |\hat{g}(\boldsymbol{k})|^2 \mathrm{d}^W k \to \text{Minimum.} \tag{13.18}$$

Die Abstandsfunktion wird mit $d(\boldsymbol{k}, \bar{\boldsymbol{n}})$ abgekürzt. Das Integral läuft über den gesamten Wellenzahlraum; die Wellenzahlen werden mit der spektralen Dichte $|\hat{g}(\boldsymbol{k})|^2$ gewichtet. Gleichung (13.18) ist nicht auf zwei Dimensionen beschränkt, sondern gilt generell für lokale Orientierung oder lineare Symmetrie in einem W-dimensionalen Raum.

Der Distanzvektor $\boldsymbol{d}$ kann aus Abb. 13.8 abgeleitet werden:

$$\boldsymbol{d} = \boldsymbol{k} - (\boldsymbol{k}^T \bar{\boldsymbol{n}})\bar{\boldsymbol{n}}. \tag{13.19}$$

Das Quadrat des Abstandes ergibt sich dann zu

$$|\boldsymbol{d}|^2 = |\boldsymbol{k} - (\boldsymbol{k}^T \bar{\boldsymbol{n}})\bar{\boldsymbol{n}}|^2 = |\boldsymbol{k}|^2 - (\boldsymbol{k}^T \bar{\boldsymbol{n}})^2. \tag{13.20}$$

Um den Abstand deutlicher als eine Funktion des Vektors $\bar{\boldsymbol{n}}$ auszudrücken, schreiben wir ihn folgendermaßen neu:

$$|\boldsymbol{d}|^2 = \bar{\boldsymbol{n}}^T (\boldsymbol{I}(\boldsymbol{k}^T \boldsymbol{k}) - (\boldsymbol{k}\boldsymbol{k}^T))\bar{\boldsymbol{n}}, \tag{13.21}$$

wobei I die Einheitsmatrix ist. Substituieren wir diesen Ausdruck in (13.18), erhalten wir

$$\bar{\boldsymbol{n}}^T \boldsymbol{J}' \bar{\boldsymbol{n}} \rightarrow \text{Minimum}, \tag{13.22}$$

wobei $\boldsymbol{J}'$ ein symmetrischer Tensor mit den Diagonalelementen

$$J'_{pp} = \sum_{q \neq p} \int_{-\infty}^{\infty} k_q^2 |\hat{g}(\boldsymbol{k})|^2 \mathrm{d}^W k \tag{13.23}$$

und den Nebendiagonalelementen

$$J'_{pq} = - \int_{-\infty}^{\infty} k_p k_q |\hat{g}(\boldsymbol{k})|^2 \mathrm{d}^W k, \quad p \neq q \tag{13.24}$$

ist. Der Tensor $\boldsymbol{J}'$ hat große Ähnlichkeit mit einer bekannten physikalischen Größe, dem *Trägheitstensor*. Ersetzen wir die Wellenzahlkoordinaten durch Raumkoordinaten und die spektrale Dichte $|\hat{g}(\boldsymbol{k})|^2$ durch die spezifische Dichte ρ, sind (13.18) und (13.22) die Gleichungen zur Berechnung der Trägheit eines um die Achse $\bar{\boldsymbol{n}}$ rotierenden Körpers.

Mit dieser Analogie können wir das Problem der Bestimmung lokaler Orientierung neu formulieren. Wir müssen die Achse finden, um die der Körper, der durch die Spektraldichte im Fourierraum gebildet wird, mit minimaler Trägheit rotiert. Der rotierende Körper kann unterschiedliche Formen annehmen. Die Form des Rotationskörpers hängt mit den unterschiedlichen Lösungen, die wir für die Eigenwerte des Trägheitstensors und damit für die Lösung des Problems der lokalen Orientierung erhalten, zusammen (Tabelle 13.3).

Wir haben damit den Trägheitstensoransatz im Fourierraum hergeleitet. Nun werden wir zeigen, wie die Koeffizienten des Trägheitstensors im Ortsraum berechnet werden können. Die Integrale in (13.23) und (13.24) enthalten Ausdrücke der Form

$$k_q^2 |\hat{g}(\boldsymbol{k})|^2 = |\mathrm{i}k_q \hat{g}(\boldsymbol{k})|^2$$

und

$$k_p k_q |\hat{g}(\boldsymbol{k})|^2 = \mathrm{i}k_p \hat{g}(\boldsymbol{k})[\mathrm{i}k_q \hat{g}(\boldsymbol{k})]^*.$$

Integrieren wir diese Ausdrücke, so ergibt sich ein *inneres* oder *Skalarprodukt* der Funktionen $\mathrm{i}k_p \hat{g}(\boldsymbol{k})$. Da dieses Produkt bei der Fouriertransformation erhalten bleibt (≻ R4), können wir die zugehörigen Integrale genausogut im Ortsraum berechnen. Die Multiplikation von $\hat{g}(\boldsymbol{k})$ mit $\mathrm{i}k_p$ im Wellenzahlraum entspricht der ersten Ableitung in Richtung x_p im Ortsraum:

$$
\begin{aligned}
J'_{pp}(\boldsymbol{x}) &= \sum_{q \neq p} \int_{-\infty}^{\infty} w(\boldsymbol{x} - \boldsymbol{x}') \left(\frac{\partial g}{\partial x_q} \right)^2 \mathrm{d}^W x' \\
J'_{pq}(\boldsymbol{x}) &= - \int_{-\infty}^{\infty} w(\boldsymbol{x} - \boldsymbol{x}') \frac{\partial g}{\partial x_p} \frac{\partial g}{\partial x_q} \mathrm{d}^W x'.
\end{aligned}
\tag{13.25}
$$

In (13.25) haben wir bereits die Wichtung mit der Fensterfunktion w berücksichtigt, um eine lokale Umgebung zu selektieren.

Tabelle 13.3: Eigenwert-Klassifizierung des Strukturtensors in 3D-Bildern.

Bedingung	Erläuterung
Ideale lokale Orientierung	Der Rotationskörper ist eine Linie. Bei einer Drehung um diese Linie verschwindet die Trägheit. Daraus folgt, dass der Eigenvektor des Eigenwertes mit dem Wert null mit der Richtung der Linie zusammenfällt. Der andere Eigenvektor ist zu dieser Linie orthogonal, und der zugehörige Eigenwert ist ungleich null. Daraus resultiert die Rotationsachse mit maximaler Trägheit.
Isotrope Grauwertstruktur	In diesem Fall ist der Rotationskörper eine Art flache, isotrope Scheibe ohne eine Vorzugsrichtung. Beide Eigenwerte sind gleich und die Trägheit ist für Drehungen um alle Achsen gleich. Es gibt kein Minimum.
Konstante Grauwerte	Der Rotationskörper degeneriert zu einem Punkt im Ursprung des Wellenzahlraums. Die Trägheit ist für Drehungen um jede Achse null, und beide Eigenwerte verschwinden.

Der in Abschn. 13.3.1 (13.8) diskutierte Strukturtensor ist mit dem Trägheitstensor eng verwandt:

$$J' = \mathrm{Spur}(J)I - J. \tag{13.26}$$

Aus dieser Beziehung sehen wir, dass beide Matrizen die gleichen Eigenvektoren haben. Die Eigenwerte λ_p stehen über folgende Gleichung miteinander in Beziehung:

$$\lambda_p = \sum_{q=1}^{n} \lambda_q - \lambda'_p, \quad \lambda'_p = \sum_{q=1}^{n} \lambda_q - \lambda_p. \tag{13.27}$$

Daraus folgt, dass die Eigenwertanalyse mit jeder der beiden Matrizen durchgeführt werden kann. Beim Trägheitstensor wird die Richtung der lokalen Orientierung durch den minimalen Eigenwert gegeben, für den Strukturtensor jedoch durch den maximalen Eigenwert.

13.3.8   Weitere äquivalente Ansätze[‡]

In ihrem Artikel über die Analyse gerichteter Muster („Analyzing oriented patterns") wählten Kass und Witkin [102] eine — auf den ersten Blick — völlig andere Methode. Tatsächlich ist sie jedoch äquivalent zur Tensormethode; das werden wir nun zeigen. Die Autoren gingen von *gerichteten Ableitungen* mit einem *DoG*-Filter (Abschn. 12.5.6) aus. In Operatornotation kann man für den resultierenden Operator schreiben:

$$\mathcal{R}(\Theta) = [\cos\Theta \ \sin\Theta] \begin{bmatrix} \mathcal{D}_x(\mathcal{B}_1 - \mathcal{B}_2) \\ \mathcal{D}_y(\mathcal{B}_1 - \mathcal{B}_2) \end{bmatrix} = [\cos\Theta \ \sin\Theta] \begin{bmatrix} \mathcal{R}_x \\ \mathcal{R}_y \end{bmatrix},$$

wobei $\mathcal{B}_1$ und $\mathcal{B}_2$ zwei Gaußsche Glättungsmasken mit unterschiedlichen Varianzen bezeichnen. Die Richtung, in der diese gerichtete Ableitung im Sinne quadratischer Abweichungen maximal ist, gibt die Richtung des Normalenvektors senkrecht auf Linien konstanter Grauwerte an. Aus diesem Ansatz ergibt sich der folgende Ausdruck für die Varianz der gerichteten Ableitung:

$$\mathcal{V}(\Theta) = \mathcal{B}(\mathcal{R}(\Theta) \cdot \mathcal{R}(\Theta)). \tag{13.29}$$

Die gerichtete Ableitung wird quadriert und dann mit einer Binomialmaske geglättet. Der zugehörige Trägheitstensor hat folgende Form:

$$\begin{bmatrix} \mathcal{B}(\mathcal{R}_y \cdot \mathcal{R}_y) & -\mathcal{B}(\mathcal{R}_x \cdot \mathcal{R}_y) \\ -\mathcal{B}(\mathcal{R}_x \cdot \mathcal{R}_y) & \mathcal{B}(\mathcal{R}_x \cdot \mathcal{R}_x) \end{bmatrix}. \tag{13.30}$$

Der Ansatz von Kass und Witkin ist also mit der allgemeinen Trägheitstensormethode, die in Abschn. 13.3.7 besprochen wurde, identisch. Sie verwenden lediglich einen speziellen Typ eines Ableitungsfilters.

Ohne von den früheren Arbeiten von Bigün und Granlund [13] und den zeitgleichen Untersuchungen von Knutsson [111] zu wissen, schlugen Rao und Schunck [160] und Rao [159] den gleichen Strukturtensor (von ihnen als Momententensor bezeichnet) vor, den wir bereits in Abschnitt 13.3.1 besprochen haben.

13.4   Lokale Wellenzahl und Phase‡

13.4.1   Phase‡

In diesem Kapitel haben wir bisher die Analyse einfacher Nachbarschaften bezüglich ihrer Orientierung detailliert besprochen. In diesem Abschnitt betrachten wir eine andere elementare Eigenschaft einfacher Nachbarschaften. Entsprechend der in Kapitel 5 betonten Bedeutung von Skalen für die Bildverarbeitung müssen wir uns nicht nur fragen, in welchen Richtungen sich die Grauwerte ändern, sondern auch, wie rasch sie sich ändern. Diese Frage führt uns zur Größe der *lokalen Wellenzahl*. Der Schlüssel zu ihrer Bestimmung ist die *Phase* des Signals. Zur Einführung diskutieren wir als einfaches Beispiel das eindimensionale periodische Signal

$$g(x) = g_0 \cos(kx). \tag{13.31}$$

Das Argument der Kosinusfunktion wird als die Phase des periodischen Signals bezeichnet:

$$\phi(x) = kx. \tag{13.32}$$

Die Gleichung zeigt, dass die Phase eine lineare Funktion der Position und der Wellenzahl ist. Wir erhalten also die Wellenzahl des periodischen Signals, indem wir die räumliche Ableitung erster Ordnung des Phasensignals bilden:

$$\frac{\partial \phi(x)}{\partial x} = k. \tag{13.33}$$

Diese einfachen Betrachtungen betonen noch einmal die Bedeutung der Phase in der Bildverarbeitung, wie wir es bereits in Abschn. 2.3.6 diskutiert haben.

Abbildung 13.9: *Anwendung eines Hilbertfilters auf das Ring-Testmuster; linker oberer Quadrant: in horizontaler Richtung; rechter unterer Quadrant: in vertikaler Richtung.*

Wir werden zwei verwandte Ansätze zur Bestimmung der Phase eines Signals besprechen, die *Hilberttransformation* (Abschn. 13.4.2) und die *Quadraturfilter* (Abschn. 13.4.5). Anschließend führen wir effiziente Techniken zur Berechnung der lokalen Wellenzahl aus den Phasengradienten ein.

13.4.2 Hilberttransformation und Hilbertfilter[‡]

Um das Prinzip der Berechnung der Phase eines Signals zu erläutern, greifen wir wieder das einfache periodische Signal aus dem vorigen Abschnitt als Beispiel auf. Nehmen wir an, dass ein Operator zur Verzögerung des Signals um eine Phasendifferenz von 90° vorhanden ist; er transformiert das Signal $g(x) = g_0 \cos(kx)$ in $g'(x) = -g_0 \sin(kx)$ (Abb. 13.9). Unter Verwendung beider Signale können wir die Phase von $g(x)$ mit

$$\phi(g(x)) = \arctan\left(\frac{-g'(x)}{g(x)}\right) \tag{13.34}$$

berechnen. Da nur das Verhältnis von $g'(x)$ zu $g(x)$ in (13.34) eingeht, ist die Phase tatsächlich unabhängig von der Amplitude. Berücksichtigen wir die Vorzeichen der beiden Funktionen $g'(x)$ und $g(x)$, kann die Phase über den gesamten Bereich von 360° berechnet werden.

Alles, was wir zur Bestimmung der Phase eines Signals brauchen, ist also ein linearer Operator, der die Phase um 90° verschiebt. Dieser Operator wird als *Hilbertfilter* **H** oder *Hilbertoperator* $\mathcal{H}$ bezeichnet. Er hat folgende Transferfunktion:

$$\hat{h}(k) = \begin{cases} \text{i} & k > 0 \\ 0 & k = 0 \\ -\text{i} & k < 0 \end{cases}.$$ (13.35)

Da die Amplitude nicht verändert wird, ist der Betrag der Transferfunktion eins. Aus der Tatsache, dass das Hilbertfilter wieder ein reelles Signal erzeugen soll, folgt, dass seine rein imaginäre Transferfunktion eine ungerade Symmetrie aufweisen muss. Daher werden positive Wellenzahlen um 90° ($\pi/2$) und negative um -90° ($-\pi/2$) verschoben. Eine Ausnahme ist die Wellenzahl null, bei der auch die Transferfunktion null ist. Das lässt sich folgendermaßen veranschaulichen: Ein Signal mit der Wellenzahl Null ist eine Konstante und kann als eine Kosinusfunktion mit unendlicher Wellenzahl betrachtet werden, die an der Phase null abgetastet wird. Also ist das gefilterte Signal die zugehörige Sinusfunktion, welche bei der Phase Null verschwindet.

Wegen der Diskontinuität der Transferfunktion des Hilbertfilters im Ursprung ist seine Punktantwort unendlich ausgedehnt:

$$h(x) = -\frac{1}{\pi x}.$$ (13.36)

Die Faltung mit (13.36) können wir folgendermaßen schreiben:

$$g_h(x) = \frac{1}{\pi} \int\limits_{-\infty}^{\infty} \frac{g(x')}{x' - x} \mathrm{d}x'.$$ (13.37)

Diese Integraltransformation wird mit *Hilberttransformation* bezeichnet [129].

Da die Faltungsmaske des idealen Hilbertfilters unendlich ausgedehnt ist, ist es unmöglich, ein exaktes diskretes Hilbertfilter für beliebige Signale mit einer kleinen Faltungsmaske zu konstruieren. Deshalb müssen wir die Klasse der Signale, auf die das Filter anzuwenden ist, beschränken. Dazu betrachten wir den folgenden Ansatz zur effektiven Implementierung eines Hilbertfilters.

Zum einen sollte das Filter die Phase exakt um $\pi/2$ verschieben. Diese Forderung resultiert aus der Tatsache, dass wir Fehler in der Phase nicht tolerieren können, da sie die Information über die Position enthält. Eine wellenzahlabhängige Phasenverschiebung würde wellenzahlabhängige Fehler verursachen. Alle Faltungskerne ungerader Symmetrie haben die gewünschte Eigenschaft. Zum anderen kann die Forderung nach dem Betrag von Eins eingeschränkt werden, wenn das Hilbertfilter auf bandpassgefilterte Signale, z. B. eine Laplacepyramide, angewandt wird. Das Hilbertfilter muss dann nur im Durchlaßbereich des verwendeten Filters einen Betrag von eins aufweisen. Mit diesem Ansatz vermeiden wir die Diskontinuitäten der Transferfunktion bei der Wellenzahl von null und erhalten einen Faltungskern endlicher Größe.

Hilbertfilter werden wie Interpolationsfilter (Abschn. 10.6.6) und Ableitungsfilter erster Ordnung (Abschn. 12.3.5) mit der Methode der kleinsten Quadrate optimiert. Wegen der ungeraden Symmetrie verwenden wir die folgende Transferfunktion:

$$\hat{h}(\tilde{k}) = 2\text{i} \sum_{v=1}^{R} h_v \sin\left((2v-1)\pi\tilde{k}\right).$$ (13.38)

a

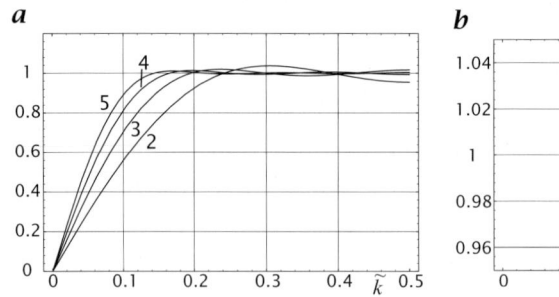

b

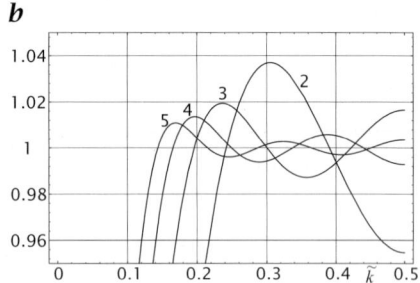

Abbildung 13.10: *a Transferfunktionen einer Familie von Hilbertoperatoren, die nach der Methode der kleinsten Quadrate nach (13.38) mit R=2-5 Filterkoeffizienten optimiert wurden. b Der vergrößerte Ausschnitt aus a verdeutlicht die Abweichung von einem idealen Hilbertfilter. Da die Filter um $\tilde{k}=0,5$ symmetrisch sind, ist nur der Wellenzahlbereich 0 bis 0,5 gezeigt.*

Da nur Sinusfunktionen mit ungeraden Wellenzahlen vorkommen, ist die Transferfunktion auch um $\tilde{k} = 1/2$ symmetrisch. Daraus resultiert die Filtermaske

$$[h_R, 0, \cdots, h_2, 0, h_1, 0, -h_1, 0, -h_2, \cdots, 0, -h_R] \qquad (13.39)$$

mit $4R - 1$ Koeffizienten, wobei $2R - 1$ null sind. Abbildung 13.10 zeigt die mit der Methode der kleinsten Quadrate optimierte Transferfunktion für $R = 2, 3, 4, 5$. Das Filter mit $R = 4$ (die Maske enthält 15 Koeffizienten) mit

$$\boldsymbol{h} = \{0, 6208, 0, 1683, 0, 0630, 0, 0191\} \qquad (13.40)$$

hat beispielsweise einen Amplitudenfehler, der im Wellenzahlbereich von [0,16, 0,84] nur wenig größer als 1 % ist, und aufgrund der Konstruktion keinen Phasenfehler. Die Faltung mit dieser Maske erfordert 4 Multiplikationen und 7 Additionen oder Subtraktionen.

13.4.3 Das analytische Signal[‡]

Ein reellwertiges Signal und seine Hilberttransformierte können zu einem komplexwertigen Signal kombiniert werden:

$$g_a = g - ig_h. \qquad (13.41)$$

Dieses komplexwertige Signal wird als die *analytische Funktion* oder das *analytische Signal* bezeichnet. Nach (13.41) hat das analytische Filter die Punktantwort

$$a(x) = 1 + \frac{i}{\pi x} \qquad (13.42)$$

und die Transferfunktion

$$\hat{a}(k) = \begin{cases} 2 & k > 0 \\ 1 & k = 0 \\ 0 & k < 0 \end{cases}. \qquad (13.43)$$

Alle negativen Wellenzahlen werden also unterdrückt. Obwohl die Transfer-funktion des analytischen Filters reell ist, erzeugt sie wegen ihrer Asymmetrie ein komplexes Signal. Bei einem reellwertigen Signal geht keine Information verloren, wenn wir die negativen Wellenzahlen unterdrücken. Sie können re-konstruiert werden, da die Fouriertransformierte eines reellen Signals hermi-tesch ist (Abschn. 2.3.5). Das analytische Signal kann als andere Darstellung eines reellen Signals mit zwei wichtigen Eigenschaften betrachtet werden. Der Betrag des analytischen Signals ergibt die *lokale Amplitude*

$$|\mathcal{A}|^2 = \mathcal{I} \cdot \mathcal{I} + \mathcal{H} \cdot \mathcal{H} \qquad (13.44)$$

und das Argument die *lokale Phase*

$$\arg(\mathcal{A}) = \arctan\left(\frac{-\mathcal{H}}{\mathcal{I}}\right) \qquad (13.45)$$

mit $\mathcal{A}$ für den analytischen und $\mathcal{H}$ für den Hilbertoperator. Das Originalsignal und seine Hilberttransformierte erhalten wir aus dem analytischen Signal mit (13.41):

$$\begin{array}{rcl} g(x) & = & (g_a(x) + g_a^*(x))/2 \\ g_h(x) & = & \mathrm{i}(g_a(x) - g_a^*(x))/2. \end{array} \qquad (13.46)$$

Das Konzept des analytischen Signals macht es auch einfach, die Idee der lo-kalen Phase auf mehrere Dimensionen auszudehnen. Die Transferfunktion des analytischen Operators verwendet nur die positiven Wellenzahlen, d. h.nur eine Hälfte des Fourierraumes. Bei mehreren Dimensionen haben wir mehr als eine Möglichkeit, den Fourierraum in zwei Halbräume aufzuteilen. Statt der Wel-lenzahl können wir das Skalarprodukt zwischen dem Wellenzahlvektor $\boldsymbol{k}$ und einem beliebigen Einheitsvektor $\bar{\boldsymbol{n}}$ verwenden und dann den Halbraum, für den das Skalarprodukt $\boldsymbol{k}\bar{\boldsymbol{n}}$ negativ ist, unterdrücken:

$$\hat{a}(\boldsymbol{k}) = \left\{ \begin{array}{ll} 2 & \boldsymbol{k}\bar{\boldsymbol{n}} > 0 \\ 1 & \boldsymbol{k}\bar{\boldsymbol{n}} = 0 \\ 0 & \boldsymbol{k}\bar{\boldsymbol{n}} < 0 \end{array} \right. . \qquad (13.47)$$

Der Einheitsvektor $\bar{\boldsymbol{n}}$ gibt die Richtung an, in die das Hilbertfilter angewandt wird. Die Definition (13.47) der Transferfunktion des analytischen Signals im-pliziert, dass der Hilbertoperator nur auf gerichtet gefilterte Signale angewandt werden kann. Das ergibt sich aus folgenden Überlegungen: Bei eindimensiona-len Signalen haben wir gesehen, dass ein diskretes Hilbertfilter für kleine Wel-lenzahlen nicht geeignet ist (Abb. 13.10). Bei mehreren Dimensionen bedeutet das, dass ein Hilbertfilter nicht gut arbeitet, wenn $\tilde{\boldsymbol{k}}\bar{\boldsymbol{n}} \ll 1$. Alle Wellenzahlen, die fast orthogonal zur Richtung des Hilbertfilters stehen, dürfen also nicht vorhanden sein, wenn man Fehler vermeiden will.

Diese Tatsache macht die Anwendung des Hilbertfilters und damit die Bestim-mung der lokalen Phase bei höherdimensionalen Signalen beträchtlich komple-xer. Es genügt nicht, bandpassgefilterte Bilder wie z.B. eine Laplacepyramide zu verwenden (Abschn. 5.3.3). Zusätzlich müssen die bandpassgefilterten Bil-der weiter in Richtungskomponenten zerlegt werden. Wir benötigen zumindest für jede Raumrichtung eine Komponente.

13.4.4 Das monogene Signal[‡]

Die Erweiterung der Hilberttransformation von einem 1D-Signal zu höherdimensionalen Signalen ist nicht zufriedenstellend, da sie nur auf direktionalgefilterte Signale angewendet werden kann. Für Wellenzahlen in der Nähe der Trennebene funktioniert die Hilberttransformation nicht (Abb. 13.9). Daher ist es notwendig, nach einer isotropen Erweiterung der Hilberttransformation zu suchen. Offensichtlich kann keine skalare Transformation bei multidimensionalen Signalen sowohl isotrop als auch ungerade sein.

Mit einer vektoriellen Transformation können jedoch beide Bedingungen erfüllt werden. Daraus ergibt sich das *monogene Signal*, das von Felsberg und Sommer [44] in die Bildverarbeitung eingeführt wurde. Das monogene Signal setzt sich aus dem Originalsignal und der *Riesztransformation* zusammen. Die Transferfunktion der Riesztransformation ist

$$\hat{\boldsymbol{h}}(\boldsymbol{k}) = \mathrm{i}\frac{\boldsymbol{k}}{|\boldsymbol{k}|}. \tag{13.48}$$

Der Betrag des Vektors $\hat{\boldsymbol{h}}$ ist eins für alle $\boldsymbol{k}$. Daher ist die Riesztransformation isotrop. Sie ist auch ungerade, da

$$\hat{\boldsymbol{h}}(-\boldsymbol{k}) = -\hat{\boldsymbol{h}}(\boldsymbol{k}). \tag{13.49}$$

Die Riesztransformation kann auf Signale jeder Dimension angewendet werden. Im 1D-Fall reduziert sie sich auf die Hilberttransformation.

Für 2D-Signale kann die Transferfunktion der Riesztransformation unter Verwendung von Polarkoordinaten geschrieben werden als

$$\hat{\boldsymbol{h}}(\boldsymbol{k}) = \mathrm{i}\left[\frac{k\cos\theta}{|k|}, \frac{k\sin\theta}{|k|}\right]^{T}. \tag{13.50}$$

Die Faltungsmaske bzw. PSF der Riesztransformation lautet

$$\boldsymbol{h}(\boldsymbol{x}) = -\frac{\boldsymbol{x}}{2\pi\,|\boldsymbol{x}|^{3}}. \tag{13.51}$$

Das Originalsignal und das mit der Riesztransformation gefaltete Signal können für ein 2D-Signal zu dem monogenen 3D-Signal zusammengefasst werden:

$$\boldsymbol{g}_m(\boldsymbol{x}) = [g, h_1 * g, h_2 * g]^{T}. \tag{13.52}$$

Die lokale Amplitude des monogen Signals ergibt sich wie bei dem analytischen Signal ((13.44)) als Betrag des Signals zu

$$|\boldsymbol{g}_m|^2 = g^2 + (h_1 * g)^2 + (h_2 * g)^2. \tag{13.53}$$

Es kann gezeigt werden, dass für ein intrinsisch eindimensionales Signal die *lokale Phase* ϕ und die *lokale Orientierung* θ durch

$$\tan\phi = \frac{\left[(h_1 * g)^2 + (h_2 * g)^2\right]^{1/2}}{g} \tag{13.54}$$

und

$$\tan\theta = \frac{h_2 * g}{h_1 * g} \tag{13.55}$$

gegeben sind. Wir können daher schließen, dass das monogene Signal die Analyse der lokalen Orientiatierung (Abschn. 13.2) und Phase (Abschn. 13.4.1) miteinander kombiniert.

13.4.5 Quadraturfilter‡

Quadraturfilter sind eine alternative Möglichkeit, wie wir ein Signalpaar erhalten können, das sich lediglich durch eine Phasenverschiebung von 90° ($\pi/2$) unterscheidet. Am leichtesten lässt sich die komplexe Form des Quadraturfilters erklären. Im wesentlichen ist die Transferfunktion eines Quadraturfilters für $k\bar{n} < 0$ genauso null wie die des analytischen Filters. Allerdings ist der Betrag der Transferfunktion nicht eins, sondern kann jede beliebige reellwertige Funktion $h(\boldsymbol{k})$ sein:

$$\hat{q}(\boldsymbol{k}) = \begin{cases} 2h(\boldsymbol{k}) & k\bar{n} > 0 \\ 0 & \text{sonst.} \end{cases} \tag{13.56}$$

Das Quadraturfilter transformiert also ebenfalls ein reellwertiges in ein analytisches Signal. Im Gegensatz zum analytischen Operator wird jedoch eine Wellenzahlwichtung durchgeführt. Aus der komplexen Form des Quadraturfilters können wir das reelle Quadraturfilterpaar ableiten, indem wir berücksichtigen, dass es die Teile gerader und ungerader Symmetrie von (13.56) darstellt. Damit ist

$$\begin{aligned} \hat{q}_+(\boldsymbol{k}) &= (\hat{q}(\boldsymbol{k}) + \hat{q}(-\boldsymbol{k}))/2, \\ \hat{q}_-(\boldsymbol{k}) &= (\hat{q}(\boldsymbol{k}) - \hat{q}(-\boldsymbol{k}))/2. \end{aligned} \tag{13.57}$$

Gerader und ungerader Teil des Quadraturfilterpaars weisen eine Phasenverschiebung von 90° auf und können daher auch zur Berechnung der lokalen Phase verwendet werden.

Das bekannteste Quadraturfilterpaar ist das *Gaborfilter*. Es ist ein Bandpassfilter, das einen Wellenzahlbereich um das Zentrum $\boldsymbol{k}_0$ mit einer Gaußschen Glockenkurve selektiert. Die komplexe Transferfunktion des Gaborfilters hat also folgende Form:

$$\hat{g}(\boldsymbol{k}) = \begin{cases} \exp\left(-|\boldsymbol{k} - \boldsymbol{k}_0|^2 \sigma_x^2/2\right) & \boldsymbol{k}\boldsymbol{k}_0 > 0 \\ 0 & \text{sonst.} \end{cases} \tag{13.58}$$

Wenn $|\boldsymbol{k}_0|\sigma_x > 3$, vereinfacht sich (13.58) zu

$$\hat{g}(\boldsymbol{k}) = \exp\left(-|\boldsymbol{k} - \boldsymbol{k}_0)|^2 \sigma_x^2/2\right). \tag{13.59}$$

Verwenden wir die in (13.57) angegebenen Beziehungen, ergeben sich die Transferfunktionen für die gerade und ungerade Komponente zu

$$\begin{aligned} \hat{g}_+(\boldsymbol{k}) &= \frac{1}{2}\left[\exp\left(-|\boldsymbol{k} - \boldsymbol{k}_0|^2\sigma_x^2/2\right) + \exp\left(-|\boldsymbol{k} + \boldsymbol{k}_0|^2\sigma_x^2/2\right)\right], \\ \hat{g}_-(\boldsymbol{k}) &= \frac{1}{2}\left[\exp\left(-|\boldsymbol{k} - \boldsymbol{k}_0|^2\sigma_x^2/2\right) - \exp\left(-|\boldsymbol{k} + \boldsymbol{k}_0|^2\sigma_x^2/2\right)\right]. \end{aligned} \tag{13.60}$$

Die Punktantwort dieser Filter kann leicht mit Hilfe des *Verschiebungstheorems* (Theorem 3, S. 53, ≻ R4) berechnet werden:

$$\begin{aligned} G_+(\boldsymbol{x}) &= \cos(\boldsymbol{k}_0\boldsymbol{x})\exp\left(-\frac{|\boldsymbol{x}|^2}{2\sigma_x^2}\right), \\ G_-(\boldsymbol{x}) &= \mathrm{i}\sin(\boldsymbol{k}_0\boldsymbol{x})\exp\left(-\frac{|\boldsymbol{x}|^2}{2\sigma_x^2}\right). \end{aligned} \tag{13.61}$$

Durch Kombination zu einer komplexen Filtermaske wird daraus

$$g(\boldsymbol{x}) = \exp(\mathrm{i}\boldsymbol{k}_0\boldsymbol{x}) \exp\left(-\frac{|\boldsymbol{x}|^2}{2\sigma_x^2}\right).\tag{13.62}$$

Gaborfilter werden gerne für Bildanalysen im Orts- oder Wellenzahlraum verwendet. Abbildung 13.11 zeigt eine Anwendung [*Riemer*, 1991; *Riemer et al.*, 1991]. Ein Bild kleinskaliger, winderzeugter Wasseroberflächenwellen wurde durch eine Serie von Gaborfiltern zerlegt. Die Schwerpunktwellenlänge $\boldsymbol{k}_0$ wurde in x-Richtung gelegt, parallel zur Windrichtung. Die zentralen Wellenlängen der Filter wurden auf 1,2; 2,4 und 4,8 cm festgelegt und die Bandbreiten proportional zur zentralen Wellenzahl eingestellt.

Die linke Spalte der Bilder in Abb. 13.11 zeigt die Filterung mit dem geraden Gaborfilter, die rechte Spalte die lokale Amplitude, die ein Maß für die Energie der Wellen darstellt. Die gefilterten Bilder zeigen, dass Wellen mit unterschiedlichen Wellenlängen teilweise gekoppelt sind. In Bereichen, in denen die Wellen großer Wellenlänge große Amplituden haben, weisen auch die kleinskaligen Wellen (Kapillarwellen) große Amplituden auf. Die Energie der Wellen ist nicht gleichmäßig über die Wasseroberfläche verteilt.

Die Ausdehnung dieser Analyse auf Bildsequenzen gibt einen direkten Einblick in die komplexen nichtlinearen Wellen-Wellen-Wechselwirkungen. In Abb. 13.12 ist die zeitliche Entwicklung einer Zeile des Bildes aus Abb. 13.11 dargestellt. Wie wir genauer in Abschn. 14.2.4 besprechen werden, ist die Steigung zur Zeitachse der Strukturen in diesen Orts/Zeit-Bildern proportional zur Geschwindigkeit der bewegten Objekte. Man kann schön zeigen, dass die kleinskaligen Wellen von großen Wellen moduliert werden und dass die *Gruppengeschwindigkeit* (Geschwindigkeit der Wellenenergie) der kleinen Wellen geringer als die Phasengeschwindigkeit der Kapillarwellen ist.

13.4.6   Lokale Wellenzahlbestimmung‡

Zur Bestimmung der lokalen Wellenzahl müssen wir lediglich die erste räumliche Ableitung des Phasensignals berechnen (Abschn. 13.4.1, (13.33)). Diese Ableitung muss in der Richtung bestimmt werden, in der das Hilbert- oder Quadraturfilter angewandt wurde. Die Phase ergibt sich entweder aus

$$\phi(\boldsymbol{x}) = \arctan\left(\frac{-g_h(\boldsymbol{x})}{g(\boldsymbol{x})}\right)\tag{13.63}$$

oder aus

$$\phi(\boldsymbol{x}) = \arctan\left(\frac{-g_+(\boldsymbol{x})}{g_-(\boldsymbol{x})}\right),\tag{13.64}$$

wobei g_+ und g_- die Signale bezeichnen, die mit dem geraden bzw. ungeraden Teil des Quadraturfilters gefiltert wurden.

Wegen der dem Phasensignal eigenen Diskontinuitäten ist es allerdings nicht ratsam, die partiellen Ableitungen direkt aus diesen Gleichungen zu berechnen. Eine mit dem Arkustangens berechnete Phase ist auf das Intervall $[-\pi, \pi[$ begrenzt und führt unausweichlich zu einem Sprung des Phasensignals zwischen

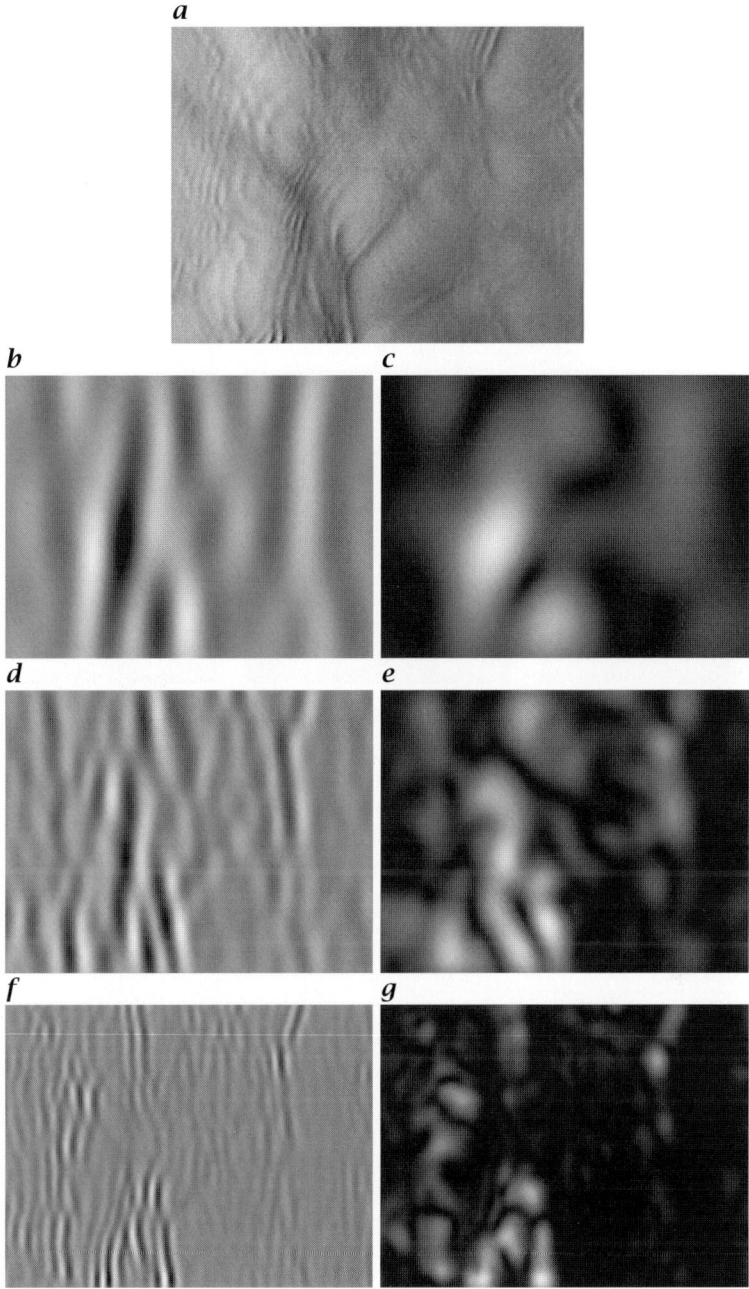

Abbildung 13.11: *Analyse eines Bildes (**a**, 40 cm × 30 cm) winderzeugter Wasseroberflachenwellen. Die Helligkeit ist proportional zur Neigung der Wellen in Windrichtung. Gerader Teil (**b, d, f**) und Betragsquadrat (Energie, **c, e, g**) des gaborgefilterten Bildes mit Schwerpunktwellenlängen von 48, 24 bzw. 12 mm.*

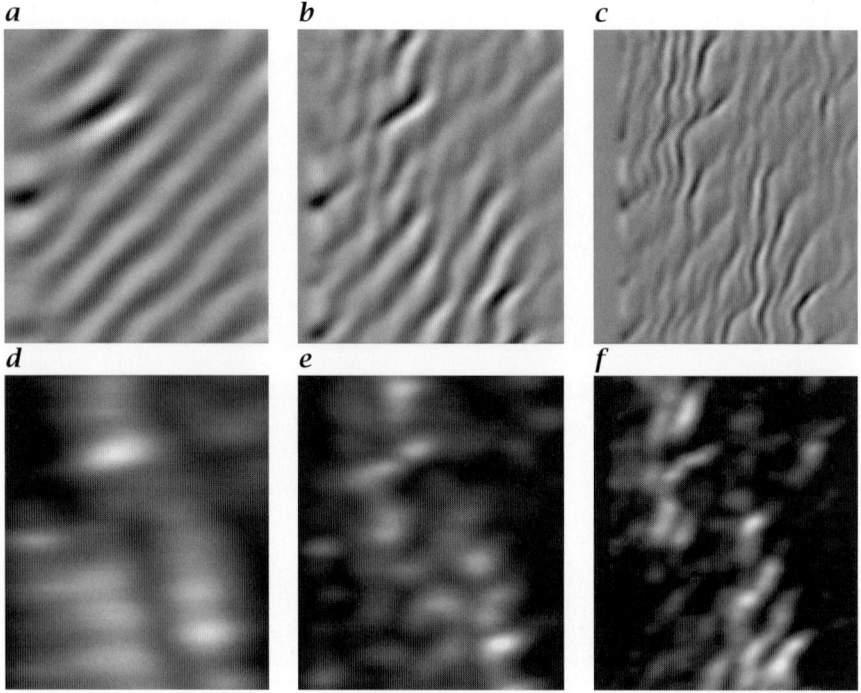

Abbildung 13.12: *Analyse eines 5 s langen Orts/Zeit-Schnitts in Windrichtung durch eine Bildsequenz von winderzeugten Wasseroberflächenwellen. Die Zeitachse verläuft vertikal. Gerader Teil (**a** - **c**) und Betragsquadrat (Energie, **d** - **f**) gaborgefilterter Bilder mit Schwerpunktwellenlängen bei 48, 24 bzw. 12 mm.*

π und $-\pi$. Wie Fleet [47] zeigte, kann dieses Problem vermieden werden, indem wir den Phasengradienten direkt aus den Gradienten von $q_+(\boldsymbol{x})$ und $q_-(\boldsymbol{x})$ berechnen. Das Ergebnis ist:

$$
\begin{aligned}
k_p &= \frac{\partial \phi(\boldsymbol{x})}{\partial x_p} \\
&= \frac{\partial}{\partial x_p} \arctan(-q_+(\boldsymbol{x})/q_-(\boldsymbol{x})) \\
&= \frac{1}{q_+^2(\boldsymbol{x}) + q_-^2(\boldsymbol{x})} \left(\frac{\partial q_+(\boldsymbol{x})}{\partial x_p} q_-(\boldsymbol{x}) - \frac{\partial q_-(\boldsymbol{x})}{\partial x_p} q_+(\boldsymbol{x}) \right).
\end{aligned}
\tag{13.65}
$$

Diese Formulierung des Phasengradienten beseitigt auch die Notwendigkeit der Berechnung trigonometrischer Funktionen und ist daher bedeutend schneller.

13.5 Tensordarstellung durch Quadraturfiltersätze‡

13.5.1 Grundlagen‡

Quadraturfilter eröffnen einen anderen Weg der Analyse einfacher Nachbarschaften zur Bestimmung sowohl der *lokalen Orientierung* als auch der *lokalen Wellenzahl*. Historisch betrachtet war diese aus den Arbeiten von Granlund [62] hervorgegangene Technik die erste für die Analyse lokaler Strukturen. Die Techniken des Trägheits- und Strukturtensors kamen erst später auf [13, 102, 159, 160].

Der Quadraturfiltermethode liegt die Idee zugrunde, Strukturen in einem bestimmten Bereich von Wellenzahlen und Richtungen zu extrahieren. Um die lokale Orientierung zu bestimmen, müssen wir eine ganze Reihe von gerichteten Filtern anwenden, wobei jedes Filter für Strukturen anderer Orientierung empfindlich ist. Dann vergleichen wir die Filterantworten und erhalten eine maximale Filterantwort von dem Richtungsfilter, dessen Richtung am besten mit der lokalen Orientierung übereinstimmt. Ähnlich kann eine Serie von Quadraturfiltern zur Bestimmung der lokalen Wellenzahl eingesetzt werden.

Erhalten wir ein ausgeprägtes Maximum von einem der Filter, jedoch nur geringe Antworten von den übrigen Filtern, enthält die Nachbarschaft ein lokal orientiertes Muster. Sind die Filterantworten vergleichbar, besteht die Nachbarschaft aus einer Verteilung unterschiedlich gerichteter Muster. Soweit scheint das Konzept einfach zu sein; allerdings müssen noch ein paar Probleme gelöst werden. Welche Eigenschaften müssen die Richtungsfilter für eine genaue Bestimmung der lokalen Orientierung erfüllen, wenn dies überhaupt möglich ist? Um eine möglichst hohe Rechengeschwindigkeit zu erreichen, müssen wir die kleinstmögliche Zahl von Filtern anwenden, die zur Interpolation des Winkels der lokalen Orientierung nötig sind. Was jedoch ist die Minimalzahl?

Die in diesem Abschnitt eingeführten Konzepte basieren auf Arbeiten von Granlund [62], Knutsson [110] und Knutsson et al. [112]. Sie wurden inzwischen in der Monographie von Granlund und Knutsson [63] zusammengefaßt. Während die genannten Autoren die Quadraturfiltersatztechnik für mehrere Dimensionen formuliert haben, werden wir hier nur den zweidimensionalen Fall betrachten. Zunächst besprechen wir die Konstruktion von Quadraturfiltern, die für die Detektion sowohl der lokalen Orientierung als auch der lokalen Wellenzahl geeignet sind. Dies führt uns zu polar separierbaren Quadraturfiltern (Abschn. 13.5.2). In einem zweiten Schritt zeigen wir, wie der in Abschn. 13.3.3 definierte Orientierungsvektor mit Hilfe einer einfachen Vektoraddition der Antworten der Quadraturfilter (Abschn. 13.5.3) zusammengesetzt werden kann. Ähnlich untersuchen wir in Abschn. 13.5.4 die Berechnung der lokalen Wellenzahl. Abschnitt 13.5.5 schließt den Kreis mit Betrachtungen über den Strukturtensor, der ebenfalls aus einer Menge von Quadraturfiltern berechnet werden kann. Die zu Beginn dieses Kapitels (Abschn. 13.3) diskutierten Tensormethoden unterscheiden sich also von der Quadraturfiltersatztechnik lediglich in einigen feinen Details, führen ansonsten jedoch zu identischen Ergebnissen.

13.5.2 Polar separierbare Quadraturfilter[‡]

Für einen angemessenen Satz von Richtungsfiltern sollte jedes Filter eine ge-
drehte Kopie des nächsten Filters sein. Diese Forderung impliziert, dass die
Transferfunktion der Filter in einen Winkelteil $d(\phi)$ und einen Wellenzahlteil
$r(k)$ separiert werden kann. Solch ein Filter wird *polar separierbar* genannt:

$$\hat{q}(k, \phi) = \hat{r}(k)\hat{d}(\phi), \tag{13.66}$$

wobei $k = \sqrt{k_1^2 + k_2^2}$ der Betrag und $\phi = \arctan(k_2/k_1)$ das Argument der Wellenzahl ist. Für einen Satz von Richtungsfiltern ist nur der Winkelteil der Transferfunktion wichtig, da der radiale Teil für alle Filter gleich sein muss, allerdings
von beliebiger Form sein kann. Das Gegenteil gilt für einen Filtersatz zur Bestimmung der lokalen Wellenzahl.

Knutsson [110] schlug das folgende grundlegende Quadraturfilter vor:

$$
\begin{aligned}
\hat{r}(k) &= \exp\left[-\frac{(\ln k - \ln k_0)^2}{(B/2)^2 \ln 2}\right] \\
\hat{d}(\phi) &= \begin{cases} \cos^{2l}(\phi - \phi_k) & |\phi - \phi_k| < \pi/2 \\ 0 & \text{sonst.} \end{cases}
\end{aligned}
\tag{13.67}
$$

In dieser Gleichung wird die komplexe Notation für Quadraturfilter verwendet
(Abschn. 13.4.5). Die Filterrichtung ist ϕ_k; der Einheitsvektor in dieser Richtung
ist $\bar{d}_k = [\cos \phi_k, \sin \phi_k]$. Das Filter ist kontinuierlich, da die Kosinusfunktion
in der Teilungsebene für die beiden Halbräume ($|\phi - \phi_k| = \pi/2$ oder $\bar{d}_k k = 0$)
null ist. Verwenden wir den Einheitsvektor $\bar{d}_k$ in Richtung des Filters, können
wir den Winkelteil auch folgendermaßen schreiben:

$$\hat{d}(\boldsymbol{k}) = \begin{cases} (\boldsymbol{k}\bar{d}_k)^{2l} & (\boldsymbol{k}\bar{d}_k) > 0 \\ 0 & \text{sonst.} \end{cases} \tag{13.68}$$

In (13.67) bezeichnet die Konstante k_0 die maximale Wellenzahl; B bestimmt
die Halbwertsbreite der Wellenzahl in Oktaven und l die Winkelauflösung des
Filters. Mit einer logarithmischen Wellenzahlskala hat das Filter die Form einer Gaußfunktion. Daher hat der radiale Teil eine *lognormale* (logarithmisch
normalverteilte) Form.

Bei dem geraden und ungeraden Filter des reellen Quadraturfilterpaars sind die
radialen Teile gleich, lediglich die Winkelteile unterscheiden sich:

$$
\begin{aligned}
\hat{d}_+(\phi) &= \cos^{2l}(\phi - \phi_k) \\
\hat{d}_-(\phi) &= i\cos^{2l}(\phi - \phi_k)\,\text{signum}(\cos(\phi - \phi_k)).
\end{aligned}
\tag{13.69}
$$

Abbildung 13.13 zeigt den radialen und den Winkelteil der Transferfunktionen
für verschiedene k_0 und ϕ_k.

Wir erhalten einen Satz von Richtungsfiltern durch die Auswahl entsprechend
unterschiedlicher ϕ_k:

$$\phi_k = \frac{\pi k}{K} \quad k = 0, 1, \cdots, K - 1. \tag{13.70}$$

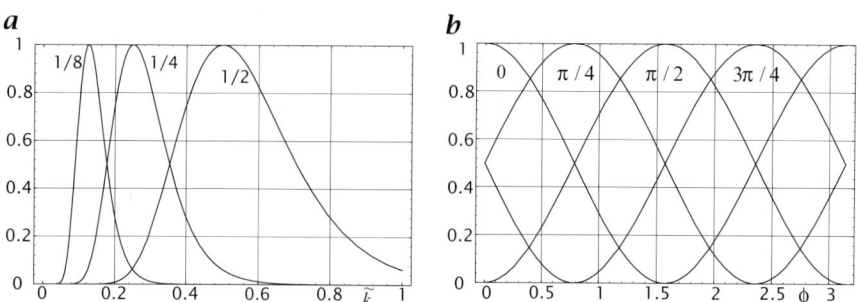

Abbildung 13.13: *a Radial- und b Winkelteil eines Quadraturfilters nach (13.67) mit B = 1 und l = 1 mit unterschiedlichen maximalen Wellenzahlen und in unterschiedlichen Richtungen.*

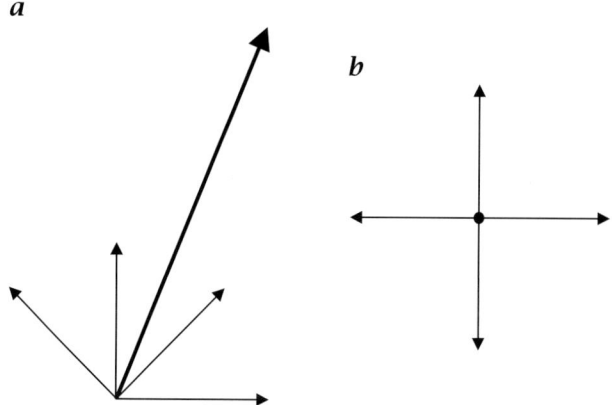

Abbildung 13.14: *Berechnung der lokalen Orientierung durch Vektoraddition der vier Filterantworten. Gezeigt ist ein Beispiel mit isotroper Umgebung in Bezug auf die Orientierung: Alle vier Filterantworten sind gleich. Die Winkel der Vektoren entsprechen den Filterrichtungen in a und den verdoppelten Filterrichtungswinkeln in b.*

Knutsson verwendet vier Filter mit $45°$-Inkrementen in den Richtungen $22,5°$, $67,5°$, $112,5°$ und $157,5°$. Diese Richtungen haben den Vorteil, dass nur *ein* Filterkern konstruiert werden muss. Die Kerne für die Filter der anderen Richtungen ergeben sich durch Spiegelung an den Achsen und Diagonalen. Diese Filter werden im Wellenzahlraum konstruiert. Die Filterkoeffizienten erhalten wir durch inverse Fouriertransformation. Wählen wir eine kleine Filtermaske, schneiden wir einen Teil der Filterkoeffizienten, die ungleich null sind, ab. Daraus resultieren Abweichungen von der idealen Transferfunktion. Aus diesem Grund hat Knutsson die Koeffizienten des Filterkerns so optimiert, dass die ideale Transferfunktion möglichst gut approximiert wird. Nach Knutsson ist dazu eine Filtermaske mindestens der Größe 15×15 nötig.

13.5.3 Bestimmung des Orientierungsvektors[‡]

Die lokale Orientierung kann aus den Antworten der vier Quadraturfilter durch Vektoraddition berechnet werden. Die Idee des Ansatzes ist einfach. Wir weisen den einzelnen Richtungsfiltern einen Orientierungsvektor zu. Der Betrag des Vektors entspricht der Antwort des Quadraturfilters. Die Richtung des Vektors ist gegeben durch den doppelten Winkel der Filterrichtung (Abschn. 13.3.3). In dieser Darstellung zeigt jede Filterantwort, wie genau die Richtung des untersuchten Musters mit der Richtung des Filters übereinstimmt. Eine Abschätzung des Orientierungsvektors ist dann durch die Vektorsumme der zu den einzelnen Filtern gehörenden Orientierungsvektoren gegeben.

Verwenden wir für den Orientierungsvektor eine Darstellung mit komplexen Zahlen, können wir die Filterantwort des Filters in Richtung ϕ_k schreiben als

$$Q_{\phi_k} = |Q| \exp(2i\phi_k) \tag{13.71}$$

und den Orientierungsvektor als Vektorsumme

$$\mathcal{O} = \sum_{k=0}^{K-1} Q_{\phi_k}. \tag{13.72}$$

Warum die Verdoppelung der Vektorenwinkel gegenüber denjenigen der zugehörigen Orientierungsfilter notwendig ist, zeigt das Beispiel in Abb. 13.14, in dem die Antwort aller vier Filter gleich ist. Es liegt also keine lokale Orientierung vor und die Umgebung enthält Strukturen in alle Richtungen. Die Vektorsumme aller Filter ist null, wenn wir den Orientierungswinkel verdoppeln (Abb. 13.14b), nicht jedoch, wenn wir diesen Schritt auslassen (Abb. 13.14a).

Nach diesen mehr qualitativen Betrachtungen wollen wir belegen, dass wir die lokale Orientierung exakt berechnen können, wenn eine ideale Orientierung in eine beliebige Richtung ϕ_0 vorliegt. Zugleich ergibt sich dabei, wie viele Filter mindestens notwendig sind. Die Berechnungen lassen sich vereinfachen, wenn wir nur die winkelabhängigen Terme berücksichtigen, da die Filterantworten die gleiche Wellenzahlabhängigkeit zeigen. Der eilige Leser mag diesen Beweis überspringen.

Unter Verwendung von (13.67), (13.70) und (13.71) können wir den Winkelteil der Filterantwort des k-ten Filters folgendermaßen formulieren:

$$\hat{d}_k(\phi_0) = \exp(2\pi i k/K) \cos^{2l}(\phi_0 - \pi k/K).$$

Die Kosinusfunktion wird zerlegt in die Summe zweier komplexer Exponentialfunktionen:

$$\hat{d}_k(\phi_0) = \frac{1}{2^{2l}} \exp(2\pi i k/K) [\exp(i(\phi_0 - \pi k/K)) + \exp(-i(\phi_0 - \pi k/K))]^{2l}$$

$$= \frac{1}{2^{2l}} \exp(2\pi i k/K) \sum_{j=0}^{2l} \binom{2l}{j} \exp(ij(\phi_0 - \pi k/K)) \exp(-i(2l-j)(\phi_0 - \pi k/K))$$

$$= \frac{1}{2^{2l}} \sum_{j=0}^{2l} \binom{2l}{j} \exp(i(j-l)2\phi_0) \exp(2\pi i(1+l-j)(k/K)).$$

Nun summieren wir die Vektoren aller K Richtungsfilter:

$$\sum_{k=0}^{K-1} \hat{d}_k = \frac{1}{2^{2l}} \sum_{j=0}^{2l} \binom{2l}{j} \exp\left(i(j-l)2\phi_0\right) \sum_{k=0}^{K-1} \exp\left(2\pi i(1+l-j)(k/K)\right).$$

Der Schlüssel zur Lösung der komplexen Doppelsumme liegt in einer Analyse der inneren Summe über k. Mit $j = l+1$ ist der Exponent null. Die Summanden selbst sind dann 1, die Summe K. Ansonsten stellt die Summe eine Partialsumme der geometrischen Reihe mit dem Faktor $\exp\left(2\pi i(1+l-j)(k/K)\right)$ dar. Ihr Summenwert ist

$$\sum_{k=0}^{K-1} \exp\left(2\pi i(1+l-j)(k/K)\right) = \frac{1-\exp\left(2\pi i(1+l-j)\right)}{1-\exp\left(2\pi i(1+l-j)/K\right)}. \tag{13.73}$$

Wir können (13.73) nur heranziehen, wenn der Nenner $\neq 0 \;\forall j = 0,1,\cdots,2l$. Daraus folgt, dass $K > 1+l$. Unter diesen Bedingungen verschwindet die Summe. Dieses Ergebnis lässt sich einfach geometrisch interpretieren: Die Summe besteht aus gleichmäßig auf dem Einheitskreis verteilten Vektoren, wobei zwei benachbarte Vektoren jeweils um den Winkel $2\pi k/K$ gegeneinander verdreht sind.

Damit reduziert sich die Summe in (13.73) auf K für $j = l+1$, andernfalls ist sie null. Also enthält die Summe über j nur den Term mit $j = l+1$. Das Endergebnis

$$\sum_{k=0}^{K-1} \hat{d}_k = \frac{K}{2^{2l}} \binom{2l}{l+1} \exp\left(i2\phi_0\right) \tag{13.74}$$

ist ein Vektor, bei dem der Winkel der lokalen Orientierung verdoppelt ist. Damit ist der Beweis erbracht. ∎

Aus dem Beweis der Korrektheit der Vektoradditionstechnik ergibt sich auch die Minimalzahl der erforderlichen Richtungsfilter: Aus $l > 0$ und $K > l+1$ schließen wir, dass mindestens $K = 3$ Richtungsfilter notwendig sind. Diese Bedingung lässt sich intuitiv verstehen. Haben wir nur zwei Filter ($K = 2$), liegen deren Orientierungsvektoren und der Summenvektor auf einer Geraden (Abb. 13.15a), und eine Bestimmung der Orientierung ist nicht möglich. Erst mit drei oder vier Vektoren kann der Summenvektor alle Richtungen annehmen (Abb. 13.15b und c).

Mit einer ähnlichen Gedankenfolge wie oben können wir eine weitere wesentliche Eigenschaft der Richtungsfilter beweisen. Die Summe über die Transferfunktionen der K Filter resultiert für $K > l$ in einer isotropen Funktion:

$$\sum_{k=0}^{K-1} \cos^{2l}(\phi - \pi k/K) = \frac{K}{2^{2l}} \binom{2l}{l} \frac{K}{2^{2l}} \frac{(2l)!}{l!^2}. \tag{13.75}$$

Mit anderen Worten: die Summe aller Filterantworten ergibt eine *orientierungsinvariante* Antwort, es gibt keine Vorzugsrichtung. Das ist der tiefere Grund, warum die lokale Orientierung einfach und exakt mit einer sehr begrenzten Zahl von Filtern und einer einfachen linearen Prozedur wie einer Vektoraddition bestimmt werden kann.

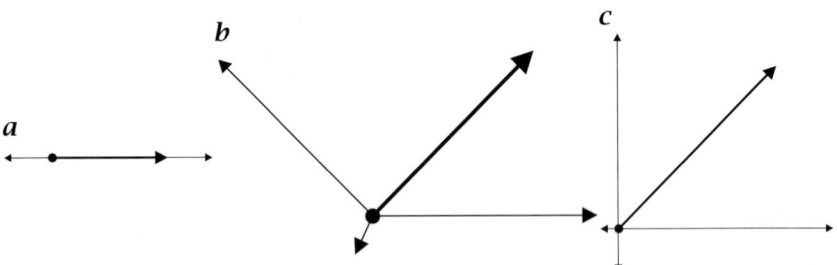

Abbildung 13.15: *Vektoraddition der Filterantworten von K Richtungsfiltern zur Bestimmung der lokalen Orientierung;* **a** *K = 2;* **b** *K = 3;* **c** *K = 4; der Summenvektor ist verstärkt gezeichnet.*

13.5.4 Bestimmung der lokalen Wellenzahl[‡]

Die *lognormale* Form des radialen Teils des Quadraturfilters ermöglicht eine direkte Bestimmung der *lokalen Wellenzahl* eines engbandigen Signals. Nach (13.67) können wir den radialen Teil der Transferfunktion des Quadraturfilters schreiben als

$$\hat{r}_l(k) = \exp\left[-\frac{(\ln k - \ln k_l)^2}{2\sigma^2 \ln 2}\right]. \tag{13.76}$$

Wir untersuchen das Verhältnis der Ausgabe bei zwei unterschiedlichen radialen Zentralfrequenzen k_1 und k_2 und erhalten:

$$
\begin{aligned}
\frac{\hat{r}_2}{\hat{r}_1} &= \exp\left[-\frac{(\ln k - \ln k_2)^2 - (\ln k - \ln k_1)^2}{2\sigma^2 \ln 2}\right] \\
&= \exp\left[\frac{2(\ln k_2 - \ln k_1)\ln k + \ln^2 k_2 - \ln^2 k_1}{2\sigma^2 \ln 2}\right] \\
&= \exp\left[\frac{(\ln k_2 - \ln k_1)[\ln k - 1/2(\ln k_2 + \ln k_1)]}{\sigma^2 \ln 2}\right] \\
&= \exp\left[\frac{\ln(k/\sqrt{k_2 k_1})\ln(k_2/k_1)}{\sigma^2 \ln 2}\right] \\
&= \left(\frac{k}{\sqrt{k_1 k_2}}\right)^{\ln(k_2/k_1)/(\sigma^2 \ln 2)}
\end{aligned}
$$

Allgemein ist das Verhältnis zweier unterschiedlicher Radialfilter direkt proportional zur lokalen Wellenzahl. Das Verhältnis wird besonders einfach, wenn der Exponent des letzten Ausdrucks eins ist. Dies ist beispielsweise der Fall, wenn $k_2/k_1 = 2$ und $\sigma = 1$. Dann ist

$$\frac{\hat{r}_2}{\hat{r}_1} = \frac{k}{\sqrt{k_1 k_2}}. \tag{13.77}$$

13.5.5 Bestimmung des Strukturtensors[‡]

Im letzten Abschnitt dieses Kapitels werden wir die in Abschn. 13.5 diskutierte Quadraturfiltersatztechnik in Beziehung zur Tensortechnik (Abschn. 13.3) setzen. Der Strukturtensor kann aus den Antworten dieser Filter berechnet werden. Granlund und Knutsson [63] stellen eine allgemeine Gleichung zur Berechnung des Strukturtensors aus den Quadraturfilterantworten vor:

$$J(\boldsymbol{x}) = \sum_{k=0}^{K-1} Q_k g(\boldsymbol{x}) \left(\alpha \bar{\boldsymbol{d}}_k \otimes \bar{\boldsymbol{d}}_k - \beta \boldsymbol{I} \right), \tag{13.78}$$

wobei $Q_k g(\boldsymbol{x})$ die Amplitude des k-ten Quadraturfilters ist, $\boldsymbol{I}$ die Einheitsmatrix und $\alpha = 4/3$, $\beta = 1/3$ im Zweidimensionalen.

Wir zeigen diese Beziehung an einer Quadratur mit drei Filtern. Diese zeigen in die Richtungen 0°, 60° und 120°. Damit ergeben sich die Einheitsrichtungsvektoren zu

$$\begin{aligned}
\bar{\boldsymbol{d}}_0 &= [1,0]^T \\
\bar{\boldsymbol{d}}_1 &= [1/2, \sqrt{3}/2]^T \\
\bar{\boldsymbol{d}}_2 &= [-1/2, \sqrt{3}/2]^T.
\end{aligned} \tag{13.79}$$

Mit diesen Werten für $\bar{\boldsymbol{d}}_k$ kann (13.78) folgendermaßen geschrieben werden:

$$\begin{aligned}
J(\boldsymbol{x}) =\ & Q_0 g(\boldsymbol{x}) \begin{bmatrix} 1 & 0 \\ 0 & -1/3 \end{bmatrix} \\
+\ & Q_1 g(\boldsymbol{x}) \begin{bmatrix} 0 & 1/\sqrt{3} \\ 1/\sqrt{3} & 2/3 \end{bmatrix} \\
+\ & Q_2 g(\boldsymbol{x}) \begin{bmatrix} 0 & -1/\sqrt{3} \\ -1/\sqrt{3} & 2/3 \end{bmatrix}.
\end{aligned} \tag{13.80}$$

Die Matrizen liefern den Beitrag der einzelnen Quadraturfilter zu den zugehörigen Elementen des Strukturtensors. Bei einem isotrop orientierten Muster ist die Antwort aller Quadraturfilter gleich. Bezeichnen wir sie mit $q(\boldsymbol{x})$, ergibt (13.80) den korrekten Strukturtensor für ein isotrop orientiertes Muster:

$$J(\boldsymbol{x}) = \begin{bmatrix} q(\boldsymbol{x}) & 0 \\ 0 & q(\boldsymbol{x}) \end{bmatrix}. \tag{13.81}$$

Umgekehrt ist die Antwort für ein gerichtetes Muster $q(\boldsymbol{x}) \cos^2(\phi_0 - \phi_k)$, und wir erhalten

$$J(\boldsymbol{x}) = q(\boldsymbol{x}) \begin{bmatrix} \cos^2(\phi_0) & \sin(2\phi_0)/2 \\ \sin(2\phi_0)/2 & \sin^2(\phi_0) \end{bmatrix}. \tag{13.82}$$

Wieder ist dies die korrekte Form des Strukturtensors für eine ideal orientierte Struktur in Richtung ϕ_0. (Dies kann zum Beispiel gezeigt werden, indem wir prüfen, ob die Determinante der Matrix null ist, und indem wir den Orientierungswinkel nach (13.12) berechnen.)

Es gibt nur einen feinen, aber wichtigen Unterschied zwischen der Quadraturfiltertechnik und der Strukturtensormethode. Die Quadraturfiltertechnik erfordert keine Mittelung zur Berechnung der Komponenten des Strukturtensors. Die Mittelung ist jedoch ein wichtiges Element dieser Methode, ohne die das Kohärenzmaß (siehe (13.15) in Abschnitt 13.3.4) immer eins wäre.

13.6   Literaturhinweise zur Vertiefung[‡]

Der Quadraturfilter-Ansatz (Abschn. 13.5) wird im Detail in der Monographie von Granlund und Knutsson [63] beschrieben, die Trägheitstensormethode (Abschn. 13.3.7) in einem Artikel von Bigün und Granlund [13]. Poularikas [154] behandelt die Mathematik der Hilberttransformation. Die Erweiterung des analytischen Signals auf höhere Dimensionen (Abschn. 13.4.4) wurde erst kürzlich von Felsberg und Sommer [44] publiziert. Mehr zur Mathematik des monogenen Signals und der geometrischen Algebra für das Computersehen ist in der Monographie von Sommer [191] zu finden.

14 Bewegung

14.1 Einführung

Die Bewegungsanalyse war lange Zeit eine spezielle Forschungsrichtung, die mit der allgemeinen Bildverarbeitung nicht viel zu tun hatte. Diese Trennung hatte zwei Gründe. Zum ersten waren die Techniken zur Bewegungsanalyse in Bildsequenzen andere. Zum zweiten beschränkte der große Speicherplatz und die Rechenleistung, die zur Verarbeitung von Bildsequenzen notwendig waren, die Bewegungsanalyse auf einige spezialisierte Institute, die sich die teure Ausrüstung leisten konnten. Beides trifft heute nicht mehr zu. Aufgrund der allgemeinen Fortschritte in der Bildverarbeitung unterscheiden sich die in der Bewegungsanalyse verwendeten Methoden nicht mehr von den bei anderen Bildverarbeitungsaufgaben eingesetzten. Außerdem ermöglichen Fortschritte bei der Computer-Hardware und bei Algorithmen nun auch die Analyse von Bildsequenzen auf Standard-PCs und Workstations.

Wir können daher Bewegung als lediglich ein anderes Merkmal betrachten, das zur Identifizierung und Charakterisierung von Objekten und zum Verstehen von Szenen verwendet wird. Die Integration der Bewegungsanalyse in die allgemeine Bildverarbeitung lässt sich mit dem Übergang von der Photographie von Einzelbildern zum Film vergleichen. Nur mit Bildsequenzen können wir dynamische Prozesse erkennen und analysieren. Aus der Bildsequenzanalyse resultieren viele Möglichkeiten für wissenschaftliche und technische Anwendungen wie, um nur einige zu nennen, die Untersuchung von Fließ- und Transportprozessen, von biologischen Wachstumsprozessen sowohl im molekularen Bereich als auch im gesamten Ökosystem, von Veränderungen im Tages- oder Jahresrhythmus, von Prozessabläufen in der Industrie und von Verkehrsszenen, ferner die Steuerung autonomer Fahrzeuge und Roboter. Alle dynamischen Vorgänge, die zeitliche Veränderungen bewirken, welche sichtbar gemacht werden können, sind potentielle Aufgaben für die Bildsequenzanalyse.

Die Bewegungsanalyse ist trotz allem immer noch eine herausfordernde Aufgabe, die einiges an Spezialwissen erfordert. Daher diskutieren wir in Abschn. 14.2 ihre grundlegenden Probleme und Prinzipien. Dann wenden wir uns den verschiedenen Techniken zur Bestimmung von Bewegung zu. Wie in vielen anderen Bereichen der Bildverarbeitung ist die Literatur voll von einer verwirrenden Vielfalt verschiedenster An-

a   b

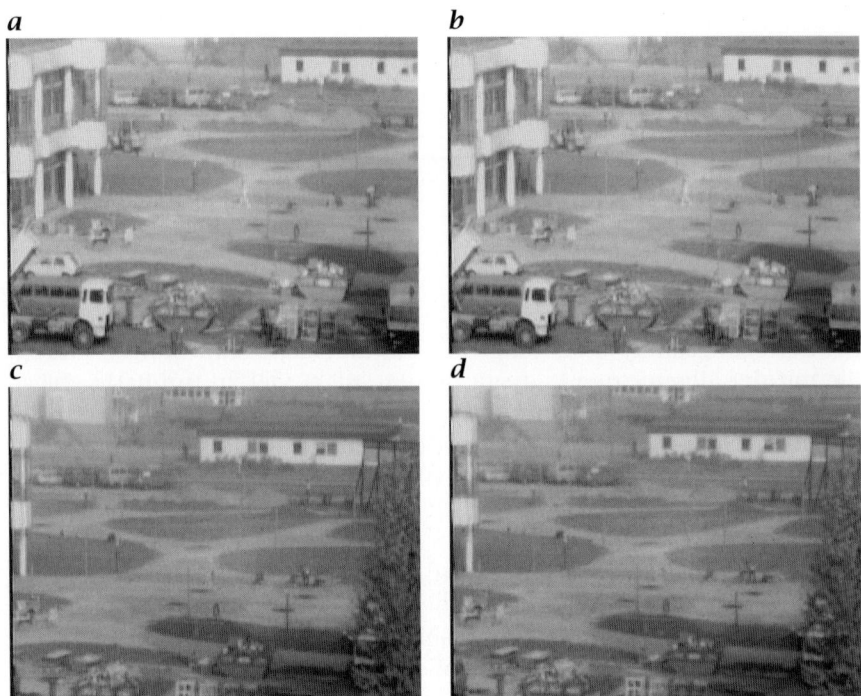

c   d

Abbildung 14.1:   *a* bis *d* Zwei Bildpaare der Baustelle der neuen Kopfklinik *der Universität Heidelberg. Was hat sich jeweils vom linken zum rechten Bild verändert?*

sätze. Hier wird versucht, die verschiedenen Konzepte auf einheitliche Weise als Filteroperationen in Orts/Zeit-Bildern darzustellen, um die Beziehungen zwischen den verschiedenen Konzepten transparent zu machen.

In diesem Sinne diskutieren wir als elementare Verfahren zur Bewegungsschätzung differentielle (Abschn. 14.3), Tensor- (Abschn. 14.4), Korrelations- (Abschn. 14.6) und Phasenmethoden (Abschn. 14.7).

14.2 Grundlagen

14.2.1 Bewegung und Grauwertveränderungen

Intuitiv verbinden wir Bewegung mit Veränderungen. Also beginnen wir die Diskussion der Bewegungsanalyse mit der Betrachtung der Unterschiede zwischen zwei Bildern einer Sequenz. In Abb. 14.1a und b sehen wir ein Bildpaar von einer Baustelle an der Universität Heidelberg. Zwischen dem linken und rechten Bild bestehen Unterschiede, welche jedoch nicht direkt ins Auge springen. Wenn wir aber die beiden Bil-

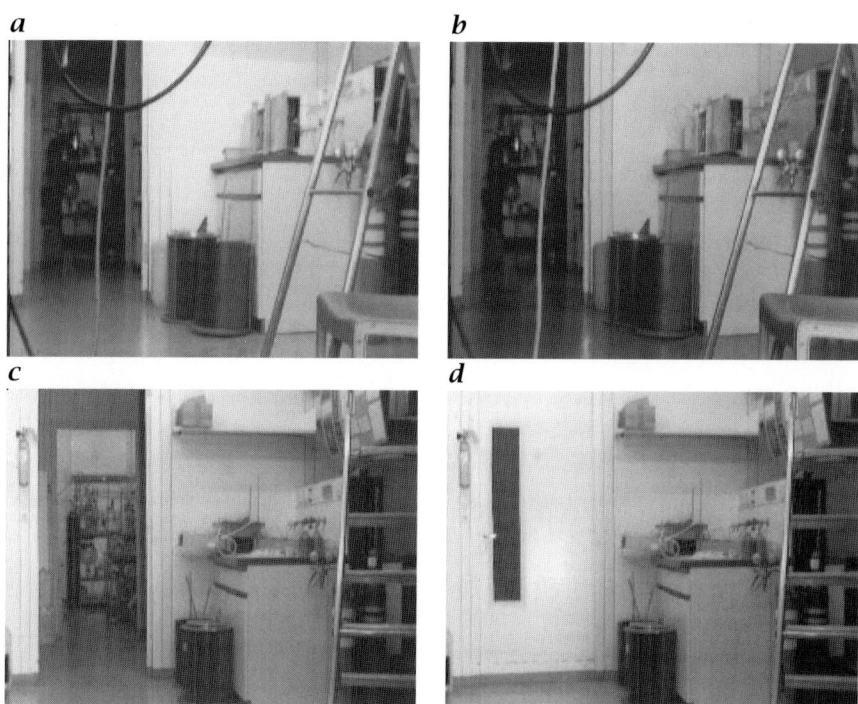

Abbildung 14.2: *a bis d Zwei Bildpaare aus einem Labor. Welche Unterschiede bestehen jeweils zwischen dem linken und rechten Bild?*

der voneinander subtrahieren, werden die Unterschiede sofort sichtbar (Abb. 14.3a). Links unten im Bild hat sich ein LKW bewegt, während der Wagen dahinter offensichtlich parkt. In der Bildmitte sehen wir den Umriss eines Fußgängers, der in den Originalbildern kaum zu erkennen ist. Die hellen Flecken im oberen Bildteil sind Fahrradfahrer auf einem Radweg im Hintergrund. Aus der größeren Verschiebung der Doppelkonturen im Differenzbild können wir abschätzen, dass sie sich im Vergleich zum Fußgänger schneller bewegen. Selbst solch eine qualitative Beschreibung zeigt, dass die Bewegungsanalyse uns beträchtlich hilft, eine Szene zu verstehen. Ohne beispielsweise die sich bewegenden Radfahrer wäre es viel schwerer, den Radweg zu erkennen.

Abbildung 14.1c und d zeigt — leicht versetzt — dieselbe Szene. Nun können wir jedoch die Veränderungen bereits im Originalbild erkennen. Betrachten wir Kanten, so sehen wir, dass die Bilder etwas in horizontaler Richtung gegeneinander verschoben sind. Was ist geschehen? Offensichtlich wurde die Kamera geschwenkt. Im Differenzbild Abb. 14.3b erscheinen alle Objektkanten als helle Linien. An den Stellen jedoch, an denen die räumlichen Grauwertveränderungen im Originalbild klein sind, ist das Differenzbild dunkel. Daraus lässt sich schließen, dass Be-

a   b

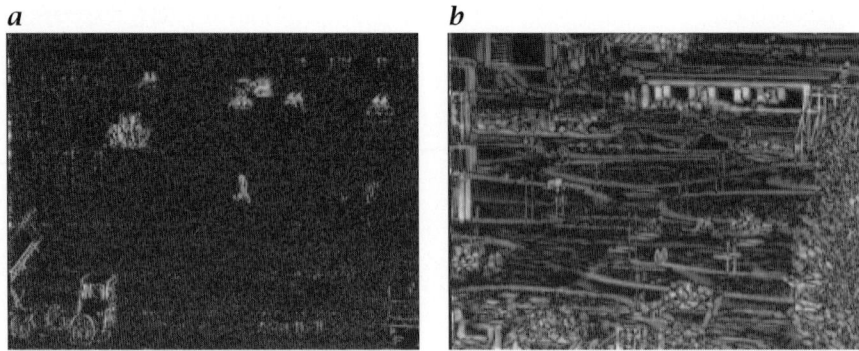

Abbildung 14.3: *Differenzbild **a** der Bilder **a** und **b** in Abb. 14.1, **b** der Bilder **c** und **d** in Abb. 14.1.*

a   b

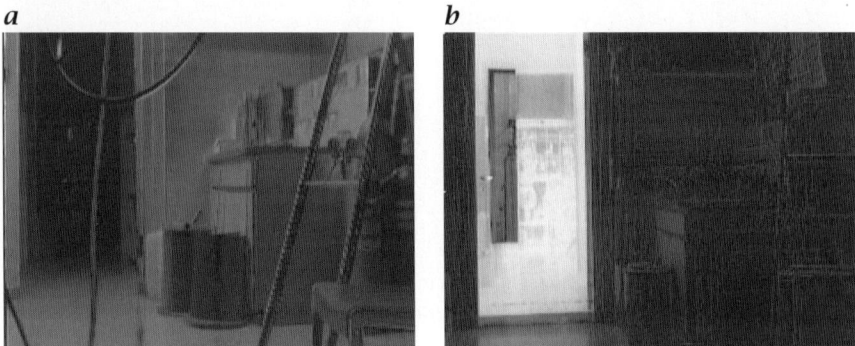

Abbildung 14.4: *Differenzbild **a** der Bilder **a** und **b** in Abb. 14.2, **b** der Bilder **c** und **d** in Abb. 14.2.*

wegung nur an den Stellen erkannt wird, an denen Grauwertveränderungen in der Szene auftreten. Diese einfachen Beobachtungen machen die zentrale Rolle der räumlichen Grauwertveränderungen für die Bewegungsbestimmung deutlich.

Soweit können wir unsere Erfahrungen in der Aussage zusammenfassen, dass Bewegung in zeitlichen Grauwertveränderungen resultieren kann. Leider ist der umgekehrte Schluss, dass alle zeitlichen Grauwertveränderungen auf Bewegung zurückzuführen sind, nicht zulässig. Auf den ersten Blick sehen die Bilder in Abb. 14.2a and b identisch aus. Das Differenzbild in Abb. 14.4a zeigt jedoch, dass einige Teile im linken Bild heller sind als im rechten. Offensichtlich haben sich die Lichtverhältnisse geändert. Tatsächlich wurde eine Lampe außerhalb des Bildausschnittes ausgeschaltet, bevor das Bild in Abb. 14.2b aufgenommen wurde. Wo aber steht diese Lampe? Das Differenzbild zeigt, dass nicht alle Flächen gleich hell sind. Zur Kamera hin gerichtete Flächen sind in beiden Bildern etwa gleich hell, während nach links orientierte Flächen deutlich

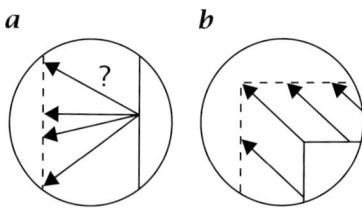

Abbildung 14.5: *Veranschaulichung des Blendenproblems in der Bewegungs-analyse: **a** Mehrdeutigkeit der Verschiebungsvektoren an einer Kante; **b** Eindeutigkeit des Verschiebungsvektors an einer Ecke.*

dunkler sind. Daraus können wir schließen, dass sich die Lampe links außerhalb des Bildausschnittes befindet.

Ein weiteres Bildpaar (Abb. 14.2c und d) zeigt eine wesentlich kompliziertere Szene, obwohl die Beleuchtung nicht verändert, sondern lediglich die Labortür geschlossen wurde. Natürlich sehen wir im Bereich der Tür starke Grauwertunterschiede. Das Schließen der Tür bewirkt jedoch zusätzlich eine Veränderung der Lichtverhältnisse. Da in den Bereich unterhalb der Tür nun mehr Licht reflektiert wird, sehen wir auch an den dort gelegenen Objekten Grauwertunterschiede (Abb. 14.4b).

14.2.2 Das Blendenproblem

Bisher haben wir gelernt, dass die Bewegungsanalyse eng mit räumlichen und zeitlichen Grauwertunterschieden zusammenhängt. Beide Größen erhält man recht einfach mit lokalen Operatoren, welche die räumlichen und zeitlichen Ableitungen bilden. Solch ein lokaler Operator „sieht" jedoch entsprechend der Größe seiner Maske nur einen kleinen Ausschnitt des beobachteten Objekts. Dies lässt sich veranschaulichen, indem wir eine Blende auf das Bild legen.

Abbildung 14.5a zeigt eine Kante, die aus der Position der durchgezogenen Linie zu der Lage der gestrichelten Linie verschoben wurde. Die Bewegung von einer Position zur nächsten kann durch einen *Verschiebungsvektor* — abgekürzt *VV* — beschrieben werden. In diesem Fall können wir die Verschiebung nicht eindeutig bestimmen, da der Verschiebungsvektor von einem Punkt der Kante im ersten Bild zu einem beliebigen Punkt auf der verschobenen Kante im nächsten Bild zeigen kann (Abb. 14.5a). Wir können lediglich die senkrecht zur Kante liegende Komponente des VV bestimmen, während die parallel zur Kante liegende unbekannt bleibt. Diese Mehrdeutigkeit wird als *Blendenproblem* bezeichnet. Eine eindeutige Bestimmung des VV ist nur möglich, wenn die Operatormaske die Ecke eines Objekts einschließt (Abb. 14.5b). Das Beispiel zeigt, dass lokale Operatoren nur spärliche Information über Bewegung liefern.

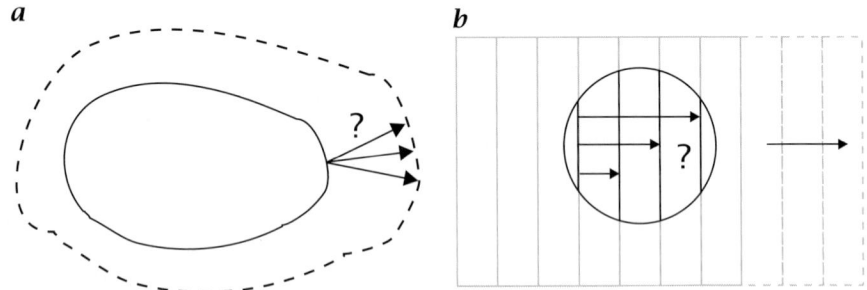

Abbildung 14.6: *Das Korrespondenzproblem bei **a** einem deformierbaren zweidimensionalen Körper und **b** einem regelmäßigen Gitter.*

14.2.3 Das Korrespondenzproblem

Der Grund für das Blendenproblem liegt in der Tatsache, dass wir einen bestimmten Punkt einer Kante im folgenden Bild einer Bildsequenz nicht wiederfinden können, da wir keine Möglichkeit zur Unterscheidung verschiedener Punkte einer Kante haben. In diesem Sinne können wir das Blendenproblem als Spezialfall des allgemeineren *Korrespondenzproblems* verstehen. Allgemein bedeutet dies, dass wir keine eindeutig miteinander korrelierten Punkte in zwei aufeinanderfolgenden Bildern einer Sequenz bestimmen können. In diesem Abschnitt betrachten wir weitere Beispiele des Korrespondenzproblems.

Abbildung 14.6a zeigt ein zweidimensionales deformierbares Objekt, z. B. einen Farbklecks, der sich allmählich ausbreitet. Es leuchtet ein, dass eine eindeutige Bestimmung der Verschiebungsvektoren selbst an der Kante des Kleckses nicht möglich ist. Über die Bewegung im Innern kann man überhaupt nichts sagen, da es keine erkennbaren Merkmale gibt, deren Bewegung man verfolgen könnte.

Zunächst könnte man annehmen, dass das Korrespondenzproblem bei starren Objekten mit ausgeprägten Grauwertunterschieden nicht auftritt. Ein Gitter als Beispiel für eine periodische Textur (siehe Abb. 14.6b) zeigt, dass dies nicht stimmt. Solange wir die Verschiebung des Gitters mit einem lokalen Operator und damit nur in einem Ausschnitt des Objekts betrachten, ist die Verschiebung um ein Vielfaches der Maschenweite prinzipiell nicht erkennbar. Erst, wenn wir das gesamte Gitter mit seinem Rand sehen, wird die Verschiebung eindeutig bestimmbar.

Eine andere Variante des Korrespondenzproblems tritt bei Bildern mit vielen Objekten auf, die in der Form nicht unterscheidbar sind, z. B. kleine Partikel, die in ein Strömungsfeld zur Messung der Strömungsgeschwindigkeit eingebracht werden. In diesem Fall kann für ein Teilchen das jeweils korrespondierende im Folgebild nicht bestimmt werden (Abb. 14.7b). Eine Lösung des Problems ergibt sich, wenn wir die auf-

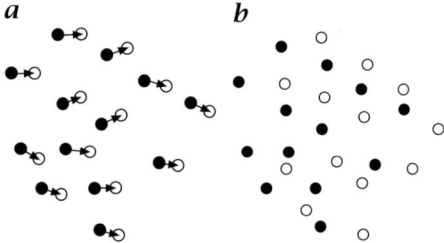

Abbildung 14.7: *Das Korrespondenzproblems bei ununterscheidbaren Teilchen:* ***a*** *der mittlere Teilchenabstand ist größer als die Verschiebungsvektoren;* ***b*** *der umgekehrte Fall. Die gefüllten und offenen Kreise stellen die Teiclchen im ersten bzw. zweiten Bild dar.*

einanderfolgenden Bilder in so kurzen Zeitintervallen aufnehmen, dass der mittlere Verschiebungsvektor signifikant kleiner ist als der mittlere Partikelabstand. Mit dieser zusätzlichen Information können wir den nächsten Nachbarn eines Partikels im folgenden Bild suchen. Solch ein Ansatz ist allerdings niemals fehlerfrei, da die Entfernung von Partikeln statistisch verteilt ist.

Aus diesen einfachen Beispielen wird das grundlegende Problem der Bewegungsanalyse klar. Auf einer höheren Abstraktionsebene können wir feststellen, dass die *physikalische* oder *reale Korrespondenz* realer Objekte nicht mit der *visuellen Korrespondenz* im Bild übereinstimmen muss. Das Problem hat zwei Gesichter. Zunächst können wir visuelle Korrespondenz vorfinden, ohne dass eine physikalische besteht, so bei Objekten oder periodischen Objekttexturen, die nicht voneinander unterscheidbar sind. Weiter bedingt eine physikalische Korrespondenz noch nicht, dass auch eine visuelle Korrespondenz besteht. So verhält es sich, wenn Objekte keine bestimmten Merkmale haben oder wenn wir die visuelle Korrespondenz aufgrund von Änderungen der Beleuchtung nicht erkennen können.

14.2.4 Bewegung als Orientierung im Orts/Zeit-Raum

Die Diskussion in den vorangegangenen Abschn. 14.2.1-14.2.3 hat gezeigt, dass die Analyse der Bewegung aus nur zwei aufeinanderfolgenden Bildern mit ernsthaften Problemen behaftet ist. Es stellt sich die Frage, ob diese Probleme zumindest teilweise überwunden werden können, wenn wir die Analyse auf eine ganze Bildsequenz ausdehnen. Bei einem Bildpaar haben wir nur einen „Schnappschuss" des Bewegungsfeldes, wissen also nicht, wie die Bewegung über die Zeit weitergeht. Damit bekommen wir beispielsweise keine Informationen über Beschleunigungen und können nicht beobachten, wie Teile eines Objekts auftauchen und wieder verschwinden.

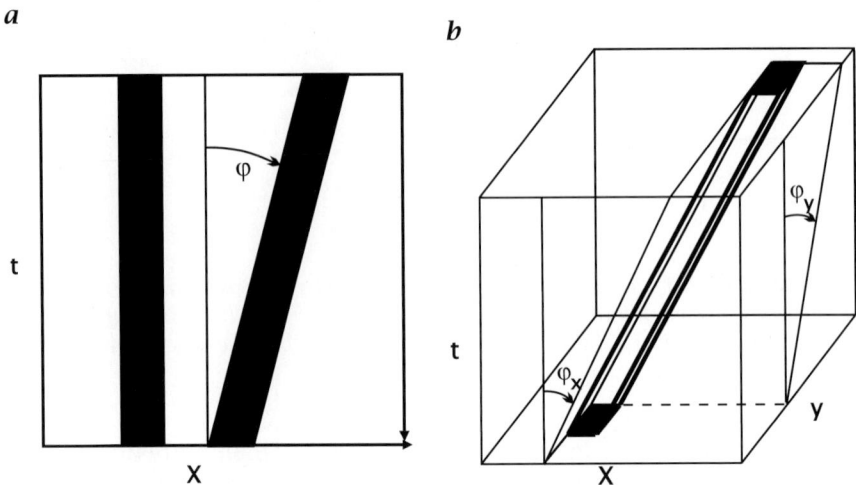

Abbildung 14.8: *Orts/Zeit-Bilder: **a** zweidimensionales Orts/Zeit-Bild mit einer Raum- und einer Zeitkoordinate; **b** dreidimensionales Orts/Zeit-Bild.*

In diesem Abschnitt betrachten wir die Grundlagen der Bildsequenz-analyse in einem mehrdimensionalen Raum, der über einer Zeitkoordinate und ein bis drei Raumkoordinaten aufgespannt ist. Diesen Raum bezeichnen wir als Orts/Zeit-Raum oder xt-Raum.

Ein dreidimensionales Orts/Zeit-Bild kann man sich als Stapel aufeinanderfolgender Bilder denken und diesen als *Bildwürfel* darstellen (Abb. 14.9). Auf jeder sichtbaren Fläche des Würfels bilden wir einen Querschnitt durch den Bildstapel in der entsprechenden Richtung ab. Somit zeigt die Oberseite eine xt-Scheibe und die rechte Seite eine yt-Scheibe. Die Scheiben stammen aus der Zeile und der Spalte, die jeweils durch weiße Linien im letzten Bild der Zeitserie auf der Frontseite des Würfels markiert sind.

In einem Orts/Zeit-Bild wird ein Bildpunkt oder Pixel zu einem *Voxel*, d. h., er repräsentiert den Grauwert in einem kleinen Volumenelement mit den Ausdehnungen Δx, Δy und Δt. Bei der Erfassung echter 3D-Daten kommen wir an die Grenzen unseres visuellen Vorstellungsvermögens (vgl. die Diskussion in Abschn. 8.1.1). Daraus resultiert der große Bedarf an geeigneten Darstellungen solcher Daten zur Visualisierung interessierender Eigenschaften.

Wir betrachten zunächst ein einfaches Beispiel mit einer Raum- und einer Zeitkoordinate (Abb. 14.8a). Ein unbewegliches eindimensionales Objekt zeigt vertikal orientierte Grauwertstrukturen. Bewegt sich ein Objekt, verschiebt es sich von Bild zu Bild und erscheint als geneigte Grauwertstruktur. Die Geschwindigkeit ist mit der Orientierung in Orts/Zeit-Bildern direkt verknüpft; sie ist im einfachen Fall eines 2D-

Abbildung 14.9: *Eine dreidimensionale Bildsequenz am Beispiel einer Verkehrs-*
szene auf der Hanauer Landstraße in Frankfurt/Main, dargestellt als Bildquader.
Die Zeitachse kommt aus der Tiefe auf den Betrachter zu. Auf der rechten Sei-
te des Quaders ist eine yt-Scheibe für die mit einer vertikalen weißen Linie im
xy-Bild markierte x-Koordinate zu sehen, während die Oberseite eine mit der
horizontalen weißen Linie markierte xt-Scheibe zeigt (aus Jähne [88]).

Orts/Zeit-Bildes gegeben durch

$$u = -\tan\varphi, \tag{14.1}$$

wobei φ der Winkel ist zwischen der t-Achse und der Richtung, in der die
Grauwerte konstant sind. Das Minuszeichen in (14.1) kommt daher, dass
Winkel gegen den Uhrzeigersinn positiv gezählt werden. Die Erweiterung
auf zwei Raumdimensionen ist einfach; sie ist in Abb. 14.8b gezeigt. Die
Geschwindigkeit ergibt sich zu

$$\boldsymbol{u} = -\begin{bmatrix} \tan\varphi_x \\ \tan\varphi_y \end{bmatrix}. \tag{14.2}$$

Die Winkel φ_x und φ_y sind als die Winkel zwischen den Projektionen
auf die xt- und yt-Ebenen eines Vektors in Richtung der konstanten
Grauwerte und der t Achse definiert.

Ein praktisches Bildbeispiel zeigt Abb. 14.9. Die Bewegung auf der
betrachteten Fahrbahn verläuft nahezu in vertikaler Richtung, so dass
der yt-Querschnitt als 2D-Orts/Zeit-Bild betrachtet werden kann. Die

Bewegung ist sofort erkennbar. Halten die Autos an einer Ampel, sind die Strukturen horizontal orientiert. Phasen mit zunehmender und konstanter Geschwindigkeit können davon und auch voneinander einfach unterschieden werden.

Wir können zusammenfassend festhalten: Bewegung erscheint in Orts/Zeit-Bildern als *Orientierung*. Diese grundlegende Tatsache bildet die Basis der Bewegungsanalyse im Orts/Zeit-Raum. Der konzeptionelle Unterschied zum Ansatz mit lediglich zwei aufeinanderfolgenden Bildern ist der, dass Geschwindigkeit in Orts/Zeit-Bildern *direkt als Orientierung* und nicht als diskrete *Verschiebung* gemessen werden kann. Der Unterschied zwischen diesen beiden Konzepten ist größer, als es zunächst erscheint. Wir können Algorithmen für die Bewegungsschätzung nun im kontinuierlichen xt-Raum formulieren und *analytisch* betrachten, bevor wir eine passende Diskretisierungsstrategie anwenden. So ist es möglich, eindeutig zwischen prinzipiellen Mängeln eines Ansatzes und Fehlern durch die Diskretisierung zu unterscheiden.

Der vorgestellte Ansatz der Bewegungsanalyse hat viel gemeinsam mit dem Problem der Rekonstruktion von 3D-Bildern aus Projektionen (Abschn. 8.6). Tatsächlich können wir uns die Bewegungsanalyse als eine geometrische Bestimmung der Geschwindigkeit durch die Betrachtung transparenter dreidimensionaler Orts/Zeit-Bilder aus unterschiedlichen Blickwinkeln vorstellen. Bei dem Beobachtungswinkel, der einer bestimmten Geschwindigkeit entspricht, müssen in der Zeitachse alle Einzelbilder direkt übereinander liegen. Die Geschwindigkeit ergibt sich dann aus dem Winkel zwischen der Blickrichtung und der Zeitachse. Betrachten wir nur die Kante eines bewegten Objektes, so erscheint diese als eine geneigte Ebene im Orts/Zeit-Bild. Wir können daher unsere Blickrichtung in der Richtung entlang der Kante beliebig ändern und bekommen dennoch die Kanten im ganzen Bildstapel zur Deckung. So begegnen wir wieder dem in Abschn. 14.2.2 betrachteten *Blendenproblem*, diesmal aus einem anderen Blickwinkel.

14.2.5 Bewegung im Fourierraum

Aus der Einführung des Orts/Zeit-Raums ergibt sich der bedeutende Vorteil, dass wir Bewegung auch im korrespondierenden Fourierraum, dem $k\omega$-Raum, analysieren können. Zur Einführung betrachten wir das Beispiel einer 3D-Bildsequenz, bei der sich alle Objekte mit konstanter Geschwindigkeit bewegen. Solch eine Sequenz $g(\boldsymbol{x}, t)$ lässt sich mit

$$g(\boldsymbol{x}, t) = g(\boldsymbol{x} - \boldsymbol{u}t) \qquad (14.3)$$

beschreiben. Die Fouriertransformierte dieser Sequenz ist

$$g(\boldsymbol{k}, \omega) = \frac{1}{(2\pi)^3} \int\limits_{t} \int\limits_{\boldsymbol{x}} g(\boldsymbol{x} - \boldsymbol{u}t) \exp[-\mathrm{i}(\boldsymbol{k}\boldsymbol{x} - \omega t)] \mathrm{d}^2 x \mathrm{d}t. \qquad (14.4)$$

Mit
$$x' = x - ut,$$
erhalten wir
$$g(\boldsymbol{k}, \omega) = \frac{1}{(2\pi)^3} \int_t \left[\int_{x'} g(\boldsymbol{x}') \exp(-\mathrm{i}\boldsymbol{k}\boldsymbol{x}') \right] \exp(-\mathrm{i}\boldsymbol{k}\boldsymbol{u}t) \exp(\mathrm{i}\omega t) \mathrm{d}^2 x' \mathrm{d}t.$$

Das innere Integral enthält die räumlichen Koordinaten und resultiert in der räumlichen Fouriertransformation $\hat{g}(\boldsymbol{k})$ des Bildes $g(\boldsymbol{x}')$. Das äußere Integral über die Zeitkoordinate reduziert sich auf eine δ-Funktion, so dass sich insgesamt ergibt:

$$g(\boldsymbol{k}, \omega) = \hat{g}(\boldsymbol{k})\delta(\boldsymbol{k}\boldsymbol{u} - \omega). \tag{14.5}$$

Diese Gleichung besagt, dass ein sich mit der Geschwindigkeit $\boldsymbol{u}$ bewegendes Objekt nur einen zweidimensionalen Unterraum des dreidimensionalen $\boldsymbol{k}\omega$-Raumes besetzt. Die Gleichung für die Ebene ergibt sich direkt aus dem Argument der δ-Funktion in (14.5):

$$\omega = \boldsymbol{k}\boldsymbol{u}. \tag{14.6}$$

Diese Ebene schneidet die $k_1 k_2$-Ebene normal zur Geschwindigkeitsrichtung, da in dieser Richtung das Skalarprodukt $\boldsymbol{k}\boldsymbol{u}$ verschwindet. Die Steigung der Ebene, ein Zweikomponentenvektor, ergibt die Geschwindigkeit:

$$\nabla_k \omega = \nabla_k(\boldsymbol{k}\boldsymbol{u}) = \boldsymbol{u}.$$

Der Index k im Gradientenoperator besagt, dass die partiellen Ableitungen in bezug auf $\boldsymbol{k}$ berechnet werden.

Diese Betrachtungen zeigen — zumindest prinzipiell —, wie man die Geschwindigkeit in einer Bildsequenz mit konstanter Geschwindigkeit bestimmen kann. Man berechne die Fouriertransformation der Sequenz und bestimme dann die Steigung der Ebene, auf der sich das Spektrum der Sequenz befindet. Dies funktioniert am besten, wenn die Szene kleine Strukturen enthält, d. h. hohe Wellenzahlen, die in viele Richtungen verteilt sind. Die Steigung der Ebene lässt sich jedoch nicht eindeutig bestimmen, wenn das Spektrum auf der Ebene zu einer Linie wird, was bei räumlich orientierten Grauwertstrukturen geschieht. Dann erhalten wir aus der Linie im Fourierraum nur die Komponente der Steigung der Ebene in Richtung der räumlichen lokalen Orientierung. Damit stoßen wir im $\boldsymbol{k}\omega$-Raum wieder auf das *Blendenproblem* (Abschn. 14.2.2).

14.2.6 Optischer Fluss

Die in Abschn. 14.2.1 diskutierten Beispiele haben gezeigt, dass Bewegung und Grauwertveränderungen nicht äquivalent sind. Die Beziehung zwischen beiden wollen wir in diesem Abschnitt quantifizieren. Zwei Begriffe sind in diesem Zusammenhang wichtig: das *Bewegungsfeld* und der *optische Fluss*. Das Bewegungsfeld eines Bildes ist die Projektion der

Bewegungen in der 3D-Szene auf die Bildebene. Diese Größe soll aus einer Bildsequenz extrahiert werden. Der optische Fluss ist als „Grauwertfluss" in der Bildebene definiert. Ihn beobachten wir. Der optische Fluss und das Bewegungsfeld sind nur gleich, wenn die Objekte während ihrer Bewegung in der Szene nicht die Beleuchtung in der Bildebene verändern. Obwohl diese Äquivalenz zunächst plausibel erscheint, gilt sie bei genauerer Betrachtung tatsächlich nur in sehr wenigen Fällen. Die grundlegenden Fragen sind also, wie bedeutend die Abweichungen sind und ob wir in der praktischen Anwendung von der Äquivalenz von optischem Fluss und Bewegungsfeld ausgehen können.

Zwei klassische Beispiele, bei denen das projizierte Bewegungsfeld und der optische Fluss nicht gleich sind, hat Horn [80] beschrieben. Das erste ist eine sich drehende Kugel mit einer beliebigen gleichmäßigen Oberfläche. Solch eine Kugel kann sich durch ihren Schwerpunkt um jede Achse drehen, ohne dass ein optisches Strömungsfeld resultiert. Das gegenteilige Beispiel ist die gleiche Kugel in Ruhe und beleuchtet mit einer sich bewegenden Lichtquelle. Nun ist das Bewegungsfeld null, aber die Veränderungen der Grauwerte durch die sich bewegende Lichtquelle bewirken ein optisches Strömungsfeld.

An dieser Stelle müssen wir zunächst die unterschiedlichen Schreibweisen für die Bewegung in Bildsequenzen klären, da in der Literatur durch die vielen unterschiedlichen Termini eine beträchtliche Verwirrung herrscht. Der *optische Fluss* oder *Bildfluss* ist die sichtbare Bewegung in der Bildebene. Er hat die Dimension einer Geschwindigkeit, und wir bezeichnen ihn mit $\boldsymbol{f} = [f_1, f_2]^T$. Wird der optische Fluss aus zwei aufeinanderfolgenden Bildern bestimmt, erscheint er als ein *Verschiebungsvektor* (VV) von den Merkmalen des ersten zu denen des zweiten Bildes. Liegt an jedem Bildpunkt ein Verschiebungsvektor vor, so spricht man von einem *Verschiebungsvektorfeld* (VVF) $\boldsymbol{s} = [s_1, s_2]^T$. Eine Näherung des optischen Flusses erhalten wir, indem wir das VVF durch das Zeitintervall zwischen den beiden Bildern dividieren. Wichtig ist, dass der optische Fluss ein zum kontinuierlichen Raum gehörender Begriff und das VVF sein diskretes Gegenüber ist. Das Bewegungsfeld $\boldsymbol{u} = [u_1, u_2]^T = [u, v]^T$ in der Bildebene ist die Projektion des dreidimensionalen physikalischen Bewegungsfeldes durch die Optik.

Das Konzept des optischen Flusses stammt aus der *Hydrodynamik*. Auf Bilder übertragen, bewirkt die Bewegung, dass Grauwerte (entsprechend einem optischen Signal) über die Bildebene „fließen", ebenso wie Volumenelemente in Flüssigkeiten oder Gasen fließen. In der Hydrodynamik spielt die Kontinuitätsgleichung eine wichtige Rolle. Sie drückt die Tatsache aus, dass Masse in einem Fluss konserviert wird, d. h., Flüssigkeitsteilchen können in einer Strömung nicht verschwinden. Die Frage ist nun, ob man eine ähnliche Kontinuitätsgleichung auch für Grauwerte formulieren kann und unter welchen Bedingungen Grauwerte erhalten bleiben.

In der Hydrodynamik ergibt sich die Kontinuitätsgleichung für die Dichte ϱ der Flüssigkeit zu

$$\frac{\partial \varrho}{\partial t} + \nabla(\boldsymbol{u}\varrho) = \frac{\partial \varrho}{\partial t} + \boldsymbol{u}\nabla\varrho + \varrho\nabla\boldsymbol{u} = 0. \qquad (14.7)$$

Diese Gleichung, die für zwei- und dreidimensionale Strömungen gilt, beschreibt die Massenerhaltung in einer Flüssigkeit in differentieller Form. Die zeitliche Veränderung der Dichte wird durch die Divergenz der Flussdichte $\boldsymbol{u}\varrho$ ausgeglichen. Indem wir die Kontinuitätsgleichung über ein beliebiges Volumenelement integrieren, können wir die Gleichung auch in Integralform schreiben:

$$\int_V \left(\frac{\partial \varrho}{\partial t} + \nabla(\boldsymbol{u}\varrho) \right) \mathrm{d}V = \frac{\partial}{\partial t}\int_V \varrho\,\mathrm{d}V + \oint_A \varrho\boldsymbol{u}\,\mathrm{d}\boldsymbol{a} = 0. \qquad (14.8)$$

Das zweite Volumenintegral wurde unter Verwendung des Gaußschen Integraltheorems durch ein Oberflächenintegral um das Volumen ersetzt. $\mathrm{d}\boldsymbol{a}$ ist ein zum Oberflächenelement $\mathrm{d}A$ normaler Vektor. Die Integralform der Kontinuitätsgleichung besagt, dass die zeitliche Veränderung der Masse durch einen Nettofluss in das Volumen, integriert über die gesamte Oberfläche des Volumens, verursacht wird.

Wie können wir nun für den optischen Fluss $\boldsymbol{f}$ eine ähnliche Kontinuitätsgleichung, die *brightness change constraint equation* (*BCCE*) oder *optical flow constraint* (*OFC*), ableiten? Die zur Dichte ϱ analoge Größe ist die Bestrahlungsstärke E oder der Grauwert g. Allerdings sollten wir vorsichtig sein und die Terme in (14.7) näher betrachten. Der linke Term $\boldsymbol{f}\nabla g$ beschreibt die zeitliche Veränderung der Helligkeit durch einen sich bewegenden Grauwertgradienten.

Der zweite Term mit der Divergenz des Geschwindigkeitsfeldes $g\nabla\boldsymbol{f}$ erscheint jedoch fraglich. Er würde eine zeitliche Veränderung selbst in einer Region mit einer konstanten Bestrahlungsstärke bewirken, wenn die Divergenz des Strömungsfeldes ungleich null ist. Solch ein Fall liegt beispielsweise vor, wenn sich ein Objekt von der Kamera wegbewegt. Die Bestrahlungsstärke in der Bildebene bleibt jedoch konstant, wenn sich die Objektbeleuchtung nicht ändert. Die gesamte eingefangene Strahlung nimmt zwar mit dem Quadrat der Entfernung des Objektes ab. Da aber die projizierte Fläche des Objekts auf der Bildebene im selben Verhältnis abnimmt, ändert sich die Bestrahlungsstärke nicht.

Wir lassen daher den letzten Teil der Kontinuitätsgleichung für den optischen Fluss weg und erhalten

$$\frac{\partial g}{\partial t} + \boldsymbol{f}\nabla g = 0. \qquad (14.9)$$

Im eindimensionalen Fall nimmt die Kontinuität des optischen Flusses die folgende einfache Form an:

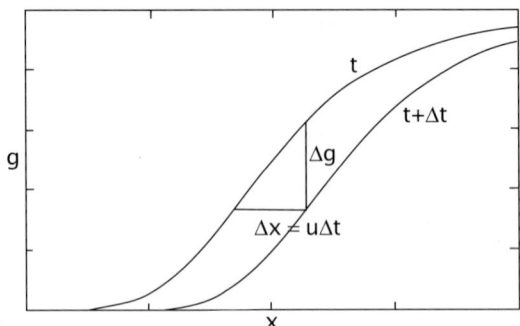

Abbildung 14.10: *Veranschaulichung der differentiellen Methode zur Bestimmung der Bewegung im eindimensionalen Fall.*

$$\frac{\partial g}{\partial t} + f\frac{\partial g}{\partial x} = 0, \qquad (14.10)$$

von der aus wir unter der Voraussetzung, dass die räumliche Ableitung nicht verschwindet, direkt die eindimensionale Geschwindigkeit errechnen können:

$$f = -\frac{\partial g}{\partial t} \Big/ \frac{\partial g}{\partial x}. \qquad (14.11)$$

Die Geschwindigkeit ist damit das Verhältnis der zeitlichen zur räumlichen Ableitung. Diese grundlegende Beziehung kann, wie Abb. 14.10 zeigt, auch geometrisch abgeleitet werden. Im Zeitintervall Δt wird ein Grauwert um die Strecke $\Delta x = u\Delta t$ verschoben. Dabei ändert sich der Grauwert um $g(x, t + \Delta t) - g(x, t)$. Die Grauwertänderungen können auch durch die Steigung der Grauwertkante ausgedrückt werden:

$$g(x, t + \Delta t) - g(x, t) = -\frac{\partial g(x, t)}{\partial x}\Delta x = -\frac{\partial g(x, t)}{\partial x}u\Delta t. \qquad (14.12)$$

Hieraus erhalten wir durch den Grenzübergang $\Delta t \to 0$ die Kontinuitätsgleichung für den optischen Fluss (14.10).

Die Kontinuitätsgleichung des optischen Flusses (14.9) kann nach den Überlegungen im einleitenden Abschnitt über Bewegung und Grauwertveränderungen (Abschn. 14.2.1) nur eine erste Näherung sein. Der Grund liegt in der Natur der Reflexion undurchsichtiger Oberflächen, die von der Blickrichtung, der Oberflächennormalen und den Richtungen des einfallenden Lichtes abhängt. Jedes Objekt empfängt Strahlung nicht nur direkt von Lichtquellen, sondern auch von allen anderen Objekten der Szene, die von dem Objekt aus gesehen werden können.

Die von der Oberfläche eines Objekts ausgehende Strahlungsflussdichte hängt also von der Position aller anderen Objekte in einer Szene ab. Im Bemühen um photorealistische computergenerierte Bilder werden solche Probleme im Detail in der Computergrafik studiert. Ein großer Schritt hin zu diesem Ziel war eine als *Radiosität* bezeichnete Methode, die genau die oben beschriebenen Beziehungen der Strahlungsflussdichte von Objekten löst [52]. Ein allgemeiner Ausdruck für die Objekt-Strahlungsflussdichte — die mittlerweile berühmte *Rendering-Gleichung* — geht auf die Arbeiten von Kajiya [100] zurück. In der Bildsequenzverarbeitung ist es im Prinzip erforderlich, diese Gleichung umzukehren und dadurch die Oberflächenreflektivität aus der gemessenen Objekt-Strahlungsflussdichte zu bestimmen. Die Oberflächenreflektivität ist eine von der Oberflächenorientierung und der Position anderer Objekte unabhängige Eigenschaft und damit ideal für die Bewegungsanalyse. Solch ein Ansatz ist jedoch unrealistisch, da er eine Rekonstruktion der dreidimensionalen Szene erfordert, bevor die Umkehrung der Rendering-Gleichung überhaupt in Angriff genommen werden kann.

Da es keine allgemeingültige Kontinuitätsgleichung für den optischen Fluss gibt, ist es wichtig, dass wir mögliche zusätzliche Terme mit denjenigen in der Standardkontinuitätsgleichung vergleichen. Alle anderen Terme hängen im wesentlichen von der Geschwindigkeit der Veränderungen einer Anzahl von Größen ab, jedoch nicht von den Helligkeitsgradienten. Ist der Grauwertgradient groß, wird der Einfluss zusätzlicher Terme klein. Daraus können wir schließen, dass die Bestimmung der Geschwindigkeit für steile Grauwertkanten am zuverlässigsten ist, während sie in Regionen mit nur kleinen Grauwertgradienten stark gestört sein kann. Diese Schlussfolgerung stimmt mit den Befunden von Verri und Poggio [207, 208] überein, die den Unterschied zwischen dem optischen Fluss und dem Bewegungsfeld betonen.

Noch eine weitere Beobachtung ist von Bedeutung. Es ist sicher richtig, dass der historische Ansatz zur Bestimmung des Verschiebungsvektors aus nur zwei aufeinanderfolgenden Bildern nicht robust ist. Im allgemeinen können wir nicht unterscheiden, ob Grauwertveränderungen von einem Verschiebungsvektor herrühren oder aus beliebigen anderen Quellen. In Orts/Zeit-Bildern wird die Bestimmung des optischen Flusses jedoch robuster. Wir werden dies an zwei Beispielen untersuchen.

Zunächst zeigen wir, dass durch globale Beleuchtungsunterschiede verursachte Grauwertänderungen von solchen, die durch Bewegung erzeugt wurden, unterschieden werden können. Abbildung 14.11 zeigt eine Bildsequenz einer statischen Szene, die mit einer Geschwindigkeit von fünf Bildern pro Minute aufgenommen wurde. Die zwei Orts/Zeit-Scheiben (Abb. 14.11a und c), deren Ort im ersten Bild der Sequenz (Abb. 14.11b) mit zwei weißen Linien bezeichnet ist, überspannen eine Periode von etwa 3,4 h. Die obere Linie verläuft durch das Hochhaus und den Himmel. Wir erkennen am Bereich des Himmels, daß sich Bewölkung und Abschnitte mit direkter Sonnenstrahlung abgewechselt haben. Die untere Linie durchquert mehrere Dächer mit Dachfenstern sowie eine Giebelwand. In beiden xt-Ausschnitten sieht man die Beleuch-

Abbildung 14.11: *Statische Szene mit Beleuchtungsänderungen. a xt-Quer-schnitt im Bereich der oberen hellen Linie (Himmel in **b**); **b** erstes Bild der Se-quenz; **c** xt-Querschnitt im Bereich der unteren hellen Linie (Dachbereich in **b**). Die Zeitachse überspannt 3,4 h und läuft von oben nach unten (aus Jähne [88]).*

tungsänderungen als horizontale Streifen, welche die vertikalen Streifen, die eine statische Szene kennzeichnen, transparent zu überlagern schei-nen. Da ein horizontales Muster ein sich mit unendlicher Geschwindig-keit bewegendes Objekt bedeutet, können diese Muster z. B. durch ge-richtete Filterung eliminiert werden, ohne daß dies die Bewegungsanaly-se stört.

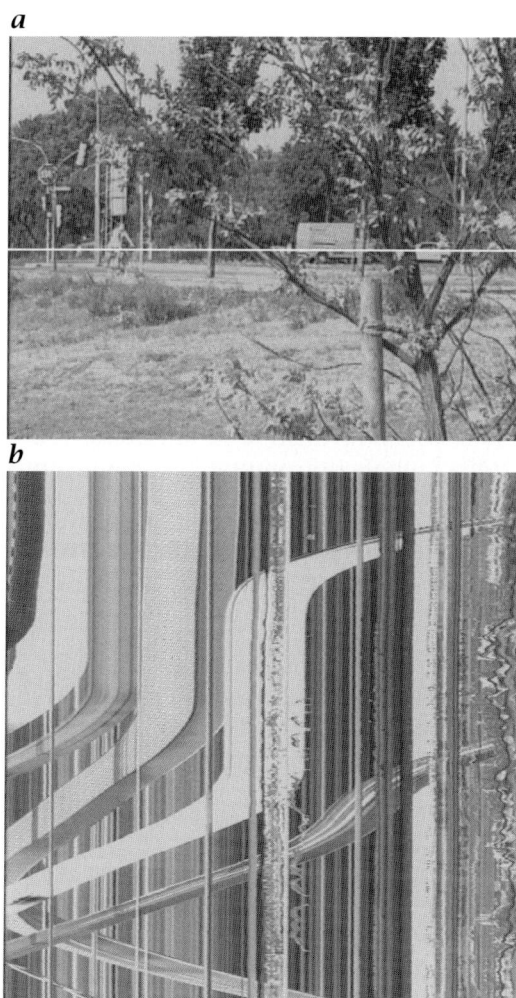

Abbildung 14.12: *Verkehrsszene an der Stadtgrenze von Hanau: **a** letztes Bild der Sequenz; **b** xt-Querschnitt im Bereich der in **a** markierten Linie. Die Zeitachse überspannt 20,5 s und läuft von oben nach unten (aus Jähne [88]).*

Das zweite Beispiel zeigt, dass die Bewegungsbestimmung in Orts-/-Zeit-Bildern noch möglich ist, wenn Überlagerungen auftreten und die lokale Beleuchtung eines Objektes sich ändert, weil es sich dreht. In Abb. 14.12 ist eine Verkehrsszene am Stadtrand von Hanau zu sehen. Auf dem letzten Bild der Sequenz (Abb. 14.12a) erkennt man, dass eine Straßenkreuzung durch die Zweige eines Baumes, der sich rechts im Vordergrund befindet, beobachtet wurde. Eine Straße verläuft horizontal von links nach rechts, mit der durch eine Ampel geregelten Kreuzung zur Linken. Die Raum/Zeit-Scheibe (Abb. 14.12b) entstammt der Bildsequenz im Bereich der horizontalen Linie in Abb. 14.12a. Sie zeigt verschiedene Überlagerungen: Die Autospuren verschwinden unter dem statischen vertikalen Muster der Baumzweige, Laternenpfähle und Ampeln. Zusätzlich sehen wir, dass die Zeitspur des LKWs deutliche Grauwertveränderungen aufweist, da er an der Kreuzung abbog und sich deshalb die Beleuchtungsbedingungen veränderten, während er sich durch die Szene bewegte. Trotzdem ist die zeitliche Spur kontinuierlich und verspricht eine zuverlässige Geschwindigkeitsschätzung.

Wir können den Schluss ziehen, dass wir am besten bei der Standardkontinuitätsgleichung für die Bewegungsschätzung bleiben und sie als Grundlage für die in diesem Abschnitt entwickelten Methoden verwenden. Wegen der enormen Vielfalt zusätzlicher Terme scheint dieser Ansatz immer noch der sinnvollste und am breitesten anwendbare zu sein, da er die fundamentale Kontinuitätsbedingung enthält.

14.3   Differentielle Methoden erster Ordnung

14.3.1   Grundlagen

Differentielle Methoden sind der klassische Ansatz für die Bestimmung von Bewegung aus zwei aufeinanderfolgenden Bildern. In diesem Kapitel diskutieren wir die Frage, wie diese Techniken auf Orts/Zeit-Bilder angewandt werden können. Die Kontinuitätsgleichung für den optischen Fluss (14.9) bildet hierzu den Ausgangspunkt:

$$\frac{\partial g}{\partial t} + f \nabla g = 0. \tag{14.13}$$

Diese einzelne skalare Gleichung enthält W unbekannte Vektorkomponenten im W-dimensionalen Raum. Wir können deshalb schon im zweidimensionalen Raum den optischen Fluss $f = [f_1, f_2]^T$ nicht eindeutig bestimmen. Das Skalarprodukt $f \nabla g$ ist gleich dem Betrag des Grauwertgradienten, multipliziert mit der Komponente von f, die in Richtung des Gradienten, d. h. senkrecht zur lokalen Grauwertkante, verläuft:

$$f \nabla g = f_\perp |\nabla g|.$$

Vom optischen Fluss kann also nur die Komponente senkrecht zur Kante bestimmt werden. Dies wird als das *Blendenproblem* bezeichnet, welches wir bereits qualitativ in Abschn. 14.2.2 besprochen haben. Aus der Kontinuitätsgleichung (14.9) erhalten wir

$$f_\perp = -\frac{\partial g}{\partial t} / |\nabla g|. \tag{14.14}$$

Dementsprechend ist es nicht möglich, den kompletten Vektor über Ableitungen erster Ordnung an einem *einzelnen* Punkt im Orts/Zeit-Bild zu bestimmen.

14.3.2 Methode der kleinsten Quadrate

Anstelle eines einzigen Punktes können wir eine Nachbarschaft benutzen, um den optischen Fluss zu bestimmen. Wir nehmen dazu an, dass der optische Fluss in der Nachbarschaft konstant ist und diskutieren unter welchen Bedingungen eine eindeutige Bestimmung des optischen Flusses möglich ist. Nun haben wir immer noch die beiden Unbekannten $f = [f_1, f_2]^T$ aber an vielen Punkten die Kontinuitätsgleichung (14.13) für den optischen Fluss. Daher erhalten wir ein überbestimmtes Gleichungssystem. Es gibt also keine exakte Lösung, sondern nur eine, die ein Fehlerfunktional minimiert. Unter Verwendung der Methode der kleinsten Quadrate suchen wir eine Lösung, die (14.13) innerhalb einer lokalen Nachbarschaft minimiert. Daher ist das Faltungsintegral

$$\|e\|_2^2 = \int_{-\infty}^{\infty} w(x - x', t - t') \left(f_1 g_x(x') + f_2 g_y(x') + g_t(x')\right)^2 \mathrm{d}^2x' \mathrm{d}t'$$

(14.15)

zu minimieren. Man beachte, dass $f = [f_1, f_2]^T$ innerhalb der Nachbarschaft als konstant betrachtet wird. Es hängt natürlich wie $\|e\|$ von x ab. Um eine kompakte Schreibweise zu erhalten, lassen wir die explizite Abhängigkeit von g_x, g_y und g_t mit x' in den folgenden Gleichungen weg. Als Abkürzung für die partielle Ableitung $\partial g/\partial p$ benutzen wir g_p. In dem Integral wird das Quadrat der verbliebenen Abweichung von der Kontinuitätsgleichung über die Region gemittelt, die von der Fensterfunktion w abhängt. Um die folgenden Gleichungen weiter zu vereinfachen, kürzen wir diese gewichtete Mittelungsprozedur ab mit

$$\|e\|_2^2 = \overline{\left(f_1 g_x + f_2 g_y + g_t\right)^2}.$$

(14.16)

Die Fensterfunktion w bestimmt die Größe der Nachbarschaft. Das macht diese Methode so flexibel. Die Mittelung kann, muss aber nicht, auch in die Zeitrichtung ausgedehnt werden. Wenn wir eine rechteckige Umgebung wählen mit gleichem Wichtungsfaktor für alle Punkte, so entspricht dies einer einfachen Blockvergleichs-Technik und einer Mittelung mit einem *Rechteckfilter*. Da wir jedoch die schlechten Glättungseigenschaften der Rechteckfilter in (Abschn. 11.3) kennengelernt haben, ist eine Wichtungsfunktion, die langsam zum Rand hin abfällt, eine bessere Lösung. Im kontinuierlichen Fall ist eine Gaußfunktion eine gute Wahl, für diskrete Signale ist ein *Binomialfilter* sinnvoll (Abschn. 11.4).

Gleichung (14.16) kann gelöst werden, indem wir die partiellen Ableitungen

$$\frac{\partial \|e\|_2^2}{\partial f_1} = \overline{2g_x \left(f_1 g_x + f_2 g_y + g_t\right)} \overset{!}{=} 0,$$

$$\frac{\partial \|e\|_2^2}{\partial f_2} = \overline{2g_y \left(f_1 g_x + f_2 g_y + g_t\right)} \overset{!}{=} 0$$

(14.17)

null setzen. Aus diesen Bedingungen folgt ein lineares Gleichungssystem

$$
\begin{bmatrix} \overline{g_x g_x} & \overline{g_x g_y} \\ \overline{g_x g_y} & \overline{g_y g_y} \end{bmatrix} \begin{bmatrix} f_1 \\ f_2 \end{bmatrix} = - \begin{bmatrix} \overline{g_x g_t} \\ \overline{g_y g_t} \end{bmatrix}, \tag{14.18}
$$

oder in kompakter Matrixschreibweise

$$
\boldsymbol{G}\boldsymbol{f} = \boldsymbol{g}. \tag{14.19}
$$

Die Ausdrücke $\overline{g_p g_q}$ stellen eine regularisierte Schätzung dar, die sich aus Faltungen und nichtlinearen Punktoperationen zusammensetzt. In Operatornotation können wir sie durch

$$
\mathcal{B}(\mathcal{D}_p \cdot \mathcal{D}_q), \tag{14.20}
$$

wobei $\mathcal{D}_p$ ein geeigneter Ableitungsoperator erster Ordnung in die Richtung p ist (Kapitel 12) und $\mathcal{B}$ ein Glättungsfilter (Kapitel 11).

Es ergibt sich die folgende Sequenz von Bildverarbeitungsoperatoren:

1. Anwendung der Ableitungsoperatoren $\mathcal{D}_p$ und $\mathcal{D}_q$ auf das Bild. Man erhält je ein Bild mit einer Ableitung erster Ordnung in Richtung p bzw. q.

2. Punktweise Multiplikation der zwei Ableitungsbilder.

3. Faltung des resultierenden Bildes mit der Glättungsmaske $\mathcal{B}$. Die Wahl der Glättungsmaske bestimmt Größe und Form der Fensterfunktion in (14.20).

Da die punktweise Multiplikation eine nichtlineare Operation ist, darf sie in der Reihenfolge nicht mit der Glättung vertauscht werden.

Das lineare Gleichungssystem (14.18) kann gelöst werden, wenn die Matrix invertierbar ist. Das ist dann der Fall, wenn die Determinante der Matrix nicht null ist:

$$
\det \boldsymbol{G} = \overline{g_x g_x}\,\overline{g_y g_y} - \overline{g_x g_y}^2 \neq 0. \tag{14.21}
$$

Aus dieser Ungleichung können wir schließen, dass zwei Bedingungen erfüllt sein müssen:

1. Nicht alle partiellen Ableitungen g_x and g_y dürfen null sein. In anderen Worten, die Nachbarschaft darf keine Fläche mit konstanten Grauwerten sein.

2. Die Gradienten in der Nachbarschaft dürfen nicht alle in die gleiche Richtung zeigen. Wäre das der Fall, könnten wir g_y durch g_x bis auf einen konstanten Faktor ausdrücken ($g_y = c g_x$) und die Determinante von $\boldsymbol{G}$ in (14.21) wäre null.

Die Lösung für den optischen Fluss $\boldsymbol{f}$ kann direkt hingeschrieben werden, da es leicht ist, die 2×2-Matrix $\boldsymbol{G}$ zu invertieren:

$$
\boldsymbol{G}^{-1} = \frac{1}{\det \boldsymbol{G}} \begin{bmatrix} \overline{g_y g_y} & -\overline{g_x g_y} \\ -\overline{g_x g_y} & \overline{g_x g_x} \end{bmatrix} \quad \text{wenn} \quad \det \boldsymbol{G} \neq 0. \tag{14.22}
$$

Mit $f = G^{-1}g$ erhalten wir dann

$$\begin{bmatrix} f_1 \\ f_2 \end{bmatrix} = -\frac{1}{\det G} \begin{bmatrix} \overline{g_x g_t}\ \overline{g_y g_y} - \overline{g_y g_t}\ \overline{g_x g_y} \\ \overline{g_y g_t}\ \overline{g_x g_x} - \overline{g_x g_t}\ \overline{g_x g_y} \end{bmatrix}. \tag{14.23}$$

Die Lösung sieht immer noch recht kompliziert aus. Sie kann durch die Tatsache, dass G eine symmetrische Matrix ist, erheblich vereinfacht werden. Jede symmetrische Matrix kann in Diagonalform gebracht werden durch eine Rotation des Koordinatensystems in das sogenannte *Hauptachsensystem*. Dann reduziert sich die Matrix G zu

$$G' = \begin{bmatrix} \overline{g_{x'} g_{x'}} & 0 \\ 0 & \overline{g_{y'} g_{y'}} \end{bmatrix}, \tag{14.24}$$

die Determinate zu $\det G' = \overline{g_{x'} g_{x'}}\ \overline{g_{y'} g_{y'}}$, und der optische Fluss ergibt sich zu

$$\begin{bmatrix} f_{1'} \\ f_{2'} \end{bmatrix} = - \begin{bmatrix} \dfrac{\overline{g_{x'} g_t}}{\overline{g_{x'} g_{x'}}} \\[2ex] \dfrac{\overline{g_{y'} g_t}}{\overline{g_{y'} g_{y'}}} \end{bmatrix}. \tag{14.25}$$

Diese Gleichung reflektiert quantitativ die qualitative Diskussion über das *Blendenproblem*, das wir in Abschn. 14.2.2 diskutiert haben. Die Hauptachsen sind entlang der Richtungen minimaler und maximaler quadratischer Mittelwerte der räumlichen Grauwertänderungen orientiert, die senkrecht aufeinander stehen. Da die Matrix G' diagonal ist, sind beide Werte nicht miteinander korreliert. Nun können wir drei Fälle unterscheiden:

1. $\overline{g_{x'} g_{x'}} > 0, \overline{g_{y'} g_{y'}} > 0$: Die Grauwerte ändern sich in alle Richtungen; beide Komponenten des optischen Flusses können bestimmt werden.
2. $\overline{g_{x'} g_{x'}} > 0, \overline{g_{y'} g_{y'}} = 0$: Die Grauwerte ändern sich nur in eine Richtung (senkrecht zu einer Kante). Dann kann nur die Komponente des optischen Flusses in x'-Richtung bestimmt werden (Blendenproblem). Die Komponente des optischen Flusses parallel zur Kante bleibt unbestimmt.
3. $\overline{g_{x'} g_{x'}} = \overline{g_{y'} g_{y'}} = 0$: Die Grauwerte ändern sich in keine Richtung. In diesem Fall liegt eine Region mit konstanten Grauwerten vor und beide Komponenten des optischen Flusses bleiben unbestimmt.

Es ist zu beachten, dass allein die Matrix G die Lösung der Methode der kleinsten Quadrate bestimmt. Diese Matrix beinhaltet keine zeitlichen Ableitungen, sondern nur räumliche. Das bedeutet, dass die räumlichen Ableitungen und damit die räumlichen Strukturen des Bildes vollständig darüber bestimmen, ob und wie exakt der optische Fluss berechnet werden kann.

14.3.3 Fehleranalyse

Durch Rauschen kann die Bestimmung des optischen Flusses systematisch verfälscht werden. Hier zeigen wir, wie wir den Einfluss von Rauschen in einer sehr allgemeinen Art und Weise analysieren können. Wir nehmen an, dass eine Bildsequenz aus einer sich mit einer konstanten Geschwindigkeit u bewegenden Struktur besteht, überlagert mit mittelwertfreiem, isotropem Rauschen:

$$g'(x,t) = g(x - ut) + n(x,t). \tag{14.26}$$

Dies ist ein sehr allgemeiner Ansatz, da wir keinerlei Annahme über die Form der Grauwertstruktur machen. Der Ausdruck $g(x-ut)$ besagt nur, dass eine beliebige räumliche Grauwertstruktur sich mit einer konstanten Geschwindigkeit u bewegt. Auf diese Weise haben wir eine allgemeine Funktion $g(x_1, x_2, t)$ mit drei Parametern auf eine Funktion mit nur zwei Parametern reduziert: $g(x_1 - u_1 t, x_2 - u_2 t)$. Wir nehmen weiterhin an, dass die partiellen Ableitungen der Rauschfunktion nicht miteinander und mit den partiellen Ableitungen der Bildfunktion korreliert sind. Daher benutzen wir die Bedingungen

$$\overline{n} = 0, \quad \overline{n_p n_q} = \sigma_n^2 \delta_{p-q}, \quad \overline{g_p n_q} = 0, \tag{14.27}$$

und die partiellen Ableitung sind

$$\nabla g' = \nabla g + \nabla n \quad g'_t = -u\nabla g + \partial_t n_t. \tag{14.28}$$

Diese Bedingungen ergeben folgenden Wert für den optischen Fluss:

$$f = u(\overline{\nabla g \nabla g^T} + \overline{\nabla n \nabla n^T})^{-1} \overline{\nabla g \nabla g^T}. \tag{14.29}$$

Der Schlüssel zum Verständnis dieser Matrixgleichung liegt in der Beobachtung, dass die Rauschmatrix $\overline{\nabla n \nabla n^T}$ in jedem Koordinatensystem diagonal ist wegen der aus (14.27) gegebenen Bedingungen. Daher können wir die Gleichung in das Hauptachsensystem transformieren, in dem $\overline{\nabla g \nabla g^T}$ eine Diagonalmatrix ist. Dann erhalten wir

$$f = u \begin{bmatrix} \overline{g_{x'}^2} + \sigma_n^2 & 0 \\ 0 & \overline{g_{y'}^2} + \sigma_n^2 \end{bmatrix}^{-1} \begin{bmatrix} \overline{g_{x'}^2} & 0 \\ 0 & \overline{g_{y'}^2} \end{bmatrix}.$$

Solange das Rauschen nicht null ist, existiert die Inverse der ersten Matrix immer und wir erhalten

$$f = u \begin{bmatrix} \dfrac{\overline{g_{x'}^2}}{\overline{g_{x'}^2} + \sigma_n^2} & 0 \\ 0 & \dfrac{\overline{g_{y'}^2}}{\overline{g_{y'}^2} + \sigma_n^2} \end{bmatrix}. \tag{14.30}$$

Diese Gleichung zeigt, dass die Bestimmung des optischen Flusses zu kleineren Werten hin verfälscht ist. Wenn die Varianz des Rauschens so groß ist wie das Betragsquadrat des Gradienten, dann sind die geschätzten Werte nur halb so groß wie die wahren Werte. Dieses Verhalten macht die differentielle Methode zu einem nicht robusten Verfahren, da sie bei hohem Rauschen falsche Werte liefert.

Wenn das Rauschen vernachlässigbar ist, dann wird der optische Fluss korrekt geschätzt. Dieses Ergebnis steht im Widerspruch zu der weitverbreiteten Feststellung, dass differentielle Methoden keine genauen Ergebnisse liefern, falls der Grauwertverlauf nicht gut durch eine Taylorreihen-Entwicklung erster Ordnung approximiert werden kann (siehe z. B. [187]). Kearney et al. [106] führt z. B. eine Fehleranalyse des Gradientenverfahrens durch und kommt zu dem Schluss, dass es fehlerhafte Werte liefert, sobald räumliche Ableitungen zweiter Ordnung nicht vernachlässigt werden können.

Diese widersprüchlichen Aussagen klären sich auf, wenn wir die zusätzlichen Fehler betrachten, die durch eine inadequate Diskretisierung der partiellen Ableitungen verursacht werden (siehe dazu die Diskussion über optimale Ableitungsfilter in Abschn. 12.3). Der Fehler des optischen Flusses hängt direkt mit den Fehlern in der Richtung des diskreten Gradienten zusammen (vergleiche dazu auch die Diskussion über die Orientierungsanalyse in Abschn. 13.3.6). Daher sind sorgfältig optimierte regularisierte Gradientenoperatoren, wie wir sie in Abschn. 12.5.5 diskutiert haben, unerlässlich für die genaue Bestimmung des optischen Flusses.

14.3.4 Orts/Zeit-Energiemodelle[‡]

In der biologischen Bildverarbeitung werden häufig gaborähnliche Quadraturfilter zur Bewegungsbestimmung verwendet (Abschn. 13.4.5). Sie sind die Basis für sogenannte *Orts/Zeit-Energiemodelle* oder *Bewegungsenergiemodelle* [2, 3, 74]. Diese Begriffe sind leicht missverständlich. Gemeint ist nicht die kinetische Energie von sich bewegenden Objekten, sondern die Energie (quadrierte Amplitude) eines Signals an einem Sensor in einem bestimmten Intervall $k\omega$. Wir werden nun diesen Ansatz mit der zuvor besprochenen differentiellen Methode vergleichen.

Eines der einfachsten Modelle für die eindimensionale Bewegungsanalyse verwendet nur drei Quadraturfilter. Dieser Satz gerichteter Filter detektiert Objekte, die sich nach rechts oder links bewegen oder stillstehen. Wir bezeichnen den quadrierten Betrag dieser Quadraturfilter mit $\mathcal{R}$, $\mathcal{L}$ und $\mathcal{S}$. Dann erhalten wir eine Abschätzung des eindimensionalen optischen Flusses unter Verwendung des Operators [2, 3]:

$$\mathcal{U} = \frac{\mathcal{R} - \mathcal{L}}{\mathcal{S}}. \tag{14.31}$$

Eine interessante Verbindung zwischen diesem Ansatz und der differentiellen Methode finden wir, wenn wir letztere (Abschn. 14.3.2) auch als Methode zur Energieextraktion betrachten. Den Vergleich führen wir hier für die Analyse

a   **b**

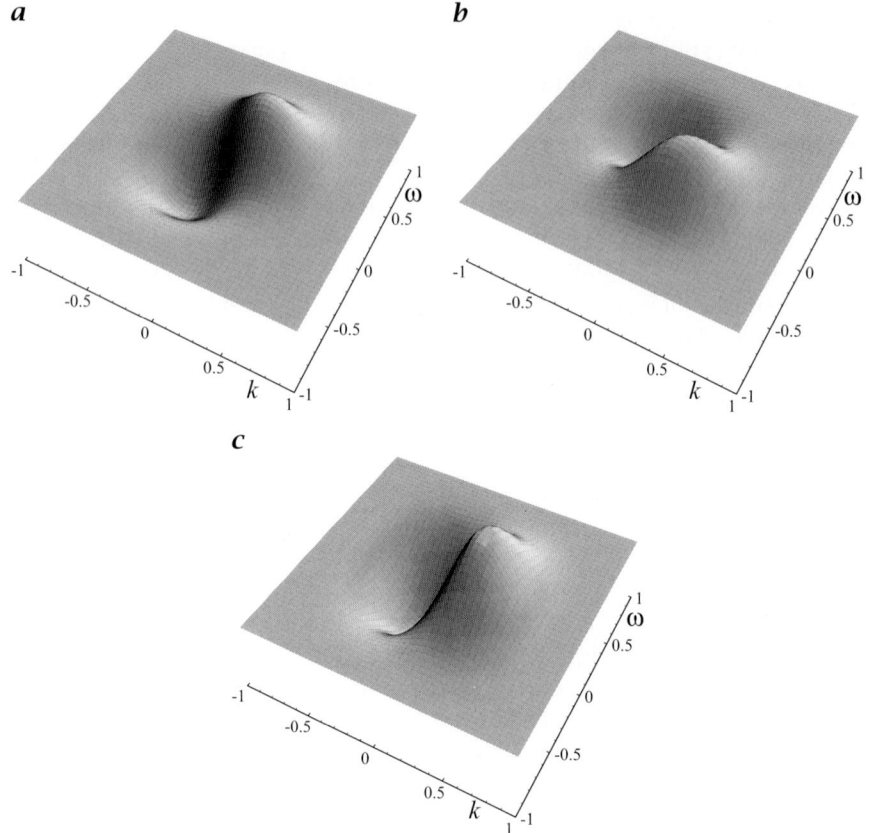

c

Abbildung 14.13: *Transferfunktion der Faltungsoperatoren in (14.35) zur Detektion von Objekten, die sich nach rechts oder links bewegen oder stillstehen:* **a** $\mathcal{R}'$, **b** $\mathcal{L}'$ *und* **c** S'.

der eindimensionalen Bewegung, also in einem 2D-Orts/Zeit-Bild, durch. In diesem Fall kann die Lösung der differentiellen Methode in Operatornotation nach (14.25) als

$$\mathcal{U}' = -\frac{\mathcal{B}_{xt}\,(\mathcal{D}_t \cdot \mathcal{D}_x)}{\mathcal{B}_{xt}\,(\mathcal{D}_x \cdot \mathcal{D}_x)} \tag{14.32}$$

geschrieben werden. Wir formulieren diese Gleichung neu mit einer leichten Modifikation, bei der die Operatoren mit der Binomialmaske $\mathcal{B}_{xt}$ geglättet werden, bevor wir die Ableitungsoperatoren anwenden (Abschn. 12.5):

$$\mathcal{U}' = -\frac{\mathcal{B}_{xt}\,[(\mathcal{D}_t\mathcal{B}_{xt}) \cdot (\mathcal{D}_x\mathcal{B}_{xt})]}{\mathcal{B}_{xt}\,[(\mathcal{D}_x\mathcal{B}_{xt}) \cdot (\mathcal{D}_x\mathcal{B}_{xt})]}. \tag{14.33}$$

Die Glättung mit $\mathcal{B}_{xt}$ ist nichts anderes als eine Regularisierung des Ableitungsoperators. Die Indizes xt bedeuten, dass die Glättung entlang der zeitlichen und der räumlichen Achse durchgeführt wird. Verwenden wir

$$\mathcal{A}\mathcal{B} = \frac{1}{4}\left[(\mathcal{A} + \mathcal{B})^2 - (\mathcal{A} - \mathcal{B})^2\right] \tag{14.34}$$

und die Abkürzungen

$$\mathcal{R}' = (\mathcal{D}_x + \mathcal{D}_t)\mathcal{B}_{xt}, \quad \mathcal{L}' = (\mathcal{D}_x - \mathcal{D}_t)\mathcal{B}_{xt}, \quad S' = 2\mathcal{D}_x\mathcal{B}_{xt}, \tag{14.35}$$

können wir (14.33) umschreiben und erhalten einen (14.31) sehr ähnlichen Ausdruck:

$$\mathcal{U}' = \frac{\mathcal{B}_{xt}(\mathcal{R}' \cdot \mathcal{R}' - \mathcal{L}' \cdot \mathcal{L}')}{\mathcal{B}_{xt}(S' \cdot S')}. \tag{14.36}$$

Die Filter $\mathcal{R}'$, $\mathcal{L}'$ und S' sind Ableitungen von Binomialfiltern. Die Transferfunktionen zeigen, dass Objekte selektiert werden, die sich nach rechts oder nach links bewegen oder in Ruhe sind (Abb. 14.13). Diese Filter sind *keine* Quadraturfilter. Die Quadrierung der Filterantworten und eine weitere Glättung mit $\mathcal{B}_{xt}$ führt jedoch in Näherung zu einer phasenunabhängigen Detektion der quadrierten Amplitude wie mit einem Quadraturfilter unter bestimmten Bedingungen. Stellen wir uns eine feinskalige periodische Struktur vor. Die Ableitungsfilter werden diese Strukturen bewahren, aber den mittleren Grauwert entfernen. Daher führt die Quadrierung zu einem mittleren Grauwert, dessen Betrag halb so groß ist wie die Grauwertamplitude, und zu einer schnellen räumlichen Grauwertoszillation mit der doppelten Wellenzahl (halben Wellenlänge). Wenn die nachfolgende Glättung diese Oszillationen entfernt, ergibt sich wie bei einem Quadraturfilter eine phasenunabhängige Antwort auf das Filter. Anders als bei Quadraturfiltern können wir diese Ergebnisse nur in Regionen erzielen, in denen die Skalen der Strukturen fein genug sind, so dass die doppelte Wellenlänge mit dem Glättungsfilter entfernt werden kann.

14.4 Tensormethode

Die Tensormethode für die Analyse der lokalen Orientierung wurde bereits in Abschn. 13.3 im Detail besprochen. Da sich Bewegung in 3D-Orts/Zeit-Bildern als Orientierung darstellt, müssen wir lediglich die Tensormethode auf drei Dimensionen ausdehnen. Zunächst werden wir in Abschn. 14.4.1 noch einmal das für den Tensoransatz verwendete Optimierungskriterium betrachten, um diese Technik von der differentiellen Methode (Abschn. 14.3) zu unterscheiden.

14.4.1 Optimierungsstrategie

In Abschn. 13.3.1 haben wir festgestellt, dass die optimale Orientierung dadurch gegeben ist, dass sie minimale Abweichungen von der Richtung des Gradienten aufweist. Wir haben dazu das quadrierte Skalarprodukt zwischen dem Gradientenvektor und einem Einheitsvektor eingeführt, der die optimale Orientierung widergibt:

$$(\nabla g^T \bar{n})^2 = |\nabla g|^2 \cos^2\left(\angle(\nabla g, \bar{n})\right). \tag{14.37}$$

Dieses Maß kann in Vektorräumen beliebiger Dimension benutzt werden. Daher nehmen wir für die Orientierung im Orts/Zeit-Raum des Orts/Zeit-Gradienten

$$\boldsymbol{\nabla}_{xt}g = \left[\frac{\partial g}{\partial x}, \frac{\partial g}{\partial y}, \frac{\partial g}{\partial t}\right]^T = \left[g_x, g_y, g_t\right]^T \qquad (14.38)$$

und schreiben

$$(\boldsymbol{\nabla}_{xt}g^T\bar{\boldsymbol{n}})^2 = |\boldsymbol{\nabla}_{xt}g|^2 \cos^2\left(\angle(\boldsymbol{\nabla}_{xt}g, \bar{\boldsymbol{n}})\right). \qquad (14.39)$$

Bei der 2D-Orientierungsanalyse haben wir den Ausdruck

$$\int w(\boldsymbol{x} - \boldsymbol{x}')\left(\boldsymbol{\nabla}g(\boldsymbol{x}')^T\bar{\boldsymbol{n}}\right)^2 \mathrm{d}^2x' = \overline{\left(\boldsymbol{\nabla}g(\boldsymbol{x}')\bar{\boldsymbol{n}}\right)^2} \qquad (14.40)$$

maximiert, um die optimale Orientierung zu finden. Für die Analyse von Bewegung im Orts/Zeit-Raum sind wir nicht interessiert an der Richtung maximaler Grauwertänderungen, sondern an der minimaler Grauwertänderung. Diese Orientierung geben wir mit dem Einheitsvektor $\bar{\boldsymbol{e}}_3 = [e_{31}, e_{32}, e_{33}]^T$ an. Nach den Überlegungen in Abschn. 14.2.4 (14.2) ergibt sich der optische Fluss aus diesem 3D-Vektor als

$$\boldsymbol{f} = \frac{1}{e_{33}}\left[\begin{array}{c} e_{31} \\ e_{32} \end{array}\right]. \qquad (14.41)$$

Durch Analogieschluss zu (14.40) minimieren wir deshalb

$$\int w(\boldsymbol{x} - \boldsymbol{x}', t - t')\left(\boldsymbol{\nabla}_{xt}g(\boldsymbol{x}', t')\bar{\boldsymbol{e}}_3\right)^2 \mathrm{d}^2x'\mathrm{d}t' = \overline{\left(\boldsymbol{\nabla}_{xt}\bar{\boldsymbol{e}}\right)^2}. \qquad (14.42)$$

Die Fensterfunktion w wird auch in die Zeitrichtung erweitert und bestimmt die Größe und die Form der Nachbarschaft um den Punkt $[\boldsymbol{x}, t]^T$, über die die Orientierung gemittelt wird. Gleichung (14.42) muss mit dem entsprechenden Ausdruck (14.16), der bei der differentiellen Methode minimiert wird, verglichen werden:

$$\overline{\left(\boldsymbol{f}\boldsymbol{\nabla}g + g_t\right)^2}. \qquad (14.43)$$

Man beachte den geringfügigen Unterschied in den Optimierungsstrategien zwischen (14.42) und (14.43). Beides sind Ansätze in dem Sinn, dass der optische Fluss so bestimmt wird, dass die Abweichungen von der Kontinuitätsgleichung nach der Methode der kleinsten Quadrate minimal werden. Es wird jedoch einmal der optische Fluss direkt bestimmt und einmal ein 3D-Einheitsvektor. Letzteres läuft auf eine Methode der totalen kleinsten Quadrate hinaus (englisch *total least squares*) [84]. Diese Methode ist der Problemstellung besser angepasst, da sie nicht nur die zeitlichen Ableitungen als fehlerbehaftet betrachtet wie in (14.43), sondern alle Komponenten des Orts/Zeit-Gradienten.

In Analogie zur Diskussion in Abschn. 13.3.1 können wir schließen, dass die Bestimmung des optischen Flusses in Orts/Zeit-Bildern äquivalent ist zu dem Problem, den *Eigenvektor* $\bar{e}_3$ zu dem kleinsten Eigenwert λ_3 des Strukturtensors

$$J = \begin{bmatrix} \overline{g_x g_x} & \overline{g_x g_y} & \overline{g_x g_t} \\ \overline{g_x g_y} & \overline{g_y g_y} & \overline{g_y g_t} \\ \overline{g_x g_t} & \overline{g_y g_t} & \overline{g_t g_t} \end{bmatrix} \qquad (14.44)$$

zu finden, wobei $\overline{g_p g_q}$ mit $p, q \in \{x, y, t\}$ gegeben ist durch

$$\overline{g_p g_q}(\boldsymbol{x}, t) = \int w(\boldsymbol{x} - \boldsymbol{x}', t - t') g_p(\boldsymbol{x}', t') g_q(\boldsymbol{x}', t') \mathrm{d}^2 x' \mathrm{d}t'. \quad (14.45)$$

An diesem Punkt können wir die Tensormethode mit der differentiellen Technik erster Ordnung vergleichen. Während die Tensormethode eine Eigenwertanalyse eines symmetrischen Tensors mit sechs regularisierten Produkten aus räumlichen und zeitlichen partiellen Ableitungen durchführt, benutzt die differentielle Methode nur fünf dieser Terme. Nicht benutzt wird der Term $\overline{g_t g_t}$. Wir werden im nächsten Abschnitt sehen, dass dieser Zusatzterm es der Tensormethode erlaubt, direkt festzustellen, ob in einer konstanten Nachbarschaft überhaupt eine konstante Geschwindigkeit vorliegt. Dies ist nicht möglich mit der differentiellen Methode.

14.4.2 Eigenwertanalyse

Leider ist die *Eigenwertanalyse* eines symmetrischen 3×3-Tensors nicht so einfach wie bei einem symmetrischen 2×2-Tensor. In zwei Dimensionen konnten wir das Eigenwertproblem direkt lösen. So haben wir in Abschn. 13.3.3 die drei unabhängigen Komponenten des symmetrischen 2×2-Tensors in die drei Parameter Orientierung sowie Bestimmtheits- und Kohärenzmaß transformiert.

Der symmetrische 3×3-Tensor enthält nun sechs unabhängige Komponenten, und wir müssen eine korrespondierende Anzahl von Parametern finden, die die lokale Struktur des Orts/Zeit-Bildes adäquat beschreiben. Wieder ist es hilfreich, diese sechs Parameter in rotationsvariante und -invariante Parameter zu zerlegen.

Wie bereits erwähnt, kann die Lösung des Eigenwertproblems nicht einfach angegeben werden, sondern benötigt ein geeignetes numerisches Verfahren. Wir werden dieses Problem nicht behandeln, da es zwar nicht einfach, jedoch ein Standardproblem der numerischen Mathematik ist, für das es eine Anzahl effizienter Lösungen gibt [60, 156]. Wir nehmen also an, dass wir das Eigenwertproblem gelöst haben und dass ein Satz von drei orthonormalen Eigenvektoren und drei Eigenwerte zur Verfügung stehen. Mit der Lösung des Eigenwertproblems haben wir im wesentlichen ein Hauptachsen-Koordinatensystem, in welchem der Strukturtensor diagonal liegt und welches die Eigenwerte als Diagonalelemente enthält:

$$\mathbf{J}' = \begin{bmatrix} \lambda_1 & 0 & 0 \\ 0 & \lambda_2 & 0 \\ 0 & 0 & \lambda_3 \end{bmatrix}. \tag{14.46}$$

Ohne Beschränkung der Allgemeingültigkeit haben wir die Eigenwerte der Größe nach sortiert:

$$\lambda_1 \geq \lambda_2 \geq \lambda_3 \geq 0. \tag{14.47}$$

Das Hauptachsen-Koordinatensystem wird von den drei Eigenvektoren aufgespannt. Die Rotation in dieses Koordinatensystem erfordert drei unabhängige Parameter, wie in Abschn. 7.2.2 besprochen. Drei der sechs Parameter werden also zur Beschreibung der Orientierung im Orts/Zeit-Raum benutzt. Diese Information ist in den drei orthonormalen Eigenvektoren enthalten.

Die übrigen Parameter sind die drei rotationsinvarianten Eigenwerte. Wir werden nun zeigen, wie die unterschiedlichen Klassen lokaler Strukturen in Orts/Zeit-Bildern durch die drei Eigenwerte unterschieden werden können. Dieser Ansatz hilft uns auch zu einer effizienten Implementierung der tensorbasierten Bewegungsanalyse.

Wir können vier Klassen von Nachbarschaften in einem Orts/Zeit-Bild unterscheiden. Sie entsprechen den Rängen 0 bis 3 des symmetrischen Tensors:

Konstanter Grauwert. Alle Elemente und Eigenwerte des Tensors sind null:

$$\lambda_1 = \lambda_2 = \lambda_3 = 0. \tag{14.48}$$

Der Rang des Tensors ist gleichfalls null. Daher ist ebenfalls die Geschwindigkeit null. Diese Bedingung ist leicht erkennbar. Die Summe der Eigenwerte muss unterhalb einer kritischen Grenze sein, die durch den Rauschpegel in der Bildsequenz bestimmt wird. Da die Summe der Eigenwerte gleich der Spur des Tensors ist, brauchen wir keine Eigenwertanalyse, um diese Bedingung zu prüfen:

$$\mathrm{Spur}(\mathbf{J}) = \sum_{p=1}^{3} \overline{g_p g_p} < \gamma, \tag{14.49}$$

wobei γ ein geeignetes Maß für den Rauschpegel der Bildsequenz ist. Bei allen Punkten, für welche die Bedingung (14.49) erfüllt ist, kann die Eigenwertanalyse entfallen.

Räumliche Orientierung und konstante Bewegung. In diesem Fall sind zwei Eigenwerte null, da die Grauwerte sich nur in einer Richtung ändern:

$$\lambda_1 > 0 \quad \text{und} \quad \lambda_2 = \lambda_3 = 0. \tag{14.50}$$

Der Rang des Tensors ist eins. Die räumliche Grauwertstruktur zeigt eine *lineare Symmetrie*. Auch diese Bedingung lässt sich leicht überprüfen, ohne eine Eigenwertanalyse durchzuführen, da die Determinante des oberen 2×2-Teiltensors unter einer Schwelle γ^2 sein muss:

$$\overline{g_x g_x}\ \overline{g_y g_y} - \overline{g_x g_y}^2 < \gamma^2. \tag{14.51}$$

Der zu dem einzigen Eigenwert ungleich null gehörende Eigenvektor $\bar{\boldsymbol{e}}_1$ zeigt in Richtung der maximalen Grauwertänderung. Er liefert sowohl die räumliche Orientierung als auch die Geschwindigkeit in dieser Richtung. Zu beachten ist, dass wegen des *Blendenproblems* nur die *normale Geschwindigkeit*, d. h., die Geschwindigkeit in Richtung des räumlichen Gradienten, errechnet werden kann (Abschn. 14.2.2). Die räumliche Orientierung wird durch die beiden Raumkoordinaten des Eigenvektors $\bar{\boldsymbol{e}}_1$ gegeben. Da der normale optische Fluss in diese Richtung zeigt, ergibt er sich aus

$$\boldsymbol{f}_\perp = -\frac{e_{1t}}{e_{1x}^2 + e_{1y}^2} \left[\begin{array}{c} e_{1x} \\ e_{1y} \end{array} \right], \tag{14.52}$$

und sein Betrag zu

$$|\boldsymbol{f}_\perp| = \sqrt{\frac{e_{1t}^2}{e_{1x}^2 + e_{1y}^2}} = \sqrt{\frac{e_{1t}^2}{1 - e_{1t}^2}}. \tag{14.53}$$

Verteilte räumliche Strukturen und konstante Bewegung. In diesem Fall ist nur ein Eigenwert null:

$$\lambda_1, \lambda_2 > 0 \quad \text{und} \quad \lambda_3 = 0. \tag{14.54}$$

Da die Bewegung konstant ist, bewegt sich das Hauptachsen-Koordinatensystem mit der Szene. Der Eigenvektor $\bar{\boldsymbol{e}}_3$ zum Eigenwert null zeigt in die Bewegungsrichtung. Damit ergibt sich der optische Fluss zu

$$\boldsymbol{f} = \frac{1}{e_{3t}} \left[\begin{array}{c} e_{3x} \\ e_{3y} \end{array} \right] \tag{14.55}$$

und sein Betrag zu

$$|\boldsymbol{f}| = \sqrt{\frac{e_{3x}^2 + e_{3y}^2}{e_{3t}^2}} = \sqrt{\frac{1 - e_{3t}^2}{e_{3t}^2}}. \tag{14.56}$$

Verteilte räumliche Strukturen und nichtkonstante Bewegung. Hier sind alle drei Eigenwerte größer als null, und der Rang des Tensors ist drei:

$$\lambda_1, \lambda_2, \lambda_3 > 0. \tag{14.57}$$

In diesem Fall kann der optische Fluss nicht sinnvoll berechnet werden.

Nach dieser detaillierten Klassifizierung wenden wir uns der Frage zu, welche drei von der Geschwindigkeit und der räumlichen Orientierung der Grauwertparameter unabhängigen rotationsinvarianten Parameter zur Beschreibung der Struktur aus dem Strukturtensor extrahiert werden können.

Bestimmtheitsmaß. Der erste Parameter ist sicher wieder ein Bestimmtheitsmaß, welches ein Maß für die Grauwertänderungen ist. Es bestehen die zwei Möglichkeiten, entweder das mittlere Quadrat des räumlichen Gradienten (Spur des oberen 2×2-Teiltensors) oder das mittlere Quadrat des Orts/Zeit-Gradienten zu wählen. Aus praktischen Gründen ist das mittlere Quadrat des räumlichen Gradienten vorzuziehen, da der räumliche Gradient sich in einer Sequenz nicht verändert, wenn die Geschwindigkeit zunimmt. Das mittlere Quadrat des Orts/Zeit-Gradienten dagegen wächst mit zunehmender Geschwindigkeit, da größere zeitliche Gradienten addiert werden. Daher ist überraschenderweise das mittlere Quadrat des Raumgradienten das bessere Bestimmtheitsmaß:

$$c_c = \overline{g_x g_x} + \overline{g_y g_y}. \tag{14.58}$$

Räumliches Kohärenzmaß. Als zweites Maß verwenden wir die bereits aus der Analyse lokaler Nachbarschaften bekannte Kohärenz (Abschn. 13.3.4) und bezeichnen es als räumliches Kohärenzmaß:

$$c_s = \frac{(\overline{g_x g_x} - \overline{g_y g_y})^2 + 4\overline{g_x g_y}^2}{(\overline{g_x g_x} + \overline{g_y g_y})^2}. \tag{14.59}$$

Sein Wert liegt zwischen null und eins und gibt an, ob nur der normale optische Fluss oder beide Komponenten des optischen Flusses bestimmt werden können.

Totales Kohärenzmaß. Schließlich benötigen wir ein zusätzliches Maß, das uns sagt, ob wir es mit einer lokalen Nachbarschaft mit konstanter Geschwindigkeit zu tun haben. Es sollte von der räumlichen Kohärenz unabhängig sein. Das folgende Maß, das den größten und den kleinsten Eigenwert verwendet, erfüllt diese Bedingung:

$$c_t = \left(\frac{\lambda_1 - \lambda_3}{\lambda_1 + \lambda_3}\right)^2. \tag{14.60}$$

Das totale Kohärenzmaß ist eins, sobald der Eigenwert λ_3 null ist. Die beiden übrigen Eigenwerte können dann jeden beliebigen anderen Wert annehmen. Die totale Kohärenz geht gegen null, wenn alle drei Eigenwerte gleich sind. Im Gegensatz zu den anderen beiden Maßen c_c und c_s erfordert die totale Kohärenz eine Eigenwertanalyse, da der kleinste und der größte Eigenwert für die Berechnung notwendig sind.

Bei der Interpretation des Maßes ist folgender Sonderfall zu beachten: Das totale Kohärenzmaß ist auch eins bei einem räumlich orientierten Muster und einer nicht konstanten Bewegung. Dieser Fall kann jedoch aus der Tatsache erkannt werden, dass dann sowohl die räumliche als auch die totale Kohärenz eins sind, aber nur ein Eigenwert null ist. Ein weiteres einfaches Kriterium ist, dass der Eigenvektor des Eigenwertes null dann in der xy-Ebene liegt. Daraus ergibt sich, dass $e_{33} = 0$, und wir erhalten nach (14.55) einen unendlichen Wert für den optischen Flussvektor.

14.5 Differentielle Methoden zweiter Ordnung‡

14.5.1 Grundlagen‡

Die differentielle Methode erster Ordnung hat das grundlegende Problem, dass mit der Kontinuität des optischen Flusses nur eine Bedingung für die beiden unbekannten Komponenten des optischen Flusses vorliegt (Abschn. 14.3.1). Bisher konnten wir dieses Defizit nur dadurch wettmachen, dass wir die Geschwindigkeit in einer Nachbarschaft als konstant betrachtet haben und dadurch diese zur Bestimmung des optischen Flusses heranziehen konnten (Abschn. 14.3.2).

Ein anderes Vorgehen ist es, mehr als ein Eigenschaftsbild oder Mehrkanalbilder zu benutzen. Damit haben wir zwei oder mehr unabhängige Bedingungen an einem Punkt und sind damit in der Lage, beide Komponenten des optischen Flusses lokal zu bestimmen. Der entscheidende Punkt ist jedoch, dass wirklich zusätzliche Information eingebracht wird. Es hilft nicht, wenn die neue Bedingung mit schon vorhandenen korreliert ist.

Auf diesem Wege kommen wir zu einer wichtigen Verallgemeinerung der differentiellen Methode. Wir können jede beliebige Vorverarbeitung auf Bildsequenzen anwenden oder beliebige Eigenschaften extrahieren und darauf die bisher diskutierten Methoden anwenden. Wenn die Kontinuität des optischen Flusses im Originalbild erhalten ist, so gilt dies auch für jedes abgeleitete Eigenschaftsbild. Wir können dabei sowohl nichtlineare Punktoperationen als auch Nachbarschaftsoperationen anwenden.

14.5.2 Direke Lösung zweiter Ordnung‡

Wir diskutieren zuerst die Methode von Girosi et al. [58]. Er wendete die Kontinuität des optischen Flusses auf zwei Eigenschaftsbilder an, nämlich die horizontale und vertikale räumliche Ableitung:

$$\begin{aligned} f\nabla g_x + g_{xt} &= 0 \\ f\nabla g_y + g_{yt} &= 0. \end{aligned}$$

(14.61)

Daraus ergibt sich eine differentielle Methode zweiter Ordnung mit der Lösung

$$\boldsymbol{f} = -\boldsymbol{H}^{-1}\boldsymbol{\nabla} g_t \quad \text{falls} \quad \det \boldsymbol{H} \neq 0, \tag{14.62}$$

wobei $\boldsymbol{H}$ die *Hesse-Matrix* ist, wie sie in (12.4) definiert wurde.

14.5.3 Lösung mit Mehrkanalbildern[‡]

Wenn wir auch die normale Kontinuitätsgleichung für den optischen Fluss ergänzen, ergibt sich folgendes überbestimmtes Gleichungssystem mit drei Gleichungen und zwei Unbekannten:

$$\begin{bmatrix} g_x & g_y \\ g_{xx} & g_{xy} \\ g_{xy} & g_{yy} \end{bmatrix} \begin{bmatrix} f_1 \\ f_2 \end{bmatrix} = - \begin{bmatrix} g_t \\ g_{xt} \\ g_{yt} \end{bmatrix}. \tag{14.63}$$

In diesem Zusammenhang sind auch Bilder, die mit verschiedenen Sensoren aufgenommen werden, eine vielversprechende Methode. Markandey und Flinchbaugh [131] benutzten z. B. multispektrale Bilder, aufgenommen im Sichtbaren und im Infraroten. Bildsequenzanalyse von Szenen, die mit Lichtquellen aus unterschiedlichen Richtungen beleuchtet wurden, sind von Woodham [218] untersucht worden. Diese Vorgehensweise ist besonders interessant, da damit direkte Reflexe von glänzenden Oberflächen detektiert werden können, und damit eine wichtige Quelle von Fehlern ausgeschlossen werden kann.

14.5.4 Differentialgeometrische Modellierung[‡]

Die Diskussion in den vorangegangenen Abschnitten hat gezeigt, dass die räumliche Struktur der Grauwerte die Bewegung bestimmt. Diese grundlegende Tatsache wird beim bisherigen Ansatz nicht angemessen berücksichtigt, da er sich lediglich auf räumliche Ableitungen erster Ordnung stützt. Differentielle Methoden zweiter Ordnung erlauben eine direkte, lokale Lösung unter der Voraussetzung, dass die Hesse-Matrix invertiert werden kann (14.61). In diesem Abschnitt betrachten wir die differentiellen Methoden unter dem Gesichtspunkt der *Differentialgeometrie*. Wir nehmen an, dass sich die Grauwertstrukturen in zwei aufeinanderfolgenden Bildern nur durch eine lokal konstante Verschiebung $\boldsymbol{s}$ unterscheiden:

$$g\left(\boldsymbol{x} - 1/2\boldsymbol{s}, t_1\right) = g\left(\boldsymbol{x} + 1/2\boldsymbol{s}, t_2\right). \tag{14.64}$$

Dieser Ansatz enthält eine andere Formulierung der Kontinuitätsgleichung unter der Annahme, dass lokal nur eine Translation des Bildes stattfindet unter Vernachlässigung jeglicher Rotationen oder Deformationen von Oberflächenelementen. Wir gehen also davon aus, dass sich das Geschwindigkeitsfeld in einer kleinen Nachbarschaft nicht ändert. Aus Symmetriegründen verteilen wir die Verschiebung gleichmäßig über die beiden Bilder. Unter der Voraussetzung, dass der Verschiebungsvektor $\boldsymbol{s}$ und die Größe des Oberflächenelements klein ist, können wir die Grauwerte im Punkt $\boldsymbol{x} = \boldsymbol{0}$ in eine Taylorreihe entwickeln. Zunächst betrachten wir eine Entwicklung erster Ordnung, d. h., wir approximieren die Grauwertverteilung mit einer *Ebene*:

$$g\left(\boldsymbol{x} \pm 1/2\boldsymbol{s}\right) = g_0 + \boldsymbol{\nabla} g \cdot \left(\boldsymbol{x} \pm 1/2\boldsymbol{s}\right). \tag{14.65}$$

Die Ebenen beider Bilder unterscheiden sich nur durch die Verschiebung s. Wir sortieren die Terme in (14.65) nach zunehmender Potenz von x, um einen Koeffizientenvergleich durchführen zu können:

$$g\,(x \pm 1/2s) = \underbrace{g_0 \pm 1/2 \nabla g\,s}_{\text{Offset}} + \underbrace{\nabla g}_{\text{Steigung}}\,x. \qquad (14.66)$$

Die ersten zwei Terme enthalten den Offset und der dritte die Steigung der Ebene. Nun können wir die Verschiebung $s = (p,q)^T$ aus der Bedingung ableiten, dass beide Ebenen identisch sein müssen. Also müssen auch die beiden Koeffizienten identisch sein, und wir erhalten zwei Gleichungen:

$$
\begin{aligned}
g_0(t_1) - g_0(t_2) &= 1/2\,(\nabla g(t_1) + \nabla g(t_2))\,s, \\
\nabla g(t_1) &= \nabla g(t_2).
\end{aligned}
\qquad (14.67)
$$

Die zweite Gleichung besagt, dass der Gradient in beiden Bildern gleich sein muss. Andernfalls wäre ein Ebenenfit der räumlichen Grauwerte auch keine sinnvolle Darstellung. Die erste Gleichung entspricht der Kontinuität des optischen Flusses (14.9). In (14.67) ist nur die zeitliche Ableitung bereits diskret als Differenz der mittleren Grauwerte beider Bilder ausgedrückt. Daher ist der Gradient durch den mittleren Gradienten in beiden Bildern ersetzt. Zusätzlich verwenden wir das Verschiebungsvektorfeld (VVF) s anstelle des optischen Flusses f. Wie erwartet, ergibt ein Ebenenfit der Grauwertverteilung nichts Neues. Immer noch können wir die Geschwindigkeitskomponente lediglich in Richtung des Grauwertgradienten bestimmen. Daher müssen wir (14.64) in eine Taylorreihe zweiter Ordnung entwickeln und erhalten

$$
\begin{aligned}
g\,(x \pm 1/2s) = \quad & g_0 \\
+ \quad & g_x \cdot (x \pm 1/2s_1) + g_y \cdot (y \pm 1/2s_2) \\
+ \quad & 1/2 g_{xx} \cdot (x \pm 1/2s_1)^2 + 1/2 g_{yy} \cdot (y \pm 1/2s_2)^2 \\
+ \quad & g_{xy} \cdot (x \pm 1/2s_1)\,(y \pm 1/2s_2).
\end{aligned}
$$

Nagel [141] führte eine ähnliche Modellierung der Grauwertgeometrie durch, indem er sie in eine Taylorreihe zweiter Ordnung expandierte. Er erhielt allerdings komplexe nichtlineare Gleichungen, die nur unter bestimmten Bedingungen einfach zu lösen sind. Diese Bedingungen nannte er *Grauwertecke* und *Grauwertextremum*. Der Grund für die unterschiedlichen Ergebnisse liegt im Lösungsansatz. Nagel verglich die Taylorreihen zweier Bilder im Sinne der Methode der kleinsten Quadrate, während hier ein direkter Koeffizientenvergleich durchgeführt wird.

Ein Vergleich der Koeffizienten des Fits zweiter Ordnung ergibt insgesamt sechs Gleichungen. Die quadratischen Terme ergeben drei Gleichungen, die besagen, dass alle räumlichen Ableitungen zweiter Ordnung in beiden Bildern übereinstimmen müssen:

$$
\begin{aligned}
g_{xx}(t_1) &= g_{xx}(t_2), \\
g_{yy}(t_1) &= g_{yy}(t_2), \\
g_{xy}(t_1) &= g_{xy}(t_2).
\end{aligned}
$$

Ist dies nicht der Fall, lässt sich entweder die Grauwertverteilung nicht adäquat durch eine Taylorreihe zweiter Ordnung beschreiben, oder die Voraussetzung einer konstanten Verschiebung in der Nachbarschaft ist nicht erfüllt. Der Koeffizientenvergleich der Terme nullter und erster Ordnung resultiert in den folgenden drei Gleichungen:

$$
\begin{aligned}
-(g_0(t_2) - g_0(t_1)) &= \tfrac{1}{2}\left(g_x(t_1) + g_x(t_2)\right) s_1 \\
&\quad + \tfrac{1}{2}\left(g_y(t_1) + g_y(t_2)\right) s_2, \\
-(g_x(t_2) - g_x(t_1)) &= g_{xx} s_1 + g_{xy} s_2, \\
-(g_y(t_2) - g_y(t_1)) &= g_{yy} s_2 + g_{xy} s_1.
\end{aligned}
\tag{14.69}
$$

Überraschenderweise liefert der Koeffizientenvergleich für die Terme nullter Ordnung (Offset) das gleiche Ergebnis wie der Ebenenfit (14.67). Das bedeutet, dass das VVF durch einen einfachen Ebenenfit korrekt berechnet wird, selbst wenn die Grauwertverteilung nicht mehr durch eine Ebene wiedergegeben wird, sondern durch ein Polynom zweiter Ordnung.

Die beiden anderen Gleichungen können als ein einfaches lineares Gleichungssystem mit zwei Unbekannten geschrieben werden:

$$
\begin{bmatrix} g_{xx} & g_{xy} \\ g_{xy} & g_{yy} \end{bmatrix}
\begin{bmatrix} s_1 \\ s_2 \end{bmatrix}
= -\begin{bmatrix} g_x(t_2) - g_x(t_1) \\ g_y(t_2) - g_y(t_1) \end{bmatrix}.
\tag{14.70}
$$

Die 2×2-Matrix auf der linken Seite lässt sich leicht invertieren, falls $g_{xx} g_{yy} - (g_{xy})^2$ nicht verschwindet. Aus diesem Grund ist es möglich, die Verschiebung zwischen zwei Bildern aus einer lokalen Nachbarschaft abzuschätzen, wenn wir die *Krümmung* der Grauwertverteilung berücksichtigen. Bisher haben wir die Bedingungen, die eine Grauwertverteilung erfüllen muss, damit (14.69) umkehrbar wird, noch nicht besprochen. Diese Bedingungen sind gegeben, wenn entweder ein *Grauwertextremum* oder eine *Grauwertecke* vorliegt. Wie bereits erwähnt, wurden diese Begriffe durch Nagel [141] geprägt. In einem Grauwertextremum (und ebenfalls in einem Sattelpunkt) sind die beiden Hauptkrümmungen ungleich null. Dann ist (14.70) lösbar. An einer Grauwertecke ist nur eine Hauptkrümmung null, nicht jedoch der Gradient in dieser Richtung. Daher kann die erste und zweite Gleichung aus (14.69) zur Bestimmung beider Komponenten des optischen Flussvektors verwendet werden.

Für die differentialgeometrische Methode ist keine Glättung erforderlich, da Ableitungen zweiter Ordnung nur an einem Punkt verwendet werden. Trotzdem wird für eine stabilere Abschätzung der Ableitungen oft eine Glättung des Bildes angewandt. Da Faltungsoperationen kommutativ sind, kann diese Glättung auch nach Berechnung der Ableitungen durchgeführt werden.

Die Differenz der räumlichen Ableitungen erster Ordnung in den Bildern zum Zeitpunkt t_2 und t_1 in (14.70) ist eine diskrete Näherung für eine zeitliche Ableitung, die durch einen zeitlichen Ableitungsoperator ersetzt werden kann. Dann muss auch der Verschiebungsvektor durch den optischen Flussvektor ersetzt werden. Damit erhalten wir schließlich die folgende kontinuierliche Formulierung des differentialgeometrischen Verfahrens:

$$
\begin{bmatrix} \overline{g_{xx}} & \overline{g_{xy}} \\ \overline{g_{xy}} & \overline{g_{yy}} \end{bmatrix}
\begin{bmatrix} f_1 \\ f_2 \end{bmatrix}
= -\begin{bmatrix} \overline{g_{xt}} \\ \overline{g_{yt}} \end{bmatrix}.
\tag{14.71}
$$

14.6 Korrelationsmethode

14.6.1 Grundlagen

Wie die differentielle Methode hat auch die Korrelationsmethode ihren Ursprung in einer Analyse der Verschiebung zwischen zwei aufeinanderfolgenden Bildern. Um ein charakteristisches Merkmal aus dem ersten Bild im zweiten zu finden, verwenden wir das erste Bild $g(t_1) = g_1$ und vergleichen es mit dem zweiten verschobenen Bild $g(t_2) = g_2$ innerhalb eines bestimmten Suchbereichs. In diesem Bereich suchen wir nach der Position der optimalen Ähnlichkeit zwischen den beiden Bildern. Wann betrachten wir zwei Merkmale als gleich? Das Ähnlichkeitsmaß sollte unempfindlich gegenüber Beleuchtungsänderungen sein. Wir betrachten also zwei räumliche Muster als gleich, wenn sie sich nur um einen konstanten Faktor α unterscheiden, der die Beleuchtungsunterschiede wiedergibt. In der Sprache der Vektorräume bedeutet dies, dass die beiden Merkmalsvektoren g_1 und g_2 parallel sind. Das ist genau dann der Fall, wenn in der *Cauchy-Schwarz-Ungleichung* Gleichheit auftritt:

$$\left| \int_{-\infty}^{\infty} g_1(\boldsymbol{x}) g_2(\boldsymbol{x} - \boldsymbol{s}) \mathrm{d}^2 x \right|^2 \leq \int_{-\infty}^{\infty} g_1^2(\boldsymbol{x}) \mathrm{d}^2 x \int_{-\infty}^{\infty} g_2^2(\boldsymbol{x} - \boldsymbol{s}) \mathrm{d}^2 x. \quad (14.72)$$

Anders ausgedrückt, wir müssen den *Kreuzkorrelationskoeffizienten* maximieren:

$$r(\boldsymbol{s}) = \frac{\displaystyle\int_{-\infty}^{\infty} g_1(\boldsymbol{x}) g_2(\boldsymbol{x} - \boldsymbol{s}) \mathrm{d}^2 x}{\left(\displaystyle\int_{-\infty}^{\infty} g_1^2(\boldsymbol{x}) \mathrm{d}^2 x \int_{-\infty}^{\infty} g_2^2(\boldsymbol{x} - \boldsymbol{s}) \mathrm{d}^2 x \right)^{1/2}}. \quad (14.73)$$

Der Kreuzkorrelationskoeffizient ist ein nützliches Ähnlichkeitsmaß. Er ist null bei völlig ungleichen (orthogonalen) Mustern und erreicht einen Maximalwert von eins bei gleichen Merkmalen.

Ähnlich wie bei der differentiellen Methode (Abschn. 14.3) kann die Korrelationsmethode als Kombination von Faltungs- und Punktoperationen durchgeführt werden. Der erste Schritt ist wieder die Einführung einer Fensterfunktion w in die Definition des Kreuzkorrelationskoeffizienten. Dieses Fenster wird über das Bild bewegt, um den lokalen Kreuzkorrelationskoeffizienten zu berechnen. Gleichung (14.73) wird dann zu

$$r(\boldsymbol{x}, \boldsymbol{s}) = \frac{\displaystyle\int_{-\infty}^{\infty} w(\boldsymbol{x} - \boldsymbol{x}') g_1(\boldsymbol{x}') g_2(\boldsymbol{x}' - \boldsymbol{s}) \mathrm{d}^2 x'}{\left(\displaystyle\int_{-\infty}^{\infty} w(\boldsymbol{x} - \boldsymbol{x}') g_1^2(\boldsymbol{x}') \mathrm{d}^2 x' \int_{-\infty}^{\infty} w(\boldsymbol{x} - \boldsymbol{x}') g_2^2(\boldsymbol{x}' - \boldsymbol{s}) \mathrm{d}^2 x' \right)^{1/2}}. \quad (14.74)$$

Der resultierende Kreuzkorrelationskoeffizient ist eine vierdimensionale Funktion, die von der Position im Bild x und der Verschiebung s abhängt.

14.6.2   Schnelle iterative Maximumsuche

Die Korrelationsmethode ist in der bislang vorgestellten Form eine sehr rechenaufwendige Operation. Wir können sie beträchtlich beschleunigen, wenn wir die Berechnung auf einen schnellen Ansatz zur Suche nach der Position des Maximums von r beschränken, da dies alles ist, was uns interessiert.

Eine Möglichkeit zur direkten Berechnung der Position des Maximums ist die Näherung der Kreuzkorrelationsfunktion durch eine Taylorreihe. Wir entwickeln also den Kreuzkorrelationskoeffizienten an der Position des Maximums $\check{s}$ in eine Taylorreihe zweiter Ordnung:

$$
\begin{aligned}
r(s) \quad &\approx \quad r(\check{s}) + \tfrac{1}{2} r_{xx}(\check{s})(s_1 - \check{s}_1)^2 + \tfrac{1}{2} r_{yy}(\check{s})(s_2 - \check{s}_2)^2 \\
&\quad + r_{xy}(\check{s})(s_1 - \check{s}_1)(s_2 - \check{s}_2) \qquad\qquad (14.75) \\
&= \quad r(\check{s}) + \tfrac{1}{2}(s - \check{s})^T H(\check{s})(s - \check{s}),
\end{aligned}
$$

wobei H die in (12.4) definierte Hesse-Matrix ist. Wir wissen die Position des maximalen Korrelationskoeffizienten nicht. Daher nehmen wir an, dass die Ableitungen zweiter Ordnung in der Nähe des Maximums konstant sind und berechnen das Maximum aus der Position der vorangegangenen Iteration $s^{(i)}$. Falls wir keine andere Information haben, setzen wir unsere initiale Schätzung auf null: $s^{(0)} = 0$. Solange wir noch nicht die Position des maximalen Korrelationskoeffizienten gefunden haben, wird die erste Ableitung bei $s^{(i)}$ noch nicht verschwinden und kann aus (14.75) berechnet werden:

$$
\nabla r(s^{(i)}) = H(s^{(i)})(s^{(i)} - \check{s}). \qquad\qquad (14.76)
$$

Unter der Annahme, dass die Hesse-Matrix invertierbar ist, erhalten wir daraus folgende Iteration:

$$
s^{(i+1)} = s^{(i)} - H^{-1}(s^{(i)})\nabla r(s^{(i)}) \quad \text{mit} \quad s^{(0)} = 0. \qquad (14.77)
$$

Diese Art der Iteration ist als Newton-Raphson-Iteration bekannt [156]. Um die Verschiebung zu berechnen, müssen wir also nur die ersten und zweiten Ableitungen des Kreuzkorrelationskoeffizienten berechnen.

14.6.3   Bewertung und Vergleich

Im Gegensatz zu den differentiellen Methoden, die auf der Kontinuität des optischen Flusses basieren, erlaubt der Korrelationsansatz Veränderungen der Lichtintensität zwischen den beiden Bildern insofern, dass die Beleuchtung innerhalb eines gewählten Fensters global unterschiedlich sein kann. Dadurch sind Techniken, die auf der Korrelationsmethode basieren, sehr hilfreich für einen Sonderfall der Bewegungsanalyse, nämlich die Verarbeitung von Stereobildern, bei denen zwischen dem linken und dem rechten Bild wegen der zwei unterschiedlichen verwendeten Kameras immer geringe Intensitätsvariationen auftreten. Tatsächlich ist die im vorigen Abschnitt beschriebene schnelle Suche nach Maxima der Standardansatz zur Bestimmung der Disparität von Stereobildern. Quam [158] verwendet diese Methode zusammen mit einer Grob-zu-fein-Strategie und Nishihara [146] in einer modifizierten Version mit dem Vorzeichen des Laplacian-of-Gaussian-Filters als Merkmal. Nishihara berichtet eine Genauigkeit von etwa 0,1 Bildpunkten für kleine Verschiebungen. Gelles et al. [57] können mit der Korrelationsmethode Bewegungen in Zellen mit einer Präzision von etwa 0,02 Bildpunkten bestimmen. Allerdings benutzen sie einen aufwendigeren Ansatz durch Berechnung des Zentroids der Kreuzkorrelationsfunktion. Der modelladaptierte Ansatz von Diehl und Burkhardt [37] kann als erweiterte Korrelationsmethode angesehen werden, da er auch Rotation und andere Bewegungsformen zulässt. Aufgrund der nichtlinearen Parameter ist ein iterativer Ansatz erforderlich.

Die Korrelationsmethode unterscheidet sich von allen anderen in diesem Buch diskutierten Methoden zur Bewegungsbestimmung, weil ihr Konzept auf dem Vergleich von nur zwei Bildern basiert. Selbst wenn wir die Korrelationsmethode durch mehrere Korrelationen auf mehr als zwei Bilder ausdehnen, bleibt sie ein Ansatz mit einem diskreten Zeitschritt, dem die Eleganz der anderen Methoden fehlt, die im kontinuierlichen Raum formuliert werden können. Ein weiterer Nachteil der Korrelationsmethode ist der hohe Rechenaufwand.

14.7 Phasenmethode‡

14.7.1 Grundlagen‡

Mit Ausnahme der rechenaufwendigen Korrelationsmethode reagieren alle anderen Methoden, die den optischen Fluss berechnen, mehr oder weniger empfindlich auf zeitliche Änderungen der Beleuchtung. Es stellt sich damit die Frage, ob wir statt dem Grauwert selbst ein anderes Merkmal benutzen können, das unempfindlicher gegenüber Beleuchtungsänderungen ist, aber immer noch die wesentliche Bildinformation enthält. Fleet und Jepson [50] und Fleet [47] schlagen vor, die Phase für die Berechnung des optischen Flusses zu verwenden. Wir haben die kritische Rolle der Phase bereits in Abschn. 2.3.6 und 13.4.1 besprochen. In Abschn. 2.3.6 wurde gezeigt, dass die Phase der Fouriertransformierten eines Signals die entscheidende Information trägt. Ein Bild ist immer noch zu erkennen, wenn die Amplitudeninformation verloren ist, nicht jedoch, wenn die Phase fehlt [124]. In unserem Zusammenhang ist nun wichtig, dass die globale Beleuchtung nur die Amplitude eines Signals beeinflusst, nicht jedoch seine Phase.

Als Einführung in die Phasenmethode betrachten wir eine ebene 1D-Welle mit der Wellenzahl k und der Kreisfrequenz ω, die sich mit einer Phasengeschwindigkeit von $u = \omega/k$ vorwärts bewegt:

$$g(x,t) = g_0 \exp[-i(\phi(x,t))] = g_0 \exp[-i(kx - \omega t)]. \qquad (14.78)$$

Die Position und damit auch die Verschiebung wird durch die *Phase* bestimmt. Die Phase hängt sowohl von der räumlichen als auch der zeitlichen Koordinate ab. Bei einer ebenen Welle variiert die Phase linear in Zeit und Raum:

$$\phi(x,t) = kx - \omega t = kx - ukt, \qquad (14.79)$$

wobei k die Wellenzahl ist und ω die Frequenz der Welle. Die Berechnung der zeitlichen und räumlichen Ableitungen der Phase, d. h. des Gradienten im Orts/Zeit-Raum, liefert sowohl die Wellenzahl als auch die Frequenz der sich bewegenden periodischen Strukturen:

$$\nabla_{xt}\phi = \left[\begin{array}{c} \phi_x \\ \phi_t \end{array} \right] = \left[\begin{array}{c} k \\ -\omega \end{array} \right]. \qquad (14.80)$$

Die Geschwindigkeit ergibt sich dann als das Verhältnis der Frequenz zur Wellenzahl:

$$u = \frac{\omega}{k} = -\partial_t\phi / \partial_x\phi . \qquad (14.81)$$

Diese Formel ist der auf dem optischen Fluss basierenden Schätzung (14.11) sehr ähnlich. In beiden Fällen ist die Geschwindigkeit als Verhältnis der zeitlichen und räumlichen Ableitungen ausgedrückt.

Die direkte Berechnung der partiellen Ableitungen aus dem Phasensignal ist wegen der dem Phasensignal eigenen Diskontinuität nicht ratsam (Beschränkung auf das Hauptintervall $[-\pi, \pi[$. Wie bereits in Abschn. 13.4.6 diskutiert, ist es möglich, die Phasengradienten direkt aus dem Ergebnis eines Quadraturfilterpaars zu berechnen. Bezeichnen wir das Quadraturfilterpaar mit $q_+(x,t)$ und $q_-(x,t)$, ergibt sich der Orts/Zeit-Phasengradient aus (vgl. (13.65))

$$\nabla_{xt}\phi(x,t) = \frac{q_+(x,t)\,\nabla_{xt}q_-(x,t) - q_-(x,t)\,\nabla_{xt}q_+(x,t)}{q_+^2(x,t) + q_-^2(x,t)}. \qquad (14.82)$$

Mit (14.81) ist der aus der Phase berechnete optische Fluss

$$f = -\frac{q_+\,\partial_t q_- - q_-\,\partial_t q_+}{q_+\,\partial_x q_- - q_-\,\partial_x q_+}. \qquad (14.83)$$

14.7.2 Bewertung und Vergleich[‡]

Zunächst scheint die Phasenmethode nichts Neues zu bieten. Der Ersatz des Grauwerts durch die Phase ist jedoch eine deutliche Verbesserung, weil die Phase viel weniger als der Grauwert selbst von der Beleuchtung abhängt. Verwenden wir nur das Phasensignal, kann sich die Amplitude der Grauwertvariationen verändern, ohne dass Geschwindigkeitsschätzungen überhaupt beeinträchtigt werden.

Bisher haben wir nur eine ideale periodische Grauwertstruktur betrachtet. Im allgemeinen setzen sich Bilder jedoch aus Grauwertstrukturen mit unterschiedlichen Wellenzahlen zusammen, aus denen wir keine sinnvollen Phasenschätzungen erhalten können. Also müssen wir das Bild in einzelne Wellenzahlbereiche zerlegen. Dies impliziert, dass die Phasenmethode nicht für zweidimensionale Verschiebungen geeignet ist, sondern im wesentlichen ein 1D-Konzept darstellt, welches Bewegung einer linear orientierten Struktur, z. B. einer ebenen Welle, in Richtung ihrer Grauwertgradienten misst. Aus dieser Tatsache leiten Fleet und Jepson [49] ein neues Paradigma der Bewegungsanalyse ab. Das Bild wird mit direktionalen Filtern zerlegt, und in jeder der Komponenten wird die *Normalengeschwindigkeit* bestimmt. Das zweidimensionale Bewegungsfeld wird dann aus diesen Normalengeschwindigkeiten zusammengesetzt. Dieser Ansatz hat den Vorteil, dass die Zusammensetzung zu einem vollständigen Bewegungsfeld in einen zweiten Verarbeitungsschritt verlegt wird, der an die im Bild auftretende Bewegungsform angepasst werden kann. Daher können mit diesem Ansatz auch komplexere Fälle wie die Überlagerungen transparenter Objekte gehandhabt werden.

Fleet und Jepson [49] verwenden einen Satz von *Gaborfiltern* (Abschn. 13.4.5) mit einer Winkelauflösung von 30° und einer Bandbreite von 0,8 Oktaven für die gerichtete Bandpasszerlegung. Alternativ können eine Bandpasszerlegung und *Hilbertfilter* (Abschn. 13.4.2) verwendet werden. Die Motivation für diese Idee stammt aus der Tatsache, dass die Zerlegung mit einem Satz von Gaborfiltern, wie von Fleet und Jepson vorgeschlagen, keine einfache Rekonstruktion des Originalbildes ermöglicht. Die gaborzerlegten Teilbilder addieren sich nicht exakt zum Originalbild. Die resultierende Transferfunktion besitzt vielmehr eine beträchtliche Welligkeit, wie Riemer [168] zeigt.

Eine Bandpasszerlegung mit zum Beispiel einer Laplacepyramide [20, 21] hat nicht diesen Nachteil (Abschn. 5.3.3). Zusätzlich ist sie vom Rechenaufwand her effizienter. Andererseits stehen wir dem Problem gegenüber, dass wir keine gerichtete Zerlegung erhalten. Jähne [86, 87] zeigt, wie das Konzept der Laplacepyramide effizient zu einer *pyramidalen Richtungszerlegung* erweitert werden kann. Jede Ebene der Pyramide wird weiter in zwei oder vier gerichtete Komponenten zerlegt, die sich direkt zu den zugehörigen isotrop gefilterten Pyramidenebenen addieren (siehe auch Abschn. 5.3.4).

14.7.3 Vom normalen Fluss zum 2D-Fluss‡

Da die Phasenmethode lediglich den optischen Fluss senkrecht zur Richtung der herausgefilterten Strukturen liefert, brauchen wir eine Technik zur Bestimmung des zweidimensionalen optischen Flusses aus dem normalen Fluss. Die grundlegende Beziehung zwischen beiden Flüssen ist wie folgt. Wir nehmen an, dass $f_\perp$ ein normaler Flussvektor ist. Er ist das Ergebnis der Projektion des 2D-Flussvektors f in die Richtung des normalen Flusses. Dann können wir schreiben:

$$f_\perp = \bar{f}_\perp f, \tag{14.84}$$

wobei $f_\perp$ ein Einheitsvektor in Richtung des normalen Flusses ist. Aus (14.84) ist offensichtlich, dass wir den unbekannten zweidimensionalen optischen Fluss über die Methode der kleinsten Quadrate berechnen können, wenn uns mehr als

zwei Schätzwerte des normalen Flusses in unterschiedliche Richtungen vorliegen. Dieser Ansatz ergibt auf ähnliche Weise wie in Abschn. 14.3.2 das folgende
lineare Gleichungssystem:

$$
\begin{bmatrix} \overline{\bar{f}_{\perp x}\bar{f}_{\perp x}} & \overline{\bar{f}_{\perp x}\bar{f}_{\perp y}} \\ \overline{\bar{f}_{\perp x}\bar{f}_{\perp y}} & \overline{\bar{f}_{\perp y}\bar{f}_{\perp y}} \end{bmatrix} \begin{bmatrix} f_x \\ f_y \end{bmatrix} = \begin{bmatrix} \overline{\bar{f}_{\perp x}f_{\perp}} \\ \overline{\bar{f}_{\perp y}f_{\perp}} \end{bmatrix}
\tag{14.85}
$$

mit

$$
\overline{\bar{f}_{\perp p}\bar{f}_{\perp q}} = \int w(\boldsymbol{x}-\boldsymbol{x}',t-t')\bar{f}_{\perp p}\bar{f}_{\perp q}\mathrm{d}^2x'\mathrm{d}t'
\tag{14.86}
$$

und

$$
\overline{\bar{f}_{\perp p}\bar{f}_{\perp}} = \int w(\boldsymbol{x}-\boldsymbol{x}',t-t')\bar{f}_{\perp p}f_{\perp}\mathrm{d}^2x'\mathrm{d}t'.
\tag{14.87}
$$

14.8   Literaturhinweise zur Vertiefung[‡]

Zur Bewegungsanalyse gibt es die folgenden Mongraphien: Singh [187], Fleet
[48] und Jähne [88]. Einen guten Überblick verschaffen auch die Artikel von Beauchemin und Barron [7] und Jähne und Haußecker [90, Chapter 10]. Letzterer
beinhaltet auch die Schätzung von Bewegungsfeldern höherer Ordnung. Leser,
die sich für die visuelle Detektion von Bewegung in biologischen Systemen interessieren, seien auf die Monographie von Smith und Snowden [188] verwiesen.
Die Erweiterung der Bewegungsanalyse auf Parameter dynamischer Prozesse
und Beleuchtungsänderungen ist in Haußecker und Fleet [72] und Haußecker
[71] beschrieben.

15 Textur

15.1 Einführung

In Kapitel 11 und 12 haben wir Glättung und Kantendetektion besprochen und in Kapitel 13 einfache Nachbarschaften. Nun werden wir diese wichtigen Bausteine verwenden und erweitern, um komplexe Muster, die in der Bildverarbeitung als *Textur* bezeichnet werden, zu analysieren. Solche Muster machen den Unterschied zwischen einer künstlichen Objektwelt, deren Oberflächen lediglich durch Farb- und Reflexionseigenschaften gekennzeichnet sind, und realen Bildern aus.

Wir können Muster mit unserem Sehsystem leicht erkennen und voneinander unterscheiden (Abb. 15.1). Sehr viel schwieriger ist die Charakterisierung und Unterscheidung der eher „diffusen" Größen einer Textur mit exakt definierten Parametern, die es einem Computer ermöglichen, diese Aufgabe durchzuführen.

In diesem Kapitel werden wir systematisch Operatoren zur Analyse und Unterscheidung von Mustern untersuchen. Mit Hilfe dieser Operatoren lassen sich selbst komplexe Muster mit wenigen, jedoch charakteristischen Größen beschreiben. Dabei reduzieren wir das Problem der Mustererkennung auf die einfache Unterscheidung von Grauwerten.

Wie können wir eine Textur definieren? Ein beliebiges, über einen großen Bereich eines Bildes ausgedehntes Muster wird sicher nicht als Textur erkannt. Eine grundlegende Eigenschaft der Textur ist also das kleine elementare Muster, das sich periodisch oder quasiperiodisch im Raum wiederholt wie das Muster auf einer Tapete. Es genügt also, das kleine Grundmuster und die Wiederholungsregeln zu beschreiben. Letztere definieren die charakteristische Größe der Textur.

Die Texturanalyse lässt sich mit der Analyse von Festkörperstrukturen vergleichen, einem Forschungsbereich, den wir in der Festkörperphysik, in der Chemie und in der Mineralogie finden. Ein Festkörperphysiker beschäftigt sich mit den Wiederholungsmustern und der Verteilung von Atomen in der Elementarzelle. Die Texturanalyse wird durch die Tatsache verkompliziert, dass sowohl das Muster als auch die periodische Wiederholung signifikanten zufälligen Schwankungen unterliegen kann (Abb. 15.1).

Texturen können *hierarchisch* aufgebaut sein, d. h., sie können bei unterschiedlicher Vergrößerung sehr unterschiedlich aussehen. Ein schönes Beispiel ist die in Abb. 15.1a dargestellte Gardine. Bei der größten

B. Jähne, Digitale Bildverarbeitung
ISBN 3-540-41260-3

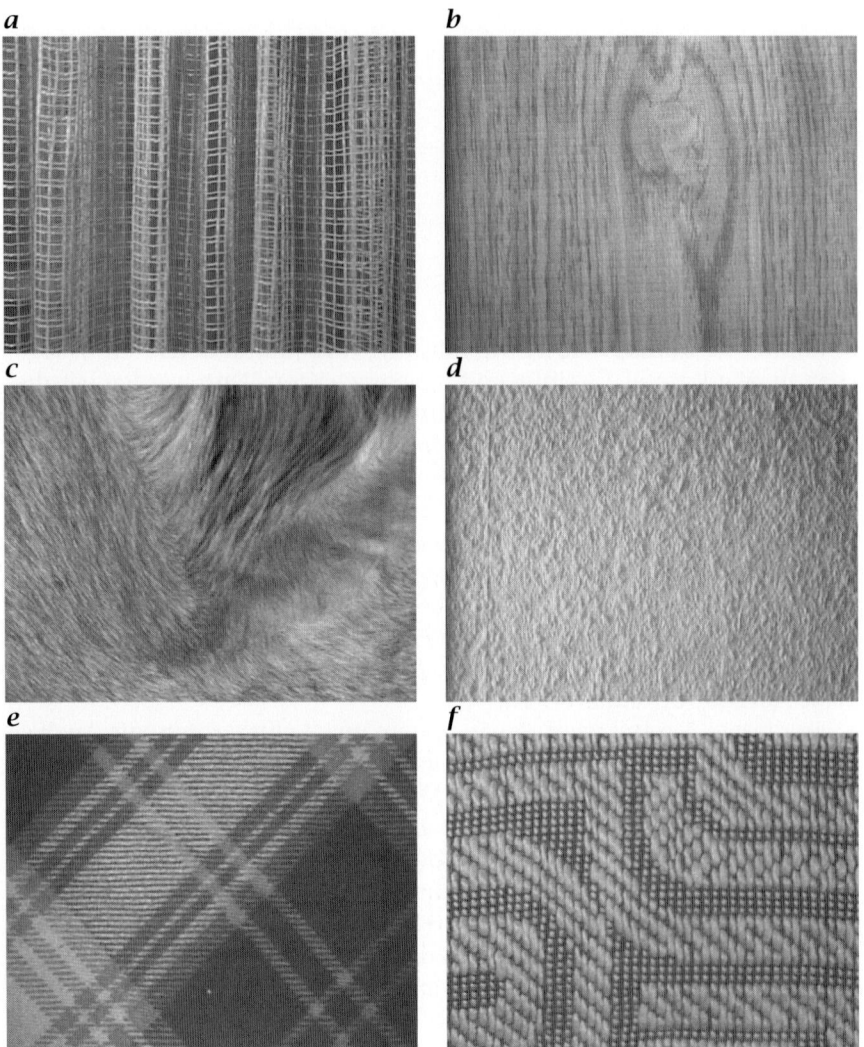

Abbildung 15.1: *Texturbeispiele:* **a** *Gardine;* **b** *Holz;* **c** *Hundefell;* **d** *Rauhfaser-tapete;* **e** *und* **f** *Stoff.*

Auflösung liegt unsere Aufmerksamkeit auf dem einzelnen Gewebefaden (Abb. 15.2a), und die charakteristische Größe ist die Dicke der Fäden, welche auch eine lokale Orientierung aufweisen. Bei der nächstgröberen Auflösung erkennen wir die Maschen des Gewebes (Abb. 15.2b) mit dem Maschendurchmesser als charakteristischer Größe. In dieser Ebene ist die lokale Orientierung gleichmäßig in alle Richtungen verteilt. Bei noch geringerer Vergrößerung erkennen wir die einzelnen Maschen nicht mehr, sondern nur noch die Falten des Vorhangs (Abb. 15.2c). Auch sie

a   b   c

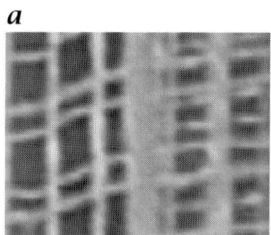 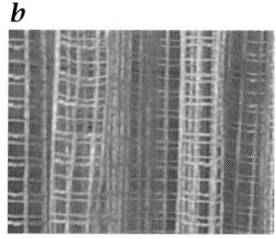 

Abbildung 15.2: *Hierarchische Organisation eines Musters, gezeigt am Beispiel der Gardine aus Abb. 15.1a durch Aufnahme in unterschiedlichen Auflösungen.*

werden durch eine eigene charakteristische Größe gekennzeichnet, die Faltendichte und ihre Orientierung. Diese Betrachtungen unterstreichen die Bedeutung der *mehrskaligen Texturanalyse*. Die an anderer Stelle in diesem Buch diskutierten mehrskaligen Datenstrukturen (Kapitel 5) sind also wesentlich für die Texturanalyse.

Bedingt durch die Aufgabenstellung, lassen sich die Texturparameter generell in zwei Klassen unterteilen. Die erste Klasse enthält die rotations- und größeninvarianten Parameter, die zweite dagegen die nicht rotations- und nicht größeninvarianten. Stellen wir uns eine typische industrielle oder wissenschaftliche Anwendung vor, bei der es darauf ankommt, zufällig in einem Bild orientierte Objekte zu erkennen. Es interessiert uns die Unterscheidung der Objekte voneinander, nicht die Orientierung der einzelnen Objekte. Texturparameter, die von der Orientierung abhängen, sind also uninteressant. Wir können sie zwar nutzen, aber nur, wenn die Objekte eine charakteristische Form haben, die es uns erlaubt, ihre Orientierung zu bestimmen. Ähnliche Argumente gelten für größeninvariante Eigenschaften. Befinden sich die interessierenden Objekte in unterschiedlichen Entfernungen von der Kamera, sollten die zu ihrer Erkennung verwendeten Texturparameter zusätzlich größeninvariant sein. Sind sie es nicht, ist die Objekterkennung abhängig von der Entfernung zur Kamera. Verändern sich jedoch die Textureigenschaften mit der Vergrößerung wie im Beispiel der Gardine in Abb. 15.1a gibt es überhaupt keine größeninvarianten Textureigenschaften. Damit wird die Verwendung von Mustern zur Objektcharakterisierung bei unterschiedlichen Entfernungen zu einer schwierigen Aufgabe.

In den bisherigen Beispielen haben uns mehr die Objekte selbst als ihre Orientierung im Raum interessiert. Die Oberflächenorientierung ist ein Schlüsselmerkmal in einer anderen Bildverarbeitungsaufgabe, nämlich der Rekonstruktion einer dreidimensionalen Szene. Wissen wir, dass die Oberfläche eines Objekts ein gleichmäßiges Muster hat, können wir Orientierung und Größe des Musters zur Analyse der Orientierung der Fläche im Raum verwenden. Dazu benötigen wir die charakteristischen Größen und Orientierungen der Textur.

Die Texturanalyse ist einer der Bereiche der Bildverarbeitung, bei dem es noch an Grundlagen fehlt. Dementsprechend finden wir in der Literatur viele unterschiedliche empirische und semiempirische Ansätze. Mit diesen Ansätzen werden wir uns hier nicht beschäftigen, sondern mit einer einfachen Methode, die aus elementaren Operatoren komplexe Texturoperatoren aufbaut.

Für die Texturanalyse benötigen wir nur vier fundamentale Texturoperatoren:

- *Mittelwert*,
- *Varianz*,
- *Orientierung* und
- *Größe*.

Diese Operatoren werden in unterschiedlichen Ebenen der Bildverarbeitungshierarchie angewandt. Haben wir z. B. die lokale Orientierung und Größe berechnet, können Mittelwert- und Varianzoperatoren wiederum angewandt werden, diesmal aber nicht, um Mittelwert und Varianz der Grauwerte, sondern der lokalen Orientierung und der lokalen Größe zu berechnen.

Die vier elementaren Texturoperatoren lassen sich in die oben erwähnten zwei Klassen aufteilen. Mittelwert und Varianz sind rotations- und größeninvariant, während die Operatoren Orientierung und Größe natürlich gerade die Orientierung bzw. die Größe bestimmen. Somit haben wir die wichtige Klassentrennung der Parameter bereits vollzogen. Die Bedeutung dieses Ansatzes liegt in der Einfachheit und Orthogonalität des Parametersatzes sowie in der Möglichkeit, ihn hierarchisch anzuwenden.

15.2 Statistik erster Ordnung

15.2.1 Grundlagen

Alle Texturparameter, die auf einer Statistik erster Ordnung, d. h. lokalen Grauwerthistogrammen beruhen, sind invariant gegenüber einer Permutation der Pixel. Daher hängen sie weder von der Orientierung noch der Größe der Objekte ab. Letzteres allerdings nur, solange feine Strukturen bei gröberen Auflösungen nicht verschwinden. Daher können wir diese Klasse von Texturparametern als rotations- und skaleninvariant betrachten.

Diese Invarianz der Statistik erster Ordnung gegenüber Pixelpermutationen hat jedoch auch einen gravierenden Nachteil. Texturen, die bei gleicher Verteilung der Grauwerte unterschiedliche räumliche Muster haben, können nicht unterschieden werden. Dazu ein einfaches Beispiel. Eine Textur mit gleich breiten weißen und schwarzen Streifen und eine Textur mit einem schwarz/weißen Schachbrettmuster haben die gleiche bimodale Grauwertverteilung bei völlig unterschiedlicher räumlicher Struktur der Muster.

Daher können viele Texturen anhand von Parametern, die aus lokalen Histogrammen berechnet wurden, nicht unterschieden werden. Für eine bessere Unterscheidungsmöglichkeit müssen weitere Klassen von Texturparametern eingesetzt werden.

15.2.2 Lokale Varianz

In Abschn. 3.2.2 haben wir gelernt, wie Grauwertverteilungen außer durch den Mittelwert auch durch Varianz und höhere Momente charakterisiert werden. Für die Texturanalyse müssen diese Parameter in einer lokalen Nachbarschaft gemittelt werden. Dies führt uns zu einem neuen Operator zur Schätzung der *lokalen Varianz*.

Im einfachsten Fall können wir eine Maske M wählen und die Parameter allein aus den Pixeln in diesem Fenster berechnen. Der *Varianzoperator* z. B. ergibt sich dann zu

$$V_{mn} = \frac{1}{P-1} \sum_{m',n' \in M} \left(g_{m-m',n-n'} - \overline{g}_{mn} \right)^2. \tag{15.1}$$

Die Summe läuft über die P Bildpunkte des Fensters. Der Ausdruck $\overline{g}_{mn}$ bezeichnet den über dasselbe Fenster M berechneten Mittelwert der Grauwerte im Punkt $[m, n]^T$:

$$\overline{g}_{mn} = \frac{1}{P} \sum_{m',n' \in M} g_{m-m',n-n'}. \tag{15.2}$$

Wichtig ist zu beachten, dass der Varianzoperator nicht linear ist. Trotzdem ähnelt er der allgemeinen Form einer Nachbarschaftsoperation, der Faltung. Die Kombination von (15.1) und (15.2) macht deutlich, dass der Varianzoperator aus einer linearen Faltung und nichtlinearen Punktoperationen besteht:

$$V_{mn} = \frac{1}{P-1} \left[\sum_{m',n' \in M} g^2_{m-m',n-n'} - \left(\frac{1}{P} \sum_{m',n' \in M} g_{m-m',n-n'} \right)^2 \right], \tag{15.3}$$

oder in Operatorschreibweise:

$$\mathcal{V} = \mathcal{R}(\mathcal{I} \cdot \mathcal{I}) - (\mathcal{R} \cdot \mathcal{R}). \tag{15.4}$$

Der Operator $\mathcal{R}$ bezeichnet eine Glättung über alle Bildpunkte mit einem Rechteckfilter der Größe des Fensters W. Der Operator $\mathcal{I}$ ist der Identitätsoperator. Der Operator $\mathcal{I} \cdot \mathcal{I}$ führt also eine nichtlineare Punktoperation durch, nämlich die Quadrierung der Grauwerte jedes Pixels.

a   b

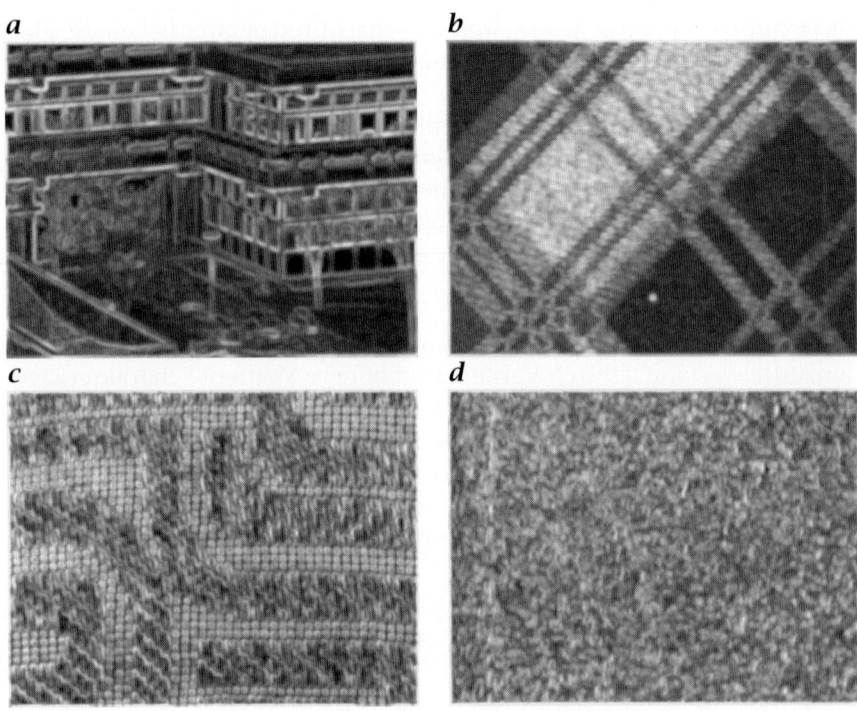

c   d

Abbildung 15.3: *Auf verschiedene Bilder angewandter Varianzoperator:*
a Abb. 11.6a; b Abb. 15.1e; c Abb. 15.1f; d Abb. 15.1d.

Schließlich subtrahiert der Varianzoperator das Quadrat eines geglätteten Grauwertes von den geglätteten quadrierten Grauwerten. Aus der
Diskussion der Glättung in Abschn. 11.3 wissen wir, dass ein Rechteckfilter kein gutes Glättungsfilter ist. Wir erhalten also einen besseren Varianzoperator, wenn wir das Rechteckfilter $\mathcal{R}$ durch ein Binomialfilter $\mathcal{B}$
ersetzen:

$$\mathcal{V} = \mathcal{B}(\mathcal{I} \cdot \mathcal{I}) - (\mathcal{B} \cdot \mathcal{B}). \tag{15.5}$$

Der Varianzoperator ist isotrop und darüber hinaus auch größeninvariant, solange das Fenster größer als die größte Struktur in den Texturen
ist und solange keine feinen Strukturen der Textur verschwinden, wenn
Objekte weiter von der Kamera entfernt sind. Daraus lässt sich vermuten, dass ein größeninvarianter Texturoperator nur existiert, wenn die
Textur selbst größeninvariant ist.

Abb. 15.3 zeigt die Anwendung des Varianzoperators (15.5) mit $\mathcal{B}^{16}$
auf verschiedene Bilder. In Abb. 15.3a stellt sich der Varianzoperator
als isotroper Kantendetektor dar, da das Originalbild Bereiche mit mehr
oder weniger gleichmäßigen Grauwerten enthält. Die übrigen drei Beispiele in Abb. 15.3 zeigen Varianzbilder gemusterter Oberflächen. Der

Varianzoperator kann die Bereiche mit den feinen horizontalen Streifen in Abb. 15.1e von den gleichmäßigeren Flächen unterscheiden. Sie erscheinen als gleichmäßige helle Bereiche im Varianzbild (Abb. 15.3b). Die beiden Texturen in Abb. 15.3c kann der Varianzoperator jedoch nicht unterscheiden. Da die Auflösung noch deutlich kleiner ist als die Wiederhollänge der Textur, kann der Varianzoperator keinen einheitlichen Mittelwert der Varianz in dem Muster liefern. Für die Rauhfasertapete (Abb. 15.3d) liefert der Varianzoperator keine gleichförmige Antwort, da die Strukturen zu starke Fluktuationen aufweisen.

15.2.3 Höhere Momente

Neben der Varianz können wir auch die höheren Momente der Grauwertverteilung verwenden (siehe Abschn. 3.2.2 für eine detaillierte Beschreibung). Wir wollen die Bedeutung dieses Ansatzes mit zwei Beispielen recht unterschiedlicher Grauwertverteilungen illustrieren, einer Normalverteilung und einer bimodalen Verteilung:

$$p(g) = \frac{1}{\sqrt{2\pi}\sigma} \exp\left(-\frac{g - \overline{g}}{2\sigma^2}\right), \quad p'(g) = \frac{1}{2}\left(\delta(\overline{g} + \sigma) + \delta(\overline{g} - \sigma)\right).$$

Beide Verteilungen haben denselben Mittelwert und dieselbe Varianz, unterscheiden sich jedoch in Momenten höherer Ordnung.

15.3 Rotations- und größenvariante Texturparameter

15.3.1 Lokale Orientierung

Da die lokale Orientierung bereits detailliert in Kapitel 13 diskutiert wurde, besprechen wir hier nur einige Beispiele, um die Bedeutung der lokalen Orientierung für die Texturanalyse zu veranschaulichen. Im Hinblick darauf, dass dieses Buch lediglich Grauwertbilder enthält, beschränken wir uns auf Kohärenzbilder der lokalen Orientierung.

Abbildung 15.4 zeigt das in Abschn. 13.3 definierte Kohärenzmaß für die lokale Orientierung. Dieses Maß ist für eine ideal orientierte Textur, bei der sich die Grauwerte nur in einer Richtung ändern, eins und für eine verteilte Grauwertstruktur null. Das Kohärenzmaß geht gegen eins in Bereichen mit horizontal zueinander verlaufenden Streifen des Stoffes (Abb. 15.4a) und in den dichten Bereichen des Hundefells (Abb. 15.4b). Die Orientierungsanalyse der Gardine (Abb. 15.1a) ergibt ein interessantes Kohärenzmuster (Abb. 15.4c). Die Kohärenz ist hoch entlang den einzelnen Fäden, nicht jedoch dort, wo sich zwei Fäden kreuzen, und in den meisten Teilen des durch die Maschen hindurch sichtbaren Hintergrundes. Die Kohärenz der lokalen Orientierung des Bildes einer Rauhfasertapete (Abb. 15.1d) ergibt ein ungleichmäßiges Kohärenzbild (Abb. 15.4d), da diese Textur keine vorherrschende lokale Orientierung aufweist.

a   *b*

c   *d*

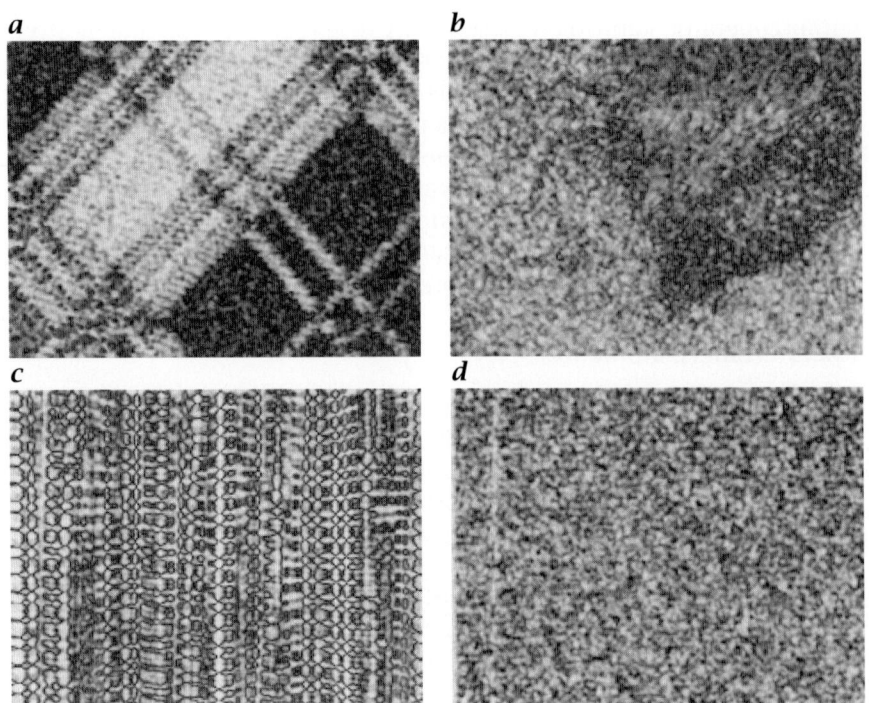

Abbildung 15.4: *Kohärenz der lokalen Orientierung a eines Stoffes mit Regionen horizontal verlaufender Streifen (Abb. 15.1e), b eines Hundefells (Abb. 15.1c), c einer Gardine (Abb. 15.1a) und d einer Rauhfasertapete (Abb. 15.1d).*

15.3.2 Lokale Wellenzahl

In Abschn. 13.4 haben wir die Berechnung der *lokalen Wellenzahl* aus einem *Quadraturfilterpaar* unter Verwendung entweder eines *Hilbertfilters* (Abschn. 13.4.2) oder eines Quadraturfilters (Abschn. 13.4.5) besprochen. In diesem Abschnitt werden wir diese Techniken zur Berechnung der charakteristischen Größe einer Textur nutzen, indem wir zuerst eine gerichtete pyramidale Zerlegung [86] als Bandpassfilter einsetzen und dann Hilbertfilter verwenden.

In dem Stoffstück in Abb. 15.5a sind in bestimmten Bereichen horizontal zueinander verlaufende Streifen zu erkennen. Dieses Bild wird zuerst bandpassgefiltert unter Verwendung der Ebenen eins und zwei der vertikalen Komponente einer gerichteten pyramidalen Zerlegung des Bildes (Abb. 15.5b). Abbildung 15.5c zeigt die Näherung der lokalen Wellenzahl (Komponente in vertikaler Richtung). Die Bereiche, in denen die Amplitude der zugehörigen Struktur nicht deutlich höher ist als der Rauschpegel, sind ausgeblendet (Abb. 15.5d). In allen Bereichen mit horizontalen Streifen konnte eine lokale Wellenzahl berechnet werden.

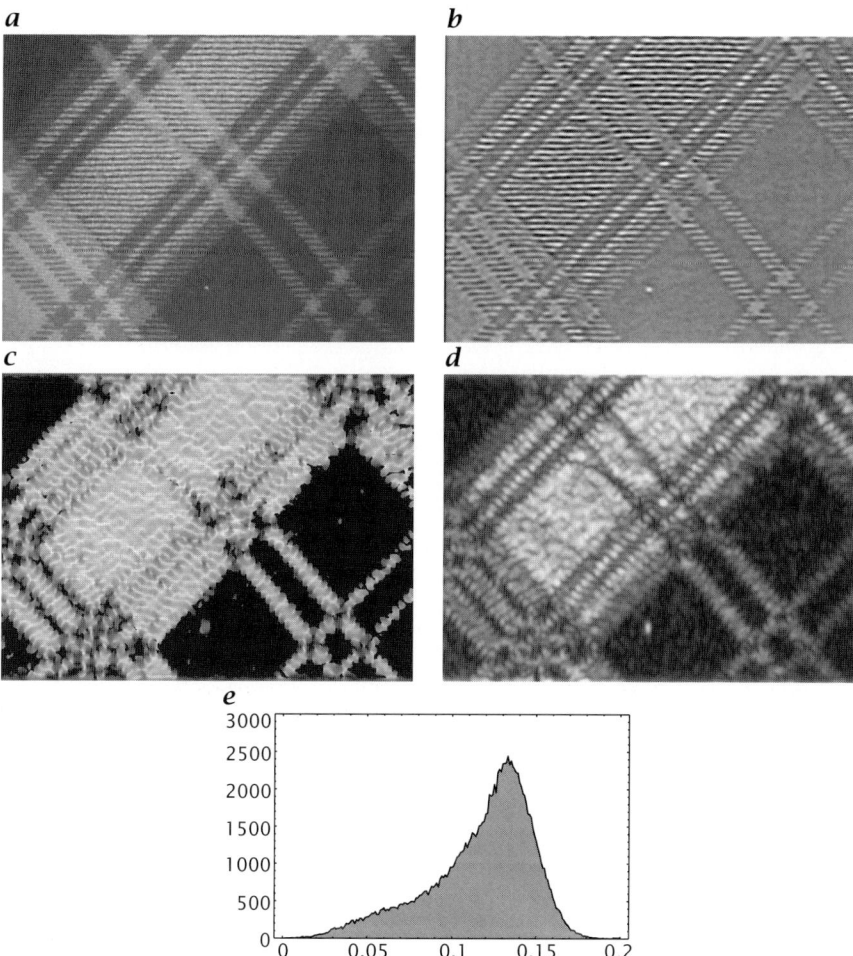

Abbildung 15.5: *Bestimmung der charakteristischen Größen eines Stoffmusters durch Berechnung der lokalen Wellenzahl:* **a** *Originalmuster,* **b** *gefiltert mit einem gerichteten Bandpass, der die Ebenen eins und zwei der vertikalen Komponente einer gerichteten pyramidalen Zerlegung verwendet,* **c** *Schätzung der lokalen Wellenzahl (alle Strukturen unterhalb einer bestimmten Grenze werden auf Schwarz abgebildet),* **d** *Amplitude der lokalen Wellenzahl und* **e** *Histogramm der lokalen Wellenzahlverteilung (Einheit: Anzahl der Perioden pro Pixel).*

Das Histogramm in Abb. 15.5e zeigt, dass die häufigste lokale Wellenzahl etwa 0,133 beträgt. Sie entspricht einer Struktur, die etwa 7,5mal pro Wellenlänge abgetastet wird. Beachtenswert ist die lang ausgezogene Verteilung zu kleinen Wellenzahlen hin. Die Textur muss also eine zweite, größere Struktur enthalten. Dies ist tatsächlich der Fall mit den schmalen diagonalen Streifen.

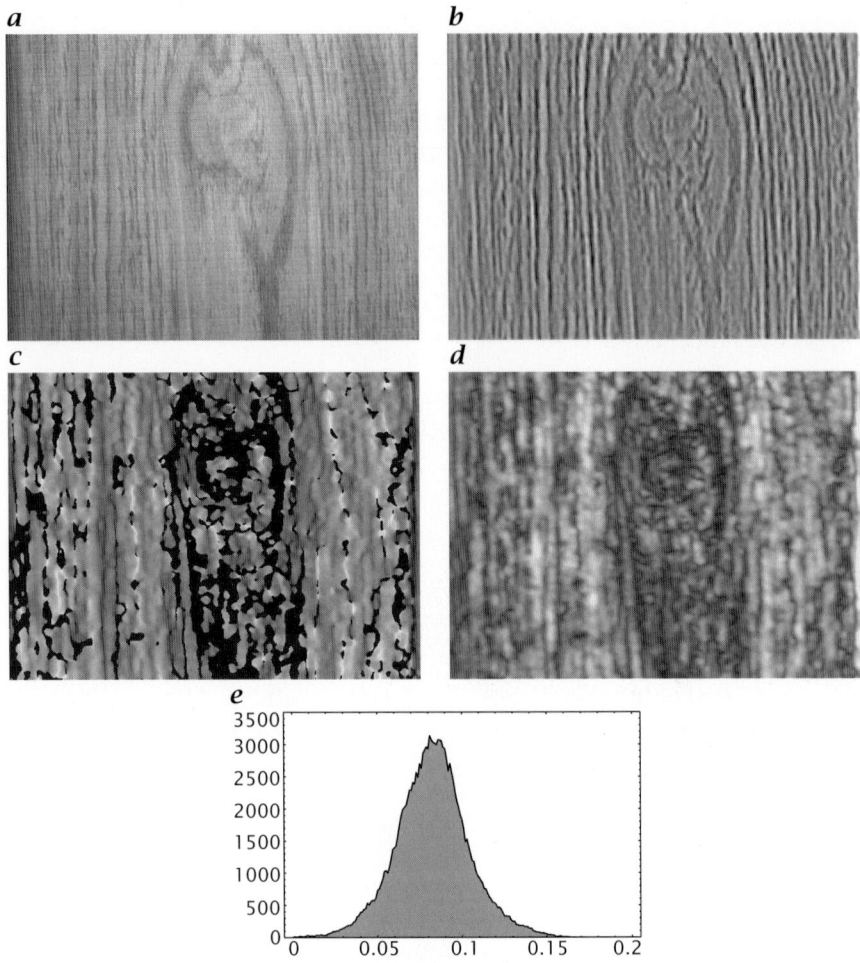

Abbildung 15.6: *Wie Abb. 15.5, jedoch auf eine Holzmaserung angewendet.*

Abbildung 15.6 zeigt die gleiche Analyse für eine Holzstruktur. Diesmal ist das Muster mehr zufällig. Trotzdem ist es möglich, die lokale Wellenzahl zu bestimmen. Es ist wichtig, die Bereiche auszublenden, in denen das bandpassgefilterte Bild keine wesentlichen Amplituden aufweist. Wird diese Maskierung nicht durchgeführt, ist die Schätzung der lokalen Wellenzahl erheblich gestört. Mit der Maskierung erhalten wir eine enge Verteilung der lokalen Wellenzahl mit einem Maximum bei einer Wellenzahl von 0,085.

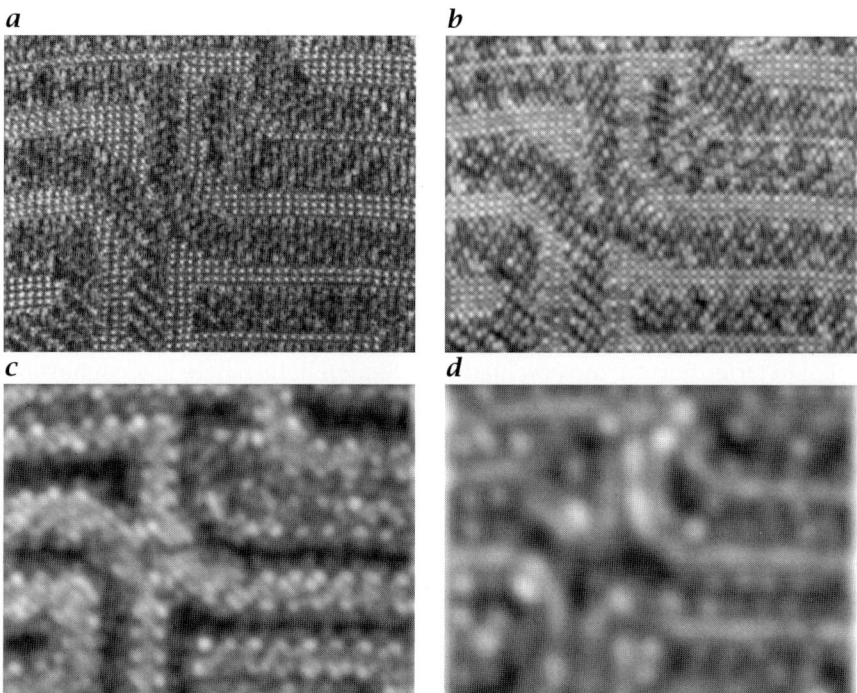

Abbildung 15.7: *Anwendung des Varianzoperators auf die Ebenen 0 bis 3 der Laplacepyramide des Bildes aus Abb. 15.1f.*

15.3.3 Pyramidale Texturanalyse

Die Laplacepyramide stellt eine Alternative zum lokalen Wellenzahloperator dar, da sie eine Bandpasszerlegung eines Bildes durchführt. Diese Zerlegung berechnet nicht direkt eine lokale Wellenzahl, aber wir erhalten eine Reihe von Bildern, welche die Textur auf unterschiedlichen Skalen des Musters zeigen.

Der Varianzoperator nimmt mit einer Laplacepyramide eine sehr einfache Form an, da der mittlere Grauwert — mit Ausnahme der geringsten Auflösungsstufe — null ist:

$$\mathcal{V} = \mathcal{B}(\mathcal{L}^{(p)} \cdot \mathcal{L}^{(p)}). \tag{15.6}$$

Abbildung 15.7 zeigt, wie die unterschiedlichen Texturen des Bildes aus Abb. 15.1f in unterschiedlichen Ebenen der Laplacepyramide erscheinen. Bei den feinsten Auflösungen in den Ebenen null und eins der Pyramide wird die Varianz durch die Textur selbst dominiert. So erscheint in Abb. 15.7a und b die Varianz um die punktförmigen Stiche in einem der beiden Muster besonders ausgeprägt. In der zweiten Ebene der Laplacepyramide (Abb. 15.7c) sind die Stiche durch Glättung verschwunden; die

Varianz wird klein in diesem Muster, während sie in Bereichen mit größeren vertikal und diagonal verlaufenden Stichen immer noch signifikant ist. Die dritte Ebene schließlich (Abb. 15.7d) ist zu grob für beide Muster und wird von den Kanten zwischen den Bereichen der beiden Muster, die unterschiedliche mittlere Grauwerte aufweisen, dominiert.

Die Laplacepyramide eignet sich sehr gut für die Analyse hierarchisch organisierter Texturen, die in unterschiedlichen Vergrößerungen verschiedene Charakteristika zeigen, so zum Beispiel die in Abschn. 15.1 besprochene Gardine. Auf diese Weise können wir solche Operatoren wie die lokale Varianz und die lokale Orientierung in jeder Ebene der Pyramide anwenden. Die gleichzeitige Anwendung der Varianz und der lokalen Orientierung in verschiedenen Skalen liefert viele Eigenschaften, die es ermöglichen, selbst komplexe hierarchisch organisierte Muster zu unterscheiden. Zu beachten ist, dass die Anwendung dieser Operationen auf alle Ebenen der Pyramide bei 2D-Bildern die Anzahl der Berechnungen nur um den Faktor 4/3 erhöht.

15.4 Literaturhinweise zur Vertiefung‡

Die Lehrbücher von Jain [95, Abschn. 9.11], Pratt [155, Kapitel 17], Abmayr [1, Abschn. 7.3] behandeln auch die Texturanalyse. Weitere Referenzen für die Texturanalyse sind die Monographie von Rao [159], das Handbuch von Jähne et al. [91, Vol. 2, Chapter 12] und die Workshop Proceedings herausgegeben von Burkhardt [18].

Teil IV

Bildanalyse

16 Segmentierung

16.1 Einleitung

Alle bisher besprochenen Bildverarbeitungsoperationen dienten letztlich einer besseren Erkennung von Objekten. Dazu wurden geeignete lokale Objektmerkmale extrahiert, die eine Unterscheidung von anderen Objekten und vom Hintergrund erlauben. Im nächsten Schritt entscheiden wir nun für jeden einzelnen Bildpunkt, ob er zu einem Objekt gehört oder nicht. Dabei entsteht ein *Binärbild*, und die Operation wird als *Segmentierung* bezeichnet. Gehört ein Bildpunkt zu einem Objekt, hat er den Wert eins, sonst null. Die Segmentierung steht an der Grenze zwischen der ersten Stufe der Bildverarbeitung und der *Bildanalyse*. Nach der Segmentierung wissen wir, welcher Bildpunkt zu welchem Objekt gehört. Damit ist ein Bild in Regionen eingeteilt, und wir kennen die Diskontinuitäten als die Ränder der Regionen. Nach der Segmentierung können wir auch die Form der Objekte mit den in Kapitel 19 diskutierten Operationen analysieren.

In diesem Kapitel besprechen wir sowohl elementare Segmentierungsverfahren als auch fortgeschrittene mathematische Methoden zur Einteilung eines Bildes in Regionen und Ergänzung unvollständiger Daten. Bei den elementaren Segmentierungsverfahren können wir von grundlegend verschiedenen Konzepten ausgehen. Pixelbasierte Methoden verwenden nur die Grauwerte der einzelnen Pixel (Abschn. 16.2). Regionenorientierte Verfahren (Abschn. 16.4) untersuchen Grauwerte in zusammenhängenden Regionen, und kantenbasierte Methoden (Abschn. 16.3) erkennen Kanten und versuchen ihnen zu folgen. Allen drei Verfahren ist gemeinsam, dass sie nur auf lokaler Information basieren und diese sogar nur teilweise nutzen. Pixelbasierte Methoden beachten die lokale Nachbarschaft überhaupt nicht, sondern nur einzelne Bildpunkte. Kantenbasierte Techniken achten nur auf Diskontinuitäten, und regionenbasierte Verfahren analysieren lediglich homogene Bereiche. Wenn wir die geometrische Form eines Objekts kennen, bietet sich die *modellbasierte Segmentierung* an (Abschn. 16.5). Wir diskutieren einen Ansatz für die Houghtransformation, der direkt von Grauwertbildern ausgeht (Abschn. 16.5.3).

B. Jähne, Digitale Bildverarbeitung
ISBN 3-540-41260-3

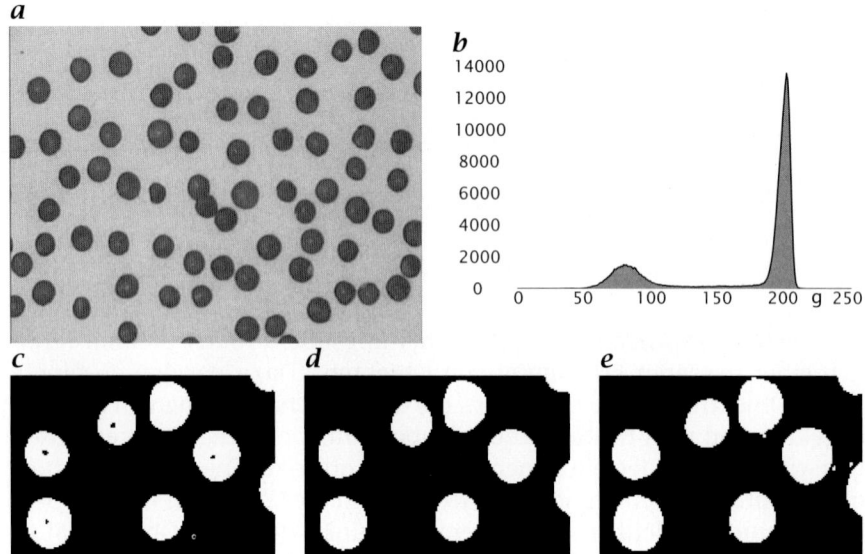

Abbildung 16.1: *Segmentierung mit einem globalen Schwellwert:* **a** *Originalbild;* **b** *Histogramm;* **c** *bis* **e** *oberer rechter Sektor von* **a**, *segmentiert mit globalen Schwellwerten von 110, 147 bzw. 185.*

16.2 Pixelorientierte Segmentierung

Die punktorientierte oder *pixelbasierte Segmentierung* stellt vom Ansatz her die einfachste Methode dar. Es spricht auch einiges dafür, zuerst die einfachste Methode zu probieren. Ehe wir eine komplizierte Segmentierungsprozedur anwenden, sollten wir die ganze Palette bisher beschriebener Techniken nutzen, um solche Merkmale zu extrahieren, die ein Objekt eindeutig charakterisieren. Es ist immer besser, ein Problem an seinen Wurzeln anzugehen. Wenn ein Bild beispielsweise ungleichmäßig beleuchtet ist, sollte als erstes die Beleuchtung optimiert werden. Ist dies nicht möglich, ist der nächste Schritt die Identifizierung der Ursache für die fehlerhafte Beleuchtung und die Verwendung entsprechender Bildverarbeitungstechniken zur Korrektur. Eine mögliche Technik haben wir in Abschn. 10.3.2 diskutiert.

Haben wir ein gutes Merkmal zur Separierung eines Objekts vom Hintergrund gefunden, zeigt das Histogramm der Grauwerte — oder allgemeiner der Merkmalswerte — eine *bimodale Verteilung* mit zwei getrennten Maxima wie in Abb. 16.1b. Wir können nicht erwarten, dass die Wahrscheinlichkeit für Grauwerte zwischen den beiden Peaks null ist. Selbst wenn scharfe Objektkanten vorliegen, wird es wegen der endlichen Breite der *Punktantwort* des optischen Systems und Bildsensors (Abschn. 7.6.1 und 9.2.1) dazwischen liegende Grauwerte geben. Je kleiner die Objekte

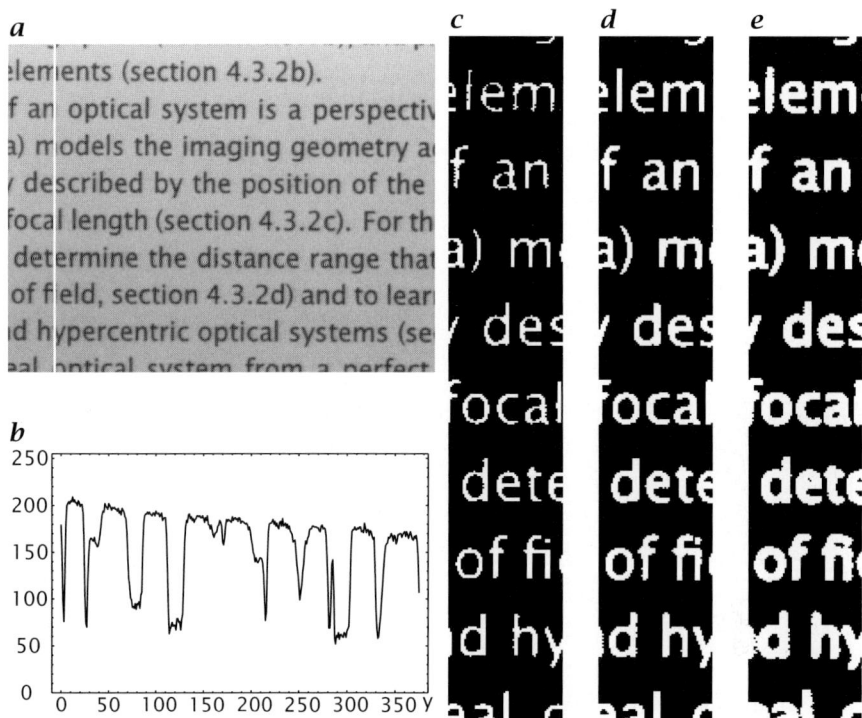

Abbildung 16.2: *Segmentierung eines Bildes mit ungleichmäßigem Hintergrund:* **a** *Originalbild;* **b** *Profil der Spalte 55 (markiert in* **a***);* **c** *bis* **e** *die ersten 64 Spalten aus* **a** *nach Segmentierung mit einem globalen Schwellwert von 90, 120 bzw. 150.*

sind, desto mehr Fläche in dem Bild wird von den Randbereichen der Objekte eingenommen. Diese füllen dann den Grauwertebereich zwischen den Werten für die Objekte und den Hintergrund auf (Abb. 16.1b).

Wie können wir unter diesen Umständen eine optimale Schwelle für die Segmentierung finden? In dem in Abb. 16.1 gezeigten Beispiel erscheint dies einfach, da Hintergrund und Objekte relativ gleichmäßige Grauwerte aufweisen. Wir erhalten also eine gute Segmentierung für einen großen Bereich von Grenzwerten. Erst bei einem niedrigen Grenzwert von 110 treten Löcher in den Objekten auf (Abb. 16.1c), während bei einem hohen Wert von 185 zu nahe am Grauwert des Hintergrundes einige Hintergrundpunkte als Objektbildpunkte segmentiert werden.

Bei genauem Hinsehen fällt in Abb. 16.1 jedoch auf, dass sich die Größe der segmentierten Objekte mit dem Schwellwert deutlich ändert. Ein korrekt gewählter Schwellwert ist also kritisch für eine fehlerfreie Bestimmung der geometrischen Merkmale eines Objekts. Dies ist ohne Wissen über den Typ der Kante zwischen Objekt und Hintergrund nicht

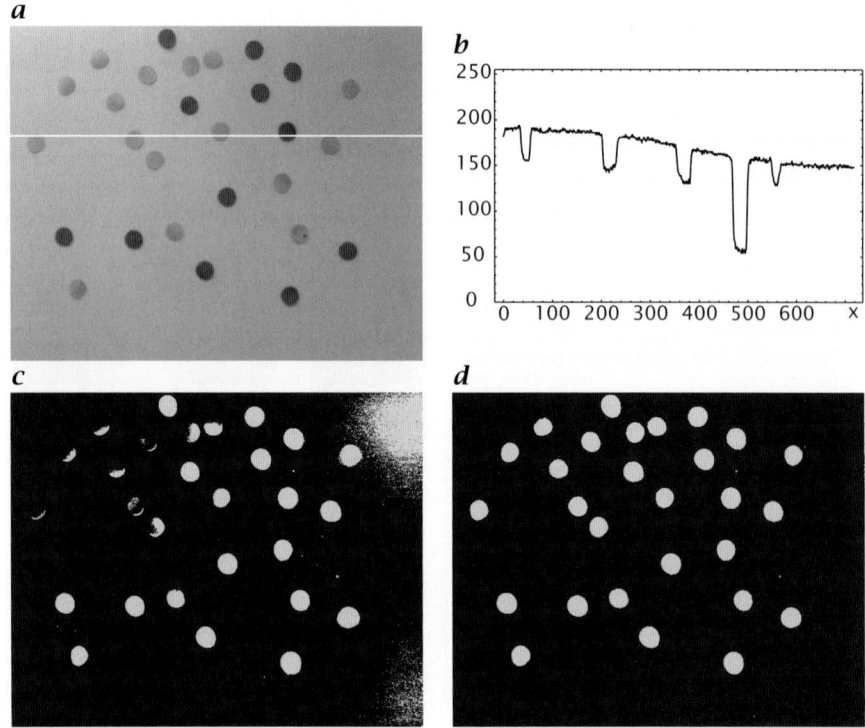

Abbildung 16.3: *Segmentierung eines Bildes mit ungleichmäßiger Hintergrund-
beleuchtung: **a** Originalbild (Histogramm dazu siehe Abb. 10.10b); **b** Profil der
Zeile 186 (markiert in **a**); **c** Segmentierung des Bildes in **a** mit einem optimalen
globalen Schwellwert; **d** Segmentierungsergebnis, nachdem das Bild zuerst auf
den ungleichmäßigen Hintergrund korrigiert wurde (Abb. 10.10c).*

möglich. Im Falle einer symmetrischen Kante entspricht der korrekte
Schwellwert dem mittleren Grauwert aus Hintergrund- und Objektbild-
punkten.

Dieses einfache Verfahren versagt jedoch, sobald der Hintergrund
nicht homogen ist oder Objekte mit unterschiedlichen Grauwerten vorkommen Abb. 16.2 und 16.3. In Abb. 16.2b sind die segmentierten Buchstaben in dem oberen helleren Bildteil dünner als im unteren. Eine solche Größenverfälschung kann für manche Aufgabenstellungen, wie z. B.
eine Ziffernerkennung, toleriert werden. Sie stellt jedoch eine schwerwiegende Verfälschung dar, wenn die Größe und Form von Objekten vermessen werden soll.

In weniger günstigen Fällen kann es unmöglich sein, einen globalen
Grenzwert zu finden, der alle Objekte, sogar solche, die sich klar vom
Hintergrund abheben, segmentiert. Abbildung 16.3a zeigt ein Bild mit
zwei unterschiedlich gefärbten kreisförmigen Objekten. Der Grauwert

der helleren Kreise liegt nahe am Wert des Hintergrundes. Dementsprechend weist auch das Histogramm (Abb. 10.10b) keine separaten Maxima für den Hintergrund und die hellen Kreise auf. Wegen der Überlappung der Grauwertverteilungen lassen sich selbst mit einem optimalen globalen Schwellwert einige der hellen Objekte in der linken Bildhälfte nicht korrekt segmentieren. Am rechten Bildrand wird sogar ein Teil des Hintergrundes als Objekt erkannt. Wenn wir allerdings zunächst die ungleichmäßige Beleuchtung korrigieren (Abb. 10.10), erreichen wir eine perfekte Segmentierung (Abb. 16.3d). Wir haben allerdings immer noch das Problem, dass die Bereiche der dunklen Kreise zu groß sind, da der Grenzwert zu nahe am Hintergrundgrauwert liegt.

16.3 Kantenbasierte Segmentierung

16.3.1 Prinizp

In Abschn. 16.2 wurde festgestellt, dass die punktorientierte Segmentierung selbst bei perfekter Beleuchtung zu einem Fehler der Größe segmentierter Objekte führt, wenn die Objekte Variationen in ihren Grauwerten zeigen (Abb. 16.2 und 16.3). Bei einem dunklen Hintergrund werden weniger helle Objekte immer zu klein, die hellsten dagegen immer zu groß segmentiert. Die Ursache für diesen Fehler liegt darin, dass sich die Grauwerte an den Objektkanten nur allmählich vom Hintergrund zum Objektwert ändern. Die korrekte Größe ergibt sich nur, wenn wir den Mittelwert der Objekt- und der Hintergrundgrauwerte als Schwellwert verwenden. Allerdings ist dieses Verfahren nur dann möglich, wenn alle Objekte denselben Grauwert aufweisen oder wenn wir für jedes Objekt einen eigenen Schwellwert festlegen.

Mit einer *kantenbasierten Segmentierung* lässt sich der Fehler bezüglich der Größe der segmentierten Objekte weitgehend vermeiden ohne Verwendung komplizierter regionenorientierter Schwellwertverfahren. Die kantenorientierte Segmentierung gründet in der Tatsache, dass die Position einer Kante durch den Maximalwert der Ableitung erster Ordnung oder einen Nulldurchgang der Ableitung zweiter Ordnung charakterisiert ist (Abb. 12.1). Wir müssen also lediglich nach einem lokalen Maximum des Betrags des Grauwertgradienten suchen und dann dieses Maximum entlang der Objektkante verfolgen.

16.3.2 Fehler durch ungleichmäßige Beleuchtung

In diesem Abschnitt untersuchen wir die Verfälschungen verschiedener Segmentierungstechniken, die durch eine inhomogene Hintergrundhelligkeit und variierende Objekthelligkeit induziert werden. Wir nehmen an, dass die Objektkante adäquat durch eine Stufenkante modelliert wird, die durch eine symmetrische Punktantwort $h(x)$ verschmiert wird.

Der Einfachheit halber beschränken wir uns auf den eindimensionalen Fall. Dann können wir die Helligkeit eines Objekts im Bild mit einer Kante im Ursprung schreiben als

$$g(x) = g_0 \int_{-\infty}^{x} h(x)\mathrm{d}x \quad \text{mit} \quad \int_{-\infty}^{\infty} h(x)\mathrm{d}x = 1. \qquad (16.1)$$

Wir nehmen weiterhin an, dass sich die Hintergrundhelligkeit durch eine quadratische Variation der Form

$$b(x) = b_0 + b_1 x + b_2 x^2 \qquad (16.2)$$

beschreiben lässt. Dann ergibt sich die totale Helligkeit im Bild zu

$$g(x) = g_0 \int_{-\infty}^{x} h(x)\mathrm{d}x + b_0 + b_1 x + b_2 x^2. \qquad (16.3)$$

Die erste und zweite Ableitung sind

$$g_x(x) = g_0 h(x) + b_1 + 2b_2 x,$$
$$g_{xx}(x) = g_0 h_x(x) + 2b_2. \qquad (16.4)$$

Um das Maximum können wir die Punktantwort $h(x)$ durch eine Parabel approximieren: $h(x) \approx h_0 - h_2 x^2$. Mit dieser Näherung erhalten wir

$$g_x(x) \approx g_0 h_0 - g_0 h_2 x^2 + b_1 + 2b_2 x,$$
$$g_{xx}(x) \approx -2g_0 h_2 x + 2b_2. \qquad (16.5)$$

Die Kantenposition ergibt sich als Nulldurchgang der zweiten Ableitung. Daher ist die Verschiebung der Kantenlage, x_b, aus (16.5) gegeben durch

$$x_b \approx \frac{b_2}{g_0 h_2}. \qquad (16.6)$$

Aus dieser Gleichung können wir folgende Schlussfolgerungen ziehen:

1. Kantenbasierte Segmentierung liefert selbst dann eine korrekte Kantenlage, wenn die Hintergrundhelligkeit linear variiert.

2. Im Gegensatz zur intensitätsbasierten Segmentierung (Abschn. 16.2) hängt die kantenbasierte Segmentierung nicht von der Intensität g_0 der Kante ab.

3. Kantenbasierte Segmentierung ergibt nur dann eine falsche Kantenposition, wenn sich die Hintergrundhelligkeit nichtlinear mit der Position ändert. Dann ist der Fehler in der Kantenposition gegeben als das Verhältnis der Krümmung der Hintergrundhelligkeit zur maximalen Krümmung der Punktantwort. Das bedeutet, dass der Fehler

wächst, je verschmierter die Kanten sind. Der Fehler ist auch umgekehrt proportional zu der Objekthelligkeit. Damit sind vor allem Objekte mit schwachem Kontrast anfällig gegen systematische Fehler in der Bestimmung der Kantenposition.

16.3.3 Kantenverfolgung

Kantenbasierte Segmentierung ist eine sequentielle Methode. Im Gegensatz zur punktorientierten und den meisten regionenorientierten Segmentierungsverfahren kann sie nicht parallel an allen Bildpunkten gleichzeitig durchgeführt werden, sondern der nächste Schritt hängt von den vorangegangenen Schritten ab. Dies läuft typischerweise folgendermaßen ab: Ein Bild wird Zeile für Zeile nach Maxima des Betrags des Gradienten abgetastet. Wird ein Maximum gefunden, versucht ein *Konturverfolgungsalgorithmus*, dem Maximum des Gradienten um das Objekt herum zu folgen, bis der Ausgangspunkt wieder erreicht ist. Dann wird das nächste Maximum des Gradienten gesucht. Die kantenbasierte Segmentierung berücksichtigt wie das regionenorientierte Verfahren, dass ein Objekt eine zusammenhängende Region ist.

16.4 Regionenorientierte Verfahren

16.4.1 Grundlagen

Regionenorientierte Verfahren bringen einen neuen Aspekt in den Segmentierungsprozess, der den punktorientierten fehlt. Bei diesen wird ein Bildpunkt aufgrund seines Grauwertes dem Objekt zugeordnet, unabhängig davon, was mit den Nachbarpixeln geschieht. Damit können, losgelöst vom eigentlichen Objekt, einzelne isolierte Punkte oder kleine Bereiche entstehen. Das entscheidende Merkmal eines Objekts ist aber, dass es zusammenhängend ist.

In diesem Abschnitt sollen nicht die Standardmethoden wie „split and merge" oder Regionenwachstumsverfahren diskutiert werden. Dazu sei auf Rosenfeld und Kak [171] oder Jain [95] verwiesen. Wir befassen uns hier mit einem Verfahren, das versucht, die zentralen Probleme der Segmentierung zu lösen.

Wenn wir bei der Segmentierung nicht vom Originalbild, sondern einem Merkmalsbild ausgehen, repräsentieren die Merkmale nicht einen einzelnen Bildpunkt, sondern bereits eine kleine Nachbarschaft, deren Größe von der Maskengröße des verwendeten Operators abhängt. An den Objekträndern jedoch, an denen die Maske Bildpunkte von Objekt und Hintergrund einschließt, können in anderen Bereichen verwendete Merkmale nicht berechnet werden. Korrekt wäre ein Verfahren, mit dem die Maskengröße an den Objekträndern entweder auf die Punkte des Objekts oder des Hintergrundes beschränkt wird. Wie lässt sich dies jedoch erreichen, wenn wir Objekt und Hintergrund erst nach Berechnung der Merkmale unterscheiden können?

Dieses Problem lässt sich nicht in einem Schritt lösen, sondern nur über ein iteratives Verfahren, bei dem Merkmalsberechnung und Segmentierung abwechselnd aufeinanderfolgen. Dies funktioniert im Prinzip so: Im ersten Schritt werden die Merkmale ohne Berücksichtigung der Objektränder berechnet. Dann wird eine vorläufige Segmentierung durchgeführt. Anschließend werden die Merkmale unter Nutzung der vorläufigen Segmentierung erneut berechnet, indem die Maske der Nachbarschaftsoperationen an den Objekträndern entweder auf Objekt- oder Hintergrundpixel beschränkt wird, je nach Lage des zentralen Pixels in der Maske. Merkmalsberechnung und Segmentierung werden wiederholt, bis das Verfahren gegen ein stabiles Ergebnis konvergiert.

16.4.2 Pyramid-Linking

Das von Burt [20] vorgeschlagene *pyramid linking* ist ein effektiver Algorithmus der im vorigen Abschnitt beschriebenen Art. Wir erläutern ihn an einem eindimensionalen Beispiel mit einer verrauschten *Stufenkante* (Abb. 16.4). In diesem Fall ist das berechnete Merkmal einfach der mittlere Grauwert. Der Algorithmus besteht aus den folgenden Schritten:

1. *Berechnung der Gaußpyramide.* Wie in Abb. 16.4a gezeigt, werden die Grauwerte von vier benachbarten Pixeln gemittelt und ergeben einen Bildpunkt auf der nächsthöheren Pyramidenebene. Dies entspricht einer Glättungsoperation mit einem Rechteckfilter.

2. *Segmentierung durch Pyramid-Linking.* Da jeder Bildpunkt einen Beitrag zu zwei Bildpunkten auf der nächsthöheren Ebene leistet, ist nun zu entscheiden, zu welchem er wahrscheinlich gehört. Die Entscheidung fällt einfach durch Vergleich der Grauwerte und Wahl des am nächsten liegenden. Diese Verknüpfung wird in Abb. 16.4b durch eine Kante, die die beiden Pixel verbindet, angezeigt. Das Verfahren wird für alle Ebenen der Pyramide durchgeführt. Im Ergebnis bilden die Verbindungen zwischen den Pyramidenebenen eine neue Datenstruktur. Ausgehend von der obersten Pyramidenebene, ist ein Bildpunkt mit mehreren in der nächsttieferen Ebene verbunden. Solch eine Datenstruktur wird in der Informatik als *Baum* bezeichnet. Die Verbindungen sind die *Kanten*, die Datenpunkte, die die Grauwerte der Bildpunkte darstellen, die *Knoten*. Der Knoten in der obersten Ebene wird als *Wurzel* des Baumes bezeichnet und die Endknoten, die keine weiteren Verbindungen haben, als *Blätter*. Ein Knoten, der mit einem anderen in einer tieferen Ebene verbunden ist, wird *Vaterknoten* genannt. Dementsprechend wird der Knoten in der niedrigeren Ebene, der mit einem in einer höheren Ebene verknüpft ist, *Sohnknoten* genannt.

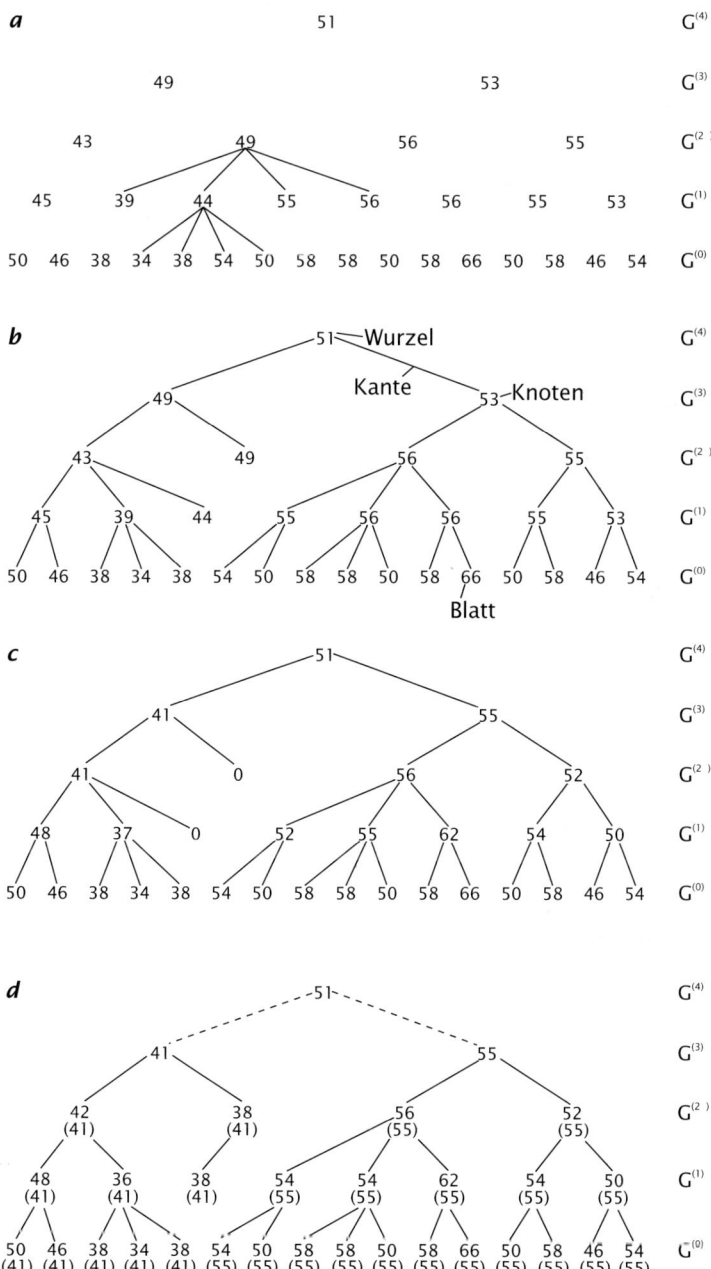

Abbildung 16.4: *Pyramid-Linking-Segmentierungsverfahren mit einer eindimensionalen verrauschten Kante: **a** Berechnung der Gaußpyramide; **b** Verbindung jedes Knotens mit einem Vaterknoten; **c** erneute Berechnung der mittleren Grauwerte; **d** Endergebnis nach mehreren Iterationen der Schritte **b** und **c**.*

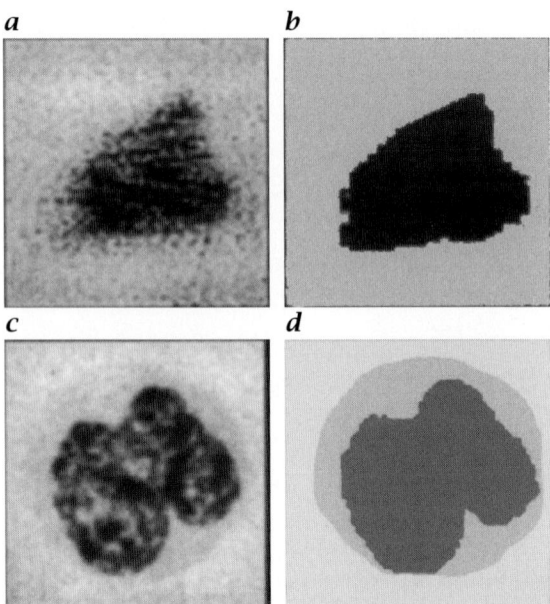

Abbildung 16.5: *Stark verrauschte Bilder **a** eines Panzers und **c** eines Blutkörperchens, segmentiert mit dem Pyramid-Linking-Algorithmus in **b** zwei und **d** drei Regionen; nach Burt [20].*

3. *Mittelung miteinander verbundener Bildpunkte.* In diesem Schritt wird die Baumstruktur verwendet, um den mittleren Grauwert neu zu berechnen, indem diesmal nur die verbundenen Bildpunkte berücksichtigt werden (Abb. 16.4c). Der neue Grauwert jedes Vaterknotens wird also aus dem Mittelwert aller seiner Sohnknoten berechnet. Dieses Verfahren beginnt in der untersten Ebene und wird durch alle Ebenen der Pyramide bis zur Wurzel fortgesetzt.

Die letzten beiden Schritte werden iterativ bis zu einem stabilen Ergebnis wiederholt (Abb. 16.4d). Eine Analyse des Verbindungsbaums zeigt das Ergebnis der Segmentierungsprozedur. In Abb. 16.4d erkennen wir zwei *Teilbäume*, die ihre Wurzeln in der dritten Ebene der Pyramide haben. In der nächstniedrigeren Ebene entspringen vier Teilbäume. Die Grauwertunterschiede in dieser Ebene sind jedoch deutlich kleiner. Wir können also schließen, dass die Grauwertstruktur in zwei Regionen geteilt wird. Das Endergebnis der Segmentierung ergibt sich durch Übertragung des Grauwertes an den Wurzeln der beiden Teilbäume auf die mit ihnen verbundenen Knoten in der untersten Ebene. Diese Werte sind in Abb. 16.4d in Klammern angegeben.

In Abb. 16.5 ist die Anwendung des Pyramid-Linking auf zweidimensionale Bilder gezeigt. Beide Beispiele machen deutlich, dass selbst sehr verrauschte Bilder mit dieser Methode erfolgreich segmentiert werden können.

Das Pyramid-Linking verbindet Segmentierung und die effiziente Berechnung der Mittelwerte von Merkmalen mit Hilfe eines Baumes auf einer Pyramide. Der Vorteil ist, dass die Anzahl der Segmentierungsebenen nicht vorher bekannt sein muss, sondern sich automatisch aus der Baumstruktur ergibt. Weitergehende Details zum Pyramid-Linking sind bei Burt et al. [22] und Pietikäinen und Rosenfeld [151] zu finden.

16.5 Modellbasierte Segmentierung

16.5.1 Einleitung

Alle bisher besprochenen Segmentierungsverfahren verwenden lediglich lokale Information. In Abschn. 1.6 (Abb. 1.16) ging es um die bemerkenswerte Eigenschaft des menschlichen Auges, Objekte zu erkennen, selbst wenn sie nicht vollständig dargestellt sind. Es ist einleuchtend, dass Informationen, wie sie lokale Nachbarschaftsoperatoren liefern, für diese Aufgabe nicht ausreichen. Notwendig ist spezifisches Wissen über die geometrische Form der Objekte, welche mit der lokalen Information verglichen werden muss.

Diese Gedanken führen uns zur *modellbasierten Segmentierung*, die angewandt werden kann, wenn die exakte Form der im Bild enthaltenen Objekte bekannt ist. Wir betrachten hier nur den einfachen Fall von geraden Objektkanten.

16.5.2 Parameterraum, Houghtransformation

Das Verfahren, das wir hier diskutieren, erkennt gerade Kanten, selbst wenn sie durch Rauschen unterbrochen oder nur teilweise sichtbar sind. Um das Verfahren zu erläutern, gehen wir zunächst einmal von einem segmentierten Bild aus, welches gerade Kantenstücke dieses Typs enthält. Aus der Tatsache, dass ein solcher Kantenpunkt auf einer Geraden liegt, ergeben sich aussagekräftige Bedingungen, die verwendet werden können, um die Lage der Kante zu bestimmen. Alle Punkte $[x_n, y_n]^T$ einer Geraden müssen die folgende Bedingung erfüllen:

$$y_n = a_0 + a_1 x_n, \tag{16.7}$$

wobei a_0 und a_1 Achsenabschnitt und Steigung der Geraden sind. Wir können (16.7) auch als Bedingung für die Parameter a_0 und a_1 lesen:

$$a_1 = \frac{y_n}{x_n} - \frac{1}{x_n} a_0. \tag{16.8}$$

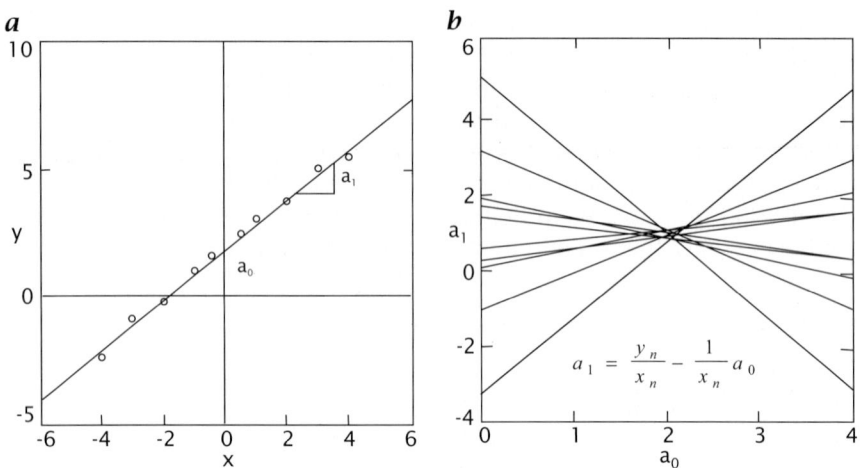

Abbildung 16.6: *Houghtransformation von Geraden: der Datenraum $[x, y]^T$ (a) wird auf den Modellraum $[a_0, a_1]^T$ (b) abgebildet.*

Dies ist wieder die Gleichung für eine Gerade in einem neuen Raum, der von den Parametern a_0 und a_1 aufgespannt wird. In diesem Raum hat die Gerade den Offset y_n/x_n und eine Steigung von $-1/x_n$.

Mit nur einem Punkt auf einer Kante können wir a_0 und a_1 nicht mehr länger frei wählen, sondern die beiden Parameter müssen Gleichung (16.8) erfüllen.

Der von den Modellparametern a_0 und a_1 aufgespannte Raum wird als *Modellraum* bezeichnet. Jeder Punkt reduziert den Modellraum auf eine Gerade. Wir können also für jeden Punkt im Datenraum eine Gerade im Modellraum zeichnen (Abb. 16.6). Liegen alle Punkte im Datenraum auf einem geraden Kantenstück, treffen sich alle zugehörigen Geraden im Modellraum in dem Punkt, der die Parameter a_0 und a_1 des Kantenstücks im Datenraum definiert. Da ein Liniensegment viele Punkte enthält, erhalten wir eine solide Abschätzung der beiden Linienparameter. Ein Geradenstück im Datenraum wird auf diese Weise auf einen Punkt im Modellraum abgebildet. Die Transformation aus dem Datenraum in den Modellraum über eine Modellgleichung wird als *Houghtransformation* bezeichnet.

Für praktische Anwendungen wird die Geradengleichung (16.7) nicht verwendet, da die Steigung einer Geraden unendlich werden kann und damit für einen diskreten Modellraum unbrauchbar ist. Eine andere Möglichkeit besteht darin, den Steigungswinkel der Geraden und den Abstand der Geraden vom Ursprung des Koordinatensystems zu verwenden. Mit diesen beiden Parametern können wir die Geradengleichung

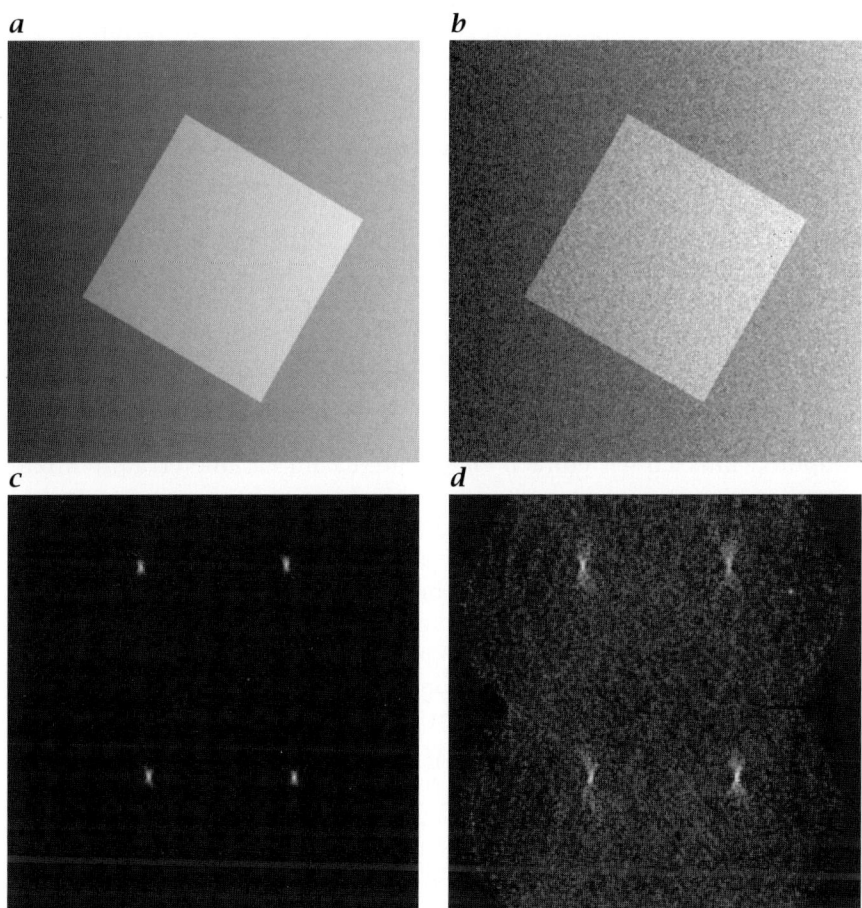

Abbildung 16.7: *Orientierungsbasierte schnelle Houghtransformation:* **a** *und* **b** *ungleichmäßig beleuchtete verrauschte Quadrate;* **c** *und* **d** *Hough-Modellraum mit der Entfernung d (horizontale Achse) und dem Winkel θ (vertikale Achse) der Geraden nach (16.9) für* **a** *bzw.* **b**.

schreiben als

$$\bar{n}x = d \quad \text{oder} \quad x\cos\theta + y\sin\theta = d, \tag{16.9}$$

wobei $\bar{n}$ ein normal zur Geraden stehender Vektor ist und θ der Winkel dieses Vektors zur x-Achse des Bildkoordinatensystems.

Der Nachteil der Houghtransformation für die Liniendetektion ist der hohe Rechenaufwand. Für jeden Bildpunkt ist eine Gerade im Parameterraum zu berechnen, und jeder Punkt im Modellraum, durch den die Gerade läuft, muss inkrementiert werden.

16.5.3   Orientierungsbasierte schnelle Houghtransformation

Eine signifikante Beschleunigung der Houghtransformation lässt sich
durch Verwendung zusätzlicher Information aus den ersten Schritten
der Bildverarbeitung erreichen. Die Analyse der lokalen Nachbarschaften mit der *Strukturtensormethode* erlaubt nicht nur die Erkennung von
Kanten, sondern liefert auch die Steigung der Kanten. Deshalb haben
wir zwei Informationen für jeden Bildpunkt, falls er auf einer Kante liegt:
die Stelle, durch die die Kante geht, und ihre Orientierung. Damit ist eine Gerade vollständig beschrieben. Entsprechend korrespondiert jeder
Punkt auf einer Geraden im Bildraum nicht mehr mit einer Geraden —
wie in Abschn. 16.5.2 diskutiert —, sondern mit einem einzigen Punkt
im Parameterraum. Durch die Eins-zu-eins-Korrespondenz wird die Berechnung der Houghtransformation beträchtlich beschleunigt. Für jeden
Bildpunkt müssen wir einfach *einen* Punkt zum Parameterraum hinzufügen.

   Die Anwendung der orientierungsbasierten Houghtransformation auf
eine schwierige Segmentierungsaufgabe ist in Abb. 16.7 zu sehen. Abbildung 16.7a, b zeigt ungleichmäßig beleuchtete verrauschte Bilder eines
Quadrates. Um dessen Kanten zu extrahieren, ist mit der orientierungsbasierten Houghtransformation keine Segmentierung der Kanten erforderlich. Wir müssen lediglich die Komponenten des Strukturtensors mit
den in Abschn. 13.3.6 beschriebenen Techniken ermitteln. Dann werden
für jeden Bildpunkt θ und d nach (16.9) berechnet. Als Wichtungsfaktor für den Beitrag eines Punktes zum Parameterraum verwenden wir
die Länge des Orientierungsvektors. Auf diese Weise werden die Punkte
entsprechend dem Zuverlässigkeitsmaß für die lokale Orientierung und
damit der Kantenstärke in den Parameterraum eingetragen.

   Im Hough-Parameterraum (Abb. 16.7c und d) tauchen vier Cluster
entsprechend den vier Seiten des Quadrats auf. Die Cluster erscheinen
in Paaren, da je zwei Seiten zueinander parallel liegen und sich nur durch
die Entfernung zum Bildzentrum unterscheiden. Beachtenswert ist, wie
gut die Technik selbst bei hohem Rauschpegel funktioniert.

16.6   Literaturhinweise zur Vertiefung[‡]

Pitas [152, Kapitel 6] and Umbaugh [201, Abschn. 2.4] behandeln eine Reihe von
Algorithmen zur Segmentierung.

17 Regularisierung und Modellierung

17.1 Vereinigung lokaler Analyse mit globalem Wissen

Das in Abschn. 16.5 besprochene modellbasierte Segmentierungsverfahren ist ein erster Schritt, globale Information bei der Erkennung von Objekten zu berücksichtigen. Es ist jedoch wenig flexibel, da eine exakte Parametrisierung der zu detektierenden Objekte erforderlich ist. Für die meisten realen Objekte ist es jedoch nicht möglich, solch ein explizites Modell aufzustellen.

In diesem Kapitel diskutieren wir daher einen sehr allgemeinen Ansatz zur Verknüpfung lokaler mit globaler Information, der kein explizites Modell des Objekts erfordert, sondern flexible Bedingungen zur Berücksichtigung globaler Information verwendet. Die zugrundeliegende Idee ist wie folgt: Auf der einen Seite sollte ein Modell den im Bild enthaltenen Daten so weit wie möglich entsprechen. Diese Forderung wird *Ähnlichkeitsbedingung* genannt. Auf der anderen Seite sollten die modellierten Daten einige globale Bedingungen erfüllen. Im einfachsten Fall könnte dies eine *Glattheitsbedingung* sein.

Im allgemeinen wird es nicht möglich sein, exakte Lösungen zu bekommen. Da reale Bilddaten immer ein gewisses Maß an Unsicherheit enthalten, hat auch eine exakte Anpassung an die Daten keinen Sinn. Wir erwarten vielmehr eine gewisse Abweichung der berechneten Modellwerte von den gemessenen Bilddaten, die wir mit der erwarteten Standardabweichung des Rauschens der Daten vergleichen können.

Daher kommen wir zu einem *globalen Optimierungsproblem*. Die beiden besprochenen Bedingungen müssen in geeigneter Weise miteinander kombiniert werden, um eine Lösung mit einem minimalen Fehler bei einer vorgegebenen Fehlernorm zu finden.

Dieser Ansatz kann auf eine Fülle von Bildverarbeitungsaufgaben angewendet werden. Darunter sind so verschiedene Aufgaben wie

- *Restaurierung* von Bildern, die bei der Bildgewinnung Störungen ausgesetzt wurden (Kapitel 7),
- Berechnung von *Tiefenbildern* aus *Stereobildern* oder irgendeinem anderen auf Triangulation basierenden Sensor zur Tiefenbildgewinnung (Kapitel 8.2),
- Berechnung von *Tiefenbildern* mit Methoden wie *Gestalt aus Schattierung* oder *photometrischem Stereo* (Kapitel 8.5),

B. Jähne, Digitale Bildverarbeitung
ISBN 3-540-41260-3

- *Rekonstruktion* von Bildern aus 3D-Bildaufnahmetechniken wie der *Tomographie* (Abschn. 8.6), die keine direkten Bilder liefern,
- Berechnung von Bewegung oder *Verschiebungsvektorfeldern* aus Bildsequenzen (Kapitel 14),
- Aufteilung eines Bildes in Regionen (*Segmentierung*, Kapitel 16) und
- Berechnung von Objektgrenzen (*aktive Konturen* oder *snakes*).

Die meisten der berechneten Parameter sind skalare Felder. Manche von ihnen, wie Bewegungsfelder oder Oberflächennormalen, sind jedoch Vektorfelder. Daher werden wir die hier besprochenen Methoden auf Vektorfelder ausdehnen.

Aber ehe wir damit beginnen, ist es sinnvoll, sich einige generelle Gedanken über den Zweck und die Grenzen der Modellierung zu machen (Abschn. 17.2). Nachdem wir den generellen Ansatz der auf Variationsmethoden basierenden Bildmodellierung in Abschn. 17.3 besprochen haben, wenden wir uns in Abschn. 17.4 der wichtigen Frage zu, wie Diskontinuitäten bei globalen Glattheitsbedingungen adäquat berücksichtigt werden können. Der Variationsansatz führt zu partiellen Differentialgleichungen, die äquivalent zu Transportgleichungen mit Diffusions- und Reaktionstermen sind. Daher wirft die Diskussion in Abschn. 17.5 ein anderes, interessantes Licht auf das Problem der Bildmodellierung.

Im zweiten Teil dieses Kapitels wenden wir uns diskreten Methoden der Bildmodellierung zu und zeigen, dass sie als ein *diskretes inverses Problem* verstanden werden kann (Abschn. 17.6). Elektrische Netzwerke sind dafür ein illustratives Anwendungsbeispiel (Abschn. 17.7). In Abschn. 17.8 zeigen wir schließlich am Beispiel der *inversen Filterung*, wie inverse Probleme effektiv gelöst werden können.

17.2 Zweck und Grenzen von Modellen

Der Begriff *Modell* reflektiert die Tatsache, dass alle natürlichen Phänomene nur bis zu einer gewissen Grenze korrekt beschrieben werden können. Eines der wichtigsten Prinzipien in allen naturwissenschaftlichen Disziplinen ist die Suche nach der einfachsten und allgemeinsten Beschreibung eines Sachverhaltes, die die Beobachtungen mit der kleinsten möglichen Abweichung wiedergibt. Wenige grundlegende Gesetze der Physik beschreiben auf diese Weise eine Vielfalt von Phänomenen quantitativ.

Im gleichen Sinne sind Modelle nützliche und gültige Näherungen für Bildverarbeitungsaufgaben. Modelle müssen jedoch mit entsprechender Vorsicht verwendet werden. Auch wenn die Daten perfekt mit den Modellannahmen übereinzustimmen scheinen, gibt es keine Garantie, dass die Modellannahmen korrekt sind.

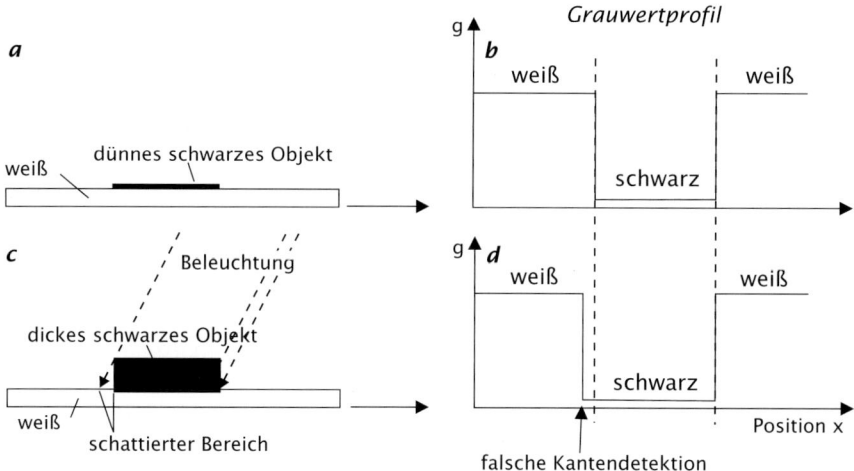

Abbildung 17.1: *Demonstration eines systematischen Fehlers, der nicht aus dem wahrgenommenen Bild abgeleitet werden kann. **a** und **c** Zeichnung des Objektes und der Beleuchtungsbedingungen. **b** und **d** resultierende Grauwertprofile der Abbildungen **a** bzw. **c**.*

In Abb. 17.1 ist ein illustratives Beispiel gezeigt. Das Modell geht von einem flachen, schwarzen Objekt aus, das vor einem weißen Hintergrund liegt und gleichmäßig beleuchtet wird (Abb. 17.1a). Das Objekt kann anhand der niedrigen Grauwerte im Bild klar erkannt werden, und die Übergänge zwischen den hohen und den niedrigen Werten kennzeichnen die Kanten des Objektes.

Hat jedoch das schwarze Objekt eine nicht zu vernachlässigende Dicke und wird die Szene durch paralleles, schräg einfallendes Licht beleuchtet (Abb. 17.1c), erhalten wir exakt den gleichen Profiltyp wie bei den Annahmen in Abb. 17.1a. Wir sehen also im Bild keine Abweichungen von den Modellannahmen. Tatsächlich wird jedoch nur die rechte Kante noch korrekt detektiert. Die linke Kante ist aufgrund des schattierten Bereiches nach links verschoben. Dadurch erscheint das Objekt zu groß.

Abb. 17.2 zeigt ein weiteres Beispiel. Ein schwarzes, flaches Objekt füllt die Hälfte des Bildes auf einem weißen Hintergrund. Das Histogramm, das die Verteilung der Grauwerte darstellt, zeigt eine bimodale Form mit zwei Spitzen gleicher Höhe. Daraus schließen wir, dass im Bild im wesentlichen nur zwei Grauwerte vorkommen, der untere gehört zum schwarzen Objekt und der obere zum weißen Hintergrund, und jeder füllt die Hälfte des Bildes.

Das bedeutet jedoch nicht, dass jedes bimodale Histogramm von einem Bild herrührt, in dem ein schwarzes Objekt auf einem weißen Hintergrund das halbe Bild ausfüllt. Viele andere Interpretationen sind

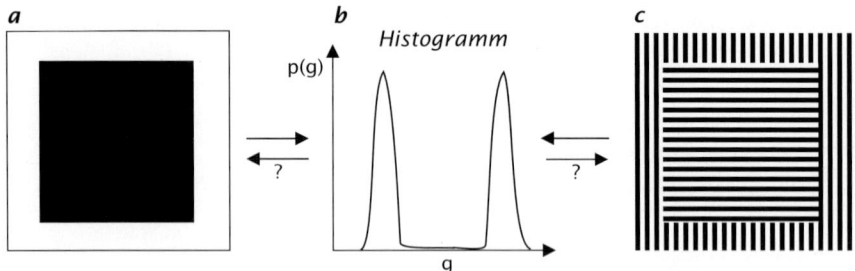

Abbildung 17.2: *Systematische Abweichung von einer Modellannahme (schwarzes Objekt, weißer Hintergrund), die nicht aus dem Bildhistogramm abgeleitet werden kann.*

möglich. So kann auch ein weißes Objekt auf einem schwarzen Hintergrund vorliegen. Das gleiche bimodale Histogramm ergibt sich ebenso bei einem Bild, in dem Objekt und Hintergrund schwarzweiß gestreift sind. In diesem Fall würde eine Segmentierung, die alle Pixel unterhalb eines bestimmten Grenzwerts als zum Objekt und die übrigen zum Hintergrund gehörig identifiziert, nicht das Objekt extrahieren, sondern die schwarzen Streifen. Solch eine einfache Methode funktioniert nur, wenn das Modell die Annahme erfüllt, dass Objekt und Hintergrund einfarbig sind.

Diese beiden Beispiele zeigen, dass wir selbst in einfachen Fällen in Situationen geraten können, in denen die Modellannahmen zu stimmen scheinen — wie sich aus bestimmten Kenngrößen des Bildes, z. B. dem Histogramm, ableiten lässt —, tatsächlich aber sind sie falsch. Während die falschen Modellannahmen in einfachen Fällen noch relativ leicht zu erkennen sind, ist dies bei komplexeren Situationen und Modellen sehr viel schwieriger, wenn nicht gar unmöglich.

17.3   Variationsbasierte Bildmodellierung[†]

Wie in der Einleitung (Abschn. 17.1) diskutiert, benötigt ein mathematisch solider Ansatz zur Bildmodellierung eine Modellfunktion oder Zielfunktion und ein Fehlerfunktional. Letzteres misst die restlichen Abweichungen zwischen den gemessenen Daten und den berechneten Modellwerten.

Bei der Bildsegmentierung wäre eine stückweise glatte Funktion $f(x)$ eine geeignete Zielfunktion. Die freien Parameter dieses Modells sind die Grauwerte in den einzelnen Regionen und die Grenzkurven zwischen den Regionen. Diese beiden Parameter sollten in solch einer Weise variiert werden, dass die Abweichungen zwischen der Modellfunktion $f(x)$ und den Bilddaten $g(x)$ minimal sind.

Die globalen Vorgaben dieses Segmentierungsmodells sind trotz der Allgemeinheit des Ansatzes noch recht starr. Es würde bei inhomogener Beleuchtung versagen. Glattheitsbedingungen sind ein allgemeinerer Ansatz. Sie besagen, dass wir nur langsame Änderungen der Werte erwarten. Damit können wir auch Segmentierungsprobleme mit inhomogener Ausleuchtung lösen. Allerdings müssen wir in der Lage sein, Diskontinuitäten zu erkennen, um an diesen Stellen die Glattheitsbedingung abzuschwächen.

Solche allgemeinen globalen Bedingungen lassen sich in sehr allgemeiner Weise mit der *Variationsrechnung* formulieren und lösen. Ehe wir die Variationsrechnung auf die Bildmodellierung anwenden, ist es sinnvoll, mit einem einfachen Beispiel aus der Physik zu beginnen.

17.3.1 Ein einfaches Beispiel aus der Physik

Die Variationsrechnung hat weite Verbreitung in den Naturwissenschaften gefunden. Sie ist besonders in der Physik zu Hause. Alle grundlegenden Konzepte der theoretischen Physik können als Extremalprinzipien beschrieben werden. Das wahrscheinlich am besten bekannte ist das *Hamiltonprinzip*, aus dem die Lagrangegleichung der *theoretischen Mechanik* resultiert [59].

Zur Illustration diskutieren wir die Bewegung eines Massenpunktes. Ohne externe Kräfte bewegt er sich mit konstanter Geschwindigkeit. Je höher seine Masse ist, desto höhere Kräfte sind notwendig, um seine Geschwindigkeit zu ändern. Daher wirkt seine Masse gegen Geschwindigkeitsänderungen, wenn sich der Massenpunkt durch ein räumlich und zeitlich sich änderndes Potentialfeld $V(x, t)$ bewegt, das auf ihn die Kraft $F = V_x(x, t)$ ausübt. Das Hamiltonprinzip besagt, dass die Bewegung einer Kurve folgt, für die folgendes Integral extremal wird:

$$\int_{t_1}^{t_2} \left(\frac{1}{2} m \, x_t^2 - V(x, t) \right) \mathrm{d}t. \tag{17.1}$$

Die zeitliche Ableitung von x ist in (17.1) mit x_t bezeichnet. Die Funktion im Integral wird *Lagrangefunktion* $L(x, x_t, t)$ genannt. Die Lagrangefunktion hängt über das Potential $V(x, t)$ vom Ort x und der Zeit t ab und über die kinetische Energie $m \, x_t^2 / 2$ des Massenpunktes von der zeitlichen Ableitung der Position, d.h. der Geschwindigkeit.

Die obige Integralgleichung wird mit der *Euler-Lagrange-Gleichung* gelöst:

$$\frac{\partial L}{\partial x} - \frac{\mathrm{d}}{\mathrm{d}t} \frac{\partial L}{\partial x_t} = 0 \quad \text{oder kurz} \quad L_x - \frac{\mathrm{d}}{\mathrm{d}t} L_{x_t} = 0. \tag{17.2}$$

Mit Hilfe dieser Gleichung kann die Integralgleichung (17.1) für eine vorgegebene Lagrangefunktion in eine Differentialgleichung umgeformt werden.

Zur Illustration berechnen wir die Bewegung eines Massenpunktes in dem harmonischen Potentialtopf $V(x) = 1/2\epsilon x^2$. Die Lagrangefunktion dieses Systems ist

$$L(x, x_t, t) = T - V = \frac{1}{2}m(x_t)^2 - \frac{1}{2}\epsilon x^2. \tag{17.3}$$

Die Ableitungen der Lagrangefunktion ergeben sich zu

$$\frac{\partial L}{\partial x} = -\epsilon x, \quad \frac{\partial L}{\partial x_t} = m\, x_t, \quad \frac{\mathrm{d}}{\mathrm{d}t}\frac{\partial L}{\partial x_t} = m\, x_{tt}. \tag{17.4}$$

Aus der Euler-Lagrange-Gleichung (17.2) erhalten wir die einfache Differentialgleichung zweiter Ordnung

$$m\, x_{tt} + \epsilon x = 0, \tag{17.5}$$

die eine harmonische Schwingung des Massenpunktes in dem Potentialtopf mit der Kreisfrequenz $\omega = \sqrt{\epsilon/m}$ beschreibt.

17.3.2 Räumliche und raumzeitliche Variationsprobleme

Für die Bildverarbeitung müssen wir Variationsprobleme für in Raum und Zeit variierende Variablen formulieren. Der Pfad des Massenpunktes $x(t)$, eine Skalarfunktion, muss durch eine räumliche Funktion $f(\boldsymbol{x})$ ersetzt werden, d. h. durch eine Vektor-Skalar-Funktion einer mehrdimensionalen Vektorvariablen. Bei Bildsequenzen ist eine der Komponenten von $\boldsymbol{x}$ die Zeit t.

Konsequenterweise hängt die Lagrangefunktion nun von der Vektorvariablen $\boldsymbol{x}$ ab. Weiterhin ist sie nicht nur eine Funktion von $f(\boldsymbol{x})$ und $\boldsymbol{x}$, sondern zusätzliche Variablen, die von räumlichen partiellen Ableitungen von f abhängen, spielen eine Rolle. Sie sind notwendig, sobald wir fordern, dass f an einem Punkt von f in der Nachbarschaft abhängen soll. Zusammenfassend ergibt sich die folgende allgemeine Gleichung für das *Fehlerfunktional* $\varepsilon(f)$ als ein Variationsintegral für f zu

$$\varepsilon(f) = \int_{\Omega} L\left(f, f_{x_p}, \boldsymbol{x}\right) \mathrm{d}x^W \rightarrow \text{Minimum}. \tag{17.6}$$

Das Integral wird über einen bestimmten Bereich des Raumes $\Omega \in \mathbb{R}^W$ berechnet. Gleichung (17.6) enthält bereits das Wissen, dass der Extremwert ein Minimum ist. Dies ergibt sich aus der Tatsache, dass f an bestimmten Punkten mit zusätzlichen Bedingungen eine minimale Abweichung von den gegebenen Funktionen zeigen sollte.

Die zugehörige Euler-Lagrange-Gleichung ist:

$$L_f - \sum_{p=1}^{W} \partial_{x_p} L_{f_{x_p}} = 0. \tag{17.7}$$

Der Variationsansatz kann auch auf vektorielle Eigenschaften wie die Geschwindigkeit bei Bildsequenzen ausgedehnt werden. Dann hängt die Lagrangefunktion von der vektoriellen Eigenschaft $\boldsymbol{f} = [f_1, f_2, \ldots, f_W]^T$, den partiellen Ableitungen jeder Komponente f_q der Eigenschaft in alle Richtungen $(f_i)_{x_p}$ sowie explizit von der Koordinate $\boldsymbol{x}$ ab:

$$\varepsilon(\boldsymbol{f}) = \int_\Omega L\left(\boldsymbol{f}, (f_i)_{x_p}, \boldsymbol{x}\right) \mathrm{d}x^W \to \text{Minimum.} \tag{17.8}$$

Aus dieser Gleichung erhalten wir eine Euler-Lagrange-Gleichung für jede Komponente f_i der vektoriellen Eigenschaft:

$$L_{f_i} - \sum_{p=1}^{W} \partial_{x_p} L_{(f_i)_{x_p}} = 0. \tag{17.9}$$

17.3.3 Ähnlichkeitsbedingungen

Der Ähnlichkeitsterm wird benutzt, um die Gleichheit zwischen dem modellierten und dem gemessenen Merkmal zu bestimmen. Im einfachsten Fall, z.B. der Segmentierung, ist das gemessene Merkmal der Grauwert selbst, und der Ähnlichkeitsterm S ergibt sich zu

$$S(f, \boldsymbol{x}) = \|f(\boldsymbol{x}) - g(\boldsymbol{x})\|_n. \tag{17.10}$$

Diese Formulierung des Ähnlichkeitsterms in der Lagrangefunktion bedeutet, dass die Abweichung zwischen dem modellierten Merkmal und dem gemessenen Bild nach der L_n-Norm minimal sein sollte. Die am häufigsten verwendete Norm ist die L_2-Norm, aus der die bekannte Methode der kleinsten Quadrate (least squares, LS) resultiert.

Zur Modellierung der aus den Bilddaten abgeleiteten Merkmale sind komplexere Ähnlichkeitsterme erforderlich. Für eine lineare *Restaurierung* gehen wir davon aus, dass das Originalbild $f(\boldsymbol{x})$ durch eine Faltungsoperation mit der Punktantwort $h(\boldsymbol{x})$ verfälscht wurde (Näheres siehe Abschn. 17.8). Daher ergibt sich das gemessene Bild $g(\boldsymbol{x})$ zu

$$g(\boldsymbol{x}) = h(\boldsymbol{x}) * f(\boldsymbol{x}). \tag{17.11}$$

Eine minimale Abweichung zwischen dem gemessenen und rekonstruierten Bild ergibt sich durch den Ähnlichkeitsterm

$$S(f, \boldsymbol{x}) = \|h(\boldsymbol{x}) * f(\boldsymbol{x}) - g(\boldsymbol{x})\|_n. \tag{17.12}$$

Als letztes Beispiel betrachten wir die Ähnlichkeitsbedigung für die Bewegungsbestimmung. In Abschn. 14.3.2 haben wir diskutiert, dass der optische Fluss die Kontinuitätsgleichung (14.9) erfüllen sollte:

$$f(\boldsymbol{x}, t) \nabla g(\boldsymbol{x}, t) + g_t(\boldsymbol{x}, t) = 0. \tag{17.13}$$

Wir benutzten eine Optimierungsmethode, mit der die Abweichung von der Kontinuitätsgleichung mit der Methode der kleinsten Quadrate minimiert wurde in (14.15). Mit der L_n-Norm ergibt sich folgender Ähnlichkeitsterm:

$$S(f, x, t) = \|f \, \nabla g + g_t\|_n. \tag{17.14}$$

Diese Gleichung besagt wiederum nichts anderes, als dass die Kontinuitätsgleichung für den optischen Fluss (14.9) möglichst gut erfüllt sein sollte. Zu beachten ist, dass die Gleichheit nun auch explizit von der Zeit abhängt, da das Minimierungsproblem von Bildern auf Orts/Zeit-Bilder ausgedehnt wird.

Am Beispiel der Bewegungsbestimmung lernen wir, dass die Ähnlichkeitsbedingungen allein bei einem Variationsansatz nicht viel nutzen. Mit (17.14) hängt die Lagrangefunktion nur vom optischen Fluss f ab. Um die Euler-Lagrange Gleichungen zu berechnen, müssen wir lediglich die partiellen Ableitungen des Ähnlichkeitsterms (17.14) nach den Komponenten des optischen Flusses, $\partial L / \partial f_i$, berücksichtigen:

$$L_{f_i} = 2 \left(f \, \nabla g + g_t \right) g_{x_i}. \tag{17.15}$$

Durch Einsetzen von (17.15) in (17.9) erhalten wir

$$\left(f \, \nabla g + g_t \right) g_x = 0 \quad \text{und} \quad \left(f \, \nabla g + g_t \right) g_y = 0 \tag{17.16}$$

oder, als Vektorgleichung geschrieben,

$$\left(f \, \nabla g + g_t \right) \nabla g = 0. \tag{17.17}$$

Diese Gleichungen bedeuten zunächst, dass der optische Fluss nicht bestimmt werden kann, wenn der räumliche Gradient von ∇g ein Nullvektor ist. Ansonsten ergibt sich nur die Bedingung, dass lokal die Kontinuität des optischen Flusses erhalten sein muss, aber es bestehen keinerlei Einschränkungen für die zeitliche oder räumliche Variation des optischen Flusses. Dieses Beispiel demonstriert eindrücklich die Grenzen der lokalen Ähnlichkeitsbedingungen. Wirklicher Fortschritt kann nur erreicht werden, wenn globale Bedingungen mit berücksichtigt werden.

17.3.4 Globale Glattheitsbedingungen

Eine der grundlegenden globalen Regularisierer ist die Glattheit. Bei vielen Bildverarbeitungsproblemen ist es sinnvoll zu fordern, dass eine zu modellierende Größe sich nur langsam im Raum (und in der Zeit) ändert. Dies ist z. B. bei einer Segmentierung der Fall. Ein Objekt ist durch die Tatsache gekennzeichnet, dass es eine zusammenhängende Region mit konstanten oder nur langsam sich ändernden Merkmalen ist. Ebenso ist die Tiefe einer Oberfläche oder das Geschwindigkeitsfeld eines sich bewegenden Objektes zumindest in den meisten Punkten kontinuierlich.

Aus diesen Gründen suchen wir nun nach passenden *Glattheitsbedingungen*, die wir zur Lagrangefunktion hinzufügen, um neben einer möglichst geringen Abweichung von den Daten auch eine räumlich glatte Lösung zu erzwingen. Solch ein Term erfordert räumliche partielle Ableitungen der modellierten Merkmale. Der einfachste Term, der nur Ableitungen erster Ordnung enthält, gilt für ein skalares Merkmal f in einem 2D-Bild:

$$R\left(f_x, f_y\right) = \alpha^2 \left(f_x^2 + f_y^2\right) = \alpha^2 |\nabla f|^2. \tag{17.18}$$

Für ein vektorielles Merkmal $\boldsymbol{f} = [f_1, f_2]^T$ ergibt sich

$$R\left(\boldsymbol{f}_x, \boldsymbol{f}_y\right) = \alpha^2 \left(|\nabla f_1|^2 + |\nabla f_2|^2\right). \tag{17.19}$$

In diesem zusätzlichen Term tauchen die partiellen Ableitungen als quadrierte Summe auf. Das bedeutet, dass wir den *Glattheitsterm* mit derselben Norm (L_2-Norm, Summe der kleinsten Quadrate) auswerten können wie den Ähnlichkeitsterm. Außerdem sind in dieser Formel alle partiellen Ableitungen gleich gewichtet. Der Faktor α^2 steht für das relative Gewicht des Glattheitsterms im Vergleich zum Ähnlichkeitsterm.

Das komplette Fehlerfunktional für die Bewegungsbestimmung mit Ähnlichkeits- und Glattheitsterm ergibt sich dann zu

$$L\left(\boldsymbol{f}, \boldsymbol{f}_x, \boldsymbol{f}_y\right) = \left(\boldsymbol{f}\,\nabla g + g_t\right)^2 + \alpha^2 \left(|\nabla f_1|^2 + |\nabla f_2|^2\right). \tag{17.20}$$

Durch Einsetzen dieser Lagrangefunktion in die Euler-Lagrange Gleichung (17.9) erhalten wir folgendes Differentialgleichungssystem:

$$\begin{aligned}
\left(\nabla g\,\boldsymbol{f} + g_t\right) g_x &- \alpha^2 \left((f_1)_{xx} + (f_1)_{yy}\right) = 0, \\
\left(\nabla g\,\boldsymbol{f} + g_t\right) g_y &- \alpha^2 \left((f_2)_{xx} + (f_2)_{yy}\right) = 0.
\end{aligned} \tag{17.21}$$

In einer Vektorgleichung zusammengefaßt, ergibt sich

$$\underbrace{\left(\nabla g\,\boldsymbol{f} + \frac{\partial g}{\partial t}\right) \nabla g}_{\text{Ähnlichkeitsterm}} - \underbrace{\alpha^2 \Delta \boldsymbol{f}}_{\text{Glattheitsterm}} = \boldsymbol{0}. \tag{17.22}$$

Wie der optische Fluss aus dieser Formel resultiert, lässt sich leicht ableiten. Zunächst stellen wir uns vor, dass die Intensität sich in einer Richtung stark ändert. Der Ähnlichkeitsterm dominiert dann über den Glattheitsterm, und die Geschwindigkeit wird entsprechend dem lokalen optischen Fluss berechnet. Ist dagegen die Änderung der Intensität klein, dominiert der Glattheitsterm. Die lokale Geschwindigkeit wird so berechnet, dass sie soweit wie möglich der Geschwindigkeit in der Nachbarschaft entspricht. Mit anderen Worten, die Flussvektoren werden aus den sie umgebenden Flussvektoren interpoliert.

Dieser Prozess sei durch ein Extrembeispiel weiter veranschaulicht. Betrachten wir ein helles Objekt mit konstanter Helligkeit, das sich vor einem dunklen Hintergrund bewegt. Der Ähnlichkeitsterm verschwindet innerhalb des Objektes vollständig, während an den Kanten die senkrecht zur ihnen stehende Geschwindigkeit aus nur diesem Term berechnet werden kann. Dies ist in der Physik ein altes und wohlbekanntes Problem: Wie berechnen wir die Potentialfunktion $\Delta f = 0$ ohne Quellen und Senken bei gegebenen Randbedingungen an den Rändern des Objekts?

Die Gleichung $\Delta f = 0$ ist die sogenannte *Laplacegleichung*. In Bereichen, für die der Ähnlichkeitsterm null ist, können wir sofort auf die Form der Lösung schließen. Da die Ableitungen zweiter Ordnung null sind, sind die räumlichen Ableitungen erster Ordnung konstant. Daraus resultiert ein modelliertes Merkmal f, das sich linear im Raum ändert.

17.3.5 Elastizitäts-Modelle[‡]

An dieser Stelle ist es sinnvoll, ein analoges physikalisches Problem zu betrachten, das uns weiteren Einblick gibt, wie sich Ähnlichkeits- und Glattheitsterm die Waage halten. In einem physikalischen Modell entsprechen diese beiden Terme zwei Arten von Kräften.

Wir benutzen wieder das Beispiel der Bewegungsbestimmung und denken uns die Bilder als auf eine *elastische Membran* gemalt. Die Bewegung wird die Membran von Bild zu Bild verschieben. Speziell wird nicht uniforme Bewegung die Membran leicht expandieren oder zusammenziehen. Der Ähnlichkeitsterm wirkt wie eine äußere Kraft, die versucht, die Membran in Richtung des lokalen *Verschiebungsvektors* (VV) zu verschieben. Die inneren elastischen Kräfte der Membran versuchen, diese Verschiebungen möglichst gleichmäßig über die ganze Membran zu verteilen, und bewirken damit ein glattes *Verschiebungsvektorfeld* (VVF).

Betrachten wir zunächst die externen Kräfte genauer. Es ist nicht sinnvoll, die Verzerrungen an den Punkten, an denen wir den VV der geschätzten Verschiebung berechnen können, starr vorzugeben. Vielmehr werden wir um so größere Abweichungen von der berechneten Verschiebung zulassen, je ungenauer sie bestimmt werden kann. Physikalisch entspricht dies einem Federnpaar, dessen Federkonstante proportional zur Genauigkeit ist, mit der die VV bestimmt werden kann. Der Nullpunkt des Federsystems entspricht dem berechneten Verschiebungsvektor. Da die Membran zweidimensional ist, werden an jedem Punkt zwei Federpaare benötigt. Die Richtung der Federn wird nach der *lokalen Orientierung* (Abschn. 13.3) ausgerichtet. An einer Kante kann nur die Verschiebung senkrecht zur Kante berechnet werden (*Blendenproblem*, Abschn. 14.2.2). Folglich wird hier nur ein Federnpaar senkrecht zur Kante angebracht; die Verschiebung parallel zur Kante ist frei.

Die externen Federkräfte wirken den inneren elastischen Kräften der Membran entgegen, die versuchen, die unterschiedlichen Verschiebungen auszugleichen und die Verformung der Membran minimal zu halten. Unter diesem Blickwinkel können wir die Euler-Lagrange-Gleichung für den optischen Fluss (17.22) nun folgendermaßen verstehen:

$$\underbrace{(\nabla g \, f + g_t) \, \nabla g}_{\text{Externe Kraft}} - \underbrace{\alpha^2 \Delta f}_{\text{Interne Kraft}} = 0. \tag{17.23}$$

Dabei stellt α^2 die *Elastizitätskonstante* dar. Den äußeren Kräften wird durch die inneren die Waage gehalten. Bei den inneren Kräften tauchen die zweiten partiellen Ableitungen des VVF auf, da ein konstanter Gradient des VVF keine inneren Kräfte erzeugt.

Sämtliche Elastizitätseigenschaften der Membran sind in der Konstanten α zusammengefaßt. Einen tieferen Einblick in die innere Struktur der Membran erhält man durch Betrachtung der Lagrangefunktion (17.22)

$$L\left(f, f_{x_p}, x\right) = \underbrace{\alpha^2 \left(|\nabla f_1|^2 + |\nabla f_2|^2\right)}_{T, \text{ Deformationsenergie}} + \underbrace{(\nabla g \, f + g_t)^2}_{-V, \text{ Potential}}. \tag{17.24}$$

Die Lagrangefunktion setzt sich aus dem *Potential* der äußeren Kraft, die aus der Kontinuität des optischen Flusses resultiert, und der *Deformationsenergie*, die in Bezug zu den inneren Kräften steht, zusammen. Diese Energie taucht hier anstelle der kinetischen Energie im klassischen Beispiel der Lagrangefunktion für einen Massenpunkt auf (Abschn. 17.3.1), weil das Minimalproblem nicht in einem Zeit-, sondern in einem Flächenintegral formuliert ist.

Der Term mit der Deformationsenergie kann in mehrere Terme aufgeteilt werden, die den verschiedenen Deformationsarten entsprechen:

$$T\left(f_{x_p}\right) = \frac{1}{2} \left[\underbrace{\left((f_1)_x + (f_2)_y\right)^2}_{\text{Dilatation}} + \right.$$

$$\left. \underbrace{\left((f_1)_x - (f_2)_y\right)^2 + \left((f_1)_y + (f_2)_x\right)^2}_{\text{Scherung}} + \underbrace{\left((f_1)_y - (f_2)_x\right)^2}_{\text{Rotation}} \right]. \tag{17.25}$$

Daran sehen wir, dass die Elastizitätseigenschaften der Membran optimal der Bewegungskinematik angepasst sind. Jede aufgrund der verschiedenen Modi der 2D-Bewegung auf der Bildebene mögliche Deformation bekommt gleiches Gewicht. Das VVF wird also so berechnet, dass seine Divergenz, Rotation und Scherung gleichermaßen minimal gehalten werden.

Physikalisch gesehen ist diese Membran nicht sinnvoll. Die Differentialgleichung für eine reale physikalische Membran sieht etwas anders aus [45]:

$$f - (\lambda + \mu)\nabla(\nabla u) - \mu\Delta u = 0. \tag{17.26}$$

Die Elastizität einer physikalischen Membran wird durch die beiden Konstanten λ und μ beschrieben. $\lambda = -\mu$ ist nicht möglich, so dass nur der im Vergleich zur Modellmembran für das VVF zusätzliche Term mit $\nabla(\nabla u)$ bei einer physikalischen Membran nie verschwinden kann. Wenn es keine Querkontraktion gibt, kann λ allenfalls null sein.

Bei dem Membranmodell ist nur die Auslenkung stetig, nicht aber deren erste Ableitung. Diese Unstetigkeiten treten genau an den Punkten auf, an denen die äußeren Kräfte angreifen. Das sieht man direkt an (17.22). Eine lokal angewandte externe Kraft entspricht einer δ-Distribution im Ähnlichkeitsterm. Nach Integration von (17.22) hat das VVF Unstetigkeiten in den Ableitungen erster Ordnung.

Diese Überlegungen stellen die bisher betrachteten Glattheitsbedingungen in Frage, weil wir wissen, dass die Bewegung ebener Oberflächenelemente keine Unstetigkeiten in der ersten Ableitung aufweist. Eine Glattheit der Ableitungen erster Ordnung kann erzwungen werden, wenn wir Ableitungen zweiter Ordnung in den Glattheitsterm (17.22) oder die Deformationsenergie (17.24) einbeziehen. Physikalisch gesehen wird damit aus einer Membran eine dünne *elastische Platte*, die nicht wie eine Membran geknickt werden kann.

17.4 Kontrollierte Glattheit

Nach Diskussion der grundlegenden Eigenschaften der Glattheitsbedingungen wenden wir uns nun der Frage zu, wie wir räumliche und zeitliche Unstetigkeiten mit dem Variationsansatz angemessen behandeln können. Bei einem Segmentierungsproblem ist das modellierte Merkmal an den Objektkanten unstetig. Das gleiche gilt für den optischen Fluss. Die bisher formulierte Glattheitsbedingung erlaubt jedoch keine Diskontinuitäten. Wir haben eine globale Glattheitsbedingung aufgestellt und erhalten deswegen ein global glattes Merkmalsfeld auch dann, wenn die Daten Diskontinuitäten haben. Wir müssen daher Methoden entwickeln, diese in den Daten zu erkennen und bei der Modellierung adäquat zu berücksichtigen.

Wir werden zunächst die prinzipiellen Möglichkeiten zur Variation des Minimalproblems innerhalb des gewählten Rahmens diskutieren. Dafür schreiben wir die Integralgleichung (17.6) für das Minimalproblem um, indem wir das Wissen über die Bedeutung der Lagrangefunktion aus dem vorigen Abschnitt einsetzen:

$$ \int_\Omega \left(\underbrace{S(\boldsymbol{f})}_{\text{Ähnlichkeitsterm}} + \underbrace{R(\boldsymbol{f}_{x_p})}_{\text{Glattheitsterm}} \right) \, \mathrm{d}^W x \to \text{Minimum.} \qquad (17.27) $$

Um Diskontinuitäten zu berücksichtigen, sind zwei Vorgehensweisen möglich:

1. *Integrationsfläche.* Die Integrationsfläche ist eine der Möglichkeiten zur Lösung der Diskontinuitäten im Merkmal $\boldsymbol{f}$. Befinden sich innerhalb der Integrationsfläche Diskontinuitäten, resultieren fehlerhafte Werte. Wir müssen also Algorithmen finden, welche die Kanten in $\boldsymbol{f}$ erkennen und als Konsequenz die Integrationsfläche auf die segmentierten Bereiche beschränken. Dies ist offensichtlich ein schwieriges iteratives Verfahren. Erstens fallen die Kanten im Bild selbst nicht

notwendigerweise mit den Kanten des Merkmals f zusammen. Zweitens liegt in vielen Fällen, insbesondere bei der Bewegungsanalyse nur ein lückenhaftes Merkmalsfeld vor, so dass eine Segmentierung in einzelne Regionen nicht möglich ist.

2. *Glattheitsterm.* Die Modifizierung des Glattheitsterms ist eine andere Möglichkeit zur Lösung des Diskontinuitätsproblems. An Punkten, an denen eine Diskontinuität vermutet wird, kann die Glattheitsbedingung aufgeweicht werden oder ganz verschwinden. Damit sind Diskontinuitäten erlaubt. Auch dies ist ein iterativer Algorithmus. Der Glattheitsterm muss eine Steuerungsfunktion enthalten, die unter bestimmten Bedingungen die Glattheitsbedingung abschaltet. Diese Eigenschaft wird *kontrollierte Glattheit* genannt [196].

Im folgenden diskutieren wir zuerst zwei Verfahren zur Modifizierung der Integrationsfläche. Die Modifikation des Glattheitsterms wird im Detail in Abschn. 17.5 behandelt.

Integration entlang von geschlossenen Nulldurchgängen. Hildreth [75] verwendet das laplacegefilterte Bild und limitiert alle weiteren Berechnungen auf die Nulldurchgänge, da diese Grauwertkanten darstellen (Abschn. 12.2), d. h. die Merkmale, anhand deren wir die normal zur Kante liegende Geschwindigkeitskomponente berechnen können. Der große Vorteil dieses Ansatzes ist, dass durch die Vorauswahl vielversprechender Merkmale die erforderlichen Berechnungen beträchtlich reduziert werden.

Durch Auswahl der Nulldurchgänge wird die Glattheitsbedingung auf eine bestimmte Konturlinie beschränkt. Dies erscheint hilfreich, da ein Nulldurchgang wahrscheinlich ein Objekt umgrenzt oder innerhalb von ihm liegt, jedoch nicht die Objektränder nach außen verlässt. Dies ist jedoch nicht notwendigerweise der Fall. Besteht ein Nulldurchgang innerhalb eines Objektes, sollte die Geschwindigkeit entlang der Kontur keine Diskontinuitäten zeigen. Wählen wir für die Glattheitsbedingung eine Kontur anstelle einer Fläche, ändert sich das Integral von einem Flächen- zu einem Linienintegral entlang einer Kontur s:

$$\oint \left\{ (\bar{n}f - f_\perp)^2 + \alpha^2 \left[((f_1)_s)^2 + ((f_2)_s)^2 \right] \right\} \, d\mathbf{s} \rightarrow \text{Minimum.} \quad (17.28)$$

$\bar{n}$ ist ein Einheitsvektor normal zur Kante und $f_\perp$ die Geschwindigkeitsnormale zur Kante.

Die Ableitungen der Geschwindigkeit werden entlang der Konturlinie berechnet. Die normal zur Kante liegende Komponente $f_\perp$ ergibt sich unmittelbar aus dem Ähnlichkeitsterm, während der parallel zur Kante liegende Geschwindigkeitsterm aus der Glattheitsbedingung entlang der gesamten Kante abgeleitet werden muss.

Bei aller Eleganz dieses Verfahrens hat es auch einen schwerwiegenden Nachteil. Es ist nicht sicher, dass Nulldurchgänge nur ein Objekt

a

b

Abbildung 17.3: *Zwei Bilder der Hamburger Taxiszene, die vom Fachbereich für Informatik der Universität Hamburg aufgenommen wurde und seither eine der bekanntesten Testsequenzen für die Bildfolgenanalyse geworden ist.*

einschließen. Wir können also nicht annehmen, dass das optische Flussfeld entlang den Nulldurchgängen kontinuierlich ist. Da nur Kanten zur Berechnung des optischen Flussfeldes verwendet werden, kann nur eine Komponente des Verschiebungsvektors lokal berechnet werden. Auf diese Weise werden alle Merkmale, die entweder als Grauwertmaxima oder Grauwertecken auftreten und eine eindeutige Bestimmung eines Verschiebungsvektors erlauben, vernachlässigt.

Begrenzung der Integration auf segmentierte Regionen. Ein regionenorienterter Ansatz lässt solche Punkte nicht aus, versucht aber dennoch, die Glattheit innerhalb von Objekten zu beschränken. Wieder werden *Nulldurchgänge* zur Aufteilung des Bildes in Regionen verwendet. Die regionenbegrenzte Glattheit missachtet lediglich die Kontinuitätsbedingung an den Regionengrenzen. Der einfachste Ansatz für diese Bedingungsform ist die Begrenzung der Integrationsflächen auf die verschiedenen Regionen und die separate Auswertung der Flächen.

Wie erwartet bewirkt eine auf Regionen begrenzte Glattheitsbedingung Diskontinuitäten an den Grenzen (Abb. 17.4d) in klarem Kontrast zu dem global geglätteten optischen Fluss in Abb. 17.4c. Wir können das Taxi sofort an den Grenzen des optischen Flusses erkennen. Wir sehen aber auch, dass das Auto in weitere Teilregionen mit unterschiedlichem optischen Fluss aufgeteilt ist, wie dies an dem Taxischild auf dem Dach und den Rück- und Seitenfenstern zu erkennen ist. Die kleinen Regionen zeigen insbesondere einen optischen Fluss, der sich signifikant von dem in größeren Regionen unterscheidet. Eine einfache regionenlimitierte Glattheitsbedingung spiegelt also nicht die Tatsache wieder, dass innerhalb von Objekten separierte Regionen existieren können. Der optische Fluss kann über diese Grenzen hinweg glatt sein.

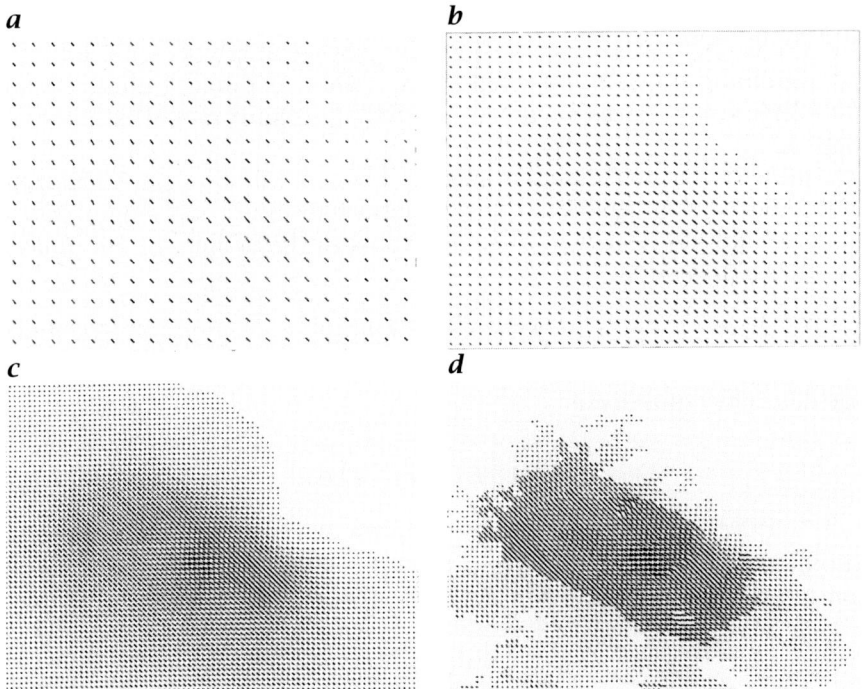

a b

c d

Abbildung 17.4: *Bestimmung des optischen Flusses in der Taxiszene (Abb. 17.3) mit der Methode der dynamischen Pyramide: **a** bis **c** Drei Ebenen des optischen Flussfeldes unter Verwendung einer globalen Glattheitsbedingung; **d** Endergebnis des optischen Flusses unter Verwendung der regionenorientierten Glattheitsbedingung. Freundlicherweise zur Verfügung gestellt von M. Schmidt und J. Dengler, Deutsches Krebsforschungszentrum, Heidelberg.*

17.5 Diffusionsmodelle

In diesem Abschnitt betrachten wir die variationsbasierte Bildmodellierung unter einem neuen Blickwinkel. Das quadratische Fehlerfunktional für die Bewegungsbestimmung (17.20)

$$\left(\nabla g\, f + \frac{\partial g}{\partial t}\right)\nabla g - \alpha^2 \Delta f = 0 \tag{17.29}$$

kann als die stationäre Lösung eines *Diffusions-Reaktions-Systems* mit homogener Diffusion betrachtet werden, wenn wir die Konstante α^2 als die Diffusionskonstante D betrachten:

$$f_t = D\Delta f - \left(\nabla g\, f + \frac{\partial g}{\partial t}\right)\nabla g. \tag{17.30}$$

In dieser Gleichung ist im Vergleich zur instationären partiellen Differentialgleichung für homogene Diffusion (siehe (5.9) in Abschn. 5.2.1) ein zusätzlicher Quellterm hinzugefügt, der den Ähnlichkeitsterm darstellt. Die Quellstärke ist proportional zu der Abweichung von der Kontinuitätsgleichung für den optischen Fluss. Daher modifiziert dieser Term die Werte von f, damit sie die Kontinuitätsgleichung möglichst gut einhalten.

Nach diesem einleitenden Beispiel können wir die Beziehung zwischen dem Fehlerfunktional des Variationsansatzes und einem Diffusions-Reaktions-System in allgemeiner Weise formulieren. Die *Euler-Lagrange-Gleichung*

$$\sum_{p=1}^{W} \partial_{x_p} L_{f_{x_p}} - L_f = 0, \qquad (17.31)$$

die das Fehlerfunktional

$$\varepsilon(f) = \int_{\Omega} L\left(f, f_{x_p}, \boldsymbol{x}\right) \mathrm{d}x^W \qquad (17.32)$$

für die skalare Orts/Zeit-Funktion $f(\boldsymbol{x}), \boldsymbol{x} \in \Omega$ minimiert, kann als Gleichgewichtslösung des Diffusions-Reaktions-Systems

$$f_t = \sum_{p=1}^{W} \partial_{x_p} L_{f_{x_p}} - L_f \qquad (17.33)$$

betrachtet werden.

Im folgenden werden wir den Aspekt der Modellierung, den wir bisher noch nicht berührt haben, nämlich die lokale Modifikation des Glattheitsterms betrachten. In der Sprache der Diffusionsmodelle bedeutet dies eine lokal variierende Diffusionskonstante im ersten Term auf der rechten Seite von (17.33). Aus der obigen Diskussion wissen wir, dass zu jedem Ansatz für eine lokal variierende Diffusionskonstante ein entsprechendes Fehlerfunktional für den Variationsansatz existiert.

Im Abschn. 5.2.1 haben wir den homogenen Diffusionsprozess betrachtet, der eine Multiskalenrepräsentation eines Bildes, den linearen *Skalenraum*, erzeugt. Wenn nun der Glattheitsterm abhängig gemacht wird von lokalen Eigenschaften des Bildes, wie z.B. einer Funktion des Gradienten, dann führt der dazugehörige inhomogene Diffusionsprozess zu der Erzeugung eines nichtlinearen Skalenraums. Bezüglich der Modellierung ist der interessante Punkt hier, dass eine Bildsegmentierung erreicht werden kann, ohne einen Ähnlichkeitsterm zu benutzen.

17.5.1 Inhomogene Diffusion

Der einfachste Ansatz für einen räumlich variierenden Glattheitsterm, der Diskontinuitäten berücksichtigt, ist, den Diffusionskoeffizienten an

Kanten zu reduzieren. Damit wird die Diffusionskonstante abhängig von der Kantenstärke, die durch den Betrag des Gradienten gegeben ist:

$$D(f) = D(|\nabla f|^2). \tag{17.34}$$

Mit einer lokal variierenden Diffusionskonstanten erhalten wir das Diffusions-Reaktions-System

$$f_t = \nabla \left(D(|\nabla f|^2) \nabla f \right) - L_f. \tag{17.35}$$

Es wäre nicht korrekt, $D(|\nabla f|^2) \Delta f$ zu schreiben, wie wir aus der Ableitung der instationären Diffusionsgleichung in Abschn. 5.2.1 sehen können. Mit (17.35) ist der Glattheitsterm (Regularisierungsterm) R in der Lagrangefunktion

$$R = R(|\nabla f|^2), \tag{17.36}$$

wobei sich die Diffusionskonstante als Ableitung der Funktion R ergibt: $D = R'$. Davon können wir uns durch Einsetzen von (17.36) in (17.31) leicht überzeugen.

Perona und Malik [150] verwenden die folgende Abhängigkeit vom Betrag des Gradienten:

$$D = D_0 \frac{\lambda^2}{|\nabla f|^2 + \lambda^2}, \tag{17.37}$$

wobei λ ein einstellbarer Parameter ist. Bei kleinen Gradienten $|\nabla f| \ll \lambda$ nähert sich die Diffusionskonstante D_0, während sie bei großen Gradienten $|\nabla f| \gg \lambda$ gegen null geht.

So einfach und direkt diese Idee erscheint, sie hat auch ihre Probleme. Je nach der Funktion, die wir für die Beziehung zwischen D und $|\nabla f|$ ansetzen, kann der Diffusionsprozess instabil werden und zu einer Aufsteilung der Kanten führen. Eine sichere Möglichkeit zur Vermeidung dieses Problems ist die, einen regularisierten Gradienten zu verwenden, der aus einer geglätteten Version des Bildes berechnet wird [212]. Ein möglicher Ansatz lautet

$$D = 1 - \exp\left(-\frac{c_m}{(|\nabla(B^r * f)(\boldsymbol{x})|/\lambda)^m} \right). \tag{17.38}$$

Diese Gleichung besagt, dass die Diffusionskonstante bei kleinen Gradientenbeträgen konstant ist. Überschreitet der Betrag des Gradienten jedoch einen gewissen Wert, fällt die Diffusionskonstante rasch auf null ab. Je höher der Exponent m ist, desto steiler ist der Übergang. Mit den von Weickert [212] verwendeten Werten $m = 4$ und $c_4 = 3,31488$ fällt der Diffusionskoeffizient von 1 bei $|\nabla f|/\lambda = 1$ auf etwa 0,15 bei $|\nabla f|/\lambda = 2$ ab. Zu beachten ist, dass in (17.38) ein regularisierter Gradient gewählt wurde. Er wird nicht aus dem Bild $f(\boldsymbol{x})$ direkt, sondern nach Glättung des Bildes mit der binomialen Glättungsmaske $\mathcal{B}^p$ berechnet. Ein sorgfältig implementierter regularisierter Gradientenoperator (Abschn. 12.5) reicht aus, den inhomogenen Glättungsprozess zu stabilisieren und das Aufsteilen von Kanten zu vermeiden, so dass keine Vorglättung notwendig ist.

Eine einfache explizite Diskretisierung der inhomogenen Diffusion benutzt die in Abschn. 12.5 diskutierten regularisierten Ableitungsoperatoren. Im ersten Schritt wird ein Gradientenbild mit dem Vektoroperator

$$\left[\begin{array}{c} \mathcal{D}_1 \\ \mathcal{D}_2 \end{array} \right] \qquad (17.39)$$

berechnet. Im zweiten Schritt wird das Gradientenbild mit einem Kontrollbild multipliziert, das die Diffusionskonstante nach (17.38) mit $D_0 = 1$ berechnet:

$$\left[\begin{array}{c} \mathcal{R} \cdot \mathcal{D}_1 \\ \mathcal{R} \cdot \mathcal{D}_2 \end{array} \right]. \qquad (17.40)$$

Das Kontrollbild $\mathcal{R}$ wird aus (17.38) berechnet. Es ist eins in konstanten Regionen und fällt an Kanten auf kleine Werte ab. Im dritten Schritt wird der Gradientenoperator ein zweites Mal angewendet:

$$[\mathcal{D}_1, \mathcal{D}_2] \left[\begin{array}{c} \mathcal{R} \cdot \mathcal{D}_1 \\ \mathcal{R} \cdot \mathcal{D}_2 \end{array} \right] = \mathcal{D}_1(\mathcal{R} \cdot \mathcal{D}_1) + \mathcal{D}_2(\mathcal{R} \cdot \mathcal{D}_2). \qquad (17.41)$$

Weickert [213] benutzt ein anspruchsvolleres implizites Lösungsschema. Dieses ist jedoch deutlich rechenaufwendiger und weniger isotrop als das explizite Schema in (17.41), wenn es mit den in Abschn. 12.5.5 vorgestellten, sorgfältig auf Isotropie optimierten Gradientenoperatoren benutzt wird.

Eine noch einfachere, aber nur näherungsweise Implementierung der inhomogenen Diffusion benutzt binomiale Glättungsfilter (Abschn. 11.4) und den Operator

$$\mathcal{I} + \mathcal{R} \cdot (\mathcal{B} - \mathcal{I}). \qquad (17.42)$$

Dabei stellt $\mathcal{R}$ den gleichen Kontrolloperator mit Werten zwischen 0 und 1 dar wie in (17.40).

Abb. 17.5 zeigt die Anwendung der inhomogenen Diffusion auf die Segmentierung verrauschter Bilder. Das Testbild enthält ein Dreieck und ein Rechteck. Eine normale Glättung kann das Rauschen signifikant unterdrücken, die Kanten werden jedoch unscharf (Abb. 17.5b). Bei der inhomogenen Diffusion bleiben die Kanten scharf und wir erreichen dennoch eine fast perfekte Segmentierung des Dreiecks und des Rechtecks (Abb. 17.5c). Der einzige Nachteil besteht darin, dass die Kanten selbst verrauscht bleiben, da dort keinerlei Glättung angewandt wird.

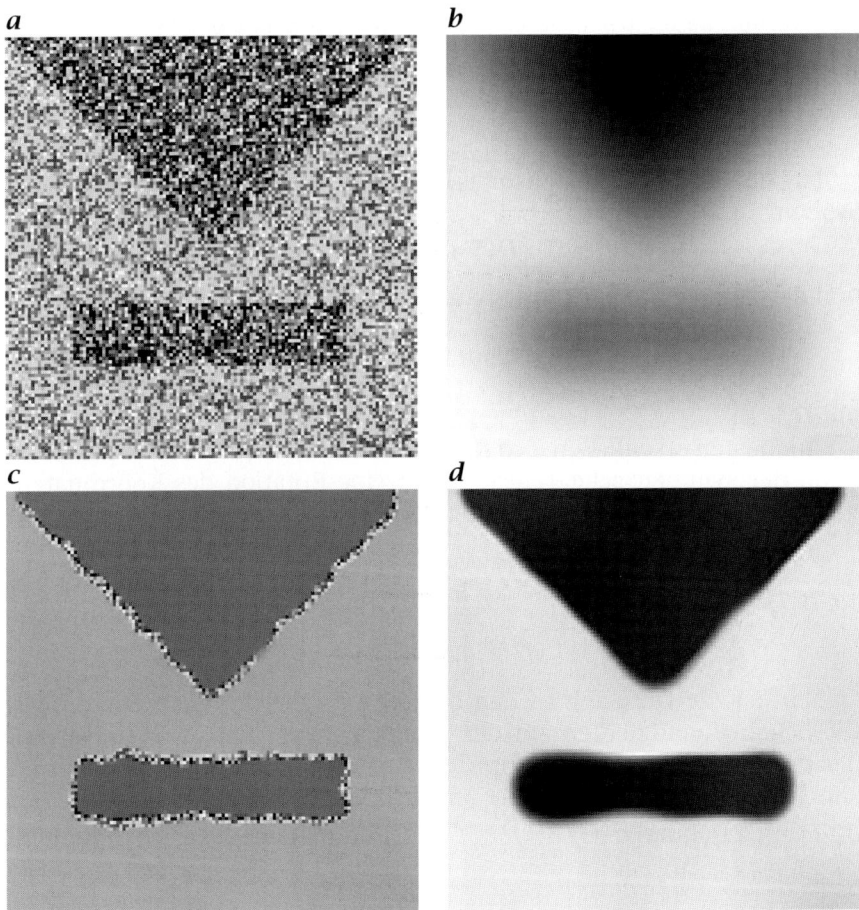

Abbildung 17.5: *a* Originalbild, geglättet über *b* lineare Diffusion, *c* inhomogene, aber isotrope Diffusion und *d* anisotrope Diffusion. Aus Weickert [212].

17.5.2 Anisotrope Diffusion

Wie im letzten Beispiel gezeigt, hat die inhomogene Diffusion den entscheidenden Nachteil, dass die Diffusion nicht über Kanten geht; diese bleiben in allen Richtungen verrauscht. Kanten werden allerdings nur durch eine senkrecht zu ihnen verlaufende Diffusion unscharf, nicht jedoch, wenn die Diffusion parallel läuft. In diesem Fall werden die Kanten sogar stabilisiert.

Ein Verfahren, mit dem die Diffusion von der Kantenrichtung unabhängig wird, wird als anisotrope Diffusion bezeichnet. Mit diesem Ansatz läuft der Fluss nicht länger parallel zum Gradienten, so dass die Diffusion nicht mehr durch eine skalare Diffusionskonstante beschrieben werden kann. Wir brauchen nun einen *Diffusionstensor*:

$$\boldsymbol{j} = -\boldsymbol{D}\nabla f = - \begin{bmatrix} D_{11} & D_{12} \\ D_{12} & D_{22} \end{bmatrix} \begin{bmatrix} f_1 \\ f_2 \end{bmatrix}. \tag{17.43}$$

Mit einem Diffusionstensor erhalten wir das Diffusions-Reaktions-System

$$f_t = \nabla \left(\boldsymbol{D}(\nabla f \nabla f^T) \nabla f \right) - L_f, \tag{17.44}$$

und der dazugehörige Glattheitsterm ist

$$R = \operatorname{Spur} \boldsymbol{R} \left(\nabla f \nabla f^T \right) \tag{17.45}$$

mit $\boldsymbol{D} = \boldsymbol{R}'$.

Am besten erschließen sich die Eigenschaften des Diffusionstensors, wenn der symmetrische Tensor durch eine Rotation des Koordinatensystems in sein Hauptachsensystem gebracht wird. Dann reduziert sich (17.43) auf

$$\boldsymbol{j}' = - \begin{bmatrix} D_1' & 0 \\ 0 & D_2' \end{bmatrix} \begin{bmatrix} f_1' \\ f_2' \end{bmatrix} = - \begin{bmatrix} D_1' f_1' \\ D_2' f_2' \end{bmatrix}. \tag{17.46}$$

Nun ist die Diffusion in den beiden Achsenrichtungen entkoppelt. Die beiden Koeffizienten auf der Diagonalen, D_1' und D_2', sind die *Eigenwerte* des Diffusionstensors. In Analogie zur isotropen Diffusion kann die allgemeine Lösung der anisotropen Diffusion im Ortsraum mit $\sigma_1'(t) = \sqrt{2D_1't}$ und $\sigma_2'(t) = \sqrt{2D_2't}$ folgendermaßen geschrieben werden:

$$f(\boldsymbol{x},t) = \frac{1}{2\pi\sigma_1'(t)\sigma_2'(t)} \exp\left(-\frac{x'^2}{2\sigma_1'(t)} \right) * \exp\left(-\frac{y'^2}{2\sigma_2'(t)} \right) * f(\boldsymbol{x},0)$$
$$\tag{17.47}$$

Die Gleichung besagt, dass die anisotrope Diffusion einer kaskadierten Faltung mit zwei eindimensionalen Gaußschen Faltungsmasken mit unterschiedlicher Standardabweichung, die in Richtung der Hauptachsen des Diffusionstensors ausgerichtet werden, äquivalent ist. Ist einer der beiden Eigenwerte des Diffusionstensors signifikant größer als der andere, erfolgt die Diffusion nur in Richtung des zugehörigen Eigenvektors. Die Grauwerte werden also nur in dieser Richtung geglättet. Die räumliche Verschmierung ist — wie bei jedem Diffusionsprozess — proportional zur Quadratwurzel der Diffusionskonstanten (5.13).

Unter Ausnutzung dieser Eigenschaft der anisotropen Diffusion ist es einfach, einen Diffusionsprozess zu implementieren, der hauptsächlich entlang den Kanten glättet, nicht aber senkrecht dazu. Die Orientierung der Kanten kann z.B. mit dem Strukturtensor berechnet werden (Abschn. 13.3).

Mit dem folgenden Ansatz wird nur Glättung über Kanten hinweg verhindert [212]:

$$D'_1 = 1 - \exp\left(-\frac{c_m}{(|\nabla(B^r * f)(\boldsymbol{x})|/\lambda)^m}\right)$$

$$D'_2 = 1.$$

$$(17.48)$$

Wie Scharr und Weickert [176] gezeigt haben, ist wie bei der inhomogenen Diffusion wiederum eine effektive und genaue Implementierung mit regularisierten Ableitungsoperatoren erster Ordnung, die auf minimale Anisotropie optimiert wurden, möglich:

$$[\mathcal{D}_1, \mathcal{D}_2] \begin{bmatrix} \mathcal{R}_{11} & \mathcal{R}_{12} \\ \mathcal{R}_{12} & \mathcal{R}_{22} \end{bmatrix} \begin{bmatrix} \mathcal{D}_1 \\ \mathcal{D}_2 \end{bmatrix} =$$

$$\mathcal{D}_1(\mathcal{R}_{11} \cdot \mathcal{D}_1 + \mathcal{R}_{12} \cdot \mathcal{D}_2) + \mathcal{D}_2(\mathcal{R}_{12} \cdot \mathcal{D}_1 + \mathcal{R}_{22} \cdot \mathcal{D}_2).$$

$$(17.49)$$

mit

$$\begin{bmatrix} \mathcal{R}_{11} & \mathcal{R}_{12} \\ \mathcal{R}_{12} & \mathcal{R}_{22} \end{bmatrix} = \begin{bmatrix} \cos\phi & \sin\phi \\ -\sin\phi & \cos\phi \end{bmatrix} \begin{bmatrix} \mathcal{D}'_1 & 0 \\ 0 & \mathcal{D}'_2 \end{bmatrix} \begin{bmatrix} \cos\phi & -\sin\phi \\ \sin\phi & \cos\phi \end{bmatrix}.$$

$\mathcal{R}_{pq}$ sind Kontrollbilder mit Werten zwischen 0 und 1, mit denen die Diffusion parallel zu Kanten ausgerichtet wird.

Im Unterschied zur inhomogenen Diffusion werden bei der anisotropen Diffusion die Kanten ebenfalls geglättet (Abb. 17.5d). Allerdings hat die Glättung entlang der Kanten den Nachteil, dass die Ecken wie bei der linearen Diffusion unscharf werden. Dies geschieht wiederum mit der inhomogenen Diffusion nicht (Abb. 17.5c).

17.6 Diskrete inverse Probleme[†]

Im zweiten Teil dieses Kapitels wenden wir uns der diskreten Modellierung zu. Diese kann natürlich als direkte Diskretisierung der partiellen Differentialgleichungen des Variationsansatzes abgeleitet werden. Ohne es explizit zu sagen, haben wir dies in Abschn. 17.5 durch die iterativen diskreten Schemata für inhomogene und anisotrope Diffusion bereits getan.

Es ist jedoch sinnvoller, die diskrete Modellierung unabhängig zu entwickeln, weil wir dann weitere Einblicke in die Modellierung erhalten. Wir nehmen jetzt also nochmals einen anderen Standpunkt ein und betrachten die Modellierung als ein *lineares diskretes inverses Problem*. Als Einführung beginnen wir mit dem bekannten Problem der linearen Regression und entwickeln von diesem Beispiel ausgehend die Theorie der inversen Modellierung.

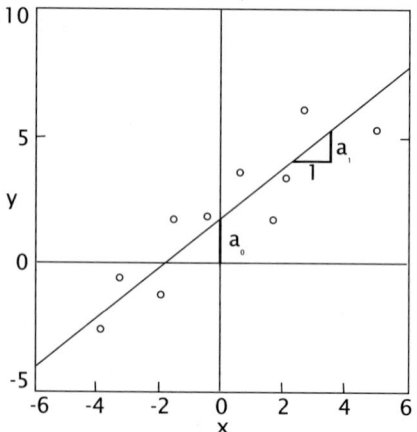

Abbildung 17.6: *Illustration der linearen Regression mit der Methode der kleinsten Quadrate.*

17.6.1 Ein einfaches Beispiel: lineare Regression

Der Fit einer Geraden durch eine Menge experimenteller Daten x, y ist ein einfaches Beispiel eines diskreten inversen Problems. Wie in Abb. 17.6 gezeigt, wird der Parameter y als Funktion der Variablen x gemessen. In diesem Fall haben wir nur zwei Modellparameter, den Achsenabschnitt a_0 und die Steigung a_1 der Geraden $y = a_0 + a_1 x$. Mit einem Satz von Q Datenpunkten $\left[x_q, y_q \right]$ erhalten wir das lineare Gleichungssystem

$$\begin{bmatrix} 1 & x_1 \\ 1 & x_2 \\ \vdots & \vdots \\ 1 & x_Q \end{bmatrix} \begin{bmatrix} a_0 \\ a_1 \end{bmatrix} = \begin{bmatrix} y_1 \\ y_2 \\ \vdots \\ y_Q \end{bmatrix}, \qquad (17.50)$$

das wir mit

$$\boldsymbol{M}\boldsymbol{p} = \boldsymbol{d} \qquad (17.51)$$

abkürzen können. Dabei wird die $Q \times 2$-Matrix $\boldsymbol{M}$ als *Design-* oder *Modellmatrix* bezeichnet. Die Matrix bestimmt sowohl den Typ des Modells (hier eine lineare Regression mit zwei Parametern) als auch die gewählten unabhängigen Messpunkte x_q. Der *Modell-* oder *Parametervektor* $\boldsymbol{p}$ enthält die zu bestimmenden Parameter und der *Datenvektor* $\boldsymbol{d}$ die gemessenen Daten x_q.

Haben wir nur zwei unterschiedliche Punkte ($x_1 \neq x_2$), erhalten wir eine exakte Lösung des linearen Gleichungssystems. Liegen mehr als zwei Punkte vor, resultieren mehr Gleichungen als Unbekannte. Wir bezeichnen ein solches Gleichungssystem als *überbestimmtes inverses Problem*. In einem solchen Fall ist es nicht mehr möglich, eine exakte Lösung zu erhalten. Wir können nur eine Schätzung der Modellparameter p_{est} berechnen, bei der die Abweichung der tatsächlichen Daten d von den durch das Modell vorhergesagten Daten $d_{pre} = M p_{est}$ minimal ist. Diese Abweichung kann durch einen *Fehlervektor* e ausgedrückt werden:

$$e = d - d_{pre} = d - M p_{est}. \tag{17.52}$$

17.6.2 Fehlernormen

Zur Minimierung des Fehlervektors ist ein geeignetes Maß notwendig. Dazu können wir Normen benutzen, die wir bereits bei den Vektorräumen mit innerem Produkt in Abschn. 2.3.1 verwendet haben. Allgemein wird die L_n-Norm des Q-dimensionalen Vektors e folgendermaßen definiert:

$$\|e\|_n = \left(\sum_{q=1}^{Q} |e_q|^n \right)^{1/n}. \tag{17.53}$$

Einen Sonderfall stellt die L_∞-Norm dar:

$$\|e\|_\infty = \max_n |e_q|. \tag{17.54}$$

Bekannter ist die L_2-Norm; bezogen auf einen Fehlervektor, stellt sie die Summe der quadratischen Abweichungen dar (Methode der kleinsten Quadrate):

$$\|e\|_2 = \left(\sum_{q=1}^{Q} (d_q - d_{pre,q})^2 \right)^{1/2}. \tag{17.55}$$

Höhere Normen bewerten größere Abweichungen mit einer stärkeren Wichtung. Die Statistik der Daten bestimmt, welche Norm die richtige ist. Es lässt sich zeigen, dass dies für die Normalverteilung (Gaußsche Glockenkurve) die L_2-Norm ist [137].

17.6.3 Lösung nach der Methode der kleinsten Quadrate

Das überbestimmte lineare inverse Problem wird im Sinne einer minimalen L_2-Norm des Fehlervektors folgendermaßen gelöst:

$$p_{est} = \left(M^T M \right)^{-1} M^T d. \tag{17.56}$$

Diese Lösung kann wie folgt plausibel gemacht werden:

$$
\begin{array}{rcl|l}
M p_{est} & = & d & M^T \\[4pt]
M^T M p_{est} & = & M^T d & \left(M^T M \right)^{-1} \\[4pt]
p_{est} & = & \left(M^T M \right)^{-1} M^T d &
\end{array} \tag{17.57}
$$

Eine Lösung setzt voraus, dass die Inverse von $M^T M$ existiert.

a   b

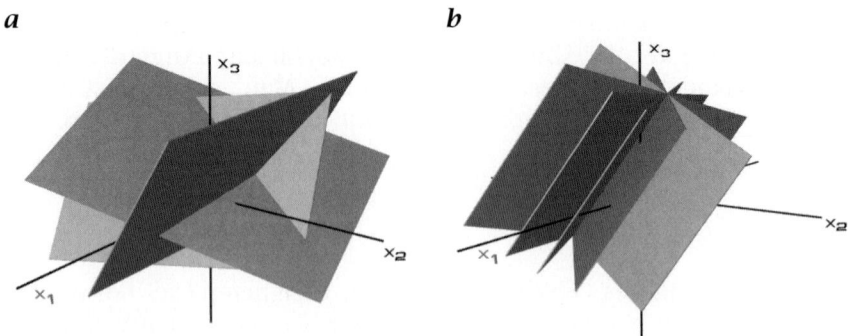

Abbildung 17.7: *Geometrie der Lösung eines linearen Gleichungssystems mit drei Unbekannten. a Gleichungssystem mit exakter Lösung; b überbestimmtes Gleichungssystem mit nichteindeutiger Lösung.*

17.6.4 Geometrische Betrachtung linearer Gleichungssysteme

Bevor wir Methoden zur Lösung großer linearer Gleichungssysteme untersuchen, ist es hilfreich, lineare Gleichungssysteme geometrisch zu veranschaulichen. Die P Modellparameter $\boldsymbol{p}$ spannen einen P-dimensionalen Vektorraum auf. Dieser kann als Raum aller möglichen Lösungen eines inversen Problems mit P Modellparametern betrachtet werden. Nun fragen wir uns, was es bedeutet, wenn wir einen Punkt d_q haben. Nach (17.51) resultiert ein Punkt in einer linearen Gleichung, die alle Modellparameter beinhaltet:

$$\sum_{k=p'}^{P} m_{qp'} p_{p'} = d_q \quad \text{oder} \quad \boldsymbol{m}_q \boldsymbol{p} = d_q. \tag{17.58}$$

Diese Gleichung kann als das Skalarprodukt einer Zeile q der Modellmatrix $\boldsymbol{m}_q$ mit dem Modellvektor $\boldsymbol{p}$ betrachtet werden. Im Modellraum stellt diese Gleichung eine $(P-1)$-dimensionale *Hyperebene* aller Vektoren $\boldsymbol{p}$ mit einem Normalenvektor $\boldsymbol{m}_q$ und einer Entfernung d_q vom Ursprung des Modellraumes dar. Damit etabliert die lineare Gleichung eine Eins-zu-eins-Beziehung zwischen einem Punkt im Datenraum und einer $(P-1)$-dimensionalen Hyperebene im Modellraum. Diese Abbildung von Punkten in den Modellraum wird als *Houghtransformation* (Abschn. 16.5.2) bezeichnet.

Abbildung 17.7a illustriert die Lösung eines linearen Gleichungssystems mit drei Unbekannten. Mit drei Gleichungen ergeben sich drei Ebenen im Modellraum, die sich in einem Punkt schneiden, wenn die korrespondierende 3×3-Modellmatrix invertierbar ist. Selbst bei einem überbestimmten Gleichungssytem muss die Lösung nicht notwendigerweise eindeutig sein. Abbildung 17.7b zeigt den Fall von fünf Ebenen, die sich alle in einer Geraden schneiden. Dann ist die Lösung nicht eindeutig, sondern nur auf die Schnittgerade beschränkt. Falls diese Gerade entlang einer Achse orientiert ist, kann der entsprechende Modellparameter jeden beliebigen Wert annehmen. Die anderen beiden Parameter sind dagegen festgelegt. Im Fall einer beliebig orientierten Schnittgeraden sind die Dinge komplizierter. Dann sind die Parameterkombinationen senkrecht zu der Geraden festgelegt, nicht aber die Parameterkombinationen, die durch die Gerade beschrieben werden. Wenn wir zur Lösung des linearen Gleichungssystems die Methode der *Singularwertzerlegung* benutzen, können wir das Gleichungssystem auch unter solchen Bedingungen lösen und die bestimmbaren von den nicht bestimmbaren Parameterkombinationen trennen [60, 156].

Ein überbestimmtes lineares Gleichungssystem, das keine eindeutige Lösung hat, ist keineswegs eine mathematische Kuriosität. In der Bildverarbeitung ist es eher ein häufig auftretendes Problem. Wir haben es bereits kennengelernt, z. B. beim *Blendenproblem* der Bewegungsbestimmung (Abschn. 14.3.2).

17.6.5 Herleitung der Methode der kleinsten Quadrate[‡]

In diesem Abschnitt leiten wir die Lösung des überbestimmten diskreten linearen inversen Problems (17.51) her, die mit der L_2-Norm den Fehlervektor e (17.52) minimiert:

$$\|e\|_2^2 = \sum_{q'=1}^{Q} \left(d_q - \sum_{p'=1}^{P} m_{qp} p_{p'} \right) \left(d_q - \sum_{p''=1}^{P} m_{qp'} p_{p''} \right).$$

Durch Ausmultiplizieren und Vertauschen der Summen erhalten wir:

$$
\begin{aligned}
\|e\|_2^2 = & \underbrace{\sum_{p'=1}^{P} \sum_{p''=1}^{P} p_{p'} p_{p''} \sum_{q=1}^{Q} m_{qp'} m_{qp''}}_{A} \\
& - \underbrace{2 \sum_{p'=1}^{P} p_{p'} \sum_{q=1}^{Q} m_{qp} d_q}_{B} + \sum_{q=1}^{Q} d_q d_q
\end{aligned}
\tag{17.59}
$$

Wir ermitteln ein Minimum für diesen Ausdruck, indem wir die partiellen Ableitungen nach den zu optimierenden Parametern p_k berechnen. Nur die Ausdrücke A und B in (17.59) hängen von p_k ab:

$$
\begin{aligned}
\frac{\partial A}{\partial p_k} &= \sum_{p'=1}^{P} \sum_{p''=1}^{P} \left(\delta_{kp'} p_{p''} + \delta_{kp''} p_{p'} \right) \sum_{q=1}^{Q} m_{qp'} m_{qp''} \\
&= \sum_{p'=1}^{P} p_{p'} \sum_{q=1}^{Q} m_{qp'} m_{qp''} + \sum_{p''=1}^{P} p_{p''} \sum_{q=1}^{Q} m_{qp'} m_{qp''} \\
&= 2 \sum_{p'=1}^{P} m_{p'} \sum_{q=1}^{Q} m_{qp'} m_{qp''},
\end{aligned}
$$

$$\frac{\partial B}{\partial p_k} = 2 \sum_{q=1}^{Q} m_{qk} d_q.$$

Daraus erhalten wir die gesamte Ableitung und setzen sie gleich null:

$$\frac{\partial \|\boldsymbol{e}\|_2^2}{\partial p_k} = 2 \sum_{p'=1}^{P} p_{p'} \sum_{q=1}^{Q} m_{qk} m_{qp'} - 2 \sum_{q=1}^{Q} m_{qk} d_q = 0.$$

Um die Summen als Matrix-Matrix- und Matrix-Vektor-Multiplikationen auszudrücken, ersetzen wir die Matrix $\boldsymbol{M}$ an zwei Stellen durch ihre Transponierte $\boldsymbol{M}^T$, so dass

$$\sum_{p'=1}^{P} p_{p'} \sum_{q=1}^{Q} m_{kq}^T m_{qp'} - \sum_{q=1}^{Q} m_{kq}^T d_q = 0,$$

und erhalten schließlich die Matrixgleichung

$$\underbrace{\underbrace{\boldsymbol{M}^T}_{P \times Q} \underbrace{\boldsymbol{M}}_{Q \times P} \underbrace{\boldsymbol{p}_{\text{est}}}_{P}}_{\underbrace{P \times P}_{P}} = \underbrace{\underbrace{\boldsymbol{M}^T}_{P \times Q} \underbrace{\boldsymbol{d}}_{Q}}_{P}. \tag{17.60}$$

Diese Gleichung kann gelöst werden, wenn die quadratische und symmetrische $P \times P$-Matrix $\boldsymbol{M}^T \boldsymbol{M}$ invertierbar ist. Dann gilt:

$$\boldsymbol{p}_{\text{est}} = \left(\boldsymbol{M}^T \boldsymbol{M} \right)^{-1} \boldsymbol{M}^T \boldsymbol{d}. \tag{17.61}$$

Die Matrix $(\boldsymbol{M}^T \boldsymbol{M})^{-1} \boldsymbol{M}^T$ wird als die *generalisierte Inverse* $\boldsymbol{M}^{-g}$ von $\boldsymbol{M}$ bezeichnet.

17.6.6 Fehler der Modellparameter

Ein überbestimmtes lineares Gleichungssystem, das durch Minimierung der L_2-Norm gelöst wurde, ermöglicht eine Fehleranalyse. Wir können nicht nur die Abweichungen zwischen den modellierten und gemessenen Daten studieren, sondern auch die Fehler des berechneten Modellparametervektors $\boldsymbol{p}_{\text{est}}$ abschätzen.

Die mittlere Abweichung zwischen den gemessenen und den durch das Modell vorhergesagten Werten kann direkt mit der Norm des Fehlervektors in Verbindung gebracht werden. Der Schätzwert der *Varianz* ergibt sich zu

$$\sigma^2 = \frac{1}{Q - P} \|\boldsymbol{e}\|^2 = \frac{1}{Q - P} \|\boldsymbol{d} - \boldsymbol{M}\boldsymbol{p}_{\text{est}}\|_2^2. \tag{17.62}$$

Um nicht eine Verfälschung des Schätzwerts der Varianz zu erhalten, muss die Norm durch die Anzahl der *Freiheitsgrade* $Q - P$ und nicht Q dividiert werden.

Nach (17.61) ist der berechnete Parametervektor $\boldsymbol{p}_{\text{est}}$ eine Linearkombination des Datenvektors $\boldsymbol{d}$. Daher können wir das *Fehlerfortpflanzungsgesetz* (3.27) aus Abschn. 3.3.3 anwenden. Die *Kovarianzmatrix* (Definition in (3.19)) des Parametervektors $\boldsymbol{p}_{\text{est}}$ ergibt sich mit $(\boldsymbol{AB})^T = \boldsymbol{B}^T \boldsymbol{A}^T$ zu

$$\text{cov}(\boldsymbol{p}_{\text{est}}) = \left(\boldsymbol{M}^T \boldsymbol{M}\right)^{-1} \boldsymbol{M}^T \text{cov}(\boldsymbol{d}) \, \boldsymbol{M} \left(\boldsymbol{M}^T \boldsymbol{M}\right)^{-1}. \tag{17.63}$$

Falls die einzelnen Elemente des Datenvektors $\boldsymbol{d}$ miteinander unkorreliert sind und die gleiche Varianz σ^2 haben, d.h. $\text{cov}(\boldsymbol{d}) = \sigma^2 \boldsymbol{I}$, vereinfacht sich (17.63) zu

$$\text{cov}(\boldsymbol{p}_{\text{est}}) = \left(\boldsymbol{M}^T \boldsymbol{M}\right)^{-1} \sigma^2. \tag{17.64}$$

In diesem Fall stellt die inverse Matrix $(\boldsymbol{M}^T \boldsymbol{M})^{-1}$ bis auf den Faktor σ^2 direkt die Kovarianzmatrix des Parametervektors dar. Das bedeutet, dass die Diagonalelemente die Varianzen der einzelnen Parameter enthalten.

17.6.7 Regularisierung

Bei den bisherigen Betrachtungen enthält das Fehlerfunktional (17.55) nur einen Ähnlichkeitsterm, aber keinen Regularisierungs- oder Glattheitsterm. Für viele diskrete Probleme — wie z.B. die in Abschn. 17.6.1 diskutierte lineare Regression — hat ein solcher Term keinen Sinn. Wenn die zu bestimmenden Parameter jedoch die Elemente einer Zeitserie oder Punkte eines Bildes sind, dann werden solche Terme wichtig. Ein geeigneter Glattheitsparameter könnte dann die Norm der Zeitserie oder des Bildes sein, die mit einem Ableitungsfilter gefaltet wurden:

$$\|\boldsymbol{r}\|_2 = \|\boldsymbol{h} * \boldsymbol{p}\|_2^2. \tag{17.65}$$

In der Sprache der Matrixalgebra kann die Faltung durch eine Vektor-Matrix-Multiplikation ausgedrückt werden:

$$\|\boldsymbol{r}\|_2 = \|\boldsymbol{H}\boldsymbol{p}\|_2^2. \tag{17.66}$$

Wegen der Faltungsoperation hat die Matrix $\boldsymbol{H}$ eine besondere Form. Nur die Koeffizienten um die Diagonale sind ungleich null und alle Werte in Diagonalenrichtung sind gleich.

Als ein Beispiel betrachten wir den gleichen Glattheitsterm, den wir beim Variationsansatz in Abschn. 17.3.4 benutzt haben, die erste Ableitung. Diese kann z.B. durch eine Vorwärtsdifferenz approximiert werden, aus der sich die Matrix

$$\boldsymbol{H} = \begin{bmatrix} -1 & 1 & 0 & 0 & \ldots & 0 \\ 0 & -1 & 1 & 0 & \ldots & 0 \\ 0 & 0 & -1 & 1 & \ldots & 0 \\ \vdots & \vdots & \ddots & \ddots & \ddots & \vdots \end{bmatrix} \tag{17.67}$$

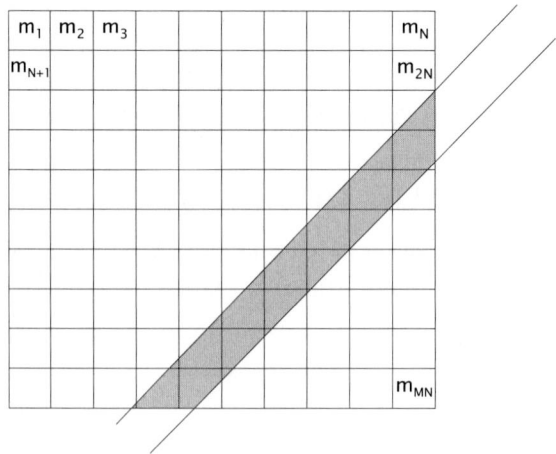

Abbildung 17.8: *Illustration der algebraischen Rekonstruktion aus Projektionen: Ein Projektionsstrahl d_k durchquert die Bildmatrix. Alle Pixel, die vom Strahl getroffen werden, tragen zur Projektion bei.*

ergibt.

Die Minimierung des kombinierten Fehlerfunktionals mit der L_2-Norm

$$\|e\|_2 = \underbrace{\|d - Mp\|_2^2}_{\text{Ähnlichkeit}} + \alpha^2 \underbrace{\|Hp\|_2^2}_{\text{Glattheit}} \tag{17.68}$$

führt auf die folgende Lösung [137]:

$$p_{\text{est}} = \left(M^T M + \alpha^2 H^T H\right)^{-1} M^T d. \tag{17.69}$$

Die Struktur der Lösung ist der ohne Glattheitsterm in (17.56) ähnlich. Dieser bewirkt lediglich in der zu invertierenden Matrix den Zusatzterm $\alpha^2 H^T H$.

Im nächsten Abschnitt lernen wir, wie ein Bild auf einen Vektor abgebildet werden kann. Dann ist es möglich, diskrete inverse Probleme auch auf Bilddaten anzuwenden.

17.6.8 Algebraische tomographische Rekonstruktion‡

In diesem Abschnitt diskutieren wir ein komplexes Beispiel eines linearen inversen Problems mit Bilddaten, die Rekonstruktion von Projektionen (Abschn. 8.6). Um die inversen Methoden so, wie wir sie bisher diskutiert haben, anwenden zu können, müssen Bilddaten auf Vektoren abgebildet werden, die *Bildvektoren*. Diese Abbildung ist leicht durchzuführen, indem die Bildpunkte der Bildmatrix Zeile für Zeile neu nummeriert werden (Abb. 17.8). Auf diese Weise wird eine $M \times N$-Bildmatrix in einen Spaltenvektor mit der Dimension $P = M \times N$ transformiert:

$$\boldsymbol{p} = \left[m_1, m_2, \ldots, m_p, \ldots, m_P \right]^T. \tag{17.70}$$

Jetzt denken wir uns einen Projektionsstrahl, der die Bildmatrix durchläuft (Abb. 17.8). Dann können wir jedem Bildpunkt des Bildvektors einen Wichtungsfaktor zuordnen, der den Beitrag des Bildpunktes zum Projektionsstrahl darstellt. Diese Faktoren können wir in einem anderen P-dimensionalen Vektor $\boldsymbol{g}_q$ kombinieren:

$$\boldsymbol{g}_q = \left[g_{q,1}, g_{q,2}, \ldots, g_{q,p}, \ldots, g_{Q,P} \right]^T. \tag{17.71}$$

Die Gesamtemission bzw. -absorption entlang dem q-ten Projektionsstrahl d_q ergibt sich dann als Skalarprodukt der beiden Vektoren $\boldsymbol{g}_q$ und $\boldsymbol{p}$:

$$d_q = \sum_{p=1}^{P} g_{q,p} m_p = \boldsymbol{g}_q \boldsymbol{p}. \tag{17.72}$$

Kreuzen Q Projektionsstrahlen die Bildmatrix, erhalten wir ein lineares Gleichungssystem mit Q Gleichungen und P Unbekannten:

$$\underbrace{\boldsymbol{d}}_{Q} = \underbrace{\boldsymbol{M}}_{Q \times P} \underbrace{\boldsymbol{p}}_{P}. \tag{17.73}$$

Der *Datenvektor* $\boldsymbol{d}$ enthält alle gemessenen Projektionen und der *Parametervektor* $\boldsymbol{p}$ alle zu rekonstruierenden Pixel der Bildmatrix. Die *Modellmatrix* $\boldsymbol{M}$ beschreibt die Beziehung zwischen diesen beiden Vektoren, indem sie angibt, wie die Projektionsstrahlen bei einer vorgegebenen Anordnung die Bildmatrix durchqueren. Mit entsprechenden Wichtungsfaktoren kann direkt die begrenzte Auflösung des Detektors und die Größe der Strahlungsquelle berücksichtigt werden.

Die algebraische tomographische Rekonstruktion ist eine sehr allgemeine und flexible Methode. Im Gegensatz zur gefilterten Rückprojektion (Abschn. 8.6.3) ist sie nicht auf eine Parallelprojektion beschränkt. Die Strahlen können die Bildmatrix in beliebiger Weise durchkreuzen und im Prinzip sogar gekrümmt sein. Als zusätzlichen Vorteil erhalten wir eine Abschätzung des Fehlers der Rekonstruktion.

Es ist jedoch zu bedenken, dass die algebraische Rekonstruktion die Lösung sehr großer Gleichungssysteme erfordert. Der Modellvektor enthält Pixel eines Bildes. Selbst bei moderater Auflösung mit 256×256 Bildpunkten muss die Inverse einer 65536×65536-Matrix berechnet werden. Diese Matrix enthält $4 \cdot 10^9$ Punkte und kann direkt nicht mehr in einem 32-Bit-Rechner gespeichert werden. Daher müssen spezielle Techniken zur Lösung solcher großen Gleichungssysteme entwickelt werden.

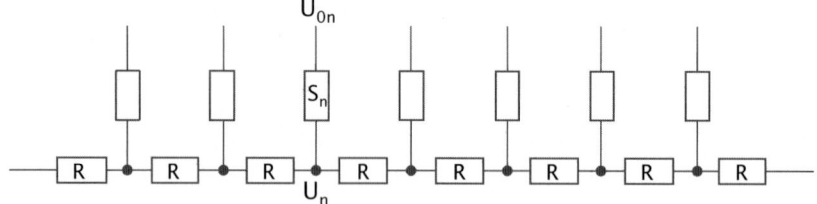

Abbildung 17.9: *Einfaches diskretes Netzwerkmodell für eine glatte eindimensionale Modellierung; nach Harris [69].*

17.6.9 Weitere Beispiele inverser Probleme

Probleme dieser Art finden wir oft bei der Analyse experimenteller Daten in den Naturwissenschaften. Ein Experimentator betrachtet ein diskretes inverses Problem folgendermaßen: Er führt ein Experiment durch, dessen Messergebnisse er in einem Q-dimensionalen Datenvektor d kombiniert. Diese Daten sollen mit einem Modell des beobachteten Prozesses verglichen werden. Die Parameter dieses Modells sind durch einen P-dimensionalen Modellparametervektor p gegeben. Nun nehmen wir an, dass die Beziehung zwischen dem Modell und dem Datenvektor linear ist. Sie kann dann durch eine Modellmatrix M beschrieben werden, und wir erhalten (17.73).

In der Bildverarbeitung sind inverse Probleme ebenfalls weit verbreitet. Sie beinhalten nicht nur die Liste von Aufgaben, die zu Beginn dieses Kapitels vorgestellt wurden (Abschn. 17.1), sondern auch Optimierungsprobleme im Filterentwurf. In diesem Buch werden optimierte Filter für die Interpolation (Abschn. 10.6.6) und Kantendetektion (Abschn. 12.3.5 und 12.5.5) behandelt.

17.7 Netzwerkmodelle[‡]

In diesem Abschnitt diskutieren wir die aus der Elektrotechnik stammenden *Netzwerkmodelle*. Ihr Vorteil ist, dass sie unmittelbar ein diskretes Modell darstellen, das direkt auf Bilddaten übertragen werden kann. Die Darstellung in diesem Abschnitt folgt weitgehend den Arbeiten von Harris [68, 69]. Das Studium von Netzwerkmodellen ist aktuell geworden, seit Netzwerkstrukturen direkt auf Parallelrechnersystemen, wie z.B. der *Connection Machine* des Massachusetts Institute of Technology (MIT) [69], oder auf hochintegrierten analogen Schaltungen (VLSI) [136] abgebildet werden können.

17.7.1 Eindimensionale Netzwerke[‡]

Wir betrachten zuerst den einfacheren eindimensionalen Fall. Die Verschiebung entspricht einem elektrischen Potential U in einem elektrischen Widerstandsnetzwerk, in dem alle Knotenpunkte durch einen Widerstand miteinander verbunden sind (Abb. 17.9). Durch diese Verbindungen wird eine Kontinuität des Potentials erzwungen. An jedem Punkt können wir ein Potential vorgeben, indem wir an dem entsprechenden Bildpunkt ein externes Potential anlegen. Wird nur an einem einzigen Punkt im Netzwerk das Potential vorgegeben, so erhält das ganze Netzwerk dieses Potential. Legen wir an einem zweiten Punkt des Netzwerks ein anderes Potential an, so ergibt sich eine lineare Potentialänderung zwischen den beiden Punkten. Die Verknüpfung mit Widerständen besorgt die Glattheit, während die Potentialvorgabe die Ähnlichkeit erzwingt.

Mehrere Arten von Randbedingungen sind möglich: Man kann den Rand der Widerstandskette auf ein Potential setzen und damit einen festen Wert am Rand vorgeben (Randbedingung nullter Ordnung). Eine andere Möglichkeit ist, keine Verbindung am Rand vorzugeben. Dies entspricht dem Nullsetzen der räumlichen Ableitung erster Ordnung. Dann wird das Potential von der nächstliegenden Potentialeingabe bestimmt.

Ähnlich, wie beim Elastizitätsmodell (Abschn. 17.3.5) die Verschiebung entsprechend der Ähnlichkeitsbedingung nicht starr, sondern über Federn vorgegeben wird, ist es im Netzwerkmodell sinnvoll, das Potential U_{0n} nicht direkt an den Knotenpunkten n, sondern über einen Widerstand S_n auf das Netzwerk zu geben (Abb. 17.9). Dieser Widerstand wird um so größer gewählt, je unsicherer der Ähnlichkeitsterm, d. h. das Vorgabepotential, an der entsprechenden Stelle ist.

Die Differenzengleichung für das Netzwerkmodell ergibt sich aus der Kirchhoffschen Stromsummenregel, dass an jedem Knoten des Netzwerks die Summe aller zu- und abfließenden Ströme null sein muss. Mit den Definitionen aus Abb. 17.9 ergibt sich für den Knotenpunkt n des Netzwerks

$$\frac{U_n - U_{0n}}{S_n} + \frac{U_n - U_{n-1}}{R} + \frac{U_n - U_{n+1}}{R} = 0. \tag{17.74}$$

Die beiden rechten Brüche bilden zusammen den diskreten Ableitungsoperator zweiter Ordnung $\mathcal{D}_x^2$ (siehe Abschn. 12.4.2), so dass wir (17.74) folgendermaßen schreiben können:

$$\frac{1}{S}(U - U_0) - \frac{1}{R}\frac{\partial^2 U}{\partial x^2} = 0. \tag{17.75}$$

Diese Gleichung ist die eindimensionale diskrete Form der kontinuierlichen Gleichung (17.22), die wir zum besseren Vergleich für den eindimensionalen Fall wiederholen:

$$(\partial_x g)^2 \left(f + \frac{\partial_t g}{\partial_x g} \right) - \alpha^2 \frac{\partial^2 f}{\partial x^2} = 0. \tag{17.76}$$

Nun können wir die Analogie zwischen den VV und dem Netzwerkmodell quantifizieren. Der Vorgabe des Potentials U_0 entspricht die Berechnung der lokalen Geschwindigkeit mit $-(\partial_t g)/(\partial_x g)$. Der Ähnlichkeitsterm wird statt mit $(\partial_x g)^2$ mit dem Leitwert $1/S$ und der Glattheitsterm statt mit α^2 mit dem Leitwert $1/R$ gewichtet.

17.7.2 Verallgemeinerte Netzwerke‡

Nun wenden wir uns der Frage zu, wie eine Kontinuität der ersten Ableitung in das Netzwerkmodell integriert werden kann. Harris [68] benutzt dazu ein aktives Subtraktionsmodul, das die Differenz aus zwei Signalen bildet. Alle drei

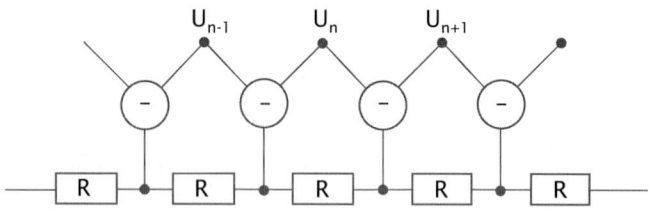

Abbildung 17.10: *Einfaches diskretes Netzwerkmodell für die Modellierung eines skalaren Merkmals mit glatter erster Ableitung; nach Harris [69].*

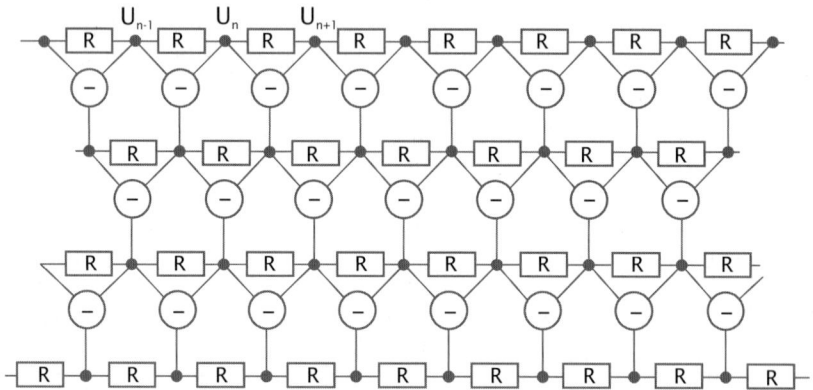

Abbildung 17.11: *Einfaches diskretes Netzwerkmodell für ein eindimensionales VVF, bei dem Ableitungen höherer Ordnung glatt sind; nach Harris [69].*

Anschlüsse sind sowohl Ein- als auch Ausgänge. Das Potential an jeweils einem Ausgang stellt sich entsprechend des Potentials an zwei beliebigen anderen Eingängen ein.

Zur Realisierung eines solchen Subtraktionsmoduls bedarf es aktiver elektronischer Bauelemente. Abbildung 17.10 zeigt die Integration dieses Subtraktionsmoduls in ein Netzwerk. Es berechnet die Potentialdifferenz zwischen zwei Nachbarknoten. Diese Differenz wird dann — statt des Potentials selbst — auf das Widerstandsnetzwerk gegeben. Dadurch erhalten wir ein Netzwerk, bei dem die ersten Ableitungen kontinuierlich bleiben. Es bedarf keiner Phantasie, dieses Modell so zu erweitern, dass die Kontinuität von Ableitungen beliebiger Ordnung gegeben ist. Dazu müssen lediglich mehrere Ebenen mit Subtraktionsmodulen übereinander geschaltet werden (Abb. 17.11).

17.7.3 Netzwerke mit Diskontinuitäten[‡]

Verschiebungsvektorfelder zeigen an den Kanten sich bewegender Objekte Diskontinuitäten. Das Netzwerkmodell ermöglicht es, Diskontinuitäten in einfacher Weise zu integrieren. Im Netzwerkmodell mit der Stetigkeitsforderung nur an das VVF selbst (Abb. 17.9) muss einfach an einer Unstetigkeitsstelle der Widerstand weggelassen oder genügend groß gemacht werden. Dann ist zwi-

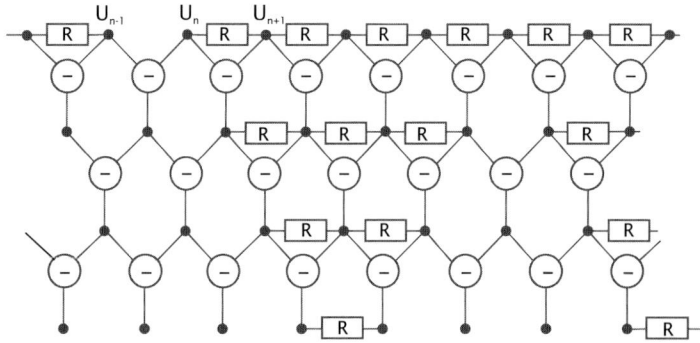

Abbildung 17.12: *Verallgemeinertes eindimensionales Netzwerk mit einer Diskontinuität im VVF und einer in der ersten Ableitung des VVF, wie markiert.*

schen den entsprechenden Knoten im Netzwerk ein Potentialsprung möglich. Im Sinne einer kontrollierten Glattheit (Abschn. 17.4) können wir uns auch ein nichtlineares Modell mit spannungsabhängigen Widerständen vorstellen. Diskontinuitäten sind an den Stellen des VVF zu vermuten, an denen sich steile Gradienten befinden. Wächst der Verbindungswiderstand mit der Spannung, so haben wir einen Mechanismus, mit dem wir implizierte Diskontinuitäten erzeugen können. Diese wenigen Überlegungen machen deutlich, wie flexibel und anschaulich Netzwerkmodelle sind.

Im verallgemeinerten Netzwerkmodell ist die Integration von Diskontinuitäten etwas komplexer. Hier kann in jeder Stufe des Netzwerks eine Diskontinuität eingebracht werden, also bei den VVF selbst oder bei jeder Ableitungsstufe, indem man einen Widerstand in der entsprechenden Ebene entfernt. Allerdings kann man nicht den betreffenden Widerstand allein auftrennen, sondern muss alle Widerstände von tieferliegenden Knoten, die zur Diskontinuitätsstelle führen, ebenfalls entfernen (Abb. 17.12). Andernfalls bleibt die Kontinuität in den höheren Ableitungen bestehen und bewirkt eine Kontinuität auch in den niederen Ableitungen.

17.7.4 Zweidimensionale Netzwerke‡

Das Netzwerkmodell kann auch auf höherdimensionale Probleme übertragen werden. Für ein zweidimensionales Modell mit Kontinuität erster Ordnung bauen wir ein zweidimensionales Netzwerk von Widerständen. Komplexer ist der Aufbau von verallgemeinerten zweidimensionalen Netzwerken mit Kontinuitätsbedingungen höherer Ordnung. In jeder Stufe hat man nun die Kontinuität von mehreren partiellen Ableitungen zu berücksichtigen. Für die erste räumliche Ableitung gibt es zwei partielle Ableitungen, eine horizontale und eine vertikale. Für jede dieser Richtungen wird eine eigene Ebene mit Subtraktionsmodulen aufgebaut wie in Abb. 17.10, damit die Glattheitsbedingung erfüllt wird. Wegen weiterer Einzelheiten sei der Leser auf die Originalliteratur verwiesen [69].

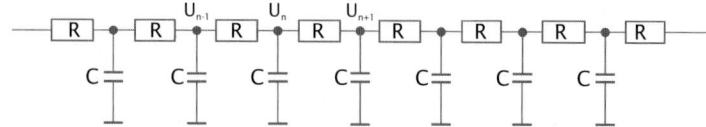

Abbildung 17.13: *Eindimensionales Netzwerk mit Kondensatoren zur Simulation iterativer Lösungen.*

17.7.5   Mehrgitter-Netzwerke[‡]

Eines der wichtigsten praktischen Probleme der großen Gleichungssysteme, die wir hier besprechen, ist es, schnelle iterative Lösungsverfahren zu finden. Diesen Aspekt können wir auch mit Netzwerken modellieren. Durch die Iteration kommt eine Zeitkonstante ins Spiel, die auf einfache Weise durch einen zusätzlichen Kondensator an jedem Knotenpunkt simuliert werden kann (Abb. 17.13). Das statische Verhalten des Netzwerks und damit die Lösung des Gleichungssytems wird durch den Einbau der Kondensatoren nicht verändert.

Der typische Ausgangspunkt der Iteration ist, dass die VV nur an vereinzelten Stellen mit starken Grauwertkanten bekannt sind. Die Frage ist, wie viele Iterationen wir brauchen, bis diese Information an weit entfernte Punkte, von denen wir keine Verschiebungsinformation haben, weitergetragen wird. Zur Beantwortung dieser Frage leiten wir die Differenzengleichung der Widerstand-Kondensator-Kette her (Abb. 17.13). Sie ergibt sich wiederum aus dem Kirchhoffschen Stromsummengesetz. Zusätzlich müssen wir nur wissen, dass der Strom, der in einen Kondensator fließt, proportional zu dessen Kapazität C und der zeitlichen Ableitung der Spannung $\partial U / \partial t$ ist. Damit ergibt sich

$$\frac{U_{n-1} - U_n}{R} + \frac{U_{n+1} - U_n}{R} - C\frac{\partial U_n}{\partial t} = 0 \qquad (17.77)$$

oder

$$\frac{\partial U_n}{\partial t} = \frac{(\Delta x)^2}{RC}\frac{\partial^2 U_n}{\partial x^2}. \qquad (17.78)$$

Dabei ist in der zweiten Gleichung Δx der räumliche Abstand zwischen benachbarten Punkten der Kette, damit eine räumliche Ableitung formuliert werden kann. $\tau = RC$ ist die Zeitkonstante eines einzelnen Widerstand-Kondensator-Kreises. Gleichung (17.78) ist die eindimensionale Formulierung einer sehr bekannten und quer durch viele Gebiete der Naturwissenschaften angewandten Gleichung, der eindimensionalen *Transport-* oder *Diffusionsgleichung*, die wir schon ausführlich in den Abschn. 5.2.1 und 17.5 beschrieben haben. Ohne (17.78) explizit zu lösen, können wir die Frage nach der Zeitkonstanten beantworten, die zum Transport der Information um eine gewisse Strecke erforderlich ist. Wir gehen von einem räumlich periodisch variierenden Potential mit der Wellenlänge λ aus, dessen Amplitude exponentiell mit einer von der Wellenlänge λ abhängigen Zeitkonstanten τ_λ abnimmt (vergl. Abschn. 5.2.1):

$$U(x) = U_0(x) \exp(-t/\tau) \exp(\mathrm{i}kx). \qquad (17.79)$$

Setzen wir diesen Ansatz in (17.78) ein, dann erhalten wir

$$\tau_\lambda = \frac{\tau}{(\Delta x\, k)^2} = \frac{\tau}{4\pi^2 (\Delta x)^2}\lambda^2. \qquad (17.80)$$

Damit haben wir die wesentliche Antwort auf die Frage der Konvergenz der Iteration gewonnen: Die Konvergenzzeit wächst quadratisch mit der Wellenlänge der Struktur, die wir glätten wollen. Es dauert also viermal so lange, doppelt so weit entfernte Werte ins Gleichgewicht zu bringen. Nehmen wir einmal willkürlich an, dass ein Iterationsschritt notwendig ist, um benachbarte Knoten ins Gleichgewicht zu bringen. Dann brauchen wir für Knoten, die 10 Bildpunkte voneinander entfernt sind, 100 Iterationsschritte. Bei nur wenigen bekannten Werten ist also die Konvergenz des Verfahrens viel zu langsam.

Abhilfe ist mit Mehrgitterverfahren möglich, die wir in Kapitel 5 diskutiert haben. Sie sind ein effizientes Hilfsmittel zur Beschleunigung der Konvergenz der Iteration. Man beginnt die Iteration des Gleichungssystems auf einer groben Stufe. Dann liegen die berechneten Werte eng beieinander. Bei einer Pyramide mit nur sechs Ebenen schrumpfen die Entfernungen auf $1/32$. Wir können also die großen Strukturen der Lösung mit einer Konvergenzrate berechnen, die um den Faktor 1000 schneller ist als auf dem Originalbild. Auf dieser Stufe erfassen wir nicht die kleinskaligen Variationen. Wir können aber die grobe Lösung als Ausgangspunkt für weitere Iterationen auf der nächstfeineren Auflösungsstufe nehmen.

Auf diese Weise können wir die Lösung von Ebene zu Ebene verfeinern und erhalten auf der untersten Ebene der Pyramide eine Lösung mit der vollen Auflösung. Die Berechnungen in den höheren Ebenen der Pyramide kosten nicht viel Rechenzeit, da die Anzahl der Pixel in allen Ebenen der Pyramide zusammen nur um $1/3$ höher ist als in der untersten Ebene. Die Berechnung eines VVF der Taxiszene (Abb. 17.3) mit dieser Methode ist in Abb. 17.4 gezeigt.

17.8 Inverse Filterung

In diesem Abschnitt untersuchen wir eine spezielle Klasse von inversen Problemen und zeigen, wie man sehr große inverse Probleme durch schnelle iterative Verfahren lösen kann.

17.8.1 Bildrestaurierung

Systeme zur Bilderzeugung sind wegen der physikalischen Grenzen optischer Systeme nicht perfekt. Daher sind Bilder nie mit ihrem Original identisch und insbesondere von begrenzter Auflösung. Für viele technische und wissenschaftliche Anwendungen ist es aber von entscheidender Bedeutung, die Auflösung zu verbessern. Wenn optische Mittel nicht mehr ausreichen, können die Methoden der Bildverarbeitung weiterbringen. Zu den Ursachen für eine Verminderung der Bildqualität zählen Fehlbedienungen oder Konstruktionsfehler von Abbildungssystemen. Dazu gehören Unschärfen durch fehlerhafte Fokussierung, durch Bewegung von Objekten oder der Kamera, durch ein mechanisch instabiles optisches System oder durch Fehler in der Konstruktion optischer Systeme. Solche Fehler sind häufiger, als man glaubt. Ein berühmtes jüngeres Beispiel ist der Defekt in der Optik des Weltraumteleskops Hubble. Ein Fehler in den Testprozeduren für die Vermessung des Hauptspiegels führte zu einer signifikanten Restaberration des Teleskops. Die Korrektur bekannter und unbekannter Bildstörungen wird *Restaurierung* genannt.

Es stellt sich die Frage, ob Störungen umkehrbar sind, und wenn ja, in welchem Ausmaß. Klar ist, dass Information, die in einem gestörten Bild nicht mehr enthalten ist, auch nicht mehr wiederhergestellt werden kann. Um diesen Punkt zu verdeutlichen, nehmen wir den Extremfall an, dass nur der mittlere Grauwert eines Bildes erhalten geblieben ist. Dann haben wir keine Möglichkeit, den Bildgehalt zu rekonstruieren. Andererseits enthalten Bilder eine Menge redundanter Information, so dass wir hoffen können, dass eine Bildstörung wichtige Information nur teilweise zerstört, auch wenn wir sie nicht mehr direkt „sehen" können.

Im Abschn. 7.6 und 9.2.1 haben wir gesehen, dass sich ein optisches System einschließlich der Digitalisierung als ein *lineares verschiebungsinvariantes System* darstellt und sich deshalb gut durch eine *Punktantwort* und eine *Transferfunktion* beschreiben lässt.

Die erste Aufgabe wird es sein, die Störung des Bildes so genau wie möglich zu beschreiben. Dies ist möglich entweder durch eine theoretische Analyse des Bildaufnahmesystems oder experimentell durch die Benutzung geeigneter Testbilder. Wenn dies nicht möglich ist, bleibt das gestörte Bild die einzige Informationsquelle.

17.8.2 Bildstörungen

Durch die vielfältigen Möglichkeiten der Bilderzeugung (Kapitel 7) gibt es auch viele Gründe für Bildstörungen. Die Bildschärfe ist durch eine Reihe von Linsenfehlern (Aberrationen) begrenzt. Allerdings ist selbst bei einem perfekten optischen System die Schärfe durch die Beugung elektromagnetischer Wellen an der Eingangsöffnung (Blende) des optischen Systems begrenzt. Neben diesen inhärent in einem optischen System vorhandenen Bildstörungen führt oft *Defokussierung* dazu, dass ein Bild unscharf wird. Weitere Ursachen für Bildunschärfen sind unerwünschte Bewegungen und Vibrationen des Kamerasystems während der Belichtungszeit. Besonders sensitiv für diese Art von Störungen sind Systeme mit einem kleinen Bildwinkel bzw. langer Brennweite. Auch Objekte, die sich während der Belichtungszeit um mehr als ein Pixel in der Bildebene bewegen, erzeugen Unschärfen.

Da Defokussierung und *Linsenaberrationen* direkt mit dem optischen System zusammenhängen, diskutieren wir sie in diesem Abschnitt gemeinsam. Der Effekt einer Unschärfe oder einer Aberration wird durch die *Punktantwort (PSF)* $h(\boldsymbol{x})$ oder die *optische Transferfunktion (OTF)* $\hat{h}(\boldsymbol{k})$ beschrieben; siehe Abschn. 7.6. Damit ist die Beziehung zwischen dem Objekt $g(\boldsymbol{x})$ und dem Bild $g'(\boldsymbol{x})$ gegeben durch

$$g'(\boldsymbol{x}) = (h * g)(\boldsymbol{x}) \quad \circ\!\!-\!\!\bullet \quad \hat{g}'(\boldsymbol{k}) = \hat{h}(\boldsymbol{k})\hat{g}(\boldsymbol{k}). \qquad (17.81)$$

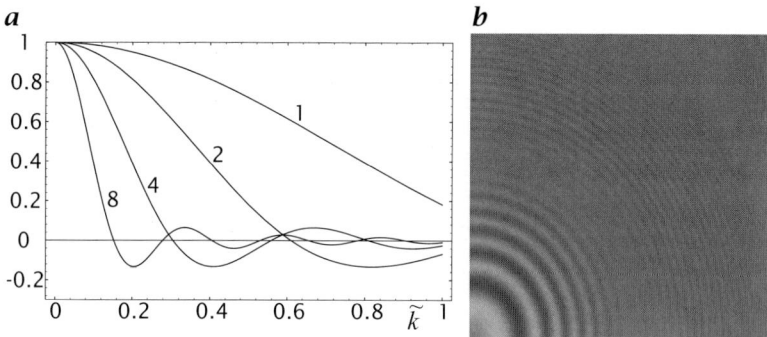

Abbildung 17.14: a *Transferfunktionen für kreisförmige Unschärfe. Die Parameter für die verschiedenen Kurven sind der Radius des Unschärfekreises;* **b** *defokussiertes Bild des Ringtestmusters.*

Aberrationen sind in der Regel schwieriger zu handhaben, da sie mit der Entfernung von der optischen Achse stark zunehmen, damit eigentlich nicht verschiebungsinvariant sind und deshalb nicht durch eine ortsinvariante PSF beschrieben werden können. Andererseits verändern sich Aberrationen nur langsam und kontinuierlich mit der Position im Bild. Solange die resultierende Unschärfe auf einen Bereich begrenzt ist, in dem die Aberration als konstant betrachtet werden kann, lässt sie sich noch mit der Theorie der linearen verschiebungsinvarianten Systeme behandeln. Der einzige Unterschied ist der, dass PSF und OTF mit der Position im Bild variieren.

Die Punktantwort hat die Form der Blende, wenn die Defokussierung die dominante Ursache der Unschärfe ist. Die meisten Blenden lassen sich näherungsweise durch eine Kreisscheibe beschreiben. Die Fouriertransformierte einer Kreisscheibe mit dem Radius r ist eine Besselfunktion ($\succ$ R5):

$$\frac{1}{\pi r^2} \Pi \left(\frac{|\boldsymbol{x}|}{2r} \right) \circ\!\!-\!\!\bullet \frac{2 J_1 (|\boldsymbol{k}|r)}{|\boldsymbol{k}|r}. \tag{17.82}$$

Diese Besselfunktion (Abb. 17.14a) hat eine Serie von Nullstellen und eliminiert damit bestimmte Wellenzahlen vollständig. Dieser Effekt ist in Abb. 17.14b anhand eines defokussierten Bildes des Ringtestmusters gezeigt.

Während Unschärfen durch Defokussierung und Aberrationen des optischen Systems dazu neigen, isotrop zu sein, sind Unschärfeeffekte aufgrund von Bewegung in der Regel eindimensionale Verschmierungen in der Bewegungsrichtung (Abb. 17.15b). Im einfachsten Fall ist die Bewegung während der Belichtungszeit konstant, so dass die PSF der Bewegungsunschärfe eine eindimensionale Rechteckfunktion ist. Ohne Beschränkung der Allgemeingültigkeit nehmen wir zunächst an, dass die

a   b

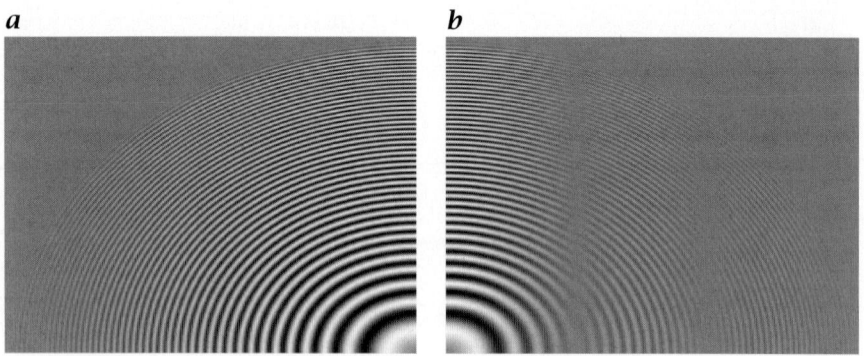

Abbildung 17.15: *Simulation der Bewegungsunschärfe mit dem Ringmuster: a kleine und b große horizontale Bewegungsunschärfe.*

Bewegung entlang der x-Achse verläuft. Dann ist

$$h_{Bl}(x) = \frac{1}{2u\Delta t}\Pi\left(\frac{x}{2u\Delta t}\right) \circ\!\!-\!\!\bullet \hat{h}_{Bl}(k) = \frac{\sin(ku\Delta t/2)}{ku\Delta t/2}, \qquad (17.83)$$

wobei u der Betrag der Geschwindigkeit und Δt die Belichtungszeit ist. Daraus ergibt sich die Unschärfelänge $\Delta x = u\Delta t$.

Ist die Geschwindigkeit $\boldsymbol{u}$ in eine andere Richtung orientiert, kann (17.83) folgendermaßen verallgemeinert werden:

$$h_{Bl}(\boldsymbol{x}) = \frac{1}{2|\boldsymbol{u}|\Delta t}\Pi\left(\frac{x\bar{\boldsymbol{u}}}{1|\boldsymbol{u}|\Delta t}\right)\delta(\boldsymbol{ux}) \circ\!\!-\!\!\bullet \hat{h}_{Bl}(\boldsymbol{k}) = \frac{\sin(\boldsymbol{ku}\Delta t/2)}{\boldsymbol{ku}\Delta t/2},$$
$$(17.84)$$

wobei $\bar{\boldsymbol{u}} = \boldsymbol{u}/|\boldsymbol{u}|$ ein Einheitsvektor in Richtung der Bewegungsunschärfe ist.

17.8.3 Entfaltung

Defokussierung, Bewegungsunschärfe und 3D-Abbildungstechniken wie Fokusserien und konfokale Laserabtastmikroskopie (Abschn. 8.2.4) haben gemeinsam, dass die Objektfunktion $g(\boldsymbol{x})$ mit einer Punktantwort gefaltet wird. Deshalb sind die prinzipiellen Verfahren zur Rekonstruktion oder Restauration der Objektfunktion die gleichen. Im wesentlichen handelt es sich um eine *Entfaltung* oder *inverse Filterung,* da die Effekte der Faltung mit der PSF rückgängig gemacht werden müssen. Unter Benutzung der Beziehungen in (17.81) ist die inverse Filterung im Prinzip ein einfacher Vorgang. Die Wirkung des Faltungsoperators $\mathcal{H}$ wird durch die Anwendung des inversen Operators $\mathcal{H}^{-1}$ umgekehrt. Im Fourierraum können wir dann folgendermaßen schreiben:

$$\hat{G}_R = \frac{\hat{G}'}{\hat{H}'} = \hat{H}^{-1} \cdot \hat{G}'. \qquad (17.85)$$

Das rekonstruierte Bild G_R ergibt sich dann aus einer inversen Fourier-transformation:

$$G_R = \mathcal{F}^{-1} \hat{H}^{-1} \cdot \mathcal{F} \hat{G}'. \tag{17.86}$$

Der Rekonstruktionsprozess setzt sich also aus den folgenden Schritten zusammen: Das fouriertransformierte Bild $\mathcal{F}G'$ wird mit der inversen OTF $\hat{H}^{-1}$ multipliziert und dann in den Ortsraum rücktransformiert. Die inverse Filterung kann auch im Ortsraum durch Faltung mit einer durch die rücktransformierte inverse OTF gegebenen Maske durchgeführt werden:

$$G_R = (\mathcal{F}^{-1} \hat{H}^{-1}) * G'. \tag{17.87}$$

Auf den ersten Blick erscheint die inverse Filterung einfach. Bei näherem Hinsehen zeigt sich jedoch, dass (17.86) und (17.87) in den meisten Fällen nicht anwendbar sind. Die Ursache liegt darin, dass die OTF oft in weiten Bereichen null ist. Das ist z.B. für die OTF der Bewegungs-unschärfe (17.84) und der Defokussierung (17.82) der Fall. In diesen Bereichen wird die inverse OTF unendlich.

Nicht nur die Nullstellen der OTF sind problematisch, sondern auch alle Bereiche, in denen die OTF klein wird, da hier Rauschen einen großen Einfluss hat. Für eine quantitative Analyse benutzen wir das folgende einfache Bilderzeugungsmodell:

$$G' = H * G + N \quad \circ\!\!-\!\!\bullet \quad \hat{G}' = \hat{H} \cdot \hat{G} + \hat{N} \tag{17.88}$$

Gleichung (17.88) besagt, dass Rauschen *nach* der Störung zum Bild addiert wird. Mit diesem Modell ergibt die inverse Filterung nach (17.85) unter der Voraussetzung, dass $\hat{H}$ überall ungleich null ist:

$$\hat{G}_R = \hat{H}^{-1} \cdot \hat{G}' = \hat{G} + \hat{H}^{-1} \cdot \hat{N} \tag{17.89}$$

Dies bedeutet, dass das restaurierte Bild das Originalbild G mit dem durch $\hat{H}^{-1}$ verstärkten Rauschen ist.

Geht $\hat{H}$ gegen null, werden $\hat{H}^{-1}$ und entsprechend auch der Rausch-pegel sehr groß. Aus (17.88) und (17.89) geht ferner hervor, dass sich das Signal-zu-Rausch-Verhältnis nicht verbessert hat, sondern gleich geblieben ist, da der Rauschpegel und die Nutzinformation im Bild mit demselben Faktor multipliziert werden.

Als Schlussfolgerung können wir festhalten, dass die inverse Filterung die Bildqualität nicht im geringsten verbessert. Es wird sogar deutlich, dass sich jede lineare Technik so verhält. Wir können mit linearen Techniken lediglich die durch die Störungen abgeschwächten Strukturen so weit verstärken, wie der Rauschpegel eine nicht mehr akzeptable Schwelle nicht überschreitet.

Als Beispiel für die inverse Filterung betrachten wir die 3D-Rekonstruktion aus einer mikroskopischen *Fokusserie*. Eine Fokusserie ist ein

Bildstapel von Mikroskopbildern, bei denen die scharfgestellte Ebene schrittweise verstellt wird. Wegen der geringen Schärfentiefe erscheinen in jedem Bild nur Objekte in einer dünnen Schicht scharf abgebildet (Abschn. 7.4.3). Deswegen ergibt der Bildstapel unmittelbar ein dreidimensionales Bild. In ihm sind allerdings die 3D-Objekte durch die 3D-Punktantwort der optischen Abbildung gestört. Gewisse Objektstrukturen sind daher ganz herausgefiltert, und unscharf abgebildete Objekte überlagern die scharf abgebildeten. Durch inverse Filterung kann man versuchen, diese Effekte zu verringern.

Offensichtlich ist eine genaue Kenntnis der PSF für eine gute Rekonstruktion wesentlich. In Abschn. 7.6.1 haben wir die 3D-*PSF* optischer Systeme unter Vernachlässigung von Linsenfehlern und Auflösungsgrenzen durch Beugung berechnet. Nun müssen wir berücksichtigen, dass stark vergrößerte mikroskopische Bilder eine beugungsbegrenzte Auflösung besitzen.

Die beugungsbegrenzte 3D-PSF wurde von Erhardt et al. [41] berechnet. Im wesentlichen ändert die Auflösungsgrenze den Doppelkegel der PSF (Abb. 7.13) nur in der Nähe der scharf eingestellten Ebene. Hier wird ein Punkt nicht auf einen Punkt abgebildet, sondern auf ein Beugungsscheibchen. Im Ergebnis fällt die *OTF* für höhere Wellenzahlen in der $k_x k_y$-Ebene ab. In erster Näherung können wir die durch Beugung limitierte Auflösung als zusätzliches Tiefpassfilter betrachten. Die PSF und OTF der geometrischen Optik werden mit diesem zusätzlichen Tiefpassfilter gefaltet bzw. mulipliziert.

Der einfachste Ansatz für eine optimale Rekonstruktion ist die Begrenzung der inversen OTF auf die Wellenzahlkomponenten, die nicht unter eine kritische Grenze gedämpft sind. Diese Grenze ist vom Rauschen im Bild abhängig. Auf diese Weise wird die echte inverse OTF durch eine *effektive inverse OTF* ersetzt, die in den Wellenzahlbereichen, die nicht rekonstruiert werden können, wieder gegen null geht.

Abb. 17.16 zeigt das Ergebnis einer solchen Rekonstruktionsprozedur am Beispiel einer $64 \times 64 \times 64$-Fokusserie, die von dem Kern einer Krebszelle aus einer Rattenleber aufgenommen wurde. Die Auflösung ist in allen Richtungen $0{,}22\,\mu m$. Die Bilder verifizieren die theoretischen Betrachtungen. Die Rekonstruktion verbessert die Auflösung in der xy-Bildebene beträchtlich, während die Auflösung in z-Richtung — wie erwartet — deutlich schlechter bleibt. Strukturen, die sich nur in z-Richtung ändern, sind durch die PSF der optischen Abbildung komplett aus dem Bildstapel gefiltert worden und können daher nicht mehr rekonstruiert werden.

17.8.4 Iterative inverse Filterung

Eine interessante Variante der inversen Filterung stellen iterative Techniken dar, da sie die Kontrolle über den Grad der Rekonstruktion ermögli-

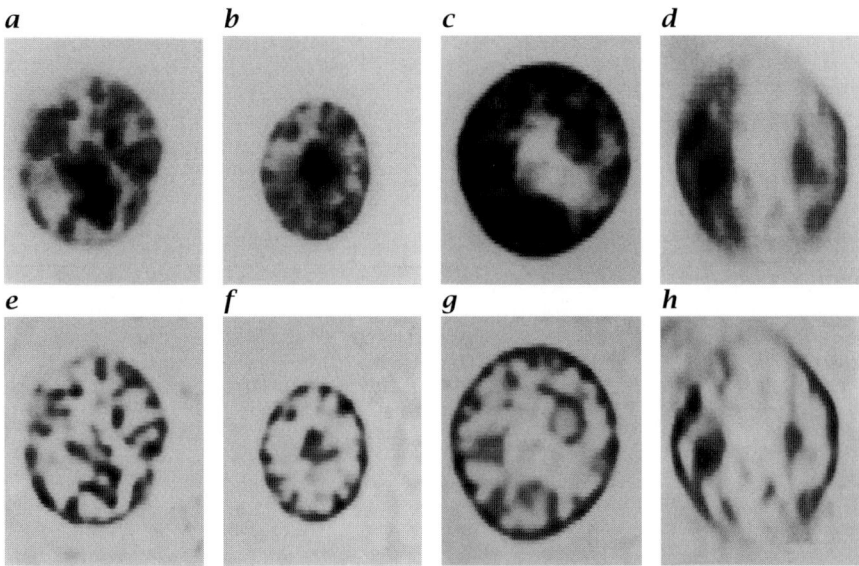

Abbildung 17.16: *3D-Rekonstruktion einer Fokusserie eines Zellkerns, die mit konventioneller Mikroskopie aufgenommen wurde. Obere Reihe:* **a** *–* **c** *ausgewählte Originalbilder;* **d** *xz-Querschnitt senkrecht zur Bildebene. Untere Reihe:* **e** *–* **h** *Rekonstruktionen der darüberliegenden Bilder; freundlicherweise zur Verfügung gestellt von Dr. Schmitt und Prof. Dr. Komitowski, Deutsches Krebsforschungszentrum, Heidelberg.*

chen. Sei $\mathcal{H}$ der Unschärfeoperator. Zusätzlich führen wir den neuen Operator $\mathcal{H}' = \mathcal{I} - \mathcal{H}$ ein. Dann kann der inverse Operator

$$\mathcal{H}^{-1} = \frac{\mathcal{I}}{\mathcal{I} - \mathcal{H}'} \qquad (17.90)$$

durch eine Taylorreihe angenähert werden:

$$\mathcal{H}^{-1} = \mathcal{I} + \mathcal{H}' + \mathcal{H}'^{2} + \mathcal{H}'^{3} + \dots \qquad (17.91)$$

Explizit für die OTF im Fourierraum heißt dies:

$$\hat{h}^{-1}(\boldsymbol{k}) = 1 + \hat{h}' + \hat{h}'^{2} + \hat{h}'^{3} + \dots \qquad (17.92)$$

Um zu verstehen, wie die Iteration arbeitet, betrachten wir periodische Strukturen und dabei zunächst eine, die nur wenig abgeschwächt ist, d. h., $\hat{h}$ ist nur wenig kleiner als eins. Damit ist $\hat{\boldsymbol{h}}'$ klein, und die Iteration konvergiert rasch.

Das andere Extrem hätten wir, wenn die periodische Struktur nahezu verschwunden ist. Dann ist $\hat{\boldsymbol{h}}'$ fast eins. Entsprechend nimmt die Amplitude der periodischen Struktur mit jedem Iterationsschritt um den

gleichen Betrag zu (lineare Konvergenz). Diese Prozedur hat den entscheidenden Vorteil, dass wir die Iteration stoppen können, sobald das
Rauschen sichtbar wird.

Eine direkte Implementierung des Iterationsschemas hat wenig Sinn,
da mit zunehmendem Exponenten die Faltungsmasken immer größer
werden und deswegen der Rechenaufwand von Iterationsschritt zu Iterationsschritt anwächst.

Ein wesentlich effektiveres Iterationsschema, die *Van Cittert-Iteration*,
benutzt das Horner-Schema zur schnellen Berechnung eines Polynoms:

$$G_0 = G', \quad G_{k+1} = G' + (I - H) * G_k. \tag{17.93}$$

Im Fourierraum kann man leicht die Konvergenz der Iteration untersuchen. Aus (17.93) ergibt sich

$$\hat{g}_k(\mathbf{k}) = \hat{g}'(\mathbf{k}) \sum_{i=0}^{k} (1 - \hat{h}(\mathbf{k}))^i. \tag{17.94}$$

Diese Gleichung stellt eine geometrische Reihe dar mit dem Startwert
$a_0 - \hat{g}'$ und dem Faktor $q = 1 \quad \hat{h}$. Die Reihe konvergiert nur, wenn
$|q| = |1 - \hat{h}| < 1$. Dann ist die Summe gegeben durch

$$\hat{g}_k(\mathbf{k}) = a_0 \frac{1 - q^k}{1 - q} = \hat{g}'(\mathbf{k}) \frac{1 - |1 - \hat{h}(\mathbf{k})|^k}{\hat{h}(\mathbf{k})} \tag{17.95}$$

und konvergiert gegen den korrekten Wert $\hat{g}'/\hat{h}$. Unglücklicherweise ist
die Bedingung für die Konvergenz für alle diejenigen Transferfunktionen nicht erfüllt, die negative Werte haben. Daher kann die Van Cittert-
Iteration nicht für Bewegungsunschärfe und Defokussierung angewendet werden.

Eine kleine Modifikation des Iterationsprozesses erlaubt es jedoch,
sie auch für negative Transferfunktionen einzusetzen. Der einfache Trick
besteht darin, die Transferfunktion zweimal anzuwenden. Die Transferfunktion $\hat{h}^2$ des kaskadierten Filters $H * H$ ist dann immer positiv.

Das modifizierte Iterationsschema lautet

$$G_0 = H * G', \quad G_{k+1} = H * G' + (I - H * H) * G_k. \tag{17.96}$$

Mit $a_0 = \hat{h}\hat{g}'$ und $q = 1 - \hat{h}^2$ konvergiert die Iteration wiederum gegen
den korrekten Wert

$$\lim_{k \to \infty} \hat{g}_k(\mathbf{k}) = \lim_{k \to \infty} \hat{h}\hat{g}' \frac{1 - |1 - \hat{h}^2|^k}{\hat{h}^2} = \frac{\hat{g}'}{\hat{h}}, \quad \text{wenn} \quad |1 - \hat{h}^2| < 1. \tag{17.97}$$

17.9 Literaturhinweise zur Vertiefung‡

Das Thema dieses Kapitels erfordert in hohem Maße die Methoden der Matrix-algebra. Die Monographie von Golub und van Loan [60] gibt einen exzellenten Überblick. Variationsmethoden in der Bildverarbeitung (Abschn. 17.3) werden von Jähne et al. [91, Vol. 2, Chapter 16] und Schnörr und Weickert [178] ausführlich diskutiert. Eine sehr schöne Abhandlung der Variationsrechnung findet sich auch in Courant und Hilbert [28]. Die Benutzung des Membranmodells (Abschn. 17.3.5) wurde zuerst von Broit [17] publiziert, der es zur Bildregistrierung in der Computertomographie einsetzte. Später wurde es von Dengler [35] erweitert und für die Bildfolgenanalyse benutzt. Inzwischen sind Elastizitätsmodelle weit verbreitet und werden in der Bildverarbeitung für so verschiedene Aufgaben wie die Modellierung und Verfolgung von Kanten (aktive Konturen) [103], die Rekonstruktion von 3D-Objekten [198] und die Rekonstruktion von Oberflächen [197] eingesetzt. Die anisotrope Diffusion (Abschn. 17.5) und nichtlineare Skalenräume sind noch aktiver Gegenstand der Forschung. Eine exzellente Übersicht dieses Themas bieten Weickert [212] und Jähne et al. [91, Vol. 2, Chapter 15]. Optimale Filter für schnelle anisotrope Diffusion werden von Scharr und Weickert [176] und Scharr und Uttenweiler [175] untersucht.

18 Morphologie

18.1 Einleitung

Durch die in den Kapiteln 16 und 17 besprochene Segmentierung haben wir Objekte aus Bildern extrahiert, d. h. identifiziert, welche Pixel zu welchen Objekten gehören. Nun können wir den nächsten Schritt durchführen und die *Gestalt* der Objekte analysieren. In diesem Kapitel diskutieren wir eine Klasse von Nachbarschaftsoperationen, die morphologischen Operatoren für Binärbilder, mit denen sich die Form von Objekten modifizieren und analysieren lässt.

18.2 Nachbarschaftsoperationen mit Binärbildern

18.2.1 Binäre Faltung

Operatoren, die Bildpunkte in einer kleinen Nachbarschaft in Beziehung zueinander setzen, haben sich als vielseitige und leistungsfähige Werkzeuge zur Extraktion von Merkmalen aus Skalar- und Vektorbildern erwiesen (Kapitel 4). Das Ergebnis solch einer Operation in Binärbildern kann nur null oder eins sein. Also werden Nachbarschaftsoperatoren in Binärbildern die Objektform bearbeiten, indem sie Bildpunkte zu einem Objekt hinzufügen oder aus einem Objekt löschen. In den Abschn. 4.2 und 4.4 haben wir die zwei grundlegenden Operationen zur Verknüpfung benachbarter Bildpunkte in Grauwertbildern besprochen: die Faltung („wichten und summieren") und die Rangordnungsfilterung („sortieren und selektieren"). Bei Binärbildern haben wir in Bezug auf die Art der durchzuführenden Operationen nicht viel Auswahl. Bildpunkte lassen sich nur mit den logischen Operatoren der Boolschen Algebra kombinieren.

Wir können eine *binäre Faltung* einführen, indem wir die Multiplikation der Bildpixel mit den Maskenpixeln durch eine *Und-Operation* und die Summation durch eine *Oder-Operation* ersetzen:

$$g'_{mn} = \bigvee_{m'=-R}^{R} \bigvee_{n'=-R}^{R} M_{m',n'} \wedge g_{m+m',n+n'}. \qquad (18.1)$$

Die Zeichen $\wedge$ bzw. $\vee$ stehen für die logische Und-Operation bzw. für die Oder-Operation. Das Binärbild G wird in (18.1) mit einer symmetrischen

B. Jähne, Digitale Bildverarbeitung
ISBN 3-540-41260-3

a   b   c

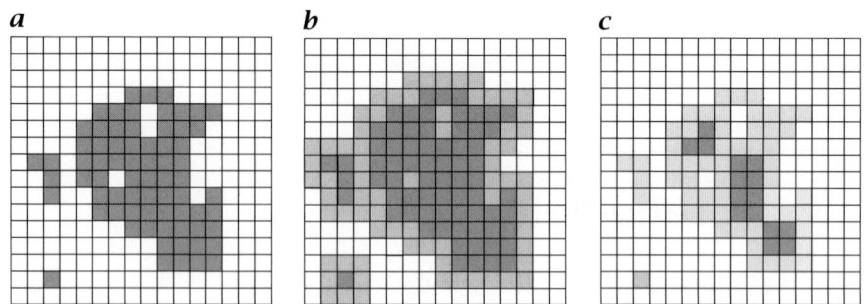

Abbildung 18.1: *b Dilatation und c Erosion eines binären Objekts in **a** mit einer 3 × 3-Maske. Die hinzugefügten (Dilatation) bzw. entfernten (Erosion) Bildpunkte sind in hellerer Farbe dargestellt.*

$(2R + 1) \times (2R + 1)$-Maske M gefaltet. Man beachte, dass im Gegensatz zur Faltung die Maske nicht gespiegelt wird (Abschn. 4.2.5).

Was bewirkt diese Operation? Nehmen wir einmal an, dass alle Koeffizienten der Maske auf eins gesetzt werden. Befinden sich ein oder mehrere Objektpixel, d. h. Einsen, innerhalb der Maske, ist das Ergebnis der Operation eins, sonst null (Abb. 18.1). Das Objekt wird also ausgedehnt; kleine Löcher oder Sprünge werden gefüllt, und die Konturen werden glatter (Abb. 18.2b). Der in (18.1) definierte Operator wird *Dilatationsoperator* genannt. Interessanterweise haben wir den gleichen Effekt, wenn wir einen *Rangordnungsfilter* auf Binärbilder anwenden (siehe Abschn. 4.4). Betrachten wir dazu den *Maximumoperator*. Das Maximum wird eins sein, wenn eine oder mehrere Einsen innerhalb der Maske vorkommen. Das führt zum gleichen Ergebnis wie die binäre Faltungsoperation in (18.1).

Der *Minimumoperator* hat den gegenteiligen Effekt. Nun ist das Ergebnis nur eins, wenn sich die Maske vollständig innerhalb des Objektes befindet. Auf diese Weise wird das Objekt erodiert. Objekte, die kleiner als die Maske sind, verschwinden völlig, solche, die mit einer schmalen Brücke verbunden sind, werden getrennt (Abb. 18.1c). Auch die *Erosion* eines Objekts kann mit der binären Faltung durchgeführt werden:

$$g'_{mn} = \bigwedge_{m'=-R}^{R} \bigwedge_{n'=-R}^{R} M_{m',n'} \wedge g_{m+m',n+n'} \qquad (18.2)$$

Bei höherdimensionalen Bildern müssen (18.1) und (18.2) lediglich um eine weitere Schleife für jede Koordinate erweitert werden. Im 3D-Raum sieht der Dilatationsoperator beispielsweise folgendermaßen aus:

$$g'_{lmn} = \bigvee_{l'=-R}^{R} \bigvee_{m'=-R}^{R} \bigvee_{n'=-R}^{R} M_{l'm'n'} \wedge g_{l+l',m+m',n+n'}. \qquad (18.3)$$

Mit der Übertragung des Konzeptes der Nachbarschaftsoperationen für Grauwertbilder auf Binärbilder haben wir ein wichtiges Werkzeug zur Bearbeitung der Form von Objekten erhalten. In Abb. 18.1 haben wir bereits gesehen, dass sich diese Operationen dazu eignen, kleine Löcher und Risse zu füllen oder kleine Objekte zu eliminieren. Die Größe der Maske bestimmt die Wirkung des Operators. Daher wird die Maske oft als *Strukturelement* bezeichnet. Eine Erosionsoperation wirkt zum Beispiel wie ein Netz mit Löchern in der Form der Maske. Alle Objekte, die durch die Löcher passen, rutschen hindurch und verschwinden aus dem Bild. Ein Objekt verbleibt nur dann im Bild, wenn die Maske zumindest an einem Punkt völlig von Objekt-Bildpunkten bedeckt ist; sonst verschwindet es. Ein Operator, der die Form von Objekten beeinflusst, wird *morphologischer Operator* genannt. Der Name stammt aus der Morphologie, welche in der Biologie und den Geowissenschaften die Form von Objekten beschreibt.

18.2.2 Mengenoperationen

Wir haben zur Einführung morphologischer Operationen einen recht unkonventionellen Weg gewählt. Normalerweise werden diese Operationen als Mengenoperationen mit Bildpunkten definiert. Dazu betrachtet man G als Menge aller Pixel der Bildmatrix, die ungleich null sind. M ist die Menge der Maskenpixel ungleich null. Mit M_p bezeichnet man die mit ihrem Referenzpunkt (im allgemeinen, aber nicht notwendig, Zentrum) zum Bildpunkt p verschobene Maske. Die Erosion wird dann mit

$$G \ominus M = \{p : M_p \subseteq G\} \qquad (18.4)$$

definiert und die Dilatation mit

$$G \oplus M = \{p : M_p \cap G \neq \varnothing\}. \qquad (18.5)$$

Diese Definitionen sind äquivalent zu (18.1) und (18.2), mit der Ausnahme, dass die Maske der Faltungsoperation nicht gespiegelt wird (siehe Abschn. 4.2.5). Wir können nun die Erosion der Bildpunktmenge G durch die Bildpunktmenge M als Menge aller Pixel p ausdrücken, für die M_p vollständig in G enthalten ist. Im Gegensatz dazu ist die Dilatation von G durch M die Menge aller Pixel, für die die Schnittmenge von G und M_p nicht die leere Menge ist. Da dieser theoretische Ansatz zu kompakteren und anschaulicheren Formeln führt, werden wir ihn von nun an verwenden. Die Gleichungen (18.1) und (18.2) sind jedoch weiterhin wichtig für die Implementierung morphologischer Operationen mit logischen Operationen.

Erosions- und Dilatationsoperatoren können als elementare morphologische Operatoren betrachtet werden, aus denen sich komplexere Operatoren erzeugen lassen. Ihre Eigenschaften werden wir im Detail im nächsten Abschnitt untersuchen.

18.3   Allgemeine Eigenschaften

Morphologische Operatoren teilen die meisten, wenn auch nicht alle Eigenschaften der linearen Faltungsoperatoren (Abschn. 4.2). Die Eigenschaften, die wir im folgenden besprechen, sind nicht auf 2D-Bilder beschränkt, sondern gelten generell für N-dimensionale Bilddaten.

18.3.1   Verschiebungsinvarianz

Die *Verschiebungsinvarianz* ergibt sich direkt aus der Definition der Erosions- und Dilatationsoperatoren als Faltungen mit binären Daten in (18.1) und (18.2). Verwenden wir den in (4.17) definierten Shift-Operator S, können wir die Verschiebungsinvarianz eines beliebigen morphologischen Operators $\mathcal{M}$ in Operatornotation folgendermaßen formulieren:

$$\mathcal{M} \left({}^{mn}S\boldsymbol{G} \right) = {}^{mn}S \left(\mathcal{M}\boldsymbol{G} \right). \tag{18.6}$$

18.3.2   Superpositionsprinzip

Für Grauwertbilder ist das *Superpositionsprinzip* wie folgt definiert:

$$\mathcal{H} \left(a\boldsymbol{G} + b\boldsymbol{G}' \right) = a\mathcal{H}\boldsymbol{G} + b\mathcal{H}\boldsymbol{G}'. \tag{18.7}$$

Bei Binärbildern haben die Faktoren a und b keinen Sinn, und die Summe zweier Grauwertbilder entspricht der Vereinigungsmenge oder dem logischen *Oder* zweier Binärbilder. Wenn das Superpositionsprinzip für morphologische Operationen $\mathcal{M}$ bei Binärbildern gilt, hat es folgende Gestalt:

$$\mathcal{M}(\boldsymbol{G} \cup \boldsymbol{G}') = (\mathcal{M}\boldsymbol{G}) \cup (\mathcal{M}\boldsymbol{G}') \ \text{ oder } \ \mathcal{M}(\boldsymbol{G} \vee \boldsymbol{G}') = (\mathcal{M}\boldsymbol{G}) \vee (\mathcal{M}\boldsymbol{G}'). \tag{18.8}$$

Die Operation $\boldsymbol{G} \vee \boldsymbol{G}'$ steht für ein punktweises *Oder* der Elemente der Matrizen $\boldsymbol{G}$ und $\boldsymbol{G}'$. Im allgemeinen sind morphologische Operatoren nicht additiv im Sinne von (18.8). Während die Dilatationsoperation das Superpositionsprinzip erfüllt, gilt dies nicht für die Erosion. Die Erosion der Vereinigungsmenge zweier Objekte ist eine Obermenge der Vereinigungsmenge zweier erodierter Objekte:

$$\begin{aligned} (\boldsymbol{G} \cup \boldsymbol{G}') \ominus \boldsymbol{M} &\supseteq (\boldsymbol{G} \ominus \boldsymbol{M}) \cup (\boldsymbol{G}' \ominus \boldsymbol{M}) \\ (\boldsymbol{G} \cup \boldsymbol{G}') \oplus \boldsymbol{M} &= (\boldsymbol{G} \oplus \boldsymbol{M}) \cup (\boldsymbol{G}' \oplus \boldsymbol{M}). \end{aligned} \tag{18.9}$$

18.3.3   Kommutativität und Assoziativität

Morphologische Operatoren sind im allgemeinen nicht *kommutativ*:

$$\boldsymbol{M}_1 \oplus \boldsymbol{M}_2 = \boldsymbol{M}_2 \oplus \boldsymbol{M}_1, \text{ aber } \boldsymbol{M}_1 \ominus \boldsymbol{M}_2 \neq \boldsymbol{M}_2 \ominus \boldsymbol{M}_1. \tag{18.10}$$

Wir sehen, dass die Erosion nicht kommutativ ist, wenn wir den Spezialfall betrachten, dass $M_1 \supset M_2$. Dann ergibt die Erosion von M_2 durch M_1 die leere Menge. Werden jedoch Erosions- und Dilatationsmasken nacheinander auf das gleiche Bild G angewandt, sind sie kommutativ:

$$\begin{aligned}
(G \ominus M_1) \ominus M_2 &= G \ominus (M_1 \oplus M_2) = (G \ominus M_2) \ominus M_1 \\
(G \oplus M_1) \oplus M_2 &= G \oplus (M_1 \oplus M_2) = (G \oplus M_2) \oplus M_1.
\end{aligned} \tag{18.11}$$

Diese Gleichungen sind wichtig für die Implementierung morphologischer Operationen. Generell ist die kaskadierte Operation mit k Strukturelementen $M_1, M_2, \ldots, M_k$ der Operation mit dem Strukturelement $M = M_1 \oplus M_2 \oplus \ldots \oplus M_k$ äquivalent (*Assoziativität*). Wir können also große Strukturelemente ebenso zerlegen, wie wir es bei linearen verschiebungsinvarianten Operatoren tun. Ein wichtiges Beispiel ist die Konstruktion separierbarer Strukturelemente aus horizontalen und vertikalen Elementen $M = M_x \oplus M_y$. Ein weniger triviales Beispiel ist der Bau großer eindimensionaler Strukturelemente aus solchen, die viele Nullen enthalten:

$$\begin{aligned}
[1\ 1\ 1] \oplus [1\ 0\ 1] &= [1\ 1\ 1\ 1\ 1] \\
[1\ 1\ 1\ 1\ 1] \oplus [1\ 0\ 0\ 0\ 1] &= [1\ 1\ 1\ 1\ 1\ 1\ 1\ 1\ 1] \\
[1\ 1\ 1\ 1\ 1\ 1\ 1\ 1\ 1] &\oplus [1\ 0\ 0\ 0\ 0\ 0\ 0\ 0\ 1] \\
&= [1\ 1\ 1\ 1\ 1\ 1\ 1\ 1\ 1\ 1\ 1\ 1\ 1\ 1\ 1\ 1\ 1].
\end{aligned} \tag{18.12}$$

Auf diese Weise können wir große exponentiell wachsende Strukturelemente mit einer Minimalzahl logischer Operationen zusammenbauen, wie wir große Faltungsmasken durch Kaskadierung in Abschn. 11.6 konstruiert haben. Schwieriger zu erhalten sind jedoch isotrope, d. h. kreisförmige Strukturelemente. Das Problem liegt darin, dass die Dilatation horizontaler und vertikaler Strukturelemente stets zu einem rechteckigen Strukturelement, nicht jedoch zu einer kreisförmigen Maske führt. Solch eine Maske lässt sich jedoch durch eindimensionale Strukturelemente annähern, die in mehrere Richtungen und nicht nur entlang den Achsen laufen. Es ist zu beachten, dass auch Mehrschrittmasken effizient zu großen Masken kaskadiert werden können.

18.3.4 Monotonie

Erosion und Dilatation sind monotone Operationen:

$$\begin{aligned}
G_1 \subseteq G_2 &\quad \leadsto \quad G_1 \oplus M \subseteq G_2 \oplus M \\
G_1 \subseteq G_2 &\quad \leadsto \quad G_1 \ominus M \subseteq G_2 \ominus M.
\end{aligned} \tag{18.13}$$

Die Monotonieeigenschaft bedeutet, dass die Teilmengenrelationen in bezug auf Erosion und Dilatation invariant sind.

18.3.5 Distributivität

Lineare verschiebungsinvariante Operatoren sind distributiv bezüglich der Addition. Für Erosion und Dilatation muss man zwischen der Vereinigungs- und der Schnittmenge zweier Bilder G_1 und G_2 unterscheiden:

$$
\begin{aligned}
(G_1 \cap G_2) \oplus M &\subseteq (G_1 \oplus M) \cap (G_2 \oplus M), \\
(G_1 \cap G_2) \ominus M &= (G_1 \ominus M) \cap (G_2 \ominus M)
\end{aligned}
\tag{18.14}
$$

und

$$
\begin{aligned}
(G_1 \cup G_2) \oplus M &= (G_1 \oplus M) \cup (G_2 \oplus M), \\
(G_1 \cup G_2) \ominus M &\supseteq (G_1 \ominus M) \cup (G_2 \ominus M).
\end{aligned}
\tag{18.15}
$$

Die Erosion ist also distributiv bezüglich der Schnittmengenoperation, die Dilatation aber bezüglich der Vereinigungsoperation.

18.3.6 Dualität

Erosion und Dilatation sind *duale Operatoren*. Die Erosion mit der Negation eines binären Bildes ist äquivalent mit der Negation der Dilatation des Originalbildes. Analoges gilt bei Vertauschung von Erosion und Dilatation:

$$
\begin{aligned}
\overline{G} \ominus M &= \overline{G \oplus M} \\
\overline{G} \oplus M &= \overline{G \ominus M}.
\end{aligned}
\tag{18.16}
$$

18.4 Zusammengesetzte morphologische Operatoren

18.4.1 Öffnen und Schließen

Unter Verwendung der elementaren Erosions- und Dilatationsoperationen entwickeln wir nun weitere Operatoren für die Bearbeitung der Objektform. Während im vorigen Abschnitt der Schwerpunkt auf allgemeinen und theoretischen Aspekten morphologischer Operationen lag, konzentrieren wir uns nun auf die Anwendung.

Die Erosion wird zur Entfernung kleiner Objekte verwendet. Sie hat jedoch den Nachteil, dass alle im Bild verbleibenden Objekte kleiner werden. Durch anschließende Dilatation des Bildes mit dem gleichen Strukturelement lässt sich dies vermeiden. Die Kombination aus Erosion und Dilatation wird *Öffnen (Opening)* genannt:

$$
G \circ M = (G \ominus M) \oplus M.
\tag{18.17}
$$

Das Öffnen siebt alle Objekte aus, die das Strukturelement in keinem Punkt vollständig enthalten, vermeidet jedoch die Größenreduktion aller Objekte (Abb. 18.2c und d). Sie ist auch ideal zur Entfernung von Linien,

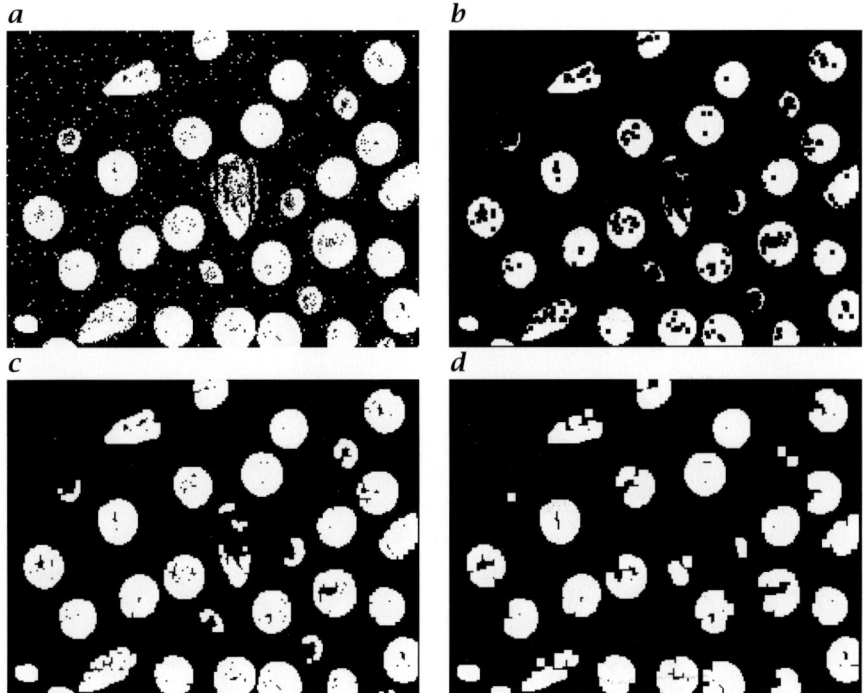

Abbildung 18.2: *Erosion und Opening:* **a** *Originalbinärbild;* **b** *Erosion mit einer* 3 × 3*-Maske;* **c** *Opening mit einer* 3 × 3*-Maske;* **d** *Opening mit einer größeren Maske.*

deren Dicke geringer ist als der Durchmesser des Strukturelementes. Dabei werden auch die Objektgrenzen glatter.

Dagegen vergrößert die Dilatation Objekte und füllt kleine Löcher und Risse aus. Die generelle Vergrößerung der Objekte durch die Größe der Strukturelemente kann durch eine nachfolgende Erosion ausgeglichen werden (Abb. 18.3c und d). Diese Kombination von Dilatation und Erosion wird *Schließen* (*Closing*) genannt:

$$G \bullet M = (G \oplus M) \ominus M. \tag{18.18}$$

Die Änderung der Fläche von Objekten durch die unterschiedlichen Operationen lässt sich durch die folgenden Beziehungen zusammenfassen:

$$G \ominus M \subseteq G \circ M \subseteq G \subseteq G \bullet M \subseteq G \oplus M. \tag{18.19}$$

Öffnen und Schließen sind *idempotente Operatoren*:

$$\begin{aligned} G \bullet M &= (G \bullet M) \bullet M \\ G \circ M &= (G \circ M) \circ M, \end{aligned} \tag{18.20}$$

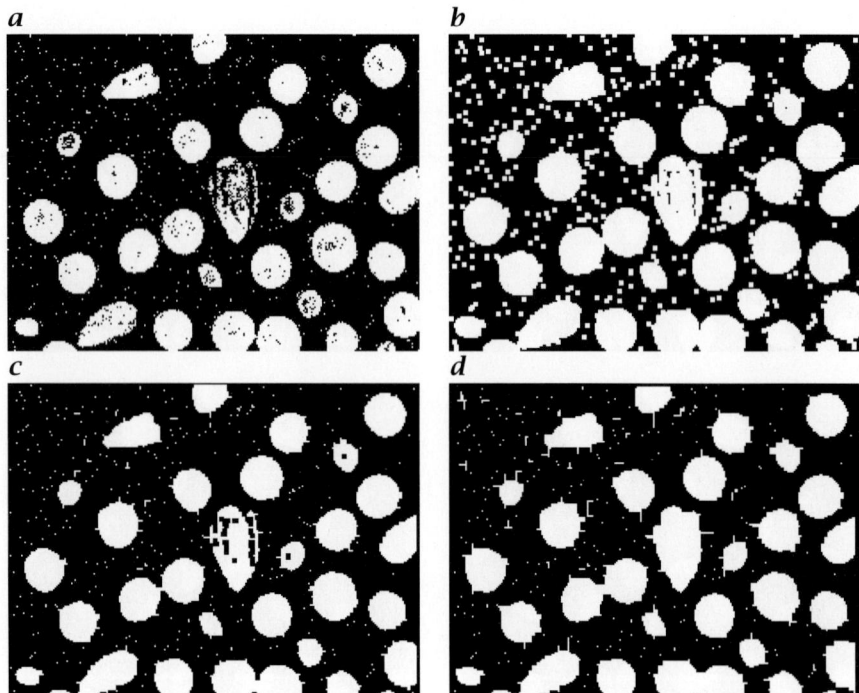

Abbildung 18.3: *Dilatation und Closing:* **a** *Originalbinärbild;* **b** *Dilatation mit einer* 3 × 3*-Maske;* **c** *Closing mit einer* 3 × 3*-Maske;* **d** *Closing mit einer* 5 × 5*-Maske.*

Das bedeutet, dass eine zweite Anwendung einer Schließen- und einer Öffnen-Operation mit dem gleichen Strukturelement keine weiteren Veränderungen bewirkt.

18.4.2 Hit-Miss-Operator

Der *Hit-Miss-Operator* hat seinen Ursprung in der Frage, ob es möglich ist, Objekte einer spezifischen Form zu detektieren. Der Erosionsoperator kann nur Objekte entfernen, die an keinem Punkt das Strukturelement vollständig enthalten, und löscht damit Objekte sehr unterschiedlicher Formen. Für die Detektion einer bestimmten Form ist die Kombination von zwei morphologischen Operatoren notwendig. Als Beispiel diskutieren wir die Detektion von Objekten mit drei aufeinanderfolgenden horizontalen Bildpunkten.

Erodieren wir das Bild mit einer 1 × 3-Maske, die der Form des Objekts entspricht,

$$M_1 = [1\ 1\ 1]\,, \tag{18.21}$$

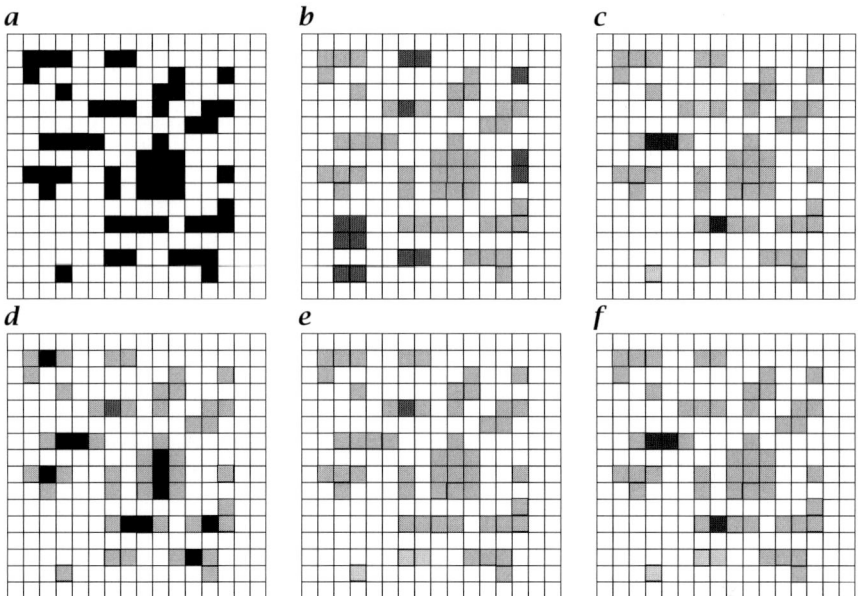

a b c

d e f

Abbildung 18.4: *Veranschaulichung des Hit-Miss-Operators zur Extraktion aller Objekte, die drei horizontal aufeinanderfolgende Bildpunkte enthalten:* **a** *Originalbild;* **b** *mit einer* 3×5-*Maske (18.22) erodierter Hintergrund (negative Maske des Objekts);* **c** *mit einer* 3×7-*Maske erodierter Hintergrund;* **d** *mit einer* 1×3-*Maske (18.21) erodiertes Objekt;* **e** *Schnittmenge von* **b** *und* **d**; *die Objekte mit drei aufeinanderfolgenden Bildpunkten werden extrahiert;* **f** *Schnittmenge von* **c** *und* **d**; *die Objekte mit 3 bis 5 aufeinanderfolgenden Bildpunkten werden extrahiert.*

werden alle Objekte entfernt, die kleiner als das Zielobjekt sind. Andererseits bleiben alle Objekte erhalten, die größer als die Maske sind, d. h., für welche die verschobene Maske eine Untermenge des Objektes G ist $((M_p \subseteq G)$, Abb. 18.4d). Wir brauchen also eine zweite Operation, die alle Objekte entfernt, die größer als das Zielobjekt sind.

Dies ist durch Analyse des Hintergrundes des Originalbildes möglich. Wir können also als zweiten Schritt eine Erosion des Hintergrundes mit einer 3×5-Maske M_2 durchführen, bei der alle Koeffizienten mit Ausnahme der Bildpunkte des Hintergrundes, die das Objekt umgeben, null sind. Dies ist eine Negativmaske für das Objekt:

$$M_2 = \begin{bmatrix} 1 & 1 & 1 & 1 & 1 \\ 1 & 0 & 0 & 0 & 1 \\ 1 & 1 & 1 & 1 & 1 \end{bmatrix}. \tag{18.22}$$

Der erodierte Hintergrund enthält dann alle Bildpunkte des Hintergrundes der Form von M_2 oder größer ($M_2 \subseteq \overline{G}$, Abb. 18.4b). Dies entspricht allen Objekten, welche die gesuchte Form aufweisen oder kleiner sind. Da die erste Erosion alle Objekte belässt, die gleich oder größer sind, liefert die Schnittmenge des mit M_1 erodierten Bildes mit dem mit M_2 erodierten Hintergrund alle zentralen Pixel der Objekte mit drei aufeinanderfolgenden Bildpunkten (Abb. 18.4e). Der *Hit-Miss-Operator* wird allgemein folgendermaßen definiert:

$$
\begin{aligned}
G \otimes (M_1, M_2) &= (G \ominus M_1) \cap (\overline{G} \ominus M_2) \\
&= (G \ominus M_1) \cap \overline{(G \oplus M_2)}
\end{aligned}
\tag{18.23}
$$

mit $M_1 \cap M_2 = \varnothing$.

Die Bedingung $M_1 \cap M_2 = \varnothing$ ist notwendig, da der Hit-Miss-Operator sonst zur leeren Menge führt. Mit dem Hit-Miss-Operator haben wir ein flexibles Werkzeug in der Hand, das die Detektion von Objekten mit einer bestimmten Form ermöglicht. Der Nutzen dieses Operators kann leicht am Beispiel einer anderen Miss-Maske veranschaulicht werden:

$$
M_3 = \begin{bmatrix} 1 & 1 & 1 & 1 & 1 & 1 & 1 \\ 1 & 0 & 0 & 0 & 0 & 0 & 1 \\ 1 & 1 & 1 & 1 & 1 & 1 & 1 \end{bmatrix}.
\tag{18.24}
$$

Die Erosion des Hintergrundes mit dieser Maske belässt alle Bildpunkte im Binärbild, für welche die Vereinigung der Maske M_3 mit dem Objekt die leere Menge ist (Abb. 18.4c). Dies kann nur bei Objekten mit einem bis fünf aufeinanderfolgenden Bildpunkten der Fall sein. Der Hit-Miss-Operator mit M_1 und M_3 liefert also alle Zentralpixel der Objekte mit 3 bis 5 horizontal aufeinanderfolgenden Pixeln und einem 3×7 großen freien Hintergrund um das Objekt (Abb. 18.4f).

Da die Hit- und Miss-Masken des Hit-Miss-Operators disjunkt sind, können sie zu einer Maske kombiniert werden. Dabei verwenden wir folgende Notation: Die kombinierte Maske wird mit 1 gekennzeichnet, wo die Hit-Maske eins ist, mit 0, wo die Miss-Maske eins ist, und mit x, wenn beide Masken null sind. Damit lautet die Hit-Miss-Maske zur Detektion von Objekten mit 3 bis 5 horizontal aufeinanderfolgenden Pixeln und einem 3×7 freien Hintergrund

$$
M = \begin{bmatrix} 0 & 0 & 0 & 0 & 0 & 0 & 0 \\ 0 & x & 1 & 1 & 1 & x & 0 \\ 0 & 0 & 0 & 0 & 0 & 0 & 0 \end{bmatrix}.
\tag{18.25}
$$

Gibt es bei einer Hit-Miss-Maske keine Elemente mit x, werden Objekte exakt der Größe, die den Einsen der Maske entspricht, extrahiert. Gibt es Elemente x in der Maske, geben die 1-Elemente das Minimum der gesuchten Objekte an. Die Vereinigung der 1-Elemente mit den x-Elementen spezifiziert dagegen das Maximum der zu detektierenden Objekte.

Ein weiteres Beispiel ist die folgende Hit-Miss-Maske; sie detektiert isolierte Pixel:

$$M_I = \begin{bmatrix} 0 & 0 & 0 \\ 0 & 1 & 0 \\ 0 & 0 & 0 \end{bmatrix}. \tag{18.26}$$

Die Operation $G/G \otimes M_I$ entfernt also isolierte Pixel aus einem Binärbild. Das $/$-Symbol stellt den Differenzmengen-Operator dar.

Der Hit-Miss-Operator detektiert bestimmte Formen nur dann, wenn die Miss-Maske die Hit-Maske umgibt. Berührt die Hit-Maske die Kanten der Hit-Miss-Maske, werden nur bestimmte Formen am Rand eines Objektes detektiert. Die Hit-Miss-Maske

$$M_C = \begin{bmatrix} x & 1 & 0 \\ 1 & 1 & 0 \\ 0 & 0 & 0 \end{bmatrix} \tag{18.27}$$

detektiert beispielsweise die unteren rechten Ecken von Objekten.

18.4.3 Thinning

Oft ist es notwendig, einen Operator zu verwenden, der ein Objekt erodiert, es jedoch nicht in mehrere Teile zerlegt. Bei solch einem Operator bleibt die Topologie des Objekts erhalten, und Strukturen in Form von Linien können auf die Dicke eines Bildpunktes reduziert werden. Der Erosionsoperator hat diese Eigenschaften leider nicht; er teilt Objekte in Stücke.

Ein geeigneter Thinning-Operator darf jedoch einen Pixel unter folgenden Bedingungen nicht eliminieren: (i) ein Objekt darf nicht geteilt werden, (ii) ein Endpunkt darf nicht entfernt werden, da dadurch das Objekt kleiner wird, und (iii) ein Objekt darf nicht verschwinden.

Wir illustrieren diese Bedingungen für die Ausdünnung eines Objekts mit einer 8er-Nachbarschaft. Das entspricht einer Erosion mit einer Maske, die eine 4er-Nachbarschaft aufweist:

$$\begin{bmatrix} 0 & 1 & 0 \\ 1 & 1 & 1 \\ 0 & 1 & 0 \end{bmatrix}.$$

Diese Maske enthält 5 Punkte, die nicht null sind. Daher gibt es $2^5 = 32$ mögliche binäre Muster, auf die der Thinning-Operator angewendet werden kann. Eine normale Erosion würde ein Pixel nur dann nicht erodieren, wenn alle Pixel an den fünf Maskenpositionen ungleich null sind. Ein Thinning-Operator erodiert einen Bildpunkt bei den folgenden binären Mustern nicht:

(i) Das Objekt darf nicht in geteilt werden:

$$\begin{bmatrix} 0 & 0 & 0 \\ 1 & 1 & 1 \\ 0 & 0 & 0 \end{bmatrix}, \begin{bmatrix} 0 & 1 & 0 \\ 0 & 1 & 0 \\ 0 & 1 & 0 \end{bmatrix}.$$

(ii) Ein Endpunkt darf nicht entfernt werden:

$$\begin{bmatrix} 0 & 1 & 0 \\ 0 & 1 & 0 \\ 0 & 0 & 0 \end{bmatrix}, \begin{bmatrix} 0 & 0 & 0 \\ 0 & 1 & 1 \\ 0 & 0 & 0 \end{bmatrix}, \begin{bmatrix} 0 & 0 & 0 \\ 0 & 1 & 0 \\ 0 & 1 & 0 \end{bmatrix}, \begin{bmatrix} 0 & 0 & 0 \\ 1 & 1 & 0 \\ 0 & 0 & 0 \end{bmatrix}.$$

(iii) Ein Objekt darf nicht verschwinden:

$$\begin{bmatrix} 0 & 0 & 0 \\ 0 & 1 & 0 \\ 0 & 0 & 0 \end{bmatrix}.$$

Daher wird nur in 8 von 16 Fällen, bei denen das binäre Muster einen zentralen Pixel ungleich null enthält, dieser erodiert. Da es nur 32 mögliche binäre Muster gibt, kann der Thinning-Operator effektiv durch eine Nachschautabelle mit 32 binären Elementen implementiert werden. Die Adressen für die Tabelle werden folgendermaßen berechnet. Jede Position in der Maske ungleich null entspricht einem Bit der Adresse, das eins gesetzt wird, wenn das binäre Bild an der entsprechenden Position eins ist.

Der Thinning-Operator kann iterativ so lange angewendet werden, bis keine Änderungen mehr auftreten. Daher hat es Sinn, eine zweite Nachschautabelle zu benutzen, die eins gesetzt ist, falls die Thinning-Operation eine Änderung bewirkt. Auf diese Weise ist es leicht, die Anzahl der erodierten Pixel zu zählen und festzustellen, wann keine Änderungen mehr auftreten.

18.4.4 Extraktion von Rändern

Wir können morphologische Operatoren auch zur Extraktion der Ränder binärer Objekte verwenden. Dies ist eine wichtige Operation, da der Objektrand eine kompakte und trotzdem vollständige Repräsentation der Geometrie eines Objektes ist. Aus dem Objektrand können wir weitere Formparameter extrahieren, wie wir später in diesem Kapitel besprechen werden.

Randpixel haben an zumindest einer Seite keinen Nachbarn. Ein Erosionsoperator mit einer Maske, die alle möglichen Nachbarn enthält, entfernt also Randpunkte. Diese Masken gibt es für die 4er- und die 8er-

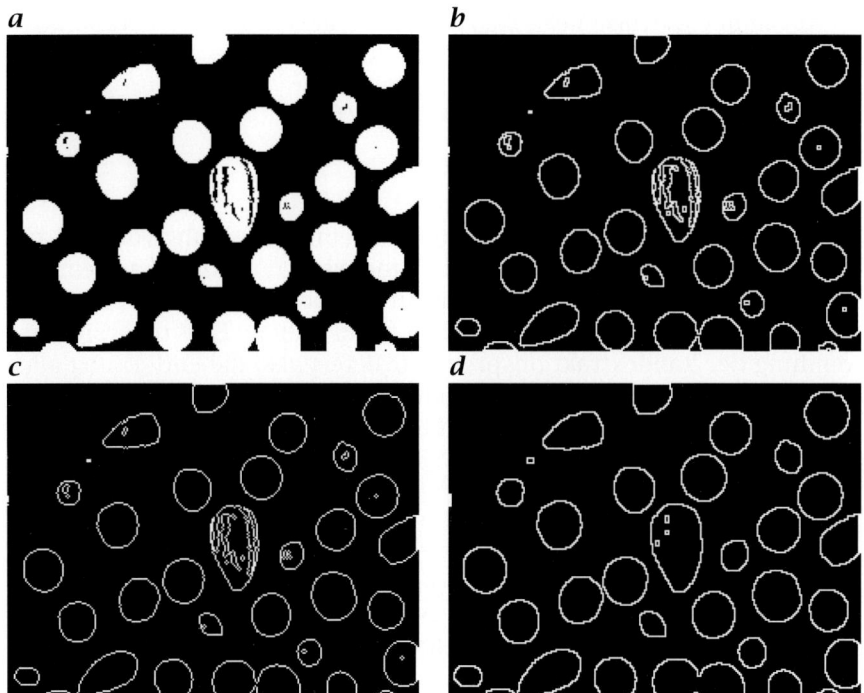

Abbildung 18.5: *Extraktion von Rändern mit morphologischen Operatoren: a binäres Originalbild; b 8er-Rand, extrahiert mit M_{b4}, und c 4er-Rand, extrahiert mit M_{b8} (18.28). d 8er-Rand des Hintergrunds, extrahiert nach (18.30).*

Nachbarschaft:

$$M_{b4} = \begin{bmatrix} 0 & 1 & 0 \\ 1 & 1 & 1 \\ 0 & 1 & 0 \end{bmatrix} \quad \text{und} \quad M_{b8} = \begin{bmatrix} 1 & 1 & 1 \\ 1 & 1 & 1 \\ 1 & 1 & 1 \end{bmatrix}. \tag{18.28}$$

Den Rand erhalten wir dann durch die Mengendifferenz (/-Operator) zwischen dem Objekt und dem erodierten Objekt:

$$\begin{aligned} \partial G &= G/(G \ominus M_b) \\ &= G \cap \overline{(G \ominus M_b)} \\ &= G \cap (\bar{G} \oplus M_b). \end{aligned} \tag{18.29}$$

Wie (18.29) zeigt, können wir den Rand auch als Schnittmenge des Objekts mit dem durch eine Dilatation erweiterten Hintergrund darstellen. Abb. 18.5 veranschaulicht die Extraktion des 4er- und 8er-Randes bei Binärobjekten unter Verwendung von (18.28).

Auf ähnliche Weise lässt sich der Hintergrund durch Dilatation des Objekts und nachfolgende Subtraktion des Objekts bestimmen:

$$\partial \boldsymbol{G}_B = (\boldsymbol{G} \oplus \boldsymbol{M}_b)/\boldsymbol{G}. \tag{18.30}$$

18.4.5 Distanztransformation

Der Rand besteht aus all den Punkten, die eine Entfernung von null zur Objektkante haben. Wenden wir die Randextraktion wieder auf ein Objekt an, das mit der Maske (18.28) erodiert wurde, erhalten wir alle Punkte, die die Entfernung eins zum Objektrand haben. Eine rekursive Anwendung der Randextraktionsprozedur liefert also die Entfernung aller Punkte des Objekts zum Rand. Solch eine Transformation wird als *Distanztransformation* bezeichnet und folgendermaßen geschrieben:

$$\boldsymbol{D} = \bigcup_{n=1}^{\infty} \left[(\boldsymbol{G} \ominus \boldsymbol{M}_b^{n-1})/(\boldsymbol{G} \ominus \boldsymbol{M}_b^{n}) \cdot n \right], \tag{18.31}$$

wobei die Operation $\cdot$ eine punktweise Multiplikation der n-ten Randkurve mit der Zahl n darstellt.

Diese direkte Distanztransformation hat zwei schwerwiegende Nachteile. Zum einen ist sie eine langsame iterative Prozedur. Zum zweiten liefert sie nicht den gewünschten euklidischen Abstand, sondern — je nach der gewählten Nachbarschaftsart — die Block- oder die Schachbrettdistanz (siehe Abschn. 2.2.3).

Glücklicherweise stehen schnelle Algorithmen für die Berechnung des euklidischen Abstandes zur Verfügung. Die euklidische Distanztransformation ist so wichtig, weil sie morphologische Operationen isotrop macht. Alle morphologischen Operationen leiden unter der Tatsache, dass der euklidische Abstand kein natürliches Maß eines Rechteckgitters ist. Den quadratischen Strukturelementen ist beispielsweise die Schachbrettdistanz eigen. Sukzessive Dilatation mit solch einer Strukturelementmaske bewirkt zum Beispiel, dass das Objekt mehr und mehr die Form eines Quadrates annimmt.

Die euklidische Distanztransformation kann für isotrope Erosions- und Dilatationsoperationen verwendet werden. Bei einer Erosionsoperation mit dem Radius r bleiben nur Pixel erhalten, die einen Abstand größer als r vom Objektrand aufweisen. Ähnlich kann eine isotrope Dilatation durch euklidische Distanztransformation des Hintergrundes und eine nachfolgende isotrope Erosion des Hintergrundes realisiert werden.

18.5 Literaturhinweise zur Vertiefung‡

Die mathematischen Grundlagen der morphologischen Bildverarbeitung einschließlich der vollständigen Beweise für die in diesem Abschnitt erwähnten

Eigenschaften sind in dem klassischen Buch von Serra [183] nachzulesen. Für die praktische Anwendung morphologischer Bildverarbeitungsoperationen sind Jähne und Haußecker [90, Kapitel 14], Soille [190] und Abmayr [1, Kapitel 4] zu empfehlen. Die Breite der Theorie und Anwendungen geht aus Tagungsbänden hervor, wie z. B. Serra und Soille [184].

19 Formrepräsentation und -analyse

19.1 Einleitung

Alle Operationen, die wir in den Kapiteln 11–15 zur Extraktion von Eigenschaften aus Bildern diskutiert haben, liefern als Ergebnis wieder Bilder. Das trifft auch für die in Kapitel 18 besprochenen morphologischen Operatoren zu, die die Form segmentierter Objekte analysieren und modifizieren. Es ist jedoch klar, dass die Form von Objekten viel kompakter gespeichert werden kann. Die vollständige Information über die Gestalt eines Objekts ist z. B. in seinen Randpixeln enthalten.

In Abschn. 19.2 beschäftigen wir uns daher mit der Frage, mit welchen Datenstrukturen wir segmentierte Objekte repräsentieren können. Folgende Datenstrukturen für binäre Objekt werden behandelt: *Lauflängenkodierung* (Abschn. 19.2.1), *Baumstrukturen* (Abschn. 19.2.2) und *Richtungsketten* (Abschn. 19.2.3). Zwei weiteren Objektrepräsentationen, den *Momenten* und den *Fourierdeskriptoren*, sind wegen ihrer Bedeutung eigene Abschnitte gewidmet (Abschn. 19.3 und 19.4).

Eine kompakte Repräsentation der Form von Objekten hätte nur wenig Nutzen, wenn es viel Aufwand bedeuten würde, diese zu berechnen, und wenn es schwierig wäre, Formparameter direkt aus der Repräsentation zu ermitteln. Daher behandeln wir in Abschn. 19.5 auch die Frage, wie Formparameter aus den einzelnen Objektrepräsentationen berechnet werden können.

Parameter, die die Form eines Objekts beschreiben, werden benutzt, um sie mit Musterobjekten zu vergleichen oder in Klassen verschiedener Gestalt einzuteilen. In diesem Zusammenhang stellt sich die wichtige Frage, wie diese Parameter invariant bezüglich verschiedener geometrischer Transformationen gemacht werden können. Objekte können aus verschiedenen Entfernungen und Richtungen betrachtet werden. Daher ist es von Interesse, Formparameter zu finden, die größen- oder rotationsinvariant oder sogar invariant bezüglich einer affinen oder projektiven Abbildung sind.

B. Jähne, Digitale Bildverarbeitung
ISBN 3-540-41260-3

a) **Grauwertbild**
Originalzeile (hex): 12 12 12 20 20 20 20 25 27 25 20 20 20 20 20 20
Code (hex):   82 **12** 83 **20** 2 **25 27 25** 85 **20**

b) **Binärbild**
Originalzeile (hex): 1 1 1 1 1 1 0 0 0 1 1 1 0 0 1 0 0 0 0 0 1 1 1 1 1 1 1 1
Code (hex)   0 6 3 3 2 1 5 8

Abbildung 19.1: *Veranschaulichung des Lauflängenkodes für **a** ein Grauwert-bild und **b** ein Binärbild.*

19.2 Repräsentation der Form

19.2.1 Lauflängenkodierung

Eine kompakte, einfache und weit verbreitete Darstellung eines Bildes ist die *Lauflängenkodierung*. Sie wird mit der folgenden Prozedur erzeugt: Ein Bild wird Zeile für Zeile abgetastet. Enthält eine Zeile eine Sequenz von p gleichen Bildpunkten, wird nicht p-mal dieselbe Zahl gespeichert, sondern festgehalten, dass der Wert p-mal auftritt (Abb. 19.1). Auf diese Weise können große gleichförmige Zeilenelemente sehr effizient gespeichert werden.

Für Binärbilder ist der Kode besonders effizient, weil nur die beiden Werte null und eins auftreten. Da einer Sequenz von Nullen immer eine Sequenz von Einsen folgt, besteht nicht die Notwendigkeit, den Wert des Bildpunktes zu speichern. Wir müssen lediglich festhalten, wie oft ein Pixelwert auftritt (Abb. 19.1b). Ein Problem ist nur der Zeilenanfang, da eine Zeile mit einer Null oder einer Eins beginnen kann. Dieses Problem wird durch die Annahme gelöst, dass eine Zeile mit einer Null beginnt. Beginnt sie tatsächlich aber mit einer Sequenz von Einsen, startet die Lauflängenkodierung mit einer Null, die anzeigt, dass es am Anfang der Zeile keine Nullen gibt (Abb. 19.1b).

Die Lauflängenkodierung eignet sich zur kompakten Bildspeicherung. Sie wurde zu einem integrierten Teil einiger Standard-Bildformate wie des TGA- oder des *TIFF*-Dateiformats. Allerdings eignet sich die Lauflängenkodierung weniger für die direkte Verarbeitung von Bildern, da sie nicht objektorientiert ist. Ihre Verwendung konzentriert sich also auf die kompakte Bildspeicherung, wobei auch nicht alle Bildtypen mit diesem Schema erfolgreich komprimiert werden können. Digitalisierte Grauwertbilder enthalten beispielsweise immer Rauschen, so dass die Wahrscheinlichkeit für eine ausreichend lange Sequenz von Bildpunkten mit dem gleichen Grauwert sehr niedrig ist. Große Datenreduktionsfaktoren können jedoch bei Binärbildern und vielen Typen computererzeugter Grauwert- und Farbbilder erzielt werden.

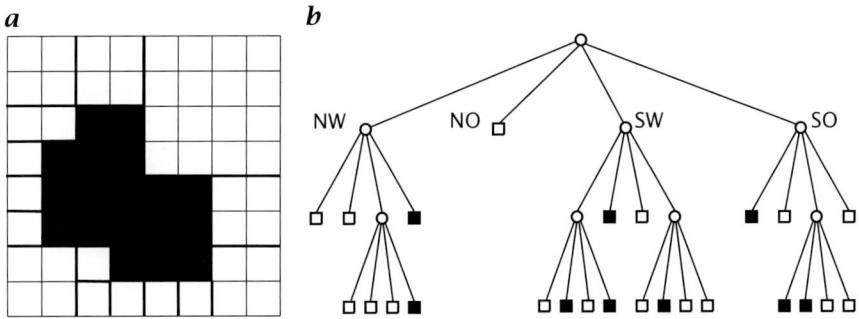

Abbildung 19.2: *Darstellung eines Binärbildes mit einem Regionen-Quadtree: a schrittweise Unterteilung des Binärbildes in Quadranten; b der zugehörige Regionen-Quadtree.*

19.2.2 Baumstrukturen

Die im vorigen Abschnitt diskutierte Lauflängenkodierung ist eine zeilenorientierte Darstellung von Binärbildern. Sie verschlüsselt also eindimensionale Daten und nicht zweidimensionale; die zweidimensionale Struktur wird überhaupt nicht berücksichtigt. Eine *Baumstruktur* (ein *Quadtree*) basiert dagegen auf dem Prinzip der rekursiven Zerlegung des Raumes, wie in Abb. 19.2 für ein Binärbild gezeigt ist.

Zunächst wird das gesamte Bild in vier gleichgroße *Quadranten* zerlegt. Enthält ein Quadrant keine gleichmäßige Region, ist also der Quadrant nicht vollständig durch das Objekt oder den Hintergrund ausgefüllt, wird er wiederum in vier Unterquadranten zerlegt. Die Zerlegung endet, wenn nur gleichmäßige Quadranten auftreten oder wenn die Quadranten nur noch einen Bildpunkt enthalten.

Die rekursive Zerlegung kann als eine Datenstruktur dargestellt werden, die in der Informatik als *Baum* bezeichnet wird (Abb. 19.2b). Die Zerlegung beginnt in der obersten Ebene des Baumes, der *Wurzel*. Die Wurzel entspricht dem gesamten Binärbild. Sie ist über vier Kanten mit vier *Sohnknoten* verbunden, die von links nach rechts die Quadranten NW, NO, SW und SO repräsentieren. Muss ein Quadrant nicht weiter aufgeteilt werden, wird er als *End-* oder *Blattknoten* im Baum dargestellt. Er wird als schwarz bezeichnet, wenn der Quadrant zu einem Objekt gehört, und als weiß, wenn er zum Hintergrund gehört. Entsprechend werden in der Darstellung gefüllte bzw. offene Quadrate verwendet. Knoten, die keine Blattknoten sind, werden weiter unterteilt und als grau bezeichnet. Sie werden mit offenen Kreisen dargestellt (Abb. 19.2b).

Quadtrees können zum Beispiel mit Hilfe des sogenannten *Tiefensuche-Algorithmus*, an der Wurzel beginnend, kodiert werden. Dabei muss nur der Knotentyp mit Hilfe der Symbole b (schwarz), w (weiß) und g (grau) gespeichert werden. Wir beginnen den Kode mit dem Wert des

Wurzelknotens. Dann listen wir die Werte der Sohnknoten von links nach rechts auf. Jedesmal, wenn wir auf einen grauen Knoten treffen, setzen wir den Durchlauf des Baums jedoch erst in der nächsttieferen Ebene fort. Diese Regel wird rekursiv angewandt, d. h., dass wir auf einer Ebene des Baums nur dann von links nach rechts weitergehen, wenn ein Ast komplett bis zum Blatt durchlaufen wurde. Deshalb wird diese Art des Baumdurchlaufs als Tiefensuche (depth-first search) bezeichnet.

Der Quadtree aus Abb. 19.2b ergibt beispielsweise den folgenden Kode:

$$g\,g\,w\,w\,g\,w\,w\,w\,b\,b\,w\,g\,g\,w\,b\,w\,b\,b\,w\,g\,w\,b\,w\,w\,g\,b\,w\,g\,b\,b\,w\,w\,w.$$

Der Kode wird leichter lesbar, wenn wir eine linke Klammer immer dann setzen, wenn wir im Baum eine Ebene tiefer gehen, und eine rechte Klammer, wenn wir wieder aufsteigen:

$$g\,(g\,(w\,w\,g\,(w\,w\,w\,b)\,b)\,w\,g\,(g\,(w\,b\,w\,b)\,b\,w\,g\,(w\,b\,w\,w))\,g\,(b\,w\,g\,(b\,b\,w\,w)\,w)).$$

Allerdings ist der Kode auch ohne die Klammern eindeutig. Ein Quadtree ist eine kompakte Darstellung eines Binärbildes, wenn er viele Blattknoten in hohen Ebenen enthält. Im schlechtesten Fall jedoch, z. B. bei einem regelmäßigen Schachbrettmuster, befinden sich alle Blattknoten in der untersten Ebene. Der Quadtree enthält dann ebenso viele Blattknoten wie Bildpunkte und benötigt weit mehr Speicherplatz als die direkte Matrixdarstellung des Binärbildes.

Der hier besprochene Regionen-Quadtree ist nur eine von vielen Möglichkeiten der rekursiven räumlichen Zerlegung und der Darstellung eines Binärbildes durch eine Baumstruktur. Dreidimensionale Binärbilder können auf ähnliche Weise unterteilt werden. Das 3D-Bild wird in acht gleichgroße Oktanten zerlegt. Die resultierende Datenstruktur wird als *Regionen-Octree* bezeichnet. Quadtrees und Octrees haben bei geographischen Informationssystemen und in der Computergrafik eine große Bedeutung gewonnen.

Quadtrees eignen sich besser für die Kodierung von Bildern als die zeilenorientierte Lauflängenkodierung. Sie sind jedoch weniger geeignet für die Bildanalyse. Es ist relativ schwer, eine Bildanalyse direkt mit Quadtrees durchzuführen. Ohne weiter in die Details zu gehen, kann man sich dies anhand der einfachen Tatsache plausibel machen, dass ein um ein Pixel in beliebige Richtung verschobenes Objekt zu einem völlig anderen Quadtree führt. Regionen-Quadtrees teilen mit der Lauflängenkodierung den schwerwiegenden Nachteil, dass sie globale Bildzerlegungstechniken sind, aber aus Bildern extrahierte Objekte nicht kompakt darstellen.

19.2.3 Richtungsketten

Im Gegensatz zur Lauflängenkodierung und zu den Quadtrees sind *Richtungsketten* eine objektbezogene Datenstruktur zur effektiven Darstel-

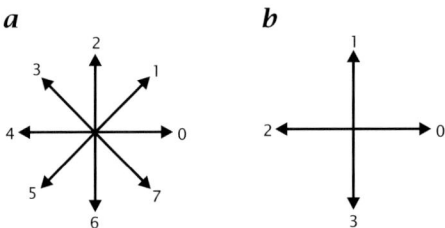

Abbildung 19.3: *Richtungskodierung in* **a** *einer 8er-Nachbarschaft und* **b** *einer 4er-Nachbarschaft.*

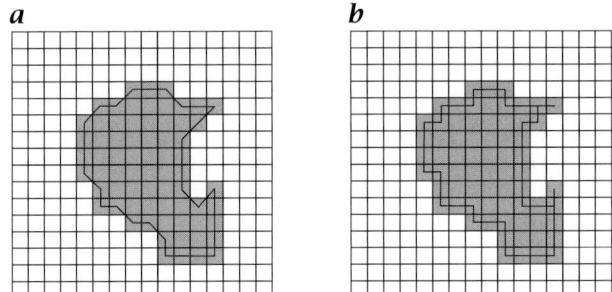

Abbildung 19.4: *Darstellung von Rändern mit dem Kettenkode:* **a** *8er-Nachbarschaft;* **b** *4er-Nachbarschaft.*

lung des Randes eines Binärobjektes auf einem diskreten Gitter. Statt die Positionen aller Randpixel zu speichern, wählen wir einen Startbildpunkt und speichern nur seine Koordinaten. Wenn wir einen Algorithmus verwenden, der das Bild Zeile für Zeile abtastet, wird dies der oberste linke Bildpunkt des Objektes sein. Dann folgen wir dem Rand entgegen dem Uhrzeigersinn. Bei einer 8er-Nachbarschaft gibt es acht, bei einer 4er-Nachbarschaft vier mögliche Richtungen, in die man weitergehen kann. Diese Richtungen können mit einem 3-Bit- oder einem 2-Bit-Kode verschlüsselt werden, wie in Abb. 19.3a und b gezeigt. Der Rand und sein auf diese Weise extrahierter Kode ist in Abb. 19.4 für eine 8er- und eine 4er-Nachbarschaft gezeigt.

Die Kettenkodierung hat gegenüber der Matrixdarstellung eines Binärobjekts eine Reihe offensichtlicher Vorteile:

Zum ersten ist die Kettenkodierung kompakt. Stellen wir uns ein scheibenförmiges Objekt mit einem Durchmesser von R Bildpunkten vor. Bei einer direkten Matrixdarstellung müssen wir das *umgebende Rechteck* des Objekts speichern (siehe Abschn. 19.5.4), also etwa R^2 Bildpunkte in R^2 Bit. Das umgebende Rechteck ist das kleinste das Objekt einschließende Rechteck. Verwenden wir einen 8er-Rand, hat die Scheibe etwa πR Randpunkte. Die Kettenkodierung der πR Punkte kann in etwa

$3\pi R$ Bit gespeichert werden. Bei Objekten mit einem Durchmesser von mehr als 10 ist der Kettenkode deshalb eine kompaktere Darstellung.

Zum zweiten ist der Kettenkode eine *translationsinvariante* Darstellung eines Binärobjekts. Diese Eigenschaft vereinfacht den Vergleich von Objekten. Allerdings ist der Kettenkode weder rotations- noch skalierungsinvariant. Dies ist für die Objekterkennung ein großer Nachteil. Die Kettenkodierung kann jedoch verwendet werden, um rotationsinvariante Parameter wie die Fläche eines Objekts zu extrahieren.

Zum dritten ist der Kettenkode eine vollständige Darstellung eines Objekts oder einer Kurve. Daher können wir — zumindest prinzipiell — jedes beliebige Formmerkmal aus der Kettenkodierung berechnen.

Wie in Abschn. 19.5 gezeigt wird, können wir eine Anzahl von Formparametern — einschließlich des Umfangs und der Fläche — effizienter unter Verwendung der Kettencodedarstellung berechnen als in der Matrixdarstellung eines Binärbildes. Eine Einschränkung ist jedoch, dass die Kettenkodierung eine digitale Kurve auf einem diskreten Gitter ist und als solche den Rand des Objektes nur innerhalb der Präzision eines diskreten Gitters beschreiben kann.

Ist das Objekt nicht zusammenhängend oder hat es Löcher, ist mehr als eine Kettenkodierung zu seiner Darstellung notwendig. Wir müssen also die Information speichern, ob ein Rand ein Objekt oder ein Loch umschließt. Sehr einfach ist die Rekonstruktion eines Binärbildes aus der Kettenkodierung. Zunächst können wir den Umriss des Objektes zeichnen, Innen und Außen bestimmen und dann eine *Fülloperation* zum Einfärben verwenden.

19.3   Momentenbasierte Formmerkmale

19.3.1   Definitionen

Wir könnten fortfahren, Parameter wie die im letzten Abschnitt zu definieren. Wir erhalten jedoch eine bessere Einsicht in die Formbeschreibung, wenn wir einen systematischen Ansatz wählen. In diesem Abschnitt werden wir zunächst *Momente* für Grauwert- und Binärbilder definieren und dann zeigen, wie mit diesem Ansatz hilfreiche Formparameter gewonnen werden können. In ähnlicher Weise werden wir Fourierdeskriptoren im nächsten Abschnitt einführen.

In Abschn. 3.2.2 haben wir Momente verwendet, um die Wahrscheinlichkeitsdichtefunktion für Grauwerte zu beschreiben. Hier erweitern wir diese Beschreibung auf zwei Dimensionen und definieren die Momente der Grauwertfunktion $g(\boldsymbol{x})$ eines Objekts durch

$$\mu_{p,q} = \int (x_1 - \overline{x_1})^p (x_2 - \overline{x_2})^q \, g(\boldsymbol{x}) \mathrm{d}^2 x, \qquad (19.1)$$

mit

$$\overline{x_i} = \int x_i g(\boldsymbol{x}) \mathrm{d}^2 x \bigg/ \int g(\boldsymbol{x}) \mathrm{d}^2 x. \qquad (19.2)$$

Die Integration wird über die Fläche des Objekts gebildet. Statt des Grauwerts können wir allgemeiner jedes pixelbasierte Merkmal mit nur positiven Werten verwenden, um Objektmomente zu berechnen. Der Vektor $\overline{\boldsymbol{x}} = (\overline{x_1}, \overline{x_2})$ wird in Analogie zur klassischen Mechnanik als *Schwerpunkt* bezeichnet. Betrachten wir $g(\boldsymbol{x})$ als die Dichte $\rho(\boldsymbol{x})$ des Objekts, dann ist das Moment nullter Ordnung $\mu_{0,0}$ die Gesamtmasse des Objekts.

Alle in (19.1) definierten Momente stehen zum Schwerpunkt in Beziehung. Daher werden sie oft als *zentrale Momente* bezeichnet. Zentrale Momente sind translationsinvariant und daher zur Beschreibung der Objektform gut geeignet.

Bei diskreten Binärbildern reduziert sich die Berechnung der Momente auf

$$\mu_{p,q} = \sum (x_1 - \overline{x_1})^p (x_2 - \overline{x_2})^q. \qquad (19.3)$$

Die Summe schließt alle Pixel ein, die zum Objekt gehören. Zur Beschreibung der Objektform können wir Momente verwenden, die entweder auf Binär-, auf Grauwert- oder auf Merkmalsbildern beruhen. Die aus Grauwert- oder Merkmalsbildern ermittelten Momente spiegeln nicht nur die geometrische Form eines Objekts wieder, sondern auch die Verteilung der Merkmale innerhalb des Objekts. Als solche unterscheiden sie sich grundsätzlich von Momenten, die aus Binärbildern stammen.

19.3.2 Größeninvariante Momente

Oft werden Formparameter benötigt, die nicht von der Größe der Objekte abhängen. Dies ist immer dann der Fall, wenn Objekte verglichen werden sollen, die aus unterschiedlichen Entfernungen betrachtet werden. Skalieren wir ein Objekt $g(\boldsymbol{x})$ mit α, so dass $g'(\boldsymbol{x}) = g(\boldsymbol{x}/\alpha)$, werden die Momente wie folgt skaliert:

$$\mu'_{p,q} = \alpha^{p+q+2}\, \mu_{p,q}.$$

Dividieren wir dann die Momente durch das Moment nullter Ordnung, $\mu_{0,0}$, erhalten wir *größeninvariante Momente*:

$$\bar{\mu} = \frac{\mu_{p,q}}{\mu_{0,0}^{(p+q+2)/2}}.$$

Da das Moment nullter Ordnung eines Binärobjektes die Fläche des Objekts beschreibt (19.3), sind die normalisierten Momente mit einer entsprechenden Potenz der Objektfläche zu skalieren. Momente zweiter Ordnung ($p + q = 2$) werden beispielsweise mit dem Quadrat der Fläche skaliert.

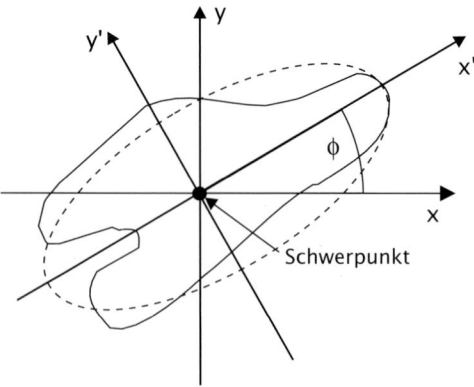

Abbildung 19.5: *Hauptachsen des Trägheitstensors eines Objekts für die Rotation um den Schwerpunkt.*

19.3.3 Momenten-Tensor

Die über die Flächenmessung hinausgehende Analyse der Form beginnt mit Momenten zweiter Ordnung. Denn das Moment nullter Ordnung liefert die Fläche oder Gesamtmasse eines Binär- bzw. Grauwertobjekts, und die zentralen Momente erster Ordnung sind per Definition null. Auch hier hilft uns die Analogie zur Mechanik, die Bedeutung der Momente zweiter Ordnung $\mu_{2,0}$, $\mu_{0,2}$ und $\mu_{1,1}$ zu verstehen. Sie enthalten Terme, in denen die Grauwertfunktion, d. h. die Dichte des Objekts, mit dem Quadrat der Entfernung vom Schwerpunkt multipliziert wird. Exakt die gleichen Terme finden wir auch beim Trägheitstensor wieder, der in Abschn. 13.3.7 besprochen wurde (siehe (13.23) und (13.24)). Die drei Momente zweiter Ordnung bilden die Komponenten des *Trägheitstensors* für die Rotation des Objekts um seinen Schwerpunkt:

$$J = \begin{bmatrix} \mu_{2,0} & -\mu_{1,1} \\ -\mu_{1,1} & \mu_{0,2} \end{bmatrix}. \tag{19.4}$$

Aufgrund dieser Analogie können wir alle Ergebnisse aus Abschn. 13.3 auf die Formbeschreibung mit Momenten zweiter Ordnung übertragen.

Die *Orientierung* des Objekts ist definiert als der Winkel zwischen der x-Achse und der Achse, um die das Objekt mit minimaler Trägheit gedreht werden kann. Dies ist der Eigenvektor zum minimalen Eigenwert. In dieser Richtung hat das Objekt seine größte Ausdehnung (Abb. 19.5). Nach (13.12) ergibt sich der Orientierungswinkel zu

$$\phi = \frac{1}{2} \arctan \frac{2\mu_{1,1}}{\mu_{2,0} - \mu_{0,2}}. \tag{19.5}$$

Als Maß für die *Exzentrizität* ε können wir die Größe verwenden, die wir bei der lokalen Orientierung als Kohärenzmaß definiert haben.

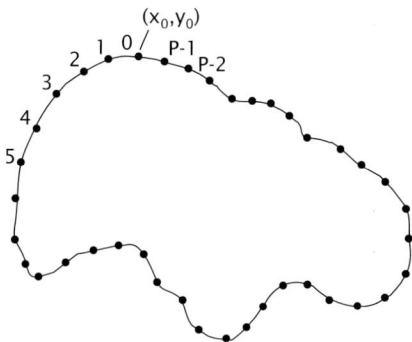

Abbildung 19.6: *Veranschaulichung der Parameterdarstellung einer geschlossenen Kurve. Der Parameter p ist die Pfadlänge vom Startpunkt $[x_0, y_0]^T$ aus entgegen dem Urzeigersinn. Eine äquidistante Abtastung der Kurve mit P Punkten ist ebenfalls gezeigt.*

(13.15):

$$\varepsilon = \frac{(\mu_{2,0} - \mu_{0,2})^2 + 4\mu_{1,1}^2}{(\mu_{2,0} + \mu_{0,2})^2}. \tag{19.6}$$

Die Exzentrizität nimmt Werte von 0 bis 1 an. Sie ist 0 bei einem runden Objekt und 1 bei einem linienförmigen Objekt. Sie ist also eine besser definierte Größe als die Rundheit mit ihrem nichtnormierten Wertebereich (Abschn. 19.5.3).

Die Formbeschreibung durch Momente zweiter Ordnung in dem *Momenten-Tensor* modelliert das Objekt im wesentlichen als *Ellipse*. Die Kombination der drei Momente zweiter Ordnung zu einem Tensor ergibt zwei rotationsinvariante Terme, die Spur $\mu_{2,0} + \mu_{0,2}$ des Tensors, welche die radiale Verteilung der Merkmale im Objekt beschreibt, und die Exzentrizität (19.6), welche ein Maß für die Rundheit ist, sowie einen Term, der die Orientierung des Objekts misst. Momente erlauben eine vollständige Formbeschreibung [161]. Sie wird um so detaillierter, je mehr Momente höherer Ordnung verwendet werden.

19.4 Fourierdeskriptoren

19.4.1 Kartesische Fourierdeskriptoren

Die Fourierdeskriptoren verwenden wie die Kettenkodierung nur die Objektränder, beschreiben eine Kurve jedoch nicht auf einem diskreten Gitter. Fourierdeskriptoren können für kontinuierliche oder abgetastete Kurven formuliert werden. Betrachten wir die in Abb. 19.6 gezeichnete geschlossene Kurve. Wir können sie in Parameterdarstellung wiedergeben, indem wir die Pfadlänge p von einem Startpunkt $[x_0, y_0]^T$ aus als Parameter verwenden.

Es ist nicht einfach, eine Kurve mit gleichmäßig voneinander entfernten Abtastpunkten zu erzeugen. Diskrete Randkurven wie Richtungsketten haben in dieser Hinsicht schwerwiegende Nachteile. Bei einer 8er-Nachbarschaft sind die Abtastpunkte nicht äquidistant, wohl aber bei einer 4er-Nachbarschaft. Hier ist jedoch der Rand ausgefranst, weil die Teilstücke der Randkurve nur in horizontale und vertikale Richtung verlaufen können. Daher ist der Umfang eher zu groß. Es ist also keine gute Idee, eine kontinuierliche Randkurve aus Punkten auf einem regelmäßigen Gitter zu bilden. Die einzige Alternative ist, Objektränder subpixelgenau direkt aus den Grauwertbildern zu extrahieren, was jedoch keine leichte Aufgabe darstellt. Damit ist die korrekte Bestimmung der Fourierdeskriptoren aus Konturen in Bildern immer noch ein herausforderndes Forschungsthema.

Eine kontinuierliche Randkurve hat die Komponenten $x(p)$ und $y(p)$. Wir können diese beiden Kurven mit den komplexen Zahlen $z(p) = x(p) + iy(p)$ zu einer zyklischen Kurve kombinieren. Ist P der Umfang der Kurve, dann gilt:

$$z(p + nP) = z(p) \quad n \in \mathbb{Z}. \tag{19.7}$$

Eine zyklische oder periodische Kurve kann in eine Fourierreihe entwickelt werden. Die Koeffizienten der Fourierreihe werden folgendermaßen bestimmt:

$$\hat{z}_v = \frac{1}{P} \int_0^P z(p) \exp\left(\frac{-2\pi i v p}{P}\right) dp \quad u \in \mathbb{Z}. \tag{19.8}$$

Aus den Fourierkoeffizienten kann wieder die periodische Kurve rekonstruiert werden:

$$z(p) = \sum_{v=-\infty}^{\infty} \hat{z}_v \exp\left(\frac{2\pi i v p}{P}\right). \tag{19.9}$$

Die Koeffizienten $\hat{z}_u$ werden als *kartesische Fourierdeskriptoren* der Randkurve bezeichnet. Die geometrische Bedeutung der Deskriptoren lässt sich leicht erkennen. Der erste Koeffizient

$$\hat{z}_0 = \frac{1}{P} \int_0^P z(p) dp = \frac{1}{P} \int_0^P x(p) dp + \frac{i}{P} \int_0^P y(p) dp \tag{19.10}$$

liefert den Mittelpunkt oder das *Zentroid* der Randkurve. Der zweite Koeffizient beschreibt einen Kreis:

$$z_1(p) = \hat{z}_1 \exp\left(\frac{2\pi i p}{P}\right) = r_1 \exp\left(i\varphi_1 + 2\pi i p/P\right). \tag{19.11}$$

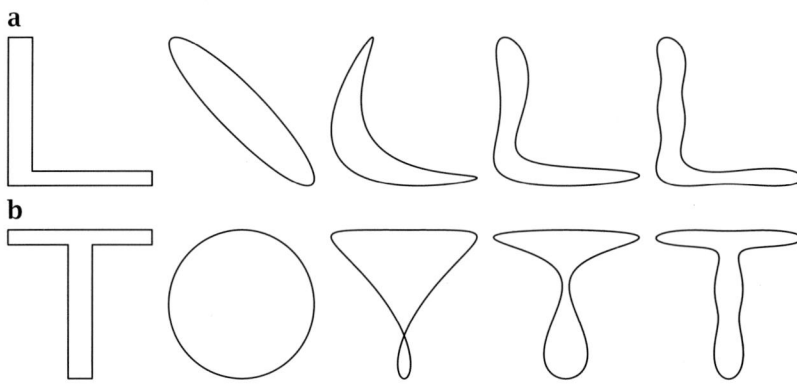

Abbildung 19.7: *Rekonstruktion der Form durch eine steigende Anzahl von Fourierdeskriptoren für **a** den Buchstaben L und **b** den Buchstaben T (mit 2, 3, 4 und 8 Fourierdeskriptorpaaren).*

Der Radius r_1 und der Startpunkt bei einem Winkel von φ_1 werden durch $\hat{z}_1 = r_1 \exp(\mathrm{i}\varphi_1)$ bestimmt. Der Koeffizient $\hat{z}_{-1}$ ergibt ebenfalls einen Kreis, der jedoch in entgegengesetzter Richtung (mit dem Uhrzeiger) durchlaufen wird:

$$z_{-1}(p) = r_{-1} \exp\left(\mathrm{i}\varphi_{-1} - 2\pi\mathrm{i}p/P\right), \tag{19.12}$$

Mit beiden komplexen Koeffizienten zusammen — insgesamt also vier Parametern — kann eine Ellipse mit beliebigen Halbachsen a und b, beliebiger Orientierung ϑ und beliebigem Startwinkel φ_0 auf der Ellipse gebildet werden. Als Beispiel betrachten wir $\varphi_1 = \varphi_{-1} = 0$. Dann ist

$$z_1 + z_{-1} = (r_1 + r_2) \cdot \cos\left(\frac{2\pi p}{P}\right) + \mathrm{i}(r_1 - r_2)\sin\left(\frac{2\pi p}{P}\right). \tag{19.13}$$

Dies ist die Parameterform einer Ellipse, deren Halbachsen parallel zu den Achsen des Koordinatensystems ausgerichtet sind und deren Startpunkt auf der x-Achse liegt.

Aus dieser Diskussion sehen wir, dass Fourierdeskriptoren immer paarweise auftreten. Die Paarung von Koeffizienten höherer Ordnung ergibt ebenfalls eine Ellipse. Diese Ellipsen werden jedoch n-mal durchlaufen. Die Überlagerung mit der Basisellipse des ersten Paares bedeutet, dass die Fourierdeskriptoren höherer Ordnung immer mehr Details zur Randkurve beisteuern. Zur Erläuterung betrachten wir die Rekonstruktion der Buchstaben T und L mit einer steigenden Zahl von Fourierdeskriptoren (Abb. 19.7). Das Beispiel zeigt, dass nur wenige Koeffizienten zur Beschreibung selbst recht komplizierter Formen notwendig sind.

Fourierdeskriptoren können auch leicht aus abgetasteten Rändern z_n berechnet werden. Ist der Umfang der geschlossenen Kurve P, müssen

N Abtastpunkte in gleichmäßigen Abständen P/N abgegriffen werden (Abb. 19.6). Dann ist

$$\hat{z}_v = \frac{1}{N} \sum_{n=0}^{N-1} z_n \exp\left(-\frac{2\pi i n v}{N}\right). \qquad (19.14)$$

Alle anderen Gleichungen gelten auch für abgetastete Ränder. Die Abtastung hat lediglich die Fourierreihe in eine diskrete Fouriertransformierte mit nur N Wellenzahlkoeffizienten verändert. Die Koeffizienten nehmen die Werte von 0 bis $N-1$ oder von $-N/2$ bis $N/2-1$ an (siehe auch Tabelle 2.1).

19.4.2 Polare Fourierdeskriptoren

Ein alternativer Ansatz zu den Fourierdeskriptoren verwendet eine andere Parameterisierung der Randkurve. Statt der Pfadlänge p wird der Winkel θ verwendet, den die Gerade durch den Mittelpunkt und den betrachteten Punkt auf der Randkurve mit der x-Achse bildet. Dann beschreiben wir den Objektrand mit Hilfe des *Objektradius* als Funktion des Winkels. Wir benötigen lediglich eine reellwertige Sequenz r mit N Punkten in gleichen Winkelabständen zur Beschreibung des Randes. Die Koeffizienten der diskreten Fouriertransformierten dieser Sequenz,

$$\hat{r}_v = \frac{1}{N} \sum_{n=0}^{N-1} r_n \exp\left(-\frac{2\pi i n v}{N}\right), \qquad (19.15)$$

werden als *polare Fourierdeskriptoren* des Rands bezeichnet. Hier ist der erste Koeffizient $\hat{r}_0$ gleich dem mittleren Radius. Polare Fourierdeskriptoren können nicht für alle Randtypen verwendet werden. Die radiale Randparameterisierung $r(\theta)$ muss eindeutig sein. Aufgrund dieser gewichtigen Einschränkung betrachten wir im weiteren nur kartesische Fourierdeskriptoren.

19.4.3 Objektsymmetrien

Symmetrien können in Fourierdeskriptoren leicht detektiert werden. Hat die Kontur eine *m-zahlige Rotationssymmetrie*, können nur die Deskriptoren $z_{1\pm vm}$ ungleich null sein. Dies ist in Abb. 19.8 am Beispiel der Fourierdeskriptoren einer vertikalen Linie, eines Dreiecks und eines Quadrats gezeigt. Ist die Kontur die Spiegelung einer anderen Kontur, sind die Fourierdeskriptoren zueinander konjugiert komplex.

Fourierdeskriptoren können auch für nichtgeschlossene Kurven verwendet werden. Um solche Kurven zu schließen, verfolgen wir sie einfach vorwärts und anschließend wieder rückwärts. Offene Kurven können einfach erkannt werden, da ihre Fläche null ist. Aus (19.17) können wir dann schließen, dass $|\hat{z}_{-v}| = |\hat{z}_v|$. Beginnt der Durchlauf an einem der Endpunkte, ist sogar $\hat{z}_{-v} = \hat{z}_v$.

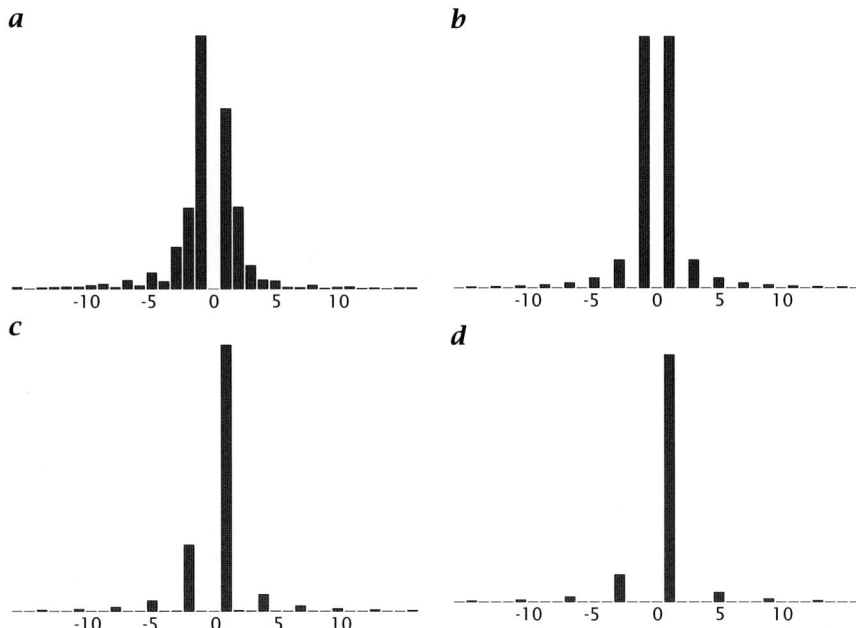

Abbildung 19.8: *Auswirkung der Symmetrie eines Objekts auf seine Fourierde-skriptoren* **a** *des Buchstaben L,* **b** *einer Linie,* **c** *eines Dreiecks und* **d** *eines Qua-drats. Die Abbildungen zeigen die Beträge der Fourierdeskriptoren von* $v = -16$ *bis* $v = 16$.

19.4.4 Invariante Objektbeschreibung

Translationsinvarianz. Die Position des Objekts beeinflusst nur einen einzigen Koeffizienten, nämlich $\hat{z}_0$. Alle anderen Koeffizienten sind trans-lationsinvariant.

Skalierungsinvarianz. Wird die Kontur mit einem Koeffizienten α ska-liert, werden auch alle Fourierdeskriptoren mit α skaliert. Bei einem Ob-jekt mit einer Fläche ungleich null, dessen Kontur entgegen dem Uhrzei-gersinn verfolgt wird, ist der erste Koeffizient immer ungleich null. Also können wir alle Fourierdeskriptoren auf $|\hat{z}_1|$ beziehen, um skalierungs-invariante Deskriptoren für die Objektgestalt zu erhalten. Man beachte, dass die skalierten Deskriptoren immer noch die vollständige Informa-tion enthalten.

Rotationsinvarianz. Wird eine Kontur um den Winkel φ_0 entgegen dem Uhrzeigersinn gedreht, wird der Fourierdeskriptor $\hat{z}_v$ entsprechend dem Verschiebungstheorem der Fouriertransformation mit dem Phasenfak-tor $\exp(iv\varphi_0)$ multipliziert (Theorem 3, S. 53, $\succ$R4). Durch diese ein-fache Verschiebungseigenschaft wird die Konstruktion rotationsinvari-

a

b

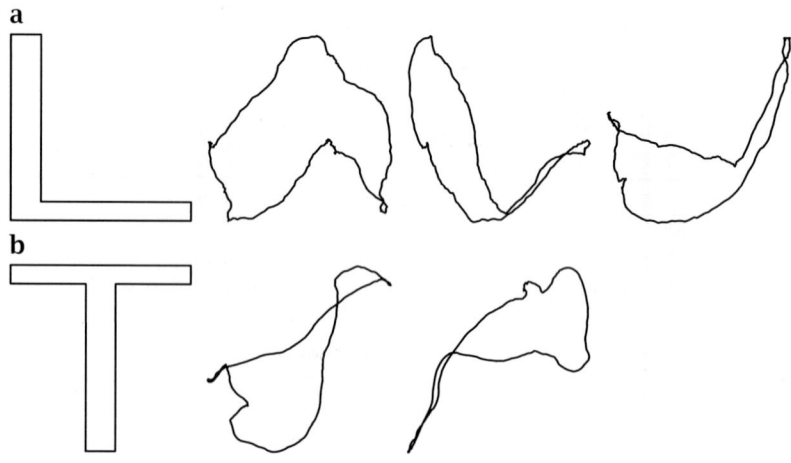

Abbildung 19.9: *Bedeutung der Phase für die Beschreibung der Gestalt mit Fourierdeskriptoren: Neben den Originalbuchstaben (links) sind drei zufällige Phasenvariationen bei unverändertem Betrag der Fourierdeskriptoren gezeigt.*

anter Fourierdeskriptoren einfach. Wir können beispielsweise die Phase aller Fourierdeskriptoren zur Phase φ_1 von $\hat{z}_1$ in Beziehung setzen und die Phasenverschiebung $v\varphi_1$ von den Phasen der anderen Deskriptoren subtrahieren. Dann enthalten die Deskriptoren die Phasendifferenz zur Phase des ersten Deskriptors und sind damit bis auf den ersten rotationsinvariant.

Sowohl Fourierdeskriptoren (Abschn. 19.4) als auch Momente (Abschn. 19.3) liefern die Grundlagen für skalierungs- und rotationsinvariante Formparameter. Die Fourierdeskriptoren sind das vielseitigere Instrument. Allerdings beschränken sie die Objektbeschreibung auf die Randkurve, während Momente von Grauwertobjekten auch die räumliche Verteilung der Grauwerte in einem Objekt berücksichtigen.

Idealerweise beschreiben Formparameter die Form eines Objekts vollständig und eindeutig. Das bedeutet, dass unterschiedliche Formen nicht auf denselben Merkmalssatz abgebildet werden dürfen. Der Betrag der Fourierdeskriptoren liefert eine skalierungs- und rotationsinvariante, jedoch unvollständige Formbeschreibung. Abbildung 19.9 zeigt am Beispiel der Buchstaben T und L, welche unterschiedlichen Objektformen bei zufälliger Veränderung der Phase unter Beibehaltung der Deskriptorbeträge entstehen.

Nur der komplette Satz der Fourierdeskriptoren gewährleistet daher eine eindeutige Formbeschreibung. Man beachte, dass für jede Invarianz ein Freiheitsgrad verlorengeht. Bei der Translationsinvarianz lassen wir den Fourierdeskriptor $\hat{z}_0$ aus (zwei Freiheitsgrade). Bei der Skalierungsinvarianz setzen wir den Betrag des Fourierdeskriptors $\hat{z}_1$ auf eins (ein Freiheitsgrad), und für die Rotationsinvarianz setzen wir alle Phasen zur Phase von $\hat{z}_1$ in Beziehung (ein weiterer Freiheitsgrad). Liegen alle drei Invarianzen vor, fehlen uns vier Freiheitsgrade.

Die Eleganz der Fourierdeskriptoren besteht darin, dass diese Invarianzen in den ersten beiden Fourierdeskriptoren enthalten sind. Normieren wir alle anderen Fourierdeskriptoren auf die Phase und den Betrag des zweiten Fourierdeskriptors, haben wir eine vollständige translations-, rotations- und skalierungsinvariante Beschreibung der Form eines Objekts. Lassen wir Fourierdeskriptoren höherer Ordnung weg, können wir kontrolliert feine Details aus der Formbeschreibung entfernen.

Ein Maß für Formunterschiede ergibt sich, wenn wir berücksichtigen, dass Fourierdeskriptoren einen komplexwertigen Vektor bilden. Dann gilt für den Betrag des Differenzvektors:

$$d_{zz'} = \sum_{v=-N/2}^{N/2-1} |\hat{z}_v - \hat{z}'_v|^2. \tag{19.16}$$

Je nachdem, welche Normalisierung wir auf die Fourierdeskriptoren anwenden, ist dieses Maß skalierungs- und/oder rotationsinvariant.

19.5 Formparameter

Nach der Diskussion der verschiedenen Möglichkeiten der Darstellung binärer Objekte, die aus Bilddaten extrahiert wurden, wenden wir uns nun der Frage zu, wie die Form dieser Objekte beschrieben werden kann. Dieser Abschnitt beschränkt sich auf elementare geometrische Parameter wie Fläche und Umfang.

19.5.1 Fläche

Einer der einfachsten Formparameter ist die *Fläche A* eines Objekts. Bei einem diskreten Binärbild ist die Fläche durch die Anzahl der Bildpunkte gegeben, die zum Objekt gehören. Bei der Matrix- oder Pixellistendarstellung des Objekts bedeutet daher die Flächenberechnung einfach eine Zählung der Pixel. Auf den ersten Blick scheint die Flächenberechnung eines Objekts, das durch den Kettenkode beschrieben ist, eine komplexe Operation zu sein. Das Gegenteil ist jedoch der Fall. Die Flächenberechnung aus der Kettenkodierung ist weit schneller als die Pixelzählung, da der Objektrand nur einen kleinen Teil der Pixel eines Objekts enthält und nur zwei Additionen pro Randpixel erfordert.

Der Algorithmus arbeitet ähnlich einer numerischen Integration. Wir stellen uns eine horizontale Basislinie in einer beliebigen vertikalen Position im Bild vor. Dann beginnen wir die Integration der Fläche am

Tabelle 19.1: *Berechnung der Fläche eines Objekts aus dem Kettenkode. Zu Beginn werden die Flächen eins gesetzt. Mit jedem Schritt werden die Fläche und der Umfang B entsprechend dem Wert des Kettenkodes erhöht; nach Zamperoni [219].*

Kettenkode	Flächenzunahme	Zunahme von B
0	$+B$	0
1	$+B$	1
2	0	1
3	$-B + 1$	1
4	$-B + 1$	0
5	$-B + 1$	-1
6	0	-1
7	$+B$	-1

obersten Pixel des Objekts. Die Entfernung dieses Punktes zur Basislinie bezeichnen wir mit B. Dann folgen wir dem Objektrand und erhöhen die Fläche des Objekts entsprechend den Angaben in Tabelle 19.1. Bewegen wir uns beispielsweise nach rechts (Kettenkode 0), nimmt die Fläche um B zu. Bewegen wir uns nach oben rechts (Kettenkode 1), nimmt die Fläche ebenfalls um B zu, aber B muss auch um 1 erhöht werden, weil sich die Entfernung zwischen dem Randpixel und der Basislinie erhöht hat. Bei allen Bewegungen nach links wird die Fläche nur um $B - 1$ verringert, da die korrekte Höhe einer Säule aus C Pixel C und nicht $C - 1$ ist. Auf diese Weise subtrahieren wir die Fläche zwischen dem unteren Rand des Objekts und der Basislinie, welche zunächst bei der Flächenberechnung während der Bewegung nach rechts fälschlicherweise addiert wurde. Zu Beginn wird die Fläche auf eins gesetzt.

Die *Fläche* kann auch direkt aus den Fourierdeskriptoren berechnet werden durch

$$A = \pi \sum_{v=-N/2}^{N/2-1} v |\hat{z}_v|^2. \tag{19.17}$$

Dies ist ein schneller Algorithmus, der höchstens so viele Operationen benötigt, wie die Randkurve Punkte enthält. Die Fourierdeskriptoren haben den zusätzlichen Vorteil, dass wir die Fläche für einen bestimmten Glattheitsgrad berechnen können, indem wir nur eine entsprechende Anzahl von Fourierdeskriptoren berücksichtigen. Je mehr Fourierdeskriptoren wir verwenden, desto detaillierter wird die Randkurve, wie in Abb. 19.7 gezeigt.

19.5.2 Umfang

Der Umfang ist ein anderer geometrischer Parameter, der einfach aus der Kettenkodierung des Objektrandes berechnet werden kann. Wir müssen lediglich die Länge des Kettenkodierung zählen und berücksichtigen, dass diagonale Schritte um den Faktor $\sqrt{2}$ länger sind. Der Umfang p ergibt sich dann bei einem 8er-Nachbarschaft-Kettenkodierung zu

$$p = n_e + \sqrt{2}n_o, \tag{19.18}$$

wobei n_e und n_o jeweils die Anzahl der Kettenkodes mit geradem bzw. ungeradem Kode sind. Die Schritte mit ungeradem Kode gehen in Diagonalenrichtung.

Im Gegensatz zur Fläche ist der Umfang ein Parameter, der vom Rauschpegel im Bild beeinflusst wird. Je höher der Rauschpegel ist, desto welliger und damit länger wird die Berandung eines Objekts bei der Segmentierung. Das bedeutet, dass Vorsicht geboten ist, wenn aus verschiedenen Bildern extrahierte Ränder verglichen werden. Wir müssen uns vergewissern, dass die Glattheit der Ränder in allen Bildern vergleichbar ist.

Leider gibt es keine einfache Formel zur Berechnung des *Umfangs* aus Fourierdeskriptoren, da die Berechnung des Umfangs von Ellipsen zu elliptischen Integralen führt. Allerdings ergibt sich der Umfang in guter Näherung direkt aus der Konstruktion der Randkurve mit Abtastpunkten in gleichmäßigen Abständen durch die Anzahl der Abtastpunkte multipliziert mit dem mittleren Abstand zwischen den Punkten.

19.5.3 Rundheit

Fläche und Umfang sind die beiden Parameter, welche die Größe eines Objekts auf die eine oder andere Weise beschreiben. Um Objekte vergleichen zu können, die aus unterschiedlichen Entfernungen beobachtet werden, müssen wir Formparameter verwenden, die von der Größe des Objekts in der Bildebene unabhängig sind. Die *Rundheit* ist einer der einfachsten Parameter dieser Art. Sie ist folgendermaßen definiert:

$$c = \frac{p^2}{A}. \tag{19.19}$$

Die Rundheit ist eine dimensionslose Zahl mit einem Minimalwert von $4\pi \approx 12,57$ für Kreise. Sie ist 16 für Quadrate und $12\sqrt{3} \approx 20,8$ für ein gleichseitiges Dreieck. Sie geht generell gegen große Werte für ausgestreckte, lange Objekte.

Fläche, Umfang und Rundheit sind Formparameter, die nicht von der Orientierung des Objekts auf der Bildebene abhängen. Daher sind sie hilfreich zu einer von der Orientierung unabhängigen Unterscheidung von Objekten.

19.5.4 Umgebendes Rechteck

Ein anderer einfacher und nützlicher Parameter für die grobe Beschreibung der Größe eines Objekts ist das umgebende Rechteck (englisch *bounding box*). Es ist definiert als das Rechteck, das gerade groß genug ist, um alle Objektbildpunkte aufzunehmen. Dieses Rechteck liefert auch eine grobe Beschreibung der Form des Objekts. Im Gegensatz zur Fläche (Abschn. 19.5.1) ist sie nicht rotationsinvariant. Sie wird es jedoch, wenn das Objekt zunächst in eine Standardorientierung gedreht wird, zum Beispiel über die Orientierung des Momententensors (Abschnitt 19.3.3). In jedem Fall ist das umgebende Rechteck ein hilfreiches Merkmal, wenn eine weitergehende objektorientierte Pixelbearbeitung wie die Extraktion der Objektpixel notwendig ist.

19.6 Literaturhinweise zur Vertiefung[‡]

Eine ausführliche Behandlung der verschiedenen Baumstrukturen und ihrer Anwendungen gib Samet [173, 174]. Eine detaillierte Diskussion der momentenbasierten Formanalyse mit dem Schwerpunkt auf invarianten Merkmalen findet sich in der Monographie von Reiss [161]. Grauwertbasierte invariante Formmerkmale werden von Burkhardt und Siggelkow [19] diskutiert.

20 Klassifizierung

20.1 Einleitung

Mit der Erfassung und Beschreibung der Form detektierter Objekte mit passenden Operatoren (Kapitel 19) ist die Bildverarbeitung für manche Aufgabenstellungen beendet, für andere nicht. Das hängt im wesentlichen von der Fragestellung an die Bildverarbeitung ab. Am besten lässt sich dieser Unterschied mit praktischen Beispielen verständlich machen.

Viele Anwendungen der Bildverarbeitung beschäftigen sich mit der Analyse der Größenverteilung und Form von Partikeln wie Blasen, Aerosolen, Tropfen, Pigmenten oder Zellkernen. Mit den in Abschn. 19.5.1 und 19.3 besprochenen Methoden bestimmen wir Fläche und Form der detektierten Partikel. Mit diesen Parametern können die gestellten Fragen beantwortet werden. Zum Beispiel können wir Histogramme der Partikelfläche berechnen (Abb. 20.1c). Dieses Vorgehen ist für eine ganze Klasse wissenschaftlicher Anwendungen typisch. Sie ist dadurch charakterisiert, dass die zu untersuchenden Parameter eindeutig und unmittelbar aus den Bilddaten gewonnen werden können.

Bei komplexeren Anwendungen ergibt sich die Notwendigkeit, verschiedene Objektklassen in einem Bild zu unterscheiden, so zum Beispiel bei typischen Inspektionsaufgaben in der Industrie. Liegen die Abmessungen eines Teils innerhalb einer gewissen Toleranzgrenze? Sind Gegenstände vollständig? Sind irgendwelche Fehler, wie z. B. Kratzer, zu erkennen? Als Ergebnis der Analyse besteht das untersuchte Teil entweder den Test oder wird einer bestimmten Fehlerklasse zugewiesen.

Die Zuweisung von Objekten zu bestimmten Klassen ist — wie viele andere Aspekte der Bildverarbeitung und -analyse — ein interdisziplinäres Problem und nicht spezifisch für die Bildanalyse. In diesem Zusammenhang ist die Bildanalyse Teil des allgemeineren Forschungsgebietes der *Mustererkennung*. Eine klassische, allgemein bekannte Anwendung der Mustererkennung ist die *Spracherkennung*. Das gesprochene Wort ist Teil eines eindimensionalen akustischen Signals (einer Zeitserie). Die Aufgabe der Klassifizierung besteht darin, die Laute, Wörter und Sätze der gesprochenen Sprache zu erkennen. Die entsprechende Aufgabe in der Bildverarbeitung ist *Schrifterkennung* (*optical character recognition, OCR*), also die Erkennung von Buchstaben und Worten in einem geschriebenen Text.

B. Jähne, Digitale Bildverarbeitung
ISBN 3-540-41260-3

a   b

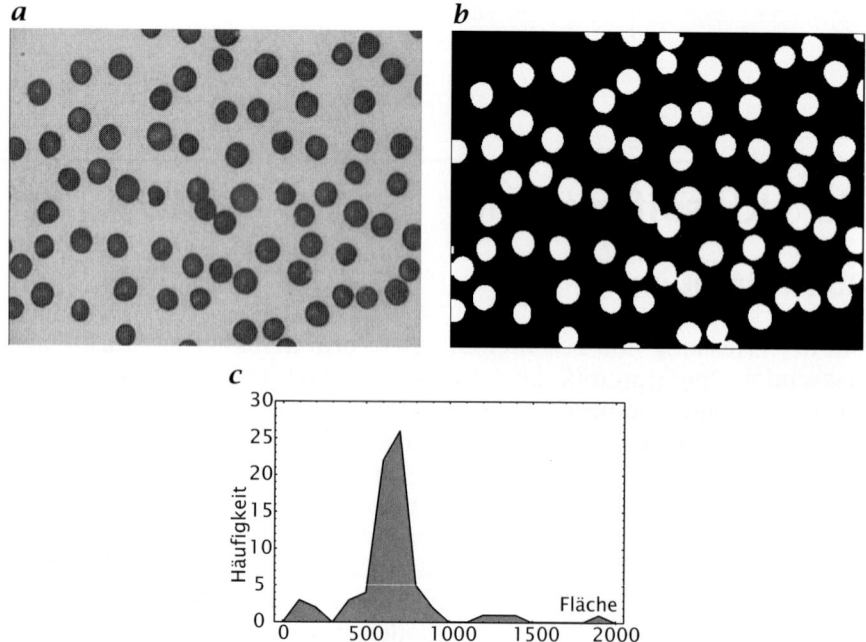

c

Abbildung 20.1: *Schritte zur Analyse der Größenverteilung von Partikeln (Linsen): **a** Originalbild, **b** Binärbild und **c** Flächenverteilung.*

Die Klassifizierung wird generell dadurch kompliziert, dass die Beziehung zwischen den interessierenden Parametern und den Bilddaten nicht immer offensichtlich ist. Die Objektklassen können oft nicht einem bestimmten Wertebereich eines Merkmals im Bild zugeordnet werden, sondern müssen zunächst anhand von optischen Merkmalen im Bild identifiziert werden. Durch welche Eigenschaften können wir z. B. Linsen, Pfefferkörner und Sonnenblumenkerne voneinander unterscheiden (Abb. 20.2)? Die Beziehung zwischen den optischen Eigenschaften und den Objektklassen erfordert eine sorgfältige Untersuchung der Bilddaten. Wir veranschaulichen die komplexen Beziehungen zwischen Objekteigenschaften und ihren optischen Eigenschaften anhand zweier Beispiele.

Die Kartierung von *Waldschäden* ist eines von vielen großen Problemen, denen Umweltwissenschaftler gegenüberstehen. Die Aufgabe besteht darin, über Fernerkundung das Ausmaß der Waldschäden aus Luft- und *Satellitenbildern* zu kartieren und zu klassifizieren. In diesem Beispiel ist der komplexe Zusammenhang zwischen den verschiedenen Formen von Waldschäden und den Bildmerkmalen nicht von vornherein klar. Es sind vielmehr Untersuchungen notwendig, die diese komplexen Zusammenhänge erst klären, indem Luftbilder mit am Boden kartogra-

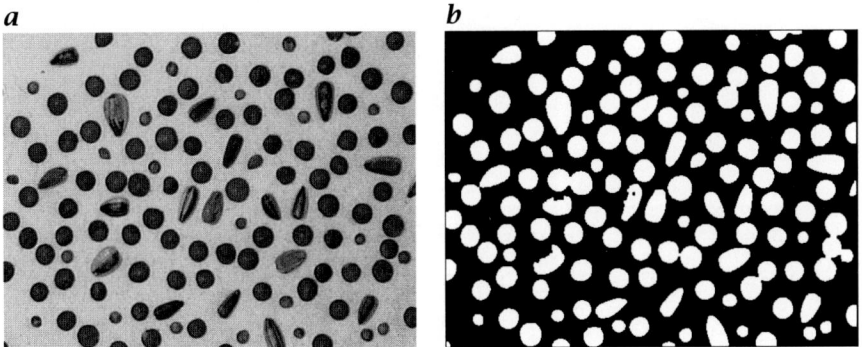

Abbildung 20.2: *Klassifikation: Welche der Samen sind Pfefferkörner, Linsen, Sonnenblumenkerne oder keines von den dreien? a Originalbild und b Binärbild nach Segmentierung.*

phierten Waldschäden verglichen werden. Es ist zu erwarten, dass ein Merkmal nicht ausreichend sein wird, sondern dass unter Umständen viele Merkmale benötigt werden.

In der Medizin und in der Biologie gibt es viele ähnliche Anwendungen. Eine der Standardfragen in der Medizin ist die Unterscheidung zwischen „gesund" und „krank". Auch hier erwarten wir keine einfachen Beziehungen zwischen diesen beiden Objektklassen und den Merkmalen der Objekte.

Nehmen wir als weiteres Beispiel die Objekte in Abb. 20.3. Wir haben kein Problem dabei, zu erkennen, dass alle Objekte bis auf eines Lampen sind. Wie kann jedoch ein Computersystem diese Aufgabe ausführen? Welche Eigenschaften können wir extrahieren, die zur Erkennung der Lampen notwendig sind? Obwohl wir leicht die Lampen in Abb. 20.3 erkennen, fühlen wir uns recht hilflos, wenn wir angeben sollen, wie ein Computersystem dies tun sollte. Offensichtlich ist dies ein komplexes Problem. Wir können eine Lampe erkennen, weil wir zuvor schon viele andere Lampen gesehen haben und dieses gespeicherte Wissen vergleichen mit dem, was wir in dem Bild sehen. Aber wie ist dieses Wissen gespeichert und wie wird der Vergleich durchgeführt? Es ist offensichtlich, dass dies nicht nur eine Datenbank mit geometrischen Formen sein kann. Wir wissen auch, in welchen Umgebungen Lampen auftauchen und für welchen Zweck sie benutzt werden. Die Untersuchung von Problemen dieser Art sind Teil eines Forschungsbereiches, der *künstliche Intelligenz* (*KI*, englisch *artificial intelligence* oder *AI*) genannt wird.

Im Bezug auf wissenschaftliche Anwendungen ist außerdem ein anderer Aspekt der Klassifikation von Interesse. Da bildverarbeitende Techniken zu den treibenden Kräften des wissenschaftlichen Fortschritts in den experimentellen Naturwissenschaften gehören, geschieht es oft, dass unbekannte Objekte in Bildern auftauchen, für die es noch kein Klassifika-

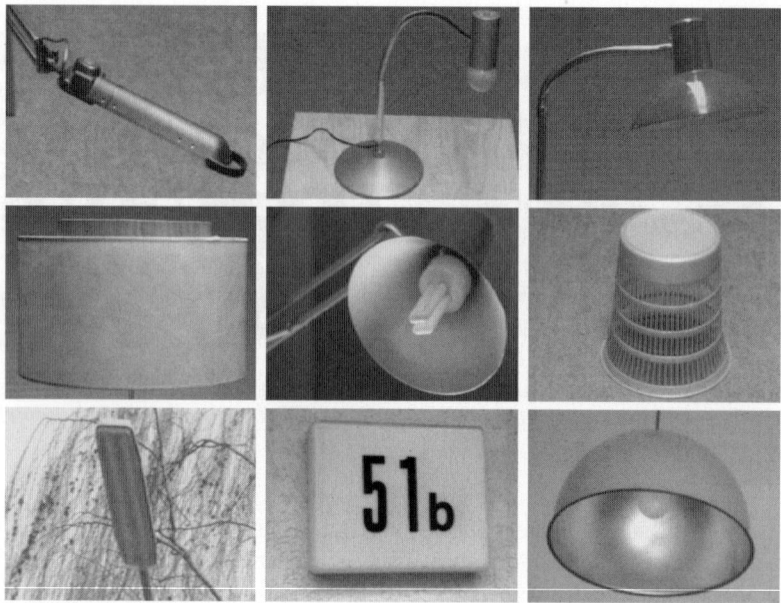

Abbildung 20.3: Wie können wir erkennen, dass alle Objekte bis auf eines Lampen sind?

tionsschema gibt. Dann ist die Aufgabe, aus dem gewonnenen Bildmaterial neue Objektklassen zu entdecken. Dazu bedarf es Klassifizierungsmethoden, die kein Vorwissen benötigen.

Zusammenfassend können wir festhalten, dass die Klassifikation zwei grundlegende Aufgaben umfasst:

1. Die Beziehung zwischen den Bildeigenschaften (*optische Signatur*) und den Objektklassen muss so detailliert wie möglich herausgearbeitet werden. Diese Aufgabenstellung gehört zum Teil in das Applikationsgebiet und zum Teil in das Gebiet der Bildgewinnung, wie wir es in den Kapitel 6–8 behandelt haben.

2. Aus der Vielzahl möglicher Bildeigenschaften müssen wir einen optimalen Satz herausfinden, mit dem sich mit einer möglichst einfachen Klassifizierungsmethode die Objekte mit möglichst wenig Fehlern in die verschiedenen Klassen einteilen lassen. Die Aufgabe der *Klassifizierung* ist Gegenstand diesen Kapitels. Wir behandeln hier nur einige grundlegende Fragen wie die Auswahl der geeigneten Art und Anzahl von Merkmalen (Abschn. 20.2) und einige einfache Klassifizierungstechniken (Abschn. 20.3).

20.2   Merkmalsraum

20.2.1   Pixel- und objektbasierte Klassifizierung

Wir können zwei Typen von Klassifizierungsprozeduren unterscheiden:
die *pixelbasierte* und die *objektbasierte Klassifizierung*. In komplexen
Fällen gelingt eine Objektsegmentierung nicht mit einem einzigen Merkmal. Dann müssen mehrere Eigenschaften verwendet werden sowie ein
Klassifizierungsprozess, der unterscheiden kann, welcher Bildpunkt zu
welchem Objekttyp gehört.

Die sehr viel einfachere objektbasierte Klassifizierung kann eingesetzt werden, falls die verschiedenen Objekte gut vom Hintergrund zu
unterscheiden sind und sich nicht berühren und überlappen. Wenn die
Bilddaten es erlauben, sollte die objektbasierte Klassifizierung verwendet werden, da der zu bewältigende Datenaufwand sehr viel geringer
ist. Dann können alle auf Pixeln beruhenden Eigenschaften wie mittlerer
Grauwert, lokale Orientierung, lokale Wellenzahl und Grauwertvarianz,
die zuvor in Kapitel 11–14 besprochen wurden, über die gesamte Objektfläche gemittelt werden und zur Beschreibung der Objekteigenschaften
dienen. Zusätzlich können wir all die Parameter verwenden, welche die
Objektform beschreiben (Kapitel 19). Manchmal ist es notwendig, beide Klassifizierungsprozesse einzusetzen: zuerst den pixelbasierten zur
Trennung der Objekte voneinander und vom Hintergrund und danach
einen objektbasierten zur Klassifizierung der geometrischen Eigenschaften der Objekte.

20.2.2   Cluster

Eine Gruppe von P Eigenschaften bildet einen P-dimensionalen Raum
$\mathbb{M}$, der als *Merkmalsraum* bezeichnet wird. Jeder Bildpunkt oder jedes
Objekt wird in diesem Raum als *Merkmalsvektor* dargestellt. Wird eine
Objektklasse durch die Merkmale gut definiert, sollten alle Merkmalsvektoren dieser Klasse im Merkmalsraum nahe beieinander liegen. Wir
betrachten die Klassifizierung als einen statistischen Prozess und weisen
jeder Objektklasse eine P-dimensionale Wahrscheinlichkeitsdichtefunktion zu. Diese Funktion können wir abschätzen, indem wir Messwerte
einer bestimmten Objektklasse nehmen, den Merkmalsvektor berechnen
und den Wert des zugehörigen Punktes im diskreten Merkmalsraum in-
krementieren. Diese Prozedur entspricht der Berechnung eines allgemeinen P-dimensionalen *Histogramms* (Abschn. 3.2.1). Besitzt eine Objektklasse eine enge Wahrscheinlichkeitsverteilung im Merkmalsraum, sprechen wir von einem *Cluster*. Objekte können in bestimmte Objektklassen
separiert werden, wenn die Cluster der unterschiedlichen Objektklassen
gut voneinander getrennt sind. Haben wir weniger gute Merkmale vor-

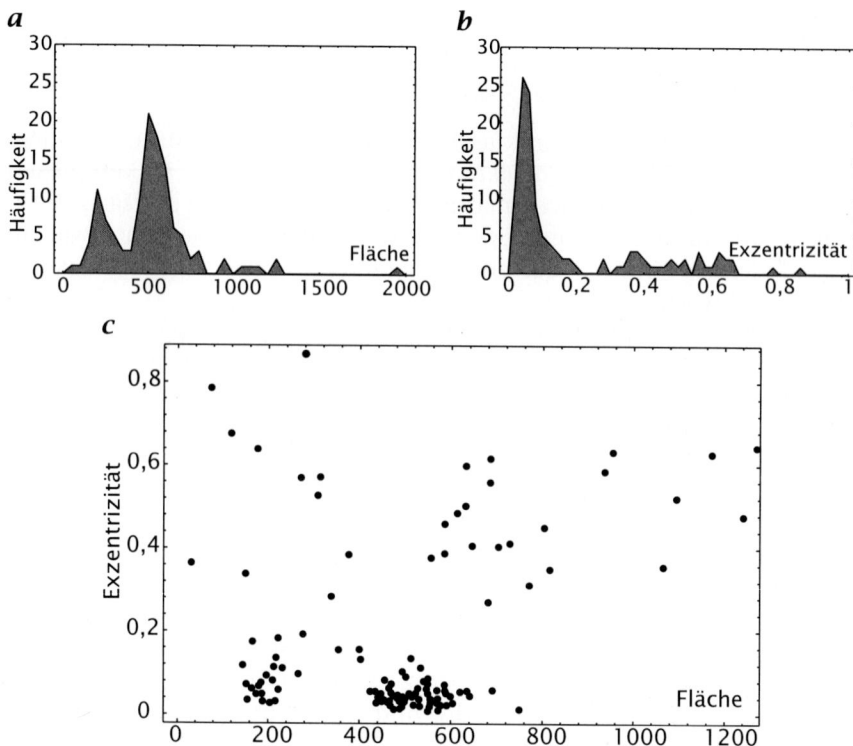

Abbildung 20.4: *Merkmale zur Klassifizierung verschiedener Samenkörner aus Abb. 20.2 in die Klassen Pfefferkörner, Linsen und Sonnenblumenkerne: Histogramm der Merkmale **a** Fläche und **b** Exzentrizität; **c** zweidimensionaler Merkmalsraum mit beiden Eigenschaften.*

liegen, überlappen sich die Cluster, oder es existieren sogar keine. In diesen Fällen ist eine fehlerfreie Klassifizierung nicht möglich.

20.2.3 Selektion von Merkmalen

Wir beginnen mit dem Beispiel der Klassifizierung der verschiedenen Samen in Abb. 20.2 in die drei Klassen Pfefferkörner, Linsen und Sonnenblumenkerne. In Abb. 20.4a und b sind die Histogramme der Eigenschaften Fläche und Exzentrizität abgebildet ((19.6) in Abschn. 19.3.3). Während das Flächenhistogramm zwei ausgeprägte Maxima zeigt, sehen wir bei der Exzentrizität nur eines. In jedem Fall genügt nur eines der beiden Merkmale zur Unterscheidung der drei Klassen nicht. Mit beiden können wir jedoch zumindest zwei Cluster identifizieren (Abb. 20.4c). Sie bilden die Pfefferkörner und die Linsen ab. Beide Samen sind fast rund und haben demnach eine niedrige Exzentrizität zwischen 0 und 0,2, so dass diese Klassen im Exzentrizitätsdiagramm in einem Peak zusam-

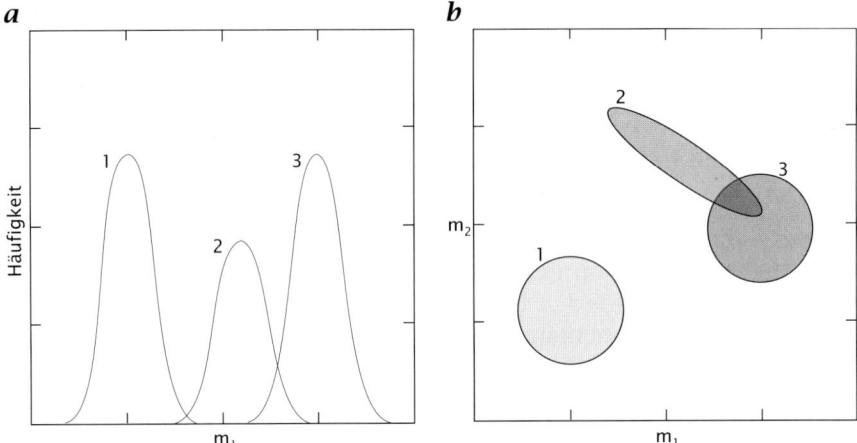

Abbildung 20.5: a *Eindimensionaler Merkmalsraum mit drei Objektklassen.* **b** *Erweiterung des Merkmalsraums mit einem zweiten Merkmal. Die grau einge-färbten Flächen geben die Bereiche an, in denen die Häufigkeit der entsprechen-den Klasse ungleich null ist. In beiden Fällen sind dieselben Objektklassen gezeigt.*

menfallen (Abb. 20.4b). Die Sonnenblumenkerne bilden keinen dichten Cluster, da sie in Form und Größe stark variieren. Offensichtlich können sie jedoch in der Größe Linsen ähneln, weshalb die Fläche als alleiniges Merkmal nicht ausreicht.

In Abb. 20.4c erkennen wir auch mehrere Ausreißer. Zum einen sind da einige kleine Objekte mit hoher Exzentrizität. Dies sind Objekte am Bildrand, die nur teilweise ins Bild hineinragen (Abb. 20.2). Zum ande-ren gibt es auch fünf große Objekte dort, wo Linsen so dicht beieinander liegen, dass sie zu größeren Objekten verschmolzen erscheinen. Diese Objekte haben außerdem eine große Exzentrizität, weshalb es unmöglich ist, sie nur mit Hilfe der beiden einfachen Parameter Fläche und Exzen-trizität von Sonnenblumenkernen zu unterscheiden.

Kritisch für eine gute Klassifizierung ist die Qualität der Merkma-le. Was bedeutet das? Auf den ersten Blick mag man denken, dass die Verwendung so vieler Eigenschaften wie möglich die beste Lösung ist. Dies ist jedoch im allgemeinen nicht der Fall. Abbildung 20.5a zeigt einen eindimensionalen Merkmalsraum mit drei Objektklassen. Die Ei-genschaften der ersten und zweiten Klasse sind recht gut voneinander getrennt, während die der zweiten und dritten Klasse sich beträchtlich überlappen. Wie wir in Abb. 20.5b sehen, verbessert ein zweites Merkmal die Klassifizierung nicht wesentlich, denn die Cluster der zweiten und dritten Klasse überlappen sich immer noch. Eine nähere Betrachtung der Verteilung im Merkmalsraum erklärt uns den Grund: Das zweite Merkmal sagt nicht viel Neues, sondern variiert parallel mit der ersten Eigenschaft; die beiden Merkmale sind also eng korreliert.

1990, Oil, Island, L7R 4A6

Abbildung 20.6: *Veranschaulichung der Schrifterkennung am Beispiel von Zeichen mit sehr ähnlicher Form wie das große O und die Ziffer 0 oder das große I, das kleine l und die Ziffer 1.*

Wir wollen noch zwei zusätzliche Tatsachen betrachten. Oft wird übersehen, wie viele unterschiedliche Klassen mit einigen wenigen Parametern separiert werden können. Nehmen wir an, dass ein Merkmal nur zwei Klassen voneinander trennen kann. Zehn Merkmale können dann $2^{10} = 1024$ Objektklassen separieren. Diese einfache Betrachtung verdeutlicht das hohe Separierungspotential einiger weniger Parameter. Das entscheidende Problem ist die gleichmäßige Verteilung der Cluster im Merkmalsraum. Es ist also wichtig, die richtigen Merkmale zu finden, indem wir die Beziehung zwischen den Eigenschaften der Objekte und denen in den Bildern sorgfältig untersuchen.

20.2.4 Unterscheidung von Klassen im Merkmalsraum

Selbst wenn wir die besten zur Verfügung stehenden Merkmale verwenden, kann es Klassen geben, die nicht voneinander unterschieden werden können. In solch einem Fall ist es immer gut, sich daran zu erinnern, dass die Trennung von Objekten in wohldefinierte Klassen nur ein Modell der Realität ist. Zudem ist der Übergang von einer Klasse zur anderen oft nicht abrupt, sondern allmählich. Zellanomalien sind beispielsweise in verschiedensten Ausprägungen anzutreffen; es gibt nicht nur die Klassen „normal" und „pathologisch", sondern zusätzlich beliebig viele Zwischenstadien. Wir können also nicht davon ausgehen, in allen Fällen im Merkmalsraum gut voneinander getrennte Klassen zu finden. Zwei Schlussfolgerungen lassen sich daraus ableiten: Erstens haben wir keine Garantie für gut separierte Klassen im Merkmalsraum, selbst wenn wir für die Klassifizierung optimale Merkmale wählen. Zweitens kann diese Situation uns dazu zwingen, die Objektklassifizierung neu zu überdenken. Möglicherweise bilden die vermeintlichen zwei Objektklassen tatsächlich nur eine einzige Klasse, oder die Visualisierungstechniken zur Separierung der Klassen waren ungeeignet.

Bei einer anderen wichtigen Anwendung, der *Schrifterkennung* (*optical character recognition, OCR*) liegen verschiedene Klassen vor. Jedes Zeichen ist eine wohldefinierte Klasse. Während die meisten Zeichen leicht voneinander zu unterscheiden sind, sind sich einige sehr ähnlich wie das große O und die Ziffer 0 oder die Buchstaben I und l und die Ziffer 1, d. h., sie liegen im Merkmalsraum dicht beieinander (Abb. 20.6). Solche wohldefinierten Klassen, die sich kaum in ihren Merkmalen unterscheiden, stellen für die Klassifizierung ein ernstes Problem dar.

Wie können wir also den Buchstaben O von der Ziffer 0 oder ein kleines l von einem großen I unterscheiden? Zwei Antworten sind denkbar. Man könnte die Schriften neu gestalten, damit sich die einzelnen Zeichen besser voneinander unterscheiden. Tatsächlich gibt es Schriftsätze, die speziell für die Schrifterkennung entwickelt wurden. Eine zweite Möglichkeit besteht darin, den Klassifizierungsprozess mit zusätzlicher Information zu erweitern. Die Voraussetzung dafür ist, dass die Klassifizierung nicht auf der Ebene der einzelnen Buchstaben endet, sondern in die Ebene der Worte ausgedehnt wird. Dann lassen sich leicht Regeln für eine bessere Erkennung aufstellen. Eine einfache Regel, die den Buchstaben O von der Ziffer 0 unterscheiden hilft, ist, dass Buchstaben und Ziffern nicht gemischt in einem Wort auftreten. Gegenbeispiele zur Demonstration der Bedeutung dieser Regel sind die englischen oder kanadischen Postleitzahlen, die sich aus Buchstaben und Ziffern zusammensetzen. Jemand, der keine Übung darin hat, diese Kennungen zu lesen, hat ernste Probleme, sie zu entziffern und zu behalten. Ein anderes Beispiel zur Unterscheidung des großen I vom kleinen l ist die Regel, dass Großbuchstaben nur am Anfang eines Wortes oder in gänzlich groß geschriebenen Worten vorkommen.

Wir beenden diese generellen Betrachtungen mit der Bemerkung, dass die Untersuchung, ob eine Klassifizierung bei einem gegebenen Problem von der Natur oder dem Typ der möglichen Merkmale her überhaupt durchführbar ist, mindestens ebenso wichtig ist wie die Wahl einer passenden Klassifizierungsmethode.

20.2.5 Hauptachsentransformation

Aus der Diskussion im vorigen Abschnitt ist die Bedeutung der Auswahl der Objekteigenschaften für die Klassifizierung klar geworden. Jedes Merkmal sollte neue Information enthalten, komplementär zu der, die uns bereits ohne das betrachtete Merkmal zu den Objektklassen vorliegt. Objektklassen, die eine ähnliche Verteilung in einem Merkmal aufweisen, sollten sich in einem anderen unterscheiden, oder anders ausgedrückt, die Eigenschaften sollten nicht miteinander korreliert sein. Die Korrelation von Eigenschaften kann mit den in Abschn. 3.3 besprochenen statistischen Methoden untersucht werden, wenn die Verteilung der Merkmale für die unterschiedlichen Klassen bekannt ist (überwachte Klassifizierung).

Die dabei entscheidende Größe ist die *Kreuzkovarianz* C_{pq} zweier Merkmale m_p und m_q aus dem P-dimensionalen Merkmalsvektor *einer* Objektklasse:

$$C_{pq} = \overline{\left(m_p - \overline{m_p}\right)\left(m_q - \overline{m_q}\right)}. \tag{20.1}$$

Ist die Kreuzkovarianz C_{pq} null, sind die beiden Merkmale unkorreliert oder orthogonal zueinander. Die Varianz

$$C_{pp} = \overline{\left(m_p - \overline{m_p}\right)^2} \qquad (20.2)$$

ist ein Maß für die Varianz der Eigenschaft. Ein gutes Merkmal für eine bestimmte Objektklasse sollte eine kleine Varianz aufweisen, da sie eine geringe Ausdehnung des Clusters in der entsprechenden Richtung des Merkmalsraums bedeutet. Mit P Merkmalen können wir eine symmetrische Matrix mit den Koeffizienten C_{pq} bilden, die *Kovarianzmatrix*

$$C = \begin{bmatrix} C_{11} & C_{12} & \cdots & C_{1P} \\ C_{12} & C_{22} & \cdots & C_{2P} \\ \vdots & \vdots & \ddots & \vdots \\ C_{1P} & C_{2P} & \cdots & C_{PP} \end{bmatrix}. \qquad (20.3)$$

Die Diagonalelemente der Kovarianzmatrix enthalten die Varianzen der P Merkmale, während die anderen Elemente für die Kreuzkovarianzen stehen. Wie jede symmetrische Matrix kann auch die Kovarianzmatrix diagonalisiert werden (vergleiche hierzu die Diskussion zur Tensordarstellung von Nachbarschaften in Abschn. 13.3). Diese Prozedur wird als *Hauptachsentransformation* bezeichnet. Im Hauptachsen-Koordinatensystem hat die Kovarianzmatrix folgende Gestalt:

$$C' = \begin{bmatrix} C_{11}' & 0 & \cdots & 0 \\ 0 & C_{22}' & \ddots & \vdots \\ \vdots & \ddots & \ddots & 0 \\ 0 & \cdots & 0 & C_{pp}' \end{bmatrix}. \qquad (20.4)$$

Dies bedeutet, dass ein neues Koordinatensystem existiert, in dem alle Merkmale unkorreliert sind. Diese neuen Merkmale sind Linearkombinationen der alten Merkmale und damit Eigenvektoren der Kovarianzmatrix (20.3). Die zugehörigen Eigenwerte sind die Varianzen der transformierten Merkmale. Die besten Merkmale haben die niedrigsten Varianzen. Merkmale mit großen Varianzen sind also nicht besonders hilfreich, da sie im Merkmalsraum ausgedehnt sind und damit nicht wesentlich zur Trennung unterschiedlicher Objektklassen voneinander beitragen. Wir können sie also weglassen, ohne die Klassifizierung merklich zu verschlechtern.

Ein einfaches, aber anschauliches Beispiel haben wir, wenn zwei Merkmale nahezu identisch sind wie die Merkmale m_1 und m_2 in Abb. 20.7. Alle Punkte im Merkmalsraum liegen hier nahe der Winkelhalbierenden; beide Merkmale besitzen eine große Varianz. Im Hauptachsen-Koordinatensystem ist $m_2' = m_1 - m_2$ ein gutes Merkmal, da es eine enge

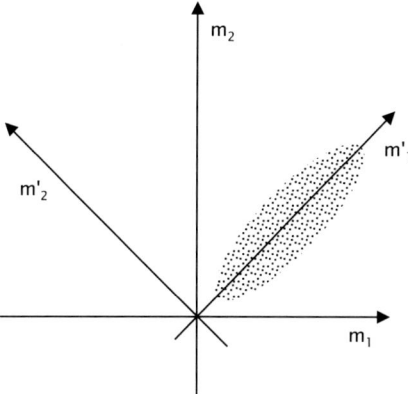

Abbildung 20.7: *Veranschaulichung korrelierter Eigenschaften und der Hauptachsentransformation.*

Verteilung aufweist, während m_1' ebenso nutzlos ist wie m_1 und m_2 alleine. Wir können also den Merkmalsraum ohne irgendwelche Nachteile von zwei Dimensionen auf eine Dimension reduzieren.

Auf diese Weise lässt sich die Hauptachsentransformation zur Reduktion der Dimension des Merkmalsraums verwenden, dessen kleinerer Merkmalssatz den Zweck ebensogut erfüllt. Dafür ist eine Analyse der Kovarianzmatrix aller Objektklassen notwendig. Es können nur die Merkmale weggelassen werden, bei denen die Analyse für alle Klassen das gleiche Ergebnis liefert.

Um Missverständnissen vorzubeugen: die Hauptachsentransformation kann nicht die Qualität der Klassifizierung verbessern. Haben wir einen Merkmalssatz vorliegen, der zwei Klassen nicht voneinander unterscheiden kann, hilft uns die Transformation desselben Merkmalssatzes in das Hauptachsen-Koordinatensystem auch nicht weiter. Wir können jedoch aus einer Gruppe von Merkmalen eine optimale Untermenge auswählen und damit den Rechenaufwand für die Klassifizierung reduzieren.

20.2.6 Überwachte und unüberwachte Klassifizierung

Wir können das Klassifizierungsproblem als eine Analyse der Struktur des Merkmalsraums betrachten. Dabei wird ein Objekt als Muster im Merkmalsraum angesehen. Grundsätzlich können wir zwischen *überwachter* und *unüberwachter* Klassifizierung unterscheiden. Unter Überwachung einer Klassifizierungsprozedur verstehen wir die vorherige Bestimmung der Cluster im Merkmalsraum mit bekannten Objekten. Damit kennen wir die Anzahl der Klassen, ihren Ort und ihre Ausdehnung. Bei der unüberwachten Klassifizierung wird dagegen keine Kenntnis über die zu klassifizierenden Objekte vorausgesetzt. Wir berechnen die Muster im Merkmalsraum aus den zu klassifizierenden Objekten und analysieren anschließend die Cluster im Merkmalsraum. In diesem Fall wissen wir auch vorher die Anzahl der Klassen nicht. Sie ergibt sich aus der Anzahl gut voneinander getrennter Cluster im Merkmalsraum. Diese Methode ist sicher objektiver, aber die Trennung ist möglicherweise weniger gut.

Schließlich sprechen wir von einem *selbstlernenden Verfahren*, wenn der Merkmalsraum mit jedem neuen zu klassifizierenden Objekt aktualisiert wird. Mit diesen Methoden können zeitliche Veränderungen der Objektmerkmale kompensiert werden, die sehr einfache Ursachen haben mögen wie Veränderungen der Beleuchtung, welche in einer industriellen Umgebung häufig auftreten (Tageslichtverlauf, Alterung oder Verschmutzen des Beleuchtungssystems).

20.3   Einfache Klassifizierungsverfahren

In diesem Abschnitt stellen wir Verfahren zusammen, mit denen die Zugehörigkeit eines Objektes zu einer Klasse bestimmt werden kann. Sie lassen sich sowohl für die nichtüberwachte als auch für die überwachte Klassifizierung anwenden, denn beide Techniken unterscheiden sich nur durch die Methode, mit der Klassen Clustern im Merkmalsraum zugeordnet werden (Abschn. 20.2.6). Nach der Identifizierung der Cluster mit einer der beiden Methoden ist der weitere Klassifizierungsprozess gleich. Ein neues Objekt liefert einen Merkmalsvektor, der mit einer der Klassen assoziiert ist oder als nicht zu einer Klasse gehörig verworfen wird. Die verschiedenen Klassifizierungsverfahren unterscheiden sich lediglich durch die Art, wie die Cluster im Merkmalsraum modelliert werden.

Allen *Klassifizierungsverfahren* ist gemeinsam, dass sie den Merkmalsraum $\mathbb{M}$ auf den *Entscheidungsraum* $\mathbb{D}$ abbilden. Der Entscheidungsraum ist eine Menge mit Q Elementen, wobei jedes Element einer Klasse der Objekte einschließlich einer Zurückweisungsklasse für nichtidentifizierbare Objekte entspricht. Die Elemente des Entscheidungsraums sind im Fall einer deterministischen Entscheidung binäre Zahlen. Dann kann nur eines der Elemente eins sein; alle anderen müssen null sein. Falls der Klassifizierer eine Wahrscheinlichkeitsentscheidung fällt, sind die Elemente des Entscheidungsraums reelle Zahlen. Die Summe aller Elemente des Entscheidungsraums muss dann eins sein.

20.3.1   Nachschaumethode

Dies ist das einfachste Klassifizierungsverfahren, aber in einigen Fällen auch das beste, da eine — niemals perfekte — Modellierung der Cluster für die verschiedenen Objektklassen nicht vorgenommen wird. Bei der Nachschaumethode wird lediglich jede Zelle des Merkmalsraums einer Klasse zugeordnet und entsprechend markiert. Der Merkmalsraum selbst wird nicht verändert. Normalerweise gehört eine große Zahl von Zellen zu keiner Klasse und ist daher mit 0 markiert.

Wenn sich die Cluster zweier Klassen überlappen, haben wir zwei Zuordnungsmöglichkeiten. Zum einen können wir einen Punkt der Klasse zuordnen, deren Häufigkeitsverteilung hier die höchste Wahrscheinlichkeit aufweist. Zum anderen können wir uns auf den Standpunkt stellen, dass in diesem Fall keine eindeutige Zuordnung möglich ist, und den Punkt, d. h. diese Merkmalskombination, als nicht klassifizierbar einstufen. Dann wird die Zelle mit 0 markiert. Nach dieser Initialisierung des Merkmalsraums reduziert sich die Klassifizierung auf eine einfache Lookup- oder Nachschauoperation. Wir müssen für jeden Merkmalsvektor m lediglich in der mehrdimensionalen Lookup-Tabelle nachsehen, zu welcher Klasse, wenn überhaupt, er gehört.

Ohne Zweifel ist dies ein schnelles Klassifizierungsverfahren mit einem Minimum an Rechenoperationen. Der Nachteil — wie bei vielen schnellen Techniken — ist die enorme Anforderung an den Speicherplatz für die Lookup-Tabellen. Ein dreidimensionaler Merkmalsraum mit nur 64 Intervallen pro Merkmal braucht beispielsweise $64 \times 64 \times 64$ = 1/4 MByte Speicher, wenn nicht mehr als 255 Klassen benötigt werden und deshalb ein Byte zur Speicherung aller Klassenindizes genügt. Wir schließen daraus, dass sich die Nachschaumethode nur für niedrigdimensionale Merkmalsräume eignet. Dies legt nahe, die Anzahl der Merkmale zu reduzieren. Alternativ eignen sich Merkmale mit einer engen Verteilung der Merkmalswerte aller Klassen, da wir es dann mit einem kleinen Wertebereich zu tun haben. Damit reicht für ein Merkmal eine geringe Anzahl Intervalle, und die Speicheranforderungen reduzieren sich so weit, dass die Klassifizierung praktikabel wird.

20.3.2 Quadermethode

Die Quadermethode ist eine einfache Modellierung des Clusters im Merkmalsraum. Die Fläche des Clusters einer Klasse wird dabei möglichst eng von einem Rechteck umgeben (Abb. 20.8). Diese grobe Methode der Modellierung funktioniert, wenn wir annehmen, dass die Cluster mehrdimensionale Normalverteilungen sind. Dann haben die Cluster eine elliptische Form und passen gut in die sie umgebenden Rechtecke, wenn die Achsen der Ellipsen entlang den Achsen des Merkmalsraums orientiert sind. Eine Ellipse mit den Halbachsen a und b hat zum Beispiel in einem zweidimensionalen Merkmalsraum eine Fläche von πab, das sie enthaltende Rechteck eine Fläche von $4ab$. Das ist keine schlechte Klassifizierung.

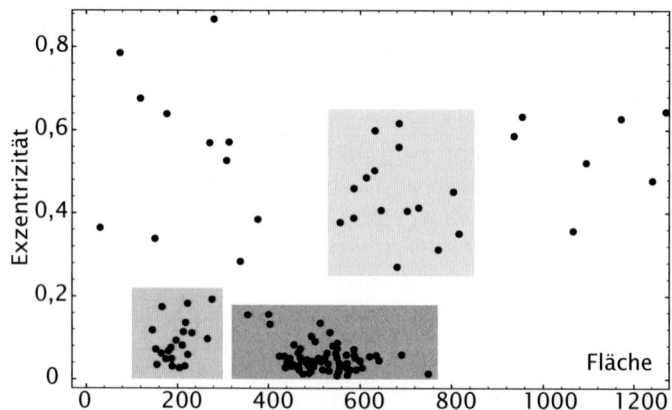

Abbildung 20.8: *Illustration der Quadermethode zur Klassifizierung der unterschiedlichen Samen aus Abb. 20.2 in die Klassen Pfefferkörner, Linsen und Sonnenblumenkerne mit Hilfe der beiden Merkmale Fläche und Exzentrizität.*

Ungünstig ist dagegen die Quaderapproximation von Klassen mit korrelierten Merkmalen, da die Cluster dann zu langgezogenen, dünnen Objekten entlang der Diagonalen im Merkmalsraum werden. In diesem Fall enthält der umschließende Quader viel freien Raum, und die Quader neigen wesentlich eher zum Überlappen. In überlappenden Bereichen ist eine Klassifizierung jedoch unmöglich. Korrelierte Merkmale können durch eine Hauptachsentransformation vermieden werden (Abschn. 20.2.5).

Der Rechenaufwand für die Quadermethode ist noch mäßig. Pro Klasse und Dimension des Merkmalsraums müssen zwei Vergleichsoperationen durchgeführt werden, damit entschieden werden kann, ob ein Merkmal zu einer Klasse gehört oder nicht. Das Maximum an Vergleichsoperationen für Q Klassen und einen P-dimensionalen Merkmalsraum ist also $2PQ$. Die Nachschaumethode erfordert dagegen nur P Adressberechnungen und ist unabhängig von der Anzahl der Klassen.

Zum Abschluss dieses Abschnitts diskutieren wir ein realistisches Klassifizierungsproblem. Abbildung 20.2 zeigt drei verschiedene Samenarten, nämlich Sonnenblumenkerne, Linsen und Pfefferkörner. Dieses einfache Beispiel weist viele der für ein Klassifizierungsproblem typischen Eigenschaften auf. Obwohl die drei Klassen wohldefiniert sind, müssen die Merkmale, die wir für die Klassifizierung verwenden, sorgfältig ausgewählt werden. Wir erkennen nicht von vornherein, welche Parameter zu einer erfolgreichen Unterscheidung der drei Klassen führen. Zudem unterliegt die Form der Samen, insbesondere der Sonnenblumenkerne, beträchtlichen Fluktuationen. Die Merkmalsselektion für dieses Beispiel wurde bereits in Abschn. 20.2.3 besprochen.

Tabelle 20.1: *Parameter und Ergebnisse der einfachen Quadermethode zur Klassifizierung der Samenkörner aus Abb. 20.2. Der zugehörige Merkmalsraum ist in Abb. 20.8 gezeigt.*

	Fläche	Exzentrizität	Anzahl
Gesamtzahl	—	—	122
Pfefferkörner	100–300	0,0–0,22	21
Linsen	320–770	0,0–0,18	67
Sonnenblumenkerne	530–850	0,25–0,65	15
nicht klassifiziert			19

Abbildung 20.8 veranschaulicht die Quadermethode anhand der beiden Merkmale Fläche und Exzentrizität. Die Rechtecke markieren die für die unterschiedlichen Klassen verwendeten Quader. Die Bedingungen für die drei Quader sind in Tabelle 20.1 zusammengefasst. Das Endergebnis der Klassifizierung ist in Abb. 20.9 zu sehen. In jedem der vier Bilder sind durch entsprechende Masken nur Objekte, die zu der entsprechenden Klasse gehören, sichtbar. Von insgesamt 122 Objekten konnten 103 zugeordnet werden. Die übrigen 19 wurden aus folgenden Gründen als nicht klassifizierbar abgelehnt:

- Zwei oder mehr Objekte liegen so dicht beieinander, dass sie zu einem verschmolzen erscheinen. Fläche und/oder Exzentrizität nehmen zu hohe Werte an.

- Objekte, die am Bildrand liegen, sind nur teilweise sichtbar, so dass jeweils ein Objekt mit relativ kleiner Fläche, aber hoher Exzentrizität resultiert.

- Drei große Sonnenblumenkerne wurden wegen ihrer zu großen Fläche zurückgewiesen. Würden wir die erlaubte Fläche für die Klasse der Sonnenblumenkerne erhöhen, würden auch dicht beieinander liegende Linsen als zu dieser Klasse gehörig erkannt werden. Solche Klassifizierungsfehler lassen sich nur vermeiden, wenn wir mit fortgeschritteneren Segmentierungsverfahren das Verschmelzen von Objekten verhindern.

20.3.3 Methode des geringsten Abstandes

Die Klassifizierung mit der Methode des geringsten Abstandes ist ein anderes einfaches Beispiel der Modellierung von Clustern. Jeder Cluster wird einfach durch seinen Schwerpunkt m_q repräsentiert. Basierend auf diesem Modell, ergibt sich eine einfache Einteilung des Merkmalsraums, indem wir den minimalen Abstand des Merkmalsvektors zu allen Klassen suchen. Dazu berechnen wir lediglich die Entfernung des Merkmalsvek-

a   *b*

c   *d*

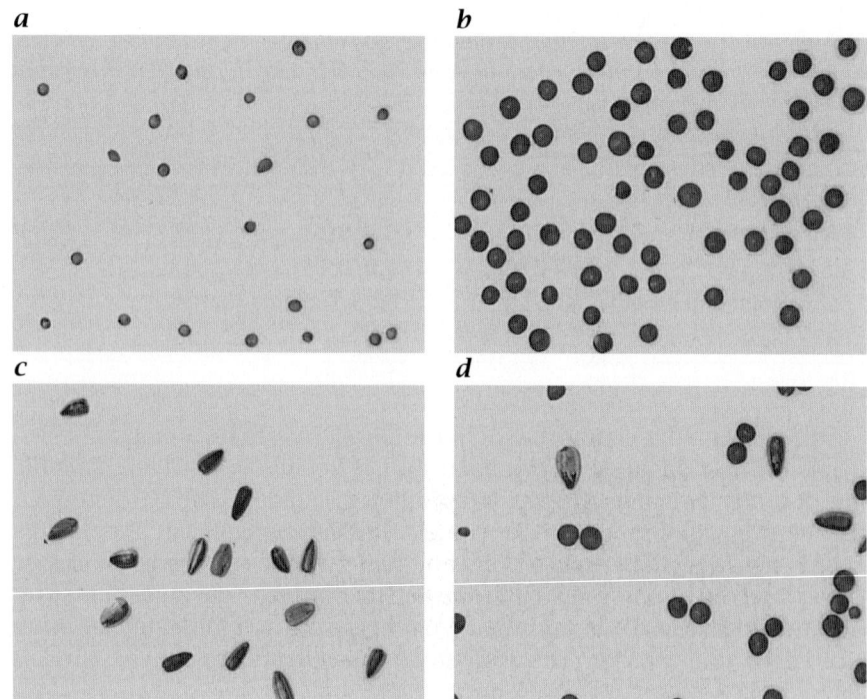

Abbildung 20.9: *Klassifizierte Objekte aus Abb. 20.2, maskiert nach den drei Klassen* **a** *Pfefferkörner,* **b** *Linsen,* **c** *Sonnenblumenkerne sowie* **d** *nicht klassifizierte Objekte.*

tors m zum Zentrum m_q jedes Clusters:

$$d_q^2 = |m - m_q|^2 = \sum_{p=1}^{P} (m_p - m_{qp})^2. \qquad (20.5)$$

Das Merkmal wird dann der Klasse zugeordnet, zu der es den kürzesten Abstand hat.

Geometrisch betrachtet, unterteilt dieser Ansatz den Merkmalsraum, wie in Abb. 20.10 gezeigt. Die Grenzen zwischen den Clustern sind Hyperebenen, die senkrecht auf den Vektoren stehen, welche zwei Clusterzentren verbinden. Der Schnittpunkt einer Ebene mit dem Verbindungsvektor liegt in der Mitte zwischen den Zentren.

Die Klassifizierung mit der Methode des geringsten Abstandes erfordert wie die Quadermethode einen Rechenaufwand proportional zur Dimension des Merkmalsraums und zur Anzahl der Cluster. Sie ist jedoch ein flexibles Verfahren, das in verschiedener Weise modifiziert werden kann.

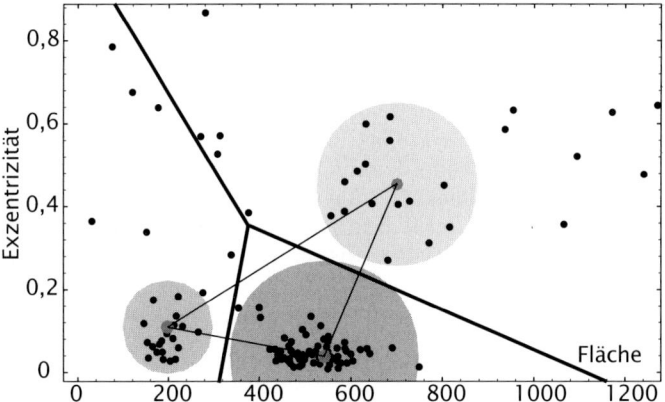

Abbildung 20.10: *Veranschaulichung der Klassifizierung verschiedener Samenkörner aus Abb. 20.2 mit der Methode des geringsten Abstandes in die Klassen
Pfefferkörner, Linsen und Sonnenblumenkerne mit Hilfe der Merkmale Fläche
und Exzentrizität. Ein Merkmalsvektor gehört zu dem Cluster, zu dessen Zentrum er den geringsten Abstand hat.*

Die Größe der Cluster können wir berücksichtigen, indem wir einen
Skalierungsfaktor in die Entfernungsberechnung nach (20.5) einführen.
Auf diese Weise muss ein Merkmal näher an einem Cluster geringen
Ausmaßes sein, um mit ihm assoziiert zu werden. Wir können auch
eine maximale Entfernung für jede Klasse definieren (Kreisscheiben in
Abb. 20.10). Ist dann die Entfernung eines Merkmalsvektors größer als
die maximale Entfernung zu allen Clustern, wird das Objekt als zu keiner
der Klassen zugehörig identifiziert.

20.3.4   Methode der höchsten Wahrscheinlichkeit

Die Methode der höchsten Wahrscheinlichkeit modelliert die Cluster als
statistische Wahrscheinlichkeitsdichtefunktionen. Im einfachsten Fall
haben wir P-dimensionale Normalverteilungen. Ausgehend von diesem
Modell, berechnen wir für jeden Merkmalsvektor die Wahrscheinlichkeit,
dass er zu einer der P Klassen gehört. Der Merkmalsvektor wird mit der
Klasse assoziiert, für die er die höchste Wahrscheinlichkeit aufweist. Der
neue Aspekt dieses Verfahrens ist, dass stochastische Entscheidungen
möglich sind. Es ist nicht notwendig zu entscheiden, ob ein Objekt zu
einer bestimmten Klasse gehört, sondern wir müssen ihm lediglich Wahrscheinlichkeiten für die Zugehörigkeit zu den unterschiedlichen Klassen
zuweisen.

20.4   Literaturhinweise zur Vertiefung[‡]

Aus der Fülle der Literatur über Mustererkennung seien hier nur drei Monographien herausgegriffen. Das Buch von Schürmann [181] zeigt in einzigartiger Weise die Gemeinsamkeiten von Klassifizierungsverfahren auf der Basis klassischer statistischer Methoden und von neuronalen Netzen auf. Die Anwendung neuronaler Netze für die Klassifizierung wird in Bishop [14] behandelt. Eine der wichtigsten Neuerungen in der Klassifizierung, die sogenannten *support vector machines*, werden sehr schön von Christianini und Shawe-Taylor [25] beschrieben.

Teil V

Referenzteil

A Referenzmaterial

Auswahl von CCD-Bildsensoren (Abschn. 1.7.1) R1

(C: Sättigungskapazität in 1000 Elektronen [ke], eNIR: erhöhte NIR Empfindlichkeit, FR: Bildrate in s^{-1}, ID: Bilddiagonale in mm, QE: Spitzenquantenausbeute)

Chip	Format H × V	FR	ID	Pixelgröße H × V, μm	Bemerkungen
Interlaced EIA video					
Sony[1] ICX258AL	768 × 494	30	6,09	6,35 × 7,4	1/3", eNIR
Sony[1] ICX248AL	768 × 494	30	8,07	8,4 × 9,8	1/2", eNIR
Sony[1] ICX082AL	768 × 494	30	11,1	11,6 × 13,5	2/3"
Interlaced CCIR video					
Sony[1] ICX259AL	752 × 582	25	6,09	6,5 × 6,25	1/3", eNIR
Sony[1] ICX249AL	752 × 582	25	8,07	8,6 × 8,3	1/2", eNIR
Sony[1] ICX083AL	752 × 582	25	10,9	11,6 × 11,2	2/3"
Progressive scanning interline					
Sony[1] ICX098AL	659 × 494	30	4,61	5,6 × 5,6	1/4"
Sony[1] ICX084AL	659 × 494	30	6,09	7,4 × 7,4	1/3"
Sony[1] ICX204AL	1024 × 768	15	5,95	4,65 × 4,65	1/3"
Kodak[2] KAI-0311M	648 × 484	30	7,28	9,0 × 9,0	1/2", QE 0,37 @ 500 nm
Sony[1] ICX074AL	659 × 494	40	8,15	9,9 × 9,9	1/2", C 32 ke, QE 0,43 @ 340 nm
Sony[1] ICX075AL	782 × 582	30	8,09	8,3 × 8,3	1/2"
Sony[1] ICX205AL	1360 × 1024	9,5	7,92	4,65 × 4,65	1/2", C 12 ke
Sony[1] ICX285AL	1360 × 1024	10	11,0	6,45 × 6,45	2/3", eNIR, C 18 ke, QE 0,65 @ 500 nm
Sony[1] ICX085AL	1300 × 1030	12,5	11,1	6,7 × 6,7	2/3", C 20 ke, QE 0,54 @ 380 nm
Kodak[2] KAI-1020M	1000 × 1000	49	10,5	7,4 × 7,4	QE 0,45 @ 490 nm
Kodak[2] KAI-1010M	1008 × 1018	30	12,9	9,0 × 9,0	QE 0,37 @ 500 nm
Kodak[2] KAI-2000M	1600 × 1200	30	14,8	7,4 × 7,4	QE 0,36 @ 490 nm
Kodak[2] KAI-4000M	2048 × 2048	15	21,4	7,4 × 7,4	QE 0,36 @ 490 nm

[1] http://www.sony.co.jp/en/Products/SC-HP/Product_List_E/index.html
[2] http://www.kodak.com/go/ccd

B. Jähne, Digitale Bildverarbeitung
ISBN 3-540-41260-3

R2 | Auswahl von CMOS-Bildsensoren (Abschn. 1.7.1)

(C: Sättigungskapazität in 1000 Elektronen [ke], FR: Bildrate in s^{-1}, PC: Pixel-Taktrate in MHz, QE: Spitzenquantenausbeute)

Chip	Format H × V	FR	PC	Pixelgröße H × V, μm	Bemerkungen
Lineare Kennlinie					
PhotonFocus[1]	640 × 480	30	10	10, 5 × 10, 5	32% fill factor
Kodak[2] KAC-0311	640 × 480	60	20	7, 8 × 7, 8	C 45 ke, QE 0,22 @ 500 nm
Kodak[2] KAC-1310	1280 × 1024	15	20	6, 0 × 6, 0	C 40 ke
Hohe Bildrate					
Fillfactory[3] LU-PA1300	1280 × 1024	450	40	12, 0 × 12, 0	16 parallele Ausgänge
Photobit[4] PB-MV40	2352 × 1728	240	80	7, 0 × 7, 0	16 parallele 10-bit-Ausgänge
Photobit[4] PB-MV13	1280 × 1024	600	80	12, 0 × 12, 0	10 parallele 10-bit-Ausgänge
Photobit[4] PB-MV02	512 × 512	4000	80	16, 0 × 16, 0	16 parallele 10-bit-Ausgänge
Logarithmische Kennlinie					
IMS HDRC VGA [5]	640 × 480	25	8	12 × 12	
PhotonFocus[1]	1024 × 1024	28	28	10, 6 × 10, 6	Lineare Kennlinie bei geringer Helligkeit mit einstellbaren Übergang auf eine logarithmische Kennlinie

[1] http://www.photonfocus.com
[2] http://www.kodak.com/go/ccd
[3] http://www.fillfactory.com
[4] http://www.photobit.com
[5] http://www.ims-chips.de

Bildsensoren für Wärmestrahlung (IR, Abschn. 1.7.1) R3

(C: Sättigungskapazität in Millionen Elektronen [Me], IT: Integrationszeit, NETD: Rauschäquivalente Temperaturdifferenz, QE: Spitzenquantenausbeute)

Chip	Format H × V	FR	PC	Pixelgröße H × V, μm	Bermerkungen
Nahes Infrarot (NIR)					
Indigo[1] InGaAs	320 × 256	345		30 × 30	0,9–1,68 μm, C 3,5 Me
Mittelwelliges Infrarot (MWIR)					
AIM[2] PtSi	640 × 486	50	12	24 × 24	3,0–5,0 μm, NETD < 75 mK @ 33 ms IT
Indigo[1] InSb	320 × 256	345		30 × 30	2,0–5,0 μm, C 18 Me
Indigo[1] InSb	640 × 512	100		25 × 25	2,0–5,0 μm, C 11 Me
AIM[2] HgCdTe	384 × 288	120	20	24 × 24	3,0–5,0 μm, NETD < 20 mK @ 2 ms IT
AIM[2]/IaF FhG[3] QWIP	640 × 512	30	18	24 × 24	3,0–5,0 μm, NETD < 15 mK @ 20 ms IT
Langwelliges Infrarot (LWIR)					
AIM[2] HgCdTe	256 × 256	200	16	40 × 40	8–10 μm, NETD < 20 mK @ 0,35 ms IT
Indigo[1] QWIP	320 × 256	345		30 × 30	8,0–9,2 μm, C 18 Me, NETD < 30 mK
AIM[2]/IaF FhG[3] QWIP	256 × 256	200	16	40 × 40	8,0–9,2 μm, NETD < 8 mK @ 20 ms IT
AIM[2]/IaF FhG[3] QWIP	640 × 512	30	18	24 × 24	8,0–9,2 μm, NETD < 10 mK @ 30 ms IT
Ungekühlte Sensoren					
Indigo[1] Mikrobolo-meter	320 × 240	60		30 × 30	7,0–14,0 μm, NETD < 120 mK

[1] http://www.indogosystems.com
[2] http://www.aim-ir.de
[3] http://www.iaf.fhg.de/ir/qwip/index.html

R4 Eigenschaften der Fouriertransformation (Abschn. 2.3.5)

$g(\boldsymbol{x}) \circ\!\!-\!\!\bullet\, \hat{g}(\boldsymbol{k})$ und $h(\boldsymbol{x}) \circ\!\!-\!\!\bullet\, \hat{h}(\boldsymbol{k})$ sind Fouriertransformationspaare:

$$\hat{g}(\boldsymbol{k}) = \int\limits_{-\infty}^{\infty} g(\boldsymbol{x}) \exp\left(-2\pi i \boldsymbol{k}^T \boldsymbol{x}\right) \mathrm{d}^W x = \left\langle \exp\left(2\pi i \boldsymbol{k}^T \boldsymbol{x}\right) \mid g(\boldsymbol{x}) \right\rangle;$$

$s \neq 0$ ist eine reelle, a und b sind komplexe Zahlen; A und U sind W×W-Matrizen, R ist eine orthogonale Drehmatrix ($R^{-1} = R^T$, $\det R = 1$)

Eigenschaft	Ortsraum	Fourierraum
Linearität	$ag(\boldsymbol{x}) + bh(\boldsymbol{x})$	$a\hat{g}(\boldsymbol{k}) + b\hat{h}(\boldsymbol{k})$
Ähnlichkeit	$g(s\boldsymbol{x})$	$\hat{g}(\boldsymbol{k}/s)/\lvert s\rvert$
Verallgemeinerte Ähnlichkeit	$g(A\boldsymbol{x})$	$\hat{g}\left((A^{-1})^T \boldsymbol{k}\right)/\det A$
Drehung	$g(R\boldsymbol{x})$	$\hat{g}(R\boldsymbol{k})$
Separierbarkeit	$\prod\limits_{w=1}^{W} g_w(x_w)$	$\prod\limits_{w=1}^{W} \hat{g}_w(k_w)$
Verschieb. im x-Raum	$g(\boldsymbol{x} - \boldsymbol{x}_0)$	$\exp(-2\pi i \boldsymbol{k}^T \boldsymbol{x}_0)\hat{g}(\boldsymbol{k})$
Finite Differenzen	$g(\boldsymbol{x} + \boldsymbol{x}_0/2) - g(\boldsymbol{x} - \boldsymbol{x}_0/2)$	$2i\sin(\pi \boldsymbol{x}_0^T \boldsymbol{k})\hat{g}(\boldsymbol{k})$
Verschieb. im k-Raum	$\exp(2\pi i \boldsymbol{k}_0^T \boldsymbol{x})g(\boldsymbol{x})$	$\hat{g}(\boldsymbol{k} - \boldsymbol{k}_0)$
Modulation	$\cos(2\pi \boldsymbol{k}_0^T \boldsymbol{x})g(\boldsymbol{x})$	$(\hat{g}(\boldsymbol{k} - \boldsymbol{k}_0) + \hat{g}(\boldsymbol{k} + \boldsymbol{k}_0))/2$
Ableitung im x-Raum	$\dfrac{\partial g(\boldsymbol{x})}{\partial x_p}$	$2\pi i k_p \hat{g}(\boldsymbol{k})$
Ableitung im k-Raum	$-2\pi i x_p g(\boldsymbol{x})$	$\dfrac{\partial \hat{g}(\boldsymbol{k})}{\partial k_p}$
Bestimmtes Integral, Mittelwert	$\int\limits_{-\infty}^{\infty} g(\boldsymbol{x}')\mathrm{d}^W x'$	$\hat{g}(0)$
Momente	$\int\limits_{-\infty}^{\infty} x_p^m x_q^n g(\boldsymbol{x})\mathrm{d}^W x$	$\left(\dfrac{i}{2\pi}\right)^{m+n} \left(\dfrac{\partial^{m+n}\hat{g}(\boldsymbol{k})}{\partial k_p^m \partial k_q^n}\right)\Bigg\vert_0$
Faltung	$\int\limits_{-\infty}^{\infty} h(\boldsymbol{x}')g(\boldsymbol{x} - \boldsymbol{x}')\mathrm{d}^W x'$	$\hat{h}(\boldsymbol{k})\hat{g}(\boldsymbol{k})$
Korrelation	$\int\limits_{-\infty}^{\infty} h(\boldsymbol{x}')g(\boldsymbol{x}' + \boldsymbol{x})\mathrm{d}^W x'$	$\hat{g}^*(\boldsymbol{k})\,\hat{h}(\boldsymbol{k})$
Multiplikation	$h(\boldsymbol{x})g(\boldsymbol{x})$	$\int\limits_{-\infty}^{\infty} \hat{h}(\boldsymbol{k}')\hat{g}(\boldsymbol{k} - \boldsymbol{k}')\mathrm{d}^W k'$
Inneres Produkt	$\int\limits_{-\infty}^{\infty} g^*(\boldsymbol{x})\,h(\boldsymbol{x})\mathrm{d}^W x$	$\int\limits_{-\infty}^{\infty} \hat{g}^*(\boldsymbol{k})\hat{h}(\boldsymbol{k})\mathrm{d}^W k$

Elementare Transformspaare der kontinuierlichen Fouriertransformation $\boxed{\text{R5}}$

2D- und 3D-Funktionen sind mit † bzw. ‡ markiert.

Ortsraum	Fourierraum
Delta, $\delta(x)$	Konst., 1
Konst., 1	Delta, $\delta(k)$
$\cos(k_0 x)$	$\dfrac{1}{2}\left(\delta(k - k_0) + \delta(k + k_0)\right)$
$\sin(k_0 x)$	$\dfrac{i}{2}\left(\delta(k - k_0) - \delta(k + k_0)\right)$
$\text{sgn}(x) = \begin{cases} 1 & x \geq 0 \\ -1 & x < 0 \end{cases}$	$\dfrac{-i}{\pi k}$
Kasten, $\Pi(x) = \begin{cases} 1 & |x| < 1/2 \\ 0 & |x| \geq 1/2 \end{cases}$	$\text{sinc}(k) = \dfrac{\sin(\pi k)}{\pi k}$
Scheibe, † $\dfrac{1}{\pi r^2}\Pi\left(\dfrac{|x|}{2r}\right)$	Bessel, $\dfrac{J_1(2\pi r |k|)}{\pi r |k|}$
Kugel, ‡ $\Pi\left(\dfrac{|x|}{2}\right)$	$\dfrac{\sin(|k|) - |k|\cos(|k|)}{|k|^3/(4\pi)}$
Bessel, $\dfrac{J_1(2\pi x)}{x}$	$2(1 - k)^{1/2}\Pi\left(\dfrac{k}{2}\right)$
$\exp(-|x|),\ \exp(-|x|)^\dagger$	$\dfrac{2}{1 + (2\pi k)^2},\ \dfrac{2\pi}{(1 + (2\pi|k|)^2)^{3/2}}{}^\dagger$

Unter der Fouriertransformation invariante Funktionen $\boxed{\text{R6}}$

Ortsraum	Fourierraum
Gauß, $\exp\left(-\pi x^T x\right)$	Gauß, $\exp\left(-\pi k^T k\right)$
$x_p \exp\left(-\pi x^T x\right)$	$-i k_p \exp\left(-\pi k^T k\right)$
$\text{sech}(\pi x) = \dfrac{1}{\exp(\pi x) + \exp(-\pi x)}$	$\text{sech}(\pi k) = \dfrac{1}{\exp(\pi k) + \exp(-\pi k)}$
Hyperbel, $|x|^{-W/2}$	$|k|^{-W/2}$
1D-δ-Kamm, $\text{III}(x) = \displaystyle\sum_{n=-\infty}^{\infty} \delta(x - n)$	$\text{III}(k) = \displaystyle\sum_{v=-\infty}^{\infty} \delta(k - v)$

R7 **Eigenschaften der 2D-DFT (Abschn. 2.3.5)**

G und H sind komplexe M×N-Matrizen, $\hat{G}$ und $\hat{H}$ ihre Fouriertransformierten,

$$\hat{g}_{u,v} = \frac{1}{MN} \sum_{m=0}^{M-1}\sum_{n=0}^{N-1} g_{m,n} \mathrm{w}_M^{-mu} \mathrm{w}_N^{-nv}, \quad \mathrm{w}_N = \exp{(2\pi\mathrm{i}/N)}$$

$$g_{m,n} = \sum_{u=0}^{M-1}\sum_{v=0}^{N-1} \hat{g}_{u,v} \mathrm{w}_M^{mu} \mathrm{w}_N^{nv},$$

und a und b komplexe Konstanten. Aufwärtstastung und Replikation um die Factoren $K, L \in \mathbb{N}$ ergeben KM×LN-Matrizen. Beweise sind in Cooley und Tukey [27] und in Poularikas [154] zu finden.

Eigenschaft	Ortsraum	Fourierraum
Mittelwert	$\dfrac{1}{MN}\displaystyle\sum_{m=0}^{M-1}\sum_{n=0}^{N-1} G_{mn}$	$\hat{g}_{0,0}$
Linearität	$aG + bH$	$a\hat{G} + b\hat{H}$
Aufwärtstastung	$g_{Km,Ln}$	$\hat{g}_{uv}/(KL)$ $(\hat{g}_{kM+u,lN+v} = \hat{g}_{u,v})$
Replikation (Frequenz-Aufwärtstastung)	$g_{m,n}$ ($g_{kM+m,lN+n} = g_{m,n}$)	$\hat{g}_{Ku,Lv}$
Verschiebung	$g_{m-m',n-n'}$	$\mathrm{w}_M^{-m'u}\mathrm{w}_N^{-n'v}\hat{g}_{uv}$
Modulation	$\mathrm{w}_M^{u'm}\mathrm{w}_N^{v'n}g_{m,n}$	$\hat{g}_{u-u',v-v'}$
Finite Differenzen	$(g_{m+1,n} - g_{m-1,n})/2$ $(g_{m,n+1} - g_{m,n-1})/2$	$\mathrm{i}\sin(2\pi u/M)\hat{g}_{uv}$ $\mathrm{i}\sin(2\pi v/N)\hat{g}_{uv}$
Faltung	$\displaystyle\sum_{m'=0}^{M-1}\sum_{n'=0}^{N-1} h_{m'n'}g_{m-m',n-n'}$	$MN\hat{h}_{uv}\hat{g}_{uv}$
Korrelation	$\displaystyle\sum_{m'=0}^{M-1}\sum_{n'=0}^{N-1} h_{m'n'}g_{m+m',n+n'}$	$MN\hat{h}_{uv}\hat{g}^*_{uv}$
Multiplikation	$g_{mn}h_{mn}$	$\displaystyle\sum_{u'=0}^{M-1}\sum_{v'=0}^{N-1} h_{u'v'}g_{u-u',v-v'}$
Inneres Produkt	$\displaystyle\sum_{m=0}^{M-1}\sum_{n=0}^{N-1} g^*_{mn}h_{mn}$	$\displaystyle\sum_{u=0}^{M-1}\sum_{v=0}^{N-1} \hat{g}^*_{uv}\hat{h}_{uv}$
Norm	$\displaystyle\sum_{m=0}^{M-1}\sum_{n=0}^{N-1} |g_{mn}|^2$	$\displaystyle\sum_{u=0}^{M-1}\sum_{v=0}^{N-1} |\hat{g}_{uv}|^2$

Eigenschaften der 1D-Hartleytransformation (Abschn. 2.4.2) R8

$g(x) \circ\!\!-\!\!\bullet \hat{g}(k)$ and $h(x) \circ\!\!-\!\!\bullet \hat{h}(k)$ sind Hartleytransformationspaare:

$$^h\hat{g}(k) = \int_{-\infty}^{\infty} g(x)\,\mathrm{cas}(2\pi kx)\mathrm{d}x \quad \circ\!\!-\!\!\bullet \quad g(x) = \int_{-\infty}^{\infty} {}^h\hat{g}(k)\,\mathrm{cas}(2\pi kx)\mathrm{d}k$$

mit

$$\mathrm{cas}\,2\pi kx = \cos(2\pi kx) + \sin(2\pi kx).$$

s ist eine reelle Zahl ungleich null, a und b sind reelle Konstanten.

Eigenschaft	Ortsraum	Fourierraum
Linearität	$ag(x) + bh(x)$	$a\hat{g}(k) + b\hat{h}(k)$
Ähnlichkeit	$g(sx)$	$\hat{g}(k/s)/|s|$
Shift in x space	$g(x - x_0)$	$\cos(2\pi kx_0)\hat{g}(k) - \sin(2\pi kx_0)\hat{g}(-k)$
Modulation	$\cos(2\pi k_0 x)g(x)$	$(\hat{g}(k - k_0) + \hat{g}(k + k_0))/2$
Ableitung in x space	$\dfrac{\partial g(\boldsymbol{x})}{\partial x_p}$	$-2\pi k_p \hat{g}(-k)$
Bestimmtes Integral, Mittelwert	$\displaystyle\int_{-\infty}^{\infty} g(\boldsymbol{x}')\mathrm{d}x'$	$\hat{g}(0)$
Faltung	$\displaystyle\int_{-\infty}^{\infty} h(x')g(x - x')\mathrm{d}x'$	$[\hat{g}(k)\hat{h}(k) + \hat{g}(k)\hat{h}(-k)$ $+\hat{g}(-k)\hat{h}(k) - \hat{g}(-k)\hat{h}(-k)]/2$
Multiplikation	$h(x)g(x)$	$[\hat{g}(k) * \hat{h}(k) + \hat{g}(k) * \hat{h}(-k)$ $+\hat{g}(-k) * \hat{h}(k) - \hat{g}(-k) * \hat{h}(-k)]/2$
Autokorrelation	$\displaystyle\int_{-\infty}^{\infty} g(x')g(x' + x)\mathrm{d}x'$	$[\hat{g}^2(k) + \hat{g}^2(-k)]/2$

1. Berechnung der Fourier- aus der Hartleytransformation

$$\hat{g}(k) = \frac{1}{2}\left({}^h\hat{g}(k) + {}^h\hat{g}(-k)\right) - \frac{\mathrm{i}}{2}\left({}^h\hat{g}(k) - {}^h\hat{g}(-k)\right)$$

2. Berechnung der Hartley- aus der Fouriertransformation

$$^h\hat{g}(k) = \Re[\hat{g}(k)] - \Im[\hat{g}(k)] = \frac{1}{2}\left(\hat{g}(k) + \hat{g}^*(k)\right) + \frac{\mathrm{i}}{2}\left(\hat{g}(k) - \hat{g}^*(k)\right)$$

R9　Wahrscheinlichkeitsdichtefunktionen (PDF, Abschn. 3.4)

Definition, Mittelwerte (MW) und Varianzen

Name	Definition	MW	Varianz
Diskrete Wahrscheinlichkeitsdichtefunktionen f_n			
Poisson $P(\mu)$	$\exp(-\mu)\dfrac{\mu^n}{n!},\ n \geq 0$	μ	μ
Binomial $B(Q,p)$	$\dfrac{Q!}{n!\,(Q-n)!}p^n(1-p)^{Q-n}, 0 \leq n < Q$	Qp	$Qp(1-p)$
Kontinuierliche Wahrscheinlichkeitsdichtefunktionen $f(x)$			
Konstant $U(a,b)$	$\dfrac{1}{b-a}$	$\dfrac{a+b}{2}$	$\dfrac{(b-a)^2}{12}$
Normal $N(\mu,\sigma)$	$\dfrac{1}{\sqrt{2\pi}\sigma}\exp\left(-\dfrac{(x-\mu)^2}{2\sigma^2}\right)$	μ	σ^2
Rayleigh $R(\sigma)$	$\dfrac{x}{\sigma^2}\exp\left(-\dfrac{x^2}{2\sigma^2}\right),\ x>0$	$\sigma\sqrt{\pi/2}$	$\sigma^2(4-\pi)/2$
Chiquadrat $\chi^2(Q,\sigma)$	$\dfrac{x^{Q/2-1}}{2^{Q/2}\Gamma(Q/2)\sigma^Q}\exp\left(-\dfrac{x}{2\sigma^2}\right),\ x>0$	$Q\sigma^2$	$2Q\sigma^4$

Additionstheoreme für unabhängige Zufallsvariable g_1 und g_2

PDF	g_1	g_2	$g_1 + g_2$
Binomial	$B(Q_1,p)$	$B(Q_2,p)$	$B(Q_1+Q_2,p)$
Poisson	$P(\mu_1)$	$P(\mu_2)$	$P(\mu_1+\mu_2)$
Normal	$N(\mu_1,\sigma_1)$	$N(\mu_2,\sigma_2)$	$N(\mu_1+\mu_2,(\sigma_1^2+\sigma_2^2)^{1/2})$
Chiquadrat	$\chi^2(Q_1,\sigma)$	$\chi^2(Q_2,\sigma)$	$\chi^2(Q_1+Q_2,\sigma)$

Wahrscheinlichkeitsdichtefunktionen von Funktionen unabhängiger Zufallsvariablen g_n

PDF	Funktion	PDF der Funktion
g_n: $N(0,\sigma)$	$(g_1^2+g_2^2)^{1/2}$	$R(\sigma)$
g_n: $N(0,\sigma)$	$\arctan(g_2^2/g_1^2)$	$U(0,2\pi)$
g_n: $N(0,\sigma)$	$\displaystyle\sum_{n=1}^{Q} g_n^2$	$\chi^2(Q,\sigma)$

Fehlerfortpflanzung (Abschn. 3.2.3, 3.3.3und 4.2.8) $\boxed{\text{R10}}$

f_g ist die PDF einer Zufallsvariablen (ZV) g, a und b Konstanten, $g' = p(g)$ eine differenzierbare monotone Funktion mit der Ableitung $\mathrm{d}p/\mathrm{d}g$ und der Umkehrfunktion $g = p^{-1}(g')$.
$\boldsymbol{g}$ ist ein Vektor mit P ZVn mit der Kovarianzmatrix $\mathrm{cov}(\boldsymbol{g})$, $\boldsymbol{g}'$ ein Vektor mit Q ZVn und der Kovarianzmatrix $\mathrm{cov}(\boldsymbol{g}')$, $\boldsymbol{M}$ eine $Q \times P$-Matrix und $\boldsymbol{a}$ ein Spaltenvektor mit Q Elementen.

1. PDF, Mittelwert und Varianz der linearen Funktion $g' = ag + b$

$$f_{g'}(g') = \frac{f_g((g' - a)/b)}{|a|}, \quad \mu_{g'} = a\mu_g + b, \quad \sigma_{g'}^2 = a^2 \sigma_g^2$$

2. PDF einer monotonen, differenzierbaren Funktion $g' = p(g)$

$$f_{g'}(g') = \frac{f_g(p^{-1}(g'))}{|\mathrm{d}p(p^{-1}(g'))/\mathrm{d}g|},$$

3. Mittelwert und Varianz einer differenzierbaren nichtlinearen Funktion $g' = p(g)$

$$\mu_{g'} \approx p(\mu_g) + \frac{\sigma_g^2}{2}\frac{\mathrm{d}^2 p(\mu_g)}{\mathrm{d}g^2}, \quad \sigma_{g'}^2 \approx \left|\frac{\mathrm{d}p(\mu_g)}{\mathrm{d}g}\right|^2 \sigma_g^2$$

4. Kovarianzmatrix einer Linearkombination von ZVn, $\boldsymbol{g}' = \boldsymbol{M}\boldsymbol{g} + \boldsymbol{a}$

$$\mathrm{cov}(\boldsymbol{g}') = \boldsymbol{M}\,\mathrm{cov}(\boldsymbol{g})\boldsymbol{M}^T$$

5. Kovarianzmatrix einer nichtlinearen Kombination von ZVn, $\boldsymbol{g}' = \boldsymbol{p}(\boldsymbol{g})$

$$\mathrm{cov}(\boldsymbol{g}') \approx \boldsymbol{J}\,\mathrm{cov}(\boldsymbol{g})\boldsymbol{J}^T \quad \text{mit der Jacobi-Matrix } \boldsymbol{J}, \quad j_{q,p} = \frac{\partial p_q}{\partial g_p}.$$

6. Homogenes stochastische Feld: Faltung eines Zufallsvektors mit einem Filter $\boldsymbol{h}$: $\boldsymbol{g}' = \boldsymbol{h} * \boldsymbol{g}$ (Abschn. 4.2.8)

   (a) $\boldsymbol{g}$ hat die Autokovarianzfunktion $\boldsymbol{c}$

   $$\boldsymbol{c}' = \boldsymbol{c} \star (\boldsymbol{h} \star \boldsymbol{h}) \quad \multimap \quad \hat{\boldsymbol{c}}'(k) = \hat{\boldsymbol{c}}(k)\left|\hat{\boldsymbol{h}}(k)\right|^2.$$

   (b) $\boldsymbol{g}$ hat die Autokovarianzfunktion $\boldsymbol{c} = \sigma^2 \delta_n$ (unkorrelierte Elemente)

   $$\boldsymbol{c}' = \sigma^2 (\boldsymbol{h} \star \boldsymbol{h}) \quad \multimap \quad \hat{\boldsymbol{c}}'(k) = \sigma^2 \left|\hat{\boldsymbol{h}}(k)\right|^2.$$

R11 1D-Faltungsfilter (Abschn. 4.2.6, 11.2 und 12.2)

1. Transferfunktion eines 1D-Filters mit einer ungeraden Anzahl von Koeffizienten ($2R + 1$, $[h_{-R}, \ldots, h_{-1}, h_0, h_1, \ldots, h_R]$)

   (a) allgemein

$$\hat{h}(\tilde{k}) = \sum_{v'=-R}^{R} h_{v'} \exp(-\pi i v' \tilde{k})$$

   (b) gerade Symmetrie ($h_{-v} = h_v$)

$$\hat{h}_v = h_0 + 2 \sum_{v'=1}^{R} h_{v'} \cos(\pi v' \tilde{k})$$

   (c) ungerade Symmetrie ($h_{-v} = -h_v$)

$$\hat{h}_v = -2i \sum_{v'=1}^{R} h_{v'} \sin(\pi v' \tilde{k})$$

2. Transferfunktions eines 1D-Filters mit einer ungeraden Anzahl von Koeffizienten ($2R$, $[h_{-R}, \ldots, h_{-1}, h_1, \ldots, h_R]$, Faltungsergebnis liegt auf dem Zwischengitter)

   (a) gerade Symmetrie ($h_{-v} = h_v$):

$$\hat{h}_v = 2 \sum_{v'=1}^{R} h_{v'} \cos(\pi (v' - 1/2)\tilde{k})$$

   (b) ungerade Symmetrie ($h_{-v} = -h_v$):

$$\hat{h}_v = -2i \sum_{v'=1}^{R} h_{v'} \sin(\pi (v' - 1/2)\tilde{k})$$

Rekursive 1D-Filter (Abschn. 4.3)

1. allgemeine Filtergleichung

$$g'_n = -\sum_{n''=1}^{S} a_{n''} g'_{n-n''} + \sum_{n'=-R}^{R} h_{n'} g_{n-n'}$$

2. allgemeine Transferfunktion

$$\hat{h}(\tilde{k}) = \frac{\displaystyle\sum_{n'=-R}^{R} h_{n'} \exp(-\pi i n' \tilde{k})}{\displaystyle\sum_{n''=0}^{S} a_{n''} \exp(-\pi i n'' \tilde{k})}$$

3. Faktorisierung der Transferfunktion mit Hilfe der z-Transformation und dem Fundamentalsatz der Algebra

$$\hat{h}(z) = h_{-R} z^{S-R} \frac{\displaystyle\prod_{n'=1}^{2R} (1 - c_{n'} z^{-1})}{\displaystyle\prod_{n''=1}^{S} (1 - d_{n''} z^{-1})}$$

4. Relaxationsfilter

   (a) Filtergleichung ($|\alpha| < 1$)

   $$g'_n = \alpha g'_{n\mp 1} + (1 - \alpha) g_n$$

   (b) Punktantwort

   $$^{\pm}r_{\pm n} = \begin{cases} (1 - \alpha)\alpha^n & n \geq 0 \\ 0 & \text{else} \end{cases}$$

   (c) Transferfunktion des symmetrischen Filters (kaskadierte Anwendung in Vorwärts- und Rückwärtsrichtung)

   $$\hat{r}(\tilde{k}) = \frac{1}{1 + \beta - \beta \cos \pi \tilde{k}}, \quad \left(\hat{r}(0) = 1, \hat{r}(1) = \frac{1}{1 + 2\beta} \right)$$

   mit

   $$\beta = \frac{2\alpha}{(1 - \alpha)^2}, \quad \alpha = \frac{1 + \beta - \sqrt{1 + 2\beta}}{\beta}, \quad \beta \in \left]-1/2, \infty\right[$$

5. Resonanzfilter mit der Transferfunktion eins bei der Resonanz-Wellenzahl $\tilde{k}_0$ im Grenzfall kleiner Dämpfung $1 - r \ll 1$

   (a) Filtergleichung (Dämpfungskoeffizient $r \in [0, 1[$, Resonanz-Wellenzahl $\tilde{k}_0 \in [0, 1]$)

   $$g'_n = (1 - r^2)\sin(\pi\tilde{k}_0)g_n + 2r\cos(\pi\tilde{k}_0)g'_{n\mp1} - r^2 g'_{n\mp2}$$

   (b) Punktantwort

   $$h_{\pm n} = \begin{cases} (1 - r^2)r^n \sin[(n + 1)\pi\tilde{k}_0] & n \geq 0 \\ 0 & n < 0 \end{cases}$$

   (c) Transferfunktion des symmetrischen Filters (kaskadierte Anwendung in Vorwärts- und Rückwärtsrichtung)

   $$\hat{s}(\tilde{k}) = \frac{\sin^2(\pi\tilde{k}_0)(1 - r^2)^2}{\left(1 - 2r\cos[\pi(\tilde{k} - \tilde{k}_0)] + r^2\right)\left(1 - 2r\cos[\pi(\tilde{k} + \tilde{k}_0)] + r^2\right)}$$

   (d) Approximation der Transferfunktion bei kleiner Dämpfung

   $$\hat{s}(\tilde{k}) \approx \frac{1}{1 + (\tilde{k} - \tilde{k}_0)^2 \Big/ \frac{(1-r^2)^2}{4r^2\pi^2}} \quad \text{for} \quad 1 - r \ll 1$$

   (e) Halbwertsbreite Δk, definiert durch $\hat{s}(\tilde{k}_0 \pm \Delta k) = 1/2$

   $$\Delta k \approx (1 - r)/\pi$$

R13 **Gauß- und Laplacepyramide (Abschn. 5.3)**

1. Konstruktion der *Gaußpyramide* $G^{(0)}, G^{(1)}, \dots, G^{(Q-1)}$ mit Q Ebenen durch iterative Glättung und Unterabtastung um einen Faktor zwei in alle Richtungen

   $$G^{(0)} = G, \quad G^{(q+1)} = \mathcal{B}_{\downarrow2}G^{(q)}$$

2. Bedingung für das Glättungsfilter zur Vermeidung von Überlappungseffekten (Aliasing)

   $$\hat{B}(\tilde{\boldsymbol{k}}) = 0 \;\; \forall \tilde{k}_p \geq \frac{1}{2}$$

3. Konstruktion der *Laplacepyramide* $L^{(0)}, L^{(1)}, \dots, L^{(Q-1)}$ mit Q Ebenen aus der Gaußpyramide

   $$L^{(q)} = G^{(q)} - \uparrow_2 G^{(q+1)}, \quad L^{(Q-1)} = G^{(Q-1)}$$

Die letzte Ebene der Laplacepyramide ist die letzte Ebene der Gaußpyramide.

4. Interpolationsfilter zur Aufwärtstastung $\uparrow_2$ ($\succ$ R22)

5. Iterative Rekonstruktion des Originalbildes aus der Laplacepyramide. Berechne

$$G^{(q-1)} = L^{(q-1)} + \uparrow_2 \, G^q$$

beginnend mit der höchsten Ebene ($q = Q - 1$). Wenn die gleiche Methode zur Aufwärtstastung bei der Konstruktion der Laplacepyramide und der Rekonstruktion des Originalbildes benutzt wird, dann ist diese bis auf Rundungsfehler fehlerfrei.

6. Gemeinsame Skalen- und Richtungszerlegung in zwei Richtungskomponenten

$$\begin{aligned}
G^{(q+1)} &= \downarrow_2 \mathcal{B}_x \mathcal{B}_y G^{(q)} \\
L^{(q)} &= G^{(q)} - \uparrow_2 G^{(q+1)} \\
L_x^{(q)} &= 1/2(L^{(q)} - (\mathcal{B}_x - \mathcal{B}_y)G^{(q)}) \\
L_y^{(q)} &= 1/2(L^{(q)} + (\mathcal{B}_x - \mathcal{B}_y)G^{(q)})
\end{aligned}$$

Elementare Eigenschaften elektromagnetischer Wellen (Abschn. 6.2) $\boxed{\text{R14}}$

1. *Frequenz* ν (Zyklen pro Zeit) und *Wellenlänge* λ (Länge einer Periode) sind durch die *Phasengeschwindigkeit* c (im Vakuum die *Lichtgeschwindigkeit* $c = 2.9979 \times 10^8 \, \mathrm{m\,s^{-1}}$) verknüpft:

$$\lambda \nu = c$$

2. Klassifizierung der UV-, sichtbaren and IR-Strahlung (Abb. 6.2)

Name	Bereich	Bemerkungen
VUV (Vakuum-UV)	30–180 nm	Starke Absorption durch Luft
UV-C	100–280 nm	CIE-Standarddefinition
UV-B	280–315 nm	CIE-Standarddefinition
UV-A	315–400 nm	CIE-Standarddefinition
Licht	400–700 nm	sichtbar für das menschliche Auge
VNIR (sehr nahes IR)	0,7–1,0 µm	IR-Wellenlängenbereich, für den Siliziumsensoren empfindlich sind
NIR (nahes IR)	0,7–3,0 µm	
TIR (thermisches IR)	3,0–14,0 µm	Bereich der IR-Strahlung bei Umgebungstemperaturen
MIR (mittleresIR)	3–100 µm	
FIR (fernes IR)	100–1000 µm	

3. Energie und Impuls partikulärer Strahlung wie β-Strahlung (Elektronen), α-Strahlung (Heliumkerne), Neutronen and Photonen (elektromagnetische Strahlung):

$$\nu = E/h \quad \text{Bohrsche Frequenzbedingung,}$$
$$\lambda = h/p \quad \text{de Broglie-Wellenlänge.}$$

$\boxed{\text{R15}}$ Radiometrische und photometrische Größen (Abschn. 6.3)

dA_0 ist ein Flächenelement der Oberfläche, θ der Einfallswinkel, Ω der Raumwinkel. Für Größen bezogen auf die Energie, Photonen und Photometrie werden oft die Indizes e, p bzw. ν benutzt.

Größe	Energiebezogen	Photonenbez.	Photometrie
Energie	Strahlungsenergie Q [Ws]	Photonenzahl [1]	Lichtmenge [lm s]
Energiefluss (Leistung)	Strahlungsleistung $\Phi = \dfrac{dQ}{dt}$ [W]	Photonenfluss [s^{-1}]	Lichtstrom [lumen (lm)]
Einfallende Energieflussdichte	Bestrahlungsstärke $E = \dfrac{d\Phi}{dA_0}$ [W m^{-2}]	Photonenflussdichte [m^{-2}s^{-1}]	Beleuchtungsstärke [lm/m^2 = lux [(lx)]
Abgestrahlte Energieflussdichte	Strahlungsstärke $M = \dfrac{d\Phi}{dA_0}$ [W m^{-2}]	Photonenflussdichte [m^{-2}s^{-1}]	Leuchtstärke [lm/m^2]
Energiefluss pro Raumwinkel	Strahlstärke $I = \dfrac{d\Phi}{d\Omega}$ [Wsr^{-1}]	[s^{-1}sr^{-1}]	Lichtstärke [lm/sr = candela (cd)]
Energieflussdichte pro Raumwinkel	Strahldichte $L = \dfrac{d^2\Phi}{d\Omega dA_0 \cos\theta}$ [W m^{-2} sr^{-1}]	[m^{-2}s^{-1}sr^{-1}]	Leuchtdichte [cd m^{-2}]
Energie/Fläche	Bestrahlung [W s m^2]	[m^{-2}]	Belichtung [lm s m^{-2} = lx s]

Berechnung einer photometrischen Größe aus der entsprechenden radiometrischen Größe durch den *spektralen Hellempfindlichkeitsgrad* $V(\lambda)$ bei Tagessehen (photopische Sehbedingungen):

$$Q_\nu = 683\frac{\text{lm}}{\text{W}} \int\limits_{380\,\text{nm}}^{780\,\text{nm}} Q(\lambda)V(\lambda)\,d\lambda$$

Tabelle mit den 1980 durch die CIE standardisierten Werten für den spektralen Hellempfindlichkeitsgrad $V(\lambda)$ beim Tagessehen

λ [μm]	$V(\lambda)$	λ [μm]	$V(\lambda)$	λ [μm]	$V(\lambda)$
380	0,00004	520	0,710	660	0,061
390	0,00012	530	0,862	670	0,032
400	0,0004	540	0,954	680	0,017
410	0,0012	550	0,995	690	0,0082
420	0,0040	560	0,995	700	0,0041
430	0,0116	570	0,952	710	0,0021
440	0,023	580	0,870	720	0,00105
450	0,038	590	0,757	730	0,00052
460	0,060	600	0,631	740	0,00025
470	0,091	610	0,503	750	0,00012
480	0,139	620	0,381	760	0,00006
490	0,208	630	0,265	770	0,00003
500	0,323	640	0,175	780	0,000015
510	0,503	650	0,107		

Farbsysteme (Abschn. 6.3.4)   R16

1. Das menschliche Farbsehen basiert auf drei Arten von Sehzellen mit maximalen Empfindlichkeiten bei Wellenlängen von 445 nm, 535 nm und 575 nm (Abb. 6.5b).

2. *RGB*-Farbsystem: additives Farbsystem mit den drei Grundfarben rot, grün und blau. Dies können entweder monochromatische Farben mit den Wellenlängen 700 nm, 646,1 nm und 435,8 nm sein oder rote, grüne und blaue Leuchtstoffe wie sie in *RGB*-Bildschirmen (z. B. nach der europäischen EBU-Norm) benutzt werden. Mit dem *RGB*-Farbsystem können nicht alle Farben erzeugt werden (siehe Abb. 6.6a).

3. Farbtafel: Reduktion des 3D-Farbraums auf eine 2D-Farbebene durch Normalisierung mit der Intensität:

$$r = \frac{R}{R+G+B}, \quad g = \frac{G}{R+G+B}, \quad b = \frac{B}{R+G+B}.$$

Es ist ausreichend, die beiden Komponenten r und g zu benutzen, da $b = 1 - r - g$.

4. *XYZ*-Farbsystem (Abb. 6.6c): additives Farbsystem mit drei virtuellen Grundfarben X, Y und Z, mit denen sich alle möglichen Farben erzeugen lassen. Die *XYZ*-Werte ergeben sich durch eine lineare Trans-

formation aus dem EBU-*RGB*-Farbsystem.

$$
\begin{bmatrix} X \\ Y \\ Z \end{bmatrix} = \begin{bmatrix} 0,490 & 0,310 & 0,200 \\ 0,177 & 0,812 & 0,011 \\ 0,000 & 0,010 & 0,990 \end{bmatrix} \begin{bmatrix} R \\ G \\ B \end{bmatrix} .
$$

5. Farbdifferenz- oder *YUV*-System: Farbsystem mit dem Ursprung am Weiß- oder Unbuntpunkt (Abb. 6.6b).

6. Farbwert-Farbsättigungs-System (HSI): Farbsystem mit Polarkoordinaten in einem Farbdifferenz-System. Die Sättigung ist durch den Radius und der Farbwert durch den Winkel gegeben.

R17 Wärmestrahlung (Abschn. 6.4.1)

1. Spektrale Verteilung der Strahlungsstärke (Plancksches Strahlungsgesetz)

$$
M_e(\lambda, T) = \frac{2\pi h c^2}{\lambda^5} \frac{1}{\exp\left(\frac{hc}{k_B T \lambda}\right) - 1}
$$

mit

$$
\begin{aligned}
h &= 6.6262 \times 10^{-34}\,\mathrm{J\,s} && \text{Plancksche Konstante,} \\
k_B &= 1.3806 \times 10^{-23}\,\mathrm{J\,K^{-1}} && \text{Boltzmannkonstante und} \\
c &= 2.9979 \times 10^{8}\,\mathrm{m\,s^{-1}} && \text{Lichtgeschwindigkeit im Vakuum.}
\end{aligned}
$$

2. Totale Strahlungsstärke (Stefan-Boltzmannsches Gesetz)

$$
M_e = \frac{2}{15} \frac{k_B^4 \pi^5}{c^2 h^3} T^4 = \sigma T^4 \quad \text{mit} \quad \sigma \approx 5.67 \cdot 10^{-8}\mathrm{W\,m^{-2}K^{-4}}
$$

3. Wellenlänge der maximalen Strahlungsstärke (Wiensches Verschiebungsgesetz)

$$
\lambda_m \approx \frac{2898\mathrm{K}\,\mu\mathrm{m}}{T}
$$

R18 Wechselwirkung von Strahlung mit Materie (Abschn. 6.4)

1. *Snellsches Gesetz* der *Brechung* von Licht an einer Grenzfläche zweier optischer Medien mit den Brechungsindizes n_1 und n_2

$$
\frac{\sin\theta_1}{\sin\theta_2} = \frac{n_2}{n_1}
$$

θ_1 und θ_2 sind der Einfalls- bzw. Ausfallswinkel.

2. *Reflektivität* ρ: Verhältnis der reflektierten zur einfallenden Strahldichte. *Fresnelsche Gleichungen* für Reflektivität von

(a) parallel polarisiertem Licht

$$\rho_{\parallel} = \frac{\tan^2(\theta_1 - \theta_2)}{\tan^2(\theta_1 + \theta_2)},$$

(b) senkrecht polarisiertem Licht

$$\rho_{\perp} = \frac{\sin^2(\theta_1 - \theta_2)}{\sin^2(\theta_1 + \theta_2)},$$

(c) unpolarisiertem Licht

$$\rho = \frac{\rho_{\parallel} + \rho_{\perp}}{2}.$$

3. Reflektivität bei senkrechtem Einfall ($\theta_1 = 0$) für alle Polarisationszustände

$$\rho = \frac{(n_1 - n_2)^2}{(n_1 + n_2)^2} = \frac{(n - 1)^2}{(n + 1)^2} \quad \text{with} \quad n = n_1/n_2$$

4. *Totalreflexion*: Bei dem Übergang in ein optisch dünneres Medium mit kleinerem Brechungsindex wird über einem kritischen Einfallswinkel θ_c alle Strahlung reflektiert und keine gelangt in das optisch dünnere Medium.

$$\theta_c = \arcsin \frac{n_1}{n_2} \quad \text{with} \quad n_1 < n_2$$

Optische Abbildung R19

1. Perspektivische Projektion mit dem *Lochkamera* Modell

$$x_1 = -\frac{d' X_1}{X_3}, \quad x_2 = -\frac{d' X_2}{X_3}$$

Der Zentralpunkt befindet sich im Ursprung des Weltkoordinatensystems $[X_1, X_2, X_3]^T$, d' ist die Entfernung der Bildebene vom Projektionszentrum und die X_3-Achse steht senkrecht zur Bildebene.

2. Abbildungsgleichung nach Newton und Gauß

$$dd' = f^2 \quad \text{or} \quad \frac{1}{d' + f} + \frac{1}{d + f} = \frac{1}{f}$$

d und d' sind die Entfernungen des Objekts bzw. Bildes vom objektseitigen bzw. bildseitigen Brennpunkt des optischen Systems (siehe Abb. 7.7).

3. Lateraler Abbildungsmaßstab

$$m_l = \frac{x_1}{X_1} = \frac{f}{d} = \frac{d'}{f}$$

4. Axialer Abbildungsmaßstab

$$m_a \approx \frac{d'}{d} = \frac{f^2}{d^2} = \frac{d'^2}{f^2} = m_l^2$$

5. Die Blendenzahl n_f eines optischen Systems ist das Verhältnis der Brennweite zum Durchmesser der Eintrittspupille

$$n_f = \frac{f}{2r}$$

6. Schärfentiefe (bildseitig)

$$\Delta x_3 = 2n_f \left(1 + \frac{d'}{f}\right) \epsilon = 2n_f(1 + m_l)\epsilon$$

7. Schärfentiefe (objektseitig)

Entfernte Objekte ($\Delta X_3 \ll d$) $\Delta X_3 \approx 2n_f \cdot \dfrac{1 + m_l}{m_l^2}\epsilon$

$d_{\min}$ für Bereich bis unendlich $d_{\min} \approx \dfrac{f^2}{4n_f\epsilon}$

Mikroskopie ($m_l \gg 1$) $\Delta X_3 \approx \dfrac{2n_f\epsilon}{m_l}$

8. Auflösung eines beugungsbegrenzten optischen Systems

Winkelauflösung $\Delta\theta_0 = 0{,}61\dfrac{\lambda}{r}$

Laterale Auflösung in der Bildebene $\Delta x = 0{,}61\dfrac{\lambda}{n_a'}$

Laterale Auflösung in der Objektebene $\Delta X = 0{,}61\dfrac{\lambda}{n_a}$

Die Auflösung ergibt sich aus dem Rayleigh-Kriterium (Abb. 7.15b); n_a und $n_{a'}$ sind die objekt- bzw. bildseitige numerische Apertur des Lichtkegels, der in das optische System eintritt:

$$n_a = n \sin\theta_0 = \frac{2n}{n_f} = \frac{nr}{f};$$

n ist der Brechungsindex.

9. Beziehung zwischen der Bestrahlungsstärke (Beleuchtungsstärke) in der Bildebene E' und der Strahldichte (Leuchtdichte) L des Objekts (Abb. 7.10)

$$E' = t\pi \left(\frac{r}{f + d'}\right)^2 \cos^4\theta\, L \approx t\pi \frac{\cos^4\theta}{n_f^2} L \quad \text{for} \quad d \gg f$$

R20 **Homogenene Punktoperation (Abschn. 10.2)**

Punktoperation unabhängig von der Pixelposition

$$G'_{mn} = P(G_{mn})$$

1. Negativbildung
$$P_N(q) = Q - 1 - q$$

2. Detektion von Unter- und Überlauf durch eine $[r,g,b]$ Pseudofarb darstellung

$$P_{uo}(q) = \begin{cases} [0,0,Q-1] & \text{(blue)} & q = 0 \\ [q,q,q] & \text{(grey)} & q \in [1, Q-2] \\ [Q-1,0,0] & \text{(red)} & q = Q-1 \end{cases}$$

3. Kontrastspreizung des Grauwertbereichs $[q_1, q_2]$

$$P_{uo}(q) = \begin{cases} 0 & q < q_1 \\ \dfrac{(q-q_1)(Q-1)}{q_2 - q_1} & q \in [q_1, q_2] \\ Q-1 & q > q_2 \end{cases}$$

Kalibrierung **R21**

1. Äquivalisierung des Rauschens (Abschn. 10.2.3)
   Falls die Varianz des Rauschens grauwertabhängig ist, kann sie durch die nichtlineare Grauwerttransformation

$$g' = h(g)\sigma_h \int_0^g \frac{\mathrm{d}g'}{\sqrt{\sigma^2(g')}} + C$$

mit zwei freien Parametern σ_h und C konstant gemacht werden. Bei einer linearen Varianzfunktion (Abschn. 3.4.5)

$$\sigma_g^2(g) = \sigma_0^2 + \alpha g$$

ergibt sich die Transformationsfunktion

$$h(g) = \frac{2\sigma_h}{\sqrt{\alpha}}\sqrt{\sigma_0^2 + \alpha g} + C.$$

2. Lineare radiometrische Zwei-Punkt-Kalibrierung (Abschn. 10.3.3)
   Zwei Kalibrierbilder werden aufgenommen, ein Dunkelbild B ohne

jegliche Beleuchtung und ein Referenzbild R mit konstanter Bestrahlungsstärke. Ein kalibriertes Bild, das auf den Nullpunkt ("fixed pattern noise") und die Inhomogenität in der Empfindlichkeit der Bildsensorelemente korrigiert ist, ergibt sich durch

$$G' = c\,\frac{G - B}{R - B}.$$

Interpolation (Abschn. 10.6)

R22

1. Interpolation einer kontinuierlichen Funktion aus Funktionswerten an Stützstellen im Abstand Δx_w ist eine Faltungsoperation

$$g_r(\boldsymbol{x}) = \sum_n g(\boldsymbol{x_n}) h(\boldsymbol{x} - \boldsymbol{x_n}).$$

Die Forderung der Reproduktion der Funktionswerte an den Stützstellen für zur *Interpolationsbedingung*

$$h(\boldsymbol{x_n}) = \begin{cases} 1 & \boldsymbol{n} = 0 \\ 0 & \text{otherwise} \end{cases}.$$

2. Ideale Interpolationsfunktion

$$h(\boldsymbol{x}) = \prod_{w=1}^{W} \mathrm{sinc}(x_w/\Delta x_w) \quad \circ\!\!-\!\!\bullet \quad \hat{h}(\boldsymbol{k}) = \prod_{w=1}^{W} \Pi(\tilde{k}_w/2)$$

3. Diskrete 1D-Filter zur Interpolation von Werten zwischen den vorhandenen Gitterpunkten (Auflösungsverdopplung)

Typ	Maske	Transferfunktion
Linear	$\begin{bmatrix} 1 & 1 \end{bmatrix}/2$	$\cos(\pi\tilde{k}/2)$
Kubisch	$\begin{bmatrix} -1 & 9 & 9 & -1 \end{bmatrix}/16$	$\dfrac{9\cos(\pi\tilde{k}/2) - \cos(3\pi\tilde{k}/2)}{8}$
Kubischer B-Spline	$\begin{bmatrix} 1 & 23 & 23 & 1 \end{bmatrix}/48$ $\begin{bmatrix} 3 - \sqrt{3}, & \sqrt{3} - 2 \end{bmatrix}/2^{\dagger}$	$\dfrac{23\cos(\pi\tilde{k}/2) + \cos(3\pi\tilde{k}/2)}{16 + 8\cos(\pi\tilde{k})}$

[†]Rekursives Filter, das nacheinander in Vorwärts- und Rückwartsrichtung benutzt wird, siehe Abschn. 10.6.5

Glättungsfilter (Kapitel 11)

1. Zusammenfassung der allgemeinen Bedingungen

Eigenschaft	Ortsraum	Fourierraum
Mittelwerterhaltung	$\sum_n h_n = 1$	$\hat{h}(\mathbf{0}) = 1$
Verschiebungsfrei, gerade Symmetrie	$h_{-n} = h_n$	$\Im\left(\hat{h}(\mathbf{k})\right) = 0$
Monoton von eins auf null abfallend	—	$\hat{h}(\tilde{k}_2) \leq \hat{h}(\tilde{k}_1)$ if $\tilde{k}_2 > \tilde{k}_1$, $\hat{h}(\mathbf{k}) \in [0, 1]$
Isotropie	$h(\mathbf{x}) = h(|\mathbf{x}|)$	$\hat{h}(\mathbf{k}) = \hat{h}(|\mathbf{k}|)$

2. 1D-Rechteckfilter

Maske	Transferfunktion	Rauschunterdrückung[†]
${}^3\boldsymbol{R} = [1\ 1\ 1]/3$	$\dfrac{1}{3} + \dfrac{2}{3}\cos(\pi\tilde{k})$	$\dfrac{1}{\sqrt{3}} \approx 0,577$
${}^4\boldsymbol{R} = [1\ 1\ 1\ 1]/4$	$\cos(\pi\tilde{k})\cos(\pi\tilde{k}/2)$	$1/2 = 0,5$
${}^{2R+1}\boldsymbol{R} = [1\ \dots\ 1]/(2R+1)$	$\dfrac{\sin(\pi(2R+1)\tilde{k}/2)}{(2R+1)\sin(\pi\tilde{k}/2)}$	$\dfrac{1}{\sqrt{2R+1}}$
${}^{2R}\boldsymbol{R} = [1\ \dots\ 1]/(2R)$	$\dfrac{\sin(\pi R\tilde{k})}{2R\sin(\pi\tilde{k}/2)}$	$\dfrac{1}{\sqrt{2R}}$

[†]Für weißes Rauschen

3. 1D-Binomialfilter

Maske	TF	Rauschunterdrückung[†]
$\boldsymbol{B}^2 = [1\ 2\ 1]/4$	$\cos^2(\pi\tilde{k}/2)$	$\sqrt{\dfrac{3}{8}} \approx 0,612$
$\boldsymbol{B}^4 = [1\ 4\ 6\ 4\ 1]/16$	$\cos^4(\pi\tilde{k}/2)$	$\sqrt{\dfrac{35}{128}} \approx 0,523$
$\boldsymbol{B}^{2R}$	$\cos^{2R}(\pi\tilde{k}/2)$	$\left(\dfrac{\Gamma(R+1/2)}{\sqrt{\pi}\,\Gamma(R+1)}\right)^{1/2} \approx \left(\dfrac{1}{R\pi}\right)^{1/4}\left(1 - \dfrac{1}{16R}\right)$

[†]Für weißes Rauschen

R24 Ableitungsfilter erster Ordnung (Kapitel 12)

1. Zusammenfassung der allgemeinen Eigenschaften für ein Ableitungsfilter in die Richtung x_w

Eigenschaft	Ortsraum	Fourierraum
Mittelwertunterdrückung	$\sum_n h_n = 0$	$\hat{h}(\tilde{\boldsymbol{k}})\big|_{\tilde{k}_w=0} = 0$
Verschiebungsfrei, ungerade Symmetrie	$h_{-n} = -h_n$	$\Re\left(\hat{H}(\boldsymbol{k})\right) = 0$
Ableitung 1. Ordnung	$\sum_n n_w h_n = 1$	$\dfrac{\partial \hat{h}(\tilde{\boldsymbol{k}})}{\partial \tilde{k}_w}\bigg|_{\tilde{k}_w=0} = \pi \mathrm{i}$
Isotropie		$\hat{h}(\tilde{\boldsymbol{k}}) = \pi \mathrm{i} \tilde{k}_w \hat{b}(\lvert\tilde{\boldsymbol{k}}\rvert)$ mit $\hat{b}(0) = 1,\ \boldsymbol{\nabla}_k \hat{b}(\lvert\tilde{\boldsymbol{k}}\rvert) = \boldsymbol{0}$

2. Ableitungsfilter erster Ordnung

Name	Maske	Transferfunktion
$\mathcal{D}_x$	$\begin{bmatrix} 1 & -1 \end{bmatrix}$	$2\mathrm{i}\sin(\pi\tilde{k}_x/2)$
Symmetrische Differenz, $\mathcal{D}_{2x}$	$\begin{bmatrix} 1 & 0 & -1 \end{bmatrix}/2$	$\mathrm{i}\sin(\pi\tilde{k}_x)$
Kubischer B-Spline $\mathcal{D}_{2x}\,{}^{\pm}\mathcal{R}$	$\begin{bmatrix} 1 & 0 & -1 \end{bmatrix}/2,$ $\begin{bmatrix} 3-\sqrt{3}, & \sqrt{3}-2 \end{bmatrix}^{\dagger}$	$\mathrm{i}\dfrac{\sin(\pi\tilde{k}_x)}{2/3 + 1/3\cos(\pi\tilde{k}_x)}$

†Rekursives Filter, das in Vorwärts- und Rückwärtsrichtung nacheinander angewendet wird, siehe Abschn. 10.6.5

3. Regularisierte Ableitungsfilter erster Ordnung

Name	Maske	Transferfunktion
2×2, $\mathcal{D}_x \mathcal{B}_y$	$\dfrac{1}{2} \begin{bmatrix} 1 & -1 \\ 1 & -1 \end{bmatrix}$	$2i \sin(\pi \tilde{k}_x / 2) \cos(\pi \tilde{k}_y / 2)$
Sobel, $\mathcal{D}_{2x} \mathcal{B}_y^2$	$\dfrac{1}{8} \begin{bmatrix} 1 & 0 & -1 \\ 2 & 0 & -2 \\ 1 & 0 & -1 \end{bmatrix}$	$i \sin(\pi \tilde{k}_x) \cos^2(\pi \tilde{k}_y / 2)$
Optimierter Sobel, $\mathcal{D}_{2x}(3\mathcal{B}_y^2 + 1)/4$	$\dfrac{1}{32} \begin{bmatrix} 3 & 0 & -3 \\ 10 & 0 & -10 \\ 3 & 0 & -3 \end{bmatrix}$	$i \sin(\pi \tilde{k}_x)(3 \cos^2(\pi \tilde{k}_y / 2) + 1)/4$

4. Leistungskennzahlen für Kantendetektoren: Winkelfehler, Betragsfehler und Rauschunterdrückungsfaktor für weißes Rauschen. Die drei Werte in den zwei Spalten mit den Fehlerangaben beziehen sich auf die Wellenzahlbereiche von 0-0.25, 0.25-0.5 und 0.5-0.75.

Name	Winkelfehler [°]	Betragsfehler	Rauschfaktor
$\mathcal{D}_x$			$\sqrt{2} \approx 1.414$
$\mathcal{D}_{2x}$	1,36 4,90 12,7	0,026 0,151 0,398	$1/\sqrt{2} \approx 0.707$
$\mathcal{D}_{2x} \pm \mathcal{R}$	0,02 0,33 2,26	0,001 0,023 0,220	$\sqrt{3 \ln 3 / \pi} \approx 1.024$
$\mathcal{D}_x \mathcal{B}_y$	0,67 2,27 5,10	0,013 0,079 0,221	1
$\mathcal{D}_{2x} \mathcal{B}_y^2$	0,67 2,27 5,10	0,012 0,053 0,070	$\sqrt{3}/4 \approx 0.433$
$\mathcal{D}_{2x}(3\mathcal{B}_y^2 + 1)/4$	0,15 0,32 0,72	0,003 0,005 0,047	$\sqrt{59}/16 \approx 0.480$

R25 Ableitungsfilter zweiter Ordnung (Kapitel 12)

1. Zusammenfassung der allgemeinen Eigenschaften für ein Ableitungsfilter zweiter Ordnung in die Richtung x_w

Eigenschaft	Ortsraum	Fourierraum
Mittelwertunterdrückung	$\sum_n h_n = 0$	$\hat{h}(\tilde{\boldsymbol{k}})\big|_{\tilde{k}_w=0} = 0$
Steigungsunterdrückung	$\sum_n n_w h_n = 0$	$\dfrac{\partial \hat{h}(\tilde{\boldsymbol{k}})}{\partial \tilde{k}_w}\bigg|_{\tilde{k}_w=0} = 0$
Verschiebungsfrei, gerade Symmetrie	$h_{-n} = h_n$	$\Re\left(\hat{H}(\boldsymbol{k})\right) = 0$
Ableitung 2. Ordnung	$\sum_n n_w^2 h_n = 2$	$\dfrac{\partial^2 \hat{h}(\tilde{\boldsymbol{k}})}{\partial \tilde{k}_w^2}\bigg|_{\tilde{k}_w=0} = -2\pi^2$
Isotropie		$\hat{h}(\tilde{\boldsymbol{k}}) = -(\pi \tilde{k}_w)^2 \hat{b}(\vert \tilde{\boldsymbol{k}} \vert)$ with $\hat{b}(0) = 1$, $\boldsymbol{\nabla}_k \hat{b}(\vert \tilde{\boldsymbol{k}} \vert) = \boldsymbol{0}$

2. Ableitungsfilter zweiter Ordnung

Name	Maske	Transferfunktion
1D-Laplace, $\mathcal{D}_x^2$	$\begin{bmatrix} 1 & -2 & 1 \end{bmatrix}$	$-4\sin^2(\pi \tilde{k}_x/2)$
2D-Laplace, $\mathcal{L}$	$\begin{bmatrix} 0 & 1 & 0 \\ 1 & -4 & 1 \\ 0 & 1 & 0 \end{bmatrix}$	$-4\sin^2(\pi \tilde{k}_x/2) - 4\sin^2(\pi \tilde{k}_y/2)$
2D-Laplace, $\mathcal{L}'$	$\dfrac{1}{4}\begin{bmatrix} 1 & 2 & 1 \\ 2 & -12 & 2 \\ 1 & 2 & 1 \end{bmatrix}$	$4\cos^2(\pi \tilde{k}_x/2)\cos^2(\pi \tilde{k}_y/2) - 4$

B Notation

Wegen der multidisziplinären Natur der Bildverarbeitung gibt es — im Gegensatz zu anderen Gebieten — keine konsistente und allgemein akzeptierte Terminologie. Deshalb treten zwei Probleme auf:

- *Widersprüchliche Terminologie.* Verschiedene Fachgebiete benutzen oft unterschiedliche Symbole und auch Namen für ein- und dieselbe Größe.

- *Mehrdeutigkeiten.* Wegen der hohen Zahl an Begriffen, die in der Bildverarbeitung und den mit ihr verknüpften Fachgebieten benutzt werden, wird oft das gleiche Symbol für unterschiedliche Größen benutzt.

Es gibt keine triviale Lösung für diesen unerfreulichen Tatbestand. Daher muss ein vernünftiger Kompromiss gefunden werden. In diesem Buch wurde nach folgenden Richtlinien vorgegangen:

- *Einhaltung allgemein akzeptierter Standards.* In erster Linie wurden die von den internationalen Organisationen wie der International Organization for Standardization (ISO) empfohlenen Symbole benutzt. Diese wurden überprüft mit einigen Standard-Lehrbüchern aus verschiedenen Fachgebieten [16, 60, 147, 156]. Nur für einige Größen, die uneinheitlich bezeichnet werden, wurden Abweichungen von den allgemein benutzten Symbolen vorgenommen.

- *Benutzung kompakter Notation.* Bei Wahlmöglichkeit zwischen verschiedenen Notationen wurde in der Regel die einfacher verständliche und kompaktere bevorzugt. In einigen Fällen erschien es auch nützlich, mehr als eine Schreibweise zu verwenden. Je nach Kontext ist es z. B. sinnvoller $\boldsymbol{x} = [x_1, x_2]^T$ oder $\boldsymbol{x} = [x, y]^T$ zu schreiben.

- *Benutzung eines Symbols für mehrere Größen.* Ein- und dasselbe Symbol kann verschiedene Bedeutungen haben. Das ist nicht so verwirrend, wie es auf den ersten Blick scheint, da aus dem Kontext die Bedeutung eindeutig wird. Nur in solchen Fällen wurde auf Symbole mit mehrfacher Bedeutung zurückgegriffen.

Um Leser, die sich von verschiedenen Fachgebieten her der Bildverarbeitung zuwenden, mit den in diesem Buch benutzten Schreibweisen vertraut zu machen, sei hier auf wichtige Abweichungen von der üblichen Benutzung in einigen Fachgebieten hingewiesen.

B. Jähne, Digitale Bildverarbeitung
ISBN 3-540-41260-3

Wellenzahl. Unglücklicherweise gibt es zwei Definitionen der *Wellenzahl*:

$$k' = \frac{2\pi}{\lambda} \quad \text{and} \quad k = \frac{1}{\lambda}. \tag{B.1}$$

Physiker verwenden meistens die Definition unter Einschluss des Faktors 2π ($k' = 2\pi/\lambda$) in Analogie zur Kreisfrequenz $\omega = 2\pi/T = 2\pi\nu$. In der Optik und Spektroskopie wird jedoch die Wellenzahl häufig als inverse Wellenlänge definiert ohne den Faktor 2π (d. h. als Anzahl Wellenlängen pro Einheitslänge) und bezeichnet mit $\tilde{\nu} = \lambda^{-1}$.

Imaginäre Einheit. Die imaginäre Einheit bezeichnen wir mit i. In der Elektrotechnik und verwandten Gebieten wird dafür oft der Buchstabe j verwendet.

Zeitserien und Bildmatrizen. Die allgemein übliche Schreibweise für Elemente einer *Zeitserien* ist nach [147] $x[n]$. Diese ist jedoch zu umständlich für mehrdimensionale Signale: $g[k][m][n]$. Daher wird die kompaktere Schreibweise mit Indizes benutzt (x_n und $g_{k,m,n}$).

Partielle Ableitungen. In Fällen, in denen es nicht zu Uneindeutigkeiten führt, werden partielle Ableitungen durch Indizierung abgekürzt: $\partial g/\partial x = \partial_x g = g_x$.

Typographie	Beschreibung
e, i, d, w	geradestehende Symbole haben eine besondere Bedeutung; Beispiele: e für die Basis des natürlichen Logarithmus, i = $\sqrt{-1}$, Differentialoperator: dg, w = $e^{2\pi i}$
$a, b, \ldots$	Schräg (nicht fett): *Skalar*
$\boldsymbol{g, k, u, x}, \ldots$	Schräge fette Kleinbuchstaben: *Vektor*, d. h., ein Koordinatenvektor, eine Zeitserie, eine Bildzeile, …
$\boldsymbol{G, H, J}, \ldots$	Schräge fette Großbuchstaben: *Matrix, Tensor*, ein diskretes Bild, eine 2D-Faltungsmaske, ein Strukturtensor; wird auch für Signale höherer Dimension benutzt
$\mathcal{B}, \mathcal{R}, \mathcal{F}, \ldots$	kalligraphische Zeichen bezeichnen einen repräsentationsunabhängigen *Operator*
$\mathbb{N}, \mathbb{Z}, \mathbb{R}, \mathbb{C}$	Bezeichnungen für Mengen von Zahlen oder anderen Größen

Akzente	Beschreibung
$\bar{k}$, $\bar{n}$, ...	Ein Überstrich bezeichnet einen *Einheitsvektor*.
$\tilde{k}$, $\tilde{\boldsymbol{k}}$, $\tilde{\boldsymbol{x}}$, ...	Eine Schlangenline bezeichnet eine dimensionslose normalisierte Größe (einer dimensionsbehafteten Größe).
$\hat{\boldsymbol{G}}$, $\hat{g}(k)$, ...	Das Dach-Symbol bezeichnet eine Größe im *Fourierraum*

Index	Beschreibung
g_n	Element n des Vektors $\boldsymbol{g}$
g_{mn}	Element m, n der Matrix $\boldsymbol{G}$
g_p	kompakte Schreibweise für eine partielle Ableitung erster Ordnung einer kontinuierlichen Funktion g in die Richtung p: $\partial g(\boldsymbol{x})/\partial x_p$
g_{pq}	kompakte Schreibweise für eine partielle Ableitung zweiter Ordnung einer kontinuierlichen Funktion g in die Richtungen p und q: $\partial^2 g(\boldsymbol{x})/(\partial x_p \partial x_q)$

Hochzahl	Beschreibung
$\boldsymbol{A}^{-1}$, $\boldsymbol{A}^{-g}$	Inverse der quadratischen Matrix $\boldsymbol{A}$; generalisierte Inverse der (nichtquadratischen) Matrix $\boldsymbol{A}$
$\boldsymbol{A}^T$	Transponierte
$a^\star$	Konjugierte einer komplexen Zahl
$\boldsymbol{A}^\star$	konjugiert komplexe und transponierte Matrix

Indizierung	Beschreibung
K, L, M, N	Anzahl Elemente eines diskreten Bildes in t-, z-, y- und x-Richtung
k, l, m, n	Indizierung der Elemente eines diskreten Bildes in t-, z-, y- und x-Richtung
r, s, u, v	Indizierung der Elemente eines diskreten Bildes im Fourierraum in t-, z-, y- und x-Richtung
P	Anzahl der Komponenten in einem Mehrkanalbild; Dimension des Merkmalsraums
Q	Anzahl von Quantisierungsstufen oder Anzahl von Klassen bei der Klassifizierung
R	Größe der Maske eines Nachbarschaftsoperators
W	Dimension eines Signals
p, q, w	Indizes für Komponenten in einem Mehrkanalbild, der Dimensionen eines multidimensionalen Signals, der Quantisierungsstufen, etc.

Funktion	Beschreibung
$\cos(x)$	Kosinus-Funktion
$\exp(x)$	Exponential-Funktion
$\mathrm{ld}(x)$	Logarithmus zur Basis 2
$\ln(x)$	Logarithmus zur Basis e
$\log(x)$	Logarithmus zur Basis 10
$\sin(x)$	Sinus-Funktion
$\mathrm{sinc}(x)$	Sinc-Funktion: $\mathrm{sinc}(x) = \sin(\pi x)/(\pi x)$
$\det(\boldsymbol{G})$	Determinante einer quadratischen Matrix
$\mathrm{diag}(\boldsymbol{G})$	Vektor mit den Diagonalelementen einer quadratischen Matrix
$\mathrm{Spur}(\boldsymbol{G})$	Spur (Summe der Diagonalelemente) einer quadratischen Matrix
$\mathrm{cov}(\boldsymbol{g})$	Kovarianzmatrix einer vektoriellen Zufallsvariablen
$E(g), \mathrm{Var}(\boldsymbol{G})$	Erwartungswert (Mittelwert) und Varianz

Bildoperator	Beschreibung
·	Punktweise Multiplikation zweier Bilder
$*$	Faltung
$\star$	Korrelation
$\ominus, \oplus$	morphologische Erosion und Dilatation
$\circ, \bullet$	morphologisches Öffnen und Schließen
$\otimes$	morphologischer Hit-Miss-Operator
$\vee, \wedge$	boolsches *Oder* und *Und*
$\cup, \cap$	Vereinigungs- und Schnittmenge
$\subset, \subseteq$	Menge ist Untermenge von, Untermenge von oder gleich
$\circlearrowright$	Verschiebungsoperator
$\downarrow_s$	Abtastung oder Reduktionsoperator: nur jedes $s$te Element wird genommen
$\uparrow_s$	Expansions- oder Interpolationsoperator: Erhöhung der Anzahl der abgetasteten Werte um den Faktor s; die neuen Punkte werden aus den ursprünglichen interpoliert

Symbol	Definition, [Einheit]	Bedeutung
Griechische Zeichen		
α	$[\mathrm{m}^{-1}]$	Absorptionskoeffizient
β	$[\mathrm{m}^{-1}]$	Streukoeffizient
$\delta(x), \delta_n$		kontinuierliche und diskrete δ-Distribution
Δ	$\displaystyle\sum_{w=1}^{W} \frac{\partial^2}{\partial x_w^2}$	Laplace-Operator
ϵ	$[1]$	spezifische Emissivität
ϵ	$[\mathrm{m}]$	Radius des Unschärfekreises
κ	$[\mathrm{m}^{-1}]$	Extinktionskoeffizient, Summe aus Absorptions- and Streukoeffizient
∇	$\left[\dfrac{\partial}{\partial x_1}, \ldots, \dfrac{\partial}{\partial x_W}\right]^T$	Gradient
λ	$[\mathrm{m}]$	Wellenlänge
ν	$[\mathrm{s}^{-1}]$, [Hz] (Hertz)	Frequenz
$\nabla\times$		Rotationsoperator
η	$n + i\xi$, $[1]$	komplexer Brechungsindex
η	$[1]$	Quantenausbeute
ϕ	[rad], [°]	Phasenverschiebung, Phasendifferenz
ϕ_e	[rad], [°]	Azimuthwinkel
Φ	$[\mathrm{J/s}]$, [W], $[\mathrm{s}^{-1}]$, [lm]	Strahlungsfluss
Φ_e, Φ_p	[W], $[\mathrm{s}^{-1}]$, [lm]	energiebasierter und photonenbasierter Strahlungsfluss
$\rho, \rho_{\parallel}, \rho_{\perp}$	$[1]$	Reflektivität für unpolarisiertes, parallel oder senkrecht polarisiertes Licht
ρ	$[\mathrm{kg/m}^3]$	Dichte
σ_x		Standardabweichung der Zufallsvariablen x
σ	$5.6696 \cdot 10^{-8} \mathrm{Wm}^{-2}\mathrm{K}^{-4}$	Stefan-Boltzmann-Konstante
σ_s	$[\mathrm{m}^2]$	Streuquerschnitt
τ	$[1]$	optische Dichte
τ	$[1]$	Transmissivität
τ	$[\mathrm{s}]$	Zeitkonstante
θ	[rad], [°]	Inzidenzwinkel
θ_b	[rad], [°]	Brewsterwinkel
θ_c	[rad], [°]	kritischer Winkel (für Totalreflexion)

weiter auf der nächsten Seite

Symbol	Definition, [Einheit]	Bedeutung
Fortsetzung von der vorherigen Seite		
θ_e	[rad], [°]	Polarwinkel
θ_i	[rad], [°]	Inzidenzwinkel
Ω	[sr] (Steradiant)	Raumwinkel
ω	$\omega = 2\pi\nu$, [s^{-1}], [Hz]	Kreisfrequenz

Lateinische Zeichen

A	[m^2]	Fläche
$a, \boldsymbol{a}$	$\boldsymbol{a} = \boldsymbol{x}_{tt} = \boldsymbol{u}_t$, [m/s^2]	Beschleunigung
$\hat{b}(\tilde{\boldsymbol{k}})$		Transferfunktion einer Binomialmaske
$\boldsymbol{B}$	[Vs/m^2]	magnetisches Feld
$\boldsymbol{B}$		Binomialmaske
$\mathcal{B}$		binomialer Faltungsoperator
c	$2.9979 \cdot 10^8$ ms^{-1}	Lichtgeschwindigkeit
$\mathbb{C}$		Menge der komplexen Zahlen
d	[m]	Durchmesser (Apertur) einer Optik, Abstand
d'	[m]	Abstand im Bildraum
$\hat{d}(\tilde{\boldsymbol{k}})$		Transferfunktion von $\boldsymbol{D}$
D	[m^2/s]	Diffusionskonstante
$\boldsymbol{D}$		Maske eines Differenzenfilters erster Ordnung
$\mathcal{D}$		Differenzenoperator erster Ordnung
e	$1.6022 \cdot 10^{-19}$ As	Elementare elektrische Ladung
e	$2.718281\ldots$	Basis für den natürlichen Logarithmus
E	[W/m^2], [lm/m^2], [lx]	Bestrahlungsstärke oder Beleuchtungsstärke
$\boldsymbol{E}$	[V/m]	elektrisches Feld
$\bar{\boldsymbol{e}}$	[1]	Eigenvektor der Länge eins einer Matrix
f, f_e	[m]	(effektive) Brennweite eines optischen Systems
f_b, f_f	[m]	rückseitige und frontseitige Brennweite
f		optischer Fluss
$\boldsymbol{f}$		Merkmalsvektor
F	[N] (Newton)	Kraft
$\boldsymbol{G}$		Bildmatrix

weiter auf der nächsten Seite

Symbol	Definition, [Einheit]	Bedeutung
Fortsetzung von der vorherigen Seite		
H		generelle Filtermaske
h	$6.6262 \cdot 10^{-34}$ Js	Plancksche Konstante (Wirkungsquantum)
$\hbar$	$h/(2\pi)$ [Js]	
i	$\sqrt{-1}$	imaginäre Einheit
I	[W/sr], [lm/sr]	Strahlungsstärke
I	[A]	elektrischer Strom
$\boldsymbol{I}$		Einheitsmatrix
$\mathcal{I}$		Identitätsoperator
$\boldsymbol{J}$		Strukturtensor, Trägheitstensor
k_B	$1.3806 \cdot 10^{-23}$ J/K	Boltzmannkonstante
k	$1/\lambda$, [m^{-1}]	Betrag des Wellenzahl-Vektors
$\boldsymbol{k}$	[m^{-1}]	Wellenzahl (Anzahl Wellenlängen pro Einheitslänge)
$\tilde{k}$	$k\Delta x/\pi$	Wellenzahl normalisiert auf die maximal mögliche Wellenzahl (Nyquist-Wellenzahl)
K_q	[l/mol]	Quenchkonstante
K_I	[1]	Gleichgewichtskonstante eines pH-Indikators
L	[W/(m^{2}sr)], [1/(m^{2}sr)], [lm/(m^{2}sr)], [cd/m^2]	Strahlungsdichte
$\boldsymbol{L}$		Maske des Laplaceoperator
$\mathcal{L}$		Laplaceoperator
m	[kg]	Masse
m	[1]	Abbildungsmaßstab eines optischen Systems
$\boldsymbol{m}$		Merkmalsvektor
M	[W/m^2], [1/(s m^2)]	ausgestrahlte Strahlungsflussdichte
M_e	[W/m^2]	energiebasierte Strahlungsflussdichte
M_p	[1/(s m^2)]	photonenbasierte Strahlungsflussdichte
$\mathbb{M}$		Merkmalsraum
n	[1]	Brechungsindex
n_a	[1]	numerische Apertur eines optischen Systems
n_f	f/d, [1]	Apertur eines optischen Systems
		weiter auf der nächsten Seite

Symbol	Definition, [Einheit]	Bedeutung
Fortsetzung von der vorherigen Seite		
$\bar{n}$	[1]	Einheitvektor senkrecht zu einer Oberfläche
$\mathbb{N}$		Menge der natürlichen Zahlen: $\{1, 2, 3, \ldots\}$
p	[kg m/s], [N s]	Impuls
p	[N/m²]	Druck
pH	[1]	pH-Wert, negativer Logarithmus der Protonenkonzentration
Q	[Ws] (Joule), [lm s] Anzahl Photonen	Strahlungsenergie
r	[m]	Radius
$\boldsymbol{r}_{m,n}$	$\boldsymbol{r}_{m,n} = [m\Delta x, n\Delta y]^T$	Translationsvektor eines Gitter im Ortsraum
$\hat{\boldsymbol{r}}_{p,q}$	$\hat{\boldsymbol{r}}_{p,q} = [p/\Delta x, q/\Delta y]^T$	Translationsvektor des reziproken Gitters im Fourierraum
R	Φ/s, [A/W]	Responsivität eines Strahlungsdetektors
$\boldsymbol{R}$		Maske des Rechteckfilters
$\mathbb{R}$		Menge der reellen Zahlen
s	[A]	Sensorsignal
T	[K]	absolute Temperatur
t	[s]	Zeit
t	[1]	Transmissivität
u	[m/s]	Geschwindigkeit
$\boldsymbol{u}$	[m/s]	Geschwindigkeitsvektor
U	[V]	Spannung, elektrisches Potential
V	[m³]	Volumen
$V(\lambda)$	[lm/W]	spektrale Empfindlichkeit des Sehens im Hellen
$V'(\lambda)$	[lm/W]	spektrale Empfindlichkeit des Sehens im Dunklen
w	$e^{2\pi i}$	
w_N	$\exp(2\pi i/N)$	
$\boldsymbol{x}$	$[x, y]^T$, $[x_1, x_2]^T$	Bildkoordinaten im Ortsraum
$\boldsymbol{X}$	$[X, Y, Z]^T$, $[X_1, X_2, X_3]^T$	Weltkoordinaten
$\mathbb{Z}, \mathbb{Z}^+$		Menge der ganzen Zahlen, Menge der positiven ganzen Zahlen

Literaturverzeichnis

[1] W. Abmayr. *Einführung in die digitale Bildverarbeitung.* B. G. Teubner, Stuttgart, 1994.

[2] E. H. Adelson und J. R. Bergen. Spatio-temporal energy models for the perception of motion. *J. Opt. Soc. Am. A,* 2:284–299, 1985.

[3] E. H. Adelson und J. R. Bergen. The extraction of spatio-temporal energy in human and machine vision. In *Proceedings Workshop on Motion: Representation and Analysis, May 1986, Charleston, South Carolina,* S. 151–155. IEEE Computer Society, Washington, 1986.

[4] A. V. Aho, J. E. Hopcroft und J. D. Ullman. *The Design and Analysis of Computer Algorithms.* Addison-Wesley, Reading, MA, 1974.

[5] G. R. Arce, N. C. Gallagher und T. A. Nodes. Median filters: theory for one and two dimensional filters. JAI Press, Greenwich, USA, 1986.

[6] H.-P. Bähr und T. Vögtle, Hrsg. *Digitale Bildverarbeitung. Anwendung in Photogrammetrie und Fernerkennung.* Wichmann, Heidelberg, 3. Aufl., 1998.

[7] S. Beauchemin und J. Barron. The computation of optical flow. *ACM Computing Surveys,* 27(3):433–467, 1996.

[8] K. Behnen und G. Neuhaus. *Grundkurs Stochastik.* Teubner, Stuttgart, 3. Aufl., 1995.

[9] F. Beichelt. *Stochastik für Ingenieure.* Teubner, Stuttgart, 1995.

[10] P. W. Besslich und T. Lu. *Diskrete Orthogonaltransformation. Algorithmen und Flussgraphen für die Signalverarbeitung.* Springer, Berlin, 1990.

[11] A. Beutelsbacher. *Lineare Algebra.* Vieweg, Braunschweig, 5. Aufl., 2001.

[12] L. M. Biberman, Hrsg. *Electro Optical Imaging: System Performance and Modeling.* SPIE, Bellingham, WA, 2001.

[13] J. Bigün und G. H. Granlund. Optimal orientation detection of linear symmetry. In *Proceedings ICCV'87, London,* S. 433–438. IEEE, Washington, DC, 1987.

[14] C. M. Bishop. *Neural Networks for Pattern Recognition.* Clarendon, Oxford, 1995.

[15] R. Blahut. *Fast Algorithms for Digital Signal Processing.* Addison-Wesley, Reading, MA, 1985.

[16] R. Bracewell. *The Fourier Transform and its Applications.* McGraw-Hill, New York, 2. Aufl., 1986.

[17] C. Broit. *Optimal registrations of deformed images.* Diss., Univ. of Pennsylvania, USA, 1981.

[18] H. Burkhardt, Hrsg. *Workshop on Texture Analysis,* 1998. Albert-Ludwigs-Universität, Freiburg, Institut für Informatik.

[19] H. Burkhardt und S. Siggelkow. Invariant features in pattern recognition - fundamentals and applications. In C. Kotropoulos und I. Pitas, Hrsg., *Nonlinear Model-Based Image/Video Processing and Analysis,* S. 269–307. John Wiley & Sons, 2001.

[20] P. J. Burt. The pyramid as a structure for efficient computation. In A. Rosenfeld, Hrsg., *Multiresolution image processing and analysis,* Bd. 12 von *Springer Series in Information Sciences,* S. 6–35. Springer, New York, 1984.

[21] P. J. Burt und E. H. Adelson. The Laplacian pyramid as a compact image code. *IEEE Trans. COMM,* 31:532–540, 1983.

[22] P. J. Burt, T. H. Hong und A. Rosenfeld. Segmentation and estimation of image region properties through cooperative hierarchical computation. *IEEE Trans. SMC,* 11:802–809, 1981.

[23] J. F. Canny. A computational approach to edge detection. *PAMI,* 8:679–698, 1986.

[24] R. Chelappa. *Digital Image Processing.* IEEE Computer Society Press, Los Alamitos, CA, 1992.

[25] N. Christianini und J. Shawe-Taylor. *An Introduction to Support Vector Machines.* Cambridge University Press, Cambridge, 2000.

[26] C. M. Close und D. K. Frederick. *Modelling and Analysis of Dynamic Systems.* Houghton Mifflin, Boston, 1978.

[27] J. W. Cooley und J. W. Tukey. An algorithm for the machine calculation of complex Fourier series. *Math. of Comput.,* 19:297–301, 1965.

[28] R. Courant und D. Hilbert. *Methoden der mathematischen Physik.* Springer, Berlin, 4. Aufl., 1993.

[29] H. Czichos, Hrsg. *Hütte. Die Grundlagen der Ingenieurwissenschaften.* Springer, Berlin, 31. Aufl., 2000.

[30] P.-E. Danielsson, Q. Lin und Q.-Z. Ye. Efficient detection of second degree variations in 2D and 3D images. Technical Report LiTH-ISY-R-2155, Department of Electrical Engineering, Linköping University, S-58183 Linköping, Sweden, 1999.

[31] P. J. Davis. *Interpolation and Approximation.* Dover, New York, 1975.

[32] C. DeCusaris, Hrsg. *Handbook of Applied Photometry.* Springer, New York, 1998.

[33] C. Demant, B. Streicher-Abel und P. Waszkewitz. *Industrial Image Processing. Viusal Quality Control in Manufacturing.* Springer, Berlin, 1999. Includes CD-ROM.

[34] P. DeMarco, J. Pokorny und V. C. Smith. Full-spectrum cone sensitivity functions for X-chromosome-linked anomalous trichromats. *J. of the Optical Society,* A9:1465–1476, 1992.

[35] J. Dengler. *Methoden und Algorithmen zur Analyse bewegter Realweltszenen im Hinblick auf ein Blindenhilfesystem.* Diss., Univ. Heidelberg, 1985.

[36] R. Deriche. Fast algorithms for low-level vision. *IEEE Trans. PAMI*, 12(1): 78–87, 1990.

[37] N. Diehl und H. Burkhardt. Planar motion estimation with a fast converging algorithm. In *Proc. 8th Int. Conf. Pattern Recognition, ICPR'86, October 27–31, 1986, Paris*, S. 1099–1102. IEEE Computer Society, Los Alamitos, 1986.

[38] R. C. Dorf und R. H. Bishop. *Modern Control Systems*. Addison-Wesley, Menlo Park, CA, 8. Aufl., 1998.

[39] S. A. Drury. *Image Interpretation in Geology*. Chapman & Hall, London, 2. Aufl., 1993.

[40] M. A. H. Elmore, W. C. *Physics of Waves*. Dover Publications, New York, 1985.

[41] A. Erhardt, G. Zinser, D. Komitowski und J. Bille. Reconstructing 3D light microscopic images by digital image processing. *Applied Optics*, 24:194–200, 1985.

[42] J. F. S. Crawford. *Waves*, Bd. 3 von *Berkely Physics Course*. McGraw-Hill, New York, 1965.

[43] O. Faugeras. *Three-dimensional Computer Vision. A Geometric Vewpoint*. MIT Press, Cambridge, MA, 1993.

[44] M. Felsberg und G. Sommer. A new extension of linear signal processing for estimating local properties and detecting features. In G. Sommer, N. Krüger und C. Perwass, Hrsg., *Mustererkennung 2000, 22. DAGM Symposium, Kiel*, Informatik aktuell, S. 195–202. Springer, Berlin, 2000.

[45] R. Feynman. *Lectures on Physics*, Bd. 2. Addison-Wesley, Reading, Mass., 1964.

[46] M. A. Fischler und O. Firschein, Hrsg. *Readings in Computer Vision: Issues, Problems, Principles, and Paradigms*. Morgan Kaufmann, Los Altos, CA, 1987.

[47] D. J. Fleet. *Measurement of Image Velocity*. Diss., University of Toronto, Canada, 1990.

[48] D. J. Fleet. *Measurement of Image Velocity*. Kluwer Academic Publisher, Dordrecht, 1992.

[49] D. J. Fleet und A. D. Jepson. Hierarchical construction of orientation and velocity selective filters. *IEEE Trans. PAMI*, 11(3):315–324, 1989.

[50] D. J. Fleet und A. D. Jepson. Computation of component image velocity from local phase information. *Int. J. Comp. Vision*, 5:77–104, 1990.

[51] N. Fliege. *Multiraten-Signalverarbeitung*. Teubner, Stuttgart, 1993.

[52] J. D. Foley, A. van Dam, S. K. Feiner und J. F. Hughes. *Computer Graphics, Principles and Practice*. Addison Wesley, Reading, MA, 1990.

[53] W. Förstner. Image preprocessing for feature extraction in digital intensity, color and range images. In A. Dermanis, A. Grün und F. Sanso, Hrsg., *Geomatic Methods for the Analysis of Data in the Earth Sciences*, Bd. 95 von *Lecture Notes in Earth Sciences*. Springer, Berlin, 2000.

[54] W. T. Freeman und E. H. Adelson. The design and use of steerable filters. *IEEE Trans. PAMI*, 13:891–906, 1991.

[55] G. Gaussorgues. *Infrared Thermography*. Chapman & Hall, London, 1994.

[56] P. Geißler und B. Jähne. One-image depth-from-focus for concentration measurements. In E. P. Baltsavias, Hrsg., *Proc. ISPRS Intercommission workshop from pixels to sequences, Zürich, March 22-24*, S. 122-127. RISC Books, Coventry UK, 1995.

[57] J. Gelles, B. J. Schnapp und M. P. Sheetz. Tracking kinesin driven movements with nanometre-scale precision. *Nature*, 331:450-453, 1988.

[58] F. Girosi, A. Verri und V. Torre. Constraints for the computation of optical flow. In *Proceedings Workshop on Visual Motion, March 1989, Irvine, CA*, S. 116-124. IEEE, Washington, 1989.

[59] H. Goldstein. *Classical Mechanics*. Addison-Wesley, Reading, MA, 1980.

[60] G. H. Golub und C. F. van Loan. *Matrix Computations*. The John Hopkins University Press, Baltimore, 1989.

[61] R. C. Gonzalez und R. E. Woods. *Digital image processing*. Addison-Wesley, Reading, MA, 1992.

[62] G. H. Granlund. In search of a general picture processing operator. *Comp. Graph. Imag. Process.*, 8:155-173, 1978.

[63] G. H. Granlund und H. Knutsson. *Signal Processing for Computer Vision*. Kluwer, 1995.

[64] M. Groß. *Visual Computing*. Springer, Berlin, 1994.

[65] E. M. Haacke, R. W. Brown, M. R. Thompson und R. Venkatesan. *Magnetic Resonance Imaging: Physical Principles and Sequence Design*. John Wiley & Sons, New York, 1999.

[66] Haberäcker. *Digitale Bildverarbeitung*. Hanser, München, 1985.

[67] M. Halloran. 700 × 9000 imaging on an integrated CCD wafer - affordably. *Advanced Imaging*, Jan.:46-48, 1996.

[68] J. G. Harris. *The coupled depth/slope approach to surface reconstruction*. Master thesis, Dept. Elec. Eng. Comput. Sci., Cambridge, Mass., 1986.

[69] J. G. Harris. A new approach to surface reconstruction: the coupled depth/slope model. In *1st Int. Conf. Comp. Vis. (ICCV), London*, S. 277-283. IEEE Computer Society, Washington, 1987.

[70] H. Haußecker. *Messung und Simulation kleinskaliger Austauschvorgänge an der Ozeanoberfläche mittels Thermographie*. Diss., University of Heidelberg, Germany, 1995.

[71] H. Haußecker. Simultaneous estimation of optical flow and heat transport in infrared imaghe sequences. In *Proc. IEEE Workshop on Computer Vision beyond the Visible Spectrum*, S. 85-93. IEEE Computer Society, Washington, DC, 2000.

[72] H. Haußecker und D. J. Fleet. Computing optical flow with physical models of brightness variation. *IEEE Trans. PAMI*, 23:661-673, 2001.

[73] E. Hecht. *Optics*. Addison-Wesley, Reading, MA, 1987.

[74] D. J. Heeger. Optical flow from spatiotemporal filters. *Int. J. Comp. Vis.*, 1:279-302, 1988.

[75] E. C. Hildreth. Computations underlying the measurement of visual motion. *Artificial Intelligence*, 23:309-354, 1984.

[76] G. C. Holst. *CCD Arrays, Cameras, and Displays*. SPIE, Bellingham, WA, 2. Aufl., 1998.

[77] G. C. Holst. *Testing and Evaluation of Infrared Imaging Systems.* SPIE, Bellingham, WA, 2. Aufl., 1998.

[78] G. C. Holst. *Common Sense Approach to Thermal Imaging.* SPIE, Bellingham, WA, 2000.

[79] G. C. Holst. *Electro-optical Imaging System Performance.* SPIE, Bellingham, WA, 2. Aufl., 2000.

[80] B. K. Horn. *Robot Vision.* MIT Press, Cambridge, MA, 1986.

[81] S. Howell. *Handbook of CCD Astronomy.* Cambridge University Press, Cambridge, 2000.

[82] T. S. Huang, Hrsg. *Two-dimensional Digital Signal Processing I: Linear filters.*, Bd. 42 von *Topics in Applied Physics.* Springer, New York, 1981.

[83] T. S. Huang, Hrsg. *Two-dimensional Digital Signal Processing II: Transforms and Median Filters*, Bd. 43 von *Topics in Applied Physics.* Springer, New York, 1981.

[84] S. V. Huffel und J. Vandewalle. *The Total Least Squares Problem - Computational Aspects and Analysis.* SIAM, Philadelphia, 1991.

[85] K. Iizuka. *Engineering Optics*, Bd. 35 von *Springer Series in Optical Sciences.* Springer, Berlin, 2. Aufl., 1987.

[86] B. Jähne. Image sequence analysis of complex physical objects: nonlinear small scale water surface waves. In *Proceedings ICCV'87, London*, S. 191–200. IEEE Computer Society, Washington, DC, 1987.

[87] B. Jähne. Motion determination in space-time images. In *Image Processing III, SPIE Proceeding 1135, international congress on optical science and engineering, Paris, 24-28 April 1989*, S. 147–152, 1989.

[88] B. Jähne. *Spatio-temporal Image Processing.* Lecture Notes in Computer Science. Springer, Berlin, 1993.

[89] B. Jähne. *Handbook of Digital Image Processing for Scientific Applications.* CRC Press, Boca Raton, FL, 1997.

[90] B. Jähne und H. Haußecker, Hrsg. *Computer Vision and Applications. A Guide for Students and Practitioners.* Academic Press, San Diego, 2000.

[91] B. Jähne, H. Haußecker und P. Geißler, Hrsg. *Handbook of Computer Vision and Applications. Volume I: Sensors and Imaging. Volume II: Signal Processing and Pattern Recognition. Volume III: Systems and Applications.* Academic Press, San Diego, 1999. Includes three CD-ROMs.

[92] B. Jähne, J. Klinke und S. Waas. Imaging of short ocean wind waves: a critical theoretical review. *J. Optical Soc. Amer. A*, 11:2197–2209, 1994.

[93] B. Jähne, R. Massen, B. Nickolay und H. Scharfenberg. *Technische Bildverarbeitung - Maschinelles Sehen.* Springer, Berlin, 1996.

[94] B. Jähne, H. Scharr und S. Körgel. Principles of filter design. In B. Jähne, H. Haußecker und P. Geißler, Hrsg., *Computer Vision and Applications, volume 2, Signal Processing and Pattern Recognition*, chapter 6, S. 125 151. Academic Press, San Diego, 1999.

[95] A. K. Jain. *Fundamentals of Digital Image Processing.* Prentice-Hall, Englewood Cliffs, NJ, 1989.

[96] R. Jain, R. Kasturi und B. G. Schunck. *Machine Vision.* McGraw-Hill, New York, 1995.

[97] J. R. Janesick. *Scientific Charge-Coupled Devices.* SPIE, Bellingham, WA, 2001.

[98] K. Jänich. *Lineare Algebra.* Springer, Berlin, 8. Aufl., 2000.

[99] X. Jiang und H. Bunke. *Dreidimensionales Computersehen.* Springer, Berlin, 1997.

[100] J. T. Kajiya. The rendering equation. *Computer Graphics,* 20:143–150, 1986.

[101] K. D. Kammeyer und K. Kroschel. *Digitale Signalverarbeitung.* Teubner, Stuttgart, 1998.

[102] M. Kass und A. Witkin. Analysing oriented patterns. *Comp. Vis. Graph. Im. Process.,* 37:362–385, 1987.

[103] M. Kass, A. Witkin und D. Terzopoulos. Snakes: active contour models. In *Proc. 1st Int. Conf. Comp. Vis. (ICCV), London,* S. 259–268. IEEE Computer Society, Washington, 1987.

[104] B. Y. Kasturi und R. C. Jain. *Computer Vision: Advances and Applications.* IEEE Computer Society, Los Alamitos, 1991.

[105] B. Y. Kasturi und R. C. Jain, Hrsg. *Computer Vision: Principles.* IEEE Computer Society, Los Alamitos, 1991.

[106] J. K. Kearney, W. B. Thompson und D. L. Boley. Optical flow estimation: an error analysis of gradient-based methods with local optimization. *IEEE Trans. PAMI,* 9 (2):229–244, 1987.

[107] M. Kerckhove, Hrsg. *Scale-Space and Morphology in Computer Vision,* Bd. 2106 von *Lecture Notes in Computer Science,* 2001. 3rd Int. Conf. Scale-Space'01, Vancouver, Canada, Springer, Berlin.

[108] C. Kittel. *Introduction to Solid State Physics.* Wiley, New York, 1971.

[109] R. Klette, A. Koschan und K. Schlüns. *Computer Vision. Räumliche Information aus digitalen Bildern.* Veweg, Braunschweig, 1996.

[110] H. Knutsson. *Filtering and Reconstruction in Image Processing.* Diss., Linköping Univ., Sweden, 1982.

[111] H. Knutsson. Representing local structure using tensors. In *The 6th Scandinavian Conference on Image Analysis, Oulu, Finland, June 19-22, 1989,* 1989.

[112] H. E. Knutsson, R. Wilson und G. H. Granlund. Anisotropic nonstationary image estimation and its applications: part I – restoration of noisy images. *IEEE Trans. COMM,* 31(3):388–397, 1983.

[113] J. J. Koenderink und A. J. van Doorn. Generic neighborhood operators. *IEEE Trans. PAMI,* 14(6):597–605, 1992.

[114] C. Koschnitzke, R. Mehnert und P. Quick. *Das KMQ-Verfahren: Medienkompatible Übertragung echter Stereofarbabbildungen.* Forschungsbericht Nr. 201, Universität Hohenheim, 1983.

[115] K. Krickeberg und H. Ziezold. *Stochastische Methoden.* Springer, Berlin, 4. Aufl., 1995.

[116] P. Lancaster und K. Salkauskas. *Curve and Surface Fitting. An Introduction.* Academic Press, London, 1986.

[117] S. Lanser und W. Eckstein. Eine Modifikation des Deriche-Verfahrens zur Kantendetektion. In B. Radig, Hrsg., *Mustererkennung 1991,* Bd. 290 von

Informatik Fachberichte, S. 151–158. 13. DAGM Symposium, München, Springer, Berlin, 1991.

[118] Laurin. *The Photonics Design and Applications Handbook*. Laurin Publishing CO, Pittsfield, MA, 40. Aufl., 1994.

[119] T. Lehmann, W. Oberschelp, E. Pelikan und R. Repges. *Bildverarbeitung für die Medizin. Grundlagen, Modelle, Methoden, Anwendungen*. Springer, Berlin, 1997.

[120] R. Lenz. Linsenfehlerkorrigierte Eichung von Halbleiterkameras mit Standardobjektiven für hochgenaue 3D-Messungen in Echtzeit. In E. Paulus, Hrsg., *Proc. 9. DAGM-Symp. Mustererkennung 1987, Informatik Fachberichte 149*, S. 212–216. DAGM, Springer, Berlin, 1987.

[121] R. Lenz. Zur Genauigkeit der Videometrie mit CCD-Sensoren. In H. Bunke, O. Kübler und P. Stucki, Hrsg., *Proc. 10. DAGM-Symp. Mustererkennung 1988, Informatik Fachberichte 180*, S. 179–189. DAGM, Springer, Berlin, 1988.

[122] M. Levine. *Vision in Man and Machine*. McGraw-Hill, New York, 1985.

[123] Z.-P. Liang und P. C. Lauterbur. *Principles of Magnetic Resonance Imaging: A Signal Processing Perspective*. SPIE, Bellingham, WA, 1999.

[124] J. S. Lim. *Two-dimensional Signal and Image Processing*. Prentice-Hall, Englewood Cliffs, NJ, 1990.

[125] T. Lindeberg. *Scale-space Theory in Computer Vision*. Kluwer Academic Publishers, Boston, 1994.

[126] M. Loose, K. Meier und J. Schemmel. A self-calibrating single-chip CMOS camera with logarithmic response. *IEEE J. Solid-State Circuits*, 36(4), 2001.

[127] D. Lorenz. *Das Stereobild in Wissenschaft und Technik*. Deutsche Forschungs- und Versuchsanstalt für Luft- und Raumfahrt, Köln, Oberpfaffenhofen, 1985.

[128] T. Luhmann. *Nahbereichsphotogrammetrie. Grundlagen, Methoden und Anwendungen*. Wichmann, Heidelberg, 2000.

[129] V. K. Madisetti und D. B. Williams, Hrsg. *The Digital Signal Processing Handbook*. CRC, Boca Raton, FL, 1998.

[130] H. A. Mallot. *Computational Vision: Information Processing in Perception and Visual Behavior*. The MIT Press, Cambridge, MA, 2000.

[131] V. Markandey und B. E. Flinchbaugh. Multispectral constraints for optical flow computation. In *Proc. 3rd Int. Conf. on Computer Vision 1990 (ICCV'90), Osaka*, S. 38–41. IEEE Computer Society, Los Alamitos, 1990.

[132] S. L. Marple Jr. *Digital Spectral Analysis with Applications*. Prentice-Hall, Englewood Cliffs, NJ, 1987.

[133] D. Marr. *Vision*. W. H. Freeman and Company, New York, 1982.

[134] D. Marr und E. Hildreth. Theory of edge detection. *Proc. Royal Society, London, Ser. B*, 270:187–217, 1980.

[135] E. A. Maxwell. *General Homogeneous Coordinates in Space of Three Dimensions*. University Press, Cambridge, 1951.

[136] C. Mead. *Analog VLSI and Neural Systems*. Addison-Wesley, Reading, MA, 1989.

[137] W. Menke. *Geophysical Data Analysis: Discrete Inverse Theory*, Bd. 45 von *International Geophysics Series*. Academic Press, San Diego, 1989.

[138] U. Meyer-Bäse. *Schnelle digitale Signalverarbeitung*. Springer, Berlin, 2000. Mit CD-ROM.

[139] A. Z. J. Mou, D. S. Rice und W. Ding. VIS-based native video processing on UltraSPARC. In *Proc. IEEE Int. Conf. on Image Proc., ICIP'96*, S. 153–156. IEEE, Lausanne, 1996.

[140] T. Münsterer. *Messung von Konzentrationsprofilen gelöster Gase in der wasserseitigen Grenzschicht*. Diploma thesis, University of Heidelberg, Germany, 1993.

[141] H. Nagel. Displacement vectors derived from second-order intensity variations in image sequences. *Computer Vision, Graphics, and Image Processing (GVGIP)*, 21:85–117, 1983.

[142] Y. Nakayama und Y. Tanida, Hrsg. *Atlas of Visualization III*. CRC, Boca Raton, FL, 1997.

[143] V. S. Nalwa. *A Guided Tour of Computer Vision*. Addison-Wesley, Reading, MA, 1993.

[144] H. Niedrig, Hrsg. *Optik*, Bd. 3 von *Bergmann Schäfer, Lehrbuch der Experimentalphysik*. Walter de Gruyter, Berlin, 1993.

[145] M. Nielsen, P. Johansen, O. Olsen und J. Weickert, Hrsg. *Scale-Space Theories in Computer Vision*, Bd. 1682 von *Lecture Notes in Computer Science*, 1999. 2nd Int. Conf. Scale-Space'99, Corfu, Greece, Springer, Berlin.

[146] H. K. Nishihara. Practical real-time stereo matcher. *Optical Eng.*, 23:536–545, 1984.

[147] A. V. Oppenheim und R. W. Schafer. *Discrete-time Signal Processing*. Prentice-Hall, Englewood Cliffs, NJ, 1989.

[148] A. Papoulis. *Probability, Random Variables, and Stochastic Processes*. McGraw-Hill, New York, 3. Aufl., 1991.

[149] J. R. Parker. *Algorithms for Image Processing and Computer Vision*. John Wiley & Sons, New York, 1997. Includes CD-ROM.

[150] P. Perona und J. Malik. Scale space and edge detection using anisotropic diffusion. In *Proc. IEEE comp. soc. workshop on computer vision (Miami Beach, Nov. 30-Dec. 2, 1987)*, S. 16–20. IEEE Computer Society, Washington, 1987.

[151] M. Pietikäinen und A. Rosenfeld. Image segmentation by texture using pyramid node linking. *SMC*, 11:822–825, 1981.

[152] I. Pitas. *Digital Image Processing Algorithms*. Prentice Hall, New York, 1993.

[153] I. Pitas und A. N. Venetsanopoulos. *Nonlinear Digital Filters. Principles and Applications*. Kluwer Academic Publishers, Norwell, MA, 1990.

[154] A. D. Poularikas, Hrsg. *The Transforms and Applications Handbook*. CRC, Boca Raton, 1996.

[155] W. Pratt. *Digital image processing*. Wiley, New York, 2. Aufl., 1991.

[156] W. H. Press, B. P. Flannery, S. A. Teukolsky und W. T. Vetterling. *Numerical Recipes in C: The Art of Scientific Computing*. Cambridge University Press, New York, 1992.

[157] J. G. Proakis und D. G. Manolakis. *Digital Signal Processing. Principles, Algorithms, and Applications.* McMillan, New York, 1992.

[158] L. H. Quam. Hierarchical warp stereo. In *Proc. DARPA Image Understanding Workshop, October 1984, New Orleans, LA,* S. 149-155, 1984.

[159] A. R. Rao. *A Taxonomy for Texture Description and Identification.* Springer, New York, 1990.

[160] A. R. Rao und B. G. Schunck. Computing oriented texture fields. In *Proceedings CVPR'89, San Diego, CA,* S. 61-68. IEEE Computer Society, Washington, DC, 1989.

[161] T. H. Reiss. *Recognizing Planar Objects Using Invariant Image Features,* Bd. 676 von *Lecture notes in computer science.* Springer, Berlin, 1993.

[162] M. Reisser und W. Semmler, Hrsg. *Magnetresonanztomographie.* Springer, Berlin, 1997.

[163] J. A. Rice. *Mathematical Statistics and Data Analysis.* Duxbury Press, Belmont, CA, 1995.

[164] A. Richards. *Alien Vision: Exploring the Electromagnetic Spectrum with Imaging Technology.* SPIE, Bellingham, WA, 2001.

[165] J. A. Richards. *Remote Sensing Digital Image Analysis.* Springer, Berlin, 1986.

[166] J. A. Richards und X. Jia. *Remote Sensing Digital Image Analysis.* Springer, Berlin, 1999.

[167] M. J. Riedl. *Optical Design Fundamentals for Infrared Systems.* SPIE, Bellingham, 2. Aufl., 2001.

[168] K. Riemer. *Analyse von Wasseroberflächenwellen im Orts-Wellenzahl-Raum.* Diss., Univ. Heidelberg, 1991.

[169] K. Riemer, T. Scholz und B. Jähne. Bildfolgenanalyse im Orts-Wellenzahlraum. In B. Radig, Hrsg., *Mustererkennung 1991, Proc. 13. DAGM-Symposium München, 9.-11. October 1991,* S. 223-230. Springer, Berlin, 1991.

[170] A. Rosenfeld, Hrsg. *Multiresolution Image Processing and Analysis,* Bd. 12 von *Springer Series in Information Sciences.* Springer, New York, 1984.

[171] A. Rosenfeld und A. C. Kak. *Digital Picture Processing,* Bd. I and II. Academic Press, San Diego, 2. Aufl., 1982.

[172] J. C. Russ. *The Image Processing Handbook.* CRC, Boca Raton, FL, 3. Aufl., 1998.

[173] H. Samet. *Applications of Spatial Data Structures: Computer Graphics, Image processing, and GIS.* Addison-Wesley, Reading, MA, 1990.

[174] H. Samet. *The Design and Analysis of Spatial Data Structures.* Addison-Wesley, Reading, MA, 1990.

[175] H. Scharr und D. Uttenweiler. 3D anisotropic diffusion filtering for enhancing noisy actin filaments. In B. Radig und S. Florczyk, Hrsg., *Pattern Recognition, 23rd DAGM Stmposium, Munich,* Bd. 2191 von *Lecture Notes in Computer Science,* S. 69-75. Springer, Berlin, 2001.

[176] H. Scharr und J. Weickert. An anisotropic diffusion algorithm with optimized rotation invariance. In G. Sommer, N. Krüger und C. Perwass, Hrsg., *Mustererkennung 2000,* Informatik Aktuell, S. 460-467. 22. DAGM

Symposium, Kiel, Springer, Berlin, 2000.

[177] T. Scheuermann, G. Pfundt, P. Eyerer und B. Jähne. Oberflächenkonturvermessung mikroskopischer Objekte durch Projektion statistischer Rauschmuster. In G. Sagerer, S. Posch und F. Kummert, Hrsg., *Mustererkennung 1995, Proc. 17. DAGM-Symposium, Bielefeld, 13.-15. September 1995*, S. 319–326. DAGM, Springer, Berlin, 1995.

[178] C. Schnörr und J. Weickert. Variational image motion computations: theoretical framework, problems and perspective. In G. Sommer, N. Krüger und C. Perwass, Hrsg., *Mustererkennung 2000*, Informatik Aktuell, S. 476–487. 22. DAGM Symposium, Kiel, Springer, Berlin, 2000.

[179] J. R. Schott. *Remote Sensing. The Image Chain Approach.* Oxford University Press, New York, 1997.

[180] G. Schröder. *Technische Optik.* Vogel, Würzburg, 8. Aufl., 1998.

[181] J. Schürmann. *Pattern Classification.* John Wiley & Sons, New York, 1996.

[182] R. Sedgewick. *Algorithmen.* Addison-Wesley, Bonn, 8. Aufl., 1992.

[183] J. Serra. *Image analysis and mathematical morphology.* Academic Press, London, 1982.

[184] J. Serra und P. Soille, Hrsg. *Mathematical Morphology and its Applications to Image Processing*, Bd. 2 von *Computational Imaging and Vision.* Kluwer, Dordrecht, 1994.

[185] E. P. Simoncelli, W. T. Freeman, E. H. Adelson und D. J. Heeger. Shiftable multiscale transforms. *IEEE Trans. IT*, 38(2):587–607, 1992.

[186] R. M. Simonds. Reduction of large convolutional kernels into multipass applications of small generating kernels. *J. Opt. Soc. Am. A*, 5:1023–1029, 1988.

[187] A. Singh. *Optic Flow Computation: a Unified Perspective.* IEEE Computer Society Press, Los Alamitos, CA, 1991.

[188] A. T. Smith und R. J. Snowden, Hrsg. *Visual Detection of Motion.* Academic Press, London, 1994.

[189] W. J. Smith. *Modern Optical Design.* McGraw-Hill, New York, 3. Aufl., 2000.

[190] P. Soille. *Morphologische Bildverarbeitung. Grundlagen, Methoden, Anwendungen.* Springer, Berlin, 1998.

[191] G. Sommer, Hrsg. *Geometric Computing with Clifford Algebras.* Springer, Berlin, 2001.

[192] J. Steurer, H. Giebel und W. Altner. Ein lichtmikroskopisches Verfahren zur zweieinhalbdimensionalen Auswertung von Oberflächen. In G. Hartmann, Hrsg., *Proc. 8. DAGM-Symp. Mustererkennung 1986, Informatik-Fachberichte 125*, S. 66–70. DAGM, Springer, Berlin, 1986.

[193] R. H. Stewart. *Methods of Satellite Oceanography.* University of California Press, Berkeley, 1985.

[194] T. M. Strat. Recovering the camera parameters from a transformation matrix. In *Proc. DARPA Image Understanding Workshop*, S. 264–271, 1984.

[195] B. ter Haar Romeny, L. Florack, J. Koenderink und M. Viergever, Hrsg. *Scale-Space Theory in Computer Vision*, Bd. 1252 von *Lecture Notes in Computer Science*, 1997. 1st Int. Conf., Scale-Space'97, Utrecht, The Netherlands, Springer, Berlin.

[196] D. Terzopoulos. Regularization of inverse visual problems involving discontinuities. *IEEE Trans. PAMI*, 8:413–424, 1986.

[197] D. Terzopoulos. The computation of visible-surface representations. *IEEE Trans. PAMI*, 10 (4):417–438, 1988.

[198] D. Terzopoulos, A. Witkin und M. Kass. Symmetry-seeking models for 3D object reconstruction. In *Proc. 1st Int. Conf. Comp. Vis. (ICCV), London*, S. 269–276. IEEE, IEEE Computer Society Press, Washington, 1987.

[199] D. H. Towne. *Wave Phenomena*. Dover, New York, 1988.

[200] S. Ullman. *High-level Vision. Object Recognition and Visual Cognition*. The MIT Press, Cambridge, MA, 1996.

[201] S. E. Umbaugh. *Computer Vision and Image Processing: A Practical Approach Using CVIPTools*. Prentice Hall PTR, Upper Saddle River, NJ, 1998.

[202] R. Unbehauen. *Systemtheorie I. Allgemeine Grundlagen, Signale und lineare Systeme im Zeit- und Frequenzbereich*. Oldenbourg, München, 7. Aufl., 1997.

[203] R. Unbehauen. *Systemtheorie 2. Mehrdimensionale, adaptive und nichtlineare Systeme*. Oldenbourg, München, 7. Aufl., 1998.

[204] M. Unser, A. Aldroubi und M. Eden. Fast B-spline transforms for continuous image representation and interpolation. *IEEE Trans. PAMI*, 13: 277–285, 1991.

[205] F. van der Heijden. *Image Based Measurement Systems. Object Recognition and Parameter Estimation*. Wiley, Chichester, England, 1994.

[206] W. M. Vaughan und G. Weber. Oxygen quenching of pyrenebutyric acid fluorescence in water. *Biochemistry*, 9:464, 1970.

[207] A. Verri und T. Poggio. Against quantitative optical flow. In *Proceedings ICCV'87, London*, S. 171–180. IEEE, IEEE Computer Society Press, Washington, DC, 1987.

[208] A. Verri und T. Poggio. Motion field and optical flow: qualitative properties. *IEEE Trans. PAMI*, 11 (5):490–498, 1989.

[209] K. Voss und H. Süße. *Praktische Bildverarbeitung*. Hanser, München, 1991.

[210] B. A. Wandell. *Foundations of Vision*. Sinauer Ass., Sunderland, MA, 1995.

[211] A. Watt. *Fundamentals of Three-dimensional Computer Graphics*. Addison-Wesley, Workingham, England, 1989.

[212] J. Weickert. *Anisotropic Diffusion in Image Processing*. Dissertation, Faculty of Mathematics, University of Kaiserslautern, 1996.

[213] J. Weickert. *Anisotrope Diffusion in Image Processing*. Teubner, Stuttgart, 1998.

[214] I. Wells, W. M. Efficient synthesis of Gaussian filters by cascaded uniform filters. *IEEE Trans. PAMI*, 8(2):234–239, 1989.

[215] B. Wendland. *Fernsehtechnik I: Grundlagen*. Hüthig, Heidelberg, 1988.

[216] J. N. Wilson und G. X. Ritter. *Handbook of Computer Vision Algorithms in Image Algebra*. CRC, Boca Raton, FL, 2. Aufl., 2000.

[217] G. Wolberg. *Digital Image Warping*. IEEE Computer Society, Los Alamitos, CA, 1990.

[218] R. J. Woodham. Multiple light source optical flow. In *Proc. 3rd Int. Conf. on Computer Vision 1990 (ICCV'90), Osaka*, S. 42–46. IEEE Computer Society,

Los Alamitos, 1990.

[219] P. Zamperoni. *Methoden der digitalen Bildsignalverarbeitung*. Vieweg, Braunschweig, 1989.

Sachverzeichnis

Druck: Mercedes-Druck, Berlin
Verarbeitung: Buchbinderei Lüderitz & Bauer, Berlin